제20판

심리학과 삶

Richard J. Gerrig 지음

이종한 · 박권생 · 박태진 · 성현란 · 이승연 · 채정민 옮김

Σ 시그마프레스

심리학과 삶, 제20판

발행일 | 2015년 7월 10일 1쇄 발행
　　　　2017년 2월 20일 2쇄 발행

지은이 | Richard J. Gerrig
옮긴이 | 이종한 · 박권생 · 박태진 · 성현란 · 이승연 · 채정민
발행인 | 강학경
발행처 | (주)시그마프레스

등록번호 | 제10-2642호
주소 | 서울시 영등포구 양평로 22길 21 선유도코오롱디지털타워 A401~403호
전자우편 | sigma@spress.co.kr
홈페이지 | http://www.sigmapress.co.kr
전화 | (02)323-4845, (02)2062-5184~8
팩스 | (02)323-4197

ISBN | 978-89-6866-462-5

PSHCHOLOGY AND LIFE, 20th Edition

＊ 책값은 책 뒤표지에 있습니다.

머리말

심리학개론 강의는 모든 심리학 교수들이 당면하는 가장 어려운 과제 중의 하나이다. 이 강좌에서 다루는 주제의 범위가 너무 넓기 때문에 모든 학문분야에서 강의하기 가장 어려운 강좌가 심리학개론일 것이다. 미시적 수준의 신경세포의 활동에서부터 거시적 수준의 문화 체계의 분석까지 다루어야 할 뿐 아니라, 건강심리학의 활력은 물론 정신장애의 비극까지 다루어야 하는 것이 바로 심리학개론이기 때문이다. 이 교과서를 집필함에 있어 우리가 해야 했던 과제는 이러한 모든 정보에 뼈와 살을 붙이는 일이었다. 즉, 학생들을 위해 이러한 정보에 생명을 불어넣는 일이었다.

심리학개론을 수강하는 학생들은 심리학에 대한 그릇된 선입견을 가지고 오는 경우가 많은데, 이런 오해는 '대중심리학'이 제공하는 정보에 영향을 받은 것이다. 또한 이 학생들은 이 강좌를 통해 많은 것을 배우려는 부푼 기대를 가지고 수강을 한다. 예컨대 이들은 자신의 일상생활을 향상시키는 데 도움이 되는, 즉 개인적으로 유용한 것을 배워 가고 싶어 한다. 하지만 실제로는 어떤 교수도 학생들의 이러한 기대를 충족시키기란 쉬운 일이 아니다. 그러나 이 책 『심리학과 삶』은 이 기대를 충족시키는 데 큰 도움이 될 것이라고 확신한다.

우리의 목적은 학생들이 심리학의 여러 분야에서 무엇이 재미있고 무엇이 특별한가를 배워 가면서 즐겨 읽는 교과서를 설계하는 것이었다. 모든 장에서 그리고 모든 문장에서 학생들이 계속 읽고 싶은 욕구가 생기도록 하기 위해 최선의 노력을 다하였다. 아울러 이 교과서가 연구 중심이면서도 응용 가능성을 강조하는 교수들의 강의계획서에 부합시키기 위한 노력도 아끼지 않았다.

『심리학과 삶』 제20판의 원본은 Gerrig의 단독 저술로 되었지만, 이전 판까지 함께 저술해 왔던 Philip Zimbardo와의 공동정신은 그대로 반영하고 있다. 그들의 협력정신은 인간의 복지를 위한 과학으로서의 심리학을 가르치는 쪽으로 융합되어 있다. Gerrig와 Zimbardo는 엄격한 과학적 심리학이 현대 생활에 관련될 수 있도록 강의 경험을 이 교재에 녹여내고 있다. 이 제20판에서도 이제까지와 마찬가지로 가장 중요한 심리학적 통찰이 학생들의 생활에 관련될 수 있도록 하고자 노력하였다.

이 책의 제16판과 제18판은 여섯 명의 한국 학자들이 번역을 하여 출판한 바 있다. 그런데 제20판은 한국의 내용도 약간 첨가하면서 Gerrig와 공동 저자로 하기로 계약을 하였다. 한국의 연구결과를 각 장마다 조금씩 첨가하고자 하였으나 시간의 제약으로 인하여 이번 판에서는 이 의도를 충분히 반영하지 못한 점이 아쉽다. 또 한국에서의 출판 사정을 완전히 무시할 수 없었기 때문에 원서를 있는 그대로 완역할 수 없었다. 각 장에서 우리 사정에 부합하지 않는다고 판단되는 부분들을 다소 생략하였다는 점이 저자를 매우 안타깝게 한다. 각 장의 번역과 저술은 다음과 같이 분담하였다. 나 이종한은 제1장, 제2장, 박태진 교수 제3장, 제5장, 제7장, 제8장, 박권생 교수 제4장, 제6장, 제11장, 제12장, 성현란 교수 제9장, 제10장, 이승연 교수 제14장, 제15장, 채정민 교수 제13장, 제16장을 각각 담당하였다.

이 책의 논지 : 과학으로서의 심리학

『심리학과 삶』의 목적은 굳건한 과학적 연구를 바탕으로 심리학에 대한 오해를 제거하는 일이다. 우리의 강의 경험에 따르면, 강의 첫 시간에 거의 예외 없이 일어나는 일 중의 하나가 "이 과목에서 자신들이 알고 싶은 것을 가르쳐 줄 것인가?" 하는 질문으로 다음과 같은 주제를 던진다.

- 우리 어머니가 프로작을 복용하는데, 그 약이 무슨 약인지를 배우게 됩니까?
- 공부를 더 잘하는 방법을 가르쳐 줍니까?
- 직장에 갈 때 아이를 유아원에 맡기는데, 그래도 아이에게 문제가 없는 건가요?
- 친구가 자살에 관한 이야기를 하는데 어떻게 해야 하나요?

이런 질문에 대해서는 이미 엄격한 경험적 연구를 통해 다루어졌기 때문에 안도의 숨을 쉴 수 있다. 『심리학과 삶』은 그들의 관심사에 대한 과학적 분석을 알려주기 위해 집필되었다. 그렇기 때문에 이 책에 소개된 다음의 특기사항은 과학으로서의 심리학이라는 이 교과서의 핵심 논지를 떠받치고 있으며,

그 초점은 심리학을 학생들의 삶에 적용하는 것에 맞추었다.

생활 속의 비판적 사고

『심리학과 삶』의 한 가지 중요한 목적은 심리학적 사고의 과학적 기초를 가르치는 일이다. 학생들이 알고 싶은 것에 대해 질문을 할 때 이들은 질문에 대한 부분적 답을 이미 알고 있는 경우가 많은데, 그 답은 대개 대중매체가 제공하는 정보를 기초로 형성된 답이다. 그런 정보 중에는 정확한 정보도 있지만 그런 정보가 의미하는 바를 찾아내지 못하는 경우도 많다. 학생들은 매체에서 얻은 정보를 해석하고 평가하는 방법을 어떻게 배울까? 어떻게 하면 학생들이 그런 매체에 인용된 수많은 연구 및 조사 결과를 보다 현명하게 활용할 수 있을까? 학생들이 그런 정보원의 신뢰성을 어떻게 판단할 수 있을까? 우리는 이 책에서 소위 말하는 신뢰성 있는 연구의 무분별한 침투를 막기 위해, 학생들에게 과학적 도구를 제공함으로써 그들을 에워싼 수많은 정보를 효과적으로 음미하고, 그런 정보를 도출한 연구의 목적 및 방법과 일치하는 결론에 도달할 수 있도록 하였다.

각 장에서 '생활 속의 비판적 사고'라는 새로운 특기사항을 하나씩 소개함으로써 학생들에게 비판적 결론의 실험적 기초를 직접 경험할 수 있도록 하였다. 이 특기사항을 편집한 의도는 각 연구가 특정 문제의 확고한 답을 제공했다는 주장을 펼치기 위함이 아니고, 비판적으로 생각할 기회를 제공함으로써 후속 연구의 출발점을 마련해 보자는 데에 있다.

생활 속의 비판적 사고

문화가 '뇌에 구현'되는가?

여러분은 이 책의 여러 곳에서 사람들의 행동에 미치는 문화의 영향을 접하게 될 것이다. 물론 이러한 문화 차이는 각 개인의 뇌 활동에서 표출된다. 실제로 연구자들은 발달과정을 거치면서 개인의 문화가 '뇌에 구현된다고 제안하였다(Kitayama & Uskul, 2011). 그러한 생각을 탐색해 보자.

뇌 구현 과정은 특정 가치들이 친절되는 환경에서 시작된다. 이 가치들은 사람들이 다양한 환경에 반응하는 방식에 영향을 미친다. 가령 많은 비교문화 연구들이 밝힌 바에 따르면 서양문화에서 미국과 같은의 사람들은 흔히 자신을 독립적인 행위자로 개념화하는 반면, 동양문화인 한국, 일본, 중국, 그리고 인도의 사람들은 흔히 자신을 더 큰 집단의 부분이라고 개념화한다(이러한 차이를 제13장에서 더 자세하게 다룸). 개념화에서 이러한 차이 때문에 많은 행동상의 차이가 일어난다.

예를 들어 여러분의 학교마크가 새겨진 커피머그잔을 갖고 있다고 하자. 마지막에 그것을 남에게 내준다면 얼마나 고통스러울까? 연구에 따르면 그 답은 여러분이 양육된 문화에 달려 있다(Maddux et al, 2010). 서양문화 사람의 경우 소유물은 어떤 의미에서 자신의 일부가 되므로, 따라서 그것을 포기하는 것은 자신의 일부를 떼어주는 것과 마찬가지이다. 동양문화의 사람들은 소유물과 그러한 관계를 갖지 않으며, 그로 인해 어떤 소유물의 포기에 대해 생각할 때 고통을 덜 경험한다.

개인이 커피머그잔을 얼마나 가치 있는 것으로 보는가에 대한 측정치를 구하기 위해, 연구자들은 실험 참가자들에게 머그잔을 선물로 주

고서 다른 사람이 그들에게 그것을 사려면 얼마를 제시해야 하는지 물었다. 다른 참가자들에게는 머그잔을 보여주고서 그것을 사기 위해 얼마나 지불할 의사가 있는지 단순하게 물었다. 서양문화의 판매자는 구매자가 생각하는 값보다 3.24달러나 더 원했지만, 동양문화의 판매자는 1.6달러만 더 원했다. 이러한 차이는 서양 참가자들이 자신의 소유물을 더 높게 매긴다는 것을 보여준다.

당신의 생활에서 소유함을 구하거나 포기하는 모든 경우를 생각해 보라. 각 경우마다 문화적 가치 때문에 여러분은 그 소유물들을 특정 방식으로 생각하게 된다. 그러한 경우가 시간상에서 축적됨에 따라 여러분의 뇌는 여러분의 반응을 수행하기 위해 반복된 패턴의 신경활동을 하게 된다. 여러분이 가소성에 관해 읽어 보면 바이올린의 경험 집중적 경험이 연주자의 뇌를 변화시킨다는 사실에 별로 놀라지 않을 것이다(Elbert et al., 1995). 바이올린 연주자의 뇌는 고도로 훈련된 행동을 보다 효과적으로 수행하도록 성장한다. 바이올린의 연주는 뇌에 구현된다. 마찬가지로 문화가 허용하는 행동 반응들을 반복함에 따라 뇌는 그러한 반응을 보다 효율적으로 생성하도록 성장한다. 문화가 뇌에 구현되는 것이다.

- 문화가 뇌에 구현된다는 것을 밝히는 데 있어 뇌영상기법들이 얼마나 도움이 될까?
- 어떤 사람이 다문화 가족에서 성장할 때 무슨 일이 일어날까?

생활 속의 심리학

앞에서 언급하였던 질문들은 우리의 강의를 수강한 학생들이 던진 실제 질문들이다. 학생들은 이 교과서를 통해 이들 질문들에 대한 답을 알게 될 것이다. 이들 질문은 우리가 수년에 걸쳐 학생들로부터 수집한 자료를 대표한 것이다. 우리는 학생들에게 "심리학에 관해 알고 싶은 것을 말해 보라."라고 요청하였다. 그리고 이에 대한 학생들의 반응을 있는 그대로 '생활 속의 심리학'이라는 특기사항 속에 기술하였다. 우리는 이들 각 실례를 통해 학생들이 스스로 심리학적 지식이 어떻게 자신들의 일상생활에 직결되는지를 깨닫도록 하고 싶었다.

생활 속의 심리학

법체계 속에서 심리학자들은 어떤 방법으로 참여할까?

심리학과 삶의 중요한 교훈은 심리학자들의 경험적 연구들이 다양한 영역에 전문적으로 활용된다는 것이다. 이 책에서는 일상생활의 중요한 이슈들에 심리학의 연구결과들이 어떻게 적용되는지를 말해 줄 것이다. 또한 심리학의 전문성이 법정에서 어떻게 기능하는지를 알게 될 것이다. 특히 예로서 법정심리학자가 중요한 법적 결정에 어떻게 기능하는지를 알아보자.

법정심리학자들은 법을 집행에 있어서 민사사건과 형사사건 모두에서 중요한 평가를 하게 된다(Packer, 2008). 예를 들어 민사소송에서 법정심리학자들은 이혼절임회에서 자녀양육권을 결정하는 데 중요한 증거를 제시해 줄 수 있다. 또한 잠재적으로 심리적 해를 끼칠 수 있는 근로자가 특정 고용현장에서 견딜 수 있을지를 입증할 수 있다. 형사소송사건에서는 법정심리학자는 피수가 자신이 범한 행동을 얼마나 이해할 수 있는지와 재판과정을 얼마나 잘 견딜 수 있을지 등을 평가할 수 있다. 여러분이 읽어 보면 바이올린이나 다른 사람들에게 얼마나 위험한지도 평가할 수 있다. 법정심리학자들의 역할을 보다 구체적으로 보라.

한 사람이 폭력으로 구치소에 수감되었다고 생각해 보자. 얼마 기간 동안 복역 후에 가석방 심사를 받게 되었다. 이 심사에서 가장 중요하게 고려되어야 할 점은 이 사람이 앞으로 폭력을 또다시 행사할 것인지로 보인다.

최근 들어서 심리학자들이 이러한 질문에 대해 연구에 근거한 해답을 찾기 위해서 노력하고 있다. 폭력을 더 할 것인지 아니면 덜 할 것인

지에 대한 이론적 분석으로부터 시작된다. 먼저 정적 요인과 역동적 요인으로 구분한다(Douglas & Skeem, 2005). 정적 요인은 시간의 경과에도 불가피고 비교적 안정적인 요인들이다(예 : 성장 선교에서 성과 나이). 역동적 요인은 시간 경과에 따라 변화할 수 있는 요인들이다(예 : 정서조절과 약물남용). 역동적 요인을 종합하면 시간의 경과에 따른 위험요소의 변화를 추정할 수 있다. 개인의 과거로만으로 개인의 미래 행동을 예측할 수 있는 타당한 지표를 얻기 힘들다. 한 개인의 일생의 궤적을 측정해 보는 것도 중요한 일이다.

연구자들은 미래에 폭력을 행사할 가능성을 예측하는 위험 요인 평가 도구가 성공적이라는 증거를 제시하여야 한다(Singh et al., 2011; Yang et al., 2010). 이를 위해서 연구자들은 연구대상자를 장기간 동안 추적하여 연구를 한다. 예를 들면, Wong과 Gordon(2006)은 캐나다 앨버타 주, 사카체원 주 그리고 마니토바 주의 918명의 성인 범죄자를 평가하면서, 조사대상자들에게 6개의 정적 문항과 20개의 역동 문항으로 구성된 폭력위험척도(Violence Risk Scale, VRS)를 실시하였다. 이 폭력위험척도의 타당도를 평가하기 위하여 이 대상자들이 석방되어 자신들의 지역사회로 돌아감을 수년간 측정하였다. 단기간의 평가(1년)와 장기간의 평가(4.4년) 모두에서 폭력위험척도에서 높은 점수를 받은 사람들이 추가적인 폭력범죄를 더 많이 저지르는 것으로 나타났다.

이러한 연구결과가 매우 중요한 것은 법정심리학자들이 법적인 판단에서 보다 더 정확한 가이드를 해줄 수 있기 때문이다.

지정 연구

'지정 연구'란에 소개된 연구는 주요 심리학적 연구가 왜 그리고 어떻게 수행되었는지를 소개한다. 이들 연구를 본문에 노련하게 통합시킴으로써 학생들에게 이들 연구의 영향력을 본문의 맥락 속에서 완전하게 이해할 수 있도록 하였다. 이 란에 소개된 주제들의 예를 들면, '생쥐의 시각피질의 가소성', '명상이 뇌 구조에 미치는 영향', '특정 범주의 구성원에게 미치는 문화의 영향', '기억에 미치는 정서적 각성의 영향', '학업 상황에서 스스로 부족하다는 생각의 영향', '아동 불안장애를 위한 가족치료', '인지부조화의 문화 간 차이', 그리고 '암묵적 편견의 결과' 등이다. 이 책에 소개된 120여 편의 연구 중 대다수는 이 판에서 새롭게 개정된 내용들이다.

교육적 특기사항

『심리학과 삶』의 제20판에서도 책에 대한 학생들의 경험, 즉 공부하는 것을 향상시키기 위하여 여러 가지 교육적 장치를 마련하였다.

- 복습하기 각 절의 끝부분에 제시된 복습하기는 학생들의 사고를 요구하는 질문을 던짐으로써 이해의 정도를 스스

로 점검할 수 있게 한다. 질문에 대한 해답은 책 맨 뒤의 부록에 제시하였다.

- 요점정리 각 장은 요점정리라는 요약으로 끝을 맺는다. 각 장의 내용을 요약하여 주요 내용을 한 번 더 점검할 수 있도록 하였다.

- 연습문제 각 장의 맨 뒤에 수록된 객관식 문제는 본문 속 내용과 특기사항 속 내용을 기초로 만들어진 문제들이다. 아울러 서술형 예제를 제공함으로써, 학생들로 하여금 각 장의 내용에 대해 보다 폭넓게 생각해 볼 기회를 제공하고자 하였다. 객관식 문제의 정답은 부록에 제시되어 있다.

감사의 글

그룹 Beatles는 친구들의 도움 없이 성공할 수 있었지만, 『심리학과 삶』의 개정과 재출판은 많은 동료와 친구들의 도움 없이는 불가능하였을 것이다. Brenda Anderson, Ruth Beyth-Marom, Susan Brennan, Turhan Canli, Joanne Davila, Anna Floyd, Tony Freitas, Paul Kaplan, Daniel Klein, Anne Moyer, Timothy Peterson, Suzanne Riela, John Robinson, 그리고 Aimee Surprenant에게 특별히 감사드린다.

아울러 다음 교수님들께도 감사의 말씀을 드린다. 이분들은 이 개정판과 구판의 원고를 읽고 소중한 피드백을 제공해 주신 분들이다.

Nancy Adams, Marshalltown Community College

Debra Ainbinder, Lynn University

Robert M. Arkin, Ohio State University

Trey Asbury, Campbell University

Gordon Atlas, Alfred University

Lori L. Badura, State University of New York at Buffalo

David Barkmeier, Northeastern University

Tanner Bateman, Virginia Tech

Darryl K. Beale, Cerritos College

N. Jay Bean, Vassar College

Susan Hart Bell, Georgetown College

Danny Benbassat, George Washington University

Stephen La Berge, Stanford University

Karl Blendell, Siena College

Michael Bloch, University of San Francisco

Richard Bowen, Loyola University

Mike Boyes, University of Calgary

Wayne Briner, University of Nebraska at Kearney

D. Cody Brooks, Denison University

Thomas Brothen, University of Minnesota

Christina Brown, Saint Louis University

Sarah A. Burnett, Rice University

Brad J. Bushman, Iowa State University

Jennifer L. Butler, Case Western Reserve University

James Calhoun, University of Georgia

Timothy Cannon, University of Scranton

Marc Carter, Hofstra University

John Caruso, University of Massachusetts-Dartmouth

Dennis Cogan, Texas Tech University

Sheree Dukes Conrad, University of Massachusetts-Boston

Randolph R. Cornelius, Vassar College

Leslie D. Cramblet, Northern Arizona University

Catherine E. Creeley, University of Missouri

Lawrence Dachowski, Tulane University

Mark Dombeck, Idaho State University

Wendy Domjan, University of Texas at Austin

Dale Doty, Monroe Community College

Victor Duarte, North Idaho College

Linda Dunlap, Marist College

Tami Egglesten, McKendree College

Kenneth Elliott, University of Maine at Augusta

Matthew Erdelyi, Brooklyn College, CUNY

Michael Faber, University of New Hampshire

Valeri Farmer-Dougan, Illinois State University

Trudi Feinstein, Boston University

Mark B. Fineman, Southern Connecticut State University

Diane Finley, Prince George Community College

Kathleen A. Flannery, Saint Anselm College

Lisa Fournier, Washington State University

Traci Fraley, College of Charleston

Rita Frank, Virginia Wesleyan College

Nancy Franklin, Stony Brook University

Ronald Friedman, University at Albany

Eugene H. Galluscio, Clemson University

Preston E. Garraghty, Indiana University

Adam Goodie, University of Georgia

Ruthanna Gordon, Illinois Institute of Technology

Peter Gram, Pensacola Junior College

Jeremy Gray, Yale University

W. Lawrence Gulick, University of Delaware

Pryor Hale, Piedmont Virginia Community College

Rebecca Hellams, Southeast Community College

Jacqueline L. Hess, University of Indianapolis

Dong Hodge, Dyersburg State Community College

Lindsey Hogan, University of North Texas

Rebecca Hoss, College of Saint Mary

Mark Hoyert, Indiana University Northwest

Herman Huber, College of St. Elizabeth

Richard A. Hudiburg, University of North Alabama

James D. Jackson, Lehigh University

Stanley J. Jackson, Westfield State College

Tim Jay, Massachusetts College of Liberal Arts

Matthew Johnson, University of Vermont

Seth Kalichman, Georgia State University

Colin Key, University of Tennessee at Martin

Mark Kline, Indiana University

Jennifer Trich Kremer, Pennsylvania State University

Andrea L. Lassiter, Minnesota State University

Mark Laumakis, San Diego State University

Charles F. Levinthal, Hofstra University

Suzanne B. Lovett, Bowdoin College

Carrie Lukens, Quinnipiac University

Tracy Luster, Mount San Jacinto College

M. Kimberley Maclin, University of Northern Iowa

Gregory G. Manley, University of Texas at San Antonio

Leonard S. Mark, Miami University

Michael R. Markham, Florida International University

Karen Marsh, University of Minnesota, Duluth

Kathleen Martynowicz, Colorado Northwestern Community
    College

Laura May, University of South Carolina-Aiken

Dawn McBride, Illinois State University

Michael McCall, Ithaca College

Mary McCaslin, University of Arizona

David McDonald, University of Missouri

Mark McKellop, Juniata College

Lori Metcalf, Gatson College

Greg L. Miller, Stanford University School of Medicine

Karl Minke, University of Hawaii-Honolulu

Charles D. Miron, Catonsville Community College

J. L. Motrin, University of Guelph

Anne Moyer, Stony Brook University

Eric S. Murphy, University of Alaska

Kevin O'Neil, Florida Gulf Coast University

Barbara Oswald, Miami University

William Pavot, Southwest State University

Amy R. Pearce, Arkansas State University

Kelly Elizabeth Pelzel, University of Utah

Linda Perrotti, University of Texas at Arlington

Brady J. Phelps, South Dakota State University

Gregory R. Pierce, Hamilton College

William J. Pizzi, Northeastern Illinois University

Mark Plonsky, University of Wisconsin-Stevens Point

Cheryl A. Rickabaugh, University of Redlands

Bret Roark, Oklahoma Baptist University

Rich Robbins, Washburn University

Daniel N. Robinson, Georgetown University

Michael Root, Ohio University

Nicole Ruffin, Hampton University

Nina Rytwinski, Case Western Reserve University

Bernadette Sanchez, DePaul University

Patrick Saxe, State University of New York at New Paltz

Mary Schild, Columbus State University

Katherine Serafine, George Washington University

Elizabeth Sherwin, University of Arkansas-Little Rock

Stu Silverberg, Westmoreland County Community College

Norman R. Simonsen, University of Massachusetts-Amherst

Peggy Skinner, South Plains College

R. H. Starr, Jr., University of Maryland-Baltimore

Weylin Sternglanz, Nova Southeastern University

Priscilla Stillwell, Black River Technical College

Charles Strong, Northwest Mississippi Community College

Dawn Strongin, California State University, Stanislaus

Walter Swap, Tufts University

Jeffrey Wagman, Illinois State University

David Ward, Arkansas Tech University

Douglas Wardell, University of Alberta

Linda Weldon, Essex Community College

Alan J. Whitlock, University of Idaho

Paul Whitney, Washington State University

Allen Wolach, Illinois Institute of Technology

John Wright, Washington State University

John W. Wright, Washington State University

Jim Zacks, Michigan State University

이 교과서처럼 광범위한 책을 쓴다는 것은 실로 엄청난 과업이다. 이 과업이 성공적으로 끝날 수 있었던 것은 앞에서 언급한 동료와 친구들 그리고 Pearson 출판사 편집진의 전문적 도움이 있었기 때문이다. 이 과업의 모든 단계에서 이분들이 제공해 주신 공헌에 감사드린다. 그리고 Pearson 출판사의 다음 분들께도 감사의 말씀을 드리는 바이다. Amber Chow, Acquisitions Editor; Judy Casillo, Managing Editor-Editorial; Diane Szulecki, Editorial Assistant; Brigeth Rivera, Marketing Manager; Jeanette Koskinas, Executive Marketing Manager; and Annemarie Franklin, Production Project Manager.

이 『심리학과 삶』의 한국판 출판을 위해서 많은 분들의 노력이 있었다. 먼저 많은 어려움에도 불구하고 좋은 책을 만들기 위해 애쓰신 피어슨 코리아의 사장님께 감사드린다. 의견을 달리하는 여러 역자를 찾아다니며 조율하신 이상덕 부장님, 편집실의 박민정, 류미숙 과장님 그리고 오주영 대리님에게도 감사의 말씀을 드린다.

2013년 1월
한국판 역자 대표
이종한

차례 한눈에 보기

차례

1

심리학과 삶

왜심리학 공부를 해야 하나? 이 질문에 대한 대답은 매우 분명하다. 우리는 심리학 연구를 몸과 마음의 건강, 친밀한 인간관계를 어떻게 만들고 유지할 수 있는지 그리고 학습능력과 인간적 성장과 같이 일상생활에서 경험하는 중요한 이슈에 즉각적이고 결정적으로 응용할 수 있다. 이 책『심리학과 삶』의 중요한 목표 중 하나는 심리학적 전문지식과 개인생활의 관련성과 심리학적 전문지식의 사회적 의미를 설명하는 것이다.

매 학기 초에 심리학 개론 강좌에서 매우 독특한 질문을 가지고 수강하는 학생들을 만나게 된다. 어떤 질문은 개인적 경험에서 생긴 것("만약 어머니가 정신장애자가 되면 내가 무엇을 해야 하나?", "이 수업을 통해서 성적을 올리는 방법을 배울 수 있을까?")이고 어떤 질문은 대중매체에서 알 수 있는 심리학적 정보로부터 나오기도 한다("사람들이 운전 중에 휴대전화를 사용하면 내가 걱정을 해야 하나?", "사람들이 거짓말을 할 때 말해 주는 것이 가능할까?"). 이 심리학 개론은 당신이 궁금해 하는 질문에 대하여 과학적 연구결과로 궁금증을 풀어주는 것이다.

심리학적 연구는 우리의 마음과 행동의 과정을 지배하는 기본적 기제에 대하여 새로운 정보를 지속적으로 제공한다. 오래된 아이디어는 새로운 아이디어로 수정되거나 대체되어 인간의 본성에 관한 흥미로운 퍼즐을 끊임없이 맞추어 간다. 심리학과 함께하는 여행을 마칠 즈음에는 여러분의 심리학 지식의 창고가 가득 차기를 바란다.

이 여행에서 무엇보다 중요한 것은 지식에 대한 과학적 질문이다. 인간 행동이 어떻게, 무엇을, 언제, 왜 일어나는지와 나 자신과 다른 사람 그리고 동물에서 관찰되는 행동의 원인과 결과에 대해 질문할 것이다. 우리는 당신이 하는 생각, 느낌 그리고 행동을 고려할 것이다. 무엇이 당신을 다른 사람들과 분명하게 다르게 만드는가? 그럼에도 왜 다른 사람들과 거의 같은 행동을 하는가? 우리가 유전의 영향을 많이 받는지 아니면 개인적 경험의 영향을 더 받는지? 인간이라는 복잡한 피조물 내부에 공격성과 이타성, 사랑과 증오, 정신병과 창의성이 어떻게 동시에 존재하는가? 이 책을 시작하는 제1장에서는 이러한 여러 가지 질문들이 학문으로서 심리학의 목표에 부합하는지 그 이유와 방법을 알아볼 것이다.

무엇이 심리학을 독특하게 만드는가

심리학의 독특성과 일관성을 이해하기 위해서는, 심리학자들이 연구하고 그 결과를 적용하는 영역과 목적을 정의하는 방법에 대해 생각해야만 한다. 이 책을 끝까지 읽은 후에 당신이 심리학자처럼 생각할 수 있기 바란다. 첫 번째 장에서 그것이 무엇을 의미하는지에 대한 결정적인 아이디어를 제공할 것이다.

정의

많은 심리학자들은 "인간의 본성이 무엇인가?"와 같은 근본적인 질문에 대한 해답을 찾는다. 심리학은 신체 및 사회적 환경에서 발생하는 힘뿐 아니라 개인 내부에서 일어나는 과정을 살펴봄으로써 이 질문에 대한 답을 한다. 이러한 관점에서 **심리학(psychology)**은 개인의 행동과 정신과정에 대한 과학적 연구로 정의된다. 이 정의에 포함된 중요한 용어인 **과학적 방법, 행동, 개인, 정신과정**에 대해 알아보자.

심리학의 과학적 측면은 심리학의 결론이 과학적 방법론의 원리에 따라 수집된 증거에 의해 이루어진다. **과학적 방법(scientific method)**은 문제를 분석하고 해결하기 위한 일련의 단계들로 구성된다. 이 방법은 결론을 도출하기 위해 객관적으로 수집된 정보를 이용한다. 제2장에서 심리학자들이 사용하는 연구방법을 설명하면서 과학적 방법의 특성을 자세히 살펴볼 것이다.

행동(behavior)은 유기체가 그들의 환경에 적응하는 수단이라고 정의될 수 있다. 행동은 행위이다. 심리학의 주제는 대체로 사람과 동물들이 하는 관찰 가능한 행동으로 구성되어 있다. 웃고, 울고, 달리고, 때리고, 말하고, 가볍게 만지는 등이 우리가 관찰할 수 있는 행동의 예이다. 심리학자들은 한 개인이 주어진 상황에서 무엇을 어떻게 하는지를 연구한다. 이 주어진 상황이 작은 규모일 수 있지만, 광범위한 사회적 또는 문화적 맥락의 규모일 수도 있다.

심리학적 분석의 대상은 대부분 개인이다. 예를 들면 신생아, 기숙사 생활에 적응하고 있는 대학생, 혹은 알츠하이머병을 앓고 있는 남편으로 인한 스트레스로 고민하는 주부 등이다. 또한 의사소통을 하기 위하여 기호 사용을 배우는 침팬지, 미로를 탐색하는 흰쥐, 그리고 위험신호에 반응하는 해삼도 심리학 연구대상이 될 수 있다. 심리학자들은 자연스러운 환경 속의 개인을 연구하기도 하고 때로는 실험실과 같이 통제된 조건에서 연구하기도 한다.

많은 심리학자들은 인간 마음의 작업, 즉 **정신과정**을 이해하지 않고는 인간의 행동을 이해할 수 없다고 생각한다. 인간의 많은 행동들에는 생각하고, 계획하고, 추론하고, 창조하고, 꿈

대개의 심리학 연구는 한 사람의 개인에 초점을 두지만, 때로는 다른 종을 연구하기도 한다. 당신의 일상생활 속에서 연구를 할 만한 일이 있는가?

을 꾸는 것과 같은 개인적이고 내적인 사건들이 자리하고 있다. 대개의 심리학자들은 정신과정이 심리학 연구의 가장 중요한 요소라고 믿고 있다. 심리학자들은 정신적 사건과 과정을 연구하기 위하여 독창적인 기법을 고안해 왔고 또한 이를 대중들에게 알리려고 노력하고 있다.

심리학의 이러한 관점으로 인하여 심리학 고유의 영역을 정의하게 된다. 사회과학의 범주에서 볼 때, 심리학자들은 다양한 상황에서 개인의 행동에 초점을 두는 반면에 사회학자들은 집단이나 단체에서의 사람 행동을 연구한다. 그리고 인류학자들은 서로 다른 문화에서 행동의 광범위한 맥락에 초점을 맞춘다. 심리학자들은 주변의 다른 영역의 전문가와 관심주제를 교류하는데, 특히 뇌와 행동에 대한 생화학적 기초를 연구하는 **생물과학자**들과의 협력은 매우 중요하다. 최근에 부상하는 인지과학은 컴퓨터과학, 철학, 언어학 그리고 신경과학 분야의 연구와 이론이 심리학자들의 연구과제인 인간 마음의 작업과정과 어떠한 관계가 있는지를 밝혀주고 있다. 건강과학에 관련하여 심리학자들은 의학, 교육학, 법학, 그리고 환경에 관한 연구자들과 협력하여 개인과 집단의 삶의 질을 높이기 위하여

애쓰고 있다.

현대심리학이 이루어 온 괄목할 만한 폭과 깊이가 심리학자가 되려는 학생들에게 즐거움이 될 수도 있지만, 이러한 특성이 심리학도들에게 처음으로 도전해야 하는 과제이기도 하다. 심리학에는 당신이 예상하는 것보다 훨씬 많은 연구주제가 있다는 점에서 심리학에 입문할 만한 가치가 있는 것이다. 심리학을 공부하는 최선의 방법은 심리학자들의 목표를 공유하는 것을 배우는 것이다. 심리학자들의 목표를 살펴보자.

심리학자의 목표

기초분야를 연구하는 심리학자들의 목표는 행동을 기술하고, 설명하고, 예측하고 통제하는 것이다. 이러한 목표가 심리학의 기초를 이룬다. 이 목표를 달성하기 위해서는 어떻게 해야 할 것인가?

무엇이 일어나는지 기술하기(describing) 심리학에서 첫 번째 과제는 행동을 정확하게 관찰하는 것이다. 심리학자들은 이러한 관찰을 통하여 자료를 만든다. **행동자료**(behavioral data)는

그림 1.1 분석 수준
당신의 친구가 이 그림 앞에서 만나기로 하였다고 가정해 보자. 이 그림을 어떻게 기술하겠는가? 만약 당신의 친구가 이 그림을 똑같이 그리기를 원한다면 당신은 어떻게 기술하겠는가?

유기체의 행동과 행동이 일어나는 조건을 관찰한 보고서이다. 연구자가 자료를 수집할 때는 적절한 분석 수준을 설정하여야 하고 측정의 객관성을 확보할 수 있는 측정도구를 선택해야 한다.

개인의 행동을 연구할 때, 연구자에 따라 아주 광범위하고 전체적인 수준에서 매우 미세하고 구체적인 수준까지 서로 다른 분석 수준을 사용할 수 있다. 예를 들어 그림 1.1과 같은 그림을 기술한다고 가정해 보자. 전체적 수준에서 본다면, 제목인 '목욕하는 사람들' 또는 작가인 'Georges Seurat'라고 기술할 것이다. 조금 더 구체적 수준으로 기술한다면, 몇몇 사람은 강둑에서 일광욕을 하고 다른 몇 사람은 놀이를 즐기고 있다고 할 것이다. 매우 미세한 수준으로 기술하면, Seurat가 사용한 점묘화법을 언급하게 될 것이다. 하나의 그림에 대하여 기술하는 수준에 따라 다른 점을 보게 된다.

심리학적 기술의 수준에 따라서 심리학적 과제의 수준이 결정된다. 가장 광범위한 수준의 심리학적 분석은 복잡한 사회문화적 맥락 속에서의 행동 전체를 다룬다. 이 수준에서는 심리학자들이 폭력의 비교문화적 차이, 편견의 근원, 정신장애로 인한 문제 등에 대하여 연구한다. 다음 수준에서는 행동에 대하여 좁고 정교한 단위에 대하여 관심을 가진다. 예를 들면 정지신호에 대한 반응속도, 독서할 때의 안구운동, 어린이가 말을 배울 때의 문법적 오류 등이다. 어떤 경우는 행동의 매우 정교한 단위를 연구하기도 한다. 이 분야의 심리학자들은 여러 가지 형태의 기억이 저장되는 부위를 확인하여 행동의 생물학적 기초를 탐구하고, 학습이 일어나는 동안의 생화학적 변화를 추적하기도 하고, 시각과 청각의 감각경로를 연구한

다. 각 수준의 분석을 통해 얻은 정보는 심리학 연구의 궁극적 목적인 인간의 본성을 이해하는 데 필수적이다.

어느 수준의 관찰을 하더라도 심리학자들은 행동을 객관적으로 관찰하기 위하여 많은 노력을 기울인다. 연구자가 예상하거나 원하는 것으로 사실을 조작해서는 안 되고 사실을 있는 그대로 자료화하는 것이 무엇보다 중요하다. 왜냐하면 모든 연구자들은 각자의 오류, 편견, 기대 등으로 인한 주관적 관점을 가지고 있기 때문이다. 자료가 왜곡되는 것을 예방하기 위해서는 객관성 확보가 필수적이다. 제2장에서는 자료의 객관성을 유지하기 위한 다양한 기술을 배울 것이다.

무엇이 일어나는지 설명하기(explaining) 바로 앞의 기술은 우리가 인지할 수 있는 정보에 관한 것인 반면에 설명은 우리가 관찰할 수 있는 것을 초월한 것이다. 대개의 심리학 영역은 우리의 행동과 정신과정의 규칙적 유형을 찾는 것을 목적으로 한다. 우리의 행동이 어떻게 일어나는지, 뜻밖의 상황에서 왜 웃는지, 어떤 상태가 자살을 시도하게 하거나 강간을 하게 하는지 등에 대하여 궁금해 한다.

심리학은 다양한 요인이 복합적으로 영향을 미쳐서 행동하게 된다고 설명한다. 개인 내적 요인으로는 유전적 요소, 동기, 지적 수준, 또는 자존심 등이 있다. 이러한 내적 결정요인이 유기체의 어떤 특정한 것을 결정지을 수 있다. 반대로 외적 요인이 작용할 수도 있다. 예를 들면 아이가 상을 받기 위해서 선생님에게 잘 보이려고 하기도 하고, 운전자가 교통체증에 걸려서 짜증을 내며 화를 낼 수 있다. 이러한 행동들은 대체로 개인의 외적 요인에 의해서 영향을 받는다. 담배를 피우게 되는 원인을 찾는다고 생각해 보자. 어떤 사람은 위험부담을 쉽게 받아들일 수 있고(내적 설명), 다른 사람은 동료들로부터 심한 압박을 받았을 수 있으며(외적 설명) 또는 이 두 가지 요인 모두의 영향(복합적 설명)일 수도 있다.

심리학자의 목표는 하나의 근원적 원인으로 여러 가지 행동을 설명하는 것이다. 좋은 성적을 받기 위해서는 학생이 수업시간의 토론에 반드시 참여해야 한다고 교수님은 말한다. 그런데 당신의 친구는 수업준비는 매우 잘하는데 수업시간에 손을 들고 스스로 발표를 하지 않는다. 교수님은 이 학생의 동기가 매우 약하다고 나무라며 머리가 둔하다고 생각할 것이다. 그리고 이 학생은 파티에 가기는 하지만 자신이 아는 사람에게만 말을 하고, 대화에서 자신의 생각을 적극적으로 펼치지도 않는다. 식사 중에도 거의 말이 없다. 당신은 이 친구를 어떻게 분석하겠는가? 어떤 숨겨진 원인이 이러한 행동을 하

심리학적 예언

왜 왜 담배를 피울까? 심리학자들이 담배를 덜 피울 수 있는 조건을 만들 수 있을까?

도록 하였을까? 수줍음으로 설명이 가능한가? 많은 사람들이 심한 수줍음 때문에 고생하듯이 당신의 친구 역시 하고 싶은 방식으로 행동을 못한다(Zimbardo & Radl, 1999). 심리학자들은 수줍음이라는 개념으로 당신 친구 행동의 모든 패턴을 설명한다.

이와 같은 인과관계를 설명하기 위해서는 여러 가지 자료를 창의적으로 검증하여야 한다. 심리학자들도 명탐정 셜록 홈즈가 단편적인 증거들로부터 예리한 결론을 내리는 것처럼, 이미 알려진 자료와 아직 알려지지 않은 자료를 창의적으로 합성하여 상상력을 활용해야 한다. 잘 훈련된 심리학자라면 관찰 결과를 설명할 때 선행연구자들이 해당 현상에 대하여 이미 발견한 결과를 자신의 통찰력을 이용하여 잘 설명한다. 많은 심리학 연구들은 각각 다른 행동의 유형을 정확하게 설명하기 위해 노력한다.

무엇이 일어날 것인지 예측하기(predicting) 심리학에서 예측은 어떤 행동이 일어날지 또는 어떠한 관계가 발견될 것인지에 대하여 진술하는 것이다. 우리가 어떤 행동의 이면에 깔린 원인을 정확하게 설명할 수 있다면 이와 관련된 미래의 행동을 정확하게 예측할 수 있을 것이다. 당신의 친구가 수줍어하는 것이 확실하다면, 이 친구에게 많은 학생들 앞에서 연설을 하라고 하면 매우 불편해할 것을 예측할 수 있다. 어떤 행동이나 관계에 대하여 여러 가지 다른 설명이 있을 때, 이 설명들은 어느 설명이 보다 더 정확하고 종합적으로 예측할 수 있는지에 따라 판단된다. 만약 앞의 친구가 수업시간에 대화를 편하게 잘한다면 그 친구에 대한 진단을 다시 해야만 한다.

관찰이 객관적으로 이루어져야 하듯이 과학적 예측도 검증이 가능하도록 정확한 용어로 서술되어야 하고, 만약 예측이 경험적 자료로 검증되지 않는다면 예측은 기각될 수 있어야 한다. 예를 들어 연구자가 사람의 아기와 원숭이 새끼에게는 낯선 사람이 불안반응을 야기하는 원인이 될 것이라고 예측하였다고 가정해 보자. 우선 '낯선 사람'의 수준에 대하여 보다 구체적이고 정확하게 기술할 필요가 있다. 낯선 사람이 어른이기보다 아기일 때 그리고 다른 종이 아니고 같은 종일 때 덜 불안해할 것이다. 보다 정확한 예측을 하기 위해서는 환경 조건을 다양하게 변화시킬 수 있어야 하고 이 조건들이 아이에게 미치는 영향을 관찰하여야 한다.

일어나는 것을 통제하기(controlling) 대개의 심리학자들은 통제가 가장 중요하고 힘이 있는 목표라고 생각한다. 통제란 행동을 시작하게 하고, 유지시키고, 멈추게 하고, 일어나는 행동의 형태와 강도나 빈도에 영향을 주는 것이다. 행동이 통제될 수 있는 조건을 만들 수 있을 때 그 행동에 대하여 인과적 설명을 할 수 있다.

행동을 통제하는 능력은 심리학자들로 하여금 우리의 삶의 질을 향상시키기 위한 방법으로 사용할 수 있기 때문에 매우 중요하다. 이 책의 각 장에서 심리학자들이 여러 가지 형태로 개입하는 것을 보게 될 것이다. 예를 들어 제15장에서는 정신장애에 대한 치료방법을 논할 것이고, 흡연과 같이 건강을 해치는 행동을 중지하고 건강증진을 위하여 주기적인 운동을 어떻게 시작하게 할 것인지(제12장)를 알아볼 것이다. 어떤 양육방식이 자녀와 부모의 돈독한 관계를 유지하게 할 수 있게 하는지(제10장)와 위기 상황에서 낯선 사람이 돕기를 꺼리는 원인이 무엇이며 어떻게 하면 돕게 할 수 있을지에 대하여 공부할 것이다(제16장). 이런 관점에서 본다면 심리학자들은 상당히 낙관적이며 바람직하지 못한 행동은 적절한 심리학적 개입으로 수정될 수 있다고 믿는다. 이 책 『심리학과 삶』도 낙관적 입장을 취한다.

 복습하기

1. 심리학 정의의 네 가지 구성요소는 무엇인가?
2. 심리학자가 연구할 때 네 가지 목표를 어떻게 활용하는가?
3. 설명의 목적과 예측의 목적 사이에 왜 밀접한 관계가 있는가?

현대심리학의 진화

오늘날에는 심리학을 정의하고 심리학 연구의 목표를 설명하는 것이 상대적으로 쉬워졌다. 심리학 공부를 시작할 때 현대심리학이 출현할 수 있도록 이끈 힘이 무엇인지 알 필요가 있다. 역사를 개관할 때 가장 중요한 원리는 개념을 이해하는 것이다. 심리학의 역사는 우리의 마음과 행동을 과학적으로 연구하는 데 필요한 적절한 주제와 방법론을 구성하기 위하여 열띤 논쟁을 지속적으로 해온 것이다.

심리학의 역사를 두 가지 차원으로 분석할 것이다. 첫 번째 절에서는 현대심리학이 형성되는 데 결정적으로 필요하였던 기초 작업을 연대별로 개관하여 오늘날의 심리학이 있기까지 기여해 온 학파들을 살펴볼 것이다. 두 번째 절에서는 현대심리학의 관점을 크게 일곱 가지로 정리하여 제시하고자 한다.

심리학의 역사적 기초

1908년에 최초의 실험심리학자 중의 한 사람인 Hermann Ebbinghaus(1858~1909)는 "심리학의 과거는 길지만 역사는 매우 짧다."고 하였다(Ebbinghaus, 1908/1973). 수많은 학자들이 사람들이 어떻게 현실을 지각하는지, 의식의 본질, 광기의 원인과 같은 인간 본질에 관하여 매우 심오한 의문을 제기하였지만, 누구도 이 질문에 대한 답을 말할 수 있는 방법을 찾지 못하였다. 기원전 4~5세기의 그리스 철학자 소크라테스,

플라톤, 그리고 아리스토텔레스가 제기하였던 근본적인 질문을 생각해 보자. 마음이 어떻게 작용하는가? 자유의지의 본질은 무엇인가? 시민들과 그들이 살아가는 지역사회 또는 주와는 어떤 관계인가? 고대 인도의 요가 전통에서도 심리학적 언급이 있었지만, 서양의 심리학은 이런 철학자들의 업적에서 근거를 찾고 있다. 플라톤과 아리스토텔레스는 서로 반대되는 입장을 취했는데, 그 영향은 현대철학에 지속적으로 이어지고 있다. 세상을 어떻게 알아가는지를 생각해 보자, 경험주의 관점에서는 사람의 마음은 백지로부터 출발하여 체험을 통해서 정보를 획득한다고 주장한다. John Locke(1632~1704)는 17세기에 경험주의적 견해를 분명하게 주장하였으며, 그의 주장은 아리스토텔레스로부터 기원한다. 생득설의 관점에서는 인간은 세상을 경험하는 방법을 결정하는 정신구조를 가지고 인생을 출발한다고 주장하였다. Immanuel Kant(1724~1804)는 18세기에 이러한 생득설의 입장을 충분하게 발전시켰으며 그 근원은 플라톤에서 찾을 수 있다(이 주제는 나중에 '천성과 양육'의 논쟁에서 다시 거론함). 프랑스의 철학자 Rene Descartes(1596~1650)는 현대심리학에 또 다른 중요한 화두를 던졌다. Descartes가 살았던 시대에는 매우 새롭고 과격한 아이디어였다. 사람의 몸은 '동물적 기계'이고, 이는 경험적 관찰을 통하여 자연법칙을 발견함으로써 과학적으로 이해될 수 있다고 하였다. 19세기 말에 접어들면서 철학으로부터 가져온 근본적인 질문을 생리학과 물리학과 같은 과학으로부터 응용한 실험실에 적용하면서 심리학은 하나의 독립된 학문으로 형성되었다.

Wilhelm Wundt가 1879년에 독일의 라이프치히에서 실험심

Wilhelm Wundt는 1879년 실험심리학을 위한 최초의 공식적인 실험실을 개설하였다. 당신이 심리학 실험실을 개설한다면 어떤 주제를 연구하고 싶은가?

'편안한 음식'이 당신을 편안하게 만드는가?

심리학과 삶의 중요한 목표는 당신의 비판적 사고능력을 키우는 것이다. 이 책은 당신이 어떤 것을 믿고 어떻게 행동하여야 할 것인지에 대한 지적 결정을 내릴 수 있도록 도와줄 것이다(Appleby, 2006, p. 61). 실제생활에 있는 시나리오를 생각해 보자. 당신이 매우 고달픈 하루를 지내고 편안한 음식을 한껏 먹기로 마음을 정했다고 하자. 편안한 음식이 당신의 기분을 편안하게 해 줄 것이라는 어떤 증거가 있는가? 이 질문에 대하여 연구자들이 어떻게 그 해답을 구하는지 알아보자.

편안한 음식이 편안함을 가져다준다면 정서적으로 힘들 때 편안한 음식을 더 많이 먹을 것이다. 이러한 가설을 검증하기 위하여 연구팀이 여자 대학생에게 야만적이고 폭력적인 영화를 보게 하였다(Evers et al., 2010). 연구자들은 이 영화가 부정적 정서를 유발하기를 의도하였고 결과는 의도대로 되었다. 일부의 여학생에게는 영화를 보는 동안 자신들의 정서적 반응을 억압하도록 지시하였다. 그래서 누구도 영화를 보는 동안 어떤 종류의 영화를 보는지를 말하지 못하게 하였다(p. 797). 두 번째 집단에는 자신들의 기분을 숨기라는 지시를 하지 않았다. 영화를 보고 난 후에 참가학생들은 영화와는 상관이 없는 맛에 대한 연구를 하는 것으로 믿게 하였다. 참가자들에게 편안한 음식(예 : 초콜릿)과 편안하지 않은 음식(예 : 무염 크래커) 모두를 먹을 수 있는 기회를 주었다. 자신의 정서를 억압하였던 집단의 여학생들은 그렇지 않은 집단에 비하여 편안한 음식을 두 배 많이 먹었다. 억압하지 않은 집단의 여학생들은 같은 양의 편안한 음식과 편하지 않은 음식을 먹었다. 이러한 연구 결과는 정서적 혼란을 겪을 때 편안한 음식을 실제로 선호하게 된다는 사실을 시사한다.

그러나 편안한 음식이 어떻게 부정적 정서를 도와줄 수 있을까? 다른 연구팀은 우리가 대체로 사랑하는 사람과 함께 있을 때 편안한 음식을 먹는다고 제안한다(Troisi & Gabriel, 2011). 이러한 이유로 편안한 음식이 이러한 관계의 정서적인 따뜻함을 우리의 기억 속에서 연상하게 된다고 하였다. 이러한 가설을 검증하기 위하여 연구자들은 두 집단의 학생들을 준비하였다. 첫 번째 집단에게는 치킨수프가 편안한 음식이라는 것을 알려주었고, 두 번째 집단에게는 이러한 연상을 하지 않도록 하였다. 실험을 시작하면서 일부 학생은 치킨수프를 먹게 하고 나머지 다른 학생들은 먹지 않게 하였다. 그리고 이들에게 불완전한 철자(예 : li—)를 주고 완성하게 하였을 때 관계를 의미하는 단어(예 : like)로 만드는 경향을 보였다. 연구자들은 편안한 음식으로 간주되는 치킨수프를 먹은 연구 참여자들이 관계를 나타내는 단어를 더 많이 말한다고 설명하였다. 치킨수프를 먹는 경험을 한 연구 참여자들의 기억 속에서 관계 연상을 더 쉽게 한다는 결론이다.

이런 일련의 연구들이 시사하는 바는 편안한 음식을 먹는 것과 관련된 기억이 부정적 정서를 조절하는 데 도움이 된다는 것이다. 자, 그러면 여기서 당신의 비판적 사고 기술을 사용해 보자. 편안한 음식을 포식하기 전에 당신은 무엇을 알아야 할까?

- 첫 번째 연구에서 왜 연구자들이 한 가지 성으로만 실험을 했을까?
- 연구자의 이론을 존중할 때, 치킨수프가 왜 모든 사람에게 편안한 음식이 되지 못할까?

리학을 위한 실험실을 처음 정식으로 개설함으로써 현대심리학을 창시하였다. Wundt는 생리학자로 훈련받아 왔지만, 그의 연구활동 전반에 걸쳐 그의 관심은 몸에 대한 물음에서 마음에 관한 물음으로 바뀌었다. 그는 간단한 정신과정의 속도뿐 아니라 감각과 지각에 대한 기본 처리과정을 이해하려고 하였다. Wundt가 실험실을 설립하였을 때 그는 이미 상당한 수준의 심리학 연구를 하였고, 『생리심리학의 원리』 초판을 출판하였다(King et al., 2009). Wundt가 라이프치히에 실험실을 개설하면서 여러 새로운 분야의 대학원생들을 교육하고 훈련시켰다. 그의 실험실 제자들이 세계 각국에서 각자의 실험실을 개설하는 설립자가 되었다.

심리학이 독립된 학문으로 자리를 잡으면서 북미 대륙의 존스홉킨스대학교에서 1883년에 심리학 실험실을 개설한 것을 필두로 많은 실험실이 만들어지기 시작하였다. 초기의 실험실

은 Wundt의 영향력을 전파하였다. 한 예로 Wundt와 함께 공부한 Edward Titchener는 1892년에 코넬대학교에 실험실을 세우면서 미국 최초의 심리학자 중 한 사람이 되었다. 그렇지만 같은 시기에 의학을 전공하고 문학과 종교에 많은 관심을 가졌던 하버드 대학의 젊은 철학교수는 미국의 독특한 관점을 발전시켰다. 유명한 소설가 Henry James의 형제인 William James는 두 권으로 된 『심리학의 원리』(1890/1950)를 저술하였다. 이 책은 많은 전문가들이 지금까지 출판된 책 중에서 가장 중요한 심리학 교과서라고 생각한다. G. Stanley Hall은 1892년에 미국심리학회를 조직하였다. 1900년까지 북미에는 40개 이상의 심리학 실험실이 있었다(Benjamin, 2007).

심리학이 등장하자마자, 새로 형성된 학문 분야에 보다 더 적합한 주제와 방법에 대한 논쟁이 일어났다. 이 논쟁은 심리학에서 아직 분명하지 않은 이슈들은 제외시켰다. 이제는 구

성주의와 기능주의 간의 긴장을 구체적으로 기술할 것이다.

구성주의 : 마음의 요소 심리학이 실험을 주로 하는 실험실 과학이 될 때, 심리학이 지식축적에 기여할 수 있다는 잠재력을 확실하게 인정받을 수 있다. Wundt 실험실의 실험에 참가하는 사람들은 실험실 도구에 의해 생성된 여러 가지 조건에서 자신들이 지각한 자극들에 간단한 반응('예', '아니요' 또는 버튼 누르기)을 하였다. 자료를 체계적이고 객관적인 과정을 통해 모으기 때문에, 서로 다른 연구자들도 반복 실험을 통해 같은 결과를 얻을 수 있었다. 과학적인 방법을 강조하고(제2장), 측정을 정밀하게 하려는 노력, 그리고 자료의 통계적 분석은 Wundt 심리학 전통의 특성이 이어진 것이다.

Titchener는 Wundt의 심리학을 미국으로 전파하면서 과학적 방법을 의식 연구에 사용하여야 한다고 주장하였다. Titchener의 목표는 개인의 정신생활의 구성요소를 정의하여 인간 마음의 구조를 발견하는 것이었다. 그는 자신의 연구 프로그램을 화학자들이 연구하는 것과 유사할 것이라고 생각하였다(1910, p. 49). "심리학자들은 화학자들이 원소를 분류하는 것처럼 마음의 요소를 정확하게 배열한다." Titchener의 접근방법은 마음과 행동의 구성에 대해 연구하는 **구성주의**(structuralism)로 알려졌다.

Titchener는 기본요소를 발견하기 위하여 특정 감각경험 상황에서 개인의 생각과 느낌을 체계적으로 검사하는 **내성법**(introspection)을 사용하였다. 미각영역에 대하여 생각해 보자. Titchener의 내성법에 따르면 우리의 모든 미각경험은 기본 감각인 짠맛, 단맛, 신맛, 쓴맛의 조합으로 알게 된다고 주장하였다. 제4장에서 Titchener가 한 가지 기본요소를 빠뜨렸다는 것을 알게 될 것이다. 그렇지만 내성법은 인간 체험의 영역에 대한 설명을 하였다. Titchener와 그의 추종자들은 감각영역의 44,000개 이상의 뚜렷한 요소를 확인하였다(Benjamin, 2007). 구성주의는 각 개인의 내성적 결과를 인간심리의 일반적 양상으로 확인할 수 없다는 점 때문에 많은 비판을 받았다.

독일의 심리학자 Max Wertheimer는 구성주의에 대한 대안으로 마음을 부분들의 합으로 보기보다는 조직화된 전체, 즉 **형태**(gestalt)로 이해하는 방법을 개척하였다. 예를 들면 한 장의 그림은 물감을 여러 차례 칠하는 것을 합친 것 이상의 것이다. 제4장에서 공부할 **형태주의 심리학**(Gestalt psychology)은 지각연구에 지속적으로 영향을 미치고 있다.

구성주의에 대한 두 번째 비판은 기능주의라는 이름으로 대두되었다.

기능주의 : 목적을 지닌 마음 William James는 의식이 심리학 연구의 중심이라고 생각한 Titchener에 동의했다. 하지만 James는 자신의 관심을 정신과정의 요소뿐 아니라 정신과정의 목적에 두었다. James는 의식이 어떻게 기능하여 사람들이 자신의 환경에 효과적으로 적응하게 하는지를 이해하려고 노력하였다. 이러한 James의 접근방법은 **기능주의**(functionalism)로 알려졌다.

기능주의자들에게는 "어떤 행동의 기능 또는 목적이 무엇인가?"에 대한 해답을 구하는 것이 주관심사였다. 가령 구성주의자들은 반사를 보면 반사의 기본 성분을 확인하고자 한다. 이에 비하여 John Dewey는 "종의 번식, 삶의 보존, 특정 장소로의 이동과 같은 구체적인 목표에 도달하기 위한 본질적으로 적응적인 행위의 연속으로 정렬된 순서(1896, p. 366)"로서 그가 기술하였던 반사의 기능에 집중하였다. Dewey의 정신과정에 대한 실용적 사용능력에 대한 관심은 교육에 매우 중요한 진전을 가져왔다. Dewey의 이론은 자신의 실험학교뿐 아니라 미국 전역의 진보주의 교육에 영향을 미쳤다. "지적 호기심이 증가하고 이해력이 좋아질 것으로 기대되는 행동학습을 선호하게 되면서 암기학습은 도태되었다."(Kendler, 1987, p. 124).

James는 정교한 관찰이 필요하다고 하였지만, Wundt와 같은 엄격한 실험적 연구방법에는 가치를 두지 않았다. James의 심리학에서는 정서, 자아, 의지, 가치, 그리고 종교적이고 신비스러운 경험까지도 연구주제로 포함시켰다. 개인의 고유한 특성은 일률적인 공식이나 검사결과의 숫자로 환원될 수 없다고 주장하였다. James의 심리학에서는 실험적 통제보다 설명이 더 중요한 목표가 되었다.

여러 접근법의 유산 구성주의와 기능주의 간의 차이에도 불구하고 이 두 가지 학파의 연구자들의 학문적 통찰은 현대심리학이 번성할 수 있는 지적 바탕을 만들었다. 요즈음 심리학자들은 행동의 구조와 기능 모두를 연구한다. 슈퍼볼을 친구와 같이 관전하기 위하여 친구를 초대하는 말을 하는 과정을 생각해 보자. 당신이 하는 말에는 언어의 기능—Superbowl, with me, today—뿐 아니라 정확한 구조도 갖추어져야 한다. "Would watch Superbowl me the with today you to like?"라고 말하지 않을 것이다. 연구자들은 말하는 사람이 의미를 잘 전달하는지(기능)와 문법적 구조가 적합한지를 분석한다(Bock, 1990). 언어발달은 제8장을 참조하기 바란다. 이 책에서는 심리학의 전통적 연구뿐 아니라 최근의 연구에 관하여 구성주의와 기능주의 두 가지 관점 모두에서 조망할 것이다. 심리학자들은 각 개인의 독특한 특성뿐 아니라 모든 인간에게 적용할 수 있는 특성도 연구할 수 있는 매우 다양한 연구방법론을 지속적으로 강구하고 있다.

여성 연구 개척자

심리학의 역사를 되돌아볼 때 초기의 연구와 현장 응용은 주로 남성에 의해서 이루어졌다. 여성 심리학자들의 수가 아직도 적기는 하지만 이들도 심리학의 발전에 기여한 바가 적지 않다(Benjamin 2007). 서로 다른 심리학 연구에서 개척자로 기여한 네 사람의 여성 심리학자를 소개한다.

Mary Whiton Calkins(1863~1930)는 하버드대학교에서 William James와 함께 연구하였다. 그녀가 여성이었기 때문에 '초청' 대학원생으로 연구에 참여할 수 있었다. 그녀가 우수한 성적으로 박사과정을 마쳤으나 여성이라는 이유로 하버드대학교 당국이 그녀에게 박사학위 수여를 하지 않았다. 이러한 모욕에도 불구하고 Calkins는 미국에서 처음으로 심리학 실험실을 만들었고 기억을 연구하는 중요한 기술을 개발하였다. 1905년에 그녀는 미국심리학회의 첫 번째 여성 회장이 되었다.

Margaret Floy Washburn(1871~ 1939)은 1894년에 코넬대학교를 졸업하면서 여성으로서 처음 심리학 박사학위를 받았다. 그녀는 『동물의 마음』이라는 영향력 있는 교재를 1908년에 출판하기도 하였다. 이 책에서 여러 종의 동물들 간의 지각, 학습, 그리고 기억에 대한 비교연구 결과를 제시하였다. Washburn은 1921년에 미국심리학회의 두 번째 여성 회장을 역임하였다.

Helen Thomson Wooley(1874~1947)는 남녀 성차에 관한 연구업적을 달성하였다(Maracek et al., 2003; Milar, 2000). 그녀가 1900년에 시카고대학교에서 박사학위 논문으로 연구한 것은 남녀 각각 25명의 지능과 정서를 심리검사로 비교한 것이다. 이 연구를 통하여 그녀는 남녀의 차이가 자연적인 능력의 차이에 의한 것이 아니고 일생을 통한 사회적 경험의 차이에 기인한다는 결론을 내렸다. 그녀는 주로 남성들에 의해서 만들어진 성차에 관한 연구에 대하여 유쾌한, '개인적 편향, 편견을 위한 논리적 순교, 감성적인 허튼 소리'(Wooley, 1910, p. 340)와 같은 유명한 비평을 하였다.

Leta Stetter Hollingworth(1886~ 1939)는 Wooley에 의해서 고무되어서 남녀 성차에 대한 자료에 문제를 제기하였다. Hollingworth는 창의성과 지능 수준에서 여성이 남성에 비하여 유전적으로 열등한 것인지에 대하여 논박하였다. 그녀는 지능에서 극단치를 보이는 정신지체 아동과 영재 아동에 대한 연구를 최초로 진행하였다. 그리고 영재 아동들의 타고난 자질을 향상시킬 수 있는 교과과정을 개발하여 뉴욕시의 학교에서 실시할 수 있도록 하였다.

이러한 여성들의 개척적인 연구 이래로 심리학의 연구 영역은 매우 다양한 방향으로 변화하고 있다. 최근 들어서는 여성들이 남성들보다 심리학 영역에서 더 많은 박사학위를 받고 있다(National Science Foundation, 2010). 나는 이 책 『심리학과 삶』을 통하여 다양한 연구자들의 업적을 조명할 것이다. 심리학이 과학과 인간사에 지속적으로 기여함으로써 여성과 남성 그리고 사회의 여러 분야의 구성원들이 풍요로워지고 있다.

심리학의 관점

앞에서 언급한 친구와 함께 보고 싶은 슈퍼볼 게임에 대해서도 다양한 관점이 있을 수 있다. 고등학교 재학시절에 미식축구를 직접 해본 사람과 그렇지 않은 사람, 그날 게임을 하는 축구팀의 연고지 출신인 사람과 아닌 사람과 같이 서로의 입장에 따라 그 게임을 보는 관점이 다를 수 있다.

이와 같은 맥락으로 심리학자들의 관점에 따라 그들이 행동과 정신과정의 어떤 측면을 보는지, 어떤 결과를 추구하는지, 그리고 이에 따른 분석방법이 서로 다르다. 이 절에서는 다음 일곱 가지의 관점을 소개하고자 한다. 정신역동, 행동주의, 인본주의, 인지주의, 생물학적, 진화론적, 사회문화적 관점. 각 관점에 따라서 행동의 원인과 결과를 다르게 정의한다는 것을 알게 될 것이다.

주의사항 : 각 관점들이 심리학의 주요한 논점에 각기 다른 접근을 함에도 불구하고 대부분의 심리학자들은 한 가지 이상의 다양한 관점으로부터 개념들을 가져다 사용하는 이유를 이해하여야 한다. 각 관점들은 인간경험의 전체를 이해하는 데 도움이 되기 때문이다.

정신역동 관점 정신역동 관점(psychodynamic perspective)에 따르면 행동은 강력한 내부 힘에 의해 움직이고 동기화된다. 이 관점에서는 인간행동의 근원을 선천적인 본능, 생물학적 추동, 그리고 개인적인 욕구와 사회의 요구 사이의 갈등을 해결하려는 시도라고 전제한다. 박탈된 상태, 생리적 각성, 그리고 갈등은 증기기관차의 석탄 연료처럼 행동에 힘을 공급한다. 이 모델에 따르면, 유기체의 욕구가 충족되고 추동이 감소되면 반응을 멈추게 된다. 행동을 하는 가장 중요한 목적은 긴장을 감소시키는 것이다.

동기에 관한 정신역동 이론은 오스트리아 비엔나의 의사

Freud가 딸 Anna와 함께 1913년 이탈리아를 여행할 때 찍은 사진이다. Freud는 인간의 행동이 때때로 우리의 의식적 자각 의외의 동기에 의해서 추동될 수 있다고 하였다. 당신의 인생에 있어서 정신분석학적 관점이 주는 의미는 무엇인가?

Sigmund Freud(1856~1939)가 19세기 후반에서 20세기 초반에 걸쳐서 거의 완전하게 발전시켰다. Freud의 이론은 정신적 장애가 있는 환자들을 치료하면서 발전된 것이지만, 그가 관찰한 원리는 정상과 비정상적인 행동 모두에 적용될 수 있다고 믿었다. Freud의 정신역동 이론에서는 인간을 내부와 외부 힘의 복잡한 조직망 간에 서로 밀고 당기는 것으로 보았다. 인간의 본성이 언제나 합리적인 것은 아니며 우리가 의식하지 못하는 수준의 동기에 의해서 행동을 할 수 있다는 주장을 한 것은 Freud의 모델이 처음이다.

Freud 이후 많은 심리학자들이 새로운 방향으로 정신역동 모델을 취하여 왔다. Freud는 성격이 초기 아동기 단계에서 형성됨을 강조하였다. 신 Freud 이론가들은 한 사람의 전체 인생을 통해 경험하는 사회적 영향과 상호작용을 포함함으로써 Freud 이론의 영역을 확장시켰다. 정신역동 이론의 아이디어는 심리학의 여러 영역에 지대한 영향을 미쳤다. Freud의 학문적 기여는 아동발달, 꿈, 망각, 무의식적 동기, 성격, 그리고 정신분석 치료 등 다양한 영역에서 만나 볼 수 있다.

행동주의 관점 행동주의 관점(behaviorist perspective)을 취하는 심리학자들은 특정 환경 자극이 특정 유형의 행동을 어떻게 통제하는지를 연구한다. 첫째, 행동주의자들은 행동에 앞서

John Watson은 행동주의 관점의 선구자였다. 왜 그는 여러 종에 걸쳐 적용되는 행동의 법칙을 추구하였는가?

설정되는 선행 환경 조건을 분석한다. 선행 환경 조건은 유기체가 반응을 하거나 억제하는 상황으로서 모든 행동에 우선하여 설정된다. 다음으로, 그들은 연구의 중요한 목적인 **행동 반응**을 자세히 살펴본다. 행동은 이해 · 예언 · 통제되어야 한다. 마지막으로 반응에 따라 나오는 관찰 가능한 결과를 조사한다. 예를 들어 행동주의자의 관심은 과속운전 벌금(결과)이 운전자들에게 운전을 조심해서 하거나 과속하지 않도록(행동 반응) 변화시킬 수 있다는 데에 있다.

행동주의 관점은 John Watson(1878~1958)에 의해서 개척되었는데, 그는 행동에 관한 심리학적 법칙이 서로 다른 종 간에 통용되어야 한다고 주장하였다. B. F. Skinner(1904~1990)는 행동주의를 조작적 조건형성 이론으로 발전시켰다. 이 두 행동주의자들은 모두 연구되는 현상에 대한 정확한 정의와 증거에 대한 엄격한 기준의 중요성을 강조하였다. 이 두 연구자는 자신들이 동물을 대상으로 연구하여 발견한 원리들이 인간에게도 적용될 수 있다고 믿었다.

행동주의(behaviorism)는 결정적이고 실질적인 유산을 남겼다. 정밀한 실험의 필요성과 변인에 대한 신중한 정의를 강조

한 연구방법은 대부분의 심리학 영역에 영향을 미쳤다. 행동주의자들이 주로 동물을 이용하여 기초적인 연구를 해왔지만, 행동주의의 원리는 인간의 문제에도 다양하게 적용되어 왔다. 행동주의 원리는 아동교육에 있어서 처벌보다는 정적 강화를 사용하게 하여 보다 더 인간적인 접근을 할 수 있게 하였고, 행동장애를 수정하는 새로운 치료법, 그리고 이상적인 공동체를 건설하기 위한 아이디어를 제공하기도 하였다.

인본주의 관점 인본주의 심리학은 정신역동과 행동주의 모델의 대안으로 1950년대에 나타났다. **인본주의 관점**(humanistic perspective)은 Freud 학파가 주장한 강력한 본능적인 영향력에 의해 사람이 추동되거나 행동주의학자가 제안한 것처럼 환경에 의해 조정되는 것이 아니라는 것이다. 대신에 인간은 선천적으로 타고난 착한 의지와 스스로 선택할 수 있는 능력을 가진 능동적인 존재라는 것이다. 인본주의 심리학자도 행동을 연구하지만, 낱개의 행동요소와 실험실 수준의 변인으로 나누지 않고 사람의 생활사 패턴을 연구한다.

인본주의 관점에서의 인간을 위한 중요한 과제는 인간의 긍정적인 발달을 추구하는 것이다. Carl Rogers(1902~1987)는 사람은 심리적으로 성장하고 건강해질 수 있는 타고난 경향성이 있다고 주장하였다. 이 경향성은 주위 사람들이 긍정적 관심으로 도와주는 과정이기도 하다. Abraham Maslow(1908~1970)는 각자에게 주어진 잠재력을 최대한 발달시키려는 개인의 동기로서 자아실현을 강조하였다. Rogers와 Maslow, 그리고 동료들은 인간에 대한 심리학 연구를 하면서 인간 전체를 대상으로 하여야 하고 전체적 접근을 하여야 된다는 관점을 수립하였다. 그들은 인간에 대한 진정한 이해를 위해서는 사회와 문화의 영향력에 대한 충분한 인식과 함께 개인의 몸과 마음에 대한 통합된 지식이 필요하다고 하였다.

인본주의 접근은 문학, 역사, 예술 분야에까지 심리학 영역을 넓혀 가고 있다. 이와 같은 노력으로 심리학이 더욱 완전한 학문으로 되어 가고 있다. 인본주의자들은 자신들의 관점이 인간의 부정적인 힘과 인간의 동물적 측면을 초월하여 심리학이 자랄 수 있게 하는 촉진제가 될 것이라고 하였다. 제15장에서 더 자세하게 공부할 인본주의의 관점은 심리치료의 새로운 접근을 발전시키는 데 결정적 기여를 하였다.

인지주의 관점 심리학에서 인지 혁명은 행동주의의 한계에 대한 또 다른 대안으로 나타나게 되었다. **인지주의 관점**(cognitive perspective)의 가장 중요한 주제는 인간의 생각과 모든 앎의

과정이다. 즉 주의, 사고, 기억, 이해와 이들의 과정을 모두 포함한다. 인지적 관점에서 보면, 인간은 생각하기 때문에 행동하고, 인간이기 때문에 생각한다고 하였다. 인간은 이렇게 생각하고 행동하도록 매우 정교하게 준비되어 있다.

인지 모델에서도 행동주의자들이 주장하는 것처럼 앞서 나타난 환경적 사건과 과거 행동의 결과에 의해 행동이 결정된다는 것을 수용하지만 매우 제한적이라고 생각한다. 매우 의미 있는 행동 중에서 상당수는 과거에 사용된 예측 가능한 방법으로 설명되는 것이 아니라 전적으로 새로운 사고방식으로부터 나타난다. 아이들이 모국어를 어떻게 배우는지 생각해 보자. B. F. Skinner는 자신의 저서『언어 행동』(1957)에서 아이들은 보통의 학습과정을 통하여 언어를 배운다고 주장하였다. Noam Chomsky(b. 1928)는 Skinner의 주장에 반대되는 논쟁을 펼쳐서 언어획득에 대한 인지적 접근을 출발시켰다. Chomsky는 아이들이 발성을 할 수 있게 되더라도 그 소리가 자신의 과거 경험의 범위 밖의 것일 수 있다고 주장하였다. 스위스의 심리학자 Jean Piaget(1896~1980)는 아이들에 대한 자신의 연구를 통하여 인지발달을 거치면서 질적 변화를 보이는 일련의 정신과제를 설명하였다. 아이들의 마음이 정교해지는 과정을 피아제는 아이들의 내적 인지상태로 설명하였다.

인지심리학자들은 지각, 기억, 언어사용, 문제해결, 그리고 다양한 수준에서의 의사결정과 같은 상위 정신과정을 연구한다. 인지심리학자들은 사고를 외현적 행동의 결과인 동시에 원인이라고 본다. 당신이 다른 사람을 불편하게 하였을 때 후회하는 기분은 생각의 결과이다. 그렇지만 후회하는 기분에 이어서 당신의 행동에 대하여 사과하는 것은 행동의 원인이 될 수 있다. 인지심리학적 관점에서 보면, 한 사람이 현실에 반응하는 것은 객관적 세상에 대한 것이 아니고 개인의 내적 생각과 상상의 주관적 세상에 대한 것으로 해석된다. 이와 같이 정신과정에 연구의 초점을 두기 때문에 많은 연구자들은 인지적 관점을 현대심리학에서 영향력 있는 접근법으로 받아들인다.

생물학적 관점 **생물학적 관점**(biological perspective)은 행동의 원인을 유전자, 뇌, 신경계, 그리고 호르몬계의 기능으로 설명한다. 유기체의 기능은 기본적인 신체적 구조와 생화학적 과정의 개념으로 설명된다. 우리의 경험과 행동을 신경세포들 사이에서 발생하는 화학적이고 전기적인 활동들의 결과로 이해한다.

생물학적 관점을 취하는 연구자들은 심리적이고 사회적 현

상도 궁극적으로는 생화학적 과정으로 이해될 수 있다고 가정한다. 아무리 복잡한 현상이라도 가장 작고 구체적인 단위로 세분화하여 분석하면 이해할 수 있다. 예를 들어 당신이 이 문장 중의 어떤 단어를 읽을 때 당신의 뇌세포의 신체적 변화를 정확하게 분석하려고 한다. 이러한 관점에서 보면 행동은 신체적 구조와 유전적 과정으로 결정된다고 할 수 있다. 경험은 이러한 기본적인 생물학적 구조와 과정을 변화시켜서 행동을 수정할 수 있다. "당신이 독서법을 배우고 있을 때 당신의 뇌에서 어떤 변화가 일어나고 있을까?" 심리생물학자들은 정밀하고 가장 작은 수준으로 분석하여 행동을 이해하려고 한다.

생물학적 관점을 취하는 많은 연구자들의 업적은 심리학을 **행동신경과학**(behavioral neuroscience)의 다학문 연구 분야로 범위를 확장하는 데 기여하였다. 신경과학은 뇌의 기능을 연구하는 학문이고, 행동신경과학은 감각, 학습, 정서와 같은 행동의 기저로서의 뇌의 과정을 연구한다. 제3장에서 설명할 뇌영상 기술의 발달은 **인지신경과학**(cognitive neuroscience)의 발전에 결정적인 영향을 미쳤다. 인지신경과학은 기억과 언어와 같은 고등 인지기능을 연구할 때 다학문적 접근을 하도록 한다. 뇌영상 기술은 인간의 경험을 연구함에 있어서 생물학적 관점까지 범위를 넓힐 수 있도록 하였다.

진화론적 관점 진화론적 관점(evolutionary perspective)은 현대심리학을 자연선택에 의한 진화설을 주장한 Charles Darwin의 생명과학의 핵심 아이디어와 연결하려는 시도이다. 자연선택의 원리는 매우 간단하다. 환경에 잘 적응하는 유기체는 적응하지 못하는 유기체보다 자신의 유전자를 가진 자손을 보다 성공적으로 낳을 수 있을 것이다. 여러 세대를 거치면서 종은 환경에 적합하도록 선택된 방향으로 변화해 갈 것이다. 심리학에서의 진화론적 관점은 우리의 신체기능이 진화한 것처럼 인간의 **지적 능력**도 수백만 년 동안 특정 목적에 적합하도록 진화한 결과라고 생각한다.

진화심리학은 인간의 뇌가 진화한 환경조건에 대하여 연구한다. 인간은 홍적세기(대략 200만 년 동안 지속되었으며 만 년 전에 끝남)에 수렵을 주로 하면서 소규모 집단으로 생활하였으며 인류 진화 역사의 약 99%를 소비하였다. 진화심리학은 진화생물학의 풍부한 이론적 틀을 사용하여 그 시대의 인종이 처했던 가장 중요한 적응의 문제가 무엇이었는지 확인하려고 한다. 예를 들면 육식동물과 기생충 피하기, 음식 채집과 교환하기, 배우자를 찾고 관계 유지하기, 건강한 아이 키우기와 같은 문제가 아마도 이들의 적응과제였을 것이다. 초기 인류가

직면한 이러한 적응적인 문제를 확인한 후에, 진화심리학자들은 이러한 문제들을 해결하기 위해 진화되어 온 정신기제 또는 심리적인 적응에 대한 추론을 하게 된다.

진화심리학의 중요한 해석원리가 진화라는 매우 긴 시간에 초점을 두었다는 점에서 심리학의 다른 관점과 근본적으로 차이가 있다. 예를 들어 진화심리학자는 남녀의 성역할이 다른 것을 현대사회의 압력에 의한 것이 아니라 진화의 산물로 간주한다. 진화심리학자들은 진화과정의 변화를 실험할 수 없기 때문에 그들의 이론을 입증할 증거를 제시하기 위해서는 매우 창의적이어야 한다.

사회문화적 관점 사회문화적 관점(sociocultural perspective)의 심리학자는 행동의 원인과 결과에 대한 비교문화적 차이를 연구한다. 사회문화적 관점은 심리학 연구가 인간 본성에 관하여 지나치게 서구적 개념에 기초하였고 연구대상자로 미국의 백인 중류층 사람들을 주로 대상으로 하였다는 점에 대한 비판적 대안으로 나타나게 되었다(Arnett, 2008; Gergen et al., 1996). 문화적 영향력을 적절하게 고려하면 한 국가 내의 다른 두 집단의 비교도 가능하다. 예를 들어 미국에 사는 서로 다른 여성집단의 섭식장애의 발생률을 비교할 수 있다(제11장 참조). 문화적 영향력은 미국과 일본의 대중매체 보도의 비교처럼 국가 간의 비교가 가능하다(제16장 참조). 비교문화 심리학자들은 이론가들의 연구가 인류 전체에게 적용될 수 있는 것인지 아니면 소수의 사람들에게만 적용될 수 있는지를 판단하고자 한다.

비교문화적 관점은 심리학 연구의 거의 모든 주제와 관련된다. 사람들의 세계관이 문화의 영향을 받을까? 사용하는 언어가 세상을 경험하는 방식에 영향을 미치는가? 아이들이 어른으로 성장하는 데 문화가 어떻게 영향을 미치는가? 문화적 태도가 노년기의 경험에 어떤 영향을 미치는가? 문화가 우리의 자의식에 영향을 미치는가? 문화가 특정 행동을 할 가능성에 영향을 미치는가? 문화는 감정을 표현하는 방식에 영향을 주는가? 문화는 심리적인 장애를 겪는 사람들의 비율에도 영향을 주는가?

이러한 질문들에 답하기 위하여 문화적 관점은 다른 관점에서 도출된 결론들에 대해 직접 도전하기도 한다. 예를 들면 Freud의 정신역동 이론의 여러 견해를 Freud가 살았던 비엔나와는 다른 문화에는 적용될 수 없다는 주장이다. 이러한 논쟁은 문화인류학자 Bronislaw Malinowski(1927)에 의해 1927년에 제기되었다. 그는 뉴기니의 트로브리안드 섬 주민들은 가

표 1.1 현대심리학의 일곱 가지 관점의 비교

관점	연구 초점	주요 연구주제
정신역동	무의식적 추동, 갈등	행동은 무의식적 동기의 외현적 표현
행동주의	구체적 반응	행동과 행동의 원인이 되는 자극과 결과
인본주의	인간의 경험과 가능성	생활유형, 가치, 목표
인지주의	정신과정, 언어	행동으로부터 정신과정을 유추
생물학	뇌와 신경계의 과정	행동과 정신과정에 대한 생화학적 기초
진화론	심리적 적응의 진화	정신기제는 진화된 적응기능
사회문화	태도와 행동의 비교문화적 유형	문화 보편성과 특수성으로 인간의 경험 연구

족의 권위가 아버지가 아니라 어머니로부터 세워진다는 사실을 제시하면서 Freud의 부계중심 이론을 분명하게 비판하였다. 그러므로 사회문화적 관점의 이론가들은 정신역동적 관점에서 전제하는 보편성은 옳지 않다고 주장한다. 사회문화적인 관점은 문화의 다양성과 풍부함을 간과한 인간의 경험을 모든 문화에 일반화하는 데 대하여 끊임없이 도전한다.

관점들의 비교 : 공격성을 중심으로 표 1.1에서 요약한 것과 같이, 일곱 가지의 관점은 행동에 대하여 서로 다른 가정을 전제로 하며 질문에 대한 답도 각각 다른 방향에서 찾는다. 심리학자들이 사람들의 공격적 행동의 원인을 설명할 때 이러한 모델을 어떻게 비교하는지 알아보자. 모든 접근들은 공격성과 폭력의 본질을 이해하려고 노력하였다. 각 접근법의 이해를 돕기 위하여 이들이 제기한 이슈와 사용한 실험의 예를 제시하겠다.

- **정신역동 관점.** 공격성은 쾌락 추구를 방해하는 장애물(예 : 부당한 권위)에 의해 야기된 욕구좌절에 대한 반응이라고 분석한다. 성인들의 전이된 적대감의 뿌리는 어릴 때 자신의 부모에게 느꼈던 적대감이라고 본다.
- **행동주의 관점.** 공격성은 학급 친구나 형제를 때리는 아동에게 관심이 더 주어지는 것처럼 과거의 공격적인 반응들이 강화된 것이다. 신체적으로 학대하는 부모 아래서 양육된 아동은 그 아동 자신도 학대적일 것이라고 주장한다.
- **인본주의 관점.** 성장 촉진과 공유된 경험 대신 자신을 제약하고 공격적인 관점을 촉진하는 개인적 가치와 사회적 조건을 찾는다.
- **인지주의 관점.** 공격적 행동을 보거나, 공격적 심상과 다른 사람을 해치겠다는 의도를 보이는 동안 사람들이 경험

하는 적대적인 사고와 환상을 분석한다. 포르노 폭력물을 포함하여 영화와 비디오가 폭력에 미치는 영향과 총기통제, 강간, 그리고 전쟁에 대한 태도 등을 연구한다.

- **생물학적 관점.** 공격행동을 통제하는 뇌의 특정부위의 역할을 연구하고 그 부위가 자극되었을 때 어떤 파괴적 행동을 하는지 기록한다. 연쇄 살인자의 뇌를 분석하여 원인을 밝히려 하고, 월경주기와 여성의 공격성이 관계 있는지를 검토한다.
- **진화론적 관점.** 고대 인류에 있어서 어떤 조건에서 공격적 행동이 적응적이었는지 연구한다. 이러한 조건에서 공격적 행동을 선택적으로 할 수 있게 하는 심리학적 기제를 확인한다.
- **사회문화적 관점.** 서로 다른 여러 가지 문화에서 공격성을 어떻게 나타내고 이해하는지 알아본다. 여러 가지 다른 형태의 공격적 행동을 하는 데 문화가 어떻게 영향을 미치는지 연구한다.

공격성에 대한 서로 다른 접근들의 설명에서 보았듯이 여러 가지 접근을 통하여 심리학적 주제에 대하여 최대한 이해하려고 노력한다. 현대심리학의 연구는 여러 가지의 접근법을 활용한다. 이 책으로 공부하면서 다른 여러 접근법을 조합하여 어떻게 새로운 이론이 생성되는지를 배우게 될 것이다. 기술적인 발전이 다양한 접근을 융합하기 쉽도록 한다. 예를 들면 뇌영상 기술의 혁신적 발전(제3장 참조)은 언어과정(제8장)과 성격차이(제13장 참조)에 생물학적 관점을 접목시킬 수 있게 하였다. 더욱이 인터넷의 발달로 인하여 전 세계의 정보를 쉽게 조합할 수 있게 되었다. 그 결과 다양한 도덕관(제10장)과 신체상(제11장)에 대하여 사회문화적 접근을 시도할 수 있다. 심리학에서는 이렇게 다양한 접근법을 활용함으로써 인간행동의 핵심 주제를 창의적으로 생각할 수 있게 되었다.

심리학자는 어떤 일을 하는가

이제 당신은 매우 넓은 심리학의 영역을 거의 포괄하는 다양한 심리학적 질문을 만들어낼 수 있을 정도로 심리학에 대해 알게 되었을 것이다. 당신 스스로 이러한 질문 목록을 작성하였다면 이미 심리학자 수준으로 전문영역에 근접하였다고 볼 수 있다. 가능한 질문을 표 1.2에 제시하면서 어떤 전공의 심리학자들이 각각의 질문에 답할 수 있는지를 보여주고 있다.

이 표를 자세히 검토해 보면, 심리학의 전문영역이 매우 다양하다는 것을 알게 될 것이다. 심리학 전공영역에 따라서 어

표 1.2 다양한 심리학적 질문

질문	누가 연구하는가	연구의 초점
일상생활의 문제를 어떻게 하면 잘 해결할 수 있을까?	임상심리학자 상담심리학자 지역사회심리학자 정신과의사	심리장애의 원인을 연구하고 치료전략을 평가한다. 심리장애에 대한 진단과 치료를 하고 각 개인의 적응에 관한 주제를 다룬다.
뇌졸중을 겪은 후 어떻게 회복할까?	재활심리학자	질환과 결손된 능력에 대하여 평가하고 상담한다. 장애를 극복하기 위한 전략을 제공하고, 환자, 간병사, 종사자, 지역사회 봉사자들을 교육한다.
기억이 뇌에 어떻게 저장될까?	생물심리학자 정신약리학자	행동, 감정, 정신과정의 생화학적 기초를 연구한다.
개를 지시에 따르도록 하려면 어떻게 가르칠까?	실험심리학자 행동분석가	사람 또는 동물을 대상으로 학습, 감각, 지각, 정서, 동기의 기본과정을 실험실에서 연구한다.
내가 확신하는 정보를 회상하지 못하는 경우가 왜 생길까?	인지심리학자 인지과학자	기억, 지각, 추론, 문제해결, 의사결정, 언어사용에 관한 정신과정을 연구한다.
무엇이 개인차의 원인일까?	성격심리학자 행동유전학자	성격과 행동의 개인 차이를 이해하기 위하여 이론과 심리검사를 개발한다. 이러한 차이에 미치는 유전과 환경의 요인을 연구한다.
동조압력이 어떻게 작용할까?	사회심리학자	사람들이 사회적 정보를 선택, 해석, 기억하는 과정은 물론, 그들이 사회 집단에서 어떻게 기능하는지를 연구한다.
세상에 대하여 아기들이 무엇을 알고 있을까?	발달심리학자	생애 전반에 걸쳐 나타나는 개인의 신체, 인지, 사회적 기능의 변화를 연구하고, 이러한 변화에 영향을 미치는 유전과 환경요인을 연구한다.
왜 나는 직장일로 이렇게 우울해질까?	산업 및 조직심리학자 인적요인심리학자	일반적인 작업장 또는 특수한 작업을 할 때 작업능률과 사기에 미치는 요인을 연구하고, 이렇게 발견된 결과를 작업장에 응용한다.
수업을 방해하는 학생을 교사가 어떻게 다루어야 할까?	교육심리학자 학교심리학자	학습과정을 증진시킬 수 있는 방법을 연구한다. 학교교육과정, 교수-훈련 프로그램, 아동 양육 프로그램을 설계하도록 도와준다.
왜 시험 전날은 언제나 아플까?	건강심리학자	신체적 건강에 생활양식이 어떻게 영향을 미치는지 연구한다. 건강하지 못한 행동양식을 바꾸고 스트레스를 극복할 수 있는 예방 프로그램을 개발하고 평가한다.
피고가 그 범행을 하였을 때 정신이 이상하였을까?	법정심리학자	법이 집행되는 과정에서 사람의 문제에 심리학적 지식을 응용한다.
왜 나는 중요한 농구시합을 할 때마다 호흡곤란을 느끼게 될까?	운동심리학자	선수의 운동능력을 평가하고, 동기, 인지, 그리고 행동의 원리를 활용하여 최고 수준의 능력을 발휘할 수 있도록 도와준다.
사람들이 나에게 숫자를 말했을 때 그 의미를 어떻게 해석할 것인가?	수량심리학자 측정심리학자	새로운 통계방법을 개발하고 평가하기 : 측정 도구의 구성과 타당화
사람들이 어떻게 행동할 것인지를 어떻게 정확하게 예측할 수 있겠는가?	수리심리학자	행동을 정확하게 예측하고 심리학 이론을 비교 검증할 수 있는 수학적 표현을 개발

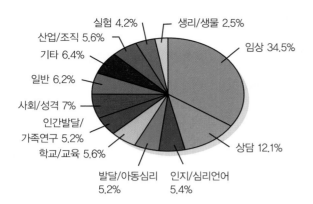

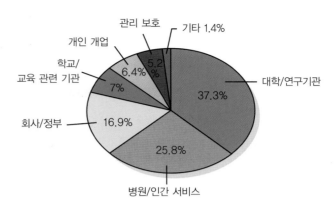

그림 1.2 심리학 하위영역별 학위 비율
심리학의 여러 하위영역에서 약 3,500명이 2009년에 박사학위를 취득하였다(National Science Foundation, 2010). 임상심리학을 전공하여 개인적경력을 쌓아가는 사람이 가장 많지만, 기초심리학과 다른 응용영역에서도 많은 학생들이 전문적 훈련을 받고 있다.

그림 1.3 심리학자들의 근무기관
심리학 박사학위를 가진 심리학자들이 일하는 기관에 대한 미국심리학회(APA)의 조사결과이다.

떤 것은 심리학 전공의 중요한 내용을 나타내고, 어떤 것은 심리학의 전문성을 적용하는 대상을 나타내기도 한다. 인지심리학자는 기억과 언어와 같은 인지과정을 연구하고, 사회심리학자는 인간의 태도와 행동에 미치는 사회적 영향력에 연구의 초점을 둔다. 반면에 산업 및 조직심리학자는 사람들의 직업현장에서의 적응력을 올리기 위하여 노력하고, 학교심리학자는 학생들이 교육 장면에서 적응을 잘할 수 있도록 도와준다.

새로운 통찰을 찾아내는 **연구**와 이 통찰을 실제 생활에 적용하는 **응용**의 관계는 서로 균형을 유지할 필요가 있다. 예를 들어 임상심리학자는 사람들의 삶이 보다 건강해질 수 있도록 심리학의 지식을 활용하지만 이들의 연구 또한 중요하다(제14장

과 제15장 참조). 현대심리학에서는 심리적 장애를 분류하는 연구뿐 아니라 환자의 스트레스를 줄일 수 있는 치료법을 개발하기 위하여 지속적으로 노력하고 있다. 심리학의 여러 하위영역에서 박사학위를 취득하는 사람들의 전공영역별 분포를 그림 1.2에 정리하였다.

표 1.2를 잘 검토해 보면 심리학에 수많은 하위 전문영역이 있는 이유를 알게 될 것이다. 당신이 궁금해하는 심리학적 질문의 목록을 만들어 두고 이 책을 끝까지 읽은 후에 그 질문에 대한 적절한 답을 할 수 있는지 스스로 검토해 보기 바란다.

지구상에 심리학자가 몇 명이나 될까? 심리학자들의 실태에 관한 조사에 의하면 약 50만 명 이상이라고 한다. 전공에 따라 심리학자들이 일하는 기관에 관한 조사결과를 그림 1.3에 제시하였다. 아직까지는 서구의 산업화된 국가에서 많은 심리학자들이 일하고 있지만, 점차 여러 나라에서 심리학에 대한 관심이 증가하고 있다. 심리과학국제연합의 보고에 의하면 71개 국가에서 회원으로 가입하고 있다(Ritche, 2010). 그리고 전세계의 심리학자가 회원으로 참가하는 미국심리학회(APA)에는 15만 명 이상이 회원으로 가입하고 있다. 또 하나의 국제학회인 심리과학학회(APS)에는 23,000명이 넘는 회원이 있는데, 이들은 임상심리학이나 치료에 대한 관심은 적고 주로 심리학의 과학적 측면에 연구의 초점을 둔다.

발달심리학자들은 아이들이 어떻게 행동하고, 생각하고, 느끼는지를 연구할 때 인형이나 장난감을 잘 사용한다. 왜 이 아이들은 자신의 생각을 표현할 때 어른보다 인형에게 하는 것을 더 쉬워할까?

 복습하기

1. 연구와 응용은 어떤 관계인가?
2. 가장 많은 심리학자들이 일하는 기관 두 곳은 어디인가?

법체계 속에서 심리학자들은 어떤 방법으로 참여할까?

심리학과 삶의 중요한 교훈은 심리학자들의 경험적 연구들이 다양한 영역에 전문적으로 활용된다는 것이다. 이 책에서는 일상생활의 중요한 이슈들에 심리학의 연구결과들이 어떻게 적용되는지를 말해 줄 것이다. 또한 심리학의 전문성이 법정에서 어떻게 기능하는지를 알게 될 것이다. 한 가지 예로서 법정심리학자가 중요한 법적 결정에 어떻게 기능하는지를 알아보자.

법정심리학자들은 법률 집행에 있어서 민사사건과 형사사건 모두에서 중요한 평가를 하게 된다(Packer, 2008). 예를 들어 민사소송에서 법정심리학자들은 이혼청문회에서 자녀양육권을 결정하는 데 중요한 증거를 제시해 줄 수 있다. 또한 잠재적으로 심리적 해를 끼칠 수 있는 근로자가 특정 고용현장에서 견딜 수 있을지를 입증할 수 있다. 형사소송사건에서는 법정심리학자들은 죄수가 자신이 범한 행동을 얼마나 이해할 수 있는지와 재판과정을 얼마나 잘 견딜 수 있을지 등을 평가할 수 있다. 법정심리학자들은 죄수들이 자신이나 다른 사람들에게 얼마나 위험한지도 평가할 수 있다. 법정심리학자들의 역할을 보다 더 구체적으로 들어 보자.

한 사람이 폭력으로 구치소에 수감되었다고 생각해 보자. 얼마 기간 동안 복역 후에 가석방 심사를 받게 되었다. 이 심사에서 가장 중요하게 고려되어야 할 점은 이 죄수가 앞으로 폭력을 또다시 행사할 것인가 여부이다.

최근 들어서 심리학자들이 이러한 질문에 대해 연구에 근거한 해답을 찾기 위해서 노력하고 있다. 폭력을 더 할 것인지 아니면 덜 할 것인지에 대한 이론적 분석으로부터 시작한다. 먼저 정적 요인과 역동적 요인으로 구분한다(Douglas & Skeem, 2005). 정적 요인은 시간의 경과에도 불구하고 비교적 안정적인 요인들이다(예 : 일차 선고에서 성과 나이). 역동적 요인은 시간 경과에 따라 변화할 수 있는 요인이다(예 : 정서조절과 약물남용). 역동적 요인을 종합하면 시간의 경과에 따른 위험 요소의 변화를 추정할 수 있다. 개인의 과거만으로 개인의 미래 행동을 예측할 수 있는 타당한 지표를 알기 힘들다. 한 개인의 일생의 궤적을 측정해 보는 것도 중요한 일이다.

연구자들은 미래에 폭력을 행사할 가능성을 예측하는 위험 요인 평가 도구가 성공적이라는 증거를 제시하여야 한다(Singh et al., 2011; Yang et al., 2010). 이를 위하여 연구자들은 연구대상자들을 장기간 동안 추적하여 연구를 한다. 예를 들면, Wong과 Gordon(2006)은 캐나다 앨버타 주, 사카체완 주 그리고 마니토바 주의 918명의 성인 범죄자를 평가하였다. 조사대상자들에게는 6개의 정적 문항과 20개의 역동적 문항으로 구성된 폭력위험척도(Violence Risk Scale, VRS)를 실시하였다. 이 폭력위험척도의 타당도를 평가하기 위하여 이 죄수들이 석방되어 자신들의 지역사회로 돌아갔을 때 재범률을 수년간 측정하였다. 단기간의 평가(1년)와 장기간의 평가(4.4년) 모두에서 폭력위험척도에서 높은 점수를 보인 사람들이 추가적인 폭력범죄를 더 많이 저지르는 것으로 나타났다.

이러한 연구결과가 매우 중요한 것은 법정심리학자들이 법률적 판단에서 보다 더 정확한 가이드를 해줄 수 있기 때문이다.

한국의 심리학

우리나라에서 심리학은 1946년 2월 4일에 일곱 분의 심리학자가 모여서 조선심리학회를 결성하는 것으로 시작되었다. 이후 1953년 3월에 한국심리학회로 개명하여 오늘에 이르렀다. 한국심리학회는 2012년 현재 8,000여 명의 회원으로 구성된 매우 큰 학회로 자리매김하고 있다. 산하에 12개 분과학회로 조직되어 있다. 한국심리학회 전체의 학문 활동으로 연차대회가 있으며 각 분과학회별로 논문발표회 등의 학술활동을 전개하고 있으며 학술지 『한국심리학회지』를 발간하고 있다. 그리고 각 분과학회에서 임상심리사, 상담심리사, 발달심리사, 범죄심리사 등의 전문가 자격증을 발급하고 있다. 전국에 40여 개 대학교에서 심리학과를 학부와 대학원 수준에서 개설하고 있다. 한국심리학회 홈페이지(www.koreanpsychology.or.kr)에서 심리학에 대한 다양한 정보와 분과학회, 전국의 심리학과 그리고 외국의 심리학과에 관한 정보를 검색할 수 있다. 한국사회에서 심리학에 대한 관심은 과거에 비하여 매우 높은 편이며 개인, 사회, 국가 차원의 관심이 지속적으로 증가하는 추세를 보이고 있다.

이 책을 어떻게 활용할 것인가

당신은 이제 현대심리학의 여러 영역을 둘러보는 지적 여행을 위하여 출항을 하고 있다. 나는 중요한 정보를 나눔으로써 당신의 모험을 안내할 것이다. 이 책 『심리학과 삶』을 돌아보는 것을 '여행'에 비유할 것이다. 담당 교수는 여행의 팀장이 되고, 교재는 여행안내 책자가 될 것이고, 저자는 당신의 개인적 여행 안내자가 될 것이다. 이 여행의 목적은 당신이 전 우주에서 가장 믿을 수 없는 현상을 발견하는 것이다. 뇌, 인간의 마음, 그리고 모든 살아 있는 피조물의 행동. 심리학은 당신의 생각, 느낌, 그리고 행동을 하게 하는 신기한 과정을 이해하는 것이다.

여기에서는 이 책을 어떻게 활용하면 당신이 좋은 학점을 받을 수 있고 심리학 개론을 통하여 가장 많은 것을 얻을 수 있는지에 대한 일반적 전략과 구체적인 제언을 하고자 한다.

학습 전략

1. **충분한 시간을 가져라.** 읽어야 할 숙제와 수업시간에 노트 정리한 것을 검토하는 데 충분한 시간을 가져야 한다. 이 책에는 새로운 전문적 정보, 배워야 할 많은 이론, 그리고 기억해야 할 새로운 용어들이 있다. 이러한 모든 자료에 정통하기 위해서는 장마다 최소한 3시간이 필요하다.

2. **기록을 하라.** 공부하는 시간을 기록하는 것이 좋다. 책을 읽고 공부하는 시간을 계획하도록 하라. 누가 그래프에 당신이 공부에 투자한 시간을 기록하도록 하라. 좌우의 X축에는 공부거리를 쓰고 상하의 Y축에는 지난번 공부한 시간에 덧붙여서 시간을 기록하도록 한다. 이렇게 하면 당신의 학습 진도를 시각적으로 보여줄 뿐 아니라 당신이 공부하여야 했는데 하지 않은 것도 잘 보여준다.

3. **적극적으로 참여하라.** 학습 자료와 과정에 적극적으로 참여할 때 최고의 학습이 이루어진다. 주의 깊게 읽고, 정신 차려서 강의를 듣고, 읽고 들은 것을 당신의 문장으로 노트에 작성하고, 그리고 노트 정리를 잘해야 한다. 교과서의 중요한 부분에는 밑줄을 긋고, 가장자리에 메모를 하고, 그리고 시험에 나올 만한 것은 요약해 두는 것이 좋다.

4. **일정하게 공부하라.** 심리학의 연구에 의하면 시험 치기 직전에 벼락치기 공부를 하는 것보다 규칙적으로 공부하는 것이 더 효과적이라고 한다. 공부가 계획보다 밀리면 심리학 개론의 많은 정보를 따라 가기 힘들어지고 막판에는 낭패에 빠질 수 있다.

5. **공부하는 장소를 찾아라.** 공부를 방해하는 요소가 가장 적은 곳을 찾아라. 그곳에서는 공부하고 책 읽고 과제를 작성하는 곳으로 남겨두고 그곳에서는 공부 이외는 하지 마라. 그곳은 공부와 관련된 행동을 연상하게 되고, 그곳에 앉으면 쉽게 공부를 하게 될 것이다.

가르치는 교수의 관점을 취하도록 하고, 교수가 질문할 것을 예상하고 그 질문에 답할 수 있도록 해야 한다. 시험에서 에세이, 단답형, 사지 선다형, 또는 정오 선택형 등 어떤 유형의 질문이 나올지를 알아야 한다. 에세이와 단답형 질문에는 회상 기억이 필요하고 사지 선다형과 정오 선택형의 문제는 재인기억이 필요하다.

학습 기법

이 강좌나 다른 강좌들에서 여러분들이 공부하는 데 도움이 될 수 있는 기법을 소개하겠다. 이 기법은 우리가 제7장에서 보게 될 인간기억의 원리들로부터 개발된 것이다. 이 기법은 6단계(Preview, Questions, Read, Reflect, Recite, Review) 각각의 첫 글자를 따서 PQ4R이라고 불리는 방법이다(Thomas & Robinson, 1972).

1. **예습(Preview).** 논의될 주제에 대해 전반적인 느낌을 갖기 위해 내용을 쭉 훑어보는 것이다. 이때 책의 구성과 주요 주제에 대해 인식하게 된다. '요점정리'에 이를 때까지 각 절의 제목과 사진, 그림 등을 간략히 살펴보기 바란다. 주안점 복습 절에서는 큰 제목 아래 각 장의 주요 내용이 제시되고, 이를 통해 여러분은 이 장의 주안점이 무엇인지 알 수 있게 된다.

2. **질문(Questions).** 각 절에 대해 절의 제목과 주요용어를 사용하여 질문을 만들어 보기 바란다. 예를 들면 '심리학의 목표'라는 절의 제목에서 "심리학의 목표가 무엇인가?"라는 질문을 만들어내는 것이다. 또한 생물학적 관점이라는 주요용어에서 "생물학적 관점의 주요 초점이 무엇인가?"라는 질문을 만들어낼 수 있다. 이 질문들은 여러분이 책을 읽으면서 주의를 기울이는 데 도움을 줄 것이다.

3. **읽기(Read).** 여러분이 만들어 놓은 질문에 대답할 수 있도록 주의 깊게 책을 읽기 바란다.

4. **숙고(Reflect).** 책을 읽으면서 책 내용과 이 주제에 대한 여러분의 사전지식을 관련짓도록 생각해 보기 바란다. 책 내용과 관련된 예들을 머릿속으로 생각해 보도록 노력하고, 각 하위 절들을 통합 및 연결해서 생각할 수 있도록 노력하기 바란다.

5. **암송(Recite).** 숙고의 과정을 거친 후에, 가능한 한 구체적으로 읽은 내용을 회상해 보기 바란다. 예를 들면 여러분이 만든 질문에 대해 큰 소리로 대답해 보기 바란다. 나중에 다시 공부하기 위해 기억하기 어려웠던 것들을 적어 놓으면 좋다.

6. **복습(Review).** 전체 장을 읽은 후에, 주요사항들을 돌이

켜 보기 바란다. 주요사항들을 기억해낼 수 없거나 여러분이 만든 질문에 답할 수 없다면, 책을 다시 참고하고 이전 단계들(읽기, 숙고, 암송)을 반복하기 바란다.

이제, 각 단계들이 어떻게 작동하는지 알기 위해 이 장의 절들 중 하나에 대해 PQ4R 방법을 사용해 보기 바란다. 이 방법을 잘 사용하게 될 때까지는 시간이 좀 걸릴 수 있지만, 학기가 시작되는 시점에 연습해 보면 좋을 것이다.

이제 당신은 심리학과 삶의 모든 이점을 취할 수 있는 준비를 갖추었다. 이제부터 이 책을 통한 여행을 기억할 만한 순간들과 예상밖의 즐거움으로 가득 채우기 바란다.

 복습하기

1. PQ4R 방법에서 질문과 읽기 간의 관계는 무엇인가?
2. PQ4R 방법에서 암송 단계의 목적은 무엇인가?

요점정리

무엇이 심리학을 독특하게 만드는가
- 심리학은 개인의 행동과 정신과정에 대한 과학적 연구이다.
- 심리학의 목표는 행동을 기술하고, 설명하고, 예측하고 통제하는 것이다.

현대심리학의 진화
- 구성주의는 Wundt와 Titchener의 연구로부터 나타나게 되었다. 구성주의는 감각을 구성하는 요소들로부터 나오게 되는 마음과 행동의 구조를 강조한다.
- James와 Dewey에 의해 발전된 기능주의는 행동의 목표를 강조한다.
- 통합해 보면, 이 이론들은 현대심리학의 기틀을 마련하는 데 기여한다.
- 심리학 초창기에 여성들이 실제적인 연구에 많은 기여를 하였다.
- 심리학 연구를 위한 일곱 가지 현대적 접근법들은 인간성을 보는 관점, 행동의 결정요인, 연구의 중점사항, 주요 연구방법에서 서로 다르다.
- 정신역동 관점은 행동이 본능적인 힘, 내부 갈등, 그리고 의식적이고 무의식적인 동기들에 의해 나타난다고 본다.
- 행동주의 관점은 행동이 외부 자극 조건들에 의해 결정된다고 본다.

- 인본주의 관점은 합리적인 선택을 하는 인간의 타고난 능력을 강조한다.
- 인지주의 관점은 행동 반응에 영향을 주는 심적 과정을 강조한다.
- 생물학적 관점은 행동과 뇌기제 간의 관계를 연구한다.
- 진화론적 관점은 행동을 환경에서의 생존을 위한 적응으로 진화되어 온 것으로 본다.
- 사회문화적 관점은 행동과 그 행동에 대한 사회적 맥락에서의 해석을 고찰한다.

심리학자는 어떤 일을 하는가
- 심리학자들은 다양한 환경에서 일하고, 넓은 범위의 전공영역으로부터 전문성을 살려 일하고 있다.
- 대부분의 실생활 경험에 대한 질문들은 심리학과 관련된 직업을 가진 사람들이 다룰 수 있다.

이 책을 어떻게 활용할 것인가
- 몇 시간 동안 공부를 할지 그리고 시간 할당을 어떻게 하면 효율적일지에 대한 구체적인 전략을 세워라.
- 강의와 책의 내용에 대해 적극적으로 접근을 하라. PQ4R 방법은 학습 향상을 위해 예습, 질문, 읽기, 숙고, 암송, 복습의 6단계를 제공한다.

연습문제

1. 심리학의 정의는 _____ 과 _____ 모두에 초점을 둔다.
   - a. 행동, 구조
   - b. 행동, 정신과정
   - c. 정신과정, 기능
   - d. 정신과정, 구조

2. 심리학의 어떤 목표에 대해 '분석의 수준'이 가장 관련되어 있는가?
   - a. 무엇이 일어났는지 설명하기
   - b. 무엇이 일어났는지 기술하기
   - c. 무엇이 일어날 것인지 예측하기
   - d. 일어나는 것을 통제하기

3. 당신이 무엇이 일어날지를 _____ 하기 원한다면, 당신은 무엇이 일어날지를 먼저 _____ 할 수 있어야 한다.
   - a. 기술, 설명
   - b. 기술, 통제
   - c. 통제, 예측
   - d. 설명, 예측

4. 공포영화를 보면서 영희는 자신의 정서를 억압하였으나 철수는 억압하지 않았다. 당신의 생각에 영희는 철수에 비하여 편안한 음식을 _____ 먹을 것이고 편하지 않은 음식을 _____ 먹을 것이다.
   - a. 더 많이, 같은 양을
   - b. 더 많이, 적게
   - c. 같은 양을, 더 많이
   - d. 적게, 더 많이

5. 실험심리학에 크게 기여한 첫 번째 실험실을 누가 설립했는가?
   - a. William James
   - b. Wilhelm Wundt
   - c. Max Wertheimer
   - d. John Dewey

6. 어떤 연구자가 자신의 주요 목표는 기본적인 구성요소들의 조합으로 정신과정을 이해하려하는 것이라고 이야기한다. 이 연구자는 자신의 연구의 역사적인 뿌리를 어디에서 찾을 가능성이 가장 큰가?
   - a. 기능주의
   - b. 인본주의 관점
   - c. 구성주의
   - d. 진화론적 관점

7. 미국심리학회의 첫 번째 여성 회장은 누구인가?
   - a. Margaret Washbun
   - b. Jane Goodall
   - c. Anna Freud
   - d. Mary Calkins

8. 보스턴대학교와 뭄바이대학교의 교수들이 미국과 인도의 학생들이 같은 논리적 문제에 답하는 데 대한 공동연구를 진행하고 있다. 이들의 연구는 _____ 접근법을 사용하고 있다.
   - a. 인본주의
   - b. 생물학적
   - c. 사회문화적
   - d. 정신역동

9. _____ 관점은 인간 정신과정이 적응적인 목적을 위해 기여하는 방식에 관심을 둔다.
   - a. 인지주의
   - b. 인본주의
   - c. 진화론적
   - d. 사회문화적

10. 당신이 감기에 걸려서 집에 있는 동안, 많은 시간을 법정 TV를 보면서 보낼 수 있다. 이때 당신은 재판에서 증언하고 있는 _____ 심리학자를 발견할 수 있을 것이다.
    - a. 건강
    - b. 사회
    - c. 법정
    - d. 발달

11. 인지심리학자가 관심을 둘 것 같은 질문은 다음 중 어느 것인가?
    - a. 왜 아이들은 때때로 가상적인 친구를 갖는가?
    - b. 왜 어떤 학생들은 매번 큰 시험을 앞두고 아픈가?
    - c. 사람들이 타이핑을 더 빨리 할 수 있도록 컴퓨터 자판을 어떻게 디자인할 것인가?
    - d. 두 언어에 능통한 사람은 어떤 과정을 통해 두 언어를 쉽게 바꾸면서 말할 수 있는가?

12. 심리학의 유전적 측면에 가장 덜 초점을 둘 것 같은 심리학자는?
    - a. 산업 및 조직심리학자
    - b. 발달심리학자
    - c. 성격심리학자
    - d. 생물심리학자

13. 미국에서 현재 심리학 박사학위를 가진 사람들이 가장 많이 일하고 있는 분야는?
    - a. 대학 및 연구기관
    - b. 병원, 임상 및 관련 서비스
    - c. 회사와 정부
    - d. 개인개업

14. 폭력 위험성을 평가함에 있어서 _____ 은(는) 역동적 요인으로 간주된다.
    - a. 성
    - b. 약물남용
    - c. 가정교육의 안정성
    - d. 첫 번째 유죄판결의 나이

15. PQ4R의 어떤 단계에서 여러분은 책의 내용과 이 주제에 대한 사전지식을 관련짓도록 노력하는가?
    - a. 숙고
    - b. 암송
    - c. 복습
    - d. 질문

서술형 문제

1. 심리학의 목표와 관련하여, 왜 심리학자들을 '상당히 낙관적'이라고 특징짓는 것이 적절한가?

2. 왜 동일한 연구문제에 대해 심리학의 일곱 가지 현대적 관점 중 몇몇으로부터 각각 고려해 보는 것이 좋은가?

3. 왜 심리학은 연구와 적용 두 가지 영역을 모두 포함하는가?

2

심리학 연구방법

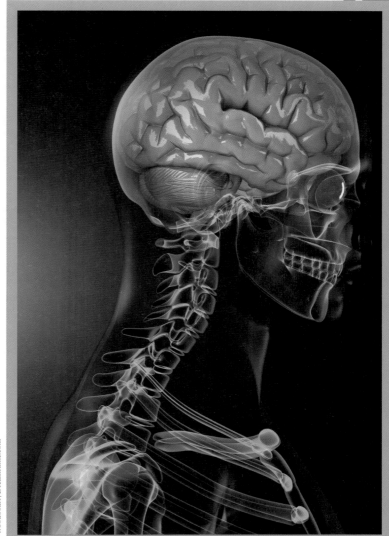

제1장 마지막 부분에서 심리학에 관한 질문을 제기해 보고 이 책을 다 읽을 즈음에 그 질문에 스스로 답할 수 있는지 검토해 보라고 하였다. 학생들이 제기한 질문 몇 가지를 소개한다.

- 휴대전화를 운전 중에 사용해도 되나요?
- 기억에 관한 연구가 시험 준비에 도움이 될까요?
- 내가 어떻게 하면 더 창의적이 될 수 있을까요?
- 어린 아이를 유아원에 보내도 될까요?

이 장에서는 대부분의 학생들이 제기한 질문에 심리학자들이 어떻게 답을 하는지에 대하여 고려할 것이다. 이 장을 마칠 때에는 심리학자들이 자신들의 연구를 어떻게 설계하는지를 이해할 수 있어야 한다. 사람의 생각, 느낌, 행동과 같이 복잡하고 때로는 불분명한 현상으로부터 어떻게 간명한 결론을 이끌어낼 수 있을까? 당신이 이제까지 일상생활에서 과학적 연구를 전혀 하지 않았다 하더라도 이 절의 정보를 충분히 이해한다면 매우 유용할 것이다. 이 절에서 목표하는 것은 당신이 정확하게 질문하는 방법을 가르치고 심리현상의 원인과 결과 그리고 이들 간의 관계에 대한 답을 평가하는 방법을 알게 하여 비판적 사고 기술이 좋아지도록 하는 것이다. 대중매체에서는 "연구결과에 의하면……" 하는 기사를 수시로 보도한다. 당신이 심리학의 연구방법을 익히게 되면 문제를 보는 눈이 훨씬 더 예리해져 매일의 일상생활에서 자주 접하는 연구결과를 더 현학적으로 이해하고 활용하게 될 것이다.

연구절차

심리학의 연구절차는 예닐곱 단계로 나뉘는데 대개 연쇄적으로 이어진다(그림 2.1 참조). 첫 번째 단계는 대체로 관찰, 신념, 정보, 그리고 일반적인 지식을 근거로 생긴 새로운 아이디어 또는 어떤 현상에 대한 다른 방식의 생각으로부터 시작된다. 연구자의 질문은 어디로부터 생성될까? 어떤 연구자는 사건이나 주위의 사람 또는 동물에 대한 직접적인 관찰에서 연구 아이디어를 찾을 수 있다. 또 다른 연구자는 옛날의 학자들로부터 고심하였던 해묵은 주제로부터 연구를 시작할 수도 있다. 때로는 오래된 아이디어를 창의적으로 융합하여 새로운 독창적 관점을 만들어내기도 한다. 진실로 창의적 사고를 하는 사람은 새로운 진실을 발견하여 과학과 사회를 보다 나은 방향으로 나아가게 한다.

심리학자들은 현상에 대한 정보를 축적해서 이론을 만들고,

단계		
1	초기 관찰 또는 질문	유사성이 관계형성에 크게 작용한다. 대화가 남녀 한 쌍의 유사성을 측정하는 맥락으로 사용될 수 있을 것이다.
2	가설 설정	남녀 한 쌍의 언어사용 방식이 유사할수록 두 사람의 관계의 안정성이 더 높을 것이다.
3	연구설계	말씨가 서로 조화로운지 여부를 평가하기 위하여 남녀 쌍의 대화를 10일 간격으로 평가한다. 3개월 후에 계속적으로 데이트를 하는지를 조사한다.
4	자료 분석 및 결론 도출	말씨가 서로 조화로울수록 지속적으로 데이트를 한다는 결과가 나왔다.
5	연구결과 보고	논문을 저명한 학술지인 'Psychological Science'에 게재한다.
6	새로운 질문 고려	논문의 논의 부분에서 효과에 대하여 개방적으로 논의한다. 말씨가 조화로울수록 관계가 좋아질 수 있거나 말씨가 더 조화로울 수 있다.
7	새 질문 연구	열린 질문에 대하여 다른 연구자가 연구를 진행한다.

그림 2.1 연구의 진행과 보고의 단계
과학적 연구의 단계를 설명하기 위하여 남녀 쌍의 말씨와 이들의 관계의 안정성의 관계를 검증한다(Ireland et al., 2011).

이 이론들이 연구주제를 구성하는 데 중요한 배경이 된다. **이론(theory)**은 현상이나 현상의 집합을 설명하는 개념의 조직이다. 대개의 심리학 이론의 공통된 핵심은 **결정론(determinism)**을 전제로 하는데, 이 결정론은 신체, 정신, 행동에 관한 모든 사건은 분명하게 나타난 원인적 요인에 의해서 결정된다는 생각이다. 이 원인적 요인은 사람의 내부 또는 그 사람이 처한 환경에서 찾을 수 있다. 또한 우리의 행동과 정신과정은 일정한 법칙에 따르며 이 법칙을 연구를 통하여 발견할 수 있다. 심리학의 연구는 이러한 법칙 저변에 깔려 있는 원인적 요인을 찾으려고 노력한다.

심리학에서 하나의 이론이 제기되면 첫째로 이미 알려진 사

실을 설명하고, 두 번째로 새로운 가설을 생성해낼 것으로 기대하게 된다. **가설**(hypothesis)은 원인과 결과의 관계에 대한 잠정적이고 검증 가능한 진술이다. 가설은 특정한 조건에서 나온 일정한 결과를 진술하는 만약-그러면 방식의 예언으로 종종 기술된다. 예를 들면 만약 어린이들이 텔레비전에서 폭력 장면을 많이 본다. 그러면 그 어린이들은 친구들에게 공격적 행동을 더 많이 보일 것으로 예측할 수 있다. 연구는 이 '만약-그러면'의 연결을 증명하여야 한다. 세 번째 단계는 제기된 가설을 검증하기 위하여 **과학적 방법**을 찾는 것이다. 과학적 방법은 자료의 오류를 최소화하고 믿을 만한 결과를 도출하기 위하여 증거를 수집하고 해석하는 일련의 과정이다. 심리학은 이 과학적 방법에 의한 법칙을 철저하게 따르는 과학이다. 자료수집을 마치면 자료를 분석하여 결론을 도출하는 네 번째 단계로 들어가게 된다.

연구결과가 현장에 영향을 미칠 수 있다는 확신이 서면 전문 학술지에 게재를 신청하게 되는데 이 단계가 다섯 번째다. 연구결과를 출판하기 위해서는 관찰기록과 자료분석 결과를 정해진 규정에 따라서 정리하여서 다른 연구자가 결과를 이해하고 평가할 수 있도록 하여야 한다. 연구과정은 언제나 공개되어야 한다. 왜냐하면 모든 자료와 연구방법은 공개적으로 검증되어야 하기 때문이다. 공개적 검증은 다른 연구자들이 자료와 연구방법에 대하여 면밀하게 검토하고 평가하고 반복하여 연구할 수 있는 기회를 충분하게 줄 때 가능하다.

대개의 심리학 연구들은 미국심리학회(APA) 또는 심리과학학회(ASP)와 같은 학술단체에서 발행하는 학술지에 게재된다. 연구 원고를 학술지에 게재 신청하면 동료심사를 받게 된다. 각 원고는 2명에서 5명의 전문가로부터 심사를 받게 된다. 이 전문가들은 원고의 논리성, 방법 그리고 결과에 대하여 상세하게 분석한다. 전문가들의 평가가 만족스러울 때 학술지의 논문으로 출판이 된다. 이 과정은 대단히 엄격하다. 예를 들면, 미국심리학회(2011)에서 2010년에 발행한 학술지에서 평균 71%의 원고가 탈락하였다. 동료평가 절차가 완벽하지는 못하다. 때로는 훌륭한 과제의 원고가 탈락할 수도 있고 별로 좋지 않은 원고가 게재될 수도 있다. 하지만 당신이 읽는 대개의 전문 학술지의 논문들은 높은 수준의 기준을 충족시킨 것들이다.

연구 5단계에서 심리학자들은 자신들의 연구결과를 여러 사람들에게 알리려고 노력한다. 미국심리학회 회장을 지낸 George Miller(1969)는 유명한 회장 인사말을 다음과 같이 하였다. "심리학자들이 전문가의 역할에 대해 책임을 덜 느끼고

진정으로 심리학을 필요로 하는 사람들보다는 우리 심리학자들 자신을 위해 사용하는 것 같다."(p. 1071). 심리학자들은 개인적으로 대중들을 향하여 책을 쓰기도 하고 강연을 하기도 한다. 미국심리학회와 심리과학학회와 같은 대표적인 전문가 조직에서도 심리학 연구가 대중들에게 전달되고 공개적으로 토론되도록 노력하고 있다.

여섯 번째 단계는 같은 주제를 연구하는 사람들이 연구결과에 대하여 반응을 하고 해결되지 않은 연구과제를 확인하는 과정이다. 대개의 연구논문들은 논의에서 제기하고 있는 연구결과의 함의와 연구의 제한점 등에서 시작한다. 그리고 추후 연구가 어떻게 진행되었으면 하는 생각을 공개적으로 밝힌다. 자료가 가설을 완전하게 검증해 주지 못하면 연구자들이 사용한 이론을 재고하여야 한다. 이렇게 하여 이론과 연구는 지속적으로 상호작용을 하게 된다. 일곱 번째 단계에서는 원래의 연구자 또는 동료들이 새로운 연구과제에 대하여 연구를 다시 시작하는 것이다.

연구과정에서 중요한 것은 과학적 방법을 적합하게 사용하는 것이다. 과학적 방법의 목표는 연구자가 연구결과를 도출함에 있어서 **객관성**을 최대한 보장하는 것이다. 연구자의 감정이나 개인적 편견이 결과에 영향을 미치지 못할 때 객관적이 된다. 이어지는 두 절에서는 객관성을 확보하기 위한 도전과 교정법을 과학적 방법으로 설명할 것이다.

관찰자 편향과 조작적 정의

여러 사람들이 하나의 같은 사건을 관찰하였을 때, 그들이 항상 같은 것을 '보는'것은 아니다. 이 절에서 관찰자 편향의 문제점과 교정법에 대하여 설명할 것이다.

객관성을 위한 도전 관찰자 편향(observer bias)은 관찰자의 개인적 동기와 기대에 기인하는 오류이다. 때때로 사람들은 무엇을 있는 그대로가 아니라 자신이 기대하는 것으로 보고 듣는다. 관찰자 편향에 관한 상당히 극적인 예를 하나 들어 보자. 20세기 초에 유명한 심리학자 Hugo Munsterberg가 많은 기자를 포함하여 수많은 청중 앞에서 평화에 관한 연설을 하였다. 그는 청중들이 무엇을 듣고 보았는지에 대한 뉴스의 내용을 다음과 같이 요약하였다.

기자들은 연단 앞줄에 재빨리 앉았다. 한 기자는 연설하는 동안 완전한 침묵이 흐르는 것을 보고 청중들이 나의 연설에 매우 놀랐다고 썼다. 다른 기자는 나의 연설이 큰 박수 때문에 자주 중단되었고 연설을 마칠 때는 수 분간 박수갈채가

관중과 방송기자를 포함하여 참가자들은 관찰자 편향의 대상이 된다. 실제로 어떤 일이 일어났는지를 어떻게 결정할 것인가?

되었다. 연구자들은 '육안으로 보기에도 정상적으로 연구 참가자들이 자신의 결혼에 확신감이 있을 때 대화에 있어서 매우 강한 긍정적 반응을 보였음'에 주목을 하였다.

이 연구가 보여주는 것은 기대가 다른 관찰자는 다른 결론에 도달한다는 것이다.

위의 관찰자 편향에 대한 이해를 시장조사를 하는 심리학 연구에 적용해 보자. 관찰자마다 각기 다른 과거 경험의 틀을 가지고 있기 마련이다. 각각의 경험은 특정 이론에서 논리적 근거를 찾게 될 것이고 결국 관찰자의 편향이 문제를 어렵게 만들 것이다. 연구자들은 편견 없이 행동을 있는 그대로 관찰하도록 노력하여야 할 것이다.

교정법 관찰자 편향을 최소화하기 위하여 표준화와 조작적 정의를 사용한다. **표준화**(standardization)는 자료를 수집하는 모든 단계에서 동일하고 일관된 절차를 적용한다. 모든 검사와 실험 상황이 모든 연구 참가자에게 정확하게 같이 적용되어야 한다. 표준화된 연구에서는 미리 정해진 규칙에 따라서 질문뿐 아니라 반응에 대한 채점도 똑같이 하도록 한다. 결과를 유인물로 인쇄를 하거나 녹음을 하면 시간이 경과하거나 장소가 바뀌었을 때에도 다른 연구 참가자와 연구자들이 서로 손쉽게 비교할 수 있다.

관찰도 표준화되어야 한다. 과학자들은 자신의 이론의 의미가 변하지 않고 일관된 개념으로 변환시킬 수 있도록 노력한다. 개념의 의미를 표준화하는 작업을 조작화라고 한다. **조작적 정의**(operational definition)는 특정 개념을 측정하거나 그 개념의 현상을 결정하기 위해 이용되는 구체적 조작이나 절차를 정의함으로써 실험 속에서 그 의미를 표준화하는 것이다. 실험의 모든 변인은 조작적 정의가 내려져야 한다. **변인**(variable)은 양 또는 종류가 변화하는 모든 요인이다. 그림 2.1의 실험에서 연구자들은 언어양식 조화를 0에서 1 사이 점수로 평정하였을 것이다.

실험 상황을 통해서 두 가지 형태 변인 간의 인과관계를 밝히기를 원한다. 가령 앞에서 생각하였던 '텔레비전에서 폭력물을 많이 본 아이가 친구들에게 공격적 행동을 더 많이 할 것'이라는 가설을 검증하려고 해보자. 이 가설을 검증하기 위하여 연구 참가자가 보는 폭력물의 양을 조작하는 실험을 고안할 것이다. 여기에서 당신이 조작하는 변인이 **독립변인**(independent variable)이다. 이 독립변인은 관계에 있어서 원인으로 작용하게 된다. 폭력물을 본 정도에 따라 공격행동을 보이는 수준을

계속되었다고 썼다. 어떤 기자는 나와 반대 입장의 연사가 연설하는 동안 나는 미소를 계속해서 짓고 있었다고 썼다. 다른 기자는 나의 얼굴이 너무 지겨워 보였으며 약간의 미소도 짓지 않았다고 하였다. 한 기사는 내가 흥분하여 얼굴이 붉으락푸르락 하였다고 한 반면에 다른 기사에서는 내가 백지장처럼 하얗게 질린 것 같았다고 하였다. (1908, pp. 35~36)

기자들의 기사를 분석하여 그들의 정치적 견해와 기사가 어떻게 연관되는지를 알아보는 것은 매우 흥미롭다. 기자들의 정치적 입장을 알면 왜 그러한 기사를 썼는지 쉽게 이해할 수 있다.

당신의 일상생활에서 관찰자 편향을 경험할 수 있다. 예를 들어 당신이 아주 가까운 관계에 있다고 가정해 보자. 당신의 관계에 관련된 동기와 기대가 당신 배우자의 행동을 보는 방식에 어떤 영향을 주겠는가? 결혼한 125쌍의 부부에 대한 연구를 통해서 알아보자. 관찰자 편향은 어떤 것에 대해서는 주의 깊게 관찰하여야 하고 다른 것은 의미가 없는 것으로 무시하여야 하는지 걸러주는 여과기의 역할을 한다.

지정 연구 부부들은 10분 동안 두 가지의 다른 대화를 녹화하였다(Knobloch et al., 2007). 첫 번째 대화는 자신들의 긍정적 측면을 논의하도록 하였다. 다른 대화는 앞으로 그들의 관계가 좋아지거나 나빠질 수 있는 기대하지 않은 최근의 사건에 대하여 논의하도록 하였다. 각 대화가 끝난 다음 부부 각각에게 배우자가 얼마나 따뜻했는지 아니면 차가웠는지, 그리고 대화를 얼마나 지배하려고 했는지에 대하여 평가하게 하였다. 연구자는 이들 부부와 아무런 관계가 없는 중립적인 평가자에게도 녹화를 보고 평가하게 하였다. 중립적 평가자의 평가와는 달리 부부들은 일관되게 관찰자 편향을 보였다. 편향의 방향은 자신들의 관계의 방향이 앞으로 어떻게 될 것인가에 의해서 결정

TV의 폭력물을 시청함으로써 폭력적인 행동이 유발될 수 있는가? 어떻게 이것을 알아낼 수 있는가?

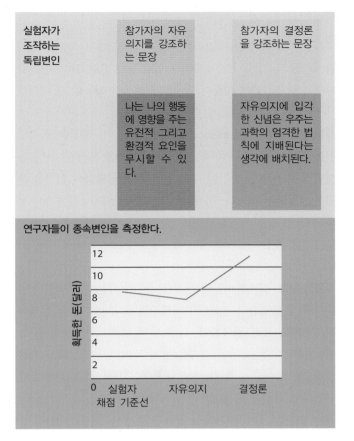

그림 2.2 실험의 요소
가설을 검증하기 위하여 연구자는 독립변인과 종속변인을 조작적으로 정의한다.

출처 : Kethlee D. Vohs and Jonathan W. Schooler, The value of beliving in free will: Encouraging a belief in determinism increases cheating. *Psychological Science*, January 1, 2008, page 49~54. © 2008 by the Association for Psychological Science.

평가하게 될 것이다. 이때 공격은 원인-효과 관계에서 효과로 나타나며 이것이 바로 실험자가 측정하는 **종속변인**(dependent variable)이다. 연구자가 주장하는 원인과 효과의 관계가 옳다면 종속변인의 값은 독립변인의 값에 종속되는 것이다.

이러한 새로운 개념을 실제 실험에 적용해 보자. 거창한 철학적 질문에 관한 과제를 한다고 생각해 보자. "인간은 자유의지를 가졌는가 아니면 자신들의 행동이 자신의 통제를 벗어나 유전과 환경의 힘에 의해서 결정되는가?" 연구는 이 질문에 대한 직답을 구하기보다 우리가 행동하는 데 영향을 주는 자유의지와 결정론에 대한 질문을 하기로 하였다(Vohs & Schooler, 2008). 연구자들은 결정론적 세계관을 가진 사람은 나쁜 행동을 했을 때 자신의 통제 밖이라고 생각하여 책임감을 적게 느낄 것이라는 논리를 세웠다. 이 가설을 검증하기 위하여 연구자들은 대학생들에게 부정행위를 하는 기회를 주기로 하였다!

이 실험의 중요한 내용이 그림 2.2에 나타나 있다. 연구자들은 약 120명의 대학생들을 실험 참가자로 모았다. 독립변인은 참가자의 자유의지와 결정론에 관한 신념으로 측정하였다. 이 변인을 조작하기 위하여 15개의 문장을 주고 각 문장마다 1분씩 생각하도록 하였다. 각 문장은 자유의지와 결정론을 나타내는 것이고 그림 2.2에 제시되어 있다.

이 가설을 검증하기 위하여 연구자들은 학생들에게 부정행위를 할 기회를 주기로 하였다. 실험하는 동안에 학생들은 Graduate Record Examination(GRE)에 있는 문제 15개에 답하도록 하였다. 이들은 1문제를 맞힐 때마다 1달러를 받을 수 있다. 참가자들은 실험자가 없는 상태에서 자신의 답을 채점하도록 하였다. 이러한 상황이 부정행위를 할 수 있는 맥락을 제공하는 것이다. 실험자는 참가자들이 자신이 정당하게 받아야 할 돈보다 더 받는지를 알 수 없다. 그러므로 이 실험의 종속변인은 참가자들이 자기 자신에게 지불하는 돈의 양이다.

그림 2.2에 실험의 결과를 제시하였다. 평균 정도의 학생들이 GRE의 15개 문항에서 몇 점을 받는지 결정하기 위하여 별도의 조건을 만들어서 참가자들이 돈을 얼마나 받을 수 있는지를 채점해 보았다. '실험자 채점 기준선'에 이 점수를 나타내었다. 그림 2.2에 나와 있는 바와 같이 연구자가 예상한 것처럼 독립변인이 종속변인에 영향을 주는 것으로 나타났다. 결정론적 관점을 가진 참가자가 자유의지의 관점을 가진 참가자보다 약 4달러를 더 가져갔다. 실험자가 채점한 기준선 수준과 자유의지 관점의 참가자의 수준이 같았기 때문에 결정론적 입장의 참가자가 부정행위를 한 것으로 추론할 수 있다. 이 가설을 검증하기 위하여 다른 방법으로 변인을 조작하고 부정행위를 다른 방식으로 측정할 수도 있다. 또한 이러한 결과를 일상생활의 다른 상황에 일반화할 수도 있을 것이다. 이러한 유형의 관심은 실험법을 탐색하는 데 변화를 가져오기도 한다.

실험법 : 대안적 설명과 통제의 필요성

우리는 사람들이 같은 결과에 대하여 여러 가지 이유를 제시할 수 있다는 것을 일상생활의 경험을 통해 알고 있다. 심리학자들은 인과관계에 대하여 확실하게 주장하고자 할 때 이러한 문제에 마주치게 된다. 인과관계의 모호함을 극복하기 위하여 **실험법**(experimental method)을 사용한다. 연구자들은 종속변인에 영향을 줄 것으로 예상되는 독립변인을 조작한다. 이 실험법의 목적은 한 변인이 다른 변인에 대한 영향의 원인을 분명하게 밝히는 것이다. 이 절에서는 대안적 설명의 문제를 기술하고 이 문제를 해결하기 위해 연구자들이 취해야 하는 조치를 설명한다.

객관성 확보 심리학자들이 가설을 검증할 때는 독립변인의 변화가 특정 방법으로 종속변인에게 영향을 주는 이유를 설명하려고 마음속으로 생각한다. 예를 들어 텔레비전에서 폭력 장면을 많이 보는 것이 공격성을 높일 것이라고 예상하고 이를 실험으로 보여줄 수 있다. 그러나 **폭력**이 공격성으로부터 유발되었다고 확신할 수 있을까? 심리학자들은 자신의 가설을 검증할 수 있는 확실한 사례를 만들기 위해서 가능한 대안적 설명의 가능성을 잘 찾아보아야 한다. 주어진 결과에 대하여 대안적 설명이 많을수록 초기의 가설이 정확하다는 확신이 줄어든다. 실험자가 연구 상황에 의도적으로 개입시키지 않았으나 실험 참가자의 행동을 변화시키고 자료 해석을 혼란스럽게 하는 요인을 **혼입변인**(confounding variable)이라고 한다. 어떤 관찰된 행동효과의 실제 원인이 **혼입**되었을 때 자료의 해석은 위험할 수 있다. 예를 들어 텔레비전의 폭력적인 장면은 대부분의 비폭력 장면보다 더 소리가 크고 더 많은 동작을 포함하고 있다고 가정하자. 이 경우 폭력과 외견상 보이는 장면이 혼입되어 있다. 따라서 어떤 요인이 공격적 행동을 야기하는지를 분명하게 밝히는 것은 거의 불가능하다.

각각 다른 실험방법이 각각의 독특한 대안적 설명의 가능성을 잠정적으로 제기해 주지만, **기대효과와 위약효과** 두 가지의 혼입은 거의 모든 실험에 적용된다. 부지불식간에 이루어지는 **기대효과**(expectancy effect)는 연구자 또는 관찰자가 참가자에게 기대하는 행동을 유도하기 위하여 미묘하게 참가자에게 의사소통하기 때문에 생긴다. 그러한 결과로 예상하였던 반응을 얻게 된다. 이러한 환경조건에서는 독립변인보다 오히려 실험자의 기대가 관찰되는 반응을 유발하게 된다.

12명의 학생에게 미로 찾기 훈련을 받은 쥐를 주었다. 학생들 반에게는 그들이 받은 쥐가 미로를 잘 찾도록 특별히 길러졌다고 하였다. 나머지 반의 학생들에게는 자신들이 받은 쥐들이 미로에 둔하도록 길러졌다고 말해 주었다. 그들이 받은 쥐는 실제로 모두 같은 것이다. 그럼에도 불구하고 학생들의 결과는 그들의 쥐에 대한 기대와 일치하였다. 똑똑할 것으로 기대된 쥐들이 둔할 것으로 기대된 쥐보다 학습을 더 잘한다고 보고하였다(Rosenthal & Fode, 1963).

학생들이 쥐에 대한 자신의 기대를 쥐에게 어떻게 전달하였을까? 인간 실험자와 인간 참가자들처럼 실험이 한 종족 내에서 실행될 때 기대효과에 대하여 왜 더 염려하여야 할까? 그 이유는 기대효과가 발견된 내용을 왜곡시키기 때문이다.

위약효과(placebo effect)는 실험조작이 전혀 없었는데 실험 참가자의 행동에 변화가 있을 때 발생하는 것이다. 이 개념은 환자가 화학작용을 일으키지 않거나 치료에 특정효과가 없는 약을 복용하였음에도 자신의 건강이 좋아졌다고 생각한 의학 사례에서 시작되었다. 위약효과는 치료가 효과적일 것이라는 개인의 신념 때문에 건강이나 행복감이 올라가는 현상이다. 의학적 효과가 없는 약을 사용하였음에도 환자들의 상태가 호전되었다(Colloca & Miller, 2011).

심리학 연구에서 위약효과는 특정반응을 일으키기 위해 사용된 개입이나 절차에 의해서 나타나는 것이 아니라, 무엇을 하여야 할지 또는 어떻게 느껴야 할지에 대한 개인의 기대가 행동반응에 영향을 미쳐서 나타난다. 텔레비전을 보는 것이 나중에 공격성과 연결된다는 실험을 회상해 보자. 텔레비전을 전혀 본 적이 없는 실험 참가자들도 높은 공격성을 보인다는 사실을 발견하였다. 참가자들은 공격성의 표출이 묵인되는 상황에 놓이게 되면, 자신들이 공격적으로 행동하고 또 계속해서 그런 행동을 할 수 있을 것으로 기대된다고 생각하게 된다. 실험 참가자들은 자신들이 관찰되거나 시험되고 있다는 사실을 알고 있기 때문에 자신들의 행동방식을 다르게 할 수 있다. 예를 들면 참가자들은 자신이 실험에 참여하도록 선택된 자체에 대하여 특별하게 느낄 것이므로 그들이 평소에 하였던 행동과 다르게 행동할 수 있다. 이러한 효과가 연구의 결과를 손상시킬 수 있다.

교정법 : 통제절차 인간과 동물의 행동은 복잡하고 많은 경우에 원인이 다양하기 때문에 좋은 연구설계는 예상되는 혼입을 제거하기 위한 전략적 장치를 준비하고 있어야 한다. 운동경기에서 수비전략이 있는 것처럼 좋은 연구설계는 상대방이 어

떻게 할 것인지를 예상하고 이에 대한 대책을 계획하여야 한다. 가설을 검증하는 데 관련되는 모든 변인과 조건 이외에는 완전히 같도록 하는 절차가 필요한데, 이것을 **통제절차**(control procedure)라고 한다. 실험 참가자들이 체험하는 것이 같도록 하기 위해서는 실험 지시문, 실내 온도, 과제, 연구자의 옷차림, 시간 할당, 반응을 기록하는 방법, 그리고 실험 상황의 모든 세세한 것들까지도 모든 참가자에게 똑같이 적용되어야 한다. 참가자들의 경험에서 단지 다른 것은 독립변인이 주어지는 것이다. 기대효과와 위약효과와 같은 특수한 혼입변인을 위한 교정법을 살펴보자.

예를 들어 공격성 실험을 보강하기 위해 코미디 프로그램을 시청한 처치 집단을 포함시켰다고 생각해 보자. 당신의 기대에 근거하여 코미디 프로그램 집단과 폭력 프로그램 집단을 다른 방식으로 취급하지 않도록 주의하여야 한다. 참가자들이 폭력적 프로그램 또는 코미디 프로그램을 보았는지 알지 못하는 연구 보조자들이 참가자들을 안내하고 나중에 그들의 공격성을 평가하도록 하여야 한다. 연구 보조자는 참가자가 어떤 조건에서 무슨 일을 해야 하는지 모르게 해야 한다. 최상의 실험환경은 실험 보조자들뿐만 아니라 참가자들 모두 어떤 참가자들이 처치되는지 눈치 채지 못하도록 하거나, 모르게 하여 편향이 생기지 않도록 하는 것이다. 이러한 기법을 **이중맹목 통제**(double-blind control)라고 한다. 앞의 공격성 실험에서 참가자들이 자신들이 코미디를 보았는지 폭력물을 보았는지를 모르게 할 수는 없었다. 그렇지만 실험에서 결과적으로 일어나는 공격을 분석할 것이라는 것을 추측하지 못하도록 주의 깊게 조치를 해야 한다.

위약효과가 있었는지를 알기 위하여, 처치가 이루어지지 않는 실험조건, 즉 **위약 통제**(placebo control)를 일반적으로 실험 과정에 포함시킨다. 실험자들이 자신들 스스로 적절하게 비교를 하고 있다는 것을 확인한다는 점에서 이 위약 통제도 일반적인 통제의 범주에 해당된다. 은행잎 추출액이 기억력에 도움이 된다는 심야 텔레비전 광고를 보았다고 생각해 보자. 당신이 이 은행잎 추출액을 구입하여 매주 복용한다면 무엇을 기대할 수 있을까? 대학생이 6주 동안 매일 아침에 은행을 복용한 결과, 인지과제 수행능력이 향상되었다는 연구결과가 있다(Elsabagh et al., 2005). 실험 참가자들은 텔레비전 화면에 나오는 20장의 그림을 보고 이름을 말하게 하고 나중에 그 이름을 회상하게 하였다. 이 과제에서 6주간 은행을 복용하게 하였더니 기억력이 14% 향상되었다. 그런데 아무 약효가 없는 위약을 복용한 실험 참가자 역시 14% 향상된 결과를 보였다. 이

러한 기억력의 증가는 실험을 시작할 때부터 해온 연습효과로 해석되며 바로 위약 통제로 설명될 수 있다. 통제조건에서 얻어낸 자료는 실험효과를 평가하는 데 중요한 기초자료가 된다.

교정법 : 연구설계 통제조건을 이행하기 위해서는 연구자가 연구목적을 달성하기 위해서 어떤 연구설계가 가장 적합할지를 결정해야 한다. **피험자 간 설계**(between-subjects design)는 참가자들을 실험조건(하나 또는 그 이상의 실험 처치에 노출된) 또는 통제조건(실험 처치에 노출되지 않은)으로 무선 할당하는 연구설계이다. **무선 할당**(random assignment)은 연구 참가자들 사이에 있을 수 있는 개인적인 차이와 연관된 혼입변인을 제거하기 위해 필요한 단계 중 하나이다. 이 과정을 공격성 실험에 적용할 수 있다. 모든 참가자는 통제조건과 처치조건에 할당될 가능성이 같기 때문에 실험 시작 단계에서는 두 조건의 참가자들의 속성이 매우 유사하다. 예를 들어 실험집단의 모든 사람들이 텔레비전의 폭력물을 좋아하고 통제집단의 참가자들 모두가 폭력물을 싫어할 수 있다는 염려를 할 필요는 없다. 왜냐하면 무선 할당은 두 가지 성향의 참가자들을 **실험집단**(experimental group)과 **통제집단**(control group)으로 골고루 섞어서 배당하는 것이다. 이렇게 잘 통제된 상황에서 연구의 결과가 두 조건에서 차이를 보였다면, 이 차이가 참가자들이 이전부터 가지고 있었던 차이에 의해서 생긴 것이 아니라 실험의 처치나 개입에 의해 일어난 차이라고 확신할 수 있다.

또한 연구자들이 실험실에 참가자들을 데려오는 과정에서도 무선적 절차를 고려해야 한다. 당신이 "6세 어린이가 4세 어린이보다 거짓말을 더 잘한다."라는 가설을 검증한다고 가정해 보자. 실험을 마칠 때 당신은 4세와 6세 전체 **모집단**(population)에 연구결과를 적용하려 할 것이다. 당신은 이 세상의 모든 4세와 6세 어린이들 중에서 매우 극소수의 아이들만—**표집**(sample)—실험실로 데려올 수 있을 것이다. 전형적인 심리학 실험에서는 대개 20명에서 100명 사이의 참가자로 수행한다. 어떻게 아이들을 선택하겠는가? 연구자들은 모집단의 특성을 가장 잘 반영하는 **대표표집**(representative sampling)을 구성한다. 예를 들면, 남녀 성비율 그리고 인종 등의 분포를 고려하여 표집할 수 있다. 어린이들의 거짓말에 대한 실험을 하면서 남자아이들만 대상으로 한다면 모든 4세와 6세에 대한 대표적 표집은 할 필요가 없다. 대표적 표집을 하기 위하여 연구자들은 **무선표집**(random sampling) 절차를 사용한다. 이 무선

표집은 모집단의 모든 사람이 실험의 표집에 선택될 가능성을 같게 하여 선발하는 방법이다.

실험설계의 또 다른 유형으로 참가자 각자를 통제하여 실험 조건을 설정하는 **피험자 내 설계**(within subject design)가 있다. 예를 들어 각 참가자는 한 가지 이상의 다른 독립변인 처치를 받는다. 실험 참가자에게 처치를 하기 전과 처치 후의 행동을 비교하는 방법이다. 앞으로 할 운동에 대하여 얼마나 정확하게 판단하는지를 검토하는 실험을 한다고 가정해 보자.

당신이 체육관에 등록하고 간다고 가정해 보자. 아마도 당신은 그곳에서 연습하는 것을 즐길 수 있을 것으로 예상할 것이다. 그러나 당신이 즐기는 것을 얼마나 정확하게 예측할 수 있을 것 같은가? 한 연구팀 사람들이 스스로의 운동연습을 즐기는 것에 대하여 습관적으로 낮게 평가한다는 가설을 검증하기로 하였다. 이 가설을 검증하기 위하여 연구자들은 체육관의 운동시간에 정기적으로 가는 사람들을 조사하기로 하였다. 운동수업을 시작하기 전에 자신들이 이 운동을 얼마나 즐길 수 있을지를 1점(전혀 즐기지 못할 것이다)에서 10점(매우 즐길 것이다)으로 예상하게 하였다. 이들의 평균 점수는 7.6점이었다. 수업이 끝나고 나서 자신들이 실제로 얼마나 즐겼는지 평가하게 하였더니 10점 만점에 8.2점으로 일관되게 높게 평가하였다.

이 연구는 피험자 내 설계로 진행되었는데, 연구자들은 참가자들이 자신들이 앞으로 즐길 것에 대하여 낮게 예상한다는 확실한 결론을 내릴 수 있었다. 왜 그럴까? 연구자들은 운동연습을 시작할 때 어려움을 많이 생각하기 때문에 그럴 것으로 가정하였다. 나중에 한 피험자 간 실험에서는 참가자에게 첫 번째 수업과 마지막 수업 중에서 가장 좋았던 상황을 상상하게 하였다. 가장 좋았던 시간을 마지막 시간으로 상상한 사람은 10점 만점에 7점인 반면에 첫 시간이 좋다고 상상하는 참가자들은 8.0으로 일관되게 높은 점수를 보였다. 이러한 결과를 당신이 다음에 운동연습을 하고자 할 때 어떻게 이용하겠는가?

이제까지 설명한 연구방법론들은 종속변인에 영향을 미칠 것으로 예상되는 독립변인을 조작하는 것에 관한 것이다. 이 실험방법을 통해 변인들 간의 인과관계에 대하여 분명한 주장을 할 수도 있지만, 또 다른 조건들에서는 이 방법이 덜 바람직하기도 하다. 첫째, 인위적 환경에서의 행동을 연구할 때가 많은데, 이러한 경우에 실험이 진행되는 동안 상황에 대하여 인위적 통제가 지나쳐서 자연 상태에서 나타내는 행동과 다른 행동을 하게 할 수 있다. 통제된 실험 상황은 한 가지 또는 몇 가지의 변인으로 지나치게 단순화시켜서 자연 상태에서 보이

왜 사람들은 자신들이 운동수업을 덜 즐길 것이라고 낮게 예측하는가?

는 인간행동의 다양성과 복합성을 놓치기 쉽다. 둘째, 연구 참가자들이 자신이 실험에 참가하고 있고, 평가되고 측정된다고 알고 있다. 참가자들이 연구자의 기분을 맞추어 주기 위해서 반응할 수 있고, 연구의 목적을 알아차려서 답하려고 하기도 하며 때로는 자신들이 관찰되고 있을지도 모른다는 생각에 자신의 행동을 바꿀 수도 있다. 셋째, 실험 처치가 윤리적 문제를 야기할 수 있다는 것이다. 예를 들어 학대받는 어린이 실험집단과 그렇지 않은 통제집단을 인위적으로 만들어서 아동 학대 경향성이 한 세대에서 다음 세대로 전해지는 것인지를 검증하려는 연구는 할 수 없을 것이다. 다음 절에서 이러한 상황에서 종종 활용되는 연구방법의 유형을 살펴볼 것이다.

상관연구

지능이 얼마나 오래 사는 것과 관계가 있는가? 긍정적인 사람이 부정적인 사람보다 더 건강한가? 아동 학대 경험과 나중에 나타나는 정신질환 사이에 관련이 있는가? 이러한 문제와 관련된 변인들은 심리학자들이 쉽게 다룰 수 없거나 윤리적 문제를 내포하고 있을 수 있다. 이러한 질문에 대답하기 위해서는 **상관연구**(correlational method)를 이용할 필요가 있다. 심리학자들은 두 변인, 특성 또는 관련된 속성이 어떤 관계가 있는지를 알고자 할 때 상관연구를 사용한다.

두 변인 사이의 관계인 상관의 정도를 알기 위하여, 심리학자들은 **상관계수**(correlation coefficient, r)로 알려진 통계치를 계산한다. 상관계수는 +1.0에서 −1.0까지 계산되며, +1.0은 완전한 정적 상관, −1.0은 완전한 부적 상관, 그리고 0.0은 전혀 상관이 없다는 것을 나타낸다. 정적 상관계수는 하나의 점수가 증가하면 다른 두 번째 점수도 증가한다는 것이다. 반대로 부적 상관은 한 가지 점수가 증가하면 두 번째 점수는 첫 번

째 점수와는 반대 방향으로 가는 것을 말한다(그림 2.3 참조). 상관계수가 0에 가까운 것은 두 측정치 점수 사이에 약한 상관이 있거나 또는 관계가 없음을 의미한다. 상관계수가 ±1에 가까워질수록, 한 변인과 이 변인에 관련된 변인의 관계를 예측할 수 있는 가능성이 증가한다.

『심리학과 삶』 전반에 걸쳐서 상관연구를 통하여 많은 중요한 통찰에 이르는 것을 보게 될 것이다. 당신의 구미를 돋우기 위하여 다음 예를 보도록 하자.

한 연구팀이 어린이들의 대중매체(텔레비전, 비디오 게임, 그리고 컴퓨터 사용)에 대한 습관이 수면장애에 어떤 영향이 있는지 알아보기 위한 연구를 하기로 하였다(Garrison et at., 2011). 연구자들은 3세에서 5세인 아이들의 부모에게 일주일 동안 아이들이 대중매체를 얼마나 사용하는지에 관해 대중매체 일기를 기록하도록 하였다. 부모들은 아이들의 수면 습관에 관한 질문지에도 답하게 하였다. 이 질문지에는 아이들이 잠에 드는 데 소요되는 시간, 잠자다 깨기, 가위눌림, 아침에 일어나기 어려움, 그리고 낮 시간의 피로의 빈도를 기록하게 되어 있다. 자료를 분석한 결과 밤에 대중매체를 많이 사용할수록 수면장애가 심한 것으로 나타났다. 추가적으로 낮 시간에 폭력물을 많이 본 아이일수록 수면장애가 심할 것으로 예측하였다.

상관연구가 이러한 문제에 왜 적합한지 이해할 수 있겠는가? 텔레비전을 많이 보는 아이와 전혀 보지 않는 아이를 무선적으로 할당할 수 없다. 가족들의 실제적 습관이 어떻게 나타나는지를 알기 위해서 당신은 무작정 기다려야 한다. 만약 당신이 부모가 되었을 때 이러한 결과와 같은 결정을 내리겠는가?

상관자료를 해석할 때는 인과관계를 해석하기 전에 매우 조심해야 한다. 수면에 관한 주제를 다시 생각해 보자. 연구결과에 따르면 수면장애의 위험이 있는 아이들이 성적이 낮을 가

능성이 높다(Gaultney, 2010). 이러한 연구결과를 바탕으로 당신은 아이의 성적을 올리기 위해서는 잠을 더 자게 하려고 할 수 있다. 하지만 이러한 개입은 잘못된 것이다. 강한 상관관계는 두 자료 간에 체계적인 관계가 있다는 것이지 한 가지가 다른 것의 원인은 아니라는 것이다. 상관은 인과관계가 아니다. 상관은 여러 가지의 인과관계의 가능성 중에서 한 가지를 반영한 것이다. 이러한 가능성의 상당한 부분은 제삼의 변인을 포함하며 이는 상관의 배경으로 작용할 수 있다. 예를 들어 잠을 잘 자고 성적이 좋은 아이들이 보다 쉬운 과정을 택했을 수 있다. 이러한 상황에서는 학생이 선택한 과정의 난이도가 제삼의 변인으로 작용하게 되고 학생의 수면 시간과 성적과는 정적 상관을 보이게 된다. 이런 현상은 공부를 효율적으로 하는 학생이 잠에 잘 든다거나 학교생활에서 불안을 경험하는 아이들이 잠에 잘 들지 못하는 경우와 같다. 이런 세 가지 가능성으로부터 알아야 할 것은 상관관계에 대해서는 연구자가 보다 더 깊이 설명할 필요가 있다는 것이다.

상관관계로부터 인과관계를 추론하기 어려운 예를 하나 더 들어 보자. 그림 2.1의 예를 보자. 이 연구의 주요 결과는 언어 사용 방식이 조화로울수록 관계가 더 지속된다는 것이었다(Ireland et al., 2011). 연구자들은 이 연구가 상관연구라는 것을 인지하였다. 그래서 언어 사용이 조화로운 것이 관계를 좋게 만드는 것인지 아니면 좋은 관계가 언어 사용을 조화롭게 하는지에 대한 확신을 할 수 없었다. 또 다른 예를 들어 보자. 연구자들은 참가자들에게 Fortune지의 500개 회사의 최고경영자들의 사진을 평가하라고 하였다(Rule & Ambady, 2008). 사진만을 보고 한 평가에서 가장 높은 지도력을 평가받은 사람이 이익을 가장 많이 남기는 회사를 운영하는 것으로 나타났다. 왜 이런 정적 상관이 나왔을까? 연구자들은 이러한 결과 이면에 한 가지 이상의 인과관계의 경로가 있음을 깨달

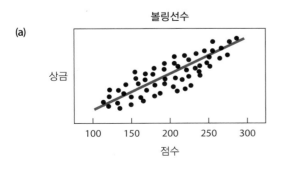

(a) 볼링선수

상금 / 점수

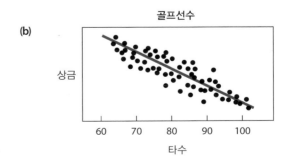

(b) 골프선수

상금 / 타수

그림 2.3 정적 상관과 부적 상관
이 가상적인 자료는 정적 상관과 부적 상관의 차이를 보여준다. 점수는 볼링선수와 골프선수의 점수이다. (a) 일반적으로 프로볼링선수의 점수가 높을수록 돈을 많이 벌 수 있다. (b) 골프의 경우는 반대이다. 왜냐하면 골프게임에서는 타수가 낮을수록 상금이 많아지기 때문이다.

았다. "물론 보다 성공적인 회사가 특정한 모습의 최고경영자를 선택한 것인지 아니면 특정한 모습을 가진 사람이 회사에서 최고경영자로서 성공적으로 일을 잘한 것인지에 대한 인과적 추론을 할 수는 없다." 이러한 연구사례들을 종합하면 상관관계가 인과관계를 의미하지는 않는다는 것을 알 수 있을 것이다. 또한 상관관계 연구가 세상의 여러 가지 흥미로운 일에 주의를 끄는 이유를 알 수 있을 것이다.

이제까지 실험의 여러 가지 결과들을 제시하였다. 다음 절에서는 심리측정의 중요한 절차와 경험의 범주에 관하여 설명할 것이다.

복습하기

1. 이론과 가설은 어떠한 관계인가?
2. 관찰자 편향을 극복하기 위해서 어떠한 절차를 준비해야 하는가?
3. 이중맹목 통제를 사용하는 이유는 무엇인가?
4. 피험자 내 설계를 하는 의도는 무엇인가?
5. 상관연구가 인과관계를 설명하지 못하는 이유는 무엇인가?

비판적 사고 참가자가 운동연습을 얼마나 즐길 수 있을지 예측하는 연구를 생각해 보자. 왜 연구자들이 실험 참가자로 운동연습을 규칙적으로 하는 사람을 참여시켜야만 하였을까?

심리측정

심리적인 과정은 매우 다양하고 복잡하기 때문에 이것을 측정하려는 심리학자들에게는 도전할 만한 가치가 있다. 어떤 행동과 절차는 쉽게 보이지만, 불안 또는 꿈과 같이 대개의 심리적 요인은 그렇지 않다. 따라서 심리학자들의 과제는 보이지 않는 것은 눈에 보이게, 내부 사건을 외부 절차로, 사적인 경험을 공적인 경험으로 만드는 것이다. 연구자들이 연구하길 원하는 현상에 대하여 조작적 정의를 내리는 것이 얼마나 중요한지 이미 살펴보았다. 이러한 조작적 정의로 인하여 서로 다른 수준, 크기, 강도 또는 변인의 양에 대하여 숫자를 부여하는 과정, 즉 수량화를 할 수 있다. 심리학에서는 여러 가지의 측정방법들을 사용하는데, 각각의 방법 나름의 장점과 단점이 있다.

측정의 정확성을 재는 신뢰도와 타당도라는 두 가지 방법 사이의 차이점을 논의하는 것으로 심리측정을 개관하고자 한

학생들의 수면습관과 그들의 대학생활 성공 간의 상관을 알아내기 위해 어떤 절차를 사용할 수 있을까? 상관 속에 포함된 잠재적 인과관계를 어떻게 평가할 수 있을까?

다. 그리고 자료수집에 사용되는 다른 측정기법을 살펴보겠다. 심리학자들은 어떤 방법으로 자료를 수집하였든, 자신이 세운 가설을 검증하기 위하여 적합한 통계적인 방법을 사용해야만 한다. 자료를 분석하기 위해 사용되는 통계적 분석방법은 별도로 공부하기 바란다.

신뢰도와 타당도

심리측정의 목표는 신뢰롭고 타당한 결과를 도출해내는 것이다. **신뢰도**(reliability)는 심리검사 또는 실험연구로부터 얻은 행동에 관한 자료가 어느 정도 일관성 있고 믿을 수 있는지를 나타내는 것이다. 측정이 신뢰성이 있다는 것은 원래 검사와 시간은 다르지만 비슷한 상황에서 검사를 하였을 때 비슷한 결과가 반복적으로 나타나는 것을 말한다. 신뢰성 있는 측정도구는 측정 대상이 바뀌지 않는 한 반복적으로 사용하였을 때 비슷한 점수를 산출한다. 자유의지를 믿는 사람들을 조작한 실험을 생각해 보자. 이 실험에서는 실험 참가자가 122명이었다. 이 실험을 한 심리학자들이 자신들의 연구결과가 믿을 만하다고 주장하는 것은 이들이 비슷한 숫자의 다른 참가자를 상대로 같은 실험을 반복했을 때 거의 같은 결과를 얻을 수 있기 때문이다.

타당도(validity)는 연구나 검사 등에서 측정된 결과가 원래 측정하고자 하였던 심리학적 변인이나 질을 얼마나 정확하게 반영하였는지를 나타내는 것이다. 예를 들어 당신의 행복을 타당하게 측정하였다면 그 결과를 가지고 당신이 다른 특정한 상황에서 얼마나 행복할지를 예측할 수 있어야 한다. 타당한 실험의 결과는 광범위한 상황에 일반화되고 실험실에서 일상생활로 일반화할 수 있다. 교수가 시험을 치르기 직전에 수

생활 속의 심리학

희망하는 생각이 당신의 정보 평가에 어떤 영향을 미치는가?

객관성을 논의할 때 관찰자 편향이 불쑥 크게 나타날 수 있다. 과학자들은 자신에게 보이는 것을 측정하기보다 자신이 보기를 원하는 것을 측정할 가능성에 대하여 주의해야 한다. 관찰자 편향에 관한 염려는 일상생활에서도 그대로 적용된다. 인터넷의 경이로운 정보를 생각해 보자. 당신이 중요한 의사결정을 할 때 그 모든 정보를 어떻게 평가하는가? 사람들이 자신들이 희망하는 생각에 잘 사로잡힌다는 결과를 낸 연구가 있다.

연구를 시작하면서 어린이집에 대한 태도에 따라 연구 참가자를 두 집단으로 나누었다(Bastardi et al., 2011). 모든 참가자들은 장래에 자녀를 낳을 것이라고 하였고, 가정에서 자녀를 양육하는 것이 어린이집에 보내는 것보다 훨씬 좋다고 생각하였다. 한 집단은 장차 자신의 아이를 집에서 키우겠다는 사람들로 구성하였고, 비갈등집단으로 명명하였다. 다른 집단은 집에서 양육하는 것이 좋지만 어린이집에 맡기겠다는 사람들로 구성하고, 갈등집단이라고 명명하였다.

다음으로 연구자들은 참가자들에게 두 가지 유형의 양육방식의 상대적 효율성에 대하여 두 가지의 연구를 설명하였다. 연구의 결론이 서로 달랐다. 한 가지는 가정에서의 양육을 선호하였고 다른 연구는 어린이집 양육을 선호하였다. 연구방법도 서로 달랐다. 한 연구에서는 아이들을 두 유형의 양육방식에 무선적으로 할당하였고 다른 연구에서는 각 상황의 어린이들이 매우 비슷하도록 학생들을 대등하게 배치하였다.

연구자들은 참가자들에게 어느 연구가 더 타당하고 확신이 가는지 말하도록 하였다. 예를 들어 참가자들은 '무선 할당이 더 타당'에서 '통계적 조화가 더 타당'으로 평가하는 평가척도에 어느 방법이 더 양질의 결론을 도출하는지 판단하게 하였다. 희망하는 생각의 영향력을 당신은 알게 될 것이다. 갈등집단의 참가자들은 장래에 자신의 아이들은 어린이집에 맡길 것이라고 한 것을 상기해 보라. 결과적으로 이들은 어린이집의 양육이 더 좋다는 결론을 내린 연구를 더 긍정적으로 평가하였다. 물론 여기에서 주의할 점은 연구에 대한 설명은 변하지 않았고 단지 차이는 참가자가 희망하였던 연구결과가 달랐다.

연구자들은 참가자들에게 가정에서의 양육과 어린이집 양육에 대하여 상대적으로 어느 쪽이 더 나은지 평가하도록 하였다. 연구를 시작할 때는 갈등집단과 비갈등집단 모두 가정 양육이 더 좋다고 평가한 점을 상기하라. 하지만 균형 잡힌 정보를 제공하는 연구를 배우고 난 후에는 갈등집단의 참가자들의 태도가 극적으로 변하여 어린이집 양육이 더 좋다고 하였다.

당신이 갈등집단의 참가자 상황에 처했다고 생각해 보자. 그들은 미래 상황을 예측하는 어려운 결정을 지지해 주는 정보를 간절히 구할 것이다. 이 연구는 간절히 바라는 것, 즉 희망하는 생각이 활용 가능한 정보를 어떻게 평가하는지를 잘 설명해 준다. 살아가면서 정보를 어떻게 평가할 것인지를 판단함에 있어서 과정에 관계없이 희망하는 생각을 지킨다는 것을 생각하라.

업시간에 자유의지를 조정하는 강의를 하였다고 가정해 보자. 그 교수는 자유의지의 신념이 학생들이 부정행위를 하려는 충동을 낮출 것이라는 생각이 타당할 것이라고 받아들일 수 있다. 검사와 실험의 결과는 타당도가 낮더라도 신뢰로울 수 있다. 예를 들어 당신의 행복지수를 당신의 신발 크기로 측정하였다고 가정해 보자. 이렇게 측정된 당신의 행복지수는 언제나 같은 수치를 얻을 수 있기 때문에 신뢰도는 높을 수 있지만, 당신이 일상생활에서 얼마나 행복한지를 알려주지 않기 때문에 타당도는 거의 없다.

이제부터 다른 유형의 측정방법을 공부할 것인데, 새로 배우는 측정방법에 대하여 신뢰도와 타당도의 관점에서 평가해 보기 바란다.

자기보고 측정

심리학자들은 자신이 직접 관찰할 수 없는 경험들에 대한 자료를 수집하는 데 관심이 많다. 이러한 경험들은 신념, 태도, 감정과 같은 내적 심리 상태인 경우가 많다. 경우에 따라서는 경험이 외현적 행동일 수 있는데, 성행동이나 범죄행동과 같은 경험은 일반적으로 심리학자들이 직접 관찰하기에 적합하지 않다. 이러한 경우에는 자기보고식 연구방법을 사용한다. **자기보고 측정**(self-report measures)은 언어적 반응으로서, 연구자들이 제시한 질문에 대하여 참가자들이 글로 쓰거나 말로 답할 수 있다. 심리학자들은 다양한 개인들의 반응을 서로 의미 있게 비교할 수 있도록 수량화할 수 있는 자기보고식 질문의 방법을 개발한다.

자기보고의 자료는 질문지와 면접을 통하여 수집할 수 있다. **질문지** 또는 **설문조사**는 질문을 글로 작성한다. 질문 내용에는 어떤 사실에 관한 질문("당신은 유권자입니까?"), 과거나 현재 행동에 대한 질문("당신은 담배를 얼마나 많이 피웁니까?"), 태도와 감정에 대한 질문("당신은 현재 직업에 어느 정도 만족하십니까?") 등이 포함된다. 개방형 질문은 응답자가 자유롭게 자신의 말로 답할 수 있게 하는 것이다. 질문들 중에는 답을 '예', '아니요', '모르겠다'로밖에 할 수 없는 선택형도 있다.

면접은 연구자가 자세한 정보를 얻기 위해 참가자를 직접 만나서 하는 면담이다. 질문지가 완전하게 표준화되어 있는 반면에 면접은 **상호작용적**이다. 면접자는 응답자의 반응을 철저하게 알기 위하여 다양한 질문을 할 수 있다. 유능한 면접자는 드러난 정보뿐만 아니라 사회적 상호작용의 과정에도 민감하여야 한다. 응답자와 신뢰성 있는 관계를 형성하고 응답자에 관한 개인적 정보를 최대한 수집하기 위해서는 응답자를 격려하고 긍정적 관계로 이끄는 **라포**를 잘 형성할 수 있도록 면접자들을 훈련하여야 한다.

연구자들이 여러 가지 자기보고 측정방법을 사용하고 있지만 그 실용성에는 한계가 있다. 여러 가지 유형의 자기보고식 측정은 말을 배우기 전의 유아, 글을 모르는 성인, 다른 언어를 사용하는 외국인, 정신적인 장애가 있는 사람, 그리고 동물들에게는 사용할 수 없다. 자기보고가 사용되는 경우라도 신뢰성이 있거나 타당하지 않을 수 있다. 참가자가 질문을 잘못 이해하거나 자신의 경험을 정확하게 기억하지 못할 수 있다. 게다가 자기보고는 사회적 바람직성에 영향을 받을 수 있다. 사람들은 자신을 좋게 보이려고 하기도 하고 때로는 좋지 않은 인상을 만들기 위하여 거짓말을 하거나 그릇된 답을 하기도 한다. 응답자들이 자신의 진실한 경험이나 느낌을 솔직하게 답해야 할 때 당황할 수 있다.

행동측정과 관찰

심리학자들은 매우 다양한 행동에 관심을 가지고 있다. 심리학자들은 미로에서 달리는 쥐, 그림 그리는 아동, 시를 암송하는 학생, 업무를 반복적으로 수행하는 근로자 등에 관하여 연구한다. **행동측정**(behavioral measures)은 드러난 행동과 관찰 가능하고 기록 가능한 반응을 연구하는 방법이다.

사람들의 행동을 연구하는 기초적 방법 중 한 가지가 관찰이다. 연구자들은 계획적이고, 정확하며 체계적인 방법으로 관찰한다. 관찰은 행동의 **과정**과 **결과** 모두에 초점을 맞춘다. 예를 들어 학습 실험에서 연구자는 참가자가 얼마나 자주 단어목록을 암송하느냐(과정)와 얼마나 많은 단어들을 마지막 검사에서 기억하느냐(결과)를 관찰하게 된다. **직접관찰**을 위해서는 연구대상인 행동을 분명하게 볼 수 있고 명백하고 쉽게 기록할 수 있는 것이어야 한다. 예를 들어 감정을 연구하는 실험

일방경 뒤에서 보면, 연구자는 아이들이 어떤 사람으로부터 영향이나 간섭을 받지 않고 행동하는 것을 관찰할 수 있다. 다른 사람이 당신을 관찰하고 있다는 것을 알았을 때 당신은 자신의 행동을 바꾼 적이 있는가?

실 실험에서 연구자는 감정을 유발하는 자극을 보고 있는 참가자의 얼굴표정을 관찰할 수 있다.

연구자의 직접적 관찰은 과학기술에 의해 발전되는 경우가 많다. 예를 들어 현대심리학자들은 문장 읽기 또는 문제해결과 같은 다양한 과제를 수행하는 데 걸리는 시간을 정확하게 측정하기 위하여 컴퓨터를 사용한다. 컴퓨터 사용 이전에도 정확한 측정을 할 수 있기도 하였지만, 컴퓨터로 하는 자료수집과 자료분석은 매우 정확할 뿐 아니라 융통성도 크다. 우리는 제3장에서 활동하는 뇌의 사진을 촬영하는 것과 같은 최첨단 기술을 동원한 탁월한 측정방법을 설명할 것이다.

자연관찰(naturalistic observation)은 연구자가 의도적으로 변화를 시도하거나 개입하지 않는 자연스러운 상황에서 일어나는 행동을 관찰하는 것이다. 경우에 따라서 관찰은 실험실에서 이루어진다. 예를 들어 연구자가 일방경 뒤에서 아이들이 친구에게 도움을 청할 때 어떻게 언어를 구사하는지 관찰할 수 있다(McGrath & Zook, 2011). 또 다른 경우에는 연구자들이 행동을 관찰하기 위하여 세상 밖으로 나가기도 한다.

지정 연구

당신이 복잡한 강의실에 들어가서 자리를 하나 선택해서 앉으려는 상황을 상정해 보자. 어떤 요인들이 자리 선택에 영향을 주겠는가? 연구팀은 '유유상종'일 것이라고 가정하였다. 즉, 신체적으로 비슷한 사람 옆에 앉을 것이라고 가정하였다(Mackinnon et al., 2011). 이 가설을 검증하기 위하여 연구자들은 14개 대학의 강의실에서 2,228명을 디지털 사진기로 찍었다. 학생들은 성이 다르고 인종이 다른 사람 가까이 앉으려는 경향이 있어서 놀라웠다. 하지만 사람들이 같이 안경을 착용한 사람 그리고 머리카락의 길이와 색깔이 비슷한 사람 가까이 앉으려고 한다는 사실도 발견하였다.

당신이 대학 강의실에 들어갔을 때 사람들이 신체적 유사성에 따라 가까이 앉는 현상을 본 적이 있는가?

왜 자연관찰이 가설을 검증하는 데 탁월한 방법인지 이해하겠는가? 학생들이 강의실을 둘러본 다음 '나는 긴 금발머리의 남자 옆에 앉을 것'이라는 있음직하지 않은 생각을 할 수 있을 것이다. 이 연구결과는 부지불식간에 당신의 행동에 신체적 유사성이 영향을 미친다는 것이다.

연구 초기단계에서는 자연관찰이 특별히 유용하다. 연구할 현상의 범위 또는 어떤 것이 중요한 변인이고 어떠한 관계가 있는지에 관한 아이디어를 얻는 데 도움이 될 수 있다. 자연관찰에서 얻은 자료는 특정 가설 또는 연구계획을 구성하는 데 필요한 단서를 제공해 주기도 한다.

행동에 관한 측정 자료를 가지고 가설을 검증하고자 할 때 **기록자료**를 사용하는 경우가 있다. 출생과 사망에 관한 기록, 기상정보, 영화 관람객 통계, 그리고 국회의원들의 투표 성향 등 도서관이나 인터넷에서 구할 수 있는 정보는 엄청나게 많다. 이러한 정보들이 가설을 검증하는 데 매우 유용할 수 있다. 의협심에 남녀 간 차이가 있는지 검증한다고 가정해 보자 (Becker & Eagly, 2004). 이 문제를 풀기 위하여 건물에 불을 지르고 남성과 여성이 뛰어들어 가는지를 관찰하는 것과 같

은 실험적 연구를 구상할 수는 없을 것이다. 대신에 의협심과 관련된 세상에 알려진 행동을 정의하고 이와 관련된 기록물을 찾아서 기여 정도를 남성과 여성 간에 상대적 비교를 하는 방법을 생각할 수 있다. 예를 들면 지구 구석구석에 의료진을 파견하는 '세상의 의사' 조직에 참여하는 정도를 검토할 수 있다. 이 프로그램에 참여하는 사람들은 "지역의 폭동과 비위생적 환경하에서 위생과 의료서비스를 해야 하는 위험을 감수한다."(Becker & Eagly, 2004, p. 173). 이에 관한 기록자료는 어떤 것을 보여줄까? '세상의 의사' 조직에서 활동하는 사람들의 반 이상(65.8%)이 여성들이었다. 어떤 특정 질문에 대한 해답을 찾을 때 이에 관련된 기록자료가 얼마나 중요한지 알 수 있다.

심리측정에 관련한 주제를 마치기 전에, 많은 연구계획에는 자기보고 측정과 행동관찰이 조합되어 있음을 강조하고자 한다. 예를 들어 연구자들은 사람들이 스스로 어떻게 행동할 것이라는 보고와 이들이 실제로 하는 행동 사이의 관계를 검토할 수 있다. 많은 수의 참가자들을 대상으로 하는 연구도 있지만, 어떤 연구과제는 **사례연구**(case study)를 하면서 한 개인 또는 소규모 집단의 참가자를 집중적으로 측정하기도 한다. 특정 개인에 관한 집중적인 분석은 인간 경험의 일반적인 현상에 관한 중요한 통찰을 가져올 수 있다. 예를 들어 제3장에서 뇌 손상을 입은 한 환자에 대한 주의 깊은 관찰이 뇌의 언어기능의 국지화에 관련된 중요한 이론적 기초를 제공해 준다는 것을 배울 것이다.

우리는 연구자들이 사용하는 몇 가지 연구절차와 측정 유형을 설명하였다. 다음 주제로 넘어가기 전에, 한 가지 연구주제에 대하여 서로 다른 연구방법이 어떻게 적용될 수 있는지 생각해 보기 바란다. 셰익스피어가 던진 화두 "이름이 갖는 의미가 과연 무엇인가?"를 생각해 보자. '로미오와 줄리엣'에서 줄리엣은 이렇게 말했다 "장미를 어떤 다른 이름으로 불러도 냄새는 향기롭다." 과연 이 말이 옳은가? 당신의 친구들이 당신을 대하는데 당신의 이름이 어떤 영향이 있다고 생각하는가? 보편적이고 친숙한 이름이면 더 좋고 반대로 흔하지 않거나 튀는 이름이면 나쁜 영향이 있는가? 아니면 이름이 무엇이든 아무 상관이 없다고 생각하는가? 이러한 질문에 대한 해답을 위하여 연구절차와 측정방법의 조합을 표 2.1에 정리하였다. 표 2.1의 내용을 이해한 후에 당신은 어떤 유형의 연구에 참여하고 싶은지를 생각해 보기 바란다. 다음 절에서는 심리학 연구에서 지켜야 할 윤리적 기준을 공부하도록 하겠다.

표 2.1 이름이 갖는 의미가 과연 무엇인가? 방법과 측정

연구목표		탐지 식역치	
		자기보고	관찰
상관연구 이름이 불리는 횟수와 행복감을 느끼는 정도의 상관을 평가		연구 참가자는 자신의 행복감을 스스로 평가	
이름이 불리는 횟수와 친구로부터 받아들여지는 정도의 상관을 평가			아이들이 운동장에서 놀면서 사회적 상호작용을 하는 양
실험연구 이름을 다르게 부여하였을 때 하나의 똑같은 사진에 대하여 다르게 평가하는지 여부		하나의 아이 사진에 다른 이름이 무작위로 부여되었을 때 참가자의 평가	
이름에 따른 기대 때문에 아이들의 사회적 상호작용이 변화하는지 여부			자신의 이름을 마크 또는 마르쿠스라고 소개하는 낯선 사람과 대화할 때 나타내는 긍정적인 얼굴표정의 횟수

stop 복습하기

1. 어떤 측정결과가 신뢰성이 있지만 타당하지 않은 이유가 무엇인가?
2. 면접자가 면접할 때 라포를 형성하여야 하는 이유가 무엇인가?
3. 심리학자가 아이들이 운동장에서 노는 것을 한참 동안 관찰하였다면, 어떤 종류의 측정이 가능할까?

인간과 동물연구에서의 윤리문제

인간과 동물의 기본권을 존중하는 것은 연구자의 기본적 의무이다(Bersoff, 2008). 모든 연구들은 다음의 결정적 질문을 고려하여 시행된다. 연구 참가자들이 부딪히는 위험 부담, 고통, 스트레스, 때로는 현혹시키는 상황 등의 희생에 대한 **잠재적 이득**이 무엇인가? 예를 들어 제16장의 고전적 연구인 권위에의 복종에 관한 실험을 생각해 보면 알 수 있다. 이러한 실험에서 참가자는 전혀 모르는 사람에게 전기 충격을 주는 것처럼 믿게 속

임수를 당했다. 실험에서 나온 증거는 참가자들이 심각한 정서적 고통을 경험하였다는 것이다. 이 연구가 인간의 본성을 이해하는 데 매우 중요할 수 있지만, 참가자의 정서적 희생을 획득한 지식으로 상쇄할 수 있다고 주장하기가 쉽지 않다.

인간과 동물의 기본적인 권리를 존중하는 것은 모든 연구자들의 기본적 의무이다. 미국심리학회에서 연구자의 윤리강령을 1953년에 출판하였다. 이후 2002년에 개정한 윤리강령이 현재 사용되고 있다(2010년까지의 개정을 포함하여). 윤리규정이 지켜져야 한다는 것을 담보하기 위하여, 각 연구기관에서는 특별위원회를 두어서 모든 연구계획서를 검토한다. 이와 관련한 엄격한 지침은 미국의 건강보건국에서 발행되었다. 대학교, 병원, 그리고 연구소는 심의위원회를 두어서 인간과 동물연구에 관련된 연구계획서를 승인하거나 또는 기각할 수 있도록 하고 있다. 심의위원회에서 고려해야 할 사항에 대하여 공부해 보자.

동의서

인간 피험자를 대상으로 하는 모든 실험실 연구가 시작되면

참가자들은 **동의서**(informed consent) 절차를 거치게 된다. 참가자들은 실험과정에서 경험할 내용과 잠재적인 위험 요인 그리고 실험에 참여함으로써 얻을 수 있는 이점 등에 대하여 듣게 된다. 참가자에게 이러한 문제를 알리고 연구에 계속해서 참가하겠다는 내용의 동의서에 자발적으로 서명할 수 있도록 하여야 한다. 참가자들은 자신의 사생활이 보호될 것이라는 확신을 가질 수 있어야 한다. 행동에 관한 모든 기록은 엄격하게 비밀로 유지되어야 한다. 일반 대중에게 개인의 정보를 공개할 때는 본인의 허락을 받아야 한다. 참가자들에게 자신이 원하면 불이익을 받지 않고 언제든 실험을 그만둘 수 있다는 것을 미리 알려주어야 한다. 또한 참가자들이 연구에 참여한 것으로 인하여 사소한 불편함이라도 생겼을 때 연락할 수 있는 연구자의 이름, 주소, 전화번호 등을 미리 알려주어야 한다.

위험/이득 평가

대부분의 심리학 실험은 참가자들에게 위험한 요소가 거의 없으며, 참가자들에게는 그저 일상적인 작업을 수행하는 것이라고 말하게 된다. 그렇지만 감정적 반응, 자아상, 동조, 스트레스, 공격성과 같은 인간 본성에 관한 보다 개인적인 측면을 연구하는 경우에는 참가자를 당황하게 하거나 심리적으로 혼란스럽게 할 수 있다. 그러므로 연구자들이 이러한 연구를 할 때에는 위험요소를 최소화하여야 하며, 참가자들에게 위험에 대한 정보를 알려야 하며, 강한 반작용에 대응할 수 있는 적절한 예방대책이 미리 강구되어야 한다. 각 연구기관의 심의위원회에서는 위험이 내재된 연구에 대해서는 연구 참가자의 이득, 그리고 과학과 사회에 미치는 효과 등을 고려하여 그 필요성을 심의하여야 한다.

계획적 속임수

어떤 종류의 연구에서는 연구결과를 왜곡시키지 않으면서 참가자들에게 앞으로 진행될 전체 연구에 대하여 설명하는 것은 불가능한 일이다. 예를 들어 당신이 폭력을 주제로 한 텔레비전 프로그램이 공격성에 미치는 영향에 관한 연구를 하고 있다면, 당신은 참가자들이 당신의 목적을 미리 아는 것을 원치 않을 것이다. 그러나 당신의 가설이 속임수를 정당화하기에 충분한 것인가를 생각해 보아야 한다.

앞에서 설명한 바와 같이, 속임수에 관련하여 미국심리학회(2002)에서 제시하는 윤리기준은 매우 분명하며 다음과 같다. (1) 속임수를 정당화하기 위해서는 연구가 충분히 과학적이고 교육적인 중요성을 내포하고 있어야 한다. (2) 연구자는

연구에 참여함으로써 생길 수 있는 신체적 괴로움이나 심각한 정서적 고통에 대하여 참가자를 속여서는 안 된다. (3) 연구자들은 속임수를 사용하지 않고 실험했을 경우에는 속임수 사용 시와 동등한 효과적인 절차가 가능하지 않다는 것을 증명하여야 한다. (4) 연구를 마치는 단계에서는 참가자들에게 속임수에 관하여 설명하여야 한다. (5) 참가자들에게 속임수를 설명하였을 때 참가자들이 자신의 자료를 철회할 기회를 주어야 한다. 속임수를 포함한 모든 연구에 대하여 연구를 심의하는 위원회에서는 원래 정해진 연구절차를 정확하게 준수하는지 또는 실험 참가를 포기할 수 있는 기회를 주고 있는지 등에 대하여 면밀히 검토하여야 한다.

실험에 대한 사후 설명

심리학 연구를 수행하는 연구자와 참가자들 사이에는 정보의 상호교환이 언제나 있어야 한다. 연구자는 참가자들의 반응으로부터 행동현상에 대해 새로운 무언가를 배울 수 있고, 참가자에게는 연구의 목적, 가설, 예상되는 결과와 연구에서 기대되는 이득에 대한 정보를 알려주어야 한다. 실험이 끝났을 때에는 모든 참가자에게 실험에 대한 **사후 설명**(debriefing)을 주의 깊게 하여야 한다. 연구자는 참가자에게 연구에 대하여 가능한 한 많은 정보를 제공하여야 하며 어느 누구도 감정이 혼돈되거나, 황당하거나, 당황하지 않게 하여야 한다. 연구의 어느 단계에서 참가자를 속여야만 했다면, 실험자는 속여야 했던 이유를 주의 깊게 설명해야 한다. 마지막으로, 참가자들은 자신이 실험에서 오용되었다고 느끼거나 그들의 권리가 어떤 방법으로든 남용되었다고 느끼면 자신의 자료를 취소할 수 있는 권리가 있다.

동물연구의 논쟁점

동물을 심리학과 의학 연구에 이용할 수 있는가? 이 질문에 대한 답은 매우 양극적이다. 동물연구가 매우 중요한 해결책이라고 보는 연구자들은 몇몇 행동과학분야에서 동물연구를 허락해야 한다고 주장한다(Carroll & Overmier, 2001; Mogil et al., 2010). 동물연구의 이점은 약물중독에 대한 중요한 지식뿐만 아니라 불안과 정신질환을 치료하는 약물의 발견과 실험도 포함하고 있다. 동물연구는 동물들에게도 이롭다. 수의사들은 동물 연구결과를 활용하여 동물들에게 보다 나은 치료를 할 수 있다. 동물의 권리를 옹호하는 사람들의 주장은 '타협된 동물에 대한 복지가 인간을 위한 이득으로 완화될 수 없음'을 강조하고 있다(Olsson et al., 2007, p. 1680). 이 윤리론자들은

연구자들이 다음 세 가지 R을 지키기를 권한다. 첫째, 가설검증을 위한 연구설계에 필요한 동물의 숫자를 줄이도록(reduce)하라, 동물 사용을 전적으로 대체하라(replace), 동물의 통증과 심리적 고통을 최소화하도록 과정을 정제하라(refine)(Ryder, 2006).

동물 연구자는 자신의 연구에 대하여 매우 엄격한 기준으로 판단하여야 한다. 미국심리학회에서는 심리학 연구에서 동물을 사용할 경우 지켜야 할 엄격한 윤리기준을 정하고 있다(APA, 2002)

미국심리학회는 동물을 연구하는 연구자들이 그들의 피험체의 편안함과 건강을 확보할 수 있도록 특별한 훈련을 받기를 권장한다. 연구자들은 자신들의 피험체를 인도적으로 다루고 불편함과 고통을 최소화하도록 측정을 합리적으로 해야만 한다. 심리학자들은 '대안적 과정이 불가능하거나 과학적 전망, 교육적 또는 응용적 가치가 합리화될 때만 동물에게 고통을 주고, 스트레스를 주고 박탈'의 과정을 사용할 수 있다. 만약 당신이 동물을 연구한다면 투자 대비 효용을 어떻게 결정하겠는가?

 복습하기

1. 동의서의 목적은 무엇인가?
2. 사후 설명의 목적은 무엇인가?
3. 동물연구에서 3R은 무엇인가?

비판적으로 연구 보기

이 장의 마지막 절에서 우리는 심리학 지식을 보다 지혜롭게 활용하기 위해 필요한 비판적 사고 기술에 초점을 맞출 것이다. 이러한 사고 기술을 연마하는 것은 우리처럼 복잡한 사회에 살아가는 책임감 있는 사람들에게는 필수적이다.

심리학적 주장들은 심리학적으로 유식해진 사회에서 생각하고, 느끼고, 행동하는 사람이 일상생활에서 언제나 나타나는 측면이다. 불행하게도 심리학에 대한 많은 정보가 믿을 만한 전문가의 책, 논문, 보고서에서는 나오지 않는다. 그보다는 심리학의 정보가 신문과 잡지 기사, TV와 라디오 쇼, 대중 심리학과 개인적으로 쓴 책들에서 나온다. 비판적 사고를 하기 위해서는 형식과 이미지에 현혹됨 없이 본질을 이해하기 위한 목표를 위해 주어진 정보를 초월하고 매력적으로 보이는 것도 그 이면을 탐구하는 노력이 필요하다.

뉴스시간에 전문가와의 면담은 맥락을 벗어날 수도 있고 연구결과를 지나치게 단순화하는 문제를 낳을 수 있다. 당신은 대중매체의 보도를 어떻게 하면 현명하게 받아들이겠는가?

심리학을 공부함으로써 과학적 증거에 기초하여 보다 현명한 결정을 내릴 수 있게 될 것이다. 여러분의 공식적인 심리학 연구에서 얻은 식견을 여러분 주변의 비공식적인 심리학에 적용하도록 항상 노력해야 한다. 예를 들면 여러분 자신의 행동 혹은 다른 사람들의 행동에 대해 질문하고, 합리적인 심리학 이론의 관점에서 질문에 대한 답을 찾아보고, 여러분에게 이용 가능한 증거들에 반대되는 답변에 대해서 반박하도록 해보라.

지식의 백화점을 돌아다니면서 보다 세련된 쇼핑객이 되기 위해 염두에 두어야 할 일반 규칙들이 여기 있다.

- 상관관계에서 인과관계를 추론하지 마라.
- 중요한 용어와 주요 개념들을 조작적으로 정의하고 그 의미의 합의점을 찾아보라.
- 확신할 수 있는 증거를 찾기 전에 먼저 이론, 가설, 신념을 반증할 수 있는 방법을 생각해 보라. 이것은 정당화를 추구할 때 더 쉬운 방법이다.
- 제안된 명백한 설명들에 대해 대안적인 설명을 항상 찾아보라. 특히 그 설명을 제안한 사람에게 그 설명이 이로운 것이라면 그리 하라.
- 개인적 편향이 현실의 지각을 어떻게 왜곡시키는지 깨달아라.
- 복잡한 질문에 대한 간단한 답 혹은 복합적인 효과와 문제들에 대한 단일한 원인이나 해법에 대해서는 의구심을 가져라.
- 효과에 대한 비교 기준을 찾아냄으로써 어떤 처치, 개입, 또는 산출물의 효과에 대해 의문을 제기하라. 즉, 무엇에 비교해서 효과가 있는가?

- 열린 자세를 취하면서도 회의적인 자세를 취하라. 대부분의 결론들은 확정적이지 않고 잠정적이라는 것을 염두에 두어라. 변화와 수정에 대해 열린 자세를 취하면서 당신의 불확실성을 감소시키는 새로운 증거를 찾아라.
- 결론에 대해 증거 대신에 개인적인 의견을 사용하고 건설적인 비판에 열려 있지 않은 권위에 도전하라.

여러분이 이 책을 읽으면서 개방적이면서도 회의적 입장을 취하기 바란다. 여러분이 공부하는 심리학의 연구가 사실의 목록을 획득하는 것으로 보지 않기를 바란다. 그 대신, 여러분이 관찰하고, 발견하고, 검증하는 기쁜 일에 함께 참여하기 바란다.

요점정리

연구절차
- 연구의 초기단계에 관찰, 신념, 정보, 그리고 일반적 지식이 현상에 대해 새로운 시각을 가지게 한다. 연구자들은 이론을 체계화하고 검증할 가설을 만들어낸다.
- 자신들의 아이디어를 검증하기 위해, 연구자들은 과학적인 방법, 즉 오류 없이 증거를 모으고 해석하는 일련의 절차를 사용한다.
- 연구자들은 절차를 표준화하고 조작적 정의를 사용함으로써 관찰자 편향과 싸운다.
- 실험적 연구방법은 가설에 의해 기술된 변인들 간에 인과관계가 존재하는지를 밝힌다.
- 연구자들은 적절한 통제절차를 사용함으로써 대안적인 설명들을 제거한다.
- 상관 연구방법은 두 변인이 어떻게 관련되어 있는지를 밝힌다. 상관은 인과관계를 의미하지 않는다.

심리측정
- 연구자들은 신뢰성 있고 타당한 측정치를 만들기 위해 노력한다.
- 심리측정은 자기보고와 행동측정치를 모두 포함한다.

인간과 동물연구에서의 윤리문제
- 인간과 동물연구 참여자의 기본적 권리에 대한 존중은 모든 연구자가 지켜야 할 사항이다. 윤리적이고 인간적인 대우를 보장하기 위해 여러 안전창치가 실시되어 오고 있다.

비판적으로 연구 보기
- 지혜롭게 연구를 활용하기 위해서는 비판적으로 생각하는 방법을 배우고 연구결과를 어떻게 평가할지 알아야 한다.

연습문제

1. _____은 현상이나 현상의 집합을 설명하는 개념들의 조직이다.
   - a. 이론
   - b. 가설
   - c. 조작적 정의
   - d. 상관

2. 논문이 학술지에 투고되면, 이 논문들은 자세한 분석을 위해 전문가들에게 보내진다. 이 과정을 무엇이라고 하는가?
   - a. 사후 설명
   - b. 동의서
   - c. 동료심사
   - d. 통제절차

3. 피터슨 교수는 집단에 많은 사람들이 있을 때 덜 도와줄 것이라는 가설을 검증하고 있다. 그가 계획하고 있는 실험에서, 그는 각 집단에서 사람들의 숫자를 달리할 예정이다. 이 변인은 그의 _____이다.
   - a. 위약 통제
   - b. 독립변인
   - c. 이중맹목 통제
   - d. 종속변인

4. 라울은 연구조교이다. 실험의 첫 번째 단계에서, 라울은 각 참가자에게 콜라 한 캔 또는 카페인-프리 콜라 한 캔을 주었다. 실험의 두 번째 단계에서, 라울은 참가자들이 비디오게임을 하는 시간을 측정하였다. 이 연구는 무엇이 부족하다고 할 수 있을까?
   - a. 위약 통제
   - b. 상관적 설계
   - c. 조작적 정의
   - d. 이중맹목 통제

5. 맷은 이틀 동안 실시하는 실험에 참가하고 있다. 첫째 날에 2분 동안 러닝머신에서 뛴 후에 기억 검사를 하였다. 둘째 날은 10분간 뛰고 나서 첫날과 비슷한 검사를 실시하였다. 실험자는 맷의 두 검사 간의 차이를 비교하려고 한다. 무슨 실험설계인가?
   - a. 피험자 내 설계
   - b. 이중맹목
   - c. 피험자 간 설계
   - d. 상관연구

6. 셜리는 골동품 가게를 방문하였다. 가게 주인은 물건이 작을수록, 가격을 더 비싸게 물릴 것이라고 말했다. 이것은 무엇의 예인가?
   - a. 상관계수
   - b. 부적 상관
   - c. 정적 상관
   - d. 위약효과

7. 샐리는 뉴욕에서 시카고로 여행을 하려고 한다. 그녀는 운전을 해서 가기를 좋아하지만, 비행기를 타기로 하였다. 샐리는 이 두 가지 여행의 상대적 안전에 대한 글을 두 편 읽었다. 그녀는 비행기 여행이 더 안전하다는 결론을 내렸다. 이런 과정은 무엇의 예인가?
   - a. 결정론
   - b. 동의서
   - c. 기대효과
   - d. 희망 사고

8. 폴 박사는 배고픔에 대한 새로운 측정치를 개발 중이다. 폴 박사는 "나는 사람들이 다음 식사에서 얼마나 많은 음식을 먹을지 정확하게 예측해 줄 수 있는 측정치를 원한다."고 말했다. 폴 박사의 말은 측정치의 무엇에 대한 진술인가?
   - a. 조작적 정의
   - b. 표준화
   - c. 타당도
   - d. 신뢰도

9. 지오바나는 그녀의 실험결과가 참가자들이 좋은 인상을 주려는 욕구에 의해 영향을 받을 수 있다고 걱정했다. 이로 미루어 볼 때, 그녀는 _____ 측정치를 사용하고 있는 것 같다.
   - a. 타당한
   - b. 자기보고
   - c. 신뢰성이 있는
   - d. 조작적

10. 벤은 수업시간에 여학생보다 남학생이 늦는 경향이 있다고 믿고 있다. 이 가설을 검증하기 위하여 벤은 어떤 연구설계를 하여야 하는가?
    - a. 피험자 간 설계
    - b. 상관연구
    - c. 자기보고식 측정
    - d. 자연관찰

11. 앤드류는 날씨가 상쾌할 때 사람들이 더 많이 기부한다는 가설을 검증하고자 한다. 이 가설을 검증하기 위해, 앤드류는 _____을(를) 이용할 것 같다.
    - a. 이중맹목 통제
    - b. 기대효과
    - c. 실험실 관찰
    - d. 기록자료

12. 실험에 참여하기 전에, 연구자는 참가자에게 연구절차, 잠재적인 위험, 기대되는 이득에 대한 정보를 제공해야 한다. 이에 참가자는 연구자에게 무엇을 주어야 하는가?
    - a. 위험/이익 평가
    - b. 사후 설명
    - c. 동의서
    - d. 조작적 정의

13. 동물 연구에서 지켜져야 할 윤리 세 가지 R이 아닌 것은?
    - a. 관계하기
    - b. 줄이기
    - c. 정제하기
    - d. 대체하기

14. 제안된 명백한 설명에 대한 _____ 설명을 항상 추구하라.
    - a. 낙관적인
    - b. 대안적인
    - c. 부정적인
    - d. 상반되는

서술형 문제

1. 연구절차가 공개적 검증에 개방되어야 하는 것이 왜 그렇게 중요한가?

2. 당신이 '행복'을 측정하기를 원한다고 하자. 당신은 측정치의 타당도를 평가하기 위해 어떻게 하겠는가?

3. 윤리적인 원칙에 대해, 심리학적 연구의 맥락에서 어떻게 위험과 이익이 정의될 수 있을까?

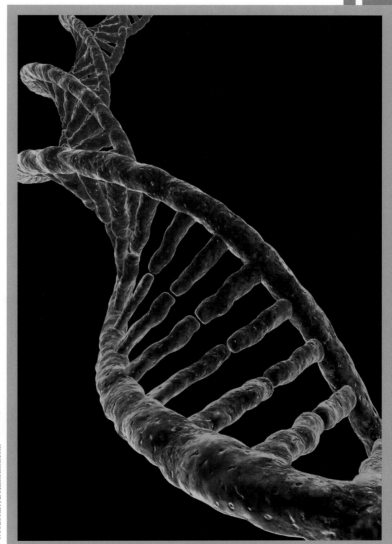

3

행동의
생물학적 바탕과
진화론적 바탕

당신을 독특한 한 개인으로 만드는 것은 무엇일까?『심리학과 삶』은 이 질문에 대해 많은 답을 제공하지만, 이 장에서는 당신 개성의 생물학적 양상에 초점을 맞출 것이다. 당신을 당신 주위의 사람과 다른 존재로 만드는 것이 무엇인지 이해할 수 있도록, 당신의 삶을 만드는 데 있어서 그리고 당신의 경험을 통제하는 뇌를 형성하는 데 있어서 유전이 수행하는 역할을 기술할 것이다. 물론 이런 차이들은 당신이 다른 사람들과 공유하는 것을 배경으로 볼 때에만 잘 이해할 수 있다. 따라서 이 장을 생물학적 잠재력에 관한 장이라고 생각해도 무방하다. 어떤 행동 가능성들이 인간 종을 정의하며, 이런 가능성들이 그 종의 특정 구성원에게 어떻게 나타나는가?

어떤 의미에서 이 장은 당신의 생물학적 잠재력의 한 가지 놀라운 측면에 대한 증거가 되는데, 당신의 뇌는 그 자신의 기능을 체계적으로 조사할 수 있을 만큼 충분히 복잡하다. 왜 이것이 그처럼 놀라운 일일까? 인간의 뇌는 때로 슈퍼컴퓨터에 비유되는데, 겨우 1.4Kg밖에 안 되는 뇌가 은하계 전체에 있는 별의 수보다도 많은 1,000억 개 이상의 세포들을 담고 있으며 이 세포들이 엄청나게 효율적으로 정보를 소통시키고 저장한다. 하지만 세계 최강의 컴퓨터라도 그 자신의 조작을 지배하는 법칙에 대해 생각할 수 있는 능력은 없다. 따라서 당신은 컴퓨터를 훨씬 능가하는 존재이다. 당신의 의식 덕분에 당신은 막대한 계산능력을 사용하여 자신의 종의 작동 규칙을 규명하고자 한다. 이 장에서 살펴볼 연구들은 자기 이해에 대한 인간의 특별한 욕망에서 비롯된 것들이다.

이 장이 다른 장보다 어렵게 느껴지는 학생들이 많을 것이다. 당신이 심리학 개론에서 배우려는 정보와는 동떨어진 해부학이나 새로운 용어들을 많이 배워야 하기 때문이다. 하지만 인간의 생물학적 본질을 이해하게 되면 인간의 독특한 경험을 창조해내는 뇌, 마음, 행동 및 환경 사이의 복잡한 상호작용을 더 잘 이해할 수 있게 될 것이다.

이 장의 목표는 모든 사람이 공유하는 잠재력의 바탕 위에서 생물학이 어떻게 독특한 개체들의 창조에 기여하는지를 이해하도록 하는 것이다. 이를 위해 우리는 진화와 유전이 어떻게 당신의 생태와 행동을 결정하는지를 먼저 살펴본 후, 실험실 및 임상연구를 통해 뇌, 신경계, 그리고 내분비계의 작용을 어떻게 알 수 있는지 살펴볼 것이다. 마지막으로, 복잡한 인간 행동들을 창출하는 신경계 내 세포들 간 의사소통의 기본 기전을 살펴볼 것이다.

유전과 행동

제1장에서 우리는 심리학의 주요 목표 중 하나가 인간 행동의 다양성의 배후에 있는 원인들을 발견하는 것이라고 정의하였다. 심리학에서 인과적 설명의 한 주요 차원은 천성 대 양육, 또는 유전 대 환경이다. 제1장에서처럼 공격적 행동의 근원에 대한 질문을 고려해 보자. 개인은 어떤 생물학적 구성 양상 때문에 공격적일 수 있는데, 부모로부터 폭력적 성향을 물려받았을 수 있다. 아니면 모든 인간은 공격적 성향을 대략 동등하게 타고 나는데, 개인이 드러내는 공격성의 정도는 그 개인이 성장한 환경의 특징들에 대한 반응으로 생겨날 수도 있다. 이 물음에 대한 정답이 무엇인가는, 사회가 지나치게 공격적인 개인을 어떻게 취급하는가, 즉 환경을 변화시킬 것인가 아니면 사람 자체를 변화시킬 것인가에 중대한 영향을 미친다. 유전의 힘과 환경의 힘을 구분해야 할 필요가 생기는 것이다.

환경의 특징들은 직접 관찰될 수 있기 때문에 그것이 사람들의 행동에 어떻게 영향을 미치는지는 쉽게 이해할 수 있다. 예컨대 부모가 아이에게 공격적으로 행동하는 것을 보면 그런 행동이 나중에 그 아이의 공격성에 어떤 결과를 가져올지 궁금할 수 있다. 또 인구가 과밀하고 빈곤한 지역에서 성장하는 것이 공격적 행동을 증가시키는지에 관한 의문을 가질 수 있다. 이에 비하여 행동을 빚어내는 생물학적 힘들은 육안으로 쉽게 알아볼 수가 없다. 행동의 생물학을 더 잘 이해할 수 있도록 우리는 먼저 한 종의 잠재적 행동 레퍼토리를 만들어내는 기본 원리들을 살펴보고 이어서 행동적 변이가 어떻게 세대를 걸쳐 물려 내려가는지를 볼 것이다.

심리학자들은 흔히 개인의 평생에 미치는 천성과 양육 각각의 영향을 밝히고자 한다. 유전의 영향에 비해 환경의 영향을 관찰하는 것이 더 쉬운 이유는 무엇일까?

진화와 자연 선택

1831년 Charles Darwin(1809~1882)은 신학으로 학사학위를 받은 직후 해양연구선 비글호(HMS Beagle)를 타고 영국을 떠나 남아메리카 해안 조사를 위한 5년간의 항해를 시작하였다. 그는 이 여행 도중 가는 곳마다 마주친 해양 동물, 새, 곤충, 식물, 화석, 조개껍데기, 바위 등 모든 것을 수집했다. 그의 방대한 노트는 지질학에서부터 정서, 그리고 동물학에 이르는 다양한 그의 책들의 기초가 되었다. 1859년 출판된 『종의 기원』에서 Darwin은 과학에서 제일 중요한 이론, 즉 지구상의 생명의 진화에 관한 이론을 제시하였다.

자연 선택 Darwin은 여행 중 만났던 동물 종들에 관한 고찰로부터 진화론을 발전시켰다. 비글호가 방문했던 많은 지역들 가운데 남아메리카 서해안의 화산섬인 갈라파고스 제도가 있었다. 이 섬들은 다양한 야생종들의 둥지 같아서, 지금은 Darwin의 되새라고 알려진 새들이 13종이나 있었다. Darwin은 그렇게 많은 종의 되새들이 어떻게 그 섬들에 살게 되었는지 궁금했다. 그 종들은 남아메리카 대륙에는 존재하지 않았기 때문에 그 본토로부터 이동해 왔을 가능성은 없다고 그는 생각했다. 따라서 그는 그러한 종의 다양성이 **자연 선택**(natural selection)이라고 그가 명명한 과정의 작용을 반영한다고 제안했다.

Darwin의 이론에 따르면, 되새의 각 종들은 공통의 조상으로부터 생겨났다. 애초에는 한 떼의 되새들이 한 섬으로 오게 되었고 거기서 번식을 하여 수가 늘어났다. 시간이 흐르면서 어떤 새들은 그 제도의 다른 섬들로 이동을 했고, 그로부터 자연 선택 과정이 시작되었다. 먹이 자원과 생활조건, 즉 서식환경이 섬마다 달라서, 어떤 섬은 딸기와 씨들이 풍부했고 다른 섬은 선인장으로 뒤덮여 있었으며, 그리고 또 다른 섬은 곤충이 많았다. 처음에는 모든 섬들의 개체군들이 유사했는데, 각 섬마다 다양한 되새 집단들이 존재했다. 하지만 각 섬의 먹이 자원이 제한적이었기 때문에 섬에 있는 먹이에 적합한 모양의 부리를 가진 새들이 살아남아 번식할 가능성이 가장 높았다. 예를 들면, 딸기와 씨들이 풍부한 섬으로 이동한 새들은 두꺼운 부리를 가지고 있을 경우 살아남아 번식할 가능성이 더 높았다. 반면, 씨를 깨서 열기에 부적당한 얇고 뾰족한 부리를 가진 새들은 그 섬에서는 죽게 마련이었다. 각 섬의 환경이 원래의 되새 개체군 가운데 어떤 새들이 번성하고 어떤 새들이 사멸할지를 결정하였다. 시간이 흐르면서 각 섬의 개체군들이 매우 상이하게 되어서, 동일한 선조로부터 상이한 종의 되새

Charles Darwin은 어떤 관찰에 근거하여 진화론을 제안하였는가?

들이 진화하게 된 것이다.

일반적으로 자연 선택 이론은 환경에 잘 적응한 유기체들이 적응하지 못한 유기체들보다 더 많은 자손을 낳을 것이라고 제안한다. 시간이 지나면서 생존에 유리한 특성을 가진 유기체들의 수가 그렇지 못한 것들보다 더 많아지게 된다. 진화 관점에서 보면 한 개체가 얼마나 성공적인가는 그 자손의 수로 측정된다.

최근 연구에 따르면 자연 선택은 짧은 기간에도 극적인 효과를 낼 수 있다. 여러 종의 Darwin의 되새에 대한 일련의 연구에서 Grant 부부(Grant & Grant, 2006; 2008)는 갈라파고스 제도의 한 섬에서 강우량, 먹이 공급 및 되새들의 수를 지속적으로 기록했다. 1976년에는 1,000마리가 훨씬 넘는 되새들이 있었는데, 이듬해 혹독한 가뭄이 와서 대부분의 먹이가 사라져 버렸다. 가장 작은 씨들부터 먼저 고갈되어 크고 단단한 씨들만 남게 되었고, 그 해 되새의 수는 80% 이상 감소했다. 하지만 작은 부리를 가진 작은 새들이 두꺼운 부리를 가진 큰 새들보다 더 많이 죽었고 그 결과 이듬해에는 큰 새들의 수가 더 많아졌는데, 이는 Darwin의 예언과 부합되는 결과이다. 왜? 몸집이 크고 부리가 두꺼운 새들만이 가뭄이 초래한 환경의 변화에 적응할 수 있었기 때문이다. 흥미롭게도 1983년에는 비가 많이 와서 특히 작은 씨들이 풍부하게 되었다. 그러자 작

은 새들이 큰 새들보다 더 많이 생존하게 되었는데, 아마도 그들의 부리가 작은 씨들을 쪼는 데 더 적합했기 때문이었을 것이다. Grant의 연구는 자연 선택이 짧은 기간에서조차도 뚜렷한 효과를 나타낼 수 있다는 것을 보여주었다. 연구자들은 계속해서 초파리, 모기, 도다리, 넙치, 그리고 쇠주머니쥐와 같은 다양한 종에서 자연 선택에 미치는 환경의 영향을 증명하였다(Hoffmann & Willi, 2008).

비록 Darwin이 진화론의 토대를 제안하였지만 연구자들은 계속해서 Darwin이 생각하지 못했던 진화과정의 변화 기전을 연구하였다 (Shaw & Mullen, 2011). 예를 들어, Darwin이 충분히 다룰 수 없었던 한 가지 중요한 질문은 공통 조상을 가진 개체군들이 어떻게 진화해서 한 종이 두 종이 되는가 하는 문제였다. Darwin의 되새에 대한 Grant의 연구에서 이미 보았듯이 종들은 지역 환경에 반응하여 급속하게 변할 수 있다. 새로운 종의 출현에 대한 한 가지 설명은 원래 종에서 나온 두 개체군들이 지리적으로 분리되어 상이한 환경에 반응하여 진화할 때 새로운 종이 출현한다는 것이다. 그러나 진화에 관한 최근 연구들은 지리적 고립 없이 출현한 많은 새로운 종의 사례들을 밝혔다(Fitzpatrick et al., 2008). 연구자들은 그러한 상황에서 어떻게 종들이 나타날 수 있는지에 대해 다양한 설명을 추구하고 있다. 예를 들어, Darwin의 되새 가운데 어떤 집단은 그들과 신체적으로 유사한 되새들과 더 짝짓기 할 가능성이 크다. 그러한 짝짓기 패턴에 의해 새로운 종이 출현할 수 있다(Hendry et al., 2009).

유전자형과 표현형 이제는 현존하는 종들 내의 변화를 초래하는 힘들로 초점을 돌려보자. 앞서 되새 개체군의 흥망성쇠 예

는 왜 Darwin이 진화과정의 특징을 적자생존(survival of the fittest)이라고 했는지를 보여준다. 각각의 환경은 각 종들에게 난관을 제시하며, 그 환경에 가장 알맞은 신체적 및 심리적 속성들을 가진 개체들이 생존할 확률이 가장 크다. 그 속성들이 한 세대에서 다음 세대로 얼마나 계승되느냐에 따라 그 종이 진화할 가능성이 달라진다.

자연 선택 과정을 더 상세하게 살펴보기 위해 진화론의 용어 몇 가지를 소개해야겠다. 되새 한 마리는 수태될 때 부모로부터 **유전자형**(genotype), 즉 유전적 구조를 물려받는다. 특정 환경 맥락 속에서 이 유전자형이 그 되새의 발달과 행동을 결정한다. 그 새의 겉모습과 행동목록을 **표현형**(phenotype)이라고 한다. 되새의 경우 그 유전자형은 환경과 상호작용하여 작은 부리와 작은 씨를 쫄 수 있는 능력이라는 표현형을 초래할 수 있다.

만약 모든 종류의 씨가 풍부하다면 이 표현형은 그 되새의 생존에 특별히 중요하지 않다. 그러나 환경이 모든 되새 개체군을 먹일 만큼 충분한 씨를 공급하지 않는다면 되새들은 자원을 위해 **경쟁**하게 될 것이다. 경쟁 상황에 놓이게 되면 어떤 개체가 더 잘 적응하여 살아남을 것인지를 표현형이 결정하게 될 것이다. 작은 부리를 가진 되새를 생각해 보자. 만약 작은 씨들만 있다면 이 되새는 큰 부리를 가진 새에 비해 **선택적 이점**(selective advantage)을 갖는 반면, 큰 씨들만 있다면 이 새는 불리한 처지에 빠지게 된다.

살아남는 되새들만이 번식을 할 수 있고, 그 새들만 유전자형을 대물려 전달할 수 있다. 따라서 만약 작은 씨들만 있는 환경이 계속된다면 아마도 거의 모든 되새들이 작은 부리만 갖게 될 것이고, 그 결과 이들은 거의 작은 씨들만 먹을 수 있게 될 것이다. 이런 방식으로 환경의 힘이 한 종에게 가능한 행동목록을 결정한다. 그림 3.1은 자연 선택 과정을 단순화시켜 보여준다. 이제 이런 생각들을 인간의 진화에 적용해 보자.

인간의 진화 인간이 진화해 온 환경을 되돌아보면 왜 어떤 신체적 및 행동적 특성들이 인간 종 전체의 생물학적 자질이 되었는지 이해할 수 있다. 인간의 진화에서 두 가지 주요 적응기제, 즉 직립보행(bipedalism)과 대뇌화(encephalization, 뇌 크기의 증가)가 자연 선택되었다. 이들 덕분에 인간 문명의 발전이 가능하게 되었다. **직립보행**은 서서 걸을 수 있는 능력을 말하는데, 5백만 년 내지 7백만 년 전의 진화론적 조상에서 출현하였다(Thorpe et al., 2007). 우리 조상들은 똑바로 서서 걷는 능력이 발달함에 따라 새로운 환경과 자원들을 탐색할 수 있

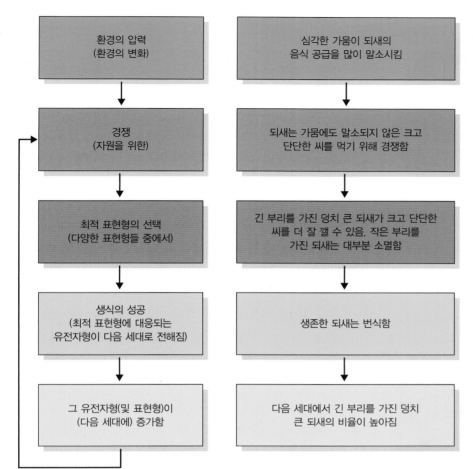

였다. 대뇌화는 뇌 크기의 증가를 말한다. 약 4백만 년 전에 출현한 초기 인간 조상들(예 : 오스트랄로피테쿠스)은 침팬지와 거의 동일한 크기의 뇌를 가졌다(그림 3.2 참조). 190만 년 전(호모에렉투스)에서 20만 년 전(호모사피엔스)에 이르는 기간 동안 뇌 크기는 3배가 되었다(Gibbons, 2007). 뇌 크기가 커짐에 따라 우리의 조상들은 더 지능적이 되었고 복잡한 사고, 추리력, 기억 및 계획 능력이 발달했다(Sherwood et al., 2008). 그러나 뇌가 커진다고 해서 인간이 더 지능적이 된다는 보장은 없었는데, 중요한 것은 어떤 종류의 조직이 뇌 속에서 발달하고 확장되는가 하는 것이었다(Ramachandran, 2011). 기동성 있고 지능적인 표현형을 만들어내는 유전자형 코드가 덜 적응적인 유전자형들을 인간의 유전자군에서 서서히 밀어내어 결국 지능적인 두발 동물만이 번식할 기회를 갖게 되었다.

직립보행과 대뇌화 이후 아마도 인류의 진화상 가장 중요한 획기적 사건은 언어의 출현일 것이다(Sherwood et al., 2008). 언어가 초기 인류에게 가져다준 엄청난 적응적 이점을 생각해 보라. 도구 제작, 좋은 사냥터나 낚시터 찾기, 위험을 피하기

등의 일들을 단순히 가르쳐주기만 해도 시간과 노력을 절약하고 생명을 아낄 수 있다. 시행착오를 겪으면서 직접 학습하는 대신 인간은 다른 인간들이 공유하는 경험으로부터 이득을 볼 수 있었다. 대화와 유머는 타고난 군거 종의 구성원들 간 사회적 유대를 강화할 것이다. 가장 중요한 것은 축적된 지혜가 언어를 통해 한 세대로부터 다음 세대로 전해질 수 있게 되었다는 것이다.

언어는 **문화적 진화**, 즉 문화가 환경상 변화에 학습을 통해 적응적으로 반응하는 경향성의 기초가 된다(Ramachandran, 2011). 문화적 진화 덕분에 도구 제작의 진보, 농업 기술의 향상, 산업과 기술의 발달 등이 가능해졌고 인간이 환경의 변화에 아주 빨리 적응할 수 있게 되었다. 예를 들어 개인용 컴퓨터에 사람들이 적응하게 된 것은 겨우 지난 20여 년간 일어난 일이다. 그렇다 하더라도 학습하고 추상적으로 사고하는 능력을 만들어내는 유전자형 코드가 없이는 문화적 진화가 일어날 수 없었을 것이다. 문화란 오로지 인간의 유전자형이 가진 잠재력 때문에 가능한 것이다.

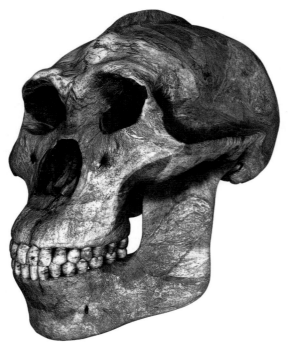

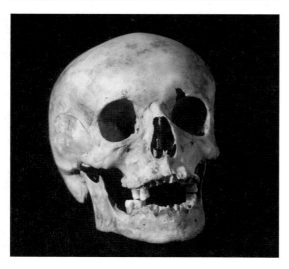

그림 3.2 인간 진화에서 뇌 크기의 증가
인간 진화의 초기에 뇌 크기는 오스트랄로피테쿠스로(맨 위)부터 호모에렉투스(중간)에 이르는 동안 2배가 되었다. 진화과정에서 크기는 지속적으로 증가되어 현대의 인간, 즉 호모사피엔스(맨 아래)는 오스트랄로피테쿠스보다 뇌크기가 3배나 더 커졌다.

인간 유전자형의 변이

직립보행이나 사고 및 언어능력과 같이 모든 인간이 공유하는 중요한 생물학적 잠재력은 인간을 둘러싼 환경에 의해 자연 선택된 것들임을 살펴보았다. 하지만 그런 공유된 잠재력 내에서도 상당한 변이가 존재한다. 당신은 당신 가계의 모든 조상들이 당신의 부모에게 물려준 것을 부모로부터 물려받았고 그것이 곧 당신이라는 독특한 존재의 발달에 필요한 생물학적 청사진이자 계획표가 되었다. 조상으로부터 신체적 및 심리적 특성들을 물려받는 것, 즉 **유전**(heredity)의 기전에 관한 연구를 **유전학**(genetics)이라 부른다(Carson, 2004).

부모와 자손 간 관계에 대한 최초의 체계적 연구가 1866년 Gregor Mendel(1822~1884)에 의해 발표되었다. Mendel의 연구는 초라한 정원 완두콩에 대해 수행되었다. 그는 여러 씨에서 출현한 완두콩의 물리적 특성들, 예를 들어 완두콩이 둥근 형태인지 아니면 주름진 형태인지를 그 씨를 구한 식물의 물리적 특성에서 예언할 수 있었다. 그의 관찰에 기초하여 Mendel은 각 부모로부터 이어받은 '요인들'의 쌍이 자손의 속성을 결정한다고 제안하였다(Lander & Weinberg, 2000). 비록 Mendel의 연구가 당초에는 다른 과학자들의 주목을 받지 못했지만 근대적 기법들에 의해 오늘날 유전자라고 부르는 Mendel의 '요인들'을 시각화하고 연구할 수 있게 되었다.

이 절의 많은 부분은 **인간 행동유전학**(human behavior genetics)에 초점을 두고 있는데, 이는 유전과 행동 사이의 인과적 관련성을 탐색하기 위해 유전학과 심리학을 통합한 연구 분야이다. 인간 행동유전학 연구는 흔히 개인차의 기원에 초점을 둔다. 여러분이 사고하고 행동하는 방식을 설명하는 데 개인적 유전형질 가운데 어떤 요인들이 유력한가? 인간 행동유전학에 더하여, 자연 선택의 힘이 인간과 다른 종들의 행동 레퍼토리에 영향을 미치는 방식에 대해 더 폭넓은 초점을 맞추는 두 영역들이 출현하였다. **사회생물학**(sociobioiogy) 영역의 연구자들은 인간과 다른 동물 종들의 사회행동과 사회체계에 대해 진화론적 설명을 제공한다. **진화심리학**(evolutionary psychology) 연구자들은 진화론적 설명을 확장하여 마음이 기능하는 방식과 같은 인간 경험의 다른 양상을 함께 다룬다. 이 장은 개인차에 초점을 둔다. 하지만 이 책의 다음 부분에서는 공유된 인간경험에 대한 진화론적 설명을 살펴볼 것인데, 구체적인 사례로서 파트너 선택(제11장)이나 정서표현(제12장)을 들 수 있다.

이제는 유전학의 기본 원리들을 몇 가지 살펴보겠다.

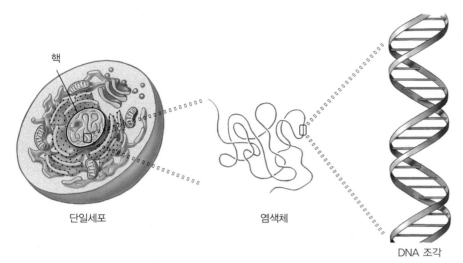

핵

단일세포   염색체

DNA 조각

그림 3.3 유전 자료
신체 내 각 세포의 핵에는 유전형질을 후세에 전하는 염색체들의 복사본이 담겨 있다. 각 염색체에는 2중 나선에 배열된 DNA의 기다란 가닥이 담겨 있다. 유전자는 DNA의 조각들로서, 이들은 개체 발달을 안내하는 단백질의 생성에 대한 지시를 담고 있다.
출처 : Lefton, Lester A.; Brannon, Linda, *Psychology*, 8th Edition, © 2003. Printed and electronically reproduced by permission of Pearson Education Inc., Upper Saddle River, New Jersey.

기초 유전학 세포 각각의 핵 속에는 **DNA**(deoxyribonucleic acid; 그림 3.3 참조)라고 부르는 유전적 물질이 존재한다. DNA는 **유전자**(gene)라고 부르는 미세한 단위들로 조직화되어 있다. 유전자는 단백질 생산에 대한 명령들을 담고 있다. 이 단백질들은 신체의 생리적 과정들과 표현형적 특질들, 예컨대 체격, 힘, 지능 및 많은 행동 패턴들을 조절한다.

유전자들은 **염색체**(chromosome)라고 하는 막대 모양의 구조에 존재한다. 당신은 수태되는 순간에 어머니와 아버지로부터 각각 23개, 도합 46개의 염색체를 물려받는다. 이 염색체 각각에는 수천 개의 유전자들이 들어 있는데, 이는 정자와 난자의 결합이 초래한 수십 억 개의 가능한 유전자 조합들 중 하나에 불과한 것이다. **성 염색체**(sex chromosome)는 남성 또는 여성의 신체적 특징들의 발달에 대한 유전자 코드를 담고 있는데, 어머니로부터는 X 염색체를, 아버지로부터는 X 또는 Y 염색체를 물려받는다. XX 조합과 XY 조합은 각각 여성과 남성 특성의 발달을 부호화한다.

1990년부터 미국 정부는 인간 **지놈프로젝트**(Human Genome Project, HGP)라고 부르는 국제적 노력에 연구 기금을 제공하였다. 유기체의 **지놈**(genome)은 염색체상에 있는 전체 유전자 연쇄를 말한다. 2003년 HGP는 인간 지놈의 완벽한 연쇄 제공이라는 목표를 달성하였다. 이 정보를 갖고서 연구자들은 이제 모두 20,000개에서 25,000개에 이르는 인간 유전자를 식별해내는 데 주의를 돌렸다(Clamp et al., 2007). 궁극적 목표는 전체 유전자의 위치와 기능을 완벽하게 설명하는 데 있다.

유전율 유전자의 기능 이해라는 목표를 달성하기 위해 인간 행동유전학 연구자들은 흔히 특정한 인간 성향과 행동의 **유전**율(heritability)을 추정하는 데 초점을 둔다. 유전율은 0부터 1까지 척도상에서 측정된다. 추정치가 0에 가까우면 그 속성은 주로 환경 영향의 산물이며, 추정치가 1에 가까우면 그 속성은 주로 유전적 영향의 산물이라고 볼 수 있다.

환경과 유전을 구분하기 위해 연구자들은 흔히 **입양 연구**나 **쌍생아 연구**를 사용한다. 입양 연구에서 연구자는 입양 가정에서 양육된 아동의 생부모에 관해 가능한 한 많은 정보를 구한다. 아동이 성장함에 따라 연구자는 아동이 생부모(유전을 반영함)나 입양 가족(환경을 반영함)과 상대적으로 얼마나 유사한지 평가한다.

쌍생아 연구에서 연구자들은 일란성(MZ : monozygotic) 쌍생아와 이란성(DZ : dizygotic) 쌍생아가 특정 특성이나 행동에 있어 서로 어느 정도 유사성을 보이는가를 조사한다. MZ 쌍생아는 한 개의 수정란에서 출생하는데, 전통적으로 연구자들은 MZ 쌍생아가 유전 자료를 100% 공유한다고 믿었다. 그러나 최근의 증거에 따르면, 출생 전과 후의 요인들이 흔히 일란성 쌍생아를 유전적으로 덜 동일하게 만든다(Silva et al., 2011). 그렇다 하더라도 MZ 쌍생아는 DZ 쌍생아보다 유전적으로 더 중복되는데, DZ 쌍생아는 유전 자료의 거의 50%를 공유한다.(DZ 쌍생아는 형제자매의 쌍보다 유전적으로 더 유사하지 않다.) 연구자들은 특정 속성에 있어 MZ 쌍생아가 DZ 쌍생아보다 얼마나 더 닮았는지 판단함으로써 유전율 추정치를 계산한다.

유전과 환경의 상호작용 인간 삶의 원인으로서 천성과 양육을 대비시킴으로써 이 장을 시작하였다. 그러나 점차 연구자들은 유기체의 행동을 결정하는 결정적 역할을 유전과 환경 양자가 함께 수행한다는 것을 밝히게 되었다. 아동이 양육되는 환경이 그들이 상속받은 유전자의 발현에 커다란 영향을 미친다는 사례를 살펴보자.

지정 연구

이 연구는 15개월부터 67개월 된 아동집단을 대상으로 하여 이루어졌다(Kochanska et al., 2011). 유전 측면에서 이 연구는 신경전달물질 세로토닌에 영향을 미치는 한 유전자의 차이를 측정하였는데, 그 유전자의 형태는 짧거나(s) 길었다(l). 이 연구는 두 개의 긴 유전자를 상속받은 아동(ll)과 최소한 한 개의 짧은 유전자를 받은 아동(sl과 ss)을 비교하였다. 환경 측면에서 이 연구는 어머니가 자신의 아동을 다루는 방식상의 차이를 측정하였다. 아동이 15, 25, 38, 그리고 52개월이었을 때 연구자들은 다양한 자연 상황(예 : 일상의 가사일과 놀이)에서 아동이 그들의 어머니와 상호작용하는 것을 관찰하였다. 주요 측정치는 각 상황에서 어머니가 자신의 아동의 요구에 대해 얼마나 반응을 보이는가 하는 것이었다. 67개월에 연구자들은 아동의 학교 경쟁력(읽기와 수학능력과 같은 측정치의 합)을 측정하였다. 그림 3.4는 유전자와 환경의 공동 영향을 보여준다. 최소한 한 개의 짧은 유전자를 가진 아동의 경우 어머니의 반응성은 커다란 영향을 미쳤는데, 어머니의 반응성이 클수록 학교 경쟁력이 더 컸다. 그러나 두 개의 긴 유전자를 가진 아동의 경우에는 어머니의 반응성이 아동의 성취에 사실상 아무런 영향을 미치지 않았다.

여러분이 한 아동의 학교 경쟁력을 예측하고자 한다고 가정하자. 그림 3.4를 보면 여러분은 유전이나 환경 가운데 한 정보만 갖고서는 왜 충분하지 않은지 이해할 것이다.

이 사례에서 여러분은 특정 환경에 의해 유전자가 표현되는 방식과 이유, 그리고 특정 유전자가 환경의 중요성에 영향을 미치는 방식과 이유를 연구자들이 밝히고자 하는 이유를 알 수 있을 것이다. 나중에 다시 유전자와 환경의 상호작용이라는 중요한 개념을 되돌아볼 것이다. 여기 두 사례가 있는데, 제9장에서 지적 능력에 관해 유전자와 환경이 어떻게 상호작용하는지 살펴보고, 제10장에서 양육과 유전자가 상호작용하여 아동의 성취에 영향을 미치는 다른 사례를 살펴볼 것이다. 이 사례들로부터 천성과 양육 가운데 하나만이 답은 아니며, 오히려 행동이 천성과 양육의 공동 산물이라는 것을 뚜렷하게 알게 될 것이다.

 복습하기

1. 되새에 관한 Grant의 연구사례는 진화과정에서 유전적 변이의 역할을 어떻게 설명하는가?
2. 유전자형과 표현형의 차이는 무엇인가?
3. 인간 진화에서 가장 중요한 두 가지 진화적 진보는 무엇인가?
4. 유전 가능성의 의미는?

비판적 사고　어머니의 반응성을 평가한 연구를 생각해 보라. 연구자들이 여러 시점에서 행동을 표집한 이유는?

신경계의 활동

이제 인간 유전자형의 놀라운 산물, 즉 광범위한 사고와 수행을 가능하게 하는 생물학적 체계에 주의를 돌려보자. 이러한 자연 법칙을 추구하는 연구자들을 신경과학자라고 한다. 오늘날 **신경과학**(neuroscience)은 가장 급속하게 성장하는 연구 영역 가운데 하나로서, 중요한 발견들이 놀랄 만큼 일상적으로 이루어진다. 이 장의 나머지 부분의 목표는 우리 감각에서 이용 가능한 정보가 신경충동에 의해 신체와 뇌 전체에 걸쳐 궁극적으로 어떻게 전달되는가를 탐색하는 데 있다. 이 절에서 먼저 신경계의 기본 단위인 뉴런의 특성들을 살펴보자.

뉴런

뉴런(neuron)은 정보를 수용하고 처리하며 신체 내의 다른 세

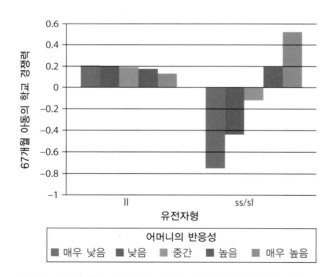

그림 3.4 아동의 학교 경쟁력을 결정짓는 유전과 환경의 상호작용
이 연구에서 어떤 아동들은 두 개의 긴 유전자(ll)를 상속받았고 다른 아동들은 최소한 한 개의 짧은 유전자(ss 그리고 sl)를 상속받았다. 이들은 또한 어머니의 반응성을 다양한 수준으로 경험하였다. 아동의 학교 경쟁력은 유전과 환경 양자의 산물이다. 예를 들어 ll 유전자형을 갖고서 매우 낮은 어머니 반응성을 경험한 아동은 ss 또는 sl 유전자형을 갖고서 높은 어머니 반응성을 경험한 아동과 동일한 정도로 경쟁적이었다.

출처 : Grazyna Kochanska, Sanghag Kim, Robin A. Barry and Robert A. Philibert, Children's genotypes interact with maternal responsive care in predicting children's competence, *Development and Psychopathology*, May 23, 2011, pp. 605–616.

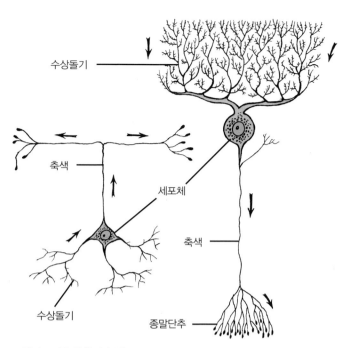

뉴런은 통상 한쪽 끝에서 정보를 받아들이고 다른 쪽 끝으로 메시지를 내보낸다. 입력신호를 받아들이는 부분은 **수상돌기**(dendrite)라는 여러 줄기의 섬유들로서, 세포체로부터 외부 방향으로 뻗어나간다. 수상돌기의 기본 임무는 감각수용기나 다른 세포로부터 자극을 받아들이는 것이다. 세포의 핵과 세포질이 들어 있는 **세포체**(soma)는 수상돌기가 받아들인 자극 정보를 통합하여 **축색**(axon)이라는 하나의 긴 섬유에게 전달한다. 그러면 축색은 그 길이 끝까지 그 정보를 운반하는데, 그 길이가 척수의 경우에는 몇 미터에 이를 수도 있고 뇌에서는 1mm 이하일 수도 있다. 축색의 끝에는 **종말단추**(terminal button)라는 전구처럼 부풀어 오른 구조가 있는데, 이를 통해 뉴런은 인접해 있는 분비선, 근육, 또는 다른 뉴런을 자극할 수 있다. 뉴런은 일반적으로 한 방향으로만, 즉 수상돌기로부터 세포체를 거쳐 축색을 지나 종말단추로 정보를 전달한다(그림 3.6 참조).

뉴런에는 세 가지 주요 유형이 있다. **감각뉴런**(sensory neuron)은 감각수용기 세포로부터 메시지를 받아들여 중추신경계로 전달한다. 수용기 세포는 빛, 소리, 신체 자세 등에 민감한 고도로 전문화된 세포이다. **운동뉴런**(motor neuron)은 중추신경계로부터 근육과 분비선으로 메시지를 전달한다. 뇌 속에 있는 뉴런의 대부분은 **중간뉴런**(interneuron)으로서, 감각뉴런으로부터 메시지를 받아 다른 중간뉴런이나 운동뉴런으로 전달한다. 신체에 있는 모든 운동뉴런 각각마다 거의 5,000개

그림 3.5 두 유형의 뉴런
뉴런의 모양과 수상돌기의 분지에서의 보이는 차이를 주목하라. 화살표는 정보가 흘러가는 방향을 나타낸다. 이 두 가지 세포는 모두 중간뉴런들이다.

포들로 전달하는 일을 전문적으로 하는 세포이다. 뉴런은 그 크기, 모양, 화학적 구성 및 기능이 다양하여 포유류의 뇌에서는 200가지 이상의 상이한 유형이 규명되었지만, 모든 뉴런은 동일한 기본 구조를 갖고 있다(그림 3.5 참조). 우리 뇌에는 1,000억 내지 1조 개의 뉴런이 있다.

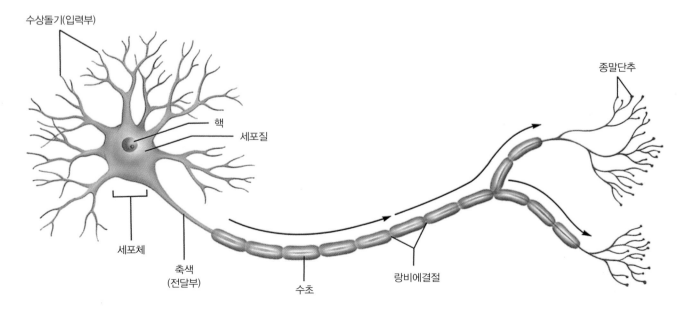

그림 3.6 뉴런의 주요 구조
뉴런은 수상돌기를 통해 신경충동을 받아들인다. 그리고는 축색을 따라 신경충동을 종말단추까지 보내는데, 그곳에서 신경전달물질이 분비되어 다른 뉴런들을 자극하게 된다.

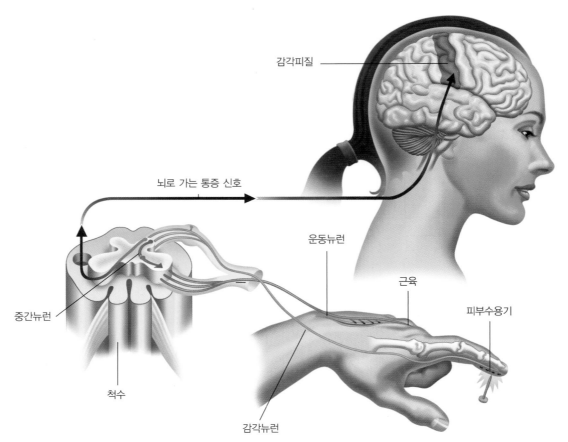

감각피질

뇌로 가는 통증 신호

운동뉴런

근육

피부수용기

중간뉴런

척수

감각뉴런

그림 3.7 통증 철회반사
이 반사에는 단지 3개의 뉴런, 즉 감각뉴런, 운동뉴런, 중간뉴런만이 관여한다.

정도의 중간뉴런들이 연결되어 거대한 중간 신경망을 이루는데, 이것이 뇌의 계산적 체계를 형성한다.

이 세 종류의 뉴런들이 어떻게 협동하는지를 보여주는 예로서 통증 철회반사(pain withdrawal reflex)를 살펴보자(그림 3.7 참조). 피부 표면 가까이에 있는 통증수용기가 날카로운 물체에 의해 자극 받으면 감각뉴런을 통해 척수에 있는 중간뉴런으로 메시지를 보낸다. 그러면 이 중간뉴런이 운동뉴런을 자극하고 따라서 신체의 적절한 부위의 근육이 흥분하여 그 통증을 일으킨 물체로부터 멀어지게 된다. 뇌는 이러한 일련의 신경적 사건들이 일어난 후에야, 그리고 그 물체로부터 떨어져 나온 후에야 이런 상황에 대한 정보를 받는다. 생존이 신속한 반응에 달려 있는 이와 같은 경우에는 위험에 대한 신체 반응이 일어난 후에 우리가 고통을 지각하는 경우가 종종 있는 것이다. 물론 그런 후에는 그 사건에 대한 정보가 뇌의 기억체계에 저장되어 다음번에는 그 위험한 물체가 당신을 해치기 전에 당신이 그것을 아예 피할 수 있게 될 것이다.

1990년대 중반 Giacomo Rizzolatti와 동료들은 새로운 유형의 뉴런을 우연히 발견하였다(Rizolatti & Sinigaglia, 2010). 연구자들은 마카크 원숭이의 뇌에서 운동뉴런의 기능을 연구하는 중이었다. 그들은 원숭이가 실제로 운동행위를 수행할 때 어떤 뉴런들이 활동한다는 것을 밝혔다. 그런데 그들을 놀라게 한 것은, 연구자가 동일한 행위를 수행하는 것을 원숭이가 보기만 해도 어떤 뉴런들이 역시 점화된다는 것을 발견한 것이다. 연구자들은 이 뉴런들을 **거울뉴런**(mirror neuron)이라고 불렀는데, 그 이유는 다른 개체가 어떤 행위를 수행하는 것을 관찰할 때 이 뉴런들이 반응하기 때문이다. 비록 간접적인 증거이지만(간접적이라고 한 이유는 연구자들이 동일한 종류의 연구를 인간을 대상으로 수행할 수 없었기 때문이다.) 인간 뇌에서도 거울뉴런이 활동한다는 증거가 상당히 있다. 거울뉴런 덕분에 우리는 다른 사람 행동의 의도를 이해할 수 있다. 한 친구의 손이 공을 향해 움직이는 것을 본다고 상상해 보라. 그렇다면 "여러분 자신의 '공에 팔 뻗기' 뉴런이 점화하기 시작한다. 친구의 입장에서 이처럼 가상 시뮬레이션을 수행함으로써 그가 공을 향해 팔을 뻗고자 의도한다는 것을 즉시 알아차릴 수 있다."(Ramachandran, 2011, p. 128) 따라서 거울뉴런 덕분에 여러분은 자신의 경험을 이용하여 타인의 행동을 이해할 수 있다(Sinigaglia & Rizolatti, 2011). 이 뉴런들은 인간이 모방을 통해 학습할 수 있는 위대한 능력을 갖도록 해 주었는데, 이로 인해 효율적인 문화적 진화가 가능하였다. 인간 성취에 미친 거울뉴런의 광범위한 영향에 관한 이러한 주장은 폭발적인 연구를 이끌었다.

뇌에서 뉴런들의 거대한 망 사이사이에 뉴런보다 5~10배 정도 많은 수의 **교세포**(glia)가 있다. 교(glia)란 단어는 아교(glue)를 뜻하는 그리스어에서 왔는데, 이는 교세포의 주요 역할을 암시해 준다. 즉, 교세포는 뉴런들을 그 자리에 고정시켜 준다. 척추동물에서 교세포는 다른 중요한 기능들도 수행한다. 첫째, 뇌의 발달 도중 교세포는 새로 생긴 뉴런들을 적절한 위치로 안내하는 역할을 한다. 둘째 기능은 유지 보수이다. 뉴런이 상처를 입고 죽으면 그 부위의 교세포들이 증가하여 세포 쓰레기를 청소한다. 또한 뉴런들 사이의 간극에 생기는 잉여 신경전달물질 및 다른 물질들을 흡수하기도 한다. 셋째, 교세포는 어떤 유형의 축색들 주위에 **수초**(myelin sheath)라는 절연성 차폐물을 형성한다. 이는 신경신호가 전도되는 속도를 크게 증가시킨다. 교세포의 넷째 기능은 혈류에 있는 독성물질로부터 뇌를 보호하는 것이다. 성상세포(astrocyte)라는 특수한 교세포가 뇌 속의 혈관 주위를 지방성 물질로 둘러싸서 **혈뇌장벽**(blood-brain barrier)을 형성한다. 지방에 녹지 않는 물질은 이 장벽을 통과하지 못한다. 독성물질 중에는 지방에 녹지 않는 것들이 많기 때문에 그런 것들은 이 장벽을 통과하여 뇌에까지 도달할 수 없다. 또한, 신경과학자들은 교세포가 신경 소통에서 능동적인 역할을 할 것이라고 믿게 되었다. 교세포는 신경충동의 전도를 가능하게 하는 이온의 농도에 영향을 미치는 것으로 짐작된다(Henneberger & Rusakov, 2010). 또한 어떤 교세포는 뉴런이 생성하는 것과 동일한 유형의 전기화학적 신호를 생성하는 것으로 짐작된다(Karadottir et al., 2008). 다음 절에서는 이러한 신호들을 다룰 것이다.

활동전위

지금까지 뉴런들이 서로 '메시지를 보낸다'거나 '자극한다'고 막연하게 이야기했는데, 이제 신경계가 정보를 처리하고 전달하는 데 사용하는 전기화학적 신호를 보다 정식으로 기술할 때가 되었다. 우리가 알고, 느끼고, 바라고, 창조하는 모든 것의 기초가 되는 것이 이 신호들이다.

각 뉴런에게 주어지는 기본적 질문은 다음과 같다. 특정 시각에 발화(반응 생성)해야 하는가 아니면 발화하지 말아야 하는가? 대충 말한다면 뉴런은 수상돌기와 세포체에 도달한 정보를 통합하고 이러한 입력들이 '발화' 또는 '발화 금지'라는 말 가운데 무슨 말을 더 크게 하는지 여부를 판단함으로써 이러한 결정을 내린다. 보다 공식적으로 말한다면 각 뉴런은 **흥분성**(excitatory, 발화!)과 **억제성**(inhibitory, 발화 금지!) **입력**(input)을 함께 받아들인다. 시간상 또는 공간상에서 흥분성 입력 패턴이 뉴런에서 제대로 형성되면 활동전위가 생성된다. 즉, 뉴런이 발화하게 된다.

활동전위의 생화학적 기초 활동전위(action potential)가 작용하는 방식을 설명하기 위해 뉴런이 입력정보를 처리하는 생화학적 환경을 살펴볼 필요가 있다. 모든 뉴런의 소통은 이온(ion)이라고 하는 전기적으로 부하된 분자의 흐름에 의해 생성되는데, 이 흐름은 세포의 내적 환경과 외적 환경을 분리시켜 주는 얇은 '피부'라고 할 수 있는 뉴런의 세포막을 통해 이루어진다. 신경섬유가 소금물로 채워진 국수 조각으로서, 이것이 소금물 수프에 떠 있다고 생각해 보라. 수프와 국수 내의 용액은 모두 이온들을 포함하고 있는데, 이 이온들은 나트륨(Na^+), 염화물(Cl^-), 칼슘(Ca^+), 그리고 칼륨(K^+)의 원자로서 정적(+) 또는 부적(−) 전하를 갖는다(그림 3.8 참조). 세포막 또는 국수의 표면은 두 용액의 성분들이 적절하게 균형을 이루도록 유지하는 데 결정적인 역할을 한다. 세포가 활동하지 않고 있는 휴식 상태일 때 외부의 나트륨이온보다 내부의 칼륨이온이 10배 정도 더 많다. 세포막은 완벽한 장벽이 아니어서 약간씩 새며, 이 때문에 어떤 나트륨이온은 안으로 스며들고 어떤 칼륨이온은 밖으로 스며나간다. 이를 바로잡기 위해 나트륨을 밖으로 퍼내고 칼륨을 안으로 퍼오는 운송 기전이 세포막 내에 갖춰져 있다. 이 펌프가 성공적으로 작동하면 뉴런 내의 용액은 밖의 용액에 비해 약간의 부적 전위(70/1,000볼트)를 갖는다. 즉, 세포 내부의 용액은 세포 외부의 용액에 비해 **분극화**된다. 이처럼 미세한 분극화를 **휴식전위**(resting potential)라고 한다. 이는 신경세포가 활동전위를 생성해낼 수 있는 전기화학적 맥락을 제공한다.

신경세포는 억제성 입력과 흥분성 입력 패턴에 반응하여 휴식전위로부터 활동전위로 변이를 시작한다. 입력은 세포 내부와 외부의 이온 균형이 변화할 수 있도록 영향을 미친다. 이는 **이온채널**(ion channel)의 기능상 변화를 초래하는데, 이온채널이란 선택적으로 어떤 이온이 유입되거나 유출되게끔 허용하는 세포막의 흥분 가능한 부분이다. 억제성 입력은 이온채널로 하여금 세포 안쪽이 부적 전하를 갖도록 활동시킴으로써 세포가 발화되는 것을 막는다. 흥분성 입력은 이온채널로

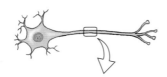

휴식 상태에서 축색을 둘러싼 용액은 축색의 내부 용액과는 이온의 농도가 상이하다. 이 때문에 세포 내부의 용액은 외부의 용액에 비해 분극화되는데, 이것이 뉴런의 휴식전위이다.

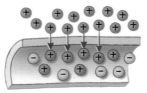
신경충동이 축색의 한 부분에 도달하면 정적 전하를 가진 나트륨이온이 축색 내부로 유입된다. 나트륨의 유입으로 인해 신경세포는 탈분극화된다. 연속적인 각 부분들이 차례로 탈분극화됨에 따라 신경충동이 축색을 따라 이동한다.

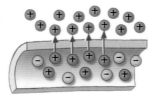
신경충동이 지나가면 나트륨이온은 축색 외부로 다시 유출되어 휴식전위가 회복된다.

휴식전위가 회복된 축색 부분은 다른 신경충동을 전도할 준비를 갖추게 된다.

그림 3.8 활동전위의 생화학적 기반
활동전위는 축색의 내부와 외부에 존재하는 이온들의 전하 불균형에서 비롯된다.

하여금 나트륨이온이 유입되도록 허용하게끔 함으로써 세포가 발화되도록 한다. 나트륨이온은 정적 전하를 갖고 있으므로 이들이 유입되면 세포막을 경계로 한 정적 전하와 부적 전하의 상대적 균형이 변화하기 시작한다. 흥분성 입력이 억제성 입력에 비해 충분히 커서 세포를 −70밀리볼트에서 −55밀리볼트까지 탈분극화시키면 활동전위가 시작되는데, 이러한 변화를 일으키기에 충분한 나트륨이 세포 안에 들어온다.

일단 활동전위가 시작되면 나트륨이 뉴런 내부로 쏟아져 들어온다. 그 결과 뉴런 내부가 외부에 비해 정적 전위를 갖게 되는데 이는 뉴런이 충분히 탈분극화되었다는 뜻이다. 이제 축색을 따라 활동전위가 도미노 효과처럼 일어난다. 탈분극화의 맨 앞부분이 축색의 인접 영역에 있는 이온채널을 열어서 나트륨이 쏟아져 들어오게 한다. 이런 방식, 즉 연쇄적 탈분극화를 통해 신호가 축색의 아래 방향으로 전달된다(그림 3.8 참조).

뉴런이 발화한 후 원래 분극화의 휴식 상태로 어떻게 돌아가는가? 뉴런 내부가 정적이 되면 나트륨이 유입되도록 한 채널은 닫히고 칼륨이 유출되도록 한 채널은 열린다. 칼륨이온이 유출되면 뉴런의 부적 전하가 회복된다. 따라서 신호가 축색의 말단 멀리 도착할 때 활동전위가 시작되었던 세포 부분은 휴식 균형 상태로 복귀하여 다음 자극에 대해 준비할 수 있다.

활동전위의 성질 활동전위가 전달되는 생화학적 방식은 여러 중요한 속성들을 갖고 있다. 활동전위는 **실무율**(all-or-none

law)을 따르는데, 활동전위의 크기는 자극이 일단 그 역치를 넘고 나면 자극의 크기가 증가해도 영향을 받지 않는다. 자극이 역치를 넘지 못하면 활동전위가 발생하지 않는다. 실무율적 특성으로 인한 한 가지 결과는 활동전위의 크기가 축색 끝까지 가는 동안 감소하지 않는다는 것이다. 그런 의미에서 활동전위는 자기 전파적인데, 일단 시작되면 아무런 외부 자극 없이도 계속 전파된다. 활동전위는 폭발물의 도화선에 붙은 불과 유사하다.

뉴런들마다 활동전위가 전파되는 속도가 다른데, 가장 빠른 것이 초당 200m인 반면 가장 느린 것은 초당 10cm이다. 빠른 뉴런들의 축색은 마치 꼬챙이에 소시지들이 길게 꿰어 있는 것처럼 수초들로 단단하게 싸여 있다. 수초들 사이의 작은 간격을 랑비에결절(node of Ranvier)이라고 한다(그림 3.6 참조). 수초가 있는 축색을 가진 뉴런에서는 활동전위가 문자 그대로 한 마디에서 다음 마디로 뛰어넘어 감으로써 축색상의 모든 위치에서 이온채널을 여닫는 데 필요한 시간과 에너지를 절약한다. 수초가 손상되면 활동전위의 정교한 타이밍과 관련된 심각한 문제가 생긴다. 다발경화증(Multiple Sclerosis, MS)은 수초의 퇴화에 의해 야기되는 무서운 질병인데, 겹보임(double vision), 떨림, 그리고 마침내 마비가 초래된다. MS의 경우 신체의 면역체계에서 나온 특정 세포가 수초가 있는 유수뉴런을 실제로 공격하여 축색을 노출시키고 정상적인 시냅스 전도를 방해한다(Wu & Alvarez, 2011).

활동전위가 한번 지나간 축색 부위는 잠시 동안 **불응기**

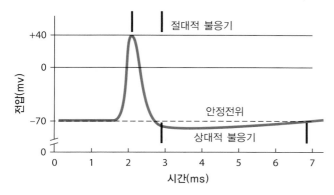

그림 3.9 활동전위 동안 뉴런에서 일어나는 전기적 변화 순서
뉴런 안으로 들어온 나트륨이온은 뉴런의 전위를 분극화된 휴식 상태 동안의 다소 부적 전위를 탈분극화 동안의 다소 정적 전위로 변화시킨다. 뉴런은 일단 탈극화되면 짧은 불응기에 들어가서 더 이상 자극이 와도 활동전위를 일으키지 못한다. 세포의 내부와 외부 사이의 이온 균형이 회복된 후에야 활동전위가 다시 일어날 수 있다.

(refractory period)에 들어간다(그림 3.9 참조). 절대적 불응기 동안에는 아무리 강한 자극이 더 주어져도 활동전위가 생성될 수 없다. 반면 상대적 불응기 동안에는 통상 필요한 것보다 더 강한 자극이 주어져야만 활동전위가 생성될 수 있다. 마치 변기의 물을 다시 내리기 위해서는 물이 도로 차야만 하는 것과 마찬가지로서, 뉴런이 다시 발화할 수 있기 위해서는 원래의 상태가 '복원'되어야 하는 것이다. 불응기 덕분에 활동전위는 축색에서 한 방향으로만 전파될 수 있다. 활동전위가 한번 일어난 축색 부위는 불응기에 들어가서 활동전위가 역방향으로 진행할 수가 없기 때문이다.

시냅스 전달

활동전위가 축색을 따라 전파되어 종말단추에 이르면 다음 뉴런으로 그 정보가 전달되어야 한다. 그렇지만 어떤 뉴런들도 서로 직접 접촉하고 있지 않으며 **시냅스**(synapse)에서 만나는데, 시냅스는 정보를 보내는 뉴런의 종말단추의 일부인 **시냅스 전막**과 정보를 받아들이는 뉴런의 세포체나 수상돌기의 표면인 **시냅스 후막** 사이의 작은 틈을 갖고 있다. 활동전위가 종말단추에 다다르면 **시냅스 전달**(synaptic transmission)이 일어나는데, 이는 정보가 한 뉴런에서 시냅스 틈을 지나 다음 뉴런으로 전달되는 일련의 사건을 가리킨다(그림 3.10 참조). 활동전위가 종말단추에 도달하면 **시냅스 소낭**(synaptic vesicle)이라는 조그만 주머니들이 종말단추의 세포막 쪽으로 움직여 가서 거기에 부착한다. 이 주머니 속에는 다른 뉴런들을 자극하는 **신경전달물질**(neurotransmitter)이라는 생화학적 물질들이 들어 있다. 활동전위는 또한 이온채널들을 개방시켜 칼슘이온이 종

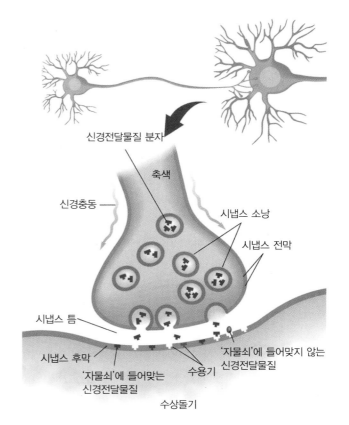

그림 3.10 시냅스 전달
시냅스전 뉴런의 활동전위가 신경전달물질이 시냅스 틈으로 방출되도록 한다. 이 물질은 시냅스 틈을 지나서 시냅스후 뉴런의 세포막에 박혀 있는 수용기 분자들을 자극한다. 한 세포 내에 여러 종류의 신경전달물질이 존재할 수 있다.

말단추로 들어오도록 한다. 유입된 칼슘이온들은 시냅스 소낭들이 파열시켜 신경전달물질이 **시냅스 틈**(synaptic cleft)으로 방출되게 하는데, 시냅스 틈은 한 뉴런의 종말단추와 다음 뉴런의 세포막 사이에 있는 틈이다. 신경전달물질들이 시냅스 후막에 있는 수용기 분자에 부착되면 시냅스 전달이 완성된다.

신경전달물질이 수용기 분자에 결합하려면 두 조건이 필요하다. 첫째, 다른 신경전달물질이나 화학물질이 수용기 분자에 부착되어서는 안 된다. 둘째, 신경전달물질의 모양이 수용기 분자의 모양과 맞아야 하는데, 마치 자물쇠 구멍에 열쇠가 정확하게 맞아야 하는 것과 마찬가지이다. 어느 한 조건이라도 충족되지 않으면 신경전달물질은 수용기 분자에 부착되지 않는데, 이는 시냅스 후막을 자극할 수 없다는 뜻이다. 신경전달물질이 수용기 분자에 부착되면 '발화' 또는 '발화 금지' 정보가 다음 뉴런으로 보내진다. 신경전달물질은 그 임무를 완수하면 수용기 분자로부터 이탈되어 시냅스 틈으로 다시 확산되어 나온다. 거기서 효소의 작용에 의해 분해되거나 아니면 시냅스전 종말단추로 재흡수되어 빠르게 재사용된다.

수용기 분자에 따라 신경전달물질은 흥분성 또는 억제성 효과 가운데 하나를 낸다. 즉, 동일한 신경전달물질이라 할지라도 한 시냅스에서는 흥분성 효과를, 다른 시냅스에서는 억제성 효과를 낼 수 있다. 각 뉴런은 1,000~10,000개의 다른 뉴런들과의 시냅스에서 들어오는 정보를 통합하여 활동전위를 생성해야 할지 말아야 할지를 결정한다. 수많은 흥분성 및 억제성 입력이 이렇게 통합됨으로써 실무율적 활동전위가 인간의 모든 경험의 기초를 제공할 수 있게 된다.

당신은 왜 우리가 신경계를 이렇듯 깊이 공부하고 있는지 궁금해 하고 있을지도 모르겠다. 이 과목이 결국은 심리학이고, 심리학은 행동과 사고와 정서에 관한 것이어야 하지 않은가? 사실상 시냅스는 이 모든 활동이 발생할 수 있게 하는 생물학적 매개체이다. 시냅스의 정상적인 활동을 변화시키면 사람들이 행동하고 사고하고 느끼는 바가 변한다. 시냅스의 기능을 이해해 감에 따라 학습과 기억, 정서, 심리장애, 약물중독, 그리고 전반적으로 정신건강을 위한 화학적 처방에 대한 이해가 대단히 깊어지게 되었다. 여러분은 이 책의 전반에 걸쳐 이 장에서 배운 지식을 사용하게 될 것이다.

신경전달물질과 그 기능

수십 개의 화학물질들이 뇌에서 신경전달물질로 작용하는 것으로 짐작된다. 가장 집중적으로 연구되어 온 신경전달물질들은 일단의 기술적 준거를 충족시킨다. 이들은 시냅스전 종말단추에서 제조되며 활동전위가 그 종말에 도달하면 방출된다. 신경전달물질이 시냅스 틈에 존재함으로써 시냅스 후막에서 생물학적 반응이 일어나며, 이 방출이 방해받으면 아무런 후속 반응도 일어날 수 없다. 신경전달물질들이 행동 조절에서 어떤 효과를 일으키는지 알기 위해 일상적인 뇌의 기능에 중요한 역할을 하는 일군의 신경전달물질을 살펴보자. 여기서 신경전달이 어떻게 잘못될 수 있는지도 이해할 수 있을 것이다.

아세틸콜린 아세틸콜린(acetylcholine)은 중추신경계와 말초신경계 모두에 존재한다. 노인들에게서 점차 증가하고 있는 퇴행성 질환인 알츠하이머병을 앓고 있는 사람들에게서 나타나는 기억상실은 아세틸콜린을 분비하는 뉴런들의 변성이 그 원인이라고 짐작된다. 아세틸콜린은 또한 신경과 근육 사이의 접합부에서 흥분성으로 작용하여 근육의 수축을 일으킨다. 아세틸콜린의 시냅스 작용에 영향을 미치는 독소들이 많은데, 예를 들어 보존이 잘못된 음식에서 종종 발견되는 보툴리눔

독소는 호흡계에서 아세틸콜린의 분비를 차단함으로써 사람을 질식시켜 죽이는 **보툴리눔 독소증**(botulism)을 일으킬 수 있다. 아마존 인디언들이 입으로 불어 쏘는 화살촉에 바르는 큐라레(curare)는 아세틸콜린 수용기를 점유하여 아세틸콜린의 정상적인 활동을 차단함으로써 폐의 근육을 마비시킨다.

GABA GABA(gamma-aminobutyric acid)는 뇌에서 가장 흔한 억제성 신경전달물질로서, 뇌 전체 시냅스의 거의 3분의 1에 달할 만큼 많은 곳에서 전령으로 사용된다고 짐작된다. GABA에 민감한 뉴런들은 특히 시상, 시상하부, 그리고 후두엽과 같은 뇌영역에 집중되어 있다. GABA는 신경활동을 억제함으로써 특정 유형의 정신병리에서 중요한 역할을 하는 것으로 보이는데, 뇌의 GABA 수준이 낮아지면 사람들은 불안이나 우울을 경험할 수 있다(Croarkin et al., 2011; Kalueff & Nutt, 2007). 불안장애는 GABA의 활동을 증가시키는 발륨(Valium)이나 자낙스(Xanax)와 같은 벤조디아제핀(benzodiazepine)계 약물로 흔히 치료된다(Ballenger, 1999). 벤조디아제핀계 약물은 GABA 수용기에 직접 부착되지 않고 GABA 자체가 효과적으로 시냅스후 수용기 분자에 결합되게끔 해준다.

도파민, 노르에피네프린 및 세로토닌 카테콜아민(catecholamine)은 도파민(dopamine)과 노르에피네프린(norepinephrine)의 두 중요한 신경전달물질을 포함하는 화학물질군이다. 이 두 신경전달물질은 불안장애, 기분장애, 정신분열증 같은 심리적 질병에서 주요한 역할을 하는 것으로 밝혀졌다(Goddard et al., 2010; Keshavan et al., 2011). 뇌에서 노르에피네프린의 수준을 증가시키는 약물들은 기분을 고양시키고 우울을 경감시킨다. 반면 정상보다 높은 수준의 도파민이 정신분열증 환자들에게서 발견되었다. 짐작할 수 있듯이 이 병을 치료하는 한 방법은 뇌의 도파민 수준을 낮추는 약물을 투여하는 것인데, 이러한 약물치료를 제15장에서 다시 다룰 것이다.

세로토닌(serotonin)을 생산하는 모든 뉴런들이 뇌간에 위치하는데, 이는 각성과 많은 자율신경 과정들에 관여한다. 환각제인 LSD(lysergic acid diethylamide)는 세로토닌성 뉴런의 활동을 억압함으로써 그 효과를 일으키는 것으로 보인다(Fantegrossi et al., 2008). 이 세로토닌성 뉴런들은 평소 다른 뉴런들을 억제하고 있는데, LSD로 인하여 그런 억제가 결핍되면 생생하고 기괴한 감각경험이 초래되며, 어떤 경험은 여러 시간이나 지속된다.

제14장에서 살펴보겠지만 뇌의 비정상적 수준의 세로토닌

은 정서장애와 관련되는데, 예를 들어 세로토닌 수준이 저하되면 우울이 야기될 수 있다. 프로작(Prozac)과 같이 항우울 약물 가운데에는 세로토닌이 시냅스 틈에서 제거되는 것을 막음으로써 세로토닌의 효과를 촉진시키는 것들이 많다.

엔도르핀 엔도르핀(endorphin)은 보통 신경조절자로 분류되는 화학물질군이다. **신경조절자**(neuromodulator)란 시냅스후 뉴런의 활동을 수정하거나 조정하는 모든 물질을 가리킨다. 엔도르핀(endogenous morphine을 줄인 말)은 정서행동(불안, 공포, 긴장, 쾌감)과 통증의 조절에 중요한 역할을 한다. 아편이나 모르핀 같은 약물이 뇌에서 엔도르핀이 작용하는 것과 동일한 수용기에 결합한다. 엔도르핀은 쾌감과 고통을 통제하는 속성 때문에 '천국의 열쇠'라고 불려왔다. 엔도르핀이 침술과 속임약(placebo, 위약)의 통증 감소 효과의 적어도 부분적인 원인일 가능성이 연구되어 왔다(Han, 2011; Pollo et al., 2011). 그러한 검증은 날록슨(naloxone)이란 약물을 사용하여 이루어지는데, 이 약물의 유일하게 알려진 작용은 모르핀과 엔도르핀이 수용기에 결합하는 것을 차단하는 것이다. 엔도르핀을 분비시킴으로써 통증을 감소시키는 절차는 모두 날록슨이 투여되면 그 효과를 상실하게 된다. 실제로 날록슨을 투여하면 침술과 속임약은 효과가 없어지는데, 이는 이들의 작용에 보통 엔도르핀이 개입됨을 시사한다.

 복습하기

1. 각 뉴런의 주요 부분들을 통과하여 진행하는 정보의 패턴은 무엇인가?
2. '실무율 법칙'이 의미하는 바는?
3. 신경전달물질은 어떻게 한 뉴런에서 다른 뉴런으로 이동하는가?
4. 뇌에서 가장 흔한 억제성 신경전달물질은 어떤 화학물질인가?

생물학과 행동

이제 신경세포들의 소통을 가능하게 하는 기본 기전을 이해하였을 것이다. 이러한 뉴런들이 보다 큰 체계들을 구성하여 신체와 마음을 지배한다. 먼저 새로운 발견을 촉진시켜 온 연구 기법들을 개관하고 신경계의 구조를 전반적으로 기술한 후 뇌 자체를 보다 세부적으로 살펴보겠다. 그리고 내분비계의 활동

을 다루는데, 이는 신경계 그리고 뇌와 협동하여 작업하는 제2의 생물학적 통제 체계이다. 마지막으로 경험이 뇌를 지속적으로 수정해 가는 방식을 살펴볼 것이다.

뇌의 활동 엿보기

신경과학자들은 뇌의 작용을 육안으로 볼 수 있는 큰 구조들의 작용에서부터 강력한 현미경 아래에서만 볼 수 있는 개개 신경세포의 속성에 이르기까지 여러 수준에서 뇌의 작동 방식을 이해하고자 하며, 각 분석 수준에 적절한 기법들을 사용한다. 여기서는 뇌의 특정 영역과 관련된 기능 및 행동을 연구하는 데 가장 많이 사용되어 온 기법들을 살펴보자.

뇌에 개입하기 뇌의 구조들에 직접 개입하는 연구방법들이 여러 가지 있다. 그 역사적 뿌리는 Phineas Gage라는 철도 노동자의 이야기에서 찾을 수 있는데, 그는 1848년 9월 불의의 폭발로 인해 약 1미터 길이의 쇠막대가 그의 머리를 관통하는 사고를 당했다. Gage는 놀랍게도 신체적으로 미미한 손상을 입었는데, 왼쪽 눈의 시력을 상실했고 왼쪽 얼굴이 부분적으로 마비되었지만 그의 자세, 운동, 그리고 말은 멀쩡하였다. 그러나 그는 심리적으로는 완전히 다른 사람으로 변해 버렸다. 그의 주치의는 다음과 같이 명쾌하게 설명하였다.

> 그는 지적 능력과 동물적 성향 사이의 평형이나 균형이 깨진 것처럼 보였다. 그는 변덕스럽고 부적절하고 추잡한 언행에 탐닉하며(이전에는 그런 습관이 없었음) 동료를 거의 존중하지 않고 자신의 욕구와 상충되는 억제나 충고를 참지 못하였다. 다치기 전에는 학교를 다니지 않았음에도 불구하고 균형 잡힌 마음을 가졌으며 기민하고 영리한 사업가로서 사람들의 존경을 받았고 자신의 계획을 힘차고 끈기 있게 추진하는 사람이었다. 이러던 그의 마음이 극단적으로 달라졌기 때문에 그의 친구들과 지인들은 그가 "더 이상 Gage가 아니다."고 말했다(Harlow, 1868, pp. 339~340).

Gage의 사고가 일어난 시기는 과학자들이 이제 막 뇌 기능과 복잡한 행동 사이의 연결에 관한 가설을 형성하기 시작한 때였다. Gage의 뇌가 극적으로 관통된 후 일어난 행동 변화를 바탕으로 그의 주치의는 성격과 이성적 행동의 뇌 기반에 대한 가설을 세우게 되었다.

이와 동시대에 Paul Broca는 언어에서 뇌의 역할을 연구하고 있었다. 이 영역에서 Broca의 첫 번째 연구는 'Tan'이라는 말밖에 할 줄 몰라서 'Tan'이라는 이름으로 불렸던 환자의 뇌

를 검시 해부한 것이었는데, 그는 Tan의 좌뇌의 앞부분이 심하게 손상된 것을 발견했다. 이 발견 이후 Broca는 언어장애가 있는 다른 사람들의 뇌를 조사했는데, 각 사례마다 뇌의 동일한 영역에 비슷한 손상이 있음이 드러나서 이 부위는 **브로카 영역**(Broca's area)이라고 알려지게 되었다. 현대의 연구자들도 역시 행동적 변화 또는 장애의 패턴을 뇌 손상 위치와 연관시키려고 노력한다.

우연히 손상된 뇌를 연구할 때의 문제점은 그 손상의 위치와 정도가 전혀 통제될 수 없다는 사실이다. 뇌 그리고 행동과 인지기능에 대한 뇌의 관계를 제대로 이해하기 위해서는 손상된 뇌 조직을 정확하게 명시할 수 있게 하는 방법이 필요하다. 고도로 국재화된(localized) **뇌 손상**(lesion)을 일으키는 다양한 방법들이 개발되었는데, 예를 들면 특정 뇌영역을 외과적으로 제거하거나, 그 영역으로 가는 연결을 절단하거나, 고열, 냉동, 또는 전기를 사용하여 그 영역을 파괴할 수 있다. 물론 영구적 손상을 사용하는 실험 연구는 인간 외의 동물에게만 적용된다. 동물에 대한 손상 실험 결과를 뇌 손상이 인간 행동에 미치는 효과에 대한 임상적 발견들과 계속 비교하고 통합해 봄으로써 뇌에 대한 우리의 개념이 급격하게 변하였다.

최근 과학자들은 **반복적 rTMS**(repetitive transcranial magnetic stimulation)라고 불리는 절차를 개발하였는데, 이는 자기 자극 펄스를 사용하여 일시적이고 가역적인 '손상'을 사람에게서 일으키는 것으로서 뇌 조직에는 아무런 손상을 입히지 않으면서 뇌영역을 잠시 불활성화시킨다. 이러한 새로운 기법을 통해 연구자들은 인간 외의 동물 실험에서는 가능하지 않았던 많은 문제들을 다룰 수 있게 되었다. rTMS를 적용하여 명사와 동사에 대한 뇌의 반응 방식을 다룬 연구 예를 살펴보자.

로 자극받았을 때 동사의 수행은 지연시키지만 명사의 수행은 그렇지 않은 뇌영역(브로카영역 인근)을 찾아냈다. 이 자료는 뇌 처리과정이 명사와 동사를 구분한다는 가설을 지지한다.

여러분은 이런 실험이 왜 인간 외의 동물 참가자들에 대해서는 불가능한지 알 수 있을 것이다. 인간은 명사와 동사를 습관적으로 생성하는 유일한 종이다.

다른 상황에서는 뇌 부위들을 직접 자극함으로써 그 기능을 알아볼 수 있다. 예를 들어, 1950년대 중반에 Walter Hess는 전기 자극을 사용하여 뇌 깊숙한 곳의 구조들을 연구하는 방법을 개척했다. 예컨대 그는 자유롭게 움직이는 고양이의 뇌 속에 전극을 심어놓고 버튼을 눌러서 그 전극의 끝에 약한 전류를 흘려보낼 수 있었다. Hess는 거의 500마리의 고양이에게서 뇌의 4,500군데 각각을 자극하여 그 행동적 효과를 세밀하게 기록하였다. 그 결과 전극의 위치에 따라 스위치를 켜면 수면, 성적 각성, 불안 또는 공포를 유발시킬 수 있었고, 스위치를 끄면 그런 반응들이 갑작스럽게 끝났다. 예컨대 어떤 뇌영역을 전기적으로 자극하면 평소 얌전하던 고양이가 분노하여 털을 곤두세우고서는 근처에 있는 대상에게 돌진하였다.

뇌 활동을 기록하고 영상화하기 다른 신경과학자들은 환경자극에 대한 반응으로 일어나는 뇌의 전기적 활동을 기록하는 전극을 사용하여 뇌 기능의 지도를 만든다. 뇌의 전기적 활동을 탐

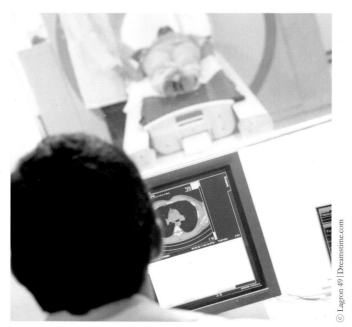

연구자들이 추구하는 질문의 범위를 새로운 영상기법들이 어떻게 확장시켜 왔는가?

지하는 정밀도에는 여러 수준이 있다. 가장 정밀한 경우, 연구자는 극도로 민감한 전극을 뇌에 삽입하여 하나의 뇌 세포의 전기적 활동을 기록할 수 있다. 그런 기록은 환경자극에 반응하여 개별 세포의 활동이 어떻게 변하는지를 보여줄 수 있다.

인간을 대상으로 한 경우, 대개 많은 수의 전극을 두피에 붙여서 대단위의 통합적 전기활동 패턴을 기록한다. 이를 통해 뇌 활동의 흔적을 증폭시킨 **뇌전도**(electroence-phalogram, EEG) 자료가 구해진다. EEG는 심리적 활동과 뇌 반응 사이의 관계를 연구하는 데 사용될 수 있다. 예를 들어, 어떤 실험에서는 참가자들에게 일련의 얼굴들을 보여주고 나중에 기억과제에서 각 얼굴을 재인할 수 있을 것이라고 생각하는지에 대한 판단을 내리도록 하였다. 참가자들이 이런 판단을 내릴 당시의 EEG는 나중에 실제로 그 얼굴들을 재인할 수 있는가를 예측하는 독특한 뇌 활동 패턴을 보여주었다(Sommer et al., 1995).

뇌 연구에서 가장 관심을 끄는 기술적 혁신은 원래 뇌졸중이나 질병으로 인한 손상 같은 뇌의 비정상성을 탐지하기 위해 개발된 기계들이다. 이 장비들은 뇌 조직을 손상시키는 침입적 절차를 사용하지 않고 살아 있는 뇌의 영상을 만들어낸다.

양전자방출단층촬영술(positron-emission tomography, PET), 즉 PET를 사용한 연구에서 피험자는 여러 종류의 안전한 방사능 물질을 투여받는데, 이 물질은 뇌로 올라가서 활성화된 뇌 세포들에 흡수된다. 피험자가 여러 인지적 또는 행동적 활동을 하는 동안 활성화된 세포들에서 방출되는 방사능을 두개골 외부에서 기록장치가 탐지한다. 그러면 이 정보를 컴

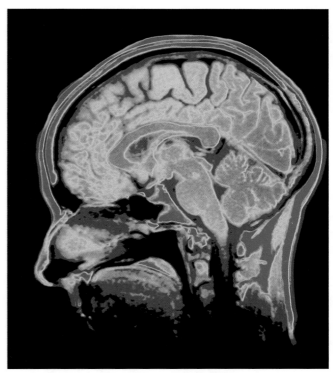

자기공명영상법(MRI)이 색채를 입힌 정상 뇌의 옆모습 사진을 만들었다. 특정 기능들 기저에 있는 뇌영역들을 밝혀내려는 목적은 무엇인가?

퓨터가 입력받아 여러 유형의 심리적 활동이 실제로 일어나는 뇌영역을 보여줌으로써 뇌의 역동적인 영상을 구성한다.

자기공명영상법(magnetic resonance imaging), 즉 MRI는 자기장과 라디오파를 사용하여 뇌 내부에서 에너지의 펄스를 형성한다. 펄스가 여러 주파수에 동조되면 어떤 원자들은 자기장에 나란히 정렬한다. 자기 펄스가 꺼지면 원자는 원래 위치로 복귀하면서 진동(공명)한다. 특수한 라디오 수신기가 이 공명을 탐지하여 정보를 컴퓨터로 보내고, 이 컴퓨터는 뇌영역들 내에서 여러 원자의 위치들에 관한 상을 생성한다. 이 상들을 조사하여 연구자들은 뇌 구조와 심리적 과정을 연결시킬 수 있다.

MRI는 해부학적으로 세밀한 상을 제공하는 데 가장 유용하며, PET 스캔은 기능에 관해 더 나은 정보를 제공한다. **기능적 MRI**(functional MRI), 즉 fMRI라고 부르는 새로운 기법은 뇌 안에 있는 혈류에서 자기적 변화를 탐지함으로써 두 기법의 여러 장점들을 함께 갖는데, fMRI는 구조와 기능 양자에 관해 보다 정확한 정보를 제공해 준다. 연구자들은 fMRI를 사용하여 주의, 지각, 언어처리, 그리고 기억과 같이 가장 중요한 인지능력들을 담당하는 뇌영역의 분포를 찾아내기 시작했다(Spiers & Maguire, 2007).

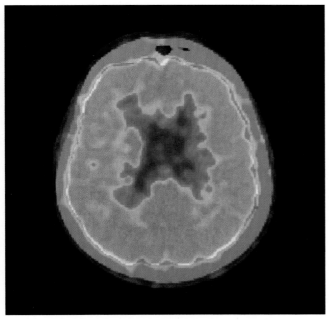

PET 영상을 살펴봄으로써 심리학자들은 무엇을 할 수 있는가?

여러분이 방금 배웠듯이 문화적 진화는 신경과학자들에게 뇌의 가장 중요한 비밀을 파헤칠 수 있는 기술을 제공했다. 이제 그러한 비밀들 몇 가지를 살펴보자.

신경계

신경계는 엄청나게 많은 고도로 전문화된 신경세포, 즉 뉴런(neuron)들로 이루어져 있으며, **중추신경계**(Central Nervous System, CNS)와 **말초신경계**(Peripheral Nervous System, PNS)로 나뉜다. CNS는 뇌와 척수에 있는 모든 뉴런들로 구성되고, PNS는 CNS를 신체와 연결시켜 주는 신경섬유를 형성하는 모든 뉴런들로 이루어진다. 그림 3.11과 3.12가 CNS와 PNS 사이의 관계를 보여준다.

CNS의 임무는 모든 신체 기능들을 통합하고 협응시키며, 입력되는 모든 신경신호를 처리하고, 신체 여러 부위들로 명령을 내보내는 것이다. CNS는 척수(spinal cord)를 통해 신경신호들을 내보내고 받아들이는데, 척수 그 자체는 척주라고 불리는 척추뼈의 내부 공간에 들어 있다. 척수로부터 척수신경이 갈라져 나가서 신체 전체의 감각수용기와 근육 및 분비선들과 연결된다. 척수는 신체 좌측부와 우측부의 활동을 협응시키며, 뇌 없이 일어나는 단순하고 빠른 반사들을 관장한다. 예를 들면, 척수가 뇌로부터 분리된 유기체도 고통스러운 자극으로부터 사지를 거두어들이는 철회반사를 할 수 있다. 온전한 뇌가 있다면 보통 그런 행위를 '통보'받지만 뇌 없이도 유기체는 그 행위를 완전히 수행할 수 있다. 척수에 있는 신경들이 손상되면 반신불수인 사람들에게서처럼 다리나 몸통이 마비되는 결과가 생길 수 있다. 마비의 정도는 척수의 높은 부위

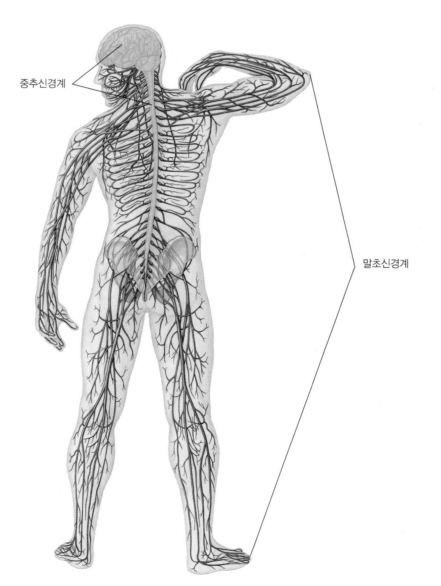

중추신경계

말초신경계

그림 3.11 중추신경계와 말초신경계의 분류
말초신경계를 구성하는 감각과 운동신경섬유들이 척수에 의해 뇌와 연결되어 있다.
출처 : Reprinted by permission of Richard McAnulty.

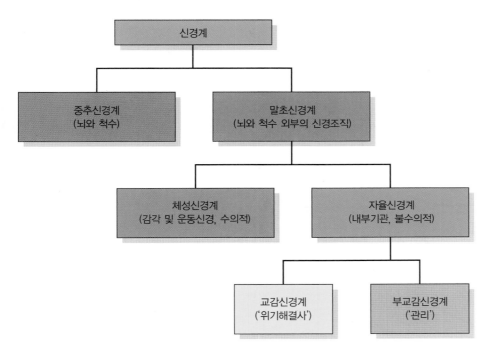

그림 3.12 인간신경계의 위계적 조직
중추신경계는 뇌와 척수로 이루어진다. 말초신경계는 기능에 따라 분류된다. 즉, 체성신경계는 수의적 행동을 통제하고, 자율신경계는 내적 과정들을 조절하며 다음의 두 가지로 더 나누어진다. 즉, 교감신경계는 위급 상황 시에 행동을 지배하며, 부교감신경계는 평상시의 환경에서 행동과 내적 과정을 조절한다.

에서 손상이 생겼을수록 더 심하다.

CNS는 비록 명령하는 위치에 있음에도 불구하고 외부 세계와는 직접 접촉하지 않고 격리되어 있다. CNS에게 감각수용기로부터 오는 정보를 제공하고 뇌로부터 신체의 기관과 근육으로 명령을 전달하는 것은 PNS의 역할이다. PNS는 사실 두 세트의 신경섬유들로 구성된다(그림 3.12). **체성신경계**(somatic nervous system)는 골격근의 작용을 조절한다. 예컨대 당신이 글자를 타이핑한다고 하자. 키보드를 치는 손가락의 움직임은 체성신경계에 의해 조종된다. 당신이 무엇을 쓸지 결정함에 따라 당신의 뇌가 손가락에게 무슨 키를 누를지에 대한 명령을 내린다. 동시에 손가락은 그 위치와 움직임에 대한 피드백을 뇌로 보낸다. 만약 당신이 잘못된 키를 치면 체성신경계가 뇌에게 이를 알려주고 따라서 필요한 수정 명령이 내려와서 금방 당신은 그 실수를 지워버리고 올바른 키를 치게 되는 것이다.

PNS의 다른 가지는 기본적인 생명과정들을 유지시키는 **자율신경계**(Autonomic Nervous System, ANS)이다. 이 체계는 매일 24시간 작동하고 있어서 호흡이나 소화, 각성과 같이 대개 의식적으로 통제하지 않는 신체기능들을 조절한다. ANS는 당신이 자고 있을 때에도 작동해야 하며, 마취나 장기간의 혼수 상태 동안에도 생명과정들을 유지시킨다.

자율신경계는 두 종류의 생존 관련 직무, 즉 유기체에게 가해지는 위협에 관한 것과 신체 유지에 관한 것을 담당한다. 이

기능을 수행하기 위해 자율신경계는 교감 및 부교감신경계로 다시 나누어진다(그림 3.12). 이들은 서로 대립적으로 작용하는데, **교감신경계**(sympathetic nervous system)는 비상 상황에 대한 반응을, **부교감신경계**(parasympathetic nervous system)는 신체 내부 기능의 판에 박힌 작동을 조절한다. 교감신경계는 해결사 같은 것으로서, 위급하거나 스트레스 유발 상황에서 '싸움 또는 도주'하도록 뇌 구조들을 각성시킨다. 소화는 중지되고, 피는 내장기관들에서 빠져나와 근육으로 흘러들며, 산소 소비가 증가하고, 심박률도 증가한다. 위험이 사라지면 부교감신경계가 작동하여 이런 과정들을 감속시키고 그 개체가 진정되기 시작한다. 소화가 재개되고, 심박률이 느려지며, 호흡도 이완된다. 부교감신경계는 신체 노폐물을 제거하는 것 같은 평상시의 정비, 시각체계의 보호(눈물과 동공 수축을 통한), 그리고 신체 에너지의 장기적 보존 등의 업무를 수행한다. 교감 및 부교감신경계의 서로 분리된 임무들이 그림 3.13에 나와 있다.

뇌의 구조물과 그 기능

뇌는 신경계의 가장 중요한 요소이다. 인간의 뇌에는 세 개의 상호 연결된 층이 있다. 뇌간(brain stem)이라는 뇌의 가장 깊숙한 위치에 있는 부위에는 심박률, 호흡, 삼키기 및 소화 같은 자율신경과정들을 주로 담당하는 구조들이 있다. 이 중심 핵 부위를 둘러싸고 있는 것이 변연계(limbic system)로서, 동기,

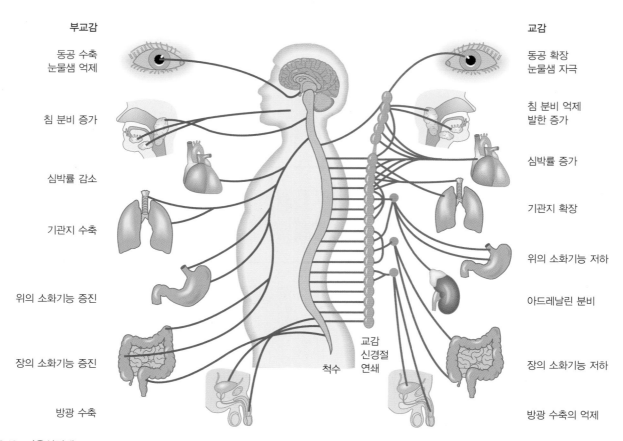

부교감   교감

동공 수축
눈물샘 억제   동공 확장
눈물샘 자극

침 분비 증가   침 분비 억제
발한 증가

심박률 감소   심박률 증가

기관지 수축   기관지 확장

위의 소화기능 증진   위의 소화기능 저하

아드레날린 분비

장의 소화기능 증진   척수   교감
신경절
연쇄   장의 소화기능 저하

방광 수축   방광 수축의 억제

그림 3.13 자율신경계
부교감신경계가 왼쪽에, 교감신경계가 오른쪽에 나타나 있다. 교감신경계의 신경섬유들은 척수 옆에서 신경절(뉴런 세포체들의 집합)과 연결을 형성하고 있음을 주목하라.

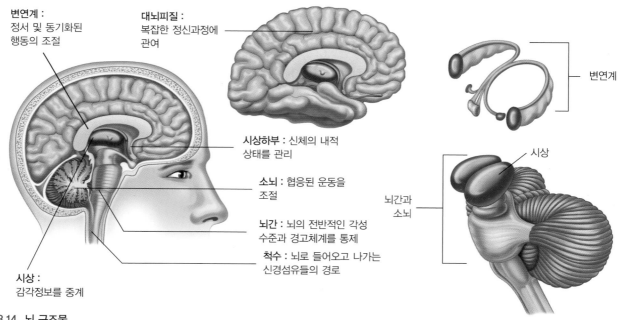

변연계 :
정서 및 동기화된
행동의 조절

대뇌피질 :
복잡한 정신과정에
관여

변연계

시상하부 : 신체의 내적
상태를 관리

소뇌 : 협응된 운동을
조절

시상

뇌간 : 뇌의 전반적인 각성
수준과 경고체계를 통제

뇌간과
소뇌

척수 : 뇌로 들어오고 나가는
신경섬유들의 경로

시상 :
감각정보를 중계

그림 3.14 뇌 구조물
뇌에는 뇌간, 소뇌, 변연계 및 대뇌피질 등을 비롯한 여러 가지 주요 구조들이 있는데, 이들은 모두 잘 조화되어 복잡한 구도를 형성한다.

정서 및 기억과정에 관여한다. 이 두 부위를 감싸고 있는 것이 대뇌(cerebrum)로서, 인간의 마음이란 우주는 이 영역에 존재한다. 대뇌 및 그 표면층인 대뇌피질(cerebral cortex)은 감각정보를 통합하고 운동을 협응시키며 추상적 사고와 추리를 촉진한다(그림 3.14 참조). 이 세 가지 주요 뇌 부위들의 기능을 좀 더 자세히 살펴보자.

뇌간, 시상, 그리고 소뇌 뇌간(brain stem)은 모든 척추동물에게 있는 것으로, 신체의 내부 상태를 조절하는 구조들을 포함한다(그림 3.15 참조). 척수의 바로 위에 위치하고 있는 **연수**(medulla)는 호흡, 혈압 및 심장박동의 중추이다. 이들은 생명에 필수적인 과정들이기 때문에 연수에 손상이 가해지면 목숨을 잃을 수 있다. 신체로부터 올라오는, 그리고 뇌로부터 내려가는 신경섬유들은 연수에서 교차한다. 따라서 신체 좌측부는 뇌의 우측부와, 그리고 신체의 우측부는 뇌의 좌측부와 연결된다.

연수 바로 위에는 **뇌교**(pons, 또는 교)가 있는데, 이는 뇌간의 다른 구조들과 소뇌에 입력을 제공한다[pons란 다리(橋)를 의미하는 라틴어]. **망상체**(reticular formation)는 뇌의 파수꾼 역할을 하는 밀집된 신경세포들의 망으로서, 뇌를 각성시켜 새로운 자극에 주의를 집중하게 하며 심지어 수면 중에도 뇌가 경계상태에 있게 한다. 이 영역이 심하게 손상되면 혼수상태가 초래된다.

망상체에서 기다란 신경로가 뻗어나가 **시상**(thalamus)으로 연결되는데, 시상은 들어오는 감각정보를 대뇌피질의 적절한 영역들로 전달하는 역할을 한다. 예컨대 눈에서 들어오는 정보는 시상을 거쳐 시각피질로 전달된다.

두개골의 기저부에 위치하여 뇌간에 붙어 있는 **소뇌**(cerebellum)가 신체운동의 협응을 담당하고 자세를 통제하며 평형을 유지시킨다는 사실을 오래전부터 신경과학자들이 알고 있었다. 소뇌가 손상되면 운동의 매끄러운 흐름이 훼손되어 협응되지 않는 경련운동이 일어난다. 그러나 보다 최근의 연구들에 따르면 소뇌는 보다 다양한 범위의 기능들을 수행한다. 예를 들어 소뇌는 연쇄적인 신체운동을 학습하고 수행하는 능력에 중요한 역할을 한다(Bellebaum & Daum, 2011; Timmann et al., 2010). 또한 소뇌가 언어처리와 통증 경험과 같은 고등 수준의 인지기능에도 관여한다는 증거도 축적되고 있다(Moulton et al., 2010; Murdoch, 2010).

변연계 변연계(limbic system)는 동기화된 행동, 정서 상태 및 기억과정을 매개하며, 체온, 혈압 및 혈당 수준을 조절하고, 또한 기타 관리 활동을 수행한다. 변연계는 해마, 편도체, 그리고 시상하부의 세 구조로 구성된다(그림 3.16 참조).

변연계에서 가장 큰 구조인 **해마**(hippocampus)는 기억의 획득에 중요한 역할을 한다(Wang & Morris, 2010). 이 견해를 지

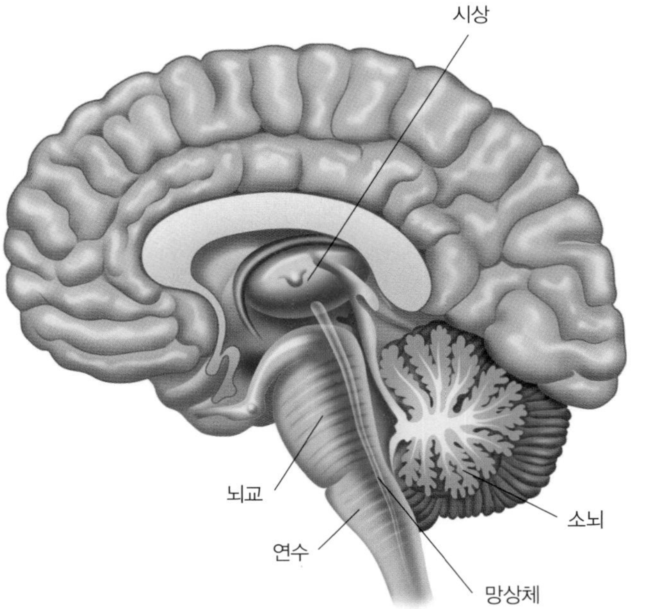

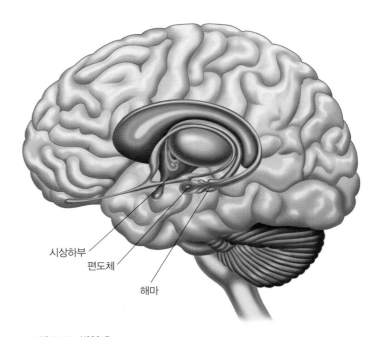

시상
뇌교
연수
망상체
소뇌

그림 3.15 뇌간, 시상 및 소뇌
이 구조들은 호흡, 맥박, 각성, 운동, 균형, 그리고 감각정보의 단순한 처리 등 주로 기본적인 생명과정에 관여한다.

시상하부
편도체
해마

그림 3.16 변연계
오직 포유류에만 존재하는 변연계의 이 구조들은 동기화된 행동, 정서 상태, 그리고 기억과정에 관여한다.

지하는 상당한 임상 증거가 있는데, 특별히 주목할 만한 것이 아마도 심리학의 가장 유명한 사례인 H.M. 환자의 연구일 것이다.

H.M.은 27세에 간질 발작의 빈도와 강도를 감소시키기 위해 외과 수술을 받았다. 수술 도중 그의 해마가 제거되었다. 그 결과 H.M.의 기억 수행은 완전히 변하였다. H.M.은 50여 년간 충실한 연구 참여자로 봉사하였는데, 2008년 세상을 떠날 때까지 뇌 기능에 관해 결정적인 정보의 유산을 엄청나게 남겼다.

H.M. 사례를 살펴보자. 수술 후 오랜 시간이 지났지만 그는 자신이 여전히 1953년, 즉 수술 받았던 해에 살고 있다고 믿었다. 수술 전 여러 번 경험했던 정보는 회상할 수 있었지만, 수술 후에는 집중적으로 반복된 경우에만 새로운 정보를 획득할 수 있었다(MacKay et al., 2007). H.M.은 그림을 거울상을 보고 그리기와 같은 새로운 기술을 획득할 수 있었지만 그러한 훈련에 참여했었다는 것은 기억하지 못했다. H.M.의 해마 손상은 언어를 생성하고 이해하는 능력에도 영향을 미쳤다(MacKay, 2011). 따라서 H.M.에 관한 연구는 특정 유형의 기억 획득이라는 해마의 역할을 넘어서 해마의 보다 폭넓은 기능에 관해 광범위한 증거를 제공하였다. 제7장에서 기억 획득에 관한 해마의 기능을 다시 살펴볼 것이다.

편도체(amygdala)는 정서 통제에 중요한 역할을 한다. 이 통제기능 때문에 편도체를 손상시키면 폭력적인 사람에게 진정 효과를 일으킬 수 있다(제15장에서 정신외과술을 살펴볼 것이다.). 그러나 편도체의 어떤 영역이 손상되면 얼굴표정의 정서적 내용, 특히 슬픔과 공포와 같은 부정적 정서를 인식하는 능력에 장애가 생기기도 한다(Adolphs & Tranel, 2004). 편도체는 또한 정서적 내용을 가진 기억의 형성과 인출에서 결정적인 역할을 수행한다(Murty et al., 2011). 이 때문에 편도체가 손상된 사람은 돈을 따거나 잃는 것에 대한 반응과 같이 정서적 흥분을 보여야 할 상황에서 정확한 판단을 내리는 데 어려움을 보인다(Gupta et al., 2011).

시상하부(hypothalamus)는 뇌에서 가장 작은 구조들 중의 하나이지만 일상생활에서 매우 중요한 여러 가지 작용을 한다. 시상하부는 먹기, 마시기, 체온조절, 성적 각성 등을 비롯한 동기화된 행동에 관여하는 생리적 과정들을 조절하는 다수의 핵들로 구성되어 있으며, **항동성**(homeostasis), 즉 신체의 내적 평형 상태를 유지시킨다. 신체의 에너지 수준이 낮으면 시상하부가 유기체로 하여금 먹이를 찾아서 먹도록 자극하고, 체온이 떨어지면 혈관 수축이나 몸을 덜덜 떨게 만드는 불

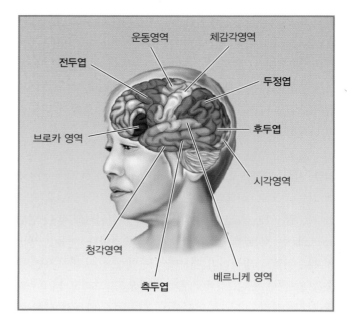

그림 3.17 대뇌피질
대뇌피질의 두 반구 각각에는 4개의 엽이 있다. 상이한 감각 및 운동기능들이 각 엽의 특정 부분들과 연관되어 있다.

수의적 운동을 일으킨다. 시상하부는 또한 내분비계의 활동도 조절한다.

대뇌 인간에게서 **대뇌**(cerebrum)는 뇌 전체의 3분의 2를 차지하는 거대한 구조로서, 고차원적인 인지기능과 정서기능을 조절하는 역할을 한다. 수십 억 개의 세포들로 이루어진, 대략 2~3mm 두께의 대뇌의 바깥 표면층을 **대뇌피질**(cerebral cortex)이라고 한다. 대뇌는 거의 대칭적인 두 **대뇌반구**(cerebral hemisphere)로 나뉘며, 이들은 **뇌량**(corpus callosum)이라는 신경섬유들의 두꺼운 덩어리를 통해 서로 연결되어 메시지를 주고받는다.

신경과학자들은 각 반구를 4개의 영역 또는 뇌엽(lobe)으로 나누었다(그림 3.17). **전두엽**(frontal lobe)은 외측열(lateral fissure) 위쪽이면서 중심구(central sulcus) 앞쪽에 위치하는데, 계획, 판단 내리기, 목표 설정하기 같은 인지적 활동과 운동 통제에 관여한다. 전두엽의 손상은 인간의 행위와 성격에 파괴적인 효과를 일으킬 수 있는데, Phineas Gage의 극적 변화를 초래한 손상 위치가 바로 이곳이다(Macmillan, 2008). 전두엽은 또한 브로카 영역을 포함하는데, 이는 Paul Broca가 언어장애 환자에 대한 연구에서 찾아낸 뇌영역이다.

중심구 바로 뒤쪽에 위치한 **두정엽**(parietal lobe)은 촉각, 통증 및 온도 감각을 담당한다. 뒤통수 부분에 있는 **후두엽**(occipital lobe)은 시각정보의 종착지이다. 외측열 아래쪽에 있는 **측두엽**(temporal lobe)은 청각을 담당한다. 측두엽은 **베르니케 영역**(Wernicke's area)이라고 불리는 영역을 포함한다. 1874년 Carl Wernicke(1848~1905)는 이 영역이 손상된 환자가 유창하지만 의미 없는 말소리를 생성하며 언어이해장애를 보인다는 것을 발견하였다.

어느 한 뇌엽이 단독적으로 어느 한 특정 기능을 통제한다고 말할 수는 없다. 뇌의 구조들은 교향악단처럼 하나의 통합된 단위로서 서로 협력하여 동시에 작용한다. 당신이 설거지를 하고 있든지 수학문제를 풀고 있든지 친구와 이야기하고 있든지 간에, 당신의 뇌는 각 뇌엽들이 서로 상호작용하고 협력하면서 통합된 전체로서 일하고 있는 것이다. 그럼에도 불구하고 각 뇌엽에서 시각, 청각, 언어 또는 기억 같은 특정 기능에 필요한 영역들을 찾아내는 일이 가능하다. 어떤 영역들이 손상되면 그 기능들이 훼손되거나 완전히 상실되기 때문이다.

신체의 600개가 넘는 수의근(voluntary muscle)의 활동은 중심구 바로 앞의 전두엽 부위에 위치한 **운동피질**(motor cortex)에 의해 통제된다. 뇌의 한 측면에서 나온 명령은 신체의 반대 측면에 있는 근육으로 내려간다는 사실을 배웠는데, 아울러 발가락과 같이 신체의 하부에 있는 근육들은 운동피질의 상부에 있는 뉴런들에 의해 통제된다. 그림 3.18에서 보는 바와 같이 신체 상부는 하부보다 훨씬 더 자세한 운동명령을 받는다. 사실상 운동피질에서 가장 넓은 두 영역은 손가락, 특히 엄지손가락과 말하기에 필요한 근육들에 할당되어 있다. 이 넓은 영역들은 인간의 활동에서 물체를 조작하고 도구를 사용하고 먹고 이야기하는 일의 중요도를 반영하고 있다.

중심구 바로 뒤의 두정엽에 위치한 **체감각피질**(somatosensory cortex)은 온도, 촉감, 신체의 위치 및 통증에 대한 정보를 처리한다. 운동피질과 마찬가지로 체감각피질의 상측은 신체의 하부와, 체감각피질의 하부는 신체의 상부와 관련되어

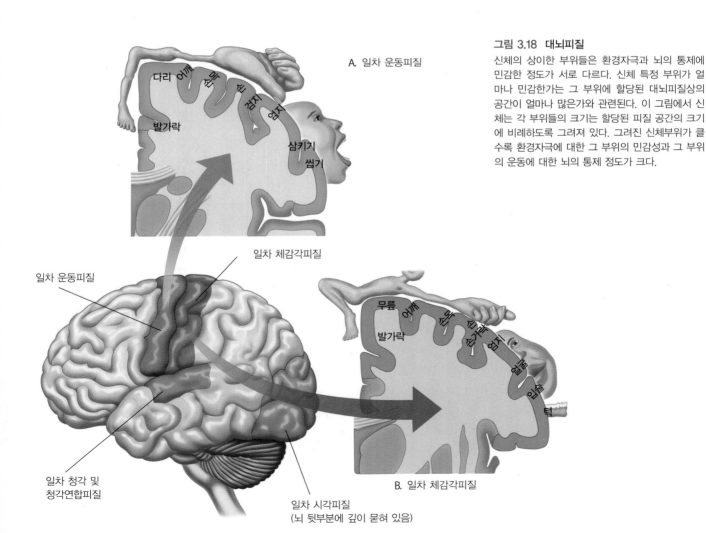

A. 일차 운동피질

일차 운동피질

일차 청각 및 청각연합피질

일차 시각피질 (뇌 뒷부분에 깊이 묻혀 있음)

일차 체감각피질

B. 일차 체감각피질

그림 3.18 대뇌피질
신체의 상이한 부위들은 환경자극과 뇌의 통제에 민감한 정도가 서로 다르다. 신체 특정 부위가 얼마나 민감한가는 그 부위에 할당된 대뇌피질상의 공간이 얼마나 많은가와 관련된다. 이 그림에서 신체는 각 부위들의 크기는 할당된 피질 공간의 크기에 비례하도록 그려져 있다. 그려진 신체부위가 클수록 환경자극에 대한 그 부위의 민감성과 그 부위의 운동에 대한 뇌의 통제 정도가 크다.

있다. 이 피질의 대부분은 가장 중요한 감각입력을 제공하는 신체부위들인 입술, 혀, 엄지 및 검지손가락에 할당되어 있다(그림 3.18 참조). 또한 운동피질과 마찬가지로 체감각피질의 우측 절반은 신체의 좌측과 소통하고 좌측 절반은 신체의 우측과 소통한다.

두 측두엽에 있는 **청각피질**(auditory cortex)은 양쪽 귀로부터 청각정보를 받아들여 처리한다. 청각피질의 한 영역은 언어의 산출에, 다른 영역은 언어의 이해에 관여한다. 시각입력은 후두엽에 위치한 **시각피질**(visual cortex)에서 처리된다. 여기서 가장 넓은 부위가 망막의 중심부, 즉 가장 상세한 시각정보를 전달하는 영역에 할당되어 있다.

모든 대뇌피질이 감각정보를 처리하고 근육에 운동명령을 내리는 데 전념하는 것은 아니다. 사실상 그 대부분은 **정보를 해석하고 통합하는** 일을 담당한다. 계획하기나 판단하기 같은 과정들은 **연합피질**(association cortex)에서 일어나는 것으로 간주된다. 연합영역들은 피질의 여러 영역에 분산되어 있는데, 연합피질에서 다양한 감각양식의 정보들이 결합되어 환경상의 자극들에 대한 적절한 반응 계획이 수립된다.

지금까지 신경계의 여러 주요 구조들을 살펴보았는데, 각 대뇌구조들이 양 반구 모두에 존재한다는 것을 파악하였다. 이제는 두 반구 간 차이를 살펴보겠다.

반구 편재화

두 반구의 기능이 서로 다를 것이라고 연구자들이 추측하게 된 계기는 무엇일까? Broca가 Tan의 뇌를 검시 해부했을 때 좌반구에서 손상을 발견하였음을 상기해 보라. 후속 연구들에서 그는 오늘날 브로카 실어증(Broca's aphasia)이라고 불리는 언어능력의 결함을 유사하게 보인 다른 환자들도 역시 좌반구에 손상이 있음을 발견했다. 우반구의 동일한 위치가 손상될 경우에는 동일한 효과가 나타나지 않았다. 그렇다면 어떤 결론을 내려야 할까?

반구 차이를 규명할 기회가 최초로 찾아온 것은 심각한 간질 치료를 위해 2억 개의 신경섬유들로 이루어진 뇌량을 절단하는 수술이 시행되면서이다(그림 3.19 참조). 이 수술의 목적은 간질 발작에 동반되는 격렬한 전기활동이 양 반구 사이를 넘나드는 것을 막기 위함이다. 이 수술은 보통 성공적이며 수술 후 환자의 행동은 대개 정상적으로 보이는데, 이런 유형의 수술을 받은 환자를 흔히 분할뇌(split-brain) 환자라고 부른다.

간질 환자의 분할된 반구의 능력들을 검사하기 위해 Roger

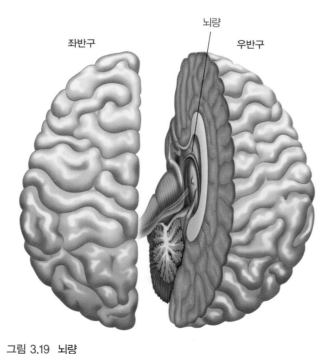

그림 3.19 뇌량
뇌량은 두 반구 사이에 정보를 교환시켜 주는 신경섬유들의 거대한 망이다. 뇌량을 절단하면 이 교신과정에 장애가 생긴다.

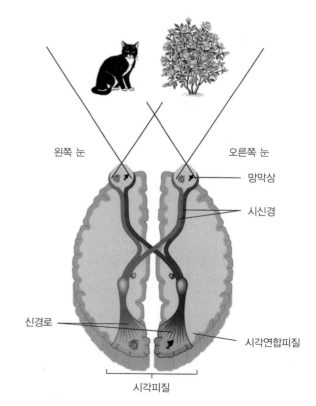

그림 3.20 시각정보를 처리하는 신경로
각 눈의 안쪽 절반으로부터 들어오는 시각정보를 처리하는 신경로는 교차하여 각각 반대쪽 반구로 들어간다. 각 눈의 바깥쪽 절반에서 들어오는 정보를 처리하는 신경로는 교차하지 않는다. 뇌량을 절단하면 오른쪽 시야에만 제시된 정보는 우반구로 들어갈 수가 없고, 왼쪽 시야에만 제시된 정보는 좌반구로 들어갈 수 없다.

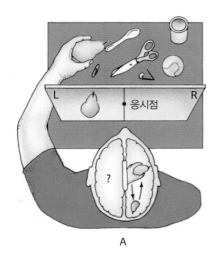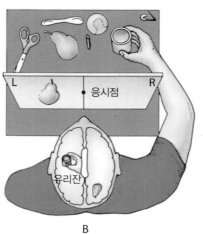

그림 3.21 눈과 손의 협응

분할뇌 환자가 좌측 시야에 제시된 대상을 왼손을 써서 찾아 대응시킬 때는 눈과 손의 협응이 정상적이다. 눈과 손에서 들어오는 정보가 모두 우반구로 들어가기 때문이다. 그러나 좌측 시야에 제시된 대상을 오른손을 써서 대응시키라고 하면, 이 환자들은 그렇게 하지 못한다. 오른손에서 들어오는 감각정보는 좌반구로 들어가는데 두 반구가 더 이상 연결되어 있지 않기 때문이다. 이 그림은 유리잔이 배에 대응되는 것으로 잘못 지각되는 장면이다.

Sperry(1968)와 Michael Gazzaniga(1970)는 시각정보를 각 반구마다 다르게 제시할 수 있는 상황을 고안했는데, 그들의 방법은 시각계의 해부학적 특징을 이용한 것이다 (그림 3.20 참조). 각 눈마다 우측 시야에서 들어오는 정보는 좌반구로, 좌측 시야에서 들어오는 정보는 우반구로 들어간다. 일반적으로 각 반구에 들어온 정보는 뇌량을 통해 재빨리 다른 반구로 전해진다. 하지만 분할뇌 환자들에게서는 이 경로가 절단되었기 때문에 좌측이나 우측 시야에 제시된 정보는 우반구 또는 좌반구에만 남아 있게 된다(그림 3.21 참조).

대부분의 사람들에서는 좌반구가 언어를 통제하기 때문에 연구자에게 '이야기'를 할 수 있는 것은 우반구가 아니라 좌반구이다. 우반구와의 의사소통은 말을 하지 않고도 대상의 확인이나 대응 또는 조립이 포함된, 손으로 하는 과제를 사용하여 달성할 수 있었다. 우반구의 지배를 받는 왼손의 행위를 분할뇌 환자의 좌반구가 어떻게 설명하는지를 다음의 예에서 보자.

지정 연구

눈 내리는 장면이 우반구에, 닭발 그림이 좌반구에 동시에 제시되었다(Gazzaniga, 1985). 피험자는 여러 대상들 가운데 각 장면과 '어울리는' 것을 선택하였다. 이 환자는 오른손으로는 닭 머리를, 왼손으로는 눈삽을 가리켰다. 그리고는 눈삽이 (눈을 치우기 위해서가 아니라) 닭똥을 치우기 위해서 필요하다고 이야기했다. 뇌량의 절단으로 인해 좌반구는 우반구가 무엇을 '보았는지' 몰랐기 때문에 좌반구가 본 것이 닭발뿐이었음에도 불구하고 왜 왼손이 눈삽을 가리키고 있었는지 설명할 필요가 있었다. 좌반구의 인지체계가 그 신체의 다른 부위의 행동을 설명해 줄 수 있는 이론을 제공하였던 것이다.

분할뇌 연구 외에 다른 다양한 연구방법을 통해 우리는 이

제 대부분의 사람에게서 언어와 관련된 기능은 대개 좌반구에 편재되어(lateralized) 있다는 것을 알고 있다. 어떤 기능을 수행하는 데 한 대뇌반구가 주된 역할을 한다면 그 기능은 편재되어 있다고 간주한다. 말하기는 아마도 모든 기능들 중 가장 고도로 편재된 것일 것이다. 신경과학자들은 오른손잡이의 약 5%만이, 그리고 왼손잡이의 약 15%가 우반구에 언어중추를 갖고 있는 데 반해 왼손잡이의 15%가 양쪽 반구에 언어중추를 갖고 있음을 발견했다(Rasmussen & Milner, 1977). 따라서 대부분의 사람들에게 말하기는 좌반구의 기능이며, 따라서 좌반구에 손상을 입으면 말하기 장애를 나타낸다. 흥미로운 것은 복잡한 손 위치와 움직임을 사용하여 의미를 전달하는 수화를 사용하는 사람들에게서도 좌반구의 손상이 똑같이 파괴적인 효과를 낸다는 사실이다(MacSweeney et al., 2008). 따라서 편재화된 것은 말하기 능력 그 자체라기보다는, 음성으로든 손으로든 의미를 전달하는 연속적인 몸짓을 만들어내는 능력이라고 할 수 있다.

좌반구가 우반구보다 무언가 우수하다고 결론을 내려서는 안 된다. 좌반구가 비록 말소리에서는 지배적인 역할을 수행하지만 우반구가 지배적인 역할을 수행하는 과제들도 있다. 예를 들어 대부분의 사람들은 공간적 관계나 얼굴표정에 관한 판단을 할 때 우반구 활동을 더 크게 보인다(Badzakova-Trajkov et al., 2010). 또한, 좌반구와 우반구의 활동이 결합되어야만 우리 경험이 완전해진다. 예를 들어, 언어 사용에 더 크게 기여하는 좌반구가 대부분 형태의 문제해결에 중심적인 역할을 한다는 사실을 알게 되어도 놀랍지 않을 것이다. 그렇지만 우반구의 기능은 불현듯 떠오르는 통찰이 요구되는 문제에서 더 잘 드러난다. 상대적으로 더 큰 우반구 활동을 보인 사람들은 그처럼 불쑥 떠오르는 통찰을 경험할 가능성이 더 크다

(Kounios et al., 2008).

지금까지 신경계의 주요 구조들을 살펴보았다. 이제는 신경계와 밀접하게 협동하여 신체기능들을 조절하는 내분비계를 살펴보자.

내분비계

인간의 유전자형은 신경계의 작용을 보완해 줄 고도로 복잡한 두 번째 조절체계인 **내분비계**(endocrine system)를 만들어 낸다. 내분비계는 **호르몬**(hormone)이라는 화학적 전달자를 제조하여 혈류로 분비하는 분비샘들의 조직망이다(그림 3.22 참조). 호르몬은 생애의 특정 시기에, 그리고 특정 상황에서 더 결정적인 역할을 하지만, 일상적으로 중요한 기능을 한다. 호르몬은 신체성장에 영향을 미친다. 즉, 일차 및 이차 성징을 시작시키고 유지시키고 중지시키며, 각성 및 자각의 수준에 영향을 미치고, 기분 변화의 기초가 되며, 신진대사를 조절한다. 내분비계는 감염 및 질병과 싸우는 데 도움을 줌으로써 유기체의 생존을 촉진한다. 또한 성적 각성을 조절하고 생식세포를 만들어내며 어미에게 젖을 생성시킴으로써 종의 생존을 촉진한다. 따라서 당신은 효과적인 내분비계 없이는 생존할 수가 없는 것이다.

내분비샘은 혈류 속의 화학물질 수준에 반응하거나 다른 호르몬들에 의해 또는 뇌로부터 오는 신경충동에 의해 자극을 받는다. 그러면 호르몬이 혈류로 분비되어 멀리 떨어진 특정 수용기를 가진 세포들에게로 운반된다. 호르몬은 그것에 반응하도록 유전적으로 미리 프로그램된 곳, 즉 그에 대한 수용기를 가진 세포들에서만 화학적 조절효과를 낼 수 있다. 호르몬은 다양하면서도 특정한 목표 기관 또는 조직에 영향을 미쳐서 방대한 범위의 생화학적 과정들을 조절한다. 이 다중-작용 전달체계에 의하여 혈당 수준과 칼슘 수준의 조절, 탄수화물의 대사, 그리고 전반적인 신체성장 같은 느리고 지속적인 과정들에 대한 통제가 이루어진다. 그런데 위기 도중에는 무슨 일이 일어날까? 내분비계는 또한 혈류에 아드레날린을 분비하는데, 아드레날린은 신체에 에너지를 공급하여 신체가 도전에 재빨리 대처할 수 있게 한다.

앞서 보았던 것처럼 **시상하부**는 내분비계와 중추신경계 사이의 중계역 역할을 한다. 시상하부의 전문화된 세포들이 다른 뇌 세포들로부터 명령을 받아 여러 가지 호르몬들을 뇌하수체에 분비하면 뇌하수체의 다른 호르몬들의 분비가 자극되거나 억제된다. 호르몬은 신체 여러 부위에서 생산되는데, 이 '공장들'은 여러 신체 과정들을 조절하는 다양한 호르몬들을

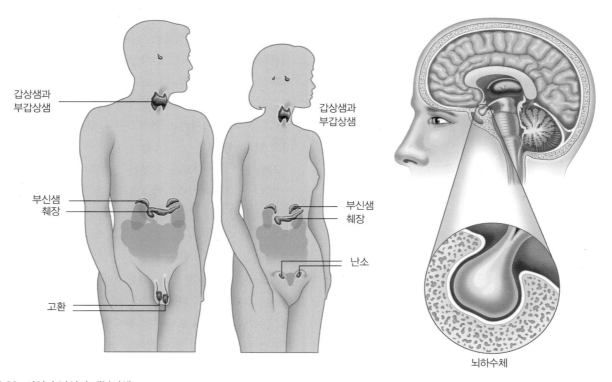

그림 3.22 여성과 남성의 내분비샘
제일 오른쪽에 나타나 있는 뇌하수체는 왼쪽에 나타나 있는 분비샘들을 조절하는 주 분비샘이다. 뇌하수체는 변연계의 중요한 구조인 시상하부의 통제하에 있다.

만든다. 이 과정들 중 가장 중요한 것을 살펴보자.

뇌하수체(pituitary gland)는 흔히 주 분비샘으로 불리는데, 왜냐하면 성장을 조절하는 호르몬뿐 아니라 다른 내분비샘들의 작용에 영향을 주는 대략 10개 종류의 호르몬들을 분비하기 때문이다. 성장호르몬이 결핍되면 난쟁이가 되고, 너무 많으면 거인이 된다. 남성에게서 뇌하수체 호르몬들은 고환을 활성화시켜 정자 생산을 자극하는 **테스토스테론**(testosterone)이 분비되게 만든다. 테스토스테론은 공격성이나 성적 욕망을 증가시킬 수도 있다. 뇌하수체는 또한 음성의 변화나 수염 같은 남성의 이차 성징의 발달에도 관여한다. 뇌하수체 호르몬이 여성에게서는 **에스트로겐**(estrogen)의 생산을 자극하는데, 이 호르몬은 난소에서 난자의 방출을 유발하는 호르몬 연쇄작용에 필수적이다. 어떤 피임약들은 뇌하수체가 이 호르몬을 분비하지 못하도록 차단함으로써 난자가 방출되지 못하게 한다.

가소성과 신경발생학 : 변화하는 뇌

이제 신경계의 작용을 잘 알게 되었을 것이다. 항상 수백만 개의 뉴런이 여러분 신체와 마음의 중요한 작업을 수행하기 위해 의사소통하고 있다. 그러나 뇌를 보다 흥미롭게 만드는 것은 모든 신경 소통의 결과 가운데 하나인데, 뇌 자체가 시간 경과에 따라 변화한다는 점이다. 여러분의 뇌를 변화시킬 기회를 원하는가? 앞으로 몇 쪽 되돌아가서 활동전위의 정의를 기억해 보라. 만약 그 정의를 학습하는 데 성공하였다면 여러분은 자신의 뇌의 수정을 야기한 셈이다. 연구자들은 뇌 수행상의 변화를 **가소성**(plasticity)이라고 부른다. 신경과학의 많은 연구들이 가소성의 물리적 근거에 초점을 두고 있다. 예를 들어, 연구자들은 학습이 새로운 시냅스의 형성 또는 기존 시냅스들 간 소통상의 변화로부터 어떻게 야기되는지 연구하고 있다(Miyashita et al., 2008).

뇌 가소성이 삶의 경험에 의존하므로, 뇌가 상이한 환경과 활동의 영향을 보여준다는 것을 알게 되어도 여러분은 놀라지 않을 것이다. 한 줄기의 연구가 Mark Rosenzweig에 의해 처음 이루어졌는데, 그는 쥐가 빈약하거나 풍요로운 환경에서 성장했을 때 그 결과가 어떠했는지를 밝혔다 (개관으로서 Rosenzweig, 1996, 1999 참조). 초기 연구들은 어린 동물들의 이점을 보여주었는데, 풍요로운 환경에서 양육된 쥐의 평균 피질이 빈약한 한배 새끼(littermate)의 평균 피질보다 더 무겁고 두꺼웠다. 그 후 연구자들은 환경적 풍요가 성인 쥐의 뇌에도 계속 영향을 미친다는 것을 보여주었다.

생후 1개월 된 롱에반스 암컷 쥐들을 표준적인 실험실 우리 또는 풍부한 환경(터널, 장난감들, 그리고 체인들로 가득찬)에 배치시켰다. 24개월(쥐의 경우 늙은 나이로 간주됨)이 되었을 때 쥐들은 공간기억과 주의 검사를 받았다. 풍부한 환경에서 양육된 쥐들은 표준 환경에서 양육된 쥐들보다 두 유형의 과제 모두에서 더 우수한 수행을 보였다. 연구자들은 풍부한 환경의 쥐의 뇌를 분석하였는데, 과제와 관련된 뇌 부위에서 풍부한 환경의 쥐들이 더 많은 뉴런들을 갖고 있음을 발견하였다. 이러한 뇌 결과는 풍부한 환경의 경험에 의해 뇌 뉴런의 보존 또는 상실 감소가 가능했음을 시사한다.

뇌영상기법을 사용하여 개인적 삶의 경험과 관련된 매우 특수한 뇌 차이를 측정할 수 있다. 바이올린 연주자들을 생각해 보자. 이들은 왼쪽 손가락들을 아주 섬세한 접촉으로 통제해야 한다. 그림 3.18로 되돌아가 보면 감각피질의 많은 부분이 손가락에 할당되어 있다. 뇌 스캔을 해 보면 바이올린 연주자들에서는 왼쪽 손가락의 표상이 다른 사람들보다 더 증대되어 있음을 알 수 있다(Elbert et al., 1995). 오른쪽 손가락에서는 그러한 증가가 발견되지 않는데, 이 손가락들은 바이올린 연주에서 감각적 역할이 크지 않다. 왼쪽 손가락의 표상이 증대한 정도는 12세 이전에 바이올린을 배우기 시작한 연주자들에게서 가장 컸다.

가소성에 관한 연구에서 한 가지 중요한 점은 인간이나 동물이 뇌졸중, 퇴행성 질병 또는 사고에 의해 뇌나 척수에 지속적 손상을 입은 상황에 관한 것이다. 많은 임상적 증거가 확증하는 바에 따르면 뇌는 때로 자신을 치유하는 능력을 갖고 있다. 예를 들어 뇌졸중으로 언어장애를 가진 환자가 시간이 경과함에 따라 회복하는 경우가 흔히 있다. 어떤 경우에는 손상된 뇌영역 자체가 회복되기도 하고 또 다른 경우에는 다른 뇌영역이 손상된 뇌영역의 기능을 떠맡기도 한다(Turkeltaub et al., 2011). 연구자들은 또한 치유과정에서 뇌를 도울 수 있는 기법을 개발하기 시작했다. 최근 **줄기세포**에 주의가 집중되어 왔는데, 이 세포는 적절한 조건하에서 자극받으면 새로운 뉴런으로 기능할 수 있다(Li et al., 2008). 연구자들은 줄기세포가 궁극적으로 신경계의 손상된 조직을 새로운 신경 성장으로 대체할 수 있는 수단을 제공해 줄 수 있기를 희망한다. 가장 융통성 있는 줄기세포는 배아와 중절된 태아에서 나오기 때문에 줄기세포 연구는 정치적 논쟁의 대상이 되어 왔다. 하지만 연구자들은 줄기세포 연구가 중풍과 신경계의 다른 심각한 기능장애의 치료를 가능하게 할 것으로 믿는다. 이런 이유 때문에 과학 공동체는 공인된 사회적 규범 내에서 연구를 계속할 수

생활 속의 비판적 사고

문화가 '뇌에 구현'되는가?

여러분은 이 책의 여러 곳에서 사람들의 행동에 미치는 문화의 영향을 접하게 될 것이다. 물론 이러한 문화 차이는 각 개인의 뇌 활동에서 표출된다. 실제로 연구자들은 발달과정을 거치면서 개인의 문화가 '뇌에 구현'된다고 제안하였다(Kitayama & Uskul, 2011). 그러한 생각을 탐색해 보자.

뇌 구현 과정은 특정 가치들이 전달되는 환경에서 일어난다. 이 가치들은 사람들이 다양한 환경에 반응하는 방식에 영향을 미친다. 가령 많은 비교문화 연구들이 밝힌 바에 따르면 서양문화(미국과 같은)의 사람들은 흔히 자신을 독립적인 행위자로 개념화하는 반면, 동양문화(한국, 일본, 중국, 그리고 인도)의 사람들은 흔히 자신을 더 큰 집단의 부분이라고 개념화한다(이러한 차이를 제13장에서 더 자세하게 다룸). 개념화에서 이러한 차이 때문에 많은 행동상의 차이가 일어난다.

예를 들어 여러분의 학교마크가 새겨진 흔한 커피머그잔을 갖고 있다고 하자. 마지못해 그것을 남에게 내준다면 얼마나 고통스러울까? 연구에 따르면 그 답은 여러분이 양육된 문화에 달려 있다(Maddux et al., 2010). 서양문화 사람의 경우 소유물은 어떤 의미에서 자신의 일부가 되므로, 따라서 그것을 포기하는 것은 자신의 일부를 떼어주는 것과 마찬가지이다. 동양문화의 사람들은 소유물과 그러한 관계를 갖지 않으며, 고로 그들은 어떤 소유물의 포기에 대해 생각할 때 고통을 덜 경험한다.

개인이 커피머그잔을 얼마나 가치 있는 것으로 보는가에 대한 측정치를 구하기 위해, 연구자들은 실험 참가자들에게 머그잔을 선물로 주고서 다른 사람이 그들에게서 그것을 사려면 얼마를 제시해야 하는지 물었다. 다른 참가자들에게는 머그잔을 보여주고서 그것을 사기 위해 얼마나 지불할 용의가 있는지 단순하게 물었다. 서양문화의 판매자는 구매자가 생각하는 값보다 3.24달러를 더 원했지만, 동양문화의 판매자는 1.6달러만을 더 원했다. 이러한 차이는 서양 참가자들이 자신의 소유물의 가치를 더 높게 매긴다는 것을 보여준다.

당신의 생활에서 소유물을 구하거나 포기하는 모든 경우를 생각해 보라. 각 경우마다 문화적 가치 때문에 여러분은 그 소유물들을 특정 방식으로 생각하게 된다. 그러한 경우들이 시간상에서 축적됨에 따라 여러분의 뇌는 여러분의 반응을 수행하기 위해 반복된 패턴의 신경활동에 관여하게 된다. 여러분이 뇌 가소성에 관해 읽어 보면 바이올린에 대한 집중적 경험이 연주자의 뇌를 변화시킨다는 사실에 별로 놀라지 않을 것이다(Elbert et al., 1995). 바이올린 연주자의 뇌는 고도로 훈련된 활동을 보다 효율적으로 수행하도록 성장한다. 바이올린 연주는 뇌에 구현된다. 마찬가지로 문화가 허용하는 행동 반응들을 반복함에 따라 뇌는 그러한 반응을 보다 효율적으로 생성하도록 성장한다. 문화가 뇌에 구현되는 것이다.

- 문화가 뇌에 구현된다는 것을 밝히는 데 있어 뇌영상기법들이 얼마나 도움이 될까?
- 어떤 사람이 다문화 가족에서 성장할 때 무슨 일이 일어날까?

있는 수단을 열심히 찾고 있는 중이다.

뇌 복구에 관한 연구는 최근 **신경발생**(neurogenesis, 자연히 발생한 줄기세포로부터 새로운 뇌 세포가 생산되는 것)이 인간을 포함한 성인 포유류의 뇌에서 일어난다는 중요한 새 자료에 힘입어 가속화되고 있다(Leuner & Gould, 2010). 거의 100년 동안 신경과학자들은 포유류의 성인 뇌가 충분히 공급된 뉴런을 갖고 있으며 성인기에 일어날 수 있는 것이라곤 뉴런들이 죽어 나갈 수 있을 뿐이라고 믿었다. 그러나 새로운 자료는 이러한 견해를 반박하였다. 예컨대, 어떤 유형의 기억 형성에 해마가 중요한 구조라는 점을 기억해 보라. 이제 연구자들은 성인 해마에서 신경발생을 밝혔으며, 시간이 경과해도 기억에 접근할 수 있도록 하는 데 있어 새롭게 출생한 뉴런들이 수행하는 역할을 이해하고자 한다(Kempermann, 2008).

이 장에서 우리는 뇌라고 하는 3파운드밖에 되지 않는 우주를 잠깐 들여다보았다. 뇌가 행동과 정신과정을 통제한다는 사실을 아는 것과 뇌가 이런 모든 기능들을 어떻게 수행하는지를 이해하는 것은 별개의 문제이다. 신경과학자들은 뇌, 행동 그리고 환경 간의 상호작용을 이해한다는 매력적인 탐구에 종사하고 있다. 여러분은 이제 새로운 지식이 밝혀지면 그것을 평가할 수 있게끔 해 주는 배경을 가진 셈이다.

 복습하기

1. fMRI는 다른 뇌영상기법에 비해 어떤 이점을 갖는가?
2. 자율신경계를 크게 두 가지로 구분하면?
3. 편도체의 주요 기능은 무엇인가?
4. 대부분의 사람들에게서 우반구 활동이 더 큰 행위는?
5. 뇌하수체를 흔히 주 분비샘이라고 부르는 이유는?
6. 신경발생이란 무엇인가?

요점정리

유전과 행동

- 자연 선택 때문에 시간 흐름에 따라 종들이 발생하고 변화한다.
- 인간 진화에서 직립보행과 대뇌화 덕분에 언어와 문화를 포함한 후속 진보가 가능하였다.
- 유전의 기본 단위는 유전자이다. 유전자는 환경 요인이 표현형 특질의 발현에 어떤 범위만큼 영향을 미칠 수 있는가를 결정한다.

신경계의 활동

- 신경계의 기본 단위인 뉴런은 정보를 받아들이고 처리하며 다른 세포나 분비샘, 그리고 근육으로 정보를 전달한다.
- 뉴런은 수상돌기로부터 세포체를 경유하여 축색의 종말단추로 정보를 전달한다.
- 감각뉴런은 전문화된 수용기세포로부터 메시지를 받아들이고 CNS로 메시지를 보낸다. 운동뉴런은 CNS로부터 근육과 분비선으로 메시지를 보낸다. 중간뉴런은 감각뉴런으로부터 다른 중간뉴런이나 운동뉴런으로 정보를 전달한다.
- 뉴런으로 들어온 입력의 합이 특정 역치를 초과하면 활동전위가 축색을 따라 종말단추로 보내진다.
- 이온채널이 열려서 세포막을 통한 이온의 교환이 일어나면 실무율적 활동전위가 생성된다.
- 신경전달물질은 뉴런들 사이의 시냅스 틈으로 방출된다. 이들이 틈에서 확산되면 시냅스후막의 수용기 분자에 일시적으로 머무른다.
- 이러한 신경전달물질이 막을 흥분시킬지 아니면 억제시킬지는 수용기 분자의 속성에 달려 있다.

생물학과 행동

- 신경과학자들은 뇌와 행동 간 관계를 연구하기 위해 여러 방법을 사용한다. 뇌 손상 환자 연구, 특정 뇌영역의 손상, 뇌의 전기적 자극, 뇌 활동의 기록, 컴퓨터화된 기구를 통해 뇌영상 구하기.
- 뇌와 척수는 중추신경계(CNS)를 구성한다.
- 말초신경계(PNS)는 CNS를 신체와 연결시키는 모든 뉴런으로 구성된다. PNS는 체성신경계로 구성되며, 신체의 골격근 그리고 생명유지과정을 조절하는 자율신경계(ANS)를 조절한다.
- 뇌는 뇌간, 변연계, 그리고 대뇌의 세 가지 통합된 층으로 구성된다.
- 뇌간은 호흡, 소화, 그리고 심장박동을 담당한다.
- 변연계는 장기기억, 공격성, 먹기, 마시기, 그리고 성행동을담당한다.
- 대뇌는 고등 정신기능을 통제한다.
- 어떤 기능들은 뇌의 한 반구에 편재화되어 있다. 예를 들어, 대부분의 사람들에게서 언어는 좌반구에 편재화되어 있다.
- 비록 두 뇌반구가 제휴하여 원활하게 작동하지만 두 반구는 다른 처리 스타일을 갖고 있다. 좌반구는 더 분석적인 데 반해 우반구는 더 통합적이다.
- 내분비계는 호르몬을 생성하고 이를 혈류로 분비한다.
- 호르몬은 성장, 1차와 2차 성징, 신진대사, 소화, 그리고 각성을 조절한다.
- 출생 후에 새로운 세포성장과 생활경험은 뇌를 재형성한다.

연습문제

1. Grant 부부는 여러 종의 다윈의 되새를 연구하여, 커다란기후 변화가 어떤 되새 개체군이 생존할 것인가에 영향을미쳤다는 사실을 발견하였다. 이는 다음 중 어떤 사례인가?
   a. 유전 가능성
   b. 실무율 법칙
   c. 자연 선택
   d. 자연 대 양육

2. 샤론은 어린 아동의 행동을 관찰하는 프로젝트에 참여하고있다. 그녀가 이 아동들에 대해 가장 직접 관찰할 수 있는 것은?
   a. 유전자형
   b. 표현형
   c. 염색체
   d. DNA

3. 여러분이 '유머감각'의 유전적 성분이 존재하는지 평가하는연구를 수행했다고 가정하자. 유전이 어떤 역할을 한다는 결론을 내리기 위해 여러분은 다음 중 무엇을 발견하고자 하는가?
   a. 이란성 쌍둥이가 일란성 쌍둥이보다 유머감각이 더 유사하다.
   b. 이란성 쌍둥이가 일란성 쌍둥이보다 유머감각이 더 많다.
   c. 일란성 쌍둥이가 이란성 쌍둥이보다 유머감각이 더 많다.
   d. 일란성 쌍둥이가 이란성 쌍둥이보다 유머감각이 더 유사하다.

4. _____ 은 다른 뉴런으로부터 자극을 받아들이는 일을 한다.
   a. 축색
   b. 종말단추
   c. 시냅스
   d. 수상돌기

5. 존은 은행에서 돈을 인출한 후 그의 카드가 다시 작동할 때까지 2분을 기다려야 했다. 이는 신경전달에서 _____와(과)가장 유사하다.
   a. 실무율 법칙
   b. 활동전위
   c. 불응기
   d. 이온채널

6. 윌마는 신경전달을 보여 주는 그림을 그리는 중이다. 그녀는한 뉴런의 종말단추와 다른 뉴런의 수상돌기 사이에 조그만틈을 남겼는데, 이 틈을 무엇이라고 명명해야 하는가?
   a. 이온채널
   b. 교세포
   c. 랑비에결절
   d. 시냅스

7. 빈은 등의 통증을 치료하기 위해 침술 시술을 받기로 결심했다. 연구자들은 침술이 뇌 내부에서 _____의 방출을 유도한다고 믿고 있다.
   a. GABA
   b. 아세틸콜린
   c. 엔도르핀
   d. 도파민

8. 문화가 뇌에 구현된다고 연구자들이 제안한 이유는?
   a. 문화가 상이한 사람들이 동일한 문제에 직면하지 않는다.
   b. 사람들의 문화적 가치 때문에 사람들이 동일한 패턴의 신경반응을 반복하게 된다.
   c. 문화가 상이한 사람들이 동일한 신경반응을 생성할 수없다.
   d. 사람들의 행동 반응이 문화적 가치로부터만 예언 가능하다.

9. 가역적인 '손상'을 일으킬 수 있는 기법은?
   a. fMRI
   b. rTMS
   c. PET 스캔
   d. EEG

10. _____는 입력 신경 메시지를 처리하여 신체의 여러 부분에명령을 보내는 신경계이다.
    a. 중추신경계
    b. 자율신경계
    c. 체성신경계
    d. 말초신경계

11. H. M.이 새로운 정보 획득에 어려움을 겪게 된 것은 그의 뇌의 _____ 영역이 손상된 후부터이다.
    a. 망상체
    b. 시상
    c. 해마
    d. 브로카 영역

12. 뇌와 내분비계의 중계역 역할을 하는 뇌 구조는?
    a. 해마
    b. 시상하부
    c. 뇌교
    d. 편도체

13. 뇌영상기법이 밝힌 바에 따르면 왼손가락의 뇌 표상은 일반인보다 바이올린 연주자에게서 더 발달되어 있다. 이러한 결과는 다음 중 어떤 사례인가?
    a. 신경발생
    b. 유전 가능성
    c. 편재화
    d. 뇌 가소성

14. 사람들이 무슨 음악을 들을 때 뇌의 어떤 반구의 활동이 상대적으로 더 큰가?
    a. 행복한 음악, 좌반구
    b. 행복한 음악, 우반구
    c. 슬픈 음악, 좌반구
    d. 경쾌한 템포 음악, 우반구

서술형 문제

1. 인간 행동유전학 연구와 진화심리학 연구의 중요한 차이는?

2. 뉴런의 행동이 뉴런이 받아들이는 흥분성 입력과 억제성 입력의 균형에 의존하는 이유는?

3. 풍요로운 환경에 관한 연구가 뇌 가소성에 관해 시사하는 바는?

4

감각과 지각

© Woodooart | Dreamstime.com

두개골 속에 말없이 잠겨 있는 우리의 뇌는 도대체 어떻게 고흐 그림의 강렬한 색상, 로큰롤의 충동적인 리듬, 수박의 시원한 맛, 키스의 부드러움, 야생화의 감미로운 향기 등을 경험할 수 있는 것일까? 이 장의 과제는 주변 환경의 변화를 우리의 뇌가 어떻게 알아차리는지를 설명하는 일이다. 따라서 여러분은 이런 다양한 경험을 할 수 있는 우리의 능력이 어떻게 진화되었는지를 알게 될 것이다.

세상에 대한 우리의 경험은 지각과정에 달려 있다. **지각과정**(perception)이란 환경 속의 대상이나 사건을 파악하는 과정, 즉 주변의 사물을 감지하고, 이해하고, 인식하고, 이름을 붙이고, 적절한 반응을 준비하는 등의 전 과정을 일컫는다. 그리고 지각경험(percept)은 지각과정의 산물을 일컫는다. 지각의 과정은 생존(survival)과 관능(sensuality)이라는 두 가지 기능을 수행한다. 위험한 상황에서 위험신호를 보내어 재빨리 위험에서 벗어날 수 있게 도와주는 것도 지각과정이고, 유쾌한 장면에서 그쪽으로 우리를 유인하여 즐거움을 맛보게 해 주는 것도 지각과정이다. 이처럼 지각과정은 우리의 생존 확률을 높여주는 기능을 한다. 또한 감각적 쾌감에 빠져드는 관능 덕분에 우리는 시각, 청각, 촉각, 미각, 후각 등 다양한 감각경험을 즐기게 된다.

지각의 과정을 세 단계―감각과정, 지각조직, 정체파악(또는 재인/인식)―로 분석해 보면, 지각과정에 대한 이해가 용이해진다. **감각과정**(sensation)은 감각수용기(sensory receptors)를 자극하는 환경변화가 신경반응으로 바뀌는 과정이다. 감감과정을 통해 생성된 신경반응은 신체 내외부에서 벌어지는 일(변화)을 표상한다. 다시 말해 눈앞에서 벌어지는 사건/일이 감각과정을 통해 신경반응으로 바뀌면, 이 신경반응은 시신경을 통해 뇌에 있는 신경세포로 전달된다.

지각조직(perceptual organization)은 외부 대상에 대한 표상을 형성하는 단계이다. 외부 대상의 표상은 감각 기관을 통해 확보된 증거와 세상사에 관한 지식과의 통합을 통해 이루어진다. 시각의 경우, 대상의 크기, 모양, 움직임, 거리, 그리고 방위에 관한 추정치 등이 이 단계에서 생성된다. 이러한 정신활동은 대개 우리가 의식하지 못하는 사이에 순식간에 그리고 효율적으로 벌어진다.

지각과정의 세 번째 단계인 **정체파악**(identification) 및 **인식/재인**(recognition)은 지각경험에 의미를 부여하는 단계이다. 시각의 경우, "눈앞의 대상이 무엇인가?"라는 정체에 관한 질문 그리고 "그 대상의 기능이 무엇인가?"라는 재인에 관한 질문의 답을 만들어내는 작업이 이 단계에서 벌어진다. 그 결과

둥근 물체는 공, 동전, 시계, 오렌지, 또는 달이 되고 사람은 남성, 여성, 아군과 적군, 친척이나 영화배우로 바뀐다.

일상생활에서의 지각과정은 아무런 노력 없이 아주 쉽게 진행되는 것처럼 보인다. 즉, 우리는 세상사에 대한 이해가 이들 여러 단계를 거쳐 이루어진다는 사실을 거의 의식하지 못한다. 그러나 이 장을 통해 여러분은 우리가 감각 기관을 통해 세상사를 알아차리게 되는 동안 매우 세련된 처리 작업과 많은 정신적 노작이 수행되고 있다는 사실을 알게 될 것이다.

세상사에 관한 감각지식

외부 실재에 대한 우리의 경험은 정확해야 하며 오류가 없어야 한다. 그렇지 않으면 생존이 위험해진다. 우리가 살아남기 위해서는 음식물도 필요하며 거주지도 필요하다. 다른 사람들과의 교제를 통해 사회적 욕구도 충족시켜야 하고 부상을 예방하기 위해 위험도 의식할 수 있어야 한다. 이들 욕구는 세상사에 관한 정확한 정보를 기초로 충족된다. 이 절에서는 이러한 욕구를 충족시키려는 감각과정의 작동 방식을 살펴보기로 한다.

인접 자극과 원격 자극

그림 4.1A에 있는 사람처럼 의자에 앉아 방 안을 둘러보는 관찰자를 상상해 보자. 실내 물체들에서 반사된 빛 중 일부가 관찰자의 눈으로 들어오고, 망막에는 그들 물체의 상이 형성된다. 망막 위에 맺힌 이들 상과 이들 상을 투사한 환경 사이에 존재하는 차이점부터 따져보기로 하자.

한 가지 중요한 차이점은 환경은 3D(차원)인데, 망막 위에 맺힌 망막상(retinal image)은 2D(차원)라는 점이다. 이 때문에 여러 가지가 달라진다. 예를 들어, 그림 4.1A에 있는 물체의 모양과 그에 상응하는 망막상(그림 4.1C)의 모양을 비교해 보라. 방 안에 있는 탁자, 카펫, 창문, 그림은 모두 직사각형이다. 그러나 이들 물체에서 투사된 상 중 창문의 망막상만 직사각형이다. 그림의 망막상은 사다리꼴이고, 탁자 윗면의 망막상은 이상한 네모꼴이며, 카펫의 망막상은 실제로 세 조각으로 나뉘어 있고 모두 20개가 넘는 변으로 구성되어 있다. 그런데도 이들 물체의 모양은 모두 사각형으로 지각된다. 어떻게 이런 일이 벌어지는 것일까?

그러나 실제 상황은 더욱 복잡하다. 이 방에서 관찰자가 지각하는 것 중 많은 부분이 망막상에는 존재하지도 않는다. 예컨대, 관찰자는 벽을 갈라놓는 수직 모서리가 천장에서 방바

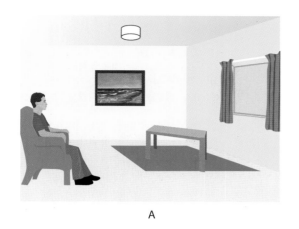

A

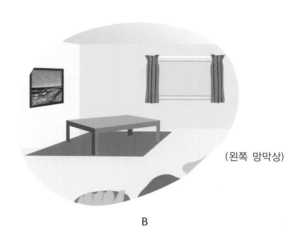

(왼쪽 망막상)

B

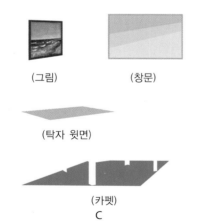

(그림)　　　(창문)

(탁자 윗면)

(카펫)

C

그림 4.1 망막에 맺힌 상에 대한 해설
의자에 앉아 방을 둘러보는 관찰자를 상상하라(A). 방 안에 있는 물체에서 반사된 빛 중 일부가 관찰자의 눈으로 들어와 망막에 상이 형성된다. B는 관찰자의 왼쪽 눈에 보이는 것을 나타낸다. C에서처럼, 정보를 맥락과 분리시켜 보면, 시각체계가 직면하는 과제를 음미하기가 쉬워진다. 우리의 시지각은 망막 위에 맺힌 물체의 상(인접 자극)을 이용하여, 그 상을 생성하는 바깥 세상에 있는 물체(원격 자극)의 정체를 파악해야 한다.

닥까지 이어져 있는 것으로 지각할 것이다. 그러나 망막에 맺힌 그 모서리의 상은 탁자 위에서 끝나 버린다. 마찬가지로, 망

막상을 보면 카펫의 일부가 탁자 뒤에 숨어 보이지 않는다. 그런데도 관찰자는 그 카펫을 하나의 직사각형으로 지각한다. 사실, 환경 속의 물체와 그 물체에 의해 투사된 망막상 사이에서 발견되는 많은 차이를 감안하면, 우리가 환경 속의 장면을 있는 그대로 지각한다는 사실은 놀라운 일이 아닐 수 없다.

세상에 있는 물리적 대상과 그 대상에 의해 투사된 망막상 사이에 존재하는 이러한 차이는 매우 중요하기 때문에, 심리학자들은 이 둘을 구분하여 서로 다른 명칭을 붙여두었다. 세상 속에 있는 물리적 대상을 **원격 자극**(distal stimulus)이라 하고 망막 위에 맺힌 상을 **인접 자극**(proximal stimulus)이라 한다.

지금까지 소개한 내용의 요점을 간략하게 진술해 보자. 우리가 지각해야 하는 것은 원격 자극 ─ 환경 속의 '실제' 물체 ─ 인데, 그 지각에 필요한 정보는 인접 자극, 즉 망막 위에 맺힌 상(즉, 망막상)에 담겨 있다. 따라서 지각과정의 주요 과제는 인접 자극에 담긴 정보를 기초로 원격 자극의 정체를 결정하는 일이 된다. 이 진술은 다른 지각과정에도 적용된다. 즉, 청각, 후각, 촉각, 미각 등 모든 지각과정은 인접 자극 속 정보를 이용하여 원격 자극의 속성을 찾아내는 과정으로 정의되기도 한다.

지각과정의 세 단계에 인접 자극과 원격 자극이 어떻게 적용되는지를 분석해 보자. 그림 4.1에 있는 여러 대상 중에서 벽에 걸린 그림을 검토해 보자. 감각단계는 이 그림에서 반사된 빛이 망막 위에다 2D 사다리꼴 상을 형성하는 일로 구성된다. 윗변과 아랫변은 오른쪽으로 수렴하며, 우측 변과 좌측 변은 길이가 서로 다르다. 이것이 바로 인접 자극이다. 지각조직 단계에서는 이 사다리꼴을 3D 공간에서 관찰자의 시선에서 약간 돌아앉은 직사각형으로 지각한다. 윗변과 밑변은 평행이면서도 우측으로 비스듬히 멀어지고 있고, 왼쪽 변과 오른쪽 변의 길이가 같다고 지각한다. 관찰자의 지각과정이 원격 자극의 속성에 관한 가설(hypothesis)을 설정한 셈이다. 이제 정체파악이 벌어질 차례이다. 정체파악 또는 인식 단계에 이르러서는 이 사각형의 물체가 그림이라는 것을 알아차린다. 그림 4.2는 이러한 일이 벌어지는 과정을 흐름도(flow-chart)로 그려놓은 것이다. 사각형들 사이의 화살표는 한 단계에서 추출된 정보가 다음 단계로 전달되는 과정을 나타낸다. 이 장이 끝날 무렵에는 이 그림에 나타난 상호작용이 모두 설명될 것이다.

지각의 과정은 인접 자극에서 원격 자극을 찾아내는 작업으로 구성된다. 그러나 감각과정에 대한 초창기 연구자들도 이러한 지각과정에 심리적 요소가 관여하고 있음을 알아차렸다. 다음 절에서는 바깥세상에서 벌어지는 일/사건과 이들 사건/

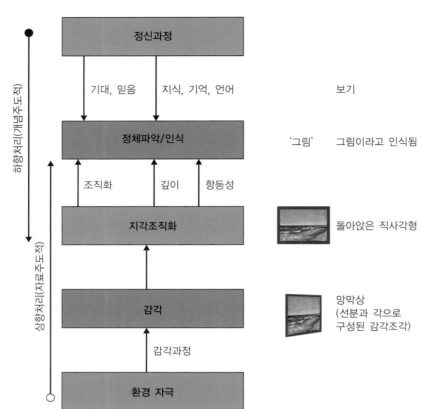

그림 4.2 감각, 지각조직, 그리고 정체파악/인식단계
이 그림은 감각, 지각조직, 그리고 정체파악/인식단계에서 벌어지는 정보 변형과정을 요약한 것이다. 감각입력 정보에서 지각 표상이 추출되는 것을 상향처리라 하고, 이 지각 표상이 개인의 사전 지식, 동기, 기대 및 다른 고차적인 정신 기능의 영향을 받는 것을 하향처리라 한다.

일에 대한 지각경험과는 어떤 관계인지를 검토한 초창기 연구자들의 연구를 살펴보기로 하자.

정신물리학

시끄러운 공장의 화재 경고음은 그 소리가 얼마나 커야 근로자들이 쉽게 들을 수 있을까? 비행기 조종석의 제어판에 위치한 경고등을 다른 등보다 두 배 더 밝아보이게 하려면, 이 경고등을 얼마나 밝게 해야 할까? 커피가 너무 달지 않으려면 설탕을 얼마나 넣어야 할까? 이러한 질문에 답을 찾기 위해서는 먼저 감각경험의 강도를 측정할 수 있어야 한다. 바로 이 강도를 측정하는 일이 정신물리학의 핵심 과제이다. **정신물리학**(psychophysics)이란 물리적 자극과 그 자극이 유발하는 행동 또는 정신적 경험 사이의 관계를 구명하려는 학문분야이다. 심리학에서 가장 오래된 분야기도 하다.

정신물리학 역사상 가장 중요한 인물은 독일 물리학자 Gustav Fechner(1801~1887)일 것이다. 정신물리학이란 용어를 만들어낸 Fechner는 물리적 단위로 측정된 자극의 강도와 심리적 단위로 측정된 경험의 크기를 관련짓는 방법을 고안해냈다(Fechner, 1860/1966). 자극이 빛이든 소리든 맛이든 냄새든 접촉이든 Fechner의 기법은 동일하였다. 자극의 강도를 바꾸어 가며, 그에 따라 감각경험의 강도가 달라지는 모습을 구명하는 방법이었다.

절대 식역과 감각적응　유기체가 탐지할 수 있는 자극의 최소 에너지는 얼마나 될까? 예를 들어, 우리는 얼마나 작은 소리까지 들을 수 있을까? 이 질문은 **절대 식역**(absolute threshold)―감각경험을 야기하는 데 필요한 최소 자극 에너지―에 관한 질문이다. 절대 식역을 측정할 때는 관찰자의 경각심을 높여 놓은 후에 탐지과제를 수행하게 한다. 예컨대, 암실에서 아주 약한 빛을 제시하고 그것이 보이는지를 판단하라고 하거나 또는 방음실에서 매우 약한 소리를 제시하고 그것이 들리는지를 결정하라고 한다. 각 시행마다 상이한 강도의 자극을 제시하고, 관찰자에게는 각 시행에서 자극이 제시되었었는지 또는 제시되지 않았었는지를 묻는다. (청력검사를 해본 적이 있다면 여러분도 절대 식역을 측정하는 검사에 참여했다고 할 수 있다.)

절대 식역을 측정한 결과는 **심리측정 함수**(psychometric function)―자극이 탐지될 확률(y축에 그려짐)을 자극 강도(x축에 그려짐)의 함수로 나타낸 그래프―로 요약된다. 그림 4.3은 전형적인 심리측정 함수를 보여준다. 아주 약한 빛이 탐지

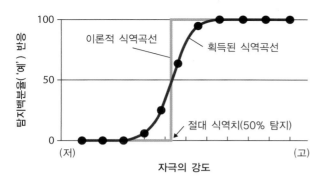

그림 4.3 절대 식역치의 계산
자극의 강도가 특정 값을 가질 때 갑자기 탐지되는 것이 아니기 때문에, 여러 시행을 거친 후 그들 시행 중 절반이 탐지되는 지점의 강도가 절대 식역치가 된다.

각 기관은 환경의 변화에 더욱 민감하다는 사실을 상기할 필요가 있다. 감각 기관은 적응이라는 과정을 통해 옛것보다는 새로운 자극을 선호하도록 진화됐다. **감각 적응**(sensory adaptation)이란 오래 지속되는 자극에 대한 감각 기관의 반응 감소 현상을 일컫는다. 한 예로, 화창한 날씨에 실내에서 밖으로 나오면 얼마 동안은 눈이 부시다. 그러나 시간이 지나면서 눈부심도 점점 사그라진다. 이러한 감각 적응이 얼마나 다행스러운 것인지는 냄새에 대한 적응에서 쉽게 알 수 있다. 역겨운 냄새가 진동하는 방에 들어갔더라도 시간이 지나면 우리는 그 냄새를 의식하지 못하게 된다. 우리의 환경은 수많은 종류의 감각 자극으로 가득하다. 적응이라는 기제 때문에 우리는 새로운 정보를 알아차리게 되고 또 보다 신속하게 반응할 수 있게 된다.

될 확률은 0%이고 매우 밝은 빛이 탐지될 확률은 100%이다. 만약 진정한 하나의 절대 식역이 존재한다면, 강도가 절대 식역에 해당하는 자극이 탐지될 확률은 100%이고 그보다 약한 자극이 탐지될 확률은 0%이여야 한다. 따라서 탐지될 확률이 0%에서 100%로 변하는 일이 갑자기 일어나야 한다. 그러나 이런 일은 일어나지 않는다. 그 이유는 두 가지가 있다. 시행이 바뀜에 따라 관찰자 자체가 변한다(주의나 피로 등으로). 그리고 자극이 제시되지 않았는데도 관찰자는 자극이 제시되었다고 반응하기도 한다(이러한 유형의 허보에 대해서는 아래에서 신호탐지 이론을 다룰 때 다시 소개됨). 따라서 대개의 심리측정 함수는 매끄러운 S자 모양의 곡선으로 나타난다. 즉, 전혀 탐지하지 못하는 영역에서부터 때로는 탐지하고 때로는 탐지하지 못하는 영역을 거쳐 항상 탐지하는 영역을 가지게 된다.

자극의 강도가 특정한 정도를 넘어선다고 해서 그 자극이 반드시 탐지되는 것이 아니다. 때문에, 심리학자들은 자극이 여러 시행 제시되었을 때 그중 절반의 시행에서 탐지되는 자극의 강도를 절대 식역치라고 정의한다. 다른 감각양식(modality)의 식역치도 자극만 다를 뿐 측정방법은 동일하다. 표 4.1은 여러 가지 천연 자극에 대한 절대 식역을 예시하고 있다.

탐지에 필요한 절대 식역을 찾아낼 수는 있지만, 우리의 감

반응 편중과 신호탐지 이론 지금까지의 논의에서는 모든 관찰자가 똑같다고 가정하였다. 그러나 개인차에 해당하는 반응 편중도 식역치 측정에 영향을 미친다. **반응 편중**(response bias)이란 감각 자극의 속성과는 무관한 다른 요인 때문에 특정한 방식의 반응을 선호하는 체계적인 경향성을 일컫는다. 예를 들어, 희미한 빛을 탐지해야 하는 실험에 참여했다고 하자. 실험의 첫 단계에서는 '예'라는 정반응(실제로 빛이 제시됐고, 여러분은 그 빛을 봤다고 판단)을 할 때마다 실험자가 여러분에게 5천 원을 준다. 실험의 두 번째 단계에서는 여러분이 '아니요'라는 정반응(실제로 빛이 제시되지 않았고, 여러분은 빛을 보지 못했다고 판단)을 할 때마다 실험자가 여러분에게 5천 원을 준다. 그러나 첫 단계에서든 두 번째 단계에서든 여러분의 판단이 옳지 않으면, 그때마다 여러분은 2천 원을 실험자에게 되돌려주어야 한다고 하자. 이러한 조건에서 여러분은 첫 단계에서 '예'라는 반응을 더 많이 할 것 같은가 아니면 두 번째 단계에서 더 많이 할 것 같은가?

신호탐지 이론(signal detection theory)은 반응 편중을 체계적으로 연구하는 방법이다(Green & Swets, 1966). 감각과정뿐

표 4.1 여러 자극에 대한 대략적 식역

감각 자극	탐지 식역
빛	청명한 어둠 속에서 48Km 거리에 있는 촛불
소리	조용한 곳의 6m 떨어진 위치에서 나는 시계의 초침소리
맛	약 8리터의 물에 용해시킨 티스푼 하나 분량의 설탕
냄새	약 35~40평 아파트에 골고루 퍼진 향수 한 방울
촉감	1cm 위에서 우리 얼굴에 떨어진 벌의 날개

아니라 각 시행에서 벌어지는 자극탐지 여부에 대한 판단에도 주의를 기울인다. 고전적 정신물리학에서는 하나의 절대 식역을 찾으려고 노력하는데 반해, 신호탐지 이론에서는 신호탐지 과정을 두 가지 — 감각과정과 결정과정 — 로 구분하여 검토한다. 여기서 **감각과정**은 자극에 대한 관찰자의 민감도를 반영하며, **결정과정**은 관찰자의 반응 편중을 반영한다.

신호탐지 이론은 감각과정과 결정과정을 동시에 평가하는 방법을 제안하고 있는 것이다. 이 평가에 필요한 실험의 기본 설계는 그림 4.4에 제시되어 있다. 전체 시행 중 절반에서는 아주 약한 자극을 제시하고 나머지 절반에서는 아무런 자극도 제시하지 않는다. 관찰자는 각 시행마다 자극이 제시되었다고 판단되면 '예'라는 반응을 하고 자극이 제시되지 않았다고 판단되면 '아니요'라는 반응만 하면 된다. 그림에서 볼 수 있는 것처럼, 피험자의 반응은 각각 다음 네 가지 중 하나로 분류된다.

- 자극이 제시되었던 시행에서의 '예' 반응은 **명중**(hit)
- 자극이 제시되었던 시행에서의 '아니요' 반응은 **놓침**(miss)
- 자극이 제시되지 않았던 시행에서의 '예' 반응은 **허보**(false alarm)
- 자극이 제시되지 않았던 시행에서의 '아니요' 반응은 **적중**(correct rejection)

그럼 관찰자의 판단과정이 이들 반응에 미치는 영향력을 어떻게 밝혀낼 수 있을까? 철수는 거의 모든 상황에서 '예'라고 말하는 사람이라고 하자. 그러면 자극이 제시되었을 때는 거의 항상 '예'라고 반응할 것이기 때문에 명중이 많을 것이다. 그러나 철수는 자극이 제시되지 않은 시행에서도 '예'라는 반응을 자주 할 것이기 때문에, 허보 또한 많을 수밖에 없다. 이에 반해 상희는 거의 모든 조건에서 '아니요'라고 반응하는 사

람이라고 하자. 그러면 상희의 명중 횟수는 낮을 수밖에 없지만 동시에 상희의 허보 횟수도 낮을 것이다.

각 피험자의 명중확률과 허보확률을 이런 식으로 계산한 후 수학적 방법을 이용하면, 각 피험자의 민감도와 반응 편중치를 따로따로 구할 수 있다. 그리고 이렇게 구한 값을 이용하면, 반응 편중과 관계없이 두 관찰자의 민감도를 비교할 수 있게 된다. 이처럼 감각과정을 반응 편중(결정과정)에서 구분해내는 신호탐지 이론 덕분에, 심리학자들은 감각 자극과 관찰자의 반응 경향이 최종 반응에 미치는 영향력을 따로따로 분리해낼 수 있게 되었다.

차이 식역 모 음료수 제조회사에서 기존의 콜라보다 약간만 더 단 콜라를 만들려고 한다. 그러나 비용을 절감하기 위해 설탕을 가능한 한 적게 첨가하려 한다. 어떻게 하겠는가? 이 문제가 바로 **차이 식역**(difference threshold)을 측정하는 문제이다. 차이 식역이란 두 자극이 서로 다르다는 것을 인식할 수 있게 하는 최소한의 물리적 차이를 말한다. 차이 식역을 측정하기 위해서는 관찰자에게 두 개의 자극을 제시하고 이 둘이 같은지 다른지를 판단하게 한다.

위에 소개한 콜라 문제의 경우, 각 시행마다 관찰자에게 두 개의 컵에 든 콜라를 마시게 한다. 하나는 표준 자극(기존의 콜라)이고 다른 하나는 비교 자극(기존이 콜라보다 약간 더 단 것)이다. 각 시행마다 관찰자는 '같다' 또는 '다르다'라고 반응한다. 여러 번의 시행을 거친 후, 그 결과를 기초로 심리측정 함수를 작성한다. 가로 축에는 설탕이 첨가된 정도를 표시하고 세로 축에는 가로 축에 표시된 각 자극(즉, 설탕 첨가 정도)에 대해 다르다고 반응한 백분율을 표시한다. 차이 식역에 대한 조작적 정의는 여러 시행 중 절반의 시행에서 두 개의 자극이 서로 다

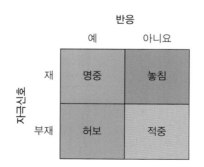

그림 4.4 신호탐지 이론
이 그림은 각 시행에서 표적 자극이 제시되었었는지를 판단하게 한 실험에서 확보된 참여자의 판단(반응)이 분류되는 방식을 보여준다.

	반응	
	예	아니요
자극신호 재	명중	놓침
부재	허보	적중

저녁식사 초대를 거절하는 일은 지루한 저녁을 피하는 결과(적중)를 초래할 수도 있고 사랑의 기회를 놓치는 결과(놓침)를 초래할 수도 있다.

르다고 인식되는 차이점이 된다. 이 차이 식역을 **탐지 유발 최소 차이**(Just Noticeable Difference, JND)라고도 한다. 이 JND는 두 개의 감각 자극에 대한 심리적 차이의 정도를 나타내는 단위로 이용된다.

JND에 관한 연구를 개척한 Ernst Weber(1795~1878)는 1834년 JND에 관한 중요한 사실을 발견하였다. 두 자극 간 JND를 표준 자극의 강도로 나누면 그 값이 일정하다는 사실을 발견한 것이다. 그 값을 Weber의 상수라 하며, 이 진술의 내용을 Weber의 법칙이라 한다. **Weber의 법칙**에 따르면, 표준 자극의 강도나 길이가 커지면 JND 역시 커져야 한다. 예를 들어 보자. 물건 들어올리기에 관한 정신물리학적 연구결과, 표준 자극의 무게가 15Kg인 경우에는 JND가 약 0.3Kg인 것으로 밝혀졌다. 비교 자극의 무게가 15.3Kg 이상이어야 두 자극의 무게가 다르게 느껴진다는 뜻이다. 그런데, 표준 자극의 무게가 30Kg일 때는 비교 자극의 무게가 30.6Kg 이상이어야 두 자극의 무게가 다른 것으로 판단되었다. 이 예에서 표준 자극이 15Kg일 때와 30Kg일 때의 JND가 각각 0.3Kg과 0.6Kg이었으며, 이 결과는 Weber의 법칙과 일치함(0.3/15＝0.6/30＝0.02)을 주목하라. 이 예의 경우, Weber의 상수는 0.02인데, Weber의 상수는 자극의 종류에 따라 달라진다. 예컨대, 사람들은 빛의 강약 차보다 소리의 고저 차에 더 민감하며, 냄새나 맛의 차이보다는 빛의 강약 차이를 더 잘 꼬집어내는 것으로 밝혀져 있다. 앞서 소개한 음료수 회사는 비교적 많은 양의 설탕을 첨가해야 좀 더 단 콜라를 만들 수 있을 것이다.

물리적 사건에서 정신적 사건으로

정신물리학에 관한 이상의 고찰을 통해 여러분은 감각과정에서 벌어지는 불가사의를 깨달았을 것이다. 도대체 물리적 에너지가 어떻게 심리적 경험을 유발하는 것일까? 예컨대 빛의 파장 차이에서 우리는 어떻게 무지개를 보게 되는 것일까? 구체적인 감각과정을 고려하기 전에 물리적 사건―빛, 소리, 화학물질 등의 변화―에서 정신적 사건―빛, 소리, 냄새, 맛 등의 경험―으로 진행하는 정보 흐름의 과정을 간략하게 살펴보기로 하자.

한 유형의 물리적 에너지(예 : 빛)가 다른 유형의 물리적 에너지(예 : 신경반응)로 바뀌는 과정을 **변환**(transduction)이라 한다. 감각 정보가 뇌에 들어가면 모두 동일한 신경반응으로 변환된다. 때문에, 뇌에서는 각 신경반응의 근원(시발점)을 구별해야 하는 문제가 생긴다. 우리의 뇌는 각 감각 기관으로부터 입력되는 정보를 뇌의 상이한 영역에서 처리함으로써 이

문제를 해결하였다. 심리학자들은 물리적 에너지가 신경계의 전기화학적 활동으로의 변환되는 과정에서 어떻게 질적으로도 다르고(녹색이 아닌 적색) 양적으로도 다른(연하지 않고 진한) 감각경험이 생성되는지를 밝히려고 노력하고 있다.

각 감각 시스템에서 전개되는 정보의 흐름은 기본적으로 동일하다. 모든 감각 시스템의 작동은 환경변화(즉, 자극)를 탐지하는 데서 시작된다. 환경변화는 특화된 **감각수용기**(sensory receptor)에 의해 탐지된다. 감각수용기는 물리적 신호를 신경계에서 처리될 수 있는 신경신호로 변환시킨다. 이들 신경신호에서 상위 수준의 신경세포로 정보가 전달되면, 상위 수준의 신경세포들은 여러 수용기에서 보내온 정보를 통합한다. 통합단계에서 크기, 강도, 모양, 거리 등 환경자극의 기본 속성이 추출된다. 이보다 더 상위 수준에서는 정보가 더욱 복잡한 부호로 조합되어, 대뇌피질의 특정 감각영역 및 연합영역으로 전달된다.

🛑 stop 복습하기

1. 인접 자극이란 무엇인가?
2. 정신물리학의 연구주제는 무엇인가?
3. 절대 식역을 조작적으로 정의해 보라.
4. 신호탐지 이론에서는 관찰자의 판단에 두 가지 과정이 관여한다고 가정한다. 그 두 가지 과정은 무엇인가?
5. 차이 식역이란 무엇을 말하는가?
6. 변환이란 무엇을 일컫는 용어인가?

시각 시스템

이제 각 감각 시스템을 하나씩 살펴보기로 하자. 시각체계(시스템)는, 인간은 물론 대부분 동물에 있어 가장 복잡하고 가장 잘 발달되고 가장 중요한 감각 기관이다. 훌륭한 시각체계를 가진 동물은 진화의 측면에서 막대한 장점을 가진다. 뛰어난 시력을 가진 동물은 먼 거리에 있는 먹이와 적을 탐지할 수 있다. 시각을 통해 인간은 물리적 환경의 변화를 의식하고 그에 맞추어 자신의 행동을 바꾸어 나간다. 모든 감각 기관 중에서 연구가 가장 많이 된 분야이기도 하다.

인간의 눈

눈은 뇌가 세상을 촬영할 때 이용하는 카메라인 셈이다(그림 4.5 참조). 카메라는 렌즈를 통해 빛을 초점에 모은다. 눈

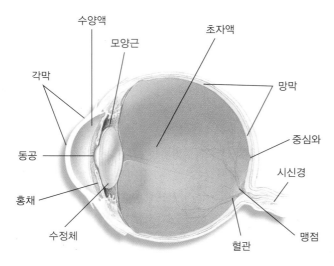

그림 4.5 인간의 눈의 구조

각막, 동공, 그리고 수정체는 빛을 망막에 집중시킨다. 망막의 신경신호는 시신경을 따라 뇌로 전달된다.

도 빛을 초점에 모은다. 빛은 눈 앞쪽에 살짝 튀어나온 **각막**(cornea)을 통해 눈 안으로 들어온다. 각막을 통과한 빛은 수양액(aqueous humor)으로 가득 찬 전실(anterior chamber)을 지나 **동공**(pupil)을 통과한다. 동공은 **홍채**(iris)라고 하는 불투명한 막의 중앙에 뚫려 있는 구멍을 일컫는다. 카메라의 초점에 빛을 모을 때는 렌즈를 물체 쪽으로 밀거나 뒤로 당기는데, 눈의 초점에 빛을 모을 때는 수정체(렌즈)의 두께가 바뀐다. 물체가

가까이 있으면 렌즈가 두꺼워지고 멀리 있으면 얇아진다. 들어오는 빛의 양을 조절할 때 카메라는 렌즈가 열리는 정도를 조절하는데, 눈은 동공의 크기를 조절한다. 카메라에서는 렌즈를 통해 들어온 빛의 변화를 맨 뒤쪽에 있는 필름에 기록하는데, 눈에서는 수정체를 통과한 빛이 안구를 채우고 있는 **초자액**(vitreous humor)을 통과한 후 안구의 뒷벽을 덮고 있는 **망막**(retina)을 자극한다.

이상에서 우리는 카메라의 속성과 눈의 속성이 비슷하다는 사실을 알았다. 그럼 이들 구성요소가 시각과정에서 어떤 작용을 하는지를 자세히 살펴보기로 하자.

동공과 수정체

동공(pupil)은 홍채의 중앙에 뚫려 있는 구멍인데, 빛은 이 구멍을 통해 안구로 들어간다. 홍채는 안구로 들어오는 빛의 양을 조절하기 위해 동공을 축소 또는 확장시킨다. 동공을 통과한 빛은 **수정체**(lens)에 의해 망막 위에 그 초점이 형성된다. 이 초점 형성과정에서 빛의 구조(망막에 맺히는 상, 망막상)는 상하좌우가 뒤바뀐다. 수정체가 특별한 이유는 물체의 원근에 관계없이 물체의 상(image)을 망막 위에 선명하게 맺히게 하는 능력 때문이다. 이 초점 형성 능력은 모양근을 이용해 수정체의 두께를 바꿈으로써 발휘되는데, 이 과정을 **조절**(accommodation)이라 한다.

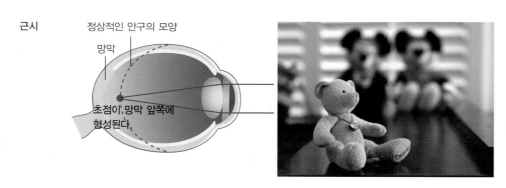

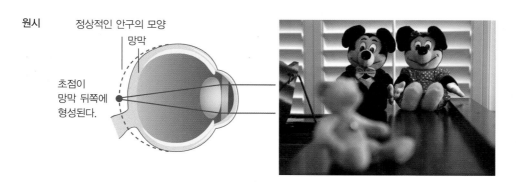

그림 4.6 근시와 원시

근시는 멀리 있는 물체로부터 반사된 빛의 초점이 망막 앞에 형성되기 때문에 생기는 현상이고, 원시는 가까이 있는 물체로부터 반사된 빛의 초점이 망막 뒤에 형성되기 때문에 생기는 현상이다. 이 사진은 근시와 원시를 가진 사람들의 눈에 보이는 세상의 모습을 암시하고 있다.

정상적인 조절력을 가진 사람의 초점 형성 범위는 코앞 약 7.5cm에서부터 가시거리까지로 엄청나게 넓은 편이다. 그러나 근시나 원시처럼, 조절력에 어려움이 있는 사람들도 많다. 예컨대, 근시는 초점 형성 범위가 앞쪽으로 당겨져 있어 먼 거리에 있는 대상에는 초점을 맞출 수가 없다. 이에 반해 원시는 초점 형성 범위가 정상인보다 더 멀리 밀려나 있어 가까이 있는 대상에는 초점을 맞출 수가 없다(그림 4.6 참조). 조절력은 나이에 따라서도 달라진다. 어린아이의 렌즈는 깨끗하고 투명하며 두툼한 원반 모양에 가깝다. 하지만 나이가 들어감에 따라 렌즈는 황갈색으로 변하며 투명도도 떨어지고 얇은 원반 모양으로 변하며 탄력도 약해진다. 이런 변화로 야기되는 효과 중 하나가 가까이 있는 물체에 초점을 맞출 수 있을 만큼 수정체가 두꺼워지지 않는 현상, 즉 노안이다. 나이가 45세를 넘어서면, 초점을 맞출 수 있는 가장 가까운 지점(물체)까지의 거리인, 근점(near point)이 자꾸만 멀어진다.

망막

우리는 눈으로 세상을 본다고 생각하지만, 실제로 세상을 보는 것은 뇌라고 해야 한다. 눈은 빛을 초점에 모아, 뇌로 가는 신경신호를 만들어낼 뿐이다. 눈의 결정적 기능은 빛에 담긴 세상에 관한 정보를 신경신호로 변환시키는 일이다. 이 일이 벌어지는 곳이 바로 안구의 뒷벽에 있는 **망막**(retina)이다. 망막은 여러 개의 층으로 구성되어 있고 각 층은 상이한 신경세포들로 조직되어 있다.

빛 에너지를 신경반응으로 변환시키는 작업은 망막을 구성하는 간상체 세포와 추상체 세포의 몫이다. 간상체 세포와 추상체 세포는 빛에 민감한 광수용기들이다. 이들 **광수용기** (photoreceptors)는 시각체계 내의 아주 특이한 위치 — 빛으로 이글거리는 외부세계와 신경반응으로 구성되는 내부세계 사이 — 에 자리 잡고 있다. 우리는 매우 어두운 곳에서도 그리고 매우 밝은 곳에서도 일을 하며 살아간다. 때문에 빛을 처리하는 두 가지 장치를 갖게 된 것 같다. 간상체 세포와 추상체 세포가 바로 그들이다(그림 4.7 참조). 우리 눈 속에 있는 1억2천만 개의 **간상체**(rods)는 어두운 곳에서 그리고 7백만 개의 **추상체**(cones)는 밝은 곳에서 작동을 하도록 특화되어 있다.

사실 우리는 밤에 잠을 자기 위해 불을 끌 때마다 간상체와 추상체의 서로 다른 기능을 경험하곤 한다. 불을 끈 직후 얼마 동안은 방 안에서 볼 수 있는 것이 거의 없다. 그러나 시간이 지남에 따라 선명하지는 않지만 볼 수 있는 것이 많아진다. 이 과정, 즉 조명이 밝은 상태에서 어두운 상태로 바뀐 후, 빛에 대한 우리 눈의 민감도가 차츰차츰 향상되는 과정을 **암적응**(dark adaptation)이라 한다. 암적응이 일어나는 이유는 어둠 속에서의 시간이 길어짐에 따라 간상체가 추상체보다 빛에 더 민감해지기 때문이다. 다시 말해, 어둠의 시간이 길어짐에 따라 간상체가 적은 양의 빛에도 반응을 할 수 있게 되기 때문이다.

망막의 중심 가까이에 **중심와**(fovea)라는 작은 영역이 있는데, 이곳에는 간상체는 없고 추상체만 빽빽이 밀집되어 있다. 우리가 대상을 선명하게 볼 수 있는 것은 이 중심와 때문이다. 중심와 덕분에 우리는 다양한 색깔 및 세밀한 것을 정확

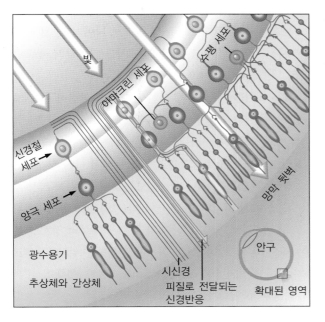

그림 4.7 망막의 통로
이 그림은 망막을 구성하는 신경세포 층에서 세 가지 세포가 연결되는 양상을 단순화시켜 그린 것이다. 빛은 망막을 구성하는 세포들을 모두 통과한 후 안구의 맨 뒤쪽에서, 들어오는 빛으로부터 돌아앉은 수용기에 도달한다. 양극 세포는 두 개 이상의 수용기로부터 신호를 받아들이고 그 결과를 신경절 세포에 전달한다. 신경절 세포의 반응은 시신경을 타고 뇌 속의 다음 중개소로 흘러간다.

빛

수평 세포

아마크린 세포

신경절 세포

양극 세포

광수용기
추상체와 간상체

시신경
피질로 전달되는 신경반응

망막 뒷벽

안구

확대된 영역

하게 탐지해낼 수 있다. 망막에 있는 다른 세포들은 간상체와 추상체로부터 들어오는 정보를 통합하는 일을 한다. **양극 세포**(bipolar cells)는 여러 수용기의 신경신호를 조합하고 그 결과를 **신경절 세포**(ganglion cells)로 보낸다. 신경절 세포는 하나 또는 둘 이상의 양극 세포에서 입수한 신경신호를 통합하여 단일 신경반응으로 바꾸어 놓는다. 중심와의 중앙에 위치한 추상체의 신경반응은 바로 그 다음에 위치한 신경절 세포로 전달되는데 반해, 망막 주변부에 위치한 추상체와 간상체는 여러 개가 수렴하여 하나의 양극 세포와 신경절 세포로 신경신호를 보낸다. 시신경이란 신경절 세포의 축색들인데, 시각정보는 시신경을 통해 뇌로 전달된다.

수평 세포(horizontal cells)와 **아마크린 세포**(amacrine cells)는 망막의 공간정보를 통합한다. 이들 두 가지 세포는 뇌로 신호를 보내지 않는다. 수평 세포는 수용기 세포를 다른 수용기 세포와 연결시키고 아마크린 세포는 양극 세포를 다른 양극 세포와 그리고 신경절 세포를 다른 신경절 세포와 연결시킨다.

망막에서 벌어지는 재미나는 일은 시신경이 안구를 빠져나가는 곳에서 발견된다. 광반 또는 **맹점**(blind spot)이라고 하는 이곳에는 수용기가 존재하지 않는다. 따라서 그곳을 통해서는 아무것도 볼 수가 없다. 그런데도 우리는 아주 특별한 상황이 아닌 한 그런 곳이 있다는 사실을 알아채지 못한다. 그 이유는 두 가지이다. 첫 번째는 두 눈에 있는 맹점의 위치에 있다. 오른쪽 눈의 맹점을 자극하는 빛이 왼쪽 눈을 자극할 때는 맹점 이외의 부분을 자극하게 된다. 따라서 맹점 때문에 오른쪽 눈에는 보이지 않는 빛이라도 왼쪽 눈에는 보인다는 뜻이다. 두 번째 이유는 우리의 뇌가 그 주변의 정보를 이용하여 맹점에서 수집되지 않는 정보를 채워 넣기(fills in) 때문이다.

자신의 맹점을 찾아보려면 그림 4.8을 들여다보면서 다음과 같이 해 보라. 먼저 이 책을 손에 들고, 팔 끝까지 내민 후, 오른쪽 눈을 감는다. 왼쪽 눈을 은행(건물)에 고정시킨 채 서서히 팔을 얼굴 쪽으로 당긴다. 'W' 기호의 상이 맹점에 맺히면 그 기호가 보이지 않게 될 것이다. 하지만 시야에 구멍이 뚫렸다는 경험은 일어나지 않을 것이다. 여러분의 시각체계가 그 기호의 주변에 있는 흰색으로 그 기호가 있던 부분을 채워 넣기 때문에 여러분은 실제로는 존재하지 않는 흰색의 바탕을 '보게' 되는 것이다.

맹점을 경험하는 또 다른 방법으로 위에서와 동일한 방법으로 하되 이번에는 그림 4.8에 있는 +기호에 왼쪽 눈의 시선을 고정시켜 보라. 책이 얼굴 가까이 다가오는 어느 한 순간에 선분 사이의 공간이 사라지고 하나의 완전한 선분을 경험하게

그림 4.8 맹점 찾기
이 책을 손에 들고 팔을 끝까지 뻗은 후, 오른쪽 눈을 감고 왼쪽 눈의 시선을 은행에 고정시킨 채, 서서히 책을 앞으로 당겨 보라. 'W' 기호의 상이 맹점에 맺히게 되면 그 기호가 사라질 것이다. 하지만 그곳이 뚫린 것으로 보이지는 않을 것이다. 다음은 '+' 기호에 왼쪽 눈을 고정시키고 위의 절차를 따라해 보라. 이번에는 왼쪽에 있는 두 개의 선분이 하나로 보일 것이다. 우리의 시각체계가 이 빈곳을 주변의 배경으로 채워 넣은 것이다.

될 것이다.

뇌에서의 정보처리

대부분의 시각정보는 뇌의 후두엽에 위치한 일차 시각피질(primary visual cortex)을 그 궁극적 목적지로 한다. 그러나 망막에서 뇌로 전달되는 거의 모든 정보는 뇌의 다른 영역을 거쳐 시각피질에 도착한다. 시각정보가 거쳐 가는 이 통로를 추적해 보자.

각 눈에서 뇌로 가는 **시신경**(optic nerve, 신경절 세포의 축색) 1백만 개는 시교차(optic chiasma)에서 만나 각각 두 개의 다발로 나뉜다. 두 다발 중 한 다발은 망막의 귀 쪽에서 나온 시신경으로 구성되고 다른 다발은 망막의 코 쪽에서 나온 시신경으로 구성된다. 각 눈에서 빠져나온 시신경 다발 두 개 중 귀 쪽에서 나온 다발은 그대로 후두엽 쪽으로 나아가고, 코 쪽에서 나온 시신경 다발(약 50만 개)은 시교차를 가로질러 서로 반대쪽으로 나아간다(그림 4.9 참조).

따라서 시교차를 지난 후의 시신경 다발도 여전히 두 개로 남는데, 이 두 개의 시신경 다발을 **시각 속**(optic tract)이라 한다. 시각 속을 구성하는 시신경 다발 중 절반은 같은 쪽 눈에서 나온 시신경이고 나머지 절반은 반대쪽 눈에서 나온 시신경임을 주목하라. 시각 속을 지난 시각정보는 외측 슬상 핵(시상 내의 구조물)을 거쳐 시각피질로 전달된다(그림 4.10 참조). 시각피질에 도달한 정보는 다시 두 개의 경로—대상의 정체를 분석하는 형태인식 경로와 대상의 위치를 분석하는 위치파악 경로—를 거치며 분석된다(Konen & Kastner, 2008). 형태인식('무엇')과 위치파악('어디에')이 분리되어 처리된다는 것은 우리

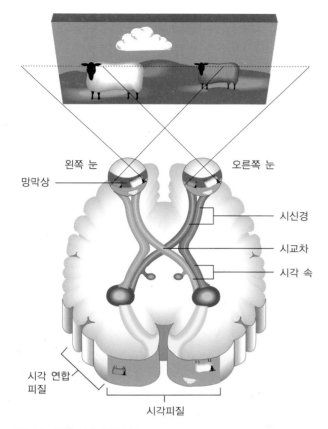

그림 4.9 인간 시각체계의 통로
시야의 빛이 망막 위에 투사되는 방식, 그리고 망막의 신경신호가 좌우 반구의 시각 중추로 들어가는 방식을 보여준다.

의 시각체계가 여러 개의 하위체계로 구성되어 있고, 각 하위체계는 망막상의 상이한 측면을 분석한다는 증거라고 할 것이다. 우리는 시야에 펼쳐진 하나의 장면을 지각한다. 그러나 이러한 지각경험은 시각 시스템이 여러 가지 하위체계의 다양한

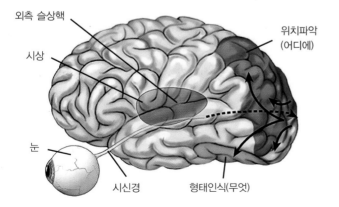

그림 4.10 피질로 이어지는 시각 통로
눈에서 수집된 시각정보는 피질로 전달되는 도중 외측 슬상핵 — 시상 내의 구조물 — 을 통과한다. 대상의 형태인식('무엇')과 위치파악('어디에')에 관한 정보가 피질의 상이한 영역에서 처리됨을 주목하라.

작업을 정교하게 조절하기 때문에 이루어지는 현상이다.

다음으로 넘어가기 전에 그림 4.10 속의 시상 채널을 다시 한 번 검토하기 바란다. 제3장에서 언급했듯이, 시상은 입력된 감각정보를 피질의 적소로 보내는 작업을 하는 것으로 알려져 있다. 사실 청각, 미각, 촉각 등 다른 감각 기관에서 수집한 정보도 시상에 있는 구조물을 통해 피질로 투사된다. 이제 시각에 관한 내용으로 되돌아가기로 하자.

연구자들은 여러 하위 시스템의 작동이 조화롭지 못한 데서 값진 정보를 확보하기도 한다. 예를 들어 뇌에 생기는 손상은 형태인식 경로 또는 위치파악 경로 각각을 또는 이 두 경로 간 소통만을 따로따로 훼손시킴으로써 다양한 실인증(agnosia)을 유발하곤 한다. 실인증을 겪는 사람들은 대개 사람이나 물체의 정체를 파악하지 못하거나 인식하지 못한다. K.E.라는 환자는 뇌졸중 때문에 동시실인증(simultanagnosia)이라는 특수한 장애를 겪는 경우에 해당한다(Coslett & Lie, 2008). 이 장애를 가진 사람들은 한 번에 두 가지 이상의 시각 속성을 경험하지 못한다. 예를 들어 보자. 색상의 이름(예 : 빨강)을 그 이름이 가리키는 색상과 다른 색(예 : 초록색)의 펜으로 적은 단어들을 K.E.에게 보여주었다. 그리고는 그 단어를 소리 내어 읽어 보라고 했을 때는 거의 모두(48회 중 47회)를 정확하게 읽을 수 있었다. 그러나 그 단어를 적은 잉크 색을 대어 보라고 했을 때는 하나도 맞히지 못하였다. 사실 그는 "색깔이 하나도 보이지 않는다."는 말을 하곤 했다. 하지만 K.E.는 색상지각 능력을 상실하지 않았었다. 색종이의 색이 무슨 색인지를 대는 데는 아무런 문제가 없었기 때문이다. K.E.가 할 수 없었던 것은 하나의 대상이 갖는 두 가지 속성(예 : 단어의 의미와 그 단어를 적은 펜의 색상)을 동시에 인식하는 일이었다.

바깥세상에서 수집된 감각정보는 결국 시각피질에서 처리된다. 감각생리학자 David Hubel과 Torsten Wiesel은 시각피질에 있는 세포들의 수용장에 관한 연구로 1981년 노벨상을 수상하였다. 어떤 세포의 **수용장**(receptive fields)이란 그 세포에다 자극을 가하는 시야의 영역을 일컫는다. 그림 4.11에서 보는 바와 같이, Hubel과 Wiesel은 특정 세포가 시각 시스템의 어느 수준에 속하느냐에 따라 가장 강렬하게 반응하는 자극의 형태가 다르다는 것을 발견하였다. 예컨대, 단순세포(simple cell)로 알려진 세포는 그 수용장에 자기가 '선호하는' 방위(orientation)의 막대 자극(빛)이 투사되었을 때 가장 강렬하게 반응했다(그림 4.11 참조). 복합세포(complex cell)는 '선호하는' 방위의 자극이 움직여야 가장 활발하게 반응했고, 과복합세포(hypercomplex cell)는 특정 길이의 막대(자극)가 움직일 때, 또

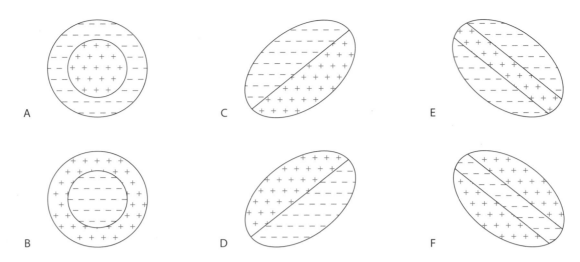

그림 4.11 신경절 세포와 피질 세포의 수용장
시각 통로를 구성하는 세포의 수용장이란 그 세포에다 자극을 가하는 시야의 일정한 영역을 일컫는다. 망막에 있는 신경절 세포의 수용장은 원형(A, B)이고 시각피질에 있는 단순세포의 수용장은 특정 방위를 취하는 타원형(C, D, E, F)이다. 이들 세포는 그 수용장에서 +로 표시된 부분에 빛이 제시되면 흥분하고(즉, 더욱 활발하게 반응하고), -로 표시된 부분에 빛이 제시되면 그 반응을 억제한다. 또한 각 세포는 그 수용장의 +로 표시된 부분에 밝은 빛이 제시됨과 동시에 -로 표시된 부분에 어둠이 제시되면 가장 활발하게 반응한다.

는 모서리가 움직일 때 가장 활발하게 반응했다. 이들 세포는 그보다 상위 수준에 속하는 시각 중추로 이러한 정보를 전달하고, 우리의 뇌는 이러한 정보를 기초로 시야에 널려 있는 물체의 정체를 알아차리게 된다.

제3장에서 소개한 영상기법의 발달로 이제 이보다 훨씬 복잡한 시각 자극을 제시하고, 피질의 어느 영역이 그 자극에 특히 강렬하게 반응하는지도 밝혀낼 수 있게 되었다. 그 결과 피질의 여러 영역 중에는 시각 자극이 '얼굴, 동물, 도구, 장소, 단어, 또는 신체의 특정 부분일 경우에만 강렬하게 반응하는' 영역까지 찾아낼 수 있었다(Mahon & Caramazza, 2011, p. 97). 몸통을 자극으로 제시하고 그에 대한 뇌의 반응을 검토한 연구를 하나 살펴보기로 하자.

 우리의 뇌에는 우리가 사람의 몸통을 바라볼 때 특히 열렬하게 반응하는 영역이 두 곳 있다. 한 곳은 extrastriate body area(EBA)이고, 또 한 곳은 fusiform body area(FBA)로 알려진 곳이다. 한 연구에서 사람들이 자신의 신체를 바라볼 때와 타인의 신체를 바라볼 때에 이 두 영역에서 나는 반응의 차이를 검토하였다(Vocks et al., 2010). 실험에는 18세부터 50세 사이의 여성 31명이 참여하였다. 실험 자극은 이들이 비키니 차림을 한 사진이었다. 자극 사진에는 얼굴은 없고 몸통과 다리만 보였다. 그림 4.12에서 볼 수 있는 것처럼, 이 여인들이 자신의 신체를 바라볼 때 우반구 속 FBA와 EBA가 더 열심히 활동하는 것으로 드러났다. 연구자들은 이 결과를 두고 이들 영역의 반응이 더 강렬한 것은 자신의 신체 사진에 대한 정서적 반응이 달랐기 때문이라고 주장했다.

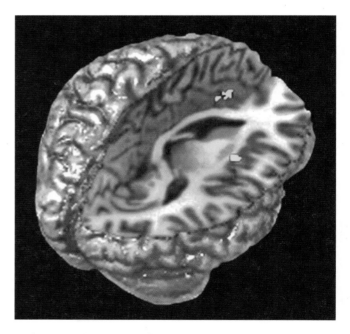

그림 4.12 신체를 담은 사진에 반응하는 뇌의 영역
자신의 신체를 바라볼 때 우반구 속 extrastriate body area(EBA)와 fusiform body area(FBA)가 더욱 활발하게 활동하고 있다.
출처 : Vocks, S., Busch, M., Gronemeyer, D., Schulte, D., Herpertz, S., & Suchan, B. (2010).Different neuronal responses to self and others in the extrastriate body area (EBAs) and in the fusiform body area (FBA). Cognitive, Affective, and Behavioral Neuroscience, 10, 422-429.

이제 여러분도 시각정보가 망막에서 뇌의 여러 영역으로 분산되는 방식에 대한 기초 지식을 갖춘 셈이다. 그러나 아직도 배워야 할 것은 많다. 영장류의 시각피질은 약 30개 영역으로 세분되는데, 이들 영역 간 정보교환 방식에 관한 이론은 아직

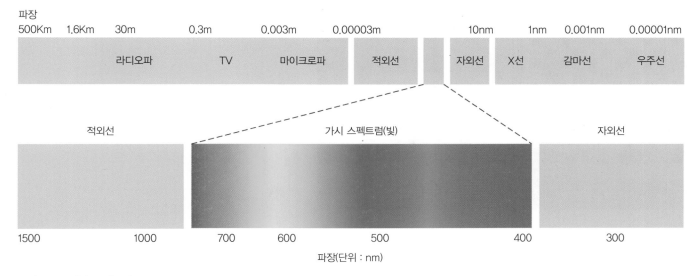

그림 4.13 전자 스펙트럼
우리의 시각체계는 광범위한 전자 스펙트럼에서 아주 작은 범위의 파장만을 감지할 수 있다. 이 범위(그림에서는 이 범위를 확대시켜 놓았음)의 파장들 속에서 우리는 빨간색에서 보라색까지 다양한 색상을 경험한다.
출처 : Wade, Carole; Tavris, Carol, *Psychology*, 10th Edition, © 2011. Reprinted and electronically reproduced by permission of Pearson Education, Inc., Upper Saddle River, New Jersey.

도 다양하다(Orban et al., 2004). 여기서는 시각 세계의 또 다른 측면으로 눈을 돌려보기로 하자. 인간의 시각 시스템이 가진 가장 경이로운 능력 중 하나는 동일한 감각정보에서 물체의 모양과 색상은 물론 그 물체의 위치 및 거리(깊이)까지 추출해내는 능력이다. 감각정보가 어떻게 변형되기에 우리는 세상의 이처럼 다양한 속성을 경험할 수 있는 것일까?

색깔 경험

세상의 물체에는 색깔이 있는 것처럼 보인다. 우리는 모두 장미는 붉고, 개나리는 노랗고, 나뭇잎은 푸르다고 느낀다. 그러나 색깔에 대한 우리의 경험은 이들 물체에서 반사되어 우리의 감각 수용기를 자극하는 빛 때문에 생기는 것이다. 다시 말해, 색깔에 대한 경험은 우리의 뇌가 빛에 담겨 있는 정보를 처리할 때 창출되는 것이지 물체에 색깔이 있기 때문에 생기는 것이 아니다.

파장과 색상 빛은 전자 스펙트럼(electromagnetic spectrum) 또는 전자파의 극히 작은 부분에 속한다(그림 4.13 참조). 우리의 시각 시스템은 이 스펙트럼상에서 빛 이외의 다른 부분, 즉 X선이나 감마선 그리고 라디오파 등을 탐지할 수 없다. 전자파는 그 파장(wavelength)—파의 두 정점 간 거리—에 따라 분류된다. 파장이 400nm에서 700nm 사이에 속하는 전자파를 빛이라 한다. 여기서 nm이란 nanometer의 약자로 10^{-9}m에 해당

한다. 색깔에 대한 우리의 경험은 눈으로 들어오는 빛의 파장에 따라 달라진다. 예를 들어, 파장이 짧은 빛이 눈으로 들어오면 보라색을, 파장이 긴 빛이 눈으로 들어오면 빨간색을 경험한다. 그러므로 빛을 기술할 때 우리는 색깔이 아닌 파장을 이용하는데, 그 이유는 색깔이란 눈으로 들어오는 빛에 대한 시각 시스템의 해석, 즉 경험에만 존재하는 것이기 때문이다.

색깔에 대한 경험은 색상, 채도, 밝기라고 하는 세 가지 차원으로 기술된다. **색상**(hue)은 색깔의 질적 차이를 반영한다. 레이저와 같이 파장이 하나뿐인 빛에 대한 경험(색상)은

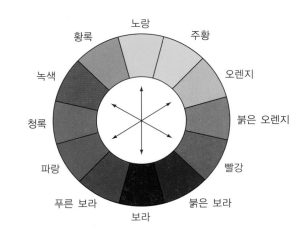

그림 4.14 색환
색상을 서로 간의 유사성에 따라 배열하였다. 보색은 서로 반대쪽에 위치한다. 보색을 섞으면 색환의 중앙에 있는 회색 또는 백색이 된다.
출처 : *Color workbook*, 3rd Edition by Becky Koenig, Prentice-Hall, 2003–2009. Reprinted by permission of the author.

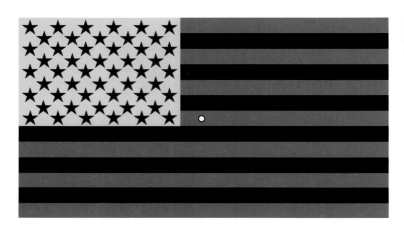

그림 4.15 색채 잔상
그림의 중앙에 있는 흰 점을 30초 이상 응시한 후 다른 백지나 흰 벽을 바라보라.

그 빛의 파장과 정확하게 일치한다. 그림 4.14는 색상을 색환으로 정돈한 것이다. 색상이 비슷할수록 서로 가까이 배열되어 있다. 이 배열순서는 파장에 기초한 순서와 같다. **채도**(saturation)는 색깔의 순도와 선명도를 나타내는 차원이다. 묽어지지 않은 색깔은 채도가 높고 파스텔의 채도는 중간 정도이며 회색의 채도는 무(0)에 해당한다. **밝기**(brightness)는 빛의 강도를 반영하는 심리적 차원이다. 가장 밝은색은 흰색, 가장 어두운 색은 검은색이다. 색깔을 이 세 가지 차원에 따라 분석하면, 우리가 눈으로 변별할 수 있는 색깔의 수는 약 7백만 가지나 된다. 그런데도 사람들은 소수의 색깔에만 이름을 붙일 수 있다.

일상생활에서 겪는 색깔에 대한 경험을 몇 가지 살펴보자. 햇빛에는 파장이 짧은 것부터 긴 것까지 모든 파장의 빛이 골고루 들어 있다. 여러분 중에는 과학시간에 이 사실을 밝혀낸 Newton의 실험을 반복해 본 학생도 있을 것이다. 그때 프리즘으로 햇빛을 분산시키면 무지개 색이 만들어진다는 걸 알았을 것이다. 이 실험에서 알 수 있는 또 다른 사실은 여러 파장의 광선을 적절하게 조합하면 태양광선 같은 백색 광선이 만들어진다는 것이다. 이러한 파장의 조합을 가산성 색채 혼합(additive color mixture)라 한다. 그림 4.14를 다시 보라. 색환에서 정반대쪽에 있는 파장—**보색**(complementary color)이라 함—을 섞으면 백색 광선을 경험하게 된다. 보색이 존재한다는 사실을 입증해 보고 싶으면, 그림 4.15를 고려해 보라. 초록-노랑-검정으로 구성된 이 기는 부적 잔상(negative afterimage)—이 잔상이 '부적'인 이유는 잔상의 색깔이 원래의 색깔과 반대 색깔이기 때문임—을 야기할 것이다. 자세한 이유는 후에 색채시각 이론에서 소개되겠지만, 특정 색상을 오랫동안 주시하면 수용기가 피로해지고, 그때 흰 바탕을 바라보면 우리는 그 특정 색상의 보색을 경험하게 된다.

일상생활에서 색채 잔상을 경험한 적이 있을 것이다. 하지만 색상에 대한 우리의 경험은 대개 보색에 대한 경험이 아니고 서로 다른 색상에 대한 경험이다. 여러분도 서로 다른 색상의 크레용이나 페인트를 섞는 놀이를 해본 적이 있을 것이다. 크레용이나 페인트로 칠을 해놓은 표면을 바라볼 때 우리가 경험하는 색깔은 그 표면에서 반사되는 파장의 색깔이다. 노랑 크레용은 거의 노란색 파장만 반사하지만 소량의 녹색 파장도 반사한다. 그리고 파랑 크레용은 주로 파란색 파장만 반사하지만 역시 소량의 녹색 파장도 반사한다. 따라서 노랑 크레용과 파랑 크레용을 조합하면 노랑 크레용은 파란색 파장을 흡수하고 파랑 크레용은 노란색 파장을 흡수해버려 결국 흡수되지 않고 남는 것은 녹색 파장뿐이다. 이 때문에 노랑 크레용과 파랑 크레용이 섞여 있으면 우리는 녹색을 경험하게 되는 것이다. 이 현상을 감산성 색채 혼합(subtractive color mixture)이라 한다. 이 두 크레용을 섞었을 때 생기는 우리의 색깔 경험은 흡수되지 않고 남아 있는 파장의 빛에 의해 결정된다.

색깔 경험에 관한 이러한 원칙 중 일부는 색약으로 태어난 사람들에게는 적용되지 않는다. **색맹**(color blindness)이란 색깔 구분 능력이 완전히 또는 일부 상실된 조건을 일컫는다. 색맹인 사람에게는 그림 4.15의 부적 잔상효과가 나타나지 않는다. 색맹은 대개 성과 관련된 유전적 결함인데, 그 결함은 X 염색체 속의 유전자에서 발견된다(Neitz & Neitz, 2011). 색맹의 유전은 열성이고, 남성에게는 X 염색체가 하나뿐이기 때문에 여성보다 남성이 색맹인 경우가 더 많다. 여성은 X 염색체 두 개 모두의 유전자에 결함이 있어야 색맹이 된다. 백인 남성 중 약 8%가 색맹으로 추정되는데 여성 색맹은 0.5%도 되지 않을 것으로 추산된다(Coren et al., 1999).

색맹 중에는 녹색과 적색을 잘 구분하지 못하는 적-록 색맹이 가장 흔하다. 황색과 청색을 구분하지 못하는 색맹도 있지

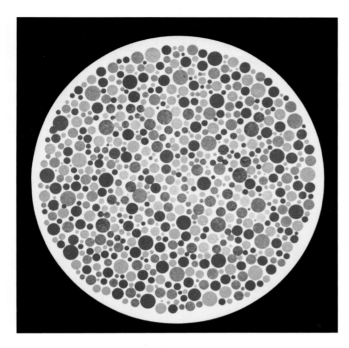

그림 4.16 색맹 검사
빨간색과 초록색을 구분할 수 없는 사람이면 이 그림 속에 숨은 숫자를 읽을 수 없을 것이다.

만 흔하지 않다. 색을 전혀 구별하지 못하고 밝기만 구별할 수 있는 색맹은 더욱 희귀하다. 자신이 색맹인지를 알아보려면 그림 4.16을 들여다보라. 적-록 시스템에 결함이 있는 사람은 숫자를 볼 수 없을 것이다.

색채 시각 이론 그러면 위에서 소개한 색맹 및 보색 같은 색채 관련 현상을 과학자들은 어떻게 설명할까? 색채 시각에 관한 과학적 이론은 1800년경 Thomas Young(1773~1829)에 의해 처음 제안되었다. 그는 정상인의 눈에는 세 가지의 수용기가 있고 이들 수용기에 의해 일차 색감 — 적색, 녹색, 청색 — 이 생성된다고 주장했다. 그는 다른 모든 색깔은 이들 삼원색의 가산성 또는 감산성 조합으로 만들어진다고 믿었다. Young의 이론은 그 후 Herman von Helmholtz(1821~1894)에 의해 수정 보완되어, Young-Helmholtz의 **삼원색 이론**(trichromatic theory)으로 알려지게 되었다.

삼원색 이론을 이용하면 색상 경험과 색맹을 그럴듯하게 설명할 수 있다. 이 이론에 의하면 색맹인 사람의 눈에는 수용기가 한 가지 또는 두 가지밖에 없다. 적-록 색맹은 세 가지(적, 록, 청) 수용기 중 적색 수용기나 녹색 수용기가 없는 경우에 해당한다. 하지만 이 이론으로 설명되지 않는 현상도 많다. 잔상은 왜 보색으로 나타나는 것일까? 왜 색맹에는 적-록 색맹과 청-황 색맹만 있는 것일까?

이러한 의문 때문에 Ewald Hering(1834~1918)은 1800년대 후반 새로운 이론을 제안하였다. Hering이 제안한 **대립-과정 이론**(opponent-process theory)에 따르면, 색깔에 대한 경험은 세 가지 시스템에 의해 야기된다. 이들 시스템은 각각 적색 대 녹색, 청색 대 황색, 검은색(무색) 대 흰색(모든 색)이라는 두 개씩의 대립되는 요소로 구성되어 있다. 잔상에 대한 경험이 보색인 이유는 이들 각 시스템을 구성하는 두 요소 중 하나가 피로해져(과다 자극으로 인해) 그와 대립하고 있는 요소의 활동이 상대적으로 증가하기 때문이라는 것이 Hering의 설명이다. 색맹이 적-록 색맹과 청-황 색맹뿐인 이유도, 색채 시각 시스템이 하나의 원색을 처리하도록 만들어진 것이 아니라, 대립되는 색깔 쌍을 처리하도록 만들어졌기 때문이라고 그는 주장한다.

이 두 이론을 둘러싼 논쟁이 오랫동안 지속되었다. 하지만 결국에는 이 둘은 상치되는 이론이 아니고, 우리의 시각 시스템에서 전개되는 서로 다른 처리양상을 기술하는 이론으로 밝혀졌다(Hurvich & Jameson, 1974). 예컨대, 우리는 이제 추상체 세포가 세 가지라는 사실을 알고 있다. 이 세 가지 추상체는 각각 일정한 범위에 속하는 모든 파장의 빛에 반응하지만 그래도 각각은 특정 파장의 빛에 가장 민감하게 반응한다는 것도 안다. 세 가지 추상체의 이러한 반응 양상은 색채 지각이 세 가지 수용기에 의존한다는 Young과 Helmholtz의 예측과 일치한다. 앞서 언급했듯이 색맹은 이들 세 가지 추상체 세포 중 한 가지 이상이 결핍된 사람들이다.

또한 우리는 망막에 있는 신경절 세포는 이들 세 가지 추상체의 반응을 조합한다는 사실도 안다. 이 사실은 Hering의 대립과정 이론과 일치한다(De Valois & Jacobs, 1968). 현대판 대립-과정 이론에 따르면, 쌍을 이루는 두 가지 요소는 신경억제라는 기제에 따라 서로 반대로 작용한다(Conway et al., 2010; Shapley & Hawken, 2011). 어떤 신경절 세포는 적색 빛에는 흥분성으로 반응하고 녹색 빛에는 억제성으로 반응한다. 다른 신경절 세포는 반대로 적색 빛에는 억제성, 녹색 빛에는 흥분성으로 반응한다. 이들 두 가지 신경절 세포는 적-록 대립과정 시스템을 구성하며, 또 다른 두 가지 신경절 세포는 청-황 대립과정 시스템을 구성한다. 흑-백 시스템은 색상의 채도 및 밝기 지각에 기여한다.

1. 시각 시스템에서 조절이란 무엇을 의미하는가?

2. 중심와에서 발견되는 추상체 세포와 간상체 세포의 양 (백분율)은 얼마나 되나?

3. 복합세포는 어떤 모양의 자극에 반응하나?

4. 노랑 색종이를 주시한 후 흰색 바탕을 바라보면, 청색의 잔상이 나타나는 현상을 보다 잘 설명하는 색채 시각 이론은?

비판적 사고 여인들에게 자기 몸매와 남의 몸매 사진을 제시하고 그에 대한 뇌 반응을 비교한 연구를 회상하라. 그 연구에서 왜 비키니를 입은 사진을 이용했을까?

청각

우리가 세상을 경험할 때, 청각과 시각은 상호보완적인 작용을 한다. 예컨대, 자극이 우리 뒤에 있거나 벽 넘어 있을 경우, 그 자극을 보기 전에 듣기부터 한다. 자극이 일단 시야에 들어오면 그 자극의 정체파악은 청각보다는 주로 시각을 통해 이루어진다. 하지만 청각이 우리의 눈을 대상이 있는 곳으로 돌려놓기 때문에 보게 되는 경우도 허다하다. 우선, 귀로 들어오는 물리적 에너지부터 살펴보기로 하자.

소리의 물리적 특성

손뼉을 치거나 휘파람을 불거나 책상을 두드리면 소리가 난다. 그런 행동이 물체를 진동시키기 때문이다. 진동하는 물체가 그 물체를 둘러싸고 있는 매체 —대개는 공기분자—를 밀었다 당겼다 함에 따라 진동 에너지가 매체로 전달된다. 이로 인해 야기되는 압력 변화는 초속 340m 속도로 사방으로 퍼져나간다. 그 압력 변화를 시각적으로 표현한 것을 음파라고 하는데, 이 음파는 여러 개의 **사인파**(sine waves)를 조합한 모양으로 나타난다(그림 4.17 참조). 진공 상태에서는 소리를 만들어낼 수 없는데, 이는 물체의 진동을 전달할 매체인 공기분자가 없기 때문이다.

사인파는 주파수와 진폭이라고 하는 두 가지 물리적 속성에 따라 변한다. **주파수**(frequency)는 주어진 시간에 파의 주기(사이클)가 반복되는 횟수로 측정된다. 그림 4.17에서 알 수 있듯이, 주기란 한 파의 정점에서 다음 파의 정점까지의 간격이다. 소리의 주파수는 보통 1초당 주기가 반복되는 횟수를 나타내는 **헤르츠**(Hz)로 표현된다. **진폭**(amplitude)은 파의 강도와 관련

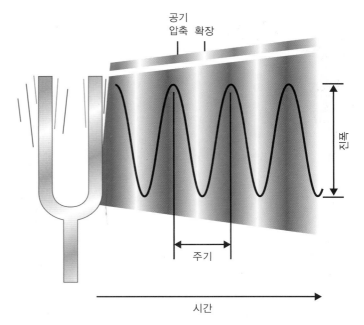

그림 4.17 이상적인 사인파
사인파의 두 가지 기본 속성 중 주파수는 정해진 시간에 파의 주기가 반복되는 횟수를 일컫고 진폭은 파의 수직 폭을 일컫는다.

된 속성인데, 파의 높이로 측정되며 음압(sound pressure, 예 : dB) 단위로 정의된다.

소리의 심리적 차원

소리의 물리적 속성인 주파수와 진폭이 달라지면, 음고와 크기, 그리고 음색이라고 하는 세 가지 차원에서 심리적 경험이 변한다. 이들 현상이 작동하는 원리를 살펴보자.

음고 소리의 높낮이를 일컫는 **음고**(pitch)는 주파수에 따라 결정된다. 주파수가 높으면 고음으로 들리고 주파수가 낮으면 저음으로 들린다. 인간이 귀로 들을 수 있는 순음의 주파수는

소리의 어떤 물리적 속성 때문에 우리는 각 악기의 음색을 구분할 수 있는 것일까?

최저 20Hz에서 최고 20,000Hz에 이른다. 피아노의 건반 88개의 주파수가 최저 30Hz에서 최고 4,000Hz라는 사실을 알면, 우리 귀의 가청 주파수 범위가 얼마나 넓은지 감을 잡을 수 있을 것이다.

그러나 주파수(물리적 변화)와 음고(심리적 효과)와의 관계는 직선적 관계가 아니다. 주파수가 낮은 경우에는 몇 Hz만 증가시켜도 음고가 두드러지게 올라간다. 하지만 주파수가 높은 경우에는 두 소리의 주파수가 크게 달라야 음고가 서로 다른 소리로 들린다. 피아노의 가장 낮은 음 두 개 사이의 주파수 차는 1.6Hz에 불과한데 가장 높은 음 두 개 사이의 주파수 차는 235Hz나 된다는 사실을 주목하라.

크기 소리의 **크기**(loudness)는 진폭에 의해 결정된다. 진폭이 큰 소리(음파)는 큰 소리로 진폭이 작은 소리는 작은 소리로 들린다는 뜻이다. 우리의 청각 기관이 들을 수 있는 크기의 범위 또한 매우 넓다. 작은 소리의 경우, 6m 거리에 있는 손목시계의 초침 소리를 들을 수도 있다. 우리의 청각 기관이 더 민감했더라면 피가 귀로 흘러들어가는 소리까지 듣게 되었을 것이다. 큰 소리의 경우, 제트기가 100m 떨어진 거리에서 이륙하는 소리도 들을 수 있다. 소리의 진폭을 음압이라고 하는 에너지로 환산하면, 이때 제트기에서 나는 소리는 시계 초침 소리보다 10억 배나 크다.

우리가 들을 수 있는 소리(진폭)의 범위가 이렇게 넓기 때문에 소리의 물리적 강도를 나타낼 때는 대개 절대치보다는 비율을 이용한다. 소리의 크기는 대개 데시벨(dB) 단위로 측정된다는 점을 상기하기 바란다. 그림 4.18은 우리 주변에서 나는 여러 가지 소리를 dB 단위로 측정한 것이다. 각 dB에 해당하는 음압도 적어두었다. 20dB 차이인 두 소리의 음압 차이는 10배라는 것도 알 수 있다. 크기가 90dB 이상인 소리에 장기간 노출되면 청력을 잃게 된다는 점을 유념하기 바란다.

음색 소리굽쇠에서 나는 소리는 하나의 사인파를 그린다. 하나의 사인파로 나타낼 수 있는 소리를 순음(pure tone)이라 한다. 순음의 음파는 주파수도 진폭도 각각 하나씩이다. 그러나 우리가 경험하는 거의 모든 소리는 순음이 아니다. 우리가 매일 같이 듣는 소리는 목소리에서부터 악기소리에 이르기까지 모두가 복합음이다. 복합음(complex tone)은 여러 가지 순음(사인파)을 한데 겹쳐놓은 것과 같다. 복합음의 음파는 그것을 구성하는 순음의 개수 및 특성에 따라 달라진다. 복합음의 구성요소(사인파)를 반영하는 심리적 경험을 **음색**(timbre)이라

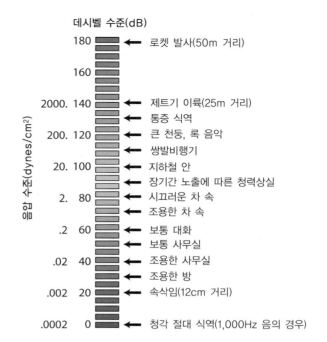

그림 4.18 친숙한 소리의 데시벨
청각의 절대 식역에서부터 로켓 발사음까지 각 소리의 크기를 데시벨로 나타낸 것이다. 데시벨은 음압을 기초로 계산되는데, 음압은 음파의 진폭을 측정한 것이며, 대부분의 소리는 진폭에 따라 그 크기가 결정된다.

한다. 피아노 소리와 플루트 소리가 다른 것은 이 두 소리(복합음)를 구성하는 사인파가 다르기 때문인데, 우리는 이 차이를 두고 음색이 다르다고 한다.

잡음(noise)이라고 하는 소리는 주파수의 구조가 불분명한 소리이다. 잡음은 주파수와 진폭이 서로 다른 여러 개의 소리를 아무렇게나 겹쳐놓았을 때 생성되는 소리이다. 따라서 잡음을 구성하는 주파수에서는 체계적인 관계가 발견되지 않는다. 예컨대, 라디오의 주파수를 잘못 맞추었을 때 들리는 잡음에는 우리가 들을 수 있는 소리의 주파수가 모두 섞여 있다. 이 잡음에서는 음고를 지각할 수가 없는데 그 이유는 이 소리에는 기본 주파수—복합음의 음고를 결정하는 주파수로, 복합음을 구성하는 여러 개의 사인파 중에서 그 주파수가 가장 낮은 사인파—가 없기 때문이다.

청각의 생리

이제 소리의 물리적 속성을 알았으니까, 이들 물리적 속성의 변화를 심리적 경험의 변화로 바꾸어 놓는 청각 기관의 생리적 작용을 살펴보기로 하자. 먼저 귀가 작동하는 방식을 살핀 다음, 음고 지각 이론을 고려한 후, 소리의 위치가 파악되는 원리를 생각해 보기로 하자.

청각체계 감각과정이란 외부 에너지를 뇌 속에서 이용되는 에너지로 변형시키는 과정이라고 배웠다. 그림 4.19에서 알 수 있듯이, 우리가 들을 수 있기 위해서는 다음 네 가지의 에너지 변형이 이루어져야 한다. (1) 공기의 파동(음파)이 **와우관**(cochlea) 속에 있는 액체의 파동으로 변환되어야 하고, (2) 이 액체의 파동은 기저막을 진동시켜야 하고, (3) 이 진동은 전기적 반응으로 변환되어야 하며, (4) 이 반응이 **청각피질**까지 전달되어야 한다. 이들 변형을 좀 더 세밀하게 검토해 보기로 하자.

첫 번째 변형의 경우, 진동하는 공기분자가 귀 안으로 들어간다(그림 4.19 참조). 이들 중 일부는 귓구멍으로 바로 들어가고 나머지는 **귓바퀴**(pinna)에 반사된 다음에 들어간다. 이 음파는 귓구멍 끝에 있는 **고막**(eardrum/tympanic membrane)까지 전달된다. 그러면 음파의 진동에 의해 고막이 움직인다. 고막은 바깥귀의 진동을 중간귀로 전달한다. 중간귀란 **추골**(hammer), **침골**(anvil), **등골**(stirrup)이라고 하는 세 개의 연골이 있는 작은 공간을 일컫는다. 이들 뼈는 기계적으로 연결되어 있어 고막의 진동을 속귀(inner ear)에 있는 와우관으로 전달한다.

와우관에서 벌어지는 두 번째 변형에서는 공기 음파가 '액체' 음파로 바뀐다. **와우관**(cochlea)은 액체로 차 있으며, 달팽이관처럼 감겨 있고, 그 관의 중간을 따라가며 **기저막**(basilar membrane)이 깔려 있다. 등골의 진동이 와우관 기저에 있는 난원창을 진동시키고, 이에 따라 와우관 속 액체가 움직이며, 이 액체의 움직임은 기저막을 파도처럼 진동시킨다. 와우관의 모양이 나선형인 것은 주파수가 낮은 소리에 대한 민감도를 높이기 위함일 가능성이 높다(Manoussaki et al., 2008).

세 번째 변형은 기저막의 진동이 그 막에 붙어 있는 모세포를 구부림으로써 이루어진다. 이들 모세포가 바로 청각 시스템의 수용기 세포들이다. 이들 모세포가 굽으면서 신경종말을 자극하고, 그에 따라 기저막의 진동이 신경반응으로 변형된다.

마지막 네 번째 변형은 신경반응이 와우관을 떠나 **청신경**(auditory nerve)으로 전달되면서 시작된다. 와우관을 떠난 청

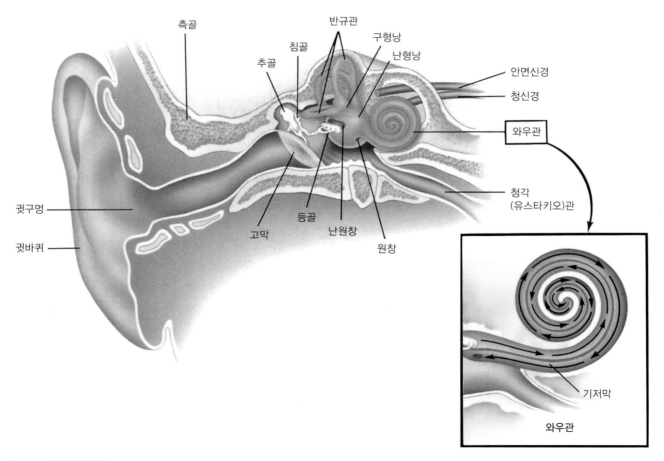

그림 4.19 인간 귀의 구조
음파가 귓바퀴와 귓구멍으로 들어가 고막을 진동시킨다. 이 진동으로 중간귀를 구성하는 세 개의 작은 뼈, 즉 추골, 침골, 등골이 움직이게 된다. 이 진동은 난원창을 통해 와우관으로 전달되어 와우관 속의 액체를 움직이게 한다. 액체의 움직임에 따라 기저막이 진동하고 기저막의 진동으로 그 위에 위치한 섬모세포들이 구부러지며, 섬모에 부착된 신경세포에 자극을 가하게 된다. 여기서 물리적 에너지가 신경 에너지로 변형되어 청신경을 따라 뇌로 전달된다.

신경은 뇌간의 와우핵(cochlear nucleus)에 모인다. 시각체계의 시신경이 교차되는 것과 비슷하게 각 귀에서 들어오는 청각 자극도 뇌의 양쪽으로 전달된다. 청각신호는 와우핵 이후에도 몇 곳의 핵을 통과한 뒤 대뇌피질의 측두엽에 위치한 **청각피질** (auditory cortex)로 전달된다. 이 신호에 대한 고차적 처리는 청각피질에서 시작된다. (그림 4.19의 다른 부분은 다른 감각 작용에 관여한다는 것을 곧 알게 될 것이다.)

이들 네 가지 변형은 온전한 청각 시스템에서 벌어지는 일이다. 세상에는 청각장애로 고생하는 사람들이 수백만 명이나 된다. 청각 시스템의 결함 때문에 생기는 일반적인 청각장애는 두 가지로 나뉜다. 둘 중 덜 심각한 것이 **전도성 농** (conduction deafness)인데, 이는 공기분자의 진동이 와우관으로 전도되는 과정에서 생기는 문제이다. 이 장애는 중간 귀를 구성하는 작은 뼈에 문제가 있어 생기는 경우가 많다. 때문에, 수술을 통해 인조 침골이나 등골을 갈아 끼우면 치료된다. 이보다 심각한 장애가 **신경성 농**(nerve deafness)인데, 이 장애는 귀 안에서 신경반응을 만들어내는 신경기제 또는 신경반응을 청각피질로 전달하는 신경기제의 결함 때문에 발생한다. 청각피질의 손상으로 유발되는 신경성 농도 있다.

음고 지각 이론 우리의 청각 시스템은 음파라고 하는 물리적 속성을 기초로 음고라고 하는 감각경험을 창출해낸다. 어떻게 이런 전환이 일어나는 것일까? 이 문제에 대한 해답으로 부위설과 주파수 설이라는 두 가지 이론이 제안되었다.

부위설(place theory)은 1800년대 Helmholtz에 의해 처음 제안되었고, 그 후 Georg von Bekesy(1899~1972)에 의해 수정, 보완 그리고 검증되었다. Bekesy는 1961년 이 연구로 노벨상을 수상하였다. 부위설은 음파가 속귀에 전도되면 기저막이 움직인다는 사실을 기초로 고안된 이론이다. 음파의 주파수에 따라 기저막에서 가장 크게 진동하는 부위가 달라진다. 주파수가 높은 음은 기저막의 난원창 쪽을 가장 크게 진동시키며 주파수가 낮은 음은 그 반대쪽을 가장 크게 진동시킨다. 따라서 부위설은 기저막의 어느 부위에 있는 모세포가 가장 활발하게 반응하느냐에 따라 음의 고저가 달라진다고 주장한다.

이에 비해 **주파수설**(frequency theory)은 기저막의 진동률에 따라 음고 지각이 달라진다고 주장한다. 이 이론은 주파수가 100Hz인 음은 기저막을 초당 100회 진동시키고, 기저막이 초당 100회 진동하면 청신경도 초당 100회 반응할 것이라고 예측한다. 따라서 주파수 이론에 의하면, 우리의 청신경은 1,000Hz의 음에는 초당 1,000번 반응하고 2,000Hz의 음에

강한 소음에 오래 노출되면 청력을 상실할 수 있다. 이런 일을 어떻게 예방할 수 있을까?

는 초당 2,000번 반응해야 한다. 그런데 우리의 신경 세포는 초당 1,000회 이상 반응할 수 없다. 때문에 우리는 주파수가 1,000Hz 이상인 음을 구별할 수 없어야 한다. 그러나 우리의 청각 기관은 20,000Hz까지의 음을 변별할 수 있다. 이 제한점을 극복하기 위해 제안된 것이 **연사 원리**(volley principle)이다. 이 원리는 여러 개의 신경세포가 집단으로 활동하면 2,000Hz 또는 3,000Hz 등의 음에 맞는 발화율을 생성할 수도 있다고 주장한다(Wever, 1949).

삼원색 이론과 대립과정 이론이 색채 지각의 서로 다른 측면을 설명하듯, 부위설과 주파수설도 음고 지각의 상이한 측면을 더 잘 설명한다. 주파수설로는 5,000Hz 이하의 소리에 대한 음고 변별능력을 쉽게 설명할 수 있다. 그러나 주파수가 이보다 높은 소리일 경우에는 연사 원리를 원용해도 신경세포의 반응률로 주파수 차이를 변별하기가 어려워진다. 부위설로는 주파수가 1,000Hz 이상인 음에 대한 변별능력이 쉽게 설명된다. 주파수가 1,000Hz 이하인 경우에는 기저막 전체가 진동하기 때문에 주파수의 차이를 정밀하게 구별하기가 어려워진다. 따라서 주파수가 1,000~5,000Hz 사이의 소리의 경우에는 두 가지 기제가 모두 작동한다고 보면 된다. 복잡한 감각과제를 수행할 경우, 이들 두 장치가 작업을 분담하기 때문에 각 장치가 홀로 수행할 경우보다 훨씬 정밀한 결과를 낳게 된다. 아래

에서는 우리가 주변에서 들리는 소리의 근원을 탐지하는 데도 두 가지의 장치가 작동한다는 것을 알게 될 것이다.

소리의 근원 탐지 교정에서 길을 건너는데 누군가가 우리 이름을 부르면, 대개의 경우 우리는 이름을 부른 사람 쪽으로 고개를 돌린다. 귀에 들리는 소리만 듣고도 우리는 그 소리가 난 위치, 즉 소리의 근원을 쉽게 찾아낸다는 뜻이다. **소리의 근원 탐지**(sound localization)에도 두 가지 기제가 작용하는 것으로 알려져 있다. 우리의 뇌는 소리가 각 귀에 도착하는 상대적 시간차와 그 소리가 각 귀를 자극하는 상대적 강도 차이를 계산하여 소리의 근원을 결정한다(Recanzone & Sutter, 2008).

첫 번째 기제는 소리가 각 귀에 도달하는 시간차를 비교하는 신경세포들의 작업으로 구성된다. 예컨대, 왼쪽에서 나는 소리는 오른쪽 귀보다 왼쪽 귀에 먼저 도달한다(그림 4.20의 점 B 참조). 우리의 청각체계에는 소리가 두 귀에 도달하는 시간차에 따라 반응 정도를 달리하는 특화된 신경세포들이 존재한다. 우리의 뇌는 이들 신경세포의 반응을 이용하여 소리의 발상지를 추정한다.

소리는 먼저 도착하는 귀를 약간 더 강하게 자극한다. 두 번째 기제는 바로 이 원리를 기초로 작동한다. 이 강도 차이는 파장 길이에 따라 상대적으로 결정된다. 파장이 긴 소리(즉, 주파수가 낮은 소리)의 경우는 강도 차이가 거의 나지 않지만 파장이 짧아서 주파수가 높은 소리는 상당한 강도 차이를 낳는다. 우리의 청각체계에는 이런 강도 차이에 따라 상이하게 반응하는 특화된 세포들도 존재한다.

그렇다면 시간 차이도 강도 차이도 유발하지 않는 소리는 어떻게 될까? 그림 4.20의 점 A에서 나는 소리가 이런 경우에

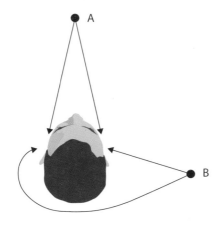

그림 4.20 시간차와 소리의 근원 탐지
우리의 뇌는 음파가 두 귀에 도달하는 시간 차이를 이용하여 소리가 나는 위치를 파악한다.

왜 박쥐는 주변환경을 돌아다니기 위해 울림을 이용한 위치파악능력을 갖게 된 것일까?

해당한다. 눈을 감고서는 이런 소리의 근원을 정확하게 구분할 수가 없다. 이런 경우 우리는 머리를 움직여 귀의 위치를 바꿈으로써 이런 대칭성을 파괴한 후, 소리의 근원 파악에 필요한 정보를 수집한다.

사람과 달리 거북이와 박쥐는 시각 대신 울림(메아리)을 이용하여 물 속이나 동굴 속 물체의 위치를 파악하는 것으로 알려져 있다. 이들은 주파수가 높은 소리를 발산한 후, 물체에서 반향되는 소리를 분석하여 물체까지의 거리는 물론 물체의 위치, 크기, 결, 그리고 움직임에 대한 정보를 확보한다. 박쥐 중에는 이런 울림을 이용하여 물체 간 간격이 0.3mm밖에 되지 않는 것도 구분할 수 있는 종도 있다(Simmons et al., 1998).

🛑 **복습하기**

1. 음고 지각을 가능케 하는 소리의 물리적 속성은 무엇인가?
2. 청각 시스템에서 섬모세포의 역할은 무엇인가?
3. 기저막에서 가장 활발하게 반응하는 세포들의 위치(장소)에 따라 음고 지각이 결정된다는 이론은 어떤 이론인가?
4. 여러분의 오른쪽에서 소리가 나면 어떤 시간 차이가 창출될 것 같은가?

그 외 감각 기관

시각과 청각에 관한 연구가 가장 많이 이루어졌기 때문에 지금까지는 이들 두 가지 감각과정만을 주로 다루었다. 그러나 우리가 생명을 보존하고 외부 환경변화를 즐기기 위해서는

모든 감각 기관이 온전하게 작동해야 한다. 나머지 감각 기관에 관한 간단한 소개로 감각과정에 관한 논의를 마감하기로 한다.

후각

냄새가 지나치게 역겨워 차라리 후각 기관이 없는 편이 나을 것 같은 장면도 있다. 하지만 후각 기관이 없으면 감미로운 냄새도 맡을 수가 없다. 좋든 싫든 냄새는 방취제 분자(odorant molecules)가 후각 섬모(olfactory cilia)에 위치한 수용기(단백질로 구성되어 있음)와의 상호작용을 통해 그 존재를 드러낸다(그림 4.21 참조). 특정 물질을 구성하는 분자 8개만 있으면 이들 신경세포 중 적어도 하나는 반응한다. 하지만 우리가 그 물질의 냄새를 맡을 수 있기 위해서는 적어도 40개의 신경세포가 반응해야 한다. 일단 이들 신경반응이 시작되면 냄새에 관한 정보는, 수용기 바로 위 그리고 대뇌 전두엽 바로 아래에 위치한, **후각 구**(olfactory bulb)에 전달된다. 이러한 **후각과정**(olfaction)의 시작은 화학물질이 이온통로를 통해 후각 신경 내부로 유입되면서 시작된다. 화학물질이 세포막 내부로 유입되면서 활동전위가 생성된다는 뜻이다.

후각 기관의 중요성은 종에 따라 많이 다르다. 후각은 음식물을 탐지하고 그 위치를 파악하기 위해 진화되었을 것이다(Moncrieff, 1951). 인간의 후각은 미각과 협력하여 음식물을 찾아 맛을 보는 일에만 주로 이용된다. 그러나 다른 종의 경우,

이 능력은 잠재적인 위험을 탐지하는 데도 이용된다. 개, 쥐, 곤충, 그리고 다른 많은 종의 경우, 후각은 생존과 직결되며, 따라서 이들의 후각은 인간에 비해 훨씬 민감하고 후각정보를 처리하는 뇌의 영역 또한 상대적으로 훨씬 크다. 후각이 이들의 생존 기능을 성공적으로 수행할 수 있는 까닭은 다른 유기체와의 직접적인 접촉 없이 냄새를 맡을 수 있기 때문이다.

냄새는 정보전달의 강력한 수단으로 작용하기도 한다. 어떤 종은 페로몬을 분비하고 탐지함으로써 정보를 주고받는다. **페로몬**(pheromones)은 특정 종 내에서 성적 욕구, 위험, 영역 경계, 그리고 음식물의 근원에 관한 신호로 활용되는 화학물질이다(Thomas, 2011; Wolf, 2011). 예컨대, 곤충의 암컷은 성 페로몬을 분비함으로써 짝짓기 준비가 되었음을 알린다(Herbst et al., 2011; Yang et al., 2011). 페로몬에 대한 이야기는 제11장에서 인간 및 다른 동물의 성 행동을 논의할 때 다시 하게 될 것이다.

미각

식도락가나 포도주 전문가는 복합적인 맛의 미묘한 차이까지도 쉽게 구별한다. 하지만 이들의 그런 능력을 좌우하는 것은 미각이 아닌 후각이다. 우리가 음식을 먹을 때는 **미각**(gustation)과 후각이 함께 작용한다. 감기에 걸려 맛을 잘 느끼지 못하는 것도 코가 막혀 음식물의 냄새를 제대로 맡을 수 없기 때문이다. 이 원리를 실험으로 입증하고 싶으면 코를 막은

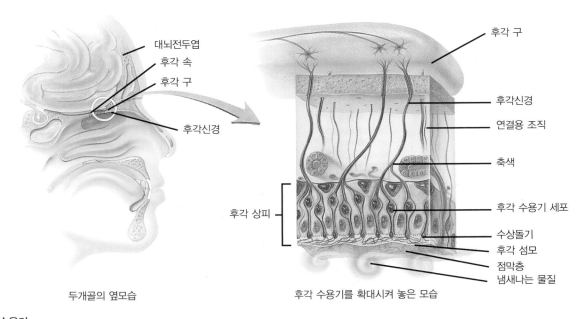

두개골의 옆모습 후각 수용기를 확대시켜 놓은 모습

대뇌전두엽
후각 속
후각 구
후각신경

후각 구
후각신경
연결용 조직
축색
후각 수용기 세포
수상돌기
후각 섬모
점막층
냄새나는 물질

후각 상피

그림 4.21 후각 수용기
우리 콧속의 후각 수용기 세포는 공기 속의 화학물질에 의해 자극을 받아 뇌의 후각 구로 정보를 보낸다.

감기에 걸린 사람이 포도주 맛을 잘 보지 못하는 이유는 무엇인가?

루탐산 소다(monosodium glutamate) 향을 내는 화학물질로 육류나 생선과 같은 고단백질의 음식물에서 주로 발견된다. 이 다섯 가지 기본 맛 각각을 담당하는 수용기 세포는 다른 맛에도 조금씩 반응한다. 따라서 맛은 이들 중 어느 수용기 세포가 가장 활발하게 반응하는가에 따라 결정된다(Carleton et al., 2010).

미각 수용기는 음주나 담배 등 우리 입으로 들어가는 여러 가지 물질에 의해 손상된다. 다행히 미각 수용기는 열흘 안에 새로운 수용기로 대체된다. 후각 수용기보다 자주 대체되는 편이다(Breslin & Spector, 2008). 사실 우리의 감각 기관 중에서 손상을 가장 덜 입는 것이 미각이다. 미각을 완전히 상실한 사람은 거의 없다.

맛에 대한 선호도는 천차만별이다. 무척 매운 음식을 즐기는 사람이 있는가 하면 매운 음식은 쳐다보지도 않으려는 사람도 있다. 이런 선호도는 어릴 적의 경험 때문에 달라지기도 한다. 어머니가 섭취하는 음식물에 따라 양수의 맛도 바뀐다. 때문에 음식물에 대한 선호도는 태 속에서부터 달라졌을 수 있다(Beauchamp & Mannella, 2011). 그러나 우리 각자가 가진 미뢰의 개수도 많이 다르다. 그림 4.23은 두 사람의 혀를 찍은 사진이다. 이 두 사람의 혀에 산재한 미뢰의 수가 판이하다는 것을 알 수 있다. 이 때문에 맛에 대한 선호도가 달라지기도 한다. 미뢰가 많은 사람들을 미각과민자(supertasters)라고 한다(Bartoshuk, 1993). 미각과민자는 감각경험이 극단적이라는 점에서 미각둔감자(nontasters)와 대조적이다. 사람마다 미뢰

채 그 촉감이 비슷한 생감자와 사과의 맛을 혀끝만으로 구분해 보기 바란다.

우리 혀의 표면은 우둘투둘한 유두(paillae)로 덮여 있다. 유두 중 대부분은 미뢰(taste bud)라고 하는 미각 수용기를 가지고 있다(그림 4.22). 단세포 기록법을 통해 미각 수용기의 반응을 기록해 보면 각 수용기는 네 가지 기본 맛인 단맛, 신맛, 짠맛, 쓴맛 중 한 가지에만 매우 활발하게 반응한다(Frank & Nowlis, 1989). 다섯 번째 맛인 우마미(umami)를 담당하는 수용기가 발견된 것은 최근의 일이다(McCabe & Rolls, 2007). 우마미는 글

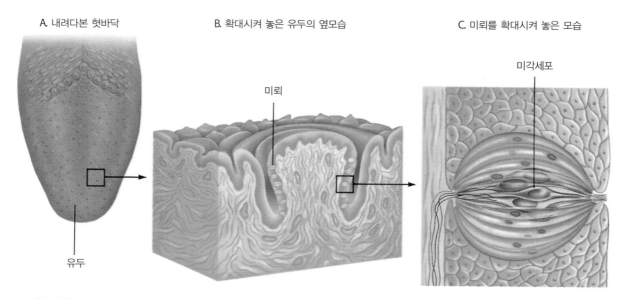

A. 내려다본 혓바닥 B. 확대시켜 놓은 유두의 옆모습 C. 미뢰를 확대시켜 놓은 모습

미각세포

미뢰

유두

그림 4.22 미각 수용기
A는 혀의 위 바닥에 분포되어 있는 유두를 보여준다. B는 각개의 미뢰를 볼 수 있도록 유두 하나를 확대한 것이고 C는 미뢰 하나를 확대한 것이다.

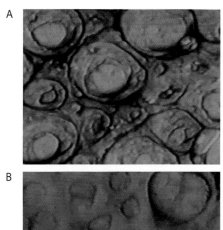

그림 4.23 미각과민자(A)와 미각둔감자(B)의 혀
사람들이 가진 미뢰의 개수 때문에 맛에 대한 선호도가 달라지기도 한다.

의 밀도가 다른 것은 유전적으로 결정되는 것 같다(Bartoshuk & Beauchamp, 1994). 남성보다는 여성이 미각과민자일 가능성이 훨씬 높다. 일반적으로 대부분의 독물이 공유하는, 쓴맛을 내는 화학물질에 대한 민감도 역시 미각과민자가 더 높다. 대개의 경우 여성이 자손을 양육하고 먹인다는 사실을 기억하면, 맛에 민감한 여성의 자손이 진화과정에서 생존할 가능성이 더 높다는 점을 쉽게 상상할 수 있을 것이다.

촉감과 피부 감각

피부는 재능이 매우 다양한 기관이다. 피부는 외적 부상으로부터 유기체를 보호하고, 체액을 유지하며, 체온 조절을 돕는다. 피부는 **촉감**(cutaneous senses) 또는 피부 감각이라고 하는 압감과 온감 및 냉감을 생성하는 신경종말도 갖추고 있다.

피부에 무언가가 와 닿았다는 느낌, 즉 압감이 어떻게 생성되는지를 고려해 보자. 피부를 통해 받아들이는 정보가 매우 다양한 만큼, 피부 표면 가까이에서 작용하는 수용기 세포도 여러 가지이다(McGlone & Reilly, 2010). 각가지 수용기(세포)는 상이한 양상의 피부 접촉에 반응한다(Lumpkin & Caterina, 2007). 예컨대, 마이스너 소체(Meissner corpuscles)는 자극이 피부를 문지를 때 가장 활발하게 반응하며, 머클 원판(Merkel disks)은 작은 물체가 피부를 지그시 누르고 있을 때 가장 활발하게 반응한다.

피부의 민감도는 신체의 부위에 따라 엄청나게 달라진다. 자극 받는 위치를 탐지할 경우 손가락 끝은 등보다 10배나 정확하다. 예를 들어, 손가락 끝을 자극하는 두 개의 바늘이 두 개라는 것을 알아차리기 위해서는 두 바늘 간 간격(차이 식역)이 1mm 이상이어야 한다면, 등을 자극하는 두 개의 바늘의 경우 그 간격이 10mm 이상이어야 한다는 뜻이다. 신체의 부위에 따라 피부 민감도가 다르다는 것은 민감한 부위일수록 신경종말의 밀도가 조밀하며, 이들 부위에 할당된 대뇌피질의 부위 또한 훨씬 크다는 데서도 알 수 있다. 얼굴과 혀 및 손가락 끝에서 입력되는 정보를 처리하는 대뇌피질의 부위는 다른 부위에 비해 훨씬 크기 때문에 얼굴과 혀, 손가락의 민감도는 매우 높아야 한다. 실제로 이들 부위는 매우 민감하다. 이들 부위에서 보내오는 정밀한 감각 피드백 덕분에 우리는 먹기, 말하기, 그리고 잡기를 효과적으로 수행할 수 있는 것이다.

누군가가 우리 팔에 얼음 조각을 문지른다고 하자. 이제 우리는 그때 느끼는 압감은 수용기 세포 특히, 마이스너 소체의 반응으로 생성된다는 것을 알고 있다. 그러면, 그때 생성되는 냉감은 어떻게 생성되는 것일까? 우리의 피부에는 온감 생성 수용기와 냉감 생성 수용기가 따로따로 존재한다. 한 가지의 수용기가 온도계처럼 작동하는 것이 아니라는 뜻이다. 우리의 뇌는 온감 전달 신경세포의 반응과 냉감 전달 신경세포의 반응을 통합함으로써 주변 환경에서의 온도 변화를 인식한다.

촉감 중 접촉촉감은 인간관계에도 큰 몫을 수행한다. 우리는 접촉을 통해 위안, 지지, 사랑 및 열정을 주고받고 싶은 욕망을 전달한다. 접촉을 통해 전하고자 하는 의도는 접촉부위에 따라 달라진다. 접촉으로 특히 성적 자극이 유발되는 피부부위를 **성감대**(erogenous zones)라 한다. 성감대 이외의 곳을 접촉했을 때 성적 각성 수준이 높아지는 부위는 사람에 따라 다른데, 이는 학습 때문일 수도 있고 또 감각 수용기의 밀집 정도가 다르기 때문일 수도 있다.

전정 기관과 근동감각 기관

눈, 귀, 코와는 달리 우리는 전정 기관과 근동감각 기관을 직접 관찰할 수가 없다. **전정 기관**(vestibular sense)은 우리의 신체 중에서 특히 중력을 기준으로 머리가 어떤 방위에 있는지를 알려준다. 이 정보를 탐지하는 수용기는 작은 섬모인데, 이들 섬모는 속귀 내부에 있는 주머니와 관 속에 들어 있고 이들 주머니와 관은 액체로 차 있다. 우리가 머리를 빠른 속도로 움직이면 이들 주머니와 관 속의 액체가 움직이고, 이 액체의 움직임에 의해 섬모가 구부러진다. **구형낭**(saccule)과 **난형낭**(utricle)

운동선수들의 활동에 근동감각이 맡은 역할은 무엇일까?

(그림 4.19 참조)은 머리의 직선적 가속과 감속을 구분한다. 반규관(semicircular canals)이라고 하는 세 개의 관은 서로서로 90° 각도를 이루고 있다. 따라서 머리가 어떤 방향으로 회전하든 그 방향을 구분할 수 있게 되어 있다. 이들 때문에 우리는 우리가 머리를 끄덕이거나, 회전하거나, 또는 기울인다는 것을 알 수 있는 것이다.

사고나 질병으로 전정 기관을 잃은 사람들은 처음에는 방향감을 잃기도 하고, 쉽게 넘어지며, 또 현기증을 경험하기도 한다. 하지만 결국에는 시각정보를 활용함으로써 이런 어려움을 극복하게 된다. 시각정보와 전정 기관 정보가 서로 충돌할 때 우리는 멀미(motion sickness)를 경험하기도 한다. 움직이는 차 안에서 책을 읽을 경우, 시각정보는 대상(책)이 움직이지 않는다고 말하지만 전정 기관 신호는 그 책이 움직인다고 말하기 때문에 멀미가 난다. 운전자는 시각으로나 전정 기관으로나 모두 움직임을 느끼기 때문에 멀미를 하는 경우가 거의 없다.

우리가 어떤 자세를 취하고 있든 우리의 뇌는 항상 우리 신체 부분들의 상대적 위치 및 움직임에 관한 정확한 정보를 알고 있어야 한다. 우리가 몸을 놀리는 동안 신체의 부분들이 어떤 일을 하고 있는지에 관한 감각정보를 받아들이는 기관이 **근동감각 기관**(kinesthetic sense/kinesthesis)이다. 근동감각이 없으면 몸놀림을 조절하기가 어려워진다. 우리는 두 가지의 수용기를 통해 근동정보를 수집한다. 하나는 관절에 있는 수용기이고 다른 하나는 근육 및 힘줄(건)에 있는 수용기이다. 관절에 있는 수용기들은 사지의 위치 변화에 따른 압력 변화 그리고 관절 움직임에 따른 압력 변화에 반응한다. 근육과 건(힘줄)에 있는 수용기들은 근육의 이완 정도에 따른 응력 변화에 반응한다.

우리의 뇌는 근동감각정보와 촉감정보를 통합하곤 한다. 우리의 뇌가 각 손가락의 상대적 위치를 정확하게 알지 못하면, 이들 손가락을 통해 들어오는 신호의 의미를 제대로 포착할 수가 없기 때문이다. 예를 들어, 눈을 감은 상태에서 어떤 물체를 손으로 들어 올렸다고 상상해 보라. 촉감은 그 물체가 돌멩이라는 정보를 제공한다. 그러나 그 돌멩이가 얼마나 큰 것인지를 알려주는 것은 근동감각이다.

통증

통증(pain)은 피부 손상을 유발하거나 유발할 정도로 격렬한 자극에 대한 신체의 반응이다. 잘 발달된 통증 감각능력은 축복인 동시에 불행의 씨앗으로 작용하기도 한다. 통증 감각능력이 생존에 결정적인 역할을 수행한다는 점에서는 축복이 틀림없다. 통증을 느낄 수 없는 상태로 태어난 사람도 있다. 이런 사람들은 통증을 느낄 수만 있었더라도 피할 수 있는 부상 때문에 상처를 입거나 사지가 뒤틀어지곤 한다(Cox et al., 2006). 이런 현상은 통증이 신체를 보호하는 중요한 방어신호로 작용한다고 암시한다. 그러나 경우에 따라 통증을 느끼지 못하는 것이 나을 때도 있다. 성인 4,090명을 대상으로 한 설문조사에서 26%가 만성 통증으로 고생하고 있다고 보고하였다(Toblin et al., 2011).

통증-유발 자극에 반응하는 수용기의 정체가 밝혀지고 있다. 어떤 수용기는 온도에만 반응하고, 어떤 것은 화학물질에만, 또 어떤 것은 기계적 자극에만, 또 다른 것은 통증-유발 자극의 조합에만 반응하는 것으로 드러났다. 통증에 반응하는 신경섬유들의 망이 우리의 온몸을 감싸고 있다. 이들 말초신경에서 시작된 통증신호는 두 가지 통로 — 고속 통로와 저속 통로 — 를 통해 중추신경계로 전달된다. 고속 통로는 수초로

이 놀이기구의 앞좌석에 탄 사람보다 뒷좌석에 탄 사람이 어지러움을 더 타는 이유는 무엇일까?

덮인 신경섬유들로 구성되며 저속 통로는 수초가 없는 작은 신경섬유들로 구성되어 있다. 척수에 도달한 통증신호가 시상을 거쳐 대뇌피질로 전달되면, 피질에서는 통증의 위치 및 강도를 파악하여, 상처의 심각성을 평가한 다음, 그 다음에 취할 행위를 계획한다.

뇌 안에서는 **엔도르핀**이 통증에 영향을 미친다. 모르핀과 같은 진통제가 뇌 속의 수용 부위에 달라붙어 그 효력을 발휘한다는 것을 우리는 제3장에서 배웠다. 뇌에서는 자체 생성되는 모르핀인 엔도르핀을 분비하여 통증을 조절한다. 침술이나 위약을 통해 통증이 경감되는 이유 중 적어도 일부는 엔도르핀의 작용일 것이다(Han, 2011; Pollo et al., 2011).

우리가 느끼는 통증의 크기는 일차적으로 통증을 야기하는 물리적 자극에 따라서 달라진다. 하지만 자극에 대한 정서적 반응, 자극의 맥락, 그리고 그 장면에 대한 해석 같은 심리적 요인들도 그에 못지않게 중요하다(Gatchel et al., 2007; Hollins, 2010). 심리적 맥락이 어떻게 통증에 영향을 미치는 것일까? 통증이 조절되는 방식에 관한 이론 중 Ronald Melzack(1973, 1980)이 주장한 **관문통제 이론**(gate-control theory)에 따르면, 척수에 있는 세포들이 신경관문으로 작용하여 뇌로 전달되는 통증신호를 조절한다. 그런데 피부의 수용기와 뇌에서는 이 관문을 좁히거나 넓혀달라는 신호를 척수로 보낼 수 있다. 예를 들어 전화를 받으려다 책상 모서리에 왼쪽 손목을 부딪쳤다고 해 보자. 누구나 오른손으로 그 손목을 쓰다듬을 것이다. 이때, 왼쪽 손목의 피부에 있는 촉감 수용기는 척수에다 관문을 좁혀달라는 억제신호를 보낸다. 뇌에서도 관문을 좁혀달라는 신호를 내려보낼 수 있다. 예컨대, 전화 내용이 아주 긴급한 상황을 알리는 것이라면, 통증 때문에 그 내용

불타는 석탄 위를 걸어다니는 사람들처럼 특정 종교의식에 참여하는 사람들은 통증을 차단할 수 있다. 이런 현상이 반영된 통증의 생리와 통증의 심리 간 관계는 어떤 관계일까?

을 놓치는 일이 없도록 하기 위해, 뇌는 관문을 좁혀달라는 신호를 척수로 보내게 될 것이다. Melzack(2005)은 물리적 원인이 전혀 혹은 거의 없는데도 사람들은 통증을 경험한다는 사실을 이 이론에 병합시켜 새로운 **신경기반 이론**(neuromatrix theory)을 내놓았다. 이 이론에서는 물리적 원인이 없는데도 일어나는 통증은 전적으로 뇌에서 시작되는 통증이라고 주장한다.

우리의 통증을 경험하는 방식은 통증을 야기하는 자극의 강도보다 우리 자신의 심리적 상태에 관해 더 많은 것을 알려주고 있다. 우리가 지각하는 것(통증경험)과 감각 기관을 통해 우리가 받아들이는 것(자극 강도)은 서로 다르거나 심지어는 상호 독립적일 수도 있다는 뜻이다. 이상의 논의로 우리는 지각 과정, 즉 세상사에 관한 우리의 경험을 조직하고 그 경험에 명칭을 부여하는 과정에 대해 논의할 채비를 갖춘 셈이다.

 복습하기

1. 후각에 결정적인 역할을 수행하는 뇌의 구조물은 무엇인가?
2. 미뢰가 반응하는 기본 맛의 특질에는 어떤 것이 있는가?
3. 우리의 피부는 외부 온도를 어떻게 감지하는가?
4. 전정 기관의 존재 목적은 무엇인가?
5. 관문통제 이론의 목적은 무엇인가?

지각조직화 과정

망막에 있는 1억2천 7백만여 개의 수용기 세포를 통해 수집한 정보를 분류도 하지 않고 또 조직도 하지 않는다면, 우리의 시각경험은 어떠할까? 그만큼 많은 사람들이 서로 다른 말을 한다고 상상해 보라. 세상은 혼돈의 도가니일 게 분명하다. 그러나 우리가 눈으로 보는 세상은 그런 혼돈의 세계가 아니라, 질서가 정연한 아름다운 세상이다. 수용기를 통해 수집된 감각정보가 분류되고 조직되었다는 뜻이다. 감각정보를 조직하여 질서정연한 지각경험을 만들어내는 과정을 우리는 지각조직화 또는 조직화 과정이라 한다.

수용기에서 제공되는 수많은 감각정보 중 일부만 처리되게 하는 주의과정에 대한 소개로 지각조직화에 관한 논의를 시작하기로 하자. 그런 후, 형태주의 심리학자들이 소개한 조직의 과정을 검토할 것이다. 형태주의 심리학자들은 지각경험이 조직의 법칙에 따라 조형된다고 주장한다.

고통스러운 파경, 실제로 아플까?

대부분의 사람들은 인생의 한 시점에서 사랑하는 사람과 이별을 겪는다. 여러분도 이런 경험을 했다면, 친구들에게 그 이별이 '고통스러웠다'고 또 그 일로 마음의 '상처를 입었다'고 말했을 수도 있다. 이 장에서 우리는 뇌가 육체적 고통에 반응하는 특징을 배웠다. 여기서 제기되는 흥미로운 질문 하나는 "우리 뇌가 사회적 고통에 반응하는 방식과 육체적 고통에 반응하는 방식이 같을까 다를까?"로 진술된다.

일군의 연구자들이 이 질문의 답을 모색하기 위해, 연구를 시작하기 6개월 전부터 지금까지 사랑하는 사람과의 원하지 않은 이별을 겪어낸 성인 40명을 모집하였다(Kross et al., 2011). 연구진은 고통에 대한 정서적 반응과 실제로 겪은 신체적 경험을 구분하였다. 사회적 고통도, 신체적 통증도 모두 정서적 고통을 유발한다. 사회적 고통과 신체적 고통에 대한 우리 뇌의 정서적 반응은 흡사한 것으로 알려져 있었다(MacDonald & Leary, 2005). 그러나 이 연구진은 사회적 통증이 유발하는 뇌의 반응이 감각 기관을 통한 통증이 유발하는 뇌의 반응과 같은지를 입증하고 싶었다. 참여자들에게 신체적 고통과 사회적 고통을 겪게 하고는 fMRI를 통해 이들의 뇌 활동을 영상으로 포착했다.

신체적 고통을 겪어야 하는 실험 조건에서는 참여자의 팔뚝에다 뜨거운 열을 가하였다. 참여자에 따라 열의 강도를 달리하여 모든 참여자에게 각자가 참을 수 있는 한계점의 열을 경험하게 하였다. 통제 조건에서는 통증을 유발하지 않는 따뜻한 열을 팔뚝에 가하였다. 이 두 조건을 비교함으로써 참여자들이 신체적 고통을 겪을 때 독특하게 활동하는 뇌의 영역을 찾아내고자 하였다.

사회적 고통을 겪게 할 때도 비슷한 조건이 설정되었다. 참여자들에게 실험실에 올 때에 사진을 두 장씩 가려오라고 지시했다. 한 장은 헤어진 연인의 얼굴 사진이었고 다른 한 장은 연인과 동성인 친구의 사진이었다. 실험 조건에서는 헤어진 연인의 사진을 들여다보며 헤어질 때 겪었던 배신감을 생각하라고 하고 통제 조건에서는 친구의 사진을 들여다보며 그 친구와 최근에 경험했던 재미나는 일을 생각하라고 주문했다. 여기서도 이 두 조건의 자극에 대한 뇌의 반응을 비교하였다.

각 시행마다 참여자들은 자신의 고뇌를 5점 척도에 평정해야 했다. 신체적 고통과 사회적 고통의 정도를 대등하게 하기 위함이었다. 원했던 대로 신체적 고통의 평정치 평균은 1.88이었고 사회적 고통의 평정치 평균은 1.72였다. 수치가 낮을수록 고통이 심하다는 뜻이었다.

그럼 fMRI 영상은 어떠했을까? 예상대로 육체적 고통은 우리가 해로운 자극에 노출되었을 때 반응하는 뇌의 영역을 활동하게 만들었다. 그리고 연구자들의 예상대로 참여자들이 이별의 고통을 반추할 때에도 뇌의 동일한 영역이 활성화되었다. 연인과의 이별 때문에 '마음이 상했다'는 말은 틀림없는 사실이다.

주의의 과정

잠깐 시간을 내어 지금까지 여러분 주변에 있었는데도 아직까지 한 번도 의식하지 못한 것 10가지만 찾아보라. 벽에 찍힌 반점, 벽시계가 째깍거리는 소리, 천정 모서리의 거미줄 등 주변을 조심스럽게 검토하면, 말 그대로 수천 가지는 찾아낼 수 있을 것이다. 그런데 우리는 왜 그런 것을 모르고 있었을까? '주의를 기울이지 않았기 때문에' 또는 '관심이 없었기 때문에'라고들 말할 것이다. 이 예에서 우리는 주의의 기능에 관한 중요한 교훈을 배운다. 첫째는 주의를 기울이지 않는 한 가용한 정보가 아무리 많을지라도 우리는 그 정보를 하나도 활용할 수 없다는 점이다. 그리고 또 하나는 **주의**(attention)를 기울여도 많은 가용한 정보 중 일부만 의식할 수밖에 없다는 점이다. 하지만 주변 대상이나 사건에다 세심한 주의를 기울이면 기울일수록 적어도 그 대상이나 사건에 관해서만은 보다 많은 것을 지각할 수 있고 또 알게 된다.

특정 대상에 주의가 집중되는 일은 어떻게 시작되는 것일까? 두 가지 방식 — 목적-지향적 주의와 자극-주도적 주의 — 으로 시작된다(Chun et al., 2011). **목적-지향적 주의**(goal-directed attention)란 목적에 맞추어 원하는 대상에다 주의를 기울이는 과정을 일컫는다. 예컨대, 야구장에서 야구공에만 관심을 기울이는 경우가 이에 속한다. **자극-주도적 주의**(stimulus-driven attention)는 목적에 관계없이 자극 대상의 특별한 속성 때문에 우리가 주의를 빼앗기는 과정을 일컫는다. 신호등을 기다리고 있는 동안 백일몽에 빠진 적이 있다면 여러분도 자극에 의해 주의를 빼앗긴 경험을 했다고 할 것이다. 신호등이 빨간색에서 파란색으로 바뀌는 그 순간, 주의를 기울이지 않고 있던 그 신호등에 여러분은 주의를 빼앗겼을 것이기 때문이다.

이 두 가지 과정은 어떤 관계에 있을까? 적어도 일부 조건에서는 자극-주도적 주의가 목적-지향적 주의보다 강한 것으로 밝혀졌다.

A　　　　　　　　　　　　　　　　　　　　　B

그림 4.24 주의가 선택되는 과정
참여자는 6개의 대상이 원형으로 배열된 자극을 보고, 그 속에 나비가 들어 있는지를 신속정확하게 결정해야 했다. 자극 속 대상을 모두 회색으로 제시함으로써 색깔을 기초로 나비를 찾아내는 일을 예방해 버렸다. 자극 속에 얼굴이 들어 있는 조건(A)의 반응 시간이 얼굴이 들어 있지 않은 조건(B)의 반응 시간보다 길었다.

일군의 연구자들이 "인간의 얼굴은 '생물적 그리고 사회적 중요성 때문에' 주의를 낚아챌 가능성이 크다."는 가설을 검증하고 싶었다(Langton et al., 2008, p. 331). 참여자들에게는 두 가지 유형의 자극을 제시하고(그림 4.24의 A와 B), 각 자극 속에 나비가 들어 있는지를 신속정확하게 판단하라고 지시하였다. 자극 A와 B에 대한 참여자의 정반응은 '예'임을 주목하라.(물론 '아니요'라고 반응해야 하는 자극도 제시되었다.) 자극 A에는 사람 얼굴이 들어 있다. 연구자들은 이 얼굴이 참여자들의 주의를 앗아갈 것이기 때문에 자극 B에 대한 반응 시간이 자극 A에 대한 반응 시간보다 짧을 것으로 예상했고, 예상은 적중했다. 사람의 얼굴에 주의를 빼앗기는 바람에 나비의 존재를 알아차리기가 어려워졌다는 것이 이 결과에 대한 연구자들의 해석이다. 사람 얼굴이 시각적으로 두드러지기 때문에 이런 결과가 관찰되었을 수도 있다. 이 가능성을 배제하기 위해 두 번째 실험을 실시했다. 두 번째 실험은 자극 속 사진을 모두 거꾸로 제시한 것 말고는 첫 실험과 동일하였다. 두 번째 실험의 자극 속 얼굴은 이제 얼굴로 보이지 않았고, 그 결과 얼굴이 들어 있어도 반응 시간은 길어지지 않았다.

여기서 소개된 현상에서는 주의가 참여자의 목적과 반대 방향으로 쏠렸기 때문에 자극-주도적 주의가 작용한 셈이다. 참여자들이 사람 얼굴을 무시할 수 있었더라면 얼굴이 들어 있는 자극에 대한 반응 시간이 길어지지 않았을 것이다. 실험 참여자들은 대개 최선을 다해 실험과제를 수행하려 한다. 때문에 얼굴이 들어 있는 자극에 대한 반응 시간이 길어진 결과는, 최대한 빨리 나비에 주의를 기울이려는 참여자들의 목적-지향적 노력에도 불구하고, 얼굴이 주의를 빼앗았기 때문에 초래된 것이라는 결론을 내리게 된다.

지각 집단화의 원리

어떤 식으로든 환경 속의 특정 자극에 주의가 집중되었다고

하자. 그러면 지각조직화 과정이 전개될 준비가 된 셈이다. 그림 4.25의 왼쪽 도형을 살펴보라. 대부분의 사람들은 흰색 꽃병을 전경으로 그리고 검은색 바탕을 배경으로 지각한다. 전경(figure)은 앞으로 튀어나와, 물체로 보이는 영역을 일컫고 배경(ground)은 전경이 돋보이도록 뒤에서 떠받쳐주는 것 같은 영역을 일컫는다. 그러나 그림 4.25의 오른쪽 도형에서 볼 수 있듯이, 전경과 배경 간 관계가 바뀔 수도 있다. 꽃병이 아닌 얼굴이 전경이 될 수도 있다는 뜻이다. 우리의 지각 시스템이 수행해야 하는 초기 과제 중 하나는 눈앞에 산재한 여러 대상 중 어느 것을 전경으로 취급하고 어느 것을 배경으로 취급할 것인지를 결정하는 일이다.

그럼, 우리의 지각 시스템은 전경으로 취급할 대상을 어떻게 선택하는 것일까? 이 문제는 주로 Kurt Koffka(1935), Wolfgang Köhler(1947), Max Wertheimer(1923) 등 형태주의 심리학자들에 의해 탐구되었다. **형태주의 심리학자들**(Gestalt psychologists)은 심리적 현상을 이해하기 위해서는 그 경험(현상)을 지각적 요소로 분석할 것이 아니라 그 경험을 하나의 구

그림 4.25 전경과 배경
지각 집단화의 첫 단계에서는 시야의 일부를 전경으로 그리고 나머지를 배경으로 분류하는 작업이 벌어진다.

조로 간주해야 한다고 주장했다. 그들은 눈앞의 대상들이 조직화되어 하나의 **형태**(gestalt)로 지각되는 방식을 밝히고자 하였다. 그 결과, 조직화된 하나의 형태는 그 형태를 구성하는 요소의 합과 판이한 경우가 많다는 것을 알게 되었다. 그들은 여러 개체를 동시에 제시하고 한 번에 한 가지 요인만을 조작한 후, 그 조작이 개체 배열을 지각하는 방식에 미치는 효과를 검토하였다. 그 결과 다음과 같은 법칙을 만들 수 있었다.

1. **인접성 법칙**(the law of proximity). 사람들은 가까운 요소들을 함께 묶는다. 이 법칙 때문에 우리는 아래의 점들을 4개의 행이 아닌 5개의 열로 지각한다.

2. **유사성 법칙**(the law of similarity). 사람들은 유사한 요소들을 함께 묶는다. 이 때문에 우리는 아래에서 O와 X가 섞인 열이나 행을 지각하지 않고 X로 구성된 4각형 안에 O로 구성된 4각형을 지각한다.

```
X X X X X
X O O O X
X O O O X
X O O O X
X X X X X
```

3. **연속성 법칙**(the law of good continuation). 사람들은 선분의 일부가 보이지 않는데도 하나의 이어진 선분으로 지각한다. 이 법칙 때문에 우리는 아래 그림을 화살이 심장을 관통한 것으로 지각한다.

4. **폐쇄성 법칙**(the law of closure). 사람들은 작은 괴리를 채워 넣어 둘이 아닌 하나로 지각하는 경향이 강하다. 이 때문에 우리는 아래에 있는 것을 C가 아닌 O로 지각한다.

5. **공통 운명의 법칙**(the law of common fate). 사람들은 같은 방향으로 움직이는 것들을 함께 묶는 경향이 강하다. 이 때문에 우리는 다음 그림을 우측으로 움직이는 행 다음에 좌측으로 움직이는 행이 번갈아 가며 제시된 것으로 지각한다.

공간적 통합과 시간적 통합

지금까지 소개한 형태주의 법칙을 통해 우리는 지각과정의 많은 부분이 시야에 널려 있는 조각을 모으는 일로 구성된다는 것을 알았다. 그러나 우리는 시야 전체를 한눈에 지각할 수 없을 때도 많다. 우리가 한순간에 볼 수 있는 것이 경우에 따라서는 시야의 일부에 불과할 때도 많다는 뜻이다. 따라서 주변 전체의 상황을 파악하기 위해서는 시선을 옮겨가며 그때그때 수집한 정보를 조합해야 한다. 이 조합은 여러 곳에서 수집한 정보를 조합하는 **공간적 통합**(spatial integration)과 한 번에 하나씩 수집된 정보를 조합하는 **시간적 통합**(temporal integration)으로 구성된다.

놀라운 점은 우리의 시각 시스템은 이러한 통합을 너무나 쉽게 이루어내는 것 같다는 점이다. 그런데 한곳에 시선을 집중하여 수집한 시각정보에 관한 우리의 기억은 신통치 않은 것으로 드러났다.

그림 4.26의 사진 두 장을 고려해 보자. 사진 속 장면은 동일하다. 하나는 근접 촬영(close-up)한 것이고 또 하나는 광각 촬영(wide-angle)한 것이다. 이 두 장 중 하나만 보고 잠시 후 둘 중 어느 것을 봤는지를 골라내야 하는 과제를 받았다고 하자. 대부분의 사람들은 "이런 검사쯤이야!"라고 생각한다. 그러나 1/20초가 지나기 전에 이 검사를 받으면, 사람들은 체계적인 오류를 범하는 것으로 드러났다(Dickinson & Intraub, 2008). 실험에 참여한 사람들에게 세 장의 사진 — 근접 촬영한 것 또는 광각 촬영한 것 — 을 짧은 시간 내에 차례로 보여주었다. 그리고는 잠시 후, 그 석 장 중 하나와 동일한 장면을 담은 사진 하나를 검사 자극으로 보여주었다. 검사 자극으로 제시된 이 사진은 원래 장면을 근접 촬영했거나 혹은 광각 촬영한 사진이었다. 참여자의 과제는 이 검사 자극이 앞서 봤던 것인지를 판단하는 일이었다. 반응은 5점 척도에다 앞서 봤던 것보다 '훨씬 가까우면' −2 점, '동일하면' 0 점, '훨씬 멀면' +2 점을 부여

A. 광각 촬영	B. 근접 촬영

그림 4.26 경계선 확장
사진을 볼 때 사람들은 사진 속 장면의 경계선을 머릿속에서 확장하는 경향이 있다. 이 때문에 사람들은 실제로 근접 촬영 사진을 봤으면서도 나중에는 광각 촬영 사진을 봤다고 기억하곤 한다.

하는 작업이었다. 그 결과 참여자의 반응에서 재미나는 오류가 관찰되었다. 대부분의 참여자가 동일한 사진을 보고 훨씬 가깝다고 판단했던 것이다. 참여자들이 원래 사진 속 경계보다 더 먼 곳까지의 정보가 사진 속에 포함되었다고 믿는다는 뜻인데, 연구자들은 이 오류를 경계선 확장이라 불렀다.

경계선 확장이 그것도 그렇게 빨리 일어나는 이유는 무엇일까? 창밖을 내다본다는 것이 어떤 일인지를 생각해 보자. 바깥 세상의 크기가 창문틀 크기만 하다고 믿는 사람은 아무도 없다. 우리는 이런 세상지식 때문에 창문을 내다보면서도 창문을 통해 보이는 것보다 더 넓은 세상을 보고 있다고 믿게 된다. 사진을 바라보는 것과 창문을 내다보는 것은 여러 면에서 동일하다. 사진의 가장자리에서 장면이 끝나지 않는다는 것을 알고 있기 때문에 사진 속에는 실제로 있었던 것보다 더 많은 것들이 들어 있었다고 기억한다는 뜻이다. 경계선 확장에 대한 이 설명을 이용하면 위의 실험에서 관찰된 오류도 이해가 된다. 한 번에 본 것을 바탕으로 더 큰 장면을 그려내는 능력이 결코 나쁜 것은 아니지 않은가?

사람들은 한 번 본 장면이 그 다음에 볼 때는 바뀌어 있어도 그 변화를 잘 알아차리지 못하는 경우가 많다(Simons & Ambinder, 2005). 변화 맹(change blindness)이라고 하는 극적인 조건도 있다. 예컨대, 사람들은 자기와 대화를 나누던 사람이 바뀌었다는 사실조차 알아차리지 못하기도 한다(Simons & Levin, 1998). 이 연구에서는 길을 가는 사람과 그에게 길을 묻는 실험자가 대화를 하는 도중 짐(큰 문짝)을 든 일꾼들이 이 두 사람 사이를 지나가면서 두 사람의 시야를 잠깐 가리는 일이 벌어진다. 그러는 동안 처음에 대화를 하던 실험자와 뒤쪽

에서 짐을 들고 따라 가던 일꾼의 역할이 바뀌어 버린다. 즉, 짐꾼 중 한 명이 실험자의 역할을 맡아 대화를 계속하고 실험자는 짐꾼이 되어 문짝을 붙들고 그 장면을 지나가 버린다. 그런데도 참여자는 그 사실을 알아차리지 못했다. 사실 마술사들은 변화 맹을 이용하여 여러 가지로 우리를 속여 왔던 셈이다. 그럼 어떻게 우리는 눈앞에서 벌어지는 그런 변화를 알아차리지 못하는 것일까? 앞서 논의한 주의의 특징을 되살려 보자. 변화를 알아차리기 위해서는 원래 상태와 바뀐 상태 모두에 주의를 기울여야만 한다. 주의를 기울인 후에도 정신적 노력을 투자해야만 변화를 탐지할 수 있다. 그런데 실제 세상에서는 그렇게 쉽게 바뀌는 일이 거의 벌어지지 않기 때문에 우리는 그런 변화에 주의를 기울이는 일 자체가 어려운 것이다 (O'Regan, 1992).

움직임 지각

움직임 지각도 앞서 본 세상과 다음에 본 세상을 비교해야 가능해진다. 교실의 반대쪽에 서 있는 친구를 바라보고 있다고 하자. 손짓을 했더니 그 친구가 우리 쪽으로 다가온다. 그 친구가 우리 쪽으로 다가옴에 따라 우리의 망막 위에 맺힌 그 친구의 상은 점점 커진다. 그리고 우리는 그 상이 커지는 속도를 기초로 그 친구가 우리 쪽으로 다가오는 속도도 알게 된다 (Gibson, 1979).

파이 현상(phi phenomenon)을 보면, 앞서 본 세상과 다음에 본 세상이 조합되는 방식을 분명하게 음미할 수 있다. 파이 현상은 시야의 상이한 위치에 자리 잡은 두 개의 전구가 초당 4~5차례 번갈아 점멸하는 것을 바라볼 때 일어난다. 이 효과는 옥외 광고판에 자주 이용된다. 번갈아 가며 점멸하는 속도가

우리는 이 그림 속에서 자전거를 탄 사람이 움직인다는 것을 안다. 어떻게 알까?

하는 사람이나 음식물)이면 다가가고 위험한 것(예 : 달려오는 자동차나 위에서 떨어지는 피아노)이면 피하는 행동을 하는 데 필수적인 능력이다. 이러한 공간 지각은 깊이(depth, 자신으로부터 물체까지의 거리)에 관한 정보와 자신을 중심으로 한 물체의 방향(direction)에 관한 정보를 필요로 한다. 청각은 방향 지각에는 도움이 되지만 깊이 지각에는 별 도움이 되지 않는다. 우리의 깊이 지각은 거리에 관한 다양한 정보를 제공하는 정보원 덕분에 이루어진다. 이들 정보원을 깊이 단서(depth cues)라고 하는데 양안 단서, 움직임 단서, 그림 단서 등이 그런 깊이 단서에 속한다.

비교적 느린데도 한 개의 불빛(전구)이 두 곳을 왕래하는 것처럼 보인다.

움직임 지각은 세상을 구성하는 요소를 한데 모으는 일에도 도움이 된다. 긴 풀숲으로 껑충껑충 뛰어가는 토끼를 바라보고 있다고 하자. 풀이 길기 때문에 단 한 번이라도 토끼의 완전한 모습을 보기는 힘들다. 그런데도 우리의 뇌는 여러 조각에서 발견되는 공통적 움직임을 기초로 그들 모든 조각이 하나의 대상에 속한다는 결론을 내리게 된다(Schwarzkopf et al., 2011).

양안 단서와 움직임 단서 우리는 왜 두 개의 눈을 가지고 있는 것일까? 눈이 두 개이기 때문에 우리는 깊이에 관한 정보를 확보할 수 있다. 두 눈으로 수집한 정보를 비교했을 때 생기는 깊이 단서를 **양안 깊이 단서**(binocular depth cues)라 한다. 눈이 두 개이기 때문에 우리는 망막 부등(retinal disparity)과 수렴(convergence)이라고 하는 두 가지 양안 깊이 정보원을 갖게 되었다.

우리의 두 눈은 약 6.5cm의 간격을 두고 있다. 때문에 왼쪽 눈과 오른쪽 눈으로 보는 세상이 약간 다르다. 믿기지 않으면, 우선 멀리 있는 작은 물체를 하나 선정하라. 그리고는 오른쪽 눈만 뜬 상태에서 오른팔은 쭉 그리고 왼팔은 반만 앞으로 뻗어, 각 손의 검지를 그 물체와 일직선이 되게 정렬시켜 보라. 이제, 손가락은 고정시킨 채 오른쪽 눈을 감고 왼쪽 눈을 떠서 그 대상을 응시해 보라. 두 손가락은 이제 그 물체와는 엉뚱한 방향에 위치해 있을 것이다. 여기서 여러분은 두 눈으로 보는 세상이 서로 다르다는 사실을 깨달았을 것이다.

깊이 지각

지금까지는 평면상의 2차원 형태만 고려했었다. 그러나 일상의 지각경험은 주로 3차원 공간에 위치한 물체를 지각하는 일로 구성된다. 3차원 공간 지각은 우리가 원하는 것(예 : 좋아

그림 4.27 망막 부등
망막 부등은 두 물체 간 거리와 함께 커진다.

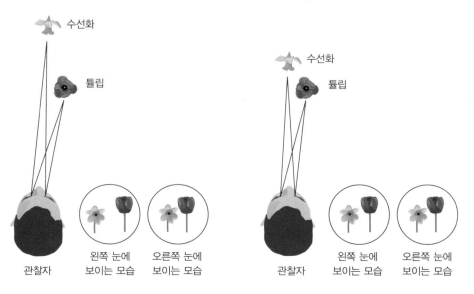

이처럼 두 눈의 망막에 맺힌 상의 수평 간격(중심와를 기준을 한 간격)이 동일하지 않은 것을 **망막 부등** 또는 **양안 부등**(retinal/binocular disparity)이라 한다. 망막 부등이 깊이 정보를 제공할 수 있는 것은 부등의 크기가 눈에서부터 물체들까지의 거리에 따라 체계적으로 변하기 때문이다(그림 4.27 참조). 위의 예에서 오른쪽 눈을 감고 왼쪽 눈을 뜨면, 왼손 검지의 위치 변화가 오른손 검지의 위치 변화보다 더 큰데, 그 이유는 왼손이 오른손보다 눈에서 가깝기 때문이다.

두 눈을 뜨고 세상을 바라볼 때, 눈앞에 있는 대부분의 물체는 두 눈의 상이한 위치를 자극한다. 특정 물체의 상이 두 눈의 망막에 맺혔을 때, 그 상의 망막상 위치차이(부등)가 아주 작으면 우리의 시각체계는 이 두 개의 상을 융합하여 하나의 물체로 지각한다. 그러나 이 부등이 융합될 수 없을 정도로 크면 이 두 개의 상은 별개의 물체로 지각된다. 이 일을 두고 조금만 생각해 보면 우리의 시각체계가 놀라운 일을 하고 있음을 알게 된다. 우리의 시각체계는 두 눈으로 상이한 두 개의 상을 만들고, 이 둘을 비교하여 양안 부등을 계산한 후, 단일 대상에 대한 지각경험을 생성한다. 두 눈 때문에 생기는 망막 부등을 3차원 세계의 깊이로 해석한다는 뜻이다.

수렴(convergence) 또한 양안 깊이 정보를 제공한다. 특정 물체를 응시할 때 우리의 두 눈은 안쪽으로 회전하게 되어 있다(그림 4.28 참조). 그 회전의 크기는 물체가 눈앞에 가까울수록 커진다. 친구가 멀리 있는 물체를 응시하다가 눈앞에 있는 물체로 시선을 옮기는 동안 그 친구의 눈을 들여다보면 눈이 수

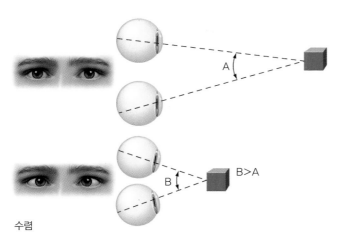

수렴

그림 4.28 깊이 단서로 작용하는 수렴
멀리 있는 물체보다 가까이 있는 물체를 바라볼 때, 우리의 두 눈이 안쪽으로 회전(수렴)하는 정도는 더 커진다. 우리의 뇌는 이 수렴에 관한 정보를 안근에서 받아들여 깊이 단서로 이용한다.

출처 : Ciccarelli, Saundra K; White, J. Noland, *Psychology*, 3rd Edition, © 2012. Reprinted and electronically reproduced by permission of Pearson Education, Inc., Upper Saddle River, New Jersey.

렴하는 것을 볼 수 있을 것이다. 우리의 뇌는 수렴과 함께 변하는 안근의 수축/이완 정도를 깊이 정보로 이용하여 물체까지의 거리를 판단한다. 그러나 안근으로부터 오는 수렴 정보는 약 3m 이내의 거리 지각에만 유용하다. 물체까지의 거리가 멀어지면 수렴각의 변화가 너무 작아져 탐지를 할 수 없게 되어 버린다.

움직임 역시 깊이 단서로 작용한다. 다음과 같이 해 보면, 이 사실을 확인할 수 있다. 앞서 해 본 것처럼, 한 눈은 감고 뜬 눈으로는 두 손의 검지를 멀리 있는 작은 물체와 일직선이 되게 정렬한다. 그리고는 손가락을 고정시킨 채 물체를 응시하면서 머리를 좌우로 움직여 보라. 머리가 움직임에 따라 두 손가락도 움직이는 것처럼 보일 것이다. 그러나 멀리 있는 손가락보다 가까이 있는 손가락이 더 크게 그리고 떠 빠르게 움직이는 것으로 보일 것이다. 물론 응시하고 있는 물체는 움직이지 않을 것이다. 거리에 따라 움직임에서 나는 이런 차이를 **움직임 시차**(motion parallax)라 한다. 움직임 시차가 깊이 정보로 작용하는 이유는 우리가 움직이면, 눈앞에 있는 물체의 망막상이 움직이는 방향과 속도가 그 물체까지의 거리에 따라 체계적으로 변하기 때문이다. 다음에 버스를 타고 여행할 기회가 있으면, 움직임 시차를 관찰해 보기 바란다. 버스에서 멀리 떨어진 물체가 가까이 있는 물체보다 훨씬 적게 움직이는 것처럼 보일 것이다.

단안 단서 눈이 하나뿐이라면 깊이를 지각할 수 없는 것일까? 다행히 한 눈에만 가용한 깊이 정보도 많다. 이들 정보원을 **단안 단서**(monocular cues)라 하는데, 그 이유는 말 그대로 눈 하나만 있어도 확보할 수 있는 단서이기 때문이다. 화가들은 단안 단서를 기술적으로 활용하여 2차원 화폭에다 3차원처럼 보이는 그림을 그려낸다. 이 때문에 단안 단서를 그림 단서(pictorial cues)라고도 한다.

중첩 또는 **가림**(interposition/occlusion)은 불투명한 물체가 다른 물체의 일부를 가리고 있는 상태를 말한다(그림 4.29 참조). 중첩은 가려진 물체가 가리고 있는 물체보다 더 멀리 있다고 알려준다. 어떤 물체가 표면을 가리면 빛이 막혀 표면에 그림자가 생기기 때문에 그림자 역시 깊이 단서로 이용될 수 있다.

다음 세 가지 그림 단서는 모두 3차원 세계에서 반사된 빛이 망막 같은 2차원 표면에 투사되는 광학 법칙 —크기-거리 관계율— 때문에 생성되는 단서들이다. **상대적 크기**(relative size)는 빛이 투사되는 기본 법칙을 나타낸다. 크기가 동일한 물체

그림 4.29 중첩/가림 단서
이 여인이 창살 뒤에 있다는 사실을 알려 주는 시각적 단서는 무엇인가?

에서 투사된 상일지라도 물체에서 망막까지의 거리에 따라 그 상의 크기가 달라진다. 가장 가까이 있는 물체의 상이 가장 크고 가장 멀리 있는 물체의 상이 가장 작다. 이 법칙을 크기-거리 관계율(size-distance relation)이라고 한다. 그림 4.30에서 볼 수 있듯이, 똑같은 모양의 물체가 나열된 것을 보면, 우리의 시각 시스템은 작은 것이 더 멀리 있다고 해석한다.

선형 원근(linear perspective) 단서 역시 크기-거리 관계율 때문에 생기는 단서이다. 지평선을 향해 멀어져 가는 두 평행선을 바라보는 사람의 눈에 맺힌 그 평행선의 망막상은 지평선

그림 4.30 깊이 단서로 작용하는 상대적 크기
가까이 있는 물체에 의해 투사된 상이 더 크기 때문에, 이 그림에서처럼 똑같은 모양의 물체가 나열되어 있는 것을 보면, 우리의 시각체계는 작은 것을 더 멀리 있는 것으로 해석한다.

그림 4.31 Ponzo 착각
수렴하는 두 개의 막대 덕분에 깊이가 창출된다. 이 깊이 단서 때문에 위에 있는 막대가 아래에 있는 막대보다 길어 보인다.

방향으로 수렴한다(그림 4.31 참조). 두 막대의 수렴에 대한 시각 시스템의 해석 때문에 Ponzo 착각이 발생한다. 위에 있는 막대가 길어 보이는 이유는 우리의 시각 시스템이 옆 변이 수렴하는 것을 멀어지는 것으로 해석하기 때문이다. 이런 조건을 만나면 우리의 시각 시스템은 두 변 사이의 막대 두 개 중 위에 있에 있는 것이 더 멀리 있는 것으로 해석한다. 멀리 있는 위에 막대와 가까이 있는 아래 막대에서 투사된 망막상의 크기가 동일하기 때문에, 크기-거리 관계율에 의해, 더 멀리 있는 위의 막대가 더 길어 보이는 것이다.

결 변화율(texture gradient)이 깊이 단서로 작용하는 이유는 표면이 눈앞에서 멀어질수록 그 표면의 결이 더욱 촘촘해지기 때문이다. 그림 4.32의 밀밭 풍경을 보면 결 변화율이 깊이 단서로 이용되고 있음을 알 수 있다. 여기에도 크기-거리 관계율이 적용되고 있다. 이 경우에는 거리가 멀어짐에 따라 결의 단위가 작아지기 때문에 우리 시각 시스템은 결 단위가 작은 위쪽을 더 먼 곳으로 해석한다.

지금쯤 여러분도 깊이를 알려주는 정보원이 많다는 것을 알

그림 4.32 깊이 단서로 작용하는 결 변화율
이 밀밭은 결 변화율이 깊이 단서로 이용되고 있는 자연적 조건의 한 예에 속한다.

앉을 것이다. 정상적인 조건에서 벌어지는 3차원 공간 지각에는 이들 정보원이 모두 활용된다. 우리는 인접 자극에 담겨 있는 깊이 단서를 지각하는 것이 아니라 깊이 자체를 지각한다. 다시 말해, 우리의 시각체계는 우리가 의식하지 못하는 사이에 움직임 시차, 중첩, 상대적 크기 등의 단서를 이용하여 3차원 환경 속의 깊이 지각에 필요한 계산을 완수해내는 것이다.

지각 항등성

이 책을 들고 얼굴 가까이 당겨 본 후, 다시 원래의 위치에 가져다 놓아 보라. 이 책이 망막을 자극하는 부위는 멀리 있을 때보다 가까이 있을 때가 훨씬 크다. 그런데도 눈앞에 있을 때나

원래 위치에 있을 때나 책의 크기는 달라 보이지 않는다. 이제 책을 책상 위에 세워 놓고 고개를 우측으로 기울여 보라. 이렇게 하면 망막에 맺힌 이 책의 상은 고개를 기울이는 반대 방향, 즉 좌측으로 회전한다. 그런데도 책이 기울어져 보이지 않았을 것이다.

일반적으로 감각 수용기에 가해지는 인접 자극은 변하는데도, 세상은 변하지 않는 것으로 지각된다. **지각 항등성**(perceptual constancy)이라고 하는 이 현상은, 우리가 지각하는 것은 머리나 눈이 움직일 때마다 변하는 인접 자극의 속성이 아니라, 변화가 거의 없는 원격 자극의 속성이라는 사실을 의미한다. 우리가 살아남기 위해서는, 인접 자극의 엄청난 변화에도 불구하고 주변을 둘러싸고 있는 물체, 즉 원격 자극의 불변 속성을 지각할 수 있어야 한다. 따라서 지각의 결정적인 과제는 주변 환경 속에서 **불변 속성**(invariant properties)을 찾아내는 일이다.

크기 및 모양 항등성 물체의 크기 지각을 결정하는 요인은 무엇일까? 망막에 맺힌 상의 크기도 한 가지 요인으로 작용한다. 앞에서도 보았듯이, 망막에 맺힌 물체의 상은 물체의 실제 크기에 따라서도 달라지지만, 그 물체까지의 거리에 따라서도 달라진다. 물체까지의 거리에 관한 정보는 여러 가지 깊이 단서가 제공한다. 시각체계가 이 거리 정보와 상의 크기에 관한 정보를 조합할 때, 우리는 물체의 크기를 지각하게 된다. 대개의 경우, 이렇게 지각된 크기는 그 물체의 실제 크기와 일치한

  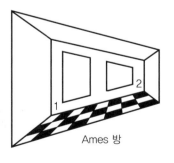 

그림 4.33 Ames 방
이 방은 한쪽 눈으로 정해진 응시구멍을 통해 봐야만 착각이 일어난다. 두 장의 사진은 이 응시구멍을 통해 찍은 것이다. 오른쪽 그림 중 위 그림은 정면에서 이 방을 들여다본 모습이고 아래 그림은 위에서 내려다본 조감도이다. 사진을 보면 이 방이 보통 방처럼 보이지만, 오른쪽 그림이 보여주듯 실제로는 이런 착각이 일어나도록 이상하게 설계된 방이다.

그림 4.34 모양 항등성
동전을 수직을 축으로 회전시키면 망막에 맺히는 그 동전의 상은 원형에서 타원형으로, 타원형에서 직사각형으로, 직사각형에서 다시 타원형을 거쳐 원형으로 바뀐다. 그런데도 우리는 그 동전의 모양을 여전히 원형으로 지각한다.

다. **크기 항등성**(size constancy)이란 물체에 의해 투사된 망막 상의 크기는 변하는데도 그 물체의 크기는 변하지 않는 것으로 지각하는 능력을 일컫는다.

물체까지의 거리가 물체의 크기 지각에 필수적인 요인이라면, 거리를 잘못 계산하면 물체의 크기도 잘못 지각되어야 한다. 그림 4.33의 Ames 방은 실제로 이런 착각이 일어나고 있음을 보여준다. 방의 왼쪽 모서리에 선 어른이 오른쪽 모서리에 선 아이에 비해 훨씬 작아 보인다. 그런데 그 어른이 오른쪽 모서리에 서자 엄청나게 커 보인다. 이 착각은 우리가 이 방의 왼쪽 구석까지의 거리와 오른쪽 구석까지의 거리가 동일하다고 지각하기 때문에 야기된 현상이다. 사실, 이 방은 사각형처럼 보일 뿐, 사진 옆의 그림에서 알 수 있듯이, 실제로는 관찰자로부터 왼쪽 구석까지의 거리가 오른쪽 구석까지의 거리보다 두 배나 먼 이상한 모양의 방이다. (이 방을 들여다볼 때는 한 눈으로 정해진 응시구멍(peephole)을 통해서 봐야 착각이 일어난다. 왜 그럴까? 깊이 단서를 생각해 보라.)

물체의 크기에 대한 지식 또한 크기 지각에 영향을 미친다. 예를 들어, 어떤 대상이 가옥이나 나무 또는 강아지라는 사실을 지각하고 나면, 우리는 그 대상까지의 거리를 몰라도 크기가 얼마나 될 것인지를 안다. 그러나 친숙한 물체일지라도, 아주 먼 거리에서 봤을 때 그 모양이 어떨 것인지를 알지 못하면, 크기 항등성이 깨질 수도 있다. 초고층 건물의 전망대에서 내려다본 길거리의 사람들이 개미만 하다는 경험을 한 적이 있을 것이다.

모양 항등성(shape constancy)은 크기 항등성과 밀접한 관계에 있다. 물체를 정면이 아닌 옆에서 바라보면 망막에 맺힌 그 물체의 상은 정면에서 바라볼 때와 판이하게 달라진다. 예컨대, 사각형을 옆에서 보면 그 사각형의 상은 사다리꼴이 되며, 원을 측면에서 보면 그 상은 타원이 된다(그림 4.34 참조). 그런데도 우리는 여전히 사각형과 원을 각각 정면에서 기울어진 사각형과 원으로 지각한다. 깊이 단서만 충분하면, 우리의 시각체계는 그 단서를 이용하여 물체를 구성하는 각 부분까지의

거리를 계산해내고 그 값을 기초로 그 물체의 실제 모양을 찾아낼 수 있다.

밝기 항등성 그림 4.35의 사진 속 벽을 보고 벽돌 중 일부는 어두운 적색이고 또 다른 일부는 밝은 적색이라고 지각하는 사람은 없을 것이다. 대부분의 사람들은 밝기가 동일한 벽돌로 쌓은 벽 위에 그림자가 드리웠다고 지각한다(Kingdom, 2011). 이것이 바로 밝기 항등성의 한 예인데, 밝기 항등성(lightness constancy)이란 대상을 비추는 빛의 강도, 즉 조도가 바뀌는데도 우리는 그 대상의 밝기(흰색-회색-흑색의 정도)를 같은 것으로 지각하는 경향성을 일컫는다.

그림 4.35 밝기 항등성
밝기 항등성 때문에 우리는 벽을 쌓고 있는 벽돌이 모두 동일한 재료로 만들어졌다고 지각한다.

다른 항등성과 마찬가지로 밝기 항등성도 일상생활에서 자주 만난다. 예를 들어, 흰옷을 입은 사람이 어두운 실내에서 화창한 실외로 걸어 나오는 경우를 생각해 보자. 이 흰옷에서 반사되어 눈으로 들어오는 빛의 양(강도)은 실내냐 실외냐에 따라 엄청난 차이가 난다. 그런데도 우리는 그 옷을 동일한 흰색으로 지각한다. 밝기 항등성은 실외와 실내에서 반사되는 빛의 절대적 양은 변하는데도 상대적 양은 변하지 않기 때문에 나타나는 현상이다. 흰옷은 그 옷에 내려 쪼이는 빛의 80∼90%를 반사하는 데 반해, 검은옷은 약 5%만 반사한다. 이 때문에 실내에서건 실외에서건 그곳 조도의 80∼90%를 반사하는 물체는 흰색(밝은색)으로 지각되고 5%만 반사하는 물체는 검은색(어두운색)으로 지각되는 것이다.

착각

이제까지 우리의 지각 시스템이 세상에 관한 정확한 지각경험을 만들어내는 과정을 살펴보았다. 하지만 우리의 지각 시스템이 우리를 속일 때도 있다. 지각경험이 사실과 다르다는 것이 분명한데도 계속해서 그러한 지각경험이 산출될 때, 우리는 **착각**(illusion)을 경험한다고 말한다. 착각은 동일한 장면에 있는 사람이면 거의 모두가 경험한다. 사람들의 감각 기관이 동일한 방식으로 작동하고 또 세상에 대한 그 사람들의 경험이 서로 비슷하기 때문이다. (제5장에서 알게 되겠지만, 환각은 몸이나 마음이 비정상적인 상태에서 벌어지는 개별적인 경험이다. 거의 모든 사람이 경험하는 착각과 다르다.) 그림 4.36에 제시된 여러 가지 고전적 착각을 검토해 보자. 시각 착각을 예시하기가 쉬울 뿐 청각 착각(Deutsch et al. 2011; Zheng et al., 2011)도 미각 착각(Todrank & Bartoshuk, 1991)도 그리고 촉각 착각(Tsakiris et al., 2010)도 존재한다.

연구자들은 지각과정의 특징을 밝혀내기 위해 새로운 착각을 만들어내기도 하고 옛것을 새로운 관점에서 검토하기도 한다. 그림 4.36의 첫 번째 예인 Müller-Lyer 착각을 고려해 보자. Müller-Lyer는 1889년 이 착각을 광학적 착각(optical illusion)

좌우의 수직 선분 중 더 긴 것은?

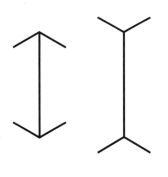
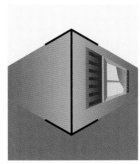

Müller-Lyer 착각

대각 선분은 하나인가? 둘인가?

수직선분이 평행이라고?

모자 뚜껑의 지름과 높이 중 더 긴 것은?

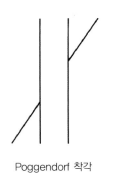
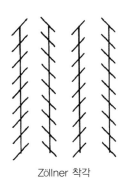

Poggendorf 착각   Zöllner 착각   모자 착각

그림 4.36 네 가지 착각
이들 착각은 각각 지각이 정확하지 않을 수 있음을 입증하고 있다. 연구자들은 자신의 이론을 검증하기 위해 착각을 이용하곤 한다. 이들 이론은 평상시에는 정확한 지각경험을 생성하는 지각 시스템이 왜 특정 조건에서는 착각을 일으키는지를 설명하려 한다.

생활 속의 비판적 사고

운전 중 휴대전화 사용 : 안전할까?

주거 지역에 따라 운전 중 휴대전화 사용이 법적으로 금지된 곳도 있다. 대부분의 사람들은 이런 조치의 필요성에 대한 나름대로의 생각을 가지고 있다. 연구결과를 이용하면 이 문제에 관한 논쟁을 쉽게 끝낼 수 있을 것이다.

대부분의 연구는 운전자가 전화 내용과 환경변화 둘 다에 주의를 기울일 수 있느냐는 문제에 집중되었다(Strayer et al., 2011). Strayer의 연구진(2003)은 참여자를 시뮬레이터에 태워 교외를 운전하게 하였다. 시뮬레이션이지만 참여자는 보통의 운전기술(예 : 가속, 속도 유지, 제동 등)을 백분 발휘해야 했다. 각 참여자는 운전만 하는 조건과 운전 중 통화를 하는 조건 두 가지에 노출되었다. 통화에 손은 사용하지 않았으며 통화 내용은 잡다한 일상사였다. 두 조건 모두 도로변에는 여러 개의 광고판이 있었다. 운전이 끝난 후, 참여자들은 예상 밖의 기억 검사를 치러야 했다. 운전만 했을 때는 광고판 15개 중 6.9개를 재인했는데 통화를 하며 운전을 했을 때는 3.9개밖에 재인하지 못했다.

이 실험에 작용한 주의의 역할을 따져 보자. 통화를 하면서 운전을 했을 때의 기억검사 점수가 낮은 결과에 대해 적어도 두 가지 설명이 가능하다. 광고판을 아예 보지 못했기 때문일 수도 있고 광고판을 보기는 봤지만 광고판에 주의를 기울이지 못했기 때문일 수도 있다. 두 번째 가설(설명)을 이해할 수 없다면, 책에서 눈을 떼어 주변을 둘러보라. 시선이 어디에 있든 많은 물체를 볼 수 있을 것이다. 하지만 자세한 정보를 확보하기 위해서는 특정 물체에 주의를 기울여야만 한다는 사실을 알았을 것이다.

위의 실험에서는 참여자들의 눈 움직임을 측정했기 때문에 운전을 하는 동안 그들이 어디를 바라봤는지를 판단할 수 있었다. 통화를 했든 하지 않았든 참여자들의 시선은 거의 모든 광고판에 멈추었으며, 심지어 시선이 광고판에 머문 시간도 거의 동일했다. 때문에 광고판에 대한 기억이 좋지 않았던 이유는 주의를 기울이지 않고 바라봤기 때문이라 할 것이다. 실제로 거리를 운전하도록 한 연구(Harbluk et al., 2007)도 휴대전화 사용이 주변 환경에 쏟아야 할 운전자의 주의를 앗아간다는 결론을 내렸다. 이 연구는 주의의 산만으로 초래된 행동의 변화까지 적어 놓았다. 주의가 가장 산만해진 운전자가 제동장치(brake)를 가장 강하게 밟아야 했다. 이제 이 문제에 대한 여러분의 생각도 정리되었으리라 믿는다.

이라고 생각했었다. 그러나 Richard Gregory(1966)는 이 착각을 다르게 설명하고 있다. Gregory에 따르면, 사람들은 양쪽 끝이 뾰족한 화살을 볼 때 건물의 외부 모서리가 튀어 나온 모양을 경험하고 양쪽 끝이 벌어진 화살을 볼 때는 움푹 들어가 건물의 내부 모서리를 경험한다(그림 4.36 상단 참조). 그리고 크기-거리 관계율 때문에 내부 모서리로 보이는 화살이 더 멀리 있는 것으로 지각하게 된다. 즉, 착각을 일으키게 된다는 것이 Gregory의 설명이다. 이 설명에 의하면, Müller-Lyer 착각은 깊이 지각 과정에서 유발된 그릇된 지각경험일 뿐이다. 그러나 논쟁이 마감된 것은 아니다. 이 이론을 지지하는 증거도 또 이 이론과 상치되는 증거도 보고되고 있기 때문이다(Howe & Purves, 2005; Weidner & Fink, 2007). 그림 4.36에 제시된 고전적 착각에 대한 연구를 통해 지각과정에 대한 우리의 안목이 계속 깊어지고 있다.

착각은 일상생활의 일부이기도 하다. 지구에 살고 있는 우리는 매일같이 해가 '뜨고' '지는' 것을 본다. 그러나 우리는 태양은 태양계의 중심을 벗어나지 않는다는 것도 안다. 지구가 평평하게 보이는 것 또한 착각이다. 또한 하늘에 떠 있는 달은 우리를 쫓아오지 않는데도 우리는 그 달이 우리가 가는 곳을 졸졸 따라다니는 것으로 지각한다. 이러한 경험은 달까지의 거리가 멀기 때문에 야기되는 착각일 뿐이다. 지구에 다다른 달빛은 기본적으로 평행선을 이루고, 우리가 어디를 가든 우리가 움직이는 방향과 수직을 이룬다.

사람들은 원하는 효과를 창출하기 위해 착각을 제어하기도 한다. 건축가와 실내 장식가들은 지각의 원리를 이용하여 공간 내 물체가 실제보다 더 커 보이거나 작아 보이도록 설계를 한다. 아파트가 좁으면, 벽을 흰색으로 칠하고 소파, 의자, 탁자 등은 작고 낮을 것을 골라 벽에서 약간 떨어진 곳에다 듬성듬성 놓으면 넓어 보인다. NASA에서 일하는 심리학자들은 우주선 내부를 보다 즐거운 공간으로 만들기 위해 환경이 지각에 미치는 영향을 연구해왔다. 영화나 극장의 무대감독, 조명감독은 영상과 무대에 대한 착각을 의도적으로 유발한다.

이러한 착각에도 불구하고 대개의 경우 우리는 주변을 별 탈 없이 돌아다닌다. 착각을 공부하는 주된 목적은 우리의 지각이 성공적으로 전개되는 이유를 밝히기 위함이다. 착각에 대한 연구는 지각조직화 과정에 대한 다른 연구를 보완해 준다.

1. 자극-주도적 주의란 무엇을 뜻하는가?
2. 폐쇄성의 법칙이란 무엇인가?
3. 우리는 어떤 정보를 기초로 어떤 사람이 우리에게 접근하고 있다는 사실을 알아차리게 되는 것일까?
4. 수렴이 깊이 단서로 작용하는 방식을 기술하라.
5. 모양 항등성이란 어떤 현상 또는 능력을 일컫는가?

비판적 사고 경계 확장 실험에서 참여자들에게 사람들의 경향성을 미리 경고를 하면 실험 결과가 바뀔 것 같은가?

정체파악 및 인식

지금까지는 지각에서 벌어지는 여러 가지 조직화 과정을 소개하였다. 이제 환경 속의 대상 및 사건에 의미를 부여하는 정체파악 및 인식에 관한 논의를 끝으로 이 장을 마감하기로 하자.

위에서 소개된 지각과정은 3차원 환경 속 물체들의 위치, 크기, 모양, 결 및 색상과 같은 원격 자극의 물리적 속성에 관한 지식을 제공하는 과정이라 할 수 있다. 그러나 여기까지의 과정만으로는 그 물체가 무엇이며 과거에 본 적이 있는 것인지를 알 수가 없다. 외계를 방문한 것과 같을 것이다. 어느 것이 먹을 것이고, 어느 것이 머리에 쓰는 것이며, 무엇을 두려워해야 하고, 어떤 것에 접근해야 할 것인지를 알 수 없을 것이다. 하지만 우리의 주변 환경이 외계 같지 않은 이유는 거의 모든 물체의 정체를 우리가 이미 알고 있고 또 분류할 수 있기 때문이다. 정체파악 및 인식(범주화)은 지각경험에 의미를 부여하는 과정이다.

상향처리와 하향처리

물체의 정체를 파악하기 위해서는 감각 기관을 통해 수집한 정보를 머릿속에 기억하고 있는 정보와 비교해야만 한다. 환경 속에서 감각자료를 수집하여 뇌로 보내는 작업이 벌어져야 한다는 뜻이다. 심리학자들은 감각 기관을 통해 수집된 자료가 뇌로 전달되면서 전개되는 처리를 상향처리라 한다. **상향처리**(bottom-up processing)는 경험한 실재에 기초를 두고 정보를 다루며, 자극의 물리적 속성을 추상적 표상으로 변형하는 과정으로 간주된다(그림 4.2 참조). 이런 유형의 처리를 **자료주도적 처리**(data-driven processing)라고도 하는데, 상향처리의 과정이 환경에서 수집된 자료에서 시작되기 때문이다.

그러나 정체파악에는 이미 알고 있는 정보가 이용될 때도 많다. 예를 들어, 우리는 동물원에 가야 볼 수 있는 동물과 길거리에서 볼 수 있는 동물이 다르다는 것을 알고 있다. 호랑이를 보고 싶으면 동물원에 가야 한다는 것도 안다. 이런 기대가 지각에 영향을 미치는 과정을 하향처리라 한다. **하향처리**(top-down processing)에서는 과거경험, 지식, 동기 및 문화적 배경이 지각에 간여한다. 고차원적 정신기능이 물체나 사건의 정체를 파악하고 인식하는 일에 개입한다는 뜻이다. 하향처리를 **개념주도적 처리**(conceptually-driven processing)라고도 하는데, 알고 있는 개념이 감각자료를 해석하는 일에 영향을 미치기 때문이다.

맥락과 기대의 영향

지각의 일차적 목적은 세상을 정확하게 파악하는 데 있다. 주변의 대상과 사건을 정확하게 지각해야 생존이 보장되기 때문이다. 그러나 상향처리만으로는 주변 자극의 정체를 확정할 수 없는 경우도 많고, 심지어 자극의 정체에 대한 감조차 잡을 수 없는 경우도 있다. 이러한 경우에 유용한 것이 하향처리로, 하향처리는 맥락과 기대를 이용하여 주변 자극의 정체파악 작업을 돕는다.

그림 4.37은 하나의 자극이 두 가지로 해석될 수 있는 경우를 보여주고 있다. 그림 속에는 **모호한 도형**(ambiguous figure)이 두 개 들어 있다. **모호성**(ambiguity)은 지각과정을 이해하는

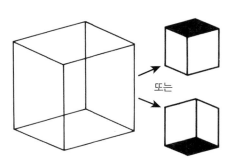

Necker 육면체 : 위 또는 아래

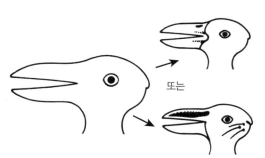

오리 아니면 토끼

그림 4.37 지각적 모호성
각각의 도형은 두 가지 해석을 허용한다. 그러나 두 가지를 동시에 경험할 수는 없다.

그림 4.38 그림 속 모호성
이 그림은 Salvador Dali의 작품, 'Slave Market with the Disappearing Bust of Voltaire'이다. Dali는 모호성을 작품에 적극 활용한 현대화가 중 한 명이다.

그림 4.39 모호한 그림
이 그림 속에서는 무엇이 보이는가?
출처 : Reprinted by permission of Sylvia Rock.

데 필요한 중요한 개념이다. 하나의 상이 여러 가지로 해석될 수 있음을 뜻하기 때문이다. 그림 속에 있는 각각의 도형이 두 가지로 보일 때까지 들여다보기 바란다. 일단 두 가지를 다 경험한 후부터는 그 도형을 들여다보는 동안 두 가지가 번갈아 가며 보일 것이다.

화가들은 지각의 모호성을 작품에 이용해 왔다. 그림 4.38이 보여주는 Salvador Dali의 작품에는 모호성이 복잡하게 얽혀 있다. 때문에 그림 전체를 재조직하고 재해석해야만 Voltaire(프랑스 철학자)의 '숨은' 상반신을 찾아낼 수 있다. 그림 중간쯤에 있는 하얀 부분이 그의 이미고 머리이다. (잘 보이지 않으면, 눈을 반쯤 감아서 그림이 흐려 보이게 하거나 책을 멀리 떨어지게 하면 도움이 될 것이다.) 일단 그의 상반신을 보고 난 후 그것을 다시 볼 때는 이 양반이 어디에 숨었는지를 모르고서는 결코 그의 상반신을 볼 수 없을 것이다.

환경 속에서 수집한 정보가 모호하면 우리는 맥락정보와 기대를 이용하여 그 대상의 정체를 확정하려 한다. 우리가 알고 있는 것, 우리의 현재 위치, 주변에서 보이는 것 등에 따라 모호한 대상의 정체는 달라질 수 있기 때문이다. 다음 글자를 읽어보라.

12 B 14 A B C

누구나 '십이 십삼 십사', '에이 비 씨'라고 읽을 것이다. 그러나 13과 B를 자세히 보면 둘의 모습이 동일하다. 그런데도 숫자 속에서는 13으로 문자 속에서는 B로 지각된 것이다. 숫자와 문자에 대한 우리의 지식이 지각에 영향을 미친 것이다. 앞뒤의 맥락 때문에 동일한 자극이 숫자 속에서는 숫자로 문자 속에서는 문자로 지각된 것이다.

이번에는 그림 4.39를 들여다보라. 무엇이 보이는가? 아무것도 보이지 않는다고! 그러면 달마시안 한 마리가 공원의 나무 밑에서 코를 대고 냄새를 맡고 다니는 장면을 담은 그림이라는 사실을 알고 다시 들여다보라. 개가 보이는가? (개의 코가 그림의 거의 중앙에 위치하고 있다.) 그림 속의 달마시안을 보기 위해서는 기억 속의 정보를 이용하는 하향처리가 이루어져야 한다. 달마시안을 본 적이 없거나 코를 대고 냄새를 맡는 개를 본 적도 없다면, 이 그림 속에서 개를 볼 수 없을 수도 있다.

맥락과 기대는 우리 일상생활의 배후에서 매우 중요한 역할을 수행한다. 전혀 예상하지 못했던 곳에서 아는 사람을 만난 적이 있을 것이다. 그때 그 사람을 인식하는(알아보는) 데 훨씬 긴 시간이 걸렸을 것이다. 심지어는 그 사람이 아는 사람이라는 확신이 서지 않았을 수도 있다. 문제는 그 사람이 다르게 보였기 때문이 아니라 맥락이 달랐기 때문이다. 그곳에서 그 사람을 만나리라는 예상을 못했던 것이다. 이처럼 대상을 마주치는 시간적 맥락 및 공간적 맥락도 그 대상을 인식하는 데 중요한 정보원으로 작용한다. 우리는 그러한 맥락을 기초로 특정 대상을 마주치게 될 가능성을 예상하기 때문이다.

맥락이 지각에 영향을 미친다는 사실은, 특정 장면에 관한 기억정보가 그 정보를 필요로 하는 바로 그 상황에서 즉각 이용될 수 있도록 조직되어 있다는 뜻이다. 다시 말해, 미래의 일을 예측하기 위해서는 기억 속에 저장된 선행 지식을 활용할 수 있어야 한다. 우리는 항상 눈으로 본다고 생각하지만 사실 기억으로 '볼' 때도 많다. 맥락이 지각에 영향을 미치도록 하는 기억의 속성에 관해서는 제7장에서 소개될 것이다.

마지막 교훈

그림 4.2를 다시 보면서 이 장에서 학습한 것을 정리하기로 하자. 여러분도 이제 이 흐름도 전체를 이해하는 데 필요한 기본 지식을 갖추고 있는 상태이다. 그림 4.2를 검토하면, 우리의 지각경험은 주변 자극에 대한 우리 각자의 전체적 반응임을 알게 된다. 지각경험은 감각 수용기를 통해 수집한 정보 외에 우리가 누구이며, 누구와 함께 있고, 원하는 것, 바라는 것, 중요하게 생각하는 것이 무엇인지에 따라 달라진다는 말이다. 지각을 하는 사람은 두 가지의 역할―도박사의 역할과 실내 장식가의 역할―을 수행한다고 할 수 있다. 도박사처럼 지각을 하는 사람도 과거의 지식과 자신의 이론을 이용하면, 받아들인 자극을 이해할 수 있을 것이라고 믿는다. 그리고 실내 장식가처럼, 가장 완벽한 작품을 만들기 위해 자극을 끊임없이 재조직한다. 우리의 시각 시스템은 어수선하고 지저분한 경험보다 깔끔하고 짜임새 있는 경험을 선호한다.

지각이 상향처리로만 이루어진다면, 우리의 삶은 '지금 이곳'의 실상에 의해 결정될 수밖에 없을 것이다. 경험이 누적되더라도 후일에는 전혀 도움이 되지 못할 뿐더러 상황이 달라져도 세상은 달라지지 않을 것이다. 그러나 지각이 완전히 하향처리로만 이루어진다면, 우리는 원하는 것만을 지각하는 환상의 세계에 빠져버리게 될 것이다. 이 두 극단의 과정이 적절하게 균형을 이루고 있기 때문에 우리의 지각은 그 기본 목적을 달성할 수 있는 것이다. 즉, 우리는 이 두 과정의 균형 덕분에 생물체로서 그리고 사회적 존재로서 물리적 및 사회적 환경에 적응하는 데 필요한 최적의 경험을 만들어 가고 있는 것이다.

 복습하기

1. 자극을 모호하게 만드는 것은 무엇인가?

요점정리

세상사에 관한 감각지식

- 지각의 과제는 인접(감각) 자극에 담겨 있는 정보를 기초로 원격(외부) 자극을 결정하는 일이다.
- 정신물리학은 물리적 자극에 대한 심리적 반응을 연구한다. 연구자들은 자극에 대한 절대 식역치와 자극 간 상대 식역치를 측정한다.
- 신호탐지 이론은 반응에 간여하는 민감도와 반응 편파를 분리시킬 수 있게 해 준다.
- 정신물리학자들은 자극의 물리적 강도와 그 자극의 심리적 효과 사이에 존재하는 관계를 수학적으로 요약하였다.
- 감각작용은 자극의 물리적 에너지를 신경부호로 변형시킨다.

시각 시스템

- 망막에 있는 수용기 세포인 간상체와 추상체는 빛 에너지를 신경반응으로 바꾸어 놓는다.
- 망막에 있는 신경절 세포는 수용기 세포와 양극 세포가 보내는 입력을 통합한다. 신경절 세포의 축색은 시신경을 이루며 두 눈의 시신경은 시교차에서 만난다.
- 시각정보는 뇌의 여러 영역으로 분산되며, 이들 각 영역은 대상의 모양이나 위치 같은 시각 환경의 상이한 측면과 관련된 정보를 처리한다.
- 색채 지각을 자극하는 것은 빛의 파장이다.
- 색채에 대한 경험은 채도와 밝기 및 색상에 따라 달라진다.
- 색채 지각 이론은 세 가지 수용기에 기초를 둔 삼원색 이론과 세포의 상반된 반응에 기초를 둔 대립과정 이론으로 나뉜다.

청각

- 청각경험을 야기하는 음파는 그 주파수와 진폭 그리고 복합성에서 서로 다르다.
- 와우관에서는 음파가 액체의 움직임으로 바뀌어 기저막을 진동시킨다. 이 진동이 기저막 위에 있는 섬모를 움직여 신경반응을 유발하면, 이 신경반응은 청신경을 통해 청각피질로 전달된다.
- 부위 이론은 주파수가 높은 음의 부호화를 더 잘 설명하며 주파수 이론은 주파수가 낮은 음의 부호화를 더 잘 설명한다.
- 소리가 나는 방향을 판단할 때, 우리의 청각체계는 두 귀를 자극하는 소리의 강도 차를 계산하는 신경기제와 시간차를 계산하는 신경기제를 이용한다.

그 외 감각 기관

- 후각과 미각은 물질의 화학적 속성에 반응하며, 이 둘은 우리가

음식물을 먹을 때 함께 작용한다.

- 후각경험은 콧속에서 냄새에 민감하게 반응하는 세포를 통해 이루어진다.
- 미각 수용기는 유두 속에 위치한 미뢰이며 거의 모두가 혀 위에 위치한다.
- 촉각(피부) 기관은 압력과 온도에 관한 감각경험을 제공한다.
- 전정 기관은 몸놀림의 방향과 속도에 관한 정보를 제공한다.
- 근동감각 기관은 신체 각 부분의 위치에 관한 정보를 제공하며 몸놀림이 매끄럽게 전개되도록 돕는다.
- 통증은 가해성 자극에 대한 신체의 반응이다.
- 통증에 대한 생리적 반응은 통증 자극이 가해지는 곳에서 벌어지는 감각반응과 척수와 뇌 사이를 이동하는 신경반응으로 구성된다.

지각조직화 과정

- 지각의 과정은 감각경험을 하나의 이미지로 조직하여 물체와 형태에 관한 지각경험을 만들어낸다.
- 우리의 주의가 주변의 어디에 집중될 것인지는 우리 각자의 개인적 목적 및 물체의 속성에 의해 결정된다.
- 형태주의 심리학자들은 여러 가지 지각조직화 법칙을 제안하였다. 이들 법칙에는 인접성 법칙, 유사성 법칙, 연속성 법칙, 폐쇄성 법칙, 그리고 공통 운명의 법칙이 포함된다.
- 지각의 과정에서 벌어지는 환경에 대한 해석은 공간적 통합과 시간적 통합을 통해 이루어진다.
- 양안 단서, 움직임, 그리고 그림 단서 등은 모두 깊이 지각에 이용된다.
- 우리는 대상을 지각할 때, 그 크기와 모양 및 밝기를 일정한 것으로 지각하는 경향성을 가지고 있다.
- 착각에 관한 지식은 보통의 지각과정이 어떠해야만 하는지에 관한 정보를 제공한다.

정체파악 및 인식

- 지각의 마지막 단계인 정체파악/인식 과정에서는 지각경험에 의미가 부여되는데, 이는 상향처리의 결과와 하향처리의 결과를 통합함으로써 이루어진다.
- 모호성은 동일한 감각정보가 상이한 지각경험으로 조직될 수 있을 때 일어난다.
- 모호한 자극이 똑같은 확률을 가진 다른 대상/사건으로 인식되지 않고 특정 대상/사건으로 인식되는 것은 맥락과 기대 그리고 지각성 때문이다.

연습문제

1. 지구본을 바라보고 있는 우리는 _____은(는) 원인데도 _____구일 것으로 예상한다.
   - a. 원격 자극; 절대적
   - b. 원격 자극; 인접 자극
   - c. 식역; 원격 자극
   - d. 인접 자극; 원격 자극

2. 어떤 식당에 들어섰을 때 된장국 냄새에 숨이 막히더니, 시간이 지나면서 냄새가 난다는 사실조차 모르게 되었다. 이 현상은 _____의 한 예이다.
   - a. 심리측정 함수
   - b. 감각 적응(순응)
   - c. 착각
   - d. 변환

3. 설탕의 농도가 다른 음료수를 가지고 차이 식역을 알아내려는 실험을 한다고 하자. 이 실험은 두 자극의 차이가 얼마일 때 사람들이 이 두 자극을 다르다고 판단할 확률이 _____%에 달하는지를 밝혀내려 한다.
   - a. 50
   - b. 25
   - c. 100
   - d. 75

4. 한 가지 형태의 물리적 에너지가 다른 형태의 에너지로 바뀌는 과정을 _____(이)라 한다.
   - a. 감각 적응(순응)
   - b. 변환
   - c. 감각 수용
   - d. 광수용

5. 조명이 낮은 어두운 방에서 벌어지는 시지각에는 _____보다 _____가 더 많은 기여를 한다.
   - a. 간상체; 아마크린 세포
   - b. 수평 세포; 간상체
   - c. 추상체; 간상체
   - d. 간상체; 추상체

6. 대립과정 이론에서 작용하지 않는 쌍은?
   - a. 적-녹
   - b. 흑-백
   - c. 황-청
   - d. 청-녹

7. 청각정보가 _____에 다다르면, 공기 음파에서 '액체' 음파로 바뀐다.
   - a. 청신경
   - b. 와우관
   - c. 고막
   - d. 중심와

8. 다음 중 미각의 일차적 속성이 아닌 것은?
   - a. 쓴맛
   - b. 단맛
   - c. 신맛
   - d. 새콤한 맛

9. _____이론의 목적은 통증의 물리적 측면과 심리적 측면과의 관계를 설명하는 것이었다.
   - a. 관문-통제
   - b. 연사 원리
   - c. 주파수
   - d. 부위/장소

10. 육체적 고통과 사회적 고통에 관한 연구결과, 이들 고통에 대한 우리 뇌의 반응은 _____.
    - a. 신체적 고통에 더 강하게 반응하는 것으로 밝혀졌다.
    - b. 사회적 고통에 더 강하게 반응하는 것으로 밝혀졌다.
    - c. 동일한 영역에서 일어나는 것으로 밝혀졌다.
    - d. 서로 다른 영역에서 일어나는 것으로 밝혀졌다.

11. 철수가 교실에 들어서면서 친구를 찾는다면, 이는 _____의 한 예에 속한다.
    - a. 목적-지향적 주의
    - b. 자극-지향적 주의
    - c. 시간적 통합
    - d. 감각 적응

12. 동수가 그린 동그라미에는 작은 간격이 있어 완전한 원이 아닌데도 사람들은 이 동그라미를 완전한 원으로 지각한다. 이 현상에는 _____법칙이 작용하고 있다고 하겠다.
    - a. 유사성
    - b. 공통 운명
    - c. 연속성
    - d. 폐쇄성

13. 시뮬레이터를 타고 운전을 하는 도중 만호는 이어폰을 이용해 친구와 통화를 하고 있다. 이와 관련된 연구결과에 의하면, 만호는
    - a. 실제로 길거리에서 차를 운전할 때는 행동을 달리할 가능성이 크다.
    - b. 통화보다는 주변 환경에 더 많은 주의를 기울일 것이다.
    - c. 주변에 산재한 물체에 주의를 쏟지 못할 것이다
    - d. 주변에 산재한 물체를 바라보지도 못할 것이다.

14. 환경 속에서 수집된 감각정보를 기초로 시작되는 처리를 _____(이)라 한다.
    - a. 상향처리
    - b. 하향처리
    - c. 그림단서
    - d. 가설검증

15. 영수가 영희에게 꽃다발을 내밀며 '사'라고 말한 후 기침을 하고는 '해'(사-#!-해)라고 말하는 사건이 벌어지고 말았다. 그런데도 영희는 영수가 '사랑해'라고 말하는 것을 들었다. 이는 _____의 보기에 속한다.
    - a. 상향처리
    - b. 지각 항등성
    - c. 하향처리
    - d. 연속성 법칙

서술형 문제

1. 신호탐지 이론은 감각 자극이 동일한데도 그 자극에 대한 사람들의 판단이 달라지는 현상을 어떻게 설명하는가?

2. 삼원색 이론과 대립과정 이론은 색채 지각을 어떻게 설명하는가?

3. 세상사에 대한 우리의 해석을 도와주는 감각 및 지각과정이 모호성 때문에 겪게 되는 어려움에는 어떤 것이 있는가?

마음, 의식, 변경 상태

이 장을 읽기 시작하면서 잠시 동안 좋아하는 과거의 사건 한 가지를 생각해 보라. 이제는 내일이나 모레 어떤 일이 일어났으면 좋을지 생각해 보라. 이러한 과거의 기억과 미래에 대한 기대는 어디에서 왔으며 언제 떠오른 것일까? 여러분의 뇌에 분명히 방대한 양의 정보가 저장되어 있지만, 방금 했던 생각들이 심리학 교과서를 읽으려고 앉으면서부터 '마음속'에 있었을 리는 없다. 따라서 그 생각들은 그 당시에는 의식적이 아니었던 뇌의 어느 부위에서 생겨나서 여러분의 의식에 도달했다고 볼 수 있다. 하지만 이 특정한 생각들이 어떻게 마음에 떠오른 것일까? 여러분이 여러 기억들이나 미래의 가능한 일들을 실제로 고려했다는 것인가? 즉, 여러분이 선택을 하고 있다는 것을 의식적으로 자각하였는가? 아니면 생각들이 (어떤 무의식적 조작들을 통해) 그냥 여러분의 의식에 떠올랐는가?

이러한 질문들을 통해 제5장의 주요 주제들을 미리 살펴볼 수 있다. 먼저 여러분의 일상적인 의식의 내용과 기능을 고찰할 것이다. 여러분은 의식이 생존에 도움이 될 뿐만 아니라 내가 누구인지 그리고 내가 세상 어디에 적합한지 잘 들어맞는지 하는 감각을 제공해 준다는 것을 알게 될 것이다. 그 다음 잠에서 깨는 것부터 잠드는 것까지 일상적인 사이클에 수반되는 의식의 변화를 다룰 것이다. 서양과 비서양 문화 양자에서 제기되어 온 꿈에 대한 접근들을 다룰 것이다. 마지막으로 명상에 빠지거나 향정신 약물을 섭취하는 등의 방법을 통해 의식 상태를 의도적으로 변화시키는 많은 사례들을 고찰할 것이다. 이 모든 주제에서 연구자들이 마음을 과학적으로 연구하기 위해 사용하는 방법들을 접할 것이다. 연구자들이 내적인 것을 외적으로 드러나게 하기 위해, 사적인 것을 공개적인 것으로 만들기 위해, 주관적 경험에 대한 정확한 측정치를 제공하기 위해 어떻게 노력해 왔는지 알게 될 것이다.

의식의 내용

의식(consciousness)이라는 용어가 모호하다는 점을 인정하면서 시작해야겠다. 우리는 일반적인 마음의 상태 혹은 그것의 특정 내용을 가리키는 데 이 용어를 사용할 수 있다. 즉, 우리는 '의식이 없다(be uncouscious)'(예 : 마취 상태이거나 자고 있을 때)라는 것과 반대 의미로 '의식이 있다(be conscious)'라고 말할 때도 있지만, 특정 정보나 행위를 의식, 즉 자각한다고 말할 때도 있다. 이 두 경우에 한 가지 일관성이 있는데, 어떤 정보를 의식하기 위해서는 반드시 의식이 있어야만 한다는 것

이다. 이 장에서 의식의 내용을 말할 때 이는 우리가 자각하고 있는 정보를 의미한다.

자각과 의식

제1장에서 살펴보았듯이 최초의 심리학 연구들 가운데 상당 부분은 의식의 내용에 관한 것이었다. 1800년대에 심리학은 철학에서 점차 분리되어 나오면서 마음의 과학이 되었다. Wundt와 Titchener는 내성법을 사용하여 의식적 마음의 내용을 연구했고 William James는 자신의 의식의 흐름을 관찰했다(제1장 참조). 실제로 그는 자신의 1892년 저서 『심리학』에서 심리학을 '의식 상태를 기술하고 설명하는 것'이라고 정의하였다.

일상적으로 깨어 있는 의식에는 특정 순간의 지각, 사고, 느낌, 심상 및 욕구, 즉 주의를 집중하고 있는 모든 정신활동이 포함된다. 여러분은 자신이 하고 있는 일 그리고 자신이 그것을 하고 있다는 사실 양자를 의식한다. 때로는 여러분이 하고 있는 일을 타인이 관찰하고 평가하고 그에 반응하고 있다는 것을 의식한다. 자기 감각(sense of self)은 이렇게 특권적인 '내부자' 위치에서 자신을 관찰하는 경험에서 비롯된다. 이런 여러 가지 정신활동들이 모두 합쳐져서 의식의 내용을 이루는데, 이는 여러분이 특정 시점에서 의식적으로 자각하는 모든 경험이다(Legrand, 2007).

자기 자각이 이처럼 의식의 중요한 양상으로 간주되는 이유는?

어느 특정 순간에 당신의 직장, 부모, 또는 굶주린 애완동물에 대한 생각들은 의식 수준 아래에서 흐르고 있다가 어떤 일이 일어나서 당신이 그중 하나에 주의를 집중하게 되면 의식에 떠오른다. 왜 이런 기억들은 무의식적이 아니라 전의식적이라고 간주되는가?

바로 지금 무엇이 의식되는지를 어떻게 판단할까? 예를 들어, 바로 지금 당신이 숨을 쉬고 있다는 것을 자각하고 있었는가? 아마도 아닐 것이다. 호흡의 통제는 비의식적 처리(nonconscious process)의 일부이다. 여러분은 지난 휴가나 『햄릿』의 작가에 대해 생각하고 있었는가? 이 또한 아닐 것이다. 그와 같은 생각들의 통제는 전(前)의식적 기억(preconscious memories)의 일부이다. 당신은 시계 소리, 자동차 소리 혹은

형광등의 찌지직거리는 소리와 같은 배경잡음을 자각하고 있었는가? 이들을 모두 자각하면서 동시에 이 장의 내용에 완전히 주의를 기울이기는 힘들 것이다. 이런 자극들은 **주의를 기울이지 않은 정보**(unattended information)의 일부이다. 마지막으로, **무의식적**(unconscious) 정보, 즉 쉽사리 의식적으로 자각하기 어려운 정보가 있는데, 예를 들어 이 문장을 이해할 수 있도록 해 주는 문법규칙들이 이에 해당된다. 이러한 여러 유형의 자각들을 살펴보자.

비의식적 처리 의식을 거의 침범하지 않는 **비의식적**(nonconscious) 신체 활동들이 있는데, 그 예로서 혈압의 조절을 들 수 있다. 신경계는 자각 없이 생리적 정보를 계속 모니터링하고 있다가 변화를 탐지하면 활동에 들어간다. 때로는 호흡 패턴을 의식적으로 통제하려 할 때처럼 평소 비의식적인 활동이 의식적으로 될 수도 있다. 그렇다 하더라도 당신의 신경계는 의식을 요하지 않고 많은 중요한 기능들을 수행한다.

전의식적 기억 무엇인가 주의를 끈 후에야 의식되는 기억을 **전의식적 기억**(preconscious memories)이라고 한다. 기억저장고에는 언어, 스포츠, 지리에 관한 상식 및 당신의 개인적 경험과 같은 방대한 양의 정보가 들어 있다. 전의식적 기억은 마음의 배경에서 소리 없이 기능하고 있으며, 의식적으로 필요한 상황이 되면(좋아하는 과거 사건 하나를 기억해내도록 요구받을 때처럼) 전의식에서 의식으로 떠오른다.

주의를 기울이지 않은 정보 어느 순간이든 우리는 방대한 양의 자극들로 둘러싸여 있다. 제4장에서 기술한 바와 같이 여러분은 이 가운데 아주 적은 일부에만 주의를 집중할 수 있다. 우리가 집중하는 것은 그것이 촉발하는 기억과 함께 대체로 무엇이 의식되는가를 결정한다. 사람들은 꽤 주목할 만한 사건이라 할지라도 그것이 주의의 초점 밖에 있으면 자각하지 못할 수 있다. 고전적인 한 연구에서 연구 참가자들은 두 팀의 학생들이 농구공을 패스하고 있는 비디오를 보았다. 참가자들은 특정한 한 팀이 공을 패스하는 숫자를 세도록 지시받았다. 그런데 비디오가 진행되는 동안 어떤 사람이 고릴라 분장을 하고서 그 장면을 가로질러 갔다! 많은 참가자들이 그 커다란 침입자를 전혀 자각하지 못했다. 그 실험의 다양한 변형들이 수행되었는데, 약 50%의 참가자들이 고릴라를 전혀 눈치 채지 못했다(Simons & Chabris, 1999). 이 현상을 **부주의 맹목**(inattention blindness)이라고 부르는데, 그 이유는 사람들이 다

른 곳에 주의의 초점을 두고 있을 때 대상을 지각하지 못하기 때문이다. 고릴라 실험 결과로 미루어 볼 때, 실제로 농구선수들이 부주의 맹목 때문에 어려움을 겪을 수 있다는 것에 대해 여러분은 놀라지 않을 것이다. 예를 들어 공격 중인 농구선수는 주변에서 방어하는 상대편 선수에 주의가 쏠린 나머지 동료 선수가 방어받지 않는 상태라는 것을 알아차리지 못할 수 있다(Furley et al., 2010).

무의식 어떤 행동이 일어난 당시에 의식하고 있었던 힘들로는 그 행동을 설명할 수 없을 때 우리는 **무의식적** 정보의 존재를 인식하게 된다. 무의식적 힘들에 관한 최초의 이론은 Sigmund Freud가 만들어낸 것인데, 그는 어떤 삶의 경험들을(예 : 외상적 기억과 금제된 욕망)은 너무나 위협적이어서 특별한 정신적 과정들(제13장 참조)이 그것들을 의식에서 영구히 추방한다고 주장했다. Freud는 용납할 수 없는 생각이나 동기가 억압될 때, 즉 의식에서 제거될 때, 그런 사고와 연합된 강한 감정들은 여전히 남아 행동에 영향을 준다고 믿었다 (제13장에서 Freud의 생각을 다시 다룸).

현재 많은 심리학자들은 무의식이라는 용어를, Freud식으로 억압되어야 하는 그런 종류의 사고보다는 더 정상적인 정보 및 처리과정들을 나타내기 위해 사용한다(McGovern & Baars, 2007). 예를 들어 많은 일상적 언어처리는 무의식적 처리에 의존한다. 다음의 문장을 보라(Vu et al., 2000).

She investigated the bark.

이 문장을 어떻게 해석했는가? 개를 돌보고 있는 여자를 떠올렸는가 아니면 나무를 검사하고 있는 여자를 떠올렸는가? 여기서는 'bark'의 뜻이 애매하기(역주 : 명사로서 bark는 '짖는 소리'와 '나무껍질'이란 두 가지 뜻이 있다) 때문에 필자의 의도를 추측할 수밖에 없다. 이제 맥락이 약간 더 큰 다음 문장을 보라.

The botanist looked for a fungus. She investigated the bark.

이 문장을 해석하기가 더 쉬웠는가? 만약 그랬다면 그것은 당신의 무의식적 언어과정이 문장 맥락을 사용하여 'bark'의 두 의미 중 하나를 재빨리 선택했기 때문이다.

이러한 예는 의식 수준 아래에서 작동하는 처리과정들이 행동(앞서 예에서는 정확한 문장 이해의 용이성)에 영향을 미친다는 것을 보여준다. 그럼으로써 의식의 내용에 관한 논의에

서 의식의 기능에 관한 논의로 살짝 넘어갔다. 그러나 이 주제를 자세히 다루기 전에 의식의 내용을 연구하는 두 방법을 잠시 살펴보겠다.

의식의 내용 연구하기

의식을 연구하기 위해 연구자들은 매우 사적인 경험들을 외적으로 측정할 수 있는 방법론을 개발해야 했다. 한 가지 방법은 실험 참가자들에게 다양한 복잡한 과제들을 수행하게 하면서 소리 내어 말하도록 요구한다. 참가자들은 과제를 완성하는 동안 경험하는 일련의 생각들을 가능한 한 상세하게 보고한다(Fox et al., 2011). 이렇게 구한 참가자의 보고를 소리 내어 생각하기 프로토콜(think-aloud protocol)이라 부르는데, 이는 참가자가 과제를 수행하는 데 사용한 정신적 전략과 지식 표상의 증거로 사용된다. 예를 들어, 연구자들은 소리 내어 생각하기 프로토콜을 수집하여 전문가와 초보자가 제품 디자인에 대한 판단에 사용한 전략의 차이를 파악할 수 있다(Locher et al., 2008).

경험 표집법(experience-sampling method)에서는 일상적인 생활 도중 자신의 생각이나 느낌에 관한 정보를 보고한다(Hektner et al., 2007). 경험 표집 연구에서 참가자들은 특정 장치를 지니고 다니다가 그것을 통해 신호가 오면 자신의 의식 내용을 보고해야 한다. 예를 들어, 어떤 연구에서는 참가자가 손에 차는 호출기를 갖고 다니는데, 이 장치는 일주일 내지 그 이상 동안 매일 임의의 시간에(깨어 있는 시간 동안) 소리를 낸다. 소리가 울릴 때마다 "나는 바로 지금 자신의 느낌에 주의를 집중하고 있다."와 같은 진술에 반응하도록 요구받는다(Thompson et al., 2011, p. 1491). 이런 방법을 통해 참가자들의 일상생활 동안의 생각, 자각 및 주의의 초점에 대해 연속적인 기록을 구할 수 있다. 경험 표본을 구하기 위해 휴대용 컴퓨터를 사용한 실험을 살펴보자.

표 5.1 **사람들 생각에서 비교의 유형**

유형	사례
사회적	"나는 톰보다 더 우수한 농구선수이다."
반사실적	"만약 더 일찍 떠났더라면 시간에 맞춰 이곳에 도착했을 것이다."
시간적-과거	"고등학교 시절에는 잠을 더 많이 잤다."
시간적-미래	"누이는 새 친구를 만들기 시작할 것이다."

출처 : A. Summerville & N. J. Roese, Dare to compare: Fact-based versus simulation-based comparison in daily life, *Journal of Experimental Social Psychology*, 44, pp. 664–671, Copyright 2008

연구자들은 사람들이 얼마나 자주 자신의 지금 현실과 다른 가능성을 비교하는지 알아보고자 하였다(Summerville & Roese, 2008). 34명 참가자들이 2주일 동안 매일 7회의 임의적 시기에 휴대용 컴퓨터로부터 신호를 받고서 그 순간 생각하고 있었던 것을 보고하였다. 만약 생각의 초점이 비교에 있었다면 참가자들은 표 5.1에 표시된 범주에 따라 그 생각을 표시했다. 연구자들의 발견에 따르면 참가자들 사고의 12%가 비교였는데, 이는 '정신적 경험의 다양성에 비추어 볼 때 매우 큰 비율'이다(p. 668). 비교는 표 5.1의 네 범주에 걸쳐 매우 균등하게 분포되었다. 또한 참가자의 생각이 과거 바꾸기(반사실적 비교) 또는 미래 예측(시간적-미래 비교)인 경우, 이 생각들은 흔히 상황이 어쩌면 달라졌더라면 또는 상황이 어떻게 더 개선될 수 있는지에 관한 생각들이었다.

이러한 유형의 비교가 여러분의 의식에 얼마나 자주 떠오르는지 알아차린 적이 있는가? 경험 표집법을 통해 연구자들은 사람들이 자신의 삶에 대해 무엇을 그리고 어떻게 생각하는지에 대해 미묘한 부분까지 설명할 수 있다. 소리 내어 생각하기 프로토콜 그리고 경험 표집과 같은 기법들을 통해 연구자들은 개인에게 이용 가능한 모든 정보들 가운데 어떤 부분이 의식에 존재하는지를 판단할 수 있다.

 복습하기

1. 전의식적 기억이 뜻하는 바는 무엇인가?
2. Freud는 정보가 어떻게 무의식적이 된다고 생각했는가?
3. 연구자들이 소리 내어 생각하기 프로토콜을 구하는 방법은 무엇인가?

비판적 사고 비교에 대한 실험을 떠올려 보라. 경험 표본을 임의의 순간에 구하는 것이 중요한 이유는?

의식의 기능

의식의 기능에 관한 질문을 다룰 때 우리는 왜 의식을 필요로 하는지, 즉 의식이 우리 인간 경험에 무슨 보탬이 되는지를 이해하려고 한다. 이 절에서는 인간의 생존 및 사회적 기능에 대한 의식의 중요성을 살펴볼 것이다.

의식의 용도

인간의 의식은 그 진화 환경에서 가장 적대적인 힘, 즉 다른 인간과의 경쟁이라는 시련 속에서 생겨났다. 인간의 마음은 인간 조상의 극단적인 사회성의 결과로 진화했을 것인데, 인간

의 사회성이란 원래 약탈자에 대항한 집단 방어 그리고 자원의 보다 효율적 이용을 위한 수단이었을 것이다. 그런데 집단 서식은 다른 인간과의 경쟁능력뿐만 아니라 협동능력의 필요성도 만들어냈을 것이다. 그 과정에서 친족과의 결속을 다지고 적들을 이겨낼 수 있도록 사고하고 계획하고 대안적 현실을 상상할 수 있는 사람들이 자연 선택되었다. 그 결과 언어와 도구를 개발한 사람들이 적자생존의 게임에서 우승을 하게 되었고, 다행히도 그들의 마음이 우리에게까지 물려져 내려왔다(Ramachandran, 2011).

의식이 진화해 왔다는 사실은 곧 그것이 그 종의 생존을 돕는 광범위한 기능을 제공함을 의미한다(Bering & Bjorklund, 2007). 의식은 또한 개인의 현실과 문화적으로 공유되는 현실 양자를 구성하는 데 있어 중요한 역할을 한다.

생존을 도움 생물학적 관점에서 보면, 의식은 아마도 개체가 환경정보를 이해하고 그 정보를 사용하여 가장 적절하고 효율적인 행위를 계획하는 데 도움이 되었기 때문에 진화했을 것이다. 통상 우리는 감각정보의 과부하에 직면해 있다. 의식은 이처럼 엄청난 혼란을 세 가지 방식으로 이해함으로써 환경에 적응하도록 도와준다.

첫째, 의식은 여러분이 알아채고 **주의**를 기울이는 것을 제한함으로써 자극 입력의 흐름을 감소시킨다. 의식의 이와 같은 제한기능(restrictive function)을 제4장에서 주의를 다룰 때 살펴보았다. 의식은 당장의 목표와 목적과 무관한 정보들을 많이 걸러낸다. 여러분이 봄날을 즐기려고 산책하기로 작정했다고 가정해 보라. 여러분은 나무에 꽃이 피고 새가 노래하며 어린이들이 노는 것을 알아차린다. 갑자기 으르렁대는 개가 나타나면, 여러분은 자신의 주의를 그 개에 국한시키고 위험 수준을 평가하기 위해 의식을 사용한다. 이러한 제한기능은 여러분의 내적인 정보 창고에서 끌어온 정보에 대해서도 적용된다. 이 장의 첫 머리에서 여러분에게 즐거운 과거 사건을 생각해 보도록 요구했을 때, 여러분이 과거 기억 한 가지에 정신적 주의를 국한시키도록 의식을 사용할 것을 요구한 셈이다.

둘째, 의식은 선택적 저장기능(selective storage function)을 수행한다. 여러분이 의식적으로 주의를 기울인 정보의 범주 내에서조차 그 모든 정보가 계속해서 여러분의 관심사와 관련되지는 않는다. 으르렁거리는 개를 마주친 후 여러분은 멈춰 서서 "이 동네를 앞으로 걷지 않도록 기억해야겠다."고 생각한다. 의식은 여러분이 분석하고 해석하며 미래에 행동하고자 하는 정보를 선택적으로 저장하도록 해 준다. 의식은 어떤 것

은 선택하고 다른 것은 무시함으로써 사건과 경험을 개인적 요구와 관련된 것 또는 무관한 것으로 분류하도록 해 준다. 제7장에서 기억과정을 다룰 때 기억에 추가한 모든 정보가 의식적 처리를 요하지는 않는다는 것을 알게 될 것이다. 의식적 기억은 다른 유형의 기억과는 상이한 속성 및 뇌영역들을 갖는다.

셋째, 의식은 여러분이 멈추고 사고하며 과거 지식을 바탕으로 대안을 고려하고 다양한 결과들을 상상하도록 만든다. 이러한 계획기능(planning function) 덕분에 여러분은 강한 욕구가 도덕적, 윤리적 혹은 실용적 관심사와 충돌할 때 이를 억압할 수 있다. 이런 종류의 의식이 있으므로 여러분은 으르렁거리는 개를 피해 다음번 산책의 경로를 계획할 수 있다. 의식은 잠재적 행위들을 계획할 수 있는 폭넓은 시간 관점을 제공해 주기 때문에 여러분은 과거에 대한 지식과 미래에 대한 예상을 현재의 결정에 참작할 수 있다. 이 모든 이유로 인해 의식은 삶의 변화하는 요구들에 대해 융통성 있고 적절한 반응을 할 수 있는 잠재력을 여러분에게 부여한다.

현실의 개인적 구성과 문화적 구성 두 사람이 한 상황을 정확히 똑같은 방식으로 해석하는 경우는 없다(Higgins & Pittman, 2008). 현실의 개인적 구성(personal construction of reality)이란 현재 상황에 대한 여러분 각자의 독특한 해석인데, 이러한 해석은 여러분의 일반적 지식, 과거 경험에 대한 기억, 현재의 요구, 가치, 신념 및 미래 목표 등에 근거한다. 자극 환경에서 사람마다 주의를 기울이는 자극 속성들이 다른데, 이는 바로 현실의 개인적 구성이 개인마다 독특한 입력들을 선택함으로써 형성되었기 때문이다. 현실의 개인적 구성이 비교적 안정적이면 여러분의 **자아감**(sense of self)은 시간상에서 연속성을 갖게 된다.

사람들이 다른 문화에서 성장했거나 동일한 문화라도 다른 환경에서 살았거나 상이한 생존과정을 겪었을 경우, 현실의 개인적 구성에 있어서 개인차는 더 커진다. 반면 동일한 문화 속에서 사는 사람들은 동일한 경험을 많이 공유하므로 현실 구성이 흔히 유사하다. 현실의 문화적 구성(cultural construction of reality)이란 특정 집단의 구성원들 대부분이 공유하는 세계관이다. 한 사회의 일원이 현실의 문화적 구성과 잘 부합되는 개인적 구성을 발달시키면 그것은 그 문화에 의해 지지 받고 동시에 그 문화적 구성을 지지한다. 제13장에서 우리는 개인적 자아감과 문화적 자아감 사이의 관계를 보다 자세하게 살펴볼 것이다.

의식의 기능 연구하기

사람들의 행동은 의식적 처리와 무의식적 처리 양자의 영향을 가장 흔히 받는다. 의식의 많은 기능들은 무의식적인 채로 남아 있는 것과의 암묵적 비교를 포함한다. 즉, 의식적 처리는 무의식적 처리에 영향을 주거나 영향을 받는 경우가 많다. 의식의 기능을 연구하기 위해서 연구자들은 종종 의식적 처리와 무의식적 처리 각각의 상이한 산물을 보여주는 연구를 수행한다(McGovern & Baars, 2007).

예를 들어, 연구자들은 사람들이 생활에서 직면하는 많은 판단에 대해 의식적 처리 또는 무의식적 처리를 수행한다고 주장하였다(Kruglanski & Gigerenzer, 2011). 그들이 어떤 처리 시스템을 사용하는가에 따라 사람들의 반응은 상당히 다르다. 도덕적 추론의 영역(제10장에서 다시 다룸)을 생각해 보자. "적군이 여러분 자신, 여러분의 아기, 그리고 여러 다른 사람들을 찾아내서 사살하는 것을 막기 위해 자신의 아기를 질식시켜 죽일 것인지를 결정해야 하는"(Greene et al., 2008, p. 1147) 고전적인 '우는 아기' 딜레마에 대해 여러분은 어떻게 반응할 것인가? 사람들이 이러한 딜레마에 직면할 때 그들의 내장반응(무의식적 처리의 산물)은 자신의 아기를 결코 질식시켜 죽일 수 없다는 것이다. 그러나 이 문제를 의식적으로 숙고하여 대할 때에는 보다 많은 수의 사람들을 구하기 위해 희생을 감수할 수밖에 없다고 흔히 판단한다.

이러한 변화가 의식적 처리의 사용을 반영한다는 것을 보여주기 위해 연구자들은 참가자들에게 이런 종류의 딜레마를 두 가지 상이한 상황에서 고려하도록 요구하였다(Greene med, 2008). 한 조건에서 참가자들은 컴퓨터 스크린을 통해 딜레마를 읽고서 가능한 반응(예 : "여러분이 자신과 다른 주민들을 구하기 위해 자신의 아기를 질식시켜 죽이는 것이 적절합니까?")에 대해 될 수 있는 한 빨리 '예' 아니면 '아니요' 판단을 표시하였다. 다른 조건에서 참가자들은 역시 딜레마를 읽고 반응하였다. 그러나 그들은 동시에 컴퓨터 스크린을 가로질러 이동해 가는 일련의 숫자들을 감시하면서 '5' 숫자를 볼 때마다 버튼을 눌러야 했다. 이 두 번째 과제의 목적은 참가자들의 의식적 처리에 과부하를 주기 위한 것이었다. 이 동시과제 때문에 그들은 도덕적 딜레마에 관해 추론할 때 의식적 처리를 사용하기 어려울 수밖에 없었다. 실제로 참가자들이 과외의 부담을 가질 때에는 도덕적 딜레마에 대한 '예' 반응의 속도가 더 느렸는데, 이는 의식적 처리의 사용을 반영하는 것이다. 즉, 의식의 기능을 연구하는 한 가지 방법은 의식적 처리가 정

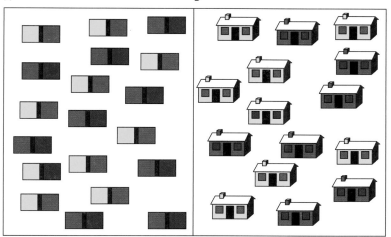

그림 5.1 두 색의 결합 탐색

(A) 노랗고 파란 항목을 찾아보라. (B) 파란 창문이 있는 노란 집을 찾아보라. (A) 한 표적 자극의 두 부분들의 색 사이에 결합이 존재할 때 탐색이 매우 비효율적이다. (B) 그러나 전체 항목의 색과 그 한 부분의 색 사이에 결합이 존재할 때에는 탐색이 훨씬 더 쉽다.

출처 : Jeremy M. Wolfs, Parallel processing of part-whole information in visual search tasks, *Perception & Psychophysics*, 55 (1995), 537-550.

상적으로 기능하지 못할 때 사람들의 반응이 어떻게 달라지는가를 밝히는 것이다.

그림 5.1에 의식적 주의를 사용하는 다른 예가 나와 있다. A 부분에서 노랗고 빨간 항목을 찾아보라. B부분에서는 파란 창문이 있는 노란 집을 찾아보라. 두 번째 과제가 훨씬 더 쉽지 않은가? 두 색이 부분과 전체로 조직화되었을 때 그림 속의 다른 모든 대상들의 영향을 덜 받게 된다(Wolfe et al., 1994). 여러분은 노란색과 파란색 항목을 찾고자 할 때 의식적 주의가 더 관여하는 것을 느낄 수 있었는가? 이러한 유형의 결과들을 바탕으로 연구자들은 의식이 기능하는 상황에 대한 총체적 관점을 수립하고 있다.

의식의 내용과 기능이 어떻게 정의되고 연구되는지 알아보았다. 이제는 의식의 일상적 측면과 특별한 측면을 살펴보겠다.

 복습하기

1. 의식의 선택적 저장기능은?
2. 현실의 문화적 구성이란?
3. 시각 탐색에서 의식이 수행하는 역할은?

수면과 꿈

거의 매일 여러분은 의식의 깊은 변화를 경험한다. 하루를 마감할 때라고 생각하면 여러분은 잠을 청한다. 그리고 자는 동안 틀림없이 꿈을 꾼다. 여러분은 인생의 1/3을 잠으로 보내는데, 자는 동안 당신의 근육은 '편안한 마비' 상태에 있고 당신

의 뇌는 원기왕성하게 활동한다. 이 절은 각성과 수면이라는 일반적인 생물학적 리듬을 살펴보는 것으로 시작할 것이다. 그 후 꿈의 생리에 초점을 두며, 마지막으로 수면과 꿈에 수반되는 정신 활동을 조사하고 꿈이 인간 심리에서 하는 역할을 공부할 것이다.

일주율

모든 생명체는 낮과 밤이라는 자연의 리듬의 영향을 받는다. 여러분의 신체는 **일주율**(circadian rhythm)이라는 시간 주기에 맞추어져 있다. 여러분의 각성 수준, 대사, 심박률, 체온 및 호르몬의 활동 등은 내부시계에 따라 밀물과 썰물처럼 바뀐다. 대부분의 경우 이런 활동들은 낮에 최고조에 달하고 자는 동안 밤에 최저 수준으로 내려간다.

연구에 따르면 체내시계는 벽에 걸린 시계와 완전히 일치하지는 않는데, 외부 시간 단서의 교정 효과가 없으면 인간의 내부 '페이스메이커'는 24.18시간 주기를 따른다(Czeisler et al., 1999). 여러분은 매일 쬐는 햇빛의 도움으로 일주율을 약간 조절하여 24시간 주기로 만든다. 햇빛에 대한 정보는 눈을 통해 수집되지만 일주율 조절을 위한 수용기가 시각 수용기와 동일한 것은 아니다(Guido et al., 2010). 예를 들어, 추상체와 간상체(제4장 참조)가 없는 동물들도 햇빛을 감지하여 일주율을 유지할 수 있다.

생체시계와 수면 주기 사이의 불일치를 일으키는 생활환경은 사람의 감정과 행동에 영향을 준다(Blatter & Cajochen, 2007; Kyriacou & Hastings, 2010). 장거리 비행기 여행을 할 때 사람들은 흔히 일주율의 혼란을 경험한다. 여러 시간대를 넘어가는 비행을 하면 **시차 부적응**(jet lag)을 경험하게 되는데,

그 증상은 피로, 참을 수 없는 졸음, 그에 뒤따르는 비정상적인 수면-각성 스케줄이다. 시차 부적응이 일어나는 이유는 체내 일주율이 정상적인 시간적 환경과 어긋나 있기 때문이다(Sack, 2010). 예를 들어, 여러분의 신체는 새벽 2시라고 말하고 따라서 많은 생리적 측정치가 낮은 수준에 있는데, 현지 시간은 여러분에게 낮 12시인 것처럼 행동하도록 요구한다.

어떤 변인들이 시차 부적응에 영향을 미칠까? 여행의 방향과 거쳐 온 시간대의 수가 가장 중요한 변인들이다. 서쪽보다는 동쪽으로 가는 여행이 더 심한 시차 부적응을 유발하는데, 왜냐하면 생체시계는 동쪽 방향으로의 여행에서 요구하는 것처럼 단축시키기보다는 연장시키기가 더 쉽기 때문이다(평소보다 더 일찍 잠들기보다는 더 늦게 잠들기가 더 쉽다.).

시차 부적응 때문에 어려움을 겪은 적이 있다면 멜라토닌(melatonin) 호르몬을 복용하라는 충고를 받았을 것이다. 멜라토닌은 뇌에서 작용하여 깸과 수면의 주기를 조절하는 데 도움이 된다. 멜라토닌 복용이 시차 부적응에 도움이 되는지 알아보기 위해 연구자들은 여러 시간대(예 : 런던에서 샌프란시스코)를 횡단하는 비행기를 타고 여행한 사람들을 연구하였다. 전반적으로 이처럼 긴 항공여행 후 멜라토닌을 복용한 사람들은 수면장애를 덜 경험하였다(Arendt & Skene, 2005). 다양한 연구들에서 나온 일반적인 제언에 따르면, 여행자들은 새로운 시간대에서 잠잘 시간에 비행기를 탄 날부터 4~5일 연속하여 멜라토닌을 복용해야 한다. 그러나 짧은 스톱오버의 경우에는 시차 부적응에 멜라토닌이 도움이 된다는 증거가 거의 없다. 또한 연구자들이 밝힌 바에 따르면 멜라토닌은 야간 근무 작업자들의 수면과 깸 주기 조절에도 도움이 된다(Pandi-Perumal et al., 2007).

일주율은 또한 빛 노출의 영향을 크게 받는다. 이 때문에 연구자들은 사람들의 일주율을 조절하는 데 빛 노출이 도움이 될 가능성을 조사하였다(Sack, 2010). 이러한 개인은 야간근무 작업자에게 종종 성공적이라는 것이 입증되었다(Faney & Zee, 2006). 예를 들어 야간근무 작업자들은 흔히 일하는 도중 주의 집중에 어려움을 겪는다. 한 연구에서는 참가자들이 여러 시간 동안 밝은 빛을 경험하였는데, 이는 그들이 야간근무로 전환하는 데 도움이 되었다(Santhi et al., 2008). 빛 치료는 야간근무가 참가자들의 주의 수행에 미치는 부적 영향을 감소시켰다.

수면 주기

일주율의 약 1/3을 수면이 점유하는데, 수면에 관해 알려진 바는 대부분 뇌의 전기적 활동에 관한 것이다. 잠자는 사람의 뇌

파 활동을 뇌전도(electroencephalogram, EEG) 형태로 기록하는 기법이 1937년에 적용되면서 수면 연구의 방법론적 돌파구가 열렸다. EEG를 사용하여 연구자들은 뇌파의 형태가 수면 기간 전체에 걸쳐 체계적이고 예측 가능한 방식으로 변화한다는 사실을 발견했다(Loomis et al., 1937). 그 다음의 중요한 발견은 수면 동안 주기적 간격으로 급속 안구운동(Rapid Eye Movement, REM)의 격발이 일어난다는 것이었다(Aserinsky & Kleitman, 1953). 잠자는 사람이 REM을 보이지 않는 기간을 non-REM수면(NREM sleep)이라 한다. REM 및 NREM수면이 야간의 주요 활동 중 하나인 꿈에서 중요한 의미를 갖는다는 것을 나중에 살펴볼 것이다.

밤 동안 여러분의 뇌파를 추적해 보자. 잠들 준비를 할 때 여러분의 뇌파는 대략 초당 14회 주기(cycles per second, cps)의 속도로 움직인다. 편안하게 잠자리에 들고 나면 이완되면서 뇌파가 약 8~12cps로 느려진다. 잠에 빠지게 되면 수면 주기(sleep cycle)로 들어가는데, 여기에는 독특한 EEG 패턴을 보이는 여러 단계들이 있다. 1단계 수면에서는 EEG가 약 3~7cps의 뇌파를 보인다. 2단계 동안에 나타나는 특징적인 EEG가

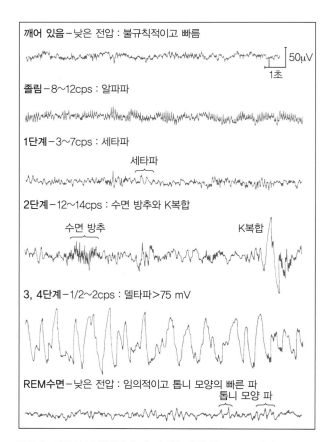

그림 5.2 야간의 정상적인 수면 단계를 반영하는 EEG 패턴
각 수면 단계는 특징적인 뇌 활동 패턴으로 정의된다.

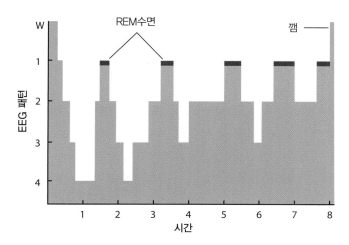

그림 5.3 수면 단계들
하룻밤 동안의 전형적인 수면 단계 패턴을 보면 초기 주기에는 보다 깊은 수면이 일어나지만 후기 주기에는 REM에 보다 많은 시간이 소요된다.
출처 : Carlson, Neil R, *Physiology of Behavior*, 11th Ed., © 2013. Reprinted and Electronically reproduced by permission of Pearson Education, Inc., Upper Saddle River, New Jersey.

12~16cps의 전기적 활동이 미세하게 격발하는 수면 방추(sleep spindle)이다. 아주 깊은 수면 상태인 3단계와 4단계에서는 뇌파가 1~2cps로 느려지고 호흡과 심박률이 감소한다. 마지막 단계에서는 뇌의 전기적 활동이 증가하여 EEG가 1단계나 2단계에서 기록된 것과 매우 유사하게 보인다. 이 단계 도중 REM수면을 경험하면서 꿈을 꾸기 시작한다(그림 5.2 참조). REM수면 동안의 EEG 패턴이 깨어 있는 사람의 것과 닮았기 때문에 REM수면을 처음에는 역설적 수면(paradoxical sleep)이라고 불렀다.

NREM수면인 첫 네 단계를 거치는 데는 약 90분이 걸리고, REM수면은 약 10분간 지속된다. 하룻밤의 수면 동안 여러분은 이 100분 주기를 4~6회 거친다(그림 5.3 참조). 각 주기를

거침에 따라 깊은 잠(3단계와 4단계)에 소비하는 시간은 감소하고 REM수면에 소비하는 시간은 증가하여, 마지막 주기에는 REM수면이 한 시간 동안이나 지속될 수 있다. 총 수면 시간 중에서 NREM수면이 75~80%를, REM수면이 20~25%를 차지한다.

수면량은 개인마다 다르다. 인류에게는 수면 욕구가 유전적으로 프로그램되어 있지만, 개개인이 실제로 취하는 수면 시간은 의식적 활동의 영향을 크게 받는다. 사람들은 밤늦게까지 깨어 있거나 자명종을 이용하는 등 여러 가지 방식으로 수면의 길이를 능동적으로 조절한다. 수면 길이는 또한 일주율에 의해서도 통제되는데, 언제 잠자리에 드는가가 수면 길이에 영향을 준다. 취침 시간과 기상 시간이 주말을 포함하여 1주일 내내 일정할 때에만 적당한 양의 NREM수면과 REM수면을 취할 수 있다. 그러한 경우, 잠자리에 있는 시간이 일주율의 수면 기간과 거의 일치하게 된다.

일생에 걸쳐 일어나는 수면 패턴의 극적인 변화 또한 흥미롭다(그림 5.4 참조). 사람은 태어나면서 하루에 약 16시간을 자며, 그중 거의 반 정도를 REM수면에 소비한다. 50세가 되면 겨우 6시간을 자며 그중 겨우 약 20%를 REM수면에 소비한다. 젊은 성인은 대개 7~8시간을 자는데, 그중 약 20%가 REM수면이다.

연령에 따라 수면 패턴이 변화한다고 해서 나이가 들면 수면이 그다지 중요하지 않다는 뜻은 아니다. 한 연구는 60세에서 80세에 이르는 건강한 나이든 성인들을 대상으로 그들의 수면 행동과 생존기간 사이의 관계를 조사하였다(Dew et al., 2003). 잠든 시간을 잠자리에서 소비한 시간으로 나눈 수면 효율성을 측정한 결과, 수면 효율성이 높은 사람이 더 오래 사는

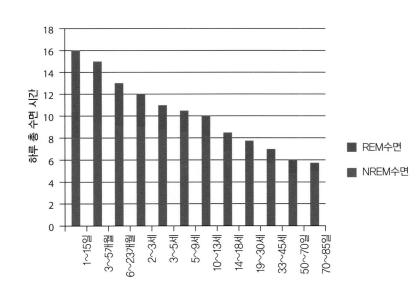

그림 5.4 인간의 일생 동안의 수면 패턴
이 그래프는 연령이 증가함에 따라 매일의 REM수면의 총량은 현저히 줄어들지만 NREM수면은 그보다 덜 줄어듦을 보여준다.
출처 : Roffwarg et al., Ontogenetic Development of the human sleep-dream cycle, *Science*, 152, 604–619. Reprinted with permission from AAAS

■ REM수면
■ NREM수면

경향이 있었다. 이러한 결과는 사람들이 왜 수면을 필요로 하는가라는 다음 질문으로 바로 이어진다.

왜 잠을 자는가

사람 그리고 다른 동물의 수면 단계들이 일정하게 진행된다는 사실은 수면에 진화적 토대와 생물학적 요구가 있음을 시사한다. 사람은 하룻밤에 7~8시간을 자면 매우 잘 기능한다(Foster & Wulff, 2005; Hublin et al., 2007). 만약 상당 기간 잠을 너무 적게 자면 흔히 이를 벌충하고자 여분의 잠을 더 잘 필요가 있기 마련이다. 예를 들어, 밤에 REM수면이 결핍되면 다음 날 밤 평소보다 REM수면을 더 갖게 된다. 이러한 패턴이 시사하는 바에 따르면 수면의 양과 유형에 있어 무엇인가 중요한 것이 있는데, 그런 맥락에서 수면이 제공하는 기능을 살펴보자.

수면의 가장 일반적인 기능은 보존일 것이다(Siegel, 2009). 수면은 동물이 먹이나 짝을 찾아다닐 필요가 없거나 일할 필요가 없을 때 에너지를 보존할 수 있도록 진화되었을 것이다. 반면 수면은 약탈자의 공격에 대해 동물을 위험에 빠뜨리게 한다. 연구자들의 추정에 따르면, 수면 기간 동안 뇌 활동의 주기(그림 5.2 참조)는 동물을 도와서 약탈의 위험을 최소화하도록 진화하였을 가능성이 있는데, 어떤 뇌 활동 패턴은 수면 도중일지라도 환경 속의 활동을 동물이 상대적으로 더 자각할 수 있게 해 준다(Lesku et al., 2008).

수면은 학습과 기억에도 중요한 역할을 하는 듯하다(Diekelmann & Born, 2010). 특히 연구자들의 제안에 따르면 수면은 새로운 기억의 응고화(consolidation)를 돕는데, 응고화란 새롭고 취약한 기억이 뇌에서 보다 영구적으로 부호화되는 물리적 과정이다.(여러분은 이 개념을 기억과정을 다루는 제7장에서 다시 보게 될 것이다.)

수면이 제공하는 모든 중요한 기능들에 관해 읽은 후에는 수면이 너무 부족할 때 심각한 결과가 초래된다는 것을 알게 되어도 아마 놀랍지 않을 것이다. 수면 결핍은 주의와 작업기억의 어려움을 포함해서 인지 수행에 광범위하게 부정적인 효과를 미친다(Banks & Dinges, 2007). 수면 결핍은 또한 운동 기술을 수행하는 능력을 손상시킨다. 예를 들어 수면이 결핍된 운전자는 휴식을 잘 취한 동료 운전자에 비해 자동차 사고를 일으킬 가능성이 더 크다. 이러한 사실 때문에 음주 측정기와 유사한 졸림 측정기를 개발해야 한다는 주장이 있다(Yegneswaran & Shapiro, 2007).

수면장애

밤잠을 잘 이룰 수 있는 것을 당연시할 수 있다면 참 좋겠지만, 불행히도 개인생활과 직장생활까지 심각한 영향을 받을 정도로 수면장애를 겪고 있는 사람들이 많다. 그 원인으로서 생물학적, 환경적, 그리고 심리적인 것들을 들 수 있다. 수면장애의 정도와 원인이 매우 다양함을 역시 알게 될 것이다.

불면증 자신의 수면의 양이나 질이 만족스럽지 못한 사람들은 **불면증**(insomnia)을 앓고 있는 것이다. 불면증의 특징은 빨리

실제 수면 패턴과 사람들이 지각하는 불면증 사이의 관계는?

잠들지 못하는 것, 수면 도중 자주 깨는 것, 또는 이른 새벽에 깨는 것이다. 미국에서 3,643명 성인 표본 가운데 52.5%의 참가자들이 한 달에 최소한 한 번은 불면증을 경험했다고 보고했으며, 7%는 거의 매일 밤마다 불면증을 경험했다고 보고했다(Hamilton et al., 2007). 그밖에 이 연구에 따르면 불면증이 사람들의 행복감에 부정적인 영향을 미쳤다.

불면증은 다양한 심리적, 환경적 및 생물학적 요인들에 의해 생겨나는 복합적 장애이다(Bastien, 2011). 이론들은 흔히 깨어 있는 생활로부터 이탈 불능에 초점을 맞추고 있다. 불면증을 경험하는 사람들은 잠을 청할 때 침입적 사고와 느낌을 의식에서 잘 배제하지 못한다. 불면증 환자들을 수면 실험실에서 연구해 보면 그들의 실제 수면의 객관적 양과 질은 수면 방해에서 정상 수면에 이르기까지 매우 다양하다. 연구결과 수면 결핍을 호소하는 어떤 불면증 환자들은 실제로는 완전히 정상적인 생리적 패턴의 수면을 보이는데, 이를 **역설적 불면증**(paradoxical insomnia)이라고 한다. 예를 들어 한 연구에서는 역설적 불면증으로 진단받은 20명 환자 그리고 20명의 통제 개인들이 수면 실험실에서 밤을 보냈다(Parrino et al., 2009). 두 집단의 실제 수면은 매우 유사했는데, 환자는 447분, 통제집단은 464분이었다. 그러나 수면량에 대한 주관적 추정치에 있어 두 집단은 큰 차이를 보였는데, 환자는 285분, 통제집단은 461분이었다. 연구에 따르면 현실과 환자의 지각 사이의 괴리를 설명하는 데 수면 뇌 활동의 비정상적 패턴이 도움이 될 수 있다.

기면증 기면증(또는 발작수면, narcolepsy)은 낮 동안 간헐적으로 수면이 엄습하는 장애이다(Aldrich, 1992). 기면증은 탈력발작(또는 허탈발작, cataplexy)을 동반할 때가 많은데, 이는 정서적 흥분(웃음, 화, 공포, 놀람 또는 배고픔 같은)에 의해 야기되는 근육 통제의 상실 또는 약화를 가리킨다. 따라서 탈력발작이 일어나면 사람이 갑자기 쓰러지게 된다. 기면증 환자들은 잠에 빠지면 거의 즉각적으로 REM수면에 들어가서는 생생한 꿈이나 때로는 공포스러운 환각을 경험한다. 기면증은 인구 2,000명당 한 명꼴로 발병한다. 기면증은 가계를 통해 이어져 오며 이 장애와 관련된 유전자가 발견되었다(Raizen & Wu, 2011). 기면증 환자들은 갑작스런 수면의 발작으로 인한 낭패를 보지 않으려 하기 때문에 사회적·심리적으로 문제를 겪게 된다(Jara et al., 2011).

수면 무호흡증 수면 무호흡증(sleep apnea)은 사람이 잠자는 도중 호흡을 중단하는 장애로서, 그렇게 되면 혈중 산소 수준이 떨어지고 위급상황 시의 호르몬이 분비되어 잠자던 사람이 깨어나서 다시 숨을 쉬게 된다. 대부분의 사람들이 하룻밤에 몇 번의 수면 무호흡을 경험하기는 하지만, 이 질병이 있는 사람은 매일 밤 몇 백 번의 수면 무호흡을 경험하기도 한다. 수면 무호흡이 잠자던 사람을 놀라게 할 때도 가끔 있지만, 통상 매우 짧기 때문에 점점 커져가는 졸음이 그 때문임을 알지 못하는 사람들도 많다(Pagel, 2008). 수면 무호흡증은 여성의 약 2%, 그리고 남성의 약 4%에서 나타난다(Kapur, 2010).

수면 무호흡증은 또한 조산아에게서 자주 발생하는데, 이 아기들은 신체적으로 자극을 해야 다시 숨을 쉬기 시작할 때가 가끔 있으며, 호흡기관의 발육 부전 때문에 문제가 지속되는 한 모니터에 연결된 채로 집중적인 간호를 받아야 한다.

몽유병 몽유병(somnambulism)이나 수면보행(sleepwalking)을 겪는 사람들은 잠든 채로 잠자리를 떠나 배회한다. 몽유병은 성인보다 아동에게서 더 빈번하다(Mason & Pack, 2007). 예를 들어, 아동의 약 7%가 수면보행을 하지만(Nevéus et al., 2001) 성인은 약 2%가 그러하다(Bjorvatn et al., 2010). 몽유병은 NREM수면과 관련된다. 수면 실험실에서 모니터링해 보면 성인 수면보행자는 3단계와 4단계(그림 5.2 참조) 도중 운동이나 말을 포함해서 급격한 각성을 보인다(Guilleminault et al., 2001). 대중적인 생각과는 반대로 수면보행자를 깨우는 것은 그다지 위험하지 않으며, 그들은 갑작스런 각성 때문에 당황해하는 것처럼 보인다. 하지만 수면보행 자체는 위험할 수 있는데, 의식적 자각 없이 주변을 돌아다니기 때문이다.

꿈 : 마음의 극장

매일 밤 우리는 꿈이라는 복잡한 세계로 들어간다. 한때는 예언자, 심령술사, 그리고 정신분석가들만의 영토였던 꿈은 이제 중요한 과학적 연구 분야가 되었다. 꿈 연구는 대개 수면 실험실에서 실험자가 잠자는 사람의 REM 및 NREM수면을 관찰하면서 이루어진다. REM수면 도중 깨우면 꿈을 더 많이 보고하지만(대략 82%) 꿈은 NREM 기간 중에도 발생(대략 54%)한다(Foulkes, 1962). NREM 상태에서의 꿈은 정서적 내용이 있는 줄거리를 갖기보다는 낮 동안의 사고에 더 가깝고 감각적 심상이 더 적다.

꿈은 인간의 정신생활에서 특히 두드러진 것이기 때문에 사실상 모든 문화가 '꿈에 의미가 있는가?'라는 동일한 의문을 제기했고 그 답은 거의 항상 '있다'였다. 즉, 꿈이 어떤 식으로든 중요한 사적(私的) 의미와 문화적 의미를 지닌다는 믿음을 거의 모든 문화가 갖고 있다. 이제 문화가 꿈에 의미를 부여하는 방식 몇 가지를 살펴보자.

Freud식 꿈 분석 현대 서양문화에서 가장 유명한 꿈 이론은 Freud에서 비롯되었는데, 그는 꿈을 '일시적 정신병'이며 '매일 밤의 광증'의 본보기라고 불렀다. 또한 꿈이 '무의식으로 가는 왕도'라고 하기도 했다. Freud는 자신의 저서 『꿈의 해석(The Interpretation of Dreams』(1900/1965)에서 꿈의 분석을 정신분석의 초석으로 삼았다. Freud는 꿈의 심상들을 무의식적이고 억압된 강한 욕망들의 상징적 표현으로 간주했다. 이성의 부모에 대한 성적 갈망 같은 이 욕망들은 금지된 것이기 때문에 가장된 형태로 나타난다. 따라서 꿈에서 작용하는 두 가지 역동적 힘은 욕망과 그 욕망에 대한 방어인 검열이다. 검열은 꿈의 숨겨진 의미, 즉 **잠재 내용**(latent content)을 **현재**(顯在) **내용**(manifest content)으로 변환시키는데, 이렇게 왜곡과정을 거쳐 꿈이 나타나는 것을 Freud는 **꿈 작업**(dream work)이라고 불렀다. 현재 내용은 그 이야기의 용인된 판인 반면, 잠재 내용은 사회적으로 또는 개인적으로 받아들일 수 없는, 그러나 또한 사실인 '무삭제' 판이다.

Freud에 따르면, 꿈을 해석하기 위해서는 현재 내용으로부터 잠재 내용으로 거꾸로 되짚어 가야 한다. 정신분석가에게 환자의 꿈은 그 환자의 무의식적 욕망, 그 욕망에 동반되는 공포, 그리고 그렇게 초래된 욕망과 공포 사이의 심적 갈등을 처리하기 위해 환자가 사용하는 특징적인 방어들을 드러낸다. Freud는 다음과 같이 꿈속의 상징과 은유들이 개인마다 특수하면서도 성적 본성에 있어 보편적 의미를 갖고 있다고 믿었다.

> 상자, 통, 벽장 및 오븐은 자궁을 나타내며, 속이 빈 물건, 배, 온갖 종류의 용기도 또한 그러하다. 꿈속에서 방은 대개 여자이다. 그리하여 여러 방식으로 방을 들락거린다면 그 해석은 별로 의심할 여지가 없다. 스위트룸을 통과하는 꿈은 사창가 꿈이다. 꿈속에서 보이는 복잡한 기계와 도구들은 모두 생식기(주로 남성의)를 상징할 가능성이 아주 높다. (Freud, 1900/1965, pp. 389~391)

꿈의 해석에 관한 Freud의 이론은 꿈 상징들을 인간 심리에 관한 그의 이론에 관련시켜 설명하였다. 꿈의 심리학적 중요성을 Freud가 강조한 덕분에 꿈의 내용에 대한 현대적 탐색의 길이 열리게 되었다.

꿈의 해석에 대한 비서구적 접근 서구 사회에서는 심리학도가 되거나 심리치료를 받지 않는 한 자신의 꿈에 대해 심각하게 생각해 본 사람들이 별로 없다. 반면, 많은 비서구 문화에서는 꿈을 공유하고 해석하는 것이 그 문화의 중요한 바탕이 되어 있다(Lohmann, 2010; Wax, 2004). 에쿠아도르의 아르추르족 인디언들이 매일 하는 풍습을 보자(Schlitz, 1997, p. 2).

> 여느 때 아침처럼 [마을의] 남자들은 함께 작은 원을 이루고 앉는다. 그들은 간밤에 꾼 꿈을 함께 나눈다. 꿈을 공유하는 이 일상적 의식은 아르추르족의 생활에 필수적이다. 그들은 각 개인이 혼자서가 아니라 공동체 전체로서 꿈을 꾼다고 믿는다. 개인의 경험이 집단적 행위에 기여하는 것이다.

이러한 아침 모임에서 꿈을 꾼 사람들은 자신의 꿈 이야기를 하고 다른 사람들은 그 해석을 제공하여 그 꿈의 의미에 대해 합치된 해석에 도달하고자 한다. 개인이 '공동체 전체'를 위한 꿈을 꾼다는 이 관점은 꿈이 개인의 무의식으로 가는 '왕도'라고 한 프로이드의 관점과 좋은 대조를 이룬다.

많은 문화권에 꿈의 해석을 돕는 특별한 능력을 소유하고 있다는 사람들의 특수 집단이 있다. 멕시코, 과테말라, 벨리즈 및 온두라스의 여러 지방에 걸쳐 사는 마야족 인디언들의 문화에서는 **샤먼**(shaman, 주술사)이 꿈의 해석자 역할을 한다. 마야족의 일부 집단에서는, 샤먼의 소명을 선포한 신이 방문하는 꿈을 꾼 샤먼들이 꿈의 해석자로 선택된다. 이처럼 꿈 계시를 통해 새롭게 선택된 샤먼들에게 종교 의식에 관한 공식적 교육 또한 이루어진다. 샤먼이나 기타 종교 인사들이 꿈을 해석하는 특별한 지식을 갖고 있기는 하지만 일반인들도 역시 꿈을 이야기하고 논의한다. 꿈을 꾼 사람이 한밤중에 자기 배우자를 깨워서 그 꿈을 이야기해 주는 일이 흔하며, 어떤 사회에서는 어머니가 매일 아침 자기 아이들에게 간밤의 꿈을 이야기하도록 한다. 그 당시 마야 사람들은 고향땅에서 내란의 희생자가 되어 많은 사람들이 살해당하거나 도망가야만 했다. 인류학자 Barbara Tedlock에 따르면 한 가지 중요한 반응은 "그들의 조상 그리고 그들이 살고 있는 신성한 땅과 접촉할 수 있게 해 주는 꿈과 상상에 대해 더 많이 강조"(Tedlock, 1992, p. 471)한 것이었다.

꿈과 관련된 많은 비서구 집단들의 문화적 풍습은 또한 근본적으로 상이한 시간관념을 반영한다. Freud의 이론에서 꿈의 해석은 시간상 뒤를 돌아보는 것으로서, 아동기의 경험과 억압된 욕구를 강조한다. 다른 많은 문화에서는 꿈이 미래를 보여주는 것으로 믿는다(Basso, 1987; Louw, 2010). 예를 들어,

에티오피아와 수단의 경계선상에 있는 잉게사나 힐즈 지역의 사람들은 꿈에 따라 축제 기간을 정한다(Jedrej, 1995). 종교적 사당의 수호자들은 꿈속에서 그들의 아버지나 다른 조상들의 방문을 받는데, 방문자들은 '축제를 선포하도록' 가르쳐 준다. 다른 집단에는 꿈의 상징과 그 의미 사이의 관계에 대해 문화적으로 일정한 체계가 존재한다. 중부 브라질의 칼라팔로 인디언들의 예를 보자(Basso, 1987, p.104).

> 불에 타는 꿈을 꾸면 나중에 거미나 무는 개미 같은 것들에 물릴 것이다.
> 여자와 잠자리를 같이하는 꿈을 꾸면 낚시가 아주 잘될 것이다.
> 키 큰 나무를 타고 오른 꿈을 꾼 소년들은 오래 살 것이다. 숲 속의 넓은 개천을 건너가는 꿈을 꾸면 역시 오래 살 것이다.

각각의 해석이 미래를 바라보는 방식에 주목하라. 미래 지향적인 꿈의 해석은 풍요로운 문화적 전통의 중요한 한 요소이다.

꿈의 내용에 대한 현대적 접근 꿈의 해석에 대한 서구적 접근이나 비서구적 접근 모두 그 바탕에는 꿈이 개인이나 사회에 진정으로 가치 있는 정보를 제공한다는 믿음이 있다. 생물학에 바탕을 둔 이론들은 이런 관점에 이의를 제기한다. 예를 들어 **활성화-합성 모형**(activation-synthesis model)에 따르면, 뇌간에서 신호들이 발생하여 전뇌와 피질의 연합영역들을 자극함으로써 무선적인 기억 그리고 꿈꾸는 사람의 과거 경험과의 연결을 생성한다(Hobson, 1988; Hobson & McCarley, 1977). 이러한 관점에 따르면 이처럼 무작위적인 전기적 '신호들'의 격발에는 아무런 논리적 연결이나 내재적 의미, 그리고 일관된 패턴이 없다.

하지만 꿈에 관한 현대의 연구들은 꿈의 내용이 무선 신호들에서 나온다는 견해와 상충된다(Nir & Tononi, 2010). 실제로 신경학적 증거들에 따르면, 꿈은 백일몽과 정신 팔기와 같이 깨어서 하는 경험 도중 활동하는 것과 동일한 기본적 처리에서 출현한다(Domhoff, 2011). 뇌영상연구들은 특정 유형의 기억 획득에 결정적인 뇌 구조인 해마가 REM수면 도중 활성화된다는 것을 밝혔다(Nielsen & Stenstrom, 2005). 정서적 기억에 중요한 역할을 하는 뇌 구조, 즉 편도체 역시 REM수면 도중 활성화된다. 이처럼 꿈의 생리적 양상에 대한 보다 깊은 이해는, 수면의 기능들 가운데 하나가 '개인의 지난 며칠 간의 최근 경험들을 그 목표, 욕구, 문제들과 함께'(Paller & Voss, 2004, p. 667) 끌어내는 것이라는 주장을 뒷받침해 준다. 이러

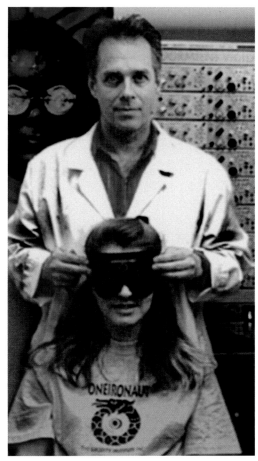

Stephen LaBerge는 REM수면이 발생하면 잠자는 참가자를 깨우는 특수 고글을 착용시킨다. 이 참가자는 자각성 꿈꾸기 상태로 들어가는 훈련을 받았다. 여러분이 만약 자각성 꿈꾸기를 경험하는 능력을 갖고 있다면 어떤 방식으로 자신의 꿈을 만들겠는가?

한 견해에 따르면 꿈의 줄거리에는, 개인의 생활 중에서 REM수면 도중 가장 두드러진 최근의 조각들을 중심으로 이야기를 엮어내고자 하는 뇌의 의도가 반영된다.

여러 연구들이 확증한 바에 따르면, 꿈의 내용은 꿈꾸는 사람이 깨어 있을 때의 관심사와 매우 큰 연속성을 보인다(Domhoff, 2005). 그러나 깨어 있을 때의 생활사를 꿈이 그대로 복제하는 경우는 매우 드물다. 오히려 꿈의 내용은 기억의 조각난 양상에서 흔히 출현한다. 예를 들어 깨어 있을 때 특정 활동(예 : 스포츠나 독서)에 종사한 사람들은 그러한 활동을 포함하는 꿈의 비율을 더 높게 보고하였다(Schredl & Erlacher, 2008). 꿈은 흔히 전날의 기억요소를 보여준다. 꿈은 또한 꿈-지연효과를 보여주는데, 2일이나 4일 전보다는 5일이나 7일 전의 기억효소가 꿈에 포함되는 경우가 더 많다(Blagrove et al., 2011). 이러한 꿈-지연은 REM수면이 새로운 기억의 응고화에서 수행하는 역할의 또 다른 결과인 것으로 짐작된다.

여러분은 아침형인가 아니면 저녁형인가?

일주율을 다룬 부분에서 사람들이 하루 중에 각성 수준, 신진대사, 심박동수, 그리고 체온과 같이 중요한 생물학적 기능상의 변화를 겪는다는 것을 알게 되었을 것이다. 그러나 정확한 타이밍은 사람마다 매우 다르다. 실제로 연구자들의 제안에 따르면 사람들을 그들이 선호하는 수면과 각성 패턴에 따라 아침형인지 아니면 저녁형인지의 일주기성 인자(chronotype)로 분류할 수 있다.

수천 명의 유럽 성인들을 대상으로 일하기 위해 잠자리에서 일어날 필요가 없는 날에 어떤 수면 패턴을 따르는지 조사한 연구를 살펴보자. 가장 흔한 반응은 사람들이 자정 직후에 잠이 들고 오전 8시 20분경에 일어난다는 것이었다(Roenneberg et al., 2007). 이 규준에 비해 여러분은 어떠한가? 만약 여러분이 잠자리에 더 일찍 들고 일찍 나온다면 아침형으로 간주된다. 만약 여러분이 습관적으로 자정 후에 잠자리에 든다면 저녁형으로 간주된다. 규준에서 멀어질수록 더 강력한 아침형이나 저녁형이라고 할 수 있다. 나이가 들어가면서 사람들의 선호는 아침형으로 바뀌는 경향이 있는데, 할아버지나 할머니는 일반적으로 10대 손주보다 더 일찍 일어난다. 그러나 이러한 전반적인 변화에도 불구하고 개인차는 여전히 일정하게 유지되는 듯하다. 노인들조차도 10대 시절에 상대적으로 저녁형이었던 사람들은 동년배보다 더 늦게 일어나는 경향이 있다.

연구자들이 밝힌 방대한 증거에 따르면, 사람들이 최상의 수행을 경험하는 하루 중의 시기를 일주율이 결정한다(Blatter & Cajochen,

2007; Kyriacou & Hastings, 2010). 일주율의 이러한 영향 때문에 일주기성 인자에 따라 사람들마다 하루 중에 정점에 도달하는 시기가 다르다. 아침형과 저녁형으로 뚜렷하게 분류되는 11세부터 14세까지 40명의 청소년을 대상으로 한 한 연구를 살펴보자(Goldstein et al., 2007). 청소년들은 표준적인 지능검사(WISC, 제9장 참조)의 항목들에 대해 하루 중 최적 시기 또는 최적이 아닌 시기에 답했다. 예를 들어 아침형 학생들의 절반은 그 검사를 아침에 수행했고 나머지 절반은 오후에 수행했다. 자신이 선호하는 시기에 검사받은 참가자들은 평균적으로 지능 척도상 6점이나 더 높은 점수를 기록했다.

연구자들은 또한 청소년의 부모와 친척으로부터 그들의 일상 행동에 관한 정보를 구했다. 이 측정치상에서 아침형 학생들은 사회적으로 보다 유능한 것으로 드러났는데, 주의집중 문제나 공격적 행동이 저녁형 학생보다 더 적었다. 이런 결과들은 저녁형 학생들이 일종의 '사회적 시차 부적응'이라는 어려움을 겪는다는 생각을 지지한다(Wittmann et al., 2006; 2010). 이들은 자명종 소리에 잠자리에서 일어나므로 날마다 개인적 리듬과 조화되지 않는 시기에 수행을 해야 한다. 이러한 조화의 결여는 성취와 행동 양자에 부정적인 영향을 미친다.

여러분은 아침형인가 아니면 저녁형인가? 만약 여러분이 강력한 일주기성 인자를 갖고 있다면 최적의 수행을 위해 어떻게 일과 놀이의 계획을 세울 것인지 생각해 보라.

꿈 주제를 마치기 전에 마지막 질문을 고려해 보자. 꿈을 꾸고 있는 동안 자신이 꿈을 꾸고 있음을 자각할 수 있을까? **자각성**(自覺性) **꿈꾸기**(lucid dreaming) 연구자들은 꿈꾸는 중임을 의식적으로 자각하는 것이 통상적인 연습을 통해 달성할 수 있는 기술이라는 것을 밝혔다(LaBerge, 2007). 자각성 꿈꾸기를 유도해내기 위해 다양한 방법들이 사용되었다. 예를 들어, REM수면이 탐지되면 빨간 불빛을 깜박거리도록 특수하게 설계된 고글을 잠자는 사람에게 씌운 연구가 있다. 이 참가자들은 그 빨간 불빛이 자신이 꿈을 꾸는 중임을 의식적으로 자각하게 하는 신호라는 것을 이전에 학습한 상태였다(LaBerge & Levitan, 1995). 아직 깬 상태는 아니지만 꿈을 꾸고 있음을 일단 자각하게 되면, 그 사람은 자각성 꿈꾸기 상태로 들어가 자기의 꿈을 통제함으로써, 자신의 개인적 목표에 따라 꿈을 이끌어가고 꿈의 결과가 현재의 필요에 부합되게끔 할 수 있다. 특별한 훈련 없이도 사람들은 때로 자신이 꿈꾸는 중이라

는 것을 자각한다. 연구자들은 자각성 꿈꾸기를 가능하게 해주는 뇌 과정을 연구하기 시작했다(Neider et al., 2011; Voss et al., 2009).

우리는 꿈을 일상적인 의식의 경계선에 있는 것으로 간주할 수 있다. 이제 개인이 의도적으로 이러한 일상적 경험을 넘어서려고 하는 상황을 살펴보자.

 stop 복습하기

1. 시차 부적응을 경험하는 이유는?
2. 하룻밤 동안 NREM수면과 REM수면의 균형이 어떻게 변화하는가?
3. 수면의 두 가지 기능은?
4. 수면 무호흡증을 겪는 사람에게 일어나는 일은?
5. Freud에 따르면 꿈의 잠재 내용이 뜻하는 바는?

비판적 사고　단어쌍 학습에 관한 수면의 영향을 보고한 연구를 떠올려 보라. 실험을 어떤 참가자들은 아침에 시작하고 다른 참가자들은 저녁에 시작하는 것이 중요한 이유는?

변경된 의식 상태

어떤 문화에서든 깨어 있는 의식의 통상적 변화에 만족하지 못하는 사람들이 있는데, 이런 사람들은 친숙한 형태의 의식을 넘어서서 변경된 의식 상태를 느낄 수 있는 기법들을 개발하였다. 최면과 명상을 살펴보자.

최면

대중매체에서 묘사되는 최면술사는 사람에게 알게 또는 모르게 대단한 영향력을 행사한다. 최면이란 무엇이며 그 중요한 속성들은 무엇이고 심리학적으로 타당한 용도는 무엇인가? **최면**(hypnosis)이란 그리스의 잠의 신 히프노스(Hypnos)에서 유래한 용어이지만, 사실 최면에 걸린 사람이 잠에 빠진 듯이 보일 때가 가끔 있다는 점을 제외하고는 잠은 최면에서 아무런 역할도 하지 않는다. (만약 사람이 진정으로 잠들었다면 최면에 반응할 수 없어야 한다.) 최면을 넓게 정의하면, 암시에 대해 반응하여 지각, 기억, 동기 및 자기통제감상의 변화를 보이는 일종의 변경된 자각 상태라고 할 수 있다. 최면 상태의 사람은 최면술사의 암시에 대한 반응성이 급증하게 되어 자신의 행동이 의도나 아무런 의식적 노력 없이 수행된다고 느낄 때가 많다.

최면에 내포된 심리적 기제에 관해 의견이 분분하다(Lynn & Kirsch, 2006). 최면에 걸린 사람이 각성 시의 의식과는 매우 다른 무아지경(trance)에 들어간다고 제안한 이론가들이 있는가 하면, 최면이란 동기가 높아진 상태에 불과하다는 이들도 있었다. 또 다른 사람들은 최면이 일종의 사회적 역할 놀이, 즉 최면술사가 원하는 대로 해 주려는 일종의 속임약(placebo) 반응이라고 믿었다. 사실상 최면이 무아지경과 같은 의식의 변화라는 생각은 대체로 폐기되었다. 그리고 비록 비최면 상태의 사람이 최면 상태의 사람과 동일한 행동 패턴을 보일 수는 있지만 최면에는 동기나 속임약과 같은 것을 넘어서는 어떤 효과가 있는 것으로 보인다. 최면 유도와 최면 가능성을 살펴본 후 이 효과를 살펴보자.

최면 유도와 피최면성　최면은 최면 유도(hypnotic induction)에서 시작하는데, 이는 주의 산만을 최소화하고 참가자로 하여금 제시받은 자극에만 집중하도록 하며 자신이 특별한 의식

상태로 막 들어갈 것이라고 믿도록 하는 예비적 행위들이다. 유도 행위들은 특정 경험을 상상하거나 어떤 사건과 반응을 머릿속에 그려 보도록 하는 암시를 포함하는데, 반복해서 연습하면 유도절차가 학습된 신호로 기능하여 참가자가 빨리 최면 상태에 들어갈 수 있다. 전형적인 유도절차는 깊은 이완 암시를 사용하는데, 어떤 사람들은 조깅을 하거나 자전거를 타고 있다고 상상하는 것과 같은 능동적이고 기민한 유도에 의해 최면에 잘 빠질 수 있다(Banyai & Hilgard, 1976).

피최면성(hypnotizability)이란 개인이 표준화된 암시에 반응하여 최면 상태를 경험하는 정도를 의미한다. 피암시성 정도에 있어 반응성이 전혀 없는 사람부터 완전한 반응성을 가진 사람에 이르기까지 다양한 개인차가 존재한다. 그림 5.5는 대학생 나이의 사람들이 최면 유도 검사를 처음 받았을 때 보이는 여러 수준의 피최면성 비율을 보여준다. 이 척도에서 '높음' 또는 '매우 높음' 점수는 어떤 의미를 갖는가? 검사를 할 때 최면술사가 일련의 최면 후 암시를 통해 각 개인이 어떤 경험을 할지 지시한다. 쭉 편 팔이 철봉이 되었다는 암시를 주면 피최면성이 높은 사람들은 그 팔을 구부릴 수 없었다. 이런 사람들은 암시에 따라 있지도 않은 파리를 쓸어내 버리려 하기도 했고, 머리를 '아니요'라고 가로 저을 수 있는 능력을 상실했다고 암시를 받으면 그렇게 할 수 없었다. 피최면성 점수가 '낮음'인 학생들은 이러한 반응들을 거의 경험하지 않았다.

피최면성은 비교적 안정적인 특성인데, 50명의 남녀에 대해 대학생 시절에 피최면성을 평가하고 25년 후 재검사를 한 결과 상관계수가 .71만큼이나 높게 나왔다(Piccione et al., 1989). 아이들은 어른보다 피암시성이 더 크며, 이런 특성은 청년기 직전에 정점에 달한 후 점차 감소한다. 연구자들은 피최면성과

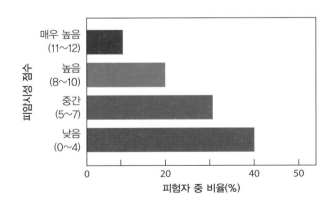

그림 5.5　최초 유도 시의 최면 수준
이 그래프는 최면을 처음 경험한 533명의 사람들의 결과이다. 최면 가능성은 12개 항목으로 구성된 스탠퍼드 피최면성 척도(Stanford Hypnotic Susceptibility Scale)로 측정되었다.

상관된 비교적 적은 수의 성격 특성들을 찾아냈다(Kihlstrom, 2007). 피암시성이 높은 사람들이 잘 속거나 동조할 가능성이 더 높지는 않다. 실제로 피최면성과 가장 높은 정적 상관을 갖는 성격 특성은 몰입(absorption)으로서, 이는 '상상적 또는 감각적 경험에 깊게 관여하게 되는 성향'이다(Council & Green, 2004; p. 364). 예를 들어, 여러분이 영화를 보는 도중 '실제' 세상사를 종종 잊어버린다면 여러분은 피최면성이 높은 사람일 가능성이 크다.

피최면성에는 유전적 소인이 있다는 증거들이 있는데, 초기 연구들에 따르면 피최면성 점수에 있어 이란성 쌍둥이보다 일란성 쌍둥이들의 점수가 더 유사하다(Morgan et al., 1970). 보다 최근에는 개인차 기저에 있는 특정 유전자에 연구가 집중되기 시작했다. 예를 들어, 연구자들은 뇌의 도파민 신경전달물질 사용에 영향을 미치는 COMT와 같은 유전자를 찾아냈는데, 이 유전자의 변산성이 피최면성의 개인차과 관련되어 있다(Szekely et al., 2010).

최면의 효과 앞서 최면의 표준적 효과 몇 가지를 언급하였는데, 최면 상태에서 사람들은 운동능력이나 지각적 경험에 대한 암시에 반응하여 팔이 구부러지지 않게 되거나 파리가 있는 것 같은 환각을 경험한다. 그런데 이런 행동들이 단지 참가자가 최면술사를 즐겁게 해 주려는 강한 소망 때문이 아니라 최면의 특별한 속성에서 비롯된다는 것을 어떻게 확신할 수 있을까? 이 중요한 의문에 답하기 위해 연구자들은 최면의 효과와 이완 훈련의 효과를 비교하는 실험을 종종 행하였다.

최면을 측정하기 위해 연구자들은 턱관절장애를 겪고 있는 여성 집단을 모집했는데, 이 장애는 '턱 운동의 제약뿐만 아니라 턱과 주변 조직에서 극심하고 만성적인 통증'(Abrahamsen et al., 2011, p. 345)을 일으킨다. 대략 절반의 여성이 무선적으로 최면집단에 배정되었다. 이들은 한 시간 동안의 최면 회기를 4회 경험했는데, 그때 참여한 일련의 활동 가운데에는 "통증에 대해 생각하는 것을 잊고 [그리고] 그 대신 좋은 기억과 좋아하는 활동을 생각하라."는 최면후 암시가 포함되었다. 나머지 참가자들은 통제집단에 배정되었다. 이 집단의 여성들 역시 한 시간 동안의 회기를 4회 경험했지만 이 회기들은 대체로 이완기법에 초점을 두었다. 그러나 통제집단의 여성에게도 그들의 처치가 일종의 최면 개입이라고 말해 주었다. 모든 참가자들은 통증을 자기 보고하였는데, 처치 전과 후에 각각 7일 동안 하루에 세 번 보고하였다. 최면집단은 처치 후 통증의 지속적인 감소를 보고하였지만 통제집단은 아무런 변화도 보이지 않았다.

이 실험은 최면이 통증을 감소시키는 잠재력(**최면성 무통**; hypnotic analgesia)을 갖고 있음을 보여준다. 통증을 예상하고 두려워하면 통증이 증폭되는데, 이러한 심리적 효과를 최면으로 감소시킬 수 있다(Dillworth & Jensen, 2010). 다양한 최면 암시를 통해 통증 제어를 달성할 수 있는데, 예를 들어 통증이 있는 신체부위를 나무나 플라스틱이라고 상상하거나 아니면 이 부위가 신체의 나머지 부분들과 분리되어 있다고 상상함으로써 마음을 신체로부터 떼어내 버리거나 시간을 왜곡시킬 수 있다. 사람들은 모든 생각과 상상을 의식하지 못하게 할 때조차도 최면을 통해 통증을 제어할 수 있다.

어떤 증거에 따르면 피최면성이 높은 사람들의 경우 최면을 통한 통증 감소가 더 효과적이다(De Pascalis et al., 2008). 연구자들은 이러한 차이의 뇌 기반을 밝히고자 한다. 예를 들어, 피최면성이 높은 사람들에게서 뇌량의 전방영역이 더 크다는 사실이 뇌영상연구에서 밝혀졌다(Horton et al., 2004). 이 뇌량 영역은 주의 그리고 원하지 않는 자극의 억제에서 역할을 담당하는데, 이는 피최면성이 높은 사람들이 최면을 통해 통증을 억제하도록 해 주는 뇌 조직을 더 많이 갖고 있을 가능성을 시사한다. EEG 측정치를 다룬 연구들 역시 최면을 통한 통증 감소에 있어 피최면성이 높은 사람과 낮은 사람의 뇌반응이 서로 차이가 있음을 밝혔다(Ray et al., 2002).

마지막으로, 최면의 힘은 최면술사의 특별한 능력이나 기술이 아니라 최면에 걸리는 사람의 상대적 피최면성에 달려 있다. 최면에 걸린다는 것은 자신에 대한 통제를 포기하는 것이 아니라 자신을 통제하는 새로운 방식을 최면술사에게서 배우는 것인데, 이때 최면술사는 코치로서, 자신은 수행자로서 역할을 하는 셈이다. 사람들이 최면 상태에서 이상한 행위를 하는 쇼 무대를 볼 때 이러한 점을 항상 염두에 두어야 하는데, 쇼 최면술사들은 자기 과시욕이 매우 큰 사람으로 하여금 대부분의 사람들은 절대로 할 수 없는 것들을 하게 만듦으로써 청중들을 즐겁게 해 준다. 반면 연구자와 치료가 사용하는 최면술은 의식에 대한 감각을 탐색하고 수정할 수 있게 해 주는 기법이다.

명상

동양의 여러 종교 및 전통적 심리학들은 당면한 세상사로부터 의식을 벗어나게 하고, 정신적이며 영적인 자아에 내적 초점을 맞출 것을 추구한다. **명상**(meditation)은 깊은 평정 상태에 도달하여 자기에 관한 지식과 편안함을 달성하도록 하는 의식 변화의 한 형태이다. **집중 명상**(concentrative meditation) 도

중 사람들은 호흡에 집중하고 이를 조절하거나, 특정한 신체 자세(요가 체위)를 취하거나, 외적 자극을 최소화하거나, 특정 심상을 떠올리거나, 모든 생각을 마음에서 지워버리기도 한다. 반면 마음챙김 명상(mindfulness meditation) 도중 사람들은 생각이나 기억에 반응하지 않고 그러한 생각이나 기억들이 마음속에서 자유롭게 지나다니도록 하는 것을 배운다.

스트레스로 가득 찬 환경에서 살아야만 하는 사람들의 불안을 완화시킬 수 있는 명상의 능력에 여러 연구들은 흔히 초점을 두고 있다(Oman et al., 2006). 마음챙김 명상은 마음챙김에 기초한 스트레스 감소의 기초가 되어 왔다(Kabat-Zinn, 1990). 한 연구에서는 심장질환으로 고통받는 여성들에게 마음챙김 명상을 8주간 제공하였는데, 이 개입의 마지막에 여성들은 이전보다 불안감이 더 낮아졌음을 일관성 있게 보고하였다(Tacon et al., 2003). 통제집단의 여성들은 불안 보고에 있어 아무런 향상도 경험하지 않았다. 심장질환의 악화에 불안감이 일조하기 때문에 이러한 결과는 마음이 신체를 치유하는 데 도움이 될 수 있다는 증거를 제공했다(제12장의 건강심리학 부분에서 이 주제를 다시 다룸).

뇌영상기법들을 통해 명상 훈련이 뇌 활동 패턴에 어떤 방식으로 영향을 미치는가가 밝혀지기 시작하였다(Ives-Deliperi et al., 2011). 실제로 최근 증거에 따르면 명상 훈련은 시간이 경과함에 따라 뇌 자체에 긍정적인 영향을 미치는 것으로 보인다.

연구자들은 내적 감각과 외적 감각에 대한 초점 주의와 같이 명상과 관련된 행위가 이 행위와 관련된 뇌 영역들 간 연결 강도의 변화를 초래할 것으로 생각했다(Kilpatrick et al., 2011). 이 가설을 검증하기 위해 연구자들은 17명 여성들에게 마음챙김에 기반한 스트레스 감소(Mindfulness-Based Stress Reduction, MBSR) 훈련을 8주간 제공하였다. 그들의 뇌영역들 간 연결을 기능적 연결성 MRI(fcMRI)라고 불리는 뇌 스캔을 사용하여 조사하였는데, 이는 뇌 활동의 네트워크를 평가한다. MBSR 집단의 뇌들은 이 훈련을 받지 않은 15명 여성(이들은 실험이 끝난 후 훈련을 받았음)과 비교되었다. fcMRI 스캔은 MBSR 훈련을 경험한 여성의 뇌에서 연결이 향상되었음을 밝혔다. 연구자들은 짧은 코스의 MBSR이 '향상된 감각처리, 더 우수한 주의자원 배분 그리고 보다 일관된 주의 초점'을 일으켰다고 추측했다.

다른 연구에 따르면 명상 훈련은 노화에 흔히 수반되는 뉴런의 상실을 늦춘다. 예를 들어, 선 명상 경험이 3년 이상 된 13명을 연령, 성, 그리고 교육 수준에 있어 대응되는 13명 통제

명상은 어떻게 의식의 상태를 변경시키는가?

참가자들과 비교한 연구가 있다(Pagnoni & Cekic, 2007). 통제 참가자들의 경우 나이가 들수록 뇌 부피가 작아지는 부적 상관이 있었다. 규칙적으로 명상을 한 참가자들은 나이가 먹어도 그러한 쇠퇴를 보이지 않았다!

명상 훈련자들의 제안에 따르면 규칙적으로 연습할 때 어떤 형태의 명상은 의식을 고양시키고 친숙한 것들을 새로운 방식으로 볼 수 있게 함으로써 깨달음을 달성하는 데 도움이 될 수 있다. 이러한 최근 연구는 명상이 말 그대로 여러분의 뇌에 도움이 될 수 있다는 것을 시사한다.

이 절에서는 사람들이 자신의 꿈과 깨어 있는 삶에서 변경된 의식 상태를 달성하는 여러 방식을 개관하였다. 이제는 사람들이 의식에 영향을 미치기 위해 가장 흔히 사용하는 마음에 작용하는 약물을 다룰 것이다.

 복습하기

1. 최면 가능성의 유전적 특질에 관한 연구가 시사하는 바는?
2. 명상의 두 형태는?

비판적 사고 통증 감소에 있어서 최면집단과 통제집단 사이의 차이를 밝힌 연구를 떠올려 보라. 통제집단의 여성이 자신의 훈련 역시 최면이 개입된 것으로 믿도록 하는 것이 중요한 이유는?

마음에 작용하는 약물

고대로부터 사람들은 현실에 대한 지각을 변경시키기 위해 약물을 사용해 왔다. 고고학적 증거에 따르면 남서부 미국과 멕시코 지역에서 10,000년 이상 동안 소포라씨(용설란 열매)를 거리낌 없이 사용하였다. 고대 아즈텍인들은 환각작용이 있는

용설란 열매를 발효시켜 맥주에 넣었다. 서양문화에서는 약물이 성스러운 공동체 의식보다는 향락적 목적으로 더 많이 사용된다. 사람들은 긴장을 풀거나 스트레스에 대처하거나 현실의 불쾌함을 회피하거나 사회적 상황에서 편안함을 느끼거나 변경된 의식 상태를 경험하기 위해 약물을 사용한다.

사람들의 심리적 상태에 영향을 미치는 약물들은 흔히 심리장애의 치료에 매우 중요하다. 실제로 표 5.2에서 보듯이 많은 유형의 약물들이 의학적으로 중요한 용도로 활용되고 있다. 12세 이상의, 거의 68,700명에 이르는 미국 시민들을 대상으로 한 2009년도 조사에서 8.7%의 사람들이 지난 한 달 동안 하나 이상의 불법 약물을 사용했다고 보고하였다(Substance Abuse and Mental Health Services Adminstration, SAMHSA, 2010). 이 비율이 10대 후반에서는 더 높았는데, 16~17세 청소년들에서는 16.7%, 18~20세 사람들에서는 22.2%가 불법 약물의 사용을 보고했다. 게다가 51.9%의 사람들은 조사 전달에 알코올을 섭취한 적이 있었으며 27.7%는 담배를 피운 적이 있었다. 이러한 실태는 약물 사용의 생리적 및 심리적 결과 파악의 중요성을 뒷받침해 준다.

의존성과 중독

향정신성 약물(psychoactive drug)이란 의식적 자각을 일시적으로 변화시킴으로써 정신과정과 행동에 영향을 미치는 화학물질이다. 이런 약물들은 뇌에서 시냅스 수용기에 부착되어 특정 반응을 차단하거나 자극하며, 그럼으로써 뇌의 소통체계를 극심하게 변경시켜 지각, 기억, 기분 및 행동에 영향을 미친다. 그러나 어떤 약물을 지속적으로 사용하면 동일 효과를 내기 위해 더 많은 용량이 요구되는 **내성**(tolerance)이 생긴다.

내성과 함께 발생하는 것이 **생리적 의존성**(physiological dependence)인데, 이는 신체가 그 물질에 적응하게 되고 의존하게 되는 과정을 가리킨다. 내성과 의존성의 비극적인 결과가 **중독**(addiction)이다. 약물 중독자는 체내에 약물이 존재하지 않으면 고통스러운 금단증상들(오한, 발한, 메스꺼움, 그리고 알코올 금단의 경우에는 심지어 사망까지)을 겪는다.

어떤 약물에 중독되었든 아니든 그 약물을 갈망하거나 즐기는 상태가 되면 **심리적 의존성**(psychological dependence)이 생긴 것이다. 심리적 의존성은 어떤 약물에 대해서도 발생할 수 있다. 약물 의존성이 생기면 그 사람의 생활은 완전히 약물 중심으로 돌아가게 되어 결국 기능상 장애가 초래된다. 게다가 약물 습관을 유지하는 데 드는 점점 늘어가는 비용 때문에 중독자는 강도, 폭행, 매춘, 또는 약물 판매까지 하게 된다.

향정신성 약물의 종류

흔히 사용되는 향정신성 약물들이 표 5.2에 나와 있다(제15장에서는 정신질환을 경감시키기 위해 사용되는 다른 유형의 향정신성 약물을 다룸). 약물 집단 각각의 생리적 및 심리적 영향의 작용 방식을 간략하게 살펴보고, 또한 약물 사용의 개인적 및 사회적 결과를 살펴볼 것이다.

환각제 가장 극적인 의식의 변화를 일으키는 약물이 **환각제**(hallucinogen 또는 psychedelic)로서, 이 약물들은 외부 환경의 지각과 내적 자각을 모두 변경시킨다. 그 이름이 의미하듯이 환각제는 흔히 환각을 일으키는데, 환각이란 객관적 자극이 없는 상태에서 발생하는 생생한 지각이다. 환각은 자아와 비자아 사이의 경계를 상실시킬 수 있다. LSD와 PCP는 실험실에서 합성된 흔한 환각제이다. 환각제는 전형적으로 뇌 안에서 화학 신경전달물질 세로토닌의 사용에 영향을 미침으로써 작용한다(Fantegrossi et al., 2008). 예를 들어, LSD는 세로토닌 수용기에 매우 강력하게 결합하여 뉴런이 지속적인 활성화를 일으키게 된다.

대마초(cannabis)는 향정신성 효과가 있는 식물로서 그 활성 성분은 THC인데, THC는 해쉬쉬(hashish : 응고시킨 식물 수지)와 마리화나(marijuana : 말린 식물 잎과 꽃) 양자에서 발견된다. THC의 효과는 용량에 따라 달라지는데, 저용량은 약간

표 5.2 향정신성 약물의 의학적 용도

약물	의학적 용도
환각제	
LSD	없음
PCP(Phencyclidine)	가축용 마취제
대마초(마리화나)	화학요법으로 인한 메스꺼움
아편제(마취제)	
모르핀	진통제
헤로인	없음
진정제	
바비튜레이트	진정제, 수면제, 마취제, 항경련제
벤조디아제핀	항불안제, 진정제, 수면제, 항경련제
알코올	방부제
흥분제	
암페타민	운동과다증, 기면증, 체중 조절
코카인	국부 마취제
니코틴	금연용 니코틴 검
카페인	체중 조절, 급성 호흡장애에 대한 자극제, 진통제

즐거운 황홀감을 느끼게 하며 고용량은 환각 작용을 오랫동안 일으킨다. 습관성 대마초 사용자들은 행복감, 편안함, 시간과 공간의 왜곡, 그리고 때때로 육체 이탈의 느낌 등을 보고한다. 그러나 맥락에 따라 공포, 불안, 혼란 등의 부정적인 효과가 초래될 수도 있다.

수년 전에 밝혀진 바와 같이, 마리화나에 들어 있는 활성 화학물질인 캐너비노이드(cannabinoid)는 뇌에서 특정 수용기에 결합하는데, 이 수용기들은 기억에 관여하는 해마 부위에 특히 많다(Goonawardena, 2011). 최근 뇌에 원래 존재하면서 동일한 수용기에 결합하는 물질이 발견되었는데, 최초로 발견된 엔도캐너비노이드(endocannabinoid; endogenous cannabinoid에서 나온 단어임)가 아난다마이드(anandamide)이다(Di Marzo & Cristino, 2008). 이 발견에 따라 캐너비노이드가 뇌에 원래 존재하는 물질에 민감한 뇌영역에 결합함으로써 마음에 영향을 미치는 효과를 일으킨다는 것을 알게 되었다. 이 엔도캐너비노이드는 신경조절자의 기능을 하는데, 예를 들어 해마에서 신경전달물질 GABA의 방출을 통제한다(Lee et al., 2010). 이 물질은 식욕과 섭식 행동을 조절하는 중요한 역할을 수행한다.

아편제 헤로인이나 모르핀과 같은 아편제(opiate)는 자극에 대한 신체적 감각과 반응을 억압한다. 옥시콘틴(OxyContin)과 같은 진통제 역시 아편제이며 동일한 효과를 갖고 있다. 지난 몇 년 동안 옥시콘틴 그리고 다른 처방된 아편제를 남용하는 사람의 숫자가 놀라울 정도로 증가했다(Rawson et al., 2007). 앞서 제3장에서 살펴보았듯이 뇌에 있는 엔도르핀(endorphin : endogenous morphine 줄인 말)은 기분, 고통, 그리고 쾌감에 대해 강한 영향을 미친다. 이러한 내인성 아편제는 신체적 스트레스인과 심리적 스트레스인 양자에 대한 뇌의 반응에서 결정적인 역할을 한다(Ribeiro et al., 2005). 아편이나 모르핀과 같은 약물은 뇌에서 엔도르핀이 작용하는 것과 동일한 수용기에 결합한다(Trescot et al., 2008). 따라서 마리화나와 아편제는 모두 뇌 안에 자연적으로 존재하는 물질과 유사한 화학적 특성을 나타내기 때문에 그러한 효과를 내는 것이다.

헤로인 정맥주사를 맞으면 처음에는 쾌감이 밀려오는데, 모든 걱정과 신체적 요구에 대한 자각이 밀려나고 행복감이 자리 잡는다. 내인성 아편제 시스템에서 신경수용기가 인위적으로 자극받으면 뇌는 미묘한 균형을 상실한다. 뇌가 다시 밀치고 나가므로 밀려왔던 쾌감은 쇠퇴하고 강한 부정적 정서 상태가 대신하게 된다(Radke et al., 2011). 이러한 부정적 정서로 말미암아 사람들은 또다시 처음에 밀려왔던 쾌감을 추구하게

된다. 이처럼 긍정에서 부정으로의 사이클 때문에 헤로인 사용은 흔히 중독에 빠지게 한다. 아편을 멀리 하려는 사람은 흔히 약물에 대한 강한 갈망뿐만 아니라 끔찍한 신체적 증상(구토, 통증, 그리고 불면과 같은)을 경험한다.

진정제 진정제(depressant, 또는 억제제)에는 바비튜레이트(barbiturate), 벤조디아제핀(benzodiazepine) 그리고 특히 알코올이 있다. 이들은 중추신경계에서 신경전달을 억제 또는 감소시킴으로써 정신적 및 신체적 활동을 낮춘다(느리게 한다). 진정제의 이러한 효과는 신경전달물질 GABA를 사용하는 시냅스의 신경소통을 촉진시킴으로써 이루어진다(Licata & Rowlett, 2008). GABA는 흔히 신경전달을 억제하는 기능을 하는데, 이는 우울증 환자의 억제적 결과를 설명해 준다. 과거에는 진정제 또는 불면증 치료제로서 흔히 넴부톨(Nembutol)과 세코날(Seconal)과 같은 바비튜레이트를 흔히 처방하였다. 그러나 바비튜레이트의 중독과 과남용 가능성 때문에 이제는 **발륨**(Valium)이나 **자낙스**(Xanax)와 같은 벤조디아제핀을 처방하는 경우가 많다. 이러한 약물들이 불안을 치료하는 데에도 흔히 사용된다는 것을 제15장에서 보게 될 것이다.

알코올은 초기 인류부터 광범위하게 사용되어 온 최초의 향정신성 물질 가운데 하나이다. 알코올의 영향 아래 어떤 사람들은 분별 없고 거칠며 다정하고 수다가 많아지고, 또 어떤 사람들은 조용히 침울해지기도 한다. 알코올은 도파민의 방출을 자극하는 것으로 짐작되는데, 도파민은 쾌감을 고양시킨다. 또한 다른 진정제들과 마찬가지로 알코올도 GABA 활동에 영향을 미치는 것으로 짐작된다(Lobo & Harris, 2008). 소량의 알코올은 사람을 이완시키고 성인의 반응 속도를 약간 향상시킬 수 있다. 하지만 알코올은 체내에서 느리게 분해되기 때

헤로인 사용이 흔히 중독에 빠지게 되는 이유는?

대학생들이 자신의 의식을 변경시키는 방법으로써 알코올을 가장 많이 사용하는 이유가 무엇인가?

문에 짧은 시간 내에 많은 양을 마시면 중추신경계에 과부하가 걸린다. 혈중 알코올 농도가 0.05~0.1%까지 증가하면 인지적, 지각적, 그리고 운동 처리가 급속하게 약화되기 시작한다. 혈중 알코올 농도가 0.15%에 도달하면 사고, 기억, 판단이 대단히 부정적인 영향을 받음과 동시에 정서적 불안정성과 운동 협응의 상실이 초래된다.

과도한 알코올 섭취는 미국에서 주요한 사회적 문제이다. 음주의 양과 빈도가 직무 수행을 방해하고 사회적 및 가족관계를 손상시키며 심각한 건강 문제를 야기하는 상태가 되면 **알코올 중독**(alcoholism)이라는 진단이 내려진다. 장기간 과음을 하면 신체적 의존성, 내성, 그리고 중독이 모두 발생한다. 알코올 중독자 중 어떤 이들은 금주를 못하며, 다른 이들은 일단 몇 잔을 마시면 음주를 멈추지 못한다. 한 달에 5일 이상, 마실 때마다 다섯 잔 이상을 마시는 것을 과음(過飮)이라고 정의할 때, 2009년 조사에 따르면 18~25세 연령의 사람들 가운데 13.7%가 과음하였다(SAMHSA, 2010). 18~22세 연령에서 대학생의 과음 비율은 16%, 대학생이 아닌 사람의 과음 비율은 11.7%였다.

자동차 사고와 사망자는 혈중 알코올 농도가 0.1%인 경우에는 그 절반인 경우보다 6배나 더 많이 발생한다. 알코올과 관련된 자동차 사고는 15~25세 사람들에게서 가장 큰 사망 원인이다. 이처럼 놀라운 통계 때문에 연구자들은 알코올이 운전

수행에 부정적 영향을 미치는 여러 방식을 밝히고자 노력해 왔다. 해답의 일부는 나쁜 충동을 억제하는 음주자의 능력에 알코올이 미치는 효과에 있다.

여러분이 늦어서는 안 되는 중요한 약속 장소를 향해 운전 중이라고 가정해 보라. 운전하면서 여러분은 속도위반이나 무모한 차선 바꾸기와 같은 나쁜 운전 행동에 빠지고 싶은 충동을 느낄 것이다. 그러나 이러한 부정적 충동은 여러분이 딱지를 받거나 사고를 낼 수 있다는 등의 생각에 의해 상쇄될 것이다. 한 연구팀은 사람들이 그러한 종류의 상황, 즉 좋은 충동과 나쁜 충동 사이에서 갈등하는 상황에서 운전을 할 때 알코올의 영향을 받은 사람은 특히 나쁘게 운전한다는 가설을 검증했다(Fillmore et al., 2008). 이 연구의 참가자들은 알코올 또는 속임약 가운데 하나를 섭취한 후 모의 운전과제를 수행했다. (여러분은 아마도 연구자들이 왜 실제 도로상에서 실험을 수행할 수 없었는지 이해할 수 있을 것이다.) 참가자의 운전은 적색 신호에서 정지하지 않거나 갑작스런 운전대 조작과 같은 측정치 상에서 알코올 섭취 후 뚜렷하게 두드러졌다. 그러나 알코올의 영향은 반응 갈등에 대한 참가자의 감각을 증가시켰을 때 더욱 컸다. 연구자들은 참가자들이 목적지에 빨리 도착하면 현금 보상을 제공했지만 운전을 형편 없이 할 때에는 벌금을 물렸다. 이러한 갈등 상태에서 참가자의 수행은 최악이었는데, 그들의 나쁜 충동이 극적으로 승리를 거두었다.

여러분은 사람들이 제정신이라면 결코 하지 않았을 일을 술 취했을 때에는 할 것이라는 주장을 틀림없이 잘 알고 있을 것이다. 운전의 경우 충동 통제의 결여는 치명적인 결과를 초래할 수 있다.

흥분제 암페타민(amphetamine), 메탐페타민(methamphetamine, 필로폰)이나 코카인(cocaine)과 같은 흥분제(또는 자극제, stimulant)는 각성을 일으키고 희열감을 유발한다. 흥분제들은 뇌에서 노르에피네프린, 세로토닌, 도파민 같은 신경전달물질의 수준을 증가시킴으로써 그 효과를 일으킨다. 흥분제는 통상 뇌 안의 연접부에서 도파민을 제거하는 물질의 활동을 방해하는 작용을 한다. 흥분제에 흔히 수반되는 심각한 중독은 신경전달체계의 장기적 변화 때문에 일어날 수 있다(Collins et al., 2011).

사람들이 흥분제를 찾는 세 가지 주된 이유는 그것이 자신감을 증진시키고, 에너지와 각성을 고조시키고, 희열감을 느낄 만큼 기분을 변화시키기 때문이다. 하지만 이를 과도하게 사용하는 사람들은 흔히 환각과 **편집증적 망상**을 경험한다. 코카인 사용에 있어 특히 위험한 것은 기분이 고조될 때와 저하

될 때의 대비가 너무 심해서 그 약물의 사용빈도와 용량이 걷잡을 수 없이 증가하게 되는 데 있다. 코카인의 결정 형태인 크랙(crack)은 이러한 위험을 증가시키는데, 크랙은 순식간에 기분을 고조시켰다가 급속히 그 효과가 사라지므로 이 약물에 대한 갈망이 매우 강하다.

향정신성 약물이 아닌 것으로 생각하기 쉬운 흥분제 두 가지가 카페인과 니코틴이다. 경험상 알고 있겠지만 진한 커피나 차 두 잔이면 심장, 혈액, 순환계 기능이 심하게 영향을 받으며 잠들기 어렵게 된다. 니코틴은 담배에 들어 있는 화학물질인데, 매우 강한 흥분제여서 아메리카 원주민 샤먼들이 신비한 상태나 몽환 상태에 빠지기 위해 고용량을 사용해 왔다. 그러나 현대의 사용자들과는 달리 샤먼들은 니코틴이 중독성이 있다는 것을 알고서 그 효과를 구하고자 할 때만 조심스럽게 사용하였다. 중독성 있는 다른 약물들과 마찬가지로 니코틴은 뇌에서 분비되는 자연적인 화학물질들을 흉내 낸다. 사실상 니코틴과 코카인 중독에 관여하는 뇌의 활성화 부위들이 동일하다는 사실이 밝혀졌다(Vezina et al., 2007). 니코틴 속의 화학물질은 당신이 보상받는 목표를 성취했을 때마다 기분을 좋게 만드는 뇌 회로들에 대해 영향을 미친다(De Biasi & Dani,

2011). 통상 이러한 뇌 회로들은 생존에 도움이 되지만, 불행히도 니코틴은 이 동일한 뇌 수용기로 하여금 담배를 피우는 것이 마치 좋은 것처럼 반응하게 만드는데 여러분이 알고 있듯이 흡연은 건강에 전혀 유익하지 않다.

우리는 이 장을 시작하면서 여러분에게 여러분의 과거를 기억해 보고 미래에 대한 계획을 세워 보도록 요구하였다. 이러한 일상적 활동을 통해 우리는 의식에 관해 몇 가지 흥미로운 질문들을 제기하였다. 여러분의 사고의 기원은 어디인가? 어떻게 출현하는가? 언제 도달하는가? 여러분은 이제 이러한 질문에 적용되는 몇몇 이론들 그리고 이러한 이론들의 검증 방법들을 배웠다. 여러분은 여러분을 인간으로 규정해 주는 광범위한 경험들을 의식을 통해 궁극적으로 가질 수 있음을 알게 되었다.

⊙ stop 복습하기

1. 약물내성의 정의는?
2. 헤로인과 같은 약물은 뇌에서 어떻게 작용하는가?
3. 니코틴은 어떤 범주의 약물에 속하는가?

요점정리

의식의 내용
- 의식은 마음의 내용에 대한 자각이다.
- 깨어 있는 의식의 내용은 비의식적 과정, 전의식적 기억, 주의집중 받지 않은 정보, 무의식적 그리고 의식적 자각과 대비된다.
- 소리 내어 생각하기 프로토콜과 경험 표집과 같은 연구기법들이 의식의 내용을 연구하는 데 사용된다.

의식의 기능
- 의식은 생존을 돕고 개인적으로 그리고 문화적으로 공유된 현실 양자를 구성할 수 있도록 한다.
- 연구자들은 의식적 과정과 무의식적 과정의 관계를 연구해 왔다.

수면과 꿈
- 일주율은 생물학적 시계의 작동을 반영한다.
- 뇌의 활동 패턴은 밤의 수면과정 도중 변화한다. REM수면의 신호는 급속 안구운동이다.
- 수면의 양 그리고 REM과 NREM수면의 상대적 비율은 연령에 따라 변한다.

- REM과 NREM수면은 보존과 회복을 포함하여 상이한 기능을 수행한다.
- 불면증, 기면증, 수면 무호흡증과 같은 수면장애는 깨어 있는 시간 동안 기능할 수 있는 능력에 부정적 영향을 미친다.
- Freud의 제안에 따르면 꿈의 내용은 수면 검열자가 놓친 무의식적 자료이다.
- 어떤 문화에서는 흔히 특별한 문화적 역할을 담당한 사람이 꿈을 규칙적으로 해석한다.
- 어떤 꿈 이론들은 꿈의 원천에 대한 생물학적 설명에 초점을 둔다.
- 자각성 꿈꾸기는 꿈을 꾸고 있는 중이라는 것을 자각하는 것이다.

변경된 의식 상태
- 최면은 최면에 걸린 사람이 암시에 대해 반응하여 지각, 동기, 기억, 자기 통제감을 변화시키는 능력이라는 특징을 가진 변경된 의식 상태이다.
- 명상은 관례적 훈련에 의해 의식적 기능을 변화시키는데, 외적

관심사로부터 내적 경험으로 주의의 초점을 돌린다.

마음에 작용하는 약물

● 향정신성 약물은 신경계 활동을 수정하여 의식을 일시적으로 변화시킴으로써 정신과정에 영향을 미친다.

● 의식을 변경시키는 향정신성 약물에는 환각제, 아편제, 진정제, 그리고 흥분제가 있다.

연습문제

1. Freud에 따르면 어떤 기억들은 다음 중 어디에 남아 있을 수 밖에 없기 때문에 매우 위협적인가?
   a. 무의식
   b. 전의식
   c. 의식
   d. 현재 내용

2. 동일한 TV 신차 광고를 보고 있는 남녀 집단이 있다. 광고가 어떤 유형의 정보를 생각나게 하는지 알아보기 위해 다음 중 무엇을 사용할 수 있는가?
   a. 명상
   b. 시각적 탐색 실험
   c. 자각성 꿈꾸기
   d. 소리 내어 생각하기 프로토콜

3. 다음 중 의식의 선택적 저장기능의 예는?
   a. Rob은 농구공을 슛하면서 링을 지켜보았다.
   b. Laura는 바닐라 대신 초콜릿 아이스크림을 선택했다.
   c. Mel은 불이 초록색으로 바뀌자마자 가속페달을 밟았다.
   d. Salvatore는 새 여자 친구의 주소를 기억해 두었다.

4. 보다 많은 의식적 주의를 요하므로 _____, 대상을 _____ 대상보다 찾기가 더 어렵다.
   a. 적색인, 크고 적색인
   b. 녹색인, 녹색이고 황색인
   c. 적색이고 청색인, 녹색이고 황색인
   d. 적색이고 청색인, 적색인

5. Garrick의 일주기성 인자를 판단하기 위해 그에게 가장 물어 볼 가능성이 큰 질문은?
   a. 악몽을 한 달에 몇 번 꾸는가?
   b. 평소 언제 잠자리에 드는가?
   c. NREM수면과 REM수면 가운데 더 많이 취하는 것은?
   d. 마리화나나 담배를 피우는가?

6. REM수면과 NREM수면 양자가 중요한 역할을 하는 것은?
   a. 약물내성
   b. 주의를 기울이지 않은 정보
   c. 잠재 내용과 현재 내용
   d. 학습과 기억

7. 하룻밤에 여러 번 무호흡이 된 후 잠을 깨는 증상은?
   a. 불면증
   b. 수면 무호흡증
   c. 몽유병
   d. 기면증

8. 활성화–종합모형이 주장하는 바는?
   a. 꿈은 무작위적인 두뇌 활동으로 생긴다.
   b. 꿈의 현재 내용은 잠재 내용으로부터 종합된 것이다
   c. 꿈의 내용은 사람들의 일상적 관심을 반영한다.
   d. 소녀와 소년의 꿈 내용이 다르다.

9. 연구자들이 REM수면을 탐지할 때 적색 불빛을 비추는 것은 어떤 상태를 유도하기 위해서인가?
   a. 자각성 꿈꾸기
   b. 최면
   c. 명상
   d. 활성화와 종합

10. 다음 중 최면에 대한 반응성이 가장 클 것으로 예상되는 사람은?
    a. 19세 폴라
    b. 11세 랄프
    c. 24세 제니
    d. 46세 조지

11. 연구자들 제안에 따르면 사람의 뇌영역들 사이의 연결성을 더 크게 야기할 수 있는 것은?
    a. 최면
    b. 꿈꾸기
    c. 몽유병
    d. 명상

12. 생리적 요구가 없는데도 약을 갈망하는 것으로 정의되는 것은?
    a. 중독
    b. 약물내성
    c. 심리적 의존
    d. 생리적 의존

13. 환각제는 _____ 뉴런의 활성화를 _____함으로써 뇌에서 작용한다.
    a. GABA, 억제
    b. 도파민, 억제
    c. 세로토닌, 연장
    d. 도파민, 연장

14. 과다하게 사용하면 편집증적 망상을 일으킬 수 있는 것은?
    a. 흥분제
    b. 진정제
    c. 아편제
    d. 환각제

서술형 문제

1. Freud의 이론 이래로 무의식 개념이 어떻게 수정되어 왔는가?

2. 비서구 문화에서는 꿈의 해석이 어떻게 이루어지는가?

3. 약물 사용이 흔히 중독에 이르게 하는 이유를 설명하는 생리적 기전은?

학습과 행동분석

영화관에서 무서운 영화를 관람하고 있다고 상상해 보자. 주인공이 굳게 닫힌 문으로 다가가자 배경음악이 무섭고 위협적인 톤으로 바뀐다. 우리는 "그 문 열면 안 돼요!"라고 외치고 싶은 충동을 느끼면서 심장이 쿵쿵거린다는 것을 깨닫는다. 이런 현상을 관찰한 심리학자들은 "도대체 어떻게 이런 일이 벌어지는 것일까?"라는 의문을 갖는다. 학생들은 "경험을 통해 영화 속의 음악과 사건 사이에 일정한 관계가 있다는 것을 알고 있기 때문에 이런 일이 벌어진다."고 답할 것이다. 그러나 이 질문을 받기 전에는 아무도 이들 사건 간 관계를 생각해 본 적이 없을 것이다. 여러 차례 영화를 관람하다 보니 아무 생각 없이 이들 사건 간 연관성을 터득하게 되었다는 것이 정확한 표현일 것이다. 이처럼 별다른 노력을 하지 않았는데도 터득하게 되는 사건 간 연관성에 관한 논의가 제6장의 주된 내용이다.

심리학자들은 오래전부터 학습, 즉 사람들이 경험을 통해 세상을 배우는 방식에 관심을 가져왔다. 잠시 후 학습에 관한 보다 정밀한 정의가 소개될 것이다. 그런 다음, 고전적 조건형성과 도구적 조건형성이라고 하는 두 가지 유형의 학습을 살펴볼 것이다. 이 두 가지 학습 유형은 유기체가 환경의 구조에 관한 정보를 습득하고 사용하는 방식이 다름을 반영한다. 각 유형의 학습에 작용하는 기본 기제와 이들 기제가 실생활에 적용되는 방식이 소개될 것이다. 그리고 학습의 종 간 유사성과 차이점도 고려될 것이다. 조건형성의 기본 기제는 종이 달라도 변하지 않는다. 그러나 학습의 특정 측면은 종의 유전적 특질에 따라 달라진다. 끝으로, 고차적 정신과정인 인지가 인간과 다른 동물의 학습과정에 미치는 영향을 살펴볼 것이다.

학습에 관한 연구

학습에 대한 탐구를 시작하기 전에 학습에 대한 정의부터 하고 나서 학습에 대한 심리학적 연구의 역사를 살펴보기로 하자.

학습이란

학습(learning)이란 경험을 통해 행동 또는 행동 잠재력에 비교적 일관성 있는 변화가 일어나는 과정을 일컫는다. 이 정의에 담긴 내용 중 중요한 세 가지를 자세히 살펴볼 필요가 있다.

경험을 통한 변화 학습은 경험을 통해서만 일어날 수 있다. 경험에는 정보를 받아들이고 평가하고 변환시키는 일과 환경에 영향을 미치는 활동이 포함된다. 학습된 행동은 경험 때문에

달라진 반응으로 구성된다. 나이를 먹으면서 일어나는 신체적 성숙이나 뇌의 발달 또는 질병 등에 의해 일어나는 행동 변화는 학습된 행동에 포함되지 않는다. 성숙으로 인한 준비상태와 경험이 합쳐져야 지속적인 행동 변화가 일어날 수 있다. 예를 들면, 유아가 기어 다니고, 일어서고, 걷고, 뛰고, 대소변을 가리는 시기를 생각해 보자. 훈련과 연습을 아무리 시켜도 이들 행동은 아이가 충분히 성숙하지 않으면 일어나지 않는다. 심리학자들의 주된 관심사는 행동의 어떤 측면이 경험을 통해 변하고, 어떻게 그런 변화가 일어나는가를 구명하는 데 있다.

행동 또는 행동 잠재력의 변화 운전을 하거나 문자 메시지를 보내는 일처럼, 할 수 없었던 일을 할 수 있게 되면 학습이 일어났다는 것은 자명하다. 육안으로는 뇌 속에서 일어나는 변화를 볼 수가 없기 때문에 학습 그 자체를 직접 관찰할 수는 없다. 하지만 수행(performance)이 향상되면 학습이 일어났음이 명백해진다. 하지만 학습한 것이 모두 수행에 반영되는 것은 아니다. 또한, 미술 감상능력이나 철학 이해능력처럼 학습의 결과가 측정 가능한 행동으로 드러나지 않을 수도 있다. 이런 경우에는 어떤 종류의 책을 읽을지, 여가를 어떻게 보낼지에 영향을 주는 태도와 가치를 학습했기 때문에 행동의 변화 잠재력이 습득된 셈이다. 이 보기는 학습된 것과 행동으로 나타나는 것(수행)이 다를 수도 있다는 소위, **학습-수행 구분**(learning-performance distinction)을 분명하게 보여준다.

비교적 일관성 있는 변화 행동 또는 행동 잠재력의 변화가 학습된 것으로 간주되려면, 그 변화가 여러 경우에 걸쳐 일관성 있게 관찰되어야 한다. 수영을 배운 후에는 언제든지 수영을 할 수 있을 것이다. 그러나 일관성 있는 변화가 반드시 영구적인 변화는 아니다. 예컨대, 활쏘기를 매일 연습하면 일관성 있

발레리나의 일관성 있는 모습과 학습의 정의를 관련시켜 보세요.

는 궁수가 될 것이다. 그런데 연습을 그만두면 그 기술은 애초의 수준으로 쇠퇴해 버릴 수도 있다. 그렇지만 일단 챔피언이 될 정도로 그 기술을 익히고 나면, 활쏘기를 다시 배우기가 훨씬 쉬울 것이다. 과거 경험으로부터 무언가가 '남아 있는' 셈이다. 이런 의미에서는 그 변화도 영구적이라 할 수 있다.

습관화와 민감화 학습이라는 개념을 완전하게 이해할 수 있도록 가장 기본적인 학습인 습관화와 민감화를 소개하고자 한다. 수상스키와 같은 즐거워 보이는 장면을 담을 사진을 검토하고 있다고 상상해 보자. 처음 보는 순간 상당히 강렬한 정서적 반응을 경험할 것이다. 그러나 똑같은 사진을 반복해서 보게 되면, 정서적 반응이 점점 약해질 것이다(Leventhal et al., 2007). **습관화**(habituation)가 일어나고 있는 것이다. 즉, 특정 자극이 반복해서 제시됨에 따라 그 자극에 대한 행동반응이 줄어들고 있는 것이다. 습관화 덕분에 우리는 새로운 사건에 더 많은 주의를 집중할 수 있게 된다. 우리는 반복해서 제시되는 옛 자극에 대한 반응을 하려하지 않는다.

습관화를 가지고 학습의 정의를 재고해 보자. 행동의 변화가 있었고(정서적 반응이 줄어들었고), 그 변화는 경험을 기초로 이루어진 것이었고(똑같은 사진을 반복 관찰하면서 벌어진 변화이고), 그 변화는 일관성 있게 관찰되었다(정서적 반응이 다시 강해지지는 않았음). 그러나 그 정서반응의 변화가 영구적일 가능성은 낮다. 상당한 시간이 지난 후에 다시 그 사진을 보게 되면, 또 다시 정서적 반응을 하게 될 것이라는 뜻이다.

민감화(sensitization)는 반복해서 제시되는 특정 자극에 대한 우리의 반응이 점점 더 강해지는 현상을 일컫는다. 고통스러운 자극을 되풀이해 경험하는 경우를 상상해 보라. 자극의 강도는 일정한데도 사람들은 마지막에 경험한 자극이 가장 고통스러웠다고 말한다(Woolf, 2011). 민감화 역시 학습의 정의와 정확하게 일치한다. 자극에 대한 경험(고통스러운 자극을 반복해서 경험했고)이 일관성 있는 행동 변화(자극이 더 강한 통증을 유발했다고 말했고)를 유발했다. 특정 자극에 대한 반응이 습관화로 나타날지 아니면 민감화로 나타날지는 어떻게 결정되는 것일까? 일반적으로 강하고 해로운 자극일수록 민감화를 초래할 가능성이 커진다.

행동주의와 행동분석

학습에 대한 현대의 심리학적 관점은 많은 부분이 John Watson(1878~1958)의 연구에 뿌리를 두고 있다. Watson은 행동주의(behaviorism)라는 심리학파를 창시하였고, 행동주의는

그 후 약 50년 동안 미국의 심리학을 지배하였다. Watson은 내성법(introspection), 즉 감각경험, 심상, 느낌 등을 언어로 보고하는 방법은 주관적인 면을 배제할 수 없기 때문에 행동을 과학적으로 연구하는 수단으로 받아들일 수 없다고 주장하였다. 주관적 경험에 대한 보고의 정확성을 확인할 길이 없기 때문이었다. 내성법을 거부하자 무엇을 심리학 연구주제로 삼아야 하는가라는 문제가 제기되었고, Watson은 관찰 가능한 행동이라고 답했다. 그는 "의식의 상태는 객관적으로 확인할 수 없는 현상이기 때문에 과학적 자료가 될 수 없다."(Watson, 1919, p. 1)고 못 박았다. Watson은 또한 심리학의 주된 목적을 '행동을 예측하고 통제하는 일'(Watson, 1913, p. 158)이라고 정의하였다.

B. F. Skinner(1904~1990)는 Watson의 주장을 확장시켰다. 그는 Watson(1924)의 저서 『행동주의(Behaviorism)』를 읽은 후, 하버드대 대학원에 입학했다. 시간이 지나면서 Skinner는 급진적 행동주의(radical behaviorism)라는 입장을 취하게 되었다. Skinner는 내적 상태 및 정신적 사건에 대한 Watson의 불평을 수용하였다. 그러나 그는 내적 또는 정신적 상태를 과학적 자료라고 할 수 있느냐는 문제보다는 그런 상태가 행동의 원인으로 작용할 수 있느냐는 문제에 초점을 맞추었다(Skinner, 1990). Skinner는 사고나 상상 같은 정신활동은 행동의 원인이 아니라 환경 자극에 의해 유발된 행동 그 자체라고 생각했다.

비둘기를 24시간 굶긴 후, 우리에 넣고는 작은 원반을 쪼면

B. F. Skinner는 Watson의 생각을 확장시켜 광범위한 행동에 적용했다. 왜 Skinner의 심리학은 내적 상태가 아닌 환경변화에 초점을 두었는가?

먹이를 줬다고 하자. 그러면 이 비둘기는 곧 원반을 쪼기 시작한다. Skinner는 이러한 동물의 행동은 환경의 변화(굶긴 일과 먹이를 보상으로 사용한 일)만으로도 충분히 설명될 수 있다고 주장한다. 허기는 직접 관찰할 수도 또 측정할 수도 없는 주관적 느낌일 뿐이다. 그 느낌, 즉 허기는 먹이를 먹지 못해 유발된 결과이지 원반 쪼는 행동의 원인이 아니다. 비둘기가 한 일을 설명하기 위해 필요한 것은 비둘기의 심리적 상태에 대한 이해가 아니라, 그 비둘기로 하여금 행동과 보상 사이의 연관성을 터득하도록 한 학습 원리뿐이다. 이것이 Skinner식 행동주의의 본질이다.

이런 Skinner식 행동주의가 **행동분석**(behavior analysis)의 철학적 토대가 되었다. 행동분석은 학습 및 행동을 결정하는 환경 요인을 밝혀내려는 심리학의 한 분야이다(Cooper et al., 2007). 행동분석가들은 인간을 비롯한 모든 동물에 적용되는 보편적 학습 원리를 찾아내려고 노력한다. 인간 이외의 동물을 사용한 연구가 이 분야의 진보에 중요한 역할을 해온 이유도 여기에 있다. 행동분석가들은 복잡한 학습을 단순한 과정들이 결합되고 정교화된 것으로 간주한다. 복잡한 학습과 단순한 학습을 질적으로 다른 현상이라고 생각하지 않는다는 뜻이다. 다음 절에서는 복잡한 학습의 근원이 되는 단순한 학습 두 가지, 고전적 조건형성과 도구적 조건형성이 소개될 것이다.

stop 복습하기

1. 학습-수행 구분이 의미하는 바는 무엇인가?
2. 습관화를 정의해 보라.
3. Watson은 왜 관찰 가능한 행동에 대한 연구를 강조했는가?
4. 행동분석의 주요 목적은 무엇인가?

고전적 조건형성 : 예상 가능 신호 학습하기

공포영화를 보는 장면을 다시 한 번 상상해 보자. 배경 음악이 주인공이 겪을 난관을 예고하자 심장이 뜀박질하는 이유는 무엇일까? 무서운 음악의 등장이 무서운 사건의 발발과 연관되어 있기 때문이다. 다시 말해, 한 가지 환경 변화(예 : 무서운 음악의 등장)가 다른 환경 변화(예 : 무서운 사건)와 관련되어 있을 때, 전자의 변화가 일어나면 우리의 몸이 생리적 반응(예 : 뛰는 심장)을 일으키도록 학습되었기 때문이다. 이

런 유형의 학습을 **고전적 조건형성**(classical conditioning)이라고 한다. 고전적 조건형성은 가장 기본적인 학습 유형의 하나로 한 사건이 다른 사건을 예고하는 조건에서 일어난다. 이런 조건에서 유기체는 과거에는 그 반응을 유발하지 않던 자극과 그 반응을 자연적으로 유발하는 자극 간의 새로운 연관성(association)을 학습한다. 곧 알게 되겠지만, 환경 속에서 함께 일어나는 한 쌍의 사건을 재빨리 관련짓는 선천적인 능력은 중대한 함의를 지닌다.

Pavlov의 놀라운 관찰

고전적 조건형성에 대한 엄격한 연구는 우연적 사건의 결과였다. 러시아 생리학자 Ivan Pavlov(1849~1936)는 고전적 조건형성을 연구할 생각도 어떤 심리적 현상을 연구할 생각도 없었다. 소화에 관한 연구를 하던 중 우연히 고전적 조건형성을 발견했던 것이다. 그 덕분에 그는 1904년에 노벨상 수상자가 되었다.

Pavlov는 소화과정을 연구하기 위해 소화액을 채집하고 있었다. 개의 소화기관과 내분비샘에다 튜브를 연결하여 거기서 분비된 소화액을 실험 용기에 받아 모으는 중이었다. 실험실 조교들은 소화액의 분비를 촉발하기 위해 개의 입에 고깃가루를 넣어주곤 했다. 조교들의 이런 행동이 반복되자 개한테서 예상치 못한 행동이 나타나기 시작했다. 고깃가루가 입에 들어가기도 전에 개가 침을 흘리기 시작했던 것이다. 그 개는 먹이의 모습만 보아도, 나중에는 먹이를 가져오는 조교의 모습만 보아도, 심지어는 조교의 발자국 소리만 들어도 침을 흘리곤 했다. 기실, 먹이를 제시하기에 앞서 규칙적으로 제시된 자극이면 어떠한 자극도 개의 타액 분비를 유발하였다. 여기서 Pavlov는 두 자극 간 관련성 때문에 학습이 일어나고 있음을

생리학자 Ivan Pavlov(중간의 흰 수염 난 사람)는 소화에 관한 연구를 하던 중 고전적 조건형성을 관찰했다. Pavlov는 이런 형태의 학습에 대한 연구에 어떤 중요한 공헌을 했는가?

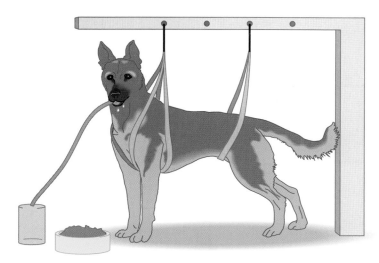

그림 6.1 Pavlov의 원래 실험
원래 실험에서 Pavlov는 부저소리, 종소리, 빛, 메트로놈 등 다양한 자극을 이용했다. 이들 중성 자극 중 하나를 제시한 후 음식을 입에 넣어 줬다. 개에서 분비되는 타액은 튜브를 통해 수집되었다.

관찰했던 것이다.

Pavlov는 이 신기한 현상을 엄격하게 구명할 능력과 호기심을 지니고 있었다. 당시의 위대한 생리학자 Charles Sherrington은 '심적' 분비를 연구하는 어리석음을 범하지 말라고 충고했었다. 그러나 Pavlov는 이 충고를 무시하고 오히려, 소화에 관한 연구를 포기함으로써 심리학의 진로를 바꾸어 놓았다(Pavlov, 1928). 그 후 죽을 때까지 Pavlov는 고전적 조건형성에 관여하는 변인을 탐구하였다. 그의 이런 공로를 기려 고전적 조건형성을 Pavlov식 조건형성(Pavlovian conditioning)이라고도 한다.

오랜 연구 경험 덕분에 Pavlov는 단순 명료한 방법으로 개의 타액분비 학습에 필요한 조건을 발견할 수 있었다. 그림 6.1에서 보는 바와 같이 개를 먼저 고정장치에다가 묶는다. 그리고는 일정한 간격으로 소리를 들려준 후, 약간의 먹이를 제공하였다. 이때 그 소리와 먹이 또는 소리와 타액분비 간에는 아무 연관이 없어야 한다. 따라서 그 소리에 대한 개의 애당초 반응은 정향반응(orienting response), 즉 귀를 세우고 소리가 나는 쪽으로 고개를 돌리는 반응일 뿐이었다. 그러나 그 소리와 먹이를 짝지어 반복해서 제시하자, 정향반응은 사라지고 타액이 분비되기 시작했다. 이런 통제된 조건하에서도 그 현상이 반복해서 관찰되었던 것이다. Pavlov가 그 전에 관찰했던 현상은 우발적인 사건이 아니었다는 뜻이다. Pavlov는 소리 대신 불빛 같은 타액분비와는 무관한 중성 자극을 여러 가지 이용함으로써 이 효과가 일반적인 현상임을 입증하였다.

고전적 조건형성의 주요 특징이 그림 6.2에 제시되어 있다. 고전적 조건형성의 중심에는 반사반응이 있다. 반사반응(reflex)이란 타액분비, 동공수축, 무릎반사 또는 눈 깜박임 등 특정

자극에 의해 자연적으로 유발되는 반응을 일컫는다. Pavlov의 실험에서 사용된 고깃가루처럼 반사반응(또는 반사행동)을 자연적으로 유발하는 자극을 **무조건 자극**(Unconditioned Stimulus, UCS)이라고 한다. 조건형성 없이도 행동을 유발하는 자극이라는 뜻으로 붙여진 이름이다. 그리고 무조건 자극에 의해 유발되는 행동을 **무조건 반응**(Unconditioned Response, UCR)이라 한다.

Pavlov의 실험에서 불빛이나 종소리 같은 중성 자극은 처음에는 타액분비라고 하는 반사행동을 유발하지 않는다. 이들 중성 자극을 무조건 자극과 짝지어 제시하는 일(시행)을 여러 차례 반복한다. 이때 무조건 자극과 짝지어 제시되는 중성 자극을 **조건 자극**(Conditioned Stimulus, CS)이라 한다. 조건 자극은 UCS와 관련된 조건에서만 행동을 유발할 수 있다는 뜻이다. CS와 UCS가 짝지어 제시되는 시행이 여러 차례 반복되고 나면, CS도 **조건 반응**(Conditioned Response, CR)을 유발하게 된다. 조건 자극이 학습의 결과로 유발하는 반응이면 어떤 반응이든 다 조건 반응이 된다. 이상의 주요 내용을 다시 정리해 보자. UCS-UCR 연결은 자연적으로 생성된 것인데, CS-CR 연결은 고전적 조건형성을 통해 생성된 것이다. 조건 자극은, 무조건 자극만이 유발할 수 있던 행동을 유발하는 능력을 획득한 자극이다. 이제, 고전적 조건형성의 기본 과정들을 보다 자세히 살펴보자.

조건형성의 과정

Pavlov의 실험은 조건 반응이 나타나고 사라지는 과정에 관한 많은 연구를 자극하였다. 이 절에서는 고전적 조건형성의 기본 과정에 관한 연구의 중요한 결론을 소개하기로 한다. 이들

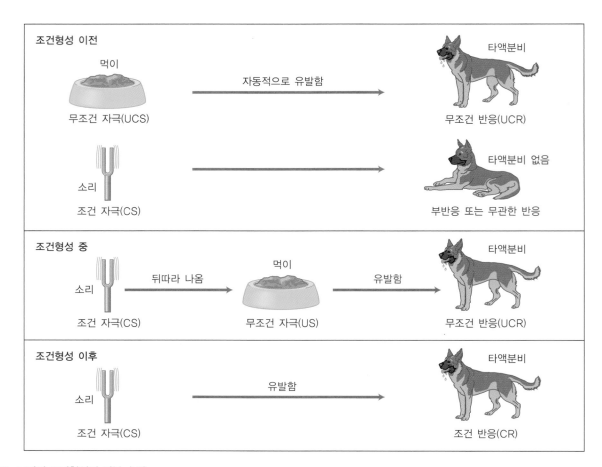

그림 6.2 고전적 조건형성의 기본 속성
조건형성이 일어나기 전에도 무조건 자극(UCS)은 무조건 반응(UCR)을 자연스럽게 유발한다. 그러나 종소리와 같은 중성 자극은 그런 반응을 유발하지 못한다. 조건형성이 이루어지는 동안에는 중성 자극이 UCS와 짝지어 제시된다. 중성 자극과 UCS와의 연관성이 형성되면서 중성 자극은 조건 자극(CS)이 되어, 무조건 반응(UCR)과 비슷한, 조건 반응(CR)을 유발하게 된다.

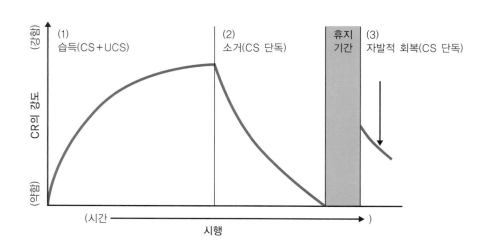

그림 6.3 고전적 조건형성의 습득, 소거 및 자발적 회복
습득 단계(CS+UCS)에서는 CR의 강도가 급격히 증가한다. CS 다음에 UCS가 뒤따라 제시되지 않는 소거 단계에서는 CR의 강도가 0까지 떨어진다. 잠시 휴식을 취한 다음에는 UCS가 여전히 제시되지 않는데도 CR이 되살아나기도 한다. 이처럼 CR이 다시 나타나는 현상을 자발적 회복이라 한다.

결론은 다양한 종의 동물을 이용한 수많은 연구에서 부상된 것들이다.

습득과 소거 그림 6.3은 고전적 조건형성의 가상적인 실험결과

를 보여준다. 그림의 왼편은 **습득**(acquisition), 즉 CR이 유발되기 시작하여 시행이 거듭됨에 따라 CR이 더욱 빈번하게 관찰되는 과정을 나타낸다. 일반적으로 CS가 CR을 확실하게 유발할 수 있기까지는 CS와 UCS가 쌍으로 제시되는 시행이 여러

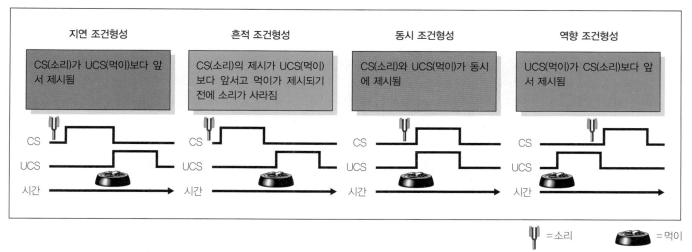

지연 조건형성	흔적 조건형성	동시 조건형성	역향 조건형성
CS(소리)가 UCS(먹이)보다 앞서 제시됨	CS(소리)의 제시가 UCS(먹이)보다 앞서고 먹이가 제시되기 전에 소리가 사라짐	CS(소리)와 UCS(먹이)가 동시에 제시됨	UCS(먹이)가 CS(소리)보다 앞서 제시됨

= 소리   = 먹이

그림 6.4 고전적 조건형성에서 나타날 수 있는 CS와 UCS 간 시간 간격의 유형 네 가지
CS와 UCS 제시 간 시간 간격 유형 네 가지를 탐구한 결과, 조건형성에 가장 효과적인 유형은 UCS가 CS가 제시된 잠시 후에 제시되는 지연형인 것으로 드러났다.

출처 : Baron, Robert A., *Psychology*, 5th Edition., © 2001. Printed and electronically reproduced by permission of Pearson Education Inc., Upper Saddle River, New Jersey.

차례 반복돼야 한다. CS와 UCS 쌍이 체계적으로 제시된 후에는 CR이 더욱더 자주 유발되는데, 이때 우리는 조건 반응이 습득됐다고 말한다.

고전적 조건형성에서는 타이밍이 결정적이다. CS와 UCS 간 시간 간격은 이들이 관련되어 있음을 유기체가 지각할 수 있을 만큼 짧아야 한다. (이 법칙의 예외가 맛 혐오 학습에서 소개될 것이다.) 그림 6.4에서 보는 바와 같이, 연구자들은 이 두 자극 간 시간 간격으로 네 가지 양상을 연구했다(Hearst, 1988). 가장 널리 이용된 지연 조건형성(delay conditioning)에서는 앞서 제시된 CS가 UCS가 제시될 때까지 사라지지 않는다. 흔적 조건형성(trace conditioning)에서는 UCS가 제시되기 전에 CS가 종료된다. 여기서 '흔적'이란 UCS가 나타났을 때에는 이미 존재하지 않는 CS에 대한 유기체의 기억을 가리킨다. 동시 조건형성(simultaneous conditioning)에서는 CS와 UCS가 동시에 제시되고, 역향 조건형성(backward conditioning)에서는 UCS 이후에 CS가 제시된다.

대개의 경우, CS 제시 시점과 UCS 제시 시점 간 간격이 짧은 지연 조건이 가장 효과적이다. 그러나 최적의 조건형성을 일으키는 CS와 UCS 사이의 정확한 간격은 CS의 강도와 조건형성되는 반응의 종류에 따라 달라진다. 예컨대, 눈 깜박임 같은 근육반응의 경우에는 1초 이하의 짧은 간격이 가장 효과적이다. 그렇지만 심박률이나 타액분비 같은 내장반응은 5초에서 15초에 이르는 긴 간격이 더욱 효과적이다.

일반적으로 동시 조건에서 조건 반응이 유발되는 경우는 드물고 역향 조건에서 조건 반응을 유발하는 일은 거의 불가능

하다. 역향 조건의 경우, UCS와 CS 쌍이 처음 몇 번 제시된 후에는 CR이 나타나기도 한다. 하지만 훈련이 진행되면서 동물이 CS 뒤에 얼마 동안은 UCS가 따라오지 않는다는 사실을 학습함에 따라 CR이 사라져 버린다. 이들 두 유형의 조건형성에서는 사실상 CS가 UCS를 예고하지 않기 때문에 조건형성이 약하다. (예고능력, 즉 수반성의 중요성에 대해서는 다음 절에서 다룰 것이다.)

그러면 CS(예 : 소리)가 UCS(고깃가루)를 더 이상 예고하지 않을 때는 무슨 일이 일어날까? 이런 상황에서는 CR(타액분비)이 시간과 함께 점점 약해져 마침내 일어나지 않게 된다. (UCS가 없는 상태에서) CS가 제시되어도 CR이 더 이상 나타나지 않을 때, 우리는 **소거**(extinction)가 발생했다고 말한다(그림 6.3, 중간). 이 현상에는 조건 반응은 유기체의 행동 목록에 영구적으로 기록된 것이 아니라는 뜻이 숨어 있다. 그러나 소거가 일어난 얼마 후에는 CS가 단독으로 제시되어도 CR이 다시 나타나기도 한다(그림 6.3, 오른쪽). Pavlov는 소거가 일어난 얼마 후에, CS가 CR을 다시 유발하는 이 현상을 **자발적 회복**(spontaneous recovery)이라고 불렀다.

소거 후에 원래의 쌍이 다시 제시되면 CR은 금방 강해진다. 이처럼 재학습이 신속하게 이루어지는 것은 **절약**(savings), 즉 애초의 학습 후 그 반응을 다시 학습하는 데는 그 전보다 더 적은 시간이 소요되는 현상이 일어났다는 뜻이다. 이 현상은 소거가 CR을 제거한 듯 보여도 앞서 이루어진 조건형성의 일부는 여전히 남아 있음을 반영한다. 즉, 소거는 수행을 약화시켰을 뿐 그전의 학습을 지워버리지는 않는다는 뜻이다. 바로 이

런 현상 때문에 우리는 학습을 정의할 때 학습과 수행을 구분했던 것이다.

자극 일반화 개에게 특정 주파수(예 : 1,000Hz)의 소리 다음에는 먹이가 제시된다는 사실을 가르쳤다고 하자. 이 개는 오직 그 자극(1,000Hz의 소리)에만 반응할까? 이 물음에 대해 잠시만 생각해 보면 '아니요'라는 답이 나올 것이다. 일반적으로 특정 CS에 대한 CR이 학습되고 나면 유사한 자극도 그 CR을 유발할 수 있다. 큰 개에게 물려 본 아이는 작은 개에게도 공포를 나타내기 쉽다. 본래의 UCS와 결합된 적이 없는 자극에까지 반응이 자동적으로 확장되는 이 현상을 **자극 일반화**(stimulus generalization)라고 한다. 새로운 자극이 원래의 CS와 유사할수록 그 반응은 더 강하다. 특정 차원에서 원래의 자극과 점점 더 달라지는 일련의 자극 각각에 대한 반응강도를 측정하면 그림 6.5와 같은 일반화 변화도(generalization gradient)가 얻어진다.

일반화가 일어난다는 사실에서 우리는 고전적 조건형성이 일상생활에서 어떤 방식으로 기능하는지를 짐작할 수 있다. 자연적인 상황에서는 특정 자극이 동일 형태로 반복되는 일이 거의 없다. 그런데도 자극 일반화 덕분에 학습의 결과가 원래의 학습 상황과 비슷한 상황에까지 확대 적용되는 것이다. 이런 특징 때문에 새롭지만 비슷한 사건들이, 그 표면적인 차이에도 불구하고, 대등한 의미로 인식되는 것이다. 예컨대, 포식동물이 약간 다른 소리를 내거나 다른 각도에서 다가올 경우

에도 피식동물은 그것을 금방 알아채고 재빨리 반응할 수 있게 되는 것이다.

자극 변별 그렇지만 아주 작은 범위 내의 자극에만 반응하는 것이 중요할 때도 있다. 예를 들어, 포식동물과 닮았을 뿐 실제로는 포식동물이 아닌 동물을 보고도 도망가는 유기체는 결국에는 지쳐 쓰러지고 말 것이다. **자극 변별**(stimulus discrimination)은 유기체가 특정 차원(예 : 색채나 음고)에서 CS와 다른 자극에 대해서는 다르게 반응하는 일을 배우는 과정이다. 여러 자극(예 : 1,000Hz, 1,200Hz, 1,500Hz) 중 1,200Hz만 UCS를 예고하고 다른 자극은 UCS 없이 제시되는 변별훈련을 받은 유기체는 유사한 자극 간 변별력이 예리해진다. 조건형성 과정의 초기에는 CS와 유사한 자극도 유사한 반응을 일으킨다. 그러나 변별훈련이 진행됨에 따라 CS와의 유사성이 떨어지는 자극에 대한 반응은 약화된다. 이러한 과정을 통해 UCS를 예고하는 자극과 그렇지 못한 자극을 구별하는 능력이 점차 향상되는 것이다.

유기체가 자연환경 속에서 최적의 행동을 하기 위해서는 일반화와 변별이 균형을 이루어야 한다. 지나치게 선별적으로 행동하면, 포식동물의 존재를 알아차리지 못하는 일은 없겠지만 그 일에 너무 많은 에너지를 소비하게 될 것이다. 그렇다고 지나치게 민감하여 포식동물의 그림자만 보고도 놀라게 된다면 거의 항상 두려움에 떨며 살아야 하는 가련한 운명에 처할 것이다.

습득의 과정

여기서는 고전적 조건형성이 일어나기 위해 필요한 조건을 자세히 살펴보기로 하자. 지금까지는 조건 반응의 습득을 기술

그림 6.5 자극 일반화 변화도
고전적 조건형성 절차에 따라 토끼를 1,000Hz 음에 조건 반응(눈 깜박임)을 하도록 훈련시킨 후, 소거 단계의 검사에서는 훈련에 사용된 음 그리고 그 음보다 주파수가 길거나 짧은 음이 이용되었다. 학습 시 사용된 음과 비슷한 음이 보다 강한 조건 반응을 유발했음을 알 수 있다.
출처 : Siegel, S., Hearst, E., George, N., & O'Neal, E. (1968). Generalization gradients obtained from individual subjects following classical conditioning. *Journal of Experimental Psychology, 78*, 171–174.

특정 개에 놀란 아이가 다른 개도 두려워하는 이유는 무엇일까?

했을 뿐 설명하지는 않았다. Pavlov는 CS와 UCS가 쌍으로 제시되기만 하면 고전적 조건형성이 일어난다고 믿었다. 즉, CS와 UCS가 시간적으로 인접해 나타나기만 하면 조건형성이 이루어진다고 생각했다. 그러나 이 견해는 현대 연구자들에 의해 수정되어야 했다.

Robert Rescorla(1966)의 연구결과가 발표되기 전인 1960년대 중반까지만 해도 Pavlov의 이론이 고전적 조건형성에 관한 생각을 지배하고 있었다. 개를 이용한 Rescorla의 실험에서는 소리(CS)와 전기충격(UCS)이 이용되었다. 한 집단의 동물한테는 CS와 UCS를 인접시켜 제시하였다. Pavlov가 옳다면 조건형성이 일어나기에 충분한 조건이었다. 다른 집단의 동물은 소리가 전기충격을 일관성 있게 예고하는 조건에 투입되었다.

지정 연구

실험의 첫 단계에서는 개에게 실험 우리의 바닥을 통해 제공되는 전기충격을 피하는 훈련을 시켰다. 그 개는 벽을 뛰어넘어 실험 우리 속의 다른 칸으로 몸을 옮기면 충격을 피할 수 있었다(그림 6.6 참조). 그러나 벽을 뛰어넘지 않으면 충격을 받을 수밖에 없었다.

실험에 참여한 개가 벽을 뛰어넘는 행동을 규칙적으로 수행할 수 있게 되었을 때, Rescorla는 실험에 참여한 개를 두 집단(무선집단과 유관집단)으로 나누어 또 다른 훈련을 시켰다. 무선집단에 배치된 개에게는 UCS(전기충격)가 CS(소리)와는 무관하게 무선적으로 제시되었다(그림 6.7 참조). CS와 UCS가 인접해 제시되는 경우도 더러 있었지만, 그런 일은 우연히 벌어지는 일에 불과했다. 그리고 UCS가 CS 다음에 제시될 확률이 UCS가 CS 없이 제시될 확률과 동일하였다. 따라서 CS에는 예고능력이 없었다. 그러나 유관집단에 배치된 개에게는 CS를 제시한 다음에 반드시 UCS를 제시하였다. 따라서 이 집단의 경우, CS는 그 뒤에 충격이 따를 것이라는 예고능력을 갖추고 있었다.

배치된 개에게는 CS를 제시한 다음에 반드시 UCS를 제시하였다. 따라서 이 집단의 경우, CS는 그 뒤에 충격이 따를 것이라는 예고능력을 갖추고 있었다.

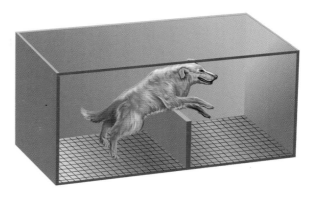

그림 6.6 실험 우리
Rescorla는 이 우리 속의 개가 벽을 뛰어넘는 횟수를 기록하여 공포반응 학습의 측정치로 이용하였다.

두 번째 훈련이 끝난 후, 개를 다시 실험 우리로 되돌려 보냈다. 그리고는 두 번째 훈련에서 이용되었던 소리를 이따금씩 제시하여 전기충격이 제시될 것임을 알렸다. 어떤 일이 벌어졌을 것 같은가? 그림 6.8을 보면, 소리가 제시되었을 때 벽을 뛰어넘는 행동은 무선 CS와 UCS 간 인접 관계에만 노출되었던 무선집단에 배치되었던 개보다 CS와 UCS 간 유관 관계, 즉 전자가 후자의 출현을 예고하는 관계에 노출되었던 유관집단에 배치되었던 개한테서 훨씬 자주 나타났음을 알 수 있다. 이 결과는 동물이 특정 신호가 충격을 예고하는 신호라는 사실을 학습하기 위해서는 유관성이 결정적이라고 말한다.

그러므로 고전적 조건형성은 CS와 UCS가 시간적으로 인접해 제시되고 또 UCS가 따를 것임을 신뢰성 있게 예고할 때에만 이루어진다(Rescorla, 1988). 실험실에서는 자극이 깔끔하게 정돈되어 제시된다. 하지만 동물이 실제로 학습을 하는 자연환경 속에서는 한꺼번에 여러 개의 자극이 동시에 나타난다. 이 사실을 감안하면, Rescorla는 어쩌면 당연한 이치를 발견한 것이고, 그렇기 때문에 그의 발견은 더 중요한 의미를 갖는다.

A. 무선집단

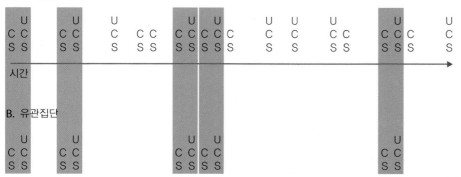

시간

B. 유관집단

시간

그림 6.7 유관성의 중요성을 입증하기 위해 Rescorla가 사용한 실험 설계
무선집단의 개에게는 소리(CS)와 전기충격(UCS) 제시가 실험이 진행되는 내내 무선적으로 결정되었다. 유관집단의 개는 이렇게 제시된 자극 중 일부, 즉 CS가 제시되고 30초 이내에 UCS가 제시되었을 경우에만 노출되었다. 유관집단에 배치된 개만이 CS와 UCS 간 연관성을 학습하였다. 이 실험에서 CS와 UCS가 제시된 간격은 5초였다.

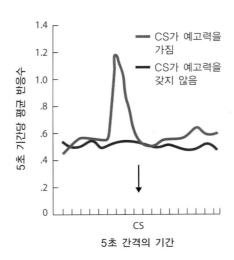

그림 6.8 고전적 조건형성에서 유관성의 역할
Rescorla는 CS-UCS 간 관계가 유관적인 조건에서 훈련을 받은 개가 CS-UCS 간 관계가 무선적인 조건에서 훈련을 받은 개보다 벽을 뛰어넘는 행동을 더 많이 한다는 것을 입증하였다. 화살표가 가리키는 것은 CS(소리)가 제시되는 시각과 종료되는 시각이다.

어떤 자극이 고전적 조건형성의 기반으로 작용하려면 반드시 충족돼야 하는 조건이 하나 더 있다. 자극이 정보로서의 가치를 가져야 한다. 소리가 들린 다음에는 충격이 온다는 것을 학습하는 쥐를 고려해 보자. 이 학습이 이루어진 후에 학습 장면에다 불빛을 또 하나의 자극으로 추가하였다. 다시 말해, 충격이 가해지기 전에 불빛과 소리가 동시에 제시되었다. 이런 장면이 반복된 후, 불빛만을 제시했더니 쥐는 공포반응을 보이지 않았다. 이 쥐는 불빛이 충격을 예고한다는 사실을 학습하지 못했던 것이다(Kamin, 1969). 이 경우, 앞서 일어난 학습 —소리에 대한 공포반응 습득—이 그 다음에 일어날 수 있는 조건형성, 즉 불빛에 대한 공포반응 습득을 차단해버렸다고 할 수 있다. 쥐의 관점에서 보면 불빛은 아예 존재하지 않았을 수도 있다. 왜냐하면 불빛은 소리가 제공하는 정보 이외의 다른 정보를 전혀 제공하지 못하기 때문이다. 정보성이 필요하다는 이 발견을 이용하면, 조건자극으로 작용할 수 있는 자극이 많을 경우에는 CS를 부각시킬수록 그에 대한 조건형성이 재빨리 이루어지는 현상을 쉽게 설명할 수 있다. 조건형성이 잘 이루어지도록 하기 위해서는 친숙한 장면에서 강하고 낯선 자극을 제시하거나 낯선 장면에서 강하고 친숙한 자극을 제시하는 것이 효과적이다.

여러분도 이제, 고전적 조건형성이 Pavlov가 생각했던 것보다 훨씬 복잡하다는 사실을 깨달았을 것이다. 어떤 중성 자극이 효과적인 CS가 되기 위해서는 적절한 유관성을 지녀야 함과 동시에 새로운 정보를 제공할 수 있어야만 한다. 이제 주의를 돌려 고전적 조건형성이 중요한 역할을 수행하는 실생활을 살펴보기로 하자.

고전적 조건형성의 응용

고전적 조건형성에 관한 지식은 일상의 행동을 이해하는 데도 유용하게 쓰인다. 이 절에서는 일상생활 속에서 벌어지는 고전적 조건형성의 예로 정서와 선호를 소개한다. 아울러 약물 중독에 작용하는 고전적 조건형성의 역할도 검토할 것이다.

정서와 선호 공포영화 관람 장면을 상상해 봤던 일을 기억할 것이다. 그 경우 관람자는 공포감을 자아내는 음악(CS)과 특정 사건(UCS, 공포영화에나 나올 법한 혐오감을 유발하는 사건) 사이의 연관성을 (무의식적으로) 알고 있었다. 그러나 일상생활에서 일어나는 사건들을 살펴보면, 우리가 어떤 것에 대해 왜 그토록 강렬한 정서반응을 보이는지 또는 왜 그것을 그렇게 선호하는지 그 이유를 설명하기 어려운 경우가 많다.

다음 상황을 고려해 보자(Rozin & Fallon, 1987; Rozin et al., 1986).

- 개똥 모양의 케이크를 먹고 싶을까?
- 물통에 붙은 '독약'이라는 표시가 잘못임을 안다고 그 물통에서 떠낸 설탕물을 쉽게 마실 수 있을까?
- 멸균 처리한 바퀴벌레를 주스에다 잠깐 넣었다 건져낸 것을 본 사람이 그 주스를 마시고 싶은 마음이 생길까?

대부분의 사람들은 이런 물음에 고개를 저을 것이다. 먹어도 괜찮다는 사실을 알고 있어도 '혐오감'이나 '위험성' 같은, 고전적 조건형성을 통해 학습된 반응 때문에 그런 지식은 무용지물이 되고 만다. 고전적 조건형성을 통해 형성된 반응은 의식적 사고를 통해 형성되는 반응이 아니기 때문에 의식적으로 제거하기가 어렵다.

일상생활에서 형성된 고전적 조건형성 중에서 연구가 가장 많이 된 것은 공포감에 대한 조건형성(fear conditioning)이다(Hartley et al., 2011; Linnman et al., 2011). 행동주의의 초창기 John Watson과 Rosalie Rayner는 공포반응이 고전적 조건형성을 통해 학습된 것임을 입증하고자 했다. 즉, 대부분의 공포반응은 특정 중성 자극과 자연적으로 공포를 유발하는 어떤 사건/자극이 결합됨으로써 생겨난 학습의 결과임을 입증하려 했다. 이를 위해 이들은 Albert라고 하는 유아를 대상으로 실험을 하였다.

Watson과 Rayner(1920)는 Albert를 훈련시켜, 하얀 쥐를 두려워하도록 만들었다(그전에는 Albert도 하얀 쥐를 좋아했었다.). 훈련은 간단했다. 하얀 쥐를 Albert 앞에 내놓은 잠시 후, 혐오스런 UCS, 다시 말해 Albert 등 뒤에서 망치로 큰 쇠파이프를 내리쳐 만들어낸 굉음을 제시하는 일이었다. 이 굉음에 대한 무조건적 놀람 반응과 정서적 고통이 Albert가 하얀 쥐의 출현을 두려워하는 학습의 기초로 작용했다. Albert의 공포반응(흰 쥐에 대한 두려움)은 단 7회의 조건형성 시행으로 형성되었다. 이 정서적 조건형성이 행동적 조건형성으로 확장되어 Albert는 두려움을 초래하는 자극으로부터 도망가는 행동까지 하게 되었다. 이 아이의 학습된 두려움은 털이 있는 다른 자극(예 : 토끼, 개, 심지어는 산타클로스 마스크)으로까지 일반화되었다.

실험 당시 Albert의 엄마는 실험이 실시되던 병원의 유모 간호사였는데, 학습된 공포반응에 대한 치료를 하기 전에 아이를 데리고 병원을 떠나버렸다. 때문에 그 후 그가 어떻게 성장했는지는 알 길이 없다. 제2장에서 알았겠지만, 심리학자들은 엄격한 윤리강령을 준수해야 한다. 이들 강령을 기초로 Watson과 Rayner의 실험을 돌이켜 보면, 심기가 불편하기 그지없다. 윤리적인 심리학자라면 어느 누구도 이런 실험을 반복하려 하지 않을 것이다.

조건형성된 공포반응은 사람들의 삶에 강력한 영향을 미친다. 충격적인 사건은 단 한 번의 경험으로도 강력한 신체적, 정서적, 인지적 반응을 유발할 수 있으며, 이 학습은 어쩌면 일생 동안 잊혀지지 않을 수도 있다. 고전적 조건형성의 효과를 무력화시켜 이런 공포증을 치료하려는 치료법에 대해서는 제15장에서 살펴볼 것이다.

그런데 부정적인 반응만 고전적으로 조건형성되는 것은 아니다. 행복감이나 흥분의 경험을 고전적 조건형성으로 설명할 수 있는 경우도 많다. 광고업계는 고전적 조건형성이 긍정적으로 작용하기를 기대한다. 그들은 소비자의 마음속에다 상품(예 : 청바지, 스포츠카, 탄산음료 등)과 열망을 짝지으려고 노력한다. 광고에서 제공하는 요소('섹시한' 스타나 상황)가 UCS로 작용하여 UCR(성적 흥분)을 유발하기를 고대한다. 상품 자체가 CS가 되고 정서적 흥분이 그 상품에 의해 유발되는 조건 반응이 되기를 바란다는 뜻이다. 긍정적 정서가 고전적으로 조건형성된 예를 더 찾아보려면, 자신의 생활 속에서 좋은 느낌이 밀물처럼 밀어닥치는 상황(예 : 고향으로 되돌아갈 때)을 찾아보면 된다.

학습을 통한 약물중독 약물이 반쯤 찬 주사기를 팔에 꽂은 채

한 남자가 어두컴컴한 뒷골목에서 죽어 있다. 사인(死因)은? 장의사는 약물 과다투여라고 말하지만, 그 남자는 평소 이번에 자신을 죽게 만든 양보다 훨씬 더 많은 양을 투여했었다. 조사자들은 어리둥절해졌다. 높은 약물내성을 지닌 중독자가 충분한 양을 복용하지 않았는데도 어떻게 약물 과다복용으로 죽을 수 있단 말인가?

이제 여러분도 제5장에서 소개한 설명을 이해하는 데 필요한 개념을 알고 있다. 과거에는 Pavlov(1927)도 또 그의 동료 Bykov(1957)도 아편에 대한 내성은 아편의 약리작용에 대한 예상만으로도 발달할 수 있다고 지적했었다. 이 생각은 현대에 와서 Shepard Siegel에 의해 더욱 정교해졌다. 우리의 신체는 스스로를 보호하기 위해 약물의 효과를 예방하는 학습을 한다. 그런 학습이 벌어질 때는 투약 환경이 조건 자극으로 작용한다는 것이 Siegel의 주장이었다. 우리가 복용한 약물(UCS)은 체내에서 일정한 생리적 반응을 일으킨다. 신체는 항동성을 유지하기 위해 이런 생리적 반응에 반대되는 **보정 반응(compensatory response)**을 한다(제3장 참조). 약물에 대한 신체의 보정 반응은 무조건 반응(UCR)이다. 그러나 시간이 지나면 이 보정 반응은 조건 반응으로 작용하기도 한다. 평소에 약물을 사용해 온 환경(CS)에서는 신체가 그 약물이 가져올 효과에 대비하는 생리적 준비상태(CR)에 돌입한다는 뜻이다. 그렇게 되면 약효를 얻기 위해서는 보정 반응을 능가하는 양의 약물을 복용해야 하기 때문에 내성이 생겨난다. 그런데 조건 반응으로 작용하는 보정 반응도 점차 강해지기 때문에 점점 더 많은 양의 약물이 필요해진다.

Siegel은 실험용 쥐에게서 헤로인에 대한 내성을 발달시킴으로써 자신의 생각을 검증하였다.

Siegel과 그의 동료들은 고전적 조건형성을 통해 쥐를 학습시켰다. 한 장면(CS1)에서는 헤로인이 주입될(UCS) 것이라는 예상을 하게 했으며, 다른 장면(CS2)에서는 설탕물이 주입될 것이라는 예상을 하게 했다(Siegel et al., 1982). 훈련의 첫 단계에서는 모든 쥐한테서 헤로인에 대한 내성을 생성시켰다. 검사 당일에는 평상시 투여된 양보다 두 배 정도 많은 양의 헤로인을 모두에게 주입했다. 이들 쥐 중 절반은 그 전에 헤로인을 주입하던 그 장면에서 검사를 받았으며 나머지 절반은 그 전에 설탕물을 주입하던 그 장면에서 검사를 받았다. 설탕물을 주입하던 장면에서 검사를 받은 쥐가 죽는 확률이 두 배나 높은 것으로 드러났다(64% : 32%).

아마도 평소의 환경에서 헤로인을 투여 받은 쥐의 몸은 그 약물의 위험한 효과에 대해 더 많은 준비를 했었을 것이다. 왜

냐하면 그 맥락(CS_1)이 그 약물의 효과를 상쇄시키는 생리적 반응(CR)을 유발했을 것이기 때문이다.

비슷한 과정이 인간에게서도 작용하는지 검토하기 위해 Siegel은 약물 과다복용으로 죽을 뻔했던 헤로인 중독자들과 면담했다. 열 명 중 일곱 명이 새롭고 낯선 환경에서 약물을 투입했었던 것으로 밝혀졌다(Siegel, 1984). 이 자료를 결정적인 증거라고 할 수는 없다. 하지만 중독자가 평소에 약물을 복용하던 환경에서는 견뎌낼 수 있는 복용량도 낯선 환경에서는 과량이 될 수 있음을 시사한다. 이 분석을 이용하면, 이 절의 초입에 소개한 중독 환자의 사망사건도 이해가 된다. 아마 그 환자가 낯선 곳에서 약물을 주입했기 때문이었을 것이다.

헤로인에 대한 연구만을 언급했지만, 고전적 조건형성은 알코올을 비롯한 여러 가지 약물에 대한 내성 발달에 중요한 요소로 작용한다(S. Siegel, 2005). 따라서 Pavlov가 개와 종소리와 타액분비에서 관찰했던 그 원리를 이용하면, 우리는 인간의 약물중독 배후에서 작용하고 있는 기제도 어느 정도는 이해할 수 있다.

생물적 제약

지금까지 살펴본 고전적 조건형성의 보기에서는 거의 모든 조건 자극(예: 종소리)이 거의 모든 무조건 자극(예: 음식물)을 신호로 작용할 수 있는 것처럼 소개되었다. 그러나 경우에 따라서는 조건형성 성패가 자극과 행동 간 관계뿐 아니라 유기체의 타고난 기질에 따라서도 달라지는 것으로 드러났다. 동물은 어떤 유형의 감각 단서(예: 냄새, 맛, 모습 등)가 위험 또는 보상을 더 정확하게 알려줄 수 있는지를 선천적으로 알고 태어나는 것 같다. 이러한 경우를 일컬어 연구자들은 유기체가 **생물적 제약**(biological constraints)을 지녔다고 한다. 특정 종의 구성원은 평소보다 적은 양의 학습을 통해서도 일정한 조건 반응을 습득할 수 있도록 진화됐다는 뜻이다. 인간의 경우, 뱀이나 거미 같은 자극에 대한 **공포반응**을 쉽게 습득할 준비가 된 상태에서 태어났다는 연구자들의 주장은 제14장에서 소개될 것이다. 여기서는 **맛 혐오 학습**이라는 중요한 현상을 소개하기로 한다. 이 현상은 고전적 조건형성에 생물적 제약이 작용하는 대표적인 보기로 간주된다.

여러분 같으면 처음 보는 물질의 맛을 어떻게 보겠는가? 이런 경우 쥐는 아주 신중하게 행동하는 것으로 알려져 있다. 새로운 먹이를 마주치면 아주 소량만을 시식해 본다. 그리고는 기다렸다가 병이 나지 않았을 때만 그것을 더 먹는다. 반대로, 맛이 새로운 먹이를 먹은 다음 병이 나면 그 맛이 나

는 먹이를 다시는 먹지 않는다. 이 현상을 **맛 혐오 학습**(taste-aversion learning)이라 한다. 소량의 시식을 통해 안전한 먹이와 독이 든 먹이를 변별해내는 쥐의 유전적 학습능력이 갖는 생존가(survival value)가 얼마나 높을지는 상상에 맡긴다.

맛 혐오 학습은 매우 강력한 기제이다. 고전적 조건형성의 다른 예와는 달리 맛 혐오는 CS(새로운 맛)와 그 결과(병이 나게 만드는 UCS)가 단 한 번만 짝지어져도 학습이 이루어진다. 먹이를 먹은 시각과 병이 발병한 시각 사이의 간격이 길어도(예컨대 12시간 이상) 학습이 일어날 정도이다. 또한 고전적으로 형성된 결합(연관성)은 대개 와해되기 쉬운 데 반해 맛 혐오 학습은 한 번의 경험으로 오랫동안 지속된다. 고전적 조건형성의 규준을 위반하는 이 학습을 이해하기 위해서는 이 기제가 생존에 작용하는 역할을 고려하는 것이 좋다.

맛 혐오 학습을 실험실에서 최초로 입증한 심리학자 John Garcia와 그의 동료 Robert Koelling은 이 현상을 이용하여, 일반적으로 동물은 특정 결합(연관성)을 학습하도록 만들어져 있음을 보여주었다. 이들은 특정 CS-UCS 연관성이 종에 따라 고전적 조건형성으로 이루어지기도 하고 이루어지지 않기도 한다는 사실을 발견했던 것이다.

Garcia와 Koelling 실험의 첫 단계에서는 목마른 쥐를 실험 장면에 익숙해지도록 하기 위해, 실험상자 속에서 튜브를 핥으면 세 가지 CS(단물, 소음, 불빛)를 제공하였다. 두 번째 단계에서는 이들을 두 집단으로 나누어 쥐가 튜브를 핥으면, 한 집단에게는 단물을 제공하고 다른 집단에게는 소음·빛·맹물을 제공하였다. 그리고는 각 집단(단물집단과 소음·빛·맹물집단)의 절반에게는 전기충격을 주어 통증을 경험하게 하고 나머지 절반에게는 X선을 투사하여 메스꺼움과 질병을 경험하게 했다.

통증이 뒤따른 조건의 쥐와 질병이 뒤따른 조건의 쥐가 1단계에서 소비한 물의 양과 2단계에서 소비한 물의 양을 비교해 보자(그림 6.9 참조). 단맛과 질병이 결합된 조건과 소음·빛·맹물이 통증과 결합된 조건에서 물 소비량이 크게 줄었다. 그러나 나머지 두 조건, 즉 단맛이 통증과 결합된 조건과 소음 및 빛이 질병과 결합된 조건에서는 그런 변화가 일어나지 않았다.

이 결과는 이들 쥐는 선천적으로 특정 자극을 특정 결과와 결합시키도록 프로그램되어 있음을 시사한다(Garcia & Koelling, 1966).

연구자들은 맛 혐오 학습의 기제에 관한 지식을 실제 장면에 적용하기도 했다. 코요테가 양을 잡아먹는 일을 예방하기 위해 Garcia와 동료들은 독을 넣은 양고기를 양피에 싸서 목장

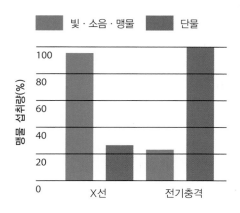

그림 6.9 **타고난 편파성**
Garcia와 Koelling의 연구(1966) 결과, 쥐는 특정 단서와 특정 결과를 관련 짓는 일에서 편파를 보이도록 프로그램 되었음이 입증되었다. 단물을 마시고 질병이 생긴 후부터는 그 물을 먹지 않았지만, 단물을 마시고 전기충격을 경험한 후에는 여전히 그 물을 먹었다. 거꾸로 소음과 빛과 맹물 뒤에 통증이 따르면, 그 물을 먹지 않았지만 소음과 빛과 맹물 뒤에 질병이 따른 경우에는 여전히 물을 먹었다.

울타리 주변에 놓아두었다. 이 양고기를 먹은 코요테들은 복통을 앓아 구토를 하고는 양고기에 대한 혐오감을 즉각적으로 습득하게 된다. 이제, 양의 모습만 보아도 이들 코요테는 혐오감을 느껴 양을 공격하기는커녕 피하게 된다.

맛 혐오 학습에 관한 고전적 연구에서는 쥐가 먹으면 아프게 되는 물질과 새로운 맛(flavor)을 짝지어 제시하곤 했다. 그러나 음식물의 온감과 같은 다른 미각경험도 혐오감 형성에 이용된다(Smith et al., 2010). 이들 실험을 통해 우리는 **생물적 준비성(biological preparedness)**이라는 개념이 확장되는 방식을

코요테가 양을 습득하는 일을 예방하기 위해 심리학자들은 맛 혐오 학습원리를 어떻게 이용했나?

알 수 있다. 음식물은 맛뿐만 아니라 온감 또한 다르다. 질병이 이들 중 어떤 속성과 결합되어도 쥐들은 재빨리 혐오감을 습득한다.

 복습하기

1. 고전적 조건형성에서 반사행동의 역할은 무엇인가?
2. CS와 UCS 간 차이점은 무엇인가?
3. 자극변별이란 무슨 뜻인가?
4. 고전적 조건형성에서는 왜 유관성이 중요한가?
5. 약물중독을 고전적 조건형성으로 설명하고자 할 때 무엇이 조건 반응인가?
6. 맛에 대한 혐오감을 조건 반응으로 간주하는 맛 혐오 학습의 특이한 점은 무엇인가?

비판적 사고 쥐의 헤로인 내성을 입증한 연구에서, 검사하는 날 왜 쥐에게 평소보다 두 배나 많은 헤로인을 제공했는가?

조작적 조건형성 : 결과에 대한 학습

극장으로 다시 돌아가 보자. 공포영화가 끝나고 움츠리고 앉았던 자리에서 겨우 일어난다. 같이 갔던 친구가 속편이 나오기를 바라느냐고 묻자, "난 공포영화를 보면 안 된다는 걸 배웠어." 라고 대답한다. 이것은 어떤 종류의 학습일까? 이 질문에 대한 답 역시 19세기가 끝날 무렵 시작된 연구에서 발견된다.

효과의 법칙

러시아에서 Pavlov가 고전적 조건형성을 통해 개로 하여금 타액을 분비하도록 훈련시키고 있던 그 즈음, 미국에서는 Edward L. Thorndike(1874~1949)가 문제상자에서 탈출하는 고양이의 행동을 관찰하고 있었다(그림 6.10 참조). Thorndike(1898)는 그런 상황에 처한 고양이에게는 일정한 유형의 학습이 일어날 것이라고 믿었다. 그리고 그런 유형의 학습에 관한 관찰 및 생각을 이렇게 보고하였다. 고양이들은 처음에는 감금에서 벗어나려고 몸부림쳤다. 일단 어떤 '충동적' 행동으로 문이 열리면, "다른 성공적이지 못한 충동적 행동은 모두 퇴출되고 성공적인 행동을 일으킨 그 특정 충동만 그 뒤에 따라오는 쾌감을 통해 각인되었다."(Thorndike, 1898, p. 13).

Thorndike의 실험에서 고양이가 배운 것은 무엇일까? Thorndike에 따르면, 학습은 특정 장면/상황 속의 자극과 그 자극에 대해 동물이 실행한 반응과의 결합, 즉 자극-반응(S

고전적 조건형성이 암 치료에 작용하는 방식

의학자들은 효과적인 암 치료법 개발에 엄청난 노력을 쏟고 있다. 개발된 많은 치료법 중 화학요법은 약을 이용하여 암세포를 죽이거나 약화시키는 기법이다. 화학요법에 노출된 사람들은 극심한 피로나 메스꺼움 같은 부작용으로 고생을 하곤 한다. 이 부작용은 화학요법에 이용되는 약물 때문일 것이라는 게 보통 사람들의 생각이다. 어느 정도는 그렇다. 하지만 그 부작용이 오랫동안 지속되는 것은 고전적 조건형성 때문일 가능성도 크다(Bovbjerg, 2006; Stockhorst et al., 2006).

암환자가 느끼는 예상성 어지럼증(anticipatory nausea)을 고려해 보자. 치료과정에서 환자들은 화학요법의 약물을 받기도 전에 어지럼증을 느끼고 구토를 시작하곤 한다. 이 현상을 고전적 조건형성으로 분석해 보자. 화학요법에 이용되는 약물은 무조건 자극(UCS)이 되고 처치 후 어지럼증은 무조건 반응(UCR)이 된다. 병원 치료실의 독특한 특징은 조건 자극(CS)으로 작용하며, 치료의 횟수가 늘어나면서 CS와 UCS 간 결합(연관성)이 형성된다. 그 결과 환자는 병원에 오기만 하면 조건반응(CR)으로 예상성 어지럼증을 느끼게 된다. 환자 214명을 조사한 연구에서 약 10%가 예상성 어지럼증을 겪는 것으로 드러났다(Akechi et al., 2010). 이 문제는 그들의 삶의 질에 상당한 부정적 영향을 미치고 있었다.

고전적 조건형성을 이용하면, 화학요법이 끝난 후에도 상당 기간 지속되는 후유증도 설명할 수 있다. Hodgkin 병을 앓고도 살아남은 사람들 중 치료 종료 후 1~20년이 지난 사람들 273명을 설문조사하였다

(Cameron et al., 2001). 지난 6개월 동안 있었던 일 중에서 자신들이 받았던 치료를 생각나게 하고 정서적으로나 신체적으로 좋은 또는 좋지 못한 느낌을 가져다준 냄새, 본 물건, 가 본 장소가 있으면 어떤 것이든 지적하라고 지시하였다. 반응한 사람들의 절반 이상(55%)이 자신들이 받은 화학요법과 연관된 자극에 의해 촉발되는 좋지 못한 반응이 아직도 사라지지 않는다고 보고하였다. Cameron 등은 이처럼 후유증이 지속되는 것은 화학요법의 여러 측면(CS)과 약물주입(UCS) 간 연관성을 형성시킨 고전적 조건형성 덕분이라고 주장한다.

이들 연구결과는 고전적 조건형성이 화학요법의 부정적 효과를 증폭시킨다는 강력한 증거를 제공하고 있다. 그뿐 아니라 이들 연구는 치료법 고안에 필요한 맥락을 제공하기도 한다. 어떤 연구자들은 쥐를 이용하여 예상성 어지럼증의 모형을 개발하고 있다. 이들의 목적은 고전적 조건형성을 차단하여 예상성 어지럼증을 예방하는 약물치료법을 개발하는 것이다(Chan et al., 2009; Ossenkoop et al., 2011). 이들 연구결과를 행동치료법에 적용한 연구자들도 있다(Roscoe et al., 2011). 이런 유형의 행동치료법은 고전적 조건형성을 와해시킬 심리적 개입을 이용한다. 예를 들어, 환자들에게 조건 자극에 대한 반응으로 어지럼증을 겪는 대신 마음을 진정시키는 기법을 가르칠 수도 있다. 이런 개입법으로 화학요법의 부정적 효과를 제거하지 못할 수도 있다. 그러나 그런 부정적인 효과가 지속되는 일은 막을 수 있을 것이다.

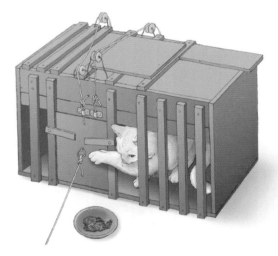

그림 6.10 Thorndike의 문제상자
이 문제상자에서 나와 음식을 먹기 위해 상자 속 고양이는 잠금장치를 풀어 문을 열어야 했다.
출처 : Zimbardo/Johnson/McCann, *Psychology: Core Concepts.* © 2009. Reproduced by permission of Pearson Education, Inc.

-R) 연결을 형성하는 일이었다. 따라서 고양이는 그들이 처한 자극 상황(문제상자에 감금된 상태)에서 바람직한 결과(풀려남)를 초래한 적절한 반응(예 : 고리 잡아당기기)을 하는 일을 배우는 것이다. 이러한 **S-R 연결 학습**은 시행착오(trial and error)를 통해 고양이가 스스로 행한 행동의 결과를 경험함에 따라 점진적으로 그리고 자동적으로 일어났음을 주목하라. 만족스러운 결과를 가져온 행동은 점점 그 빈도가 증가한다. 그리하여 결국에는 문제상자에 갇혔을 때 동물이 수행하는 지배적인 반응이 된다. Thorndike는 행동과 그 결과 사이의 이러한 관계를 **효과의 법칙**(law of effect)이라 했다. 효과의 법칙은 만족스런 결과를 초래한 반응은 점점 잦아지고 만족스럽지 못한 결과를 초래한 반응은 점점 줄어든다고 말한다.

행동의 실험적 분석

B. F. Skinner는 환경이 행동에 강력한 영향을 미친다는

Thorndike의 관점을 받아들였다. Skinner가 계획한 연구의 목적은 환경이 행동에 영향을 미치는 방식을 밝히는 것이었다. 그는 환경 자극을 체계적으로 변화시킴으로써 이 목적을 달성하려 하였다.

> 행동에 관한 과학에서 자연스런 자료는 특정 시간에 특정 행동이 일어날 확률이다. 실험적 분석(experimental analysis)에서는 그 확률을 반응빈도 또는 반응률로 따진다. 실험적 분석의 과제는 반응확률에 영향을 미치는 모든 변인을 찾아내는 것이다(Skinner, 1966, pp. 213~214).

Skinner의 분석은 이론적 분석이 아니라 실험적 분석이었다. 이론가들은 자신의 이론을 기초로 자신이 할 일의 방향을 결정한다. 하지만 Skinner 같은 경험론자들은 상향식 접근(bottom-up approach)을 고수한다. 즉, 실험을 통해 자료를 수집하고 평가하는 일부터 시작한다.

행동을 실험적으로 분석하기 위해 Skinner는 **조작적 조건형성**(operant conditioning)이라는 실험법을 개발하였다. 이 방법에서는 유기체가 실행한 행동의 결과를 조작한 후, 그 조작이 후속 행동에 미치는 효과를 검토한다. 유기체가 **방출하는**(emit) 행동이면 어떤 것이든 **조작행동**(operant)이 된다. 조작행동의 특징은 그 행동으로 관찰 가능한 효과가 창출된다는 점이다. 조작이란 말 그대로 환경에 '손을 대는' 일을 일컫는다(Skinner, 1938). 조작행동은 자극에 의해 **유발되는**(elicit) 행동이 아니라 유기체가 스스로 만들어내는 행동이다. 비둘기의 쪼는 행동, 쥐가 먹이를 찾는 행동, 아이들이 우는 행동, 옹알거리는 행동, 말할 때의 몸짓, 말을 더듬는 행동 등이 모두가 조작행동이 된다. 이들 행동이 다시 일어날 확률은 그 행동이 환경에 미치는 효과에 따라 증가하거나 감소한다. 예컨대 아이의 옹알거림이 부모와의 즐거운 접촉을 조장하면, 그 아이는 앞으로 더 자주 옹알거리게 될 것이다. 그러므로 조작적 조건형성은 조작행동이 환경에 야기하는 효과에 따라 그 조작행동이 재발할 확률을 수정하는 셈이다.

자신의 새로운 실험적 분석을 실행하기 위해 Skinner는 행동의 결과를 변화시킬 수 있는 기구, 즉 조작상자(operant chamber)를 고안했다. 그림 6.11은 조작상자가 어떻게 작동하는지를 보여준다. 쥐가, 실험자가 미리 정해놓은 행동을 수행한 후, 레버를 누르면 이 장치에서 먹이가 제공된다. 이 기구를 이용하면, 실험자는 자신이 정해놓은 행동을 쥐로하여금 학습하도록 (또는 학습하지 못하도록) 하고, 그런 학습을 유발한 변인을 연구할 수 있다. 예를 들어, 쥐가 상자 속을 한 바퀴 돌고

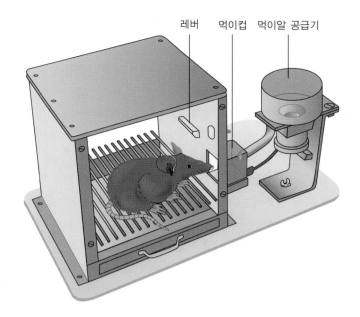

레버　먹이컵　먹이알 공급기

그림 6.11 조작상자
쥐에게 사용하도록 특별히 고안된 이 기구에서는 쥐가 레버(지렛대)를 누르면 먹이가 제공된다.

난 후에 레버를 눌러야만 먹이가 제공되게 해놓으면, 그 쥐는 (이제 곧 살펴볼 조형과정을 통해) 레버를 누르기 전에 상자 속에서 한 바퀴 도는 행동을 재빨리 학습하게 된다.

조작적 조건형성에 관한 많은 실험에서는 실험동물이 일정한 시간 동안에 수행한 특정 행동의 횟수를 기록하여 주요 측정치로 이용하였다. 연구자는 실험이 진행되는 동안 방출된 행동의 양상 및 횟수를 기록한다. Skinner는 이 방법을 이용하여 강화 유관성이 동물 행동에 미치는 효과를 연구할 수 있었다.

강화 유관성

강화 유관성(reinforcement contingency)이란 어떤 반응과 그 반응이 유발한 환경 변화 사이에 일관성 있는 관계를 일컫는다. 예컨대 비둘기가 원반을 쪼면(반응) 먹이가 제공된다(환경 변화)고 하자. 원반 쪼는 행동과 먹이 제공 간의 바로 이 관계, 즉 강화 유관성은 대개 쪼기 행동의 빈도를 증가시킨다. 먹이 제공이 쪼는 행동의 확률을 증가시키려면 먹이 제공, 즉 강화는 쪼기 반응에만 수반되어야 한다. 다시 말해, 먹이는 발을 구르거나 날개를 펴는 등 다른 반응 후에 제공되어서는 안 되고 쪼는 행동을 한 후에만 규칙적으로 주어져야 한다는 뜻이다. Skinner의 연구를 토대로 현대의 행동분석가들은 강화 유관성을 기초로 행동을 이해하고자 한다. 강화 유관성에 관한 연구결과를 좀 더 자세히 살펴보기로 하자.

정적 강화물과 부적 강화물 여러분이 키우는 애완용 생쥐를 훈련시켜 우리 속에서 빙글빙글 도는 행동을 하도록 하고 싶다고 하자. 이 행동이 일어날 확률을 높이기 위해 강화물을 사용할 수 있다. **강화물**(reinforcer)이란 특정 행동에 연관시켜 제시했을 때 시행(행동-강화물 제시)이 반복됨에 따라 그 행동이 재현될 확률을 높이는 자극을 일컫는다. **강화**(reinforcement)란 특정 행동 뒤에 강화물을 제시하는 일을 일컫는다.

강화물은 언제나 경험적으로 정의된다. 즉, 특정 반응이 재현될 확률 변화에 미치는 영향으로 정의된다. 세상 속 자극을 살펴보면, 중성 자극과 매력적 자극과 혐오성 자극으로 나뉜다. 어느 자극이 매력적이고 어느 자극이 **혐오성**이며 어느 자극이 중성 자극인지는 개체마다 다를 수 있다. 때문에, 특정 자극이 매력적인지 혐오성인지는 개별 유기체의 행동에 의해 정의된다. 예를 들어, 많은 사람들에게는 딸기가 아주 맛있는 것이지만, 필자는 딸기를 먹지 못한다. 따라서 필자의 행동을 바꾸기 위해 딸기를 이용한다면, 그 딸기는 매력적인 자극이 아니라 혐오성 자극이라는 것을 알아야 한다.

어떤 행동을 한 뒤에 매력적 자극을 제시하는 일을 **정적 강화**(positive reinforcement)라고 한다. 여러분의 생쥐가 빙글빙글 도는 행동을 한 후에 먹이를 제공하면 그 쥐는 빙글빙글 도

아이들을 더 자주 웃게 하려면 어떤 유관성이 필요할까?

는 행동을 반복할 것이다. 어떤 사람이 재담을 했을 때, 듣기 좋은 웃음소리가 뒤따르면, 그 사람은 그 재담을 반복할 것이다.

어떤 행동을 한 후에 혐오성 자극을 제거하는 일을 **부적 강화**(negative reinforcement)라 한다. 딸기를 먹지 못하는 사람이 어떤 행동을 했을 때, 그 행동 덕분에 딸기를 먹지 않게 되었다면, 그 사람은 다음에도 그 행동을 반복할 것이다. 부적 강화가 적용되는 학습 유형은 두 가지로 나뉜다. 그중 하나인 **도피 학습**(escape conditioning)의 경우, 동물은 특정 행동을 하면 혐오성 자극에서 벗어나게 된다는 사실을 배운다. 소나기가 내릴 때 우산을 쓰는 것은 도피 학습의 좋은 보기다. 우리는 우산을 이용하여 젖은 옷이라고 하는 혐오성 자극을 피하는 일을 학습한 것이다. **회피 학습**(avoidance conditioning)에서는 혐오 자극을 사전에 피하는 행동을 학습한다. 자동차에 탄 후 안전벨트를 착용하지 않으면 듣기 싫은 소음을 내는 자동차를 생각해 보라. 그 소리를 듣지 않기 위해 우리는 자리에 앉자마자 안전벨트부터 착용할 것이다.

정적 강화와 부적 강화를 분명하게 구분하려면 다음과 같이 기억하면 도움이 된다. 둘 다 그 일에 앞서 벌어진 반응이 일어날 확률을 증가시키는데, 정적 강화는 반응 후 매력적 자극을 제시함으로써, 부적 강화는 반응 후 혐오성 자극을 제거 또는 예방함으로써 그 확률을 증가시킨다.

고전적 조건형성에서는 조건 자극 뒤에 무조건 자극이 더 이상 제시되지 않으면 조건 반응이 소거된다. 똑같은 법칙이 조작적 조건형성에도 작용한다. 즉, 강화가 주어지지 않으면 **조작행동의 소거**(operant extinction)가 일어난다. 특정 행동이 예상했던 결과를 더 이상 가져오지 못하면 그 반응은 조건형성 이전 수준으로 돌아간다. 즉, 소거가 일어난다. 자판기에 동전을 넣었는데 아무것도 나오지 않은 일을 경험한 적이 있을 것이다. 그때 그 자판기를 걷어찼더니 음료수가 나왔다면 걷어차는 행위가 강화될 것이다. 그렇지만 그다음 몇 번은 걷어차도 나오는 것이 없다면 걷어차는 행동도 곧 소거될 것이다.

도구적 조건형성에서도 자발적 회복은 일어난다. 실험상자 속의 비둘기가 파란 불이 켜졌을 때 특정 키를 쪼면 먹이가 제공되는 조건을 생각해 보자. 키를 쪼는 이 행동이 학습된 후부터 비둘기가 키를 쫀 후에도 먹이가 제공되지 않으면, 얼마 후에는 키를 쪼는 행동이 소거될 것이다. 그런 일(소거)이 있은 얼마 후, 그 비둘기를 그 실험상자 속에 다시 넣고 파란 불을 켜면, 키를 쪼는 반응을 하게 될 확률이 매우 높다. 이때 비둘기가 키를 쪼는 행동을 하면 자발적 회복이 일어났다는 뜻이다. 자판기가 돈을 먹은 후 음료수를 내어주지 않았을 때, 자판

표 6.1 삼항 유관성 : 변별 자극과 행동과 행동의 결과 간 관계

	변별 자극	방출된 행동	결과
1. 정적 강화 : 효과적인 신호의 존재하에 일어나는 반응은 원하는 결과를 가져온다. 그러면 그 반응이 증가한다.	자판기	동전을 넣음	음료수를 얻음
2. 부적 강화(도피) : 조작반응을 통해 혐오적 상황에서 빠져나온다. 그러면 이 도피반응이 증가한다.	더위	부채질	열을 식힘
3. 정적 처벌 : 반응에 혐오적 자극이 뒤따른다. 그러면 이 반응이 제거되거나 억압된다.	예쁜 성냥갑	성냥 갖고 놀기	손을 데이거나 들켜서 매를 맞음
4. 부적 처벌 : 반응에 매력적 자극의 제거가 뒤따른다. 그러면 이 반응이 제거되거나 억압된다.	양배추	먹기를 거부함	디저트가 없음

기를 걷어차는 행동을 더 이상 하지 않다가, 한참이 지난 후 또 그 자판기가 돈만 먹고 음료수를 제공하지 않으면 자판기를 걷어차는 행동을 해 보게 되는 것도 자발적 회복이다.

정적 처벌과 부적 처벌 특정 반응이 일어날 확률을 감소시키는 기법을 처벌이라고 부른다. **처벌물**(punisher)이란 반응 후 일관성 있게 주어질 때 그 반응이 일어날 확률을 떨어뜨리는 자극을 가리킨다. 처벌이란 반응에 뒤이어 처벌물을 제시하는 행위를 일컫는다. 정적 및 부적 강화처럼, 처벌에도 정적 처벌과 부적 처벌이 있다. 특정 행동 뒤에 혐오성 자극을 제시하는 행위를 **정적 처벌**(positive punishment)이라고 한다[무언가가 그 상황에 첨가되기 때문에 정적(+)이라고 기억하면 된다.]. 예를 들어, 뜨거운 난로에 손을 댔을 때 느끼는 통증은 그 반응(손을 대는 행동)을 처벌한 것이 되고, 그다음에는 난로에 손을 댈 가능성을 떨어뜨린다. 어떤 행동 뒤에 매력적 자극을 제거하는 행위를 **부적 처벌**(negative punishment)이라고 한다[무언가가 그 상황에서 빠지기 때문에 부적(−)이라고 기억하면 된다.]. 예컨대, 아이가 자기 동생을 때릴 때마다 용돈을 받지 못하게 되면, 앞으로 자기 동생을 때리지 않게 될 것이다. 공포영화를 보러 가지 않는 이유는 어떤 종류의 처벌일까?

처벌과 강화는 서로 밀접한 행동수정 전략이지만 중요한 차이점은 다음과 같다. 처벌은 반응이 다시 일어날 확률을 감소시키는 반면, 강화는 반응이 다시 일어날 확률을 증가시킨다.

예를 들어, 어떤 사람들은 카페인이 들어 있는 음료수를 마시면 심한 두통을 겪는데, 이들에게는 두통이 정적 처벌로 작용하여 커피를 마시지 못하게 한다. 일단 두통이 생기고 나면 이를 제거하기 위해 아스피린을 복용하는데, 이때는 아스피린의 두통 제거 효과가 아스피린 복용행위를 부적으로 강화하는 자극이 된다.

변별 자극과 일반화 우리는 모든 장면에서 특정 행동이 일어날 확률을 변화시키기보다는 특정 맥락에서 그 행동이 일어날 확률을 변화시키고자 하는 경우가 더 많다. 예를 들면, 노는 시간에는 아이들이 시끄럽게 떠드는 행동을 개의치 않으면서도 수업 중에는 그런 행동이 일어나지 못하게 하고자 한다. 일정한 행동에 선행하는 특정 자극을 강화 또는 처벌과 관련지으면, 그 자극은 이제 일정한 행동이 일으키는 맥락으로 작용하게 된다. 이런 자극을 **변별 자극**(discriminative stimulus)이라고 하는데, 유기체는 변별 자극하에서 일어나는 행동의 효과를 아주 쉽게 배운다. 예를 들어, 교통 신호등이 초록색일 때는 교차로를 지나가는 운전행위가 강화를 받는다. 하지만 신호등이 빨간색일 때는 동일한 행위가 처벌을 받는다. 운전자들은 이 사실을 쉽게 배운다. Skinner는 변별 자극−행동−결과로 구성된 사슬을 **삼항 유관성**(three-term contingency)이라 하면서, 이것을 이용하면 대부분의 인간 행동을 설명할 수 있을 것이라고 믿었다(Skinner, 1953). 표 6.1은 이 삼항 유관성이 여

러 종류의 인간행동을 설명하는 방식을 보여준다.

변별 자극을 이용하여 행동의 결과를 조작하면 그 행동을 매우 쉽게 통제할 수 있다. 초록색 불빛이 있을 때 비둘기가 원반을 쪼면 먹이를 주고 빨간색 불빛에서는 원반을 쪼아도 먹이를 주지 않는다고 하자. 여기서 초록 불빛은 쪼는 행동을 촉발하는 변별 자극이고 빨간 불빛은 쪼는 행동을 억제하는 변별 자극이 된다. 유기체는 이런 조건에 대한 변별능력을 신속히 학습하여, 특정 자극이 나타나면 규칙적으로 반응하고 다른 자극이 나타나면 반응하지 않는다. 이처럼 삼항 유관성의 요소를 체계적으로 변화시키면, 우리는 특정 맥락에서만 원하는 행동이 일어나게 할 수도 있다.

유기체는 변별 자극과 유사한 다른 자극에도 반응한다(반응 일반화). 일단 특정 변별 자극의 존재하에서 일정한 반응이 강화를 받고 나면, 그와 유사한 자극도 그 반응에 대한 변별 자극으로 작용하게 된다는 뜻이다. 예를 들면, 초록 불빛이 켜졌을 때 원반을 쪼도록 훈련받은 비둘기는 그 변별 자극보다 더 밝거나 어두운 초록 불빛이 켜졌을 때도 원반을 쫀다. 마찬가지로 운전자는 모든 신호등의 빨간 불빛이 사실상 똑같지 않은데도 신호등이 빨간색으로 바뀌면 차를 멈춘다.

강화 유관성의 활용 지금까지 배운 강화에 대한 지식을 실생활에 적용하고자 할 때는 먼저, 다음 몇 가지 질문에 대한 명백한 답부터 만들어야 할 것이다.

- 강화하거나 제거하려는 행동을 어떻게 정의할 것인가? 발생할 확률을 증가시키거나 감소시키고 싶은 바로 그 행동에만 강화물을 줘야 한다. 강화물은 반드시 표적 행동에만 수반되어야 한다는 말이다. 표적 행동의 출현에 조건부로 제공되지 않는 강화물은 효과가 없다. 예컨대, 아이가 열심히 공부할 때뿐 아니라 별로 공부를 하지 않을 때에도 칭찬을 해 준다면, 그 아이는 열심히 공부하는 행동을 배우지 못할 것이다. 그보다는 열심히 공부하지 않고 다른 행동을 더 자주 하게 될 것이다.
- 어떤 맥락에서 어떤 행동이 적절한 것인지를 어떻게 정의할 것인가? 한 상황에서 좋은 행동이 다른 상황에서도 반드시 좋은 행동인 것은 아니다. 우리는 아이들이 수업 중에는 조용히 앉아 있기를 원하지만, 노는 시간에도 조용히 앉아 있기를 바라지 않는다. 따라서 변별 자극이 무엇인지를 명확하게 정의해야 하고 또 바람직한 반응이 유사한 자극에 얼마나 넓게 일반화될 것인지도 검토해야 한다.

가령 아이가 수업 중에 조용히 앉아 있는 행동을 학습했다면, 이 행동이 다른 장면에 일반화될 수 있을지도 고려해야 한다는 말이다.

- 자신도 모르는 사이에 특정 행동을 강화하고 있지는 않은가? 어떤 행동을 제거하려 한다고 하자. 그 행동을 유지시켜온 강화물이 없는지부터 확정해야 한다. 그런 강화물이 발견되면 그 강화물을 제거함으로써 그 행동을 소거시킬 수 있을 것이다. 예를 들어, 어린아이가 떼를 자주 쓴다고 하자. 그러면 이 아이가 떼를 쓸 때마다 관심을 더 보여줌으로써 떼쓰는 행동을 강화시켜 온 것은 아닌가라고 자문해 보라. 만약 그렇다면 그 강화를 제거하여 떼쓰는 행동을 소거시킬 수도 있을 것이다. 더 좋은 방법은 소거와 함께 사회적으로 바람직한 행동을 정적으로 강화하는 방법일 것이다.

부모들이 사용하는 강화물이 실제로는 아이들의 품행 문제를 야기하는 경우가 많다. 양육행동에 관한 연구를 통해 자신도 모르게 제공한 부모의 강화가 자식의 문제 행동의 주된 원인으로 작용하는 경우가 많은 것으로 밝혀졌다. Gerald Patterson의 연구팀(Granic & Patterson, 2006)은 반사회적 행동을 설명하기 위한 강요 모형을 내놓았다. 이 모형에 따르면,

부모가 아이들의 행동에 영향을 미치려면 강화 유관성을 어떻게 이용해야 할까?

부모들이 아이의 사소한 잘못(예 : 칭얼거림, 고함치기 등)에 위협적으로 대하고는 마무리를 제대로 하지 않았을 때, 아이들은 난처한 상황에 처하게 된다. 그다음에 똑같은 잘못을 저질렀는데도 부모들이 가하는 징계는 가혹할 수 있기 때문이다. 그 결과 아이들은 자기들이 원하는 목적을 달성하기 위해서는 더 공격적이고, 더 강압적인 행동을 해야만 한다는 것을 배우게 된다. 이런 악순환이 계속되면 아이들의 반사회적 행동은 더욱 가혹해진다.

강요 모형은 부모들이 아이들의 행동을 바로잡으려고 사용하는 처벌이 비효과적일 때가 많다고 시사한다. 체벌의 효과가 부정적이라고 암시하는 증거도 방대하다(Gershoff & Bitensky, 2007). 1,000명이 넘는 아이들을 대상으로 실시한 연구에서 아이들이 15개월 됐을 때 받은 체벌의 양과 그 아이들이 36개월 됐을 때 그리고 초등학교 1학년일 때 보여준 문제행동 간의 관계를 검토하였다(Mulvaney & Mebert, 2007). 말을 잘 듣지 않는 아이들일수록 처벌을 많이 받았을 것이라는 가능성을 확인하기 위해, 결과 분석의 초점은 각 아동의 행동에서 발견되는 변화에 맞추었다. 그러나 다루기 쉽거나 어려웠다는 데 대한 부모들의 보고와는 관계없이, 어릴 적에 엉덩이를 많이 맞은 아이일수록 36개월째에도 또 1학년 때에도 공격적인 행동을 할 가능성이 더 큰 것으로 드러났다. 이 결과는 아이들의 버릇을 고치고자 할 때, 처벌보다는 정적 강화를 먼저 생각해야 한다고 말한다. 바람직하지 못한 행동과 반대되는 행동을 정적으로 강화하면 바람직하지 못한 많은 행동을 완전히 억제시킬 수 있다(Benjet & Kazdin, 2003, p. 215). 마구잡이로 돌아다니는 아이를 잡아 엉덩이를 때려주는 것보다 그 아이가 가만히 앉아 있을 때 칭찬을 해주는 것이 더 효과적이라는 뜻이다. 결국, 바람직한 행동을 강화하는 것이 바람직하지 못한 행동을 처벌하는 것보다 장기적으로는 더 나은 전략인 셈이다.

한 가지만 더 고려해 보자. 실생활에서는 강화와 처벌이 미묘하게 얽혀 있을 때가 많다. 예를 들어, 통금시각이 지난 후 귀가한 10대의 자녀에게 2주 동안 외출금지라는 부적 처벌이 가해진 경우를 생각해 보자. 부모님의 노여움을 풀어드리기 위해 이 아이는 평상시보다 훨씬 많은 집안일을 한다. 집안일을 도우면 부모님의 화가 풀어질 것이라는 가정하에 이 아이는 부모님의 처벌 경감 행동을 강화하려고 노력하는 중인 것이다. 이 아이의 이런 노력이 성공을 거두어 외출금지 기간이 2주에서 1주로 줄어들면, 아이의 돕는 행동은 부적으로 강화될 것이다. 돕는 행동이 처벌이라는 혐오성 자극을 줄여주었음을

명심하라. 그 후부터 외출금지령(변별 자극)만 받으면 이 아이가 집안일 돕는 행동을 할 가능성은 커질 것이다. 이 예에서 벌어지고 있는 부모와 아동의 행동변화에 작용하고 있는 자극-반응 유관성을 확인해낼 수 있기를 바라는 바이다.

강화물의 속성

조작적 조건형성의 막후 실세는 강화물이다. 행동을 변화시키거나 유지시키는 것이 강화물이기 때문이다. 강화물에는 재미나는 특성이 많다. 강화물은 선천적으로 결정되기도 하지만 경험을 통해 학습될 수도 있다. 물체일 수 있지만 활동일 수도 있다. 또 강화물이 행동을 변화시키는 힘은 상황에 따라 달라지기도 한다.

조건 강화물 세상에는 음식물이나 물처럼 그 강화 속성이 생리적으로 결정되는 **일차 강화물**(primary reinforcer)도 있다. 그러나 중성 자극이 경험을 통해 일차 강화물과 결합되어 조건 반응을 강화시키는 **조건 강화물**(conditioned reinforcer)도 많다. 조건 강화물은 그 자체가 행동의 목적으로 작용하기도 한다. 사실 우리의 많은 행동은 일차 강화물보다 조건 강화물의 영향을 더 많이 받는다. 돈, 학점, 인정의 미소, 금메달, 그리고 여러 종류의 신분을 나타내는 상징 등은 우리의 많은 행동에 강력한 영향을 미치는 조건 강화물이다.

어떤 자극이든 일차 강화물과 연관되기만 하면 조건 강화물이 될 수 있다. 교사나 실험자의 경우, 일차 강화물보다 조건 강화물이 더 효과적이고 사용하기 쉬울 때도 많다. 왜냐하면 (1) 교실에서는 일차 강화물이 별로 없지만, 교사가 사용할 수 있는 대부분의 자극은 조건 강화물이 될 수 있고, (2) 조건 강화물은 신속하게 나누어줄 수 있으며, (3) 휴대가 가능하고, (4) 그 강화 효과가 일차 강화물처럼 생리작용이 아니라, 그것을 받는다는 사실만으로 나타나는 것이기 때문에 그 효과가 더욱 즉각적일 수 있기 때문이다.

정신병원이나 약물치료 프로그램에서 이용되는 **토큰 경제** (token economy)는 이런 원리를 토대로 설정된 것이다. 바람직한 행동(예 : 얼굴 관리나 약물복용)을 명확하게 정의한 후 정해진 행동을 하면 간호사는 토큰을 보상으로 지급한다. 환자들은 이렇게 모은 토큰을 여러 가지 상품 및 권리와 바꿀 수 있다(Dickerson et al., 2005; Matson & Boisjoli, 2009). 이런 강화 시스템은 특히 환자의 행동을 수정하여, 스스로를 관리하고, 주변을 깨끗이 정돈하고, 긍정적인 사회관계를 촉진하는 데 매우 효과적이다.

반응박탈과 정적 강화 아이들로 하여금 무언가를 하게 할 필요가 있다고 하자. 돈이나 상을 주고 싶지 않으면 다음과 같은 거래를 할 수도 있다. "숙제를 끝내면 컴퓨터 게임을 하게 해 줄게." 반응박탈 이론(response deprivation theory)은 이런 거래의 효과를 다음과 같이 설명한다. 아이들은 행동(게임)을 좋아하기 때문에, 좋아하는 행동(게임)을 하지 못하게 되면, 그 행동(게임)을 할 수 있는 것 자체가 강화물로 작용하게 된다(Klatt & Morris, 2001). 물을 박탈당한 쥐에게 쳇바퀴를 돈 후 물을 마시게 하면, 그 쥐는 물을 마실 기회를 얻기 위해 쳇바퀴를 더욱 열심히 돈다는 뜻이다. 반대로 운동을 박탈당한 쥐에게 물을 마시면 달릴 기회를 제공하면, 그 쥐는 달릴 기회를 얻기 위해 더 많은 물을 마신다(Premack, 1965). 이제 여러분도 위에서 소개했던 부모와 아이들 간의 숙제 후 게임하기에 관한 거래가 어떤 이유에서 성사될 것인지를 가늠할 수 있을 것이다.

위의 분석에서 우리는 두 가지 교훈을 배운다. 첫째, 우리는 특정 조건에서 강화물로 작용하던 바로 그 활동이 경우에 따라서는 강화물로 작용하지 않을 수도 있다는 것을 알았다. 예를 들어, 먹이를 강화물로 사용하기 위해서는 유기체가 먹이를 박탈당한 상태여야 한다. 둘째, 우리는 거의 모든 활동이 강화물로 활용될 수 있다는 것도 알았다. 박탈은 어떠한 차원에서든 이루어질 수 있다. 예컨대, 아이들에게 숙제를 한동안 하지 못하게 하면, 숙제하는 행동을 하기 위해 다른 행동을 마다하지 않게 될 것이라는 뜻이다.

강화 계획

애완동물이 어떤 행동을 할 때마다 강화를 할 수가 없거나 또는 그러고 싶지 않다고 하자. 어떻게 해야 할까? B. F. Skinner가 젊었을 때의 이야기이다. 어느 주말 실험실에 틀어박혀 있던 그는 열심히 일하고 있는 쥐에게 줄 먹이가 부족함을 깨달았다. 그래서 일정한 시간이 지난 다음에만 먹이를 줌으로써 먹이를 아끼기로 하였다. 그 기간에는 반응을 열심히 해도 먹이를 주지 않았다(부분 강화를 받은 셈임). 그럼에도 불구하고 쥐들은 연속 강화를 받을 때만큼 열심히 반응했다. 그런 후 이들 쥐를 소거 훈련에 투입시켜 반응을 해도 먹이를 주지 않았다. 어떤 일이 벌어졌을 것 같은가? 부분 강화를 받았던 쥐가 반응마다 강화를 받았던 쥐보다 더 오래 그리고 더 힘차게 반응했다. Skinner에게 중요한 일이 생기는 순간이었다.

부분 강화의 효과에 대한 이 발견은 **강화 계획**(schedules of reinforcement)에 대한 대규모 연구로 이어졌다(그림 6.12 참조). 우리가 일상생활에서 경험하는 강화는 여러 가지 강화 계

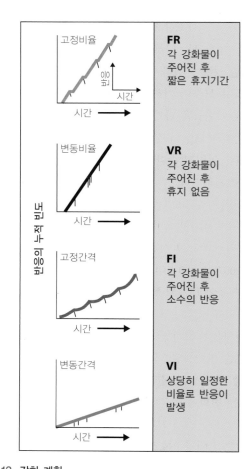

그림 6.12 강화 계획
네 가지 강화 계획에 따라 생성된 상이한 행동 양상. 솔잎 표시는 강화가 제시된 순간을 가리킨다.

획에 의해 이루어진다. 일상생활에서든 실험실에서든, 강화물은 두 가지 계획에 따라 제공된다. 일정한 횟수의 반응 후에 주어지는 비율 계획(ratio schedule)이나 일정한 시간이 지난 후의 첫 번째 반응에 주어지는 간격 계획(interval schedule)이 이용된다. 그리고 비율과 간격 각각을 일정하게 고정시킬 수도 있고 불규칙적으로 변동시킬 수도 있다. 따라서 강화 계획은 모두 네 가지가 된다. 지금까지는 **부분 강화 효과**(partial reinforcement effect)를 배웠다. 부분 강화로 습득된 반응이 연속 강화로 습득된 반응보다 소거에 대한 저항이 더 강하다는 사실도 배웠다. 이제 강화의 효과가 강화 계획에 따라 어떻게 달라지는지를 살펴보기로 하자.

고정비율 계획 고정비율 계획(fixed-ratio schedule, FR)에서는 고정된 수의 반응을 하고 난 후에 강화물이 제공된다. 매번 반응할 때마다 강화가 뒤따르면 FR-1 계획(연속 강화 계획)이라 하고, 매 25번째 반응에 강화가 뒤따르면 FR-25 계획이라 한

다. FR 계획은 반응과 강화 사이에 직접적인 상관관계가 있기 때문에 높은 반응률을 생성한다. 쥐나 비둘기는 주어진 시간에 최대한의 표적 반응을 수행함으로써 원하는 만큼의 음식을 얻을 수 있다. 그림 6.12를 보면, FR 계획의 경우 각 강화물을 받은 후에는 일정한 휴지기간이 생긴다. 그리고 비율이 높을수록 그 휴지기간은 길어진다. 정해진 수의 상품을 팔아야 임금을 받을 수 있는 영업사원들은 FR 계획하에 있는 셈이다.

변동비율 계획 변동비율 계획(variable-ratio schedule, VR)에서는 앞뒤에 제공되는 강화물 사이에 나타나야 할 평균 반응수를 미리 정해 둔다. 예컨대, VR-10 계획은 앞서 강화물이 제시된 후 평균 10번째 반응 후에 다음 강화물을 제공하는 계획이다. 그러나 실제로는 앞서 제시된 강화물 후 첫 번째 반응에 다음 강화물이 제공될 수도 있고 20번째 반응에 제공될 수도 있다. 특히 VR 값이 매우 클 때 가장 높은 반응률을 생성하며, 소거에 대한 저항도 가장 큰 반응을 생성하는 계획이 변동비율 계획이다. 낮은 VR 값(예 : VR-5)으로 비둘기를 훈련시킨 후 VR 값을 더 높였다고 하자. 예컨대, VR-110 계획하에 놓인 비둘기는 시간당 12,000번까지 쪼는 반응을 하게 되고, 강화가 없는데도 몇 시간 동안 반응을 계속한다. 도박도 VR 계획의 통제하에 있는 것으로 볼 수 있다. 슬롯머신에 동전을 넣는 행동(반응)은 강화물(쏟아지는 돈-보상)에 의해 높은 반응률로 장시간 유지된다. 그 강화물은 넣은 동전의 개수를 알지 못하는 상태에서 제공되며, 강화물이 제공되기 전에 기계가 삼키는 동전의 개수도 그때그때 변하기 때문이다. VR 계획에는 보상이 제공될 시기를 추측할 수밖에 없다. 도박을 즐기는 사람들은 많은 동전을 넣은 후가 아니라 다음 번 동전을 넣은 후에는 보상이 제공될 것이라고 추측한다.

고정간격 계획 고정간격 계획(fixed-interval schedule, FI)에서는 일정 시간이 지난 후 나타나는 첫 번째 반응에 강화물이 주어진다. FI-10 계획에서는 강화가 한 번 제공된 후 또 다른 반응이 강화를 받기 위해서는 10초를 기다려야 한다. 그전까지는 아무리 반응을 해도 강화물을 받지 못한다. FI 계획하의 반응률은 부채꼴을 나타낸다. 어떤 반응이 강화를 받은 직후에는 거의 반응이 일어나지 않는다. 강화가 나올 시간이 가까워지면 점점 더 많은 반응이 관찰된다. 매달 나오는 월급은 FI 계획에 속한다.

변동간격 계획 변동간격 계획(variable-interval schedule, VI)에서는 강화물이 앞뒤에 제공되는 시간간격 평균이 미리 정해져 있다. 예컨대, VI-20 계획에서는 평균 20초에 한 번씩 강화물이 제공된다. 이 계획은 높지는 않지만 아주 안정적인 반응률을 생성한다. 소거는 FI 계획하에서보다 VI 계획하에서 더 느리다. 쪼기 반응에 대한 강화가 중지된 후 처음 4시간 동안 18,000번을 반응한 비둘기의 경우, 그 반응이 완전히 소거되기까지 무려 168시간이나 걸렸던 적도 있다(Ferster & Skinner, 1957). 가끔씩 그러나 불규칙적 간격으로 퀴즈를 보는 수업을 들은 적이 있다면 여러분은 VI 계획을 경험한 것이다.

조형

조작적 조건형성에 관한 실험을 소개하면서 먹이를 얻기 위해 지렛대를 누르는 쥐에 관한 이야기를 한 적이 있다. 그러나 지렛대를 누르는 그 행동도 학습된 행동이다. 쥐를 조작상자에 처음 넣으면 그 쥐가 지렛대를 자발적으로 누를 가능성은 거의 없다. 쥐는 여러 상황에서 앞발을 사용하는 법을 배웠을 것이다. 그러나 앞발로 지렛대를 누르는 일을 배운 적은 없을 것이다. 그럼, 쥐가 스스로 행할 가능성이 거의 없는 행동을 어떻게 훈련시킬 수 있을까? 새로운 또는 복잡한 행동을 훈련시키기 위해서는 **점근적 조형**(shaping by successive approximations), 즉 표적행동에 점점 더 가까워지다가 결국에는 표적행동으로 이어지는 반응이면 어떤 반응이든 강화하는 방법을 써야 한다.

그 방법은 이렇다. 먼저, 쥐를 하루 종일 굶긴다. 먹이를 강화물로 이용하기 위함이다. 그리고는 실험상자 속 접시에다 먹이를 넣어두고, 쥐로 하여금 거기에 먹이가 있다는 것을 배우게 한다. 그런 후, 조형작업을 시작한다. 쥐가 하는 행동의 특정 측면(예 : 시선을 지렛대 쪽으로 돌림)이 나타나면 즉각 먹이를 제공한다. 그다음은, 쥐가 지렛대 가까이 다가설 때에만 먹이를 준다. 그다음은 쥐가 지렛대에 접촉할 때만 먹이를 준다. 마지막으로, 지렛대를 눌러야만 먹이를 준다. 이런 점차적 과정을 통해 쥐는 지렛대를 누르면 먹이가 나온다는 것을 배우게 된다. 따라서 조형이 제대로 작동하기 위해서는 표적반응까지의 중간과정을 명확히 정의하고 **차별 강화**(differential reinforcement)를 사용하여 각 단계를 거쳐야 한다.

쥐에게 실험상자 속에서 뱅글뱅글 도는 행동을 가르치는 생각을 언급한 적이 있다. 조형을 이용하여 이런 행동을 가르칠 수 있겠는가? 점근적 조형의 각 단계에서 어떤 행동을 보상해야 할 것인지를 생각해 보라. 예를 들어, 처음에는 그 쥐가 특정 방향으로 머리를 돌리는 행동만을 강화할 수도 있을 것이

이 여인을 돕고 있는 원숭이는 조형을 통해 음식물을 가져오는 일, 바닥에 떨어졌거나 손이 닿지 않는 곳에 있는 물건을 집어오는 일, 불을 켜고 끄는 일을 학습했다. 이들 행동을 학습시키기 위해 강화해야 할 점근 행동을 정의해 보자.

다. 그런 다음에는 몸 전체를 원하는 방향으로 돌릴 때에만 먹이를 제공한다. 그런 다음에는 어떻게 하겠는가?

조작적 조건형성에 관한 연구는 거의 항상 모든 동물의 학습과정이 동일하다는 가정하에 수행되었다. 바로 그런 일관성을 보여주기 위해 개, 고양이, 쥐, 비둘기, 그리고 인간 등 다양한 동물에게서 관찰되는 예를 인용하였다. 그렇지만 학습은 특정 종의 생물적 역량에 따라 달라지는 것으로 밝혀졌다. 이제, 그런 현상을 살펴보기로 하자.

생물적 제약

TV나 서커스에서 동물이 재주를 부리는 것을 본 적이 있을 것이다. 어떤 동물들은 야구나 탁구를 하기도 하고 경주용 차를 몰기도 한다. Keller Breland와 Marion Breland는 조작적 조건형성 기법을 사용하여 여러 종의 동물 수천 마리를 훈련시켜 놀라운 재주를 부리게 만든 대표적 인물이다. 이들은 실험실 연구에서 도출된 일반적 학습 원리를 사용하면 실험실 밖에

있는 동물의 행동도 통제할 수 있다고 믿었다.

그런데 훈련 중 어느 시점에서 '엉뚱한' 행동을 하는 동물이 생겨났다. 예컨대, 너구리에게 동전을 집어 저금통에 넣으면 먹이를 강화물로 제공하였다. 그런데 이 너구리는 동전을 저금통에 넣으려 하지 않았다. 더욱이 동전이 두 개일 때는 조건형성이 완전히 와해되어 버렸다. 이 너구리는 동전을 저금통에 넣지 않고, 동전 둘을 서로 비벼대고, 저금통에 반쯤 넣었다가는 도로 빼내곤 하는 것이었다. 너구리의 이런 행동이 신기한 이유는 너구리는 좋아하는 먹이인 가재의 껍질을 제거할 때도 비비고 씻는 행동을 할 때가 많다는 데 있다. 돼지한테서도 비슷한 행동이 발견되었다. 돼지를 훈련시켜 어렵게 구한 토큰을 커다란 돼지저금통에 집어넣게 하면, 이놈들은 토큰을 바닥에 떨어뜨리고는 코끝으로 밀어 올려 공중으로 튀기는 행동을 한다. 이 행동이 신기한 이유는 먹이를 코끝으로 파헤쳐 뒤흔드는 행동은 모든 돼지가 가지고 태어나는 취식행동 중 하나라는 점에 있다.

이런 경험을 통해 Breland 부부는 동물이 조작적 반응을 완벽하게 배웠을 때조차 시간이 흐르면 "학습된 행동은 본능적 행동으로 되돌아간다."는 확신을 갖게 되었고, 이 현상을 **향본능 표류**(instinctual drift)라 칭하였다(Breland & Breland, 1951, 1961). 동물들의 이런 행동은 일반적인 학습 원리로는 설명되지 않는다. 하지만 생물적 제약, 즉 물려받은 유전형에 의한 종 특유의 경향성을 고려하면 이해가 된다. 이 경향성이 조작적 조건형성에 의한 행동변화를 무력화시켜 버린 것이다.

동물학습에 관한 전통적 연구는 대부분 편리하게 쓸 수 있는 자극을 이용했고 그에 대한 반응도 임의적으로 선별하여 측정했었다. 그러나 향본능 표류에 대한 Breland 부부의 연구는 학습의 모든 측면이 실험자의 강화에 의해 통제되지 않는다는 것을 명백하게 보여주었다. 행동은 동물이 그 환경 속에서 정상적으로 실행하는, 유전적으로 프로그램된 반응이 무엇인가에 따라 쉬워지기도 하고 어려워지기도 한다. 표적반응을 생물적 제약과 일치하는 것으로 설정할 때 조건형성은 특히 효율적으로 이루어진다. 예를 들어, 돼지로 하여금 토큰을 저금통에 넣게 하려면, 배고픈 돼지에게 먹이를 보상으로 줄 것이 아니라, 목마른 돼지에게 물을 보상으로 제공하면 돼지가 토큰을 가지고 노는 일은 없을 것이다.

이제 여러분도 현대 행동분석가들의 주된 관심사는 각 종의 동물이 가장 잘 학습할 수 있는 반응 유형에 있다는 사실을 알았을 것이다. 늙은 개에게 새로운 재주를 가르치고 싶다면, 그 개의 타고난 행동 목록에 맞추어 가르칠 재주를 선택해야 한

향본능 표류는 너구리가 학습한 행동에 어떤 영향을 미칠까?

다. 하지만 아직 학습에 대한 연구를 모두 살펴본 것은 아니다. 보다 복잡한 인지과정이 관여하는 학습도 있기 때문이다. 이제, 복잡한 인지과정을 필요로 하는 학습의 유형을 살펴보기로 하자.

 복습하기

1. 효과의 법칙이란 무엇인가?

2. 강화와 처벌은 어떤 방식으로 행동이 일어날 확률에 영향을 미치는가?

3. 조작적 조건형성에서 변별 자극의 역할은 무엇인가?

4. 강화 계획에서 고정비율 계획과 고정간격 계획의 차이점은 무엇인가?

5. 조형이 의미하는 바는 무엇인가?

6. 향본능 표류란 무엇인가?

인지가 학습에 미치는 영향

고전적 조건형성과 도구적 조건형성에 관한 지금까지의 논의를 통해 많은 행동이 단순한 학습과정의 산물로 해석된다는 것을 알았다. 그렇다면 복잡한 정신활동(인지과정)으로 설명해야 할 학습은 없는 것일까? 인지(cognition)란 사고, 기억, 지각, 언어 사용처럼 지식의 표상과 처리에 관여하는 모든 정신활동을 가리킨다. 이 절에서는 고전적 조건형성이나 조작적 조건형성의 원리만으로는 설명되지 않는 학습이 고려될 것이다. 여기서 우리는 행동은 부분적으로나마 인지과정의 산물이라는 것을 알게 될 것이다.

비교 인지

이 장에서 우리는 종 특유의 한계를 제외하면, 쥐와 비둘기를 이용한 연구에서 밝혀진 학습 법칙이 개, 원숭이는 물론 사람에게도 적용됨을 강조하였다. **비교 인지**(comparative cognition) 학자들은 더욱 다양한 행동을 연구함으로써 인지능력의 종 간 차이 그리고 인간과 동물의 능력에서 발견되는 연속성을 추적하려 한다(Wasserman & Zentall, 2006). 비교 인지를 동물 인지(animal cognition)라고도 하는 이유는 이 분야의 전문가들이 사람과는 다른 동물의 인지에 관심을 많이 기울이기 때문이다. Charles Darwin은 동물이 진화할 때, 신체뿐 아니라 지적 능력도 함께 진화했다고 주장하였다. 이 절에서는 지적 능력에서 발견되는 인간과 다른 동물의 차이는 정도의 차이일 뿐임을 입증하는 동물행동을 두 가지만 살펴보기로 하자.

인지도 학습에 관여하는 인지과정을 처음 연구한 사람은 Edward C. Tolman(1886~1959)이었다. 그가 고안한 실험상황에서는 특정 자극과 반응 사이의 기계적 결합으로는 설명할 수 없는 행동이 나타나기 시작했다. 그림 6.13에 있는 미로를 보자. Tolman과 그의 제자들은 먹이상자가 있는 목표지점으로 가는 원래의 경로를 차단해 보았다. 그러자 그 미로를 돌아다녀 본 쥐들은 가장 짧은 우회로를 따라 목표지점에 접근하였다. 중요한 것은 이 행동은 이전에 한 번도 강화를 받은 적이 없었다는 점이다(Tolman & Honzik, 1930). 이들 쥐는 미로의 이곳저곳을 탐색하지 않았다. 마치 머릿속의 **인지도**(cognitive map, 미로의 전반적인 구조에 대한 표상)를 따라 반응하는 것

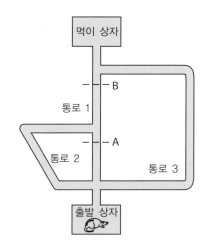

그림 6.13 미로 학습에서의 인지도 사용
쥐들은 통로 1(직선 통로)이 열려 있으면 그 통로를 선호한다. 그러나 지점 A가 막히면 통로 2를 선호하고, 지점 B가 막히면 대개는 통로 3을 따라 먹이가 있는 목표지점으로 접근한다.

처럼 행동했다(Tolman, 1948). Tolman의 이러한 연구결과는 조건형성에서도 자극과 자극 사이의 연관성 또는 반응과 강화물 사이의 연관성이 형성되는 일 이상의 일이 벌어지고 있음을 보여준다. 즉, 조건형성에서도 행동이 벌어지는 맥락의 다른 측면에 대한 표상까지 구축된다고 암시한다(Lew, 2011).

Tolman의 전통을 따른 연구를 통해 새, 벌, 쥐, 인간 및 기타 동물의 공간기억 능력이 매우 우수한 것으로 밝혀졌다(Joly & Zimmermann, 2011; Menzel et al., 2011 참조). 공간적 인지도의 다음 기능을 살펴보면, 공간기억 능력의 중요성을 이해할 수 있을 것이다(Poucet, 1993).

- 동물은 환경의 특징을 인식하고 확인할 때 공간기억을 사용한다.
- 동물은 환경 속의 표적 대상을 찾을 때 공간기억을 사용한다.
- 동물은 환경 속을 돌아다닐 계획을 세울 때 공간기억을 사용한다.

인지도의 이러한 기능은 먹이를 넓은 영역 내 여러 곳에 저장해 두었다가 필요할 때 찾아 먹는 여러 종의 새에게서 명백하게 드러난다. 'Pinyon Jay'라는 까마귀는 매년 가을 수천 개의 소나무 씨앗을 묻어두었다가 4~7개월 후에 그 씨앗을 찾아 먹으며 겨울을 보낸다(Stafford et al., 2006). 생후 8개월이 지나면 이 까마귀는 묻어두었던 먹이를 찾아내는 데 필요한 공간기억력을 갖추게 되는 것으로 드러났다. 또 다른 종의 새는 먹이를 도둑맞지 않도록 흩어 놓는 일에 공간기억력을 이용한다. 예컨대, 'coal tit'이란 새는 새로운 먹이 은닉처를 결정할 때 옛날의 먹이 은닉처에 대한 기억을 이용한다(Male & Smulders, 2007). 먹이를 숨겨두는 이 새들은 영역 내를 배회하다 운 좋게 숨겨 놓았던 먹이를 만나는 게 아니다. 그들의 인지도(공간기억)가 겨울을 나는 동안 정확하게 보존되기 때문에 나중에 그 먹이를 되찾을 수 있는 것이다.

개념적 행동 인지도는 동물로 하여금 물체의 환경 속 위치를 추적할 수 있게 해 준다. 그렇다면 동물들이 만나는 다양한 자극의 구조를 발견하는 일에는 어떤 인지과정이 이용될까? '같다/다르다'는 판단을 고려해 보자. 내가 이 옷을 입었을 때 친구들이 어제도 이 옷을 입었었다는 것을 알아차릴까? 물론 '같고/다름'을 판단할 수 있는 능력은 인간 고유의 능력이 아니다 (Wasserman & Young, 2010). 비둘기는 콩알과 돌멩이를 구분할 수 있어야 살아남는다. 비둘기가 아직도 살아 있다는 것은

비둘기도 그런 범주화 능력을 가지고 있다는 뜻이다.

지정 연구

색이 다른 원을 두 개씩 비둘기에게 5초 동안 보여주었다(Wright et al. 2010). 그리고 잠시 동안의 파지 기간 후, 다른 두 개의 원을 제시하였다. 이 두 원 중 하나의 색깔이 바뀌어 있었다. 비둘기는 보상을 받기 위해 색깔이 바뀐 원을 쪼아야 했다. 이 훈련에는 비둘기들이 이전에 미리 훈련을 받은 일정한 세트의 색상이 이용되었고, 비둘기는 이 반응 습득에 성공하였다. 중요한 것은 이 행동(쪼는 행동)이 다른 색상, 지금까지 한 번도 훈련받지 않은 색상에 전이되었다는 사실이다. 따라서 이 연구의 결과에는 비둘기가 '같음/다름'이라는 개념까지 습득했다는 뜻이 들어 있다.

도구적 조건형성의 초석은 강화를 받은 행동은 반복된다는 믿음이다. 위의 연구결과가 관심을 끄는 이유는 비둘기가 새로운 색깔을 쪼는 행동을 배웠는데, 이 행동은 보상을 받은 적이 없다는 점이다. 비둘기가 학습한 것은 특정 색깔의 원을 쪼는 행동이 아니라 색상의 변화라고 하는 고차원적인 개념이었다는 말이다. 인간의 인지과정에 대한 분석은 제7장과 제8장에서 자세하게 소개될 것이다. 그러나 위의 연구결과를 통해 여러분도 이제 고차원적인 인지능력이 인간의 전유물이 아니라는 것을 알았을 것이다. 이 장을 마감하기 전에 인지과정이 요구되는 또 다른 유형의 학습을 살펴보기로 하자.

관찰학습

새로운 음식을 시식할 때는 쥐가 사람보다 훨씬 더 조심스럽게 행동한다. 쥐는 우리 사람에게 가용한 중요한 정보를 가지고 있지 않기 때문이다. 사람들이 새로운 음식을 시식할 때는 거의 항상 다른 사람들이 그것을 먹어보고 좋아했다고 믿을 만한 이유가 있다. 우리의 '시식행동'이 우리의 지식, 즉 다른 사람들이 그 음식을 먹고 좋아했다(강화를 받았다)는 정보에 영향을 받는다는 뜻이다. 이렇게 일어나는 행동변화(학습)를 대리 강화(vicarious reinforcement) 및 대리 처벌(vicarious punishment)을 통한 학습이라고 한다. 우리는 타인의 경험에 비추어 우리의 행동을 변화시킬 때 기억과 추론이라는 인지능력을 이용한다.

사실 대부분의 사회학습(social learning)은 전통적인 조건형성으로는 예측할 수 없는 그런 상황에서 일어난다. 조건형성으로 이런 학습을 설명할 수 없는 이유는 이런 학습상황에서는 학습자가 능동적인 반응을 하지 않고, 따라서 강화물이 제공되지 않는데도 행동변화가 일어나기 때문이다. 사람들은 다른 사람의 행동이 보상 또는 처벌받는 것을 보기만 하는데

도 나중에 가서 보상/처벌받은 그 행동을 하거나 하지 않기도 한다. 이런 행동의 변화를 우리는 **관찰학습**(observational learning)이라 한다. 인지는 기대의 형태로 관찰학습에 개입하곤 한다. 한마디로 우리는 만약 저 사람이 반응한 그대로만 반응하면 나도 똑같은 강화물을 받거나 똑같은 처벌을 피할 수 있을 것이라고 생각한다는 뜻이다. 맏이보다 둘째의 행동이 덜 거친 것도 아마 첫째가 범한 실수를 둘째가 보고 그 결과가 어떤지를 깨달았기 때문일 가능성이 크다.

체험을 통한 학습능력 못지않게 관찰을 통한 학습능력도 대단히 유용하다. 시행착오를 거치지 않고도 많은 중요한 행동을 습득할 수 있게 해 주기 때문이다. 우리는 타인의 실수와 성공을 보고 특정 행동의 장단점을 즉각 학습할 수 있다. 그러나 관찰학습은 인간만 가진 능력이 아니다. 여우 원숭이(lemurs)(Carlier & Jamon, 2006)도 까마귀(ravens)(Schwab et al., 2008)도 그리고 올챙이(chorus frog tadpole)(Ferrari & Chivers, 2008)도 동종 동물의 행동을 관찰한 후 자신의 행동을 바꾸는 것으로 알려졌다.

인간에게서 일어나는 관찰학습의 고전적 예는 Albert Bandura의 실험실에서 발생하였다. 어른 모델이 커다란 플라스틱 오뚜기 인형을 때리고 차고 쥐어박는 것을 바라본 아이들이 그런 행동을 관찰하지 못한 아이들보다 나중에 인형을 때리고 차고 쥐어박는 행동을 더 많이 하는 것으로 드러난 것이다(Bandura et al., 1963). 후속 연구에서는 심지어 모델이 만화영화의 주인공인 경우에도 아이들은 그 모델의 행동까지 모방하는 것으로 드러났다.

사람들은 모델을 관찰함으로써 많은 것을 배운다는 점에는 의심의 여지가 없다. 세상에는 모델로 작용할 수 있는 사람이 아주 많다. 그들 중에서 우리에게 가장 큰 영향력을 행사하는 모델은 어떻게 결정되는 것일까? 특정 모델의 행동이 우리에게 미치는 영향력의 크기는 다음 네 가지 과정에 의해 결정된다(Bandura, 1977).

- 주의(attention). 관찰자가 모델의 행동과 그 결과에 주의를 기울여야 한다. 이런 일은 모델과 관찰자의 특징이나 특질이 비슷한 것으로 인식될 때 일어날 가능성이 크다.
- 파지(retention). 관찰자가 모델의 행동을 기억하고 있어야 한다.
- 재생성(reproduction). 관찰자가 모델의 행동을 따라 할 수 있는 정신적 능력과 신체적 능력을 갖추고 있어야 한다.

- 동기(motivation). 관찰자에게 모델의 행동을 따라 할 이유가 있어야 한다. 가령, 모델의 행동이 강화물을 가져다주는 것으로 인식되어야 한다.

여러분 스스로가 모델의 행동을 따라 하고 있는 상황을 상상하면서, 위에 소개한 네 가지 과정이 여러분의 모방행동에 어떻게 적용될 것 같은지를 생각해 보라. 예를 들어 유능한 외과의사가 수술하는 것을 관찰하고 그 수술하는 법을 배우고 있다고 하자. 이때 위에 소개한 각각의 과정이 여러분의 학습에 어떻게 작용할 것 같은가?

사람들은 모델을 보고 배우는 일을 아주 효율적으로 수행한다. TV가 행동에 미치는 효과에 관한 심리학적 연구가 많은 것도 그 때문이다. 이들 연구에서는 특히, TV에 나오는 폭력행동과 아동 및 청소년의 폭력행동 사이에 어떤 관계가 있는지에 초점이 집중되었다. 폭력행위를 보고 나면 그런 폭력행동을 모방하는 것은 아닐까? 연구결과를 살펴보기로 하자.

이 연구는 1977년에 시작되었다. 연구진은 이제 막 1학년 또는 3학년이 되는 초등학생 557명의 TV 시청 행동을 2년에 걸쳐 측정하였다. 특히 폭력을 다룬 프로그램을 시청하는 시간을 측정하였다. 그런 15년 후, 이 아동들이 20세에서 22세에 이르는 청소년이 되었을 때, 557명 중 329명을 대상으로 면담을 실시하였다(Huesman et al., 2003). 참여자들이 어릴 적에 폭력 프로그램을 시청한 시간과 청소년이 된 후의 공격성과의 관계를 검토하기 위한 면담이었다. 참여자들의 공격성은 자기 자신의 보고와 배우자 같은 주변 인물의 보고를 통해 측정되었다. 그림 6.14를 보면, 남성이건 여성이건 어린 시절에 폭력 프로그램을 많이 시청한 사람일수록 성인이 되었을 때 공격성이 더욱 강한 사람이라는 것을 알 수 있다. 이러한 결과는 어린 시절 폭력적 TV 프로그램을 시청한 것이 사람들의 공격성을 조장했을 수도 있다는 의미를 갖는다. 그러나 이러한 인과성은 역으로 성립되는 것도 아니냐고 반문할 수도 있다. 즉, 이미 높은 공격성을 가진 아이들이기 때문에 폭력물을 더 선호한 것일 수도 있다는 말이다. 그러나 연구진은 이러한 반론을 잠재울 증거까지 확보하였다. 예컨대, 어린 시절의 공격성과 성인이 되어서 폭력 프로그램을 시청하는 시간 간의 관계는 아주 미약하다는 자료를 확보했던 것이다.

이 연구는 어린 시절에 TV에서 폭력물을 많이 시청하는 아이들은 지나치게 공격적인 사람으로 성장할 가능성이 농후하다고 웅변한다.

지난 수십 년 동안의 연구는 TV 폭력이 세 가지 방식으로 시청자의 생활에 부정적 영향을 미친다는 사실을 밝혀냈다. 첫째, TV 폭력 시청은 관찰학습을 통해 공격행동을 증가시킨

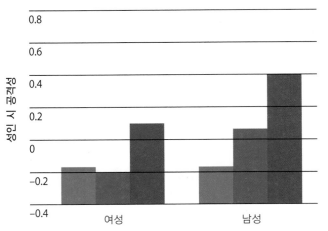

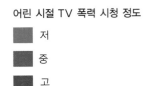
어린 시절 TV 폭력 시청 정도

저

중

고

그림 6.14 TV 폭력과 공격성
남성도 여성도 어릴 때 TV 폭력 프로그램을 많이 시청한 사람일수록 성인이 된 후에 공격성이 더 강한 것으로 나타났다. 공격성은 자기-보고법과 주변 사람들의 평가를 종합한 값으로 측정되었다. 점수가 높을수록 강한 공격성을 나타낸다.

다. 이 인과관계는 특히 아이들에게 중요한 의미를 갖는다. 어릴 때 TV를 많이 시청하여 생겨난 공격성이 나중의 반사회적 행동의 기초로 작용할 수 있기 때문이다. 둘째, TV 폭력은 시청자들로 하여금 실생활에서 발생하는 폭력의 빈도를 과대평가하게 만든다. 따라서 시청자들은 실제 폭력의 희생자가 될 수 있다는 지나친 두려움을 갖게 될 수 있다. 셋째, TV 폭력을 시청하면 탈민감화(desensitization), 즉 실제로 일어나는 폭력행동에 대한 정서적 민감성이 감소하는 현상을 초래할 수 있다.

그런데 주목할 점은 아이들이 TV에서 친사회적 행동을 하는 모델을 보고 친사회적 행동을 학습할 수 있다는 사실이다 (Mares & Woodard, 2005). 우리는 아이들이 TV를 보고 많은 것을 배울 수 있다는 생각을 진지하게 받아들여야 한다. 부모나 아이를 돌보는 사람들은 아이들이 적절한 TV 모델을 선택하는 데 도움을 줄 수도 있을 것이다.

관찰학습에 대한 분석은 강화의 원리가 행동에 영향을 미친다는 것 그리고 인간은 인지과정을 통해서도 자신의 행동을 변화시킬 수 있다는 것을 모두 인정한다. 인간행동을 인지과정으로 설명하려는 태도는 강력한 접근법인 것으로 밝혀졌다. 제15장에서는 부적응 행동을 인지적으로 수정하는 치료법을 살펴볼 것이다.

공포영화를 보러 간 경험을 재고함으로써 이 장을 마감하기로 하자. 극장에서 겪은 여러분의 경험을 행동분석으로 설명해 보자. 만약 여러분이 친구의 권유로 그 영화관에 갔다면 여러분은 대리 강화에 굴복한 것이다. 극장에 갈 때 평소 다니는 길을 버리고 다른 길로 갔다는 것은 인지도를 이용했다는 증거이다. 무서운 음악소리를 듣고 불안이 커졌다고 하자. 그 음악이 잠시 동안 반복되었다면, 민감화의 효과를 느꼈을 것이다. 그 음악이 영화의 여러 곳에 흩어져 있었다면, 고전적 조건형성의 효과를 느꼈을 것이다. 그 영화를 즐겁게 관람하지 못해서 다시는 공포영화를 보지 않겠다고 맹세한다면, 처벌이 당신의 행동을 바꾸어 놓았다는 뜻이다.

 복습하기

1. Tolman이 자신의 연구결과를 기초로 내린 결론은 무엇인가?

2. 비둘기에게도 '동일한'이라는 개념과 '다르다'라는 개념을 학습할 능력이 있다는 증거는 무엇인가?

3. 대리 강화란 무엇을 의미하는가?

4. 아이들의 TV 시청 행동을 관찰학습의 맥락에서 평가해야 하는 주된 이유는 무엇인가?

비판적 사고 TV 시청에 관한 연구에서 자신들이 확보한 자료를 인과관계로 설명하기 위해 그 연구진은 무엇을 어떻게 했는가?

요점정리

학습에 관한 연구

- 학습은 경험을 통해 행동이나 행동 잠재력에서 비교적 일관성 있는 변화가 일어나는 과정이다.
- 행동주의 심리학자들은 대부분의 행동을 단순한 학습 원리로 설명할 수 있다고 믿는다.
- 행동주의 심리학자들은 대부분의 학습 원리는 모든 유기체의 학습에 적용된다고 믿는다.

고전적 조건형성 : 예상 가능 신호 학습하기

- Pavlov가 처음 연구한 고전적 조건형성에서는 무조건 자극(UCS)이 무조건 반응(UCR)을 유발하고, UCS와 함께 제시되는 중성 자극은 조건 자극(CS)이라 하고 이 조건 자극이 유발하는 반응을 조건 반응(CR)이라 한다.
- 소거는 UCS 없이 CS만 제시될 때 일어난다.
- 자극 일반화란 CS와 유사한 자극이 CR을 유발하는 현상을 일컫는다.
- 변별 학습을 통해 CR을 유발하는 CS의 범위가 좁아진다.
- 고전적 조건형성이 이루어지기 위해서는 CS와 UCS 간에 유관성과 정보성이 모두 존재해야 한다.
- 정서반응 및 약물에 대한 내성은 거의가 고전적 조건형성으로 설명된다.
- 맛 혐오 학습은 특정 유형의 결합은 유전적으로 준비된 것일 수도 있다고 암시한다.

조작적 조건형성 : 결과에 대한 학습

- Thorndike는 만족스러운 결과를 초래하는 행동은 반복되는 경향이 강하다는 것을 입증하였다.

- Skinner의 행동분석법은 강화의 유관성을 조작한 후 그 조작이 행동에 미치는 효과를 관찰한다.
- 정적 강화와 부적 강화는 행동이 일어날 확률을 높이고 정적 처벌과 부적 처벌은 행동이 일어날 확률을 줄인다.
- 맥락 적절 행동은 '변별 자극-행동-결과'라고 하는 삼항 유관성으로 설명된다.
- 일차 강화물은 유기체가 처음으로 경험하는 것인데도 강화물로 작용하는 자극을 일컫는다. 조건 강화물은 일차 강화물과의 연관성을 통해 강화물의 속성을 가지게 된 자극을 일컫는다.
- 자주 일어나는 활동은 정적 강화물로 작용할 수 있다.
- 행동의 변화 정도는 제시 비율과 제시 간격을 조합한 강화 계획에 따라 달라진다.
- 복합적인 행동은 조형을 통해 습득되었을 수 있다.
- 향본능 표류 때문에 반응-강화 학습이 와해되는 경우도 있다.

인지가 학습에 미치는 영향

- 고전적 조건형성과 도구적 조건형성으로는 설명할 수 없을 정도로 복잡한 학습도 많다.
- 동물은 복잡한 환경에서 적절하게 행동하기 위해 인지도를 구축한다.
- '같다' 또는 '다르다'와 같은 개념을 학습할 수 있는 종도 많다.
- 행동은 대리 강화될 수도 있고 대리 처벌될 수도 있다. 인간도 동물도 관찰을 통한 학습능력을 가지고 있다.

연습문제

1. 시골에 살던 정숙이가 6개월 전에 도시로 이사를 왔다. 처음에는 자동차 소리가 시끄러워 잠을 잘 수 없었는데, 이제는 그런 문제를 전혀 경험하지 못한다. 이는 _____의 좋은 보기이다.
   a. 민감화
   b. 습관화
   c. 일관성
   d. 고전적 조건형성

2. 어떤 심리학자가 자신을 소개하면서 Skinner 신봉자라고 한다. 우리는 다음 중 _____는 그 심리학자가 수행하는 연구의 주제가 될 수 없다는 것을 안다.
   a. 행동의 원인이 되는 내적 상태
   b. 종이 달라도 동일하게 발견되는 학습의 형태
   c. 행동과 보상 간의 연관성(또는 결합)
   d. 행동의 원인이 되는 환경적 요인

3. Pavlov의 실험에서는 _____가(이) 무조건 자극이 된다.
   a. 타액분비
   b. 먹이가루
   c. 조교의 출현
   d. 소리

4. 정우네 옆집에서 키우는 개는 여섯 살 난 정우가 그 집 앞을 지나칠 때마다 짖어댄다. 시간이 지나면서 정우는 만나는 모든 개를 두려워하게 되었다. 이는 _____좋은 보기이다.
   a. 자극 변별
   b. 후진 조건형성
   c. 자발적 회복
   d. 자극 일반화

5. 병수는 불빛을 CS로 하고 전기충격을 UCS로 하는 고전적 조건형성 실험을 준비하고 있다. 이런 병수에게 우리가 할 수 있는 적절한 말은?
   a. 불빛과 충격은 시간적으로 인접해 제시되어야 한다.
   b. 불빛이 충격을 신뢰성 있게 예측해야 한다.
   c. 불빛과 충격은 차단하는 관계에 있어야 한다.
   d. 불빛이 충격 다음에 제시되어야 한다.

6. 고전적 조건형성으로 약물에 대한 내성이 생길 때의 조건 자극은?
   a. 약물을 투약한 장면
   b. 약물에 대한 신체의 보정 반응
   c. 약물이 주는 '들뜬' 기분
   d. 과다 복용에 대한 두려움

7. 순대를 먹고 난 후 그날 밤 심하게 앓고 난 후부터는 순대만 봐도 겁이 난다. 순대에 대한 이런 혐오감을 제거하고 싶다고 하자, 친구는 소거과정을 이용해 보라고 권한다. 이 친구는 나더러 _____.
   a. 순대와 내가 좋아하는 음식을 결합/연관시켜 보라고 한다.
   b. 순대를 좀 더 먹어 보라고 한다.
   c. 다른 음식을 먹고도 아파 보라고 한다.
   d. 순대를 보상으로 이용하라고 한다.

8. 화학요법으로 치료를 받는 사람들의 경우 무조건 자극은?
   a. 예상되는 피로
   b. 치료를 받는 장면/상황
   c. 약물에 대한 신체의 반응
   d. 약물의 체내 흡수

9. 도구적 조건형성 실험에서 사람들이 내가 원하는 행동을 할 때마다 값비싼 초콜릿을 하나씩 줄 계획이다. 이런 나의 계획과 일치하는 생각은?
   a. 초콜릿이 모든 사람에게 강화물로 작용할 것이다.
   b. 초콜릿이 아무에게도 강화물로 작용하지 않을 것이다.
   c. 초콜릿이 모든 사람에게 처벌물로 작용할 것이다.
   d. 초콜릿이 일부 사람들에게만 강화물로 작용할 것이다.

10. 광호는 부모님으로부터 사흘 동안 TV 시청 금지 처벌을 받았다. 만약 저녁식사 때 자기가 싫어하는 돼지 간을 먹으면 그날 밤에는 TV를 시청해도 좋다는 제안을 부모님으로부터 받았다. 광호의 부모님은 다음 중 어느 것을 잘 알고 있는 것 같은가?
    a. 조작행동의 소거
    b. 토큰 경제
    c. 조건 강화 이론
    d. 반응박탈 이론

11. 생후 15개월에 체벌을 많이 받은 아이들은 그런 체벌을 받지 않은 아이들에 비해 생후 36개월 때는 _____ 행동 문제를 그리고 초등학교 1학년 때는 _____ 행동 문제를 보였다.
    a. 더 적은; 더 적은
    b. 더 적은; 더 많은
    c. 더 많은; 더 적은
    d. 더 많은; 더 많은

12. 너구리를 훈련시켜 동전을 장난감 저금통에 넣도록 하려고
한다. 그런데 이 너구리는 동전 두 개를 구하자 저금통에 넣
기는커녕 동전과 동전을 비비며 놀기만 한다. 이는 _____의
좋은 보기이다.
   a. 조작행동의 소거   b. 조건 강화물
   c. 향본능 표류   d. 점차적 접근에 의한 조형

13. 사과 20개를 씻으면 2000원씩 받는 아르바이트를 하고 있다
고 하자. 이 장면에 이용된 강화 계획은?
   a. 변동간격   b. 고정간격
   c. 변동비율   d. 고정비율

14. Pinyon Jay라는 까마귀는 자기들이 땅에 묻어두었던 먹이
를 아주 잘 찾아내는 것으로 알려져 있다. 이는 종 특유의
_____을(를) 입증하는 증거라 할 것이다.
   a. 조건형성 과정   b. 고전적 조건형성의 적용
   c. 공간기억 능력   d. 조형과정

15. 준호는 누나가 얼음판에 미끄러져 팔에 멍이 드는 사건을 목
격했다. 그 일이 있은 후부터 준호는 얼음판 위를 걸을 때마
다 조심조심 걸었다. 이는 _____의 좋은 보기이다.
   a. 관찰학습   b. 고전적 조건형성
   c. 조작행동의 소거   d. 민감화

서술형 문제

1. 고전적 조건형성에 관한 지식을 기초로 이제 막 화학요법을
받으려는 사람에게 제공할 수 있는 정보에는 어떤 것이 있을
수 있을 것 같은가?

2. 강화 계획을 선택해야 한다면 어떤 계획을 선택하고 왜 그 계
획을 선택하겠는가?

3. TV에서 폭력 프로그램을 시청하는 일이 공격행동의 원인으
로 작용하는 이유를 어떤 기제로 설명하겠는가?

7

기억

기억과정에 관한 이 장을 시작하면서 여러분 자신의 이전 기억을 떠올려보는 기회를 가져보기 바란다. 그 기억은 얼마나 오래전의 것인가? 여러분이 회상한 장면이 얼마나 생생한가? 여러분의 기억은 동일 사건에 대한 다른 사람의 회상에 의해 영향을 받는가?

이제 조금 다른 것을 해 보자. 만약 갑자기 과거 — 여러분이 알아왔던 사람들이나 여러분에게 일어났던 사건들 — 에 대한 기억이 없어진다면 어떠할 것 같은지 상상해 보기 바란다. 여러분은 자신의 어머니 얼굴이나 자신의 열 번째 생일 혹은 졸업 파티를 기억하지 못할 것이다. 그러한 시간의 닻이 없다면 자신이 누구인지에 대한 생각, 즉 자신의 자아정체감을 어떻게 유지할 수 있겠는가? 새로운 기억을 형성하는 능력을 잃어 버렸다고 가정해 보자. 가장 최근에 경험한 것이 무엇인가? 대화를 이해하거나 TV 쇼의 줄거리를 알 수 있겠는가? 마치 사건들이 결코 존재하지 않았던 것처럼, 여러분의 마음에 어떠한 생각도 결코 없었다는 듯이 모든 것들이 사라질 것이다.

여러분이 기억에 대해 별다른 생각을 해 보지 않았다면 그 것은 아마 그 일이 쉽게 잘 수행되었기 때문일 것이다. 즉, 소화나 호흡과 같은 다른 신체적 과정들과 마찬가지로 여러분은 그것을 당연하게 여긴다. 그러나 위통이나 알레르기처럼, 자신의 기억에 주목할 때는 무엇인가가 잘못되어 가고 있을 때일 가능성이 높다. 여러분은 자동차 열쇠나 중요한 약속, 또는 여러분이 "정말 알고 있었다."고 생각하는 시험문제에 대한 답을 잊어버린다. 이런 것들을 괴롭게 여기지 말아야 할 이유는 없지만, 평균적인 인간 두뇌가 저장할 수 있다고 추정되는 100조 비트의 정보에 대해 잠시 생각해 보라. 그렇게 광대한 정보를 관리하는 일은 만만찮은 일이다. 답이 필요할 때 때때로 그것을 이용할 수 없다고 해서 너무 놀라서는 안 된다!

이 장의 목적은 우리가 어떻게 그렇게 많은 것을 기억하고, 왜 우리가 알았던 것들 중 일부를 잊어버리는지를 설명하는 데 있다. 우리가 어떻게 일상의 경험을 기억에 넣어두고 기억해내는가를 탐색할 것이다. 여러분은 다양한 기억의 종류에 대해, 그리고 그런 기억들이 어떻게 작용하는지에 대해 심리학이 밝힌 것을 배울 것이다. 기억에 대한 많은 사실들을 배우는 과정에서 기억이 얼마나 놀라운 것인지에 대해 올바르게 인식할 수 있기 바란다.

마지막으로, 이 장은 기억에 대한 장이므로 여러분의 기억을 즉시 작동시키고자 한다. 여러분이 숫자 51을 기억하기 바란다. 51을 기억하기 위해 필요한 것은 무엇이든 하라. 자, 추후에 검사가 있을 것이다!

기억이란 무엇인가

기억(memory)은 정보를 부호화하고 저장하며 인출하는 능력이다. 이 장에서 기억을 일종의 **정보처리과정**(information processing)으로 묘사할 것이다. 따라서 기억체계에 들어오고 나가는 정보의 흐름에 대해 주의를 기울일 것이다. 정보의 획득과 인출을 이끄는 처리과정을 고찰함으로써 기억이 뜻하는 바를 정확하게 파악할 수 있을 것이다.

기억의 기능

기억에 대해 생각할 때 맨 처음 떠오를 가능성이 있는 것은 특정 사건이나 정보, 즉 좋아하는 영화, 제2차 세계대전 날짜, 또는 학생증 ID 번호를 회상해내기 위해 기억을 사용하는 상황들이다. 사실상 기억의 중요한 기능 중 하나는 개인적이고 집단적인 과거에 의식적으로 접속할 수 있게 해 주는 것이다. 그러나 기억은 그것보다 훨씬 더 많은 일을 한다. 기억은 노력하지 않고도 매일매일 경험의 연속성을 가질 수 있게 해 준다. 예를 들어, 운전할 때 길가의 가게들이 친숙하게 보이도록 하는 것은 기억의 두 번째 기능이다. 기억의 종류를 정의하는 데 있어, 기억이 이러한 기능들을 이행하기 위해 종종 의식적 자각 밖에서 얼마나 열심히 작업하는지를 알게 될 것이다.

남자 배우와 여자 배우가 모든 움직임, 표정, 말을 어떻게 기억할 수 있는가?

그림 7.1 이 그림에서 잘못된 것은 무엇인가?
여러분은 "토끼가 부엌에서 무엇을 하고 있는가?"라는 질문을 바로 생각해냈는가? 만약 토끼가 바로 눈에 띄었다면, 그 이유는 여러분의 기억과정이 의식의 바깥에서 장면을 분석하여 토끼를 이상한 요소로 판단했기 때문이다.

암묵기억과 외현기억 그림 7.1을 보라. 이 그림에서 잘못된 것은 무엇인가? 부엌에 토끼가 있다는 것이 아마도 여러분에게는 이상할 것이다. 그러나 이러한 느낌은 어디서 비롯되는 것인가? 여러분은 아마 그림에 있는 물체들을 하나씩 훑어가면서 스스로에게 "냉장고가 있는가?", "진열장이 있는가?"라고 묻지는 않았을 것이다. 오히려 토끼가 없어야 할 곳에 있다는 것이 눈에 확 띌 것이다.

이 간단한 예는 기억의 외현적 사용과 암묵적 사용 간의 차이를 이해할 수 있게 해준다. 여러분이 정보를 부호화하거나 인출하기 위해 의식적인 노력을 기울이는 상황에서는 기억이 **외현적으로 사용된다**(explicit uses of memory). 여러분이 의식적 노력 없이 정보를 부호화하거나 인출할 때 기억이 **암묵적으로 사용된다**(implicit uses of memory). 토끼의 발견은 암묵적인데, 그 이유는 어떤 특별한 노력 없이 그림의 해석에 영향을 미치게끔 여러분의 기억과정이 부엌에 대한 과거 지식을 불러오기 때문이다. 이제 여러분에게 "그림에서 무엇이 빠졌는가?"라고 물었다고 가정해 보자. 이 두 번째 질문에 답하기 위해 여러분은 아마 외현적 기억을 사용해야 할 것이다. 전형적인 부엌에는 무엇이 있는가? 무엇이 빠졌는가? (싱크대나 스토브를 생각했는가?) 그러므로 기억에 저장된 지식을 사용할 때 때로는 그 사용이 암묵적일 것이고(즉, 어떠한 의식적 노력도 없이 정보가 이용 가능하게 된다.) 때로는 외현적일 것이다(즉, 정보를 재생하기 위해 의식적 노력을 해야 한다.).

기억의 초기 획득에 대해서도 동일한 구분을 할 수 있다. 부엌에는 무엇이 있어야 한다는 것을 여러분은 어떻게 아는가? 거기에 무엇이 있는지, 그리고 적절한 배치는 어떠해야 하는지에 관한 목록을 암기한 적이 있는가? 아마도 아닐 것이다. 오히려 이러한 지식의 대부분을 의식적 노력 없이 획득했을 것이다. 반면, 여러분은 아마 그 방에 있는 많은 사물들의 이름들을 외현적으로 학습했을 것이다. 제10장에서 보게 되겠지만, 단어와 경험 간 연합을 학습하기 위해 여러분의 더 어린 자아는 외현기억과정에 관여해야만 했다. 여러분은 냉장고라는 단어를 배웠는데, 그 이유는 누군가 그 사물의 이름에 여러분의 외현적 주의를 환기시켰기 때문이다.

암묵기억과 외현기억의 구분은 연구자들이 기억과정에 대해 반드시 다뤄야 하는 질문들의 범위를 크게 확장시킨다(Roediger, 2008). 초기의 기억 연구는 대부분 정보의 외현적 획득을 다루었다. 실험자들은 대부분의 경우 참가자들에게 기억해야 할 새로운 정보를 주었고, 기억 이론들은 그러한 상황하에서 참가자들이 기억할 수 있는 것과 없는 것을 설명하는 데 초점을 맞췄다. 그러나 이 장에서 보게 되겠지만, 연구자들은 암묵기억을 연구하기 위한 방법들도 고안했다. 그럼으로써 기억의 다양한 사용에 대해 보다 완벽한 설명을 제공할 수 있다. 정보를 부호화하거나 인출하는 대부분의 상황이 기억의 암묵적 사용과 외현적 사용의 혼합을 나타낸다고 볼 수 있다. 이제 기억을 분류하는 두 번째 차원을 살펴보자.

서술기억과 절차기억 여러분은 휘파람을 불 수 있는가? 휘파람을 불 수 없다면 손가락을 튕겨서 소리를 내 보라. 이런 종류의 일을 할 수 있게 해 주는 것은 어떤 종류의 기억인가? 앞서 암묵기억과 외현기억의 예로 제시했던 것들은 모두 사실과 사건의 재생, 즉 **서술기억**(declarative memory)에 해당된다. 여러분은 일을 하는 방식에 관한 기억, 즉 **절차기억**(procedural memory)을 갖고 있다. 이 장 대부분이 사실들을 어떻게 획득하고 사용하는지에 초점을 맞출 것이므로, 잠시 일을 할 수 있는 능력을 어떻게 획득하는지 생각해 보자.

절차기억은 일을 어떻게 수행하는가에 관해 기억하는 방식을 말한다. 여러분은 충분한 연습을 통해서 지각적, 인지적, 그리고 운동기술에 대한 절차기억을 획득하고, 보유하고, 사용할 수 있다. 절차기억에 관한 이론들은 흔히 필요한 연습량 그리고 학습의 시간경로에 관심을 둔다. 어떤 활동에 대한 서술적 사실들의 의식적 목록에서부터 동일한 활동의 무의식적이고 자동적인 수행에 이르기까지 어떻게 진행이 되는가(Taatgen et al., 2008)? 그리고 기술을 학습한 후에는, 거슬러 올라가서 서술적 사실 성분들에 대해 말하는 것이 왜 어려운가?

시간이 지나면 매우 친숙해지는 전화걸기와 같이 매우 간단한 행위에서조차도 이러한 현상이 작용하는 것을 알 수 있다. 여러분은 처음에는 아마도 각 숫자를 한 번에 하나씩 다루는 방식을 생각해야만 했을 것이다. 즉, 서술적 사실의 목록을 통해 작업해야만 했던 것이다.

먼저, 2를 눌러야 한다.
다음, 0을 눌러야 한다.
그다음, 7을 누른다.
등등

그러나 그 숫자를 누르는 횟수가 충분해지면, 여러분은 그것을 하나의 단위, 즉 누름 단추식 패드상에서 빠른 연쇄적 행동으로 수행할 수 있다. 이때 작동하는 처리를 **생성 컴파일**(product compilation)이라고 부른다. 분리된 행위들을 생성하는 정신적 명령들은 함께 **컴파일**된다(Taatgen & Lee, 2003). 연습의 결과로서, 의식적 중재나 정신적 노력 없이 더 긴 연속적인 활동을 수행할 수 있다(Stocco et al., 2010). 그러나 이처럼 컴파일된 단위들의 내용에 의식적으로 접속하지 못할 수도 있

숫자를 누르는 시늉이 기억에 도움이 되는 이유는?

는데, 전화기의 예로 되돌아가 보면 전화번호를 누르는 흉내를 내지 않고서는 전화번호를 기억해내지 못하는 사람을 흔히 발견할 수 있다. 일반적으로 생성 컴파일 때문에 여러분은 절차적 지식을 다른 사람과 공유하기 어렵다. 여러분은 이러한 점을 부모가 운전을 가르쳐 주려고 하는 경우 알아차릴 수 있었을 것이다. 그들 스스로는 훌륭한 운전자라 하더라도, 그들은 컴파일된 훌륭한 운전 절차의 내용을 전달하는 데 서투를 수 있다.

여러분은 또한 생성 컴파일이 오류를 일으킬 수 있다는 것도 알아차렸을 것이다. 만약 여러분이 숙련된 타이피스트라면 아마 'the' 문제로 인해 어려움을 겪었을 터인데, throne이나 thistle을 타이핑하려고 할 때 t와 h를 누르자마자 여러분의 손가락은 e에 가 있을지도 모른다. 일단 the의 수행이 충분하여 절차기억으로 넘겨지면, 여러분은 그 연쇄반응을 끝내는 것 외엔 다른 일을 거의 할 수 없다. 절차기억이 없다면 삶은 매우 힘들 것인데, 여러분은 모든 활동을 하나씩 해나가야만 할 것이다. 그러나 the를 잘못 타이핑할 때마다 효율성과 잠재적 오류 사이의 교환을 생각해 볼 수 있다. 이제는 이처럼 다양한 기억유형 모두에 적용되는 기본적 처리과정을 개관해 보도록 하자.

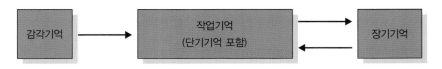

그림 7.2 장기기억에 들어오고 나가는 정보의 흐름
기억 이론들은 장기기억에 들어오고 나가는 정보의 흐름을 기술한다. 이론들은 감각기억과 작업기억에서 정보의 초기 부호화, 저장을 위한 장기기억으로의 정보
전이, 그리고 인출을 위한 장기기억에서 작업기억으로의 정보 전이를 다룬다.

기억과정에 대한 개관

기억의 범주가 무엇이든 간에, 나중에 지식을 이용하려면 세 가지 정신과정의 작용이 요구되는데, 부호화, 저장, 그리고 인출이 바로 그것이다. **부호화**(encoding)는 기억 내에 표상되는 정보의 초기 처리과정이다. **저장**(storage)은 부호화된 자료를 일정 시간 보유하는 것이다. **인출**(retrieval)은 저장된 정보를 나중에 재생하는 것이다. 간단히 말하면, 부호화는 정보를 집어넣는 것이고, 저장은 필요할 때까지 정보를 보유하는 것이며, 인출은 정보를 꺼내는 것이다. 이제 이 생각들을 확장시켜 보자.

부호화는 외부 세계의 정보에 대한 **정신적 표상** 형성을 요구한다. 머리 밖에 있는 표상에 비추어 유추한다면 정신적 표상의 개념을 이해할 수 있다. 여러분이 지난 생일파티에서 받았던 최고의 선물이 무엇인지 우리가 알고 싶어 한다고 상상해 보라. (그것은 여러분이 현재 지니고 있지 않은 것이라고 가정하자.) 그 선물을 우리에게 알리기 위해 여러분은 무엇을 할 것인가? 아마 그 대상의 속성을 기술할 수 있을 것이다. 혹은 그림을 그려줄 수도 있을 것이다. 혹은 그 대상을 사용하고 있는 흉내를 낼 수도 있을 것이다. 각각의 경우에서 이들은 원 대상의 표상들이다. 어떤 표상들도 실제 대상만큼은 우수하지 않지만, 이들은 그 선물의 가장 중요한 측면에 대한 지식을 우리가 가질 수 있게 해 준다. 정신적 표상도 동일한 방식으로 작용한다. 그것은 과거 경험을 자신에게 다시 제시할 수 있게 해 주는 방식으로 과거 경험의 가장 중요한 세부특징들을 보전한다.

정보가 적절히 부호화된다면 어느 기간 동안 저장될 것이다. 저장은 두뇌 구조에서 단기적, 장기적 변화 모두를 요구한다. 이 장의 말미에서 연구자들이 어떻게 새로운 기억과 오래된 기억의 저장을 담당하는 두뇌 구조를 찾아내려고 노력하고 있는지를 살펴볼 것이다. 또한 새로운 기억을 저장하지 못하는 극단적인 기억상실증의 경우에 무엇이 일어나는지 살펴볼 것이다.

인출은 이전의 모든 노력의 대가이다. 인출이 잘되면 이전에 저장했던 정보에 접속할 수 있다. 저장 전에 무엇이 일어나는지 기억할 수 있는가? 디코딩인가 인코딩(부호화)인가? 지금 그 대답을 인출하는 것은 쉽지만, 며칠 혹은 몇 주 후 이 장의 내용에 대해 시험을 볼 때 여전히 신속하게 그리고 확신을 가지고 부호화의 개념을 인출해낼 수 있겠는가? 기억 창고에 있는 방대한 양의 정보로부터 특정 조각의 정보를 어떻게 인출해 낼 수 있는지를 밝히는 것은, 기억의 작동 방식을 알아내고자 하는 심리학자들이 직면한 과제이다.

분리된 기억과정으로서 부호화, 저장, 인출을 정의하는 것은 쉬울지라도 이 세 과정 간의 상호작용은 꽤 복잡하다. 예를 들어, 호랑이를 보았다는 정보를 부호화할 수 있으려면 먼저 호랑이 개념에 대한 기억정보를 인출할 수 있어야 한다. 유사하게, "그는 Benedict Arnold만큼 정직하다"와 같은 문장의 의미를 기억하려면, 각 단어의 의미를 인출해야 하고 한국어에서 단어 의미의 조합 방식을 상술한 문법 규칙을 인출해야 하며 정확히 Benedict Arnold(미국 독립전쟁의 유명한 배반자)가 얼마나 정직한 사람이었는가를 구체적으로 알려주는 문화적 정보를 인출해야만 한다.

이제 정보의 부호화, 저장, 인출에 대해 더 자세하게 살펴볼 준비가 되었다. 우리의 논의는 짧은 시간 지속되는 기억 유형인 감각기억에서 시작하여 더 오래 지속하는 장기기억(그림 7.2 참조)으로 옮겨 갈 것이다. 어떻게 기억하고 왜 망각하는지에 관한 설명을 제공할 것인데, 이것이 여러분의 기억 기술의 몇몇 측면들을 향상시켜 줄 수 있기를 희망한다.

⏹ 복습하기

1. 외현기억과 암묵기억의 차이는 무엇인가?
2. 숙련된 마술사의 경우 그의 기술은 서술기억과 절차기억 중 어디에 더 의존하는가?
3. 이메일 계정의 암호가 갑자기 기억나지 않는다면 이러한 문제를 유발할 가능성이 가장 큰 기억과정은?

단기적 기억 사용

먼저 어떤 기억의 일시성에 대한 예를 살펴보자. 그림 7.3에 꽤 복잡한 시각적 장면이 나와 있다. 이 그림을 10초 정도 재빨리 훑어본 후 그림을 덮어두라. 이제 그 장면에 대한 다음 질문에 답하라.

1. 아래쪽의 어린 소년은 어떤 도구를 갖고 있는가?
2. 위쪽의 중년 남자는 무엇을 하고 있는가?
3. 아래쪽의 우측 구석에서 부인의 우산 손잡이가 왼쪽과 오른쪽 가운데 어느 쪽으로 굽어 있는가?

이 질문들에 답하기 위해서는 그 그림을 다시 더 보아야 하지 않겠는가?

앞서의 예를 통해 여러분이 경험한 대부분의 정보가 기억 속에 결코 안전하게 자리 잡지는 않는다는 것을 알게 되었을

것이다. 오히려 여러분은 그 정보를 단지 짧은 기간 동안만 갖고 사용할 뿐이다. 이 절에서는 세 가지 덜 영속적인 기억의 사용 특성을 살펴보겠는데, 이는 영상기억, 단기기억, 그리고 작업기억이다.

영상기억

여러분이 그림 7.3을 처음 덮어 가렸을 때 전체 그림을 잠시 동안 여전히 '볼' 수 있었다는 생각이 들었는가? 이처럼 그림을 여러분으로 잠시 볼 수 있게 해 주는 것이 **영상기억**(iconic memory)인데, 이는 매우 짧은 기간 동안 많은 양의 정보가 저장될 수 있도록 해 주는 시각영역의 기억체계이다(Neisser, 1967). 영상기억은 감각기억에 속하는데, 각 감각체계마다 환경 자극의 물리적 속성에 대한 표상을 많아야 몇 초 동안 보존하는 기억 저장고를 갖고 있다고 연구자들은 짐작해 왔다(Radvansky, 2006). 예를 들어, 사람들은 손끝에 닿은 자극의

그림 7.3 이 장면에서 여러분은 얼마나 많이 기억할 수 있는가?
이 장면을 10초 정도 본 후 그림을 덮고 책의 질문에 답해 보시오. 통상적인 상황에서 영상기억은 장면이 제거된 후 잠시 동안 흘긋 본 시각적 세계를 보존한다.

감각표상을 잠시 보유한다(Auvray et al., 2011). 여기서는 가장 많은 연구 관심사인 영상기억에 초점을 맞추겠다.

시각기억 또는 영상은 0.5초 정도 지속된다. 영상기억은 참가자들에게 50ms 동안만 노출된 시각적 디스플레이에서 정보를 인출해내도록 요구하는 실험에서 처음 밝혀졌다.

George Sperling(1960, 1963)은 참가자들에게 3열로 이루어진 글자와 숫자 배열을 제시하였다.

7 1 V F

X L 5 3

B 4 W 7

참가자들은 두개의 다른 과제를 수행하도록 요구받았다. 전체보고 절차에서 참가자들은 디스플레이에 있는 항복들을 가능한 한 많이 재생해내려고 노력했다. 통상 그들은 4개 항목 정도만을 보고할 수 있었다. 다른 참가자들은 부분보고 절차를 수행하였는데, 이 절차에서 참가자들은 전체가 아니라 한 열만 보고하도록 요구받았다. 참가자가 어떤 열을 보고해야 할지 알려주기 위해 높은 음, 중간 음, 낮은 음 가운데 한 신호를 디스플레이 제시 직후 들려주었다. Sperling은 참가자들이 요구받은 열에 관계없이 꽤 높은 회상을 보인다는 것을 발견하였다.

참가자들이 신호음에 상응하는 세 열 중 어느 것도 정확하게 보고할 수 있었기 때문에 Sperling은 디스플레이의 모든 정보가 영상기억에 들어갔음이 틀림없다고 결론 내렸다. 이는 영상기억의 용량이 크다는 증거이다. 동시에 전체보고 절차와 부분보고 절차 간 차이는 정보가 빠르게 사라진다는 것을 알려주는데, 전체보고 절차의 참가자들은 영상 내 정보를 모두 회상할 수는 없었다. 이 두 번째 사항은 신호음이 다소 지연된 실험들에 의해 확인되었다. 그림 7.4는 지연간격이 0에

서 1초로 증가함에 따라 정확하게 보고되는 항목 수가 꾸준히 감소하는 것을 보여준다. 연구자들은 사라져 가는 영상으로부터 정보가 전이되어야 하는 시간경로를 꽤 정확하게 측정했다(Graziano & Sigman, 2008). 시각적 세계를 '여분으로 잠시 보기'를 활용하려면 기억과정이 정보를 보다 지속적인 저장고로 매우 빨리 전이시켜야만 한다.

영상기억은, 어떤 사람들이 갖고 있다고 주장하는 '사진기억'과 동일하지 않다는 것에 주목하라. '사진기억'에 대한 전문적 용어는 직관적 심상(eidetic imagery)인데, 직관적 심상을 경험하는 사람들은 영상기억보다 훨씬 더 긴 시간 동안 마치 여전히 사진을 보고 있는 것처럼 그림의 세부사항들을 회상할 수 있다. 이 경우 '사람들'은 실제로는 아이들을 의미하는데, 연구자들은 사춘기 전 아동의 약 8%가 직관적 심상가이지만 성인들은 그렇지 않다고 추정했다(Neath & Surprenant, 2003). 시간경과에 따라 직관적 심상이 사라지는 원인에 대해서는 어떠한 이론도 만족스런 제안을 하고 있지 않다. 그러나 만약 이 책을 읽는 여러분이 고등학생 혹은 대학생이라면 거의 확실히 직관적 심상이 아니라 영상기억을 갖고 있다.

단기기억

이 장을 읽기 전에, 여러분은 자신이 영상기억을 갖고 있다는 사실을 알지 못했을 것이다. 그러나 여러분이 매우 짧은 기간 동안만 소유하는 어떤 기억이 있다는 것을 알고 있었을 가능성이 꽤 있다. 친구의 전화번호를 찾기 위해 전화번호부를 찾고 그 번호를 누를 때까지 꽤 긴 시간 동안 그 번호를 기억하고 있는 상황을 생각해 보자. 그 번호가 통화 중이라면 전화번호부를 다시 찾아야 하는 경우가 흔하다. 이러한 경험을 생각하면 왜 연구자들이 **단기기억**(Short-Term Memory, STM)이라 부르

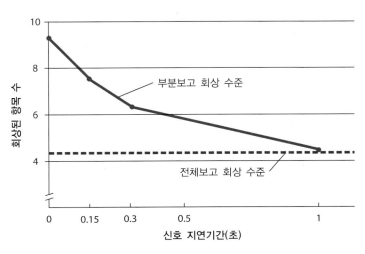

그림 7.4 부분보고 방법에 의한 회상

실선은 제시 직후, 그리고 그 후 4개 시점에서 부분보고 방법을 사용하여 회상된 항목의 평균 개수를 나타낸다. 점선은 전체보고 방법에 의해 회상된 항목의 개수를 나타낸다.

출처 : Adapted from Sperling, 1960.

는 특별한 종류의 기억을 가정하는지 이해하기 쉬울 것이다.

단기기억을 기억이 가는 특별한 장소라고 생각해서는 안 된다. 그것은 오히려 어떤 작은 내적 표상 집합에 인지적 자원의 초점을 맞추기 위한 목적으로 내재된 기제라고 생각해야 한다 (Shiffrin, 2003). 그러나 STM의 자원은 변하기 쉽다. 전화번호의 경험이 보여주듯, 기억이 더 영구적인 형태로 부호화되는 것을 확실히 하기 위해 어떤 특별한 처리를 해야 한다.

STM의 용량 제한 제4장에서 외부 세계의 대상과 사건을 선택하기 위해 주의자원을 쏟는 방식을 설명했다. 이용 가능한 정보량 이상에 주의를 쏟는 능력에 한계가 있는 것처럼 STM에서 일정량 이상의 정보를 활성화시키는 능력에 한계가 있다. STM의 제한된 용량 때문에 정신적 주의의 초점이 날카로울 수밖에 없다.

STM의 용량을 추정하기 위해 연구자들은 맨 처음 기억폭 (memory span) 검사를 사용했다. 언젠가 여러분은 아마 다음과 같은 과제를 수행한 적이 있을 것이다.

다음 임의의 숫자 목록을 한번 읽고 덮은 다음, 숫자들을 제시된 순서대로 가능한 많이 적어 보라.

8 1 7 3 4 9 4 2 8 5

몇 개나 맞았는가?

이제 다음 임의의 문자 목록을 읽고 동일한 기억 검사를 해보아라.

J M R S O F L P T Z B

몇 개나 맞았는가?

여러분이 대부분의 사람들과 같다면, 아마 5개에서 9개의 항목 정도를 회상할 수 있었을 것이다. George Miller(1956)에 따르면, 문자, 단어, 숫자, 또는 거의 모든 종류의 유의미하고 친숙한 항목 목록에 대한 기억 수행에서 특징적인 '마법의 숫자'가 7(±2)이다.

그러나 기억폭 검사는 STM의 실제 용량을 과대평가했는데, 그 이유는 참가자들이 그 과제를 수행하기 위해 다른 정보 자원을 사용할 수 있기 때문이다. 다른 기억 자원이 배제된다면, 7개 항목의 기억폭 가운데 STM이 순수하게 기여하는 것은 단지 3개에서 5개 항목에 국한되는 것으로 추정된다(Crowder, 2001). 그러나 만약 새로운 기억을 획득할 때 우리가 갖고 있는 모든 용량이 그 정도라면 우리의 한계를 더 자주 알아차리지 못하는 이유는 무엇일까? STM의 용량 제한에도 불구하고 최소한 두 가지 이유에서 효과적으로 기능할 수 있다. 다음 두

현금인출기에서 비밀번호를 누를 때 단기기억이 하는 역할은?

절에서 살펴보겠지만, STM에서 정보의 부호화는 되뇌기와 청킹에 의해 향상될 수 있다.

되뇌기 여러분은 아마도 친구의 전화번호를 기억하는 좋은 방법이 머릿속에서 주기적으로 그 숫자들을 계속 반복하는 것이라는 것을 알고 있을 것이다. 이러한 기억술을 유지형 **되뇌기** (maintenance rehearsal)라고 부른다. 되뇌어지지 않은 정보의 운명은 독창적인 한 실험에서 밝혀졌다.

참가자들은 F, C, V와 같은 세 개 자음을 들었다. 그들은 3초에서 18초에 이르는 다양한 시간간격 후 신호가 제시되면 그 자음들을 기억해내야 했다(Peterson & Peterson, 1959). 되뇌기를 못하도록 방해과제가 자극 입력과 회상 신호 사이에 제시되었는데, 참가자들은 세 자리 숫자를 제시받고서 회상 신호가 제시될 때까지 이 숫자로부터 3씩 빼서 거꾸로 세어 나가도록 요구받았다. 많은 수의 참가자들을 대상으로 많은 상이한 자음 세트들이 제시되었고, 여러 가지 짧은 지연이 일련의 시행들에서 사용되었다.

그림 7.5에서 보듯이, 정보를 보유하는 데 필요한 시간이 길어질수록 회상은 점차적으로 빈약해졌다. 3초 후에서조차 상당한 기억 상실이 있었고, 18초에 이르러서는 거의 대부분이 상실되었다. 정보를 되뇌기할 기회가 없을 때 단기 회상은 시간의 흐름에 따라 손상되었다.

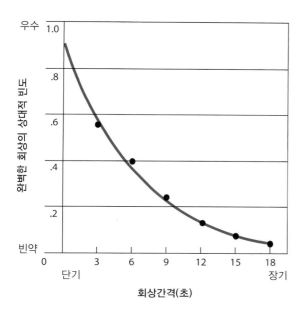

그림 7.5 되뇌기가 배제된 단기기억 회상
자극 제시와 회상 간 간격 동안 방해과제를 수행하였을 때, 회상은 시간간격이 길어질수록 빈약해졌다.

정보를 되뇌기할 수 없었기 때문에 수행이 빈약해졌다. 그것은 또한 방해과제의 경합 정보에 의한 간섭 때문에 빈약해졌다. (이 장의 뒷부분에서 간섭을 망각의 원인으로 논의할 것이다.) 여러분은 새로 알게 된 사람이 자신의 이름을 말한 후 그 이름을 즉시 망각하는 경우가 자주 있다는 것을 알고 있을 것이다. 가장 흔한 이유 중 하나는 새로운 기억 획득에 필요한 되뇌기 수행이 방해받았기 때문이다. 그 대책으로서, 대화를 계속하기 전 새로운 이름을 주의 깊게 부호화하고 되뇌도록 시도해 보라.

지금까지 우리의 결론은, 되뇌기가 STM에서 정보가 사라지는 것을 막는 데 도움이 될 것이라는 것이다. 그러나 여러분이 획득하고자 하는 정보가 최소한 처음에는 되뇌기하기에 너무 부담스러운 경우 어떻게 할까? 청킹 전략으로 넘어가 보자.

청킹 청크(chunk)는 유의미한 정보 단위이다. 청크는 하나의 문자나 숫자, 또는 문자나 다른 항목들의 집합, 또는 단어나 온전한 문장의 집합일 수 있다. 예를 들어, 1−9−8−4라는 수열은 STM 용량을 소모시킬 수 있는 4개 숫자로 구성되어 있다. 그러나 만약 그 숫자들을 연도로, 또는 George Orwell의 『1984』로 본다면, 그것들은 오직 한 개의 청크만을 구성함으로써 다른 정보 청크를 위해 보다 많은 용량을 남겨둔다. **청킹**(chunking)은 항목들을 유사성 또는 다른 체제화 원리에 따라 묶거나 그것들을 더 큰 패턴으로 결합시킴으로써 항목들을 재

구성하는 과정이다(Cowan et al., 2010).

다음 20개 수열에서 얼마나 많은 청크를 발견할 수 있는가? '19411917186118121776'. 만약 관련되지 않은 숫자들 목록으로 간주한다면 '20'이라고 답할 수 있다. 혹은 미국 역사의 주요 전쟁 날짜로 그 순서들을 쪼개서 간주한다면 '5'라고 답할 수 있다. 만약 후자를 선택한다면, 한 번만 잠깐 보고도 적절한 순서대로 그 숫자들을 모두 쉽게 회상해낼 수 있을 것이다. 20개의 무관한 항목들로 간주한다면 짧은 노출에서 그 모든 것을 기억해내는 것은 불가능할 것이다.

여러분이 이용 가능한 정보를 보다 작은 수의 청크로 조직하는 방법을 찾아낼 수 있다면 기억폭을 항상 크게 증가시킬 수 있다. 유명한 피험자 S.F.는 열렬한 달리기선수였다. 그는 경주기록에 관한 자신의 지식을 사용하여 숫자열에서 청크들을 찾아냄으로써 84개의 무선 숫자들을 기억할 수 있었다(Chase & Ericsson, 1981; Ericsson & Chase, 1982). S.F.처럼 여러분은 유입정보를 그것이 여러분에게 갖는 개인적 의미에 따라 구조화시키거나(예 : 친구와 친척의 나이와 연관시키기) 새로운 자극을 장기기억에 저장된 다양한 부호들과 대응시킬 수 있다. 새로운 자극을 장기기억 내의 규칙, 의미 혹은 부호들에 관련시킬 수 없는 경우에도 여전히 청킹을 사용할 수 있는데, 단순히 항목들을 리드미컬한 패턴이나 시간적 집단으로 묶을 수 있다(181379256460은 181, 쉬고, 379, 쉬고, 256, 쉬고, 460으로 묶을 수 있음). 여러분은 일상의 경험에서 이러한 집단화 원리가 전화번호를 암기하는 데 효과가 있다는 것을 알고 있다.

작업기억

지금까지 단기기억, 특히 새로운 기억을 외현적으로 획득할 때 STM이 수행하는 역할에 초점을 두었다. 그러나 앞서 제시한 바와 같이, 사실 획득을 가능하게 해 주는 기억 자원보다 더 많은 자원이 매순간 필요하다. 예를 들어 이미 갖고 있는 기억을 인출할 필요성도 있다. 이 장의 서두에서 우리는 숫자를 기억하도록 요구했다. 그 숫자를 지금 기억할 수 있는가? 기억할 수 있다면(없다면 찾아보라), 그 기억의 정신 표상을 다시 한 번 활성화시킨 것인데 이는 또 다른 기억의 기능이다. 여러분에게 더 복잡한 것을 요구한다면, 예를 들어 132에서 3씩 뒤로 세기를 하는 동안 손 바꾸어 공 던져 받기를 하도록 요구한다면, 여러분은 기억 자원에 훨씬 더 많은 요구를 하는 셈이다.

평생 살아가는 데 필요한 기억기능의 분석에 근거하여 연구자들은 **작업기억**(working memory)에 관한 이론들을 만들었

청킹을 잘 이용하면 강의 내용을 더 잘 기억할 수 있다.

는데, 작업기억이란 추리와 언어 이해와 같은 과제를 수행하는 데 사용하는 기억 자원이다. 전화번호를 적어두려고 연필과 종이를 찾는 도중 전화번호를 기억하려고 하는 경우를 생각해 보라. 단기기억과정들 덕분에 숫자를 마음에 유지할 수 있지만, 보다 일반적인 작업기억 자원 덕분에 효과적인 탐색을 위한 정신적 조작을 수행할 수 있다. 작업기억은 매순간 사고와 행위의 유동성의 기초를 제공한다.

Alan Baddeley(2002, 2003)은 작업기억의 네 구성요소에 대한 증거를 다음과 같이 제시하였다.

- 음운 루프(phonological loop). 이 자원은 말소리에 근거한 정보를 유지하고 조작한다. 음운 루프는 앞서 설명한 바와 같이 단기기억과 가장 많이 중복된다. 전화번호를 머리 속으로 생각하면서 그 번호를 '듣고 있음'으로써 되뇌기할 때 음운 루프를 사용하고 있는 것이다.
- 시공간 스케치판(visuospatial sketchpad). 이 자원은 시각적 그리고 공간적 정보에 대해 음운 루프와 동일한 유형의 기능을 수행한다. 예를 들어, 누군가가 여러분에게 심리학 강의실에 얼마나 많은 책상이 있느냐고 묻는다면, 여러분은 시공간 스케치판의 자원을 사용하여 그 강의실의 내적 그림을 형성하고 그 그림에서 책상의 수를 추정할 것이다.
- 중앙 집행기(central executive). 이 자원은 주의를 통제하고 음운 루프와 시공간 스케치판의 정보를 통합하는 것을 담당한다. 정신과정의 조합이 요구되는 과제를 수행할 때마다, 예를 들어 그림을 기억해내서 묘사하도록 요구받았다면, 여러분은 과제의 다양한 측면들에 정신자원을 배분하기 위해 중앙 집행기의 기능에 의존한다(제8장에서 이를 다시 다룸).

- 일화 버퍼(episodic buffer). 일화 버퍼는 중앙 집행기에 의해 통제되며 제한된 용량을 가진 저장체계이다. 일화 버퍼는 장기기억에서 정보를 인출하고 그것을 현재 상황의 정보와 결합할 수 있게 해 준다. 대부분의 생활 사건들은 복잡한 광경과 소리 등을 포함하는데 일화 버퍼는 이처럼 다양한 유형의 지각적 자극을 과거경험과 통합하여 각 상황에 대해 통일된 해석을 제공할 수 있도록 자원을 제공한다.

단기기억을 더 넓은 맥락의 작업기억에 포함시키는 것은 STM이 장소가 아닌 과정이라는 생각을 확실히 하는 데 도움이 된다. 인지 작업, 즉 언어 처리나 문제해결과 같은 인지적 활동들을 수행하기 위해서는 다양한 많은 요소들을 빠르게 연속적으로 결합시켜야 한다. 작업기억은 필요한 요소에 대한 단기적인 특별한 집중이라고 볼 수 있다. 어떤 물리적 대상을 더 잘 보고자 한다면 그것에 더 밝은 불빛을 비출 수 있는 것처럼, 작업기억은 정신적 대상, 즉 기억 표상에 더 밝은 정신적 빛을 비추어 준다. 작업기억은 또한 그러한 대상에 대해 조치를 취하는 데 요구되는 활동들을 조정한다.

일상사에서 여러분은 흔히 작업기억의 용량제한과 맞닥뜨린다. 이러한 문제를 학교 영역에서 찾아보자.

시험을 치르려고 의자에 앉을 때 무슨 일이 일어나는가? 흔히 그 시험을 위해 자신이 어떻게 준비를 했고 얼마나 시험이 어려울까 등등의 생각들이 엄습해 온다. 이처럼 불안한 생각들이 흔히 학생들의 작업기억 용량을 소진시키고 이에 따라 시험을 잘 치르기 어렵게 된다는 가설을 연구자들이 검증하고자 하였다(Ramirez & Beilock, 2011). 이 가설을 검증하기 위해 연구자들은 학생들에게 특별한 압력을 가하는 검사 상황(그들이 잘하면 금전적 보상을 주겠다고 약속함)을 만들었다. 통제집단 학생들은 시험이 시작될 때까지 10분 동안 조용히 앉아 있었고, 다른 학생들은 다음과 같은 개입을 경험했다. 그들은 10분 동안 "그들이 수행할 수학문제에 관한 생각과 느낌에 관해 글을 썼다." 연구자들의 주장에 따르면, 사고와 느낌이 일단 표현되면 시험이 시작되었을 때 더 이상 학생들의 작업기억 용량과 경쟁하지 않을 것이다. 실제로 표현적 글쓰기 집단 학생들은 통제집단 학생들보다 일련의 수학문제들에 대해 약 20%나 더 잘 수행하였다.

추후 시험 보기 전에 불안을 경험하면, 몇 분 동안 자신의 생각과 느낌에 관해 글을 쓰는 것을 고려해 보라. 그렇게 함으로써 시험을 잘 보는 데 필요한 작업기억 용량이 방해받지 않을 수 있다.

표 7.1 조작폭 검사의 예

각 수학문제에 대해 '예' 또는 '아니요'라고 대답한 후 각 문제의 마지막에 있는 단어들을 기억하시오. 4개 문제를 다 푼 다음 그것을 덮고 4개 단어를 기억해내시오.
$(6 \div 2) - 2 = 2?$ 눈
$(8 \times 1) - 5 = 3?$ 맛
$(9 \times 2) - 6 = 12?$ 칼
$(8 \div 4) + 3 = 6?$ 광대

연구자들은 작업기억 용량(Working Memory Capacity, WMC)이 개인마다 다르다는 것을 밝혔으며, 이러한 차이를 측정할 수 있는 여러 절차들이 개발되었다(Conway et al., 2005). 이러한 측정치들 가운데 조작폭(operation span)이라고 불리는 측정치를 살펴보겠다(Turner & Engle, 1989). 표 7.1을 보라. 조작폭을 판단하기 위해 연구자들은 참가자들에게 각 수학문제를 소리내어 읽고 그 다음 그 등식이 정확한지 여부를 표시하도록 '예' 아니면 '아니요'로 대답할 것을 요구하였다. 각 문제를 푼 후, 참가자들은 등식 다음에 나온 단어를 기억해야 했다. (실제 검사에서는 참가자들이 문제를 푼 후에만 단어를 보았으며, 문제는 한 번에 한 개씩 제시되었다.) 문제를 모두 푼 후 참가자들은 모든 단어들을 정확한 순서대로 회상해내야 한다. 표 7.1을 해봄으로써 과제에 대한 감을 잡아 보라. 조작폭은 한 과제(단어 기억하기)를 하는 도중 다른 과제(수학문제 풀기)를 수행하도록 요구한다. 따라서 이는 중앙 집행기가 여러 과제들에 정신 자원을 배분하는 효율성에 있어 개인차의 지표를 제공한다.

연구자들은 작업기억 용량의 측정치를 사용하여 다양한 과제의 수행을 예언하였다. 예를 들어 한 연구에서는 헤드폰을 통해 무관한 말소리가 들리는 동안 짧은 텍스트를 이해하도록 하였다(Sorqvist et al., 2010). WMC가 큰 사람은 주의를 더 잘 초점화할 수 있었기 때문에 읽기 이해가 덜 방해받았다. 다른 연구에서는 경찰관의 수행에 미치는 WMC 수행을 조사하였는데(Kleider et al., 2010), 경찰관들은 무장한 사람들과 무장하지 않은 사람들에 관한 일련의 슬라이드를 보았다. 경찰관들이 부정적인 정서를 경험하였을 때(충격적인 비디오를 본 후) WMC가 작은 사람들은 비무장 표적에는 사격하고 무장 표적에는 사격하지 않을 가능성이 더 컸다. 연구자들 제안에 따르면 부정적 정서는 작업기억 자원을 소진하는데, WMC가 작은 경찰관은 부정적 정서로 인해 정확한 판단을 하는 데 필요한 자원이 불충분해졌다.

작업기억에 대해 마지막 언급을 하겠다. 작업기억은 심리적 현재를 유지하는 데 도움이 된다. 그것은 새로운 사건에 대해 맥락을 설정하고 분리된 일화들을 연속적인 이야기로 함께 묶어준다. 그것은 변화하는 상황에 대한 표상을 유지하고 지속적으로 갱신해 주며, 대화 도중 주제들을 추적할 수 있게 해 준다. 이 모든 것은 작업기억이 장기기억으로 들어오고 나가는 정보의 도관 역할을 하기 때문이다. 이제 평생 지속될 수 있는 기억 유형으로 주의를 돌려 보자.

stop 복습하기

1. 연구자들이 영상기억의 용량이 크다고 믿는 이유는 무엇인가?
2. 단기기억 용량의 최신 추정치는?
3. 어떤 항목들을 청크로 묶는다는 것이 의미하는 바는 무엇인가?
4. 작업기억의 성분들은 무엇인가?

비판적 사고 단기기억에 정보를 유지하기 위한 되뇌기의 중요성을 밝힌 연구를 떠올려 보라. 그 연구에서 참가자들에게 1씩 감하도록(예 : 167, 166, 165 ……) 하지 않고 3씩 감하여(예 : 167, 164, 161……) 거꾸로 세도록 요구한 이유는?

장기기억 : 부호화와 인출

얼마나 오랫동안 기억이 지속되는가? 이 장을 시작할 때 여러분 자신의 옛 기억을 회상해 보도록 요구하였다. 그 기억은 얼마나 오래된 것인가? 15년? 20년? 더 옛날? 심리학자들이 말하는 장기기억이란 흔히 평생 동안 지속되는 기억을 말한다. 그러므로 장기적인 기억의 획득 방식을 설명하는 이론들은 기억이 평생 동안 어떻게 접속 가능한 채 남아 있을 수 있는지를 아울러 설명해야 한다. 장기기억(Long-Term Memory, LTM)은 모든 경험, 사건, 정보, 정서, 기술, 단어, 범주, 규칙, 그리고 감각기억과 단기기억으로부터 획득된 판단의 창고이다. LTM은 세계와 자아에 대해 갖고 있는 각 개인의 총체적 지식을 형성한다.

새로운 장기적 정보의 획득은 중요한 결론이 미리 언급되었을 때 더 쉽다는 것을 심리학자들은 알고 있다. 그러한 적절한 결론이 있을 때 여러분은 입력정보를 이해하는 데 도움이 되는 틀을 갖게 된다. 기억에 대해 우리가 내릴 수 있는 결론은 다음과 같다. 여러분의 기억능력은 정보를 부호화했던 환경과 그것을 인출해내고자 하는 환경이 잘 부합될 때 가장 크다. 우리는 다음 몇 절들에서 '잘 부합'된다는 것이 무슨 의미인지 살펴볼 것이다.

인출단서

부호화와 인출 간 탐색을 시작하면서 다음과 같은 일반적 질문을 생각해 보자. 어떻게 기억을 '찾아내는가?' 기본적 해답은 인출단서들을 사용한다는 점이다. **인출단서**(retrieval cue)란 특정 기억을 탐색할 때 이용 가능한 자극이다. 이 단서들은 퀴즈의 질문("어떤 기억원리가 Sternberg와 Sperling의 연구와 관련되는가?")과 같이 외적으로 제공될 수 있거나, 내적으로 생성될 수 있다("그녀를 이전에 어디서 만났을까?"). 외현기억을 인출해내고자 할 때 마다 어떤 목적이 있기 마련인데, 그러한 목적은 흔히 인출단서를 제공한다. 인출단서의 질에 따라 기억을 인출해내기가 쉽거나 어려울 수 있다는 것은 놀랄 만한 것이 못 된다. 친구가 여러분에게 "내가 기억해낼 수 없는 로마 황제는 누구인가?"라고 묻는다면 이는 추측 게임에 해당되는 반면, "Claudius 다음 황제는 누구인가?"라고 물으면 여러분은 즉시 "Nero"라고 대답할 수 있다.

여러분이 인출단서의 중요성을 충분히 이해할 수 있도록 단어 쌍을 학습하는 고전적 기억실험을 반복해 보도록 하겠다. 다음 6개 쌍을 틀리지 않고 연달아 세 번 기억해낼 수 있을 때까지 잘 학습해 보라.

> 사과－선박
> 모자－뼈
> 자전거－시계
> 쥐－나무
> 공－집
> 귀－담요

이제 여러분이 이 쌍들을 기억하였으므로 검사를 더 재미있게 만들어 보자. **파지기간**(retention interval; 기억 내에 정보를 갖고 있어야 하는 시간 기간)을 주기 위한 일을 할 필요가 있는데, 이를 위해 잠시 여러분의 기억을 검사하기 위해 사용할 절차를 살펴보자. 아마도 여러분은 알고 있는 것과 알지 못하는 것이 있을 것이라고 생각할 것이며, 여러분이 알고 있는 검사방법들은 모두 동일한 결과를 보여줄 것이라고 생각할 것이다. 그런데 그렇지 않다. 외현기억의 두 검사, 회상과 재인을 살펴보자.

회상과 재인 **회상**(recall)할 때 여러분은 앞서 노출되었던 정보

장기기억의 인출은 방대한 도서관 서고의 인출과 어떤 점에서 유사한가?

를 재생해낸다. "서열위치효과란 무엇인가?"는 재생 질문이다. **재인**(recognition)은 어떤 자극 사건이 전에 보거나 들어 본 적이 있는 것임을 인식하는 것을 의미한다. "시각적 감각기억에 해당하는 용어는 (1) 반향 (2) 청크 (3) 영상 (4) 추상 부호 중 어느 것인가?"는 재인 질문이다. 여러분은 회상과 재인을 외현기억에 대한 일상 경험과 관련시킬 수 있다. 범죄자를 식별해내고자 할 때, 만약 경찰이 피해자에게 가해자의 몇 가지 특이한 세부특징들을 기억해서 묘사해 보라고 요구한다면 이 경찰은 회상방법을 사용하는 것이다. "공격자에 대한 이상한 점을 발견했는가?" 경찰이 피해자에게 범죄 용의자 파일에서 한 번에 하나씩 사진을 보여준다거나 일렬로 늘어선 용의자들 가운데 가해자를 가려내라고 요구한다면 재인방법을 사용하는 것이다.

여러분이 조금 전 학습했던 단어 쌍에 대해 두 가지 절차를 사용하여 검사해 보자. 다음 쌍의 마지막 단어는 무엇이었는가?

> 모자－?   자전거－?   귀－?

다음 가운데 정확한 쌍을 골라 보라.

> 사과－아기   쥐－나무   공－집
> 사과－선박   쥐－혀   공－언덕
> 사과－바닥   쥐－텐트   공－뿔

재인검사가 회상검사보다 더 쉬웠는가? 틀림없이 그랬을 것이다. 이 결과를 인출단서의 관점에서 설명해 보자.

회상과 재인은 모두 단서를 이용한 탐색을 요구하지만, 재인 단서가 훨씬 유용하다. 회상의 경우에는 단서만으로 정보의 위치를 찾아내는 데 도움이 될 것이라는 희망을 가져야 하지만 재인에서는 그 일의 일부가 이미 이루어져 있다. 여러분

은 쥐-? 에 대해서는 "내가 무슨 경험을 가졌던가?"라고 물어야 하지만, 쥐-나무 쌍에 대해서는 "내가 이것을 경험했던가?"에 대해 '예' 또는 '아니요' 라고 답하기만 하면 된다. 이렇게 볼 때 재인검사가 훨씬 더 쉽다는 것을 알 수 있을 것이다. 그 대신 원래 쌍을 재조합하여 여러분에게 보여주었다고 하자. 어느 것이 정확한가?

모자-시계   귀-선박
모자-뼈   귀-담요

이제는 이 단어를 전에 본 적이 있었다는 사실을 재인해서는 안 되고 이 단어를 특정 맥락에서 본 적이 있었는지를 재인해야 한다. 만약 여러분이 어려운 중다-선택 시험에 경험이 많은 사람이라면 재인 상황도 매우 어려울 수 있다는 것을 알 것이다. 그러나 대부분의 상황에서 재인 수행은 회상보다 더 우수한데, 그 이유는 인출단서들이 재인의 경우 더 직접적이기 때문이다. 이제 인출단서의 몇 가지 다른 측면을 살펴보자.

일화기억과 의미기억   앞서 암묵기억과 외현기억, 서술기억과 절차기억을 구분하였다. 우리는 서술기억을 기억 인출에 필요한 단서라는 측면에서 다시 구분하여 정의할 수 있다. 캐나다 심리학자인 Endel Tulving(1972)은 최초로 서술기억을 일화적 유형과 의미적 유형으로 구분할 것을 제안했다(그림 7.6 참조).

일화기억(episodic memory)들은 개인적으로 경험했던 구체적 사건을 보존한다. 예를 들어, 가장 행복했던 생일의 기억이나 첫 키스의 기억은 일화기억에 저장된다. 그러한 기억을 재생하기 위해서는 그 사건이 발생했던 시간과 내용에 대한 어떤 것을 구체화시키는 인출단서가 필요하다. 정보의 부호화 방식에 따라 여러분은 사건에 대한 특정 기억 표상을 만들어

낼 수도 있거나 없을 수도 있다. 예를 들어, 10번째 전에 이를 닦았던 것과 11번째 전에 이를 닦았던 것을 구별해 주는 구체적 기억을 가지고 있는가?

여러분이 알고 있는 모든 것은 어떤 특정 맥락에서 획득되기 시작했다. 그러나 시간이 흐름에 따라 많은 다양한 맥락들에서 접한 커다란 부류의 정보가 존재한다. 이러한 부류의 정보는 그 많은 경험 시기와 장소들을 참조하지 않고도 인출 가능하다. 이러한 **의미기억**(semantic memory)들은 단어와 개념의 의미와 같이 일반적인 범주적 기억이다. 대부분의 사람들에서 $E=MC2$ 공식이나 프랑스의 수도와 같은 사실들은, 그 기억을 획득했던 원래의 학습 맥락이나 일화를 참조하는 인출단서를 요구하지 않는다.

물론 그렇다고 해서 의미기억의 회상이 간단명료하다는 의미는 아니다. 여러분은 사실들을 학습했던 맥락과 해리된 많은 사실들이 망각될 수 있다는 것을 매우 잘 알고 있다. 의미기억을 재생할 수 없을 때 가장 좋은 전략은 이를 다시 일화기억처럼 취급하는 것이다. "나는 로마 황제들의 이름을 서양 문화사 강좌에서 배웠다는 것을 알고 있다."라고 생각함으로써 여분의 인출단서를 제공할 수 있을 것이다.

맥락과 부호화

부호화와 인출을 계속 탐색하기 위해 먼저 '맥락 쇼크'라고 부를 만한 현상을 생각해 보라. 파티에서 혼잡한 방을 가로질러 오는 여성을 보았는데, 그녀가 내가 알고 있는 사람이라는 것은 알았지만 누구인지는 생각나지 않는다. 예의에서 벗어날 정도로 오랫동안 응시한 후에야 그녀가 누구인지 기억해낸다. 그리고 이처럼 기억해내기 어려운 이유는 그녀가 완전히 다른 맥락에 있기 때문이라는 것을 깨닫는다. 여러분의 편지를 배

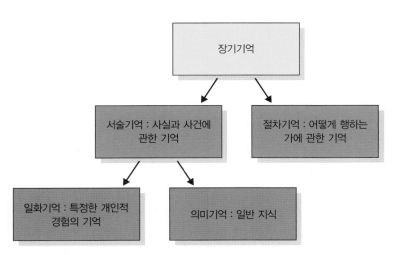

그림 7.6 장기기억의 차원들
연구자들은 사람들이 상이한 유형의 기억들을 저장한다고 제한하였다.

달하는 여성이 여러분의 가장 친한 친구의 파티에서 무엇을 하고 있는가? 이러한 종류의 경험을 할 때마다 여러분은 **부호화 특수성**(encoding specificity) 원리를 재발견하게 되는데, 이 원리에 따르면 기억은 인출 맥락과 부호화 맥락이 일치할 때 가장 효율적으로 나타난다. 그 원리가 어떻게 밝혀졌는지 살펴보자.

부호화 특수성 특정 맥락에서 정보를 학습한 결과는 무엇인가? Endel Tulving과 Donald Thomson(1973)은 먼저 회상과 재인 간에 존재하는 통상적인 수행 관계를 역전시킴으로써 부호화 특수성의 힘을 보여주었다.

참가자들에게 train-black과 같은 단어 쌍을 학습하도록 요구하되, 단어 쌍의 두 번째 단어만 기억할 필요가 있다고 말해 주었다. 실험의 다음 단계에서 참가자들에게 white와 같은 단어에 대해 네 개의 자유 연상어를 생성해내도록 요구하였다. 이 단어들은, 그 연상어들 가운데 원래 기억해야 할 단어들(black과 같은 단어)이 있을 가능성이 높게끔 선택된 단어들이었다. 그다음, 참가자들에게 실험의 첫 단계에서 기억해야 할 단어라고 생각했던 단어들을 자신이 생성해낸 연상어 목록에서 체크하도록 요구하였는데, 그들은 54% 정도 정확하게 재인해낼 수 있었다. 그러나 그 후 참가자들에게 train과 같이 쌍의 첫 단어를 주고서 그와 연합된 단어를 회상해내도록 요구했을 때 회상률 정확도는 61%였다.

친한 친구를 1년 만에 처음 만난 것과 같이 개인적으로 중요한 사건은 일화기억에 저장된다. 의미기억에서 어떤 유형의 정보가 재회에 기여하는가?

왜 회상이 재인보다 우수한가? Tulving과 Thomson의 제안에 따르면 중요한 것은 맥락의 변화였다. 참가자들이 train 맥락에서 black을 학습한 후에는 맥락이 white로 변했을 때 기억 표상을 재생하는 것이 어려웠다. 이처럼 미미한 맥락 차이에서조차 유의미한 효과가 있다면, 풍부하게 조직화된 실생활 맥락은 기억에 훨씬 더 큰 영향을 미칠 것이라고 예상할 수 있다.

연구자들은 맥락-의존적 기억을 인상적으로 밝혔다. 한 실험에서 잠수부들은 해변이나 수중에서 단어목록을 학습했다. 그다음, 그들은 다시 그러한 두 맥락 중 하나에서 그 단어들의 파지에 대한 검사를 받았다. 부호화 맥락과 회상 맥락이 일치할 때 수행은 거의 50%나 더 우수하였는데, 자료가 물이나 잠수와는 전혀 무관한 것이었음에도 불구하고 그러하였다(Gooden & Baddeley, 1975). 다른 연구에 따르면, 단어목록의 기억에 대해 부호화와 인출이 각각 심리학과 건물의 3층과 5층으로 서로 다를 때 유사한 맥락 의존효과가 있음이 드러났다(Unsworth et al., 2012). 단어목록에 대해서만 그러한 것은 아니었는데, 피아노 교습자들은 짤막한 악곡을 연주할 때 처음 배웠던 피아노로 연주할 때 더 정확했다(Mishra & Backlin, 2007).

앞서 살펴본 사례들에서 기억은 검사 장소나 피아노 유형과 같은 외적 환경의 맥락에 따라 부호화된다. 그러나 부호화 특수성은 사람들의 내적 상태에 근거하여 일어날 수도 있다. 예를 들어, 한 연구에서 참가자들은 자유회상과제에서 학습 전과 검사 회기에서 알코올 또는 속임약을 마셨다(Weissenborn & Duka, 2000). 일반적으로 알코올은 기억 수행에 장애가 되지만, 학습과 검사 모두에서 알코올을 마신 참가자들은 학습이나 검사 가운데 한 번만 알코올을 마신 참가자들보다 정보를 더 잘 인출하였다. 내적 상태가 부호화 특수성의 기초를 제공할 때 이러한 효과를 **상태-의존 기억**(state-dependent memory)이라고 부른다. 연구자들은 마리화나와 암페타민과 같은 다른 약물의 경우에서도 상태-의존 기억이 일어난다는 것을 밝혔다. 또한 여러분이 알레르기 치료를 위해 항히스타민을 복용하면 이들이 상태-의존 기억을 일으키는지 알고 싶을 것이다(Carter & Cassaday, 1998). 알레르기 계절이 지나갈 때 이러한 정보를 어떻게 이용할 수 있을까?

이런 다양한 부호화 특수성 사례들의 결론은 동일하다. 여러분이 어떤 정보를 기억해내는 가장 쉬운 방법은 그 정보를 부호화한 원래 맥락을 다시 복원시키는 것이다.

서열위치 효과 우리는 또한 맥락 변화를 이용하여 기억 연구의 고전적 효과, 즉 **서열위치 효과**(serial position effect)를 설명

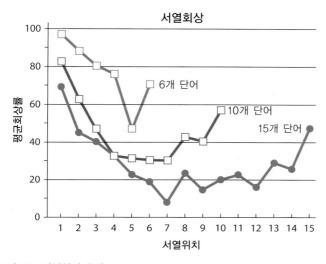

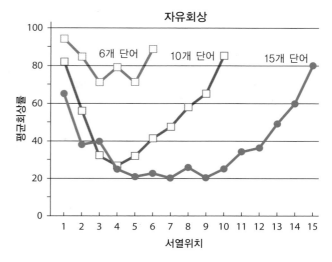

그림 7.7 서열위치 효과
이 그림은 서열위치 효과의 보편성을 보여준다. 학생들은 다양한 길이(6개, 10개, 15개 단어)의 단어목록을 서열회상("들은 순서대로 단어를 말하시오.")이나 자유회상("가능한 한 많은 단어를 말하시오.")을 사용해 기억해내도록 요구받았다. 각 곡선은 목록의 처음(초두효과)과 끝(최신효과)에서 모두 더 우수한 기억을 보여준다.

할 수 있다. 여러분에게 무관한 단어들의 목록을 학습하도록 요구했다고 가정해 보자. 만약 그 단어들을 순서대로 회상하도록 요구했다면 여러분의 자료는 거의 확실히 그림 7.7에서 보이는 패턴을 따를 것인데, 처음 몇 단어에서는 매우 잘하고 (**초두효과**, primacy effect) 마지막 몇 단어에서도 매우 잘하지만(**최신효과**, recency effect) 목록의 중간에 있는 단어에 대해서는 잘하지 못할 것이다. 그림 7.7은, 학생들이 다양한 길이 (6, 10, 15개 단어들)의 단어목록을 서열회상("단어들을 들은 순서대로 말하시오.")이나 자유회상("가능한 한 많은 단어들을 말하시오.")을 사용해 기억하도록 요구받았을 때 나타나는 일반적 패턴을 보여준다(Jahnke, 1965). 연구자들은 다양한 검사 상황에서 초두효과와 최신효과를 발견했다(Neath & Surprenant, 2003). 오늘은 무슨 요일인가? 주초나 주말에 이 질문에 대답하는 것이 주중에 대답하는 것보다 거의 1초 더 빠를 것이라고 생각하는가(Koriat & Fischoff, 1974)?

맥락이 서열위치 곡선의 형태 생성에 미치는 역할은 목록 내 여러 항목들이나 삶의 여러 경험들의 **시간적 독특성** (temporal distinctiveness)과 관련되어 있다(Guerard et al., 2010; Neath et al., 2006). 시간적 독특성이란 특정 항목이 시간상 다른 항목들로부터 도드라지거나 뚜렷하게 구분되는 정도를 뜻한다. 시간적 독특성은 공간적 독특성에 비유해 보면 쉽게 이해할 수 있다. 그림 7.8은 공간적 비유를 나타낸 것이다. A부분에서 철도 침목들을 보고 있다고 상상해 보라. 침목들이 등간격으로 떨어져 있음에도 불구하고 지평선에서 서로 모이는 것처럼 보이는데, 가장 먼 쪽의 침목들은 구분이 잘 되

지 않고 흐릿하게 뭉쳐서 보인다. 반면 가장 가까운 침목들은 가장 도드라져 보이고 뚜렷하게 구분된다.

이제 여러분이 최근에 보았던 10개 영화를 기억하려 한다고 상상해 보라. 그 영화들은 철도 침목과 같다. 대부분의 상황에서 여러분은 가장 최근의 영화를 가장 잘 기억할 터인데(최신효과), 그 이유는 그것이 시간상 가장 명료하게 도드라지기 때문이다. 이러한 논리에 따르면, '중간' 정보라 할지라도 더 독특하다면 기억이 더 잘될 것이다. 이를 비유하자면, 그림 7.8의 B에서 볼 수 있듯이, 철도 침목들이 서로 동일한 거리만큼 떨어져 있는 것처럼 보이게 만드는 것과 마찬가지이다.

철도 침목들이 등간격으로 떨어진 것처럼 보이게 만들기 위해서는 멀리 있는 침목일수록 실제로 더 멀리 떨어뜨려 놓아야 할 것이다. 연구자들은 공간과 시간의 유사성을 이용함으로써 기억검사에 대해서도 동일한 논리를 사용하였다(Neath & Crowder, 1990). 그들은 참가자들에게 글자목록을 학습하도록 했는데, 글자들이 시간상 떨어져 있는 것처럼 보이는 정도를 조작하였다. 이러한 조작은, 참가자들에게 글자들이 제시되는 사이에 컴퓨터 스크린에 나타난 몇 개의 난수들을 소리 내어 읽어보도록 요구함으로써 이루어졌다. 전통적 조건(그림 7.8의 A처럼)에서 각 글자 쌍은 두 개의 숫자로 분리되었다. 비례조건(B처럼)에서 첫 쌍은 네 개의 숫자를 가졌고 마지막 쌍은 아무 숫자도 갖지 않았는데, 이는 마치 멀리 있는 철도 침목들을 더 멀리 떨어뜨리는 것과 마찬가지로 초기의 숫자들을 더 독특하게 만드는 효과를 가질 것이다. 실제로 목록의 초기 항목들이 더 떨어지도록 만들었을 때 참가자들은 이 항목들에 대해 더 우수한 기억을 보였다.

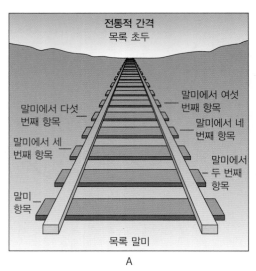
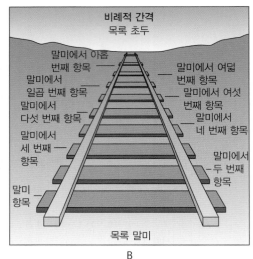

그림 7.8 맥락 특이성
기억 속에 집어넣은 항목들을 철도 침목처럼 생각할 수 있다. A부분에서 시간상 거슬러 올라가는 기억일수록 마치 멀리 있는 철도 침목처럼 함께 흐려지는 것을 짐작할 수 있다. 이 효과를 극복하기 위한 한 가지 방법은, B부분처럼 멀리 있는 침목들일수록 물리적으로 더 멀리 떨어뜨려서 거리가 균형적인 것처럼 보이게 하는 것이다. 마찬가지로 여러분은 이전의 기억들을 심리적으로 더 떨어뜨려 놓음으로써 이들을 더 특이하게 만들 수 있다.

이 실험에 따르면 표준적인 최신효과가 나타나는 이유는 마지막 몇 개 항목들이 거의 자동적으로 독특하게 되기 때문이다. 동일한 원리로 초두효과를 설명할 수 있는데, 새로운 것을 시작할 때마다 여러분의 활동은 새로운 맥락을 형성한다. 그러한 새로운 맥락에서 처음의 몇몇 경험들은 특히 독특하게 된다. 따라서 초두효과나 최신효과를 동일한 철도 침목 세트에 대한 두 개의 관점으로 볼 수 있는데, 즉 한쪽 끝에서 다른 쪽을 각각 보는 것이다.

부호화와 인출과정

지금까지 부호화와 인출 맥락의 부합이 기억 수행에 도움이 된다는 것을 살펴보았다. 이러한 결론을 뒷받침하기 위해 장기기억에 정보를 저장하거나 장기기억으로부터 정보를 얻기 위해 사용되는 실제 처리과정을 살펴볼 것이다. 이 절에서 **전이-적합성 처리**(transfer-appropriate processing) 관점을 소개할 것인데, 이 관점에 따르면 기억은 부호화 당시 수행된 처리유형이 인출에 요구되는 처리로 전이될 때 가장 우수하다(Roediger, 2008). 이 관점을 예증해 주는 연구들을 개관해 보자.

처리수준 정보처리의 유형, 즉 부호화할 때 정보에 기울이는 주의의 유형이 정보에 대한 기억에 영향을 미칠 것이라는 생각에서 시작해 보자. **처리수준 이론**(level-of-processing theory)은 정보가 처리되는 수준이 깊어질수록 기억에 남을 가능성이 더 커진다고 제안한다(Craik & Lockhart, 1972; Lockhart &

Craik, 1990). 처리과정이 더 많은 분석, 해석, 비교, 그리고 정교화를 포함한다면 더 우수한 기억이 초래될 것이다.

처리깊이는 참가자들이 실험 자료에 대해 내리도록 요구받은 판단 유형에 따라 정의된다. GRAPE이라는 단어를 생각해 보자. 이 단어에 대해 물리적 판단(대문자인가?), 또는 운(rhyme) 판단(tape와 운이 같은가?), 또는 의미 판단(과일의 종류를 의미하는가?)을 요구할 수 있다. 이 각각의 질문들이 GRAPE에 대해 어떻게 조금 더 깊이 생각해 볼 것을 요구하는지 알 수 있는가? 실제로 참가자들이 수행하는 원래의 처리가 깊을수록 실제로 더 많은 단어를 기억한다(Lockhart & Craik, 1990).

처리깊이가 왜 영향을 미치는가? 한 가지 설명은 '깊은' 수준에서 수행된 처리유형이 인출에 요구되는 처리에 더 잘 부합된다는 것이다(Roediger, 2002). 여러분이 어떤 단어를 기억해내기 위해 외현적 기억처리를 사용할 때 통상 단어의 의미(예를 들어 단어의 물리적 생김새보다는)에 관한 정보를 사용하기 마련이다. 따라서 부호화 당시 의미 판단은 인출의 처리과정에 더 잘 부합된다. 이는 처리수준효과를 일종의 전이-적합성 처리로 설명하는 것이다.

처리수준에 근거한 기억 수행에 따르면, 정보가 기억되는 방식, 즉 정보를 부호화하기 위해 사용하는 내적 과정이 추후 그 정보의 인출 가능성에 영향을 미친다는 것이 확실하다. 그러나 지금까지 우리는 오직 외현기억만을 다루었는데, 이제 부호화와 인출의 처리과정들 사이의 부합이 암묵기억에 있어 특히 중요하다는 것을 살펴볼 것이다.

처리과정과 암묵기억 앞서 기억의 외현 대 암묵 차원은 부호화와 인출 양자에 적용되었다(Bowers & Marsolek, 2003). 예를 들어, 원래는 외현적으로 부호화했던 기억을 암묵적으로 인출하는 상황이 많다. 여러분이 별다른 정신적 노력을 기울일 필요 없이 가장 친한 친구의 이름을 부르면서 인사할 때가 그런 경우이다. 그런 경우조차 암묵기억은 암묵적 부호화 당시의 처리와 암묵적 인출 당시의 처리 사이의 부합이 중요함을 보여준다.

암묵기억의 속성을 탐구하기 위해 연구자들은 흔히 동일한 부호화 상황이 외현기억과제와 암묵기억과제의 수행에 상이한 영향을 미친다는 것을 밝혔다. 마라톤 주자의 기억 수행을 측정한 연구를 살펴보자(Eich & Metcalfe, 2009). 마라톤집단의 성원들이 방금 뉴욕시 마라톤을 마쳤고, **통제집단**의 성원들 역시 마라토너였지만 마라톤대회 하루부터 사흘 전에 기억검사를 마쳤다. 각 집단은 26개 단어목록의 유쾌도를 평정함으로써 실험을 시작했는데, 유쾌도 평정은 참가자로 하여금 단어를 의도적으로 기억하게끔 하지 않으면서 단어의 의미에 관해 생각하도록 한다. 그 후 참가자들은 어간완성(word stem completion)이라고 알려진 암묵기억검사를 수행했는데, 이 과제에서 참가자들은 uni_____와 같은 어간을 보고서 맨 처음 생각나는 단어를 쓴다. unicorn이 원래의 단어목록에 있었다면 사람들은 자신이 원래 목록의 영향을 받고 있다는 것을 자각하지 못한 채 uni_____에 대한 반응으로 unicorn을 쓸 가능성이 크다. 마지막으로 참가자들은 앞서 평정했던 단어들을 외현적으로 회상해내야 하는 외현기억과제를 수행했다.

마라톤 달리기가 기억 수행에 어떤 영향을 미쳤을까? 연구자들이 밝힌 바에 따르면, 달리기 스트레스가 사람들이 외현적 정보를 부호화하는 것을 더 어렵게 만들었고, 이 때문에 외현기억은 마라톤 후에 저조하였다. 그러나 암묵기억과제는 원 자극과 검사시 제시된 정보 사이의 **물리적 부합**에만 의존한다. unicorn이 물리적 자극으로 부호화되도록 한 **지각적 처리**는 그것이 무엇이든 어간 uni_____을 완성할 때 그 물리적 실체를 이용할 수 있게끔 해 준다. 이러한 분석에 따르면 암묵기억은 마라톤 후 스트레스의 영향을 받지 않아야 한다. 실제로 연구자들의 제안에 따르면 마라토너의 암묵기억은 통제집단의 기억보다 오히려 더 우수할 수도 있는데, 마라토너의 달리기 후 스트레스는 사람들이 단어의 의미보다는 단어의 물리적 속성에 더 주의를 집중하게끔 유도하였다.

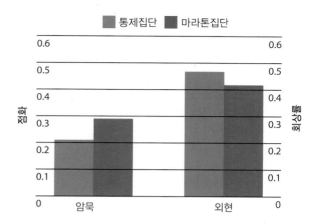

그림 7.9 암묵기억 수행과 외현기억 수행의 비교
외현기억 수행은 마라톤을 한 후 더 저조하였지만, 암묵기억 수행은 통제집단의 수행보다 더 우수하였다.

그림 7.9에 실험 결과가 제시되었는데, 실제로 마라토너들은 빈약한 외현기억과 우수한 암묵기억을 보였다. 여러분은 아마도 외현기억 측정치로서 '회상 비율'이 친숙할 것이다. 하지만 암묵기억 측정치는 덜 친숙할 것이다. 이는 **점화**(priming)라고 알려져 있는데, 단어의 첫 경험이 나중 경험에서 기억을 점화시키기 때문이다. 이 측정치는 unicorn이 처음 목록에 나왔다면 참가자가 uni_____에 대한 반응으로 unicorn을 제시할 가능성이 어느 정도인가를 나타낸다. (어떤 참가자들의 경우에는 unicorn이 목록에 나오지 않았다.) 그림 7.9에 마라톤집단과 통제집단 양자의 점화가 나와 있는데, 전자의 경우 더 컸다.

이 실험은 단어의 물리적 양상을 부호화하는 지각적 처리에 근거한 점화를 입증하였는데, 이와 달리 부호화와 인출에서 개념적 처리가 기능할 때 점화를 경험할 수도 있다.

지정 연구

한 연구자 집단은 개념적 정보의 점화가 4주부터 8주에 이르는 기간 동안 지속될 수 있다는 것을 밝혔다(Thompson et al., 2010). 그들이 캐나다대학교에서 가르쳤기 때문에 미국의 주 이름들을 자극으로 사용하였다. 10년 동안 여러 강좌의 학기 초에 연구자들은 한 개의 미국 주(해마다 달랐음)를 소개하였는데, 이 표적 주를 기억 인출에 관한 강좌 맥락에서 소개하였다. 어떤 해에는 주를 기억하는 데 좋은 한 가지 책략이 알파벳을 살펴보는 것이라고 알려주었다. 그들은 "글자 'D'를 접하면 Delaware를 기억해내는 좋은 기회가 될 것이다."라고 가르쳤다. 학기마다 한 달 또는 두 달이 지났을 때 연구자들은 학생들에 50개 주 이름을 모두 쓰도록 요구했다. 수년에 걸쳐 비교함으로써 연구자들은 강의 초기에 언급된 주를 더 잘 기억해낸다는 것을 밝혔다.

여러분은 참가자들이 강의실에서 교수들이 표적 주를 언급한 것을 회상해냈기 때문에 표적 주를 기억해낼 수 있었던 것이 아닌가 생각할 것이다. 그러나 연구자들은 학생들에게 이전 기억에 관해 물었으며, 이때 학기 초에 언급된 것을 회상한 사람은 거의 없었다. 이러한 반응에 근거하여 연구자들은 특정 주의 개념적 점화가 한 달에서 두 달에 이르는 기간 동안 지속되었다는 결론을 내렸다.

여러분은 암묵기억의 긴 지속성에 감명받았는가? 이제 기억과정이 빈약한 상황으로 넘어갈 터인데 이러한 결과를 여러분은 반드시 명심해야 한다.

왜 우리는 망각하는가

대부분의 경우 여러분의 기억은 잘 작동한다. 여러분은 자신을 향해 걸어오는 사람을 알아보고 주저함이 없이 그의 이름을 기억에서 인출해낸다. 불행히도 가끔 여러분은 어색한 침묵으로 그에게 인사를 마치는데, 이는 그의 이름을 기억해낼 수 없었기 때문이다. 왜 이런 일이 일어날까? 그 해답은 때로는 이미 살펴보았던 효과에 있다. 예를 들어, 여러분이 학습했던 맥락과 매우 상이한 맥락에서 그의 이름을 회상해내려고 하는 경우에 그럴 수 있다. 그러나 연구자들은 망각에 대해 다른 설명들을 다뤄왔다. 사실상, 1885년 출간된 기억에 관한 최초의 형식적 연구는 그러한 주제에 직접 초점을 맞추었는데, 이 연구부터 살펴보겠다.

Ebbinghaus가 망각을 수량화하다 망각에 관한 연구의 선구자가 바로 독일 심리학자인 Hermann Ebbinghaus(1850~1909)이다. 그는 스스로 자신 연구의 피험자 역할을 하였다. 그는 무의미철자(예 : CEG나 DAX) 목록이 끝날 때까지 한 번에 하나씩 항목들을 읽어 나감으로써 그의 연구를 시작했다. 그 다음 그는 정확한 순서로 모든 항목을 암송할 수 있을 때까지 동일한 순서로 그 목록을 끝까지 다시 읽었다. 그 후 그는 다른 목록들을 학습함으로써 자신이 원 목록을 되뇌기하지 못하도록 하였다. 이 간격 후 Ebbinghaus는 원 목록을 재학습하는 데 얼마나 많은 시행이 걸리는지를 알아봄으로써 자신의 기억을 측정했다. 만약 그것을 처음 학습하는 데 필요했던 시행들보다 재학습하는 데 더 적은 시행들이 필요했다면, 정보는 원 학습보다 절약된 것이다. (이 개념을 제6장에서 보았을 것이다. 동물이 조건화된 반응을 재학습할 때 종종 절약이 존재한다는 사실을 기억하라.)

예를 들어, Ebbinghaus가 목록을 학습하는 데 12개 시행이

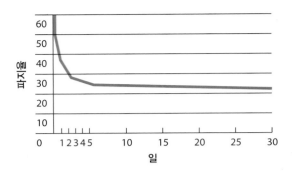

그림 7.10 Ebbinghaus의 망각 곡선
곡선은 30일에 걸쳐 검사할 때, 절약방법을 사용하여 기억된 무의미 철자들의 수를 보여준다. 곡선은 급격히 감소한 후 거의 변화가 없는 안정된 수준에 이른다.

걸리고 며칠 후 그것을 재학습하는데 9개 시행이 걸렸다면, 경과된 시간에 대한 그의 절약 점수는 25%일 것이다(12시행 −9시행=3시행, 3시행÷12시행=0.25, 즉 25%). 절약을 측정치로 사용하면서 Ebbinghaus는 다양한 시간간격 후 보유된 기억의 정도를 기록했다. 그가 구한 곡선이 그림 7.10에 나와 있다. 보시다시피 그는 기억의 급속한 초기 손실을 발견하였다. 실제로 한 시간 후 Ebbinghaus는 그 목록의 재학습을 위해 원래 시간의 절반을 소비해야만 했다. 이러한 초기의 급속한 상실 다음에는 손실률이 점진적으로 감소한다(Ebbinghaus, 1885/1964).

여러분은 살아오면서 Ebbinghaus의 망각 곡선에 드러난 패턴을 무수히 경험했다. 예를 들어, 시험공부를 한 후 1주일 후에야 시험을 치르는 데 대해 얼마나 많은 거부감을 가졌던가. 여러분은 학습한 것의 상당 부분이 더 이상 접근 가능하지 않게 된다는 것을 경험에서 알고 있다. 마찬가지로 이름을 학습한 직후에는 그 이름을 회상해내기 쉽다는 것을 알고 있지만, 그 이름을 사용하지 않은 채 1주일이 지나면 아마도 "내가 이전에는 그의 이름을 알았었지!"라고 스스로 생각할 것이다.

간섭 1주일 전에 알고 있었던 이름을 왜 망각할까? 한 가지 중요한 대답은 여러분이 그 이름을 단독적으로 학습하지는 않았다는 점이다. 여러분이 그것을 학습하기 전에 여러분은 머릿속에 다른 많은 이름들을 갖고 있었으며, 그 이름을 학습한 후 새로운 이름들을 추가로 획득했을 가능성이 있다. 이러한 모든 다른 이름들은 어느 순간 여러분이 필요로 하는 이름을 인출할 수 있는 능력에 부정적 영향을 미칠 수 있다. 이처럼 기억이 서로 경합하는 것을 간섭(interference)이라 한다.

각각의 기억들은 서로 간섭한다. **순행간섭**(proactive interference; 순행은 '진행하는 행동'을 의미함)은 과거에 습득한

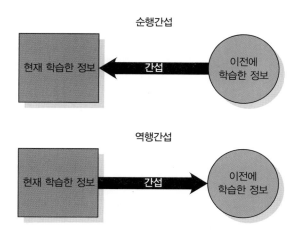

그림 7.11 순행간섭과 역행간섭
과거 학습했던 것이 새로운 정보의 부호화를 어렵게 할 수 있고(순행간섭),
현재 학습한 것이 과거 정보의 인출을 어렵게 할 수 있다(역행간섭).
출처 : Baron, Robert A., *Psychology*, 5th Edition, © 2001. Printed and electronically
reproduced by permission of Pearson Education Inc., Upper Saddle River, New
Jersey.

정보가 새로운 정보를 획득하는 것을 더 어렵게 만드는 것이
다(그림 7.11 참조). **역행간섭**(retroactive interference; 역행은
'소급하는 행동'을 의미함)은 새로운 정보의 획득이 기존 정보
의 기억을 더 어렵게 할 때 발생한다. 여러분이 이사해서 전화
번호를 바꿔야 했던 적이 있다면 여러분은 순행간섭과 역행간
섭을 모두 경험한 것이다. 처음에 여러분은 아마도 새로운 번
호를 기억하는 것이 힘들었을 터인데, 이는 예전 번호가 계속
튀어나오는 순행간섭 때문이다. 그러나 마침내 새 번호를 정
확하게 재생해낼 수 있게 된 후에는 이전 번호를 기억하기 어
렵게 되었을 것인데, 비록 그 번호를 여러 해 동안 사용했을지
라도 그러하다(역행간섭).

많은 다른 기억 현상과 마찬가지로 Hermann Ebbinghaus
는 실험을 통해 간섭을 엄격하게 증명한 첫 연구자였다.
Ebbinghaus는 여러 개의 무의미 철자들 목록을 학습한 후 자
신이 학습하고 있던 새로운 목록들의 약 65%를 망각했음을 발
견하였다. 50년 후 Northwestern 대학에서 Ebbinghaus의 목록
을 학습했던 학생들도 동일한 경험을 했다. 많은 목록을 가지
고 여러 시행을 한 후, 앞서 학습했던 것이 순행적으로 현재 목
록의 재생을 간섭했다(Underwood, 1948, 1949).

이 절에서 망각의 몇 가지 원인을 다루었다. 이제는 기억이
더 잘 기능하게끔 하는 방식을 알려주는 연구들을 살펴보는
것이 적합할 듯하다.

비구조화된 정보의 기억 향상시키기

이 절을 모두 읽은 후, 여러분은 일상적인 기억 수행을 향상시
킬 수 있는 방법, 즉 어떻게 더 많이 기억하고 덜 잊어버릴 수
있을지에 대해 다소 구체적인 아이디어를 갖게 될 것이다. 특
히, 정보를 처음 획득했을 때와 동일한 맥락에서 정보를 재생
해내려고 하거나 동일 유형의 정신적 과제를 수행함으로써 정
보를 가장 잘 재생해낼 수 있다는 것을 여러분은 알고 있다. 그
러나 여러분에게 도움을 주어야 할 약간 다른 문제가 여전히
있다. 그것은 비구조화되거나 임의적인 정보 덩어리를 부호화
하는 것에 관한 것이다.

예를 들어, 여러분이 가게에서 일하는 점원이라고 생각해
보자. 여러분은 반드시 각 손님들이 원하는 몇몇 항목들을 기
억해야 한다. "녹색 블라우스를 입고 있는 여자는 가지치기용
가위와 정원용 호스를 원한다. 파란 셔츠를 입은 남자는 펜치
와 6개의 1/4인치 나사못과 페인트 지우개를 원한다." 실제 이
시나리오는 짝지어진 연합어들을 기억하도록 요구하는 실험
과 매우 유사하다. 앞서 제시했던 단어 쌍을 어떻게 학습하였
는가? 그 쌍들이 특별히 의미 있는 것이 아니었기 때문에 그리
고 의미 없는 정보는 기억하기 어렵기 때문에 그 과제는 아마
다소 힘들었을 것이다. 손님마다 정확한 물품을 가져다주는
방법을 찾기 위해 여러분은 연합을 덜 임의적이도록 만들 필
요가 있다. 정교형 되뇌기와 기억술을 살펴보자.

정교형 되뇌기 부호화를 향상시키기 위한 일반적 전략을 **정교
형 되뇌기**(elaborative rehearsal)라고 부른다. 이 기법의 기본 아
이디어는 정보를 되뇌기하고 있는 동안, 즉 맨 처음 정보를 기
억하는 동안 부호화를 풍부하게 하기 위해 자료를 정교하게
하는 것이다. 이를 위한 한 가지 방법은 연합이 덜 임의적이 되
도록 관계를 만드는 것이다. 예를 들어, Mouse-Tree 쌍을 기
억하고자 한다면, 치즈를 찾기 위해 나무를 급히 오르고 있는
쥐의 이미지를 마음속에 그릴 수 있을 것이다. 분리된 정보 조
각들을 이러한 유형의 작은 이야기로 부호화하면 재생이 향상
된다. 점원 상황에서 각 손님을 적절한 항목과 연결짓는 이야
기를 재빨리 만드는 것을 상상할 수 있는가? (연습하면 될 것
이다.) 여러분이 기억하고자 하는 장면에 대한 정신적 그림, 즉
시각적 상으로 이야기를 보충하는 것이 종종 도움이 되기도
한다는 것을 여러분은 이미 짐작했을 것이다. 시각적 상은 회
상을 향상시킬 수 있는데, 그 이유는 그것이 여러분에게 언어
적 기억과 시각적 기억에 대한 부호를 동시에 제공하기 때문
이다(Paivio, 2006).

정교형 되뇌기는 또한 소위 다음 순서 효과(next-in-line
effect)로부터 여러분을 구해 줄 수 있다. 예를 들어, 다음 순서

손님마다 음식을 정확하게 줄 수 있도록 종업원은 정교형 되뇌기나 기억술을 어떻게 사용할까?

에 말할 차례에 있을 때, 사람들은 흔히 그들 바로 앞 사람이 무엇을 이야기했는지 기억하지 못한다. 사람들이 차례대로 자기 이름을 말하는 상황을 경험했다면 아마 이런 효과를 잘 알 것이다. 여러분 바로 앞 사람의 이름이 무엇이었는가? 이 효과는, 자신이 할 이야기나 이름을 말할 준비를 하는 쪽으로 주의가 이동하는 데 그 원인이 있는 듯하다(Bond et al., 1991). 이러한 이동을 막기 위해서는 정교형 되뇌기를 사용해야 한다. 여러분의 주의를 바로 앞 사람에게 집중하고 그 사람의 이름에 대한 부호화를 풍부하게 하라. "Lisa, 그녀는 마치 모나리자(Mona Lisa)처럼 웃는다."

기억술 또 다른 기억 향상 옵션은 **기억술**(mnemonics, 그리스어로 '기억하기'를 의미함)이라고 하는 특별한 정신 전략을 이용하는 것이다. 기억술은 기다란 일련의 사실들을 부호화할 때 친숙하고 이미 부호화된 정보와 연합시키는 방법이다. 많은 기억술이 임의적 정보를 조직화하는 데 도움이 되는 기성품 인출단서를 제공함으로써 효과를 일으킨다.

고대 그리스의 웅변가에 의해 처음 사용되었던 **장소법**(method of loci)을 고려해 보자. loci의 단수형은 locus이고 이는 '장소'를 의미한다. 장소법은 이름이나 사물의 목록, 또는 연설자의 경우에는 긴 연설의 개별 부분들의 순서를 기억하는 수단으로서, 기억하고자 하는 것들을 친숙한 일련의 장소들과 연합시킨다. 식료품 목록을 기억하기 위해 집에서 학교까지 가는 길을 따라 순차적으로 각 항목을 정신적으로 배치시킬 수 있다. 후에 그 목록을 기억해내기 위해 정신적으로 그 길을 따라가면서 각 장소와 연합된 항목을 찾아낸다(그림 7.12 참조).

쐐기단어법(peg-word method)은 장소법과 비슷하지만, 목록의 항목들을 익숙한 장소가 아니라 일련의 단서들과 연합시킨

다는 점이 다르다. 전형적으로 쐐기단어법에 사용되는 단서들은 숫자를 단어에 연합시킨 일련의 운이다. 예를 들어 "one is a bun(롤빵)", "two is a shoe(신발)", "three is a tree(나무)" 등으로 기억할 수 있다. 그 다음 목록의 각 항목을 적절한 단서와 상호작용하게끔 연합시킨다. 역사 교수가 여러분에게 로마 제국의 지배자들을 순서대로 기억하도록 요구했다고 가정해 보자. 여러분은 Augustus가 한 접시의 롤빵을 먹도록 하고, Tiberius가 사이즈가 큰 신발을 신도록 하며, Caligula가 나무에 앉아 있도록 할 수 있다. 임의의 정보를 학습하는 데 있어 중요한 것은, 효율적인 인출 단서를 스스로에게 제공하는 방식으로 정보를 부호화하는 것이다.

메타기억

무엇인가를 기억해내고자 하는 상황에 있다고 가정하자. 부호화 상황을 반영하는 인출단서를 사용하기 위해 최선을 다하고 있지만 떠올릴 수 있는 정보가 없다. 그렇게 많은 노력을 기울이는 이유의 일부는 그 정보를 스스로 소유하고 있다고 확신하기 때문이다. 그러나 기억 내용에 대해 그렇게 확신하는 것이 정확한 것인가? 이와 같은 질문, 즉 기억의 작용 방식 또는 갖고 있는 정보가 무엇인지를 아는 방식에 관한 질문은 **메타기억**(metamemory)에 관한 질문들이다.

메타기억에 대한 한 가지 중요한 질문은 기지감(旣知感: feelings-of-knowing), 즉 기억에 저장된 정보를 갖고 있다는 주관적 감각이 언제 정확하며 왜 정확한가 하는 것이다. 기지감에 관한 연구는 J. T. Hart(1965)에 의해 시작되었는데, 그는 학생들에게 일반 지식 질문들을 하였다. 예를 들어 "태양계에서 가장 큰 행성은 무엇인가?"라는 질문을 했다고 가정하자. 답을 아는가? 모른다면 이 질문에 어떻게 반응할 것인가. "지금 그 답이 기억나지는 않지만 몇 가지 틀린 답들 가운데 정답을 가려낼 수 있을 정도로 그 답을 아는가?" 이것이 Hart가 그의 참가자들에게 제시했던 질문이다. 그는 참가자들이 1에서 6까지 평가하게 했는데, 1은 중다 선택지에서 정확하게 선택할 수 없다는 것을 매우 확신하는 경우이며, 6은 정확하게 선택해낼 수 있다는 것을 매우 확신하는 경우였다. 여러분의 평정은 무엇인가? 다음과 같은 선택지가 있다.

a. 화성
b. 금성
c. 지구
d. 목성

식빵

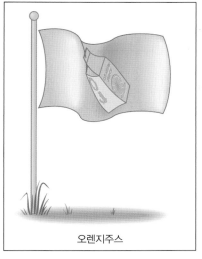

오렌지주스

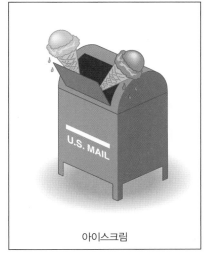

아이스크림

바나나

그림 7.12 망막에 맺힌 상에 대한 해설
장소법에서 기억하고자 하는 항목들(예 : 식료품 목록의 항목들)을 친숙한 길(예 : 등하굣길) 따라 있는 장소들에 연합시킨다.

만약 여러분이 정확한 기지감 판단을 했다면, 6이라고 평정했을 때보다 1이라고 평정했을 때에는 정답 d를 맞힐 가능성이 적어야 할 것이다. (물론, 공정한 검사를 위해서는 여러분에게 많은 질문들을 해야 할 것이다.) 그 결과 1이라고 평정한 참가자들 가운데 30%만이 그 질문에 정확하게 답한 반면, 6이라고 평정한 참가자들 가운데 75%가 정확하게 판단했다. 이는 기지감이 정확할 수 있다는 것을 보여주는 매우 인상적인 증거이다.

이제 여러분은 정보를 기억에 입력하고 인출하는 방법에 대해 어느 정도 배웠다. 여러분은 부호화와 인출 상황 간의 '훌륭한 부합'의 의미가 무엇인지를 알고 있다. 다음 절에서는 기억 과정에서 기억 내용으로 초점을 바꿀 것이다.

 복습하기

1. 회상이나 재인 상황 가운데 어떤 것이 일반적으로 더 많은 인출단서들을 제공하는가?
2. 파티에서 여러분이 맨 처음 대화를 나눈 사람을 가장 잘 회상하는 이유는 무엇인가?
3. 전이–적합성 처리 관점이 시사하는 바는 무엇인가?
4. 지난주 영어 강의에서 'The Raven'을 기억했는데 이제는 생각나지 않는다. 이는 순행간섭과 역행간섭 중 어떤 사례에 해당하는가?
5. 주기율표의 원소 순서를 기억하기 위해 어떻게 장소법을 사용할 수 있는가?

비판적 사고 미국 주에 대한 암묵기억을 검사한 실험을 떠올려 보라. 연구자들이 그 실험을 반복할 때마다 상이한 주를 사용한 이유는?

기억 연구가 어떻게 시험 준비에 도움이 될 수 있는가?

여러분은 기억에 대해 읽은 후 아마도 다음과 같이 물을 것이다. "이 연구가 다음 시험 준비를 하는 데 어떻게 도움이 될까?" 기억 연구들로부터 도출해 낼 수 있는 충고를 살펴보자.

● 부호화 특수성. 부호화 특수성 원리는 인출 맥락이 부호화 맥락과 부합되어야 한다고 제안한다. 학교 장면에서 '맥락'이란 흔히 '다른 정보의 맥락'을 의미할 것이다. 항상 동일한 맥락에서 자료를 공부한다면 다른 맥락에서 그것을 인출하는 것이 어렵다는 것을 알게 될 것이다. 그 대책으로서 공부하는 동안조차도 맥락을 변화시켜야 한다. 여러 주제들을 함께 혼합시킨 질문들을 스스로에게 던져보라. 시험 보는 동안 막힌다면, 원래의 맥락을 복원하는 인출단서들을 가능한 한 많이 생성해내려고 노력하라. "자, 단기기억에 관해 배웠던 강좌에서 이것에 대해 들은 적이 있다……"

● 서열위치. 서열위치 곡선에 따르면, 다양한 상황에서 '중간'에 제시된 정보가 가장 덜 기억된다. 사실 대학생들은 강의의 초두나 말미에 나온 자료에 대한 시험문항보다는 강의 중간에 나온 자료에 대한 시험문항에서 더 많이 실패한다(Holen & Oaster, 1976; Jensen, 1962). 강의를 들을 때 그 세션의 중간에 특별한 주의를 기울이도록 해야 하며, 매번 동일한 순서로 그 자료를 공부하지 않도록 해야 한다.

● 정교형 되뇌기와 기억술. 때때로 시험공부를 할 때 '비구조화된 정보'를 학습하기 위해 노력하고 있는 것처럼 느껴질 것이다. 예를 들어 성격의 5요인 모형의 차원들(제13장)을 기억해야 할 때, 5개 항목으로 이루어진 목록처럼 느껴진다면 스스로에게 구조를 제공하

는 방법을 찾을 필요가 있다. 시각적 이미지를 형성하거나, 창조적인 방식으로 개념들을 사용하는 문장이나 이야기를 만들도록 노력하라. 5요인 모형의 경우 나는 OCEAN(역자 주 : 다음 5개 요인의 첫 글자들을 따서 OCEAN을 만듦, Openness to experience, Conscientiousness, Extraversion, Agreeableness, Neuroticism) 기억술을 사용하는데, 제13장에서 이 방법이 도움이 되는지 확인해 보라.

● 메타기억. 메타기억에 대한 연구는, 사람들이 보통 그들이 무엇을 알고 있고 무엇을 모르고 있는지에 대해 훌륭한 직관을 가지고 있다고 제안한다. 시간 압박이 있는 시험 상황이라면, 여러분의 시간을 어떻게 배분해야 할지를 가늠하는 데 그러한 직관을 사용해야 한다. 예를 들어, 재빨리 전체 시험지를 읽어 보고 어떤 문항이 가장 강한 기지감을 주는지 알 수 있다.

기억 연구에서 밝혀진 기본적 사실들을 읽을 때 그러한 정보를 어떻게 사용해야할지 즉각적으로 알아차리지 못했을 수 있다. 이제는 심리학적 지식을 여러분의 생활에 직접 응용할 수 있겠는가?

● 시험공부를 하기 전에 여러분의 노트들을 섞는 것이 왜 좋은 생각일 수 있을까?
● 강의 자료에 서열위치가 미치는 영향을 학생들이 극복할 수 있도록 교수는 어떤 도움을 줄 수 있을까?

장기기억의 구조

지금까지 정보를 부호화하고 추후 기억으로부터 정보를 인출하는 방식에 초점을 두었다. 이제는 기억 저장의 중요한 다음 양상, 즉 우리가 획득한 정보가 커다란 조직화된 지식에 표상되는 방식에 초점을 맞출 것이다. 예를 들어, 포도가 과일인지를 판단하도록 요구했던 것을 상기해 보라. '예'라고 매우 빨리 말할 수 있었을 것이다. 호저(porcupine: 가시털이 있는 설치류 동물)는 어떠한가? 그것은 과일인가? 토마토는 어떠한가? 이 절에서는 이런 유형의 판단의 어려움이 기억에 정보가 구조화되어 있는 방식과 어떻게 관련되는지를 알아볼 것이다. 또한 정확하게 기억할 수 없는 경험 내용에 대해 최선의 추측을 할 수 있도록 기억 조직화가 작용하는 방식을 다룰 것이다.

기억 구조들

기억의 중요한 기능은 유사한 경험들을 함께 끌어 모아 환경과의 상호작용에서 패턴들을 발견할 수 있게끔 해 주는 것이다. 여러분은 무수한 개별 사건으로 가득 찬 세상에 살고 있는데, 거기에서 끊임없이 정보를 추출하여 정신적으로 관리 가능한 더 작고 단순한 집합으로 결합시켜야 한다. 그러나 세상의 구조를 발견하기 위해 특별한 의식적 노력을 기울일 필요는 없다. 기억의 암묵적 획득을 언급할 때 제안했던 것처럼, "여기에 부엌 용품들이 있다."와 같은 것을 형식적으로 생각할 가능성은 없다. 환경 구조를 반영하는 정신 구조를 획득하는 것은 세상의 일상적 경험을 통해 이루어진다. 매순간의 경험에서 형성해 온 기억 구조의 유형을 살펴보자.

매일매일 저녁식사를 준비할 때 싱싱한 양상추, 달콤한 멜론, 맛있는 토마토와 같은 범주의 형성은 의사결정을 내리는 데 어떤 도움을 주는가?

범주화와 개념 먼저 제10장에서 논의할 주제들 가운데 하나, 즉 강아지와 같은 단어의 의미를 획득하기 위해 아이들이 반드시 기울여야 할 정신적 노력을 살펴보겠다. 이 단어가 의미를 갖기 위해 아이는 강아지라는 단어가 사용된 각각의 사례뿐만 아니라 그 맥락에 대한 정보를 저장할 수 있어야 한다. 이러한 방식으로 아이는 강아지가 뜻하는 공통의 핵심경험(네 다리를 가진 털이 난 피조물)이 무엇인지를 알게 된다. 아이는 강아지가 어느 한 특정 동물뿐만 아니라 피조물의 어느 한 전체 범주에도 적용될 수 있다는 지식을 획득해야 한다. 개별 경험을 범주화시키는 이런 능력, 즉 개별 경험들에 동일한 행동을 취하거나 동일한 명칭을 붙이는 것은 사고하는 유기체가 가진 가장 기본적인 능력 가운데 하나이다(Murphy, 2002).

사람들이 형성한 범주들의 정신적 표상을 **개념**(concept)이라고 부른다. 예를 들어, 강아지 개념은 어린아이가 기억에 함께 모아둔 개들에 대한 경험의 정신적 표상 집합을 가리킨다. (제10장에서 보겠지만 아이가 강아지에 대한 자신만의 의미를 아직 갖추지 못했다면, 그 개념은 또한 어른들이 적절하지 않다고 여기는 속성들까지 포함할 가능성이 있다.) 여러분은 방대한 개념들을 획득해 왔는데, 헛간이나 야구와 같이 사물과 활동에 대한 범주를 갖고 있다. 개념들은 또한 붉다거나 크다와 같은 속성들, 진실이나 사랑과 같은 추상적 아이디어, 더 똑똑한 혹은 ~의 동생과 같은 관계를 표상할 수 있다. 각 개념은 세상에 대한 경험의 요약된 단위를 나타낸다.

여러분이 세상에서 경험한 수많은 범주들을 생각해 보면 어떤 범주 구성원들은 더 전형적이거나 덜 전형적이라는 것을 알 수 있을 것이다. 새와 같은 범주를 생각해 보면 이러한 직관을 발달시킬 수 있다. 울새가 전형적인 새인 데 반해 타조나 펭귄은 덜 전형적인 새라는 데 대해 아마 동의할 것이다. 범주

구성원의 전형성 정도는 현실적 중요성을 갖는다. 예를 들어, 고전적 연구가 밝힌 바에 따르면 사람들은 범주의 생소한 구성원보다는 전형적 구성원에 대해 더 빨리 반응한다. 타조가 새인지를 판단하는 반응시간보다 울새가 새인지를 판단하는 반응시간이 더 빠르다(Rosch et al., 1976). 그러나 울새가 타조보다 전형적인 새라고 간주하게끔 하는 것은 무엇일까? 이 질문에 대한 답은 친족 유사성(family resemblance)에 있는데, 이에 따르면 전형적인 범주 구성원은 그 범주의 다른 구성원들과 중첩되는 속성을 갖고 있다(Rosch & Mervis, 1975). 울새는 여러분이 새들과 관련짓는 대부분의 속성들을 갖고 있는데, 이들은 크기가 적절하며, 날 수 있는 등의 속성들을 갖고 있다. 반면 타조는 유별나게 크고 날 수 없다. 이러한 사례들은 친족 유사성이 전형성 판단에서 어떤 역할을 한다는 것을 보여준다.

위계와 기본수준 개념들은 홀로 존재하지 않는다. 그림 7.13에 나와 있듯이 개념은 종종 의미 있는 조직으로 배열될 수 있다. 동물과 같이 광범위한 범주는 새와 물고기와 같은 여러 하위 범주들을 가지며, 이는 다시 카나리아, 타조, 상어, 그리고 연어와 같은 사례들을 포함한다. 동물 범주는 그 자체가 생물이라는 훨씬 더 큰 범주의 하위 범주이다. 개념들은 또한 다른 유형의 정보와 관련되는데, 어떤 새들은 먹을 수 있고, 어떤 새들은 위험하고, 어떤 새들은 국가적 상징이라는 지식을 우리는 저장하고 있다.

그러한 위계에는 사람들이 대상에 대해 가장 잘 범주화하고 생각하는 수준이 있는 것 같은데, 이를 **기본수준**(basic level)이라고 부른다(Rosch, 1973, 1978). 예를 들어, 식료품 가게에서 사과를 하나 살 때, 여러분은 그것을 과일(부정확한 느낌이 듦) 또는 부사(너무 구체적이거나 엄밀하다는 느낌이 듦)라고 생각할 수도 있지만, 그 기본수준은 바로 사과이다. 기본수준이란, 대상의 그림을 볼 때 그렇게 이름 부르는 경향이 있는 바로 그것이다. 또한 그것이 과일이라고 말하는 것보다는 사과라고 말하는 것이 더 빠를 것이다(Rosch, 1978). 기본수준은 세상에 대한 경험을 통해 출현한다. 여러분은 사과 용어에 대한 경험을 그보다 더 구체적이거나 덜 구체적인 용어에 대한 경험보다 더 많이 갖고 있다. 그러나 만약 여러분이 사과 재배자가 된다면 부사나 홍옥에 대해 날마다 대화할 것이고 이러한 경험 덕분에 여러분의 기본수준은 아마 위계 내에서 더 낮은 쪽으로 이동할 것이다.

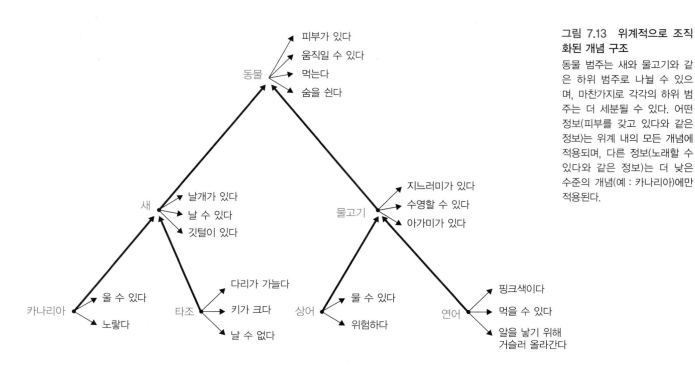

그림 7.13 위계적으로 조직화된 개념 구조
동물 범주는 새와 물고기와 같은 하위 범주로 나뉠 수 있으며, 마찬가지로 각각의 하위 범주는 더 세분될 수 있다. 어떤 정보(피부를 갖고 있다와 같은 정보)는 위계 내의 모든 개념에 적용되며, 다른 정보(노래할 수 있다와 같은 정보)는 더 낮은 수준의 개념(예 : 카나리아)에만 적용된다.

도식 우리는 개념이 기억 위계의 초석이라는 것을 알았다. 개념은 또한 더 복잡한 정신 구조의 초석이기도 하다. 그림 7.1을 상기하라. 왜 토끼가 부엌에 속한 것이 아니라는 것을 즉시 알았는가? 앞서 이러한 판단이 암묵기억에 의존한다고 제안했지만, 여러분이 어떤 종류의 기억 구조를 사용했는지는 언급하지 않았다. 명백히 여러분에게 필요한 것은 부엌의 개별 개념들(예 : 오븐, 싱크대, 냉장고 등에 대한 지식)을 더 큰 단위로 조합하는 기억 내의 어떤 표상이다. 이처럼 더 큰 단위를 도식이라고 부른다. **도식**(schema)은 사물, 사람들 그리고 상황에 대한 개념적 틀 또는 지식의 군집이다. 도식은 환경 구조의 경험에 대한 복잡한 일반화를 부호화하는 '지식 패키지'이다. 여러분은 부엌, 침실, 자동차 경주선수, 교수, 깜짝 파티, 졸업에 대한 도식을 가지고 있다. **스크립트**(script)는 사건들이 시간상에서 어떻게 전개되는지를 명시한 보다 특수한 유형의 기억 표상이다(Schank & Abelson, 1977). 예를 들어, 여러분은 레스토랑이나 병원에 갈 때 어떤 일이 일어나는지 명시한 스크립트를 부호화하였을 것이다.

한 가지 짐작할 수 있는 사항은, 도식이 모든 다양한 경험의 개개 세부사항들 모두를 포함하지는 않는다는 것이다. 범주 경험의 평균이 원형인 것처럼, 도식은 환경 상황들에 대한 평균 경험을 나타낸다. 따라서 여러분의 도식은 영구적이지 않으며 생활사건의 변화와 함께 변한다. 도식은 또한 세상에서 충분히 주의를 기울인 세부사항만을 포함한다. 예를 들어, 미국 동전의 머리 부분에 있는 정보를 그리도록 요구했을 때,

'Liberty' 단어가 모든 동전에 있었음에도 불구하고 대학생들은 실제로 그 단어를 쓰지 못했다(Rubin & Kontis, 1983). 동전을 확인해 보라! 그러므로 여러분의 도식은 세상에 대해 여러분이 주목했던 것을 정확하게 반영해 준다. 이제 개념과 도식을 사용하는 방식을 모두 알아보자.

기억 구조의 사용 기억 구조의 몇 가지 예를 고려해 보자. 먼저 그림 7.14의 A부분의 그림을 생각해 보자. 무엇인가? 의도적으로 범주의 유별난 구성원을 선택하기는 하였지만 여러분은 "그것은 의자이다."라는 결론에 쉽게 도달했을 것이다. 그러나 그렇게 하기 위해 여러분은 그 범주의 구성원들에 대한 기억 표상을 이용해야만 했다. 그림의 대상이 의자에 대한 여러분의 과거 경험들을 떠올리게 하기 때문에 "그것은 의자이다."라고 말할 수 있다.

연구자들은 세상에서 마주친 대상들을 범주화하기 위해 기억에 있는 개념들을 사용하는 방식에 관해 두 가지 이론들을 제시하였다. 한 이론에 따르면, 기억의 각 개념에 대해 여러분은 **원형**(prototype)을 부호화하는데, 원형이란 범주의 가장 중심적 또는 평균적 구성원에 대한 표상이다(Rosch, 1978). 그림 7.14의 A부분에 있는 그림은 B부분에 있는 원형의 중요 속성들과 많이 부합되기 때문에 여러분은 그 그림을 의자라고 인식할 수 있다.

다른 이론에 따르면, 사람들은 각 범주에 대해 그들이 경험한 여러 상이한 **사례**(exemplar)들에 관한 기억을 보유하고 있

그림 7.14 범주화에 관한 이론
A : 이 유별난 대상은 무엇인가? B : 어떤 이론에 따르면, 이 대상을 기억에 저장된 단일 원형과 비교함으로써 의자라고 범주화한다. C : 다른 이론에 따르면, 이 대상을 기억에 저장된 많은 사례들과 비교함으로써 범주화한다.

다. 그림 7.14의 C부분에 여러분이 보았음직한 의자의 사례들이 나와 있다. 사례 관점에 따르면, 여러분은 대상을 기억에 저장된 사례와 비교함으로써 인식한다. 여러분이 그 그림을 의자라고 인식하는 이유는 그것이 의자의 여러 사례들과 유사하기 때문이다. 연구자들은 범주화에 대한 원형 설명과 사례 설명을 비교하는 수많은 연구들을 수행했는데, 데이터는 주로 사례 견해를 지지한다. 사람들은 대상들을 기억의 수많은 표상들과 비교함으로써 범주화하는 듯하다(Nosofsky, 2011; Voorspoels et al., 2008).

그림 7.14의 그림은 유별난 의자임에도 불구하고 분명히 의자이다. 그러나 제4장에서 살펴보았듯이 세상은 때로 모호한 자극을 제공하며, 여러분은 그러한 자극을 해석하기 위해 기존 지식을 사용한다. 그림 7.15를 한 번 보라! 오리로 보이는가 아니면 토끼로 보이는가? 오리를 보게 될 것이라는 기대를 여러분이 갖고 있다고 가정하자. 여러분 기억의 사례들에 있는 오리의 세부특징들에 대해 그림의 세부특징들을 부합시킨다

면 여러분은 꽤 만족할 것이다. 여러분이 토끼를 기대하고 있을 때도 동일한 일이 발생할 것이다. 여러분은 기대를 생성하고 이를 확인하기 위해 기억에 있는 정보를 사용한다.

앞서 지적하였듯이, 기억 표상 덕분에 여러분은 세상에서 유별난 것을 알아차릴 수 있다. 그림 7.1의 중앙에 있는 이상한 토끼를 빨리 알아차릴 수 있는 것은 그 때문이다. 실제로, 토끼가 부엌 도식과 일치하지 않아서 튀어나오기 때문에 여러분은 그 그림에서 토끼를 보았다는 사실을 특히 잘 기억할 수 있었다. 한 연구에서 연구자들은 대학원생 연구실을 전형적 대상들(예 : 공책, 연필)과 비전형적 대상들(예 : 하모니카, 칫솔)로 채움으로써 도식과 일치하지 않는 정보가 더 잘 기억된다는 사실을 밝혔다(Lampinen et al., 2001). 참가자들은 그 방에서 1분을 소요한 후 그 방에 있었던 항목들을 목록에서 지적해야 했다. 그들의 기억은 전형적 항목들보다 비전형적 항목들에 대해서 더 정확했다. 또한, 비전형적 항목들에 대해서는 보다 세부적인 기억을 갖는 반면, 전형적 항목들에 대한 기억은

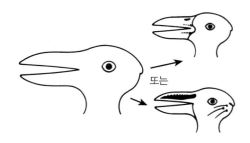

그림 7.15 재인 착시
오리인가 토끼인가?

일반적인 친숙감에 더 근거를 두는 경향이 있었다. 이 연구는 장면의 유별난 양상에 기억 구조가 어떻게 주의를 집중시키는 가를 보여준다.

전체적으로, 이러한 사례들은 기억 구조의 이용 가능성이 세상에 대해 생각하는 방식에 영향을 미칠 수 있음을 보여준다. 여러분의 과거 경험은 현재 경험을 채색하고 미래에 대한 기대를 변화시킨다. 마찬가지 이유로, 개념과 도식이 때때로 정확한 기억에 반하는 작용을 할 수 있다는 것을 간략하게 살펴볼 것이다.

재구성적 과정으로서 기억

기억 구조를 사용하는 또 다른 중요한 방식을 살펴보자. 정보를 기억하도록 요구받을 때 그 정보를 직접 기억할 수 없는 경우가 많다. 이러한 경우, 보다 일반적인 유형의 저장된 지식에 근거하여 정보를 재구성한다. **재구성적 기억**(reconstructive memory)을 경험하기 위해 다음 세 질문에 대해 생각해 보자.

- 제3장에는 그(the) 단어가 있었는가?
- 1991년은 7월 7일을 포함하고 있었는가?
- 어제 오후 2시 5분에서 2시 10분 사이에 숨을 쉬었는가?

여러분은 아마 각 질문에 대해 아무런 망설임 없이 "예!"라고 기꺼이 대답했겠지만 구체적이고 일화적인 기억을 갖고 있지 않은 것은 거의 확실하다. (물론 이 사건들을 기억하게 하는 일이 발생하지 않았을 때 그러하다. 만약 7월 7일이 생일이거나, 지루함을 달래기 위해 제3장에 있는 모든 그에 X표를 했다면 사정은 다르다.) 이러한 질문에 답하기 위해, 여러분은 틀림없이 보다 일반적인 기억을 이용하여 발생했을 가능성이 있는 것을 재구성하였을 것이다. 이러한 재구성 과정을 좀 더 자세히 살펴보자.

재구성적 기억의 정확성 사람들이 발생한 것에 대한 특정 기억 표상을 재생해내기보다는 어떤 기억을 재구성해낸다면, 여러분은 실제 일어난 것과 재구성된 기억이 상이한 경우, 즉 왜곡을 발견할 수 있을 것으로 기대할 것이다. 기억 왜곡은 이미 오래전에 인상적으로 밝혀졌다. Sir Frederic Bartlett(1886~1969)는 『Remembering: A Study in Experimental and Social Psychology』(1932)에서, 개인의 사전 지식이 새로운 정보를 기억하는 방식에 어떤 영향을 미치는지를 밝히기 위한 연구 프로그램을 수행하였다. Bartlett는 다른 문화에서 주제와 어법을 구한 이야기를 영국 대학생들이 기억하는 방식을 연구했다. 그의 가장 유명한 이야기는 아메리카 인디언의 설화인 'The War of the Ghosts'였다.

Bartlett는 독자가 재생해낸 이야기가 원 이야기와는 매우 다른 경우가 많다는 것을 발견했다. Bartlett가 발견한 왜곡은 세 종류의 재구성 과정을 포함하였다.

- 평탄화(leveling). 이야기를 단순하게 만드는 것
- 첨예화(sharpening). 특정 세부사항을 부각시키거나 지나치게 강조하는 것
- 동화(assimilating). 참가자 자신의 배경이나 지식에 더 잘 맞게끔 세부사항을 바꾸는 것

즉, 독자들은 친숙하지 않은 단어를 자신의 문화에서 친숙한 단어로 대체해서 이야기를 재생산했는데, 예컨대 카누를 보트로, 바다표범 사냥하기를 낚시 가기로 대체하였다. Bartlett의 참가자들은 또한 자신의 문화에서는 친숙하지 않은 초자연적 힘에 관한 내용을 없애기 위해 이야기의 줄거리를 흔히 바꿨다.

Bartlett의 뒤를 이어 동시대의 연구자들은 기억을 재생하기 위해 구성적 처리과정을 사용할 때 발생하는 다양한 기억 왜곡을 증명했다(Bergman & Roediger, 1999). 예를 들어, 여러분은 어린 시절 한 일을 어떻게 기억하는가? 한 연구에서는 참가자들에게 10세 이전에 "테마파크에서 좋아하는 TV 캐릭터를 만나서 악수를 한 적이 있는가?"를 기억하도록 요구했다(Braun et al., 2002, p. 7). 이 질문은 많은 인생경험 조사 설문의 일부였는데, 이 질문에 답한 후 참가자들 가운데 일부는 디즈니랜드 광고를 읽었다. 이 광고는 "어린 시절로 되돌아가서…… 미키, 구피, 대피 오리를 기억해 보시오."라는 것으로서 가족 방문이라는 생각을 떠올리게 하는 것이었다. 그 후 광고는 방문자가 어린이의 영웅과 악수할 수 있는 상황을 다음과 같이 기술하였다. "여러분의 우상, Bugs Bunny가 바로 몇 걸음 앞에 있습니다. …… 그의 손을 잡아 보세요." 이러

파티장에서 여러분이 방금 만났던 사람이 백만장자라고 누군가가 말했다면, 그의 행동에 대한 여러분의 기억에 어떤 영향을 미칠까? 만약 그가 백만장자라는 망상을 갖고 있을 뿐이라고 들었다면 어떨까?

사고를 기술하는데 목격자가 사용한 단어에 따라 나중의 기억이 달라지는 이유는?

로, 심리학자들은 종종 처리과정이 오류를 일으키는 상황을 밝힘으로써 정상적인 처리과정의 작용을 추론한다는 점을 명심하라. 이러한 기억 왜곡을, 평소에는 꽤 잘 작동하는 처리과정의 결과라고 생각할 수 있다. 사실상, 많은 경우 여러분은 특정 일화의 정확한 세부사항들을 기억할 필요가 없으며, 사건의 요점을 재구성하는 것만으로도 충분한 것이다.

목격자 기억 법정에서 증인은 '진실만을 말할 것'을 맹세한다. 그러나 기억의 정확성 여부가 그것을 부호화할 때 기울인 주의 그리고 부호화와 인출 환경 간의 부합에 달려 있음을 이 장에서 살펴보았다. 이 장의 초반에 여러분이 보았던 그림 7.3의 군중 장면 만화를 생각해 보라. 그 만화를 다시 보지 않고 그 장면에 대해 가능한 한 많이 그려 보거나 생각해 보라. 이제 그 만화를 다시 보라. 어떠한가? 여러분이 회상한 것들이 모두 정확한가? 연구자들은 사람들이 '진실'을 말하고자 할 때조차도 그럴 수 없다는 것을 알고 있기 때문에 **목격자 기억**(eyewitness memory)이라는 주제에 많은 관심을 기울여왔다. 그 목표는 사법체계가 목격자 기억의 정확성을 확보하는 최선의 방법을 발견하도록 도와주는 데 있다.

목격자 기억에 관한 영향력 있는 연구들은 Elizabeth Loftus와 그녀의 동료들(1979; Wells & Loftus, 2003)에 의해 수행되었다. 그들 연구의 일반적 결론은, 목격자들이 무엇을 보았는지에 대해 갖고 있는 기억이 **사후 정보**로부터의 왜곡에 꽤 취약하다는 것이었다. 예를 들어, 한 연구에서 참가자들은 자동차 사고에 관한 영화를 보았고 관련된 차의 속도를 추정하도록 요구받았다(Loftus & Palmer, 1974). 이때 어떤 참가자들은 "충돌(smash)했을 때 그 차들은 얼마나 빨리 달렸는가?", 다른 참가자들은 "접촉(contact)했을 때 그 차들은 얼마나 빨리 달렸는가?"라는 질문을 받았다. 충돌 질문을 받았던 참가자들은 차

한 광고를 읽은 후에는 캐릭터와 악수한 적이 있다는 참가자들의 반응이 증가했는데, 실은 그런 적이 없었다. 게다가 그들은 Bugs Bunny와 디즈니랜드에서 악수했었다는 구체적인 기억을 보고하는 경향이 더 컸는데, 광고집단의 참가자들은 16%가, 광고를 읽지 않은 집단의 참가자들은 7%가 그렇게 기억했다. 물론 이 기억은 전혀 정확하지 않았는데, Bugs Bunny는 디즈니 캐릭터가 아니다!

이 연구가 보여주는 바는, 여러분 자신의 생활사건에 대한 기억조차도 다양한 원천들로부터 재구성된다는 점이다. 또한 이 연구는 사람들이 그들 기억의 여러 성분에 대한 원래의 원천을 회상하는데 항상 정확하지는 않다는 사실을 보여준다 (Mitchell & Johnson, 2009). 사실상 연구자들이 밝힌 바에 따르면, 사람들은 실제로는 상상 속에서만 수행한 행위를 자신이 실지로 수행했다고 종종 믿는다.

그러나 제4장에서 지각적 착각을 언급했을 때와 마찬가지

'검사효과'의 이점은 무엇인가?

중요한 정보를 학습하려고 할 때 여러분은 어떤 책략을 사용하는가? 많은 학생들이 가능한 한 자주 자료를 학습하고자 한다. 그러나 많은 연구들이 검사효과(testing effect)의 존재를 지지하는데, 학생들은 반복적으로 학습하는 것보다는 자료에 대한 검사를 할 때 정보를 더 잘 장기적으로 파지할 수 있다(Roediger & Butler, 2011).

학생들이 두 개의 짧은 과학 구절을 읽는 프로젝트를 살펴보자 (Roediger & Karpicke, 2006). 프로젝트의 첫 국면에서 참가자들은 한 구절을 두 번 읽었는데, 이는 학습, 학습 조건이다. 참가자들은 두 번째 구절을 한번 읽고 그 후 바로 그 내용을 회상해내려고 하였는데, 이는 학습, 검사 조건이다. 프로젝트의 두 번째 국면에서 참가자들은 두 구절을 5분 후, 2일 후, 또는 1주일 후 회상하였다. 그림에 결과가 나와 있다. 여러분이 볼 수 있는 듯이 참가자들이 바로 5분 후 검사했을 때 반복 학습의 이점이 있었다. 그러나 2일 또는 1주일 후에는 학습 후 검사가 뒤따랐을 때 더 우수했다.

다른 프로젝트는 보다 정교한 학습절차 맥락에서 검사효과를 밝혔다. 대학교 학부생들이 과학 교재에서 발췌한 자료를 학습하였다(Karpicke & Blunt, 2011). 한 조건에서는 참가자들이 텍스트에 대한 개념 지도를 생성하도록 학습하였는데, "개념 매핑에서 학생들은 마디들이 개념을 표상하고 마디들을 연결하는 고리들이 개념들간 관계를 표상하는 도표를 구성하였다." 과학 개념을 기억하는 방식으로서 그렇게 연습하는 것을 상상해 보라. 다른 조건에서는 참가자들이 인출 연습을 하였는데, 텍스트를 학습한 후 그 정보를 회상하고, 두 번째 텍스트를 학습하고 또다시 그것을 회상하였다. 1주일 후 학생들은 실험실로 돌아와서 단답형 검사를 하였는데, 개념 매핑을 한 학생들의 정답은 45%였지만 인출 연습을 한 학생들의 정답은 67%였다. 이는 꽤 큰 차이이다!(그리고 학생들

이 개념 지도를 만들어내기 위해 수행했던 과외의 작업을 고려해 보라.)

이 연구에서 어떤 방안이 생각나는가? 여러분이 자료를 학습해 본 후 스스로 검사를 해 보라! 중학교 과학 수업에서 학생들이 중다 선택 문제를 학기 내내 풀도록 한 프로젝트를 수행한 연구가 있다(McDaniel et al., 2011). 중다 선택 문제들은 교사가 가르친 자료의 일부에 해당하였다. 학기말 시험에서 학생들은 문제 풀기를 했던 자료에 대해서는 79% 정답률을 보이지만, 이전에 문제 풀기를 하지 않았던 자료에 대해서는 정답률이 72%였다. 문제 풀기를 하기만 해도 그 문제에 해당한 자료에 대해 7%의 향상이 일어난 것이다!

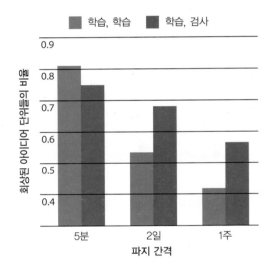

의 속도를 시속 40마일 이상으로, 접촉 질문을 받았던 참가자들은 시속 30마일로 추정했다. 1주일 후 모든 목격자들은 "부서진 유리를 보았는가?"라는 질문을 받았다. 사실 그 영화에는 부서진 유리가 없었다. 그러나 충돌 질문을 받았던 참가자들의 1/3 정도가 유리가 있었다고 대답했고, 접촉 질문을 받았던 목격자들의 14%만이 유리가 있었다고 대답했다. 즉, 사후 정보는 목격자들이 경험한 것을 보고하는 데 상당한 영향을 미쳤다.

이러한 실험은 대부분 목격자들의 실생활 경험이 어떠할 것인지를 보여준다. 사건 후 그들은 그들의 원래 기억과 상호작용할 가능성이 있는 새로운 정보를 획득할 기회를 많이 갖는다. 사실상 Loftus

와 그녀의 동료들은 참가자들이 종종 오정보 효과(misinformation effect)에 압도된다는 것을 밝혔다(Frenda et al., 2011). 예를 들어, 한 연구에서 참가자들은 교통사고를 담은 슬라이드 쇼를 본 후 일련의 질문들을 받았다. 절반의 참가자들에게는 "빨간색 Datsun이 정지 신호를 보고 섰을 때 다른 차가 Datsun을 지나쳤는가?"라고 질문하였다. 나머지 절반에게는 "빨간색 Datsun이 양보 신호를 보고 섰을 때 다른 차가 Datsun을 지나쳤는가?"라고 질문하였다. 원래 슬라이드 쇼에는 정지 신호가 보였다. 하지만 참가자들에게 정지 신호와 양보 신호 가운데 무엇을 보았는지 물었을 때 정지 신호에 관해 질문 받았던 참가자들은 75%가 정확하게 답한 반면 양보 신호에 관해 질문 받았던 참가자들은 41%만이 정확하게 답했다(Loftus et al., 1978). 이는 오정보의 영향이 매우 크다는 것을 보여준다.

목격자 기억 연구는 광범위한 실제 목격경험을 다룰 만큼 발전하였다. 예를 들어, 연구자들은 목격자가 증언을 하기 전에 동일한 사건을 보았던 다른 공동 목격자와 사건을 논의하는 상황에 주의를 돌렸다. 이 질문의 중요성을 입증해 준 조사자료는 다음과 같다. 한 표본에서 신체적 공격과 재산 약탈과 같은 심각한 사건을 목격한 사람의 86%가 공동 목격자와 그 사건을 논의했다(Paterson & Kemp, 2006). 경찰에게 그 사건에 관해 진술할 때, 경찰은 단지 14%의 경우에만 목격자가 그러한 대화를 하지 못하도록 하였다. 이는 문제가 되는데, 공동 목격자가 목격자의 기억을 오염시키는 정보의 원천으로 작용하기 때문이다.

지금까지 정보의 부호화, 저장, 인출의 몇 가지 중요한 특징을 다루었다. 이 장의 마지막 부분에서 이러한 기억기능의 뇌 기반을 다룰 것이다.

 복습하기

1. 범주와 개념의 관계는 무엇인가?
2. 범주화에 관한 사례이론이 주장하는 바는 무엇인가?
3. Bartlett의 설명에 따르면 재구성적 기억의 왜곡을 일으키는 세 가지 처리과정은 무엇인가?
4. Loftus와 그녀의 동료들은 오정보 효과를 어떻게 보여주었는가?

기억의 생물학적 측면

다시 한 번 여러분에게 이 장의 서두에서 기억했던 숫자를 재생해 보도록 요구할 때가 왔다. 그것을 여전히 기억해낼 수 있는가? 이 연습의 핵심은 무엇이었는가? 임의의 정보 조각들을 보고 그것을 즉시 기억할 수 있는 능력의 생물학적 측면에 대해 잠시 생각해 보라. 기억을 부호화하기 위해서는 즉각적으로 뇌 내부에서 무엇인가를 변화시켜야 한다. 최소한 이 장이 끝날 때까지 그 기억을 보유하고자 한다면, 그 변화는 영구적인 것이 될 수 있는 가능성을 가져야 한다. 여러분은 이러한 일이 어떻게 가능한지 생각해 본 적이 있는가? 뇌 내부를 더 자세히 살펴보자.

기억 흔적의 탐색

숫자 51에 대한 여러분의 기억, 더 구체적으로 여러분에게 기억하도록 요구했던 숫자가 51이었다는 여러분의 기억을 고

찰해 보자. 그 기억이 자리 잡고 있는 뇌 내부의 장소를 어떻게 판단할 수 있는가? Karl Lashley(1929, 1950)는 기억의 해부학에 대한 선구적 작업을 수행했는데, 그는 이 질문을 **기억 흔적**(engram), 즉 물리적 기억 표상에 대한 탐색이라고 말했다. Lashley는 쥐에게 미로를 학습시키고 다양한 크기의 피질 부위를 제거한 후 미로에 대한 기억을 재검사하였다. Lashley는, 뇌 손상에 기인한 기억장애가 제거된 조직의 양에 비례함을 발견했는데, 손상된 피질이 많을수록 기억장애는 더 컸다. 그러나 기억은 조직이 제거된 피질 내 장소에 의해서는 영향받지 않았다. Lashley는 기억 흔적이 어떤 국소 영역에 존재하는 것이 아니라 전체 뇌에 걸쳐 폭넓게 분포되어 있다고 결론지었다.

아마도 겉보기에 매우 단순하게 보이는 상황에서조차 다양한 유형의 기억이 작용하기 때문에 Lashley가 기억 흔적의 위치를 찾아낼 수 없었을 것이다. 사실 미로학습은 공간적, 시각적, 후각적 신호들의 복잡한 상호작용을 포함한다. 오늘날 신경과학자들은, 지식 유형에 따라 처리가 별도로 이루어지고 뇌의 제한된 영역에 국재화됨에도 불구하고, 복잡한 정보 집합에 대한 기억은 많은 신경체계들에 걸쳐 분산된다고 믿고 있다(Nadel & Hardt, 2011).

기억에 관여하는 주요한 5개 뇌 구조들은 다음과 같다.

- 소뇌(cerebellum). 절차기억, 반복에 의해 획득된 기억, 그리고 고전적으로 조건형성된 반응들에 중요함
- 선조체(striatum). 전뇌에 있는 여러 구조들의 복합체로서 습관 형성과 자극-반응 연합의 기초로 짐작됨
- 대뇌피질(cerebral cortex). 감각기억 그리고 감각들 사이의 연합을 담당함
- 해마(hippocampus). 주로 사실, 날짜, 이름에 대한 서술기억과 공간기억의 응고화를 담당함
- 편도체(amygdala). 정서적으로 중요한 기억의 형성과 인출에서 핵심적 역할을 수행함

시상, 기저 전뇌, 그리고 전전두피질과 같은 뇌의 다른 부분들 역시 특정 유형의 기억 형성을 위한 중계역으로 관여한다(그림 7.16 참조).

제3장에서는 뇌 해부학에 주로 초점을 두었는데, 여기서는 기억에 대한 특정 뇌구조들의 역할에 관한 결론을 도출하기 위해 신경과학자들이 사용하는 방법을 살펴보겠다. 두 가지 유형의 연구를 살펴볼 것이다. 첫째, '자연의 실험', 즉 뇌 손상을 입은 사람이 기억 연구에 참여한 상황에서 이루어진 직관을 고찰하겠다. 둘째, 뇌 내부의 기억과정을 이해하기 위해 새

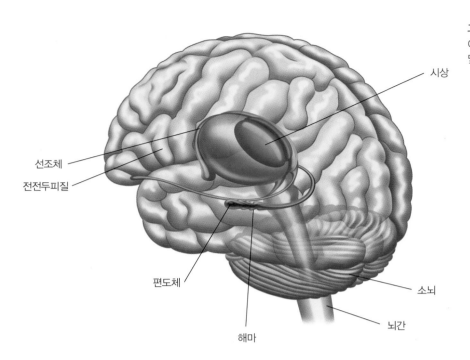

시상

선조체

전전두피질

편도체

소뇌

뇌간

해마

로운 뇌영상기법을 적용하는 방법을 기술하겠다.

기억장애

1960년 젊은 공군 레이더 기술자였던 Nick A.는 그의 삶을 영원히 바꾸어 놓았던 기묘한 손상을 입었다. Nick은 그의 룸메이트가 펜싱 검 모형으로 장난하고 있을 때 책상에 앉아 있었다. 그때 갑자기 Nick이 일어서서 뒤로 돌아섰는데, 그 순간 그의 동료의 검에 찔리게 되었다. 검은 Nick의 오른쪽 콧구멍을 관통하여 뇌의 좌측으로 뚫고 들어갔다. 이 사고로 인하여 Nick은 심각하게 분별력을 상실하였다. 가장 심각한 문제는 **기억상실증**(amnesia)으로서, 장기간에 걸친 기억이 상실되었다. Nick은 기억상실증 때문에 사건이 일어난 직후 이를 망각하였는데, 글을 몇 줄밖에 읽지 않아도 첫 번째 문장이 기억에서 사라졌다. 그는 TV쇼를 본 후 광고방송 도중에 방금 보았던 것을 능동적으로 생각하고 되뇌기하지 않는 한 그 줄거리를 기억하지 못했다.

Nick이 겪은 유형의 기억상실증을 **순행성 기억상실증**(anterograde amnesia)이라고 부른다. 이는 Nick이 신체적 손상을 입은 시점 이후에 일어난 사건에 대한 외현적 기억을 더 이상 형성할 수 없다는 것을 의미한다. **역행성 기억상실증**(retrograde amnesia) 환자도 있는데, 이 경우 뇌 손상 때문에 손상 시점보다 먼저 일어난 기억에 접근할 수 없다. 여러분이 불운하게도 머리에 날카로운 타격을 받은 적(예 : 자동차 충돌 도중)이 있다면 여러분은 그 사고 직전의 사건들에 대해 역행

성 기억상실증을 경험했을 가능성이 있다.

연구자들은 감사한 마음으로 Nick과 같은 환자들을 '자연의 실험'으로서 연구한다. Nick과 같은 뇌 손상 부위를 수행장애의 패턴에 연결시킴으로써 연구자들은 이 장에서 소개했던 기억 유형과 뇌영역 사이의 매핑을 이해하기 시작하였다(Squire & Wixted, 2011). Nick은 일하는 방식은 여전히 기억하는데, 서술지식의 결여에도 불구하고 절차지식은 원래대로인 것처럼 보인다. 예를 들어, 그는 요리 재료를 혼합하고 휘저으며 굽는 방식은 기억하지만, 재료가 무엇인지는 망각한다.

Nick이 보인 유형의 선택적 외현기억장애는 기억 생물학의 주요 사실들 가운데 하나이다. 기억의 외현적 사용과 암묵적 사용의 기저에 상이한 뇌영역들이 있다는 결론을 지지하는 방대한 증거들이 있다(Voss & Paller, 2008). 그러나 연구자들은 각 뇌영역들이 정확하게 어떤 기능을 수행하는지 계속 탐구하고 있다.

뇌영상 연구

실험 참가자로서 관대하게 봉사해 준 기억상실증 환자들로부터 심리학자들은 뇌의 해부학적 구조와 기억 사이의 관계에 대해 방대한 지식을 얻었다. 그러나 뇌영상기법의 출현 덕분에 뇌 손상이 없는 사람의 기억과정 연구가 가능하게 되었다. (여러분은 제3장의 뇌영상기법에 관한 절을 참고하고 싶을 것이다.) 예를 들어, 양전자방출단층촬영술(PET)을 사용하여 Endel Tulving과 그의 동료들(Habib et al., 2003)은 일화정보의

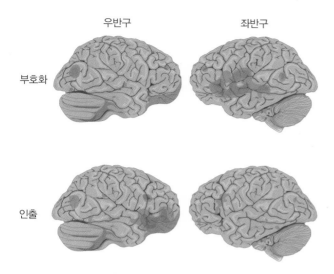

우반구   좌반구

부호화

인출

그림 7.17 부호화와 인출의 뇌 활동
이 그림은 부호화 대 인출 도중 가장 높게 활성화된 뇌영역을 보여준다. PET
스캔은 일화정보의 부호화 도중 좌반구 전전두피질에서, 그리고 일화정보의
인출 도중 우반구 전전두피질에서 불균형적으로 높은 뇌 활동을 보여준다.

부호화와 인출에서 두 뇌반구 사이의 활성화 차이를 밝혔다.
그들의 연구는 표준적인 기억연구들과 유사하였는데, 단지 부
호화 또는 인출 도중 PET 스캔을 통해 뇌혈류를 모니터링하였
다. 그림 7.17에 나와 있듯이 이 연구자들은 일화정보의 부호
화 도중 좌반구 전전두피질에서, 그리고 일화정보의 인출 도
중 우반구 전전두피질에서 불균형적으로 높은 뇌 활동을 발견
하였다. 따라서 그 과정들은 인지심리학자들의 개념적 구분에
더하여 해부학적 구분을 보여주었다.

기능적 자기공명영상(fMRI) 연구 역시 기억 조작들이 뇌 내

부에 분포되어 있는 방식을 매우 상세하게 제공하였다. 예를
들어, fMRI 연구들은 새로운 기억이 형성될 때 활성화되는 특
정 뇌영역을 식별해내기 시작했다. 한 연구에서는 참가자들이
이전에 본 적이 없는 특정 시트콤의 한 일화를 보는 동안 fMRI
스캔을 수행하였는데(Hasson et al., 2008), 27분 동안 주인공
이 디너파티에 참석하거나 친구들과 논쟁을 벌이는 것과 같은
일련의 사건들이 진행되었다. 3주 후 참가자들은 실험실에 돌
아와서 그 일화에 대해 77개 설문으로 구성된 기억검사를 수행
했다. 각 참가자는 어떤 세부사항은 기억하고 다른 세부사항
은 기억하지 못했다. 연구자들은 fMRI 자료를 분석하여 정보
가 성공적으로 부호화되었을 때 특히 활성화된 뇌영역들을 판
별해냈다. 그림 7.18에서 볼 수 있듯이, 이 분석에서 여러 뇌영
역들이 드러났다. 여러분이 인지신경과학 연구를 추진하지 않
는 한, 나중의 회상을 예언해 주는 것이 왜 바로 이 구조들 집
합의 활성화인지 의아해할 필요가 없다. 그림 7.18을 통해 새
로운 기억의 탄생과 응고화를 밝히려는 목표를 향해 연구자들
이 나아가고 있다는 것을 알 수 있을 것이다.

뇌 스캔은 또한 시간 경과에 따라 기억과정이 어떻게 진행
되는지에 관한 정보를 제공해 준다. 만약 여러분이 프랑스의
수도를 회상해내려고 한다면 꽤 빨리 답이 나올 것이다. 그러
나 만약 여러분이 프랑스에서 누군가를 처음 만났을 때 일어
난 일을 회상하려고 한다면 그 기억을 인출하고 정교화하는
데 더 시간이 필요할 것이다. 그러한 유형의 풍부한 자전적 기
억의 경우 상이한 뇌영역들의 역할이 시간 경과에 따라 변화
할 것이다.

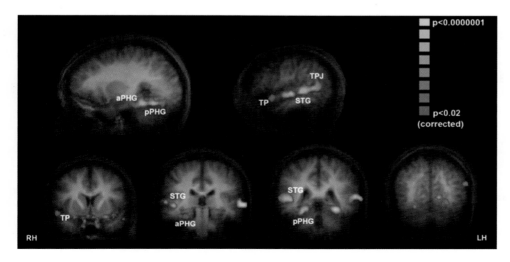

**그림 7.18 성공적 기억을 예언하는 뇌
영역들**
부호화 당시 특히 이 뇌영역들 집합이 활
성화될 때, 사람들은 보았던 시트콤의 세
부사항들을 더 잘 기억한다. 그 영역들은
다음과 같다. 우반구 측두극(Temporal
Pole, TP), 상측두회(Superior Temporal
Gyrus, STG), 전측 해마방회(anterior
Parahippocampal Gyrus, aPHG), 후측
해마방회(posterior Parahippocampal
Gyrus, pPHG), 그리고 측두두정접합
(Temporal Parietal Junction, TPJ). RH
와 LH는 우반구와 좌반구를 뜻한다.

한 연구팀이 참가자들에게 자전적 기억을 인출하도록 요구하면서 fMRI 스캔을 수행하였다(Daselaar et al., 2008). 참가자들은 나무와 같은 단서 단어를 듣고서 그 단어와 연합된 특정 사건을 기억해내려고 하였는데, 기억을 인출해냈을 때 반응박스의 한 버튼을 눌렀다. 이 과정이 몇 초 동안 진행되었으므로 연구자들은 자전적 기억의 여러 양상에 따라 상이한 뇌영역들이 어떻게 관련되는지를 판단할 수 있었다. 예를 들어, 참가자들이 일화기억을 탐색할 때 해마와 같은 구조들이 활성화되었다. 참가자들이 기억을 정교화함에 따라 다른 영역의 활동이 더 두드러졌는데, 예를 들어 참가자의 기억이 심상으로 풍부해짐에 따라 시각피질이 더 활성화되었다. 시각피질이 특히 활성화될 때 참가자들은 실제로 그 기억을 다시 체험하고 있다는 매우 강한 느낌을 보고하였다.

잠시 동안 나무에 대한 여러분 자신의 기억을 인출해 보라. 여러분의 회상이 시간 경과에 따라 더욱 정교화된다고 느껴지는가? fMRI 스캔은 그러한 정교화가 시시각각 여러분의 뇌 어디에서 그리고 어떻게 일어나는지에 대한 설명을 제공해준다.

영상 연구결과들은, 기억과정을 충분히 이해하기 위해 왜 여러 학문영역들의 연구자들이 밀접하게 공동 연구를 해야 하는지를 보여준다. 고전적인 기억 연구는 전문화된 뇌 구조들을 신경생리학자들이 탐지하는 데 연료가 된다. 동시에 생리학적 실제는 부호화, 저장, 그리고 인출의 기제에 관한 심리학자들의 이론에 제약을 가한다. 공유된 노력을 통해 여러 연구영역의 과학자들이 기억과정의 조작에 대해 훌륭한 통찰을 제공하고 있다.

 복습하기

1. Lashley가 기억 흔적의 위치에 관해 내린 결론은 무엇인가?
2. 기억상실증 환자의 암묵기억 장애에 관해 무엇을 배웠는가?
3. 일화정보의 부호화와 인출의 뇌 기반에 관해 PET 연구가 밝힌 것은 무엇인가?

비판적 사고 시트콤의 세부 내용에 대한 기억을 조사한 연구를 떠올려 보라. 참가자가 이전에 그 일화를 본 적이 없었던 것이 중요한 이유는?

요점정리

기억이란 무엇인가

- 인지심리학자들은 기억을 정보처리의 한 유형으로 연구한다.
- 의식적 노력을 포함한 기억은 외현기억이며, 무의식적 기억은 암묵기억이다.
- 서술기억은 사실에 관한 기억이며, 절차기억은 기술 수행 방식에 관한 기억이다.
- 기억을 흔히 부호화, 저장, 인출의 3단계 처리과정으로 본다.

단기적 기억 사용

- 영상기억은 용량이 크지만 지속기간이 매우 짧다.
- 단기기억(STM)은 용량이 제한되어 있으며 되뇌기를 하지 않으면 짧게 지속된다.
- 유지형 되뇌기는 STM에 자료가 계속 머무르게 할 수 있다.
- 무관한 항목들을 의미 있는 집단으로 묶음으로써 STM 용량이 증가될 수 있다.
- 광의의 작업기억 개념은 STM을 포함한다.
- 작업기억의 네 성분은 매순간 세상 경험에 대한 자원을 제공한다.

장기기억 : 부호화와 인출

- 장기기억(LTM)은 세상과 여러분 자신에 관한 전체 지식을 구성하는데, 용량 제한이 거의 없다.
- 정보를 기억할 수 있는 능력은 부호화 상황과 인출 상황 사이의 부합에 달려 있다.
- 인출단서가 LTM의 정보 접속을 가능하게 한다.
- 일화기억은 개인적으로 경험한 사건에 관한 기억이며, 의미기억은 단어와 개념의 기본 의미에 관한 기억이다.
- 학습과 인출 사이의 맥락상 유사성이 인출에 도움을 준다.
- 서열위치 곡선은 맥락상 독특성으로 설명된다.
- 보다 깊게 처리된 정보가 전형적으로 더 잘 기억된다.
- 암묵기억에서 부호화 처리와 인출 처리의 유사성이 중요하다.
- Ebbinghaus는 망각의 기간경로를 연구했다.
- 인출단서가 특정 기억만을 유도하지 않을 때 간섭이 일어난다.
- 정교형 되뇌기와 기억술을 통해 기억 수행이 향상될 수 있다.
- 일반적으로 기지감은 기억정보의 이용 가능성을 정확하게 예측한다.

장기기억의 구조

- 개념은 사고의 초석으로서, 기억과정이 공통 속성들을 가진 대상이나 아이디어들을 함께 묶을 때 형성된다.
- 개념은 흔히 일반적 수준, 기본수준, 특수한 수준과 같이 위계적으로 조직화된다.
- 도식은 보다 복잡한 인지적 군집체이다.
- 이러한 모든 기억 구조들이 새로운 정보를 해석하기 위해 예상과 맥락을 제공하는 데 사용된다.
- 기억하기란 단순한 기록행위가 아니라 구성적 과정이다.
- 새로운 정보는 회상을 왜곡시킬 수 있는데, 목격자 기억은 사후 입력에 의해 오염되면 신뢰할 수 없게 된다.

기억의 생물학적 측면

- 기억 유형에 따라 상이한 기억 구조들(해마, 편도체, 소뇌, 선조체, 대뇌를 포함)이 관여한다.
- 기억상실증 환자에 대한 실험을 통해 뇌에서 상이한 유형의 기억이 획득되고 표상되는 방식을 이해할 수 있다.
- 뇌영상기법은 기억 부호화와 인출의 뇌 기반에 관한 지식을 확장시켜 왔다.

연습문제

1. 학교 학예회에서 노아는 손가락으로 농구공을 돌리면서 정치학에 관한 질문에 답변하였다. 그 질문과 답변은 주로 _____기억을 요구했지만, 공 돌리기는 주로 _____ 기억을 요구했다.
   - a. 암묵, 절차
   - b. 서술, 절차
   - c. 절차, 서술
   - d. 암묵, 서술

2. 영상기억의 용량을 밝히기 위해 George Sperling은 어떤 절차를 사용할 때 참가자들이 더 잘 수행한다는 것을 보여주었는가?
   - a. 전체보고
   - b. 절차기억
   - c. 부분보고
   - d. 암묵기억

3. 전화번호부에서 숫자를 찾았지만 전화를 걸기 전에 잊어버렸을 때, 더 노력을 기울였어야 하는 것은?
   - a. 되뇌기
   - b. 청킹
   - c. 기억폭
   - d. 영상기억

4. 다음 중 작업기억 성분이 아닌 것은?
   - a. 영상기억 버퍼
   - b. 음운 루프
   - c. 중앙 집행기
   - d. 시공간 스케치판

5. 인출단서의 유용성 때문에 통상 _____이 _____보다 더 쉬운가?
   - a. 회상, 일화기억
   - b. 재인, 회상
   - c. 의미기억, 재인
   - d. 회상, 재인

6. 여러 사람들을 만난 후 마지막으로 만난 사람의 이름만을 기억할 수 있을 때 이는 무슨 효과의 사례인가?
   - a. 초두
   - b. 시간적 독특성
   - c. 부호화 특수성
   - d. 최신

7. 'Mississippi' 단어를 생각해 보자. 다음 중 가장 깊은 수준에서 이 단어를 처리하게끔 하는 질문은?
   - a. 이 단어에 's' 글자가 몇 개 있는가?
   - b. 이 단어가 강의 이름인가?
   - c. 이 단어에 음절이 몇 개 있는가?
   - d. 이 단어의 첫 번째 글자는?

8. 방금 무의미 단어들의 목록을 기억했다. 다음 30일 동안 매일 이 단어들을 보지 않고 회상해낼 작정이다. 망각이 가장 많이 일어날 것으로 예상되는 기간은?
   - a. 1일과 2일 사이
   - b. 3일과 5일 사이
   - c. 5일과 10일 사이
   - d. 10일과 30일 사이

9. 행성과 태양 사이의 거리에 따라 행성의 순서를 학습해야 할 때, 수성을 커다란 롤빵으로, 금성을 구두와 비슷한 형태로 상상했다. 이 방법이 사용하는 것은?
   - a. 장소법
   - b. 쐐기단어법
   - c. 메타기억
   - d. 영상기억

10. 매 시험이 시작될 때마다 사라는 정답을 아는 것으로 확신이 드는 질문이 무엇인지 판단하기 위해 모든 질문들을 숙독했다. 이 방법이 사용하는 것은?
    - a. 부호화 특수성
    - b. 기억술
    - c. 정교형 되뇌기
    - d. 메타기억

11. 레스토랑에 들어갈 때 어떤 기억 구조를 잘 사용할 가능성이 있는가?
    - a. 스크립트
    - b. 사례
    - c. 원형
    - d. 청크

12. 교수가 '검사효과'에 근거한 조언을 주고자 한다. 어떤 말을 할 가능성이 큰가?
    - a. 각 장을 읽은 후 스스로 문제를 내보라.
    - b. 각 장의 중간에 있는 자료를 가장 주의 깊게 공부하라.
    - c. 기지감을 사용하여 더 공부해야 할 것을 판단하라.
    - d. 시험을 치를 강의실에서 공부하도록 하라.

13. Karl Lashley가 기억 흔적을 찾아내고자 미로에서 쥐를 훈련시킨 후 무엇을 여러 상이한 양만큼 제거하였는가?
    - a. 소뇌
    - b. 피질
    - c. 선조체
    - d. 편도체

14. 일화기억의 부호화와 인출의 뇌 기반을 밝히기 위해 다음 중 어떤 뇌구조에 초점을 두어야 하는가?
    - a. 선조체
    - b. 소뇌
    - c. 편도체
    - d. 전전두피질

서술형 문제

1. 부호화, 저장, 인출의 관계는?

2. 작업기억의 일차적 기능은?

3. 기억 연구자들이 제안한 이론적 구분을 확증하는 데 있어 뇌 영상기법들은 어떤 방식으로 도움을 주는가?

인지과정

© Dbdella | Dreamstime.com

한밤중이다. 당신 문을 노크하는 소리가 들린다. 문을 열어보니 아무도 없고 바닥에 봉투가 있다. 봉투 안에는 종이한 장이 있는데, 거기에는 손으로 쓴 다음 메시지가 있다. "The cat is on the mat." 여러분은 이를 어떻게 생각하는가?

여러분은 이제 다양한 인지과정들에 관여하기 시작했다. 여러분은 그 단어들의 기본적 의미를 종합하기 위해 언어 처리를 필요로 할 터인데, 그 다음에는 무엇을 할까? 여러분은 이 단어들과 관련된 기억의 일화를 찾아낼 수 있는가? 그럴 수 없다면 여러분은 그 문제에 대해 다른 유형의 생각을 해야 할 것이다. 그 메시지는 암호인가? 어떤 종류의 암호인가? 메시지를 부호화한 사람이 누구라고 생각하는가?

여기서 어떤 종류의 행위들을 **인지과정**(cognitive process)들로 간주하는지 그리고 왜 이것이 흥미 있는지 설명하고자 한다. 언어를 사용하고 추상적 방식으로 사고할 수 있는 능력을 흔히 인간 경험의 요체라고 말한다. 여러분은 깨어 있는 시간 동안 지속적으로 인지활동을 하기 때문에 인지를 당연한 것으로 여기는 경향이 있다. 그렇다 하더라도 조심스럽게 다듬어진 말이 여러분의 한 표를 얻을 때 또는 탐정소설의 탐정이 겉보기에 사소한 단서들을 조합하여 재기 넘치는 범죄 해결책을 찾아낼 때 여러분은 인지과정의 지적 승리를 인정할 수밖에 없을 것이다.

인지(cognition)는 모든 형태의 지식을 나타내는 일반적인 용어로서, 그림 8.1에서 보듯이 인지에 관한 연구는 정신적 에

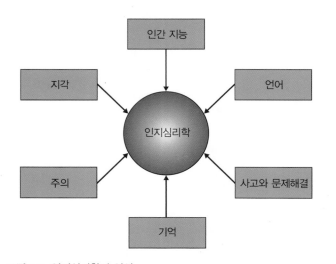

그림 8.1 인지심리학의 영역
인지심리학자들은 고차 정신기능을 연구하는데, 특히 사람들이 지식을 획득하고 경험을 형성하고 이해하기 위해 고차 정신기능을 사용하는 방식을 강조한다.

출처 : Solso, Robert L., *Cognitive Psychology*, 3rd Edition. © 1991. Printed and electronically reproduced by permission of Pearson Education Inc., Upper Saddle River, New Jersey.

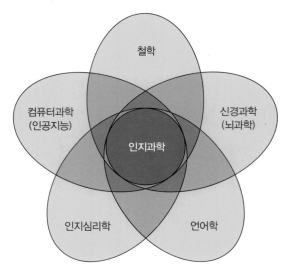

그림 8.2 인지과학의 영역
인지과학의 영역은 철학, 신경과학, 언어학, 인지심리학, 그리고 컴퓨터과학(인공지능)이 교차하는 지점이다.

관한 연구이다. (그림 8.1에서 보여준 몇 가지 주제에 대해 제4장에서 이미 논의한 바 있다.) 인지는 내용과 과정 모두를 포함한다. 인지의 내용은 여러분이 알고 있는 것, 즉 개념, 사실, 명제, 규칙, 기억으로서, 예를 들면 "개는 포유동물이다." "빨간불은 정지를 의미한다." "나는 18세에 처음으로 집을 떠났다." 등에 관한 것이다. 인지과정이란 이러한 정신적 내용의 조작 방식으로서, 여러분을 둘러싸고 있는 세상을 해석하고 여러분 인생의 딜레마에 대한 창조적 해결책을 찾아낼 수 있게 하는 방식들을 말한다.

심리학에서 인지에 관한 연구는 **인지심리학**(cognitive psychology) 영역의 연구자들에 의해 수행되고 있다. 지난 30년 동안 인지심리학 분야는 **인지과학**(cognitive science)이라는 학제적 영역에 의해서 보강되어왔다(그림 8.2 참조). 인지과학은 이론적 이슈가 동일한 여러 학문 영역에서 수집된 지식에 초점을 둔다. 그것은 서로의 자료와 통찰을 공유하는 각 영역의 연구자들에게 도움이 된다. 우리가 이 장에서 기술할 많은 이론들은 여러 학제적 관점들을 가진 연구자들 사이의 상호작용을 통해 형성되어 왔다.

먼저 연구자들이 인지적 기능에 내포된 내적이고 사적인 과정들을 측정하기 위해 시도했던 방식들을 간략하게 기술할 것이다. 그 다음, 훨씬 기초적인 연구와 실제 응용을 다루는 인지심리학 주제들, 즉 언어 사용, 시각적 인지, 문제해결, 그리고 추론을 다룰 것이다.

인지 연구

인지를 어떻게 연구할 수 있는가? 물론 머릿속으로 들어가 보면 될 것이다. 여러분은 입력(예 : '나에게 전화주기 바람'이라고 쓰인 메모)을 볼 수 있고 그 출력(전화를 걸기)도 경험할 수 있다. 그러나 그 메모를 자신의 반응에 연결시켰던 일련의 정신적 단계들을 어떻게 판단할 수 있는가? 다시 말해, 중간에 일어난 일이 무엇(여러분의 행동이 의존하는 인지과정과 정신적 표상)인지를 어떻게 밝힐 수 있는가? 이 절에서 우리는 인지심리학의 과학적 연구를 가능하게 하는 논리적 분석 유형들을 기술할 것이다.

마음의 처리과정 발견

정신과정을 연구하는 기초적 방법 가운데 하나가 1986년 네덜란드 심리학자인 F. C. Donders(1818~1889)에 의해 고안되었다. Donders는 '정신과정의 속도'를 연구하기 위해, 성공적 수행을 위해 포함되는 정신적 단계들이 서로 다르다고 믿은 일련의 실험과제들을 고안했다(Brysbaert & Rastle, 2009). 표 8.1은 Donders의 논리를 따르는 지필 실험이다. 계속 읽어나가기 전에 각 과제를 완성해 보라.

과제 1을 수행하는 데 얼마나 오래 걸렸는가? 과제를 수행하기 위해 여러분이 거친 단계들의 목록을 작성하고자 한다고

표 8.1 Donders의 정신과정 분석

이들 세 가지 과제를 완성하는 데 각각 몇 초가 걸리는지 알아보라. 각 과제를 정확하게, 가능한 한 빨리 완성하라.

과제 1. 대문자로 쓰여진 모든 글자의 상단에 C를 표시하라.
TO Be, oR noT To BE : tHAT Is thE qUestioN :
WhEThEr 'Tis noBlEr In thE MINd tO SuFfER
tHe SLings AnD ARroWS Of OUtRAgEOuS forTUnE,
or To TAke ARmS agaINST a sEa Of tROUBleS,
AnD by oPPOsinG END theM. 시간 : _____

과제 2. 대문자로 쓰여진 모음 상단에 V를 표시하고, 대문자로 쓰여진 자음 상단에 C를 표시하라.
TO Be, oR noT To BE : tHAT Is thE qUestioN :
WhEThEr 'Tis noBlEr In thE MINd tO SuFfER
tHe SLings AnD ARroWS Of OUtRAgEOuS forTUnE,
or To TAke ARmS agaINST a sEa Of tROUBleS,
AnD by oPPOsinG END theM. 시간 : _____

과제 3. 대문자로 쓰여진 모든 글자의 상단에 V를 표시하라.
TO Be, oR noT To BE : tHAT Is thE qUestioN :
WhEThEr 'Tis noBlEr In thE MINd tO SuFfER
tHe SLings AnD ARroWS Of OUtRAgEOuS forTUnE,
or To TAke ARmS agaINST a sEa Of tROUBleS,
AnD by oPPOsinG END theM. 시간 : _____

가정해 보자. 예를 들어, 다음과 같을 수 있다.

　a. 글자가 대문자인지 소문자인지를 판단한다.
　b. 만일 대문자라면 상단에 C를 표시한다.

과제 2의 경우 시간이 얼마나 걸렸는가? 이 연습을 할 때 학생들은 종종 30초 이상 걸린다. 일단 우리가 필요한 단계들을 자세히 설명한다면 여러분은 그 이유를 이해할 수 있을 것이다.

　a. 글자가 대문자인지 소문자인지를 판단한다.
　b. 각 대문자가 모음인지 자음인지를 판단한다.
　c. 만일 자음이면 상단에 C를 표시하고, 모음이면 V를 표시한다.

결과적으로, 과제 1에서 과제 2로 넘어갈 때 자극 범주화(모음인지 자음인지 여부)와 반응 선택(C를 표시할 것인지 V를 표시할 것인지 여부)이라는 두 단계의 과정이 추가된 셈이다. 과제 1은 한 개의 자극 범주화 단계만을 요구한다. 과제 2는 두 개의 범주화를 요구한다. 과제 2는 또한 두 반응 간의 선택을 요구한다. 과제 2는 과제 1에서 요구하는 것 이상을 요구하기 때문에 시간이 더 많이 걸리는 것이다. 이것이 바로 Donders의 기본적 통찰이었는데, 추가적인 정신 단계는 흔히 과제를 수행하는 데 더 많은 시간을 소요할 것이다.

여러분은 과제 3이 포함된 이유를 궁금해 할 것이다. 이는 실험에 필요한 절차적 통제이다. 우리는 과제 1과 과제 2 수행의 시간 차이가 C를 표시하는 것보다 V를 표시하는 데 더 많은 시간이 걸리기 때문은 아니라는 것을 확실히 해야 한다. 과제 3이 과제 2보다 훨씬 더 빨라야 한다. 그렇지 않은가?

연구자들은 여전히 Donders의 기본 논리를 따른다. 그들은 어떤 인지과정이 수행되는 방식에 관한 특정 설명들을 검증하는 수단으로 반응시간(reaction time)을 빈번하게 사용하는데, 반응시간이란 실험 참가자들이 특정 과제를 수행하는 데 걸리는 시간의 양이다. 가외의 정신적 단계는 가외의 시간을 초래한다는 Donders의 기본 전제는 여전히 많은 인지심리학 연구에서 기본적인 것이다. 이처럼 성공적인 생각이 지난 140년 동안 어떻게 발전되어 왔는지 살펴보자.

정신과정과 정신자원

인지심리학자들은 언어 사용이나 문제해결과 같이 높은 수준의 활동들을 그 성분과정들로 나눌 때 흔히 블록 게임을 하는 것처럼 행동한다. 각 블록은 수행되어야 할 여러 성분들을 나

A. Donders 과제

| 대문자? | → | 자음인가 모음인가? | → | C 또는 V를 쓰라 |

← 시간 →

B. 순차처리 대 병렬처리

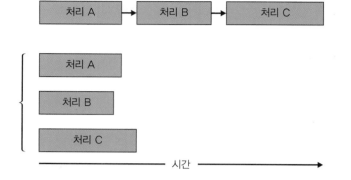

| 처리 A | → | 처리 B | → | 처리 C |

처리 A
처리 B
처리 C

← 시간 →

C. 순차처리와 병렬처리의 시간이 같다.

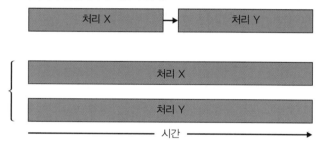

| 처리 X | → | 처리 Y |

처리 X
처리 Y

← 시간 →

그림 8.3 고차 인지 활동 분석
인지심리학자들은 고차 인지 활동들의 초석인 정신과정의 식별과 조직화를 밝히려고 시도한다.
(A) 여기에서 사용한 Donders 과제는 최소한 세 가지 처리가 하나씩 차례로 수행될 것을 요구한다.
(B) 몇몇 처리들은 차례대로 순차적으로 수행되지만 다른 것들은 동시에 병렬적으로 수행된다.
(C) 한 과제를 수행하는 데 걸린 시간을 통해 순차처리 또는 병렬처리가 사용되었는지를 항상 판단할 수 있는 것은 아니다.

타낸다. 목표는 각 블록의 모양과 크기를 판단하고 그 블록들이 전체 형태를 이루기 위해 어떻게 함께 맞춰지는지 알아보는 것이다. Donders의 과제들에서 여러분은 그 블록들이 한 줄로 배열될 수 있음을 보았다(그림 8.3의 A 참조). 각 단계는 다른 단계 직후에 온다. 블록 비유를 통해 우리는 한 개 이상의 처리과정이 동시에 발생하도록 하기 위해 블록들을 쌓을 수도 있다는 것을 알 수 있다(B부분). 이 두 그림은 **순차처리**(serial process)와 **병렬처리**(parallel process)의 구분을 설명한다. 처리과정들이 차례대로 일어나면 순차적이다. 여러분이 식당에 있다고 가정하고 무엇을 주문할지 판단해야 한다고 가정하라. 여러분은 음식을 한 번에 하나씩 유심히 보면서 '예', '아니요', 또는 '보류' 가운데 무엇이라고 할지를 판단한다. 각 음식마다 여러분의 판단과정은 읽기과정을 뒤따른다. 처리과정들이 시간상 중첩되면 병렬적이다. 주문해야 할 때가 오면 웨이터의 질문(예 : "무엇을 원하십니까?")을 이해할 수 있게 해 주는 언어처리들이 여러분의 응답(예 : "불고기를 주세요.")을 형성하게 해 주는 처리과정들과 동시에 작용할 가능성이 있다. 이 때문에 여러분은 웨이터가 질문을 마치자마자 반응할 준비가 되

어 있는 것이다.

인지심리학자들은 종종 처리과정이 병렬적인지 순차적인지를 판단하기 위해 반응시간을 사용한다. 그러나 그림 8.3 C부분의 예를 보면 이것이 속기 쉬운 일이라는 것을 납득할 수 있다. X와 Y의 두 가지 처리로 나뉠 수 있는 과제를 가지고 있다고 생각해 보자. 만일 우리가 가지고 있는 정보가 처리를 완성하는 데 요구되는 전체 시간뿐이라면, 우리는 X와 Y의 처리가 병렬적인지 순차적인지 확신할 수 없다. 인지심리학 연구에서 어려운 점은, 블록들의 많은 가능한 구성 가운데 어느 것이 정확한 것인지를 실험자가 판단할 수 있게 해 주는 과제 환경을 만들어내는 일이다. 여러분이 방금 했던 과제 2에서 몇몇 활동들은 논리적으로 다른 활동을 필요로 했기 때문에 그 처리가 순차적이었다는 것을 충분히 확신할 수 있었다. 예를 들어, 여러분은 어떤 반응을 해야 할 것인지 판단하기 전에는 반응(C나 V를 쓰려는 준비)을 실행할 수 없었다.

많은 경우 이론가들은 정보처리가 **정신자원**을 어느 정도까지 요구하는지를 측정함으로써 처리과정이 순차적인지 병렬적인지 판단하고자 한다. 예를 들어, 여러분이 친구와 함께 교

실로 걸어오는 중이라고 생각해 보자. 보통 직선 통로를 걸으면서 동시에 대화하는 것은 쉬운 일인데, 보행을 위한 처리와 언어처리는 동시에 일어날 수 있다. 그러나 만일 갑자기 웅덩이들이 파인 보도에 이른다면 무슨 일이 일어날까? 웅덩이들 사이로 갈 때는 대화하는 것을 멈추어야 할 것이다. 이때 여러분의 보행을 위한 처리는 계획 수립을 위한 추가적 자원을 필요로 하고 언어처리는 즉각 멈추게 된다.

이 예에서 핵심적 가정은, 우리가 여러 정신적 과제들에 확산되어 있는 제한된 처리자원을 갖고 있다는 것이다(Daffner et al., 2011; Wyble et al., 2011). 주의과정은 이 자원들의 분배를 담당한다. 제4장에서 주의를 논하기를, 이용 가능한 지각적 정보의 작은 하위 집합을 선택할 수 있게 해 주는 처리과정의 집합이라고 하였다. 여기서 사용하는 주의는 선택이라는 생각을 담고 있다. 그러나 지금은 어떤 정신적 처리가 처리자원의 수혜자로 선택될 것인가를 판단해야 한다.

한 가지 추가해야 할 것이 있는데, 모든 처리가 동일한 양의 자원을 요구하지는 않는다. 사실 우리는 **통제처리**에서 **자동처리**로 이어지는 차원을 정의할 수 있다(Shiffrin & Schneider, 1977). **통제처리**(controlled process)는 주의를 요구하지만 **자동처리**(automatic process)는 일반적으로 주의를 요구하지 않는

다. 한 번에 한 개 이상의 통제처리를 수행하는 것은 흔히 어려운데, 그 이유는 통제처리가 더 많은 자원을 요구하기 때문이다. 반면, 자동처리는 흔히 간섭받지 않고 다른 과제와 함께 수행될 수 있다.

통제처리와 자동처리에 대한 지식을 걸으면서 말하는 상황에 다시 적용해 보자. 여러분이 길을 따라 걸을 때 두 활동 사이에 간섭이 거의 없음을 느낀다. 이것은 경로를 유지하고 말을 계획하는 것이 각각 자동적 활동임을 보여준다. 그러나 웅덩이로 인해 여러 길 중 하나를 선택해야 할 때는 상황이 바뀐다. 이제 여러분은 어디로 가야 할지 무엇을 말해야 할지를 선택해야 한다. 두 가지 모두를 동시에 선택할 수 없기 때문에 처리자원의 한계를 극복해야 한다(Chun et al., 2011).

여러분은 이제 여러 가지 정신적 처리들의 원리에 대해 많은 것을 알게 되었다. 이론가들은 복잡한 정신적 과제들이 수행되는 방법을 설명하기 위해 순차처리와 병렬처리, 그리고 통제처리와 자동처리의 혼합모형을 제시하였다. 많은 인지심리학 연구의 목적은 그러한 모형의 각 요소들을 확증하는 실험들을 개발하는 것이다. 여러분은 정신적 처리들에 대한 인지심리학 연구의 바탕이 되는 몇몇 논리들을 이해하게 되었는데, 이제는 인지처리가 작용하는 보다 구체적인 영역으로 넘어가서 먼저 언어 사용을 살펴보겠다.

 복습하기

1. Donders가 참가자들로 하여금 상이한 실험과제를 수행하도록 했던 목적은 무엇인가?
2. 순차처리와 병렬처리는 어떻게 구분되는가?
3. 주의자원을 일반적으로 요구하지 않는 처리 유형은?

언어 사용

다시 한밤중에 여러분이 받았던 메시지로 되돌아가 보자. "The cat is on the mat." 여러분이 이 메시지를 즉시 이해할 수 있도록 그 상황을 바꾸기 위해 할 수 있는 것은 무엇일까? 가장 쉬운 단계는 적당한 배경 지식을 끌어들이는 것이다. 여러분 자신이 항상 이렇게 별난 방식으로 지시받는 비밀요원이라고 생각해 보라. 여러분은 '고양이'가 접선 상대이고 '매트'는 레슬링 경기장을 의미한다는 것을 알 것이다.

그러나 "The cat is on the mat." 문장이 다양한 의미를 갖도록 하는 데 있어 여러분 자신이 스파이까지 될 필요는 없다.

물 웅덩이를 피하려고 하면서 대화를 하는 것이 어려운 이유는?

- 여러분의 고양이가 나가기를 원해서 문 옆의 매트 위에서 기다린다고 생각해 보라. 여러분이 룸메이트에게 "The cat is on the mat."이라고 말할 때, 여러분은 "네가 좀 일어나서 고양이를 밖으로 내보내 주겠니?"라고 말하기 위해 이 단어들을 사용하는 것이다.
- 여러분의 친구가 고양이가 어디에 있는지 확실히 알지 못해서 차를 대는 것에 대해 걱정한다고 생각해 보라. 여러분이 "The cat is on the mat."라고 말할 때, "차를 대도 괜찮아."라고 이야기하기 위해 이 단어들을 사용하는 것이다.
- 여러분이 자신의 고양이와 친구의 개를 경주시키려고 한다고 생각해 보라. "The cat is on the mat."라고 말할 때, "내 고양이는 달리지 않을 거야."라고 말하기 위해 이 단어들을 사용하는 것이 된다.

이 예들은 문장 의미(문장 내 단어들의 일반적으로 단순한 의미)와 화자의 의미(화자가 문장을 잘 활용함으로써 전달할 수 있는 무한한 수의 의미들)가 다름을 보여준다(Grice, 1968). 심리학자들이 언어 사용을 연구할 때, 화자의 의미 산출과 이해 양자를 알고자 한다.

- 화자는 그들이 의도하는 의미를 전달하기 위해 어떻게 적절한 단어들을 산출하는가?
- 청자는 화자가 전달하고자 하는 메시지를 어떻게 재생하는가?

이 절은 이러한 질문들을 차례로 다룰 것이다. 아울러 언어 사용의 진화론적 맥락과 문화적 맥락을 살펴볼 것이다.

언어 이해

어떤 사람이 "The cat is on the mat."라고 말했다고 가정하자. 여러분은 맥락에 따라 이 말이 다양한 여러 의미로 사용될 수 있음을 이미 알고 있다. 여러분은 어떻게 여러 의미 가운데 단지 하나의 의미로 판단하는가? 우리는 의미의 다의성 문제를 더 깊게 다룸으로써 언어 이해의 논의를 시작할 것이다.

다의성 해소 단어 bank가 의미하는 것은 무엇인가? 여러분은 아마도 강이나 돈과 관련시켜 최소한 두 가지 의미를 생각할 수 있을 것이다. "He came from the bank."라는 말을 들었다고 생각해 보자. 어떤 의미로 사용되었는지를 어떻게 아는가? 두 의미 사이의 어휘적 다의성을 해소시킬 수 있어야 한다. 만일 여러분이 이 문제에 대해 생각해 본다면, 단어의 다의성을

제거하기 위해 주변 맥락을 사용하게끔 해 주는 몇몇 인지 과정들을 우리가 갖고 있음을 알게 될 것이다. 강과 돈 어느 것에 대해 이야기하고 있었는가? 더 광범위한 맥락이 있다면 두 의미 가운데 하나를 선택할 수 있을 것이다. 그러나 어떻게?

이 문제에 답하기 전에, 다른 종류의 다의성을 소개하고자 한다. 이 문장이 의미하는 것은 무엇인가? "The mother of the boy and the girl will arrive soon?" 여러분은 하나의 의미만을 바로 탐지할 것이다. 그러나 여기에 구조적 다의성이 있다(Akmajian et al., 1990). 그림 8.4를 보자. 언어학자들은 종종 다양한 단어들이 어떻게 문법적 단위로 묶일 수 있는지를 보여주기 위해 나무 도식으로 문장 구조를 나타낸다. A구조에서는 "The cat is on the mat."의 분석을 보여주었다. 구조는 매우 간단한데, 관사와 명사로 이루어진 명사구가 있고, 동사와 전치사구로 구성된 동사구가 있다. 다른 두 부분에서는 "The mother ……"의 두 상이한 의미에 대해 더 복잡한 구조를 볼 수 있다. B구조에서는 'of the boy and the girl'의 전체 구가 mother에 적용된다. 두 아이들의 어머니인 한 사람이 곧 도착할 것이다. C구조에서는 두 명사구 'the mother of the boy'와 'the girl'이 있다. 두 사람이 있고, 두 사람 모두 곧 도착할 것이다. 여러분이 그것을 처음 읽었을 때 그 문장을 어떻게 이해했는가? 이제 여러분은 두 가지 의미가 가능하다는 것을 알 수 있을 것이다. 이제는 어휘 다의성에 대해 동일한 질문을 할 수 있는데, 두 가지 이상의 의미 해석이 가능할 때 어떻게 이전의 맥락이 한 가지 의미로 판단할 수 있게끔 하는가?

어휘 다의성(단어 의미의 모호성)으로 되돌아가서 다음 문장을 생각해 보라(Mason & Just, 2007에서 인용).

To their surprise, the bark was unusual because it sounded high-pitched and hoarse.

여러분이 이 문장을 읽을 때, bark란 단어를 어떻게 해석하는가? 만약 당신이 머릿속에 사전을 갖고 있다고 상상한다면, bark 표제어 내용은 다음과 같을 것이다.

정의 1. 나무의 껍질
정의 2. 개가 짖는 소리

연구에 따르면 여러분이 처음 이러한 다의어를 접할 때 기억에서 두 개 정의가 접속되지만, 맥락 정보를 사용하여 어떤 정의가 적합한지 신속하게 판단한다. bark 단어를 균형 잡힌 다의성(balanced ambiguity)이라고 부르는데, 그 이유는 두 의미가 거의 동일한 빈도로 사용되기 때문이다. 이제는 다음 문장

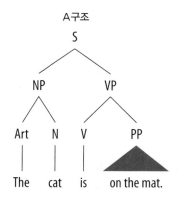

A구조

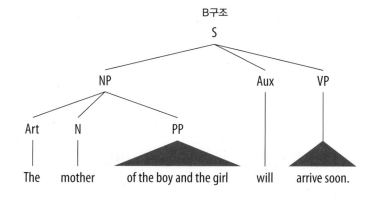

B구조

Art = 관사
Aux = 조동사
NP = 명사구
PP = 전치사구
S = 문장
VP = 동사구

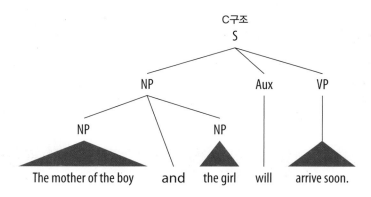

C구조

그림 8.4 문장 구조
언어학자들은 문장의 문법적 구조를 나타내기 위해 나무 도식을 사용한다. A구조는 "The cat is on the mat."의 구조를 보여준다. B구조와 C구조는 "The mother of the boy and the girl will arrive soon."이라는 문장을 두 가지 다른 구조적 분석으로 나타낼 수 있음을 보여준다. 누가 곧 도착할 것인가. 한 사람인가(B구조) 두 사람인가(C구조)?

을 살펴보자.

Last year the pen was abandoned because it was too dirty for the animals to live in.

이 문장을 이해하는 데 어려움이 있는가? pen 역시 두 가지 정의를 갖고 있다.

정의 1. 잉크로 쓰는 기구
정의 2. (동물의) 우리 또는 축사

pen을 편향된 다의성(biased ambiguity)이라고 부르는데, 그 이유는 한 의미(정의 1)가 다른 의미보다 더 많이 사용되기 때문이다. 여러분은 이 문장을 이해하는데 있어 순간적으로 어려움을 겪었을 것인데, 그 이유는 초기에는 pen을 '잉크로 쓰는 기구'의 의미로 이해하는 편향이 일어났다가 이 해석이 뒤따르는 맥락에 의해 틀렸다는 것이 드러나기 때문이다. 연구에 따르면 여러분의 뇌는 이 두 유형의 다의성에 대해 상이하게 반응한다.

12명의 참가자들이 문장들을 읽는 도중 fMRI 스캔을 수행하였다. 문장들은 균형 잡힌 다의성 또는 편향된 다의성을 포함하거나 대응된 통제문장이었다(Mason & Just, 2007). 통제문장의 경우, 예를 들어, "To their surprise, the bark was unusual because it sounded high-pitched and hoarse." 문장에서 bark를 howl로 바꿈으로써 다의성이 해소되었다. 연구자들의 예측에 따르면, 참가자들이 두 개 의미들 가운데 선택해야 했으므로 다의성 문장들은 통제문장과는 상이한 뇌 활동 패턴을 일으킬 것이다. 그림 8.5에서 볼 수 있듯이 예측은 확증되었다. 또한 연구자들은 편향된 다의성의 경우 참가자들이 편향된 해석에서 벗어나야 하므로 균형 잡힌 다의성과는 상이한 뇌 활동을 보일 것으로 예측하였다. 역시 그림 8.5의 뇌 스캔은 이 예언을 확증하였다.

이 실험은 다의어를 이해하는 데 도움이 되는 뇌영역들을 밝혔는데, 우리는 맥락정보를 신속하고 효율적으로 사용하여 단일 의미에 도달한다. 맥락은 구조적 다의성에 대해서도 유사한 영향을 미치는데(Farmer et al., 2007; Patson & Warren, 2011), 맥락정보는 상이한 문장 구조들 가운데 선택해야 하는 경우 판단을 돕는다. 사실상 어휘적 다의성 또는 통사적 다

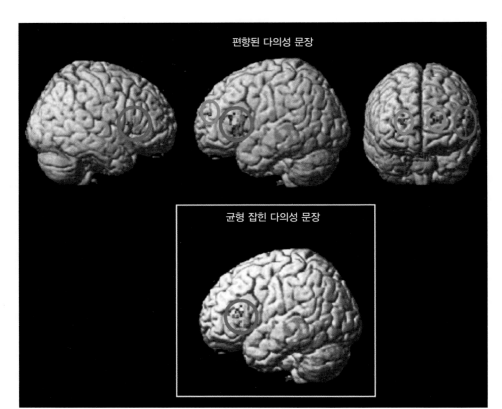

편향된 다의성 문장

균형 잡힌 다의성 문장

그림 8.5 다의성 해소의 뇌 기초
참가자들이 균형 잡힌 다의성 문장 또는 편향된 다의성 문장 또는 상응하는 통제문장을 읽는 도중 fMRI 스캔을 하였다. 적색 원으로 표시된 뇌영역은 두 유형의 다의성에서 (통제문장에 비해) 더 큰 활동을 보인 영역이다. 초록색 원으로 표시된 뇌영역은 편향된 다의성 문장에서 더 큰 활동을 보인 영역이다.

여러분이 동물우리 사진을 보고 있을 때 pen 단어에 대해 무엇이 떠오르는가?

의성을 가진 문장을 들을 때 동일한 뇌구조들이 활성화된다 (Rodd et al., 2010).

여러분이 내릴 수 있는 전반적 결론은 언어처리가 다의성을 해소하기 위해 맥락을 강력하고 효과적으로 사용한다는 것이다. 이는 산출과 이해가 적절하게 조화를 이룬다는 것을 보여준다. 언어 산출 도중 화자는 그들의 말이 현재 맥락에 부합되도록 노력한다. 이해에 대한 분석에 따르면, 청자는 화자가 그런 일을 잘했을 것으로 예상한다. 그러한 상황하에서 청자는 맥락을 통해 화자가 무엇을 의도하는지 예상하게 된다.

이해의 산물 다의성 해소에 관한 논의는 이해의 처리과정에 초점을 두었다. 이 장에서는 이해의 산물에 주의를 돌릴 것이다. 청자가 말이나 문서를 이해할 때 어떤 표상이 기억되는가? 예를 들어, "The cat is on the mat"라는 말을 들을 때 기억에 저장되는 것은 무엇인가? 여러 연구들에 따르면 의미 표상은 명제(proposition)라는 기본 단위에서 시작한다(Clark & Clark, 1977; Kintsch, 1974). 명제들은 말의 주 아이디어이다. "The cat is on the mat."의 주 아이디어는 어떤 것이 다른 어떤 것 위에 있다는 것이다. 그 말을 읽을 때 명제 on을 도출하고, 그것이 표현하는 cat과 mat 사이의 관계를 이해할 것이다. 명제들은 흔히 이렇게 쓰이기도 한다. ON(cat, mat). 많은 말들이 한 개 이상의 명제를 포함한다. "The cat watched the mouse run under the sofa."를 생각해 보자. 첫 번째 구성명제로 UNDER(mouse, sofa)가 있다. 거기에서 RUN[mouse, UNDER(mouse, sofa)]으로 확대된다. 마지막으로 WATCH [cat, RUN(mouse, UNDER⟨mouse, sofa⟩)]가 된다.

의미의 정신적 표상이 실제로 이러한 방식으로 작동하는지 어떻게 알 수 있을까? 언어심리학에서 가장 오래된 몇 가지 실험들은 이해에서 명제 표상의 중요성을 보여주었다(Kintsch, 1974). 이러한 연구들은 두 개의 단어가 같은 명제에 속한다면, 실제 문장에서 근접해 있지 않더라도 함께 기억에 표상된다는 것을 밝혔다.

"짜르가 묻혀 있는 무덤은 광장을 내려다보았다(The mausoleum that enshrined the tzar overlooked the sguare)."라는 문장을 생각해 보라. 무덤(mausoleum)과 광장(sguare)이 문장 내에서 멀리 떨어져 있지만, 명제 분석에 따르면 그것들은 명제 **내려다보았다**(무덤, 광장)로 기억 내에 함께 묶여 있다. 이 분석을 검증하기 위해 연구가들은 참가자들에게 단어 목록을 읽게 하고 각 단어가 문장내에 있었는지 말하게 했다. 어떤 참가자들은 목록상에서 광장 바로 다음에 무덤이 나오는 것을 보았고, 다른 참가자들은 다른 명제에 있었던 단어 다음에 무덤이 나오는 것을 보았다." 예, 나는 무덤을 보았다."라는 반응은, 무덤이 다른 명제의 단어 뒤에 나올 때보다 무덤이 광장 직후에 나올 때 더 빨랐다. 이러한 발견은 무덤과 광장 개념들이 기억 내에 함께 표상되었음을 보여준다.

어떤 사람이 말했던 것을 그대로 기억하는 것이 얼마나 어려운지 생각해 본 적이 있는가? 예를 들어, 영화의 대사 한 줄을 단어 그대로 기억하려고 노력했을지라도 집에 돌아오면 그것의 개략적 의미만 기억할 수 있었을 것이다. 이 실험은 단어 그대로 기억하는 것이 왜 잘 안 되는지를 보여준다. 언어처리의 주된 작업 가운데 하나가 명제의 추출이기 때문에 명제들을 전달하는 문장의 정확한 형태는 매우 빨리 사라진다(예 : "The cat chased the mouse." 대 "The mouse was chased by the cat.").

청자가 기억에 저장한 명제들이 모두 화자가 직접 말한 정보로만 이루어지는 것은 아니다. 청자는 종종 기억 속의 정보에 의해 가능한 논리적 가정들, 즉 **추론**(inference)으로 빈틈을 메운다. 다음 말을 생각해 보자.

나는 Donna를 만나기 위해 델리(deli)식당으로 가고 있는 중이다.

그녀는 나에게 점심으로 샌드위치를 사겠다고 약속했다.

이 문장들을 함께 연결하는 방식을 이해하기 위해서는 최소한 두 가지 중요한 추론을 해야 한다. 두 번째 문장에서의 그녀가 누구인지, 그리고 식당으로 가는 것이 어떻게 샌드위치를 산다는 약속과 관련되는지를 이해해야 한다. 이 두 문장을 실제로 말한 친구는 당신이 이러한 것들을 생각해낼 수 있다고 확신할 것이다. 당신도 결코 다음 내용을 들을 것이라고 기대하지는 않을 것이다.

나는 Donna를 만나기 위해 델리식당으로 가고 있는 중이다.

그녀는, 여기서 그녀는 Donna를 뜻하는데, 나에게 점심으로 샌드위치를 사겠다고 약속했는데, 여기서 델리식당은 여러분이 샌드위치를 살 수 있는 장소이다.

화자는 청자가 이런 유형의 추론을 한다고 기대한다.

많은 연구들이 청자가 어떤 종류의 추론을 규칙적으로 하는지 알아내고자 하였다(McNamara & Magliano, 2009). 어떤 말이든 이에 대해 무한한 수의 추론들이 가능하다. 예를 들어, 여러분은 Donna가 사람일 것이라는 것을 알기 때문에, 그녀가 심장, 간, 허파 한 쌍 등을 가지고 있다는 것을 추론할 수 있다. 그러나 여러분이 "나는 Donna를 만나러 델리식당으로 가는 중이에요."라는 말을 들었을 때 마음속에서 그러한 추론들이 강제적으로 일어나지는 않는 것 같다.

언어, 사고 그리고 문화

한 개 이상의 언어를 배울 기회가 있었는가? 만약 있었다면 두 언어로 다르게 생각한다고 믿는가? 언어가 사고에 영향을 미치는가? 이러한 질문들에 대한 학술적 작업이 Edward Sapir(1941/1964)와 그의 제자 Benjamin Lee Whorf(1956)에 의해 시작되었는데, 이들은 비교언어학적 연구를 통해 언어의 차이가 사고의 차이를 일으킨다는 다소 급진적인 결론을 내렸다. Sapir는 다음과 같이 말했다.

우리 공동체의 언어습관이 특정한 해석을 선택하도록 만들기 때문에 우리는 지금과 같이 보고 듣고 경험한다(Sapir, 1941/1964, p. 69).

Sapir와 Whorf에게 이러한 결론은 그들 자신의 데이터에 존재한다고 믿었던 관계에서 직접 나온다. Sapir와 Whorf가 제안한 가설 가운데 가장 주목받아 온 가설은 **언어상대성**(linguistic relativity) 가설이다(Brown, 1976). 이 가설에 따르면 개개인이 말하는 언어의 구조는 그 개인이 세상을 생각하는 방식에 영향을 미친다. 심리학, 언어학, 그리고 인류학 분야의 현대 연구자들은 이러한 생각을 엄격하게 검증하고자 노력했다. 그러한 연구들 몇 가지를 살펴보자.

여러분은 세상의 언어들이 사용하는 기본적인 색상 용어의 수가 언어마다 다르다는 것을 알면 놀랄 것이다. 언어적 분석에 의해 밝혀진 바에 따르면, 영어에는 11개 색 용어(검정, 흰색, 빨강, 노랑, 녹색, 파랑, 갈색, 보라, 분홍, 주황, 회색)가 있지만, 파푸아뉴기니의 Dani 족의 언어 등 몇몇 언어들은 검정과 흰색(또는 밝음과 어두움)의 오직 두 가지 단순한 구분만을 한다(Berlin

Surz 01 | Dreamstime.com

파푸아뉴기니의 Dani 족 사람들은 단지 2개의 기본 색 용어만을 가지고 말을 하는데, 그들은 검은색과 흰색(또는 밝음과 어두움)만을 구분한다. 반면 영어 사용자는 11개의 기본 색 용어들을 갖고 있다. 이러한 언어 차이가 사람들이 세계를 경험하는 방식에 영향을 미칠 수 있는가?

& Kay, 1969). 연구자들은 언어마다 상이한 색 용어들에 함축된 범주 구조가 색에 대해 사고할 수 있는 방식에 대해 영향을 미칠 것이라고 생각했다. 예를 들어, 한 연구에서는 북부 나미비아 출신의 Himba어를 사용하는 사람들에게 파랑-초록 연속선상에서 뽑은 색종이 3장을 보여주었다. 참가자들의 과제는 "형제들이 유사하게 보이는 것과 마찬가지로, 이 세 색 가운데 어떤 색들이 서로 가장 유사하게 보이는가?"를 가리키는 것이었다(Roberson et al., 2005, p. 395). 영어와 달리 Himba어는 파랑과 초록을 어휘적으로 구분하지 않는다. 그 대신 Himba어 사용자는 대부분의 초록색과 파란색을 통틀어서 borou라는 용어를 사용한다. 연구자들은 **범주적 지각**의 증거를 찾고자 하였는데, 그들은 Himba어 사용자들의 색상 지각이 언어적으로 부호화된 범주 사이보다 범주 내에서 얼마나 더 유사한지를 측정하였다. 그 결과 Himba 참가자들의 유사성 판단은 그들 언어의 범주적 구조의 영향을 뚜렷하게 보여주었다.

언어와 사고에 대한 두 번째 연구 맥락으로서 숫자 용어를 들 수 있다. 브라질의 아마존 열대우림에 살고 있는 Piraha 부족을 살펴보자. 이들은 단지 세 개의 숫자 용어들, 즉 hoi, hoi, 그리고 baagiso만을 갖고 있다. 이 용어들을 가장 가까운 영어로 옮겨보면, '작은 크기나 양', '다소 큰 크기나 양', 그리고 '함께 모이거나 많게 하는 것'이다(Everett, 2005). 언어상대성 관점에 따른 질문은, 정확한 숫자체계의 결여가 Piraha 사람들의 숫자 과제 수행 능력에 영향을 미치는가 하는 것이다(Gordon, 2004). 사실상 부족민들은 짧은 지연기간 동안 양을 별로 잘 기억하지 못했다(Frank et al., 2008). 예를 들어, 실패(실을 감는 방추형 도구)들을 보여준 후 감췄을 때 이 사람들의

실패 숫자에 대한 기억은 비교적 빈약했다. 정확한 숫자의 결여로 인해 이러한 과제가 어려운 이유를 이해할 수 있는가?

언어상대성에 대한 연구의 마지막 사례로서 영어와 스페인어의 비교를 살펴보자. 영어 화자와 스페인어 화자 두 사람이 어떤 사건의 증언을 한다고 가정하자. 언어가 그들의 기억에 대해 어떻게 영향을 미칠까?

첫 실험에서 연구자들은 영어 화자들과 스페인어 화자들에게 사고 장면을 담은 짧은 비디오를 보여주고 발생한 일을 기술하도록 하였다(Fausey & Boroditsky, 2011). 영어 화자들이 사고를 유발한 사람을 포함한 문장(예 : "그녀가 꽃병을 깼다.")을 생성한 경우는 75%였는데, 스페인어 화자들은 그러한 정보를 생략한 문장(예 : "꽃병이 깨졌다.")을 15% 정도 더 생성하였다. 두 번째 실험에서는 다른 집단의 영어 화자들과 스페인어 화자들이 비디오를 보고서, 10분 후 그 사고에 관여한 사람을 식별해내야 하는 기억검사를 수행하였다. 영어 화자들과 스페인어 화자들의 기억 정확률은 각각 79% 대 74%였다.

연구자들의 설명에 따르면, 통상적인 영어 사용에서는 사고를 유발한 사람을 외현적으로 언급하는데, 이 때문에 영어 화자들의 기억 수행이 더 우수하였다. 기억 차이는 작기는 했지만 이는 개개인마다 일관된 차이였다. 사실상, 기억 차이의 크기로 미루어 볼 때 언어가 사고에 영향을 미칠 뿐이며, 사고가 언어에 의해 완전히 제약받지는 않는다는 것을 알 수 있다.

세상에는 수천 개의 언어가 있는데, 이들 간에 흥미로운 차이들이 많이 있다. 광범위한 이러한 차이들에 대한 연구들이 이루어짐에 따라 언어상대성 가설이 다른 영역보다 특정 영역에서 더 지지받는다는 것이 밝혀졌다(January & Kako, 2007; Papafragou et al., 2007). 여전히 언어와 사고 간 관계에 대한 흥미로운 가설들이 계속 검증될 필요가 있다. 이 책에서는 다양한 문화차를 다루므로 언어상대성에 대해 판단을 보류하는 것이 좋다. 다양한 문화의 구성원들이 매우 상이한 언어들을 말하는 많은 상황에서, 언어가 문화적 차이를 일으키는 데 있어 어느 정도나 원인적 역할을 하는지 궁금한 것이다.

이제는 단어들을 통해 의미가 전달되는 상황에서 의미가 시각정보에 의존하는 상황으로 넘어가 보자.

 복습하기

1. 사람들이 가진 표상에서 추론을 찾아내는 방법은?
2. 언어상대성 가설이 제안하는 바는?

시각적 인지

"The cat is on the mat." 문장에 대해 두 가지 종류의 시각적 표상을 그림 8.6에 제시하였다. 어느 것이 정확한 것처럼 보이는가? 언어에 기초한 표상들의 측면에서 생각한다면 두 그림 각각 정확한 의미, 즉 고양이가 매트 위에 있다는 것을 포착하고 있다. 그렇다 하더라도 여러분은 아마도 그림 A에 대해 편안한 마음을 가질 것인데, 그 이유는 여러분이 처음 그 문장을 읽을 때 떠올릴 가능성이 높은 장면과 A가 부합되기 때문이다(Searle, 1979). 그림 B는 어떠한가? 이 그림은 여러분을 다소 불안하게 할 터인데, 그 이유는 고양이가 바로 뒤집어엎어질 것처럼 보이기 때문이다. 이처럼 불안한 느낌이 일어나는 이유는 여러분이 그림을 갖고 생각할 수 있기 때문이다. 어떤 의미에서 여러분은 장차 발생할 가능성이 있는 것을 정확하게 볼 수 있다. 이 절에서는 시각적 심상과 시각적 처리과정이 여러분의 사고방식에 어떻게 기여하는지를 살펴볼 것이다.

A

B

그림 8.6 시각적 표상
이 두 고양이들이 모두 매트 위에 있는가?

시각적 표상의 사용

확실히 심상을 기초로 이루어진 유명한 발견 사례들이 역사적으로 매우 많다(Shepard, 1978). 벤젠의 화학적 구조를 발견했던 Frederich Kekule는 춤추는 원자들이 분자들의 사슬로 잠기는 심상을 종종 마음에 그려냈다. 그의 벤젠 고리 발견은, 뱀 형상의 분자 사슬이 갑자기 자신의 꼬리를 움켜잡아서 고리를 형성하는 꿈에서 일어났다. 자기(磁氣)의 많은 속성을 발견했던 Michael Faraday는 수학을 거의 몰랐지만 자기장의 속성에 관해 생생한 심상을 경험했다. Albert Einstein은 전적으로 시각적 심상에 의해 사고하였다고 주장했는데, 시각에 근거한 발견 작업이 종료된 후에야 수학적인 상징과 언어로 그의 발견을 변환시켰다고 한다.

이러한 사례들은 여러분이 시각적 사고에 탐닉하게끔 고취시킬 것이다. 하지만 그렇게 해 보지 않는다 해도 여러분은 시각적 심상을 조작할 수 있는 능력을 자주 사용하고 있다. 참가자들에게 자신의 머릿속에서 심상을 변화시키도록 요구한 고전적 실험을 살펴보자.

연구자들은 학생들에게 글자 R과 그 거울상을 0부터 180°까지 여러 각도로 회전시켜 제시하였다(그림 8.7 참조; Shepard & Cooper, 1982). 글자가 나타나면 학생은 이 글자가 정상적 R인지 아니면 거울상인지를 식별해야했는데, 그러한 판단을 하는 데 걸린 반응시간은 그 형상이 회전된 양에 직접 비례하여 길어졌다. 이러한 발견은 참가자가 그 형상이 R인지 아니면 거울상인지 판단하기 전에 자신의 '마음의 눈'으로 그 형상의 심상을 형성하여 그 심상을 곧바른 위치까지 고정된 속도로 회전시켰다는 것을 보여준다. 일정한 회전 속도로 미루어 볼 때 정신적 회전과정이 물리적 회전과정과 매우 유사하다고 할 수 있다.

사람들이 효율적인 정신회전을 할 수 있는 능력은 부분적으로 시각적 경험에 의존한다. 이 때문에 어떤 연구자들은 정신회전 수행을 향상시키는 한 가지 방법으로서 복잡한 비디오게임을 할 것을 추천한다(Spence & Feng, 2010)!

여러분은 시각적 심상을 사용하여 세상에 대한 어떤 유형의 질문에 답할 수 있다. 예를 들어, 골프공이 탁구공보다 더 큰지 여부를 여러분에게 묻는다고 하자. 여러분이 그 사실을 기억에서 직접 인출할 수 없다면 아마도 그들의 시각적 심상을 나란히 형성하는 것이 편리하다는 것을 알 것이다. 또한 여러분은 처음 보았을 때에는 주의를 기울이지 않았던 대상의 시각적 속성을 복구하기 위해 심상을 사용할 수 있다(Thompson et al.,

A
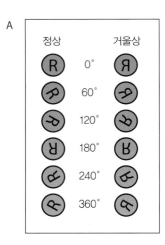
정상   거울상

| 0° | 60° | 120° | 180° | 240° | 360° |

B
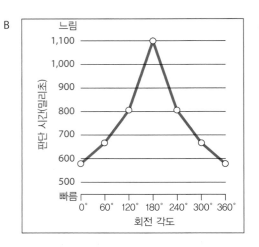

그림 8.7 정신적 심상의 평가에 사용된 회전된 R
참가자들에게 이 형상들을 무선 순서로 제시하고서 각 형상이 정상적인 R인지 아니면 R의 거울상인지를 가능한 한 빨리 말하도록 요구하였다. 곧바른 위치로부터 더 많이 회전된 형상일수록 반응시간이 더 길어졌다.

2008). 예를 들어, 영어 알파벳에서 첫 글자의 대문자에 대한 심상을 만들어 보라. 심상에 대각선이 들어 있는가? 심상이 폐쇄된 공간을 갖고 있는가? 이러한 질문에 답하기 위해 심상에 대해 줌인하는 느낌이 있는가? 심상을 이렇게 사용하는 것은 실제 시각적 지각의 속성과 공통점이 많다. 대상이 물리적으로 존재할 때 여러분은 보다 많은 정보를 얻기 위해 주의를 다시 초점화할 수 있는데, 시각적 심상의 경우에도 마찬가지이다.

물론 시각적 심상의 사용에는 한계가 있다. 다음 문제를 살펴보자.

여러분이 커다란 백지 한 장을 갖고 있다고 상상해 보라. 마음속으로 그 종이를 절반으로 접어서 두 겹을 만들고, 다시 또 절반으로 접어서 네 겹을 만들고, 이렇게 50번을 접어 보라. 그러면 종이가 얼마나 두꺼울까?(Adams, 1986)

정답은 약 5천만 마일($2^{50} \times 0.028$인치, 종이 한 장의 두께가 0.028인치임)인데, 이는 지구와 태양간 거리의 대략 절반 정도

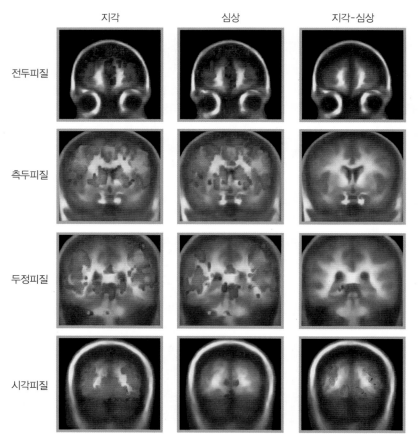

지각   심상   지각-심상

전두피질

측두피질

두정피질

시각피질

그림 8.8 시각적 심상의 뇌 기반
참가자들이 지각과제 또는 심상과제를 수행하는 도중의 fMRI 스캔 결과가 그림에 나와 있다. 좌측 결과 중앙열은 각 과제 도중의 뇌 활동을 보여준다. 적색, 오렌지색, 황색으로 표시된 영역들은 기저선(과제를 수행하지 않는 조건)에 비해 더 활성화된 영역이며, 청색으로 표시된 영역들은 덜 활성화된 영역이다. 우측 열은 심상 과제에 의해서는 영향받지 않고 지각과제의 영향만을 받는 뇌영역을 보여준다. 이러한 fMRI 스캔은 지각과 심상에 많은 동일한 뇌영역들이 사용된다는 것을 보여준다.
출처 : *Cognitive Brain Research*, 20, G. Ganis et al., "Brain areas underlying visual mental imagery and visual perception: An fMRI study," pp. 226–241, copyright © 2004, with permission from Elsevier.

가 된다. 여러분의 추정치는 아마도 훨씬 더 작을 것이다. 여러분의 마음의 눈은 표상하도록 요구받은 정보에 의해 압도되었다.

시각적 심상을 사용하는 마지막 훈련을 해 보기 바란다. 주변에서 아무 대상이나 찾아서 잠시 그것을 조사해 보라. 이제 눈을 감고 그 대상의 시각적 심상을 만들어 보라. 다음 질문을 생각해 보라. 시각적 지각과 시각적 심상 각각에 관여할 때 활성화되는 뇌영역들이 얼마나 중첩되었는가? 이 질문에 답하기 위해 연구자들은 참가자들에게 나무와 같이 흔한 대상들의 선화(線畵)를 학습시켰다(Ganis et al., 2004). 실험의 다음 국면에서는 참가자들이 컴퓨터 스크린을 통해 동일한 그림을 보는 도중 또는 그림의 시각적 심상을 생성하는 도중 fMRI 스캔을 하였다. 각 그림에 대해 참가자들은 그 대상에 원형 부분이 포함되었는지와 같은 단순한 질문에 답했다. 그림 8.8에 fMRI 스캔 결과가 나와 있다. 좌측 열과 중앙 열은 각 과제조건과 기저선조건(참가자들이 과제를 수행하지 않을 때)간에 차이가 나는 뇌영역들을 보여준다. 우측 열은 지각과제에 특수한 뇌영역들을 보여준다. 이 자료들은 두 가지 중요한 결론을 지지한다. 첫째, 지각과 심상 각각의 뇌 처리 사이에 상당한 중첩이 존재하였다. 둘째, 심상 관련 뇌영역들은 지각 관련 뇌영역들의 하부집합으로서 참가자들은 시각적 심상을 생성하기 위해 어떤 특별한 영역도 사용하지 않았다. 뇌 활동의 관점에 따르면, 여러분은 시각적 표상을 재현하는데 있어 시각적 세계를 부호화하는 데 사용하는 것과 거의 동일한 자원을 사용한다.

이 절에서 우리는 언어능력에 더하여 시각적 처리와 표상을 갖고 있음을 살펴보았다. 이 두 유형의 정보 접속은 삶의 요구와 과제를 다루는 데 커다란 도움이 된다. 이제는 시각적 표상과 언어적 표상 양자를 사용하여 문제해결과 추론이라는 복잡한 상황을 극복하는 것을 살펴보자.

 복습하기

1. 물리적 회전과 정신적 회전은 얼마나 유사한가?
2. 시각적 심상의 뇌 기반에 대해 밝혀진 것은?

문제해결과 추론

다음과 같이 일상생활에서 매우 흔한 상황을 생각해 보자. 여러분의 집, 방, 혹은 차의 문이 갑자기 잠겨 버렸을 때 어떻게 하겠는가? 이 어려운 상황을 극복하기 위해 취할 정신적 단계들의 유형에 대해 생각해 보라. 그러한 정신적 단계들은 **문제해결**(problem solving)과 **추론**(reasoning)을 구성하는 인지 과정을 거의 확실히 포함할 것이다. 이 두 활동은 특정 목표(결론이나 해결책)를 달성하기 위해 기억에 저장된 정보와 현재의 정보를 통합할 것을 요구한다. 우리는 문제해결과 두 가지 형태의 추론, 즉 귀납추론과 연역추론에 대해 살펴볼 것이다.

문제해결

아침에는 네 발, 낮에는 두 발, 저녁에는 세 발인 것이 무엇인가? 그리스 신화에 의하면, 이것은 누군가 수수께끼를 풀 때까지 테베 사람들을 붙잡아 학대하겠다고 위협한 악마 스핑크스가 낸 수수께끼였다. 이 문제를 해결하기 위해서 오이디푸스는 수수께끼의 요소들을 은유로 파악해야만 했다. 아침, 낮, 저녁은 인간 생애의 각기 다른 단계를 표상한다. 아기는 기어 다니는데 그것은 곧 네 개의 다리를 의미하고, 어른은 두 개의 다리로 걷고, 노인은 두 개의 다리로 걷지만 지팡이를 사용하므로 다리가 세 개가 되는 셈이다. 이 수수께끼에 대한 오이디푸스의 답은 인간이었다.

비록 여러분의 일상적인 문제가 젊은 오이디푸스가 직면한 것처럼 기념비적인 것은 아닐지라도 문제해결 행위는 여러분의 일상에 존재하는 기본적인 부분이다. 여러분은 계속해서 해결을 요하는 문제에 맞닥뜨리는데, 제한된 시간에 일이나 과제를 해결하는 방법, 취업면접에서 성공하는 방법, 관계를 끊는 방법 등을 들 수 있다. 많은 문제들이 알고 있는 것과 알아야 할 것 사이의 괴리를 안고 있다. 문제를 풀 때, 누락된 정보를 구하는 방법을 찾아냄으로써 괴리를 줄일 수 있다. 그림 8.9에 있는 문제를 풀어 보라. 그것을 끝내면 심리학적 연구가 여러분의 수행을 어떻게 설명할 수 있는지 살펴보고, 그것을 증진시킬 수 있는 방법 몇 가지를 제안할 것이다.

문제공간과 처리과정　실생활에서 문제를 어떻게 정의하는가? 여러분은 보통 현재 상태와 원하는 목표 사이의 차이를 인식한다. 예를 들어, 여러분이 파산을 했고 돈이 필요하다. 여러분은 그 간격을 메우기 위해 몇 가지 단계를 밟아야 한다는 것도 알고 있는데, 시간제 일을 얻고자 하겠지만 소매치기가 되려고 하지는 않을 것이다. 문제의 공식적 정의는 다음 세 가지 요소를 갖는다(Newell & Simon, 1972). 문제는 (1) 초기상태, 즉 시작하는 데 있어서 불안전한 정보나 만족스럽지 못한 조건들, (2) 목표상태, 즉 구하고자 하는 정보 또는 상태, (3) 조작, 즉 초기상태에서 목표상태로 옮겨가는 단계들로 정의될

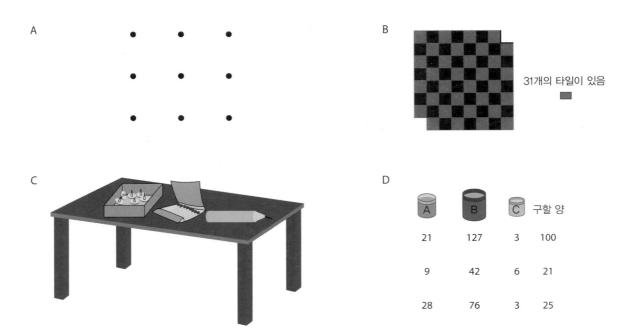

그림 8.9 고전적 문제들을 풀어 보시오.

이 문제들을 풀 수 있겠는가? (답은 그림 8.10에 나와 있는데, 문제를 모두 풀 때까지 답을 보지 마시오.)

(A) 4개의 직선으로 9개의 점 모두를 연결하되, 종이에서 펜을 떼거나 일단 그은 선을 되돌아가지 마시오.

(B) 체커판의 두 귀퉁이가 잘려나가 있다. 31개의 타일이 있는데, 각 타일은 체커판의 사각형 2개를 덮을 수 있다. 31개 타일을 갖고서 체커판의 모든 사각형을 덮어 보시오.

(C) 초, 압정 한 상자, 그리고 종이성냥이 있다. 탁자 위 벽에 초를 부착하되 촛농이 탁자에 떨어지지 않도록 하시오.

(D) 용량이 다른 3개의 물동이가 있다. 예를 들어, 첫 번째 문제에서는 물동이 용량이 각각 21, 127, 3쿼트이다. 각 문제마다 3개 물동이 가운데 적당한 물동이들로 물을 부어서 원하는 양의 물을 구해 보시오. 3개 문제를 하나씩 풀어 보시오.

수 있다. 이 세 가지 부분들이 **문제공간**(problem space)을 정의한다. 문제해결을, 여러분이 있는 곳(초기상태)에서 여러분이 가고자 하는 곳(목표상태)까지 여러 번 방향을 바꾸면서(허용된 조작들) 미로(문제공간)를 통과하여 걷는 것으로 생각할 수 있다.

문제해결 초기에 마주치는 어려움 가운데 많은 부분은 이 요소들이 모두 잘 정의되지 않을 때 일어난다(Simon, 1973). 잘 정의된 문제(well-defined problem)는 초기상태, 목표상태, 그리고 조작이 모두 명확하게 기술된 교과서 문제와 유사하다. 여러분의 과제는 답을 얻기 위해 이미 알고 있고 허용된 조작을 사용하는 방법을 찾아내는 것이다. 반면에, 잘 정의되지 않은 문제(ill-defined problem)는 집을 설계하고, 소설을 쓰고, AIDS 치료법을 발견하는 것과 유사하다. 초기상태, 목표상태, 그리고/또는 조작이 불명료하고 애매하게 규정되어 있다. 그러한 경우, 문제해결자는 먼저 문제가 무엇인지, 즉 시작, 이상적 해결책, 그것의 달성에 가능한 수단들을 명확히 해야 한다.

여러분 자신의 경험에서 알다시피, 초기상태나 목표상태가 잘 정의되어 있는 경우조차 시작에서 끝으로 가기 위한 정확한 조작들을 찾는 것이 어려울 수 있다. 수학시간의 경험을 떠올려 보라. 선생님은 여러분에게 $x^2+x-12=0$과 같은 식을 가르쳐주고 x값을 구하도록 요구했다. 이 수학문제를 풀기 위해 여러분은 **알고리듬**(algorithm, 연산법)을 사용할 수 있는데, 알고리듬이란 특정 유형의 문제에 대한 정답을 반드시 제공하는 단계적 절차이다. 수학 규칙을 정확하게 적용한다면 여러분은 정확한 x값을 구할 수 있다 (즉, 3과 −4). 만약 자물쇠의 비밀번호를 잊어버렸다면 그 경우에도 알고리듬에 따라 해볼 수 있다. 체계적으로 해결책을 시도해 본다면(예: 1, 2, 3; 1, 2, 4), 언젠가는 정확한 번호를 알아내겠지만 아마 꽤 오래 걸릴 것이다. 잘 정의된 문제들은 명확한 초기상태와 목표상태를 갖고 있기 때문에 잘 정의되지 않은 문제들보다 알고리듬을 적용할 수 있는 가능성이 더 크다. 알고리듬을 이용할 수 없을 때 문제해결자는 종종 **휴리스틱**(heuristics, 어림법)에 의존하게 되는데, 휴리스틱은 책략 혹은 '주먹구구식 규칙'이다. 예를 들어, 여러분이 추리소설을 읽으면서 전자상거래의 거물을 살해한 살인범이 누구인지 알고 싶다고 가정해 보자. 여러분은 작가가 진부한 내용을 쓰지는 않았을 것이라는 휴리스틱을 사용하여 '부하가 죽였다'라는 가능성을 배제할지도 모른다. 이처럼 휴리스틱은 판단과 의사결정의 중요한 측면이기도 하다.

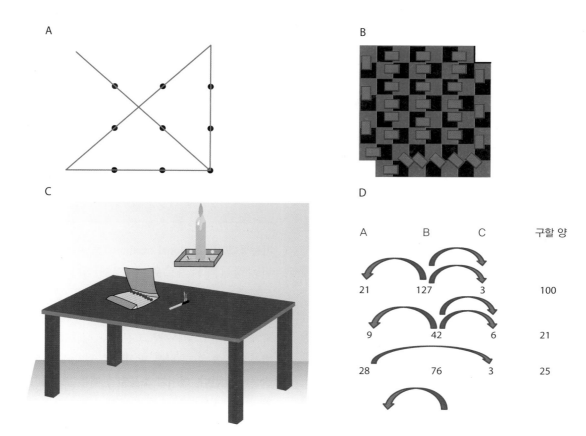

그림 8.10 고전적 문제들의 해결책
여러분은 어떻게 했는가? 문제해결 과정에 관해 더 많이 배운 후 이 문제들을 다시 풀어 보시오.

연구자들은 문제공간에서 경로를 찾아갈 때 알고리듬과 휴리스틱을 적용하는 방식을 밝히는 데 관심을 가져왔다. 문제해결자가 취하는 단계들을 연구하기 위해 연구자들은 **소리 내어 생각하기 프로토콜**(think-aloud protocols)을 이용하여 왔다. 이 절차에서 참가자들은 진행 중인 생각을 말하도록 요구받는다(Fox et al., 2011). 예를 들어, 한 쌍의 연구자들은 그림 8.9의 B부분에 있는 잘려진 체커판 문제의 해결에 관여하는 정신과정들을 밝히는 데 관심을 가졌다(Kaplan & Simon, 1990). 조각들을 수평 또는 수직 방향으로 놓아보아서는 문제가 해결될 수 없는데, 이러한 결정적 돌파구를 연 한 참가자가 한 말이 다음에 소개되었다(체커판은 핑크색과 검은색이었다).

> 이렇게 놓아 보면 …… 짧고 …… 저렇게 놓아 보면 ……어라, 검은색보다 핑크색이 더 많네, 그렇다면 이것을 완성하기 위해서는 두 개의 핑크색을 연결해야 하는데, 대각선 방향에 있으므로 그렇게는 할 수 없잖아 ……. 답에 가까워졌나?(Kaplan & Simon, 1990, p. 388)

문제해결자는 도미노들을 수평 방향이나 수직 방향으로 놓

아야 한다면 목표가 달성될 수 없음을 이제 막 깨달았다. 연구자들은 흔히 참가자의 생각에 대한 그 자신의 설명을 보다 형식적인 문제해결 모형의 출발점으로 이용한다.

문제해결의 향상 문제해결을 어렵게 하는 것은 무엇인가? 일상적인 경험으로 미루어 볼 때 여러분은 그 대답으로 "한꺼번에 고려해야 할 것들이 너무 많다."는 것을 떠올릴 것이다. 문제해결에 대한 연구 역시 동일한 결론을 내렸다. 흔히 문제해결을 어렵게 만드는 것은 특정 문제해결을 위한 정신적 요구가 처리차원보다 훨씬 더 많다는 사실이다(Cho et al., 2007; Kirschner et al., 2011). 문제를 풀기 위해서는, 취해야 할 일련의 조작들에 대해 계획을 세울 필요가 있다. 그것이 너무 복잡하거나 각 조작 자체가 너무 복잡하면 초기상태에서 목표상태로 나아가는 길을 찾을 수 없을지도 모른다. 이러한 잠재적 제한을 어떻게 극복할 수 있을까?

문제해결을 향상시키는 데 있어 중요한 단계는, 주어진 처리자원을 갖고서 각 조작이 가능하도록 문제를 표상하는 방식을 찾아내는 것이다. 유사한 문제들을 습관적으로 풀어야 한

다면 해결책의 각 성분들이 자원을 덜 필요로 하도록 이 성분들을 연습하는 것이 유용할 것이다(Kotovsk et al., 1985). 예를 들어, 여러분 자신이 매일 교통 혼잡을 경험하는 택시기사라고 가정해 보자. 여러분은 시내 여러 곳에서의 교통 혼잡에 대한 반응들을 마음속으로 연습해서, 승객을 출발지점에서 목표지점까지 운반하는 문제 전반의 성분들에 대해 준비된 해결책들을 갖고 있을 것이다. 이러한 성분 해결책들을 연습함으로써 여러분은 도로에 더 많은 주의를 기울일 수 있을 것이다.

유용한 표상을 발견한다는 것은 때로 그 문제를 완전히 새롭게 생각하는 방식을 발견한다는 것을 뜻한다(Novick & Bassok, 2005). 표 8.2에 제시된 수수께끼(Dunker, 1945에서 인용)를 읽어 보라. 어떻게 증명하겠는가? 더 읽어나가기 전에 잠시 동안 생각해 보라. 얼마나 잘했는가? 증명이라는 단어가 여러분에게 무엇인가 수학적인 것을 의미했다면 여러분은 아마 별로 잘하지 못했을 것이다. 이 문제에 대해 더 나은 사고방식은 두 명의 등산객을 상상하는 것인데, 한 명은 위에서, 다른 한 명은 아래에서 출발한다고 생각해 보라(Adams, 1986). 한 사람은 올라가고 다른 사람은 내려가기 때문에 그들이 산의 어느 지점을 분명히 통과하지 않겠는가?(그림 8.11 참조) 이제 한 쌍의 등산객을 한 명으로 바꾸어 생각해 보자. 개념적으로 동일하므로 증명이 된 것이다. 이 수수께끼가 갑자기 쉬워진 것은 적절한 종류의 표상, 즉 언어적이거나 수학적인 표상보다는 시각적 표상을 사용했기 때문이다.

그림 8.9의 문제로 되돌아가 보면 여러분은 문제공간의 적절한 표상의 중요성에 대한 또 다른 예를 볼 수 있다. 벽에 초를 세우기 위해 일상적인 관점에서 벗어나 압정통을 용기가 아니라 플랫폼으로 생각해내야 했다. 이 문제는 기능적 고착이라고 부르는 현상을 보여준다(Duncker, 1945; Maier, 1931).

표 8.2 등산객 수수께끼

여름 휴가 동안 숙련된 등산객 한 명이 클라크산 정상까지 등반하고 캠프에서 1박을 하고자 하였다. 월요일 아침 일찍 정상으로 향하는 좁고 구불구불한 산길을 따라 출발하였다. 매우 아름다운 날이었으므로 등산객은 한가로운 발걸음을 유지했다. 때때로 그는 멈춰서 풍경 사진을 찍었고 여러 친구들에게 "너도 여기 함께 했더라면."이라는 문자 메시지를 보냈다. 등산객은 클라크산 정상에 도착해서 슬리핑백을 펴고 멋진 밤잠을 청했다. 다음날 아침 일찌감치 하산을 시작했다. 험상궂은 구름 때문에 서둘러서 하산하여 차로 되돌아왔다.

두 날 모두 정확하게 동일한 시간에 등산객이 등산로의 한 지점을 통과했다는 것을 어떻게 증명할 수 있는가?
그림 8.11의 등산객 수수께끼의 '증명'을 보라.

기능적 고착(functional fixedness)은, 이전에 다른 목적과 연합된 대상에 대해 새로운 기능을 인식하는 것을 방해함으로써 문제해결에 나쁜 영향을 미치는 정신적 장애물이다. 문제해결의 실마리를 찾지 못할 때마다 스스로에게 "나는 그 문제를 어떻게 표상하고 있는가? 그 문제나 해결책의 요소에 대해 다른 방식으로 혹은 더 나은 방식으로 생각해 볼 수 있는가?"라고 질문해야 한다. 언어가 소용없을 때는 그림을 그려 보라. 또는 자신의 가정들을 검토해 보고 새로운 조합을 만듦으로써 어떤 '규칙'을 깨뜨릴 수 있는지 살펴보라.

문제해결을 시도할 때 여러분은 흔히 추론이라고 부르는 특별한 형태의 사고를 하게 된다. 지금부터는 문제해결에 사용되는 첫 번째 형태의 추론인 연역추론을 살펴보겠다.

연역추론

여러분이 지금 식당에 가는 길이고, 가지고 있는 유일한 신용카드인 American Express로 결제하길 원한다고 가정해 보자. 여러분은 식당에 전화해서 "American Express도 받습니까?"라고 묻는다. 음식점 주인은 "모든 신용카드를 다 받습니다."

A   B

그림 8.11 등산객 수수께끼의 '증명'
A사진은 두 등산객을 보여주는데, 한 명은 산 밑에서, 다른 한 명은 산 정상에서 출발한다. B사진은 그들이 하루 중 어느 때인가는 만날 수밖에 없음을 보여준다. 두 등산객을 한 명의 등산객으로 대체하면 증명할 수 있을 것이다!

라고 대답한다. 이제 여러분은 그곳에서 American Express로 결제할 수 있다는 결론을 내릴 수 있다. 그 이유를 알아보기 위해, 약 2,000년 전 그리스의 철학자 Aristotle에 의해 도입된 삼단논법의 구조에 맞도록 앞서의 이야기를 다시 형식화할 수 있다.

전제 1. 그 음식점에서는 모든 주요 신용카드를 받는다.
전제 2. American Express는 주요 신용카드이다.
결론. 그 음식점에서는 American Express를 받는다.

Aristotle는 타당한 결론을 이끄는 진술문들 간의 논리적 관계를 규정하는 데 관심을 가졌다. **연역추론**(deductive reasoning)은 그러한 논리적 규칙을 정확하게 적용하는 일이다. 여러분들이 논리적이고 연역적인 증명의 형태를 취하는 결론을 매우 잘 도출해낼 수 있다는 것을 보여주기 위해 신용카드의 예를 들었다. 그러나 실생활에서의 연역추론은 세상에 대해 갖고 있는 구체적 지식 그리고 특정 추론문제에 사용할 수 있는 표상 자원 양자의 영향을 받는다. 이러한 결론을 확장해 보자.

지식이 연역추론에 어떤 영향을 미치는가? 다음 삼단논법을 고려해 보자.

전제 1. 모터가 있는 모든 것들은 기름을 필요로 한다.
전제 2. 자동차는 기름을 필요로 한다.
결론. 자동차에는 모터가 있다.

이것은 타당한 결론인가? 논리 규칙에 따르면 타당하지 않다. 왜냐하면 전제 1이 모터가 없는 어떤 것들도 기름을 필요로 할 것이라는 가능성을 열어두고 있기 때문이다. 어려운 점은, 논리문제에 있어 타당하지 않은 것이 실제 세계에서도 반드시 허위인 것은 아니라는 점이다. 즉, 전제 1과 2가 여러분이 갖고 있는 모든 정보라고 했을 때(이것을 단지 형식논리의 연습으로 받아들인다면) 그 결론은 타당하지 않다.

이 결과는 일반적인 **신념편향효과**(belief-bias effect)를 보여주는데, 이에 따르면 사람들은 믿을 만하다고 생각하는 결론은 타당한 것으로, 믿기 어렵다고 생각하는 결론은 타당하지 않은 것으로 판단하는 경향이 있다(Janis & Frick, 1943). 신념편향에 대한 한 가지 설명이 신호탐지 이론에서 제기되었는데, 이 이론을 제4장에서 다룬 바 있다. 신호탐지 이론의 계산을 이용하여 사람들의 판단이 반응편향의 영향을 받는 정도를 계산할 수 있음을 기억하라. 연역추론의 경우 사람들은 결론을 '타당하다' 또는 '타당하지 않다'로 판단해야 한다. 이 반

응들은 제4장의 예에서 '예'와 '아니요' 판단에 나란한 것이다. 불확실성에 직면하여 기존 지식과 일치하는 연역적 결론은 '타당하다' 판단을 향한 반응편향을 일으키며, 기존 지식과 일치하지 않는 결론은 '타당하지 않다' 판단을 향한 편향을 일으킨다(Dube et al., 2010).

어떤 경우에는 과거 경험을 적용함으로써 추론과제를 더 잘 수행할 수 있다. 여러분이 그림 8.12처럼 A, D, 4, 7이라고 인쇄된 네 개의 카드를 제시받았다고 생각해 보라. 여러분의 과제는 "카드 한 면에 모음이 있다면, 그 카드의 다른 면에는 짝수가 있다."라는 규칙을 검증하기 위해 어느 카드를 뒤집어 보아야 하는지를 판단하는 것이다(Johnson-Laird & Wason, 1977). 여러분은 어떻게 하겠는가? 대부분의 사람들은 A와 4가 적힌 카드를 뒤집어 보아야 한다고 말한다. 그러나 A는 맞지만 4는 틀렸다. 4가 적힌 카드의 다른 면에 무엇이 쓰여 있든 간에 그 규칙의 옳고 그름은 판단될 수 없다. 뒷면에 E가 있었다면 그 규칙은 확증될 것이다. 하지만 T가 있었다고 가정해 보라. 그 규칙은 자음에 대해서는 아무것도 말하지 않으므로 여러분은 그것에 관해 아무런 정보를 얻을 수 없다. 여러분은 이제 4를 뒤집음으로써 그 규칙을 검증할 수 없는 이유를 알겠는가? 대신, 여러분은 7을 뒤집어야 한다. 만약 모음이 있다면 그 규칙이 틀렸음을 입증할 수 있다.

Wason의 선택과제라고 부르는 이 과제를 다룬 원 연구는 사람들의 효과적 추론능력에 대한 의문을 불러일으켰다. 그러나 연역추론은 참가자들이 그들의 실생활 지식을 Wason과제에 적용시킬 수 있을 때 향상된다. 그림 8.12의 아래에 있는 카드 세트에 대해 논리적으로 동등한 과제를 수행한다고 가정해 보자. 이 경우 "손님이 알코올 음료를 마신다면 그녀는 최소한 18세임이 틀림없다."라는 규칙을 평가해야 한다(Cheng &

그림 8.12 추상적 추론 대 실세계 추론
윗줄의 경우 여러분은 "카드 한 면에 모음이 있다면, 그 카드의 다른 면에는 짝수가 있다."라는 규칙을 확인하기 위해 어떤 카드를 뒤집어야 하는지 말해야 한다. 아랫줄의 경우, 여러분은 "손님이 알코올 음료를 마신다면 그녀는 최소한 18세임이 틀림없다."라는 규칙을 확인하기 위해 어떤 카드를 뒤집어야 하는지를 말해야 한다. 전형적으로 사람들은 실세계 전략을 사용해야 하는 두 번째 과제를 더 잘한다.

Holyoak, 1985). 이제 여러분은 어느 카드를 뒤집어야 하는지 즉시 알 수 있을 것이다. 17과 맥주. 그림 8.12를 보면 7과 17이 동일한 논리기능을 갖는다는 것을 알 것이다. 7을 뒤집어야 하는 것과 동일한 논리적 이유 때문에 17을 뒤집어야 한다. 그러나 왜 17을 뒤집는 것이 논리적으로 필요한지를 이해하는 데 여러분의 실생활 경험이 도움이 된다.

나이와 알코올 사례는 허용상황이라고 하는 보다 일반적 범주에 속한다. 여러분은 아마 이러한 유형의 상황에 대한 경험을 많이 갖고 있을 터인데, 예를 들어 "숙제를 끝내지 않으면 TV를 볼 수 없어."와 같은 조건들이 주어졌던 것을 기억해 보라. 여러분은 그러한 상황에 연역추론이 포함되어 있었다는 것을 거의 알아차리지 못했을 것이다! 그러나 이러한 상황들에서 여러분이 축적해온 경험 덕분에 이제는 별다른 어려움 없이 정확한 판단을 할 수 있다.

연역추론에 관한 이 절을 시작하면서, 음식을 사먹고자 American Express 카드를 사용하는 여러분의 능력에 관해 타당한 연역추론을 도출하는 상황을 기술하였다. 불행히도 타당한 전제들로부터 타당한 추론을 도출했다는 것을 확신할 수 없는 경우들이 생활 속에 많다. 이제는 다른 유형의 추론을 사용하도록 요구하는 식당 시나리오로 넘어가 보자.

귀납추론

식당 앞에 도착해서 충분한 현금이 있는지 확인해 볼 생각을 한다고 가정해 보자. 또다시 American Express 카드를 쓰고자 하지만 바깥 어디에도 도움이 될 만한 표시는 보이지 않는다. 창문을 통해 잘 차려입은 손님들을 보고, 메뉴판에 적힌 높은 가격을 본다. 주변이 꽤 고급스럽다고 생각한다. 이러한 모든 관찰을 통해 여러분은 이 식당에서 신용카드를 사용할 수 있을 것이라는 결론을 내린다. 여러분의 결론이 논리적 확실성보다는 확률에 근거하고 있기 때문에 이것은 연역추론이 아니라 **귀납추론**(inductive reasoning)이다. 귀납추론이란, 있음직하지만 확실하지는 않은 결론을 생성하기 위해 이용 가능한 증거를 사용하는 형태의 추론이다.

귀납추론이라는 이름이 생소할 수도 있지만, 이미 귀납추론의 여러 사례들을 살펴보았다. 사람들이 과거 정보를 사용하여 현재와 미래에 관한 예상을 한다는 것을 제4장과 제7장에서 살펴보았다. 예를 들어, 공기 속의 어떤 냄새를 통해 누군가 팝콘을 만들고 있다는 결론을 내릴 때 여러분은 귀납추론을 사용하고 있는 것이며, 이 페이지에 있는 단어들이 갑자기 안보이게 될 가능성이 없다는 것에 동의할 때 귀납추론을 사용하

고 있는 것이다. 끝으로, 이 장의 앞부분에서 우리는 언어를 사용할 때 사람들이 하게 되는 추론의 유형을 다루었다. 어순상 그녀가 Donna임에 틀림없을 것이라는 여러분의 신념은 귀납추론에 의존하는 것이다.

실생활 환경에서는 문제해결 능력의 많은 부분을 귀납추론에 의존한다. 처음의 예로 돌아가 보자. 우연히 집, 방, 혹은 차에 들어갈 수 없게 되었다. 어떻게 해야 할까? 첫 번째로 해야 할 일은 과거에 효과가 있었던 해결책들을 기억해내는 것이다. 이 과정을 유추적 문제해결(analogical problem solving)이라고 부르는데, 여러분은 현재 상황의 특징과 과거 상황의 특징들 사이의 유사점들을 찾는다(Christensen & Schunn, 2007; Lee & Holyoak, 2008). 앞서의 경우 '열쇠 없이 문이 잠겼던' 과거 경험 덕분에 '열쇠를 가진 다른 사람을 찾는다'라는 일반화를 형성할 수 있다. 일단 이러한 일반화를 하면, 여러분은 누가 열쇠를 갖고 있을 것이며 그를 어떻게 찾을 수 있을지 하는 문제들을 생각하기 시작할 것이다. 이 과제는 오후 수업 중인 룸메이트를 추적하기 위해 개발했던 방법을 인출하도록 요구한다. 이 문제가 여러분에게 쉽게 여겨진다면, 그것은 여러분이 자신의 과거 정보를 현재의 문제에 적용하는 데 익숙하기 때문인데, 귀납추론은 현재의 문제해결을 촉진시킬 수 있는 확실한 방법에 접속할 수 있게 해 준다.

귀납추론에서 한 가지 주의해야 할 것이 있다. 과거에 효과가 있었던 해결책이 성공적 해결을 위해 다시 사용될 수 있다. 그러나 과거 상황과 현재 상황 간에 중요한 차이가 있을 때 과거에 의존하는 것은 여러분의 문제해결 능력을 방해할 수 있음을 반드시 알아야 한다. 그림 8.9의 물통문제는 과거에 의존함으로써 문제의 해결책을 놓칠 수 있는 상황을 보여주는 고전적 예이다(Luchins, 1942). D부분의 처음 두 문제에서 B−A−2(C)=답이라는 개념 규칙을 발견했다면, 아마도 여러분은 세 번째 문제에 동일한 공식을 적용하려고 했을 것이고 그것이 잘 되지 않음을 알았을 것이다. 실제로 단순히 A를 채운 다음 이것을 C에 가득 부으면 맞는 양이 남게 된다. 초기의 공식을 사용했다면 아마 여러분은 이런 더 단순한 가능성을 알아차리지 못했을 것이다. 다른 규칙을 갖고 과거에 성공을 한 경험이 여러분에게 마음 갖춤새를 부여했을 것이다. **마음 갖춤새**(mental set)는 특정 조건하에서 지각과 문제해결의 질과 속도를 향상시킬 수 있는 기존의 마음 상태, 습관 또는 태도이다. 그러나 예전의 사고방식과 행동방식들이 새로운 상황에서 생산적이지 못할 때, 동일한 갖춤새가 때때로 정신활동의 질을 저해하거나 왜곡시킬 수 있다. 문제해결 상황이 절망적일 때,

한 발짝 뒤로 물러나 "과거의 성공 때문에 나의 초점이 너무 좁아진 것은 아닌가?"라고 스스로에게 질문해 볼 수 있다. 과거 상황과 과거의 해결책들을 보다 광범위하게 고려함으로써 여러분의 문제해결을 더 창의적으로 만들어 보라.

이 절에서 다양한 유형의 문제해결과 추론을 살펴보았는데, 실세계 상황에서 수행을 향상시키기 위해 취할 수 있는 구체적 방도를 제시하였다.

 복습하기

1. 문제해결에서 알고리듬이란?
2. 기능적 고착을 극복한다는 것이 의미하는 바는?
3. 사람들이 신념편향효과에 압도될 때 무슨 일이 일어나는가?
4. 귀납추론에서 기억의 역할은?

요점정리

인지 연구

- 인지심리학자들은 지각, 언어 사용, 추론, 문제해결 그리고 판단과 의사결정을 가능하게 해 주는 정신과정과 구조를 연구한다.
- 연구자들은 복잡한 과제를 기저의 정신과정으로 해체하기 위해 반응시간 측정치를 사용한다.

언어 사용

- 언어 사용자는 언어를 생성하고 이해한다.
- 많은 언어 이해에서 맥락을 사용하여 다의성을 해소한다.
- 의미의 기억 표상은 추론에 의해 보충된 명제로 시작한다.

시각적 인지

- 시각적 표상은 명제 표상을 보충하기 위해 사용될 수 있다.
- 시각적 표상은 환경의 시각적 양상에 대한 사고를 가능하게 해 준다.

문제해결과 추론

- 문제해결자는 초기상태와 목표상태, 그리고 초기상태에서 목표상태로 갈 수 있게 해 주는 조작을 정의해야 한다.
- 연역추론은 논리 규칙에 근거하여 전제들로부터 결론을 도출하는 것을 포함한다.
- 귀납추론은 가능성과 확률에 근거하여 증거로부터 결론을 추론하는 것을 포함한다.

연습문제

1. Donders의 분석 논리에 따르면
   a. 범주화는 가장 어려운 정신과정 중의 하나이다.
   b. 대문자 V보다 대문자 C를 표시하는 데 항상 시간이 더 걸린다.
   c. 여분의 정신 단계는 과제 완료에 더 많은 시간을 소요한다.
   d. 반응시간은 정신과정의 순서를 이해하는 데 유용하다.

2. 제리가 친구와 패스트푸드 식당에 갔을 때, 그들은 누가 먼저 계산대에 도달할지 알아보려고 서로 다른 줄에 섰다. 이것은 어떤 처리과정을 잘 보여주는 사례인가?
   a. 순차처리
   b. 자동처리
   c. 병렬처리
   d. 다의성

3. 로렌은 말하기와 저글링을 동시에 할 수 있지만 워렌은 그럴 수 없다. 저글링은 워렌보다 로렌에게 더욱 _____인 것으로 보인다.
   a. 통제처리
   b. 자동처리
   c. 병렬처리
   d. 순차처리

4. 언어상대성 가설에 따르면
   a. 언어들은 그들이 선택하는 어떠한 방식으로든 색 스펙트럼을 분할할 수 있다.
   b. 개인이 말하는 언어가 그들이 세상에 대해 사고하는 방식에 영향을 미친다.
   c. 인간은 다른 종들보다 훨씬 복잡한 언어를 사용할 수 있도록 진화해 왔다.
   d. 어떤 언어들은 청자의 입장을 고려하지 않는다.

5. 친구가 작별 인사를 하려고 걸어올 때 여러분은 모로 누워 있었다. 친구를 알아보기 위해서 여러분이 사용해야 할 것은?
   a. 정신회전
   b. 정신주사
   c. 공간적 정신모형
   d. 문제공간

6. 문제공간을 정의하는 데 있어 그 성분이 아닌 것은?
   a. 알고리듬
   b. 조작 세트
   c. 목표상태
   d. 초기상태

7. 신호탐지 이론에 기초한 설명이 제안한 바에 따르면 신념편향효과가 일어나는 원인은?
   a. 귀납추론
   b. 연역추론
   c. 반응편향
   d. 기능적 고착

8. 여러분이 _____에 참여하고 있을 때 _____에 조심해야만 한다.
   a. 귀납추론, 알고리듬
   b. 귀납추론, 마음 갖춤새
   c. 연역추론, 전제
   d. 연역추론, 소리 내어 생각하기 프로토콜

서술형 문제

1. 언어 이해에서 다의성이 중요한 문제인 이유는?
2. 정확한 연역추론 능력에 영향을 미치는 요인들은?

지능과 지능평가

지능이라는 단어를 정의하라는 요청을 받았다고 가정해 보자. 당신의 정의에 어떤 종류의 행동을 포함시킬 것인가? 자신의 경험에 대해 되돌아보자. 학교에 처음 다니기 시작했을 때 어떠했는가? 첫 번째 직장에서 일할 때 어떠했는가? 당신의 행동이 지능적이거나 또는 지능적이지 않다는 — 명석하거나 명석하지 않은 — 말로 명명되는 것을 아주 많이 들었을 것이다. 이러한 명칭들이 일상적 대화에서 적용될 때에는 별로 중요한 영향을 끼치지 않는다. 그러나 당신의 행동이 지능적이거나 지능적이지 않다고 간주되는 것이 중요한 결과를 초래하는 상황이 존재한다.

이 장에서 지능평가의 기초와 그 사용에 대해 살펴볼 것이다. 그리고 심리학자들이 지능 영역에서 개인차의 이해에 기여한 것에 대하여 고찰해 보겠다. 또한 이 개인차를 설명할 때 불가피하게 제기되는 문제점에 대해서도 논의할 것이다. 지능검사가 어떤 작용을 하는지, 무엇이 검사를 유용하게 하는지, 그리고 왜 사람들이 원래 하고자 했던 일을 항상 할 수가 없는지에 대해 초점을 둘 것이다. 사회에서 심리평가가 하는 역할에 관해 살펴봄으로써 이 장을 끝맺을 것이다.

이제 심리평가의 일반적인 방식을 간단히 살펴보자.

평가란 무엇인가

심리평가(psychological assessment)란 세분화된 절차를 이용하여 사람의 능력, 행동, 개인 특성을 평가하는 것이다. 심리평가는 특정 차원에서 비슷하거나 차이 나는 개인적 특성을 평가해서 서술하기 때문에, 흔히 **개인차**의 측정이라고도 지칭한다. 이제부터 심리평가의 역사를 살펴보도록 하겠다. 이러한 역사적 개관은 심리평가의 유용성과 그 한계성을 이해하도록 도와줄 뿐만 아니라, 현재 일어나고 있는 논쟁들을 이해하는 데에도 도움이 될 것이다.

평가의 역사

평가를 하기 위한 공식적 검사와 절차의 발달은, 당시 서구 심리학계에서는 상당히 획기적인 일이었으며, 1900년대 초에 이르러서야 넓게 사용하게 되었다. 그러나 서구 심리학에서 사람을 평가하는 데에 평가기법을 고안하기 훨씬 전에, 이미 중국에서는 평가기법이 흔하게 사용되고 있었다. 실제로, 중국에서는 4,000년 이전에 관리들에게 3년마다 구술시험을 실시하였다. 그 후 2000년이 지나 지필검사를 실시하여 법, 군대, 농업, 그리고 지리영역의 역량을 측정한 바 있고, 명나라

(1368~1644)에서도 관리를 선발할 때 여러 단계의 절차를 거쳤으며, 한국의 조선시대(1392~1910)에도 과거제도라는 절차를 거쳐 인재를 등용하였다.

중국의 과거제도는 1800년대 초기에 영국 외교관과 선교사에 의해 관찰·기술되었고, 영국에서는 곧 중국의 과거제도를 수정하여 채택하였으며, 곧 이어 미국에서도 수정된 형태로 채택되었다(Wiggins, 1973).

서구 지능검사에서의 주요 인물은 영국의 Francis Galton (1822~1911)경이다. 1869년에 출간된 그의 저서, 『유전적 천재(Hereditary Genius)』는 검사의 방법, 이론, 실시에 관한 후대의 견해에 지대한 영향을 끼쳤다. Charles Darwin과 8촌인 Galton은 Darwin의 진화론을 인간능력에 관한 연구에 적용하려는 시도를 하였다. 그는 사람들의 능력이 어떻게, 그리고 왜 다른가에 관심을 가졌다. 그리고 어떤 사람들은 재능을 가지고 태어나고 성공적이지만(자신처럼) 다른 사람들은 왜 그렇지 못한지를 밝히고자 하였다.

Francis Galton경의 연구는 현대 지능검사를 위한 환경을 창출하였다. 이제 공식적인 검사의 상황을 정의하는 특징이 무엇인지 알아보도록 하자.

공식적 평가의 기본 특징

공식적인 검사 절차를 통해 개인을 분류하거나, 특정 특성을 가진 사람들을 선발할 때 유용성을 지니기 위해서 **공식적 평가**(formal assessment) 절차는 세 가지 필요조건을 충족시켜야 한다. 평가도구는 (1) 신뢰도, (2) 타당도를 지녀야 하고, (3) 표준화되어야 한다. 이 필요조건을 충족시키지 못한다면, 특정 평가의 결론에 신빙성이 있다고 확신할 수 없다. 비록 이 장에서는 지능평가에 초점을 두고 있지만 공식적 평가 절차는 모든 종류의 심리검사에 적용이 된다. 이들 원리의 광범위한 적용을 충분히 이해하기 위해 지능검사와 더불어 다른 영역의 심리검사에 대한 예를 모두 다룰 필요가 있다.

신뢰도 신뢰도(reliability)는 평가도구에 의해 일관성 있는 점수가 나오는 정도이다. 만약 당신이 같은 날 아침에 체중계에 세 번을 올라갔는데, 그때마다 매번 다른 수치가 나온다면 그 체중계는 체중을 제대로 측정하지 못한 것이다. 그 체중계가 일관성 있는 결과를 낼 것이라고 기대할 수 없으므로 **신뢰도**가 낮다고 할 것이다. 물론 당신이 두 번의 체중을 재는 사이에 식사를 많이 했다면, 같은 결과가 나오기를 기대하지 않을 것이다. 즉, 측정도구가 신뢰도가 낮은가, 높은가 하는 것은 측정하고

누군가가 당신이 성인이 되었을 때의 키를 지능평가에 사용한다면 어떻게 느껴지겠는가? 이 경우 측정치는 신뢰도는 있겠지만 타당도는 어떨까?

자 하는 기저 개념이 변하지 않고 유지되는 범위 내에서 고려할 수 있다.

신뢰도를 판단하기 위한 한 가지 간단한 방법은 검사-재검사 신뢰도를 계산하는 것이다. **검사-재검사 신뢰도**(test-retest reliability)는 같은 사람에게 같은 시험을, 두 번의 시기에 치르게 하여 얻은 두 점수 간 상관의 수치이다. 완전한 신뢰도를 가진 검사라면 상관계수는 +1.00이 산출된다. 이것은 두 번에 걸쳐 동일한 패턴의 점수가 나왔음을 의미한다. 이는 어떤 사람이 첫 검사에서 최고점을 받거나 최하점을 받았다면 재검사 시에도 똑같이 최고점을 받거나 최하점을 받았다는 의미이다. 신뢰도가 전혀 없는 검사에서는 상관계수가 0.00이 나온다. 이는 첫 번째 점수와 두 번째 점수 간에 전혀 관련이 없다는 뜻인데, 예를 들자면 첫 검사에서 최고 점수를 가진 어떤 사람이 두 번째에서는 완전히 다른 점수를 받게 되는 것이다. 상관계수가 올라감에 따라(+1.00이라는 이상적 수치를 향해), 검사의 신뢰도가 증가한다. 다른 신뢰도 검사방법은 단일 검사에 대한 반응의 **내적 일관성**(internal consistency)을 측정하는 것이다. 예를 들어 한 검사에서의 짝수 번호 문제의 점수와 홀수 번호 문제의 점수를 비교하는 것이다. 이들 절반의 각 점수에서 같은 점수가 산출된다면 신뢰도가 좋은 검사인 것이다.

타당도 제2장에서 검사의 **타당도**(validity)는 평가자가 검사를 통해 측정하고자 한 것을 측정하는 정도라고 하였다. 타당한 지능검사는 지능의 특성을 측정하고, 지능이 중요한 역할을 하는 상황에서의 수행을 예언할 수 있어야 한다. 창의성의 타당한 측정치는 그림을 그리는 능력이나 기분이 아니라 실제의 창의성을 반영하는 것이어야 한다. 따라서 일반적으로 타당도는 검사의 목적이나 의도와 연관된 행동이나 결과를 정확히 예측하는 정도를 반영한다. 한 검사가 타당할 수 있는 조건

은 매우 특수한 것이어서, "그 검사가 어떤 목적에 대해 타당한가?"를 묻는 것이 항상 중요하다. 타당도의 중요한 유형으로는 내용 타당도, 준거 타당도, 구성 타당도가 있다. 만약 한 검사가 관심 있는 영역의 전체 범위를 측정한다면 **내용 타당도**(content validity)가 있다고 본다. 당신이 사람들의 삶의 만족도를 측정하려고 한다면, 학업 성공에 초점을 두는 것으로는 충분치 않을 것이다. 타당도가 있는 검사를 개발하려면 다양한 삶의 영역에서 살고 있는 사람들을 표집해서 자신의 직업에 만족하는지, 인간관계에는 만족하는지 등을 물어봐야 할 것이다.

검사의 **준거 타당도**(criterion-related validity)를 평가하기 위해 심리학자들은 개인의 점수를 검사가 측정하고자 하는 것과 연관된 다른 기준 또는 준거와 비교한다. 예를 들어 대학에서의 성공 여부를 예상하기 위해 만들어진 검사라면 대학의 학점이 적절한 준거가 될 것이다. 만약 검사 점수가 대학의 학점과 높은 상관이 있다면, 그 검사는 준거 타당도를 지니고 있는 것이다. 검사를 만드는 사람들에게 가장 중요한 과제는 적절한, 측정 가능한 준거를 찾는 것이다. 다음 연구에서 배심원 편향의 측정치에 대한 준거 타당도를 어떻게 증명하였는지 살펴보자.

배심원이 되었을 때 사람들은 어떤 선입견도 없이 증거를 고려할 것으로 가정한다. 연구자들은 측정도구인 공판 전 배심원 태도 설문지(Pretrial Juror Attitude Questionnaire, PJAQ)의 타당도를 증명하고자 하였다. 이것은 비편향 기준에 맞지 않는 잠재적 배심원을 확인할 수 있게 해주는 설문지이다(Lecci & Myers, 2008). PJAQ는 29개의 진술로 구성되어 있다(예 : "피의자가 경찰서에서 달아났다면 그는 아마도 범죄를 저질렀을 것이다." "보험회사에 대해 제출된 많은 사고 청구는 엉터리이다."). PJAQ를 하는 사람들은 '매우 그렇지 않다'에서 '매우 그렇다'까지의 5점 척도로 된 각 진술 문항에 대해 자신이 동의하는 정도를 표시한다. PJAQ의 준거 타당도를 측정하기 위해 연구자는 617명의 참가자들에게 설문지를 실시하였다. 그다음 동일한 참가자 집단에게 살인자, 강간 그리고 무기를 소지한 강도 사례에 대한 공판 요약을 읽게 하여 어떤 평결이 각 사례에 적절한 것인지를 고르게 한다. 각 참가자들이 대다수의 동료들보다 유죄 평결을 더 많이 한다면, 그들에게 어느 정도 편향이 작용함을 시사한다. PJAQ는 유죄자 평결을 더 많이 내리는 경향이 있는 참가자를 성공적으로 예측한다.

준거 타당도가 어떤 평가도구에 대해 증명되면 연구자들은 앞으로의 예측을 하기 위해 안심하고 그 도구를 사용할 수 있을 것이다.

배심원 태도의 측정에 대한 타당도를 어떻게 측정할까?

심리학자들의 많은 개인적 관심에도 불구하고 이상적 준거는 존재하지 않는다. 예를 들어 수행에 대한 어떤 단일한 행동이나 객관적 측정치도 어떤 사람이 전체적으로 얼마나 불안한지, 우울한지 혹은 공격적인지를 표시하기 어렵다. 심리학자들은 이들 추상적 성질의 원인은 무엇이고, 이들 성질이 행동에 어떻게 영향 미치는지, 그리고 다른 변인들과 어떻게 관련이 되는지에 대한 이론 혹은 **구성개념**을 가진다. 검사의 **구성 타당도**(construct validity)는 기저의 구성개념을 적절하게 측정하는 정도를 나타낸다. 예를 들어 어떤 검사에 의한 점수가 우울의 구성개념을 정의하는 특징의 타당한 측정치와 높은 상관을 보일 때, 우울에 대한 그 새로운 측정치는 구성 타당도가 있다고 간주한다. 이에 덧붙여, 구성 타당도를 가지기 위해 그 새로운 측정치는 우울의 구성개념 이외의 특징과는 관련성을 보이지 않아야 한다.

타당도와 신뢰도 간에 어떤 관계가 있는지 잠시 짚고 넘어가자. 신뢰도는 한 검사의 점수가 같은 검사의 점수와 상관되는 정도(두 시기에 걸쳐 검사를 실시하거나 다른 문항들을 사용하여 측정)이고, 타당도는 검사점수가 외부의 다른 것(다른 검사, 행동규준, 또는 평점자의 평정)과 관련되는 정도이다. 일반적으로 신뢰도가 낮은 검사는 타당도 또한 낮다. 왜냐하면 검사가 그 자체를 예언하지 못한다면, 외부에 있는 다른 어떤 것도 예언하지 못하기 때문이다. 예를 들어 오늘 당신의 반에서 공격성 검사를 하여 나온 점수와 내일 동형 검사에서 나온 점수가 서로 관련이 없다면(신뢰성이 없다면), 불행히도 어느 하루에 나온 점수로는 일주일 동안 어느 학생이 가장 자주 싸우거나 논쟁했는지를 예측하지 못할 것이다. 결국 이 두 점수는 동일한 내용에 대한 예측조차도 하지 못한 것이다. 반면에 타당도는 없더라도 신뢰도가 높게 나올 수는 있다. 예를 들

어 성인의 키를 지능 측정치로 사용하기로 결정했다고 하자. 이 예를 통해, 타당도는 낮더라도 신뢰도가 높을 수 있음을 이해하겠는가?

규준과 표준화 지금까지 신뢰도와 타당도에 관해 알아보았다. 하지만 서로 다른 검사 점수를 해석하기 위해 맥락을 제공해 주는 규준이 필요하다. 예를 들어 당신이 우울한 정도를 측정하는 검사에서 18점을 받았다고 하자. 이 점수는 무엇을 의미할까? 당신은 조금 우울한가? 전혀 우울하지 않은가? 또는 평균 정도로 우울한 것인가? 당신은 점수가 의미하는 바를 알기 위해 다른 학생들의 전형적인 점수, 또는 통계적 **규준**(norm)과 비교하고 싶을 것이다. 즉, 일반적인 범위의 점수를 알기 위해 검사의 규준, 당신의 나이와 성별이 같은 학생들의 **평균 점수**를 검토할 것이다. 이들 점수들은 당신의 우울 검사 점수를 해석할 수 있는 맥락을 제공해 주게 된다.

이러한 규준이 의미를 지니려면, 모든 사람들이 표준화된 환경에서 동일한 검사를 치러야 한다. **표준화**(standardization)는 모든 사람들에게 같은 조건하에서 같은 방식으로 검사 도구를 실시한다는 것을 가리킨다. 표준화의 필요성은 분명하지만, 현실에서 항상 지켜지지는 않는다. 어떤 사람들에게는 다른 사람보다 더 많은 시간이 주어질 수도 있고, 더 명확하고 상세한 지시가 주어질 수도 있으며, 질문이 허락될 수도 있다. 또는 검사자에 의해서 더 잘 수행하도록 동기화될 수도 있다. 검사절차에 검사를 실시하는 방법이나 채점하는 방법에 관한 명확한 지시가 포함되지 않으면, 특정 검사 점수가 의미하는 것을 해석하기 어렵거나, 그 점수가 비교집단과 어떻게 관계되는지를 알기 어렵다.

 복습하기

1. Francis Galton경의 어떤 지배적 사고가 지능 연구에 기여하였는가?

2. 어떤 측정치가 준거 타당도가 있는지를 연구자는 어떻게 밝힐 수 있는가?

3. 측정치들에 대해 규준이 있는 것이 왜 중요한가?

비판적 사고 공판 전 배심원 태도 설문지(PJAQ)의 준거 타당도를 측정한 연구에 관한 것이다. 실제 공판 상황에서의 PJAQ의 타당도를 어떻게 측정해야 할까?

지능평가

당신 또는 당신 친구의 지능은 어느 정도인가? 이 질문에 대답하기 위해서는 **지능**(intelligence)에 대한 정의에서부터 시작할 필요가 있다. 52명의 지능 연구자들은, 합의하기가 매우 어려움에도 불구하고 지능의 다음과 같은 일반적인 정의에 합의하였다. 즉 "지능은 추론능력, 계획능력, 문제해결 능력, 추상적 사고능력, 복잡한 생각을 이해하는 능력, 빨리 배우는 능력, 경험으로부터 배우는 능력을 포함하는, 가장 일반적인 정신능력이다."(Gottfredson, 1997, p. 13). 이렇게 포괄적 범위의 능력을 측정하려고 한다면 지능을 측정하는 방법에 관한 논쟁이 왜 항상 존재하는지를 금방 알 수 있을 것이다.

이 절에서, 우리는 지능검사가 지능에 대한 이들 여러 개념과 조화되는 방식에 관해 기술하고자 한다. 그럼 먼저 지능과 지능검사에 대해 처음으로 관심이 야기된 역사적 맥락을 고찰해 보자.

지능검사의 기원

1905년은 사용가능한 지능검사가 처음으로 발간된 해이다. 이는 Alfred Binet(1857~1911)가 발달 지체아들을 위한 효과적인 공공 교수법을 만들어 달라는 프랑스의 교육부 장관의 요청에 응한 결과이다. Alfred Binet와 그의 동료 Theodore Simon(1873~1961)은 아동들의 지능을 측정하는 것이 교수 프로그램을 계획하는 데에 필요하다고 생각했다. Binet는 정상 진학 아동과 발달적으로 그렇지 못한 아동을 분류하고, 구분하기 위해 사용할 수 있는 지적 수행에 관한 객관적 검사를 만들고자 하였다. 그는 이 검사를 통해 학교가 주관적이고, 편파적인 교사들의 평가에 덜 의존하게 될 것으로 기대하였다.

지적 수행을 수량화하기 위해, 즉 측정하기 위해 Binet는 각 아동들의 반응을 비교할 수 있도록, 각 연령에 적합한 과제 또는 검사 항목을 만들어서, 검사의 문항들을 옳거나 또는 틀린 것으로 객관적으로 점수화할 수 있게 하였다. 또한 내용을 다양하게 하였으며, 아동들의 환경의 차이에 크게 영향받지 않으며, 기계적 기억보다 판단과 추론을 측정할 수 있는 문항들을 선택하였다(Binet, 1911).

다양한 연령의 아동들을 검사하여, 정상 아동에 대해 각 연령별 평균 점수가 계산되었고, 개별 아동의 수행을 각 연령의 정상 아동이 얻는 평균치와 비교하였다. 검사결과에 기초하여 정상 아동이 특정 점수를 얻게 되는 평균 연령을 정하였다. 이 측정치를 **정신연령**(mental age)이라고 불렀다. 예를 들어 아동

Binet는 지능의 측정에 왜 생활연령과 정신연령을 비교하였을까?

의 점수가 5세 아동들의 평균 점수와 같다면, 태어난 이후의 햇수를 세는 실제의 **생활연령**(chronological age)과 관계없이, 그 아동의 정신연령을 5세라고 부른다.

IQ 검사

비록 Binet가 프랑스에서 지적 능력에 대한 표준화된 평가를 시작하기는 했지만, 곧 미국의 심리학자들이 선두에 서게 되었다. 또한 그들은 IQ, 즉 지능지수라는 개념을 개발하였다. IQ는 지능을 수치로 측정한 것이며, 표준화된 측정이다. 오늘날에 개별 실시되는 IQ 검사로서 광범위하게 사용되는 두 종류의 검사가 있다. 즉, 스탠퍼드-비네 검사와 웩슬러 검사이다.

스탠퍼드-비네 지능검사 전직 초등학교 행정관이었던, 스탠퍼드대학교의 교수 Lewis Terman은 Binet의 지능 측정방법의 중요성을 높이 평가하였다. 그래서 그는 Binet의 검사문항들을 미국의 초등학교 아동들을 위해 채택하였고, 검사의 실시방법을 표준화하였으며, 또한 수천 명의 아동들에게 검사를 실시하여 연령별 규준을 만들었다. 그는 1916년에 비네 검사의 스탠퍼드 개정판을 출간하였는데, 이를 보통 스탠퍼드-비네 지능검사라고 부른다(Terman, 1916).

Terman은 그의 새로운 검사를 통해, **지능지수**(intelligence quotient) 또는 IQ(William Stern에 의해 만들어진 용어)에 대한 기초를 제공하였다. IQ는 소수점을 제거하기 위해, 생활연령에 대한 정신연령의 비율을 100으로 곱한 것이다.

IQ = 정신연령 ÷ 생활연령 × 100

만일 8세의 생활연령을 지닌 아동이 검사 점수에서 10세의 정신연령을 보이면, IQ는 125(10÷8×100=125)이며, 똑같은 생활연령을 가진 다른 아동이 6세의 정신연령으로 수행한다면 IQ는 75(6÷8×100=75)이다. 자신의 생활연령과 동일한 정신연령으로 수행하면 IQ는 100이다. 그러므로 100이라는 점수는 평균 IQ라고 간주된다.

새로운 스탠퍼드-비네 검사는 곧 임상심리학, 정신의학, 교육상담 분야에서 표준 도구로 사용하게 되었다. 스탠퍼드-비네 지능검사는 일련의 하위검사들을 포함하는데, 각각의 하위검사는 특정 정신연령에 맞추어 만들어졌다. 스탠퍼드-비네 검사가 처음 소개된 이후, 일련의 개정이 이루어졌다(Terman & Merrill, 1937, 1960, 1972; Thorndike et al., 1986). 이들 개정을 통해 검사의 범위가 매우 어린 아동과 매우 지능적인 성인의 IQ까지도 측정할 수 있게 확장되었다. 더 나아가서 개정을 통해 나이에 적합한 평균 점수를 경신해 왔다. 스탠퍼드-비네 검사의 가장 최근 판인 다섯 번째 개정판에서는 지적으로 손상되거나 우수한 사람뿐 아니라 정상적 수행 범위에 있는 사람들에 대해서도 IQ 추정치를 제공해 준다(Roid, 2003).

웩슬러 지능검사 뉴욕의 벨뷰 병원에 근무하던 David Wechsler는 성인 지능검사에서 언어적 문항에만 의존하는 것을 바꾸고자 하였다. 그는 1939년에 언어성 하위척도와 비언어적 또는 동작성의 하위척도로 구성된 웩슬러-벨뷰 지능검사를 발표하였다. 이 방법에 의해 전체적 지능지수에 덧붙여, 언어성 IQ와 동작성 IQ로 분리한 추정치를 제시하였다. 이후 약간의 수정을 거쳐, 1995년에 웩슬러 성인 지능검사(WAIS)로 이름을

바꾸었고, 오늘날에는 WAIS-IV 검사를 받게 된다(Wechsler, 2008).

표 9.1에서 보는 바와 같이 WAIS-IV에는 IQ의 여러 측면을 포괄하는 10개의 소검사와 5개의 보충 소검사가 있다. WAIS-IV의 소검사들은 언어이해, 지각추론, 작업기억 그리고 처리속도를 측정하는 4개의 척도로 조직된다. WAIS-IV로 검사받게 될 때, 전체를 한꺼번에 검사받을 수도 있고, 이 4개의 척도를 각각 나누어서 검사받을 수도 있다.

WAIS-IV는 16세와 그 이상의 연령대의 사람들을 위해 고안되었지만, 아동들을 위한 유사한 검사도 개발되었다(그림 9.1 참조). 웩슬러 아동용 지능검사 4판(Wechsler Intelligence Scale for Children-Fourth Edition, WISC-IV; Wechsler, 2003)은 6세에서 16세 까지의 아동들에게 적합하며, 2세 6개월에서 7세 3개월 된 아동에게 적합한 검사는 유아기 및 학령기 아동용 웩슬러 지능검사 3판(Wechsler Preschool and Primary Scale of Intelligence-Third Edition, WPPSI-III; Wechsler, 2002)이다. 이 두 검사에 대한 최근의 개정판에서는 두 검사의 도구를 색채가 더 많고, 더 현대적이며, 아동들에게 더 흥미 있도록 만들었다. 그러나 연구자들은 2011년부터 WPPSI-IV를 새롭게 만들기 위한 노력을 하고 있다

WAIS-IV, WISC-IV, 그리고 WPPSI-III는 모든 연령에 대해 전체 IQ를 산출하는 지능검사의 가계를 이루고 있다. 게다가 소검사 점수를 비교함으로써 시간의 흐름에 따른 보다 더 상세한 지적 능력의 발달을 추적할 수 있게 해 준다. 이러한 이유에서 웩슬러 검사는 같은 사람이 여러 다른 연령 시기에 검사를 받을 때 특히 가치가 있으며, 상이한 교육 프로그램에 대

표 9.1 WAIS-IV의 문항들과 비슷한 질문과 문제들

언어이해 척도	
공통성	비행기와 잠수함은 어떤 점이 비슷한가?
어휘	'필적하다'는 무슨 뜻인가?
지각추론 척도	
토막짜기	무늬가 있는 토막을 이용하여 검사자가 제시하는 형태대로 재생한다.
빠진 곳 찾기	그림을 검토하여 그림에 빠져 있는 부분을 말한다(예 : 갈기가 빠진 말).
작업기억 척도	
숫자	다음 수를 따라 말하시오. (3, 2, 7, 5, 9)
산수	만약 20달러에서 8.5달러로 영화표를 사는데 썼고, 팝콘 사는 데에 2.75달러를 썼다면 거스름돈으로 얼마를 받아야 할까?
처리속도 척도	
동형 찾기	두 개의 추상적 상징(Θ, A와 같은)이 여러 개의 상징 목록에 나타나는지를 알아낸다.
지우기	시각적 배열을 보고 검사자의 지시에 따라 수행한다(예 : 파란색 네모와 초록색 세모를 통과하는 선을 그으시오.).

그림 9.1 지능검사
4세 아동에게 심리학자가 지능검사를 실시하고 있다. 이 검사의 동작성 부분에는 색이 있는 캔디의 배열을 분류하는 과제를 포함하고 있다. 왜 수행 부분이 IQ 평가의 중요한 구성요소가 될까?

한 반응으로서 아동의 진전을 추적하고자 할 때 유용하다.

극단적 지능

IQ 점수는 이제 더 이상 정신연령을 생활연령으로 나누어서 산출하지 않는다. 만약 요즘 당신이 검사를 받는다면 당신의 점수를 계산하여 같은 나이 또래의 점수들과 직접 비교한다. 100점의 IQ가 '평균'이고 같은 나이 또래의 50%가 그보다 더 낮은 점수를 얻는다는 것을 보여준다. WAIS로 측정한 IQ 점수의 분포는 그림 9.2에서 보는 바와 같다. 이에 덧붙여 IQ 점수가 70 미만이거나 130 이상인 사람들에 대해 생각해 보자. 그림 9.2에서 보는 바와 같이 이러한 점수들은 매우 드물다.

지적 장애와 학습장애 18세 이하인 사람이 지능검사에서 평균보다 약 두 표준편차 이하의 점수를 얻었다면, **지적 장애**(intellectual disability)의 분류 기준 중 하나를 충족한다. WAIS의 경우 지적 장애의 기준은 IQ 70이 기준이다. 그러나 표 9.2에서 보는 바와 같이, 지적 장애로 간주하려면 사람들이 적응적 행동에 제한을 보여야만 한다. 적응적 행동이란 사람들이 일상생활에서 배우고 수행하는 기술인 개념적, 사회적 그리고 실용적 기술의 집합이다(미국 지적 및 발달장애 협회, 2010, p. 15). 과거에 정신장애(mental retardation)라는 용어는 IQ 70에서 75 이하인 사람들을 지칭하는 데에 사용되었다. 그러나 적응적 행동의 고려를 포함하도록 정의가 확장됨에 따라 지적 장애라는 용어가 더 적절한 것으로 보게 되었다(Schalock et al., 2007). 임상가들은 사람들을 지적 장애라고 진단할 때 가

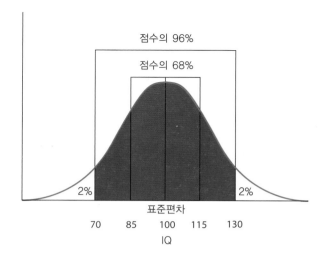

그림 9.2 모집단의 IQ 점수의 분포
IQ 점수는 100점이 모집단의 평균(100 이하의 사람 수만큼 100 이상의 사람이 존재)이 되도록 표준화되어 있다. 85에서 115 사이는 정상으로 분류한다. 130 이상은 우수하다고 간주하며, 70 이하는 지적 장애로 진단될 수 있다.

출처 : Craig, Grace J.; Dunn, Wendy L., *Understanding Human Development*, 2nd Edition, © 2010. Printed and electronically reproduced by permission of Pearson Education Inc., Upper Saddle River, New Jersey

능한 한 적응적 기술에 어떤 제한이 있는지를 파악하려 한다. 사람들을 IQ에 의거해서만 분류하기보다, 개인의 요구에 밀접하게 맞춰진 환경적 지지와 사회적 지지를 제공하는 것이 현대적 목표이다.

지적 장애는 여러 가지 유전적 요인과 환경적 요인에 의해 일어날 수 있다. 예를 들어 21번째 염색체에 가외 유전 물질이 존재함으로써 일어나는 장애인 다운증후군이 있는 사람들

표 9.2 지적 장애의 진단

다음에 해당되면 지적 장애로 진단한다.
• IQ가 지능검사의 평균보다 두 표준편차 이상 낮다.

• 다음과 같은 적응적 행동에 제한을 보인다.
  개념적 기술
  언어 사용
  읽기와 쓰기
  경제 개념
  사회적 기술
  규칙에 따르고 순종하기
  사회적 책임감
  희생되기를 피하기
  실용적 기술
  스스로 돌보기
  건강 돌보기
  직업 기술

• 18세 미만에서 시작된다.

출처 : Excerpted from American Association on Mental Retardation, 2010, p. 44.

은 흔히 낮은 IQ를 보인다. 페닐케톤 뇨증(PKU)이라고 하는 다른 장애도 IQ에 대해 잠재적인 부정적 영향을 미친다(Brumm & Grant, 2010). 그러나 영아기에 진단이 되기만 한다면 특별한 식이요법을 엄격하게 고수함으로써 PKU의 부정적 효과를 조절할 수 있다. 가계연구에 따르면 유전인자의 유전은 IQ 55에서 70 사이의 지적 장애에 대해서만 역할을 한다는 점을 보여준다(Plomin & Spinath, 2004). 보다 심한 형태의 장애는 개인의 발달에서 원발성 유전자 이상이 발생하여 일어나는 것으로 보이며, 이러한 유전자 이상은 유전되는 것은 아니다. 지적 장애에 가장 흔한 중요한 환경은 태내 환경이다. 독일 홍역이나 매독과 같은 질병을 앓는 임신 중의 여자들은 지적 장애가 있는 아이들을 낳을 위험이 있다. 이에 덧붙여 알코올과 그 외 약물을 복용하는 임부, 특히 임신 초기에 복용하는 임부들은 인지적 결함이 있을 가능성이 역시 증가한다(Bennett et al., 2008; Huizink & Mulder, 2006).

역사적으로 지적 장애가 있는 사람들은 교육이 가능할 경우 대체로 완전히 격리된 시설에서 교육받았다. 그러나 이들 분리 프로그램이 효과적이지 않다는 증거가 축적되면서 미국 정부는 1975년에 장애가 있는 학생들을 일반 교실에서 대부분을 교육받을 수 있도록 하는 것을 요구하는 법안을 통과시켰다(McLeskey et al., 2011). 이 법은 또한 어떤 수준의 손상된 기술은 분리된 교육을 받을 필요가 있음을 인정하고 있다. 교육 현장은 수십 년 동안에 변화되었으며 지적 장애로 진단받은 학생들의 더 많은 수가 일정 시간 또는 더 많은 시간을 또래들이 있는 교실에서 보내게 되었다.

IQ 점수는 사람들이 다양한 언어적 과제나 비언어적 과제를, 연령적 규준에 비추어서, 얼마나 수행할 수 있는지에 대한 일반적인 정보를 제공한다. 어떤 경우에는 IQ 점수와 수행이 조화되지 않을 때 고려할 만한 이유가 있다. 자신의 성취와 측정된 IQ 간에 큰 불일치를 보이는 사람들은 **학습장애**(learning disorder)로 진단될 것이다. 학습장애로 진단하기 전에 낮은 동기, 평범한 교육, 또는 신체적 문제(예 : 시력 결핍)와 같이 낮은 성취를 야기할 수 있는 다른 요인들의 가능성을 배제할 필요가 있다.

영재성 영재(gifted)라고 명명되는 경향이 있는 사람들은 130 이상의 IQ 점수를 가진다. 그러나 지적 장애의 정의와 마찬가지로 영재의 개념 역시 IQ만 가지고는 적절하게 이해될 수 없다. 예를 들어 Joseph Renzulli(2005)는 영재성에 대한 '3개의 고리 개념화(three-ring conception)'를 주장하였다. 이 개념에

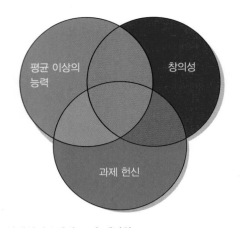

그림 9.3 영재성의 3개의 고리 개념화
3개의 고리 개념화에 따르면 영재는 평균 이상의 능력, 높은 창의성과 높은 과제 헌신의 교차점에서 나타난다.

서는 능력 차원, 창의성 차원, 그리고 과제 헌신(commitment)의 차원에 따라 영재성의 특징을 정의하고 있다(그림 9.3 참조). 이 견해에서는 평균 이상의 IQ를 가진 사람을 영재로 생각할 수 있지만 반드시 우수해야 되는 것은 아니다. 이에 덧붙여 영재들은 높은 수준의 창의성을 보일 필요가 있고, 특정 문제나 수행 영역에 대해 높은 수준의 헌신을 발휘할 필요가 있다. 영재에 대한 이와 같이 확장된 정의는 영재인 사람들이 왜 학업 범위에서는 영재가 아닌 경우가 종종 일어나는지를 설명해 준다(Sternberg, 2010). 능력, 창의성 그리고 과제 헌신은 언어 영역과 수학 영역에 따라 모두 차이가 있을 수 있다.

영재는 어느 정도의 질을 일반적으로 소유할까? 영재에 대한 공식적 연구는 1921년에 시작하였는데, 이때 Lewis Terman (1925)은 학교 모집단에서 상위 1%의 검사점수를 보인 1,500명의 소년과 소녀들에 대한 장기간 연구를 시작하였다. 이들 집단의 모든 측면을 80대까지 추적하였다(Holahan & Sears, 1995). Terman과 그의 후속 연구자들은 이들 영재들이 인생을 살아감에 따라 어떤 방식으로 지내는지를 알고자 하였다. Terman은 연구 예정표를 만들기 위해 계속해서 질문을 던졌다. 예를 들어 Terman은 영재가 사회적 및 정서적 적응에 문제가 있다는 오해를 탐색하였다. Terman은 바로 그와 반대되는 결론을 내렸다.

영재와 비영재의 성격 특징을 비교한 최근 연구에서도 영재가 또래들보다 덜 적응적이라는 고정관념에 반대한다(Martin et al., 2010; Zeidner & Shani-Zinovich, 2011). 실제로 영재는 불안이 낮은 것과 같은 장점들을 가지고 있다.

Terman은 영재들의 삶이 대체로 성공적이었음을 증명하였는데, 이러한 사실은 이 장의 끝부분에서 다시 언급하겠지만,

IQ가 직업의 지위와 수입의 훌륭한 예언자가 되기 때문에 놀라운 일이 아니다. 따라서 영재들에 대해 그들이 잘 해내지 못할 것을 걱정하는 대신에, 그들이 자신의 재능을 완전히 발달시킬 수 있도록 해 주는 충분한 교육적 지지를 받지 못할 것에 관해 걱정해야 한다(Reis & Renzulli, 2010). 영재성을 다차원적 구성개념이라고 인정한다면, 영재에 대한 교육도 개개 학생의 특정 재능에 역점을 두는 융통성을 가져야만 할 것이다.

 복습하기

1. 지능지수를 계산하기 위해 최초로 어떤 측정치가 사용되었는가?
2. David Wechsler는 IQ의 측정을 위해 어떤 유형의 소검사들을 도입하였는가?
3. 지적 장애의 진단에 어떤 요인들이 기여하는가?
4. '3개의 고리 개념화'에서 영재성을 정의하는 차원들은 무엇인가?

지능에 대한 이론

이제까지 우리는 지능이 측정되는 몇 가지 방법에 대해서 알아보았다. 이제 당신은 자신에게 다음과 같은 질문을 할 때가 왔다. 이 검사들은 지능이 의미하는 모든 것을 포괄하고 있는가? 이 검사들이 당신 자신의 지능을 구성하고 있다고 생각하는 모든 능력을 포괄하고 있는가? 이러한 질문들에 대해 생각하는 것을 돕기 위해 지능의 이론들을 개관해 보도록 하겠다. 당신은 각 이론을 읽으면서, 각 이론의 구성요소들이 지능의 측정치로 IQ를 사용하는 것과 부합하는지를 스스로 질문해 보라.

지능의 심리측정 이론

지능의 심리측정 이론들은 IQ 검사가 시작된 것과 매우 동일한 철학적 풍토에서 시작되었다. **심리측정**(psychometrics)은 정신적인 모든 면을 검사하는 것을 전문으로 다루는 심리학의 영역이며, 성격평가, 지능평가, 적성검사를 포함한다. 그러므로 심리측정적 접근은 검사방법과 밀접한 관계가 있다. 이러한 이론들은 능력에 대한 서로 다른 측정치, 즉 WAIS-III에서의 14개의 소검사와 같은 측정치 간의 **통계적 관계**를 검토하여, 이들 관계에 기초해서 지능의 성질을 추론한다. 가장 빈번히 사용되는 기술은 요인분석인데, 이는 더 많은 독립변인들 중에서, 더 적은 수의 차원, 덩어리, 또는 요인을 탐지하는 통계적

절차이다. 요인분석의 목적은 연구하고자 하는 개념의 심리학적 차원을 밝히는 것이다. 물론 통계적인 절차에 의해서는 통계적 규칙성만을 확인할 뿐이며, 이러한 규칙들의 해석을 제안하고 방어하는 것은 심리학자들의 소관이다.

Charles Spearman은 요인분석을 지능영역에 일찍이 영향력 있게 적용하였다. Spearman은 개인이 다양한 지능검사에서 보이는 각각의 수행 간에 매우 높은 상관이 있음을 발견하였다. 이러한 양상에 기초하여, 모든 지적 수행의 기저에는 일반지능 요인 또는 **g**가 있다고 결론지었다(Spearman, 1927). 또한 각 개별적 영역은 Spearman이 **s**라 부르는 특수한 기술과 연관되어 있다. 예를 들어, 어휘검사나 산술검사에서의 수행은 일반지능과 특수한 능력, 이 두 가지 능력 모두와 관련된다.

더 진보된 요인분석 기술을 사용한 Raymond Cattell(1963)은 일반지능을 결정적 지능과 유동적 지능이라는 비교적 독립된 2개의 구성요소로 나누었다. **결정적 지능**(crystallized intelligence)은 사람이 이미 획득한 지식과 그 지식에 접근하는 능력을 포함한다. 이 지능은 어휘검사, 산술검사, 일반적 정보에 대한 검사를 통해 측정할 수 있다. **유동적 지능**(fluid intelligence)은 복잡한 관계를 아는 능력과 문제를 해결하는 능력이며, 이 지능은 토막 짜기 검사와, 문제를 푸는 데에 필요한 배경지식이나 쉽게 드러나는 지식을 포함하는 공간적 시각화를 통해 측정된다. 결정적 지능은 반복적이며 구체적으로 발생하는 삶의 도전에 잘 대처하게 해 주고, 유동적 지능은 새롭고 추상적인 문제들을 풀어나가는 데에 도움이 된다.

Cattell 이후로 많은 심리학자들은 지능을 전통적인 IQ 검사에 대한 수행보다 훨씬 더 많은 것을 포함한다는 개념으로 확장하고 있다. 이제부터 지능을 IQ 이상으로 보는 두 유형의 지능이론에 대해 알아보자.

Sternberg의 지능 삼원이론

Robert Sternberg(1999)는 지능의 부분으로서 문제해결에서의 인지적 과정의 중요성을 역시 강조하였다. Sternberg는 세 부분으로 나누어지는 삼원이론(triarchic theory), 즉 세 영역 이론의 개요를 설명하였다. 그가 말하는 지능의 세 가지 유형이란 분석적 요소, 창의적 요소, 실용적 요소이며 모두 효과적인 수행을 특징짓는 상이한 방법들을 표현한다. Sternberg는 성공지능이 세 영역 모두에서의 수행의 반영이라고 제안한다.

분석적 지능은 생활에서 많은 친숙한 과제들에 적용하는 기초적 정보처리 기술을 제공한다. 이 유형의 지능은 사고와 문제해결의 기저에 있는 성분요소(component) 또는 정신적 과정

왜 머리가 좋은 사람들은 더 오래 사는가?

먼저 밝혀진 사실부터 살펴보자. IQ가 높은 사람들은 더 오래 사는 경향이 있다(Deary et al., 2010b). 1936년에 스코틀랜드에서 태어난 1,181명의 사망에 관련한 연구를 하였다(Deary et al., 2008). 그들이 1947년 아동이었을 때 표준화된 지능검사를 통해 지능을 측정한 후 1968년부터 2003년까지의 기간에 걸쳐 사망한 사람들을 알아보았다. IQ와 사망의 관계를 알아본 결과, 강한 관련성을 보였다. 한 개 표준편차만큼 증가함에 따라 사망 위험이 30%씩 감소했다(p. 876). IQ가 높은 사람들의 수명이 긴 현상은 다른 여러 국가의 자료를 통해서도 반복적으로 지지되었다(Deary et al., 2010b).

IQ와 사망에 관한 이러한 사실에 대해 다음과 같은 네 가지 설명이 이루어졌다(Deary, 2008).

- 아동기의 낮은 IQ 점수는 부분적으로 출생 전 및 출생 후 환경의 상황들에 의해 자신의 뇌가 완전한 잠재력을 발휘하지 못하게 된 것에서 기인할 것이다. 이와 같은 뇌 결손에 의해 낮은 IQ는 사망을 앞당길 것이다.
- 어떤 사람들은 단지 좋은 뇌뿐만이 아니라 몸 전체로 확장되는 전체적으로 '잘 짜인 체계'(Deary, 2008, p. 176)를 가지고 있을 것이다. 이러한 잘 짜인 체계로 인해 높은 IQ와 좋은 신체건강을 갖게 된다.
- IQ가 높은 사람들은 더 높은 교육을 받게 되고 결과적으로 더 전문적 직업을 수행하게 된다. 따라서 높은 IQ는 궁극적으로 건강에 잠재적 위험이 적은 환경에서 삶을 살아가도록 이끈다.
- IQ가 높은 사람들은 건강에 덜 위험한 행동에 관여하게 된다. 실제로 생애 초기에 IQ가 높은 사람들은 섭식이 더 좋은 경향이 있고, 운동을 더 많이 하고, 사고를 피할 수 있게 되고, 흡연을 하지 않고, 과음을 하지 않으며, 성인기에 적정 체중을 더 잘 유지한다(Deary, 2008, p. 176).

이들 설명들은 서로 배타적이지 않다는 점에 주목하라. 즉, 이 설명들은 모두 IQ와 수명 간의 상관에 기여할 수 있다.

IQ가 높은 사람들이 건강을 해치는 행동에 덜 관여한다는 생각을 중점적으로 살펴보자. 두 연구자는 위스콘신의 10,000명 이상의 고등학생의 자료를 검토하였다(Hauser & Palloni, 2011). 그 결과 IQ와 생존 간의 강한 관계성이 보였다. 그러나 계층 서열과 생존 간에도 강한 관계성이 관찰되었다. 최상위 계층의 학생들은 최하위 계층의 아이들보다 훨씬 오래 살았다. 이러한 결과에 기초하여 연구자들은 학생들의 태도와 행동에 주목했다. 즉, 그들은 고등학교에서 우수함을 보이게 하는 동일한 어떤 특성이 더 오래 살도록 보증하는 데에도 작용할 것이라고 제안하였다. 그러나 이러한 결론은 학교, 직업 그리고 건강한 삶의 방식에 대한 똑똑한 결정을 하는 데에 반드시 높은 IQ가 필요하다고 보지는 않는다는 점에서 중요하다.

- IQ와 수명 간의 관계는 인과관계가 아니라 상관관계라는 강력한 예를 제공한다. 위의 각 설명들은 이러한 상관에 기여하는 요인들을 어떻게 확인할까?
- 사람들에게 자신의 IQ와 잠재적 수명 간의 관계를 변화시킬 기회를 부여하는 것은 어떤 설명인가?

으로 정의된다. Sternberg는 정보처리에서 중심이 되는 세 가지 유형의 성분요소를 밝혀냈다. 여기에는 (1) 새로운 사실을 배우기 위한 지식 습득 성분, (2) 문제해결 책략 및 기술을 위한 수행 성분, (3) 성공을 위해 책략을 선택하고 그 과정을 감시하기 위한 상위인지(metacognition) 성분이 있다. 분석적 지능을 작동시키려면 표 9.3의 글자수수께끼 놀이(anagram)의 문제를 풀어 보라.

글자수수께끼 놀이에서 문제를 풀기 위해 대체로 수행 성분과 상위인지 성분을 사용할 필요가 있다. 수행 성분은 머릿속에서 철자들을 조작할 수 있게 해 준다. T-R-H-O-S의 경우에, 어떻게 정신적으로 이것을 SHORT로 변형할 수 있었을까? 단어 시작 부분에 대한 하나의 훌륭한 책략은 영어에서 가능한 자음덩이, 즉 S-H나 T-H를 시도해 보는 것이다. 선택 책략에는 상위인지 성분이 필요하고, 그 책략을 통해 성취하는 데에는 수행 성분이 필요하다. 그러나 이 훌륭한 책략이 때로는 실패할 때도 있음을 주목하라. T-N-K-H-G-I의 경우, 이 단어를 풀기가 매우 어려운데 그 이유는 T-H와 다르게 좀체로 K-N이라는 조합으로는 시작하게 되지 않기 때문이다.

다양한 과제들을 그것의 성분으로 쪼갬으로써, 상이한 IQ를 가진 개인들의 수행결과를 구별하는 과정을 상세히 설명할 수 있다. 예를 들어, 연구자들은 IQ가 높은 학생들은 상위 인지 성분으로 인해 IQ가 낮은 학생들보다 특정 문제를 신속하게 풀 수 있는 다른 책략을 선택한다는 것을 발견할 수도 있다. 이때 IQ가 높은 학생들의 문제해결 성공률이 높은 것은 책략 선택의 차이 때문인 것이다.

창의적 지능은 새로운 문제를 다룰 수 있는 능력을 말한다.

표 9.3 분석적 지능 사용하기

다음은 단어의 철자를 뒤섞어 놓은 글자수수께끼 놀이이다. 가능한 한 신속하게 각 글자수수께끼 놀이를 풀어 보라.

```
 1. H-U-L-A-G        _____
 2. P-T-T-M-E        _____
 3. T-R-H-O-S        _____
 4. T-N-K-H-G-I      _____
 5. T-E-W-I-R        _____
 6. L-L-A-O-W        _____
 7. R-I-D-E-V        _____
 8. O-C-C-H-U        _____
 9. T-E-N-R-E        _____
10. C-I-B-A-S        _____
```

답은 237쪽에

출처 : Sternberg, R. J. 1986. *Intelligence applied*. San Diego: Harcourt Brace Jovanovich. Reprinted by permission of the author.

Sternberg(2006)는 "창의적 지능이란 창조하거나, 발명하거나, 발견하거나, 상상하거나, 가정하거나 또는 가설을 세우는 것들을 포함한다."라고 말했다. 예를 들어 어떤 집단이 사고를 당해서 꼼짝 못하게 되었다고 가정하자. 당신은 그 집단을 가장 빨리 집으로 돌아가게 할 수 있는 방법을 알아내는 사람을 지능적이라고 생각할 것이다. 다른 상황에서라면, 아마도 당신은 판에 박힌 일을 자동으로 수행할 수 있는 사람의 행동을 지능적이라고 인식할 것이다. 예를 들어 만약 어떤 집단의 사람들이 매일 똑같은 과제를 실행해야 한다면, 아마도 '새로운' 생각을 가장 적게 하면서 과제를 성공적으로 완성하는 사람이 가장 인상에 남을 것이다.

실용적 지능은 일상사에 대한 실용적인 처리과정에 반영된다. 이것은 새롭고도 다른 맥락에 적용하는 능력, 적합한 환경을 선택하는 능력, 그리고 당신의 요구에 맞게 환경을 효과적으로 조성하는 능력을 포함한다. 실용적 지능은 특정 맥락에 관련이 있다. 실용적 지능을 측정하기 위해서 사람들을 맥락 속에 넣어 관찰해야 한다.

Gardner의 다면적 지능과 정서지능

Howard Gardner(1999, 2006)는 또한 IQ 검사에 들어 있는 기술들 이상으로 지능의 정의를 확장시킨 이론을 제안하였다. Gardner는 인간경험의 영역을 포괄하는 여러 개의 지능을 밝혀냈다. 모든 능력의 가치는 사회에 따라 달라지는데, 사회가 필요로 하는 것, 사회에 유용한 것, 그리고 특정 사회에 의해 높이 평가되는 것이 어떤 것인지는 사회에 따라 다르기 때문이다. 표 9.4에서 보는 바와 같이 Gardner는 8개의 지능을 확인하였다.

Gardner는 서구 사회에서는 앞에 나오는 두 가지 지능을 장려하는 반면, 비서구 사회에서는 흔히 다른 유형의 지능들에 더 가치를 둔다고 본다. 예를 들어 미크로네시아의 캐롤라인 섬에서 뱃사람들은 먼 거리를 지도도 없이 단지 그들의 공간적 지능과 신체운동적 감각의 지능만을 가지고서 항해할 수 있어야 한다. 이 사회에서는 이러한 능력이 학기말 보고서를 작성하는 능력보다 더 중요하게 여겨진다. 예술적 행위가 일상생활의 부분인 발리에서는, 복잡한 춤의 스텝을 협응시키는 데에 관련되는 음악적 지능과 재능에 높은 가치를 부여한다. 개인 간 지능은 미국과 같이 개인주의 사회에서보다, 협동적인 행위와 공동체 생활을 강조하는 일본과 같은 집단주의 사회에서 더욱 중요하다(Triandis, 1990).

많은 사람들이 Gardner의 이론을 채택하고 있는데, 이 이론

표 9.4 Gardner의 다중지능

지능의 유형	정의	지능의 유형과 관련된 직업 예
논리수학적	추상적 상징을 다루는 능력	과학, 컴퓨터 프로그래밍
언어적	언어를 잘하는 능력	언론, 법
자연주의자	자연환경의 측면들을 주의 깊게 관찰하는 능력	삼림 관찰
음악적	음악을 작곡하고 이해하는 능력	음향기기 기술자, 음악가
공간적	공간관계를 잘 추론하는 능력	건축, 외과
신체운동적	운동의 연쇄를 계획하고 이해하는 능력	무용, 운동선수
개인간	다른 사람과 사회적 상호작용을 이해하는 능력	정치, 교육
개인내	자기 자신을 이해하는 능력	성직자
존재론적(이는 잠정적이다. Gardner, 1999)	존재에 대한 심오한 질문을 하는 능력	철학자

출처 : Kosslyn, Stephen M.; Rosenberg, Robin S., *Introducing psychology*: Brain, Person, Group, 4th Edition, © 2011. Reprinted and Electronically reproduced by permission of Pearson Education, Inc., Upper Saddle River, New Jersey.

은 전통적 지능개념에서 인식하지 못하는 영역들에서 사람들이 뛰어날 수 있다고 제안하기 때문이다. 그러나 Gardner 이론에 대해 비판자들이 없는 것은 아니다. 먼저, 연구에 의하면 Gardner가 주장하는 분리된 유형의 지능에 대한 능력들이 서로 중첩된다고 제안되었다(Almeida et al., 2010; Visser et al., 2006). 예를 들어 언어, 논리수학적, 공간적, 자연주의적 그리고 대인간 지능의 측정치는 모두 g 요인과 강한 상관을 보인다. 이러한 높은 상관은 Gardner가 전통적 개념의 지능에 대한 여러 측면들을 재명명한 것일 수도 있다는 것을 보여준다. 다른 비판은 특정 지능에 초점을 두고 있는데, 연구결과에 의하면 언어학습능력이 선천적 재능을 반영한다는 생각에 반대한다(Mercer, 2012).

최근에는 연구자들이 정서지능이라는 지능의 한 유형에 대해 탐구하기 시작하였는데, 이는 Gardner의 개인간 지능 및 개인내 지능의 개념과 관계가 있다(표 9.4 참조). **정서지능** (emotional intelligence)은 다음과 같은 네 가지 주요 구성요소로 되어 있다고 정의된다(Mayer et al., 2008a, 2008b).

- 정서를 정확하고 적절하게 지각하고, 평가하고, 표현하는 능력
- 사고를 촉진하기 위해 정서를 사용하는 능력
- 정서를 이해하고 분석하며, 정서적 지식을 효과적으로 사용하는 능력
- 정서적 성장과 지적 성장을 증진시키기 위해 자신의 정서를 조절하는 능력

이러한 정의는 지적 기능에 관련되는 것과 같은 정서의 긍정적 역할에 대한 새로운 견해를 반영하는 것으로서, 정서는 사고를 더 지능적이게 만들며, 더 나아가 우리는 자신의 정서와 다른 사람들의 정서를 더 지능의 측면이라고 생각하게 할 수 있다.

연구들에서 정서지능이 일상생활에 중요한 결과를 초래한다는 것이 증명되고 있다. 운동선수들이 스포츠대회에서 기대하고 참여함에 따라 일어나는 정서지능에 대해 생각해 보자. 정서지능이 높으면 운동선수들이 스트레스원에 대처하는 데에 도움이 된다.

지정연구

한 연구팀에서 정서지능(EI)이 높은 운동선수들은 스트레스가 높은 경쟁적 상황에 반응할 때 자신의 정서를 더 잘 통제할 수 있을 것이라는 가설을 세웠다(Laborde et al., 2011). 연구자들은 30명의 남성 핸드볼 선수들을 모집하여 EI를 측정했다. 이 선수들에게 스트

레스가 높은 경험을 갖도록 하기 위해 야유하는 관중의 소리와 함께 부정적 진술의 의미가 있는 20분짜리 녹음테이프를 듣게 했다(예 : "당신은 동기가 감소하고 있다." 연구자들은 선수들의 심장박동을 녹음테이프를 듣기 전과 후에 측정하여 스트레스가 높은 경험의 영향을 평가하였다. EI가 낮은 선수들은 심장박동수의 변화를 보였는데, 이는 녹음테이프로 인해 스트레스를 경험했음을 지적하는 것이다. 이와 반대로 EI가 높은 선수들은 심장박동에 기초해 볼 때 스트레스가 높은 경험의 영향을 매우 작게 받았음을 보여주었다.

이 연구는 높은 정서지능을 가진 선수들이 스트레스원에 대처할 때 자신의 정서를 이해하고 조절하는 능력을 사용할 수 있음을 예시한다. 이러한 능력이 경쟁의 과열 속에서 얼마나 유용할지 충분히 상상할 수 있을 것이다.

지능검사와 지능의 이론에 대한 지금까지의 개관을 통해서, 우리는 이제 지능이라는 주제를 매우 논쟁적이게 하는 사회적 상황에 대해서 흥미로운 논의를 할 수 있는 단계에 와 있다.

 복습하기

1. 왜 Spearman은 g, 즉 일반적 지능이 있다고 믿게 되었는가?
2. Sternberg의 삼원이론에서 지능의 세 가지 유형은 무엇인가?
3. Gardner의 이론에서 어떤 종류의 지능이 성공적인 조각가가 될 수 있을지를 결정할 수 있는가?

지능의 정치학

지금까지 지능에 대한 현대적 개념에서는 IQ 검사에서 얻어진 점수를 지능에 편협하게 결부시키기를 거부한다는 것을 살펴보았다. 그럼에도 불구하고, IQ 검사는 서구 사회에서 '지능'을 측정하는 가장 흔한 방법으로 남아 있다. 왜냐하면 IQ 검사의 광범위한 보급과 IQ 점수의 이용 가능성으로 인해, 서로 다른 집단들을 그들의 '평균' IQ에 따라 비교하기가 쉬워졌기 때문이다. 미국에서는 민족과 인종 집단 간의 평균치 비교를 통해 소수민족 집단의 유전적인 열등성이 선천적이라는 증거로 자주 사용되어 왔다. 특정 집단의 지적 열등성을 단언하는 지표로서 IQ 검사 점수를 사용하는 실제의 역사를 간단히 검토해 보겠다. 지능과 IQ 검사 수행에 관한 천성과 양육에 대해서 가장 정치적으로 통용되고 있는 증거를 고찰해 보겠다. 당신은 이 절에서 심리학에서 가장 정치적으로 격해지기 쉬운 이슈 중

의 하나를 접하게 될 것이다. 왜냐하면 이민자 할당제에 대한 공공정책들, 교육적 자원들, 그리고 그 이상의 것들이, 집단의 IQ 자료가 어떻게 해석되는가에 따라 결정되기 때문이다.

집단 비교의 역사

1900년대 초, 심리학자 Henry Goddard(1866~1957)는 모든 이민자들에게 정신적 검사를 실시하여 '정신적 결함'이 있는 것으로 밝혀진 사람들은 선택적 추방을 해야 한다고 주장하였다. 이러한 관점은 특정 이민자 집단에게 이민 허가를 해 주는 것에 대한 국가적 적개심의 풍토를 형성하는 데에 기여하였다(Zenderland, 1998). 게다가 1924년도에 이민 제한 법령이 통과되어, 이민자들이 뉴욕 항만의 엘리스섬에 도착하면 지능검사를 받아야 했다. 이 때문에 수많은 유대인, 이탈리아인, 러시아인, 그리고 그 외의 많은 다른 국적을 가진 이민자들이 IQ 검사에 기초하여 '저능'이라고 분류되었다. 심지어 어떤 심리학자들은 이러한 통계적 결과를 남부와 동부 유럽의 이민자가 북부와 서부의 강건한 유럽 종족에 비해 열등한 것으로 해석하였다(Ruch, 1937 참조). 그러나 이러한 '열등한' 집단은, 가장 최근에 미국으로 이주하였기 때문에, IQ 검사에 스며 있는 언어와 문화에 대해 익숙하지 않았던 점을 감안해야 한다.(수십 년 내에, IQ 검사에서 이러한 집단 간 차이는 없어졌으나, 지능의 차이가 인종적으로 유전된다는 이론은 지속되었다.)

오늘날 미국에서는 표준화된 지능검사에서 아프리카계 미국인과 라틴계 미국인의 평균 점수가 아시아계 미국인과 백인들의 평균 점수보다 낮다. 물론 모든 집단에는 IQ 척도의 점수가 극단적으로 높은 사람들과 낮은 사람들이 있다. IQ 점수의 집단적 차이는 어떻게 해석되어야 할까? 미국과 영국의 전통에서는 이러한 차이를 유전적 열등성(천성)의 탓으로 돌렸다. IQ의 유전적 차이에 관한 증거에 대해서 논의한 후에, 두 번째 가능성, 즉 환경의 차이(양육)가 IQ에 중대한 영향을 준다는 사실에 대해서 논의하고자 한다. 어느 한쪽 설명의 타당성 또는 이 둘을 어느 정도 조합한 설명의 타당성은 사회적, 경제적, 정치적으로 중요한 결과를 초래한다.

유전과 IQ

지능이 유전적으로 결정되는 정도를 어떻게 평가할 수 있을까? 이 질문은 연구자들에게 지능의 지표로서 몇 가지 측정을 선택하도록 요구한다. 따라서 질문의 형태가 대부분의 경우, 추상적 의미에서 '지능'이 유전의 영향을 받는가, 그렇지 않은가에 대한 것이 아니라, 가계도 내에서 IQ가 유사한가, 유사하

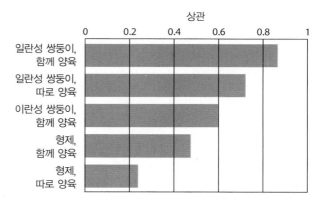

그림 9.4 IQ와 유전적 관계

이 그림은 함께 양육했거나(가정환경이 동일한), 또는 따로 양육한(가정환경이 다른) 일란성 쌍둥이(단일 수정란)와 이란성 쌍둥이(2개의 수정란) 간의 IQ 점수 간의 상관을 나타낸다. 이 자료는 유전적 요인들과 환경적 요인들의 중요성을 입증하였다. 예를 들어 일란성 쌍둥이 간의 IQ가 이란성 쌍둥이에 비해 높은 상관관계를 보이면, 이는 유전적인 영향 때문이다. 하지만 두 유형의 쌍둥이는 모두 함께 양육되었을 때 높은 상관관계를 보였는데, 이는 환경적인 영향 때문이다.

출처 : Bouchard, T. J., & McGue, M. (1981). Familial studies of intelligence: A review. *Science*, 212, 1055-1059.

지 않은가를 묻는 것이 된다. 이와 같이 보다 더 한정된 질문에 답하기 위해서 연구자들은 공유된 유전자와 공유된 환경의 영향을 서로 분리시킬 필요가 있다. 한 가지 방법은 일란성 쌍둥이(단일 수정란), 이란성 쌍둥이(2개의 수정란), 그리고 그 외의 유전자 중복 정도가 서로 다른 친척들 간의 기능을 비교하는 것이다. 그림 9.4는 유전적으로 관계되는 정도와 IQ 점수 간의 상관을 제시한 것이다(Bouchard & McGue, 1981). 그림에 제시된 바와 같이, 유전적 유사성이 클수록 IQ의 유사성도 커진다.(이 자료에서 함께 양육된 사람들 간의 높은 IQ 유사성에는 환경의 영향도 나타난다는 사실에 주목하여야 한다.)

연구자들은 이러한 종류의 결과들을 이용하여 지능의 유전가능성을 추정한다. 지능과 같은 특성에 대한 **유전가능성 추정치**(heritability estimate)는 유전적 요인으로 추적될 수 있는 특성에 대한 검사 점수 간의 변산성의 비율에 기초하여 얻어진다. 이 추정치는 모집단(예 : 학부 학생 또는 정신질환자)의 모든 검사 점수의 변산을 계산한 후에 전체 변량의 어떤 비율만큼이 유전자 요인 또는 유전되는 요인에서 기인하는지를 확인하여 계산된다. 이 계산은 유전적 중복 정도가 서로 다른 수준에 있는 사람들을 비교하여 이루어진다. IQ의 유전가능성에 대한 다양한 연구를 개관한 결과, IQ 점수 변량의 약 30~80% 정도가 유전적 요인에 기인한다는 결론이 내려졌다(Deary et al., 2010a). 그러나 더 흥미로운 것은 유전가능성이 전생애에 걸쳐서 증가한다는 점이다. 유전가능성은 한 연구(Hoekstra et

이것은 노벨상 수상자인 화학자 Marie Curie와 딸인 Irene(왼쪽)와 Eve(오른쪽)의 사진이다. Irene 역시 화학 분야에서 노벨상을 수상하였으며, Eve는 저명한 작가가 되었다. 이와 같은 가계들을 통해 연구자들은 왜 IQ에 대한 유전과 환경의 영향을 이해하려는 시도를 하도록 자극받을까?

al., 2007)에서 언어성 IQ의 경우 5세의 유전가능성 추정치는 46%였지만 18세에는 84%로 증가하였다. 또한 비언어성 IQ의 경우 5세에는 유전가능성 추정치가 64%였지만 18세에는 74%로 증가하였다. 많은 사람들이 이러한 결과를 보고 놀라워했는데, 그 이유는 사람이 나이가 들어감에 따라 환경의 효과가 더 적어지는 것이 아니라 더 클 것으로 보였기 때문이었다. 연구자들은 이러한 직관에 반하는 결과를 다음과 같이 설명하였다. 즉 "유전적 성향이 우리로 하여금 유전적 소질을 강조하는 환경을 향하여 밀어부칠 수 있다. 이렇게 해서, 전생애를 통해 계속 유전가능성이 증가되는 방향으로 이끌어간다."(Plomin & Petrill, 1997, p. 61)

이제 아프리카계 미국인과 백인계 미국인 간의 검사 점수의 차이에 대한 유전적 분석이 논쟁을 일으키게 된 시점으로 돌아가 보자. 수십 년 전에는 IQ 점수의 차이가 15점이었다. 그러나 연구결과 1972년부터 2002년 사이의 30년간 4점에서 7점으로 간격이 줄었다고 추정된다(Dickens & Flynn, 2006). 이와 같이 차이가 감소한 것은 환경적 영향을 시사하지만, 이러한 차이가 장기간에 걸쳐 쉽게 없어지지 않고 유지되었기 때문에 많은 사람들로 하여금 인종들 사이에 유전적 차이가 있다고 제안하게 되었다(Hernnstein & Murray, 1994). 그러나 IQ가 많이 유전된다고 하더라도, 이러한 차이점이 낮은 점수 집단에

속한 사람들의 유전적 열등성을 반영하는 것일까? 그렇지 않다. 유전가능성은 특정 집단 내의 추정치에 기초하기 때문에, 이들 차이가 객관적 검사상에서 아무리 크다 하더라도 유전가능성을 집단들 간의 차이를 설명하는 데에 사용할 수 없다. 유전가능성은 어느 한 집단 내의 추정치에 기초한다. 유전가능성은 그것이 객관적 검사에 의해 아무리 크게 나와도 집단 간차이의 해석에 사용되어서는 안 된다.

유전가능성 추정치가 개인이 아닌 특정 집단의 평균치에만 적합하다. 예를 들어 키가 높은 유전가능성 추정치(약 0.93부터 0.96까지의 범위)를 가진다(Silventoinen et al., 2006)는 것을 알더라도, 당신 개인의 키가 어느 정도의 유전적 영향에서 기인한 것인지 알기는 어렵다. 이는 IQ에 대해서도 똑같은데, 유전가능성이 높다고 해도 한 개인의 IQ 또는 여러 집단 간의 평균 IQ에 대한 특수한 유전적 기여를 결정할 수는 없다. IQ 검사에서 한 인종이나 종족 집단의 IQ 검사의 점수가 다른 집단보다 더 낮은 경우에 그 차이의 근원이 유전적이라는 것을 의미하지는 않으며, 한 집단 내의 IQ 점수의 유전가능성 추정치가 높은 경우에도 그러하다(Hunt & Carlson, 2007).

또 다른 논쟁점은 인종 그 자체의 개념에 관한 것이다. IQ 차이가 유전에 의한 것이라고 주장할 때 사람들은 유전적 분석이 인종 간을 명확히 구분해 줄 것이라는 강한 가정을 한다. IQ에 대한 연구는 일반적으로 인종이 생물학적 구성개념과 사회적 구성개념 모두에 관련된다고 인정한다. 예를 들어 미국의 사회적 전통으로는 아프리카 혈통이 조금만 섞여 있어도 흑인이라고 칭한다. 뛰어난 젊은 골프선수인 타이거 우즈의 실제 혈통은 매우 복잡하지만(그의 조상은 백인, 흑인, 태국인, 중국인, 그리고 미국 원주민이다.), 아프리카계 미국인이라고 명명되었고 차별되었다. 타이거 우즈의 예는 사회적 판단이 생물학적 현실을 따르지 못하는 방식을 보여주는 좋은 예이다. 바로 이처럼, 일부 지능연구자들은 인종이 서로 비교가 될 만큼 충분한 차이가 존재한다고 주장하지만(Daley & Onwuegbuzie, 2011; Hunt & Carlson, 2007), 다른 연구자들은 인종개념이야말로 사회 상황에서 파생된 것이기 때문에 집단 비교는 무익하다고 격렬히 주장한다(Sternberg & Grigorenko, 2007; Sternberg et al., 2005).

다른 많은 특성과 능력에 대해 그러한 것처럼 유전이 IQ 검사 점수들에 영향을 미치는 데에 꽤 큰 역할을 하는 것은 분명하다. 그러나 여기에서 우리는 유전이 인종과 민족집단 간의 IQ 차이를 적절히 설명하지 못한다고 주장하였다. 유전은 수행 결과의 이해에 필요한 역할은 하지만 충분한 역할을 하지

타이거 우즈는 백인, 아프리카계 미국인, 태국인, 중국인, 미국 원주민의 조상을 가졌다. 그러나 미국에서 이러한 인종 구성에 관해 무엇이라고 명명하는가?

는 못한다. 이제 IQ의 차이를 산출하는 데에 영향을 미치는 환경의 역할을 살펴보기로 하자.

환경과 IQ

유전가능성 추정치가 1.0보다 작기 때문에 유전자의 유전이 IQ의 유일한 원인은 아니라는 것을 알 수 있다. 환경 역시 IQ에 영향을 미친다. 그러나 환경의 어떤 측면이 IQ에 중요한 영향을 미치는지를 어떻게 평가할 수 있을까? 환경의 어떤 특징이 당신의 잠재력에 영향을 미쳐서 IQ 검사의 점수를 높여줄까(Kristensen & Bjerkedal, 2007; van der Sluis et al., 2008)? 환경은 물리적 및 사회적인 여러 차원에 따라 달라지는 복합적인 자극의 꾸러미이며, 그 차원들 속에 있는 사람들에 따라 각기 다른 방식으로 경험될 수 있다. 동일한 가정환경에서 자란 아동들이라고 해도 중요한 심리적 환경을 반드시 공유하는 것은 아니다. 당신 가정에서의 성장과정을 회상해 보라. 형제자매가 있었다면, 그들 모두가 부모로부터 똑같은 관심을 받았는가? 스트레스의 조건은 시간이 흐름에 따라 변화하지 않았는가? 가정의 경제적 자원은 변하지 않았는가? 부모의 결혼 상태는 변하지 않았는가? 환경은 역동적 관계에 있으며, 시간에 따라 변화하게 되는 많은 요소로 구성되어 있음이 명백하다. 그래서 어떤 종류의 환경조건, 즉 주의, 스트레스, 가난, 건강, 전쟁 등이 IQ에 실제로 영향을 미쳤는지에 대해 말하기 어렵게 된다.

연구자들은 흔히 가정의 사회경제적 지위와 같은, 보다 더 전반적인 환경의 측정치에 관심을 두었다. 혜택 받은, 즉

사회경제계층이 높은 아이들은 혜택을 덜 받은, 즉 낮은 사회경제계층의 또래들보다 IQ가 높은 경향이 있다(Darley & Onwuegbuzie, 2011; Hackman et al., 2010). 왜 사회계층은 IQ에 영향을 미치는 것일까? 부와 가난은 여러 방법으로 지적 기능에 영향을 미칠 것이다. 건강과 교육적 자원은 그중에서 가장 명백한 두 가지 요인이다. 임신 기간 동안의 나쁜 건강과 출생 시의 낮은 체중은 아동의 낮은 지적 능력에 대한 안정된 예측인자이다. 흔히 가난한 가정의 아동들은 영양부족으로 고통받고, 배고픈 채로 학교에 다니며, 이로 인해 학습에 집중을 잘 하지 못하는 경향이 있다. 더욱이 가난한 가정은 정신적 자극을 증가시켜 줄 만한 책, 문자 매체, 컴퓨터, 그리고 기타 자료들의 부족으로 고통받는다. 가난한 부모의 '생존 지향', 특히 편부모 가정의 생존 지향은, 부모가 아이들과 놀아주고, 지적으로 자극해 줄 시간과 에너지를 거의 가지지 못하게 하여, 표준 IQ 검사 같은 과제들의 수행에 손해가 된다.

천성과 양육 모두가 지적 기능에 영향을 미친다는 것을 살펴보았다. 그러나 제3장에서 점차적으로 유전자와 환경 간의 상호작용에 초점을 두게 되었다는 것을 떠올려 보자. 지능에 대한 이러한 상호작용을 증명하기 위해 연구자들 팀은 750명의 쌍둥이를 10개월에서 2세까지 추적연구하였는데(Tucker-Drob et al., 2011), 두 시기에 아동의 지적 능력을 검사했다. 지능의 유전가능성에 관한 연구들에서 아동들은 지적 수행의 범위를 예언할 수 있는 유전인자를 물려받을 것이라는 것을 알게 되었다. 그러나 10개월에 아동들의 지적 능력은 유전자의 영향을 아주 조금밖에 보여주지 않았다. 이는 높은 사회경제계층이나 낮은 사회경제계층의 가정 모두에 해당되었다. 그런데 2세가 되었을 때에는 이와 다른 패턴이 나타났다. 즉, 높은 사회경제계층 가정에서 키워진 아이들은 자신의 유전자의 영향을 반영하는 정신능력을 보였다. 그러나 낮은 사회경제계층 가정의 아이들은 자신의 유전자의 영향을 보여주지 못했다. 이러한 패턴에서 낮은 사회경제계층의 아이들이 키워졌던 환경은 아이들의 완전한 유전적 잠재력을 경험하게 해 주지 못한다는 것을 시사한다.

연구자들은 궁핍한 환경의 효과를 상쇄하기 위한 프로그램을 발전시키는 데에 40여 년간을 보내왔다. 헤드스타트 프로그램은 1965년에 정부의 첫 지원을 받은 프로그램으로 역량강화(empowerment)와 지원적 서비스를 통해 "신체적 건강, 발달적, 사회적, 교육적 저소득층 아동의 정서적 욕구를 중점적으로 다루고 아동을 돌볼 수 있는 가족의 능력을 증가시키고자 하였다."(Kassebaum, 1994, p. 123). 헤드스타트와 그 외 유

뇌의 어떤 차이가 높은 지능을 수반하는가?

이 장에서 공부한 바와 같이, 심리측정학자들은 약 150년간 지능의 개인차를 측정해 왔다. 현대의 뇌영상기법은 연구자들이 이들 차이의 뇌 기초를 검토할 수 있게 해 준다. 이 기법에 의한 분석을 통해 뇌의 다양한 구조와 기능 모두에 대해 결론을 내릴 수 있게 되었다.

먼저 구조적 차이부터 살펴보기로 하자. 연구에서 '클수록 우수하다'는 결론을 지적한다(Deary et al., 2010a). 사람들은 WAIS를 검사 받은 다음에 g 요인의 뇌 기초를 확인하기 위해 MRI 주사를 경험하게 되는 연구를 보자. 상대적으로 일반지능이 높은 사람들이 낮은 사람들보다 뇌조직 양이 더 많다는 것을 뇌주사를 통해 여러 영역에서 확인되었다(Haier et al., 2004). 그러나 이러한 '클수록 우수하다'는 결론에 대해 그것이 뇌 발달의 산물이라는 것을 주목해야 한다. 한 연구에서 IQ와 뇌피질의 두께 간의 관계를 7세부터 19세까지의 범위의 아이들을 대상으로 평가하였다(MRI 주사를 통해 측정). 가장 어린 아동의 경우, IQ와 피질 두께 간에 부적 관계가 있었다(가장 높은 IQ의 아동이 두께가 가장 얇았다). 그러나 청소년기에 걸쳐 이러한 상관은 역전되어 IQ가 높을수록 더 두꺼운 피질을 가지게 되었다. 따라서 높은 IQ의 아동의 뇌를 특별하게 만드는 것은 시간에 따라 뇌가 성장하는 속도의 매우 신속함이다. 이러한 패턴을 통해 연구자들은 지능이 피질 성숙의 '역동적 속성과 관련'된다고 결론 내렸다.

이제 뇌의 기능을 보자. 기본적 결론은 지능이 더 높은 사람들은 인지 과제를 수행할 때 뇌 자원을 더 효율적으로 사용한다는 것이다. 특히 그들은 전두엽의 전체적 활동이 더 적으면서 수행은 더 우수함을 증명하였다(Neubauer & Fink, 2009). 앞의 장들에서 전두엽이 많은 고등인지활동에 결정적 역할을 했었음을 생각해 보라. 예를 들어, 한 연구에서 사람들이 공간유추문제를 풀 때 전두엽의 중요성이 증명되었다(Preusse et al., 2011). (참가자들은 앞의 2개의 기하학 도형 간의 관계를 발견해서 다음에 제시되는 도형 쌍에서도 같은 관계가 유지되는지를 알아내는 것이다.) 연구자들은 참가자들을 유동성 지능이 높은 집단과 평균인 집단으로 나누었다. 유동성 지능이 평균인 집단은 과제에서 덜 정확했고, 과제가 어려워지면 fMRI 주사에서 전두엽 활동이 증가했으나 유동성 지능이 높은 집단은 이와 같은 증가를 보이지 않았다. 이러한 패턴은 유동성 지능이 높은 집단은 전두엽을 더 효율적으로 사용한다는 결론을 지지하는 것이다. 높은 유동성 지능의 집단들은 더 작은 활동으로도 더 좋은 결과를 얻는다. 고효율성의 법칙의 예외는 과제가 매우 어려울 때 일어난다는 것을 주목하자. 이러한 상황에서 지능이 낮은 사람들은 과제를 포기하는 반면, 지능이 높은 사람들은 뇌 자원을 확장하는 경향이 있다.

이제 여러분은 현대적 연구가 지능의 개인차에 대한 뇌 기초를 어떻게 구명하기 시작했는지를 알 수 있었을 것이다.

사한 프로그램의 이상적 목표는 아동을 특권적 환경으로 이동시키는 것이 아니라 그들이 태어난 환경을 개선하는 것이었다. 아동들은 특별한 학령전 교육을 접하게 되었고, 매일 양질의 식사를 제공받았으며, 부모들에게는 건강과 그 외의 아동 양육에 대해 소정의 조언이 제공되었다.

1962년에 시작된 미시건 주 입실란티의 하이/스코프 페리 유아원에서 시작한 프로그램을 살펴보자(Schweinhart, 2004). 이 프로그램은 학업 실패 위험이 있는 3세에서 4세까지의 저소득층 아프리카계 미국인 아동에 초점을 두었으며, 아이들에

게 참여 교육—아동 자신의 활동과 교실집단을 위한 활동을 스스로 시작하고 계획하도록 격려하는—을 강조하는 교실 환경을 제공하였다. 그 외에도 가정 방문과 부모 집단 미팅을 통해 부모를 참여시켰다. 연구자들은 이 프로그램에 참여한 아이들을 40년 후에 추적연구를 하였는데 그림 9.5에서 보는 바와 같이 같은 특성을 가지면서 이 프로그램에는 참여하지 않은 집단과 비교하였다. 그림에서 보는 바와 같이 하이/스코프 페리 프로그램에 참여한 집단은 5세 때에 더 높은 지능을 보였고, 또한 고등학교를 졸업하는 비율이 더 높았으며, 40세가 되

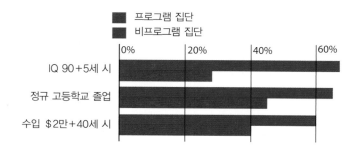

그림 9.5 유아기 중재의 효과
하이/스코프 페리 유아원 프로그램에 참여한 아이들은 참여하지 않은 아이들보다 더 긍정적 결과를 보였다.
출처: *Lifetime Effects: The High/Scope Perry Preschool Study Through Age 40* (p. 196) by Lawrence J. Schweinhart, JU. Montie, Z. Xiang, W.S. Barnett, C.R. Belfield & M. Nores, Ypsilanti, MI: HighScope Press. © 2005 HighScope Educational Research Foundation. Used with permission.

었을 때에는 수입이 더 높은 직업에 종사하고 있었다.

조기중재 프로그램의 결과를 보면, 고위험 아동들이 헤드스타트 프로그램의 긍정적 영향을 가장 크게 받았으며, 3세에 이 프로그램을 시작한 아이들은 2년간 프로그램을 받을 수 있었기 때문에 4세에 시작한 아이들보다 학업결과가 더 우수했다. 이들 연구들은 지능 발달에 대해 환경이 중요하다는 증거를 보여준다.

문화와 IQ 검사의 타당성

만약 IQ 점수로 다음과 같은 유용한 예측을 하지 못한다면, 지능점수에 대한 관심이 훨씬 적을 것이다. 연구에 의하면 IQ 점수는 초등학교부터 대학교까지의 학교성적, 직업적 지위, 그리고 많은 직업에서의 수행에 관한 타당한 예측인자이다 (Gottfredson, 2002; Nettlebeck & Wilson, 2005). 이와 같은 결과는 IQ 검사가 서구 문화에서 가치 있다고 보는 성공에 기본적이고 중요한 지적 능력을 타당하게 측정하고 있음을 보여준다. 즉, IQ에 의해 측정되는 지능은 성공에 직접 영향을 미친다는 것을 보여준다. IQ의 구분 역시 개인의 동기와 신념을 변화시킴으로써 학업 및 직업수행에 영향을 미칠 수 있다. IQ가 높은 사람들은 학교에서 성공경험을 더 많이 하는 경향이 있고, 공부에 동기화가 더 잘되는 경향이 있으며, 성취 지향을 발전시키는 경향이 있고, 또한 더 잘할 수 있는 기회가 있을 것으로 낙관하는 경향이 있다. 이에 반해, IQ 점수가 낮은 아동들은 열등한 학교, 열등한 수업, 또는 열등한 프로그램을 '밟아가게' 되어, 아동의 자기유능감에 낙인이 찍히게 될 것이다. 이러한 방식으로, IQ는 환경의 영향을 받게 되고, IQ는 다시 아동에 대해 좋거나 나쁜 새로운 환경을 창출하게 한다. 이렇게 해서 IQ 평가는 아동의 지능에 있어서 타고난 기저 유전적 재능이 어떤 것이든 간에 운명이 될 것이다.

문화 간 비교에 대한 관심은 검사의 내용에 초점을 두지만, 중대한 문제는 지능검사의 맥락에도 역시 존재한다. Claude Steele(1997; Steele & Aronson, 1995, 1998)는 능력검사의 수행이 **고정관념 위협**(stereotype threat), 즉 집단의 부정적 고정관념을 확증하게 되는 위험한 위협의 영향을 받을 위험이 있다고 주장하고 있다. 연구에서 부정적 고정관념이 어떤 상황과 관련이 있다고 믿으면 고정관념에 맞게 부호화되어 빈약한 수행이 초래된다고 제안한다. 고정관념 위협이 작용하는 예를 살펴보자.

서인도에서 이민 온 1세대와 2세대에 대한 연구가 수행되었다 (Deaux et al., 2007). 연구자들은 서인도에서 태어난 이민 1세대는 미국 문화의 경험이 대체로 불충분하여 자신들의 지적 능력에 부정적 고정관념을 가지지 않을 것이라는 가설을 세웠다. 이와 대조적으로 이민 2세대는 미국에서 태어났기 때문에 고정관념을 가질 것이라고 기대하였다. 이러한 예언은 이민 1세대 학생과 이민 2세대 학생을 고정관념 지식의 척도로 측정한 결과 확증되었다. 지식분포에 따른 결과를 증명하기 위해, 연구자들은 이민자들에게 GRE 연습검사의 언어 영역의 질문을 실시하였다. 학생들 중 반에게는 그들의 수행이 언어능력을 진단할 것이라고 믿게 했다. 나머지 반에게는 검사개발을 위해 단순히 검사를 실시하는 것이라고 말해주었다. 그림 9.6에서 보는 바와 같이, 부정적 고정관념을 가지고 있는 이민 2세대에게는 진단적 조건에서 수행이 손상되었다. 상황을 고정관념과 연관시킬 때 고정관념 위협이 부정적 영향을 보였다. 그러나 이민 1세대는 고정관념을 가지지 않았기 때문에 고정관념의 효과를 보이지 않았다.

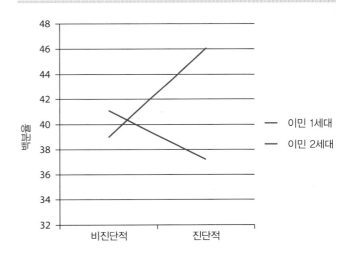

그림 9.6 고정관념 위협
집단의 지능에 대해 부정적 고정관념을 가진 이민 2세대와 부정적 고정관념을 가지지 않은 이민 1세대와 비교하였다. 이민 2세대는 고정관념을 가졌기 때문에 검사가 지적 능력을 진단하는 것이라고 믿을 때 수행이 손상되었다.
출처 : Based on Kay Deaux, Nida Bikmen, Alwyn Gilkes, Ana Ventuneac, Yvanne Joseph, Yasser A. Payne and Claude M. Steele, Becoming American: Stereotype threat effects in Afro-Caribbean immigrant groups, *Social Psychological Quarterly*, 70, pages 384–404, copyright © 2007 by the American Sociological Association.

이민 2세대의 수행에 영향을 미친 요인이 바로 그들이 상황을 어떻게 정의하는가라는 점을 다시 한 번 강조하고 싶다. 상황이 고정관념과 관련된다고 믿을 때에만, 예를 들어 검사점수가 자신의 지능을 측정한다고 믿을 때에만, 고정관념 지식이 수행을 손상했다. 이러한 유형의 결과를 볼 때, 당신은 고정관념 위협을 자극하지 않고 IQ를 측정하는 것이 가능할 것이라고 생각하는가?

고정관념 위협은 왜 부정적 영향을 미칠까? 연구에 의해 수행을 방해하는 세 가지 기제가 확인되고 있다(Schmader et al., 2008). 첫째, 고정관념 위협은 생리적 스트레스 반응을 일으켜서(이에 대해서는 제12장에서 기술함), 주의하는 능력에 부정적 영향을 미친다. 둘째, 고정관념 위협은 보다 더 조심스럽게 반응하게 하고 덜 창의적으로 반응하도록 이끌 수 있는 방식으로 자신의 수행을 세심하게 감찰하게 한다. 셋째, 고정관념을 경험하게 되면 정신자원을 부정적 사고와 감정을 억제하는 데에 소모해야만 한다. 제7장에서의 작업기억에 관한 논의를 떠올려 보자. 고정관념의 순수효과는 피검사자의 작업기억 자원을 압도하여 눈앞의 과제를 성공적으로 수행하지 못하게 한다.

이제 심리학자들이 지능의 개인차를 측정하고 해석하는 방법들을 알게 되었다. 또한 연구자들이 지능이라는 난해한 개념을 어떻게 측정하고 이해하는지를 잘 이해했을 것이다. 이 장의 마지막 절에서, 우리는 심리학자들의 지능평가가 왜 때때로 논쟁을 일으키는지를 살펴볼 것이다.

 복습하기

1. 어떠한 상황하에서 Goddard와 그 외 연구자들은 집단 간의 IQ 비교를 하기 시작하였는가?
2. 유전가능성 추정치가 IQ의 인종 간 차이에 관한 설명력이 있다고 간주하는 것이 부적절한 이유는 무엇인가?
3. 학령전 중재는 생활의 어떠한 측면들에 영향을 미치는가?

비판적 사고 고정관념 위협의 연구에 관해 생각해 보자. 실생활에서의 검사 실시자는 어떤 방식으로 검사가 진단적이라는 믿음을 갖게 만드는가?

평가와 사회

심리평가의 일차적 목적은 가능한 한 평가자가 판단의 실수를 하지 않고 사람들을 정확하게 평가하는 것이다. 이러한 목적은 교사, 고용자, 그리고 기타 평가자의 주관적 판단을 신중하게 구성하고, 비평적 평가에 개방적이 됨으로써 보다 더 객관적인 측정으로 대치하여 달성할 수 있다. 이것이 바로 Alfred Binet가 선도적 연구를 하게 된 동기였다. Binet와 동료들은 검사를 통해 사회의 민주화에 도움이 되기를 원했고, 성, 인종, 국가, 특전 또는 신체적 외모 등의 임의적 규준들에 기초한 결

정이 최소화되기를 원했다. 하지만 이러한 고결한 목표에도 불구하고, 평가보다 더 논쟁이 심한 심리학 영역은 없다. 논쟁의 중심이 되는 세 가지의 윤리적 관심은 검사에 기초한 결정의 공정성, 교육을 평가하기 위한 검사의 유용성, 그리고 검사 점수를 개인을 분류하는 명칭으로 사용하는 것과의 관련성이었다.

검사 실제에서의 공정성을 염려하는 비판자들은, 어떤 피검사자는 다른 사람들보다 손해나 부정적 결과들이 더 크게 나타날 수 있다고 주장한다(Helms, 2006; Hosp et al., 2011). 예를 들어 소수 집단에 대해 검사결과가 낮게 나와서 어떤 직업을 갖지 못하게 될 때, 평가에 따르는 손해는 매우 크다. 때로는, 소수 집단 구성원들은 부적절한 규준에 의해 상대적 평가를 받게 되므로 점수가 빈약하게 나온다. 이 이슈를 다루기 위해 연구자들은 인지 기술과 비인지 기술의 배열을 혼합하여 측정하는 인사 선발법을 연구하였다(Newman & Lyon, 2009). 이 연구의 목표는 검사 점수의 집단에 따르는 차이를 보이는 혼합 측정치로 직업 성공을 예측하고자 함이다.

두 번째의 윤리적 관심은 검사가 학생을 평가하도록 도와줄 뿐만 아니라, 교육을 해나가는 데에도 역할을 할 것이라는 것이다. 학교체계의 질과 교사의 효율성은 흔히 학생들이 표준화된 성취 검사에 얼마나 좋은 점수를 맞았는지에 기초하여 판단된다(Crocco & Costigan, 2007). 지역사회의 학교 지원금은 물론 개별 교사의 월급까지도 검사 점수에 따라서 결정된다. 검사 점수와 관련된 높은 상금 때문에 여러 학교에서 부정이 일어난다. 예를 들어 한 연구에서 시카고의 공립초등학교에 대한 표준화된 검사 점수를 분석했다. 연구자들은 행정관이나 교사의 심각한 부정 사례가 적어도 학급의 4~5%에서 일어났다고 추정했다(Jacob & Levitt, 2003). 그 외에도 부정 사례가 밝혀진 경우가 많았다. 이와 같이 검사 점수가 교육보다 더 중요하게 취급될 때 얼마나 해가 되는지를 알 수 있다.

세 번째의 윤리적 관심은 검사결과가 낙인으로 취급될 수 있다는 점이다. 사람들은 너무 흔히 자신을 110의 IQ라거나 B학점(마치 그 점수가 자신들의 이마에 도장 찍힌 이름표인 것처럼)짜리 학생이라고 생각한다. 그러한 이름표는 사람들로 하여금 자신의 정신적 특성과 성격적 특성이 고정적이고 불변적이라고 믿게 하고, 인생에서 자신의 운명을 개선할 수 없다고 믿게 함으로써 진보를 방해할 것이다. 부정적으로 평가된 사람들에게 점수는 자기효능감을 낮추고 자기들이 매달리고자 하는 도전을 제약해 버리는 자기 부과적인 동기적 제약이 될 수 있다. 이것이 IQ의 집단 결함에 대한 판결이 초래하

는 또 하나의 잠행성 결과이다. 이와 같은 방식으로 공개적으로 낙인 찍힌 사람들은 '전문가'들이 자신들에 대해 말하고 있는 것을 믿게 되고, 학교와 교육을 자신의 인생을 개선하는 수단으로 인정하지 않게 된다.

이 장에서 우리는 지능의 중요한 측면들을 개관하였다. 여러분은 연구자들이 수행의 중요한 측면들을 알아내기 위해 지능을 어떻게 정의하고 다듬었는지를 알게 되었을 것이며, IQ 측정에 대해 왜 계속 논쟁하는지도 알게 되었을 것이다. 우리는 특정 개인이나 특정 집단의 능력을 단정하기 전에 그 사람들이 검사를 받았던 광범위한 맥락을 신중히 고려해야만 한다.

 복습하기

1. 왜 평가는 특정 집단에 대해 부정적 결과를 초래하는가?
2. 왜 평가는 교육을 조성하는 데에 역할을 하는가?
3. 왜 검사 점수는 광범위한 결과를 초래하는 이름표가 되는가?

요점정리

평가란 무엇인가

- 심리평가는 긴 역사를 지니며, 고대 중국에서부터 시작되었다. Francis Galton에 의해 많은 중요한 기여가 이루어졌다.
- 유용한 평가도구는 신뢰도가 있고, 타당하고, 표준화되어야 한다. 신뢰도가 있는 측정치는 일관성 있는 결과를 내어야 한다. 타당한 측정치는 검사가 고안되는 목적과 관련된 속성을 측정한다.
- 표준화된 검사는 항상 동일한 방식으로 실시되고 채점된다. 규준은 개인의 점수를 같은 연령, 성, 그리고 문화를 가진 타인들의 평균과 비교할 수 있게 해 준다.

지능평가

- Binet는 객관적 지능검사의 전통을 1900년대 초 프랑스에서 시작하였다. 점수는 정신연령에 따라 제시되었고 아동의 현재 기능하는 수준을 표현한다고 간주되었다.
- 미국에서 Terman은 스탠퍼드-비네 지능검사를 만들었고 IQ 개념을 대중화하였다.
- Wechsler는 성인, 아동 그리고 유아를 위한 각각의 지능검사를 고안하였다.
- 지적 장애와 영재성의 정의는 IQ 점수와 일상생활 수행에 초점을 둔다.

지능에 대한 이론

- IQ의 심리측정적 분석은 지능의 유동성 측면과 결정성 측면과 같은 여러 개의 기초능력들을 제안한다.
- 현대 이론들은 사람들이 부딪히는 문제들의 유형을 해결하는 데에 사용하는 기술과 통찰을 고려함으로써 지능을 매우 넓게 생각하고 또한 측정한다.
- Sternberg는 지능을 분석적·창의적·실용적 측면으로 세분화하였다.

- Gardner는 표준 IQ 측정치에 의해 측정된 것과 같은 지능을 포함하고, 또한 그 이상으로 나아가는 여덟 가지 유형의 지능을 밝혔다. 최근에는 정서지능에 대한 관심이 증가되고 있다.

지능의 정치학

- 처음부터 지능은 인종 집단에 대해 부정적 주장을 하는 데에 사용되어 왔다.
- IQ의 상당히 높은 유전가능성 때문에 어떤 인종 집단이나 타문화 집단의 낮은 점수를 선천적 열등함으로 귀인하는 연구자들이 있다.
- 환경적 불이익과 고정관념 위협은 특정 집단에서 낮은 점수가 나오는 것을 설명해 주는 것으로 보인다. 집단 간의 차이는 환경적 중재에 따라 영향을 받는다.

평가와 사회

- 검사결과가 예측과 현재의 수행의 지표로 유용하기는 하지만, 이를 개인이 발전하고 변화할 수 있는 기회를 제한하는 데에 사용되어서는 안 된다.
- 평가결과가 개인의 생활에 영향을 미칠 경우에 평가기법은 개인과 평가 목적에 맞게 신뢰도가 있고 타당해야만 한다.

글자수수께끼 놀이 정답(표 9.3)

1. laugh	6. allow
2. tempt	7. drive
3. short	8. couch
4. knight	9. enter
5. write	10. basic

연습문제

1. Francis Galton 경이 지능평가에 대해 주장하지 않았던 생각 중의 하나는?
   a. 지능의 차이는 양적인 것이다.
   b. 지능은 객관적 검사에 의해 측정될 수 있다.
   c. 지능 점수는 종형 곡선을 따른다.
   d. 지능 점수는 전생애에 걸쳐 변화한다.

2. 존은 동일한 인터넷 사이트에서 4회의 IQ 검사를 받았는데, 각각 116, 117, 129 그리고 130이라는 점수가 나왔다. 이러한 점수들이 나왔다면 이 IQ 검사는 _____
   a. 신뢰도도 없고 타당하지도 않다
   b. 신뢰도가 있고 타당하다
   c. 신뢰도는 있지만 타당하지 않다.
   d. 신뢰도는 없지만 타당하다.

3. 마틴은 자신의 행복을 측정하는 검사를 완성하였는데, 72점을 받았다. 점수를 해석하기 위해 마틴은 검사의 _____을 참고할 필요가 있다.
   a. 검사-재검사 신뢰도   b. 규준
   c. 표준화   d. 규준 타당도

4. 데보라는 10살이지만 정신연령은 12살이다. IQ를 계산하는 초기 방식을 사용하면 데보라의 IQ는 얼마가 되는가?
   a. 90   b. 100
   c. 150   d. 120

5. 어떤 원인의 지적 장애가 가장 치료하기 쉬운가?
   a. 다운증후군
   b. PKU
   c. 모의 임신 기간 중 알코올 섭취
   d. 모의 임신 기간 중 코카인 섭취

6. 영재성에 대한 '3개의 고리' 개념화의 부분이 아닌 것은?
   a. 창의성   c. 과제 헌신
   b. 수학적 소질   d. 높은 능력

7. 9세 때 던과 베티는 IQ 검사를 받았는데 던은 103, 베티는 118이었다. 이 정보에만 기초할 때 다음과 같이 예측할 수 있다.
   a. 베티는 던보다 15년 더 오래 살 것이다.
   b. 던은 베티보다 더 오래 살 것이다.
   c. 베티는 던보다 더 오래 살 것이다.
   d. 던과 베티는 대략적으로 수명이 비슷할 것이다.

8. _____ 지능은 이미 습득한 지식이라고 정의된다.
   a. 결정적   b. 분석적
   c. 유동적   d. 창의적

9. 펠릭스는 요리 학교에 응시하려고 한다. 그래서 음식 준비에 관한 일련의 문제가 제시된 시험을 보게 되었다. 이 시험은 _____ 지능을 측정하는 검사인 것처럼 보인다.
   a. 유동적   b. 분석적
   c. 실용적   d. 창의적

10. 줄리안은 주변 사람들이 화를 내고 있을 때에도 좀체로 알아채지 못한다. 줄리안은 _____지능이 그리 높지 않다고 생각할 것이다.
    a. 자연주의적   b. 정서적
    c. 공간적   d. 신체운동적

11. 코넬과 리자는 자매 간이다. 만약 그들이 _____이라면 IQ가 가장 유사할 것이라고 기대할 것이다.
    a. 일란성 쌍둥이   b. 이란성 쌍둥이
    c. 같은 가정에서 양육됨   d. 2세 이전에 입양됨

12. 정신능력에 대한 사회경제적 지위(SES)의 영향에 관한 연구는 _____를 제안한다.
    a. 단지 SES만 특정 인종 집단의 IQ 점수에 영향을 미친다.
    b. SES는 IQ 점수에 전반적 영향을 미치지 않는다.
    c. 낮은 SES인 사람은 학령전 프로그램으로부터 이득을 보지 못한다.
    d. 높은 SES인 사람은 일반적으로 높은 IQ를 갖는다.

13. _____고 생각할 때, 고정관념 위협은 검사 수행에 영향을 미친다.
    a. 고정관념이 문화 속에 만연되어 있다.
    b. 검사 상황이 특정 인종 집단에 대해 불공평하다.
    c. 검사 상황이 고정관념과 관련이 있다.
    d. 고정관념은 시간에 따라 변화한다.

14. 지능에 관한 뇌연구에 의하면 낮은 IQ의 사람들에 비해 높은 IQ의 사람들은 _____ .
    a. 청년기에 걸쳐 피질 두께가 두꺼워진다.
    b. 항상 피질의 두께가 두껍다.
    c. 피질 두께가 결코 더 두껍지 않다.
    d. 피질 두께가 어린 아동기 때와 같다.

15. 사이러스가 12세였을 때 천재라는 이야기를 들었다. 성인이 되었을 때 그는 결코 자신의 잠재력에 맞게 살고 있다고 느껴지지 않았다. 이는 평가가 _____라는 상황의 좋은 예이다.
    a. 부정확한 결과를 산출하였다.
    b. 개인에 대한 함축성이 있는 명명을 한 것이다.
    c. 개인의 교육적 경험을 조성하였다.
    d. 사이러스가 속한 집단에 대한 부정적 결과를 나타낸다.

서술형 문제

1. 검사가 어떤 경우에 신뢰도가 있는데도 타당하지 않을 수 있는가?

2. Howard Gardner의 다중지능 이론의 목표는 무엇인가?

3. 헤드스타트와 그 외의 조기중재 프로그램은 IQ에 대한 환경의 영향을 어떻게 증명해 왔는가?

전생애 인간발달

신생아를 안고 있다고 상상해 보라. 이 아기가 1세가 되었을 때 어떻게 될지 예측할 수 있는가? 5세에는? 15세, 50세, 70세, 90세에는 어떻게 될까? 이 장에서는 갓 태어난 아기의 생애에 관한 예측을 체계적으로 생각할 수 있게 해 주는 발달심리학의 이론을 살펴볼 것이다.

발달심리학(developmental psychology)은 수태로부터 전생애까지의 신체적 및 심리적 기능의 변화과정을 연구하는 심리학이다.

발달심리학자가 하는 일은 정신기능, 사회적 관계, 그리고 그 외의 인간의 본성의 중요한 측면이 전생애 주기를 통해 어떻게 발달해 가고 변화해 가는가를 기술하고 설명하는 것이다. 표 10.1은 생애의 주요 기간에 대한 대략적 이정표이다. 이 장에서는 생의 경험을 여러 영역, 즉 신체적, 언어적, 그리고 사회적 발달로 나누고 이들 각 영역을 전생애에 걸쳐 추적해 보고자 한다.

발달의 연구

지난해에 당신에게 일어난 변화를 모두 열거해 보려고 한다면, 어떤 종류의 것들을 열거할 것인가? 새로운 신체단련 프로그램을 수행해 왔는가? 상해를 치유하였는가? 새로운 취미를 개발하였는가? 오로지 한 가지 관심에만 초점을 두어 왔는가? 새로운 친구 동아리를 만들었는가? 아니면 어느 한 사람과 특별히 가까워졌는가? 이 장에서 발달을 변화에 따라 개념화하고자 한다. 바로 전에 **변화**란 항상 균형을 포함한다는 점을 알리기 위해 자신의 변화에 관해 생각하는 연습을 해 보도록 했었다.

흔히 사람들은 생애를 볼 때 아동기 동안에는 대체로 증가, 즉 더 나아지는 변화가 일어나는 것으로 개념화하고, 성인기

표 10.1 전생애 발달의 단계

단계	연령
태아기	수태에서 출생까지
영아기	출생에서 약 18개월까지
초기 아동기	약 18개월부터 6세까지
후기 아동기	약 6세부터 11세까지
청소년기	약 11세부터 20세까지
초기 성인기	약 20세부터 40세까지
중기 성인기	약 40세부터 65세까지
후기 성인기	약 65세 이후

동안에는 대체로 감소, 즉 더 나빠지는 변화가 일어나는 것으로 개념화한다. 그러나 여기에서 강조하고자 하는 발달에 관한 조망은 선택이며, 따라서 증가와 감소가 모든 발달의 특징이라는 것을 알게 될 것이다(Dixon, 2003; Lachman, 2004). 예를 들어 평생의 동반자를 고를 때, 사람들은 다양성을 포기하는 대신 안전성을 얻는다. 또한 은퇴하게 되면, 사람들은 지위를 포기하는 대신 여가를 얻는다. 발달을 수동적 과정으로 생각하지 않는 것 또한 중요하다. 많은 발달적 변화에는 환경에 대한 개인의 **적극적 관여**가 요구된다(Bronfenbrenner, 2004).

변화를 기술하기 위해 적절한 첫 걸음은 평균적인 사람들이 특정 시기에 보이는 신체적 외양이나 인지적 능력 등에 대한 특징을 아는 것이다. **규준 연구**(normative investigations)에서는 특정 연령 또는 특정 발달 단계의 특징을 기술하고자 한다. 상이한 연령의 개인들을 체계적으로 검사함으로써 발달의 이정표를 결정할 수 있다. 많은 사람들의 관찰에 기초한 이들 자료들은 규준, 즉 발달 또는 성취에 대한 표준적 양상을 제공한다.

규준적 표준에 의해 심리학자들은 생활연령(출생 이후의 개월수 또는 햇수)과 **발달연령**(developmental age, 특정 아이에게 나타나는 특정 수준의 신체적 또는 정신적 발달을 대다수의 아이들에게서 관찰할 수 있는 연령) 간의 구분을 할 수 있게 해 준다. 대부분의 5세 아이들에게 전형적으로 나타나는 정도의 언어기술을 보이는 3세 아이가 있다면, 그 아이는 언어기술이 5세의 발달연령에 해당된다고 말할 수 있다. 규준은 개인 간, 그리고 집단 간 비교를 하기 위한 표준적 기초를 제공한다.

발달심리학자는 변화에 대한 가능한 기제들을 이해하기 위해 여러 유형의 연구설계를 사용한다. **종단적 설계**(longitudinal design)에서는, 동일한 개인들을 대개 오랜 기간에 걸쳐 반복적으로 관찰하고 검사한다(그림 10.1 참조). 예를 들어, 어떤 연구자들은 15, 25, 37, 그리고 63개월 된 아이들을 검사하여 어휘발달에 대한 가정 환경의 영향을 알아보고자 한다(Rodriguez & Tamis-LeMonda, 2011). 종단적 자료수집은 아동의 초기 환경이 미치는 장기적 영향의 면모에 관해 강력한 결론을 내릴 수 있게 해 준다. 또한 연구자는 개인차를 연구하기 위해서 종단적 설계를 사용하기도 한다. 상이한 사람들의 생의 결과를 이해하기 위해, 연구자는 생애 초기의 잠재적인 원인이 되는 요인들을 측정하여, 그러한 요인들이 각 개인의 생애에 어떻게 영향을 미치는가를 알아보고자 할 것이다.

종단적 연구의 일반적 장점은, 참여자들이 동일한 사회경제적인 시기를 살아왔기 때문에 연령에 관련된 변화가 사회적

종단적 설계에서는 동일한 사람을 여러 연령에서, 흔히 오랜 기간 동안에 걸쳐 관찰한다. 이 유명한 여성은 1926년에 태어난 영국 아이들에 대한 종단적 연구의 일부가 될 수 있다. 엘리자베스 여왕은 이 동시대 배경의 다른 아이들과 어떤 점이 유사하고 어떤 점이 다를까?

상황의 차이와 혼동되지 않게 된다는 점이다(Schaie, 1989). 그러나 단점은 어떤 유형의 일반화는 동시대 출생집단(cohort), 즉 연구 참여자로서 동일한 시기에 태어난 집단에 대해서만 행해질 수 있다는 점이다. 예를 들어 현재 50세인 사람들이 자신의 자녀가 독립한 후의 기간 동안에 행복도가 증가했다고 하자. 그러나 자녀가 부모와 함께 살기를 기대하는 기간에 대한 기대가 미래의 50세인 사람들에서 달라진다면 이러한 결과를 미래의 50대에게는 적용하기 어려울 수 있다. 종단적 연구는 오랜 기간 참여자를 계속 추적하기가 어렵기 때문에 비용이

많이 들어가며, 참여자의 포기나 탈락으로 인해 자료가 상실된다.

발달에 관한 대부분의 연구는 참여자 집단이 상이한 생활연령으로 되어 있는 **횡단적 설계**(cross-sectional design)를 사용하는데, 이 설계에서는 한 번의 동일한 시기에 관찰하고 비교한다. 연구자는 연령변화에 관련되는 행동 차이에 관한 결론을 끌어낼 수 있다. 예를 들어 아동이 거짓을 말할 수 있는 능력이 연령에 따라 어떻게 변화해 가는지를 밝히고자 할 때 연구자들은 8개월에서 16세까지의 아이들을 검사할 것이다(Evans & Lee, 2011). 횡단적 설계의 단점은 생활 연령의 차이뿐만 아니라 출생 연대가 차이 나는 사람들을 비교하는 데에서 초래된다는 점이며, 연령에 관련된 변화가 상이한 동시대출생집단(동일한 시기에 태어난 집단)에 의해 경험되는 사회적 또는 정치적 조건이 혼입된다는 점이다. 따라서 현재의 10세와 18세의 표본을 비교하는 연구는 그 참여자들이 1970년대에 성장한 10세와 18세들과는 발달적 단계 때문만이 아니라 상이한 시대에 관련한 방식 때문에 차이가 있음을 알 수 있게 될 것이다.

각 방법은 연구자들에게 한 연령에서 다른 연령으로의 변화를 기술할 기회를 제공한다. 연구자들은 여러 영역들의 발달을 연구하기 위해 이들 방법을 사용한다. 이제 신체적, 인지적 그리고 사회적 발달과 같은 영역들을 살펴봄으로써 우리가 이미 겪어온 커다란 변화들을 이해할 수 있게 될 것이다.

그림 10.1 종단적 연구와 횡단적 연구
종단적 연구에서는 연구자가 동일한 사람들의 집단을 수일, 수개월, 또는 수년에 걸쳐 추적하고, 횡단적 연구에서는 연구자가 특정 시기에 서로 다른 연령의 사람들을 검사한다.

횡단적 연구의 단점은 동시대 출생집단 효과가 혼입된다는 것이다. 위 두 집단의 여성들은 자신들이 살던 시대의 결과로서 어떤 차이가 존재할까?

stop 복습하기

1. 발달연령이란 무엇인가?

2. 왜 종단적 설계가 개인차를 연구하기 위해 종종 사용되는가?

3. 동시대 출생집단은 횡단적 설계와 어떤 관련성이 있는가?

전생애의 신체적 발달

이 장에서 기술하게 될 많은 유형의 발달을 탐지하기 위해서는 어느 정도 특수한 지식이 필요하다. 예를 들어 여러분이 이 책에서 사회적 발달에 관해 읽지 않는다면 그에 관한 이 정표를 알아채지 못할 것이다. 여러 발달영역 중에서 훈련되지 않은 사람들의 눈에도 변화가 그대로 보이는 **신체적 발달**(physical development)부터 살펴볼 것이다. 사람들이 태어나서부터 신체적 변화를 크게 겪는다는 데에는 의심의 여지가 없다. 이러한 변화는 생의 마지막까지 계속될 것이다. 수많은 신체적 변화가 일어나지만, 이 절에서는 심리학적 발달에 영향을 미치는 변화들에 초점을 두려고 한다.

태아기와 아동기의 발달

사람들은 고유한 유전적 잠재력을 가지고 생을 시작한다. 수태되는 순간, 남자의 정자세포는 여자의 난자세포에 수정되어 단세포의 **수정란**(zygote)을 형성한다. 모든 인간의 정상적 신체세포에서 발견되는 46개 염색체의 반을 어머니로부터 받고, 반을 아버지로부터 받는다. 이 절에서는 수태에서부터 출생까지의 태아기에 일어나는 신체적 발달을 살펴보고, 또한 출생 전에 획득해 온 감각능력과 아동기 동안에 경험하게 되는 중요한 신체적 변화에 관해 기술할 것이다.

태아기의 신체적 발달 수정란이 형성된 후 첫 2주간을 태아기 중에서 **접합체기**(germinal period)라고 한다. 이 기간에 세포는 신속하게 분화하여 1주가 지나면 모의 자궁벽에 자신의 미세 세포의 덩이를 부착시킨다. 태아기 발달의 8주째를 지나는 시기를 **배아기**(embryonic stage)라고 부른다. 이 시기에도 신속한 세포 분화를 계속하며 여러 신체기관을 각각 형성하기 위해 특화되기 시작한다. 신체기관이 발달함에 따라 첫 심장 박동이 일어난다. 6주가 되면 자극에 대한 반응하는 것이 관찰되며, 이때의 태아는 2.5cm 정도에 불과하다. 자발적 운동은 7주 또는 8주째에 관찰된다(Stanojevic et al., 2011).

태아기(fetal stage)는 8주가 지나서부터 출생까지 지속된다. 어머니는 임신 후 6주째부터 태아의 움직임을 느낄 수 있는데 이때의 태아의 크기는 약 18cm 정도이다(출생 시의 평균 키는 50cm 정도). 인간의 성숙한 뇌의 신경세포의 수는 1,000억 개로 이의 대부분은 태아기에서 만들어진다(Stiles Jernigan, 2010). 인간과 여러 포유류에서 이러한 세포증식과 신경세포의 적소에의 이동은 출생 전에 일어난다. 축색돌기와 수상돌기의 가지 형성의 발달은 대체로 출생 후에 일어난다. 30일부터 9개월까지의 뇌발달의 순서는 그림 10.2와 같다.

임신 기간 전체에 걸쳐 감염, 방사선 또는 약물과 같은 환경요인이 기관과 신체구조의 정상적 형성을 방해할 수 있다. 태아의 구조적 이상을 초래하는 환경요인을 **기형발생물질**(teratogen)이라고 부른다. 예를 들어 어머니가 임신 후 풍진(독

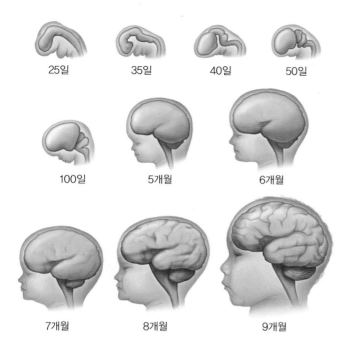

25일　　35일　　40일　　50일

100일　　5개월　　6개월

7개월　　8개월　　9개월

그림 10.2 인간 뇌의 발달
출생 전의 9개월 동안 약 1,000억 개라는 전수에 도달한다.
출처 : *The Brain* by R. Restak, Copyright © 1984, Bantam Books.

일 홍역)에 감염되면 아기에게 정신지체, 시각손상, 청각손상, 심장기형과 같은 부정적 결과가 일어난다. 이러한 감염이 임신 후 6주에 일어나면 출생 시 이상이 일어날 확률은 100%이다(De Santis et al., 2006). 임신의 말기에 노출된다면 부정적 효과의 확률은 이보다 낮아진다(예 : 4개월에는 50%, 5개월에는 6%). 민감기에 알코올을 섭취하는 어머니는 아기를 뇌손상 및 그 외의 손상의 위험에 처하게 한다(Bailey & Sokol, 2008). 태아알코올증후군은 흔히 머리와 몸이 작고, 얼굴에 기형을 보인다. 중추신경계통의 손상이 있어 인지 및 행동에 문제가 초래된다(Nichols, 2007)

흡연을 하는 임부는 특히 임신 후반부에 있는 태아를 위험에 빠뜨린다. 임신기 동안의 흡연은 유산, 조산, 저체중 아기를 출산할 위험을 증가시킨다. 임신기 동안에 2차적 흡연에 노출된 임부도 저체중 아기를 출산할 가능성이 높다(Crane et al., 2011). 끝으로 불법 약물들은 대체로 태아의 손상을 초래한다. 예를 들어 코카인은 태반을 통해 전달되어 태아발달에 직접적인 영향을 미칠 수 있다. 성인의 경우에 코카인은 혈관의 수축을 초래하며, 임부의 경우에는 태아로 가는 태반의 혈류와 산소공급을 위축시킨다. 만약 산소 결핍이 심하면 태아의 뇌 혈관은 파열된다. 이와 같은 태아 뇌경색은 일생 동안 정신지체가 되게 한다(Bennett et al., 2008; Singer et al., 2002). 연구결과, 코카인에 의해 뇌체계가 손상되면 대부분 주의 통제에 문제가 생긴다. 즉, 태아기에 코카인에 노출되었던 아이들은 주의를 기울일 필요가 없는 광경과 소리들과 같은 방해자극들을 극복하기 위해 힘든 생을 살게 될 것이다.

아기는 생존을 위해 선천적으로 계획되어 있다 출생 시에 아기의 신체 내에는 어떤 능력이 계획되어 있을까? 그동안 신생아는 완전히 무기력하다고 생각하는 경향이 있었다. 행동주의의 창시자인 John Watson은 인간의 영아를 '살아 있는, 꿈틀거리는, 몇 가지의 단순한 반응만을 할 수 있는 생물체'라고 기술하였다. 이 말이 옳다고 믿는다면, 태어난 순간에 영아가 놀랄 만한 능력을 나타내는 것을 알면 놀랄 것이다. 영아는 생존을 위해 선천적으로 계획되어 양육자에게 반응하고, 주위의 사회적 환경에 영향을 미치도록 맞추어져 있다고 보아야 한다.

처음에 영아는 여러 개의 반사를 가지고 태어나며, 이 반사들을 통해 환경에 대한 최초의 많은 행동반응을 한다. 반사는 유기체에 대해 생물학적으로 관련된 특정 자극과 만나면 자연적으로 발사된다. 영아가 생존하기 위해 정말로 필요한 다음의 두 가지 반사가 선천적으로 준비되어 있다. 영아의 빰을 뭔가로 간질이면 젖꼭지 찾기 반사(rooting reflex)는 아기가 엄마의 젖꼭지를 찾게 해 준다. 즉, 어떤 것이 입에 닿으면 영아는 그것을 빨기 시작한다. 빨기 반사(sucking reflex)는 영아가 먹을 수 있게 해 준다. 이러한 종류의 반사로 인해 영아는 생의 초기에 살아남을 수 있게 되는 것이다.

예를 들어 영아는 출생 전에도 들을 수 있다. 연구들에서 태아기에 들었던 것이 아기에게 영향을 미친다는 것이 증명되었다. 신생아는 다른 여자의 목소리보다 엄마의 목소리를 더 좋아한다(Spence & Decasper, 1987; Spence & Freeman, 1996). 사실 아이들은 태어나기 전부터 어머니의 목소리를 알아본다고 연구에서 제안하고 있다. 한 연구에서 태아의 심장박동률이 녹음된 엄마의 목소리를 들으면 증가하였으며 낯선이의 목소리에는 변화를 보이지 않았다(Kisilevsky et al., 2009). 신생아는 엄마의 얼굴을 비교적 쉽게 알아볼 수 있는데, 이는 엄마의 얼굴이 이미 친숙해져 있는 엄마의 목소리와 연합되기 때문이다(Sai, 2005). 엄마의 목소리에 대한 영아의 이러한 결과들을 보고, 아버지의 목소리에도 더 잘 반응할 것인지 알고 싶을 것이다. 섭섭하게도 태아의 심장박동률은 아버지의 목소리에는 반응하지 않았다. 이러한 결과는 아버지의 목소리는 자궁에 있는 동안의 아기에게는 충분히 친숙하지 않음을 시사한다. 실제로 신생아 역시 아버지의 목소리에 선호를 보이지 않았다(Decasper & Prescott, 1984).

대부분의 아이들은 태아기의 마지막 두 달 동안에 시각 경험을 하기 시작한다(Del Giudice, 2011). 아이들은 자신의 움직임을 지각할 수가 있다. 이렇게 시작하는 것을 보면 신생아가 태어나서 거의 즉시 시각체계를 작동시키는 것은 놀라운 일이 아니다. 즉, 출생 후 수분 이내에 신생아의 눈은 또렷하며, 목소리가 나는 방향으로 눈을 돌리고, 특정 소리가 나는 쪽을 탐색한다. 그럼에도 불구하고, 출생 시의 시각은 다른 감각보다 덜 발달되어 있다. 성인의 시력은 신생아 시력의 40배 정도 된다(Sireteanu, 1999). 그러나 시력은 첫 6개월 동안 신속하게 향상된다. 신생아는 아직 세상을 3차원으로 경험할 수 있도록 잘 구비되어 있지 않다. 즉, 아기가 깊이를 지각하기 위해 두 눈으로부터의 정보를 조합할 수 있으려면 4개월은 되어야 한다. 제4장에서 깊이를 경험하기 위해 매우 다양한 단서를 사용한다는 것을 보았다. 연구자들은 영아가 각 유형의 단서를 해석할 수 있다는 것을 보여주는 시간 흐름을 증명하기 시작했다. 예를 들어 4개월에 영아는 사물의 2차원상에서 3차원 구조를 추론하기 위해 운동시차와 중첩을 사용할 수 있다.

아기의 시각이 완전하지는 않지만 시각적 선호를 보인다. Robert Fantz(1963)는 4개월 된 영아가 밋밋한 것보다는 윤곽이 있는 대상, 단순한 것보다 복잡한 대상, 그리고 눈, 코, 입 등이 뒤죽박죽된 얼굴보다는 제대로 된 얼굴을 선호함을 관찰하였다. 보다 최근 연구에서 3일 된 아기가 윗부분이 큰 모양(top-heavy pattern)(Macchi Cassia et al., 2004)을 선호한다고 밝혀졌다. 윗부분이 큰 모양을 경험하기 위해 거울에 비친 당신의 얼굴을 보라. 눈, 눈썹 등은 입술보다 훨씬 더 많은 공간을 차지하는 것을 알 수 있을 것이다. 사람 얼굴의 윗부분이 크다는 사실 때문에 영아는 사람 얼굴을 다른 유형의 시각적 배열보다 더 선호할 것이다.

아기들이 돌아다니기 시작하면, 다른 지각적 능력들도 빠르게 획득한다. 예를 들어 Eleanor Gibson과 Richard Walk(1960)의 고전적 연구에서 아기가 깊이 정보에 대해 어떻게 반응하는지를 검토하였다. 이 연구에서 시각적 절벽(visual cliff)이라는 장치를 사용하였다. 시각적 절벽에는 단단한 유리 표면의 중앙에 판자가 깔려 있다. 그림 10.3에서 보는 바와 같이 체크무늬 판자를 사용하여 깊은 쪽과 얕은 쪽을 구분할 수 있게 하였다. 원래의 연구에서 Gibson과 Walk는 아기가 가운데를 출발하여 얕은 쪽으로는 기어가지만, 깊은 쪽으로는 기어가지 않는다는 것을 증명하였다. 그러나 후속 연구에서는 아기들은 깊이에 대한 공포는 기어다녀 본 경험에 의존한다고 밝혀졌다. 기어다닌 적이 없는 같은 연령의 아기들은 깊은 쪽에 대한 공포를 느끼지 않는 반면, 기기 시작한 아기들은 깊은 쪽에 대한 공포를 느낀다(Campos et al., 1992; Witherington et al., 2005). 따라서 깊이에 대한 걱정은 미리 계획된 것은 아니나, 자신의 능력으로 세상을 탐색하기 시작함에 따라 신속하게 발달한다.

아동기의 성장과 성숙 신생아는 놀랄 만한 속도로 변화한다. 아기의 머리는 성인 크기의 60%가량 되고, 신장은 성인의 4분의 1 정도(Bayley, 1956)이다. 영아의 체중은 첫 6개월 만에 2배가 되고, 1세에는 3배가 된다. 아기의 몸통은 성인 몸통길이의 반이다. 성기관은 십대 이전까지는 거의 변화하지 않으며 십대 이후에 급속히 발달하여 성인과 비슷하게 된다.

신체적 성장에는 운동능력의 성숙이 동반된다. **성숙**(maturation)이란 보편적 환경에서 키워졌을 때, 모든 구성원에게 전형적으로 나타나는 성장의 과정을 지칭한다. 신생아가 경험하는 전형적인 성숙의 순서는 유전된 생물학적 범위와 환경적 입력 간의 상호작용에 의해 결정된다. 환경 입력의 영향을 이해하기 위해 발달심리학 연구자들은 민감기(sensitive period)와 결정적 시기(critical period)를 구분한다. 민감기란 아동이 정상발달에 관련되는 적절한 환경적 경험을 가져야 하는 최적 연령 범위를 지칭한다. 아동이 민감기 동안 이러한 경험을 하게 된다면 발달은 순조롭게 진행할 것이다. 그러나 만약 아동이 이러한 경험을 늦게 하게 되더라도 아동은 역시 발달이 가능하겠지만 약간의 어려움이 동반될 것이다. 결정적 시

초기에 유아는 대조적인 물체들 중 더 큰 물체를 인지할 수 있다. 유아를 특히 더 끌리게 하는 시각 경험은 무엇일까?

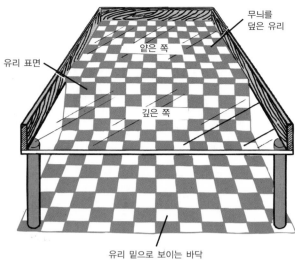

무늬를
덮은 유리

얕은 쪽

유리 표면

깊은 쪽

유리 밑으로 보이는 바닥

그림 10.3 시각적 절벽
아기가 일단 주위를 기어다니는 경험을 하게 되면, 시각적 절벽의 깊은 쪽에 대해 공포를 보인다.

기는 발달에 더 강력한 제약을 부과한다. 결정적 시기란 아동이 반드시 적절한 환경적 경험을 해야만 하는 연령 범위를 지칭한다. 결정적 시기 동안에 적절한 환경적 경험을 하지 못한다면 아동에게 특정 기능이 발달하지 못할 것이다.

운동발달에 대한 예를 들어 보자. 이동의 순서는 그림 10.4에서 보는 바와 같이 특별한 훈련을 하지 않아도 걷게 된다. 그림 10.4는 평균적인 아이들의 순서를 보여준다는 것에 주목하라. 아이들에 따라서는 이러한 운동 이정표의 순서가 다를 수도 있다(Adolph et al., 2010). 실제로 어떤 아이들은 기는 단계를 건너뛰기도 한다. 걷기발달에 대한 연구를 통해 환경적 입력의 중요성을 알 수 있다. 운동 연습을 가외로 한 아이들은 각운동 순서의 이정표에 더 일찍 도달하며, 운동 경험이 제한되는 아이들은 더 늦게 도달한다. 각 개인에 따라 변산이 있기는 하지만, 손상이 되지 않은 모든 신생아는 신체적 성숙이 될 수 있는 동일한 잠재력이 있다고 볼 수 있다.

아동의 신체발달은 두 가지 일반적 원리를 따른다. 두미방향의 원리는 발달이 머리에서 다리의 방향으로 진행한다는 것을 말한다. 예를 들어, 전형적으로 아이들은 자신의 다리의 통제가 발달하기에 앞서 자신의 팔의 움직임을 통제할 수 있다. **중심말초 방향의 원리**는 중심부의 신체 부분이 말단부보다 먼저 발달함을 말한다. 예를 들어, 아이들의 팔이 손보다 더 먼저 발달하고, 손은 손가락보다 더 먼저 발달한다. 끝으로, 발달은 전형적으로 대운동기술에서 소운동기술로 진행한다. 대운동 기술에는 영아가 다리를 차거나 구를 때 사용하는 대근육이 관련된다. 소운동기술에는 소근육들 간의 더 정확한 협응

이 필요하다. 소운동기술이 발달함에 따라, 영아는 사물을 잡거나 입에 물건을 넣을 수 있게 된다.

청소년기의 신체발달

아동기가 끝나는 첫 번째 구체적 지표는 사춘기의 성장 급등으로 나타난다. 소녀는 10세경에, 소년은 12세경에 성장호르몬이 혈류에 흐르게 된다. 수년간, 청소년은 1년에 7.5cm에서 15cm가 크며, 체중도 신속하게 증가한다. 청소년의 신체 모두가 한꺼번에 성인의 비율에 도달하는 것은 아니다. 손과 발이 먼저 성인의 완전한 크기로 성장한다. 팔과 다리가 그다음이며, 몸통은 가장 늦게 성장한다. 따라서 개인의 전반적 형태는 10대를 거치면서 여러 번에 걸쳐 변화하게 된다.

성장 급등이 시작된 후 2년에서 3년 동안 **사춘기**(puberty) 또는 성적 성숙에 도달한다.(라틴어의 *pubertas*는 '털로 덮인다'는 것을 의미하며, 팔과 다리, 겨드랑이, 성기 부위에서 체모가 성장함을 나타낸다.) 소녀는 사춘기에 첫 생리인 초경(menarche)이 시작되고, 소년은 사춘기에 활동성 정자를 생산하기 시작한다. 미국에서 초경의 정상범위는 11세에서 15세 사이이고, 평균 연령은 12세에서 13세 사이이다. 활동성 정자의 생산은 평균적으로 12세에서 14세 사이에 처음 시작하는데, 이 시기에는 상당한 개인차가 있다. 이들 신체적 변화로 인해 성적 감정의 인식도 초래된다. 성적 관심의 시작에 대해서는 제11장에서 살펴볼 것이다.

이 외에도 중요한 신체적 변화는 청소년의 뇌의 내부에서 일어난다. 과거에 연구자들은 뇌의 대부분의 성장은 인생의

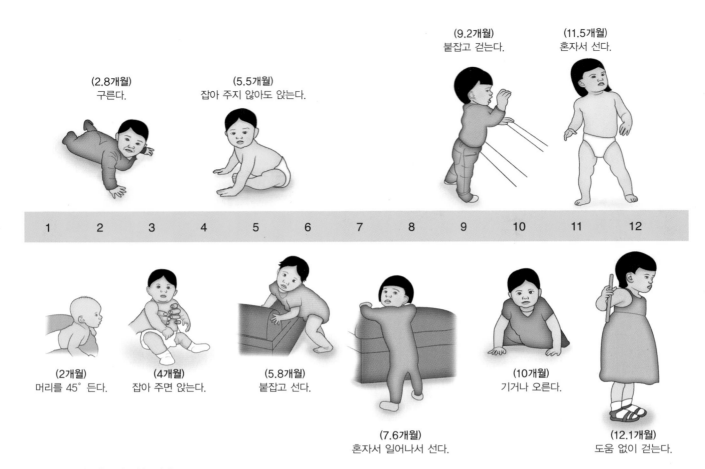

그림 10.4 이동운동의 성숙 시간표
걷기발달에는 특별한 훈련이 필요하지 않다. 아기들은 생후 첫 1년 동안에 위의 단계들 중 많은 단계를 동일하게 거친다.

첫 몇 년 동안에 일어난다고 생각했다. 그러나 뇌영상기법을 사용하는 최근 연구들에서 청소년의 뇌에서도 발달이 계속됨을 증명하고 있다(Paus, 2005). 연구자들은 정서과정을 담당하는 **변연계**와 정서를 계획하고 통제하는 것을 책임지는 **전두엽**에 특정한 주요 변화가 일어남을 증명했다(제3장 참조). 그러나 변연계의 성숙은 전두엽의 성숙보다 앞서 일어난다. 이들 부위의 변화 시기의 차이에 의해 청소년의 사회적 발달의 가장 현저한 측면 중 하나인 위험 행동에 관여하는 경향이 설명될 수 있다(Andrews-Hanna et al., 2011).

전생애에 걸친 사회성 발달에 있어서 위험 행동의 사회적 측면을 살펴보겠다. 연구자들은 변연계의 성숙으로 인해 청소년이 세상 밖으로 나갈 수 있게 준비되는 것이라고 추측하고 있다. "진화적으로 말하면, 청소년기는 가족의 보호로부터 성공적 분리를 증진시키기 위해 독립 기술이 획득되는 시기이다."(Casey et al., 2008, p. 70). 이러한 진화적 맥락에서 정서적 욕구를 억제하고 통제하는 전두피질 영역이 생애에서 약간 늦게 성숙하는 것은 의미가 있다. 가정으로 분리되어 생존

하기 위해, 청소년들은 어느 정도의 초기 위험을 감수해야 할 것이다. 그러나 현대인들은 이제 일반적으로 청소년기 동안에 가정을 떠나지 않는다는 점에 어려움이 있다. 따라서 새로움 추구와 위험 감수를 향한 진화적 충동은 이제 더 이상 적응적 기능을 가지지 않는다. 다행히도 청소년기에서 성인기로 발달함에 따라 전두엽이 성숙하게 되고(Steinberg, 2008), 전두엽과 변연계 간에 새로운 연결이 형성된다. 이들 새로운 연결로 인해 사람들은 정서적 충동에 대한 인지적 통제를 더 잘 할 수 있게 된다.

청소년기를 지나면 신체는 생물학적 변화가 비교적 최소화되는 시기에 또 다시 도달하게 된다. 당신은 식사나 운동과 같은 다양한 방식이 몸에 영향을 미칠 수 있으며, 노화의 일관성 있는 결과로서 일련의 커다란 변화들이 중년기와 노인기에 일어난다.

성인기의 신체변화

연령 증가에 따라 일어나는 가장 명백한 변화 중의 하나는 신

체적 외양 및 신체적 능력에 관한 것이다. 나이가 들어감에 따라 자신의 피부에 주름이 생기고, 머리카락은 가늘어지고, 희어지며, 키는 2.5~5cm 정도 줄어들 것이라는 것을 알 수 있을 것이다. 또 어떤 감각은 민감성이 감소될 것이다. 이들 변화가 65세에 갑자기 일어나는 것은 아니며, 초기 성인기부터 점진적으로 일어난다. 연령에 관련된 보편적 변화를 기술하기 전에 보다 일반적인 점부터 살펴보자. 많은 신체적 변화는 연령 때문에 일어나는 것이 아니라 비사용으로 인해 일어난다. 연구결과에 의해 "사용하라. 그렇지 않으면 잃을 것이다."라는 격언이 지지된다. 신체 단련 프로그램에 계속 참여하는 노인들은 노화에 따른 불가피한 결과로 인한 고충을 더 적게 경험한다. 그러나 여기에서는 성인의 삶의 방식에 흔히 영향을 주는, 대개는 피할 수 없는 변화들에 대해 살펴보고자 한다.

시각 40세에서 50세경에 대다수의 사람들에게 시각기능의 감퇴가 일어나기 시작한다. 눈의 수정체와 안근육의 경화로 인해 수정체가 두꺼워지게 되며 시력이 나빠진다. 이러한 변화로 인해 가까운 거리에 있는 사물을 보기 어렵게 된다. 수정체의 경화는 가까운 거리에 있는 사물을 보기 어렵게 한다. 수정체의 경화는 또한 암순응에 영향을 주어 야간 시력에 문제를 일으킨다. 정상적인 시각변화는 대부분 교정렌즈의 도움을 받을 수 있다. 연령이 증가함에 따라 수정체에 황변이 일어난다. 수정체의 황변은 일부 노인들이 경험하게 되는 색채 시력의 감소와 관련이 있다고 본다. 낮은 파장의 색채, 즉 보라, 파랑, 초록은 일부 노인들에게 특히 변별하기 어려운 색이다.

청각 청각상실은 60세 또는 그 이상의 연령에서 흔히 나타난다. 보통의 노인들은 고주파 소리를 들을 때 곤란을 느낀다(Mendelson & Rajan, 2011). 노인은 높은 소리로 하는 말을 특히 알아듣기가 어렵다(이상한 것은 연령이 증가하면 성대가 경직되어 목소리가 오히려 고음이 된다는 것이다.). 청각결함은 점진적으로 일어나며, 극도로 나빠지기 전에는 인식하기 어렵다. 청각상실을 인식하게 되었을 때 사람들은 그 사실을 부정하는데, 바람직하지 않은 노화의 징표로 인식되기 때문이다. 특정 생리학적 원인으로 인한 청각상실은 보청기로 극복할 수 있다. 자신이 나이 들어가거나 나이든 사람과 상호작용할 때, 낮은 어조로 말하고, 똑똑하게 발음하고, 배경소음을 감소시키는 것이 도움이 됨을 인식해야만 한다.

생식 및 성 기능 사춘기가 생식기능의 시작의 지표라는 것을

연구자들은 왜 "사용하라, 그렇지 않으면 잃을 것이다."라고 충고하는가?

살펴보았다. 중기 성인기와 후기 성인기에는 생식능력이 감소한다. 50세 정도에는 대부분의 여성은 생리와 배란이 중지되는 폐경을 경험한다. 남성의 경우에는 변화가 덜 급격하기는 하지만, 활동성 정자의 양이 40세 이후 감소하며, 정액의 양이 60세 이후 감소한다. 물론 이러한 변화는 주로 생식과 관련이 있다. 연령 증가와 신체적 변화로 인해 성적 경험의 다른 측면까지 반드시 손상되는 것은 아니다(DeLamater & Sill, 2005; Lindau et al., 2007). 사실 성은 각성기능이 있기 때문에 성공적 노화를 증진시켜 주는, 인생의 건강한 즐거움 중의 하나이며, 유산소 운동을 제공하고, 환상을 자극한다. 또한 성은 사회적 상호작용의 활력적 형태이다.

 복습하기

1. 기어다니는 경험은 시각적 절벽에 대한 아동의 수행에 어떤 영향을 미치는가?
2. 최근 연구에서 청소년의 대뇌발달 측면에 대해 무엇을 밝혀냈는가?
3. 연령 증가는 왜 색채 시력에 영향을 미치는가?

전생애의 인지발달

신체적, 사회적 현실에 대한 이해는 전생애에 걸쳐서 어떻게 변화하는 것일까? **인지발달**(cognitive development)은 시간의 흐름에 따라 새롭게 출현하고, 변화하는 정신적 과정과 산물을 연구하는 분야이다. 특히 인지 능력의 최초 출현에 관해 매우 큰 관심이 있기 때문에 이 장에서는 인지발달 단계의 초기의 과정에 초점을 두고자 한다. 하지만 성인기의 인지발달에 대한 연구결과들도 기술할 것이다.

정신발달에 대한 Piaget의 통찰

Jean Piaget(1929, 1954, 1977)는 약 50년에 걸쳐 아동들이 사고하고, 추론하고, 문제를 해결하는 방법에 대한 이론들을 발전시켰다. Piaget는 자신의 아이들과 다른 아이들에게 간단한 시범과 면접을 사용하여 초기 정신발달에 대한 복잡한 이론을 생성하였다. 그의 관심은 아동이 소유한 정보의 양이 아니라, 발달에 있어서 물리적 실체에 대한 아동의 사고방식과 내적 표상이 여러 다른 단계에서 어떻게 변화하는지에 있었다.

발달적 변화의 기본 구조 Piaget는 개인이 세계를 해석할 수 있게 해주는 정신구조를 **도식**(scheme)이라고 명명하였다. 도식은 발달적 변화의 기반이다. Piaget는 영아의 초기 도식을 감각운동적 지능이라고 하였으며, 빨기, 보기, 잡기, 밀기 등과 같은 감각운동적 연쇄를 초래하는 정신적 구조 또는 프로그램이라고 규정하였다. 연습을 통해 초보적 도식들은 결합되고, 통합되고, 분화되어 훨씬 복잡하고 다양한 행위양식(아동이 불필요한 물건 뒤에 있는 사물을 잡기 위해 불필요한 물건을 밀어내는 것과 같이)을 이루게 된다. Piaget에 따르면, 인지 성장을 이루게 하는 기본적 두 과정, 즉 동화와 조절이 있다. **동화**(assimilation)는 아동이 이미 알고 있는 지식에 맞추어 환경으로부터의 새 정보를 변형하는 것이다. 즉, 아동이 새로 들어온 자료에 기존의 도식을 접속시키는 것을 의미한다. **조절**(accommodation)은 기존의 도식을 재구성하거나 변형하여 새로운 정보가 보다 완전하게 설명될 수 있게 하는 것이다.

아기가 엄마 젖을 빨다가 젖병을 빨고, 빨대를 사용하고, 컵으로 마시기 위해 거쳐야만 하는 과정을 생각해 보자. 최초의 빨기 반응은 태어날 때부터 존재하는 반사행동이다. 하지만 아기의 입은 엄마 젖꼭지의 모양과 크기에 맞추기 위해 어느 정도 수정되어야 한다. 젖병에 입을 맞추기 위해, 변화되지 않은 많은 연쇄적 행동 부분들도 여전히 사용한다(동화). 그러나

표 10.2 전생애 발달의 단계

단계/나이	특징과 중요한 성취
감각운동기(0~2)	소수의 감각운동적 연쇄를 가지고 생을 시작한다.
	대상영속성과 초기 상징적 사고가 발달한다.
전조작기(2~7)	아동의 사고는 자기중심성과 중심화라는 특징을 지닌다.
	상징적 사고를 사용하기 위한 능력을 향상시킨다.
구체적 조작기(7~11)	보존성에 대한 이해를 획득한다.
	구체적이고 물리적인 대상에 관해 추론할 수 있다.
형식적 조작기(11→)	추상적 추론과 가설적 사고를 할 수 있는 능력이 발달한다.

그 전과는 다르게 고무젖꼭지를 잡아서 당겨야 하고, 젖병을 적절한 각도로 잡는 법을 배워야 한다(조절). 젖병에서 빨대나 컵으로의 진일보는 조절이 더 많이 요구되나 과거의 기술들에도 계속해서 의존한다. Piaget는 인지발달이란 바로 이러한 방식으로 동화와 조절이 섞여 짜여진 결과라고 보았다. 동화와 조절이 현실에 균형 있게 적용되면, 아동들의 행동과 지식은 구체적인 외적 현실에 덜 의존하게 되고, 추상적 사고를 더 많이 하게 된다.

인지발달 단계 Piaget는 아동의 인지발달에 순서가 있으며, 비연속적인 4개의 단계(표 10.2 참조)로 나누어진다고 보았다. 아동들에 따라 특정 단계에 더 오래 머물 수도 있기는 하지만, 모든 아이들은 동일한 순서를 거쳐서 발달해 간다고 가정하였다.

감각운동기 감각운동기(sensorimotor stage)는 대개 출생에서 2세까지에 해당한다. 생후 첫 몇 달 동안, 영아의 많은 행동은 빨기, 보기, 잡기, 밀기와 같은 타고난 도식의 제한적 배열에 기초한다. 생후 1년 동안, 감각운동적 연쇄행동은 향상되고, 결합되고, 협응되고, 통합된다(예 : 빤 것을 잡기, 본 것을 만지기). 영아들이 자신의 행위가 외적 사건에 영향을 미친다는 것을 발견함에 따라 이들 도식은 한층 더 다양해진다.

영아기의 가장 중요한 인지적 획득은 대상영속성에 대한 정신적 표상을 형성하는 능력이다. **대상영속성**(object permanence)은 대상이 자신들의 행위나 인식과는 독립적으로 존재하고 행동한다는 것을 이해함을 지칭한다. 처음 몇 달 동안,

Piaget는 생후 6개월 된 영아는 흥미 있는 장난감(왼쪽)에 주의를 기울이지만, 만일 스크린으로 장난감이 시야에서 가려지게 하면(오른쪽), 장난감에 대한 관심이 금방 사라지는 것을 관찰하였다. 아동은 2세에 대상에 대해 어떻게 이해하게 될까?

아동은 대상을 눈으로 따라간다. 그러나 대상이 시야에서 사라지면, 마치 그 대상이 그들의 마음에서도 사라진 것처럼 고개를 돌려버린다. 하지만 생후 3개월쯤 되면 대상이 사라진 위치를 계속해서 쳐다본다. 생후 8개월에서 12개월 사이의 아동들은 사라진 대상을 찾기 시작한다. 2세가 되면, 아동들은 시야에서 '눈에 보이지 않는' 대상이 계속 존재할 것이라는 것에 어떠한 의심도 하지 않는다(Flavell, 1985).

전조각기 전조작기(preoperational stage)는 대략 2세에서 7세까지에 해당한다. 이 발달 단계에서의 중요한 인지적 발전은 물리적으로 존재하지 않는 대상을 정신적으로 표상하는 능력이 향상된다는 것이다. Piaget는 전조작적 단계를 특징짓기 위해 이 단계의 아동이 할 수 없는 것이 무엇인가에 초점을 두었다. 예를 들어 Piaget는 어린 아동의 전조작적 사고는 **자기중심성**(egocentrism)이 특징이라고 보았는데, 이는 다른 사람의 관점을 취할 수 있는 능력이 없음을 의미한다. 만일 2세 아동이 다른 아이들과 하는 대화를 듣게 된다면 아마도 자기중심성에 대해 알게 될 것이다. 이 나이의 아동들은 흔히 상호작용을 하는 것이 아니라 혼잣말을 한다.

또한 전조작기 아동들은 **중심화**(centration)를 경험하는데, 이는 아동들의 주의가 대상의 한 개의 현저한 지각적 특징에 사로잡히지만 유관한 다른 측면을 무시하는 경향을 지칭한다. 아동이 액체의 양이 액체를 담는 용기의 크기나 모양의 함수로서 변하는 것이 아니라는 사실을 이해하지 못한다고 증명한 Piaget의 예시를 통해 중심화를 알 수 있다.

Piaget의 실례에서 보면, 5세 정도의 어린 아동은 사물의 지각적으로 현저한, 한 개의 차원, 즉 유리컵에 담긴 액체의 높이에 초점을 두었다. 이에 비해 7세 정도의 아동은 높이와 넓이, 두 차원 모두를 고려해서 추론한다.

구체적 조작기 구체적 조작기(concrete operations stage)는 대략 7세에서 11세까지에 해당된다. 이 단계의 어린이는 정신적 조작이 가능하게 되는데, 이는 논리적 사고를 야기하는 정신적 행위를 지칭한다. 전조작기와 구체적 조작기는 대조를 보인다. 왜냐하면 구체적 조작기의 어린이는 이전 단계에서 실패했던 것들을 이제는 할 수 있기 때문이다. 구체적 조작기의 아동들은 물리적 행위를 정신적 행위로 대치할 수 있게 된다. 예를 들어 철수가 영희보다 크고, 영희는 민희보다 크다는 것을 안다면, 아이는 이 세 사람을 물리적으로 조작하지 않고서도 철수가 제일 크다는 것을 추론할 수 있다. 하지만 만일 문제가 언어적 기술만으로 진술된다면, 아직 적절한 추론(철수가 가장 크다)을 끌어낼 수 없다. 직접적, 물리적 관찰을 하지 않고는 상대적 키(그 외 유사한 문제해결)를 알 수 없다는 점에서 추상적 사고가 이 단계에서는 어렵다는 것을 보여준다.

액체 연구는 구체적 조작기의 또 다른 지표를 예시해 준다. 7세 아동은 Piaget가 말하는 **보존성**(conservation)을 충분히 습득하고 있다. 즉, 이 시기의 아동은 대상의 외양에 변화가 있을지라도 아무것도 더하거나 빼지 않았다면, 물리적 속성은 변하지 않는다는 것을 안다. 그림 10.5는 여러 차원에서 Piaget가 보존성 실험을 한 예들을 보여주고 있다. 어린이가 보존성 과제를 이해하기 위해 새로이 획득하는 조작 중의 하나는 가역성이다. 가역성은 물리적 행위와 정신적 조작 모두가 역전될 수 있음을 이해하는 것이다. 아동은 물리적 행위가 역전되면 레몬음료의 양은 변할 수 없다는 것을 추론할 수 있다. 레몬음료를 원래의 컵에 다시 부으면, 2개의 양은 다시 동일하게 보이게 될 것이기 때문이다.

형식적 조작기 형식적 조작기(formal operations stage)는 대략 11세에서 그 이후의 기간에 걸쳐 일어난다. 인지적 성장에 있

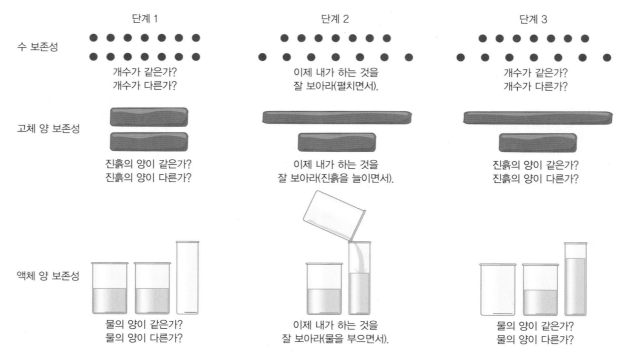

그림 10.5 보존성 실험

어서의 마지막인 이 단계에서 사고가 추상화된다. 청소년들은 그들의 특정한 현실이 단지 상상할 수 있는 여러 현실 중의 하나일 뿐이라는 것을 알고, 진리, 정의, 존재에 대한 심오한 의문을 깊게 생각하기 시작한다. 그들은 문제에 대해 체계적인 방식으로 해답을 찾고자 한다. 일단 형식적 조작능력을 획득하면 아이들은 과학자와 같이 행동하기 시작하며, 신중한 순서로 일련의 가능성 각각에 대해 고려해 본다. 청소년들은 또한 제8장에서 기술한 바와 같은, 연역적 논리의 여러 발전된 형태를 사용하기 시작한다. 어릴 때와는 달리, 청소년들은 추상적 전제('만약 A이면, B이다' 그리고 'B가 아니면')에 기초하여 논리적 결론('A가 아니다')에 이르는 추론을 할 수 있는 능력을 가진다.

초기 인지발달에 대한 현대적 견해

Piaget의 이론은 인지발달의 이해를 위한 고전으로 남게 되었다(Feldman, 2004; Flavell, 1996). 하지만 최근 연구자들은 아동의 인지능력의 발달에 대한 연구에 보다 유연한 방법을 사용하게 되었다.

영아의 인지 Piaget가 인지발달에 대한 결론을 끌어내기 위해 사용한 과제에 대해 이미 세부적으로 살펴보았다. 그러나 현대의 연구자들은 Piaget의 일부 결론에 대해 재평가를 가능하게 해 주는 혁신적 기법을 발전시켰다. 대상영속성에 대해 생각해 보자. Piaget는 대상영속성이 2세 아동의 주된 성취라고 하였다. 하지만 현대적 연구기법에 의하면 3개월 된 어린 아기에게도 이미 이러한 개념의 측면들이 발달되어 있음을 제안하고 있다. 이러한 중요한 결과는 Renée Baillargeon과 동료들이 고안한 여러 가지 과제들에 의해 증명되었다.

지정 연구

한 연구에서, 4개월 영아에게 실험자가 넓은 직사각형 물체를 눌러 낮추고 있는 것을 보게 하였다(그림 10.6)(Wang et al., 2004). 한 조건에서는 넓은 차폐막을 두어 사각형 물체가 완전히 숨겨질 수 있게 하였고, 다른 조건에서는 좁은 차폐막을 두어 사각형 물체가 완전히 숨겨지지 않게 하였다. 이 과정이 일어날 때에는 스크린으로 가려서 볼 수가 없고, 스크린을 치우면 물체가 바닥으로 내려온 마지막 상태의 장면을 볼 수 있다. 두 조건에 대해 영아는 어떤 반응을 보일까? 만약 영아들에게 대상영속성 개념이 없다면 두 조건 모두에 대해 걱정하지 않을 것이라고 예상할 것이다. 즉, 사각형 물체가 없어졌을 때 영아들은 그 물체가 있었다는 사실을 회상하지 않을 것으로 예상할 것이다. 그러나 영아들이 이 물체에 대해 어느 정도 회상한다면, 이 경우에 영아들이 어른들과 마찬가지로 넓은 물체가 어떻게 좁은 차폐막에 의해 가려질 수 있는지 놀랄 것이라고 예상할 것이다. 연구자들은 영아들이 스크린을 치운 후에 장면을 본 시간을 기록하였다. 좁은 차폐막 사건을 본 영아들은 넓은 차폐막 사건을 본 영아들보다 16초 정도 더 오래 쳐다보았다. 사각형 물체는 눈 앞에는 없으나 마음속에서는 없어지지 않은 것이다.

넓은 차폐막

좁은 차폐막

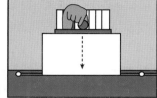

그림 10.6 4개월 영아와 대상영속성
실험자가 넓은 차폐막 또는 좁은 차폐막(초록색) 뒤로 사각형 물체(갈색)를 낮추고 있는 것을 4개월 영아에게 보여주었다. 이 일이 벌어질 때, 스크린으로 가려서 물체가 차폐막 뒤를 통과하는 순간을 보지 못하게 한다. 스크린을 내린 후에는 실험자의 손에는 아무것도 없다. 좁은 차폐막 조건의 영아는 이 장면을 더 오래 주시하였는데, 이는 영아가 좁은 차폐막 뒤에 넓은 물체가 숨겨질 수 있음에 놀라고 있다는 것을 시사한다. 영아의 놀람은 대상영속성의 어떤 측면을 획득했다는 사실을 시사한다. 즉, 사각형 물체는 보이지 않으나 그 물체가 마음속에서는 사라지지 않았다.

위 결과와 같이 영아들이 놀라는 반응을 보고 대상영속성에 대해 완전한 개념을 획득했다는 증거로 보지는 않는다. 단지 영아들이 상황에 대해 정확한 지식은 없지만 단순히 무엇인가가 잘못되었다는 것을 안다고 보는 것이다. Baillargeon과 동료들에 의한 연구결과들은 어린 영아들이 물리적 세계에 대해 중요한 지식을 획득했음을 시사한다. 영아의 심리를 밝혀내기 위해 연구자들은 획기적 방법을 새로 고안해 가므로, 영아가 알고 있는 것이 무엇인지, 어떻게 알게 되는지에 대해 우리가 알고 있던 내용들이 계속 새롭게 변화되고 있다.

마음이론 아동 자신의 인지능력이 발달함에 따라 다른 사람들도 세상에 대해 인지적 경험을 하며, 이러한 인지적 경험들은 정확히 똑같지 않을 수 있다는 것을 이해하게 된다. 나이가 들어감에 따라 **마음이론**(theory of mind)이 발달하는데, 마음이론이란 다른 사람의 마음 상태를 이해한 것에 기초하여 그들의 행동을 설명하고 예언할 수 있는 능력이다. 표 10.3은 마음이론의 발달을 측정하기 위해 연구에서 사용하는 과제의 예들(Wellman et al., 2011)을 보여준다. 각 과제는 아동 자신이 세상에 대해 바라는 것, 믿는 것, 아는 것, 느끼는 것이 다른 사람이 바라는 것, 믿는 것, 아는 것, 느끼는 것과 다른지를 이해하는 정도를 탐색한다. 아동은 연령에 따라 마음 이론의 각기 다른 측면을 획득한다. 대부분의 아이들은 표 10.3에서 제시하는 것처럼 위에서 아래의 순서를 따르며 2~6세에 걸쳐 획득한다.

표 10.3 마음이론의 발달을 측정하기 위해 사용하는 과제들

과제	기술
바람	피험아는 두 사람(아동 대 다른 사람)이 같은 사물에 대해 다른 바람을 가지고 있는지를 판단한다.
믿음	피험아는 두 사람(아동 대 다른 사람)이 동일한 사물에 대해 다른 믿음을 가지고 있는지를 판단한다(이때 피험아는 어떤 믿음이 맞고 틀리는지를 모름).
지식 접촉	피험아는 상자 속의 물건을 보고 나서, 상자 속의 물건을 보지 않은 다른 사람의 지식을 판단한다.
틀린 믿음	피험아(실제 물건이 어느 쪽 용기에 들어 있는지를 알고 있음)는 용기 속에 들어 있는 물건에 대해 다른 사람이 갖고 있는 믿음을 판단한다.
정서 은폐	사람들이 감정을 느낄 수 있으며, 감정을 실제와 다르게 표출할 수 있는지를 판단한다.

출처 : Sequential progressions in a theory-of-mind scale: Longitudinal perspectives by Henry M. Wellman, Fuxi Fang, and Candida C. Peterson, *Child Development*, 82, pages 780–79, copyright © 2011 Society for Research in Child Development. Reprinted by permission of John Wiley and Sons.

연구자들은 또한 마음 이론의 어떤 측면은 영아기에서도 나타남을 증명하고 있다. 행위와 목표 간의 관계(의도)를 생각해 보자. 성인이 된 당신은 사람들이 어떤 행위를 하고 있는 것을 볼 때 그들의 목표를 추론하는 데에 익숙할 것이다. 예를 들어, 누군가가 열쇠꾸러미를 꺼내면 바로 그 사람이 무언가를 열려고 한다는 것을 추론할 것이다. 이제 행위가 목표와 어떻게 연결되는지 알았을 것이다. 연구결과들에서 7개월 된 유아는 목표지향적인 행위와 그렇지 않은 행위로 세상을 나누어 보기 시작한다고 제안되고 있다(Hamlin et al., 2008).

인지발달에 대한 사회와 문화의 영향 현대 연구에서 또 하나의 다른 초점은 인지발달에 대한 사회적 상호작용의 역할에 대한 것이다. 이러한 관심은 주로 러시아의 심리학자 Lev Vygotsky의 이론에서 기원을 찾을 수 있다. Vygotsky는 아동이 **내면화**(internalization)의 과정을 통해 발달한다고 하였다. 즉 그는 아동이 사회적 맥락으로부터 지식을 흡수한다고 주장하였는데, 이 사회적 맥락이야말로 시간의 흐름에 따라 인지가 어떻게 전개될지에 관해 중요한 영향을 끼친다는 것이다.

Vygotsky가 주장한 사회적 이론은 발달에 대한 비교문화적 연구를 통해 지지되었다(Gauvain et al., 2011). Piaget의 이론은 처음에 발달연구자들의 관심을 끌었고, 많은 연구자들이 다양한 문화에 살고 있는 아동의 인지적 획득을 연구하기 위해 Piaget의 과제를 사용하였다(Maynard, 2008). 그러나 이러한 연구들은 Piaget의 주장에 대한 보편성에 의문을 불러일으키기 시작하였다. 왜냐하면, 예를 들어 많은 다른 문화에 사는 사람들에게 형식적 조작기가 획득되었다는 증거를 찾을 수 없었기 때문이다. Piaget 자신도 그의 생의 후기에서, 형식적 조작과 같은 특수한 능력은 인지발달 단계에서 생물학적이고 선천적으로 결정된 인지발달 단계가 전개된 것이 아니라, 아동이 획득한 특정 유형의 과학교육에 더 많이 의존할 것이라고 생각하게 되었다(Lourenç & Machado, 1996).

우리가 지금까지 기술한 발달적 변화들은 매우 극적인 것이었다. 12세 된 아동은 1세 된 아동이 모르는 모든 종류의 인지능력을 가졌다는 것은 자명한 사실이다. 이제 우리는 성인기에 걸쳐 일어나는 보다 더 정교한 변화에 관심을 돌려 보자.

성인기의 인지발달

아동기에서 청년기에 걸친 인지발달을 추적할 때의 '변화'란 대개 '더 좋아지기 위한 변화'를 의미한다. 하지만 문화적 편견을 가지고 볼 때, 후기 성인기의 '변화'란 '더 나빠지는 변화'를 의미함을 보여준다(Parr & Siegert, 1993). 일반적 쇠퇴가 성인기를 거치면서 초래된다고 많은 사람들이 믿고 있지만, 여전히 인생의 늦은 후기까지도 어떤 유형의 향상이 일어날 것으로 기대하고 있다(Dixon & de Frias, 2004). 여기에서 상실과 이득의 상호작용을 알아보기 위해 지능과 기억에 관해 살펴보고자 한다.

지능 일반적인 인지능력이 건강한 노인들에게서 감소한다는 증거는 별로 없다. 단지 인구의 약 5%만 인지적 기능에 있어서 주요 상실을 경험할 뿐이다. 인지적 기능에 있어서 나이와 관련된 감퇴가 일어난다고 해도 대개 몇 종류의 능력에만 제한되어 일어난다. 지능을 언어능력을 구성하는 요소(결정성 지능, crystallized intelligence)와 빠르고 철저하게 배우는 데 필요한 부분(유동성 지능, fluid intelligence)으로 나누면, 유동성 지능 쪽이 더 크게 감퇴한다(Hertzog, 2011). 유동성 지능의 감소의 많은 부분은 대개 처리 속도가 늦어지는 것에 귀인된다. 나이든 사람들은 짧은 시간 내에 많은 정신적 처리과정을 요구하는 지적 과제를 수행할 때 크게 손상된다(Sheppard & Vernon, 2008).

인지 수행을 연구하는 연구자들은 노령에 따른 쇠퇴를 최소화할 수 있는 것이 무엇인지를 밝혀내는 데에 큰 관심이 있다. 많은 연구에서 "사용하라. 그렇지 않으면 잃을 것이다."라는 격언에 많은 관심을 두어 왔다. 평균 69세인 노인집단의 연구(Bielak et al., 2007)에서 일상생활의 사회적, 신체적 그리고 지적 활동이 가장 높은 수준이었던 집단은 인지 과제의 처리속도가 가장 빨랐다. 이 결과는 "사용하라. 그렇지 않으면 잃을 것이다."는 격언을 지지하는 것으로 보인다. 그러나 이러한 종류의 연구결과를 해석할 때에는 신중해야 한다. 왜냐하면 상관관계는 인과관계가 아니기 때문이다(Salthouse, 2006). 즉, 이러한 결과는 높은 수준의 활동이 높은 처리 속도를 유지하게 하는 원인이라는 것을 지적할 수 있다. 그러나 처리속도의 감소가 작았던 것이 노인의 활동수준을 높였을 수 있다는 가능성도 고려해야만 한다.

'사용하는 것'이 '잃는 것'을 방지한다는 것을 증명하기는 어렵기는 하지만, 연구들에서 더 많이 사용하는 것이 더 좋은 지적 기능을 초래할 수 있다는 증거들이 나오고 있다(Hertzog et al., 2008). 컴퓨터의 빈번한 사용이 지적 쇠퇴에 반대로 작용한다는 증거를 살펴보자.

지정연구

32세에서 84세까지의 연령인 참가자들 2,671명으로부터 컴퓨터 사용의 빈도 정보를 얻었고(Tun & Lachman, 2010), 추가적으로 인지 종합검사를 실시했다. 그 결과 컴퓨터 사용과 인지능력 간에 정적 상관이 있었다. 컴퓨터 사용이 많을수록 인지능력이 더 높았다. 예를 들어, 한 인지과제에서는 두 가지의 규칙에 따라 전환하여 자극에 반응하는 능력을 측정하였다. 컴퓨터를 더 많이 사용하는 참가자들은 이 과제의 수행이 더 좋았다. 이 과제는 다른 점에서는 지적 능력이 낮았던 참가자들에게 특히 장점이 컸다.

Nelson Mandela와 같은 많은 훌륭한 인물들은 70대와 그 이후까지도 계속해서 중요한 기여를 한다. 지적 수행의 어떤 측면들이 후기 성인기를 통한 감퇴를 방지하는가?

표 10.4 마음이론의 발달을 측정하기 위해 사용하는 과제들
• **풍부한 사실적 지식.** 삶의 조건과 변화에 관한 일반적이고 특별한 지식
• **풍부한 절차적 지식.** 삶의 문제들에 관련된 판단전략과 충고에 관한 일반적이고 특별한 지식
• **생애 맥락주의.** 삶의 맥락과 시간적(발전적) 관계에 관한 지식
• **불확실성.** 삶과 그 삶을 다룰 수 있는 방법이 상대적으로 비확정적이고 예측할 수 없음에 관한 지식

연구자들은 이러한 결과들이 상관적이라는 점을 인정한다. 즉, 노인들의 인지 능력이 높을 경우에 컴퓨터를 더 많이 사용하게 될 수가 있을 것이다. 그러나 연구자들은 이득의 특정패턴을 보면 사람들의 컴퓨터 사용이 '잃는 것'을 예방한다는 설명이 더 맞는다고 주장한다. 이 주장을 인정한다면, 앞으로 당신이 사이버공간에서 항해할 때 행하게 될 다양한 인지 활동에 대해 심사숙고하도록 노력해야 할 것이다.

사람들이 전생애에 걸쳐 증진을 보이는 지능의 유형도 있음을 주목하는 것이 중요하다. 심리학자들은 지혜가 연령에 따라 증가함을 증명했다(Staudinger & Glück, 2011). **지혜**(wisdom)는 인생의 삶의 기본적 문제에 대한 전문적 식견(expertise)을 말한다. 표 10.4에 지혜를 정의하는 지식의 유형들을 제시하였다(Smith & Baltes, 1990). 각 지식의 유형들은 긴 기간이 걸리며 사려 깊은 삶을 통해 잘 획득될 수 있다.

기억력 나이 든 사람들의 가장 흔한 불평은 기억력이 예전만큼 좋지 않다는 것이다. 많은 기억검사에서 60세 이상의 노인은 20대의 젊은 성인들보다 기억력이 떨어진다(Hess, 2005). 그러나 일반적 지식 저장고와 오래전에 일어난 일에 대한 개인적 정보에 접근하는 노인들의 능력이 노화로 인해 감소하는 것 같지는 않다. 사람의 이름과 얼굴에 관한 재인 연구에서 중

년기 성인들은 졸업하고 35년이 지난 졸업앨범에서 고등학교 친구들을 90%까지 확인할 수 있었다. 노인들은 50년이 지난 앨범에서 여전히 친구들의 70~80%까지를 재인할 수 있었다(Bahrick et al., 1975). 하지만 노화는 새로운 정보를 효과적으로 조직하고, 저장하고, 인출할 수 있게 해 주는 과정에 영향을 미친다(Buchler & Reder, 2007).

아직도 연구자들은 노인의 기억 손상의 기저에 있는 기제에 대해 아주 적절하게 기술하지는 못하는데, 그 이유는 아마 손상이 다양한 원인에서 기인하기 때문일 것이다(Hess, 2005). 어떤 이론들은 정보를 조직하고 처리하는 과정에서 노인과 젊은 사람들이 하는 노력이 차이가 난다는 점에 초점을 둔다. 또 다른 이론들에서는 정보에 주의를 기울이는 능력이 노인들에서 감소된다는 점을 지적한다. 다른 유형의 이론에서는 구조상에서 물리적 기억 흔적을 일으키는 역할을 해 주는 뇌의 체계에 신경생물학적 변화가 일어났음을 주시한다(Charlton et al., 2010). 그러나 정상적인 뇌의 이러한 변화는 알츠하이머병에서 보이는 기억 손상의 원인인 신경조직과 플래그의 비정상적 엉킴과는 다른 것임을 주목해야 한다(제7장 참조). 또한 연구자들은 노인들의 기억력이 나빠질 것이라는 바로 그런 믿음 때문에 노인들의 수행이 손상될 수 있다고 생각하였다(Hess & Hinson, 2006). 그래서 연구자들은 이들 요인들 각각의 상대적 기여도를 계속해서 평가하고 있다.

이제 일반적 주제인 인지발달에서 더 특수한 주제인 언어 획득으로 관심을 좁혀 가보도록 하자.

 복습하기

1. Piaget의 이론에서 동화와 조절은 어떠한 관계가 있는가?
2. 아동이 자기중심성을 극복할 수 있다는 것은 무엇을 의미하는가?

3. 현대 연구에서 대상영속성에 관해 결론은 어떻게 변화되었는가?

4. Lev Vygotsky의 이론의 주된 강조점은 무엇인가?

5. 전생애를 걸쳐 처리 속도는 어떻게 변화하는가?

비판적 사고 4개월 된 유아의 대상영속성을 검토한 실험에 대해 생각해 보자. 왜 응시시간은 연구의 가설을 검증하기 위한 적절한 측정치인가?

언어의 습득

다음과 같은 아동의 언어발달은 놀랍다. 아동이 6세가 되면, 소리와 의미의 단위로 언어를 분석할 수 있고, 스스로 발견한 규칙을 사용해서 소리를 단어로 결합시키고, 단어를 의미 있는 문장으로 만들며, 일관성 있는 대화에 적극적으로 참여할 수 있다. 아동의 놀랄 만한 언어습득으로 인해 연구자들은 언어를 배우는 능력이 생물학적으로 기초한다는 사실, 즉 사람은 생득적 언어능력을 가지고 태어난다는 사실에 동의하게 되었다(Tomasello, 2008). 그렇지만 아동이 어디에서 태어나는가에 따라 전 세계에 있는 4,000개의 각각 다른 언어들 중의 한 원어민이 된다. 더욱이 아동들은 구어와 수화와 같은 몸짓 언어를 배울 준비가 되어 있다. 이것은 언어를 배울 수 있는 선천적 소질이 매우 강하고, 또 매우 유연해야만 한다는 사실을 의미한다(Schick et al., 2006).

영아가 어떻게 숙련된 언어학습자가 되는지를 설명하기 위해 우리는 생득적 언어능력에 대한 주장을 지지해 주는 증거에 관해 기술할 것이다. 하지만 우리는 환경의 역할도 논의할 것이다. 왜냐하면 결국 아동은 자신을 둘러싸고 있는 주위 세계에서 사용되고 있는 특정 언어를 배우게 되기 때문이다. 표 10.5에 아동이 수화 또는 말을 습득해가는 다양한 유형의 지식을 요약하였다. 성인이 유창하게 언어를 말할 때 이들 모든 유형의 지식을 어떻게 사용하는지를 떠올리기 위해 제8장을 참고하기 바란다.

말소리 지각과 단어의 지각

당신이 새로 갓 태어난 아기라고 상상해 보라. 당신은 주변의 윙윙거리는 소음을 듣게 될 것이다. 다른 사람과 의사소통하는 소리를 어떻게 이해할 수 있을 것 같은가? 특정 언어를 습득하기 위한 아기의 첫 일보는 그 언어에서 의미 있게 사용되는 소리의 대비에 주목하는 것이다(수화의 경우, 예를 들어 아동은 손의 위치에 주의를 기울여야 함). 각각의 구어는 사람의

표 10.5 언어의 구조

문법은 언어가 구성되고 사용되는 방법을 기술하기 위한 연구영역이다. 다음의 여러 영역을 포함한다.

음운론 — 단어를 형성하기 위해 함께 합쳐지는 소리에 관한 연구

음소는 어떤 두 발음을 구분하는 말소리의 최소 단위. 예를 들어 b와 p는 bin을 pin과 구별해 준다.

음성학은 말소리를 연구하고 분류한다.

통사론 — 문장을 형성하기 위해 단어들을 배열하는 방법. 예를 들어 주어(I)＋동사(like)＋목적어(you)는 영어의 표준 어순이다.

형태소는 의미의 상실 없이 더 이상 나누어질 수 없는 문법의 최소 단위이다. 단어 bins는 2개의 형태소를 가지는데, bin과 복수를 나타내는 s로 되어 있다.

의미론 — 단어의 의미와 시간이 흐름에 따라 변하는 의미를 연구

어휘적 의미는 단어의 사전적 의미를 말한다. 의미는 때때로 문장 내에 있는 단어의 문맥에 의해 전달되거나('Run fast' 대 'Make the knot fast')('빨리 달려라.' 대 '단단히 매듭을 매어라.') 혹은 말하는 사람의 억양에 따라 의미가 다르게 전달된다.(white house cat에서 각기 다른 단어를 강조해 보라.)

화용론 — 대화에 참여하기 위한 규칙들. 의사소통을 하고, 문장의 순서를 만들고, 다른 사람에게 적절하게 반응하기 위한 사회적 관습

발성기관에 의해 생산되는 소리 중에서 구별이 가능한 소리들로부터 표집된다. 어떤 언어도 만들어질 수 있는 모든 말소리를 사용하지는 않는다. 언어에 있어서 의미 있는 최소 단위를 **음소**(phoneme)라고 한다. 영어에는 약 45개의 음소들이 있다. 누군가가 right와 light라는 단어를 말하는 것을 들었다고 상상해 보라. 만약 당신이 영어를 사용하는 원어민이라면 /r/과 /l/(이 둘은 영어에서 다른 음소임)의 차이를 아무 문제 없이 구별할 수 있다. 하지만 만일 당신이 일어에 대한 경험만을 가지고 있다면, 두 음소 사이의 차이를 들을 수 없을 것이다. 왜냐하면, /r/과 /l/은 일어에서 구별되지 않는 음소이기 때문이다. 영어를 말하는 사람이 이러한 구별을 할 수 있는 능력을 획득한 것일까, 아니면 일어를 말하는 사람이 이러한 능력을 상실한 것일까?

이러한 유형의 질문에 대해 답하려면, 아직 말을 하지 못하는 아기들로부터 언어적 정보를 얻는 방법을 발전시킬 필요가 있다. 영아들이 생후 8개월까지는 모국어가 아닌 외국어의 음소의 차이를 구별할 수 있다는 것을 밝힌 연구들은, 사람들이 구어에서 중요한 소리 대비를 지각할 수 있는 생득적 능력을 가지고 출발했음을 강력하게 시사한다. 하지만 획득하기 시작하는 언어에 존재하지 않는 소리 대비를 지각하는 능력은 금방 사라지게 된다(Werker & Tees, 1999).

말소리를 지각하기 위해 이와 같은 생물학적 출발과 더불

어, 환경적 출발을 하게 된다. 여러 문화에서 성인이 영아와 어린 아동에게 말할 때, 성인에게 하는 말과는 다른 특수한 형태의 언어를 사용한다. 예를 들어, 영아와 아동에게 말할 때, 어른들은 말의 속도를 느리게 하고, 억양을 과장되고 높은 소리로 말하는 경향이 있다. 또한 짧고 단순한 구조로 말하는 경향이 있다(Soderstrom, 2007). 아동의 연령에 기초하여 이러한 말의 형태를 **영아지향적 말**(infant-directed speech) 또는 아동지향적 말이라고 부른다. 많은 문화에서 영아지향적 말 또는 **아동지향적 말**(child-directed speech)이 보이지만 모든 문화에서 나타나는 것은 아니다(Kitamura et al., 2002; Lee & Davis, 2010). 이와 같은 특수한 형태의 말은 영아와 아동으로 하여금 모국어로 사용되는 언어의 음소와 단어를 더 잘 획득할 수 있게 해 준다(Song et al., 2010; Thiessen et al., 2005)

아이들이 몇 살이 되면 그들을 향한 말소리의 흐름 안에서 단어를 지각할 수 있을까? 이것은 언어습득을 향한 가장 중요한 첫 일보이다. 털이 복슬복슬한 어떤 것이 존재할 때마다 강아지라는 소리 양상이 반복적으로 일어난다는 것을 인식하기 전에는, 강아지가 구석에 있는 털이 복슬복슬한 것과 관련이 있다는 것을 알 수 없다. 영아는 평균적으로 6개월에서 7개월 사이에 반복된 소리가 중요한 의미가 있다는 통찰을 얻는 것 같다(Jusczyk, 2003; Jusczyk & Aslin, 1995). 하지만 특별한 한 개 단어에 대해서는 이보다 2개월 전에 성공적으로 알아들으며, 4개월에 아동은 벌써 자신의 이름을 더 잘 재인한다(Mandel et al., 1995)!

단어 의미의 학습

소리와 경험 간의 동시 발생을 탐지할 수 있다면, 단어 의미를 배울 준비가 된 것이다. 아동들은 훌륭한 단어 학습자란 사실을 부정할 수가 없다. 생후 약 18개월이 되면, 아동의 단어 학습은 놀라운 속도로 발달한다. 이 시기에 아동이 새로운 단어를 습득하기 시작하는데, 특히 사물 이름을 아주 빠른 속도로 습득하기 때문에(그림 10.7 참조) 이 단계를 **명명의 폭발**(naming explosion)이라고 부른다. 6세에 이르러, 평균적으로 아동은 14,000단어를 이해한다고 추정된다(Templin, 1957). 이러한 단어의 대부분을 18개월에서 6세 사이에 배웠다고 가정하면, 하루에 새로운 단어를 9개씩, 또는 깨어 있는 시간당 약 한 단어씩을 학습하는 셈이다(Carey, 1978). 아동은 신속 대응 (fast mapping)이라는 능력을 가지고 있어서, 새 단어의 의미를 최소의 경험을 가지고도 배울 수 있으며, 때로는 단어와 그 참조물에 단 한 번만 노출되어도 새 단어의 의미를 배울 수 있다

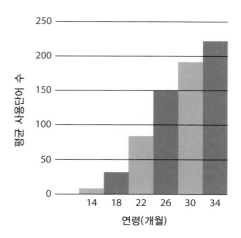

그림 10.7 아동의 어휘 성장
첫 단어를 말하기 시작한 지 얼마 안 가서 아동들의 어휘는 신속하게 증가한다. 이 종단 자료는 양육자의 일상적 활동 속에서 90분 동안 사용한 각기 다른 단어들의 수를 보여준다.
출처 : Huttenlocher, J., Waterfall, H., Vasilyeva, M., Vevea, J., & Hedges, L. V. (2010). Sources of variability in children's language growth. *Cognitive Psychology*, 61, 343-365.

(Gershkoff-Stowe & Hahn, 2007). 어떻게 이런 일이 가능한 것일까?

한 아이와 아빠가 공원을 산책하면서 강아지를 가리키며, "저것은 강아지야."라고 말하는 상황을 상상해 보라. 이때 아이는 강아지라는 말이 주위의 어느 부분에 적용되는 것인지를 알아야 한다. 이것은 쉽지 않은 과업이다(Quine, 1960). 아마 강아지는 '네 다리를 가진 모든 동물', 또는 '그 동물의 털' 혹은 '그 동물이 짖는 소리' 혹은 어떤 사람이 개를 가리킬 때 해당되는 여러 가지의 의미를 가리킬 수 있다. 모든 가능성이 있음에도 불구하고, 아동은 어떻게 개별 단어의 의미를 제대로 맞힐 수 있는 것일까?

아동은 과학자처럼 행동하는 것으로 보인다. 즉, 아동은 새로운 각각의 단어가 무엇을 의미하는가에 대해 가설을 세운다. 예를 들어 아동이 단어의 의미를 과잉외연(overextension)을 하여 그 단어를 광범위한 대상에 부적절하게 적용하는 것은 아동의 과학적 정신이 작동하고 있기 때문이라고 볼 수 있다. 그들은 강아지란 단어로 모든 동물들을 지칭하고, 달이라는 단어로 시계나 동전과 같이 동그란 모든 것들을 지칭하기도 한다. 반면 아동들은 단어를 과소외연(underextension)을 하기도 하는데, 예를 들면 강아지라는 단어는 자기 집에서 키우는 개만을 지칭한다고 생각하기도 한다.

하지만 아동이 가설을 세운다는 견해는, 아동이 왜 강아지라는 단어가 동물 전체를 지칭한다고 생각하며, 강아지 왼쪽 앞발을 지칭한다고 생각하지 않는지를 설명하지 못한다. 연구

자신의 주위에서 하는 다양한 말을 들음으로써 아이들의 언어 유창성이 발달한다. 주위에서 들은 다양한 말이 문법의 습득에 대해 생물학적 조기 이득이 있다는 증거에는 어떤 것이 있는가?

그림 10.8 문법의 습득
많은 유아들은 "Mary was followed by the lamb."과 "Mary followed the lamb."이라는 두 문장이 동일한 의미를 갖는다고 해석한다.

자들은 아동의 가설이 대조의 원리와 같은 기대들에 의해 이끌어진다고 제안한다. 이 원리는 형태의 차이가 의미의 차이를 알려준다는 것을 제안한다. 아동이 새로운 단어를 들으면 자신들이 이미 알고 있는 단어들의 의미와 대조되는 의미를 찾을 것이다(Clark, 2003). 예를 들어 아버지와 딸이 TV 장면에서 kangaroo(캥거루)가 jumping(뛰고)하고 있는 것을 보았다고 하자. 아이는 뛴다는 의미를 알고 캥거루라는 의미는 모른다고 했을 때, 아버지가 'kangaroo'라고 말한 뒤에 무슨 일이 일어날까? 아이는 jump라는 말을 알고 있기 때문에 만약 kangaroo가 'jump'를 의미한다면, 아버지는 단지 jump라고 말할 것이라고 가정할 것이다. 즉, 다른 형태는 의미의 차이를 알려줄 것이라고 가정할 것이다. 아이는 이제 kangaroo가 행위보다는 대상을 명명할 것이라고 가정할 것이다. 만약 어린아이들과 시간을 보낸다면 여러분은 분명히 대조의 원리를 알 수 있을 것이다. 예를 들면 아이는 엄마가 자신의 소방차를 소방트럭이라고 부르면 화를 낼 것이다.

문법의 습득

아동이 어떻게 의미를 습득하는지 설명하기 위해, 우리는 아동을 자신의 가설이 선천적 원리에 의해 제약되는 과학자로 특징지었다. 우리는 아동이 의미의 단위가 더 큰 문법으로 결합되는 규칙을 어떻게 습득하는지 기술하기 위해 동일한 유추로 설명할 수 있다(그림 10.8). 아동이 받는 도전은 언어가 다르면 규칙이 다르다는 점이다. 예를 들어 영어의 경우, 한 문장 내에서 언어 단위의 전형적인 순서는 주어-동사-목적어 순이

다. 그러나 일어에서는 주어-목적어-동사 순이다. 아동들은 그들 주위에서 사용되고 있는 언어에 어떤 규칙이 존재하는지를 발견해야만 한다. 어떻게 그렇게 할 수 있을까?

대부분의 연구자들은 해답의 가장 많은 부분이 인간 게놈 속에 있다고 믿는다. 언어학자 Noam Chomsky(1965, 1975)는 아기들은 언어의 이해와 생산을 용이하게 해 주는 정신 구조를 가지고 태어난다고 주장했다. 문법의 생물학적 기초에 대한 가장 훌륭한 증거는 언어적 입력이 잘 형성된 것이 아니어도 아동들이 완전한 문법구조를 습득한다는 점에서 찾아볼 수 있다. 예를 들어 청력 상실이 심각하여 구어를 습득할 수가 없었고 또 부모들이 아이들에게 수화와 같이 완전한 기호 언어를 보여주지 못했던 경우의 아이들이 연구되었다(Franklin et al., 2001; Goldin-Meadow, 2003). 이러한 아동들은 자신들이 스스로 만들어낸 언어들에 대한 환경적 지지가 결여되었음에도 불구하고, 그들 자신의 신호체계들을 만들어내기 시작하였다. 그들의 손짓체계는 점차 규칙적이면서도 문법적인 구조를 가지게 되었다(Goldin Meadow & Mylander, 1990, p. 351).

아동의 언어습득은 사회적 상호작용에 참여할 수 있도록 해 주는 능력에 중요한 영향을 미친다. 여러분은 이러한 사실을 염두에 두고, 이제부터 전생애에 걸친 사회적 발달로 관심을 돌려 보자.

1. 아동지향적 언어는 성인지향적 언어와 어떤 점이 다른가?
2. 아이들은 왜 단어 의미를 확장하는가?
3. 농아에 관한 연구는 문법 측면이 선천적이라는 생각을 어떤 식으로 지지하는가?

비판적 사고 소리를 구분하는 아동의 능력에 관해 생각해 보자. 왜 영어를 말하는 성인과 영어를 말하게 될 영아를 비교하는 것이 중요한가?

전생애의 사회적 발달

우리는 지금까지 신체적, 인지적 존재로서 출생에서 후기 성인기에 이르기까지 근본적으로 어떻게 변화하는지 살펴보았다. 이 절에서는 **사회적 발달**(social development), 즉 전생애에 걸쳐 사람들의 사회적 상호작용과 사회적 기대들이 어떻게 변하는지를 살펴보고자 한다. 우리는 사회적 및 문화적 환경이 생물학적 연령 증가와 상호작용하여 생애의 각 시기에 대해 각각의 특수한 도전과 보상을 제공하게 됨을 알게 될 것이다.

우리가 사회적 발달을 논할 때, 문화와 환경이 우리들 삶의 특정 측면에 영향을 미치는 방식을 고려하는 것이 특히 중요하다. 예를 들어 경제적으로 힘든 상황에 있는 사람은 '정상적' 발달과정에는 없는 스트레스 유형을 겪는다(Conger et al., 2010; Edin & Kissane, 2010). 전 세계의 최근 경향에 의해, 많은 아동, 청소년, 성인들이 살아갈 수밖에 없는 예외적인 환경, 즉 정신건강, 안전성, 생존을 계속 위험하게 하는 어려운 환경을 고려하는 것이 발달심리학자들의 의무가 되었다. 미국

문화에서 보면 남성과 여성 그리고 소수집단에 관한 결과가 다르게 나타나고 있다. 예를 들어 2007년 통계에 의하면 65세 이상의 여성의 12%가 빈곤층인데 비하여 남성은 7%에 불과하고, 65세 이상의 흑인 여성의 27%가 빈곤층인데 비하여 65세 이상의 백인 여성들은 9%만이 빈곤층이다(Federal Interagency Forum on Aging-Related Statistics, 2010). 이러한 차이는 현대 미국 사회의 구조적 불균형에 의한 직접적 산물이다.

평균적인 삶의 과정을 결정할 때에 문화가 일부 사람들로 하여금 평균으로부터 이탈하게 만든다는 점을 명심해야 할 것이다. 그리고 '평균적인' 사람들이 직면하는 심리학적 도전을 설명할 때에도 다른 많은 사람들이 엄청난 도전에 직면하고 있음을 염두에 두어야 할 것이다. 연구자들이 해야 할 역할은 바로 현대 사회 문제의 영향을 증명하고, 더 나아가 가혹한 결과를 경감시키기 위한 개입을 위해 설계하는 것이다.

이 장의 나머지 부분들을 읽을 때, 여러분은 삶의 과업들이 수년간의 생물학적 축적과 더불어 문화적 경험에 의한 사회적 축적이 결합하여 결정된다는 것을 명심해야 한다. 사회적 발달에 관한 논의를 시작하기 위해 Erik Erikson의 전생애 이론부터 살펴보고자 한다.

Erikson의 심리사회적 발달단계

Erik Erikson(1902~1994)은 Sigmund Freud의 딸인 Anna Freud 밑에서 수련을 받았고, 각 개인들은 모두 일련의 **심리사회적 단계**(psychosocial stage)를 성공적으로 통과해야 한다고 제안하였는데, 각 단계들마다 특정한 갈등 또는 위기가 존재한다고 보았다. Erikson(1963)은 우리의 생애에 8단계가 존재한다고 보았다. 각 단계에는 표 10.6에서 보는 바와 같이 특

표 10.6 **Erikson의 심리사회적 발달단계**

위기	나이	도전
신뢰감 대 불신감	출생~1세	세상이 안전하고 살 만하다는 감각이 발달한다.
자율성 대 자기의심	1~3세	자신이 결정할 수 있는 독립적 존재라는 것을 인식한다.
주도성 대 죄의식	3~6세	새로운 것들을 시도하고 실패를 다룰 수 있는 자발성이 발달한다.
자신감 대 열등감	6세~사춘기	다른 사람들과 함께할 수 있는 기본적 기술과 협동할 수 있는 능력을 배운다.
정체성 대 역할혼미	청소년기	일관성 있고 통합된 내적 자아가 발달한다.
친밀성 대 고립	초기 성인기	타인과 신뢰성 있고 애정적인 관계를 이룬다.
생산성 대 침체감	중기 성인기	생산적인 일을 통해 자신의 직업, 가족 그리고 지역사회에서 의미를 발견한다.
자아통합 대 절망감	후기 성인기	자신의 삶을 만족스럽고 가치 있는 것으로 본다.

출처 : Morris, Charles G.; Maisto, Albert A., *Understanding Psychology*, 9th Ed., 2010. Reprinted the Electronically reproduced by permission of Pearson Education, Inc., Upper Saddle River, New Jersey.

아이들이 이중언어를 사용할 때 어떤 일이 일어날까?

언어획득에 관한 절에서 한 가지 언어를 배우는 과정에 초점을 두었었다. 하지만 지구상에는 어린 시절에 동시에 한 가지 이상의 언어를 배워야 하는, 이중언어적인(bilingual) 아이들이 많이 있다. 이 아이들이 어떻게 이중언어를 배울지 궁금할 것이다. 예를 들어 같은 의미를 가지고 있는 두 가지 단어, 즉 영어의 dog와 스페인어의 perro를 동시에 배워야 하는 환경에 어떻게 대처할까? 한 가지 가능성은 아이들이 두 언어를 한 개의 커다란 정신사전에서 연합하는 것이다. 그러나 이러한 설명은 잘 맞지 않는 것 같다. 놀랍게도 아이들은 이중언어를 획득하는 아주 어릴 때부터 두 가지 또는 그 이상의 단어를 분리하여 배우는 것 같다(Montanari, 2010). 이 아이들은 언어 맥락에 따라 적합한 단어를 곧 바로 사용할 수 있게 된다.

아이들은 이중언어를 배우기 위해서 잠재적 대가를 치러야 한다. 즉 두 개의 다른 언어를 배우기 위하여 다른 아이들이 쓰는 시간과 나누어서 써야 한다. 이에 따른 한 가지 결과는 한 가지 언어를 배우는 또래보다 이중언어를 배우는 아이들이 각각의 언어에서 어휘 수가 더 적었다는 것이다. 예를 들어 3세에서 10세 사이의 아동 1,738명의 언어 능력을 검사하였다(Bialystok et al., 2010). 몇몇 이중언어 아이들은 단일언어를 배우는 또래들 보다 더 많은 단어를 사용하였지만, 7년이라는 연령 범위 내에서 이중 언어를 사용하는 아이들의 평균 단어 수가 더 적었다.

당신의 아이가 어릴 때 이중언어 상황에 놓이지 않도록 결정하려 한다면, 그 전에 알아야 할 중요한 설명이 있다. 즉 어휘 숫자와 언어 기술의 이러한 차이만 유일하게 이중언어에 따른 일관된 부정적 결과로 나타났을 뿐이고(Bialystock & Craik, 2010), 이중언어 사용에 관해서 긍정적 연구결과들이 더 많다. 단일언어를 배우는 6세 아이들과 이중언어를 배우는 6세 아이들에게 모호한 그림 4장을 보여주는 실험을 하였다(Bialystock & Shapero, 2005). 그중 한 가지는 이 책의 앞에서 보았던 오리-토끼가 교대로 보이는 그림이다. 연구자는 아이들이 각 그림에 대하여 다른 두 가지 해석을 얼마나 빨리 지각하는가를 평가하였는데, 이중언어를 사용하는 아이들이 한 가지 언어를 사용하는 아이들 보다 일관되게 우수하였다. 그러나 그 이유가 무엇일까? "이러한 이득은 이중언어를 사용하는 아이들이 두 가지의 언어 중에서 한 가지를 유창하게 사용하기 위하여 두 개의 능동적 언어체계를 관리해야 하는 지속적 필요성 때문이다."라고 연구자들은 제안한 바 있다.

더 일반적인 주장은, 이중언어를 사용하는 아이들이 선택적 주의와 인지적 유연성을 필요로 하는 과제를 할 때 인지적 자원을 처리할 수 있는 능력이 더 우수하기 때문이라는 것이다. 이 능력은 집행적 통제(executive control)로 알려져 있다. 24개월 된 어린 이중언어 아동들은 같은 또래 아이들보다 집행적 통제가 더 우수한 것으로 나타났다(Poulin-Dubois et al., 2011). 더욱이, 집행적 통제의 이점으로 인해 평생 이중언어를 사용하는 사람들은 노령에 동반되는 특정 형태의 인지 감퇴를 방지해 준다(Bialystock & Craik, 2010).

당신은 이중언어가 매우 흥미로운 상황을 초래함을 알 수 있었을 것이다. 사람들이 아주 어릴 때부터 이중언어를 사용하면 일생을 통하여 각각의 언어의 어휘 수는 줄어든다. 그러나 그와 동시에 집행적 통제가 필요한 매우 광범위한 과제에서 훨씬 더 나은 수행을 보인다. 이들 결과에 기초하여 이중 언어의 손익 균형을 받아들일 만하지 않은가?

정 위기에 초점을 맞추게 된다. 각 시기의 갈등은 결코 완전히 사라지는 것이 아니지만 다음 단계의 갈등에 성공적으로 대처하기 위해서는 특정 단계에서의 갈등이 충분히 해결될 필요가 있다.

신뢰감 대 불신감 Erikson의 첫 번째 단계에서 영아는 양육자와의 상호작용을 통해 환경에서 신뢰감에 대한 기본적 감각을 발달시킬 필요가 있다. 신뢰감은 음식, 온정, 신체적 친근감을 제공하는 부모와의 강한 애착관계에 의해 자연발생적으로 동반된다. 그러나 일관성 없는 보살핌, 신체적 긴밀성과 온정의 결여, 그리고 양육자의 빈번한 부재를 경험하게 되는 아이들은 기본적 욕구들이 충족되지 못하여 전반적인 불신감, 불안정감, 불안감이 발달될 수 있다.

자율성 대 자기의심 걷기가 발달하고 말을 하기 시작하면서, 물체(그리고 때로는 사람)에 대한 아동의 탐험과 조작이 확장된다. 이러한 활동을 통해 **자율성**을 얻게 되고, 유능하고 가치 있는 사람이라는 편안한 감정에 도달하게 한다. 그 대신 이 두 번째 단계에서의 과도한 제한 또는 비난은 자기의심에 이르게 하는 한편, 너무 이르거나 엄격한 배변훈련 때문에, 아동의 능력 이상을 요구하는 새로운 과업의 숙달을 유지하고자 하는 노력을 저해할 수 있다.

주도성 대 죄의식 학령 전기의 끝 무렵 기본 신뢰감이 발달한 아동은 처음에는 직접적인 환경 속에서 그다음에는 자기 자신 속에서 지적 활동과 운동적 활동 모두를 **주도**할 수 있다. 아동들의 자기주도적 활동에 대해 부모가 어떻게 반응하는가에 따

Erik Erikson의 심리사회적 단계 모델은 전생애에 걸친 인간발달을 이해하기 위해 넓게 사용되는 도구이다. Erikson은 어떤 위기가 당신 연령대의 사람들을 지배한다고 보았는가?

친밀성 대 고립 초기 성인기의 근본적 위기는 친밀성과 고립 사이의 갈등을 해결하는 것인데, 이를 통해 타인에 대해 완전한 정서적, 도덕적, 성적 헌신을 할 수 있는 능력을 발달시키게 된다. 이러한 종류의 헌신을 할 수 있기 위해서 사람들은 개인적 선호와 어느 정도 타협해야 하고, 어느 정도 책임을 수용하며, 어느 정도의 사생활과 독립성을 확보할 필요가 있다. 이 위기를 적절히 해결하지 못하면, 심리적으로 의미 있는 방식으로 타인과 연결하지 못하는 고립과 무능력이 초래된다.

생산성 대 정체감 성장을 위한 그다음의 주된 기회는 성인 중기에 일어나는 생산성이라는 것이다. 30~40대의 사람들의 관심은 자기와 배우자를 넘어서 가족, 직장, 사회, 그리고 미래 세대로 이동하게 된다. 초기의 발달 과업을 해결하지 못한 사람들은 아직 자기탐닉적이고, 과거의 결정과 목표에 대해 의문을 가지며, 안전감을 희생하면서 자유를 추구한다.

자아통합 대 절망감 후기 성인기의 위기는 자아통합(ego-integrity)과 절망감 간의 갈등이다. 앞의 각 단계들의 위기를 해결하는 것은 노인들로 하여금 후회 없이 과거를 돌아볼 수 있고, 총체성을 누릴 수 있게 준비시켜 준다. 앞 단계의 위기가 해결되지 않은 채로 남아 있거나, 포부가 성취되지 않으면 무익함, 절망, 자기비하를 경험하게 된다.

　Erikson의 체계는 전생애에 걸친 개인의 발달을 추적해 갈 때 매우 유용하다는 것을 알게 될 것이다. 그러면 아동기부터 살펴보자.

아동기의 사회적 발달

아이들의 기본 생존은 다른 사람들과의 의미 있고, 효과적인 관계의 형성에 달려 있다. 사회화란 개인의 행동방식, 가치, 기준, 기술, 태도 그리고 동기들이 특정 사회에서 바람직하다고 간주되는 것들에 동조하도록 형성되어 가는 과정이다. 이러한 과정은 많은 사람들(친척, 친구, 교사) 및 제도(학교, 교회)와 연관되어 있는데, 이들은 사회적으로 인정된 가치와 행위의 기준을 받아들이도록 압력을 가한다. 그러나 가정이 사회화의 가장 영향력 있는 형성자이며 조절자이다. 현대사회에서 가족의 구성은 과거보다 다양해졌으나, 구성의 다양성에도 불구하고 가족은 개인으로 하여금 타인에게 하는 기본적 반응양식을 형성하도록 하며, 다시 이러한 양식들은 일생 동안 다른 사람들과 관계하는 방식의 기초가 된다.

라, 다음 단계를 위해 필요한 아동의 자유로움과 자신감을 격려하게 되거나 아니면 죄책감과 어른 세계에 대한 부적절한 방해자가 되었다는 느낌을 유발하게 된다.

자신감 대 열등감 초기 단계에서 위기를 성공적으로 해결한 아동은 초등학교 기간에 재능을 체계적으로 발달시킬 준비가 된다. 수업과 운동은 지적 기술과 운동기술을 배우는 장을 제공하며, 또래들과의 상호작용은 사회적 기술을 발달시키는 장을 제공한다. 이들을 추구하기 위한 성공적인 노력에 의해 **효능감**을 얻게 된다. 그러나 어떤 아이들은 수행자가 아닌 방관자가 되어 버리거나 또는 자신들에게 열등감을 줄 정도의 실패를 경험하게 되어 생의 다음 단계의 요구를 충족시킬 수 없게 된다.

정체성 대 역할혼미 Erikson은 청소년기의 근본적인 위기는 혼동—이는 확장되어 가고 있는 사회적 세계에서 여러 다른 관중을 위한 여러 다른 역할을 행함으로써 생기게 된다—속에서 자신의 진정한 **정체성**을 발견하는 것이라고 믿었다. 이 위기에 대한 해결은 자기일관성을 발달시키게 해 준다. 반대로 이 위기를 적절하게 해결하지 못하면 중심적이고, 안정된 핵심이 결핍된 자기상이 형성되게 된다.

기질 영아에게 사회화의 과정이 처음 시작될 때부터도 영아들은 모두 동일한 지점에서 시작하는 것이 아니다. 아이들은 **기질**(temperament)의 차이, 즉 환경에 대한 정서적 및 행동적 반응으로 생물학적으로 기초한 수준의 차이를 가지고서 인생을 시작한다(Thomas & Chess, 1977). Jerome Kagan과 그 동료들이 증명한 바와 같이 어떤 아기들은 '수줍게 태어나고', 어떤 아기들은 '대담하게 태어난다'(Kagan & Snidman, 2004). 이들은 물리적 자극과 사회적 자극에 대한 민감성에 차이가 있다. 즉, 수줍거나 억제된 아기들은 낯선 사람이나 상황을 대면할 때 "일관성 있게 조심하고 정서적 경계를 한다. 반면에 대담하거나 억제되지 않은 아기들은 같은 정도의 낯선 상황에서 일관성 있게 사교적이고 정서적 자발성을 보이며 최소한의 공포만 느낀다"(Kagan & Snidman, 1991, p. 40). 한 표본에서 10% 정도의 영아가 억제된 기질이고 25% 정도의 영아가 비억제적 기질이었다. 영아의 나머지는 두 극단의 사이에 있었다(Kagan & Snidman, 1991). 최근에 연구자들은 기질의 차이에 대해 유전과 뇌 기저에 관한 탐색을 하기 시작하였다(LoBue et al., 2011; Rothbart, 2007).

종단적 연구를 통해서 초기 기질의 영향이 장기적이라는 것이 밝혀지고 있다. 예를 들어 한 연구에서 아이들을 4개월에서 5세까지 추적하는 연구를 하였다(Degnan et al., 2011). 연구자들은 4개월 된 아이의 사회성과 새로운 경험에 긍정적 정서반응을 측정하였다. 그리고 이러한 반응을 **풍부성**(exuberance)이라고 명명하였다. 이 풍부성의 높고 낮음은 9, 24 그리고 36개월까지 매우 안정적이었다. 다섯 살이 되었을 때, 풍부성이 높은 아이들은 낯선 또래를 만났을 때 높은 능력을 보였다. 이와 동시에 이 아이들은 욕구좌절이 되었을 때 혼란스러운 행동을 더 많이 하는 경향을 보였다.

영아의 기질은 사회적 발달의 다음 단계로 이어진다. 이제 아기들의 첫 번째 사회적 관계인 애착에 대해 살펴보기로 하자.

애착 사회적 발달은 아이와 엄마, 아빠 또는 정기적으로 아이를 돌보는 사람 간에 정서적 관계가 성립되면서 시작된다. 이러한 강력하고 지속적인 사회-정서적 관계를 **애착**(attachment)이라고 부른다. 아이는 스스로 섭식을 하고 보호를 할 수 없기 때문에, 가장 초기의 애착은 생존을 보장해 주는 기능을 한다. 어떤 종들의 새끼는 맨 처음 보거나 소리를 듣는, 움직이는 대상에 자동적으로 각인된다(Bolhuis & Honey, 1998). **각인**(imprinting)은 발달의 결정적 시기에 신속하게 일어나는데 쉽게 변화되지 않는다. 각인의 자동성은 때로는 문

부모나 다른 양육자에 대한 안정 애착의 발달이 아동에게 왜 중요할까?

제를 일으킨다. 생리학자 Konrad Lorenz는 사람에 의해 부화된 어린 거위들은 사람에게 각인된다는 것을 증명하였다. 하지만 다행스럽게도, 자연 상태에서 대부분의 거위새끼는 어미 거위를 맨 처음 보게 된다.

인간 영아들에서는 각인을 관찰할 수 없기는 하지만, John Bowlby(1973)는 인간 애착에 대한 영향력 있는 이론가로서, 영아와 성인은 애착을 형성하도록 해 주는 생물학적 성향이 있다고 제안하였다. 애착관계는 광범위한 결과를 보인다. Bowlby(1973)를 비롯한 이론가들은 애착을 야기하는 경험은 한 개인에게 평생 동안의 도식 또는 사회적 관계, 즉 내적 작동 모델을 개인에게 제공한다고 하였다(Dyksa & Cassidy, 2011). 내적 작동 모델이란 아이와 양육자 간의 상호작용의 역사를 모두 집합시켜 주는 기억 구조이며, 이 상호작용에 의해 특정 패턴의 애착이 산출된다.

애착 평가를 위해 가장 폭넓게 사용되는 연구절차들 중의 하나는 Mary Ainsworth와 그녀의 동료들에 의해 개발된 낯선 상황검사이다(Ainsworth et al., 1978). 여러 개의 표준이 되는 삽화 중, 첫 번째로 장난감이 가득 있는 친숙하지 않은 방에 아이를 둔다. 엄마와 함께 있는 상황에서 아이는 방을 탐색하며 놀이를 하도록 격려받는다. 몇 분 후 낯선 사람이 들어

각인연구를 개척한 연구자 Konrad Lorenz는 어린 동물이 자신의 어미가 아닌 다른 것에 각인될 때 일어날 수 있는 현상을 생생하게 보여주었다. 각인이 많은 종의 동물에게 왜 그토록 중요한 것일까?

와서 엄마와 이야기한다. 그리고 아이에게 접근한다. 그런 다음 엄마는 방을 나간다. 짧은 분리 후 엄마가 돌아오고 아이와 재회를 한다. 그러고 나서 낯선 사람은 자리를 뜬다. 분리 시와 재회 시의 아이의 행동을 관찰한 결과에 의하면, 이 검사에 대한 아이의 반응은 다음 세 가지의 일반적 범주로 분류된다 (Ainsworth et al., 1978).

- 안전애착이 된 아이는 부모가 방을 떠났을 때에는 약간의 스트레스를 보인다. 재회 시에 근접, 위안, 접촉을 추구한 후 다시 점차적으로 놀이행동으로 돌아간다.
- 불안전 회피애착의 아동은 무관심한 것처럼 보이고 엄마가 되돌아 왔을 때 적극적으로 회피하고 무시한다.
- 불안전 양가적/저항애착의 아동은 부모가 방을 떠나면 심하게 화내고 불안해한다. 재회 시에 편안해지지 않고 부모에게 화내고 저항한다. 그러면서도 동시에 이내 접촉에의 욕구를 표현한다.

여러 다른 나라들로부터 표집된 아기들을 분석한 결과, 65%는 안전애착으로 분류되었고, 불안전애착으로 분류된 아기들 중에서 20%는 회피애착으로 그리고 15%는 불안애착으로 분류되었다(Ein-Dor et al., 2010).

낯선 상황에 기초한 분류, 특히 안전애착의 아동과 불안전애착의 아동들 사이의 전반적 구분은 다양한 상황에서의 아동의 후기 행동을 높게 예언한다. 예를 들어 12개월에 안전애착이 된 아기들은 24개월이 되었을 때 불안전애착이 된 같은 또래 아기들보다 그들의 엄마들과 더 편안하게 노는 것으로 나타났다(Donovan et al., 2007). 또한 종단적인 연구에서 15개월

때 낯선 상황에서 안전애착을 보이거나 불안전한애착을 보인 아동들은 8~9세 때 학교에서의 행동이 크게 다르다는 것을 보여주었다(Bohlin et al., 2000). 15개월에 안전애착을 보였던 아이는 불안전애착을 보인 아이들보다 인기가 더 높았고 사회적 불안은 더 낮았다. 애착의 질과 관련된 유사한 연속성은 10세 된 아동에게서도 증명되었고(Urban et al., 1991), 청소년기에서도 증명되었다(Weinfield et al., 1997). 연구자들은 유아기 이후의 아기들에 대한 애착도 측정할 수 있는 방법을 개발하였는데, 이 측정치들에 의해서도 개인의 사회적 기능을 예측할 수 있었다(Shmueli-Goetz et al., 2008). 우리는 제16장에서 어른들의 애정적 관계의 질을 예언하는 데에 애착 측정치가 사용됨을 보게 될 것이다.

애착관계는 어린 시절에 매우 중요하다. 신뢰할 만한 사회적 지지를 제공하는 성인에 대해 애착하는 것은 다양한 친사회적 행동을 배우게 해 주고, 위험을 감수하게 하고, 새로운 상황에서 모험하게 하며, 개인적 관계에서의 친밀성을 추구하고 수용할 수 있게 해 준다.

양육 유형 앞에서 살펴본 바와 같이, 아이들은 부모들과 상호작용할 때 자신의 기질을 발휘한다. 여러 명의 자녀를 가진 부모들은 자녀들이 아주 어린 시절부터 어떻게 다른지 안다. 아이들의 기질 때문에 양육할 때 부모는 최선의(또는 최악의) 노력을 했음에도 불구하고 기대하지 않았던 결과가 초래될 수 있다. 아이들의 기질과 부모행동은, 애착관계의 질과 같은 발달적 결과를 이끌어내는 데에 서로 영향을 미친다. 부모가 자녀를 변화시키는 만큼 자녀들도 부모를 변화시킨다(Collins et al., 2000).

부모와 자녀가 서로를 변화시키기는 하지만, 기질적인 차이에 대립되는 것으로는 부모의 **양육 유형**(parenting style)이 가장 중요하다. 이 유형은 요구와 반응의 두 가지 차원에 따라 존재한다(Maccoby & Martin, 1983). "반응성이란 아동의 개별성에 대한 부모의 인정을 지칭하는 반면에, 요구란 아동을 사회화시키는 요원으로서 행동하고자 하는 부모의 자발성을 지칭한다."(Darling & Steinberg, 1993, p. 492). 그림 10.9에서 **권위 있는**(authoritative) 부모는 그들의 아이에게 적절한 요구를 할 뿐만 아니라(즉, 아이들에게 행동의 적절한 규칙에 동조하도록 요구한다.), 그들의 아이에게 반응적이기도 하다(즉, 아이가 스스로 통제할 수 있는 능력을 기르도록 하기 위해 의사소통의 통로를 계속 열어놓는다.)(Gray & Steinberg, 1999).

권위 있는(authoritarian) 부모들은 효율적인 부모-자녀 관

부모의 반응성

	수용적 반응적 아동중심적	거부적 비반응적 부모중심적
요구통제	권위 있는-상호적인 높은 양방향적 의사소통	권위주의적 강한 독단
비요구적 낮은 통제	관대한	방임, 무시, 무관심, 무관

부모의 요구성

그림 10.9 양육 유형의 분류
양육 유형은 요구성, 즉 사회화시키는 요원으로서 행동하고자 하는 부모의 자발성과 반응성, 즉 아동의 개별성에 대한 부모의 인정이라는 두 차원에 따라서 분류될 수 있다. 권위 있는 양육 유형은 부모-자녀 간에 효과적인 유대를 가장 잘 형성하는 경향이 있다

계를 가장 잘 형성하게 된다. 권위 있는 양육과 대조되는 양육으로는 그림 10.9에서 보이는 바와 같이 자녀들의 자율성에 거의 관심을 두지 않고 훈육을 하는 **권위주의적**(authoritarian) 부모와 반응적이기는 하지만 아이들이 살아가야 할 사회적 규칙의 구조를 배우도로 하는 데에 도움이 되지 않는 **관대한**(indulgent) 부모들과 대조되는 양육 유형이다. 또한 훈육도 시키지 않고 아동의 개별성에 반응적이지도 않은 **방임적**(neglecting) 부모들이 있다.

당신이 예상하는 것처럼, 양육 유형은 아이들의 애착관계에 강한 영향을 준다. 권위 있는 부모로부터 양육된 아이들은 아동기와 청소년기에 보다 더 안전애착을 형성하는 경향이 있다(Karavasilis et al., 2003). 그러나 양육 유형의 영향은 아이들의 특정 유전적 구성과도 부분적으로 관계가 있다.

지정 연구

한 연구팀에서 mineralocorticoid 수용기(MR)의 유전자 변형이 유전되었는지를 알아보기 위하여 601명의 아기들을 평가하였다(Luijk et al., 2011). 평균 나이가 14.7개월 된 아기들의 애착의 안전성을 낯선 상황검사를 사용하여 평가하였다. 실험실에 들어올 때 아기들을 대하는 어머니의 행동을 관찰하였다. 이 관찰을 통해 어머니의 행동을 두 가지로 분류하였다. 즉, 어머니의 민감한 반응성은 어머니가 자신의 아기에게 보이는 민감한 협조적 반응을 나타내고, 어머니의 극심한 둔감성은 어머니가 아기에 대해 보이는 철회나 무시와 같은 거친 행동을 나타낸다. 연구결과는 유전과 환경 모두가 중요한 것으로 나타났다. MR 유전자의 '작은' 변형이 적어도 한 가지라도 유전된 경우에는 민감한 반응성에 의해 높은 안전애착이 초래되었고 극심한 둔감성에 의해 낮은 안전애착이 초래되었다. 이 유전자의 어떠한 '작은' 변형도 유전되지 않은 아이들의 경우에는 어머니의 행동이 애착 안전성에 영향을 미치지 않았다.

다른 연구에 의하면 부모의 양육의 질이 좋아지면 아이에게도 좋은 결과가 나왔다. 예를 들어, 한 연구에서는 1,000명의 아이와 그들의 어머니를 15개월부터 초등학교 1학년에 입학 할 때까지 추적하였다(NICHD Early Child Care Research Network, 2006) 연구자들은 15개월 된 아이들이 낯선 상황에서 보이는 애착관계를 평가하였다. 어머니들의 양육 유형을 어머니들과 아이들 간의 상호작용을 비디오로 녹화하여 평가하였다. 연구자들은 과제가 진행되는 3년 동안 어머니의 양육 유형의 변화를 분석하였다. 어머니의 양육 유형의 변화는 불안전 애착을 보이던 아이들의 운명에 강한 영향을 주었다. 어머니 양육의 질이 나빠지는 사례에 비하여 어머니 양육의 질이 좋아진 아이들은 지속적으로 좋은 결과가 나왔다. 이러한 연구결과는 어머니의 양육 방식의 실천을 훈련을 통하여 개선하도록 해 주는 개입이 바람직함을 보여준다(Van Zeijl et al., 2006). 또한 지금까지 살펴본 바와 같이 이러한 개입은 아동이 물려받은 특정 유전자에 대해서도 반응적일 것이다.

애정을 주는 성인과의 밀접한 상호작용적 관계는 아동의 신체적 성장과 정상적 사회화를 향한 첫 걸음이다. 주 양육자에 대한 첫 애착이 다른 가족 구성원들에게 확장되어 감에 따라 가족 구성원들 역시 새로운 사고와 행동의 모델이 된다. 초기 애착을 통해 아동은 자신의 요구와 타인들의 요구에 반응하는 능력을 발전시켜 가게 된다.

접촉위안과 사회적 경험 아동은 무엇으로부터 애착을 형성하는가? Sigmund Freud와 다른 심리학자들은 부모들이 아기들에게 가장 기본적인 신체적 욕구인 음식을 제공해 주기 때문에 부모에게 애착하게 된다고 주장하였다. 이러한 관점을 애착의 **찬장 이론**(cupboard theory)이라고 부른다. 찬장 이론이 맞다면

부모들이 충분한 음식을 제공해 주기만 한다면 잘 자라야만 한다. 이는 맞는 것일까?

Harry Harlow(1958)는 찬장 이론이 애착의 중요성을 설명한다고 생각하지 않았다. 그는 영아가 **접촉 위안**(contact comfort)을 제공하는 사람에게 애착을 형성할 것이라고 보고 있는 자신의 가설과 반대되는 찬장 이론을 검증하고자 하였다(Harlow & Zimmerman, 1958). Harlow는 짧은 꼬리 원숭이를 태어나자마자 어미에게서 떼어서, 철사로 만든 '대리모'와 벨벳천으로 싼 '대리모'에게 접근할 수 있는 우리 속에 새끼원숭이들을 넣어 두었다. Harlow는 새끼원숭이는 벨벳천 대리모에게 바싹 다가서 있었고 철사 대리모에게서는 시간을 조금밖에 보내지 않음을 발견했다. 그나마 철사로 만든 대리모가 우유를 주었을 때에만 약간의 시간을 보냈다! 새끼원숭이는 놀랐을 때 위안의 기반으로서 그리고 새로운 자극을 탐색할 때 조작의 기반으로서 천 대리모를 사용하였다. 공포 자극(예 : 북 치는 곰)을 넣었을 때 새끼원숭이들은 천 대리모에게 달려갔고 새롭고, 호기심을 유발시키는 자극을 넣었을 때 아기원숭이는 탐색을 위한 모험을 한 후 다시 천 대리모에게 되돌아왔다. 이렇게 되돌아왔다가 다시 더 많은 탐색을 하곤 하였다.

그러나 대리모에게 강한 애착이 형성된 원숭이들도 건강한 사회적 발달을 하기에는 충분치 않은 것으로 나타났다. 처음에는 연구자들도 실험에서 천으로 만든 대리모와 함께 성장한 어린 원숭이들이 정상적으로 발달한다고 생각했다. 그러나 이와 같은 방식으로 자란 암컷 원숭이가 어미가 되었을 때 예상 외의 상황이 벌어졌다. 생의 초기에 다른 원숭이와 상호작용할 기회가 없었던 원숭이는 성인기 동안 정상적인 사회적 관계와 성적 관계를 형성하는 데에 어려움을 갖게 되었다. 원숭이에 대한 연구가 인간 결핍에 지니는 교훈을 살펴보기로 하자.

인간 결핍 비극적이게도 인간 사회는 종종 아동기 때 접촉 위안이 결핍된 상황을 만들어 낸다. 많은 연구에서 영아기 때의 밀접하고 애정적인 관계가 부족하면 신체적 성장, 그리고 심지어 생존에도 영향을 받는다는 것을 보여주었다. 1915년에 존슨 홉킨스 병원의 한 의사는 볼티모어에 있는 고아원에 수용된 90%의 아동이 신체적인 보살핌이 적절하였음에도 불구하고 첫 1년 이내에 사망했다고 보고했다. 그 후 30년 이상에 걸친 병원 입원 영아에 대한 연구에서 적절한 영양공급에도 불구하고 아동들이 호흡기 감염과 원인을 알 수 없는 열병에 걸리며, 체중이 증가하지도 않고, 일반적인 생리적 퇴화 신호

Harlow는 접촉 위안이 정상적인 사회적 발달에 중요하다는 것을 어떻게 증명하였을까?

가 나타났다(Bowlby, 1969; Spitz & Wolf, 1946).

현대 연구들에서 인간 결핍에 의한 저해 패턴을 계속 밝혀나가고 있다. 예를 들어 한 연구에서 주로 가정에서 키운(생활의 90% 이상) 아이들의 애착과 시설에서 키운 아이들의 애착을 비교하였다(Zeanah et al., 2005). 가정에서 양육한 아이들의 74%는 안전애착을 보였다. 그러나 시설에서 양육한 아이들은 20%만이 안전애착을 보였다. 더 나아가서 정상적인 사회적 접촉의 결핍은 뇌 발달에 대해 지속적 영향을 미쳤다. 한 연구에서 행복한, 화난, 무서운 그리고 슬픈 표정을 짓는 얼굴에 대해 보이는 아동의 반응을 측정하였다(Moulson et al., 2009). 자신의 가정에서 키워진 아이들과 비교해서, 시설에서 키워진 아이들은 정서 표현에 대한 반응이 어려웠다.

불행히도, 아동이 어디에서 살든 학대받을 잠재성이 있다. 최근 분석에서 미국 정부는 125,000명의 아동이 1년에 신체적 학대를 경험하고, 대략 66,700명이 성적 학대를 경험한다(미국 보건부, 2010). 한 연구에서 아동기에 성적 학대를 받았던 성인 2,759명의 심리적 안녕감을 조사했는데(Cutajar et al., 2010),

생활 속의 비판적 사고

어린이집 돌봄은 아동발달에 어떤 영향을 미치는가?

만약 당신이 아기도 갖고 직업도 가지기를 원한다면, 아이를 어린이집에 맡기는 것이 잘하는 일인지에 대한 어려운 질문에 부딪힐 것이다. 다행히도 이러한 중요한 질문에 대해 관련이 있는 심리학적 연구들이 이루어 졌다.

한 연구팀이 한 달 된 1,364명의 아이들을 연구하기 시작하여 이 아이들이 지금은 10대 후반이 되었다(Vandell et al., 2010). 이 중에서 일부 아이들은 취학 전까지 어머니의 보살핌을 받았고, 대개의 나머지 아이들은 여러 종류의 어린이집에서 종일 또는 하루의 일부를 보냈다. 연구 초기에 연구자들은 아이들의 애착 안정감에 어린이집 돌봄이 미치는 영향에 관심이 있었다. 연구결과에서 어린이집에서 돌봄을 받은 아이들 중에서 어머니가 아이들의 요구에 둔감한 경우에만 불안전애착을 할 가능성이 있다고 하였다(NICHD Early Child Care Research Network, 1997). 어머니가 아이의 요구에 둔감하지 않은 경우에는 어린이집 돌봄을 받은 아이들도 집에서 어머니의 양육을 받은 아이와 같은 수준의 안전애착을 보였다.

아이들이 나이가 들어가면서 연구자들은 이들의 지적 발달과 사회성 발달을 측정하였다. 어린이집에서 보낸 시간에 관해서 긍정적 결과와 부정적 결과, 모두가 나왔다. 먼저 긍정적인 결과는 어린이집에서 돌본 아이들이 기억과 어휘에 관한 표준화 검사에서 더 나은 점수를 보였다(Belsky et al., 2007). 부정적인 결과는 어린이집을 경험한 아이들이 학급에서 사회적 문제와 행동 문제가 더 많은 것으로 나타났다. 그렇지만 이러한 사회적 문제는 어린이집의 유형과 정확히 관련이 있는 것 같았다. 어린이집의 질이 좋은 돌봄을 받은 아이들의 결과는 아주 좋았다(Belsky et al., 2010). 그러나 '양질'의 돌봄이란 어떤 것일까?

Alison Clarke-Stewart(1993; Charke Stewart & Alhusen, 2005)는 탁아 양육에 대한 전문가로서 연구 문헌들을 요약하여, 양질의 양육을 위한 안내 지침을 제공하고 있다. 그녀의 몇 가지 추천사항들은 아이의 접촉 위안과 관련되어 있다.

- 주간 양육센터는 신체적으로 편안하고 안전해야만 한다.
- 적어도 아이 6명 또는 7명당 양육자가 한 명은 있어야만 한다(3세 이하의 아이에게는 더 많이 필요).

다른 추천사항들은 어린이집 돌봄의 교과과정의 교육적 및 신체적 측면에 관한 것이다.

- 아동들은 명시적 수업과 혼합된 활동을 자유롭게 선택할 수 있어야 한다.
- 아동에게 사회적 문제 해결 기술을 가르쳐야 한다.

Clarke-Stewart는 또한 어린이집 돌보미는 훌륭한 부모 자질을 가져야만 한다고 제안하였다.

- 양육자는 아동의 요구에 반응적이어야 하고 아동의 활동에 적극적으로 관여해야 한다.
- 양육자는 아이를 과도하게 제한해서는 안 된다.
- 양육자는 개개 아이들의 요구의 차이점을 인식하기 위한 충분한 유연성을 가져야 한다.

만약 이 안내 지침을 따른다면 직장생활을 하는 부모의 모든 아이에게 양질의 돌봄을 제공해 줄 수 있을 것이다.

- 만약 탁아 양육을 받은 아이들과 그렇지 않은 아이들의 결과를 비교하고자 할 때, 아이들의 어떤 차원을 대응시켜야 할 것인가?
- 어린이집 돌보미가 아동과 적절한 방식으로 상호작용하는지를 어떻게 평가할 것인가?

성과 연령을 대등화한 성적 학대를 받지 않았던 통제집단은 8%만 정신건강 서비스를 필요로 한 반면에, 성적 학대 집단의 23%가 정신건강 서비스를 필요로 했다. 아동학대의 실상은 어떤 유형의 개입이 아동에게 가장 큰 관심이 있을지를 결정하기 위한 매우 중요한 안건을 심리학자에게 제공해 준다. 많은 아이들이 학대로 말미암아 입양부모나 집단거주지에서 탁아양육이 되고 있는데, 이 아이들이 학대 가정으로부터 분리되어야만 행복한 것일까? 대답은 간단하지 않다. 학대받는 아이들일지라도 자신의 양육자에게 애착이 되어 있기 때문이다. 아이들은 원래의 가정에 충실하고자 하며 가정으로 돌아갈 수

있을 정도로 모든 것이 올바로 되기를 원한다. 바로 이 점이 가족을 재결합시켜 주는 개입 프로그램의 설계에 연구의 초점을 두어야 하는 이유이다(Miller et al., 2006).

이 절에서 당신은 어떻게 아동기 동안의 경험이 후기의 사회성 발달에 중대한 영향을 미치는지에 대해 살펴 보았다. 이제는 그 이후의 생의 시기에 초점을 돌려 청소년기부터 살펴 보고자 한다.

청소년기의 사회적 발달

앞에서 청소년기를 신체적 변화에 기초하여 정의했었다. 이

절에서는, 청소년기의 심리적 변화와 인지적 변화가 사회적 경험의 배경으로 작용하게 됨을 알게 될 것이다. 왜냐하면 사람들이 특정 수준의 신체적 및 정신적 성숙을 하게 되면, 새로운 사회적 도전과 개인적 도전이 청소년들에게 대두되기 때문이다. 우리는 먼저 청소년의 일반적인 경험을 고찰하고 나서, 변화하고 있는 사회적 세계에 관해 살펴보고자 한다.

청소년기의 경험 청소년기에 대한 전통적인 관점에서는 청년기는 인생의 매우 격동적 시기이며, 감정의 기복이 극심하고 예측이 어렵고 난해한 행동을 한다고 특징지었다. 즉 '질풍노도'의 시기라고 특징지었다. 청소년기를 질풍노도로 보는 개념은 G. Stanley Hall에 의해서 강력하게 제안되었는데, 그는 청소년기 발달(1904)에 관해 길게 서술한 최초의 현대심리학자이다. Hall에 뒤이은 이 관점의 주요 지지자들은 정신분석학자들이었다(Blos, 1965; Freud, 1946, 1958). 이들 중 일부는 극도의 혼란은 청소년기의 정상적 부분일 뿐 아니라, 이러한 혼란을 드러내지 못하는 것은 오히려 발달의 저지를 나타내는 것이라고 주장하였다. Anna Freud는 "청소년기에는 정상적이라는 것 자체가 비정상인 것이다."라고 서술하였다(1958, p. 275).

문화인류학에서의 두 선구자 Margaret Mead(1928)와 Ruth Benedict(1938)는 질풍노도의 이론이 비서구 문화에는 적용되지 않는다고 주장하였다. 그들은 이러한 비서구 문화에서는 아동들이 갑작스런 긴장이 따르는 이행, 우유부단함이나 혼란을 겪지 않고, 점차적으로 성인의 의무를 조금씩 더 지게 된다고 설명하였다. 현대의 연구에서 청소년의 경험은 문화에 따라 다르다는 것이 확증되었다(Arnett, 1999). 이들 비교문화적 차이는 청소년의 경험에 대한 엄격한 생물학적 이론에 반대한다. 그 대신에 연구자들은 서로 다른 문화에서 기대하는 이행에 대해 초점을 둔다.

대부분의 연구자들은 질풍노도가 발달의 생물학적으로 계획된 측면이라는 점에 반대한다. 그럼에도 불구하고, 사람들은 아동기에서 청소년기로 이행하는 과정에서 극단적 정서와 갈등을 더 많이 경험한다. 신체발달에 관한 논의에 의해 정서 반응을 통제하는 뇌영역이 청소년기 동안에 성장한다는 점에 주목한다. 뇌의 성숙은 청소년이 극단적으로 긍정적인 정서와 부정적인 정서를 경험하게 되는 이유를 설명해 준다(Casey et al., 2008; Steinberg, 2008).

정체성 형성 Erikson이 청소년기의 핵심과제는 진정한 **정체성**(identiy)을 발견하기 위한 위기를 헤쳐 나가는 것이라고 주장

한 점을 회상해 보자. James Marcia(1966, 1980)는 Erikson의 분석을 확장하여 각 청소년들을 다름과 같은 정체성 지위에 따라 분류할 수 있다고 주장하였다.

- **정체성 확산.** 정체성 위기를 아직 겪지 않았거나 목표 및 가치에 헌신하고 있지 않은 상태
- **조기 완료.** 예를 들면 부모가 권장하는 가치 등에 헌신하고 있기 때문에 정체성 위기를 겪지 않는 상태
- **유예.** 다양한 정체성을 적극적으로 탐색하기 위해 관여하고 있지만 아직 어느 한 가지에 헌신하지는 않는 상태
- **정체성 성취.** 다양한 정체성을 탐색해 왔고, 어느 한 가지에 잠정적으로 헌신하는 상태

청소년의 경험을 종단적 분석한 결과, 대체로 정체성 확산으로 시작하여 정체성 성취로 끝을 맺는 진행순서를 따른다고 제안된다(Meeus, 2011). 덧붙여 성숙한 정체성을 성취한 청소년들은 심리적 안녕감을 더 많이 경험한다.

정체성을 성취하고자 하는 청소년의 요구를 통해 그들이 부모와 갈등하는 이유를 설명할 수 있다. 대다수의 현대문명사회를 살아가는 청소년들의 중요한 한 가지 결과는 부모로부터 독립을 성취하려고 시도하는 것이다. 부모와 청소년 자녀는 부모 쪽이 의문의 여지가 없는 권위를 지녔던 관계로부터 승인된 온당한 독립을 한 청소년 쪽이 중요한 결정을 하게 되는 관계로 이행해 나가야 한다(Daddis, 2011). 한 연구에서 1,330명의 11세에서 14세까지의 청소년을 추적한 결과를 살펴보자(McGue et al., 2005). 14세가 되었을 때, 청소년들은 11세 때보다 부모와 더 갈등이 많다고 보고하였다. 또한 청소년의 부모는 청소년 자녀의 생활에 더 적게 관여한다고 보고하였다. 즉, 청소년은 부모에 대한 긍정적 관심이 더 적으며, 부모도 자신들에게 긍정적 관심을 더 적게 가진다고 생각한다. 이러한 자료는 어떤 종류의 관계는 아동이 독립을 위해 투쟁할 때 야기되는 대가를 치른다는 것을 예증한다. 청소년들이 부모와 갈등하더라도 부정적 결과가 자주 초래되는 것은 아니다. 여전히 대다수의 청소년은 대부분의 경우에 부모를 실제적이고 정서적인 지지의 준비된 자원으로서 이용할 수 있다(Smetana et al., 2006). 그렇기 때문에 많은 청소년들은 부모와 갈등이 있더라도 기본적 관계가 손상되지 않게 한다. 긍정적 관계에 있을 때에는 갈등이 있더라도 부정적 결과는 거의 일어나지 않는다. 그러나 부정적 관계에 있을 때에는 청소년의 갈등은 사회적 위축이나 비행과 같은 문제들을 초래할 수 있다(Adams & Laursen, 2007). 따라서 일부 청소년들이 특별한 '질풍노도' 수

준을 경험할 것인지는 가족 맥락에 따라 설명된다.

지금까지 우리는 일반적인 청소년의 경험을 고찰하였는데, 이제 청소년의 사회적 경험에서 또래의 중요성의 증가를 살펴보기로 하자.

또래관계 청소년기의 사회적 발달에 대한 많은 연구에서 가족(또는 성인 양육자)과 친구의 역할이 변화한다는 점에 초점을 두고 있다(Smetana et al., 2006). 우리는 앞에서 성인에 대한 애착이 출생 후 바로 형성된다는 사실을 살펴보았다. 또한 아동들은 매우 어린 나이부터 친구를 가진다. 그러나 청소년기는 그들의 태도와 행동 형성에 또래가 부모와 경쟁적으로 영향을 미치게 되는 첫 시기이다. 또래들과의 상호관계를 통해 청소년들은 그들의 정체성을 발달시켜 줄 사회적 요소를 결정하고, 그들이 선택하게 될 사람들의 종류와 그들이 추구하게 될 관계의 종류를 결정하게 된다(Berndt, 1992; Hartup, 1996).

청소년이 형성하는 또래관계는 사회적 발달에 매우 중요하다. 또래관계는 청소년에게 요구적인 사회적 상황에서 어떻게 기능해야 할지를 배우는 기회를 제공한다. 그러한 의미에서 또래관계는 청소년 자신의 미래에 준비할 수 있게 하는 긍정적 역할을 한다. 동시에 부모는 흔히 또래의 부정적 측면에 관해 염려를 하는데 이는 온당한 이유가 있다(Brechwald & Prinstein, 2011; Dishiem & Tipsord, 2011). 실제로 연구결과들에서 청소년들은 또래의 영향하에 있을 때 위험한 행동에 더 참여하는 경향이 있다는 것을 보여주었다.

한 연구팀에서 10대의 운전 시에 성인과 10대의 영향을 검토하고자 하였다(Simons-Morton et al., 2011). 이를 위해, 연구자들은 갓 운전면허를 딴 10대들(평균 연령 16.4세)에게 자동차를 제공하였다. 도구를 이용하여 이 10대들이 어떠한 경우에 접촉사고 또는 근접 접촉사고를 내는지를 밝혀낼 수 있었다. 자동차에 비디오카메라를 설치하여 이 10대들과 함께 탄 사람이 성인인지, 친구들인지를 알 수 있었다. 이 10대들에게 자신들이 위험한 행동을 하는 친구들을 가진 정도를 평정하게 하였다. 18개월간의 관찰결과, 10대들에게 37회의 접촉 사고와 242회의 근접 접촉사고가 있었다. 10대들은 성인이 함께 탔을 때에는 성인이 타지 않았을 때보다 접촉사고 및 근접 접촉사고의 비율이 75%가 더 낮았다. 반면, 위험한 행동을 하는 친구들을 가진 10대들은 접촉사고 및 근접 접촉사고의 비율이 96%나 더 높았다.

이 연구는 청소년들이 위험한 행동을 하도록 하는 데에 또래 영향의 일반적 경향성을 지지해 준다. 그러나 청소년에 따라 또래 영향에 대한 감수성이 더 높으며, 이 감수성 때문에 결과가 초래된다. 한 종단 연구에서, 연구의 시작 시에 친한 친구의 영향을 받기 쉬운 청소년들은 1년 후에 약물이나 알코올과 관련한 문제를 보이는 경향이 있었다(Allen et al., 2006). 다시한 번 말하자면, 청소년기는 질풍노도의 시기이어야 하는 것은 아니지만, 연구결과에 의하면 일부 청소년을 위험에 놓이게 하는 행동 패턴을 제시해 준다.

성인기의 사회적 발달

Erikson은 성인기의 두 가지 과업을 친밀성과 생산성이라고 정의하였다. Freud는 성인기의 욕구를 Lieben und Arbeiten, 즉 사랑과 일이라고 보았다. Abraham Maslow(1968, 1970)는 이 시기의 욕구를 사랑과 소속감이라고 보았는데, 이들 욕구가 만족되면 성공과 자존감의 욕구로 발전한다. 다른 이론가들은 이들 욕구를 유친(affiliation) 또는 사회적 수용, 그리고 성취 또는 재능에 대한 욕구라고 명명한다. 이들 이론에 공유되는 핵심은 성인기란 사회적 관계와 개인적 성취가 우선성을 가지는 시기라는 것이다. 이 절에서는 성인기에 걸쳐 이러한 주제들을 추적해 보고자 한다.

친밀성 Erikson은 **친밀성**(intimacy)을 타인에게 성적, 정서적, 도덕적으로 완전한 헌신을 하는 능력이라고 기술하였다. 친밀성은 우정과 이성적 관계 모두에서 일어날 수 있는데, 이는 개방, 용기, 윤리적 강점, 그리고 자신의 개인적 선호와의 타협을 필요로 한다. 연구들에 의해 사회적 친밀성이 성인기의 심리적 안녕감의 필수조건이라는 Erikson의 가정이 지지되었다(Kesebir & Diener, 2008). 제11장과 제16장에서 친구, 이성 상대, 성적 상대를 선택하는 데에 영향을 미치는 힘에 대해 다룰 것이다. 여기에서는 사회적 발달에 대한 친밀한 관계의 역할에 초점을 둘 것이다.

초기 성인기는 많은 사람들이 결혼하거나 그 외의 안정된 관계에 들어가는 시기이다. 2010년에는 20~24세의 13.6%가 결혼하였다. 25~29세에는 38.2%로 증가한다(미통계청, 2011). 이에 덧붙여, 결혼하지 않고 사는 사람들이 많아졌다. 2007년에는 미국 비결혼자 가정의 4.9%가 이성 상대와 살고, 0.7%는 동성 상대와 산다(미통계청, 2008). 최근에 미국은 주에 따라 동성 상대와의 결혼을 법적으로 인정하기도 한다. 모든 유형의 관계들이 성인기의 사회적 발달에 미치는 영향을 밝히려는 연구들이 있다. 예를 들어, 이성 커플과 동성 커플 간의 차이와 유사점에 관심이 집중되고 있다(Balsam et al., 2008; Roisman

청소년 운전자가 위험감수 경향이 있는 친구를 태웠을 때 어떤 일이 일어나는가?

결혼 행복도와 커플들이 함께 지낼 가능성에 영향을 미치는 요인들은 무엇인가?

et al., 2008). 연구들에 의하면 이성 커플과 동성 커플이 관계를 유지하기 위해 사용하는 책략은 시간이 흐름에 따라 매우 비슷해졌다. 예를 들어, 두 유형의 커플들은 모두 일을 분담하고 활동을 공유함으로써 밀접한 관계를 유지하려고 하였다(Haas & Stafford, 2005). 그러나 이성 커플들은 자신들의 관계를 위해 사회로부터의 지지를 더 많이 받았다(Herek, 2006). 동성 커플들은 사회적으로 수용받지 못하는 것에 투쟁하기 위해 흔히 공개적으로는 커플이 아닌 것처럼 하는 특별한 방책을 취했다.

이들 각 유형의 관계는 성인의 사회적 생활에서의 가족의 역할을 증가시킨다. 개인이 삶 속에 아동을 포함시키기로 결정할 때 비로소 가족이 커지게 된다. 그러나 흔히 아동의 출생이 부부의 전반적 행복에 위협을 가져온다는 사실 때문에 당신은 놀랄 것이다(Lawrence et al., 2007; Twenge et al., 2003). 왜 그럴까? 연구들에서 이성애 부부의 남자와 여자가 부모로 이행하는 방식의 차이에 대해 초점을 두어 왔다(Cowan & Cowan, 2000; Dew & Wilcox, 2011). 현대 서구 사회에서 결혼은 과거와 다르게 남자와 여자 간의 평등개념에 근거하고 있다. 그러나 아기의 출생은 남편과 아내를 보다 전통적인 성역할의 방향으로 밀어붙이는 효과를 가질 수 있다. 아내는 아기 돌보기에 너무 많은 부담을 느낄 것이고, 남편은 가족을 부양하기에 너무 많은 압력을 느낄 것이다. 결국 아기가 탄생한 이후에는 결혼이 양쪽 배우자 모두에게 부정적인 쪽으로 변화하는 것이다.

많은 부부에 있어서, 결혼에 대한 만족은 자녀가 청년기를 통과해 가는 동안의 갈등 때문에 감소해 간다. 문화적 고정관념과는 반대로 많은 부모들은 막내 자녀가 가정을 떠나고 '빈둥지'가 되는 시기를 기대한다(Gorchoff et al., 2008). 부모는 자녀가 더 이상 같은 집에 살지 않을 때 자녀를 즐기게 된다(Levenson et al., 1993). 그렇다고 해서 자녀를 갖지 말라고 말하고자 하는 것은 아니다. 우리의 목표는 자신의 생의 양상을 예견하고 해석하도록 돕는 연구결과를 여러분이 인식하기를 바라는 것뿐이다.

이제 여러분은 전체적으로 볼 때 부부가 후기 성인기에 도달했을 때 더 행복하다는 것을 알게 되었을 것이다. 그러나 많은 결혼이 후기 성인기에 도달하기 훨씬 전에 이혼으로 끝이 난다. 연구자들은 어떤 부부가 기본적으로 잘못된 짝인지, 어떤 부부는 이혼을 피할 수 있는지를 밝히고 싶어 한다(Amato, 2010). 부부들을 오랜 기간 추적한 연구들에서 결혼을 위험하게 하는 여러 요인들을 확인하였는데, 이 요인들에는 잦은 갈등, 바람피움 그리고 낮은 사랑과 낮은 신뢰들이 포함되었다.

사회적 친밀성은 심리적 안녕감의 필수요소라고 결론내릴 수 있다. 가장 중요한 것은 사회적 상호작용의 양이 아니라 그것의 질이다. 노인기로 접어듦에 따라, 가장 직접적인 정서적 지지를 제공해 주는 사람들을 선택함으로써 친밀성의 요구를 보호하기 시작한다.

이제 성인발달의 두 번째 측면인 생산성을 살펴보자.

생산성 친밀한 관계에 대한 적절한 기초를 확립해 온 사람들은 **생산성**(generativity)이라는 주제에 관심의 초점을 돌릴 수 있다. 이는 자기 자신을 넘어서 가족, 일, 사회 또는 미래 세대에 대한 헌신이며, 전형적으로 30대와 40대의 발달상에서 결정적 단계이다(Whitbourne et al., 2009). 선에 대한 지향성은 성인으로 하여금 젊음의 갈망을 상쇄해 줄 심리적 안녕감을 확립하도록 해준다. 이제 학교 상황에서 생산성이 기능하는 예를 살펴보도록 하자.

많은 교수들이 자기보다 젊은 동료들에 대해 멘토로서 중요한 역할을 한다. 한 연구팀에서 교수의 개별적 생산성 수준이 멘토 역할에 얼마나 성공적인지를 예측할 것이라는 것을 증명하고자 하였다(Zacher et al., 2011). 128명의 교수들의 연구조교들로부터 다음과 같은 문항에 대한 반응을 통해 각 교수의 생산성 수준에 관한 정보를 제공받았다. "나의 교수는 자신을 내세우기보다 후속 세대를 양성하는 데에 더 열정을 쏟는다." 또한 연구조교들은 교수가 멘토로서의 성공 정도를 평가하였다. 결과에 따르면 생산성이 높은 교수들은 생산성이 낮은 교수들보다 생의 후기에 멘토로서 더 성공적인 것으로 나타났다.

이 연구는 생산성이 높은 사람들이 그들의 지혜를 미래세대로 이어준다는 것을 예시해 준다. 35세와 74세 사이에 있는 2507명의 자료에서 생산성이 높으면 자기수용과 개인적 성장과 같은 차원에서의 안녕감이 더 높았다(Bathrauff & Cooney, 2008).

후기 성인기는 목표가 변화되는 시기이다. 미래가 자유롭게 흘러가지 않을 때 우선성이 변화한다. 그러나 우선성의 변화에도 불구하고 노인은 자신의 삶의 가치를 보존한다. Erikson은 성인기의 마지막 위기는 자아통정성과 절망 간의 갈등이라고 정의하였다. 자료에 의하면 소수의 성인은 자신의 삶을 절망적으로 되돌아보지만, 실제로는 나이가 들어감에 따라 정서적 안녕감이 증가한다고 보고한다(Carstensen et al., 2011). 대부분의 노인은 전체성과 만족감으로 자신의 삶을 재음미하면서 미래를 바라본다.

지금까지 아동기, 청소년기 그리고 성인기의 사회적 및 개인적 측면을 살펴봄으로써 전생애를 기술하였다. 이 장을 마무리하기 위해, 시간에 따라 경험이 변화하는 두 개의 특정 영역, 즉 성차와 도덕발달이라는 영역을 살펴보자.

 복습하기

1. Erik Erikson은 어떤 생애발달 단계에서 친밀성 대 고립의 위기를 거친다고 하였는가?
2. 아동의 초기 애착의 질에 따라 어떠한 장기적 결과가 증명되어 왔는가?
3. 양육방식을 정의하는 차원들은 무엇인가?
4. 청소년들은 또래관계에 어떤 수준으로 관여하는가?
5. 아기의 탄생은 결혼 만족도에 어떤 영향을 미치는가?

비판적 사고 10대 운전자의 위험감수행동을 검토한 연구에서, 왜 연구자들은 갓 운전면허를 취득한 10대들을 대상으로 하였을까?

생물학적 성과 심리사회적 성의 차이

대부분의 어린이가 생후 첫 몇 개월 동안 획득하기 시작하는 것은 그들의 사회적 세계 속에 두 범주의 사람이 존재한다는 사실이다. 그 후 아동들은 남자와 여자의 심리적 경험에 매우 유사한 측면이 많다는 것을 알게 된다. 그렇지만 실제로 차이가 존재하며, 어떤 차이는 생물학적 측면에 의해 야기되고, 어떤 차이는 문화적 기대에 의해 야기된다는 것을 이해하게 된다. 남녀를 구분해 주는 생물학적 차이를 **생물학적 성**(sex)의 차이라고 지칭한다. 이들 특징에는 상이한 생식기능, 그리고 호르몬과 해부학적 차이가 포함된다. 그러나 아동들이 지각하는 첫 번째 차이는 전적으로 사회적인 것이다. 즉 해부학에 대해 어떤 것도 이해하지 못할 때부터 성차를 잘 깨닫기 시작한다. 생물학적 성과 대조적으로, **심리사회적 성**(gender)은 성과 관련하여 학습된 행동과 태도를 지칭하는 심리적 현상이다. 문화에 따라 심리사회적 성이 일상 활동에 강하게 연계되는 정도와 자신의 성에 반대되는 행동이라고 지각되는 행동에 대한 인내심의 정도가 다르다.

생물학적 성의 차이

수정 후 약 6주부터 남아에게 고환이 발달하고 테스토스테론 호르몬을 생산하기 시작하는데 이때부터 남아와 여아가 달라지기 시작한다. 테스토스테론의 부재 혹은 존재는 아기가 남아의 해부학적 특징을 가지고 태어날 것인지 여아의 해부학적 특징을 가지고 태어날 것인지를 결정하는 데에 결정적 역할을 한다. 또한 테스토스테론은 뇌의 발달에도 영향을 미친다. 태내기에 테스토스테론에 노출되는 것은 성유형적 행동 및 특징을 형성하는 데에 중요한 역할을 한다(Hines, 2011). 연구자들은 참여자들의 양수의 테스토스테론 수준을 측정하여, 4세가 되었을 때 여아와 남아의 사회적 관계의 질을 비롯한 여러 특징들 간의 상관을 알아보았다(Knickmeyer et al., 2005). 일반적으로 남아는 여아보다 태아기 테스토스테론의 수준이 더 높았으나, 이러한 배경과는 반대로, 개인의 태아기 테스토스테론의 수준이 높을수록 남아와 여아 모두에서 사회적 관계가 더 나빴다. 이러한 결과로부터 남성적 행동과 여성적 행동에 대한 기대에 따르는 정도는 부분적으로 그들의 태내기의 호르몬 환경에 달려 있다고 제안된다(Morris et al., 2004). 즉, 동물 실험 결과, 신경 구조의 성차는 대체로 이 호르몬에 의해 만들어진다는 것이 증명되었다.

뇌주사에 의하면 남성과 여성의 뇌에 구조적 차이가 일관성 있게 나타난다(Lenroot & Giedd, 2010). 전반적 남녀의 차이를 교정하여 성차를 적절하게 비교했을 때에도 남성과 여성 간의 행동적 차이가 여전히 나타난다는 점이 매우 흥미롭다. 예를 들어 MRI 주사 결과, 사회적 행동과 정서적 기능을 조절하는 데에 중요한 역할을 하는 전두엽 영역은 남성보다 여성이 상대적으로 더 크다는 것이 밝혀졌다(Wellborn et al., 2002). 이러한 성차가 경험의 산물이 아니라 생물학적인 것인지를 확증하기 위해서는 아동과 청소년에 대해서도 연구를 수행해야 할 것이다(Lenroot et al., 2007; Suzuki et al., 2005). 연구들에 의해 뇌의 이러한 성차들이 정상적인 생물학적 발달의 일부로서 일어난다고 확증되었다.

성차에 관한 다른 연구들은 남성과 여성의 뇌가 인지적 과제와 정서적 과제를 성취하는 방식의 차이에 초점을 두고 있다(Canli et al., 2002). 뇌에 관한 더 많은 연구들에서 정서적으로 각성시키는 자극에 대한 부호화와 재인의 성차를 확증하고 있다(Cahill et al., 2004; Derntl et al., 2010). 이들 연구들은 남성과 여성을 다르게 하는 행동적 차이 중 일부는 문화적 역할보다 생물학적 차이에 원인을 돌릴 수 있다고 제안한다.

성 정체성과 성 고정관념

지금까지 남성과 여성의 행동의 중요한 측면이 생물학적 차이에 의해 형성된다는 것을 살펴보았다. 그러나 문화적 기대 또한 **성 정체성**(gender identity), 즉 남성다움과 여성다움에 대한 자각에 중요한 영향을 미친다. 이러한 인식은 매우 어린 나이에 발달한다. 10개월에서 14개월 된 아기는 벌써 자신과 성이 동일한 어린이의 행동을 보여주는 비디오를 더 선호하는 것으로 증명되었다(Kujawski & Bower, 1993). 아주 어릴 때부터, 아이들은 자신이 남성인지 여성인지를 인식하기 시작하며, 성 정체성에 따라 자신을 맞추어 간다. 동시에 아이들은 **성 고정관념**(gender stereotype)에 관한 지식을 획득한다. 성 고정관념이란 특정 문화에서 남성과 여성에게 각각 적합하다고 간주되는 특징과 행동에 관한 믿음이다.

연구자들은 대부분의 아이들이 성 고정관념을 획득해 가는 과정을 밝혀내었다(Martin & Ruble, 2010). 유아기를 거치는 동안, 아이들은 경험을 통해 남자와 여자에 대해 문화가 기대하는 것에 대한 지식을 가지게 된다. 5세와 7세 사이에 아이들은 자신의 지식을 성 고정관념 속에 고정시킨다. 실제로 이 시기는 성 고정관념에 있어 가장 완고한 시기이다. 예를 들어, 한 연구에서 아동의 성 고정관념을 "장난감 가게에서 놀고 싶다." 또는 "일부러 남을 괴롭히거나 해친다."와 같은 진술을 들려

주어 측정하였다(Trautner et al., 2005). 아이들에게 다섯 종류의 상자에 각 질문이 적힌 카드를 집어넣도록 하였다. 각 상자는 남성에게만 관련된 것, 여성보다는 남성에게 더 관련된 것, 남성과 여성에게 똑같은 것, 남성보다 여성에게 더 관련된 것, 또는 여성에게만 관련된 것으로 구성되었다. 5세와 7세 사이의 아이들은 '남성 또는 여상에게만 관련된' 반응이 가장 많았는데 이는 성 고정관념이 매우 강함을 보여주는 것이다. 이보다 나이 들어서는 성과 행동에 대한 생각이 더 유연해졌다. 즉, 그들은 남성과 여성이 모두 다양한 행동에 참여하는 것을 선택하는 경향이 있었다. 따라서 8세경에는 남아와 여아 간의 유사성도 존재한다는 것을 이해하기 시작했다.

아이들은 성 정체성과 성 고정관념으로 인도하는 정보를 어떻게 획득할까? 부모들은 아들과 딸에게 서로 다르게 옷을 입히고, 다른 종류의 장난감을 주며, 다른 방식으로 의사소통한다. 부모는 아이들과 놀 때 어떤 장난감은 '남성적'이고 어떤 장난감은 '여성적'이라고 간주하며, 성에 적합한 장난감을 선택하는 경향이 있다. 특히 여아보다 남아와 놀 때 성 구분적 선호가 더 강해진다(Wood et al., 2002). 일반적으로 아동은 부모로부터 성 고정적 활동에 참여하도록 격려받는다(McHale et al., 2003).

또래들도 성역할 사회화에 중요한 자원이 된다. 예를 들어, Eleanor Maccoby(2002)는 어린 아동은 성 구분주의자라고 주장한다. 왜냐하면 어린 아동은 어른들이 감독하지 않아도, 심지어 이성 혼합집단의 놀이를 권장하는 경우에도 동성 또래와 놀려고 하기 때문이다. 여아들은 사회적 대화를 더 많이 하고 자기 자신에 대한 정보를 더 표현하는 경향이 있는 반면, 남아들은 거친 놀이를 더 많이 하는 경향이 있다(Rose & Rudolph, 2006). 이러한 차이들은 아이들이 성장해 가도 지속된다. 청소년기의 소녀들의 우정은 친밀성을 더 많이 표현하고 자기개방을 더 많이 하나, 소년들의 우정은 경쟁과 흥분이 관련되는 경향이 있다(Perry & Pauletti, 2011).

다른 영역에서와 같이 성차 영역에서도 개인차는 존재한다. 6년에 걸친 아동의 성 유형화 행동을 검토한 연구를 살펴보자.

실제로 소년과 소녀는 사회적 상호작용 시의 패턴에 일관성 있는 차이를 보인다. 어떤 차이는 이들 상호작용의 구조와 연관된다. 예를 들어 적어도 6세에는, 남아들은 집단으로 상호작용하기를 선호하고, 여아들은 일대일 상호작용을 선호한다(Benenson et al., 1997; Benenson & Heath, 2006).

아이들이 2세 정도일 때 보이는 성 유형화 행동에 관한 정보를 5,501명의 어머니들에게 제공한 후(Golombok et al., 2008), 어머니들에게 유아활동질문지(Preschool Activities Inventory, PSAI)에 답하게 하였다. 예를 들면, 이 설문지는 지난 한 달 동안 자신의 아이들이 보석을 가지고 노는지 또는 싸우기를 하면서 노는지를 묻는다. 어머니들에게 아이들이 3세와 5세가 되었을 때 PSAI를 다시 실시하였다. 아이들이 8세가 되었을 때 아동활동질문지(Children's Activities Inventory, CAI)에 스스로 답하게 하였다. 이 질문지에서, 아이들에게 서로 다른 유형의 아이들에 대해 기술한 한 쌍의 진술문을 들려준다. "어떤 아이들은 보석을 가지고 논다. 그러나 다른 아이들은 보석을 가지고 놀지 않는다." 아이들은 두 유형의 아이들 중에서 어느 쪽과 더 유사하다고 느끼는지를 말하게 하였다. 이 종단적 평가에 기초하여, 연구자들은 개별 아동이 성 유형화 행동(gender-typed)에 관여할 가능성은 시간이 흘러도 유지된다는 결론을 내렸다. 예를 들면, 아동의 3세 때의 PSAI 점수는 8세 때의 CAI 점수와 높은 연관이 있음을 알 수 있었다.

왜 아이들의 행동이 이렇게 안정적일까? 그 이유는 천성과 양육 모두에 있다고 연구자들은 보고 있다. 천성에 관련해서 보면, 아이들은 뇌가 상대적으로 더 남성적일지 더 여성적일지를 결정해 주는 태내기 환경을 경험하게 된다. 양육에 관련해서 보면, 부모와 또래 모두가 아이들에게 대하는 행동의 차이를 경험하게 된다. 성 고정관념이 덜 유연한 부모들의 자녀들은 성 유형화 행동의 수준이 더 높다. 이에 덧붙여서 아이들은 성 유형화된 행동의 수준이 자신들과 더 유사한 친구들을 추구하는 경향이 있으며, 이러한 사실들은 시간이 흘러도 안정적 행동을 하게 되는 맥락을 만들어 준다.

남아와 여아가 다른 방식으로 사회적 발달을 경험하게 되는 방식과 이유에 대해 간략하게 살펴보았다. 이제 도덕발달에 대해 살펴보기로 하자.

부모와 또래는 아동의 성역할의 획득에 어떤 영향을 미치는가?

1. 생물학적 성차와 심리사회적 성차는 어떻게 구분되는가?

2. 어린 아동은 어떤 점에서 성 구분주의자인가?

비판적 사고 성 유형화 행동의 안정성에 대한 연구에 관한 것이다. 연구자들은 8세 아동부터는 왜 자기보고식으로 전환했을까?

도덕발달

지금까지 전생애를 통해 밀접한 사회적 관계를 발달시키는 것이 얼마나 중요한지에 대해 살펴보았다. 이제 사회적 집단의 한 부분으로 살아가는 것이 의미하는 측면에 대해 생각해 보자. 많은 경우에 우리는 자기 자신의 요구에 의해서보다 사회의 요구에 따라서 행동을 판단해야만 한다. 이것이 도덕적 행동의 기초이다. 도덕성(morality)은 인간행동의 옳음과 그름에 대한 신념, 가치 및 기저의 판단으로 구성된 체계이다. 도덕발달이 각 개인에 따라 어떻게 발달되는지를 살펴보기 전에, 인간이라는 종 전체에 있어서의 도덕발달을 살펴보고자 한다. 즉, 도덕성은 어떻게 전개되는가? 이 질문에 답하기 위해서, 현대 연구자들은 인간이 사회적인 종으로서 어떻게 기능하는가에 대한 Darwin의 기초적 관찰을 토대로 하였다(Krebs, 2008). 진화적 관점에서 볼 때, 도덕적 행동은 인간 역사를 걸쳐 반복해 온 상황들에 대해 적응적으로 해결해 왔던 방식의 결과이다. 예를 들어, 많은 초기의 인간의 노력(영토를 지키는 것과 같은)에는 인간 집단 간의 협동이 필요했다. 따라서 인간에 있어 협동적 방식으로 기본적인 사회적 갈등을 해결하려는 성향을 진화시키는 것이 적응적인 것이 되었다(Krebs, p. 154). 현대에서의 도덕적 질문은 흔히 개인 이익행동 대 협력행동의 차원에 관한 것이다. 즉, 사람들은 모든 사람들이 깨끗한 공기를 마실 수 있게 하기 위해 자동차를 더 적게 사용해야 할까? 진화적 관점에서는 이러한 질문에 대해 보이는 우리의 반사적 반응은 우리가 물려받은 유전자의 일부라고 제안된다(Haidt, 2007).

그러나 사람들이 어느 정도 진화된 도덕적 반응을 공유하기는 하지만, 특정 상황에서 도덕적 및 비도덕적 행동을 일으키는 것이 무엇인가는 공적으로 뜨거운 논쟁거리가 될 수 있다. 도덕발달에 관한 논쟁은 Lawrence Kohlberg의 기초 연구로부터 시작된다.

Kohlberg의 도덕적 추론의 단계

Lawrence Kohlberg(1964, 1981)는 도덕적 추론, 즉 특정 상황에

서 행위의 어떤 과정이 옳거나 그른 것인지에 대한 판단을 연구함으로써, 도덕발달의 이론을 세웠다. Kohlberg의 이론은 Jean Piaget의 초기 통찰에 기초하여 형성되었다(1965). Piaget는 도덕발달을 아동의 일반적인 인지발달에 연결시키고자 했었다. Piaget의 견해에서는 아동이 인지적 성장의 단계를 통해 진전해 감에 따라 아동은 행위의 결과와 행위자의 의도에 대한 상대적 비중을 다르게 둔다. 예를 들어 전조작기 아동에게는 우연히 10개의 컵을 깬 사람이 의도적으로 1개의 컵을 깬 사람보다 '더 나쁘다.' 하지만 아동이 커감에 따라 도덕판단에서 행위자의 의도의 비중이 더 커진다.

Kohlberg는 도덕발달의 단계를 규정하기 위해 Piaget의 견해를 확장했다. 각 단계는 도덕판단을 하기 위한 기초가 다르다는 것을 기술하고 있다(표 10.7 참조). 도덕 추론의 가장 낮은 수준은 자기에 대한 관심에 기초한다. 반면 더 높은 수준에서는 개인적 이득에 무관하게 사회적 선을 중요시한다. 이들 단계를 증명하기 위해, Kohlberg는 상이한 도덕적 원리가 서로 경쟁하는 일련의 딜레마를 사용하였다.

한 딜레마에서, 하인쯔라고 하는 한 남자는 아내의 암을 치료하기 위해 어떤 약을 구하려고 애쓰고 있었다. 한 파렴치한 약사는 하인쯔에게 자신이 지불한 돈의 10배 정도를 받아야만 팔려고 했다. 이 액수는 하인쯔가 가진 돈보다 훨씬 많은 것이며 또한 그가 모을 수 있는 것보다 훨씬 많은 것이었다. 하인쯔는 절망하게 되었고, 그 약사의 가게를 부수고 아내를 위해 약을 훔쳤다. 하인쯔는 그렇게 해야만 했을까? 그 이유는 무엇인가? 면접자는 참여자에게 이 질문에 대한 결정의 이유를 면밀히 조사해서 접수를 매긴다.

채점은 결정 자체가 아니라 그러한 결정을 내린 이유에 기초해서 한다. 예를 들어 그 주인공은 죽어가는 아내에 대한 의무

사내아이들은 동성 부모인 아버지와의 상호작용을 통해 남성적 성역할의 습득에 도움을 받는다.

때문에 약을 훔쳐야 한다고 말하거나, 또는 법을 지켜야 하는 의무 때문에(개인의 감정에도 불구하고) 약을 훔치지 말아야 한다고 말하는 사람은 확립된 의무를 따르는 것에 관한 관심을 표현하고 있으므로 4단계로 채점된다.

네 가지 원리가 Kohlberg의 이론을 지배한다. (1) 사람들은 특정 시기에 한 단계에만 해당될 수 있다. (2) 모든 사람은 고정된 순서로 단계가 진행된다. (3) 각 단계는 전 단계보다 더 포괄적이고 복잡하다. (4) 모든 문화에서 동일한 단계들이 일어난다. Kohlberg는 Piaget로부터 이러한 단계에 관한 많은 철학적 측면을 물려받았다. 사실, 1단계에서 3단계까지의 진전은 정상적 인지발달의 과정과 일치되는 것으로 보인다. 단계들은 순서대로 나아가며, 각 단계는 앞 단계보다 인지적으로 더 정교화되어 있는 것으로 볼 수 있다. 대부분의 아이들은 13세경에 3단계에 도달한다.

Kohlberg의 이론에 관한 많은 논쟁은 3단계 이후에 일어난다. Kohlberg의 최초의 견해에서는, 사람들은 3수준 이상으로 안정적으로 진행되는 도덕발달을 계속할 것이다. 그러나 모든

표 10.7 Kohlberg의 도덕추론단계

수준과 단계	도덕적 행동에 대한 이유
I. 전관습적 도덕성	
1단계 쾌락/고통 지향	고통을 피하거나 벌을 받지 않기 위해
2단계 비용-이득 지향, 상호성-눈에는 눈	보상을 받기 위해
II. 관습적 도덕성	
3단계 착한 아이 지향	수용받고, 비난을 피하기 위해
4단계 법과 질서 지향	규칙을 따르고, 권위자들에 의해 비난받지 않기 위해
III. 원리적 도덕성	
5단계 사회적 접촉 지향	사회의 복지를 증진시키기 위해
6단계 윤리적 원리 지향	정의를 성취하고, 자기비난을 피하기 위해
7단계 우주 지향	보편적 원리에 충실하고, 자신을 사회적 규준을 초월하여 우주적 지향의 일부로서 느낀다.

사람들이 4단계에서 7단계까지 도달하는 것은 아니다. 사실 많은 성인이 5단계에는 결코 도달하지 못하며 소수만이 그 이상으로 진행한다. Kohlberg의 후기 단계의 내용은 주관적인 것으로 보인다. 각 연속적인 단계를 전 단계보다 더 포괄적이고 정교화된 단계로 이해하기는 어렵다. 예를 들어 6단계의 도덕판단의 기초인, '자기비난을 피하는 것'은 5단계의 기초인 '사회의 복지를 증진시키는 것'보다 더 정교화된 것인지가 명백해지는 않다. 더욱이, 높은 단계들은 모든 문화에서 발견되는 것이 아님을 Kohlberg 자신의 연구에서도 결국 증명하였다(Gibbs et al., 1997). 이제 Kohlberg의 이론에 대해 성과 문화를 고려하도록 하는 확장된 현대적 비판에 대해 살펴보기로 하자.

도덕적 추론에 대한 성과 문화적 관점

Kohlberg의 이론에 대한 대부분의 비판은 보편성의 주장에 관한 논쟁이다. 즉, Kohlberg의 후기 단계들은, 성인의 도덕판단이 서로 다르면서도 도덕적으로는 동일한 원리를 밝히지 못하기 때문에 비판받는다. Carol Gilligan(1982)은 Kohlberg의 최초 연구가 소년들만을 관찰한 결과에서 발전되었음을 지적하였다. 그녀는 이러한 접근 때문에 남성과 여성의 습관적 도덕판단 사이의 잠재적 차이를 간과했다고 주장하였다. Gilligan은 여성의 도덕발달은 타인 보살핌에 기준을 두고 자기실현의 단계로 진행하는 반면에, 남성은 정의의 기준에 따라 추론의 기초를 둔다고 주장하였다. 타인 보살핌과 정의에 관한 관심, 두 가지 모두 도덕 추론과 관련이 있다는 사실이 연구에 의해 지지되었다. 그러나 이들 각각의 관심이 여성 또는 남성에서 특별한 차이가 없는 것으로 나타났다(Jaffee & Hyde, 2000). Gilligan의 이러한 특수한 제안은 남성과 여성이 도덕 추론의 어떤 측면에 차이가 있는 것으로 나타난 것으로 보아 일부 지지되기는 하였다. 예를 들어, 여성은 자신들의 행위가 타인에게 어떻게 영향 미칠지에 관한 인식, 즉 도덕적 민감성을 많이 보이는 경향이 있었다(You et al., 2011). 이에 덧붙여, 남성과 여성의 영상(예 : 다친 아이)을 볼 때 일어나는 뇌 활동의 차이를 보였는데, 이러한 차이는 동정심과 같은 정서반응을 일으킨다(Mercadillo et al., 2011). 이와 같은 남성과 여성 간의 뇌의 차이는 앞의 장들에서 다루었던 정서처리에 관한 보다 더 일반적인 성차와 관련되는 경향이 있다.

비교문화적 연구에 의해 도덕 추론에 기여하는 관심에 관한 이해가 확장되었다(Gibbs et al., 2007; Sachdeva et al., 2011). 한 분석에서 관심의 세 가지 유형이 확인되었다(Jensen, 2008). 첫 번째 관심 유형은 자율성(autonomy)과 관련된다. 이는 '요구, 소망 그리고 선호를 가지는 사람이라는 점에 초점'을 두며, '도덕의 목표는 이들 요구와 소망의 충족에 대한 사람들의 권리를 인식하는 것'으로 본다(Jensen, 2008). 두 번째 관심 유형은 공동체(community)와 관련된 관심이다. 이는 '사람을 가족, 학교 그리고 국가와 같은 사회집단의 구성원이라는 점에 초점'을 두고, '도덕 목표는 타인에 대한 역할 기초적 의무와 사회집단의 보호와 긍정적 기능의 충족'으로 본다. 세 번째 관심 유형은 신성(神性, divinity)과 관련된다. 이는 '사람을 영적 또는 종교적 존재라는 점에 초점'을 두고, '도덕 목표는 자신이 점차 순수하고 신성하게 되는 것'으로 본다.

만약 당신이 이들 세 가지 유형의 관심을 통해 바라본다면, 각 관심의 중요성은 비교문화적으로 차이가 있을 것이라는 것을 알 수 있을 것이다. 다음과 같은 상황이 있다고 하자. 당신이 길가에 자동차 타이어가 펑크가 나서 서 있는 낯선이를 보았다고 하자. 도와주기 위해 멈춰야 하는가? 아마도 당신은 '아니다'라고 말할 것이다. 이것이 비도덕적인가? 만약 당신이 미국에서 자랐다면 이러한 상황에서는, 돕는 것이 개인적 선택의 문제라고 생각할 것이다. 따라서 비도덕적이 아니다. 한편, 상호의존과 상호조력을 보다 더 강조하는 문화인 인도의 힌두교인으로서 자랐다면 돕지 못하는 것을 비도덕적이라고 볼 것이다(Miller et al., 1990).

사람들의 경험이 판단에 영향을 미친다는 것을 인식하는 것이 중요하다. 폭력의 위험이 높은 환경에서 성장한 사람들에 대해 살펴보자.

한 연구에서 콜럼비아의 보고타의 매우 빈곤한 지역의 아동과 청소년들을 표집하여 연구하였다(Pasada & Wainryb, 2008). 참여자의 대다수(88%)는 심한 폭력을 목격하거나 경험했다. 예를 들어, 이들은 사람들에게 총격이 비켜가거나, 총격을 당하거나, 사망하는 것을 본 적이 있었다. 연구자들은 먼저 참가자들에게 추상적인 도덕 판단을 말하도록 요청하였다. 즉 "다른 사람의 물건을 가져가는 것은 괜찮은가, 아닌가?"와 같은 질문에 답하게 하였다. 이러한 추상적 질문에 대해 모든 참가자들은 정의 규준에 기초하여 반응하였다. 예를 들어, 훔치는 것은 나쁘다고 판단하였다. 그러나 구체적 맥락에 대한 판단을 할 때에는 반응이 바뀌었다. 예를 들어 15세의 줄리오가 '아버지와 형제를 상해하고 가족을 강제로 이주하게 한 사람'의 자전거를 훔칠 기회가 있게 된 각본을 제시하였을 때에는 판단이 달라졌다. 그 각본을 듣고, 많은 참가자들은 줄리오가 자전거를 훔칠 것이라고 믿었다. 이에 덧붙여, 훔치는 것에 대해 일반적 혐오감을 가지고 있음에도 불구하고 많은 참가자들은 이러한 구체적 상황에 대해서는 훔치는 행동을 용납하였다.

비록 아동과 청소년에게 가해진 전쟁에 의한 빈곤한 환경과 강제 이주가 타인을 해치는 본질적 행동 특징으로 반영되는 경우도 있지만, 삶의 경험이 보편적 도덕발달을 완전히 압도하지는 않는다는 것에 연구자들은 주목하였다. 연구자들은 이러한 것들이 도덕 판단에 대해 미치는 영향 때문에 복수라는 맥락이 폭력의 순환을 야기할 것이라고 보았다. 일련의 도덕적 관심에 대해 매우 잘못되었다고 보이는 동일한 행동이 다른 사람들에게는 매우 옳은 것으로 보일 수 있는 것이다.

지금까지 사람들이 발달적 변화를 겪어가는 다양한 영역을 다루었다. 마지막 절에서는 여러분의 미래에 대해 생각해 보고자 한다.

 복습하기

1. Kohlberg의 이론에서 도덕적 추론의 세 가지 주요 수준은 무엇인가?
2. Carol Gilligan은 남성과 여성의 도덕적 추론을 구분하는 것이 무엇이라고 보았는가?
3. 도덕 추론에 기여하는 세 가지 유형의 관심은 무엇인가?

비판적 사고 콜럼비아에서 아동과 청소년의 도덕 판단을 검토한 연구에서 연구자들은 왜 복수에 관련된 각본을 선택하였을까?

성공적 노화의 학습

성공적 노화를 위한 처방을 하기 위해 이 장의 일부 주제들을 개관해 보려고 한다. 이 장의 앞 부분에서, 발달이란 항상 증가를 초래하거나 또는 감소를 초래하는 변화의 유형으로 보기로 하였다. 이러한 관점에서, 전생애에 걸쳐 잘 발달하기 위한 책략은 개인의 증가를 공고하게 하고 감소를 최소화하는 것이다. 노화에 대한 고정관념에서 보는 많은 변화는 실은 퇴화보다는 비사용에 따른 함수이다. 따라서 기본적 충고는 단순하다. 즉, 해 왔던 대로 계속하라! 연령 증가에 따라 불가피하게 수반되는 변화에 대해 노인들은 어떻게 성공적으로 대처할 수 있을까? 성공적 노화란 나이듦에 따라 수반되는 상실의 영향을 최소화하는 한편, 이득을 최대화하는 것이다. 성공적 노화를 위한 이러한 전략은 심리학자 Paul Baltes와 Margaret Baltes가 제안한 것으로, 보상을 통한 선택적 최적화(selective optimization with compensation)라고 부른다(Baltes et al., 1992; Freund & Baltes, 1998). 선택적이란 의미는 사람들이 자신을 위해 목표의 수와 범위를 줄이는 것을 뜻한다. 최적화란 그들 자신이 최고의 우선성을 두는 분야에서 스스로 연습하고 훈련하는 것을 말한다. 그리고 보상은 상실을 다루기 위해 대안적 방법을 선택하는 것이다. 예를 들면 연령친화적 환경을 선택하는 것이다.

텔레비전 인터뷰에서 피아니스트 아르트르 루빈슈타인에게 많은 나이에도 불구하고 어떻게 해서 성공적인 피아니스트로 계속 활동할 수 있는지를 물어보았다. 그는 다음 세 가지 전략을 언급하였다. (1) 나이 들어서는 보다 적은 작품들을 연주하고, (2) 작품을 더 여러 번 연습하고, (3) 빠른 곡을 연주하기 전에 보다 느린 곡을 연주해서 곡의 연주 속도가 실제 연주하는 것보다 더 빠르게 들리도록 한다. 이러한 것들은 선택적(적은 작품), 최적화(더 많은 연습), 보상(속도에 있어서 대조를 더 많이 사용)에 관한 실례이다(Baltes, 1993, p. 590).

위 예는 당신 자신의 생애에 대해 생각해야 할 것에 대한 기본 틀을 제공해 준다. 비록 선택적 최적화라는 관점이 노화과정에 관한 연구에서 시발되었지만, 사실은 전생애를 통해서 취해야 할 선택의 방식을 보여주는 좋은 방법이다. 당신에게 가장 중요한 목표를 선택하려고 노력해야 하고, 그 목표들에 관한 수행을 최적화하도록 하며, 그 목표를 향한 진행이 방해되면 보상해야 할 것이다. 바로 이것이 전생애발달에 대한 마지막 충고이다. 당신의 노화가 현명하고 훌륭하게 이루어지기를 바란다!

요점정리

발달의 연구

- 연구자들은 발달적 변화를 증명하기 위해 규준적, 종단적, 그리고 횡단적 자료를 수집한다.

전생애의 신체적 발달

- 환경적 요인은 태아기 동안에도 신체발달에 영향을 미칠 수 있다.
- 신생아와 영아는 상당한 범위의 능력을 가지고 있다. 즉, 그들은 생존하기 위해 선천적으로 계획되어 있다.
- 사춘기를 통해, 청소년들은 성적 성숙이 이루어진다.
- 성인기의 신체적 변화 중 어떤 것은 불가피한 퇴화 때문이 아닌 비사용 때문에 초래된 결과이다.

전생애의 인지발달

- 인지발달에 대한 Piaget의 주요 개념은 도식의 발달, 동화, 조절, 그리고 4단계 이론의 비연속적 발달이다. 4단계는 감각운동기, 전조작기, 구체적 조작기, 그리고 형식적 조작기이다.
- Piaget 이론의 많은 부분은 현재 영아 및 어린 아동이 Piaget이 생각했던 것보다 더 유능하다는 것을 밝혀낸 독창적인 연구 패러다임에 의해 변경되고 있다.
- 아동들에게 마음이론이 발달하게 되는데, 마음이론이란 마음 상태의 이해에 기초하여 다른 사람의 행동을 설명하고 예측하는 능력을 말한다.
- 비교문화적 연구에서는 인지발달 이론의 보편성에 대해 의문을 갖는다.
- 인지기능의 연령에 따른 감소는 단지 일부 능력에서만 명백하게 나타난다.

언어의 습득

- 많은 연구자들은 인간이 타고난 언어 생성능력이 있다고 생각한다. 하지만 성인들과의 언어적 상호작용이 언어 습득 과정에 필수적이다.
- 아동은 마치 과학자처럼 언어의 의미와 문법에 대한 가설을 세운다. 이들 가설은 흔히 선천적 원리에 의해 제약된다.

전생애의 사회적 발달

- 사회적 발달은 특정 문화적 맥락에서 일어난다.
- Erik Erikson은 전생애를 개인이 겪어야만 할 일련의 위기로 개념화하였다.
- 아동은 사회적 발달과정을 서로 다른 기질을 가지고 시작한다.
- 사회화는 양육자에 대한 영아의 애착으로 시작된다.
- 애착을 형성하지 못하면 수많은 신체적 문제와 심리적 문제를 초래한다.
- 청소년은 부모 및 또래와 편안한 사회적 관계를 형성함으로써 개별적 정체성을 발전시켜야 한다.
- 성인기의 주요 관심은 친밀성과 생산성의 욕구와 관련하여 체계화된다.
- 사람들은 나이 들어감에 따라 정서적으로 가장 중요한 관계들만 선택적으로 유지하기 때문에 사회적으로 덜 적극적이게 된다.
- 사람들은 부분적으로 타인의 삶에 긍정적으로 기여하는 능력에 의해 자신의 삶을 평가한다.

생물학적 성과 심리사회적 성의 차이

- 연구에 의해 남성과 여성의 뇌에 생물학적 성차가 있음이 밝혀졌다.
- 태어나면서부터 부모와 또래는 심리사회적 성 역할의 사회화가 되도록 돕는다.

도덕발달

- Kohlberg는 도덕발달 단계를 규정하였다.
- 후속 연구에서 도덕 추론에서 성과 문화적 차이를 평가해 왔다.

성공적 노화의 학습

- 성공적인 인지적 노화는 사람들이 자신이 최우선적으로 선택한 영역에서의 기능을 최적화하고, 대체 행동을 사용하여 상실을 보상하는 것이라고 정의된다.

연습문제

1. 라첼은 막 네 번째 생일을 지냈다. 그녀는 6세의 언어 능력을 가졌다. 언어 측면에서 라첼의 _____연령은 그녀의 _____연령보다 높다.
   a. 생활, 규준   b. 발달, 횡단
   c. 발달, 생활   d. 생활, 발달

2. 당신의 친구인 패트는 "나는 캐롤라인이 태어나자마자 내 목소리를 알아보았다고 확신한다." 만약 패트가 캐롤라인의 _____(이)라면 패트의 주장은 맞을 것이다.
   a. 어머니   b. 아버지
   c. 어머니 또는 아버지   d. 자매

3. 잭과 질은 쌍둥이다. 대부분의 경우에 잭의 사춘기 성장 급등이 질과 비교하여 _____ 시작할 것이라고 기대할 수 있다.
   a. 동시에   b. 더 일찍
   c. 1년 전에   d. 더 늦게

4. 타마라는 사고에 자기중심성과 중심화의 특징이 있다. Piaget 이론에 비추어 타마라는 _____ 단계에 있다.
   a. 감각운동   b. 전조작
   c. 구체적 조작   d. 형식적 조작

5. 20세의 케이스와 45세 된 아버지 매튜를 검사하고 있다. 만약 그들이 모두 자신의 연령 집단에 평균적이라면, 당신은 케이스가 더 높은 _____을(를) 보이고, 매튜가 더 높은 _____을(를) 보일 것이라고 기대할 것이다.
   a. 결정성 지능, 유동성 지능   b. 지혜, 결정성 지능
   c. 지혜, 유동성 지능   d. 유동성 지능, 지혜

6. 당신은 언어 지각에 대한 실험 자료를 검토하고 있다. 27명의 참가자는 힌두어에서 사용되지만 영어에서는 사용되지 않는 소리를 구분할 수 있다. 당신은 참가자 27명이 _____ 일 가능성이 가장 낮다고 결론내릴 것이다.
   a. 영어를 말하는 성인
   b. 힌두어 언어 환경에 있는 영아
   c. 힌두어를 말하는 성인
   d. 영어권 환경에 있는 영아

7. 만약 사이연이 '엄마'라는 단어가 모든 여자에게 적용된다고 생각한다면, 이는 _____이다. 만약 '엄마'라는 단어가 단지 자신의 어머니에게만 적용된다고 생각한다면 이는 _____이다.
   a. 대조, 과잉외연   b. 과소외연, 가설
   c. 가설, 대조   d. 과잉외연, 과소외연

8. 모나와 비안카는 모두 6세이다. 모나는 영어를 말할 수 있고, 비안카는 영어와 터키어 모두 말할 수 있다. 당신은 _____ 는 영어의 어휘가 더 많을 것이고, _____는 집행적 통제가 더 높을 것이라고 기대할 것이다.
   a. 모나, 모나   b. 비안카, 모나
   c. 모나, 비안카   d. 비안카, 비안카

9. Erik Erikson에 따르면, 6세에서 사춘기까지의 주된 위기는 _____이다.
   a. 자율성 대 자기의심   b. 정체성 대 역할혼미
   c. 생산성 대 침체감   d. 자신감 대 열등감

10. 어머니인 리스베스는 요구 차원에서 높고, 반응 차원에서 낮다. 이러한 조합은 _____ 유형의 양육이라고 기술된다.
    a. 허용적   b. 권위 있는
    c. 방임적   d. 권위주의적

11. 다음 진술 중 양질의 어린이집 돌봄에 대한 추천으로 언급되지 않는 것은?
    a. 아동에게 사회적 문제해결 기술을 가르쳐야 한다.
    b. 아동들은 비슷한 수준의 지적 발달을 보여야 한다.
    c. 돌보미는 아동들에게 심한 제한을 가해서는 안 된다.
    d. 아동은 명시적 수업과 혼합된 활동을 자유롭게 선택해야 한다.

12. 문화에 따라 _____의 차이가 영향을 받는 한편, _____의 차이는 생물학에 의해 영향을 받는다.
    a. 심리사회적 성, 생물학적 성
    b. 생산성, 심리사회적 성
    c. 생물학적 성, 성 정체성
    d. 생물학적 성, 심리사회적 성

13. 6세인 크리스가 소녀인지, 소년인지를 추측해야 한다고 하자. 어떤 관찰을 했을 때 크리스가 여아라고 생각하게 될까?
    a. 크리스는 거칠고 뒹구는 놀이를 좋아한다.
    b. 크리스는 사회적 대화에 참여하기를 좋아하지 않는다.
    c. 크리스는 일대일 관계를 가장 좋아한다.
    d. 크리스는 집단적 사회작용을 선호한다.

14. 도덕적 행동에 있어서, 그레이스는 규칙을 따르는 데 관심이 있고 권위자의 질책을 피하고자 한다. 그녀는 도덕성의 _____ 단계에 있다.
    a. 원리적   b. 문화적
    c. 전관습적   d. 관습적

15. Carol Gilligan은 여성은 _____의 기준에 더 초점을 두고, 남성은 _____의 기준에 더 초점을 둔다고 주장함으로써 Kohlberg의 이론을 비판하였다.
    a. 타인 배려, 고통 피하기   b. 타인 배려, 정의
    c. 정의, 타인 배려   d. 자기비난의 회피, 정의

서술형 문제

1. 왜 연구자들은 인지적 발달의 동일한 측면이 지식의 특수한 영역에서 일어난다고 생각했을까?

2. 왜 박탈과 학대는 사회적 발달에 영향력을 미칠까?

3. 왜 종종 생물학적 성차와 심리사회적 성차를 변별하기가 어려울까?

동기

© Jamieroach | Dreamstime.com

늘 아침에도 자명종은 어김없이 정해진 시각에 울렸다. 울리는 자명종을 꺼버리고 좀 더 자고 싶은 생각이 엄습하지만, 여러분은 이불을 걷어차고 일어났을 것이다. 왜? 배가 고팠기 때문일 수도 있고, 끝을 내야만 하는 일이 있었기 때문일 수도 있으며, 연인과의 아침 약속이 있었기 때문일 수도 있다. 그 답이 어떻든 "내가 왜 아침에 잠자리를 박차고 일어났던 것일까?"라는 질문을 했을 때, 우리는 동기와 직결된 의문을 던진 셈이다. "무엇 때문에 사람들은 자신들이 하고 있는 일을 하는 것일까?", "무엇 때문에 사람들은 많은 노력과 고통과 손해를 무릅쓰면서까지 목적을 달성하려 하는 것일까?" 또는 그 반대로, "왜 어떤 사람들은 목적달성을 위한 노력을 마지막 순간까지 미루는 것일까, 또는 쉽게 포기해 버리는 것일까?" 등등의 질문이 동기에 관한 연구에서 해결하고자 하는 핵심적인 질문들이다.

동기에 관한 이들 질문에 대한 과학적인 답을 만들어내는 것이 심리학자들의 과제이다. 동기 상태에 따라 운동경기나 시험결과가 어떻게 달라질까? 왜 어떤 사람은 비만은 마다하지 않는데, 어떤 사람은 죽음에 이를 지경이 될 때까지 굶는 것일까? 우리의 성행동은 유전적 요인에 의해서만 결정되는 것일까? 이 장에서 우리는 인간의 행동이 배고픔이나 목마름 같은 생리적 욕구에서부터 성취욕구 같은 심리적 욕구에 이르기까지 다양한 욕구에 의해 촉발된다는 것을 알게 될 것이다. 그러나 생리와 심리를 구분하기가 쉽지 않을 때도 많다. 예컨대, 섭식양상을 결정하는 일에는 배고픔 같은 생물적인 추동이 타인의 인정을 받고 싶은 사회적 욕구와 경쟁적으로 작용한다.

이 장은 동기의 본질 그리고 동기에 관한 연구를 이해하는 데 필요한 기본 골격을 소개하는 일로 시작된다. 그런 다음 세 가지 유형(배고픔, 성욕, 성취욕구)의 동기를 자세히 살펴볼 것이다.

동기에 대한 이해

동기(motivation)란 신체적 활동이나 심리적 활동을 촉발하고 관리하고 유지하는 데 관여하는 모든 과정을 지칭하는 매우 포괄적인 용어이다. 모든 유기체는 어떤 자극이나 활동 쪽으로는 접근하고 또 어떤 자극이나 활동은 회피한다. 동기 이론은 (1) 각 종의 동물에서 발견되는 이러한 접근–회피 행동의 일반적 양상을 설명하고, (2) 각 종을 구성하는 구성원 개체의 선호도와 수행 수준을 설명하려 한다. 그럼 동기의 기능을 고려하는 일에서 동기에 대한 분석을 시작하기로 하자.

동기의 기능

심리학자들은 다음 다섯 가지 목적을 달성하기 위해 동기라는 개념을 사용한다.

- **생물과 행동을 관련시키기 위해.** 생물체인 우리는 신체 기능을 조절하고 생명보존에 필요한 복잡한 내적 기제를 가지고 있다. 아침에 잠자리에서 일어나는 이유를 생각해 보라. 배가 고파서, 목이 말라서, 또는 추워서였을 수 있다. 이 각각의 경우 내적인 결핍상태가 신체의 균형을 회복시키는 데 필요한 활동을 촉발한 것이다.

- **행동의 변산성을 설명하기 위해.** 우리는 똑같은 일인데도 잘할 때도 있고 잘 못할 때도 있다. 두 아이의 능력과 지식은 대등한데도, 경쟁만 하면 한 아이가 다른 아이보다 훨씬 더 잘한다. 왜 이런 일이 벌어지는 것일까? 수행 수준에서 나는 이러한 변산성의 원인이 능력, 기술, 연습, 또는 우연이 아닐 경우, 심리학자들은 그 대답을 동기에서 찾으려 한다. 9시 수업에 지각을 하지 않기 위해 일찍 일어난 사람과 무심코 늦잠을 자는 사람은 동기에서 서로 달랐다고 할 수 있을 것이다.

- **공개적 행동에서 사적인 상태를 추론하기 위해.** 어떤 사람이

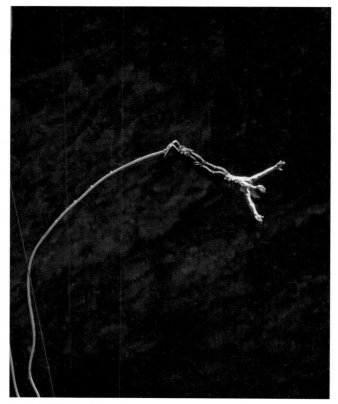

이 사람의 행동은 어떤 동기에서 유발된 것일까?

공원 벤치에 앉아 낄낄거리고 있다면, 지나가는 사람들은 대개 "왜 저러지?"라며 의문을 품는다. 심리학자들도 다른 사람의 특정 행동을 관찰하고, 그런 행동을 촉발한 내적 이유를 추론하려 한다. 사람들은 타인의 행동을 보고 그 행동을 촉발했을 법한 이유를 만들어 그 행동을 설명하는 일을 끊임없이 계속한다. 자신의 행동을 설명하려 할 때도 이와 동일한 규칙을 적용한다. 우리는 자신의 행동이 내적으로 유발된 것인지 아니면 외적으로 유발된 것인지를 알아내고자 할 때도 많다.

- 행동에 대한 책임을 부과하기 위해. 책임은 법과 종교 및 윤리의 바탕 개념이다. 때문에 책임은 내적 동기와 행동 통제능력이 있을 때만 부과된다. 따라서 다음과 같은 조건에서 벌어진 행동에 대한 책임은 경감된다. (1) 부정적인 결과를 초래하려는 의도가 없었거나, (2) 그 행동이 외부의 힘에 의해 유발되었음이 분명할 때, 또는 (3) 그 행동이 약물, 알코올, 또는 강렬한 감정에 영향을 받았을 경우 그러므로 동기 이론은 행동의 다양한 잠재적 원인을 구분할 수 있어야 한다.

- 역경을 극복하는 끈질긴 노력을 설명하기 위해. 심리학자들이 동기를 연구하는 마지막 목적은 하지 않아도 좋을 일을 왜 하는지를 설명하기 위함이다. 몸이 녹초가 되었을 때에도 직장이나 학교에 지각을 하지 않도록 해주는 것이 동기이다. 경기에 지고 있고 또 이길 수 없다는 것을 깨달았을 터인데도 최선을 다하도록 돕는 것이 동기이다.

이제 여러분도 심리학자들이 행동을 설명하고 예측하기 위해 동기라는 개념을 사용하는 상황이 어떤 상황인지에 대한 감을 잡았을 것이다. 동기의 일반적인 근원부터 파헤쳐 보자.

동기의 근원

사이클 선수 Lance Armstrong은 1999년 Tour de France에서 우승을 했다. 스포츠 역사상 가장 놀라운 사건 중 하나였다. 그는 1996년에 고환암 진단을 받았다. 암세포가 이미 폐와 뇌에까지 퍼져 있었다. 누구도 참기 힘든 화학요법을 용케도 견뎌낸 후 훈련에 복귀하여, 3년 만에 세계적인 대회에서 우승을 안은 것이다. Armstrong은 2005년 Tour de France에서 연속 7번째 우승을 안았다.

Armstrong의 이러한 행동은 동기에 관심을 가진 심리학도에게 다음과 같은 많은 의문을 남긴다. 얼마나 많은 사람들이

Armstrong처럼 행동할 수 있었을까? 그의 행동을 촉발시킨 것은 그의 내부에 있는 어떤 내적 요인이었을까? 그렇게 끈질기게 행동하려면 특별한 인생 경험이 필요한 것은 아닐까? 그로하여금 역경을 이겨내고 세계 최고의 선수가 되도록 만든 어떤 외적 요인이 있었던 건 아닐까? 비슷한 상황에 처한 사람들 중 얼마나 많은 사람들이 그와 같은 방식으로 행동할까? 그의 행동은 그의 특성과 그가 처한 상황과의 상호작용으로 나타난 것일까? 아래에서는 동기의 근원을 내적인 힘과 외적인 힘으로 나누어 소개할 것이다. 먼저 특정 유형의 행동이 내적인 힘, 즉 생물성 추동에서 유발된다고 보는 이론부터 살펴보자.

추동과 유인물 어떤 동기는 아주 기본적인 형태로 나타난다. 예컨대, 우리는 배가 고프면 음식을 먹고, 목이 마르면 물을 마신다. 대부분의 중요한 행동은 모두 내적 추동에 의해 촉발된다는 이론을 가장 완전하게 발전시킨 사람은 Clark Hull(1884~1952)이었다. Hull(1943, 1952)은 생리적 욕구에서 생성되는 유기체의 내적 상태를 **추동**(drive)이라고 보았다. 모든 유기체는 **항동성**(homeostasis)을 유지하려 한다. 생리적으로 균형이 잡힌 상태를 유지하려 한다는 뜻이다. 예컨대, 사람의 몸은 그 온도를 항상 동일한 섭씨 36.5°C 정도로 유지하려 한다. 이 항동성을 유지하기 위한 우리 몸의 반응을 고려해 보자. 너무 더우면 땀을 흘리고 너무 추우면 몸이 떨리기 시작한다. 우리 몸은 이런 기제를 통해 생리적 균형을 유지함으로써 체내에서 벌어지는 모든 일이 원만하게 벌어지도록 스스로를 돕는다. 이제 어떤 동물이 여러 시간 동안 먹이를 먹지 못했다고 생각해 보자. Hull의 견해에 의하면, 동물이 오랜 시간 굶주리게 되면 배고픈 상태, 즉 불균형 상태 또는 긴장감(tension)이 유발되고, 그 결과 추동이 생성된다. 이렇게 생성된 추동은 유기체로 하여금 긴장을 감소시키는 행동을 하게 만든다. 긴장이 감소되어 추동이 충족되면, 즉 항동성이 회복되면, 유기체는 행동을 중지한다. 따라서 Hull에 따르면 먹이를 먹지 못한 그 동물은 먹이를 찾아먹는 행동을 촉발하는 추동을 경험하게 된다. 먹이를 먹은 후에는 긴장감이 감소되어, 먹이를 찾아먹는 행동은 강화된다. 즉, 먹이 찾는 행동과 긴장 감소 사이에 연관성(association)이 더욱 강해진다.

그럼, 긴장 감소로 모든 행동을 설명할 수 있을까? 먹이나 물을 박탈당한 쥐를 생각해 보자. 긴장 감소 이론은 이들 쥐는 기회만 생기면 즉각 먹거나 마실 것이라고 예측한다. 하지만 굶주린 또는 목마른 쥐에게 그런 기회를 제공해도 금방 먹거나 마시지 않는다. 탐색부터 한다. 호기심을 충족시킨 후에

야 허기와 갈증을 해소하기 위한 행동을 시작한다(Zimbardo & Montgomery, 1957). 이처럼 추동 감소보다 더 강력한 요인이 있다는 것은 다른 연구에서도 보고된 바 있다(Berlyne, 1960; Fowler, 1965). 이러한 연구결과 때문에 심리학자들은 동기의 근원으로 작용하는 것이 내적 추동만은 아니라고 믿게 되었다.

이제 우리는 행동이 생리적 욕구와는 직접 관련이 없는 외적 자극(예 : 보상)에 의해서도 촉발된다는 것을 알고 있다. 이러한 외적 자극을 **유인물**(incentive)이라 한다. 위에서 소개한 쥐가 자신의 내적 상태보다는 환경 속 물체에 더 관심을 보인 것은 그들의 행동이 유인물에 의해 통제되었음을 보여준다. 인간의 행동 또한 다양한 유인물에 의해 통제된다. 잠을 자지 않고 밤을 새워 인터넷에 매달려 있는 행동을 어떻게 설명해야 할까? 무서울 것이라는 사실을 알면서도 공포영화를 보는 행동은 어떤가? 배가 부른데도 술을 마시며 안주를 먹는 행동을 어떻게 설명해야 할까? 이들 각각의 경우, 환경 속 요인들이 우리의 행동을 유발하는 유인물로 작용한 것이다.

세심한 독자였다면, 여러분도 많은 행동의 원인이 내적 근원과 외적 근원이 합류하는 데서 발견된다는 것을 알았을 것이다. 먹거나 마셔야 하는 생리적 압력을 느끼는 쥐조차 새로운 환경을 탐색하려는 충동에 빠져들곤 한다. 이제 동기 연구에 대한 다른 이론을 살펴보기로 하자. 이 이론은 종 특유의 **본능적 행동**에 초점을 맞추고 있다.

본능적 행동과 학습 왜 유기체는 그들만의 방식으로 행동하는 것일까? 동물이 행하는 행동의 일부는 본능의 지배를 받는다는 것이 일반적인 생각이다. **본능**(instinct)이란 선천적 특성으로 특정 종의 생존에 필수적인 행동 경향성을 일컫는다. 본능은 각 동물이 유전으로 물려받은 행동의 총칭이다. 연어는 산란기가 되면 그들이 부화됐던 강줄기를 찾아 수천 킬로미터나 되는 거리를 헤엄쳐 간다. 벌은 다른 벌들에게 먹이의 위치를 알려주며, 군대개미는 잘 조직된 대형으로 사냥을 나가고, 새들은 둥지를 틀며, 거미는 거미집을 엮어낸다. 이러한 행동은 모두 그 부모와 조상이 했던 것과 똑같은 방식으로 이루어진다.

인간행동의 기능에 대한 초기 이론에서는 본능이 과대평가되기도 했었다. William James(1890)는 본능적 행동에 의존하는 정도는 인간이 다른 동물보다 더 크다고 주장했다. 인간에게는 모든 동물한테서 발견되는 생물적 본능 외에도 동정, 겸양, 사교성, 사랑과 같은 사회적 본능도 작용한다는 것이 그의 생각이었다. 1920년대에 와서는 심리학자들이 작성한 본능 목록에는 10,000가지가 넘는 본능이 수록되었다(Bernard, 1924). 그러나 바로 이때쯤에 인간행동의 보편적 근원을 본능에서 찾으려는 시도에 대한 거센 비판이 일기 시작했다. 비교문화인류학자인 Ruth Benedict(1959)와 Margaret Mead(1939)는 행동이 문화에 따라 엄청나게 달라지는 현상을 발견했다. 이 발견은 선천적인 본능이라고 하는 보편적 근원만 주장하는 이론과는 양립할 수 없는 결과였다.

심리학자들 중 특히, 행동주의 심리학자들은 인간의 본능에 관한 주장에서 자주 발견되는 순환론적 추론(예 : 모든 인간은 동정심을 가졌다. 그 이유는 인간에게는 동정심을 갖게 하는 본능이 있기 때문이다. 그 본능의 유무는 사람들이 하는 동정심 어린 행동에서 확인된다.)을 공격했다. 또한 행동주의 심리학자들은 인간의 중요한 행동 및 정서가 선천적인 것이 아니라 학습된 것임을 입증하기도 했다(제6장 참조). 인간을 비롯한 동물은 환경 속에서 자극과 반응이 결합(관련)되는 방식에 매우 민감하다. 어떤 동물은 특정 행동을 하는데 다른 동물은 그 행동을 하지 않는 현상을 설명하려면, 전자의 행동은 강화를 받았는데 후자의 행동은 강화를 받지 못했다는 사실만 알면 된다. 그러한 상황에서는 동기를 토대로 하는 별개의 설명

이 새의 둥지틀기와 같은 본능적 행동은 유전적 유산에 의해 동기화된다. 인간의 연습행동을 동기화하는 본능은 무엇일까?

을 고려할 필요가 없다(즉, 전자는 '동기화 되었고' 후자는 그렇지 않았다고 말하는 것은 잘못일 것이다.). 그러므로 왜 특정 유기체가 그들이 하는 방식으로 행동하는지를 설명하기 위해서는 우선, 학습된 행동과 본능적 행동을 구분하는 일부터 해야 한다.

예상 그리고 동기에 대한 인지적 접근 제6장에서 배운 것을 다시 한 번 되짚어 보자. 그때 우리는 인지를 강조하는 연구자들은 본능과 강화만으로는 동물의 행동을 속속들이 설명할 수 없다고 생각한다는 사실을 알았다. 동기에 대한 인지적 분석결과, 인간 동기의 상당 부분이 객관적 실재가 아니라 그런 실재에 대한 주관적 해석에서 발생하는 것으로 밝혀졌다. 보상을 받아도 그것이 자신이 수행한 행동으로 획득된 것이라고 인식하지 않으면, 그 보상의 강화력은 사라지고 만다. 지금 우리가 하고 있는 일은 과거에 경험한 성공과 실패의 원인이 무엇이었는지에 대한 우리의 믿음과 우리가 할 수 있는 것이 무엇인가에 대한 우리의 믿음에 의해 통제될 때가 많다. 또한 인지적 분석의 결과, 우리의 행동은 그 결과가 어떠할 것인지에 대한 예상에 의해 촉발될 때도 많은 것으로 밝혀졌다.

행동의 동기화에서 예상(expectation)의 중요성을 강조한 것은 Julian Rotter(1954)의 **사회 학습 이론**(social learning theory)이었다. Rotter에 따르면 우리가 특정 행동(놀기보다 공부하기)을 수행할 확률은 그 행동을 통해 달성될 목표(좋은 성적)에 대한 예상 및 그 목표의 개인적 가치에 의해 결정된다. 예상과 현실 사이의 괴리는 우리로 하여금 이 괴리를 제거하려는 행동을 하게 한다(Festinger, 1957; Lewin, 1936). 예를 들어, 우리의 행동이 우리가 속한 집단의 기준이나 가치관과 부합되지 않으면, 우리는 그 집단에 더 잘 어울리도록 우리의 행동을 바꾸려 할 수도 있다. 예컨대, 예상과 실재 사이의 괴리를 좁히기 위해 우리는 우리가 즐겨 입는 의복을 바꿀 수도 있고 또 우리가 즐겨 듣던 음악을 바꿀 수도 있다.

Fritz Heider(1896~1988)는 예상과 내적 및 외적 동기와의 관계를 다음과 같이 요약하였다. Heider(1958)에 따르면, 사람들은 행동의 결과(예 : 낮은 성적)를 자신의 **성향**(예 : 노력 부족, 낮은 지능)에 귀인시킬 수도 있고, **상황**(예 : 불공평한 시험, 교사의 편견)에 귀인시킬 수도 있다. 물론 그 귀인방식에 따라 사람들의 행동방식도 달라진다. 낮은 성적이 노력 부족의 결과라고 생각하면 다음에는 더 열심히 공부하겠지만, 불공평한 상황이나 능력 부족의 결과라고 생각하면 포기해 버릴 수도 있다(Dweck, 1975). 동기의 근원이 내적 또는 외적인가를 따지는 것은 현실에 대한 우리 자신의 주관적 해석에 따라 달라지기도 한다는 뜻이다.

동기의 근원을 재고해 보자. 심리학자들은 행동을 유발하는 요인을 내적 요인과 외적 요인으로 나눈다. 추동, 본능, 그리고 학습사(史)는 모두 동기의 내적 근원으로 작용하며, 적절한 외적 자극(유인물)이 있을 때 유기체의 행동에 영향을 미친다. 일단 유기체가 자신의 행동에 대하여 생각을 할 수 있게 되면, 어떤 일이 일어나고 일어나지 않을 것인지에 대한 예상도 동기로 작용하게 된다. 생각하는 동물은 어떤 동기는 자기 내부에서 야기되고 또 어떤 동기는 외부 세계에서 유발되었다고 믿는다.

욕구의 위계

지금까지는 동기의 근원을 살펴보았다. 이제 동기라는 개념이 적용되는 보다 포괄적인 영역을 고려해 보자. 여기서는 우리의 삶을 조종하는 힘이 무엇인지에 대한 감을 잡을 수 있기 바란다.

인본주의 심리학자 Abraham Maslow(1908~1970)는 우리의 기본 동기가 위계를 이루고 있다는 **욕구위계**(hierarchy of needs) 이론을 주창하였다(그림 11.1 참조). 그림 11.1을 보면, 위계의 밑바닥에는 배고픔이나 목마름 같은 기본적인 **생리적 욕구**(biological needs)가 자리잡고 있다. Maslow(1970)에 따르면, 이 위계의 각 단계에 있는 욕구가 충족되기 위해서는 그 아래 단계의 욕구가 먼저 충족되어야 한다. 위계의 맨 아래에 있는 생리적 욕구가 충족되지 않을 경우 다른 욕구가 생겨나지 않는다는 뜻이다. 생리적 욕구가 어느 정도 충족되고 나면, 그 다음 수준에 있는 **안전 욕구**(safety needs)가 우리를 자극한다.

어딘가에 소속되고자 하고 애착을 형성하며 사랑을 경험하고자 하는 욕구는 Maslow의 위계에서 어느 위치를 차지하는가?

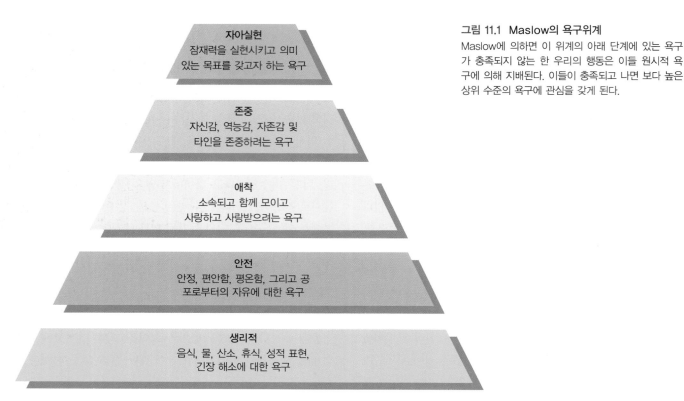

그림 11.1 Maslow의 욕구위계
Maslow에 의하면 이 위계의 아래 단계에 있는 욕구가 충족되지 않는 한 우리의 행동은 이들 원시적 욕구에 의해 지배된다. 이들이 충족되고 나면 보다 높은 상위 수준의 욕구에 관심을 갖게 된다.

위험에 대한 염려가 사라지면, 애착 욕구(attachment needs), 즉 어딘가에 소속되고 다른 사람들과 함께 모이고 사랑을 주고받으려는 욕구가 우리를 움직인다. 의식주와 안전, 그리고 사회적 소속감이 해결되고 나면, 한 단계 더 위에 있는 존중 욕구(esteem needs)가 꿈틀거리기 시작한다. 이제 우리는 자신을 좋아하고 스스로를 유능한 사람으로 간주하며 다른 사람들로부터 존경받을 활동을 하기 시작한다.

위계의 꼭대기에는 의식주 문제를 걱정하지 않고, 사랑을 주고받으며, 사회적 유대관계도 튼튼하여, 생각을 할 수 있는 여유와 창출할 수 있는 여유를 가진 사람들만 도달한다. 이 사람들은 인간의 기본적인 욕구를 초월하여 자신의 잠재력을 완전히 실현하려는, 즉 자아실현(self-actualization)을 추구하는 사람들이다. 이런 사람들은 스스로를 알고 스스로를 수용하며 그러면서도 사회적 관심을 잃지 않고 창조적이며 자발적이고 새로운 것과 도전을 인정하는 사람들이다.

Maslow의 이론은 인간의 동기에 대한 극히 낙관적인 견해이다. 이 이론의 핵심은 우리 각자는 자신의 잠재력을 키우고 실현하려는 욕구를 가지며 그 욕구를 충족시키려는 경향성을 가지고 있다는 믿음이다. 그러나 우리는 경험을 통해 Maslow의 위계가 엄격하게 유지되지 않는다는 것을 알고 있다. 여러분도 친구를 돕기 위해 끼니를 거른 적이 있을 것이다. 자긍심을 높이기 위해 힘든 고통을 참아낸 적도 있을 것이다. 이러한 제한점은 있지만 여러분은 Maslow의 이론을 통해 동기라는 개념에 대한 이해의 폭을 넓힐 수 있었을 것이다.

이제 여러분도 동기를 이해하는 데 필요한 기본적 지식은 갖춘 셈이다. 이 장의 나머지 절에서는 여러 가지 동기의 상호작용에 의해 결정되는 섭식행동, 성행동, 성취행동에 대해 살펴볼 것이다.

stop 복습하기

1. 여러분이 공원의 벤치에 앉아 있는데 학생들이 달리기 하는 모습이 보인다고 하자. 이 장면에 대한 여러분의 해석에 동기의 어떤 기능이 적용된 것 같은가?
2. 유기체가 항동성을 성취한다는 말의 의미는 무엇인가?
3. 인간의 본능에 관한 주장이 문화 간 연구 때문에 의심을 받게 된 이유는 무엇인가?
4. Fritz Heider는 행동의 결과에 대한 해석을 어떻게 나누는가?
5. Abraham Maslow가 말하는 애착 욕구는 무엇인가?

섭식행동

다음 질문의 답을 만들어 보자. 심리학 개론을 수강하는 학생에게 피자 한 조각을 주면서 먹으라고 하면, 이 학생이 그것을 먹을 가능성이 얼마나 될까? "정보가 더 있어야 하지 않겠어요?"라는 것이 여러분의 반응일 것이다. 앞 절에서는 그러한 예측에 필요한 정보를 조직하는 방식을 소개하였다. 우선 내적 정보가 더 필요할 것이다. 예컨대, 그 학생이 아직 식사를 하지는 않았을까, 다이어트를 하고 있는 것은 아닐까 등에 관한 정보를 확보해야 한다. 외적 정보도 확보해야 한다. 그 피자가 정말 맛있는 피자인지, 그 피자를 먹으면서 이야기를 나눌 친구가 있는지 등에 관한 정보도 필요할 것이다. 여기서 우리는 피자 한 조각을 먹거나 먹지 않는 매우 단순한 행동조차 여러 가지 요인의 영향을 받는다는 사실을 알 수 있다. 섭식(eating) 조절을 위해 진화된 생리적 과정부터 살펴보자.

섭식의 생리

우리의 몸은 식사할 시각을 어떻게 알아차릴까? 우리는 여러 가지 기제를 통해 허기나 포만감을 느낀다. 취식행동을 효과적으로 조절하기 위해서는 (1) 음식에 대한 내적 욕구 탐지, (2) 취식행동 개시 및 조직, (3) 섭취한 음식의 양과 질에 대한 감시, (4) 섭취량 탐지 및 취식행동 종결, 이 네 가지 과제를 수행할 기제를 갖춰야 한다. 이들 과정을 이해하기 위해, 학자들은 이들 과정을 위(胃)의 수축과 팽창 같은 **말초적 기제** 또는 시상하부의 기능 같은 **중추적 기제**와 관련지어 보았다. 이들 간의 관계를 자세히 살펴보기로 하자.

말초 반응 허기란 어디서 오는 느낌일까? 위가 비었음을 알리는 신호일까? 생리학자 Walter Cannon(1871~1945)은 비어 있는 위의 활동이 배고픔을 유발하는 유일한 기반이라고 생각했다. 이 가설을 검증하기 위해 Cannon의 제자 A. L. Washburn은 고무관의 한쪽 끝에다 풍선을 부착하고 그 풍선을 삼켰다. Cannon은 Washburn의 위 속에 들어 있는 풍선에다 바람을 불어넣어 위를 팽창시켰다. 고무관의 다른 쪽 끝은 공기압의 변화를 기록하는 기구를 연결시켜 놓았다. 위의 팽창/수축에 따른 풍선 속 공기압 변화를 기록함으로써 위의 수축 정도를 측정하기 위함이었다. Washburn은 위가 심하게 수축하는 기간에 배고픔을 느꼈고 위가 팽창된 기간에는 그렇지 않았다고 보고하였다. 이를 통해 Cannon은 위의 조임이 배고픔의 원인임을 증명했다고 생각하였다(Cannon, 1934; Cannon & Washburn, 1912).

이들의 실험이 기발한 방법이긴 했지만, 그 후의 연구결과 위의 수축은 배고픔의 필요조건이 아닌 것으로 드러났다. 위가 빈 동물의 혈류에 포도당을 주사하면 위의 수축은 멈추지만 배고픔은 없어지지 않는다. 위가 완전히 절제된 사람도 여전히 배고픔을 느끼며(Janowitz & Grossman, 1950), 위가 없는 쥐도 먹이를 보상으로 수용한다(Penick et al., 1963). 따라서 위에서 발생하는 느낌이 허기를 경험하는 데 일정한 작용을 할 수는 있지만, 그 느낌으로는 신체가 어떻게 음식에 대한 욕구를 알아차리고 섭식행동을 촉발하는지가 설명되지 않는다. 허기를 느끼기 위해 반드시 위가 비어 있을 필요는 없을지도 모른다.

그러면 섭식행동의 종결은 어떤가? 위가 차야만 종결되는 것일까? 음식물로 인한 위의 팽창은 섭식행동의 종결을 유발하지만, 풍선에 바람을 넣어 초래된 위의 팽창은 그렇게 하지 못하는 것으로 드러났다(Logue, 1991). 우리의 몸이 위에 가해지는 압력의 원인을 구별한다는 뜻이다. 음식에 대한 구강 경험도 **포만감**을 유발하는 말초적 요인으로 작용할 수 있다. 가장 좋아하는 음식이라도 식사과정에서 점점 그 맛이 떨어지는 현상(Remick et al., 2009), 즉 감각-구체적 포만감(sensory-specific satiety)을 경험한 적이 있을 것이다. 음식을 섭취해 감에 따라 맛이 떨어지는 것도 우리의 몸이 섭취량을 조절하는 방법일 수 있다. 그러나 감각-구체적이란 표현에서 '구체적'이란 말의 의미는 그 포만감이 음식 자체가 아니라 그 맛에만 적용된다는 뜻이다. 실험 참여자들에게 파인애플이나 오이 같은 특정 음식물에만 포만감을 갖도록 하였다. 그런 후 음식물의 맛을 약간 바꾸었더니 이 참여자들은 그 음식물에 대한 새로운 관심을 보이기 시작했다(Romer et al., 2006). 따라서 여러 가지 음식이 나오는 코스 요리에서처럼, 음식물의 맛이 다양하면, 이미 충분히 먹었다고 말하는 신체적 신호가 무시될 수도 있다. 이제, 말초적 요인에서 입력되는 정보를 끌어 모아 취식행동을 결정하는 뇌의 기제를 살펴보자.

중추 반응 흔히 그렇듯 취식행동의 시작과 종료를 관장하는 대뇌중추에 관한 단순한 이론은 모두 복잡한 이론으로 대체되고 말았다. 섭식행동을 통제하는 뇌의 활동에 관한 초기 이론은 시상하부 외측(lateral hypothalamus, LH)과 시상하부 복내측(ventromedial hypothalamus, VMH)에 대한 관찰 결과를 중심으로 만들어졌다(이 구조들의 위치는 그림 3.16 참조). 관찰 결과, VMH가 손상된(또는 LH가 자극을 받는) 동물은 음식을 더 많이 먹고, 반대로 LH가 손상된(또는 VMH가 자극을 받는) 동물은 음식을 더 적게 먹는 것으로 밝혀졌다. 이런 연구결과에서 LH가 '허기 중추'이고 VMH가 '포만 중추'라는 이중 중추 모형(dual-center model)이 생겨났다.

하지만 이 단순한 이론은 그 후 수집된 자료에 의해 완전하지 못한 것으로 밝혀지고 있다(Gao & Horvath, 2007). 예컨대, VMH가 손상된 쥐는 맛있는 먹이만 과식할 뿐, 맛이 없는 먹이는 회피하는 것으로 드러났다. 따라서 VMH를 단순히 '더 먹어야 한다'거나 '더 먹지 말아야 한다'는 신호를 보내는 중추로 간주할 수 없게 된 것이다. 그런 신호는 음식의 종류에 따라 달라지기 때문이다. VMH를 손상시키면, 그 효과는 음식물에 대한 과장된 반사반응으로 나타날지도 모른다(Powley, 1977). 맛있는 음식에 대한 쥐의 반사반응이 그 음식을 먹는 것이었다면, 과장된 반사반응은 그 음식을 과식하는 것이 될 것이다. 그러나 만약 맛이 없는 음식에 대한 쥐의 반사반응이 그 음식을 피하는 것이었다면, 과장된 반사반응은 그 음식을 거부하는 행동으로 나타날 것이다. 연구자들은 시상하부의 또 다른 영역 두 곳, 궁상핵(arcuate nucleus, ARC)과 실방핵(paraventricular nucleus, PVN)도 VMH와 LH의 섭식 조절기능을 보완한다는 사실을 발견하였다.

궁상핵과 실방핵이 섭식행동 조절에 사용하는 중요한 정보의 일부는 혈류에서 확보된다(Gao & Horvath, 2007). 예컨대, 이들은 수용기를 통해 포도당의 형태로 핏속에 떠도는 혈당량을 감시한다. 인슐린은 혈류 속의 포도당 수준의 조절을 돕는다. 포도당은 신진대사에 이용되는 에너지를 제공한다. 포도당 수준이 낮거나 부족하면, 간세포의 수용기에서 생성되는 신호가 LH로 전달된다. 그러면 LH는 그곳의 포도당 탐지기로 작용하는 신경세포들의 활동을 바꿈으로써 섭식행동

왜 사람들은 여러 가지 맛을 볼 기회가 있으면 음식을 더 많이 먹는 경향이 있을까?

을 시작하게 한다. 시상하부에 있는 다른 세포들은 서로 반대 방향으로 식욕을 조절하는 호르몬에 반응한다(Schloeg et al., 2011). 렙틴(leptin)이라는 호르몬은 섭식행동을 억제한다. 뇌 속 카나비노이드(cannabinoid)는 식욕을 촉진한다(제5장 참조). 그러니까 렙틴과 카나비노이드는 서로 반대 작용을 함으로써 식욕을 조절하는 셈이다(Jo et al., 2005). 빈속(위)에서는 그렐린(ghrelin)이라는 호르몬이 분비되어 허기를 느끼게 한다. 한편, 우리가 음식을 먹는 동안 소장에서는 콜레시스토키닌(cholecystokinin, CCK)을 분비하여, 우리의 배가 불러가고 있다는 신호를 뇌로 전달한다.

지금까지의 논의에서 우리는 섭식행동을 개시하고 종결짓는 시스템이 우리 몸속에 있다는 것을 알았다. 그러나 여러분도 많은 경험을 통해 음식에 대한 욕구는 신체에서 제공되는 단서만으로 결정되는 것이 아니라는 것을 잘 알고 있을 것이다. 심리적 요인도 취식행동에 영향을 미친다는 뜻이다. 그럼 섭식행동에 작용하는 심리적 요인을 살펴보기로 하자.

섭식의 심리

여러분도 이제 우리의 몸에는 취식 양을 조절하는 다양한 기제가 존재하고 있다는 것을 알았을 것이다. 하지만 사람들은 배가 고플 때에만 먹는 것이 아니다. 지난 며칠을 되돌아보면 허기와는 별 상관없이 음식을 먹었던 일이 여러 번 있었을 것이다. 섭식의 심리를 다루는 이 절에서는 사람들이 무엇을 얼마나 먹느냐에 작용하는 문화의 영향부터 살펴보기로 한다. 그런 다음 비만과 식이요법의 근원과 결과도 검토할 것이다. 그리고 나서 몸매와 몸무게에 관한 지나친 걱정 때문에 야기되는 섭식장애를 살펴볼 것이다.

문화가 섭식에 미치는 영향 사람들은 언제 그리고 무엇을 먹어야 할 것인지를 어떻게 결정하는 것일까? 문화의 영향부터 고려해 보자. 한국 사람들은 대개 하루 세 끼를 정해진 시각에 먹는다. 식사 시각은 신체에서 발하는 신호보다는 사회적 규범에 의해 결정된다. 무엇을 먹을 것인지도 사회적 또는 문화적 규범에 따라 선택될 때가 많다. 불고기를 대접하겠다는 친구의 제의를 기꺼이 수용하겠는가? 이 질문의 답은 당신이 채식주의자인가 아닌가에 따라 달라질 것이다. 이런 예를 통해 우리는 왜 섭식행동이 신체적 신호에 따라 결정되지 않는지를 알 수 있다.

비만과 다이어트 심리학자들은 비만 야기 조건을 찾아내기 위

해 많은 노력을 기울여 왔다. 과체중과 비만을 판정하는 수단으로 BMI라고 하는 신체부피지수(body mass index)가 측정된다. BMI는 Kg 단위로 측정된 몸무게를 m 단위로 측정된 키의 자승치로 나눈 값이다. 몸무게 70Kg에 키 170cm인 사람의 BMI는 $70/(1.7 \times 1.7) = 24.2$가 된다. 대개 그 사람의 BMI가 25와 29.9 사이에 속하면 과체중으로 분류되고 30 이상이면 비만으로 분류된다. 우리 주변을 살펴보면, 과체중 또는 비만으로 분류되는 사람이 많을 뿐 아니라 점점 증가하는 추세임을 실감한다.

이러한 이유 때문에 왜 어떤 사람들은 과체중이 되는 것일까라는 문제의 답을 찾는 일이 시급하다. 그 답에는 물론 선천적 요인이 포함되어 있을 것이다. 비만해질 유전적 기질을 가지고 태어나는 사람도 많기 때문이다. 사람들은 과체중 또는 체중 미달일 경향성을 가지고 태어난다는 연구 증거도 많다. 쌍생아를 대상으로 BMI와 다른 신체 관련 측정치의 상관계수를 측정한 결과 이란성 쌍생아보다 일란성 쌍생아의 상관계수가 높은 것으로 밝혀졌다(Schousboe et al., 2004; Silventoinen et al., 2007). 이러한 결과는 사람들의 체중이 유전의 영향력 하에 있다고 암시한다.

사실 사람들을 비만으로 유도하는 유전적 기제가 발견되기 시작했다(Ramachandrappa & Farooqi, 2011). 렙틴의 생성에 영향을 미치는 유전인자가 밝혀진 것이다. 렙틴이라는 호르몬이 식욕 통제 기능을 수행한다는 것은 여러분도 기억하고 있을 것이다. 렙틴이 그 기능을 잃게 되면 사람들은 과식을 하게 될 것이다. 그러므로 렙틴을 제어하는 유전인자는 체중 조절 그리고 비만 가능성에 결정적 영향을 미치는 것 같다(Gautron & Elmquist, 2011). 비만 가능성은 유전과 환경의 상호작용에 의해 결정된다는 증거도 누적되고 있다. 예컨대, FTO 유전자의 'minor'형을 가지고 태어난 사람은 체중이 유전자 하나당 평균 1.5Kg씩 더 나간다. 그러나 하루 60분 이상 중급 이상의 격렬한 신체활동을 하는 청년들은 이 유전인자의 부정적 영향력을 덜 겪는 것으로 밝혀졌다(Ruiz et al., 2010). 신체적 활동량이 비교적 낮은 학생들 중 이 유전자의 minor형을 두 개 가지고 태어난 학생들은 BMI가 훨씬 높을 것으로 드러났다. 그러나 이들과 동일한 유전인자를 가지고 태어났지만 신체적 활동이 많은 학생들의 BMI는 또래들의 BMI와 다르지 않았다. 여기서 우리는 선천성과 후천성을 모두 고려해야만 하는 이유를 다시 한 번 절감한다.

비만에 대한 유전적 연구는 내적 허기 단서를 조절하는 일에 초점을 맞추고 있다. 그러나 앞서도 본 바와 같이, 사람들의 섭식행동은 허기만으로 결정되지 않는다. 음식물 그리고 섭식행동에 대한 사람들의 사고방식 또한 중요하게 작용한다. 섭식행동의 심리적 측면에 관한 초기 연구에서는 과체중인 사람들이 자신의 신체 내적 허기 단서에 비해 외부 환경 속 음식에 얼마나 더 많은 주의를 기울이는가에 초점을 맞추었다(Schacter, 1971b). 과체중인 사람들은 맛있는 음식이 눈에 보이면 허기와는 관계없이 그 음식을 먹는 경향이 강하다고 생각했던 것이다. 그러나 이 이론은 불충분한 것으로 판명되었다. 왜냐하면 체중만으로 섭식행동의 모든 양상을 예측할 수가 없기 때문이다. 즉, 모든 과체중 인구의 섭식행동에서 똑같은 심리적 특성이 관찰되지 않는다. 그 이유를 살펴보도록 하자.

Janet Polivy와 Peter Herman(1999)은 과식행동 심리의 근저에 깔려 있는 결정적 차원은 억제 섭식(restrained eating) 대 비억제 섭식(unrestrained eating)이라고 제안했다. 억제 섭식을 하는 사람은 항상 식사량에 제한을 둔다. 이들은 항상 다이어트 중인 사람들로, 음식에 대한 걱정을 하지 않을 때가 없다. 뚱뚱한 사람들이 이런 식의 사고와 행동을 할 가능성이 더 높지만, 신체 크기와는 상관없이 누구라도 억제 섭식을 할 수가 있다. 그런데 항상 다이어트를 하고 있는 중이라면 어떻게 해서 몸무게가 느는 것일까? 이들은 어쩌다가 식사를 자제하지 못할 상황이 되면, 칼로리가 높은 음식을 마구 먹는 경향이 있는데, 일상생활에는 이러한 탈억제 행동을 유발하는 조건은 매우 많다. 예컨대, 억제 섭식을 하던 사람이 자신의 능력과 자존심에 관한 스트레스를 받게 되면 탈억제 행동을 하게 된다(Tanofsky-Kraff et al., 2000; Wallis & Hetherington, 2004). 억제 섭식을 하는 사람들이 과식했다는 생각을 하게 되면 어떤 일이 벌어질까?

유전인자와 신체적 활동의 상호작용이 비만위험에 미치는 영향은?

여자 대학생들에게 음식과 다이어트에 관한 자신의 행동 및 생각을 스스로 평정하게 하였다. 그 결과를 기초로 학생들을 억제 섭식 집단과 비억제 섭식 집단으로 분류하였다. 학생들은 시장 조사에 참여하는 것으로 알고 있었다. 연구의 초두에 각 참여자들에게 피자를 한 조각씩 먹으라고 했다. 피자를 먹이는 이유는 모든 참여자들이 경험하는 피자 맛이 동일한지를 확인하고 또 맛을 평정하기 전에 모든 참여자의 섭식량을 동일하게 하기 위함이라고 설명했다(Polivy et al., 2010, p. 427). 물론 각 참여자에게 배식된 피자 조각의 크기는 동일했다. 그러나 참여자 중 일부는 자신들의 몫이 다른 참여자의 몫보다 크다고 믿었다. 왜냐하면 자신이 먹을 피자 조각이 그것보다 작은 피자 조각과 함께 있었기 때문이다. 다른 참여자들은 자신들의 몫이 다른 참여자들의 몫보다 작다고 믿었다. 왜냐하면 자신이 먹을 피자 조각이 그것보다 큰 피자 조각과 함께 있었기 때문이다. 그리고는 참여 학생 모두에게 초콜릿 쿠키를 먹어볼 기회를 제공하였다. 그림 11.2는 학생들이 초콜릿 쿠키를 먹은 양을 보여준다. 그림을 보면, 억제 섭식 집단의 학생들이 자신들이 과식을 했다고 믿었을 때는(즉, 다른 학생들보다 더 큰 조각을 먹었다고 믿었을 때는) 억제력을 상실하고 훨씬 많은 양의 쿠키를 먹었다는 것을 알 수 있다.

이 결과를 보면, 억제 섭식을 하는 사람들이 억제를 쉽게 하지 못한다는 것을 알 수 있을 것이다. 실제로 먹은 피자의 크기는 동일했다. 다만 자신들이 먹은 것이 다른 사람들이 먹은 것보다 컸다는 지각(생각)만으로 자신들의 억제력이 무너졌다는 느낌을 갖게 되었던 것이다.

일단 과체중이 되고 나면 체중을 줄이기가 어려운 이유를 이제는 알았을 것이다. 대부분의 과체중인 사람들은 항상 다이어트 중이라고 말하곤 한다. 이들은 대개 섭식을 억제하는 사람들이다. 이들의 경우 삶에서 어려운 일을 당하게 되면, 이 억제력을 잃게 되어 과식을 하게 되고 그 결과 다시 과체중으로 되돌아가고 만다. 그러므로 항상 다이어트 중에 있는 사람들은 체중을 감소시키는 것이 아니라 체중을 증가시킬 가능성이 높은 상황을 심리적으로(마음속으로) 만들고 있는 셈이다. 이제 이러한 심리적 작용 때문에 건강, 심지어는 생명까지 위험에 처하게 되는 섭식장애를 살펴보기로 하자.

섭식장애 사람들이 경험하는 내적 단서인 허기만으로는 사람들의 식사량을 예측할 수 없다는 것을 알았다. 섭식장애를 가진 사람들의 경우에는 신체의 내적 신호와 식사량 간의 관계가 무너져 버린다. 예상 체중의 85% 미만인데도 불구하고 비만해질까 봐 심한 두려움을 내비치는 사람들의 경우, **신경성 거식증**(anorexia nervosa)이란 진단이 내려진다(DSM-IV-TR,

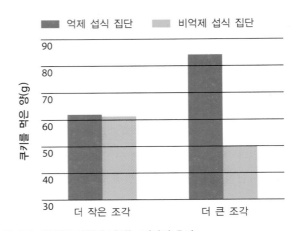

그림 11.2 음식물 섭취에 미치는 지각의 효과
억제 섭식 집단과 비억제 섭식 집단에게 자신들이 먹은 피자 조각이 다른 참여자들이 먹은 피자 조각보다 크다고 또는 작다고 믿게 하였다. 그러나 실제로는 모든 학생들이 먹은 피자 조각의 크기는 동일했다. 그런 다음 참여자들에게 초콜릿 쿠키를 맛볼 기회를 제공하였다. 자신들이 더 큰 피자 조각을 먹었다고 믿는 억제 섭식 집단이 더 많은 양의 쿠키를 먹었다.

2000). **신경성 폭식증**(bulimia nervosa) 진단을 받은 사람들은 폭식을 한 후 그 과다 칼로리를 몸속에서 제거하기 위한 여러 가지 방법(억지 구토를 하거나 설사제를 사용하거나 금식을 하는 등)을 사용한다(DSM-IV-TR, 2000). 신경성 거식증인 사람도 폭식증으로 분류된 사람들의 행동을 하기도 한다. 이 두 증상 모두 의학적으로 심각한 결과를 야기하며, 장기적으로는 사람을 죽음으로까지 몰아갈 수 있다.

폭식장애(binge eating disorder)는 정기적으로 폭식을 하면서도 신경성 폭식증 환자들처럼 토해내는 행동을 하지 않는 경우에 내려지는 진단이다. 이 장애로 고생하는 사람들은 폭식을 하는 동안 자신들이 통제력을 상실했다고 느낀다. 거식증이나 폭식증에 비해 폭식장애는 비교적 최근에 만들어진 진단 범주이다.

섭식장애의 원인에 대한 연구결과 유전적 요인의 중요성이 확정되었다. 섭식장애의 성향이 유전된다는 증거가 확보된 것이다(Calati et al., 2011; Cambell et al., 2011). Klamp 등(2007)은 여성 쌍둥이들을 11세부터 18세까지 종단적으로 연구하였다. 이 연구에서도 일란성 쌍둥이와 이란성 쌍둥이가 비교되었다. 그 결과 나이가 들어감에 따라 유전의 역할이 커지는 것으로 드러났다. 7년이 지나는 동안 일란성 쌍둥이한테서는 별다른 차이가 발견되지 않았다. 이에 반해 이란성 쌍둥이의 경우, 청소년 중기 및 후기에 접어들면서 차이가 점점 커지기 시작했다. 이러한 양상은 사춘기를 지나면서 유전의 위험성이 더 커진다는 암시이다.

성격 특성이 섭식장애를 유발할 가능성을 검토하기 위해 쌍

생활 속의 심리학

타인의 존재가 섭식행동에 미치는 영향

최근 다른 사람들과 함께 식사한 일을 돌이켜 생각해 보자. 혼자 식사할 때보다 더 적게 먹은 것 같은가 아님 더 많이 먹은 것 같은가? 연구 결과에 의하면, 사회적 맥락—다른 사람이 있고/없고—도 우리의 섭식행동에 영향을 미치는 중요한 외적 단서로 작용한다. 기실, 타인과 식사를 하는 가장 중요한 동기는 긍정적인 인상을 남기는 데 있을 것이다(Herman et al., 2003). 그 동기의 영향력을 살펴보기로 하자.

대학생들에게 자기들의 연인, 친구, 또는 낯선 사람과 10분 동안 대화를 하게 한 연구(Salvy et al., 2007)를 생각해 보자. 그 대화를 식사 장면의 대화처럼 꾸미기 위해 쿠키와 크래커를 한 그릇씩 제공했다. 대화의 끝에서는 각자가 먹은 음식의 양을 측정했다. 대화의 상대가 누구였느냐에 따라 그 양은 크게 달랐다. 남성이 남자 친구와 대화했을 때 가장 많이 그리고 여성이 낯선 남자와 대화했을 때 가장 적게 먹었다. 참여자가 상대방에게 긍정적인 인상을 남기고자 했다면 어떤 결과가 관찰되었을 것 같은가?

과체중인 아이들과 정상 체중인 아이들의 섭식행동에 사회적 맥락이 미치는 효과를 검토한 연구도 있다(Salvy et al., 2008). 10~12세 아동들에게 실험실을 두 차례 방문하게 했다. 첫 방문 때는 아이들에게 혼자 놀면서 스낵을 먹게 했고 두 번째 방문 때는 친구들과 함께 놀면서 스낵을 먹게 했다. 정상 체중의 아이들은 이 두 경우 먹는 양이 비슷했다.

그런데 과체중인 아이들은 친구들과 함께 있을 때 더 적게 먹는 것으로 드러났다. 과체중인 아이들은 좋은 인상을 남기기 위해 먹는 일을 조절하고 있다는 뜻이다.

연구자들은 이러한 결과를 지난 수십 년 동안 일어난 식사 문화의 변화, 즉 가족이 함께하는 식사에서 혼자서 하는 식사로의 변화라는 관점에서 논의하였다. 아이들은 부모 및 형제자매와 함께 식사를 하면서 섭취량을 조절하는 습관을 배운다는 것이 이 연구자들의 생각이었다. 아이들의 비만이 증가하는 이유를 이러한 사회적 맥락의 부재 때문이라고 설명할 수도 있다. 이 설명이 옳다면 아이들이 식사를 할 때 다른 아이들과 식사를 함께하게 하면 과체중 아이들의 섭취량을 줄일 수 있을 것이라는 주장이 가능해진다.

섭식의 사회적 맥락에 관한 마지막 생각 : 사람들은 사회적 맥락의 영향력을 과소평가하는 경향이 강하다. 학생들을 짝지은 후 함께 비디오를 관람하면서 피자를 먹게 했다. 이들 쌍이 소비한 피자의 양의 상관계수를 계산한 결과 0.64인 것으로 나타났다. 그런데도 아이들에게 피자를 자신들이 먹은 만큼 먹은 이유를 물었을 때는 122명 중 단 3명만 자기 짝이 먹기 때문에 먹었다고 대답했다(Vartanian et al., 2008). 대부분의 아이들은 배가 고팠다, 음식을 먹은 지가 오래되었다, 또는 피자 맛이 좋았다는 등 다른 요인 때문이라고 대답했다.

둥이를 조사한 연구도 있다. 그 결과 완벽주의가 강할수록 신경성 폭식증으로 진단받을 확률이 높은 것으로 드러났다(Wade et al., 2008). 완벽을 추구하는 일반적 추동이 '완벽한' 몸매를 갈구하게 만들고, 그 결과가 섭식장애로 진행되었을 수 있다.

자신의 **몸매**에 대한 불만족이 섭식장애의 원인으로 작용할 가능성도 큰 것으로 밝혀졌다(Lynch et al., 2008). 섭식장애로 고생하는 사람들의 경우, 몸매에 대한 불만족은 실제 몸매가 아니라 자신의 몸매에 대한 잘못된 지각과 연관되어 있다. 남의 눈에는 너무 여윈 것으로 보이는데도, 신경성 거식증 환자들은 거울에 비친 자신의 몸매를 보고 과체중이라고 생각하곤 한다. 더욱 흥미로운 점은 거식증 환자들의 경우, 흡사한 크기의 타인 몸매를 관찰할 때는 뇌의 반응양상이 지극히 정상인데, 자신의 몸매를 관찰할 때는 뇌의 반응양상이 비정상으로 바뀐다는 사실이다(Sachdev et al., 2008).

이 절을 마감하기 전에, 섭식장애로 고생하는 사람의 숫자에서 나는 남녀 간 차이가 줄어들고 있다는 점을 지적할 필요가 있을 것 같다. 대중 매체에 실린 이미지가 남성의 몸매 불

만족에 미치는 영향력에 대한 연구가 시작되었다. 일반적으로 매체에서 이상적으로 간주하는 남성 몸매의 이미지를 눈여겨 관찰하는 남성들일수록 자신의 몸매에 대한 불만이 큰 것으로 드러나고 있다(Blond, 2008). 남성의 외모에 대한 매체의 규범을 더 잘 수용하는 남성일수록 자신의 몸매에 대한 불만이 높다고 보고하였다. 그리고 특히 자신의 몸에 있는 지방질에 불만이 많은 남성일수록 섭식장애를 겪을 가능성이 높은 것으로 밝혀졌다(Smith et al., 2011). 물론 인과관계 유무는 아직도 입증돼야 하겠지만, 이들 연구는 대중매체에서 제공하는 남성의 몸매에 대한 이상적인 이미지가 남성의 섭식장애를 유발할 수도 있다고 시사한다.

 복습하기

1. 감각-구체적 포만감이란 무엇인가?
2. VMH가 섭식에 작용하는 기능이 이중 중추 모형이 주장하는 기능과 다르다는 증거는 무엇인가?

3. 억제 섭식을 하는 사람들의 섭식행동은 어떤 양상으로 나타나는가?
4. 신경성 폭식증의 증상을 기술하라.

성행동

먹는 일을 생각하는 것은 신체 생리상 필수적인 일이다. 하지만 성(性)에 대한 생각은 어떤가? 성의 생리적 기능은 번식일 뿐이다. 성은 개체의 생존에 필수적인 것이 아니다. 평생을 독신으로 살면서도 일상생활에 문제를 겪지 않는 사람도 많고 또 그런 동물도 많다. 그러나 번식은 종의 생존에 결정적인 역할을 한다. 번식을 위한 노력을 늦추는 일이 없도록 하기 위해 자연은 성 활동을 지극히 즐거운 것으로 만들어 놓았다. 자연은 성 활동에 소요되는 에너지에 대한 보상으로 오르가슴을 선사했다.

쾌감을 초래하는 이 잠재력 때문에 성행동은 번식에 필요한 것보다 훨씬 더 큰 힘을 갖는다. 이 때문에 개별 유기체는 성적 만족을 얻기 위해 다양한 행동을 기꺼이 수행한다. 그러나 성행동을 유발하는 동기의 근원에는 외적인 것도 있다. 문화는 수용 가능한 성행동 또는 예상되는 성행동에 관한 규범을 정해두었다. 대부분의 사람들은 이런 규범에 맞추어 성적 만족을 충족시키지만 어떤 사람들은 그런 규범을 어기면서 성적 만족을 충족시키려 한다.

이 절에서는 먼저 동물의 성적 추동과 교미 행동에 대해 살펴본다. 그런 후, 인간의 성에 대한 연구결과를 소개할 것이다.

동물의 성행동

인간이 아닌 동물의 경우, 성행동의 일차적인 동기는 번식이다. 번식 수단으로 성을 사용하는 종은 일반적으로 수컷과 암컷으로 진화되었다. 암컷은 비교적 커다란 난자(태아의 성장에 필요한 에너지를 저장하고 있는)를 생산하고, 수컷은 운동능력이 높은(난자한테 다가갈 수 있도록) 정자를 생산한다. 수컷과 암컷은 정자와 난자가 만나 수정이 이루어질 수 있도록 자신들의 활동을 조절해야 한다.

성적 흥분(sexual arousal)은 주로 생리적으로 결정된다. 대체로 동물은 성 호르몬의 작용으로 짝을 수용할 태세를 갖추는데, 생식선(gonads)에서 분비되는 이 호르몬의 분비는 뇌하수체가 통제한다. 수컷한테서 분비되는 안드로겐(androgens)은 항상 넉넉하기 때문에 수컷은 거의 항상 교미할 준비가 되어 있는 셈이다. 그러나 암컷 호르몬인 에스트로겐(estrogen)은 종에 따라 며칠, 몇 달, 또는 계절을 주기로 분비된다. 그러므로 암컷은 언제나 성적으로 수용적인 상태라고 할 수 없다.

이들 호르몬은 뇌와 생식기 모두에 작용하여 그 종에 속하는 구성원 모두에게 정형화된 성행동을 일으킨다. 쥐 한 쌍이 교배하는 모습을 보았다면 모든 쥐의 교배 모습을 본 것이나 다름없다는 뜻이다. 대부분의 교배 작업은 암컷을 쫓아다니는 수컷의 몫이다. 가끔은 암컷이 교배를 유도할 때도 있는데, 이때의 짝짓기는 금방 끝난다. 유인원도 짝짓기를 금방(약 15초) 끝낸다. 족제비의 교배 행동은 8시간까지 지속된다. 사자 같은 포식동물의 교배의식은 장시간 동안 서서히(연달아 나흘 동안 30분 이상) 거행될 수도 있다. 그러나 영양(antelope) 같은 피식동물의 교배 행동은 수초, 그것도 도망다니면서 진행된다(Ford & Beach, 1951).

성적 흥분은 대개 외부 환경 자극에 의해 시작되곤 한다. 많은 종의 경우, 잠재적 파트너가 표현하는 의식화된 행동 및 소리가 성적 반응을 유발하는 필요조건으로 작용한다. 더욱이 양, 소, 쥐 같은 종에 있어서는 수컷의 성행동이 암컷의 정체에 따라서도 달라진다. 예컨대, 방금 교미를 마친 수컷도 새로운 암컷이 나타나면 성행동을 다시 시작할 수 있다(Dewsbury, 1981). 촉감과 맛 그리고 냄새도 성적 흥분을 일으키는 외적 자극으로 작용한다. 제4장에서 본 바와 같이, 어떤 종은 페로몬(pheromone)이라는 화학적 신호를 방출하여 배우자를 끌어들인다(Herbst et al., 2011; Yang et al., 2011). 암컷이 수정능력이 최적일 때 페로몬을 방출하는 종도 많다. 이런 분비물은 수컷을 흥분시키고 유혹하는 무조건 자극으로 작용한다. 물론 그런 암컷과 동종의 수컷은 그런 무조건 자극에 의해 흥분되는 경향성을 가지고 태어난다.

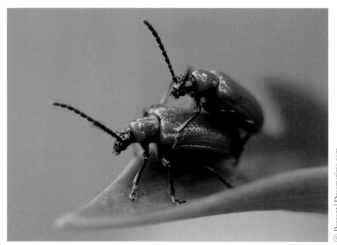

대다수 종에서 성행동을 결정하는 요인은?

동물의 성행동은 거의가 생리적 힘에 의해 결정되지만, 배우자 선택은 '문화적' 측면의 영향을 받기도 하는 것 같다. Atlantic molly라고 하는 특이한 어종을 고려해 보자.

대개의 경우 Atlantic molly라는 물고기의 수컷은 덩치가 큰 암컷을 배우자로 선택한다. 그러나 다른 수컷이 덩치가 작은 암컷에 관심을 보이는 장면을 목격한 수컷은 사뭇 다른 행동을 하게 된다. 이런 현상을 확인하기 위해, 수컷들이 들어 있는 큰 수족관을 가운데 두고 그 양쪽에다 작은 수족관을 하나씩 배치하였다(Bierbach et al., 2011). 실험의 첫 단계에서는 작은 수족관 하나에는 큰 암컷을 다른 하나에는 작은 암컷을 한 마리씩 넣어놓았다. 큰 수족관에 들어 있는 수컷들은 덩치가 큰 암컷이 들어 있는 수족관 가까이에서 훨씬 더 많은 시간을 보냈다. 실험의 두 번째 단계에서는 작은 암컷이 들어 있는 수족관에다 수컷을 한 마리 들여놓음으로써 마치 이 수컷이 덩치가 작은 암컷과 사귀는 것처럼 보이게 하였다. 큰 수족관에 있는 수컷들은 이 새로운 수컷의 행동을 20분 동안 지켜보았다. 실험의 마지막 단계에서는 작은 수족관에 임시로 넣어두었던 수컷을 들어내고는 가운데 수족관에 있는 수컷들의 행동을 관찰하였다. 큰 암컷을 선호하던 수컷들이 이제 작은 암컷이 들어 있는 수족관 가까이서 더 많은 시간을 보내는 것으로 드러났다.

수족관에서 한가로이 놀고만 있는 것으로 알았던 물고기들이 다른 물고기가 선호하는 것이 무엇인지에 주의를 기울이고 있었다니, 놀랍지 않은가? 잠시 후에는 인간의 성행동 역시 진화의 역사 및 주변에 있는 다른 사람들의 선호에 의해 그 모습이 바뀌었다는 것을 알게 될 것이다.

인간의 성적 흥분과 반응

다른 동물의 성행동을 조절하는 데는 결정적 역할을 수행하는 호르몬도 남녀를 불문하고 인간의 성적 수용성이나 만족에는 별다른 효과를 내지 못한다. 호르몬 양에서 나는 개인차는, 그 차이가 정상 범위 내일 경우 성행동의 빈도나 특질과 아무런 관계가 없다. 그러나 질병이나 노약으로 인해 호르몬의 양이 크게 줄어들면 성적 욕구에 부정적인 효과가 나타난다. 이런 현상은 특히 테스토스테론(testosterone)이란 호르몬의 경우에 분명하게 나타난다. 남성이건 여성이건 테스토스테론을 보충해 주면 성적 욕구가 다시 살아난다(Allen et al., 2008; Davison & Davis, 2011). 하지만 거세를 했기 때문에 테스토스테론이 더 이상 분비되지 않는 남성들도 여전히 어느 정도의 성적 흥분을 느끼는데, 이는 인간의 성행동은 호르몬보다는 다른 요인의 영향을 더 많이 받는다는 증거이다(Weinberger et al., 2005).

인간의 **성적 흥분**(sexual arousal)이란 성적 자극에 대한 생리

적 및 인지적 반응으로 나타나는 흥분 및 긴장 상태를 일컫는다. 성적 자극(erotic stimulus)은 신체적인 것일 수도 있고 심리적인 것일 수 있는데, 성적 흥분이나 욕정을 일으키는 자극을 성적 자극이라 한다. 성적 자극으로 유발된 성적 흥분은 만족감을 주는 성행동, 특히 오르가슴을 통해 감소된다.

동물의 성행동은 몇십 년 동안 연구되어 왔지만 인간의 성행동에 대한 연구는 금지된 영역이었다. William Masters와 Virginia Johnson(1966, 1970, 1979)은 이러한 금기를 깨고 인간의 성에 대한 연구를 정당화하였다. 이들은 실험실에서 인간의 성행위가 진행되는 동안 성행위와 관련된 생리적 반응의 양상을 관찰하고 기록함으로써, 성에 대한 이야기가 아니라 실제로 벌어지는 성적 반응 및 성행위 자체를 탐구하였다.

성적 자극에 대한 인간의 반응을 직접 검토하기 위해, Masters와 Johnson은 수천 명의 남녀 자원자들을 대상으로 성교와 자위행위의 주기에 대한 통제된 관찰을 수만 번 수행하였다. 이들이 수행한 연구의 가장 중요한 결론 네 가지는 다음과 같다. (1) 남성과 여성의 성 반응 양상은 유사하다. (2) 남녀의 성 반응에서 발견되는 주기의 단계는 비슷하다. 하지만 여성의 반응이 더 다양하고 느린 경향이 있으며, 흥분상태도 더 오래 지속될 때가 많다. (3) 많은 여성들은 오르가슴을 여러 번 경험할 수 있는 반면, 남성이 오르가슴을 여러 번 경험하는 경우는 거의 없다. (4) 음경의 크기는 남성이 큰 것을 선호하는 태도 말고는, 일반적으로 성행위의 어떠한 면과도 관련이 없다.

인간의 성 반응 주기는 아래에 소개된 흥분, 절정, 오르가슴, 해소의 네 단계로 나뉜다(그림 11.3 참조).

- 흥분 단계(수 분에서 한 시간 이상까지 지속됨)에는 골반 부위의 혈관에 변화가 생긴다. 음경은 발기하고 음핵은

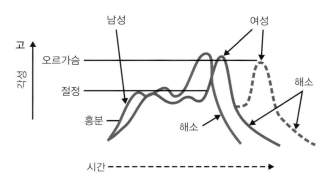

그림 11.3 인간의 성 반응 단계
남녀의 성 반응 단계는 비슷하다. 남녀 간 주된 차이는 각 단계에 도달하는 데 걸리는 시간 그리고 여성은 여러 차례의 오르가슴을 경험할 수 있다는 점이다.

팽창한다. 고환과 질이 혈액과 기타 체액들로 울혈이 된다. 신체가 발갛게 되는 홍조가 생겨난다.

- 절정 단계에는 흥분이 최고 수준에 도달한다. 심박률, 호흡, 혈압이 급격히 올라가고, 분비선의 분비가 증가하며, 몸 전체의 근육이 팽팽해진다. 질은 더욱 미끄러워지고 유방이 팽창한다.

- 오르가슴 단계에는 차오르고 있던 성적 긴장감이 해소되면서 아주 강력한 쾌감을 경험하게 된다. 오르가슴의 특징은 생식기 부위에서 대략 4/5초마다 주기적인 수축이 일어나는 것이다. 남녀 모두 호흡과 혈압이 매우 높이 올라가며, 심박률은 2배가 될 수도 있다. 남성은 사정을 하게 된다.

- 해소 단계에는 혈압과 심박률이 낮아지면서 신체가 흥분하기 이전 상태로 천천히 돌아온다. 대부분의 남성은 한 번의 오르가슴 후에 불응기에 들어가서 수 분 내지 수 시간 동안 오르가슴을 더 이상 경험하지 못한다. 어떤 여성들은 흥분이 유지되면서 여러 차례의 오르가슴을 연속적으로 경험할 수 있다.

Masters와 Johnson은 성행동의 생리적 반응에 초점을 맞추었다. 하지만 그들의 가장 중요한 발견은 흥분과 만족에 심리적 과정이 결정적인 역할을 수행한다는 점일 것이다. 이들은 성적인 문제는 생리적 원인보다는 심리적 원인 때문에 발생하는 경우가 많으며, 심리치료를 통해 수정 또는 극복할 수 있다는 것을 보여주었다. 성 반응의 모든 단계를 거치지 못해 만족을 얻지 못하는 특이한 문제가 있는데, 그 원인은 주로 사적인 문제에 대한 몰두, 성행동 결과에 대한 두려움, 자신의 성적 능력을 상대가 어떻게 평가할 것인지에 대한 불안, 무의식적인 죄의식이나 부정적 사고 등에 있는 것으로 드러났다. 그렇지만 영양 결핍, 피로, 스트레스 그리고 알코올이나 약물 남용도 성 추동과 수행을 저하시키곤 한다.

이제까지는 인간의 성행위와 성적 흥분의 생리적 측면을 살펴보았다. 이제 성행동 표현에서 나는 남녀 간 차이를 살펴보기로 하자. 남성과 여성의 성행동에서 나는 차이가 번식의 목적이 다르기 때문이라는 생각에서부터 시작하기로 하자.

성행동의 진화

앞서 본 바와 같이, 동물의 성행동은 거의 진화에 의해 고정되어 있다. 그 주요 목적은 번식, 즉 종족 보존에 있다. 인간의 성행동도 그러할까?

진화심리학자들은 남성과 여성은 서로 다른 성행동 **전략**을 발달시켜 왔다고 주장한다(Buss, 2008). 이 전략을 이해하기 위해서는 먼저 인간의 번식에 관한 사실을 상기할 필요가 있다. 남성은 파트너만 충분히 많다면 1년에 수백 번 번식을 할 수 있다. 아이를 생산하기 위해 남성이 투자해야 하는 것은 몇 분 동안의 성교뿐이다. 그러나 여성은 기껏해야 1년에 한 번 정도 번식할 수 있으며, 게다가 아이 하나하나에 엄청난 시간과 에너지를 투자해야 한다. (한 여성이 낳은 자녀 수의 세계 기록은 50명에 못 미친다. 그러나 모로코의 전제 군주 Ismail은 700명의 아이를 두었던 것으로 기록되어 있다.)

따라서 번식이 목표일 경우, 제한된 자원은 난자이기 때문에 남성은 수정시킬 기회를 갖기 위해 경쟁을 해야 한다. 남성이 당면한 문제는 어떻게 하면 가능한 한 많은 수의 여성과 관계하여 최대한 많은 자손을 생산할 수 있을 것인가이다. 반면에 여성이 직면한 문제는 어떻게 하면 우수한 남성을 찾아내어 자신의 제한된 난자에서 최고의 자손을 확보할 수 있을 것인가이다. 더욱이 인간의 자식을 키우는 데는 오랜 시간이 걸리기 때문에 상당한 **부양 투자**(parental investment)가 필요하다(Bell, 2001; Sear & Mace, 2008). 알을 낳고는 떠나버리는 어류나 거미와는 달리, 인간 부모는 아이를 기르는 데 많은 시간과 에너지를 투자해야 한다는 뜻이다. 따라서 여성은 가장 크고 강하며 영리하고 높은 지위를 가진 남성, 아울러 아이를 기르는 데도 가장 열심일 수 있는 남성을 파트너로 선택하는 게 유리하다.

진화심리학자 David Buss(2008)는 남성과 여성은 서로 다른 전략, 정서 및 동기를 진화시켜 왔다고 주장한다. 성실함과 책임감을 보여주어 유혹을 한 뒤에는 차버리는 남성의 전략은 단기적 교배 전략이고, 한 여성에게 전념하며 자식에게까지 투자하는 전략은 장기적 교배 전략이다. 자기 곁에 남아서 아이를 기르는 데 힘을 합칠 성실한 남성을 유혹하는 여성은 장기적 교배 전략을 운용하는 반면, 자원을 모으거나 지위가 높은 남성을 얻으려는 여성은 단기적 교배 전략을 이용한다고 할 수 있다. 교배 전략에서 나는 이러한 남녀 간 차이는 진화론적 분석을 통해 수립된 것이므로 연구자들은 이 가설을 지지하는 증거를 확보하기 위해 문화 간 자료를 수집해왔다. 한 예로, 52개 국가에서 남녀 16,000명을 참여시킨 대규모 연구에서 Schmitt(2003)은 참여자들에게 교배 전략에 대한 자신들의 관심을 밝혀 보라고 하였다. 표본 전체에 걸쳐 성적 다양성에 대한 욕구는 여성보다는 남성이 더 큰 것으로 드러났다. 이러한 결과는 번식활동에서 남녀의 역할이 다르기 때문에 남녀의 성행동도 다르다는 진화론의 주장을 지지한다.

여성이 배란기에 있을 때 나타나는 행동 변화의 남녀 간 차이를 검토한 연구(Rule et al., 2011)에서는 여성이 임신 가능성이 높은 시기에 있을 때는 임신 가능성이 낮은 시기에 있을 때보다 남성을 판단하는 일에 더욱 신중한 것으로 밝혀졌다. 또한 남성들은 여성이 배란 중인 사실을 탐지할 수 있고 또 그에 따라 행동을 바꾼다는 증거도 확보되었다(Haselton & Gildersleeve, 2011). 예컨대, 남성들은 배란기의 여성과 함께 도박을 할 때 더 큰 위험부담을 무릅쓰는 경향이 강한 것으로 드러났다(Miller & Maner, 2011). 위험부담을 무릅쓰는 행위는 자신감과 야망 같은 성격 특징을 반영하고, 여성들은 배우자를 선택할 때 바로 이런 성격 특징에 더욱 매혹된다는 것이 진화론자들의 생각이다. 물론 이 연구에서 남성들은 여성이 배란기에 있다는 사실을 알지 못했다. 따라서 위험한 판단을 무릅쓰는 일은 자신들도 모르는 사이에 벌어진 반응이었다.

성행동에 관한 진화론적 설명을 지지하는 증거가 많기는 하지만, 진화론적 설명은 문화의 역할을 과소평가한다는 주장 또한 만만치 않다(Eastwick et al., 2006; Perrin et al., 2011). 남들과 성관계를 가짐으로써 배우자를 속이는 경우를 고려해 보자. 진화론적 관점에서 보면, 여성보다는 남성이 속일 가능성이 높아야 한다. 그러나 그런 속임수는 사람들이 갖는 힘(예 : 직장에서 갖는 힘)에 따라 달라지는 것으로 밝혀지고 있다(Lammers et al., 2011). 남녀를 불문하고 힘이 커질수록 속일 가능성도 커지는 것으로 드러난 것이다. 그러므로 남성이 속이는 경우가 더 많아 보이는 것은 힘을 가진 남성이 힘을 가진 여성보다 많기 때문이라고 할 것이다.

진화론적 접근법으로 인간 성행동의 일부는 설명할 수 있지만, 문화에 따른 성행동의 차이에도 주의를 소홀히 하지 말아야 할 것이다. 성행동의 규범은 시간과 공간에 따라 매우 민감하게 변하기 때문이다. 이제 성행동의 규범을 살펴보기로 하자.

성 규범

보통 사람들의 성생활은 어떤 모습일까? 인간의 성행동에 대한 최초의 과학적 연구는 1940년대에 Alfred Kinsey와 그 동료들(1948, 1953)에 의해 이루어졌다. 이들은 무려 17,000명이 넘는 미국인과 면담했다. 그 결과, 드물거나 심지어는 비정상적인 것으로 간주되었던 성행동이 실제로는 널리 퍼져 있다는 사실을 밝혀냈다. 충격적인 발견이었다. 해가 지나면서 과학의 진전과 함께 성행동의 규범 또한 변한 것으로 드러났다.

성추행은 남녀의 성적 각본이 다른 데서 발생하기도 한다.

예컨대, 1960년대 초 피임약이 가용되면서 여성의 성적 자유가 증가하였다. 1998년에는 비아그라의 시판으로 남성의 성생활 연령을 늘려 놓았다. 과학의 영향력 증가와 함께 성적 문제에 대한 논쟁과 담화 역시 증가하는 경향이 나타났다.

우리가 문화권의 구성원으로서 습득하게 되는 것 중 하나가 성 규범이다. 성행동의 여러 특징 중 일부는 진화의 산물이라고 시사한 바 있다. 하지만 성적 충동을 표현하는 행위의 적절성은 문화에 따라 달라진다. **성적 각본**(sexual script)이란 사회적으로 학습된 성행동 프로그램을 일컫는다. 이 프로그램은 무엇을, 언제, 어디서, 어떻게, 누구와 또는 무엇을 가지고, 왜 해야 하는지에 대한, 대개는 암묵적인 규정으로 구성된다(Krahe et al., 2007; Seal et al., 2008). 이러한 각본은 평생 동안 벌어지는 사회적 상호작용을 통해 조립되는 부분도 많다. 성적 각본에 구현된 태도와 가치는 성적 동기의 외적 근원으로 작용한다. 즉, 이 각본은 우리가 할 수 있는 또는 해야 하는 성행동의 유형을 가르쳐준다.

대학생들의 성생활을 보다 구체적으로 살펴보자. 대학생들은 성생활에 관한 결정을 어떻게 내리는지 그리고 그 결정에 대해 어떻게 느끼는지를 검토한 연구결과부터 살펴보자. 성적으로 활발한 여자 대학생 152명 중 77%가 자신들의 성행동에 관한 결정을 두고 '다소' 후회한다고 보고하였다(Eshbaugh & Gute, 2008). 후회가 가장 막급했던 두 가지 일 중 하나는 '어떤 사람과 딱 한 번의 성관계를 맺은 일'이었고, 참여자들 중 36%가 이런 일을 경험했다고 보고했다. 다른 하나는 '만난 지 24시간 안에 성관계를 맺은 일'이었고 참여자들 중 29%가 이런 일을 경험했다고 보고했다.

남성과 여성의 성적 각본이 심한 충돌을 일으키는 한 예로 강간에 관한 연구를 살펴보자. 이 연구에서는 2년제 및 4년

제 대학 여학생 4,446명을 대상으로 성적 공격을 받은 경험에 관한 정보를 수집하였다(Fisher et al., 2000). 이들 중 1.7%가 강간을 당했다고 보고했으며, 1.1%가 강간 미수를 경험했다고 보고했다. 이 연구진은 이 결과를 기초로 대학 생활을 마칠 동안 여자 대학생들이 강간 및 강간 미수를 겪을 확률이 20~25%까지 될 것으로 추정했다. 이 연구에서는 **데이트 강간**(date rape)이라고 하는 특별한 유형의 강간도 조사하였다. 데이트 강간이란 면식이 있는 사람에 의해 성행동을 강요당하는 상황을 일컫는 말이다. 이 연구에 참여한 학생들 중 12.8%는 이러한 데이트 강간을 당한 것으로 그리고 35%는 데이트 강간 미수를 경험한 것으로 보고하였다. 데이트 강간 각본의 경우 남녀 차이가 큰 것으로 드러났다. 남녀 대학생들에게 여성이 성관계를 거부했다는 내용의 시나리오를 읽게 하였다(Clark & Carroll, 2008). 동일한 각본을 읽었는데도 그 사건을 강간으로 간주하는 일에는 여성보다는 남성이 더 인색하였다. 또한 남성은 책임을 희생자에게 넘길 가능성이 큰 것으로 드러났다.

성적 동기에 관한 지금까지의 논의에서는 성경험의 주요 범주 하나, 즉 동성애에 관한 언급이 빠져 있었다. 동성애에 관한 논의로 이 절을 마감하기로 하자. 이 논의에서도 우리는 성행동이 내적 요인과 외적 요인의 상호영향에 의해 통제된다는 것을 알게 될 것이다.

동성애

지금까지의 논의는 일반적으로 알려진 성행동의 동기에 그 초점을 맞추었다. 동성애에 관한 논의도 이 맥락에 포함시킬 수 있다. 이성애는 정상으로 간주하고 동성애는 비정상으로 간주하지 말고, 모든 성행동은 성적 동기에 의해 유발되었다고 간주하자는 뜻이다. 이렇게 보면 동성애도 이성애도 서로 비슷한 근원에서 출발한다. 이 절에서는 먼저, 동성애와 이성애의 근원을 따져 본 후, 동성애에 대한 개인적 태도와 사회적 태도에 관한 연구도 살펴보기로 한다.

동성애의 선천성과 후천성 앞서 소개한 진화와 성행동에 관한 논의를 통해 우리는 성 선호(sexual preference)에는 유전적 소인이 작용한다(Långström et al., 2010)는 사실을 알고 있다. 이런 주장은 일란성 쌍둥이(유전자의 모두가 동일함)와 이란성 쌍둥이(유전자의 절반만 동일함)의 일치율(concordance rate)에 근거를 두고 있다. 쌍둥이 모두가 동성애를 하거나 이성애를 하는 경우에는 일치한다고 말하고, 둘 중 한 사람이 동성애이고 다른 한 사람은 이성애인 경우에는 불일치한다고 말한다.

동성애를 하는 남성과 여성을 대상으로 실시한 연구결과 이란성 쌍둥이보다 일란성 쌍둥이의 일치율이 훨씬 높은 것으로 드러났다(Rahman & Wilson, 2003). 약 750쌍의 쌍둥이를 대상으로 이성 선호도를 조사한 결과, 일란성 쌍둥이의 일치율은 32%인데 반해, 이란성 쌍둥이의 일치율은 8%인 것으로 집계되었다(Kendler et al., 2000). 이란성 쌍둥이보다 일란성 쌍둥이의 성장환경이 훨씬 비슷하다는 것을 감안하더라도 이러한 연구결과는 성 선호도의 상당한 정도가 유전에 의해 결정된다고 암시한다.

동성애를 하는 사람과 이성애를 하는 사람의 뇌에서 나는 차이에 대한 연구도 시작되었다. MRI와 PET을 이용하여 뇌의 모양과 부피를 비교한 연구도 있다(Savic & Lindström, 2008). 그 결과 이성애 남성의 우반구가, 동성애 여성의 우반구와 마찬가지로, 다소 큰 것으로 밝혀졌다. 그러나 동성애 남성과 이성애 여성의 뇌는 좌우 반구가 대칭인 것으로 드러났다. 이 연구는 편도체(정서 통제와 기억에 중요한 역할을 하는 뇌의 구조물)와 뇌의 다른 영역과의 연결 양상도 검토하였다. 여기서도 동성애 남성(여성)의 뇌에서 발견된 양상이 이성애 여성(남성)의 뇌에서 발견된 양상과 흡사한 것으로 드러났다. 추가 연구 없이 이들 결과만으로 이들 차이에 대한 확고한 결론을 내리는 일은 시기상조일 것이다. 그러나 동성애와 이성애의 일부 특징은 순수한 생물적 요인의 작용을 반영하고 있음이 분명하다 할 것이다.

사회심리학자 Daryl Bem(1996, 2000)은 생물적 힘이 성 선호를 직접적으로 결정하는 것이 아니라고 주장한다. 그는 생물적 힘이 아동들의 기질과 행동에 영향을 미침으로써 성 선호에 간접적인 영향을 미친다고 주장하였다. 우리는 제10장에서 남아와 여아는 서로 다른 활동을 하며 자란다는 사실을 알았다. 예컨대, 남아의 놀이는 더 거친 경향이 있다. Bem의 이론에 의하면, 아동의 놀이가 남성-전형적인가 아니면 여성-전형적인가에 따라 동성 또는 이성 또래에게 이질감을 느끼게 된다. 이런 이질감은 정서적 흥분으로 이어지고, 시간이 지나면서 이 흥분은 성적 매력으로 변한다. 예를 들어, 여아가 여성-전형적 놀이가 아니라 남성-전형적 놀이를 좋아하는 경우, 이 여아는 다른 여아들과 이질감을 느끼게 되고, 시간이 지나면서 이 아이가 느끼는 정서적 흥분이 동성애적 감정으로 바뀐다는 뜻이다. Bem의 이론은 동성애와 이성애의 원인은 동일하다고 주장한다. 두 경우 모두 아동이 이질적인 것으로 느끼는 성이 나중에 가서는 성적 매력을 갖게 된다는 것이다.

사회와 동성애 아동기의 경험이 극히 중요하게 작용한다는 Bem의 이론이 옳다고 하자. 그러면, 모든 사람이 아동기에 형성된 충동에 따라 행동하는 것일까? 동성애와 이성애를 구분 짓는 가장 중요한 차이점은 동성애에 대한 사회적 적대감일 것이다. 동성애를 하지 않은 남녀 성인 1,335명에게 동성애를 하는 남자(gay)나 여자(lesbian)와 어울릴 때 어떤 느낌이 드는지 물어보았다(Herek, 2002). 그림 11.4는 '약간 불편하다' 또는 '매우 불편하다'고 반응한 사람들의 백분율이다. 남성이든 여성이든 자신과 같은 성을 가진 사람이 동성애인 것에 대해 더 부정적으로 반응한다는 것을 알 수 있다. 연구자들은 동성애에 대한 이러한 부정적 태도를 동성애 공포증(homophobia)이라 칭한다.

동성애를 하는 대대수의 사람들은 동성애 공포증이 사회 전반에 퍼져 있는 매우 적대적인 상황에서 자신들은 동성을 사랑하게 되었음을 깨닫게 된다. 그렇긴 해도 동성애를 하는 많은 사람들은 동성을 사랑하는 느낌을 어릴 적부터 갖게 되는 것으로 알려지고 있다. 미국 동남부에 거주하는 대학생들로 동성애와 양성애 그리고 성전환에 관한 회의에 참석한 학생들에게 자신들의 동성에 대한 느낌을 갖게 된 나이를 물어보았다(Mauen, et al., 2002). 동성애 남성의 경우 평균 나이는 9.6세, 동성애 여성의 경우 평균 나이는 10.9세로 드러났다. 남성들은 14.9세에 동성과의 성적 접촉을 가졌다고 보고했고, 여성들은 16.7세에 동성과의 성적 접촉을 가졌다고 보고했다. 이런 결과를 보면, 동성애를 하는 많은 사람들은 자신들이 동성애의 성향을 가졌다는 사실을 학창시절에 그것도 동성애에 대한 적대감이 매우 강한 시기에 알게 된다고 하겠다(Espelage et al., 2008). 또한 동성애를 하는 젊은이들은 자신들의 성적 선호에 관한 사실을 부모에게 밝히는 일을 두고 어려운 결정을 내려야 한다. 대부분의 청소년은 정서적으로 또 경제적으로 부모의 지지를 받으며 살아야 하는데, 동성애에 관한 사실을 밝힘으로써 이 두 가지 지지를 모두 잃을 수도 있기 때문이다. 부모의 거절이 자살시도의 증가와 밀접한 관계에 있는 것으로 밝혀졌다(Bouris et al., 2010).

청소년을 상대로 수집된 이러한 결과는 동성애를 하는 대부분의 사람들은 동성애 그 자체보다는 동성애 공포증을 더 큰 부담으로 받아들인다고 말한다. 1973년에 미국 정신의학회는 심리적 장애 목록에서 동성애를 삭제하기로 결정했고, 1975년에 미국 심리학회도 그 뒤를 따랐다(Morin & Rothblum, 1991). 이런 결정을 촉진한 것은 동성애를 하는 대부분의 사람들이 사실상 행복하고 생산적인 삶을 살고 있다는 연구결과이

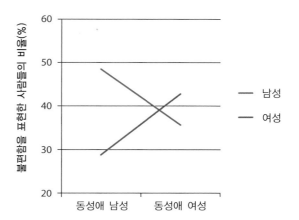

그림 11.4 동성애를 대하는 태도
참여자들에게 '동성애 남성' 또는 '동성애 여성'과 어울리는 일이 얼마나 불편할 것 같은지 물었다. 이 그림은 '약간 불편'에 반응한 사람과 '매우 불편'에 반응한 사람들의 백분율을 보여준다.
출처 : Gregory M. Herek, "Gender Gaps in Public Opinion about Lesbians and Gay Men," *Public Opinion Quarterly*, 66, 40–66.

다. 동성애와 관련된 스트레스의 대부분은 성 동기 그 자체보다는 자신의 성 동기를 밝힐 때 주위의 사람들이 보이는 반응 때문에 생기는 것으로 밝혀지고 있다. 예컨대, 동성애를 하는 사람들의 불안은 대부분 동성애 자체에서 생기는 것이 아니고, 자신들이 동성애를 한다는 사실을 가족, 친구, 동료들에게 밝혀야 또는 숨겨야 하는 데서 생긴다(Legate et al., 2012). 보다 일반적으로 말하면, 동성애를 하는 사람들이 겪는 마음앓이는 자신들의 삶을 공개할 수 없는 데서 생긴다(Lewis et al., 2006). 동성애를 하는 사람들도 이성애를 하는 사람들과 똑같이 사랑하는 관계를 형성하고 유지하는 일에 대한 걱정을 하며 살아간다.

동성애를 한다는 사실을 밝히는 것 자체가 사회의 적대감을 감소시키는 초석이 될 수 있다. 동성애를 하는 사람을 실제로 알고 있는 사람들의 동성애에 대한 태도는 훨씬 덜 부정적이라고 연구결과는 말한다. 동성애를 하는 사람들을 많이 아는 사람일수록 동성애에 대한 태도는 더 호의적이다(Smith et al., 2009). (제16장에서 '편견'을 다룰 때 소수집단 구성원들과 접촉이 소수집단에 대한 태도를 긍정적으로 바꾸어 놓을 수 있다는 것을 또 다시 보게 될 것이다.)

동성애에 대한 이 짧은 개관을 통해 인간의 성 동기에 대한 주요 결론이 더욱 강화되었다. 성행동을 일으키는 힘의 일부는 내적인 힘이다. 동성애 행동과 이성애 행동의 모형 모두 유전적 기질과 종의 진화를 통해 구축된다. 우리는 어떤 자극은 특히 매혹적이며 어떤 행동은 문화적으로 허용되는 행동이라는 사실을 깨닫게 된다. 동성애는 외적인 사회 규범이 내적 본

성의 명령과 상충하는 경우라고 할 수 있다.

복습하기

1. 정형화된 성행동이 뜻하는 바는 무엇인가?
2. Masters와 Johnson이 밝혀낸 인간 성반응의 네 단계는 무엇인가?
3. 진화론에서는 왜 남성은 여성보다 성적 다양성을 갈구한다고 주장하는가?
4. 성적 각본이란 무엇인가?
5. 동성애의 유전성에 대한 쌍생아 연구결과가 시사하는 바는 무엇인가?

비판적 사고 수컷 molly가 암컷을 선호하는 현상에 대한 연구를 기억할 것이다. 왜 연구자는 다른 수컷들과 같이 있는 암컷을 보기 전에 한 번 그리고 보고 난 후에 한 번, 두 번씩이나 수컷의 선호도를 검사해야 했을까?

성취를 향한 동기

어떤 사람은 성공을 하는데 어떤 사람은 실패를 한다. 왜 그럴까? 왜 어떤 사람은 현해탄을 수영으로 건너는데 어떤 사람은 해변에서 손이나 흔드는 것일까? 유전적 요인 때문일 수 있고 체형 때문일 수도 있다. 그러나 사람에 따라 수영에 관심을 갖는 정도가 다르다는 것도 우리는 안다. 우리는 동기를 연구하는 핵심적인 이유 중 하나로 되돌아온 셈이다. 이번에는 사람에 따른 성취 수준의 차이를 동기의 차이로 설명하고자 한다. 성취욕구라는 구성개념부터 살펴보기로 하자.

사람들 중에는 위험한 일을 서슴지 않는 사람도 많다는 사실을 어떻게 동기로 설명할 수 있을까?

성취욕구

일찍이 Henry Murray(1938)는 우리 모두에게는 성취욕구라는 것이 있다고 생각했었다. 우리의 노력과 수행 및 평가에 영향을 미치는 이 욕구는 그 강도가 사람에 따라 다르다고 생각했었다. David McClelland와 그 동료들(1953)은 이 욕구의 강도를 측정하는 방식을 개발하였다. 그리고는 다양한 문화와 다양한 조건하에서 성취욕구의 강도와 작업성과와의 관계를 밝혀내려 하였다. 성취욕구의 강도를 측정하는 데는 참여자들의 공상력을 활용했다. 소위 **주제통각검사**(Thematic Apperception Test, TAT)에서는 참여자들에게 애매한 그림을 보여주고 그 그림을 기초로 이야기를 만들어 보라고 지시한다. 구체적으로 그 그림 속에서 무슨 일이 일어나고 있으며, 앞으로 어떤 일이 일어날 것 같은지에 대한 이야기를 지어내 보라고 지시한다. 피검자들이 스스로 만들어낸 이야기에다 자신의 가치관, 관심 및 동기를 투사할 것이라고 생각했던 것이다(McClelland, 1971).

한 세트의 TAT 그림에 대한 반응을 기초로 McClelland는 권력욕구, 소속욕구 및 성취욕구 등 여러 가지 욕구의 강도를 측정해내었다. n Ach는 **성취욕구**(need for achivement)를 나타내는 기호이다. 성취욕구(n Ach)는 목표달성에 필요한 기획과 실천의 중요성에 대한 개인차를 반영한다. 그림 11.5는 성취욕구가 높은 사람과 낮은 사람이 TAT 그림을 해석하는 데서 나는 차이를 예시하고 있다. 이 측정치의 유용성은 실험실 연구와 현장 연구 모두에서 인정받았다.

예를 들면, 성취욕구가 높은 사람은 낮은 사람에 비해 위쪽으로 움직이는 경향이 강하다. 즉, 성취욕구가 낮은 아들보다 성취욕구가 높은 아들이 자기 아버지보다 높은 신분을 달성할 가능성이 더 높다(McClelland et al., 1976). 남성이건 여성이건 31세 때 측정한 성취욕구가 높은 사람들이 낮은 또래에 비해 41세 때 받는 봉급이 더 많은 경향이 있었다(McClelland & Franz, 1992). 이런 발견을 기초로 성취욕구가 높은 사람일수록 일을 더 열심히 한다고 말할 수 있을까? 그렇지는 않다. 성취욕구가 높은 사람들은 너무 어렵다고 생각되는 과제를 만나면 일찌감치 포기해 버린다(Feather, 1961). 성취욕구가 높은 사람들의 특징은 **효율성**을 강조한다는 점이다. 즉, 최소한의 노력으로 최대한의 효과를 얻으려는 욕구가 강한 사람들이 성취욕구가 강한 사람들이다. 그들이 또래보다 더 많은 봉급을 받는다면, 그 이유는 자기가 일을 잘한다는 구체적인 피드백을 중요하게 여기기 때문일 수 있다. 향상을 반영하는 측정치

그림 11.5 TAT 그림에 대한 다양한 해석
성취동기가 높은 이야기 이 아이는 지금 막 바이올린 레슨을 마쳤다. 그는 자신의 실력이 향상되어 행복하며, 실력만 향상시킬 수 있다면 다른 모든 것을 희생시킬 수 있다는 믿음을 갖기 시작한다. 음악단의 바이올리니스트가 되기 위해서는 연습하는 데 많은 시간을 보내야 하기 때문에 거의 모든 사회 활동을 포기해야 할 것이다. 아버지의 사업에 동참하면 더 많은 돈을 벌 수 있다는 것을 알고 있으면서도 그는 유명한 바이올리니스트가 되어 음악으로 사람들에게 즐거움을 주는 일에 더 관심이 많다. 그는 이런 꿈을 성취하기 위해 해야 할 모든 일을 서슴지 않겠다고 다짐한다.

성취동기가 낮은 이야기 이 아이는 자기 형의 바이올린을 들고 자신도 연주할 수 있었으면 좋겠다고 생각한다. 그러나 바이올린 레슨을 받는 것은 시간, 돈, 노력의 낭비일 뿐이라고 생각한다. 자기 형이 참 안됐다고 느낀다. 연습하고, 연습하고 또 연습하느라고 삶의 모든 재미를 포기하고 있지 않은가! 어느 날 잠을 깨고 보니 세계 최고의 음악가가 되어 있다면 얼마나 좋을까? 하지만 그런 일은 일어날 수 없는 일이지. 재미도 못 보고 지겹도록 연습만 해도 작은 시골 마을에서 악기를 연주하는 보잘것없는 또 한 명의 음악가가 될 게 거의 확실한 게 현실 아닌가!

인 봉급은 매우 구체적인 피드백에 속한다(McClelland, 1961; McClelland & Franz, 1992).

성취욕구는 특정 진로에서의 성공을 예측하기도 한다. 새로운 사업을 개척하는 도전적 기업가들을 고려해 보자. 성취욕구가 높은 사람일수록 기업가의 진로를 선택할 가능성이 높다. 그리고 성취욕구가 높은 기업가일수록 성공 확률도 높다(Collins et al., 2004; Stewart & Roth, 2007). 그러나 성취욕구가 높다고 성공이 보장되는 것은 아니다. 예컨대 성취욕구가 높아도 정치가로서는 실패할지도 모른다. 복잡한 현실의 문제 때문에 스스로를 통제하지 못하게 될 수 있기 때문이다(Winter, 2010).

성공과 실패의 귀인

성취욕구가 성공 동기에 영향을 주는 유일한 변인은 아니다. 같은 수업을 듣는 두 친구가 있다고 하자. 중간고사에서 둘 다 C를 받았다. 이 두 사람이 기말고사를 위해 공부에 매달리는 정도가 똑같을까? 이에 대한 답은 이들이 C를 받은 원인이 무엇이라고 생각하는가에 따라서도 달라진다. **귀인**(attribution)

이란 결과의 원인에 대한 판단을 일컫는다(귀인 이론에 대한 보다 자세한 것은 제16장에서 소개될 것이다.). 귀인이 동기에 미치는 영향력 또한 막강하다. 그 이유를 따져 보자.

위의 두 친구 중 한 명은 성적이 좋지 못한 이유를 이웃에서 나는 소음 탓으로 돌리는데, 다른 친구는 자신의 신통치 못한 기억력 때문이라고 생각한다고 가정해 보자. 행위의 결과는 행위자의 내적 요인에 따라 달라질 수도 있고 또 행위자가 처한 환경에 따라 달라질 수도 있다. 그런데 한 명은 자신의 성적이 좋지 못한 원인을 환경, 즉 외적 요인(시험 기간 동안 이웃에서 난 소음) 탓으로 돌리는데, 다른 한 명은 내적 요인(자신의 좋지 못한 기억력) 탓으로 돌리고 있다. 이러한 귀인도 동기에 영향을 미친다. 성적이 좋지 못한 이유가 외적 요인 때문이라고 믿는 친구는 기말고사를 위해 열심히 공부할 가능성이 높다. 하지만 자신의 내적 요인 때문에 그런 성적을 받았다고 믿는 친구는 공부를 포기할 가능성이 높다.

위에서 소개한 내적-외적 차원은 귀인이 바뀔 수 있는 세 가지 차원 중 하나일 뿐이다. 귀인은 결과 산출에 작용하는 요인의 가변성(안정성-가변성 차원)에서도 달라질 수 있다. 어떤 요인은 거의 항상 변하지 않을(stable) 것으로 판단될 수 있고 경우에 따라 쉽게 변할(unstable) 것으로 판단될 수도 있다. 그리고 귀인은 구체적-전반적 차원에서도 달라질 수 있다. 즉, 원인으로 작용하는 요인이 특정(specific) 과제나 상황에만 영향력을 행사한다고 판단할 수도 있고, 그 요인의 영향력이 거의 모든 전반적(global) 과제와 상황에 작용할 것으로 판단할 수도 있다.

그림 11.6은 이들 두 차원이 상호작용할 수 있는 방식을 보여주고 있다. 시험 성적에 관한 이야기를 다시 생각해 보자.

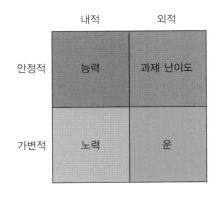

그림 11.6 귀인의 결과
행동의 결과에 대한 귀인의 두 가지 차원을 교차시켜 생성되는 네 가지 요인 : 능력 같은 내적이며 안정적인 요인, 노력 같은 내적이면서도 가변적인 요인, 과제의 난이도 같은 외적이며 안정적인 요인, 그리고 운 같은 외적이면서도 가변적인 요인.

자신의 성적이 좋지 못한 이유를 능력(안정적 성격특성)이나 노력(가변적인 개인 특징) 같은 내적 요인 때문으로 해석할 수도 있다. 또는 과제의 난이도(안정적 상황의 문제)나 운(가변적인 외적 특징) 같은 외적 요인 때문으로 해석할 수도 있다. 귀인이 어떻게 이루어지느냐에 따라 후속 동기 — 공부를 열심히 할 것인가 아니면 포기할 것인가 — 가 달라질 것이다. 여기서 주목할 것은 귀인에 따른 동기의 변화는 중간고사에서 C를 받게 된 실제 원인과는 무관하다는 사실이다.

중간고사에서 C를 받은 두 친구에 관한 이야기를 다시 생각해 보자. 한 친구는 내적 귀인(좋지 못한 기억력)을 하고 다른 친구는 외적 귀인(공사장 소음)을 한다고 가정했다. 사람들이 일상생활에서 겪는 일(카드놀이에서 이기는 데서부터 데이트 신청을 거절당하는 일에까지)을 설명하는 우리의 방식은 습관적인 귀인양식(attributional style)으로 고정되어 있기 때문에 평생 동안 지속되는 것으로 밝혀졌다(Cole et al., 2008). 제14장에 가면, 내적-전반적-안정적 귀인양식("나는 하는 일마다 실패만 해")은 사람들을 우울증으로 몰아넣을 가능성이 크다는 것을 알게 될 것이다. 그러나 여기서는 귀인양식 덕분에 위에서 소개한 두 친구 중 한 명은 기말고사에서 A를 받고 다른 한 명은 F를 받게 되는 일만을 고려하기로 하자. 이들의 성패를 결정하는 중요한 요인은 우리도 잘 알고 있는 낙관주의(optimism)적 귀인양식 대 비관주의(pessimism)적 귀인양식인 것으로 드러났다(Carver et al., 2011).

낙관주의적 귀인양식은 실패를 외적 요인의 결과("시험이 너무 어려웠어")이며, 가변적이고 수정 가능한 일의 결과("다음 번에 더 열심히 하면 더 좋은 성적을 받을 거야. 이번의 실패가 다른 일에는 영향을 미치지 않을 거야")로 간주한다. 이에 반해, 비관주의적 귀인양식은 실패의 원인을 내적인 데에서 찾는다. 또한 좋지 못한 상황과 그러한 상황을 초래한 자신의 역할을 안정적이고 전반적인 것으로 본다. 예컨대, "그건(내적 특성) 변하지 않아. 뿐만 아니라 모든 것에 나쁜 영향을 미칠 거야!"라는 식이다. 비관론자들은 자신은 실패할 수밖에 없다고 믿는다. 그 때문에 그들의 수행 수준은 객관적 측정치에 근거한 예상 수준보다 낮게 나타난다.

이 절을 마감하기 전에 귀인양식의 이 같은 막대한 영향력이 학교에서 발휘되는 예를 하나 살펴보기로 하자.

소수 집단에 속하는 학생들이 대학에 입학하면 대학이라고 하는 새로운 사회적 환경이 불편하다고 대답하는 경우가 많다. 이러한 사회적 소외감이 이들의 성취동기를 떨어뜨릴 수 있다. Walton과 Cohen(2007)은 만약 흑인 학생들의 사회적 소외감에 대한 귀인양식을 바꿀 수만 있다면, 그들의 학업 성적을 향상시킬 수도 있을 것이라고 예상했다. 이들은 연구에 참여한 학생들에게 대학 경험에 대한 연구 보고서를 읽게 했다. 실험집단 학생들의 경우, 그 보고서 중에는 사회적 소속감 때문에 겪은 어려움에 대한 귀인양식을 바꾸어 보는 방식이 소개되어 있었다. 예컨대, "조사결과를 통계 처리한 결과, 상류층 학생들도 대부분 1학년 때는 다른 학생들이 자신들을 수용할지를 두고 걱정을 한다. 그러나 이제는 대다수 학생들이 자신들을 수용한다고 확신하는 것으로 밝혀졌다."라는 내용이 재료 속에 포함되어 있었다. 통제집단 학생들은 이러한 정보를 읽지 못했다. 이 간략한 개입의 효과를 검증하기 위해 참여자들의 그다음 학기 성적을 확보하였다. 그리고는 각 학생별로 그전 학기까지의 성적을 근거로 계산해낸 예상 성적보다 높아졌는지 낮아졌는지를 계산하였다. 실험집단 학생들의 성적은 예상보다 높아졌고 통제집단 학생들은 예상보다 낮아진 것으로 밝혀졌다.

Walton과 Cohen(2011)은 이 개입을 받은 학생들에 대한 추적조사를 그 후 3년 동안 계속했다. 실험집단 학생들은 통제집단 학생들에 비해 GPA도 높아지고 심지어는 건강상태까지 향상된 것으로 드러났다. 귀인이 동기에 영향을 미치는 방식 때문에 사회적 소속감에 관한 약간의 정보가 학생들의 수행수준에 장기적인 영향을 미쳤던 것이다.

귀인양식에 관한 이들 연구에서 우리는 중요한 교훈을 배운다. 성공과 실패에 대한 낙관주의적 귀인양식을 갖추려고 노력하라. 실패에 대해서는 상황적 원인을 면밀히 검토함으로써 될 수 있는 한 부정적, 안정적, 기질적 귀인을 피하도록 하라. 일시적 좌절 때문에 의기소침해지지 마라. 과학적 연구결과에 바탕을 둔 이런 충고를 이용함으로써 우리는 자신의 삶을 한층 더 개선할 수 있을 것이다. 이것이 바로 이 책의 요지이기도 하다.

일 그리고 조직심리학

이제 긍정적 사고방식 덕분에 대기업에 취직한 사람들을 생각해 보자. 이들 각자에 대한 몇 가지 사실(여러분의 성취욕구나 귀인양식)만 알면, 그들의 동기 수준을 예측할 수 있을까? 사람의 속성을 그렇게 쉽게 예측할 수는 없다. 우리 각자의 동기 수준은 직장 내 다른 사람 및 규칙 등에 따라서도 달라질 수 있기 때문이다. **조직심리학자**(organizational psychologist)들은 작업환경을 복잡한 사회적 시스템으로 간주하고, 인간관계의 다양한 측면을 연구한다. 노동자 서로 간의 의사소통, 노동자들의 사회화, 노동자들의 조직에 대한 태도와 참여도, 리더십, 직무 만족, 스트레스와 과로, 그리고 직장

생활 속의 비판적 사고

동기가 학업성취에 미치는 영향

심리학 개론을 수강하는 네 명의 학생이 있다. 그중 한 명인 성근이는 수업 첫날 "이 반에서 꼭 일등을 하고 말 거야!"라고 각오를 다진다. 그런데 성희는 "난 F만 받지 않으면 돼!"라고 생각한다. 이처럼 판이한 목표를 설정한 성근이와 성희가 학업에 기울이는 노력이 동일할 것이라고 생각하는 사람은 아무도 없을 것이다. 이 난은 여러분 스스로 자신의 목표와 동기와 학업성취도 간의 관계를 비판적으로 생각해 볼 기회를 제공하기 위해 마련되었다.

학생들의 수행을 분석해 보면, 학생의 성취목표는 두 가지 차원을 교차시켜 생성되는 네 가지 유형으로 분류된다(Elliot & McGregor, 2001; Murayama et al., 2011). 첫 번째 차원은 성과 대 정복으로 대조된다. 성과(performance)란 다른 학생들과의 비교를 통해 생기는 자신의 성취감을 일컫고, 정복(mastery)이란 자신의 역량(실력)에 관한 스스로의 평가를 일컫는다. 두 번째 차원은 접근(approach) 대 회피(avoidance)로 대비된다. 이 차원은 성공을 이루고 싶어 하는 욕구와 실패를 피하고 싶어 하는 욕구를 반영한다.

이들 차원에서 분석했을 때, 위의 성근이는 성과-접근형 목표(performance-approach goals)를 가진 학생에 속한다. 성근이는 다른 학생들보다 자신이 유능한 학생임을 확인하고 싶어 한다. 성희는 성과-회피형 목표(performance-avoidance goals)를 가진 학생에 속한다. 그는 다른 학생들보다 못한 것으로 보이지만 않으면 된다고 생각한다. 세 번째 학생인 정근이는 스스로의 실력을 향상시키는 일에만 집중한다면, 그는 정복-접근형 목표(mastery goals)를 가진 학생이라 할 것이다. 그리고 네 번째 학생인 정희는 과거에 성취했던 것보다 못하지 말아야 한다는 방어적 태도를 취하고 있다. 정희는 정복-회피형 목표(mastery-avoidance goals)를 가진 학생으로 분류된다. 학생들의 성취목표를 측정할 때는 "이 수업에서 다루는 모든 내용을 완전히 정복하고 싶다." 또는 "이 수업에서 C학점 이상만 받으면 돼."와 같은 진술에 어느 정도 공감하는지를 묻는다(McGregor & Elliot, 2002, p. 381).

일반적으로 정복형 목표를 가진 학생들은 학업 성취도를 높이는 행동을 더 많이 한다. 심리학 개론 시험이 있기 2주 전 그리고 시험 직전에 각각 한 번씩 학생들의 행동을 평가한 결과(McGregor & Elliot, 2002), 성과-회피형 목표를 가진 학생들은 역시 공부를 하지 않는 것으로 드러났다. 시험 2주 전에는 시험 준비를 한 게 별로 없다고 토로했고 시험 직전에는 아직 준비가 덜 됐다고 토로했다. 정복-접근형 목표를 가진 학생과 성과-접근형 목표를 가진 학생들은 모두 일찍부터 시험 준비를 시작했다. 그런데 정복형 목표를 가진 학생들은 시험을 침착하게 대비한다는 점이 달랐다. (이 연구에서는 정복-회피형 목표를 가진 학생들에 대한 조사는 하지 않았다.) 학생들이 설정한 목표가 그들이 공부하는 일에 미치는 영향력은 막강하다. 따라서 접근형 목표를 설정한 학생들의 성적이 회피형 목표를 설정한 학생들의 성적보다 우수할 것으로 예상되고, 이 예상은 실제로 구현되었다(Darnon et al., 2009).

이상의 논의를 바탕으로, 잠시 틈을 내서 여러분 스스로 설정한 목표를 다시 한 번 생각해 보기 바란다. 그리고 그 목표가 여러분이 하는 공부에 어떤 영향을 미치는지를 재고해 보기 바란다.

- 왜 성과-회피형 목표를 가진 학생들은 공부를 미루는 것일까?
- 어떻게 해야 자신의 목표를 회피형에서 접근형으로 바꾸게 될까?

생활의 전반적 질 등을 연구한다(Blustein, 2008; Hodgkinson & Healy, 2008). 조직심리학자들은 직원의 채용, 선발 및 훈련, 그리고 직무 재설계에 대한 조언도 한다. 이들은 경영, 의사결정 및 개발에 관한 이론을 기반으로 작업환경을 개선시키고자 한다.

일터에서의 작업동기를 설명하기 위해 조직심리학자들이 개발한 이론을 두 가지만 살펴보기로 하자. 형평성 이론과 기대 이론은 작업 조건이 달라짐에 따라 사람들의 반응이 변하는 방식을 설명하고 예측하기 위해 고안된 이론이다. 이 두 이론은 노동자들의 인지활동을 강조한다. 노동자들은 동료들과의 비교를 통한 공평성을 평가하고 작업성과에 따를 보상을 추정하는 등의 주요 인지활동을 게을리하지 않는다는 게 이 두 이론의 기본 가정이다. 형평성 이론과 기대 이론이 세상에 나온 지 45년 이상의 시간이 흘렀지만, 연구자들은 아직도 작업동기를 설명하기 위해 이 두 견해를 이용한다(예 : Bolino & Turney, 2008; Liao et al., 2011; Siegel et al., 2008).

형평성 이론(equity theory)은 노동자들이 직장 내 관련 동료들과 공평한 관계를 유지하려 한다고 주장한다(Adams, 1965). 노동자들은 자신이 회사에 투자한 노력(또는 공헌)과 그 대가를 따져 보고 이를 다른 노동자들이 투자한 노력 및 그 대가와 비교해 본다. 노동자 A의 노력 대 대가의 비율이 노동자 B의 노력 대 대가의 비율과 동일하면 A는 만족할 것이고, 동일하지 않으면 불만을 가질 것이다. 공평하지 않다는 느낌은 혐오성 느낌이기 때문에 노동자들은 노력과 대가를 변화시킴으로써 형평성을 회복하려 한다. 이 변화는 예컨대, 일을 덜 함으로써 노력을 줄이거나 봉급 인상을 요구함으로써 대가를 높이는

선수들 중에는 안타율을 높이기보다는 홈런을 선호하는 사람도 있다. 기대 이론에서는 이런 행동을 어떻게 설명하는가?

성이다. 도구성(instrumentality)이란 자기가 이룬 성과가 일정한 결과(예 : 보상)를 가져다줄 것이라는 인식을 일컫는다. 유인가(valence)는 그러한 성과에 마음이 끌리는, 즉 매력 정도를 가리킨다. 이들 세 요소가 서로 다른 확률을 갖는 장면을 상상해 보자. 예를 들어, 성과에 따라 큰 보상을 받을 확률은 높지만(도구성 고), 성과를 높이기 힘들거나(기대감 저) 또는 보상이 매력적이지 못한(유인가 저) 일이 그런 일에 속한다. 기대 이론에 의하면, 사람들은 이 세 요소의 확률을 평가한 후, 모두를 곱하여 그 값이 클수록 노력을 더 많이 한다. 따라서 이들 세 가지 확률이 모두 높으면, 강력한 동기가 형성되지만 어느 한 요소라도 그 확률이 영이 되면 동기는 아예 형성되지도 않는다.

기대 이론은 경영자에게 어떤 도움을 줄 수 있을까? 이 질문에 답할 수 있으려면, 기대감과 도구성 및 유인가를 보다 명확하게 이해하고 있어야 한다. 세 요소 중 어느 하나의 상태가 좋지 않다는 것도 찾아낼 수 있어야 한다. 예를 들어, 직원들이 투자한 노력에 비해 받는 보상이 너무 적다는 생각을 하게 되었다고 하자. 이런 경우 도구성을 높여야 하는데, 작업환경을 어떻게 바꾸어야 도구성이 높아질까?

왜 아침에 잠자리를 박차고 일어났는지를 생각해 보라고 주문한 후 한참이 지난 것 같다. 허기 및 섭식의 생리와 심리를 소개하였다. 인간의 성행동을 진화론적 차원과 사회적 차원에서 살펴보았다. 그리고 성취욕구에서 나는 개인차를 검토하였다. 이러한 논의를 통해 우리는 종의 발달에서도 그리고 개체의 발달에서도 선천성과 후천성이 긴밀하게 상호작용한다는 것을 알았다. 이제 이러한 많은 정보를 확보했으니까, 이를 기초로 아침에 왜 잠자리를 박차고 일어났는지를 다시 한 번 생각해 보기 바란다.

행동적 변화일 수도 있고, "사실 나는 일을 잘 못하는 편이지." 라고 생각함으로써 노력 정도를 재해석하거나 "월급이 꼬박꼬박 나온다는 게 얼마나 다행이야."라고 생각함으로써 대가의 가치를 재해석하는 것 같은 심리적 변화일 수도 있다.

만약 여러분이 경영자라면, 형평성과 관련된 직원들의 심리적 욕구를 충분히 고려해야 할 것이다. 피고용인들은 자신이 받는 보상을 회사 내 다른 직원들의 월급과도 비교할 수도 있고 또 다른 회사에서 자신과 비슷한 위치에 있는 사람의 월급과도 비교할 수 있다. 형평성 이론에 따르면, 이러한 비교의 결과에 따라 직원들의 행동이 달라진다. 노력과 대가 간의 관계 변화를 어떻게 설명하느냐에 따라 득을 챙길 수도 있고 실을 겪을 수도 있다는 사실을 명심해야 할 것이다.

기대 이론(expectancy theory)은 직무에 대한 노력과 성과가 원하는 결과를 가져다줄 것으로 예상될 때 동기가 형성된다고 주장한다(Harder, 1991; Porter & Lawler, 1968; Vroom, 1964). 사람들은 매력적이고(그 결과가 좋을 것 같고) 또 성취 가능한 일을 하고자 한다는 뜻이다. 기대 이론은 기대감, 도구성, 유인가라고 하는 세 가지 요소를 강조한다. 기대감(expectancy)이란 자신의 노력이 일정한 수준의 성과를 가져다줄 가능성에 대한 믿음을 일컫는다. 물론 이 가능성은 주관적(지각된) 가능

 복습하기

1. 성취욕구란 무엇인가?
2. 사람들이 만드는 귀인은 어떤 차원에 따라 이루어지는가?
3. 기대 이론에서는 작업장에서의 동기를 어떻게 설명하는가?

비판적 사고 귀인이 학업성취도에 미치는 효과를 밝혀낸 연구를 기억할 것이다. 여러분이 다니는 대학에서는 이 연구의 결과를 어떻게 이용할 수 있을 것 같은가?

요점정리

동기에 대한 이해

- 동기란 행동을 관리감독하는 과정을 묘사할 때 사용되는 역동적 개념이다.
- 동기에 대한 분석은 생리와 행동 간의 관계를 설명하는 데 그리고 왜 어떤 사람들은 고난과 역경을 무릅쓰고 목적을 달성하기 위해 열심히 노력하는지를 설명하는 데 도움을 준다.
- 추동 이론은 동기를 긴장 감소로 개념화한다.
- 생리적 욕구와는 무관한 외적 자극(예 : 유인 자극)도 사람들의 동기를 유발한다.
- 본능 이론은 동기는 타고난 정형화된 반응에 따라 달라질 때가 많다고 주장한다.
- 사회심리학자와 인지심리학자들은 특정 상황에 대한 우리 각자의 지각과 해석과 반응을 강조한다.
- Abraham Maslow는 인간의 욕구는 위계적으로 조직된다고 주장한다.
- 인간의 동기는 실제로 훨씬 복잡하지만, Maslow의 이론은 동기의 힘을 요약하는 데 필요한 기본 골격으로 이용될 수 있다.

섭식행동

- 우리의 몸에는 섭식행동의 시작과 종결을 조절하는 기제(장치)가 여러 개 있다.
- 문화적 규범도 사람들의 취식행동에 영향을 미친다.
- 유전인자가 중요한 비만 요인인 것은 분명하다. 그러나 유전의 영향력도 환경요인에 의해 조절된다.
- 억제형 섭식을 하는 사람들은 다이어트를 해도 몸무게를 줄이지 못하고 오히려 늘리게 된다.
- 생명에 위협을 가할 수도 있을 만큼 심각한 질환인 섭식장애는 문화적 압력과 자기 몸매에 대한 오판에서 생겨난다.

성행동

- 진화의 관점에서 보면 성은 번식장치일 뿐이다.
- 동물의 성욕은 거의 호르몬에 의해 조절된다.
- 남성과 여성의 성반응 주기에 대한 확고한 자료는 Masters와 Johnson의 연구에 의해 처음 확보되었다.
- 진화심리학자들은 인간의 성행동 대부분이 남성과 여성의 상이한 교배 전략을 반영한다고 주장한다.
- 성적 각본은 문화적으로 적절한 성행동의 모양을 규정한다.
- 동성애와 이성애는 유전과 개인적 및 사회적 환경에 의해 결정된다.

성취를 향한 동기

- 성취욕구는 사람마다 판이하다. 성취동기는 성공과 실패를 해석하는 방식에 따라서도 달라진다.
- 낙관주의와 비관주의라고 하는 두 가지 귀인양식에 따라 성취에 대한 태도가 달라지며 동기 또한 달라진다.
- 조직심리학자들은 작업장에서의 동기에 관해 연구한다.

1. 고전을 면치 못하고 있는 광수의 테니스 경기를 관람하였다. 시합 후, 광수는 "오늘은 도대체 동기가 유발되지 않는다."고 말했다. 여기서 광수는 동기라는 개념을 _____ 사용하고 있다.
   a. 공공행동으로부터 개인적인 상태를 추론하기 위해
   b. 생리를 행동과 관련짓기 위해
   c. 행동의 변산성을 설명하기 위해
   d. 고난을 극복하는 인내를 설명하기 위해

2. 종의 생존에 필수적인 특징으로 태어날 때 이미 프로그램되어 있는 경향성은?
   a. 유인 자극   b. 동기 상태
   c. 추동   d. 본능

3. Maslow는 우리는 _____욕구를 충족시키기 전에 _____욕구부터 충족시켜야 한다고 주장한다.
   a. 애착; 생리적   b. 존중; 애착
   c. 안전; 존중   d. 애착; 자아실현

4. 용호는 끼니마다 한 가지 맛의 음식만 먹는다. _____ 때문에 이러한 행동은 일반적으로 용호가 먹는 양을 _____ 시킬 것이다.
   a. 위의 수축; 증가   b. 시상하부 외측 자극; 감소
   c. 감각-구체적 포만; 증가   d. 감각-구체적 포만; 감소

5. 억제 섭식을 하는 사람의 억제성이 풀리면 _____경향이 있다.
   a. 열량이 높은 음식물을 과식하는
   b. 음식 소비량을 더욱 줄이는
   c. 영구적 다이어트에 들어가는
   d. 비억제 섭식행동을 하는 사람과 닮는

6. 다음 중 옳지 않은 진술은?
   a. 체중이 예상보다 85% 낮은 사람은 거식증으로 진단된다.
   b. 거식증으로 고생하는 남녀의 비율은 같다.
   c. 폭식증 환자는 과식한 후 먹은 것을 토해 버린다.
   d. 폭식증 환자가 거식증 환자보다 더 흔하다.

7. 병수와 인숙이는 함께 팝콘을 먹으며 영화를 관람했다. 병수에게 왜 자기가 먹은 만큼의 팝콘을 먹었냐고 물었다. 이에 대한 병수의 답으로 그 가능성이 가장 희박한 것은?
   a. 배가 많이 고팠기 때문이다.
   b. 인숙이가 먹는 양에 영향을 받았다.
   c. 음식을 먹은 지가 상당히 오래되었기 때문이다.
   d. 팝콘 맛이 매우 좋았기 때문이다.

8. _____ 활동 때문에 여러 동물(종)의 _____ 이 항상 교미에 수용적인 것은 아니다.
   a. 안드로겐; 암컷   b. 에스트로겐; 수컷

   c. 안드로겐; 수컷   d. 에스트로겐; 암컷

9. 인간의 성적 흥분에 대한 Masters와 Johnson의 연구결과에 따르면, _____ 단계가 _____ 단계보다 먼저 일어난다.
   a. 해소; 절정   b. 절정; 흥분
   c. 절정; 오르가슴   d. 해소; 오르가슴

10. 짧은 이성 관계에 많은 에너지를 쏟아붓는 친구가 있다. 이런 전략을 _____ 의 _____ 교배 전략이라고 한다.
    a. 여성; 장기적   b. 남성; 단기적
    c. 남성; 장기적   d. 여성; 단기적

11. 다음 중 성적 취향이 동일할 가능성이 가장 높은 쌍은?
    a. 이란성 쌍둥이인 난호와 준호
    b. 일란성 쌍둥이인 인숙이와 영숙이
    c. 이란성 쌍둥이인 영희와 준호
    d. 이란성 쌍둥이인 인숙이와 창숙이

12. 성취욕구가 높은 사람에게 적용되지 않는 내용은?
    a. 항상 자신의 과제를 완수한다.
    b. 일의 효율성을 강조한다.
    c. 목표달성을 강조한다.
    d. 계획하는 데 시간을 많이 보낸다.

13. 병호는 지역 일간지에 게재된 상식퀴즈에 항상 만점을 맞는다. 병호는 이 퀴즈 문제가 너무 쉽다고 생각한다. 이런 그의 귀인양식은 _____ 양식에 속한다.
    a. 내적-안정적   b. 내적-가변적
    c. 외적-안정적   d. 외적-가변적

14. 수업 중에 교수가 '도구성'과 '유인가'를 강조한다면, 이 강의의 주제는 _____ 일 가능성이 높다.
    a. 귀인   b. 형평성 이론
    c. 성취욕구   d. 기대 이론

15. 시험장에 들어서면서 태동이는 "이 시험에서 만점을 받고 말 거야!"라고 말한다면, 태동이는 _____ 에 의해 동기가 형성되었다고 할 수 있다.
    a. 성취-접근형 목표   b. 정복-회피형 목표
    c. 성취-회피형 목표   d. 형평성

서술형 문제

1. 문화가 어떻게 섭식장애의 발달에 영향을 미치는 것일까?
2. 성적 각본의 근원은 무엇인가?
3. 낙관적 귀인양식과 비관적 귀인양식이 우리의 삶에 미치는 영향은 무엇인가?

정서와
스트레스와
건강

"요즘 어떠하십니까?"라는 질문에는 적어도 세 가지의 답이 있을 수 있다. 첫째, 기분 상태를 밝힐 수도 있다. 새로운 여자/남자 친구가 생겨 기분이 아주 좋다는 말을 할 수도 또 노력의 대가가 너무 적어 화가 난다는 말을 할 수도 있다. 둘째, 현재 받고 있는 스트레스와 관련된 대답을 할 수도 있다. "좋아하는 일을 맡아 마음이 놓인다."거나 "일이 너무 많아 죽을 지경"이라고 말할 수도 있다. 셋째, 신체적 또는 심리적 건강 상태를 밝힐 수도 있다. 몸이 좀 불편하다고 대답하거나 아주 건강하다고 말할 수도 있다.

이 장에서는 "요즘 어떠하십니까?"라는 질문에 대한 이 세 가지 답(정서, 스트레스, 그리고 건강 관련 답변)의 상호작용을 탐구할 것이다. **정서**(emotions)는 인간 경험의 시금석이다. 정서 덕분에 사람과 사람 간 상호작용 및 사람과 자연 간 상호작용이 풍성해지고 중요해진다는 뜻이다. 그러나 우리의 삶에서 정서적 요구가 지나치면 우리는 스트레스인에 압도당하고 말 것이다. 이 장은 먼저, 정서경험과 그 기능을 논의할 것이다. 그런 다음 스트레스가 우리의 삶에 미치는 영향과 스트레스 대처법도 논의할 것이다. 끝으로 건강과 질병 이해에 작용하는 심리학의 역할을 논의할 것이다. **보건심리학자들**(health psychologists)은 환경, 사회, 심리적 과정이 질병 발생에 미치는 영향을 탐구한다. 또한 심리적 과정과 원리를 이용하여 치료와 예방을 돕기도 한다. 물론 개개인의 강녕을 증진시키기 위한 전략을 모색하기도 한다. 정서의 내용 및 의미부터 살펴보기로 하자.

정서

다른 것은 다 할 수 있는데 느낌만은 가질 수 없다면 그 삶이 어떠할까? 두려움을 없애주는 대가로 사랑의 기쁨을 맛볼 수 없게 된다면 어떻게 하겠는가? 슬픔을 느끼지 못하는 대신 즐거움도 느끼지 못하게 한다면 수용하겠는가? 우리의 삶에서 정서가 얼마나 중요한지 곧 알게 될 것이다. 먼저 정서에 대한 정의와 정서경험의 근원부터 기술하기로 한다.

정서를 단순히 느낌(예 : '즐겁다'거나 '화난다')으로만 생각하기 쉽다. 하지만 우리는 정서를 보다 포괄적인 개념으로 정의해야 한다. 현대 심리학자들은 **정서**(emotion)를 반응, 즉 우리 각자에게 중요하다고 생각되는 장면에 대한 반응으로 간주한다. 그리고 그 반응, 즉 **정서반응**(emotional response)을 생리적 각성/흥분, 주관적 느낌, 인지 과정, 표정 및 몸짓의 변화, 그리고 행동을 포함하는, 정신 및 신체 변화로 정의한다. 왜 이

들 요소를 모두 정서반응에 포함시켜야만 할까? 피눈물 나는 노력 끝에 올림픽 금메달이 확정되었음을 알아차리는 순간을 상상해 보자. 심장이 뜀박질(생리적 각성)할 것이고 기쁨(주관적 느낌)을 주체할 수 없을 것이다. 이때의 마음 상태를 행복하다고 해석할(인지과정) 것이며, 환한 얼굴 표정(신체적 반응)과 몸짓(승리를 자축하는 자신만의 세리머니) 그리고 사랑하는 사람을 포옹(행동)하는 일 등이 벌어질 것이다.

따라서 아래에서 전개될 정서에 관한 설명은 각성, 느낌, 사고, 행위 등을 함께 모으는 작업이 될 것이다. 그러나 먼저, **정서**(emotion)와 **기분**(mood) 간의 차이를 명백하게 할 필요가 있다. 정서는 특정 사건에 대한 특정 반응이다. 그런 의미에서 정서는 비교적 짧고 강한 게 그 대표적인 특징이다. 이에 반해 기분이란 강도가 낮으면 며칠간씩 지속되는 특징이 있다. 또한 기분을 유발하는 사건과 기분 간의 관계 역시 강하지 않다. 기분이 좋다거나 좋지 않다고 말하면서도 그 이유를 꼬집어내지 못하는 경우가 많다는 뜻이다. 기분과 정서에 대한 이론을 만나면 이러한 차이점을 상기하기 바란다.

기본 정서 그리고 문화

다양한 문화권에서 자란 사람들이 공통적으로 경험하게 되는 정서를 찾아내라고 하면, 무엇을 꼽을 수 있을까? Charles Darwin(1872/1965)은 동물의 신체적 구조 및 기능이 진화할 때 정서도 함께 진화했다고 믿었다. 정서의 적응 기능에 관심을 가졌던 Darwin은 정서를 선천적으로 특화된 정신 상태라고 생각했고, 그 정신 상태는 반복되는 환경조건에 효율적으로 대처하기 위해 설계되었다고 믿었다(Hess & Thibault, 2009). 종의 역사를 볼 때, 인간은 약탈을 당하기도 하고, 사랑에 빠지기도 하고, 출산을 하기도 하고, 서로 싸우기도 하고, 속고 속이기도 했으며, 사랑하는 사람의 죽음을 목격하기도 했다. 그것도 헤아릴 수 없을 만큼 여러 번.

우리가 원하는 것을 이루지 못하게 누군가가 방해를 한다고 생각해 보자. 여러분 같으면 이런 상황에서 어떻게 행동하겠는가? 인간의 조상들은 이런 상황에 처했을 때 투쟁을 벌이기도 했을 것이다. 하지만 잠시만 생각하면 투쟁이 최선의 방법은 아니라는 것을 알게 된다. 격렬한 투쟁의 결과는 승자에게도 큰 손실을 초래하기 때문이다. 그보다는 공격할 태세, 즉 투쟁을 해서라도 원하는 것을 얻고야 말겠다는 마음 가짐을 상대방에게 알림으로써 상대방을 물러서게만 한다면, 즉 싸우지 않고 이길 수만 있다면, 그 결과는 양자 모두의 생존에 득이 된다. 말이 없었던 먼 옛날에는 그러한 마음 상태를 알리

는 최적의 수단이 얼굴표정이었을 것이다. 그러므로 이런 긴박한 상황에서는 싸움보다 먼저 얼굴표정의 변화가 진화되었을 것이라는 생각을 해 봄직도 하다. 다시 말해 이런 상황에서 인간 모두에게 공통적으로 나타나는 특정 유형의 정서반응이 있을 것이라는 예상을 해 볼 수 있다는 뜻이다. 정서의 보편성(universality of emotions)이라고도 하는 이 주장을 검증하기 위해, 신생아의 정서반응 및 얼굴표정의 문화 간 공통점이 탐구되었다.

선천적 정서반응도 있는가 정서에 관한 이러한 관점, 즉 진화론적 관점이 옳다면, 전 세계 아동의 정서반응 형태에서 동일한 점이 많이 발견돼야 한다. Silvan Tomkins(1911~1991)는 즉각적이고 학습되지 않은 정서반응의 보편적 역할을 강조한 심리학자 중 한 명이었다. 영아는 학습을 하지 않았는데도 커다란 소리가 나면 두려움 또는 호흡곤란 반응을 보인다는 사실을 지적하기도 했다. 아이들은 특정 자극에 대해 일반적인 정서반응을 하도록 '만들어진 상태(prewired)'에서 태어난 것 같다고 지적하였다(Tomkins, 1962, 1981).

정서 발달에 관한 초창기 연구는 얼굴표정에 집중되었다. 신생아의 얼굴표정은 정서를 표출하기 때문에 정서에 따라 얼굴표정이 세분되었다고 주장하였다(Izard, 1994). 그러나 현대 연구는 아이들이 가지고 태어난 정서반응은 긍정-부정 차원의 차이일 뿐 구체적으로 분화되지는 않았다고 주장한다(Camras & Shutter, 2010). 예컨대, 출생지(미국, 일본, 중국)에 관계없이 11개월 된 영아들이 두려울 때 또는 화가 났을 때 짓는 얼굴표정은 동일하였다(Camras et al., 2007). 이는 부정적 정서에 대한 얼굴표정의 변화가 생후 1년쯤 지나야 나타난다는 암시이다. 그러나 정서는 행동으로도 표현될 수 있다. 예컨대 11개월 된 아이는 화났을 때보다 두려울 때에 숨이 더 가빠지는 것으로 밝혀졌다(Camras et al., 2007). 이러한 행동적 변화도 위의 3개국 아동에서 흡사한 것으로 드러났는데, 이는 유아들의 정서경험이 얼굴표정에 의해 분화되기 전에 다른 행동적 반응을 통해 세분화되기 시작한다고 시사한다.

그렇지만 유아들이 다른 사람의 얼굴표정을 해석하는 능력을 가지고 태어났을 가능성은 있다. 다양한 강도의 미소를 짓는 성인의 얼굴표정이 반복해 제시되자 5개월 된 유아들한테서도 관심을 잃어가는 현상(습관화)이 발견됐다(Bornstein & Arterberry, 2003). 그런 후 이들 유아에게 두 장의 사진을 보여주었다. 한 장은 동일한 성인이 새로운 미소를 짓는 표정(강도가 다른 미소)을 담은 사진이었고 또 한 장은 그 성인이 두려워하는 표정을 담은 사진이었다. 아이들은 한결같이 두려운 표정을 담은 사진을 더 오래 주시하였다. 이 결과는 5개월 된 아이들도 웃는 표정은 강도가 달라도 미소로 범주화한다는 사실 그리고 두려운 얼굴표정을 미소와는 다른 것으로 지각한다는 사실을 암시한다. 뇌의 활동을 검토한 또 다른 연구에서는 7개월 된 아이들의 뇌도 두려운 표정과 화난 표정에 다르게 반응한다는 것을 밝혀냈다(Kobiella et al., 2008). 그러므로 유아들은 자기들이 지을 수 없는 얼굴표정을 읽을 수는 있다고 해야 할 것이다.

얼굴표정은 보편적인가 유아도 표준적 정서표현을 해석할 수 있다는 것을 알았다. 그렇다면 전혀 다른 문화권의 성인들이 얼굴표정을 통해 정서경험을 주고받을 때, 그 방식에 공통점이 있을 것이다.

얼굴표정에 관한 연구의 권위자 Paul Ekman에 따르면, 모든 사람은 '얼굴 언어'에 공통점이 있다(Ekman, 1984, 1994). Ekman의 연구진은 정서표현 중 일부는 진화의 유산으로 생득적인 것이며 모든 인류에게서 보편적으로 나타난다는 Darwin의 주장을 입증하였다. 잠시 읽기를 멈추고 그림 12.1을 들여다보라. 보편적으로 인식되는 이들 일곱 가지 정서표현(Ekman & Friesen, 1986) 중 여러분이 맞힌 것은 몇 가지인가?

서양 사람이나 서양 문명에 노출된 적이 없는 뉴기니아 문맹인들도 그림 12.1에 제시된 백인들의 얼굴에 담긴 정서를 정확하게 인식할 수 있는 것으로 밝혀졌다. 뉴기니아 사람들은 동일한 정서를 경험한 장면을 가리킴으로써 이 과제를 수행하였다. 예를 들어, 두려움을 나타내는 사진 5에 대해서는 창이 없는 상태에서 곰한테 쫓기는 장면을 지적하였고, 슬픔을 나타내는 사진 6에 대해서는 아이가 죽은 장면을 지적하였다. 두려움과 놀람(사진 2)은 혼동을 하곤 했는데, 이는 아마도 이들에게는 놀라움이 바로 가장 두려운 상태이기 때문일 것이다.

그런 다음, 이 실험에 참여하지 않은 다른 사람들에게 경멸을 제외한 여섯 가지 얼굴표정을 지어 보라고 주문하였다. 이들의 얼굴표정을 비디오테이프에 담아 미국의 대학생들에게 보여주었다. 미국인 학생들도 한 가지를 제외하고는 그 얼굴표정에 담긴 정서를 모두 정확하게 인식할 수 있었다. 미국 학생들도 뉴기니아 사람들이 지어 보인 두려움 표정과 놀라움 표정을 구분하지 못하였다(Ekman & Friesen, 1971).

이들 일곱 가지의 표정은 세계 모든 곳에서 각각 행복, 놀람, 노여움, 혐오감, 두려움, 슬픔, 경멸을 나타내며 또 그렇게

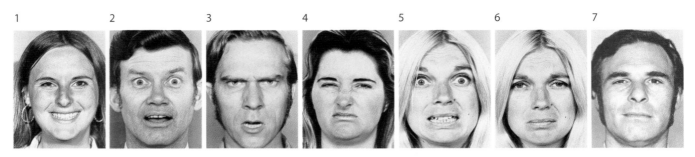

그림 12.1 정서적 표정에 대한 판단
제시된 얼굴표정과 정서 용어를 짝지어 보라. 두려움, 혐오감, 행복, 놀람, 경멸, 노여움, 슬픔. 답은 이 장의 끝에 있음

인식되는 것으로 밝혀지고 있다. 문화적 배경이 서로 다른 사람들에게 표준화된 사진에 담긴 얼굴표정을 보여주며 그 표정과 연관된 정서를 찾아내보라는 과제를 제시하면, 대개의 경우 이들 일곱 가지 표정에 담긴 정서를 어렵지 않게 찾아낸다.

또 다른 연구에서는 헝가리, 일본, 폴란드, 미국, 그리고 베트남 성인의 얼굴표정에 대한 판단을 비교한 결과 문화에 따른 차이가 없는 것으로 드러났다(Biehl et al., 1997). 그러나 일본 사람들은 노여움에 대한 인식능력에서 다른 네 나라 사람들에 비해 떨어지는 것으로 밝혀졌다. 그리고 혐오감을 인식하는 능력은 베트남 사람들이 가장 못한 것으로 나타났다.

이러한 문화 간 차이는 얼굴표정이 문화에 따라 달라진다는 가설을 지지한다(Dailey et al., 2010; Elfenbein et al., 2007). 언어의 경우 사투리에 따라 단어의 발음이나 용도가 다르듯, 얼굴표정을 짓는 일에도 사투리와 비슷한 문화적 차이가 있을 것이라는 주장이다. 사실 얼굴표정을 지을 때 이용되는 얼굴근육의 구체적 움직임은 문화에 따라 다른 것으로 알려져 있다. 또한 문화가 같은 사람들이 짓는 얼굴표정을 인식하기가

연구자들은 정서반응 중 일부는 가지고 태어난 것이라고 믿는다. 그 이유는 무엇일까?

문화가 다른 사람들이 짓는 얼굴표정을 인식하는 일보다 쉬운 것으로 드러났다(Dailey et al., 2010; Elfenbein et al., 2007). 문화는 사람들이 얼굴을 읽기 위해 정보를 수집하는 방법에도 영향을 미친다. 얼굴을 관찰할 때, 동양인들의 주의는 눈에 집중되는 편인데 반해 서양인들의 주의는 얼굴 전체에 분산되는 것으로 밝혀졌다(Jack et al., 2009). 얼굴을 읽는 일에서 발견되는 이러한 습관성 차이는 특정 정서를 전달하려는 얼굴표정이 어떻게 보일 것이라는 사람들의 기대를 바꾸어놓을 수 있다(Jack et al., 2012).

문화는 정서 표출에 어떤 제약을 가하나 정서표현의 일부 측면은 보편적임을 알았다. 그러나 정서를 관리하는 방식은 문화에 따라 다르다. 정서반응 양상 중 일부 심지어 얼굴표정까지도 문화에 따라 독특하게 나타난다. 문화는 특정 정서를 표출해도 좋을 때는 언제이며, 주어진 장면에서 허용되는 정서적 표현이 어떤 것인지에 관한 규칙을 설정한다(Mesquita & Leu, 2007). 정서를 표현하는 방식이 서로 다른 문화권 세 곳을 살펴보자.

세네갈의 Wolof 사람들은 지위와 권력이 엄격하게 구분된 사회에서 살아간다. 계급이 높은 사람들은 정서표현을 극도로 자제하도록 되어 있고, 계급이 낮은 사람들 특히, griots라는 계급에 속하는 사람들은 정서표현을 마음대로 할 수 있다. griots들은 지체 높은 양반들로부터 자기들의 '위엄 없는' 정서를 대신 표현해달라는 부탁을 받기도 한다.

어느 날 오후, 한 무리의 여인(지체 높은 여인 약 5명과 2명의 griots)이 마을 어귀에 있는 우물가에 모여 있는데, 한 여인이 우물 속으로 몸을 던지는 일이 벌어졌다. 분명히 자살 행각으로 보이는 이 여인의 행동에 모두가 충격을 받았다. 그러나 지체 높은 여인들은 침묵으로 그 충격을 지켰다. griots 여인들만 비명을 질렀다. 모두를 대신해서.(Irvine, 1990, p. 146)

여러분 같으면 어떻게 반응했겠는가? 지체 높은 여인들 축에 들겠는가, 아니면 griots 여인들 축에 끼겠는가? 어떻게 비명을 지르지 않을 수 있었을까! 지체 높은 여인들은 자신의 반응을 외부에 보이지 말아야 한다는 정서표현의 규칙에 익숙해져 있었기에 가능한 일이었을 것이다.

정서표현의 문화적 차이에 관한 두 번째 예로는 시리아계 미국인의 장례식에서 겪은 일을 들 수 있다. 조문객들이 장례식장에 들어서자 한 무리의 여인들이 통곡을 하는 것 아닌가! 그리고는 갑자기 울음을 멈추고 있더니, 다음 조문객이 방문하자 또 다시 울기 시작하는 것이었다. 이 행동을 어떻게 설명해야 할까? 상주가 사흘 밤낮을 이렇게 격앙된 상태로 정서를 표출하기가 어렵기 때문에, 이 상주는 자기 대신 울어 줄 전문 곡꾼을 고용했던 것이다. 이러한 일은 지중해 지역과 근동의 여러 문화권에서는 흔히 있는 일이다.

세 번째 예로는 통증 관련 정서표현의 규범에서 나는 문화 간 차이로 되돌아가 보자. 우리는 제4장에서 심리적 맥락이 통증 지각에 미치는 효과가 막대함을 보았다. 이에 비해, 문화적 맥락은 고통을 표출하는 데 적절한 행동이 어떠한 행동인지에 영향을 미친다. 예컨대, 통증 표출행동의 적절성에 관한 미국인과 일본인의 관념이 대조적인 것으로 밝혀졌다(Hobara, 2005). 두 나라의 참여자들에게 적절한 통증 행동 질문지에 답해 줄 것을 요구하였다. '여성은 모든 조건에서 통증을 참아낼 수 있어야 한다'거나 '남자는 아플 때 울어도 된다'와 같은 문항이 들어 있었다. 그 결과 일반적으로 일본인은 통증에 대한 공개적 표출을 꺼리는 것으로 집계되었다. 그리고 미국에서도 일본에서도 남성보다는 여성의 통증 표출에 더 너그러운 편이었다. 정서반응의 유형에서 발견되는 이러한 문화 간 차이는 문화적 배경이 다른 사람들 사이에 오해의 불씨로 작용할 수도 있다.

지금까지는 정서의 여러 특성을, 모든 문화에 걸쳐 공통적으로 발견되는 보편적인 측면과 문화에 따라 상이하게 나타나는 구체적 측면으로 나누어 살펴보았다. 이제 정서의 상이한 측면들 간 관계를 탐구한 정서 이론을 고려해 보기로 하자.

정서 이론

정서 이론은 대개 정서경험의 생리적 측면과 심리적 측면 간 관계를 설명하려 한다. 정서경험을 야기하는 장면에 대한 신체반응에 대한 논의로 이 절을 시작하기로 한다. 그런 후 이들 생리적 반응이 심리적 경험에 작용하는 방식을 탐구한 이론을 고찰할 것이다.

정서의 생리 강렬한 정서를 경험할 때 우리의 몸에서는 어떤 일이 벌어질까? 심장이 빠르게 뛰고, 호흡이 가빠지며, 입은 마르고, 근육은 탱탱해지며, 심지어는 몸이 떨리기도 한다. 눈에 띄는 이러한 변화 외에 보이지 않는 곳에서도 많은 일이 벌어진다. 이들 모든 반응의 목적은 정서경험을 유발한 상황에 재빨리 대응할 수 있도록 몸을 가동시키는 데 있다. 이들 반응의 근원을 찾아보자.

자율신경계는 교감계와 부교감계의 활동을 통해 정서반응에 대비해 몸을 가동시킨다. 교감계 활동과 부교감계 활동의 균형은 자극의 강도와 질에 따라 달라진다. 약간 불쾌한 자극에는 교감계가 보다 활발하게 작동하고, 다소 유쾌한 자극에는 부교감계가 보다 활발하게 작동한다. 유쾌한 자극이든 불쾌한 자극이든 그 강도가 강하면 교감계와 부교감계의 활동이 모두 증가한다. 두려움이나 노여움 같이 강한 정서는 신체의 위급반응 체계(emergency reaction system) — 잠재적인 위험에 몸을 조용히 그러나 재빨리 대비시키는 생리적 체계 —를 활성화시킨다. 위급 시스템이 활성화되면, 교감계가 주도권을 쥐고 부신 호르몬(에피네프린과 노르에피네프린)을 분비한다. 이들 호르몬은 내장기관을 통해 혈당을 방출하고 혈압을 높이며 발한과 타액분비를 증가시킨다. 위급상황이 끝나 진정 단계에 들어서면 부교감계의 작용으로 활동 중인 호르몬의 분비가 억제된다. 강한 정서를 경험한 후에는 한참 동안은 흥분이 가라앉지 않을 수 있다. 이는 이미 방출된 호르몬이 혈관을 따라 계속 순환되고 있기 때문이다.

정서경험에 따라 독특한 형태의 자율신경계 활동이 일어난다(Friedman, 2010). 미국인 남녀와 수마트라 서부에 사는 Minangkabau 남자들에게 정서를 경험하게 하고, 그 정서경험을 표현할 때 그들의 자율적 반응(예 : 심박률 및 피부온도)을 측정한 연구를 고려해 보자. Minangkabau 문화는 부정적 정서를 표출하지 못하도록 한다. 그럼에도 불구하고 자율적 반응에서는 미국인과 동일한 변화가 일어날 것인지를 밝히고 싶었다. 그 결과 문화 간 차이에도 불구하고 자율적 반응은 매우 유사한 것으로 드러났다. 이 결과에 숨은 뜻은 자율적 반응이 모든 인류에 공통되는 생물적 유산으로 진화했다는 뜻이다(Levenson et al., 1992, p. 986).

이제 자율신경계에서 중추신경계로 가보자. 정서반응의 일부인 호르몬 활동과 신경 활동을 통합하는 일은 시상하부(hyopthalamus)와 변연계(limbic system) — 정서와 공격, 방어 및 도주 형태를 제어하는 기관 — 에서 통제된다. 신경해부학 연구는 편도체(amygdala)에 집중되고 있다. 변연계의 일부인

강아지와 거미에 대해 우리의 뇌는 어떻게 반응할까?

편도체는 정서의 관문으로 그리고 기억의 여과기로 작용하기 때문이다. 편도체는 감각기관을 통해 받아들인 정보에다 의미를 부여함으로써 그런 과제를 수행한다. 편도체는 특히, 부정적인 경험에 의미를 부여하는 일을 한다. 편도체는 환경 속의 위험을 알아차리게 하는 '위협 탐지기'로 작용하는 셈이다(Kim et al., 2011).

정서경험에 대한 피질(cortex)의 관여는 그 내부의 신경망과 기타 신체 부위와의 연결을 통해 이루어진다. 피질은 심리적 경험과 생물적 반응을 연관시키고, 기억하며, 의미를 부여한다. 뇌 영상 기술의 발달로 상이한 정서와 그에 상응하는 반응과의 관계가 밝혀지고 있다. 예컨대, 행복과 슬픔은 피질의 동일한 부위에서 일어나는 상반된 반응이 아니다. 상반된 정서에 의해 가장 강력하게 활성화되는 뇌의 부위는 서로 다른 것으로 드러났다. 참여자들이 긍정적인 그림(예 : 강아지, 아이스크림, 일몰 광경)과 부정적 그림(예 : 화난 사람들, 거미, 총기)을 관찰하는 동안 fMRI로 그들의 뇌를 촬영하였다. 그림이 긍정적일 때는 좌반구의 활동이 더 활발했고 부정적일 때는 우반구의 활동이 더 활발했다(Canli et al., 1998). 우리의 뇌에는 두 개의 시스템 — 접근성(approach-related) 정서반응을 다스리는 시스템과 회피성(withdrawal-related) 정서반응을 다스리는 시스템 — 이 존재한다는 주장까지 대두되었다(Davidson, 2000a; Maxwell & Davidson, 2007). 강아지와 거미를 두고 생각해 보자. 대부분의 사람들은 강아지 쪽으로는 접근하려 하지만 거미로부터는 멀어지려 할 것이다. 위의 연구결과는 이런 두 가지 반응을 관장하는 뇌의 회로가 다르다고 말하고 있는 것이다.

이상에서 우리는 정서적인 장면에서 일어나는 우리의 신체반응은 여러 가지라는 사실을 알게 되었다. 그러면 어떤 느낌이 어떤 생리적 반응과 함께하는 것일까? 이제 이 질문에 대답하려는 이론 세 가지를 살펴보기로 하자.

James-Lange 이론 대부분의 사람들은 정서경험(느낌)이 신체반응보다 먼저 일어난다고 생각한다. 화(정서)가 나기 때문에 고함을 지른다(반응)고 생각한다. 그러나 100여 년 전 William James는 아리스토텔레스가 그랬던 것처럼, 그 순서가 반대라고 주장하였다. 신체적 반응이 일어나고 난 다음에 느낌이 온다는 것이다. James의 입을 빌면, "우리는 울기 때문에 슬프고, 두드려 패기 때문에 화가 나고, 떨고 있기 때문에 두려움을 느낀다."(James, 1890/1950, p. 450). 정서경험이 신체반응에서 오는 피드백으로 야기된다는 이 견해를 **James-Lange 정서 이론**(James-Lange theory of emotion)이라 한다.(덴마크 과학자 Carl Lange도 James와 같은 해에 비슷한 견해를 밝혔다.) 이 이론에 따르면, 자극에 대한 지각은 자율신경계의 흥분과 신체적 반응을 촉발하고, 신체적 반응의 결과로 구체적인 정서가 경험된다(그림 12.2 참조). 이 이론을 말초 이론(peripheralist theory)이라고도 한다. 이 이론은 연쇄적으로 일어나는 정서반응의 사슬에서 내장반응을 가장 중요시하는데, 내장반응은 말초신경계인 자율신경계가 제어하기 때문이다.

Cannon-Bard 이론 생리학자 Walter Cannon(1927, 1929)은 말초신경계의 역할을 강조한 James의 이론과는 달리 중추신경계의 역할을 강조하였다. Cannon을 비롯한 다른 학자들은 James-Lange 이론에 반하는 많은 의견을 제시하였다(Leventhal, 1980). 예컨대, 그들은 내장활동은 정서경험과는 무관하다고 지적하였다. 수술을 통해 실험동물의 내장을 중추신경계와 절연시켜도 그 동물은 여전히 정서반응을 보인다. 그리고 자율신경계의 반응은 너무 느려 정서경험의 근원이 될 수 없다고 주장하였다. Cannon에 따르면 정서가 일어나기 위해서는 입력 자극과 출력 반응 사이에 뇌가 개입해야만 한다.

또 다른 생리학자 Philip Bard 역시 내장반응은 정서경험의 일차적 요소가 아니라고 결론지었다. 그는 정서유발 자극

그림 12.2 James-Lange 정서 이론

James-Lange 이론에서는 자극/사건이 자율적 각성 및 행동을 유발하고, 이 각성과 행동에 대한 지각의 결과로 야기되는 것이 구체적인 정서경험이라고 본다.

출처 : Ciccarelli, Saundra; White, J. Noland, Psychology, 3rd Edition, © 2012, Printed and electronically reproduced by permission of Pearson Education Inc., Upper Saddle River, New Jersey.

은 두 가지의 효과를 동시에 야기하는데, 하나는 교감신경계를 통해 일어나는 신체적 각성이고 다른 하나는 피질을 통해 일어나는 주관적인 경험이라고 주장하였다. 이 두 생리학자의 견해를 합쳐 우리는 **Cannon-Bard 정서 이론**(Cannon-Bard theory of emotion)이라고 한다. 이 이론은 정서 자극은 신체/생리적 각성과 정서경험이라고 하는 두 가지의 병행반응을 유발하며, 이 두 가지 반응 간 인과관계는 존재하지 않는다고 진술한다(그림 12.3 참조). 즉, 무언가가 우리를 화나게 만들면, 우리의 심장이 뛰는 동시에 화가 났다는 것을 알게 되는 것이지, 심장의 반응이 화를 나게 만드는 것도 아니고 화난 감정이 심장을 뛰게 하는 것도 아니라는 뜻이다. 한마디로, Cannon-Bard 이론은 신체적 반응과 심리적 반응은 상호 독립적이라고 생각한다. 그러나 현대의 정서 이론은 이 두 가지 반응이 독립적이라는 생각을 부정한다.

인지 평가 이론 인지 평가 이론은 정서와 함께 일어나는 신체/

생리적 각성 및 내적 상태는 서로 비슷하기 때문에, 새로운 장면에서 이들을 경험하게 되면 혼동을 일으킬 수도 있다는 생각에 그 기반을 두고 있다. 이런 혼동을 우리가 어떻게 처리하는지를 설명할 목적으로 Stanley Schachter(1922~1997)는 **양-요인 정서 이론**(two-factor theory of emotion)을 제안하였다. 이 이론은 우리의 정서경험을 생리적 각성(physiological arousal)과 인지적 평가(cognitive appraisal)를 종합한 결과라고 주장한다(Schachter, 1971a). 정서경험이 일어나기 위해서는 생리적 각성과 인지적 평가가 반드시 선행돼야 한다. 정서경험의 첫 단계가 각성이지만, 이 각성은 일반적이고 분화되지 않은 상태이기 때문에 우리는 이 생리적 각성을 평가하여 현재의 느낌이 무엇인지, 이 느낌을 나타내는 최적의 정서 용어는 무엇인지, 그리고 이 특정 장면에서 우리의 반응이 어떤 의미를 갖는지를 알아내려 한다는 것이 Schachter의 믿음이었다.

Richard Lazarus(1922~2002) 역시 인지적 평가의 중요성을 주창하였다. Lazarus(1991, 1995; Lazarus & Lazarus 1994)는

그림 12.3 Cannon-Bard 정서 이론

Cannon-Bard 이론에서는 자극 상황이 뇌의 여러 중추에서 먼저 처리되고, 그 결과로 각성과 행동 및 정서경험이 동시에 일어난다고 주장한다.

출처 : Ciccarelli, Saundra; White, J. Noland, Psychology, 3rd Edition, © 2012, Printed and electronically reproduced by permission of Pearson Education Inc., Upper Saddle River, New Jersey.

그림 12.4 인지 평가 정서 이론
인지 평가 이론에 따르면 자극 상황과 생리적 각성이 동시에 평가된다. 이 평가에는 상황 단서와 맥락이 이용된다. 각성에 대한 평가의 결과로 나타나는 것이 정서경험이다.
출처 : Ciccarelli, Saundra; White, J. Noland, Psychology, 3rd Edition. © 2012. Printed and electronically reproduced by permission of Pearson Education Inc., Upper Saddle River, New Jersey.

정서경험은 환경과의 끊임없는 상호작용에서 생성되는 것이기 때문에 우리 각자의 뇌 속에서 벌어지는 일만으로는 이해할 수 없다고 주장했다(Lazarus, 1984a, p. 124). Lazarus에 의하면, 환경과의 상호작용에 대한 평가는 항상 일어나지만, 의도하지 않아도 저절로 (혹은 자동적으로) 일어날 때도 많다. 따라서 특정 장면에서 특정 정서를 경험한 적이 있으면(예 : 학교 후문에서 개에게 물린 경험), 그 장면에서 일어나는 생리적 각성은, 그 장면을 의도적으로 해석하지 않아도, 저절로 두려움을 자아내게 될 것이라는 뜻이다. 이 견해가 **인지 평가 정서 이론**(cognitive appraisal theory of emotion)으로 알려지게 되었다(그림 12.4 참조).

이 이론을 검증하기 위해 연구자들은 각성 상태를 해석하는 데 필요한 환경 단서를 조작해 보았다.

지정 연구

아주 매력적인 여성 연구자가 캐나다 밴쿠버에 있는 두 개의 다리 중 하나를 금방 건넌 남성들을 면담하였다(Dutton & Aron, 1974). 이들 두 다리 중 하나는 안전하고 튼튼한 다리였고, 다른 하나는 흔들거리는 위험한 다리였다. 연구자는 풍경이 창의성에 미치는 효과를 연구하는 체하면서, 한 여성을 담고 있는 모호한 사진을 보여주며 그 사진에 대한 간단한 이야기를 적어 달라고 부탁했다. 그리고는 그 연구에 관해 더 알고 싶은 것이 있으면, 전화를 해도 좋다고 덧붙였다. 위험한 다리를 건넌 사람들이 안전한 다리를 건넌 사람들보다 이야기 속에 성(sex)과 관련된 언급을 더 많이 했으며, 네 배나 많은 사람들이 그 여성 연구자에게 전화를 걸었다. 정서적 오해의 원인이 각성이라는 사실을 확인하기 위해, 이 연구진은 또 한 집단의 남성을 대상으로 위험한 다리를 건너고 10분 이상 경과한 후에 동일한 면담을 해 보았다. 10분 이상의 여유를 제공한 것은 각성이 사그라지기를 기다린 것이다. 각성이 사그라진 이들 남성에게서는 각성 상태에서 면담한 사람들이 보였던 그런 성적 반응이 나타나지 않았다.

위의 실험상황에서 각성의 근원은 위험, 즉 남성들이 건넌 흔들거리는 다리에 있었다. 그러나 각성의 근원을 밝혀내기 위해 그 상황을 평가할 때 오해를 하게 됐던 것이다. 즉, 실험에 참여한 남성들은 위험한 다리가 아닌 여성 연구자가 자신을 각성시킨 것으로 오해를 했던 것이다. 그리고는 이 오해를 기초로 "이 여인이 마음에 든다."라는 정서적 판단을 내렸던 것이다. 이 연구의 결과는 사람들은 자신의 각성을 해석하기 위해 환경 단서를 평가한다는 견해를 지지한다.

그러나 인지 평가 이론의 구체적 측면 중 일부는 도전을 받고 있다. 예컨대, 상이한 정서와 함께 일어나는 각성 상태 — 자율신경계의 활동 — 가 모두 똑같지는 않다(Friedman, 2010). 그러므로 적어도 정서경험 중 일부는 평가 없이 일어날 수도 있다. 또한 명백한 이유 없이 강렬한 각성이 일어날 경우, 이 이론에 따르면 중립적인 상태가 야기되어야 하지만 실제로는 그렇지 않다. 읽기를 잠시 멈추고, 지금 현재 여러분의 심장이 갑자기 빠르게 뛰기 시작하고, 숨이 가빠지고, 가슴이 조이며, 손바닥에 땀이 흥건히 고인다고 상상해 보라. 이 증상을 두고 여러분은 어떻게 해석하겠는가? 사람들은 대개 이해할 수 없는 신체적 각성을 느끼면, 무언가가 잘못되었다는 신호라고 부정적으로 해석한다. 그리고는 이러한 부정적인 해석을

주변 관중 모두가 여러분이 좋아하는 팀을 열렬히 응원하면, 여러분은 어떤 느낌을 갖게 될 것 같은가?

정당화하는 쪽에서 그 증상의 원인을 찾으려 한다(Marshall & Zimbardo, 1979; Maslach, 1979).

인지 평가 이론에 대한 또 다른 비판은 Robert Zajonc(Zy-onts라고 발음함)에 의해 제기되었다. Zajonc는 이유를 모르는 채 선호감이 생기는 조건을 고안해내었다(Zajonc, 2000; 2001). 단순 노출 효과(mere exposure effect)에 관한 여러 실험에 이용된 자극은 외국어 단어, 한자(漢字), 숫자, 낯선 얼굴 등이었다. 자극은 참여자들이 알아차리지 못할 정도로 짧은 시간 동안만 제시되었다. 이들 자극 중 일부는 여러 차례 반복해서 제시되었다. 물론 참여자들은 이들 자극이 반복해서 제시되었다는 사실을 알아채지 못했다. 그런 후 앞서 제시되었던 자극과 새로운 자극을 하나씩 제시하고는 그 자극에 대한 선호도를 평정하게 하였다. 그 결과 여러 번 반복해서 제시된 자극을 더 선호하는 것으로 드러났다. 참여자들은 왜 자기들이 어떤 자극을 다른 자극보다 좋아하는지를 알지 못했다. 때문에 인지 평가 이론으로는 이 현상을 설명할 수가 없다.

정서적 경험에서 인지적 평가가 중요한 과정이긴 하지만 그 것만이 전부가 아니라는 결론이 가장 합리적일 것 같다(Izard, 1993). 사실 우리도 경우에 따라서는 왜 우리가 그렇게 느끼는지를 이해하기 위해 (적어도 무의식적으로는) 주변 환경을 살피기도 한다. 그러나 다른 경우에는 진화과정에서 형성된 내적 고리(자극환경과 정서경험 간 관계)가 우리의 정서경험을 통제하는 것 같기도 하다. 이런 경우에는 생리적 반응이 해석될 필요가 없다. 우리의 정서경험이 상이한 경로를 통해 이루어진다는 이 사실은 정서가 우리의 일상생활에 미치는 영향 또한 다양할 것이라고 말한다.

정서와 기분의 영향

기분의 영향력부터 고려해 보자. 기분은 우리의 정보처리 방식에 강력한 영향력을 행사한다(Clore & Hustinger, 2007; Forgas, 2008). 특히, 기분이 부정적인 사람들은 기분이 긍정적인 사람들에 비해 정보를 보다 세밀하게 그리고 힘들게 처리한다. 정보처리 방식의 이러한 차이 때문에 여러 가지가 달라진다. 판단 및 의사결정을 고려해 보자. 사람들은 자기가 투자한 노력의 양에 따라 판단과 결정을 다르게 내린다. 이러한 관점에서 사람들의 기분이 무죄/유죄를 판단하는 일에 미칠 영향력을 생각해 보라. Forgas와 East(2008)는 참여자들에게 영화를 관람시켜 그들의 기분을 행복한, 중립적인, 또는 슬픈 상태에 들게 하였다. 일단 기분이 형성되고 난 후, 참여자들에게 4편의 비디오를 보여주었다. 이들 비디오에는 사람들이 자기들은 영화 관람권을 훔치지 않았다고 주장하는 모습을 담고 있었고, 그 사람들 중 일부는 거짓말을 하고 있었다. 각각의 비디오를 관람한 후, 녹화된 사람의 유죄/무죄를 판단하라고 주문하였다. 기분에 따라 유죄/무죄를 판단하는 정확성이 달라지는 것으로 드러났다. 슬픈 상태에 있는 사람들이 정확하게 판단할 확률은 우연 수준보다 높았는데 행복한 상태와 중립적인 상태에 있는 사람들의 정확 판단율은 그렇지 못했다. 이 결과를 두고, Forgas와 East는 기분이 부정적인 사람을 속이기가 더 어렵기 때문에 생긴 현상이라고 주장하였다. 여러분은 어떤가? 기분이 좋지 않을수록 의구심도 커지는 경험을 한 적이 있을 것이다.

기분은 정보가 기억되는 방식에도 영향을 미친다. 부정적인 기분은 주의의 초점을 날카롭게 만들고 긍정적인 기분은 주의의 초점을 넓혀 놓는다. 때문에 긍정적인 기분을 가진 사람들은 부적절한 정보까지도 무시하기 어렵게 된다. 그 결과, 부적절한 정보에 대한 외현적 기억은 긍정적 기분을 가진 사람들이 더 양호하다(Biss & Hasher, 2011). 기분 때문에 달라지는 주의의 초점은 긍정적인 결과를 초래할 수도 있고 부정적인 결과를 초래할 수도 있다. 기분이 좋을 때는 비판적 정보에만 집중하기가 어려워진다. 특정 정보에 집중해야 할 일이 있으면 기분을 다소 부정적인 상태로 유지하는 게 좋다. 하지만 긍정적인 기분은 폭넓고 융통성 있는 정보처리를 유도하기(Bass et al., 2008) 때문에, 긍정적 기분은 독창적 사고 및 창의적 문제해결에 도움이 된다.

이제 장시간 지속되는 기분보다는 짧은 시간 내에 끝나는 정서의 영향력을 고려해 보자. 침입자가 총을 휘두르는 범행

기분이 좋을 때 속기 쉽다는 게 왜 걱정스러운 일일까?

장면을 목격하고 있다고 상상해 보자. 이때 생성되는 정서적 각성/흥분은 부정적일 가능성이 크다. 사람들은 이러한 부정적 정서 때문에 무기집중(weapon focus)이라는 효과에 빠져들곤 한다(Fawcett et al., 2012). 학생들에게 범행 장면을 담은 비디오를 관람하게 하였다(Pickel, 2009). 한 판의 비디오에서는 침입자가 손에 권총을 들고 있었고, 다른 판에서는 플라스틱 통에 든 CD를 들고 있었다. 비디오 시청이 끝난 후에는 침입자의 외모에 대한 기억 검사가 실시되었다. 침입자가 총을 들고 있는 장면을 관람한 참여자들의 기억이 훨씬 못한 것으로 드러났다. 또 다른 조건에서는 침입자를 여성 또는 남성으로 조작해 보았다. 그 결과 총을 든 여성의 외모에 대한 기억이 가장 저조한 것으로 밝혀졌다.

침입자가 여성인 조건에서 무기집중 효과가 커진 이유는 무엇일까? 이 질문의 답을 구하기 위해서는 정서적 각성의 일반적 효과를 고려해야 한다. 우리가 세상을 내다볼 때면 언제나 그중 일부가 두드러지거나(지각적 속성 때문에) 혹은 더 중요해지기(그 당시 우리의 목적 때문에) 마련이다. 이런 자극을 우선순위가 높은 자극이라고 하자. 정서적 각성은 우리로 하여금 우선순위가 높은 자극에 더 큰 관심을 갖도록 한다(Mather

& Sutherland, 2011). 그 결과 이들 자극에 대한 기억은 향상되고 다른 자극에 대한 기억은 저조해진다. 무기의 존재가 다른 것에 대한 기억을 손상시키는 이유를 알겠는가? 그럼, 여성이 침입자일 때 무기집중이 커지는 현상을 어떻게 설명해야 할까? 총을 든 여성 자체가 우선순위가 높은 자극이기 때문일 수도 있고 정서적 각성을 유발하는 자극일 수도 있으며 두 가지 모두일 수도 있다. 어떻든 특정 상황에 대한 정서적 각성이 매우 강해지면, 그 상황에 대한 지각 및 기억이, 정서적 각성이 높지 않았던 경우에 비해 크게 달라진다.

그러나 우리는 정서의 영향력을 어느 정도는 통제할 수 있다. 우리에게는 **정서 조절력**(emotion regulation), 즉 정서를 경험하는 강도와 기간을 조절하는 능력이 있다는 말이다(Gyurak et al., 2011). 놀이기구를 타면서 두려움에 떠는 경우를 생각해 보자. "안전한 놀이기구인데 뭘!" "안전점검은 완전하다고 했잖아!" 등등의 말로 스스로를 달랜다. 이러한 전략은 두 가지 효과를 낸다. 첫째, 자신의 주의를 두려움에 집중되지 않도록 하고 둘째, 고도의 각성을 유발한 조건을 재평가한다. 주의산만과 재평가는 정서 조절에 효과적인 전략인 것으로 알려져 있다(McRae et al., 2010). 그럼 정서에 대한 탐험을 끝내기 전에, 장기적 행복감에서 발견되는 개인차에 관한 연구를 살펴보기로 하자.

주관적 강녕

이 장을 시작할 때 "요즘 어떠세요?"라는 인사말을 소개했었다. 그리고 지금까지 논의는 현재의 정서(느낌)에 집중되었다. 그러나 이 인사말은 "사는 게 어떠세요?"라는 뜻으로 해석될 수도 있다. 이렇게 해석하면, 이 인사말은 삶에 대한 만족도 및 얼마나 행복하다고 느끼는지를 묻는 말이 된다. 최근 들어 **주관적 강녕**(subjective well-being)에 작용하는 요인이 많은 심리학자들의 관심을 집중시키고 있다(Kesebir & Diener, 2008; Tay & Diener, 2011). 연구가 주관적 강녕에 집중되고 있는 이유 중 일부는 **긍정심리학**(positive psychology)의 등장에서 찾을 수 있다. 긍정심리학의 목적은 만족스런 삶을 누리는 데 필요한 지식과 기술을 가능한 한 많은 사람들에게 제공하는 데 있다. 긍정심리학자들의 문제는 이렇게 진술된다. "정신병에 관한 연구 및 치료에서 배운 심리학적 지식을 이용하여 사람들의 삶이 더욱 행복해질 수 있도록 할 수는 없을까?"(Seligman et al., 2005, p. 410). 주관적 강녕을 다루는 대부분의 연구는 행복에서 나는 개인차의 원인에 초점을 맞추고 있다. 다른 분야에서와 마찬가지로, 일부 연구자들은 "왜 어떤 사람들은 다른 사람들보다 더 행복할까?"라는 문제의 답을 찾기 위해 유전과 환경의 영향력을 분석하고 있다.

유전의 영향력을 평가하는 데는 행동유전학을 연구하는 방법이 이용되고 있다. Nes 등(2006)은 노르웨이인 일란성 쌍둥이와 이란성 쌍둥이 4,322명을 대상으로 주관적 강녕에 대한 자기 평가치를 수집하였다. 그 자료를 분석한 결과 주관적 강녕의 변산성 중 약 50%가 유전적 요인 때문에 생기는 것으로 밝혀졌다. 973쌍의 미국인 쌍둥이를 대상으로 한 연구에서도 주관적 강녕에 미치는 유전의 영향은 큰 것으로 드러났다(Weiss et al., 2008). 그러나 미국 쌍둥이를 대상으로 한 연구의 결과는 주관적 강녕에서 나는 개인차가 가지고 태어난 성격특성의 결과라고 암시한다. 정서적으로 안정되고 사회적 활동이 활발한 사람일수록 주관적 강녕도 높은 것으로 드러난 것이다.

위에서 우리는 유전이 주관적 강녕의 개인차에도 커다란 영향을 미친다는 것을 알았다. 그러나 삶의 경험 또한 중요하게 작용한다. 사람들이 자신의 주관적 강녕을 판단할 때 작용하는 중요한 요소 중 하나는 삶에서 겪는 긍정적 정서와 부정적 정서의 균형이다.

지정 연구

일군의 연구진이 46개 나라에서 참여한 8,557명으로부터 자료를 수집하였다(Kuppens et al., 2008). 참여자들은 자신의 삶에 대한 만족도를 스스로 평정하였다. 평정은 '거의 모든 면에서 나는 이상적인 삶을 살고 있다'와 같은 진술에 대한 반응이었다. 평정치는 '전혀 그렇지 않다'에서 '매우 그렇다'까지의 7점 척도로 측정되었다. 그리고 지난 한 주 동안 긍정적 정서(예 : 자부심, 감사, 사랑)를 느낀 빈도와 부정적 정서(예 : 죄책감, 수치심, 질투심)를 느낀 빈도를 측정할 때는 '한 번도 없었다'에서 '항상 그런 느낌이었다'까지의 9점 척도가 이용되었다. 자료 분석결과, 이들 측정치 사이에 일관성 있는 상관관계가 발견되었다. 일반적으로, 긍정적 정서를 경험하는 빈도는 높고 부정적 정서를 겪는 빈도는 낮을수록 삶의 만족도가 높았다. 그러나 긍정적 정서가 삶의 만족도에 미치는 영향력은 부정적 정서의 영향력보다 거의 두 배나 높았다. 문화에 따른 차이도 발견되었다. 예컨대, 생존을 위해 투자해야 하는 노력의 정도는 문화에 따라 달랐다. 생존의 문제를 안고 사는 문화권에서는 긍정적 정서경험이 삶의 만족도에 미치는 영향력이 크게 줄어들었다.

주관적 강녕에 영향을 미치는 생활사 역시 여러 가지인 것으로 밝혀지고 있다. 실직이나 배우자의 죽음 같은 심각한 부정적 생활사는 대개 주관적 강녕을 손상시킨다(Lucas, 2007). 생활환경에서 나는 차이도 중요한 요인으로 간주되고 있다. 예컨대 원만한 사회관계가 '가장 중요한 행복의 원천'이라는

주장까지 제기된 것이다(Kesebir & Diener, 2008, p. 122). 부와 주관적 강녕 간의 관계를 검토한 연구도 있다. 기본적인 욕구 충족에 시달리는 사람들은 대개 삶의 만족도와 행복감을 낮게 평정하는 편이다(Diener et al., 2010; Howell & Howell, 2008). 그러나 일단 기본적 욕구 충족의 문제가 해결되고 나면, 부와 주관적 강녕 간의 상관관계는 크게 낮아진다. 친구나 돈 중 하나를 선택해야 하는 일이 생긴다면, 긍정심리학에서는 친구를 선택하라고 강권한다.

지금까지 우리는 정서와 기분의 단기적 영향력과 장기적 영향력을 살펴보았다. 다음 절은 스트레스와 그에 대한 대처를 다룬다. 우리의 '느낌'에 대한 인지적 통제 방법을 배우게 될 것이다.

 복습하기

1. 얼굴표정 인식에 관한 문화 간 연구에서 밝혀진 것은 무엇인가?
2. 정서경험에서 자율신경계는 어떤 역할을 수행하는가?
3. Cannon-Bard 정서 이론이 주장하는 요점은 무엇인가?
4. 기분이 정보처리에 미치는 일반적인 영향은 무엇인가?
5. 행복의 원천으로 가장 중요한 것 하나를 고르라면 무엇을 고르겠는가?

비판적 사고 무기집중에 관한 연구에서 침입자의 외모에 대한 기억을 검사한 이유는 무엇인가?

삶의 스트레스

하루 동안 있었던 '느낌'의 변화를 기록하라고 하면, 행복할 때, 슬플 때, 화날 때, 황당할 때 등등이 잠깐씩이나마 점멸할 것이다. 그러나 사람들은 배경 잡음같이 매일매일 겪고 사는 한 가지 느낌이 있다고들 말하는데, 이것이 바로 스트레스라는 것이다. 현대 산업사회는 우리의 삶을 급격하고 열광적으로 만들어 놓았다. 사람들은 시간에 비해 턱없이 많은 일을 해야 하고, 미래를 걱정해야 하며, 가족을 위한 시간도 즐길 여유도 없이 살아간다. 그렇다면 스트레스가 없다고 삶이 더 나아질까? 그렇지만도 않다. 스트레스가 없는 삶에는 도전도 없기 때문이다. 극복해야 할 어려움도 없고, 정복할 분야도 없으며, 재치를 발휘하고 능력을 향상시킬 이유도 없는 삶을 원하는 사람이 과연 있을까? 그런 삶을 원하는 사람이 있다고 하더라도, 모든 유기체는 외적 환경으로부터 그리고 개인

우리는 우리 자신의 미래 정서를 얼마나 정확하게 예측할 수 있을까?

이제 막 기말 과제를 제출하려던 참이라고 하자. 심리학자가 다가와서 말을 걸더니 미래를 내다보라고 부탁한다. 첫째, 그 과제의 등급이 어떨 것 같은지를 예상해 보라고 한다. 그리고는 실제 받은 등급이 예상 등급보다 높거나 낮을 때 또는 거의 같을 때 각각 어떤 느낌(기쁨/후회)이 들 것 같은지를 상상해 보라고 한다.

이 연구의 목적은 학생들의 정서적 반응에 대한 예측과 실제 반응을 비교하기 위함이었다(Sevdalis & Harvey, 2007). 때문에 학생들이 과제를 돌려받은 후에 그 학생들을 다시 찾아가서 실제 등급이 무엇이며 그 등급을 받은 느낌이 어떤지를 물어보았다. 평균적으로 학생들의 실제 등급은 그들이 예상했던 것보다 다소 높은 것으로 드러났다. 그런데 예상보다 높은 결과가 학생들이 상상했던 것만큼의 기쁨을 가져다주지는 않았다. 다시 말해, 학생들이 실제로 느낀 기쁨은 예상했던 것보다 훨씬 작았다.

미래의 예상에 대한 또 다른 예를 검토해 보자. 막차를 타기 위해 지하철 승강장까지 쏜살같이 달려갔는데 나만 남겨둔 채 열차의 문이 닫히고 말았다. 느낌이 어떨 것 같은가? 이와는 달리 승강장에 도착했는데 마지막 열차가 오래전에 떠났다는 사실을 알게 되었다면 느낌이 어떨 것 같은가?

바로 이 질문의 답을 만들기 위해 일군의 연구자들(Gilbert et al., 2004)이 지하철 승강장에 있는 사람들에게 다가가서 1달러를 주며 간단한 질문지를 작성해 달라고 부탁했다. 참여자 중 일부는 실제로 열차를 간발의 차(1분 이내) 또는 상당한 차(5분 정도)로 놓쳐 본 경험이 있는 유경험자들이었다. 이들은 그 정도가 '전혀 없다'에서 '매우 크다'에 이르는 척도에다 자신의 회한을 평정하였다. 열차를 놓쳐 본 적이 없는 무경험자들도 동일한 척도에다 반응하였다. 그러나 이들 중 일부는 간발의 차로 열차를 놓쳤을 경우에, 그리고 나머지는 상당한 시간차를 두고 열차를 놓쳤을 경우에 느낌이 어떠했을 것 같은지를 평정해야 했다. 무경험자들의 예상은 간발의 차로 놓쳤을 때의 후회가 더 클 것이라는 것이었다. 그러나 유경험자들의 반응에는 그런 차이가 없는 것으로 밝혀졌다. 여기서도 미래의 느낌에 대한 사람들의 예상이 정확하지 못한 것으로 드러났다.

그럼 왜 사람들은 어떤 결과에 대한 자신의 느낌을 제대로 예상하지 못하는 것일까? 무엇보다도 사람들은 사건의 결과를 더 큰 안목으로 바라보는 일을 자신들이 생각하는 것보다 더 잘하는 것 같다(Kremer et al., 2006). 실제로 열차를 놓치게 되면, 사람들은 그 사건을 그날 하루에 벌어졌던 많은 일 중 하나일 뿐인 것으로 간주해 버리는 것 같다. 그렇게 함으로써 그 하나의 사건만을 되씹으며 부정적인 느낌을 지속시키는 어리석은 일을 하지 않는다는 뜻이다. 그러나 느낌이 어떨 것 같은지를 예상할 때는 그 사건을 보다 큰 맥락에서 해석할 수 없는 것 같다. 긍정적인 느낌의 경우도 마찬가지이다. 기대했던 것보다 좋은 성과를 거두어도 기쁨이 그렇게 커지지 않는 것은 그 사건 역시 삶에서 겪게 되는 수많은 사건 중 하나일 뿐이기 때문일 것이다.

적 욕구로부터 도전을 받으며 살아간다. 그리고 이러한 모든 문제를 성공적으로 해결해야만 살아남아 번창할 수 있다.

스트레스(stress)란 유기체의 반응양상으로, 자신의 균형을 파괴하고 자신 능력만으로 대처할 수 없는 사건을 만났을 때 나타나는 반응양상이다. 스트레스 반응을 유발하는 이런 사건에는 여러 가지가 있는데, 이들 모두를 통틀어 스트레스인이라 한다. **스트레스인**(stressor)은 유기체를 자극하여 적응행동을 하게 만드는 사건을 일컫는다. 예컨대 줄을 서 있는 사람이 많은데 새치기하는 사람, 보고서 개수가 늘어나는 일, 학과 대표를 맡아 달라는 요청 등등이 그런 사건에 속한다. 변화의 요구에 대한 각자의 반응은 생리적 반응, 행동적 반응, 정서적 반응, 인지적 반응 등 여러 수준에서 일어나는 반응이 조합된 것이다. 사람들은 스트레스를 고뇌(distress)와 연관시켜 모든 스트레스를 좋지 못한 것으로 간주해 버린다. 그러나 스트레스는 희열(eustress)과도 관련되어 있다. 이 절의 끝에 가서 알게

되겠지만, 많은 경우 스트레스는 삶에서 긍정적인 변화를 유발하기도 한다.

그림 12.5는 스트레스 진행과정을 도식화한 것이다. 이 절의 목적은 이 그림에 나타난 속성에 대한 여러분의 이해를 돕는 데 있다. 스트레스인에 대한 생리적 반응부터 고려해 보자.

스트레스에 대한 생리적 반응

월요일 첫 시간에 시작하는 강의실에 들어갔더니 생각도 못했던 쪽지시험을 친다고 한다. 대개는 이런 조건에서 스트레스를 받게 마련이다. 그렇다면 이런 조건에서 우리의 신체는 어떻게 반응할까? 정서적 상황에서 일어나는 생리적 반응 중 대부분은 일상생활의 스트레스 상황에도 적용된다. 시작과 끝이 분명한 잠깐 동안의 각성 상태는 **급성 스트레스**(acute stress)에 속한다. 이에 반해 오랫동안 지속되는 각성 상태인 **만성 스트레스**(chronic stress)는 필요한 자원이 가진 자원보다 더 크다고

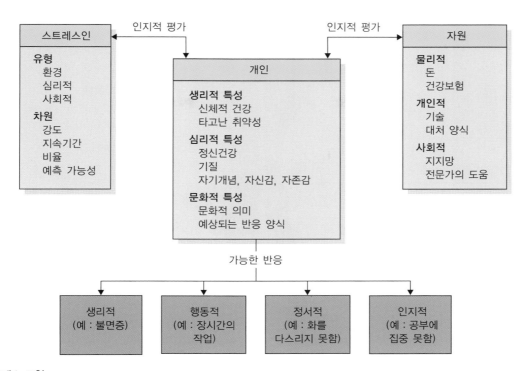

그림 12.5 스트레스 모형
스트레스 상황에 대한 인지적 평가가 스트레스인과 그 스트레스인을 다루는 데 이용될 수 있는 물리적, 사회적, 개인적 자원과 상호작용한다. 위협에 대한 개체의 반응은 생리적, 행동적, 정서적, 인지적 반응 등 여러 수준에서 일어난다. 어떤 반응은 적절하고, 어떤 반응은 부적절하며, 심지어는 치명적인 반응도 있을 수 있다.

지각될 때 발생한다. 예컨대, 하고 싶은 일이 있는데도 그 일을 해볼 시간을 만들지 못해 생기는 좌절감이 오랫동안 계속되면, 이는 만성 스트레스에 속한다. 이들 상이한 유형의 스트레스에 우리의 몸은 어떻게 반응하는지를 살펴보기로 하자.

급성 위협에 대한 긴급 반응 사람과 동물의 위험에 대한 반응 방식을 1920년대 맨 처음 과학적으로 기술한 사람은 Walter Cannon이었다. 그는 유기체의 신경계 및 내분비계에서 일어나는 반응 중에는 방어 및 투쟁 또는 도피를 위한 준비과정에 해당하는 반응도 있다는 사실을 발견하였다. Cannon은 스트레스에 대한 이러한 반응을 **투쟁-또는-도피 반응**(fight-or-flight response)이라고 불렀다. 투쟁-또는-도피 반응의 중추에는 정서반응에 관여하는 시상하부(hypothalamus)가 자리잡고 있다. 시상하부는 스트레스 중추라고 불리기도 하는데, 그 이유는 시상하부가 긴급 상황에서 자율신경계를 통제하는 기능과 뇌하수체를 활성화시키는 기능을 수행하기 때문이다.

자율신경계는 신체기관의 활동을 조절한다. 스트레스가 심한 조건에서는 호흡이 가빠지고 깊어지며 심장 박동률이 높아지고 혈관은 수축되며 혈압이 높아진다. 이러한 내적 변화 외에도 기도가 넓어져 더 많은 공기가 폐로 유입되며 얼굴에는

현대인들은 일을 할 때도 휴가를 즐길 때도 스트레스 상황에 노출될 때가 많다. 여러분의 삶에서는 어떤 것이 가장 힘든 스트레스 원인인가?

강한 정서적 표정이 나타난다. 또한 민무늬근에 작용이 멈추어 소화와 같은 긴급 상황 대처에 불필요한 신체기능은 중단된다.

스트레스 상황에서 자율신경계가 수행하는 또 다른 기능은 아드레날린을 가동시키는 일이다. 부신수질로 신호를 보내 에피네프린과 노르에피네프린이라는 두 가지 호르몬을 방출케 한다. 이렇게 방출된 호르몬은 체내 여러 기관에 신호를 보내 각 기관의 특수 기능을 수행하도록 한다. 예컨대, 비장을 자극하

그림 12.6 스트레스에 대한 신체의 반응
스트레스는 우리의 몸에 다양한 생리적 변화를 유발한다.

여 보다 많은 적혈구를 생성(상처가 났을 경우 응혈을 위해)시키며, 골수를 자극하여 더 많은 백혈구를 만들도록(감염을 퇴치하기 위해) 한다. 간을 자극하여 보다 많은 당을 생성시켜 체내에 에너지를 축적한다.

뇌하수체(pituitary gland)는 시상하부의 신호에 따라 스트레스 반응에 중요한 두 가지 호르몬을 방출한다. 갑상선자극 호르몬(TTH)은 갑상선을 자극하여 체내에 가용한 에너지를 증가시킨다. 그리고 '스트레스 호르몬'으로 알려진 **부신피질자극 호르몬**(ACTH)은 부신피질을 자극하여, 대사과정을 제어하는 호르몬을 방출하게 하고 또 간에서는 포도당을 혈액으로 방출하게 한다. 부신피질자극 호르몬은 여러 신체기관에 신호를 보내 약 30여 종의 또 다른 호르몬을 방출케 하는데, 이들 호르몬은 각각 신체의 '무장상태'를 조절한다. 그림 12.6은 이러한 생리적 스트레스 반응을 요약하고 있다.

보건심리학자 Shelley Taylor와 그녀의 동료들(2000; Taylor, 2006)은 스트레스에 대한 이 같은 생리적 반응은 남녀에 따라 서로 다른 결과를 초래한다고 주장한다. 여성들은 스트레스인에 대해 투쟁-또는-도피 반응을 하지 않고, **편들기 반응**(tend-and-befriend response)을 한다고 주장한다. 스트레스를 받을 때 여성들은 자식의 안전을 도모하기 위해 자식을 돌보는 행동을 한다. 여성들은 자식의 취약성을 줄여야 한다는 공통 목적 아래 사회 내 다른 구성원들의 편을 든다는 뜻이다. 스트레스 반응의 남녀 간 차이에 대한 이러한 분석은 인간행동에 관한 진화론적 관점과 잘 부합된다. 제11장에서 남녀의 성행동을 논할 때, 남녀의 배우자 선별방식이 서로 다르다고 지적하였고, 그 이유는 진화의 과정에서 자녀 양육에 관한 남녀의 역할이 달라졌기 때문이라고 하였다. 여기서도 동일하게 논리가 적용된다. 자식의 양육에 관한 남녀의 역할이 다르기 때문에, 스트레스에 대한 생리적 반응은 동일할지라도 남녀는 판이한 행동을 하게 된다는 것이다.

그러나 투쟁-또는-도피 반응도 편들기 반응도 오늘날의 생활에는 거의 쓸모가 없다. 우리가 경험하는 일상의 스트레스인에 대한 생리적 반응은 대부분 비적응성이다. 어려운 시험을 치르는데 남은 시간이 모자라는 경우를 고려해 보자. 스트레스 반응으로 야기된 고도의 집중력은 고마운 일일지 몰라도 그 밖의 생리적 반응은 전혀 도움이 되지 않는다. 투쟁의 상대도 편을 들 대상도 없지 않은가! 우리 인간이 외적 위험에 대비해 발달시켜 둔 대부분의 반응은 오늘날 우리가 겪는 심리적 스트레스인을 다스리는 데는 역효과를 야기한다. 왜냐하면, 대부분의 현대인은 만성적인 스트레스를 경험하며 살아가고 있기 때문이다.

일반적 적응 증후군과 만성적 스트레스 심한 만성적 스트레스가 신체에 미치는 효과를 검토한 최초의 현대 연구자는 캐나다의 내분비선학자 Hans Selye(1907~1982)이었다. 그는 1930년대 후반부터 박테리아 감염, 독물, 충격, 신체적 제약, 열기, 냉기 등에 대한 실험동물의 복합적 반응을 보고하였다. Selye의 스트레스 이론에 의하면, 스트레스인은 여러 가지일지라도 그에 대한 반응은 동일한 일반적인 신체적 반응이다. 모든 스트레스인은 적응을 요구한다. 즉, 유기체는 항동성을 회복함으로써 자신의 원래 상태를 되찾아야만 한다. 스트레스인에 대한 반응을 Selye는 **일반적 적응 증후군**(General Adaptation Syndrome, GAS)으로 기술하였다. 이 증후군은 경고반응, 저항, 고갈이라고 하는 세 단계로 구성된다(Selye, 1976a, 1976b). 경고반응(alarm reaction)은 격렬한 활동을 준비하는 짧은 신체적 각성상태를 일컫는다. 스트레스인이 지속되면 신체는 저항(resistance)단계 — 보통의 각성상태 — 로 접어든다. 저항단계의 유기체는 지속적인 스트레스인의 악영향을 견뎌내고 저항

도 할 수 있다. 그러나 스트레스인이 지나치게 강하고 너무 오래 지속되면 유기체는 고갈(exhaustion)단계로 접어들게 된다. 이 세 단계를 도식으로 정리한 것이 그림 12.7이다.

Selye는 고갈단계에서 발생하는 몇 가지 위험을 발견하였다. ACTH는 스트레스에 대한 단기적 반응에 작용하는 호르몬이다. 그러나 ACTH의 장기적 활동은 암살세포(killer cell)의 능력을 감퇴시킨다(암살세포는 체내에서 생명에 위협을 가하는 세포 및 감염을 퇴치하는 일을 한다.). 신체가 만성적으로 스트레스를 받게 되면 '스트레스 호르몬' 방출이 증가되고, 이에 따라 면역체계가 약화된다는 뜻이다. 이 일반적 적응 증후군 이론은 스트레스는 결코 신체질환의 원인이 될 수 없다고 믿었던 의사들에게 **정신신체 장애**(psychosomatic disorder) — 신체적 원인을 발견할 수 없는 질환 — 를 설명할 수 있는 값진 안목을 제공하였다. 급성 스트레스에 대한 반응으로는 적절했던 호르몬이 만성 스트레스에 대한 신체반응을 손상시키는 셈이다.

Selye의 연구에 따르면 스트레스는 반드시 질환을 야기하는 것처럼 보인다. 그러나 스트레스성 사건을 해석하는 우리

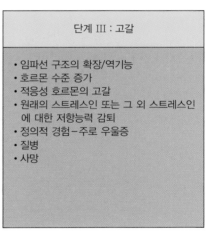

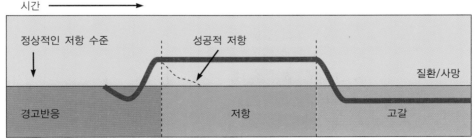

그림 12.7 일반적 적응 증후군
스트레스인에 노출되면 신체의 저항력이 떨어진다. 그 상태는 경고반응으로 일어나는 생리적 변화가 신체의 저항력을 원래 수준으로 회복시켜 놓을 때까지 계속된다. 스트레스인이 계속되면 신체의 경고반응은 사라지고, 그 스트레스인에 대한 저항은 정상보다 높아지지만 다른 스트레스인에 대한 저항은 정상 이하로 떨어진다. 이 저항성 적응은 신체를 정상 수준의 기능으로 돌려놓는다. 스트레스인에 계속해서 노출되면 적응이 붕괴되고 경고반응 신호가 다시 나타나서 스트레스의 효과는 돌이킬 수 없게 된다. 그 결과 그 개체는 앓게 되고 죽을 수도 있다.

의 마음(심리)에 따라 그 사건에 대한 생리적 반응도 달라진다. 따라서 Selye의 생리적 이론과 심리적 요인에 관한 연구결과를 종합해야만 스트레스가 신체에 미치는 효과를 완전하게 설명할 수 있다.

스트레스에 대한 심리적 반응

스트레스에 대한 생리적 반응은 정해진 과정을 따라 자동적으로 전개된다. 때문에 그 과정을 예측할 수는 있지만 의도적으로 통제하기는 어렵다. 그러나 스트레스에 대한 심리적 반응은 대부분 학습된 것이기 때문에 세상에 대한 지각과 해석에 따라 달라진다. 이 절에서는 중요한 일상사의 변화 또는 충격적인 사건 같은 스트레스인에 대한 심리적 반응을 논의하기로 한다.

주요 생활사 생활사가 정신건강 및 신체건강에 미치는 영향에 관한 연구는 매우 많다. 이들 연구는 대부분 1960년대 사회적 재조정 평정척도(Social Readjustment Rating Scale, SRRS)가 개발되면서 시작되었다. 이 척도는 우리가 경험하는 일상생활의 변화에 얼마나 잘 적응하는지를 평정하는 아주 간단한 척도였다. 이 척도는 일상생활에서 겪을 수 있는 변화를 목록으로 만들어 다양한 계층의 성인들에게 제시하고, 그 목록에서 자기에게 적용되는 변화를 지적하도록 하여 제작되었다. 참여

자들은 자기가 지적한 각각의 변화 때문에 자신의 삶을 재조정해야 했던 정도를 삶의 변화 단위로 평정해야 했다. 평정의 기준은 결혼 때문에 생긴 재조정의 정도였는데, 그 정도를 삶의 변화 단위로 50으로 정해두었다. 따라서 특정 변화가 요구하는 재조정 정도가 결혼 때문에 생겼던 재조정 정도보다 크면 50 이상의 값을 매기고 그보다 적으면 50이하의 값을 매겨야 했다. 연구자들은 각 개인이 겪어야 했던 재조정 정도를 **삶의 변화 단위**(Life-Change Units, LCUs)를 총점을 계산하여, 이 총점을 각자가 경험했던 스트레스의 양으로 간주하였다(Homes & Rahe, 1967).

이 SRRS는 1990년대에 갱신되었다(그림 12.8 참조). 이때도 생활사의 스트레스를 결혼에 따른 스트레스에 비교 평정하도록 하였다(Miller & Rahe, 1997). 이 갱신 작업결과 LCU가 원래 값보다 45%나 증가한 것으로 나타났다. 즉, 1990년대의 참여자들은 자신들이 받는 스트레스가 1960년대의 참여자들이 받은 스트레스에 비해 훨씬 높다고 보고한 것이다. 또한 1990년대에는 남성보다 여성이 더 많은 스트레스를 받는 것으로 나타나기도 했다. 연구자들은 SRRS 측정치와 정신건강 및 신체건강과의 관계를 검토해 왔다. 한 예로, 268명을 대상으로 SRRS를 실시한 연구(Lynch et al., 2005)를 고려해 보자. SRRS 점수가 높을수록 그 후 6개월 동안 이 참여자들이 병원을 찾은 횟수도 많았던 것으로 드러났다.

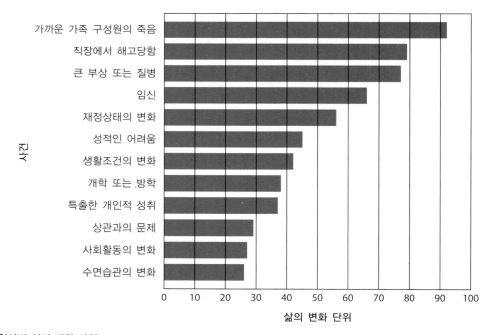

그림 12.8 주요 생활사별 삶의 변화 단위
학교를 다니는 동안 학생들이 적응을 해야 하는 중요한 변화는 많을 수 있다. 연구자들은 그러한 생활사 각각과 연관된 삶의 변화 단위를 계산해 두었다.
출처 : M. A. Miller and R. H. Rahe. Life changes scaling for the 1990s. *Journal of Psychosomatic Research*, 43(3): 279–292, Copyright (1997), with permission from Elsevier.

만성 스트레스로 인한 생리적 결과는 무엇인가?

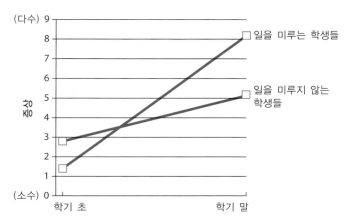

그림 12.9 지연이 건강을 해치는 정도
학생들을 지연족과 비지연족으로 나누었다. 그리고 이 학생들이 학기 초와 학기 말에 겪은 신체적 질환의 횟수를 조사하였다. 모든 학생들이 학기 말에 더 많은 질환을 겪었음을 알 수 있다. 그러나 지연족이 보고한 질환이 더 많았음도 분명하다.

생활사와 건강 간의 관계를 검토하는 방법은 여러 가지이다. 예컨대, Lietzen 등(2011)의 연구에서는 성인 16,881명을 2년 동안 추적 조사하였다. 연구를 시작했을 때는 이들 중 아무도 천식으로 진단받은 사람이 없었다. 그러나 2년 후의 검사결과, 이들 중 스트레스성 생활사(가족이 아프거나 결혼에 문제가 생긴 경우)를 많이 겪었던 사람일수록 천식으로 진단받을 가능성이 높았던 것으로 밝혀졌다. 학생들이 학업을 조직하는 방식과 관련된 연구 한 편을 살펴보자.

지정 연구

학기 중 과제를 내면 — 거의 모든 학생들이 겪게 되는 스트레스성 생활사 — 가능한 한 빨리 처리하는 학생(비지연족)도 있고 마지막 순간까지 미루는 학생(지연족)도 있다. 심리학자들은 학생들을 이 두 부류로 분류하기 위해 일반적 지연 척도(general procrastination scale)라는 도구를 개발하였다(Lay, 1986). Tice와 Baumeister(1997)는 건강심리학을 수강하는 학생들에게 이 척도를 이용해 보았다. 물론 이 학생들은 학기 말에 제출해야 하는 과제가 있었다. 학생들은 척도에 답하는 일 외에도 학기 초와 학기 말에 각각 한 번씩 자기들이 겪었던 신체적 질환의 횟수도 보고해야 했다. 예상했던 대로 지연족이 비지연족에 비해 과제를 늦게 제출했고 또 과제 점수도 낮은 점수를 받았다. 그림 12.9는 지연이 신체건강에 미친 효과를 보여준다. 그림을 보면 학기 초에는 지연족의 건강이 오히려 비지연족의 건강보다 양호했으나 학기 말에는 더 나빠졌다는 사실을 알 수 있다.

이 연구를 통해 동일한 생활사라도 사람에 따라 그 효과가 다르게 나타나는 한 가지 이유를 알았다. 일을 미루지 않는 학생들(비지연족)은 금방금방 일을 처리해야 하기 때문에 학기 초에 스트레스와 신체적 질환증상을 경험했던 것이다. 그러나 일을 미루는 학생들(지연족)은 학기 초의 스트레스는 피했지만 학기 말에 갈수록 더 큰 신체적 고통을 겪어야 했다. 미루어 두었던 과제를 모두 완료하기 위해 건강해야만 할 바로 그때에 질환을 겪을 가능성이 높아진 것이다. 학생이라면 누구나 이 연구결과를 명심해야 할 것이다. 성적과 건강이 자신의 행동습관에 달려 있다는 사실을 명심하고, 필요하다면 심리학자의 도움을 청해서라도 일을 뒤로 미루는 습관은 바꾸어야 할 것이다.

충격적인 사건 부정적인 사건이 분명한데도 통제할 수도 없고 예측할 수도 없는 모호한 사건 역시 강한 스트레스인으로 작용한다. 충격적인 사건은 더욱 그러하다. 강간이나 자동차 사고 같은 충격적 사건은 당사자에만 영향을 미친다. 그러나 지진이나 태풍 같은 충격적 사건의 영향은 광범하다. 그런 사건이 벌어진 후에는 사람들이 겪을 심리적 고통을 평가하기 위해 심리학자들이 긴급하게 행동하곤 한다.

심리학자들이 특별한 관심을 가지고 살피는 증상 중 하나가 충격 후 스트레스 장애(posttraumatic stress disorder, PTSD)이다(역주 : 이 장애를 흔히들 '외상 후 스트레스 장애'라고 하는데, 이는 처음 번역한 사람이 판단을 잘못한 데서 비롯된 것 같다.). 충격 후 스트레스 장애란 일종의 스트레스 반응으로 이들 희생자들에게 그 충격적인 사건이 순간적으로 머릿속에 떠오르거나 악몽으로 되살아나는 고통을 일컫는 말이다(DSM-IV, 1994). 이들은 일상생활에서 야기되는 정서를 느끼지 못하는 한편, 다른 사람들로부터 고립되었다는 느낌을 받게 된다. 이러한 정서적 고통은 수면장애, 살아남은 데 대한 죄책감, 주의

2001년 9월 11일 벌어진 이 폭파 사건을 겪은 사람들이 PTSD로 고생할 확률을 바꾼 요인은?

산만, 과민한 놀람 등 다양한 증상으로 나타난다.

2001년 9월 11일에 있었던 뉴욕 세계무역센터 폭파사건이 벌어진 그날 아침에 그 건물에서 빠져나온 시민 3,271명을 대상으로 이루어진 연구가 있다(DiGrande et al., 2011). 이들을 대상으로 2003년 9월부터 2004년 11월 사이에 수집된 자료를 분석한 결과, PTSD 증상을 겪지 않는 사람은 4.4%에 불과했다. 그리고 2~3년이 지난 후에도 이들 중 15%가 PTSD로 진단받았다. 사실 2003년 2월 18일 발생한 대구지하철 화재사건 피해자 중에는 2012년 현재까지도 PTSD로 고통받는 사람들이 있다.

강간 피해자들도 여러 가지 충격 후 스트레스 장애 증상으로 고생하곤 한다(Ullman et al., 2007). 강간을 당한 2주 후의 평정에서 희생자의 94%가 PTSD로 진단받았으며, 12주 후에도 51%의 희생자들이 이 장애를 겪고 있는 것으로 드러났다(Foa & Riggs, 1995). PTSD에 대한 정서적 반응은 충격 직후에는 급성 형태로 나타나고 수 개월에 걸쳐 서서히 사라지기도 한다. PTSD에 대한 논의는 제14장에서 불안장애를 논의할 때 다시 거론될 것이다.

만성적 스트레스인 스트레스에 대한 생리반응을 논의하면서 시작과 끝이 분명한 급성 스트레스인과 오랫동안 지속되는 만성 스트레스인을 구별하였었다. 그러나 심리적 스트레스인을 그렇게 구분하기는 쉽지 않다. 자전거를 잃어버린 일을 예로 들어 보자. 이 사건은 원래 급성 스트레스인이다. 그러나 새로 구입한 자전거도 도둑맞을지 모른다는 걱정을 하게 되면, 이 사건과 관련된 스트레스는 만성적 스트레스가 되어 버린다. 암, HIV 감염, 당뇨 등 심각한 질병을 앓는 사람들이 겪는 스트레스가 이러한 만성적 스트레스인 것으로 나타났다(de Ridder et al., 2008; Morris et al., 2011). 그런 진단 및 치료에 대한 걱정 때문에 생기는 만성적 스트레스가 질병 그 자체보다 건강을 악화시킬 가능성이 더 크다는 뜻이다.

대개의 경우 만성적 스트레스는 사회적 조건과 환경적 조건에서 발생한다. 범죄, 경제 조건, 오염, 그리고 테러도 스트레스인으로 작용한다. 이들과는 다른 환경 스트레스인이 우리의 정신건강에 미치는 효과도 무시할 수 없을 정도이다. 어떤 사람들은 자신의 사회경제적 지위 때문에 또는 인종 때문에 만성적 스트레스를 겪고 있으며, 그 결과로 나타나는 강녕에 대한 위협은 심각한 지경이다(Santiago et al., 2011; Sternthal et al., 2011). 뉴질랜드 사람 1,037명이 어릴 적에 겪은 사회경제적 어려움과 그들이 32세가 되었을 때의 건강상태와의 상관관계를 검토한 결과(Danese et al., 2009), 어릴 적에 경제적 어려움을 크게 겪었을수록 과체중, 고혈압, 과다 콜레스테롤 등의 위험이 더 큰 것으로 밝혀졌다. 그리고 어린 시절에 부모에게 학대받은 일도 그리고 고립되어 살았던 일도 정신건강은 물론 신체건강에 악영향을 미치는 것으로 드러났다. 사실 참여자들이 만성적 스트레스인을 더 많이 안고 살았을수록 성인이 되어 질병으로 고생할 위험이 커지는 것으로 드러났다.

일상생활의 문제 사랑하는 사람과의 결별, 지진, 사회적 편견이 스트레스인으로 작용할 것이라는 점을 부인할 사람은 없을 것이다. 그러나 일상생활의 사소한 일은 어떻게 작용할까? 어제 있었던 일을 생각해 보면, 이혼을 하지도 않았을 것이고 비행기 사고를 당하지도 않았을 것이다. 그보다는 책이나 공책을 잃어버렸을 가능성이 더 크다. 중요한 약속에 조금 늦었을 수도 있고, 주차위반 딱지를 받았거나, 시끄러운 이웃 덕분에 잠을 설쳤을 수도 있다.

이러한 사소한 일들도 스트레스인으로 작용하는 것으로 밝혀져 있다. 예컨대 중년의 남녀를 대상으로 일상의 문제와 건강 문제 간 상관관계를 검토한 연구에서, 참여자들이 보고한 일상 문제의 강도 및 빈도가 높을수록 그들의 건강이 열악한 것으로 드러난 것이다(Lazarus, 1981; 1984b). 청소년을 대상으로 실시한 다음 연구도 일상의 사소한 문제가 우리의 행복감에 미치는 영향력이 상당하다고 말한다.

지정 연구

청소년(평균 16.1세) 236명에게 사소한 문제 척도를 매일매일 작성하도록 하였다. 그 척도는 '가족 구성원으로부터 멸시당하기', '자신의 부모님께 거짓말 하기', '조롱이나 괴로움당하기' 등에 관한 경험을 얼마나 자주 겪었는지를 묻는 문항으로 구성되었다(Wright et al., 2010, p. 222). 참여자들은 이런 일을 경험한 빈도를 '전혀 없음'에서 '매일같이'에 이르는 5점 척도상에 기록해야 했다. 아울러 불안, 우울, 그리고 삶의 만족도를 묻는 문항에도 답해야 했다. 일반적으로 사소한 문제를 겪는 일이 많다고 보고한 참여자일수록 정신 건강 상태가 더욱 부정적인 것으로 드러났다(불안도 우울도 더 심하다고 보고했다.). 그리고 사소한 문제가 많은 청년일수록 삶의 만족도는 더 낮은 것으로 밝혀졌다.

위에서는 주로 일상생활의 문제만을 다루었다. 하지만 대부분의 경우 이런 문제의 영향력은 긍정적인 경험에 의해 무력화될 수도 있다(Lazarus & Lazarus, 1994). 남녀 132명에게 일상생활에서 겪는 긍정적 경험(행복한 사건)과 부정적 경험(짜증나는 일)을 보고하도록 한 연구(Jain et al., 2007)를 살펴보자. 이 연구에서는 참여자들의 핏속에서 심장혈관 질환의 위험도를 알려주는 물질의 양도 측정했다. 사소한 문제를 많이 보고한 사람일수록 질환의 위험도를 반영하는 물질도 많았다. 그러나 행복한 일을 많이 경험한 사람일수록 그 물질의 양은 적었다. 그러므로 우리가 일상사에서 겪는 사소한 일을 기초로 우리 삶의 질을 예측하고자 할 때는 부정적인 사건만 계산할 것이 아니라 긍정적인 사건도 함께 고려해야 그 예측이 보다 정확할 것이다.

지금까지 우리는 일상생활에서 만나게 되는 여러 가지 스트레스인과 그 효과를 고찰하였다. 스트레스인의 영향력은 사람들이 스트레스인을 얼마나 효과적으로 대처하느냐에 따라 크게 달라진다는 사실을 심리학자들은 오래전부터 알고 있었다. 이제 스트레스에 대처하는 방식을 고려하기로 하자.

스트레스 대처하기

누구나 살아가면서 스트레스를 겪지 않을 수는 없다. 만성적 스트레스는 삶을 어렵게 만들며 심지어는 우리를 죽음으로까지 몰고 갈 수도 있다. 때문에 우리는 스트레스를 효율적으로 관리할 수 있어야 한다. **대처**(coping)란 우리를 옥죄거나 우리가 가진 자원보다 더 많은 것을 내놓으라는 것으로 판단되는 내적 및 외적 조건을 다루는 과정을 일컫는 말이다(Lazarus & Folkman, 1984). 대처는 행동반응이나 정서반응 또는 동기반응 그리고 사고로 구성된다. 먼저 인지적 평가(사고)가 스트레스에 미치는 영향부터 살펴보기로 하자. 그런 후 대처의 유형과 대처의 일반적 원리 및 구체적 개입법을 소개할 것이다. 마지막에는 스트레스 대처방식 및 능력에서 나는 개인차를 논의할 것이다.

스트레스에 대한 평가 스트레스 상황 또는 조건에 대처하기 위해서는 먼저 그 상황이 어떻게 해서 스트레스를 야기하는지부터 파악해야 한다. 인지적 평가란 스트레스인에 대한 해석 및 가치 부여를 의미한다. 따라서 인지적 평가는 그 상황을 파악하는 데 중요한 역할을 한다. 그 상황에서 내가 해야 할 일이 무엇이며, 위협은 어느 정도인지, 과제 수행에 필요한 자원을 가지고 있는지 등을 파악하는 데 중요한 역할을 한다는 뜻이다(Lazarus, 1993; Lazarus & Lazarus, 1994). 몸에 부상을 입거나 집에 불이 난 것 같은 스트레스인은 누구에게나 위협으로 작용한다. 그러나 그 밖의 많은 스트레스인은 생활 장면, 그 스트레스인을 다루는 데 필요한 것, 그 필요한 것을 다루는 능력, 그 능력에 대한 자체 평가 등에 따라 다양하게 인식될 수 있다. 어떤 사람에게는 심한 고통을 야기하는 장면도 어떤 사람에게는 하루의 일거리밖에 되지 않을 수도 있다는 뜻이다. 어떤 조건이 나에게 스트레스인으로 작용한다고 친구나 다른 가족들에게도 스트레스인으로 작용한다는 보장이 없으며, 또 그 반대의 일이 벌어질 수도 있다는 말이다. 왜 일이 이렇게 전개되는 것일까?

Richard Lazarus는 내적 또는 외적 조건의 요구에 대한 인지적 평가를 두 단계로 나누어 고려한다. 그가 말하는 **일차적 평가**(primary appraisal)는 "어떤 일이 벌어지고 있는가?", "이 일이 나에게 좋은 일인가, 스트레스를 주는 일인가, 아니면 나와는 무관한 일인가?" 등의 질문으로 시작된다. 위의 두 번째 질문에 대한 답이 '스트레스를 주는 일'이라면, 그 스트레스인으로 인해 이미 해가 일어났는지 아니면 일어날 것 같은지, 그리고 대응행동을 해야 하는지를 결정함으로써 그 스트레스인의 잠재적 영향력을 평가한다(표 12.1 참조). 그 스트레스인에 대한 반응으로 어떤 일이든 해야만 한다는 결정이 나면, **이차적 평가**(secondary appraisal)가 시작된다. 이 단계에서는 스트레스 상황에 대처하는 데 필요한 사회적 자원과 개인적 자원의 가용정도를 평가하고, 필요한 행동 방안을 고려한다. 대처반응이 전개되는 동안에도 평가는 계속된다. 첫 번째 시도가 실

표 12.1 안정적 결정/인지적 평가의 단계

단계	핵심 질문
1. 문제의 평가	내가 변해야 할 정도로 위험한 문제인가?
2. 대안 모색	이 대안으로 문제를 다룰 수 있을까? 가용한 대안 모색은 충분한가?
3. 대안 평가	어느 것이 최선의 대안인가? 이 최선의 대안이 주요 요구 사항을 충족시킬 수 있을까?
4. 이행에 관한 고려	이 최선의 대안을 실행에 옮기고 다른 사람들에게 알려야 할까?
5. 부정적 피드백에도 불구하고 대안 이행	내가 변하지 않으면 문제가 심각해질까? 내가 변해도 위험이 심각할까?

패하면 스트레스는 계속될 것이고, 따라서 새로운 대처반응이 시작될 것이며, 그 반응의 효과도 평가될 것이다.

인지적 평가는 스트레스 조정 변인의 한 예에 속한다. **스트레스 조정 변인**(stress moderator variables)이란 스트레스인이 특정 유형의 스트레스 반응에 미치는 효과를 바꾸어 놓는 변인을 일컫는다. 즉, 스트레스인이 개체의 반응에 미치는 일반적 효과를 증가 또는 감소시킨다. 예컨대, 피로 정도와 일반적 건강 상태 같은 스트레스 조정 변인은 스트레스인에 대한 대처반응을 더 힘들게 만든다. 스트레스를 성공적으로 대처할 가능성은 몸이 건강할 때 더 높아진다는 것은 두말할 여지가 없다. 스트레스 조정 변인에 대한 이러한 정의는 인지적 평가와도 부합된다. 스트레스인을 어떻게 평가하느냐에 따라 대처반응의 유형 또한 달라질 것이기 때문이다.

대처반응의 유형 중요한 시험이 임박하면 그 시험의 결과를 생각하지 않을 수 없을 것이고, 누구나 스트레스를 받게 될 것이다. 이러한 상황에서 우리가 할 수 있는 일은 무엇일까? 스트레스성 사건이 발생하기 전에 **예상적 대처**(anticipatory coping)를 취할 수도 있다(Folkman, 1984). 예컨대, 여러분 같으면 다가오는 시험에 받게 될 스트레스를 어떻게 대처할 것 같은가? 여러분 같으면 학교를 그만 다닐 것이라는 계획을 부모님께 어떻게 말씀드리겠는가? 여러분 같으면 사랑했던 사람에게 이제는 사랑하지 않는다는 말을 어떻게 할 것 같은가? 이처럼 스트레스 유발 상황에 대한 예상은 많은 생각과 느낌을 갖게 한다. 때문에 면담이나 연설 또는 맞선처럼, 그 자체가 스트레스로 작용하기도 한다. 우리는 이러한 상황에 대처하는 전략을 알아둘 필요가 있다.

주된 대처전략은 두 가지로 대분된다. 하나는 문제에 직접 맞서는 문제지향 대처전략이고 다른 하나는 스트레스와 관련된 불편함을 줄이는 정서중심 대처전략이다(Billings & Moos, 1982; Lazarus & Folkman, 1984). 이 두 가지 기본 유형에 속하는 여러 가지 하위 유형이 표 12.2에 요약되어 있다.

문제지향 대처(problem-directed coping)부터 살펴보자. 문제지향 대처법의 대표적인 예로는 괴롭히는 자에 맞서 싸우는 행동을 꼽을 수 있다. 이 대처법에는 스트레스인을 직접적으로 대처하기 위해 고안된 모든 전략이 포함된다. 괴롭히는 자와 만나면 맞서 싸울 수도 있고 도망을 갈 수도 있으며, 뇌물로 제압할 수도 있다. 이때의 관심은 대처해야 할 문제와 스트레스를 유발하는 대상에 집중된다. 도전을 받아들이고, 그 도전에 대처하는 데 필요한 자원을 평가한다. 그리고는 위협을 제거하거나 약화시킬 수 있는 행동을 실행한다. 이러한 문제해결 노력은 통제가능 스트레스인, 예를 들어 횡포가 심한 상관 또는 형편없는 성적 등 스스로의 활동을 통해 제거 또는 변화시킬 수 있는 스트레스인을 관리하는 데 유용하다.

정서중심 대처(emotion-focused coping)는 통제불능 스트레스인을 관리하는 데 유용하다. 치매로 고생하는 부모를 모셔야 한다고 생각해 보자. 이 경우에는 제거할 수 있는 상대가 없

표 12.2 대처전략의 분류

대처전략의 유형	보기
문제지향 대처	
직접적인 행동 또는 문제해결 활동을 통해 스트레스인이나 그것과 자신과의 관계를 변화시킴	투쟁(위협을 파괴, 제거, 또는 약화시킴) 도피(위협으로부터 멀어짐) 투쟁 또는 도피를 모색(타협, 흥정, 협상) 장래 스트레스 예방(자신의 저항력 강화 또는 예상되는 스트레스의 강도 약화)
정서중심 대처	
스트레스인은 변화시키지 않고 자신의 느낌을 좋게 하는 활동을 통해 자신을 변화시킴	신체중심 활동(불안 약물 사용, 이완, 바이오피드백) 인지중심 활동(계획적 교란, 환상, 자신에 대한 생각) 추가적 불안을 야기할 의식적 또는 무의식적 과정을 조절하기 위한 치료

다. 외적 환경을 바꿀 수도 없다. 따라서 치매환자 보호자를 지지하는 집단을 찾거나 스스로의 긴장을 해소하는 이완 기법을 익혀 이 상황에 대한 자신의 생각과 느낌을 바꾸는 것이 최선의 방책이다. 이러한 방책도 대처전략임은 분명하다. 왜냐하면 자신의 강녕이 위협받고 있다는 것을 인정하고 그 위협을 바꾸어 놓기 위한 조치를 취하고 있기 때문이다.

많고 다양한 전략을 사용할 수 있을수록 대처는 용이해진다(Bonanno et al., 2011). 대처에 성공하기 위해서는 지각된 요구와 그 요구를 충족시킬 자신의 자원이 맞아떨어져야 한다. 따라서 가용한 대처전략이 많을수록 그런 요구를 충족시킬 가능성이 높아지고, 결국 스트레스인을 관리할 가능성 또한 높아진다. 유방암 수술을 앞둔 여성들이 사용하는 대처전략을 조사한 연구(Roussi et al., 2007)가 있다. 참여자들은 자신들이 겪는 고뇌와 대처전략(문제지향 대처법과 정서중심 대처법)을 수술 하루 전, 수술 3일 후, 수술 3개월 후에 각각 한 번씩 보고하였다. 수술 후에 다양한 전략을 사용한다고 보고한 참여자일수록 3개월 후에 겪는 고뇌가 적은 것으로 밝혀졌다.

스트레스인을 대처하는 능력이 특히 뛰어난 사람도 있다. 이런 사람들은 심각한 위협에도 불구하고 긍정적인 성과를 이루어낸다(Stewart & Yuen, 2011). 보건심리학자들은 이런 사람들은 어떤 대처전략을 사용하는지 그리고 그들은 그런 기술을 어떻게 습득하게 되었는지를 탐구하였다. 그 결과, 스트레스에 탄력적으로 대처하는 아이들은 양육기술이 훌륭한 부모 밑에서 자란다는 것을 알게 되었다(Masten, 2011). 무주택 가정을 연구한 Herbers 등(2011)은 양질의 양육법이 아이들에게 자신의 주의와 행동을 통제하는 데 필요한 인지기능을 익히게 해 준다고 주장한다. 물론, 이러한 통제기능은 아이들의 학업 성적에도 긍정적인 영향을 미친다.

지금까지는 스트레스인에 대처하는 일반적인 접근법을 고려하였다. 이제, 성공적인 대처를 위한 구체적인 접근법으로 인지적 접근과 사회적 접근을 살펴보기로 하자.

인지 전략의 수정 스트레스에 적응하는 강력한 방법 중 하나는 스트레스인에 대한 평가를 바꾸고 대처방식에 관한 자멸적 사고방식을 바꾸는 것이다. 주어진 상황과 그 상황에서 자신의 역할에 대한 생각을 바꾸고 좋지 못한 결과의 귀인에 대한 생각을 버려야 한다. 스트레스를 정신적으로 대처하는 방법 두 가지 중 하나는 스트레스인의 본질을 재평가하는 것이며, 다른 하나는 스트레스 반응에 대한 자신의 인지를 재구성하는 것이다.

치매환자 간병인들에게 다채로운 대처전략이 도움이 되는 이유는 무엇일까?

앞서 언급했듯이 사람들은 생활사에 대한 평가방식을 바꿈으로써 일상생활 속의 스트레스를 통제한다(Lazarus & Lazarus, 1994). 스트레스인에 대한 생각을 바꾸어 보고, 스트레스인의 명칭을 바꾸어 보고, 스트레스인을 덜 위협적인 맥락에서 상상해 보는 방법을 배우는 것이 스트레스인을 재평가하는 일에 속한다. 수많은 청중 앞에서 해야 할 연설 때문에 걱정이라면, 여러분을 비판할지도 모를 그 청중이 벌거벗고 있다고 상상해 보라. 모임에서 부끄러워 어쩔 줄 모를 때는 자신보다 더 부끄러워하는 사람을 찾아가서 그 사람의 부끄러움을 줄여주려는 말을 해 보라.

스트레스인에 관한 혼잣말을 바꾸어 보거나 그 스트레스인을 다루는 방식을 바꾸어 볼 수도 있다. 인지행동치료사 Donald Meichenbaum(1977, 1985, 1993)은 스트레스 예방을 위한 3단계 훈련을 제안하였다. 1단계에서는 자신의 실제 행동과 그 행동을 부추긴 것이 무엇인지 그리고 그 행동의 결과가 무엇인지를 보다 철저히 분석한다. 그렇게 하는 가장 좋은 방법은 일기를 쓰는 것이다. 일기는 자신의 문제를 원인과 결과로 재정의하게 함으로써 통제력을 향상시킨다. 예컨대, 숙제하는 데 시간을 충분히 할애하지 않았기 때문에, 학점이 낮게 나왔다(스트레스인)는 것을 깨닫게 될 것이다. 2단계에서는 적절하지 못한 자멸적인 행동을 제거하는 새로운 행동을 찾기 시작한다. 공부시간을 일정하게 정하거나 밤에 통화하는 시간을 10분으로 제한하는 행동 등을 그 예로 들 수 있다. 3단계에서는 적절한 행동을 하고 난 후, 이 새로운 행동의 결과를 평가한다. 이때는 절대 스스로를 비하하는 말은 하지 않는다. "예습을 해 갔으니 망정이지 큰 낭패를 당할 뻔했네!"라고 말하는 대신 "예습해 가길 잘했지, 거봐! 나도 예습을 해 가니까 교수님의 질문에 명확하게 답할 수 있잖아!"라고 말하라는 뜻이다.

이 3단계 접근법의 요점은 종전에 가졌던 패자의식을 불식시키는 말과 행동을 하라는 충고라고 할 것이다. 일단 이러한 과정을 따르게 되면 사람들은 자신이 변하고 있다는 것을 느끼게 되고, 그런 변화의 주역이 자신이라는 신념을 갖게 되어, 더 큰 성공을 거둘 수 있게 된다. 표 12.3은 스트레스 대처에 도움이 되는 새로운 자술문의 보기들이다. 이러한 **스트레스 예방 훈련**(stress inoculation training)은 다양한 영역에서 성공을 거두고 있다. 아이들을 상대로 실시한 스트레스 예방 훈련의 효과를 검토해 보자.

이스라엘 남부에 사는 초등학교 3, 4학년 학생 748명은 학교에서 스트레스 예방 훈련을 받았다(Wolmer et al., 2011). 14주에 걸쳐 실시된 이 훈련에서는 학생들이 받은 것은 일련의 수업이었다. 이 수업에서 학생들은 대처기술을 배우고 그 기술을 연습할 기회를 가졌다. 또한 수업시간에는 학생들에게 자신들의 강력한 정서를 인식할 수 있도록 돕고 또 그런 정서를 조절하는 기술도 가르쳤다. 이런 훈련을 받지 않은 학생 740명은 통제집단으로 참여하였다. 훈련이 끝난 후, 가자 지구(Gaza Strip)에 분쟁이 벌어졌다. 이 연구에 참여한 1,488명의 학생 모두는 3주 동안 지속된 로켓포 공격과 박격포 공격을 경험했다. 분쟁이 끝난 3개월 후, 이 학생들은 충격 후 스트레스 장애를 평정하기 위한 검사를 받았다. 통제집단의 아이들 중에는 11.3%가 PTSD 범주에 들었는데, 스트레스 예방 훈련을 받은 학생들 중에서 이 범주에 드는 학생들은 7.2%에 불과했다. 스트레스 예방 훈련 덕분에 PTSD로 고생하는 어린이가 약 1/3 정도 줄어든 것이다.

성공적 대처의 또 다른 주요 요소는 스트레스인을 스스로 통제할 수 있다는 믿음이다. 자신도 특정 사건이나 경험의 과정 및 결과를 변화시킬 수 있다는 자신감을 갖는 것이다(Endler et al., 2000; Roussi, 2002). 만약 여러분 스스로 질병의 과정이나 증상에 영향을 미칠 수 있다고 믿고 있다면, 여러분은 적응을 잘하고 있는 편이다. 그러나 스트레스의 근원이 다른 사람에게 있고 자신은 그 사람의 행동에 영향을 미칠 수 없다거나 자신은 그러한 상황을 바꿀 수 없다고 믿는다면, 만성적 조건에 대한 여러분의 심리적 적응은 악화될 가능성이 높다. 유방암 수술을 받은 여성을 대상으로 한 연구(Bárez et al.,

표 12.3 스트레스 대처용 자술문

준비
그 어려움에 대처할 계획 정도는 나도 세울 수 있어.
할 수 있는 일을 생각이라도 해 보자. 걱정만 하는 것보다 나을 테니까.
부정적인 생각은 하지 말고 합리적으로 생각하자.
직면
한 번에 하나씩 하자. 나도 이 어려움 정도는 극복할 수 있다.
이 정도의 불안은 이미 예상했던 것이 아닌가? 이는 단지 대처훈련을 해야 한다는 신호일 뿐이다.
긴장을 풀자. 칼자루는 내가 쥐고 있지 않은가. 서서히 심호흡을 한다.
대처
두려움이 생기면 그냥 멈춘다.
현재에만 집중한다. 내가 해야 할 일은 무엇인가?
두려움을 완전히 제거하려 하지 마라. 주체할 정도면 된다.
이보다 더 험한 일도 일어날 수 있다.
다른 일을 생각한다.
자기강화
성공했구나! 나도 할 수 있잖아!
생각보다 별거 아니네!
이 모두를 나 혼자 이루어내지 않았는가!

2007)에서도 스스로 통제할 수 있다는 믿음이 강한 여성일수록 수술 후에 받는 신체적 고통 및 심리적 고뇌가 감소한 것으로 드러났다.

이제 스트레스 대처에 관한 마지막 측면인 사회적 차원에 관한 논의로 이 절을 마감하기로 하자.

대처 자원으로서의 사회적 지지 사회적 지지(social support)란 다른 사람들이 제공하는 자원(도움)을 일컫는다. 나도 사랑을 받고 있고, 아낌을 받고 있고, 존경을 받고 있으며, 상호협력을 의무로 생각하는 많은 사람들과 연계되어 있다는 메시지를 주고받는 일이 그 대표적인 예로 꼽힌다. 이러한 정서적 지지(emotional support) 외에도 물질적 지지(tangible support : 돈, 교통수단, 주거 등)와 정보성 지지(informational support : 충고, 피드백, 정보 등)도 제공될 수 있고 또 받을 수도 있다. 가족, 친구, 동료, 이웃 등 중요한 사회적 관계를 맺고 있는 사람이면 누구나 필요에 따라 사회적 지지망(사회적 지지를 주고받는 사람들로 구성된 집단)에 속할 수 있다.

사회적 지지가 스트레스에 대한 취약성 조절에 강력한 영향력을 행사한다고 지적하는 연구는 많다(Kim et al., 2008).

의지할 곳이 있는 사람일수록 일상생활의 문제는 물론 직업상 스트레스, 실직, 결혼문제, 질환, 기타 재앙도 더 잘 이겨낸다. 세계 곳곳의 분쟁지역에서 평화 수호군으로 봉사한 사람들의 예를 고려해 보자. 전장에서 겪는 충격적인 사건은 종종 PTSD를 유발한다. 그러나 레바논에서 봉사한 네덜란드 평화 수호군을 대상으로 한 연구에서는 긍정적인 사회적 상호작용이 많은 사람일수록 PTSD 증상이 적다는 것이 사실로 밝혀졌다(Dirkzwager et al., 2003).

구체적인 사건에 따라 효과적인 지지 유형이 다를 수도 있다. Krohne과 Slangen(2005)은 얼굴에 수술을 받는 남녀에게 제공된 정보적 지지와 정서적 지지의 영향력을 검토하였다. 전반적으로 사회적 지지를 많이 받는 사람일수록 수술에 대한 걱정이 적고, 마취의 필요성도 적었으며, 입원 일수도 적었다. 그러나 구체적인 결과는 남녀에 따라 다르게 나타났다. 정보적 지지의 득은 남녀 모두에게 나타났지만, 정서적 지지의 득은 여성에게만 나타났다. 중요한 것은 당사자가 필요로 하는 지지와 제공되는 지지의 일치도였다. 그림 12.10에서 알 수 있듯이, 원하는 것과 제공되는 것의 관계는 네 가지로 달라질 수 있다(Reynolds & Perrin, 2004). 가장 좋은 조건은 원하는 것과 제공되는 것이 일치할 경우이다. 유방암 환자들의 경우 원하지 않는 지지를 받았을 때 심리적으로 최악의 결과가 관찰되었다(Reynolds & Perrin, 2004). 이러한 결과가 나타난 것은 원하지 않는 지지를 받은 것 때문에 진정으로 원하는 정서적 지지를 받기가 어려워졌기 때문일 수 있다.

스트레스인에 대한 반응에 영향을 미치는 대처 자원들이 서로 상호작용하는 방식도 중요한 쟁점으로 떠오르고 있다. 지각된 통제력과 사회적 지지의 효과를 동시에 검토한 연구를 살펴보자.

사회적 지지의 효용성이 경우에 따라 달라지는 이유는 무엇일까?

지정 연구

결장암으로 진단받은 사람 70명이 이 연구에 참여하였다(Dagan et al., 2011). 진단을 받은 3개월 후 실시된 검사에서 참여자들은 삶에서 일어나는 사건에 대한 자신의 통제력이 얼마나 되는지를 지적해야 했다. 또한 그들은 자기의 배우자가 제공한 지지적 행동(예 : 감정을 털어 놓는 기회 만들기)의 정도와 비지지적 행동(예 : 비난하는 말을 하기)의 정도를 묻는 질문에도 답을 해야 했다. 6개월 후에는 자신들이 겪고 있는 심리적 고통을 명시해야 했다. 연구자들은 참여자들의 삶에 대한 통제력, 그들이 받는다고 생각하는 사회적 지지, 그리고 그들이 겪는 정신적 고통 간의 관계를 분석하였다. 자신의 통제력이 낮은 사람들도 사회적 지지가 튼튼할 경우에는 심리적 고통이 덜한 반면, 통제력도 낮고 사회적 지지가 부실할 경우에는 고통이 심한 것으로 나타났다. 그러나 자신의 통제력이 크다고 생각하는 사람들은 배우자의 지지 행동과 관계없이 정신적 고통이 덜했다.

이러한 연구결과가 시사하는 바는 자신의 삶을 스스로 통제할 수 있다고 믿는 사람들은 스트레스에 대처할 때에도 다른 사람에게 의지할 가능성이 낮다는 말이다. 때문에 이들은 자기들에게 제공되는 사회적 지지의 질에 영향을 받지 않는 것이다.

그러나 자신의 통제력이 강하다고 믿는 사람들도 사회적 지지가 중요하게 작용하는 경우도 있다. 자신도 효과적인 사회적 지지망의 일부라는 믿음은 우리 각자가 도움을 필요로 할 때—고통을 겪고 있을 때 실제로는 도움을 요청하지 않는데

지지(를)	원했고	원하지 않았고
받았다	긍정적 일치 지지	지지강요
받지 않았다	지지생략	무위지지

그림 12.10 사회적 지지의 일치도
어려운 상황에 처해서 도움이 필요할 때는 그들이 실제로 필요로 하는 도움과 그들에게 제공되는 도움이 같을 수도 있고 다를 수도 있다.
출처 : Julie S. Reynolds and Nancy Perrin, "Matches and Mismatches for Social Support and Psychosocial Adjustment to Breast Cancer," *Health Psychology*, 23(4), 425-430. Copyright © 2004 by the American Psychological Association. Reprinted with permission.

도―도와줄 사람들이 있다는 믿음이다. 이 책에서 여러분께 꼭 기억하라고 권하고 싶은 것 중 하나는 여러분도 사회적 지지망의 일부가 되기 위한 노력을 하여 절대 사회적으로 고립되는 일이 없도록 하라는 것이다.

스트레스의 긍정적 효과

이 절에서는 주로 스트레스의 부정적 효과에 관심을 기울였다. 이는 스트레스의 부정적 효과를 예방하고 극복하는 데 도움을 주려는 연구가 많았기 때문이다. 그러나 최근의 심리학자들은 스트레스가 우리 삶에 미칠 수 있는 긍정적 영향에 더 많은 관심을 쏟고 있다. 이러한 관심의 변화 역시 긍정심리학 부상의 여파라고 할 수 있다. 긍정심리학의 부상은 주관적 강녕을 논의할 때 소개된 바 있다. 그럼 스트레스와 대처를 긍정심리학의 관점에서 고려해 보기로 하자.

앞에서 스트레스를 정의할 때, 우리는 고뇌(distress)와 희열(eustress)을 구분했었다. 아마 고뇌를 경험했던 조건을 기억해 내기는 어렵지 않을 것이다. 이제 희열을 경험했던 조건을 떠올려 보기로 하자. 최근에 관람한 한국 선수들의 축구시합을 상상해 보자. 한국팀이 이기는 것을 보는 느낌은 어떠했는가? 우리 선수가 공을 몰고 상대팀의 골문으로 접근할 때 여러분의 맥박이 높아지는 걸 느꼈는가? 연구결과 희열(eustress)―흥분과 불안―이 우리로 하여금 운동경기를 관람하게 하는 중요한 동기인 것으로 밝혀졌다(Cohen & Avrahami, 2005; Hu & Tang, 2010). 우리가 좋아하는 팀이 패하면, 약간의 고뇌를 경험할 수도 있다. 그러나 경기가 벌어지는 동안 그 경기 때문에 우리가 겪는 긍정적인 정서경험(흥분)이 더 클 것이다. 스트레스성 사건이 기쁨을 유발하는 바로 이런 조건을 여러분의 생활 속에서도 찾아보기 바란다. 보기를 한 가지 더 들어 보자. 사람들은 왜 스키를 탈 때 즐거움을 느끼는 것일까?

일부 스트레스성 사건의 경우, 긍정적인 효과를 예상하기 어려울 수도 있다. 그러나 연구결과에 의하면, 사람들은 매우 부정적인 사건에서도 긍정적 성과와 개인적 성장을 경험할 수 있다. 혜택 발견, 즉 부정적인 생활사에서 긍정적인 측면을 찾아내는 능력에 초점을 맞춘 연구도 있다(Helgeson et al., 2006; Littlewood et al., 2008). 당뇨병 진단을 받은 청소년에 관한 연구를 고려해 보자.

제1형 당뇨병으로 진단받은 청소년(10세에서 14세까지) 252명을 대상으로 수행된 연구였다. 참여자들에게 혜택 발견 척도에 답을 하도록 주문했다. 참여자들은 자기에게 득이 되는 모든 것을 나열

지정 연구

해야 했다. 그들은 다양한 혜택을 나열했다. 예컨대, "당뇨 덕분에 더 독립적인 사람이 되었다.", "가족이 더욱 가까워지게 되었다.", "변화를 보다 쉽게 수용할 수 있게 되었다." 등등이 기록되었다(Tran et al., 2011, p. 214). 참여자들은 당뇨에 관한 경험의 또 다른 측면에 관한 정보도 제공하였다. 예컨대, 질병 관련 사건의 스트레스를 얼마나 효과적으로 대처할 수 있다고 믿게 되었는지, 그리고 얼마나 정확하게 치료 처방을 따라갈 수 있다고 믿는지 등에 답을 해야 했다. 결과를 분석한 결과, 당뇨 때문에 생긴 혜택을 더 많이 찾아낸 아이들이 스트레스 대처능력도 높았고 치료도 더 잘 받고 있는 것으로 밝혀졌다.

이 연구는 혜택 발견이 스트레스의 영향력을 줄여주는 완충제로 작용할 수 있음을 보여주고 있다. 즉, 혜택을 찾아봄으로써 환자들은 부정적인 감정 때문에 당뇨에 대처하는 활동이 압도당하는 우를 예방할 수 있다는 뜻이다.

우리는 심각한 질환, 사고, 자연 재해, 기타 충격적 사건을 겪은 후, 충격 후 성장(posttraumatic growth)을 경험할 수도 있다. 충격 후 성장, 즉 심리의 긍정적 변화는 다음 다섯 가지 영역에서 일어난다(Cryder et al., 2006; Tedeschi & Calhoun, 2004).

- 새로운 가능성 : "내가 좋아하는 새로운 일이 생겼다."
- 타인과의 관련성 : "그전보다 다른 사람들과 더 가까워진 느낌이다."
- 개인적 성장 : "나 자신을 믿어도 된다는 것을 알게 되었다."
- 삶에 대한 음미 : "삶이 중요하다는 것을 알게 되었다."
- 영적인 변화 : "종교적 이념을 더 많이 이해하게 되었다."

물론 충격적 사건을 겪은 모든 사람들이 충격 후 성장을 경험하는 것은 아니다. 7세에서 10세 사이의 소년을 대상으로 실시한 연구에서 Kilmer와 Gil-Rivas(2010)는 충격 후 성장이 가장 컸던 아이들은 원래의 충격적 사건을 더 자주 돌이켜 생각해 보는 아이들임을 발견하였다. 그 생각을 통해 생기는 정신적 고통이 심한 경우에도 이 발견은 변하지 않았다. 그 아이들은 어떤 일이 벌어졌었는지를 이해하기 위해 원래의 충격적 사건을 돌이켜 생각하곤 했다는 뜻이다.

스트레스에 관한 이상의 논의에서는 스트레스가 신체건강 및 정신건강에 미치는 효과를 주로 다루었다. 이제 심리학적 지식이 질환 및 건강 문제에 직접적으로 적용되는 방식을 살펴보기로 하자.

1. 일반적 적응 증후군의 세 단계는 무엇인가?

2. 삶의 변화 단위에 관한 추정치가 1960년대에서 1990년 대 사이에 어떻게 변했는가?

3. 일상의 고민과 일상의 즐거움은 강녕에 어떤 영향을 미치는가?

4. 정서중심 대처를 한다는 말은 무슨 뜻인가?

5. 지각된 통제력이 대처에서 중요하게 작용하는 이유는 무엇인가?

6. 혜택 발견이란 무슨 뜻인가?

비판적 사고 스트레스 예방 훈련의 중요성을 예시한 연구에서, 이 훈련이 학교 교과과정의 일부였기 때문에 효과를 거둘 수 있었다면 그 이유는 무엇일까?

보건심리학

심리적 과정이 건강에 미치는 영향은 얼마나 클까? 상당히 클 것이라는 증거는 이미 여러 차례 제시되었다. 심리적 요인과 사회적 요인이 건강에 막대한 영향을 미치고 있다는 인식에서 보건심리학이라는 심리학의 새로운 분야가 부상하기 시작했다. **보건심리학**(health psychology)은 사람들이 건강을 유지하는 방식, 질병을 겪게 되는 이유, 그리고 질병에 반응하는 방식에 관한 이해의 폭을 넓히는 데 그 목적을 두고 있다. **건강**(health)이란 몸과 마음의 전반적인 조건을 일컫는 말로 몸과 마음이 건전하고 활기에 넘치는 정도로 표현된다. 따라서 건강하다는 말은 질병이나 상처가 없다는 뜻뿐 아니라 신체의 모든 부분이 아주 조화롭게 작동한다는 의미도 포함된다. 보건심리학의 기본 철학은 질병에 관한 서양의 전통적 견해와 사뭇 다르다. 이 차이점에 관한 논의로 이 절을 시작하기로 하자. 그런 후, 질병과 역기능의 예방과 치료에 보건심리학이 어떤 도움을 주고 있는지를 고려할 것이다.

보건의 생물심리적 모형

보건심리학은 그 기반을 **심신사회적 모형**(biopsychosocial model)에 두고 있다. 이 관점의 뿌리는 주로 비서구 문화권에서 발견된다. 심신사회적 모형이란 개념을 분명히 하기 위해 이들 비서구 문화권 전통을 일부 살펴보기로 하자.

전통적 건강관리 마음의 원리는 줄곧 건강 추구와 질환 치료에

적용되어 왔다. 많은 문화권에서는 공공의 건강 및 오락 행사가 삶의 질을 증진시키는 중요한 요인이라고 믿고 있다. 미주 인디언 중 나바호족은 질환과 강녕의 원인을 사회적 조화 및 심신의 상호작용에서 찾는다. 나바호족이 말하는 **hozho**(whoa -zo라고 발음함)라는 개념은 조화, 마음의 평화, 선(善), 이상적인 가족관계, 예술의 아름다움, 신체와 영혼의 건전함을 의미한다. 질병은 부조화의 산물이며, 그 원인은 악마에 있고, 그 악마는 금기위반, 마법, 방종, 또는 악몽을 통해 나타난다고 믿는다. 이들은 질병을 퇴치하고 건강을 회복하기 위한 치료의식을 거행하는데, 이들이 거행하는 전통적 치료의식은 무당의 약물뿐 아니라 환자를 포함한 모든 가족 구성원이 협력하여 hozho 상태를 회복하기 위한 노력으로 간주된다. 이들은 종족 구성원 중에서 아픈 사람이 생기면, 그것을 개인의 책임(잘못)으로 생각하지 않고, 대중적 치료의식을 통해 복구해야만 하는, 보다 광범위한 부조화의 신호로 받아들인다. 이러한 사회적 특성 때문에 자연적으로 형성된 강력한 사회적 지지망은 자동적으로 환자에게 도움을 주게 된다.

심신사회적 모형 위에서 보았듯이, 비서구 문화권에서 벌어지는 치료행위는 몸과 마음이 연결되어 있다는 가정에서 거행되는 경우가 많다. 이에 반해, 현대 서구의 과학적 사고는 심신이원론적 관념에 기초를 둔 **생물의학적 모형**(biomedical model)에 매달려 있는 형편이다. 생물의학적 모형을 신봉하는 의사들은 신체만을 치료한다. 마음(정신)은 정서와 믿음에만 소중할 뿐 신체와는 거의 무관하다고 간주한다. 그러나 시간이 지나면서 생물의학적 모형으로는 설명할 수 없는 증거가 누적되고 있다. 예컨대, 생활고의 경중에 따라 면역기능이 달라진다든가, 스트레스의 부정적 효과에도 개인차가 심하다든가, 그리고 적절한 사회적 지지는 입원기간을 줄여준다는 등의 발견은 생물의학적 모형으로는 설명되지 않는다. 이러한 깨달음을 통해 구축된 **심신사회적 모형**(biopsychosocial model)은 세 가지 요소로 구성되어 있다. 그중 신(bio)은 신체적 질환의 실재를 인정한다는 뜻이고, 심(psycho)과 사회적(social)은 건강에는 심리적 요소와 사회적 요소도 중요하게 작용한다는 점을 사실로 인정한다는 뜻이다.

심신사회적 모형에서는 신체적 건강을 고려할 때, 마음의 상태 및 주변 세계와 연관시켜 생각한다. 보건심리학자들은 건강을 역동적이고 다차원적인 경험으로 간주하기 때문에, 최적의 건강은 신체적, 지적, 정서적, 영적, 사회적 그리고 환경적 측면의 건강이 통합될 때 이루어진다고 생각한다. 질환을 예

방하고 또 증상이 나타나기 전에 그 질병을 찾아내려 하는 모든 활동을 보건행동으로 간주한다. 보건심리학의 일반적 목적은 심리학 지식을 이용하여 최적의 건강과 적극적인 보건행동을 증진시키는 데 있다. 이제 이 목적과 관련된 이론 및 연구를 살펴보기로 하자.

건강 증진

건강 증진(health promotion)이란 병에 걸릴 확률을 줄이기 위한 전략 및 기술 개발을 의미한다. 21세기의 질병 예방책이 해결해야 할 문제는 20세기 초반에 제기되었던 문제와는 사뭇 다르다(Matarazo, 1984). 20세기 초에는 사망의 주된 원인이 전염병이었다. 그러나 시간이 지나면서, 연구, 교육, 백신개발, 공중보건시설의 개혁 등을 통해 독감, 결핵, 홍역, 소아마비, 천연두 같은 전염병과 연계된 사망률이 크게 줄었다.

이제, 과학적 연구를 통해 삶의 질을 향상시키기 위해서는 오늘날의 생활양식과 맞물린 사망원인을 찾아 그 원인을 제거하려는 새로운 노력이 필요해진 것이다. 흡연, 과음, 과체중, 운전 부주의, 고지방, 고콜레스테롤 음식물 섭취, 긴장 속의 삶 등이 심장질환, 암, 발작, 사고, 그리고 자살 등의 주요 요인으로 작용하는 세상이 되었다. 우리는 이들과 관련된 행동을 바꾸어 놓는 일이 질병 및 조기사망 예방의 주요 과제로 자리 잡은 시대에 살고 있는 것이다. 이런 건강 증진 작업의 가능성을 AIDS와 흡연에서 따져보기로 하자.

흡연 이 책을 읽는 사람치고 흡연의 위험을 모르는 사람은 없을 것이다. 미국에서만 대략 443,000명이 매년 흡연 관련 질병으로 그리고 49,400명이 간접흡연의 폐해로 죽어간다(Center of Disease Control and Prevention, 2011). 그런데도 수많은 사람들은 아직도 담배를 피운다. 보건심리학자들은 사람들이 왜 담배를 피우기 시작하는지, 그리고 어떻게 하면 담배를 끊게 되는지를 밝혀내고 싶어 한다. 흡연을 시작하는 이유를 밝혀냄으로써 흡연행동을 사전에 예방하고, 금연을 실천하는 방법을 찾아냄으로써 금연을 통한 득을 취할 수 있게 하고 싶은 것이다.

사람들이 왜 담배를 피우기 시작하는지에 관한 분석은 선천성과 후천성의 상호작용에 초점을 맞추어 진행되어 왔다. 흡연을 두고 일란성 쌍둥이와 이란성 쌍둥이를 비교한 연구들은 모두 유전 가능성 추정치가 0.50 또는 그 이상인 것으로 보고하였다(Munafo & Johnstone, 2008). 청소년 형제자매(일란성 쌍둥이, 이란성 쌍둥이, 쌍둥이가 아닌 형제자매) 1,198쌍의

흡연행동을 조사한 연구(Boardman et al., 2008)를 보자. 이 연구에서 발견된 유전 가능성 추정치의 경우, 각자가 담배를 피우기 시작했는지 또는 하지 않았는지를 기초로 분석했을 때는 0.51, 하루에 피우는 담배의 양을 기초로 분석했을 때는 0.58로 드러났다. 이 연구는 환경의 영향도 소개하였다. 예를 들어, 참여자들이 다니는 학교 내의 유명한 학생들이 담배를 피우는 경우에는 유전이 더 중요하게 작용했다. 사회적 맥락 덕분에 학생들은 자신의 '타고난 잠재력'을 깨닫게 되었을 것이다.

유전과 흡연과의 관계를 이해하기 위한 연구에서는 어떤 사람이 담배를 피우기 시작할 것인지를 예측하는 성격 차에 관심이 집중되었다. 담배 피우기를 시작하는 일과 관련된 성격 유형으로는 **자극 추구형**(sensation seeking)이 꼽히고 있다(Zuckerman, 2007). 자극 추구형 성격을 가진 사람들은 모험적인 활동을 즐기는 경향이 강하다. Sarget 등(2010)은 미국 청소년(10세~14세) 수천 명을 대상으로 자극 추구 경향성을 측정하였다. 이들 중 어떤 청소년들이 흡연자가 되었는지를 결정하기 위해, 자극 추구 경향성을 측정한 8, 16, 24개월 후에 이들과 연락을 취했다. 그 결과 자극 추구 경향성이 높을수록 그 후 2년 사이에 흡연자가 될 확률이 매우 높은 것으로 드러났다.

흡연문제를 없애는 최선의 방법은 애당초 시작을 하지 않는 것이다. 그러나 이미 시작한 사람들은 어떻게 끊을 것인가? 많

절연 프로그램을 개발할 때는 담배를 끊고 싶은 마음이 사람들마다 다르다는 사실을 알아야 한다.

은 사람들이 담배를 끊었다가는 다시 피우지만 약 3,500만 명의 미국인이 담배를 끊었고, 이들 중 90%가 전문 치료 프로그램의 도움 없이 자신의 노력만으로 담배를 끊은 것으로 추정된다. 그리고 사람들은 다음과 같은 일정한 단계를 거쳐 담배를 끊는 것으로 드러났다(Norman et al., 1998, 2000).

- 고려 전. 아직 담배를 끊을 생각이 없다.
- 고려 중. 담배를 끊을 생각은 하고 있지만 아직 아무런 행동은 취하지 않고 있다.
- 준비완료. 끊을 준비가 되어 있다.
- 실행. 행동 목표를 정하고 끊기 위한 행동을 취한다.
- 유지. 더 이상 흡연을 하지 않고 계속 피우지 않으려 한다.

이러한 분석결과는 담배를 끊고 싶은 마음이 사람들마다 많이 다르다고 시사한다. 따라서 개입을 하려 할 때는 먼저 흡연자들은 자극하여 금연행동을 취할 마음의 준비를 시키는 일부터 해야 한다(Velicer et al., 2007).

절연요법이 성공하려면, 흡연자의 생리적 욕구와 심리적 욕구를 모두 충족시켜 주어야 한다(Fiore et al., 2008). 생리적 욕구를 충족시키기 위해서는 니코틴 패치나 니코틴 껌 같은 니코틴 대체 요법을 활용하는 것이 좋다. 심리적인 측면에서는 수많은 사람들이 담배를 끊었다는 사실을 알고, 또 자신도 끊을 수 있다는 것을 깨닫게 하는 것이 중요하다. 또한 절연 노력을 따라 다니는 강한 유혹을 뿌리칠 전략도 배워야 한다. 따라서 치료법에는 대개, 앞에서 스트레스인의 효과를 감소시키는 기법으로 소개한, 인지적 대처전략이 포함되는 경우가 많다. 절연을 하려면 흡연을 자극하는 장면을 피할 줄도 알아야 한다.

AIDS AIDS(Acquired Immune Deficiency Syndrome, 후천성 면역 결핍 증후군)는 바이러스성 질병이다. 수천만 명의 사람들이 이 병으로 죽어가고 있다. 하지만 이제 훨씬 더 많은 사람들이 HIV에 감염된 상태로 살아가고 있다. **HIV**(human immunodeficiency virus, 인간 면역부전 바이러스)는 사람 핏속의 백혈구(T 임파구)를 공격하여 면역체계를 손상시킴으로써 다른 질병에 맞서 싸울 신체의 능력을 약화시키는 바이러스이다. 따라서 HIV에 감염된 사람은 암, 뇌막염, 폐렴 같은 위험한 질병을 유발하는 수많은 바이러스 및 박테리아에 감염되기 쉬운 취약성을 안고 살아간다. HIV에 감염되어 증상이 나타날 때까지의 기간(부화기)은 5년 이상이다. 수백만 명으로 추산되는 HIV에 감염된 사람들 중 대부분은 AIDS를 가지고

있지 않다. 하지만 AIDS가 갑자기 나타날지도 모른다는 스트레스를 안고 살아야만 한다. 현재로서는 AIDS의 만개시기를 늦추는 치료법 외에 그 자체를 치료하는 방법도 또 그 확산을 예방할 백신도 개발되어 있지 않다.

HIV는 혈관을 통해 직접 전염된다. 대개는 (1) 성행위를 통한 정액이나 혈액 교환 그리고 (2) 약물 주입에 이용되는 혈관 주삿바늘 및 피하 주사기의 공용이라는 두 가지 방법으로 전염된다. 수혈을 통해 전염되기도 하고 또 치료과정에서 의료기관이 알지 못하는 사이에 전염되기도 한다. 혈우병으로 고생하는 많은 사람들이 AIDS에 감염되는 이유는 수혈 때문이다. 따라서 우리는 모두 AIDS에 감염될 위험을 안고 살아가는 셈이다.

AIDS 감염을 예방하는 유일한 방법은 위험한 생활습관을 바꾸는 길뿐이다. 성행동의 형태와 약물 주입용 기구의 사용법을 영구적으로 바꾸어야 한다는 뜻이다. 성공적인 AIDS 확산 방지법에는 다음 세 가지 요소가 포함되어야 한다(Starace et al., 2006).

- 정보. 사람들에게 AIDS가 어떻게 전염되며 전염을 어떻게 예방할 수 있는지를 가르쳐 주어야 한다. 성생활은 안전하게(콘돔 사용) 하고 주삿바늘은 완전히 소독한 후에 사용하도록 가르쳐 주어야 한다.
- 동기유발. AIDS 예방을 실행할 마음의 준비가 되어 있어야 한다.
- 행동기술. 아는 것을 행동에 옮길 수 있도록 가르쳐 주어야 한다.

왜 이 세 가지 모두가 필요한 것일까? 사람들은 강한 의지를 가지고 있지만 어떻게 해야 할지를 모를 수도 있고 또 그 반대로 어떻게 해야 할지는 알지만 그렇게 하고 싶은 마음이 별로 없을 수도 있다. 그리고 지식도 충분하고 동기도 강하지만 필요한 기술을 갖지 못했을 수도 있다. 예를 들어, 사회적 관습 때문에 배우자에게 콘돔을 사용하자는 말을 어떻게 해야 할지를 모를 수도 있다(Leary et al., 1994). 정보를 제공할 때는 사람들의 동기를 불식시키지 않도록 조심해야 한다. 정보를 제공할 때도 참여자들에게 자신의 행동을 스스로 통제한다는 느낌을 갖도록 하면, HIV 예방교육에 더 많은 사람들이 참여한다(Albarracin et al., 2008).

치료

치료는 환자들로 하여금 자신의 질병에 적응하고 또 그들의

보건심리학으로 사람들의 운동량을 늘릴 수 있을까?

보건심리학의 목적 중 하나는 사람들로 하여금 건강에 도움이 되는 행동을 더 많이 하게 하는 것이다. 건강에 도움이 되는 행동 목록에서 상위에 속하는 게 운동(excercise)이다. 운동을 충분히 하는 사람일수록 건강상태가 양호한 편이다. 다음은 운동에 관한 미국 정부의 권고 사항이다(U.S. Department of Health and Human Services, 2008, p. vii).

- 건강에 실질적인 득을 취하고자 한다면, 성인들은 중강도의 유산소 운동을 주당 최소 150분 이상, 또는 고강도 유산소 운동을 75분 이상, 또는 이에 맞먹을 정도의 중강도 및 고강도 운동을 조합해서 해야 한다. 유산소 운동을 할 때는 최소한 10분을 단위로 해야 하고, 주중의 여러 날에 걸쳐서 하는 게 좋다.
- 성인들은 또한 중강도 또는 고강도의 근육 강화 운동도 해야 한다. 주요 근육 모두를 강화하도록 해야 하며, 주당 2일 이상 하는 게 좋다. 물론 운동량이 많으면 득도 커진다.

이 권고 사항대로 운동을 하면 심장과 호흡계가 건강해지고, 근육의 질과 강도가 향상되며, 건강상의 다른 면에도 도움이 된다. 그러면 보건심리학의 연구를 통해 어떻게 해야 사람들로 하여금 이런 득을 취할 수 있게 도울 수 있을까?

연구자들은 사람들로 하여금 운동을 시작하게 하고, 일단 시작한 운동은 계속하도록 유도하는 효과적인 프로그램 또는 전략 개발에 몰두해 왔다(Nigg et al., 2008). 그 결과 사람들의 절연 준비성을 묘사하는 모형이 사람들의 운동 준비성에도 거의 그대로 적용된다는 사실을 발견했

다(Buckworth et al., 2007). 고려 전 단계에 있는 사람들은 운동의 득(예 : 외모 향상)보다는 장애물(예 : 시간 부족)을 더 강조한다. 그러나 고려 및 준비단계를 거치면서 강조의 초점이 장애물에서 득으로 바뀌게 된다. 운동을 시작한 지 6개월이 채 안 된 사람들은 실행단계에 있고, 6개월 이상 된 사람들은 유지단계에 있는 셈이다.

규칙적인 운동을 하지 않는 사람을 고려 전 단계를 넘어서게 하려면 어떻게 해야 할까? 장애물을 극복하고 운동을 하게 만드는 전략을 가르치면 된다(Scholz et al., 2008). 그 전략 중 하나는 실행계획(action plans)을 수립하는 것이다. 언제, 어디서, 그리고 어떤 운동을 어떻게 실행할 것인지에 관한 구체적인 계획을 짜야 한다는 뜻이다. 다른 하나는 대처계획(coping plans)을 세우는 것이다. 실행계획을 방해하게 될 장해물을 예상하고 이런 장해물을 극복할 최선의 방안을 마련해 두어야 한다는 말이다. 심장병으로 고생하는 환자들에게 이런 유형의 계획을 수립하는 방법을 가르친 연구(Sniehotta et al., 2006)가 있다. 훈련을 받은 2개월 후, 이들은 훈련을 받지 않은 통제집단에 비해 훨씬 많은 신체적 활동을 하고 있었다.

이들 연구의 가르침은 운동도, 건강한 삶이라는 목적을 달성하기 위해 인지적 평가가 이용되는, 다른 모든 상황과 동일하게 취급될 수 있다는 점이다.

- 건강한 행동을 하는 일과 건강하지 않은 행동을 피하는 일에 동일한 조치(전략)가 적용되는 이유는 무엇일까?
- 규칙적인 운동 같은 건전한 활동을 고려하는 데서 스트레스를 받는 이유는 무엇일까?

건강을 회복하도록 돕는 일에 집중된다. 아래에서는 치료의 세 가지 측면을 살펴볼 것이다. 첫째, 환자들로 하여금 치료사의 처방을 따르도록 하는 일에 심리학자가 할 수 있는 일을 살펴볼 것이다. 둘째, 환자들이 자신의 신체반응을 통제하는 일에 심리학적 기법이 적용되는 방식을 살펴볼 것이다. 마지막으로, 몸을 치료하는 데 마음이 중요하게 작용하는 경우를 검토할 것이다.

처방 준수 환자들에게는 처방전이 발급되곤 한다. 이러한 처방전에는 약물복용, 식단변화, 휴식과 운동에 관한 처방, 그리고 재검진, 재활훈련, 화학요법 같은 추수절차가 포함될 수 있다. 건강관리에서 가장 큰 문제 중 하나는 환자들이 처방을 준수하지 않는 일이다(Christensen & Johnson, 2002; Quittner et

al., 2008). 어떤 처방전의 경우 준수하지 않는 환자가 약 50% 정도인 것으로 추정되고 있다.

환자들이 처방전을 준수하게 하려면 무엇을 어떻게 해야 할까? 무엇보다도 자신의 병을 심각하게 받아들이도록 해야 한다(Dimatteo et al., 2007). 그러나 환자의 객관적 건상상태를 고려하면 이 관계는 다소 복잡해진다. 앓고 있는 병이 중병인데다 그로 인한 건강상태가 열악한 환자들은 동일한 병을 앓고 있으면서도 아직까지 건강상태가 그렇게 악화되지 않은 환자들보다 처방전을 준수하는 확률이 낮은 것으로 드러났다. 이런 현상은 치료가 성공할 가능성에 대한 비관적 생각이 점점 커지고 있음을 반영한다고 볼 수 있다. 사회적 지지 또한 환자들의 처방전 준수 확률을 높일 수 있는 중요한 요인으로 밝혀졌다(Dimatteo et al., 2004). 처방전을 정확하게 따라 할

수 있도록 도와주는 실용적 지지가 가장 효과적인 것으로 드러났다.

처방전 준수에는 건강관리 전문가들의 도움도 중요한 것으로 알려져 있다. 환자의 태도와 의사의 태도가 일치하는 것이 중요하다고 밝힌 연구를 고려해 보자.

이 연구에는 224명의 환자와 이들의 건강을 관리하는 의사 18명이 참여하였다(Christensen et al., 2010). 환자와 의사 모두 질문지를 작성했다. 이 질문지는 건강 악화에 작용한 환자의 역할을 평가하는 질문지였다. 예컨대, 환자는 "나의 건강은 나 자신이 통제한다." 그리고 "내가 병에 걸렸을 때, 얼마나 빨리 회복될 것인지는 나 자신의 행동에 의해 결정된다."라는 진술문에 반응을 해야 했다. 의사들은 이들 진술이 환자를 중심으로 표현된 진술문(예 : "환자의 건강은 환자 자신의 책임이다.")에 반응해야 했다. 환자들이 처방전을 준수하는 정도를 평가하기 위해서는 약국에서 약을 다시 구입해 간 정보를 이용하였다. 그 결과, 환자의 태도가 의사의 태도와 부합했을 경우에 처방전을 준수할 가능성이 높을 것으로 드러났다.

이 결과가 이해되지 않는다면, 환자는 자신의 건강을 스스로 관리할 수 있다고 믿는데, 의사는 그 반대로 생각하고 있다고 상상해 보라. 이 경우 의사에 대한 환자의 믿음은 붕괴될 것이다. 어느 환자가 믿음이 가지 않는 의사의 처방전을 따르겠는가? 의사들은 환자의 태도를 정확하게 이해하고 그에 맞추어 자신의 태도를 바꾸어야 할 것이라는 것이 이 연구에서 우리가 배워야 할 교훈이다.

몸을 치유하기 위한 마음의 준비 환자 치료법에 심리적 요소가 점점 증가하고 있다. 이제 심리학적 전략이 건강을 증진시킬 수 있다고 믿는 연구자들이 많다. 예를 들어, 스트레스에 대한 긴장반응으로 근육이 굳어지고 혈압이 높아지는 경우가 많은데, 이 긴장반응의 대부분은 이완요법 및 바이오피드백 같은 심리적 기법을 통해 통제 가능한 것으로 드러났다.

명상을 통한 이완은 세계 각지에서 오랜 역사를 가지고 있다. 동양 문화권에서는 마음을 가라앉히고 신체의 긴장을 줄이는 방법이 수 세기에 걸쳐 실행되고 있다. 오늘날 일본과 인도의 선과 요가는 많은 사람들의 생활의 일부로 자리 잡고 있고, 서양에서도 선과 요가를 수행하는 사람의 수가 날로 증가하고 있다. 완전한 이완이 강력한 반스트레스 반응이라는 증거도 누적되고 있다(Samuelson et al., 2010). **이완반응**(relaxation response)이란 근육 긴장, 피질 활동, 심박률 및 혈압이 낮아지고 호흡이 느려지는 조건을 일컫는다(Benson,

2000). 뇌의 전기적 활동이 감소하고 외부 환경으로부터 중추신경계로의 입력이 줄어든다. 스트레스로부터의 회복은 각성수준이 낮은 이러한 조건에서 진행된다. 이완반응이 생성되기 위해서는 네 가지 조건이 충족되어야 한다. (1) 조용한 환경, (2) 감긴 눈, (3) 편안한 자세, (4) 반복적으로 사용할 수 있는 정신적 장치(예 : 화두). 앞의 세 가지 조건은 외부 환경으로부터 중추신경계로의 입력을 줄여주고 네 번째 조건은 중추신경계 내부의 자극을 줄여준다.

바이오피드백(biofeedback)은 일종의 자기조절법으로 혈압 조절, 이마근육 이완(긴장성 두통과 관련된), 지나친 홍조를 줄이는 활동 등 다양한 장면에 이용된다. 심리학자 Neal Miller(1978)가 개척한 이 기법은 명백한 외적 반응을 제공함으로써 매우 약한 체내 반응을 스스로가 알아차리도록 도와준다. 환자의 신체반응을 감지한 후, 그 반응을 다양한 강도의 빛이나 소리로 변형시켜 제시함으로써 환자가 자기 신체의 반응을 볼 수 있게 만든 것이다. 여기서 환자의 과제는 이들 외적 단서(빛이나 소리)의 강도를 통제하는 일이다.

바이오피드백의 적용 예를 살펴보자. 고혈압 또는 저혈압으로 고생하는 사람들을 실험에 참여시켰다(Rau et al., 2003). 심장이 뛸 때마다 환자의 혈압이 혈압 측정 장치를 통해 컴퓨터 화면에 피드백으로 제공되었다. 피드백은 막대 그림으로 제시되었다. 초록색 막대가 커지는 것은 바람직한 방향으로의 변화를 나타내며, 붉은색 막대가 커지는 것은 엉뚱한 방향으로의 변화를 나타내었다. 이런 시각적 피드백과 함께, "잘하고 있습니다!"라는 언어적 강화도 제공하였다. 이 실험에서 환자의 과제는 초록색 막대는 커지게 그리고 빨간색 막대는 작아지게 만드는 작업이다. 3회기의 훈련 후, 참여자들은 자신의 혈압을 원하는 대로 높이거나 낮출 수 있게 되었다. 여러분 중 혈압이 문제인 사람이 있다면 약물복용과 함께 바이오피드백 과정을 밟아보는 것도 좋을 것이다.

심리신경면역학 1980년대 초 마음이 신체에 영향을 미치는 또 다른 방식이 발견되었다. 심리적 상태가 면역기능에 영향을 미칠 수 있다는 사실이 밝혀진 것이다. 유기체에 침입하여 해를 입히는 외부 물질을 반격하는 항체를 생성하는 일, 즉 면역계의 반응은 중추신경계의 관여 없이 일어나는 생리적 과정이라는 것이 과학자들의 오랜 믿음이었다. 그러나 Robert Ader와 Nicholas Cohen(1981)은, 제6장에서 소개한 조건형성 실험을 이용하여, 심리적 상태에 따라 면역기능이 바뀐다는 사실을 입증하였다. 이들의 연구결과로 부상된 새로운 학문분야

명상을 통한 이완이 건강에 득이 되는 이유는 무엇일까?

심리신경면역학(psychoneuroimmunology)은 심리적 상태와 신경계와 면역계의 상호작용을 탐구한다(Ader & Cohen, 1993; Coe, 1999).

지난 40년간의 연구에서 스트레스인과 그에 대한 대처전략이 면역계의 효과적 기능에 영향을 미친다는 사실이 한결같이 확인되었다. 독감 예방주사를 맞을 때 우리가 원하는 것은 체내에 충분한 항체를 생성시키는 것이다. 이들 항체는 우리가 독감에 걸릴 확률을 줄여준다. 그러나 삶의 스트레스가 심하다고 보고하는 사람들의 경우 예방주사의 항체반응이 빈약한 것으로 드러났다(Pedersen et al., 2009). 그러므로 심한 스트레스를 겪는 사람들은 예방주사를 맞아도 예방효과가 낮을 수밖에 없다.

면역계의 기본 기능 중 다른 하나, 즉 피부의 작은 상처를 아물게 하는 기능을 고려해 보자. Janet Kiecolt-Glaser의 연구진에서는 알츠하이머병 환자의 보호자 13명과 통제집단 참여자 13명의 피부에다 작은 상처를 입혔다. 환자를 돌보는 사람들, 즉 만성적인 스트레스를 겪고 사는 사람들의 상처가 아무는 데는 통제집단보다 평균 9일이 더 걸렸다(Kiecolt-Glaser et al., 1995). 자신의 성격 때문에 만성적 스트레스를 안고 사는 사람들도 있다. 물론 이 스트레스가 면역계에 미치는 영향은 다른 만성적 스트레스의 영향과 동일하다. 예컨대, 화를 다스

리기 어렵다고 말하는 사람들은 화를 비교적 잘 다스리는 사람들에 비해 동일한 상처가 아무는 데 더 많은 시일이 걸렸다(Gouin et al., 2008). 이러한 결과를 통해 우리는 스트레스 수준에서 나는 작은 차이가 피부의 작은 상처를 아물게 하는 속도까지 바꾸어 놓을 수 있다는 것을 알았다. 이러한 기본적 지식을 바탕으로 우리는 스트레스 반응이 왜 암이나 전염병 같은 심각한 질병의 경과에 심각한 악영향을 미치는지를 이해하게 된다. 연구자들은 마음이 면역기능에 영향을 미치는 방식을 밝혀내어, 그 성과를 이런 심각한 질병의 경과를 늦추는 데 적용하고 싶어 한다.

마음이 건강에 미치는 영향 치료에 관해 한 가지만 더 언급하기로 하자. 너무나 부끄러운 일이라서 누구에게도 말할 수 없는 비밀을 가져본 경험이 있는가? 그렇다면 그 비밀을 폭로하면 건강이 증진된다는 점을 명심하기 바란다. 이는 보건심리학자 James Pennebaker(1990, 1997; Petrie et al., 1998)의 많은 연구를 기초로 내린 결론이다. 그는 개인적인 충격, 실패, 죄책감 및 부끄러운 경험과 관련된 생각과 느낌을 억압하면 정신건강 및 신체건강에 치명타로 작용한다는 사실을 밝혀냈다. 그러한 억제는 심리적으로 무척 힘든 일이어서, 시간이 지나면서 질병에 대항하는 신체의 방어기제를 파괴한다. 억압되었던 비밀을 털어놓고 나면 수주 또는 수개월 후에는 심리적 건강은 물론 신체적 건강도 향상된다. 정서적 폭로가 HIV에 감염된 사람들의 건강에 미치는 효과를 고려해 보자.

이 연구에는 HIV에 감염된 성인 37명이 참여하였다. 이들 중 약 절반은 정서적 작문 집단에 배치시켰다. 매일 30분씩 연이은 4일 동안 진행된 이 프로그램은 환자들에게 '자신의 삶에서 가장 충격적이고 가장 정서적인 경험'에 관한 작문을 해 보라고 주문하였다(Petrie et al., 2004, p. 273). 통제집단의 환자들은 같은 기간 동안 과거에 자신들이 한 일에 관한 글을 쓰도록 하였다(즉, 중립적인 작문을 하도록 하였다.). 정서적 작문의 효과를 평가하기 위해 피(혈액) 1ml 속에 들어 있는 HIV의 수를 측정하였다. 정서적 작문의 극적인 효과는 그림 12.11에 그려져 있다. 정서적 작문 집단에 참여했던 환자들은 프로그램 종료 2주 후, 3개월 후, 6개월 후에 HIV의 수가 한결같이 낮은 것으로 기록되었다.

이 결과는 스트레스가 HIV 감염 과정에 영향을 미친다는 다른 연구결과와 일치한다. 정서적 작문이 감염에 따른 부정적 심리를 다스릴 수 있게 한 것이다.

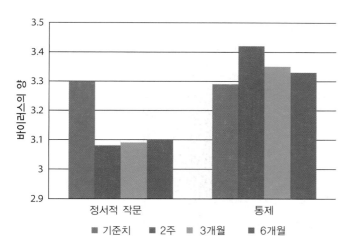

그림 12.11 정서적 작문이 HIV 감염 환자에 미친 영향
참여자는 4회기에 걸쳐 정서적 작문 또는 중립적 작문 활동에 참여하였다. 회기가 끝난 2주 후, 3개월 후, 6개월 후에 핏속에 들어 있는 HIV의 수를 측정하였다. 정서적 작문활동 집단에서 발견된 바이러스의 수가 훨씬 적다는 것을 알 수 있다.

출처 : figure "Viral Load" in "Effect of written emotional expression on immune function in patients with human immunodeficiency virus infection: A randomized trial" by Keith J. Petrie, Iris Fontanilla, Mark G. Thomas, Roger J. Booth, and James W. Pennebaker, *Psychosomatic Medicine* 66(2), March 2004.

성격과 건강

세상에는 이런 사람도 많다. 어떤 장애물이 있어도 성공을 거두고 마는 사람, 고등학교 동창생들이 '20세가 되기 전에 심장마비를 겪을 가능성이 가장 높은 사람'으로 투표한 사람. 세상에는 생활에 전력투구하는 사람도 있고 여유를 즐기며 사는 사람도 있다. 이러한 판이한 성격이 건강에는 어떤 영향을 미칠까?

Meyer Friedman과 Ray Rosenman은 오랜 옛날부터 가능성으로만 존재했던 믿음을 입증하는 증거를 보고하였다. 1950년대의 사건이었다. 성격특성과 질환 특히, 관상성 심장질환을 앓을 확률 간에 상관관계에 관한 보고였다(Friedman & Rosenman, 1974). 이들은 A형과 B형이라고 하는 두 가지의 행동양식을 구분하였다. **A형 행동양식(Type A behavior pattern)**은 행동 및 정서의 복합적인 형태로 경쟁적이고, 공격적이고, 성급하고, 바쁘고, 적대적인 측면이 지나친 것이 그 특징이다. A형인 사람들은 삶의 중요한 측면에 불만을 품는 경우가 잦고, 고도로 경쟁적이며, 야망이 크고 외톨이로 살아가는 경향이 진하다. **B형 행동양식(Type B behavior pattern)**에는 A형에 속하지 않는 모든 행동 ― 덜 경쟁적이며, 덜 투쟁적인 등등 ―이 포함된다. Friedman과 Rosenman은 A형인 사람들이 보통 사람들보다 관상성 심장병을 겪을 확률이 훨씬 높다고 보고하였다.

A형 행동양식에는 많은 요소가 포함되어 있기 때문에 현대의 연구에서는 A형 행동양식 중 위험성이 높은 구체적인 요소를 밝혀내려고 노력하고 있다. 그 결과 A형 성격특성 중에서도 특히 적개심이 가장 '독성'이 강한 특성으로 부각되고 있다(Chida & Steptoe, 2009).

지정 연구

1986년에 시작된 한 종단적 연구에 심혈관계에 문제가 없는 남성 774명이 참여하였다(Niaua et al., 2002). 첫해에는 MMPI(제13장에서 소개됨)에서 추출된 일군의 문항을 이용하여 참여자들의 적개심(hostility)을 측정하였다. 적개심은 세상이나 타인을 냉소적 또는 부정적으로 바라보는 정도로 정의되었다. 이러한 적개심과 관상성 심장병과의 관계를 찾아내기 위해, 참여자들을 적개심의 정도(백분위 점수)에 따라 분류해 보았다. 그림 12.12에서 볼 수 있듯이 적개심 점수가 상위 20%에 속하는 사람들이 그 후에 관상성 심장병을 겪은 확률이 훨씬 높았다. 이들의 경우 적개심 점수가 흡연이나 음주와 같은 다른 행동적 요소보다 미래의 질환을 예측하는 데 훨씬 우수한 요인으로 드러났다.

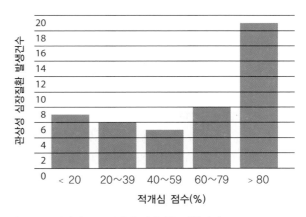

그림 12.12 적개심으로 관상성 심장병을 예측하다.
스스로 보고한 적개심 점수에 따라 참여자를 분류하였다. 적개심 점수가 상위 20%에 속하는 사람들이 관상성 심장질환을 겪을 가능성이 다른 사람들에 비해 크게 높다는 것을 알 수 있다.

적개심은 생리적 이유에서도(과도한 신체의 스트레스 반응을 만성화시킴으로써) 또한 심리적 이유에서도(좋지 못한 건강습관을 키우고 사회적 지지를 회피함으로써) 건강에 악영향을 미치게 된다(Smith & Ruiz, 2002).

행동치료법을 이용하여 A형 행동양식의 적개심 및 다른 측면을 감소시키려는 노력이 전개되고 있다(Pischke et al., 2008). 아프리카계 흑인 중학교 3학년을 대상으로 실시된 행동치료법에 관한 연구(Wright et al., 2011)를 예로 들어 보자. 아프리카계 흑인들은 다른 인종에 비해 심장병을 겪을 확률이 높다. 혈압에서 나는 차이는 어릴 때부터 나타난다. 이 학생들에게 스트레스를 감소시키는 방법을 가르쳐 보았다. 구체적으로, 참여자들에게 자신의 호흡에 주의를 기울이고 자신의 생각을 수동적으로 관찰하는 방법을 가르쳤다. 3개월간의 훈련이 끝난 후 실시된 검사에서, 자신의 적개심이 줄어들었다고 보고한 학생들은 훈련을 시작할 때보다 혈압도 낮아진 것으로 드러났다.

성격과 건강에 관한 이 절을 마무리하기 전에, 제11장에서 논의한 낙관주의라는 개념을 다시 한 번 소개해야 할 것 같다. 그때 낙관적인 사람들은 실패의 원인을 수정 가능한 외적 요인으로 돌린다고 지적했었다. 이러한 대처전략은 그들의 강녕에 강력한 영향력을 행사한다(Carver et al., 2010). 낙관론자들은 스트레스인을 스스로 통제할 수 있다고 믿기 때문에 스트레스인에 맞서 대항하는 경향이 강하다. 그러나 구체적인 영향력은 스트레스인의 난이도에 따라 달라진다(Segerstrom, 2005). 예컨대, 스트레스인을 극복하기가 어려울 때 스트레스인과 맞서는 전략을 사용하다 보면 생리적으로 부정적인 결과를 초래하게 되는 것으로 밝혀졌다(Segerstrom, 2006, 2007). 따라서 낙관주의자들이 명심해야 할 사실 중 하나는 모든 스트레스인을 직접적인 대처전략으로 맞서는 일은 결코 현명한 행동이 아니라는 점이다.

직무소진과 건강관리 시스템

보건심리학의 마지막 관심사 중 하나는 건강관리 시스템의 설계를 돕는 일이다. 건강관리 기관에서 일하는 사람들의 스트레스를 검토한 연구결과, 가장 열정적으로 일하는 사람들마저도 일에서 받는 스트레스가 매우 심각한 것으로 드러났다. 그들은 여러 가지 개인적, 신체적, 또는 사회적 문제 때문에 고통을 겪는 수많은 사람들을 대해야 하는 힘든 일을 하고 있다는 사실을 상기하라.

건강 및 복지 기관에 종사하는 전문가들이 겪는 이 특별한 유형의 정서적 스트레스를 Christina Maslach는 소진(burnout)이라고 불렀다. **직무소진(job burnout)**이란 환자, 내담자, 또는 대중과의 강도 높은 접촉을 요구하는 전문직에 종사하는 사람들이 겪는 정서적 고갈, 비인간화, 성취감 감퇴 등의 증후군을 일컫는다. 건강관리자들은 환자에 대한 관심과 애정을 잃게 되고, 심지어는 환자를 비인간적으로 대하게 된다. 자신에 대해서도 좋지 못한 느낌을 갖게 되고 스스로를 실패자로 간주하기도 한다. 이런 소진은 잦은 결근 및 이직, 수행 저하, 동료들과의 관계 악화, 가족문제, 그리고 개인의 건강 악화와도 관

타인의 건강을 돌보는 사람들이 특히 직무소진에 취약한 이유는 무엇일까?

련되어 있다(Maslach & Leiter, 2008).

오늘날에는 조직의 소규모화, 직업 재구조화, 근로자의 사기나 충성심보다는 이윤에 대한 더 큰 관심 등의 이유로 직무소진은 더욱 악화되고 있다. 소진은 이제 근로자와 건강관리자들에게만 적용되는 문제가 아니다. 소진은 조직의 역기능을 반영하기도 한다. 이러한 역기능을 교정하기 위해서는 목표, 가치, 작업량, 그리고 보상구조에 대한 재점검이 요구된다(Leiter & Maslach, 2005).

그러면 무엇을 어떻게 해야 할까? 여러 가지 사회적 요인과 상황적 요인이 소진의 발생 및 정도에 영향을 미친다. 때문에, 이러한 요인들을 예방하거나 최소화시키면 도움이 될 것이다(Leiter & Maslach, 2005; Prosser et al., 1997). 가령 환자-치료자 상호작용의 질은 치료자가 담당하는 환자의 수에 따라 달라진다. 환자의 수가 많아질수록 감각, 인지, 정서적 부하량이 높아지기 때문이다. 상호작용의 질에 영향을 미치는 또 다른 요인은 환자와 직접 접촉하는 시간이다. 환자와 접촉하는 시간이 길어질수록 소진은 높아진다. 특히 죽어가는 사람과의 접촉처럼, 접촉 자체가 어렵고 정신적으로 힘들 때일수록 더욱 그러하다(Jackson et al., 2008). 오래 지속되는 접촉에서 오는 정서적 긴장감을 완화시키는 방법에는 여러 가지가 있다. 예컨대, 작업계획을 수립할 때 고도의 긴장감을 유발하는 장면에서 잠시 동안씩 벗어나도록 하는 것도 좋다. 개별 접촉보다는 집단 접촉을 시도할 수도 있다. 자신의 노력에 대한 긍정적인 피드백을 받는 기회를 만들어 볼 수도 있을 것이다.

건강 증진을 위한 조언

마지막으로 몇 가지 충고를 하고자 한다. 질병이나 스트레스

가 오기를 기다렸다가 대처하지 말고, 건전한 기반을 다질 수 있도록 목표를 세우고 생활구조를 바꾸기 바란다. 보다 큰 행복과 정신건강 증진을 위한 아홉 가지 조치가 아래에 소개되어 있다. 이 안내를 기초로 삶을 보다 적극적으로 살고, 자신과 타인을 위해 보다 긍정적인 심리적 환경을 창출해나가기 바란다. 언제나 이들 조치를 다짐하며 살아가기 바란다.

1. 절대 자신을 나쁘게 말하지 마라. 자신을 괴롭히는 것 중에서 수정될 수 있는 요소를 찾아본다. 자신과 타인에 대해, "원하는 것을 얻기 위해 달라져야 할 것이 무엇인가?"라는 식의 건설적인 비판만 허용하도록 한다.

2. 자신의 반응과 생각과 느낌을 친구, 동료, 가족, 그리고 타인과 비교해 보라. 그렇게 함으로써 자신의 반응이 사회적 규준에 부합되는지를 따져 보도록 한다.

3. 자신의 느낌과 즐거움과 걱정을 나누어 가질 수 있는 친한 친구를 만들도록 하라. 사회적 지지망을 개발하고 유지하며 확장하려고 노력한다.

4. 과제의 요구와 장면의 요구 그리고 자신의 요구에 융통성 있게 집중할 수 있도록 균형 잡힌 시간관념을 개발하라. 해야만 하는 일이 있을 때는 미래 지향적이 되고, 목표를 성취하여 즐거울 때는 현재 지향적이 되고, 자신의 근본과 접촉을 하고 싶은 때는 과거 지향적이 되도록 하라.

5. 항상 성공과 행복에 대한 믿음을 가져라(그리고 긍정적인 느낌을 타인과 공유하라.). 자신만이 가진 특별하고 독특한 자질―다른 사람에게 제공할 수 있는 자질―의 목록을 만든다. 예컨대, 부끄러움이 많은 사람은 말이 많은 사람에게 경청을 선물로 줄 수 있다. 자신의 강점과 가용한 대처자원을 스스로 깨달아 알고 있도록 한다.

6. 감정을 주체할 수 없다고 느끼면, 그 장면에서 몸을 피하거나, 그 장면 또는 대립 중에 있는 사람의 역할을 수행해 보거나, 미래로 뛰쳐나가 현재의 문제를 되돌아보거나, 자신을 이해해 주는 사람과 이야기를 나누도록 하라. 스스로 느껴 보고 느낀 것을 표현하도록 한다.

7. 새옹지마의 의미를 되새겨라. 실패와 실망은 자신이 세운 목표가 현재의 자신과 어울리지 않는다는 말일 수도 있고 또는 미래의 더 큰 어려움을 막아주는 것일 수도 있

다. 모든 실패를 교훈으로 삼아라. 실패를 하거든 "실수를 했구나!"라고 말하고 앞으로 나아가라. 사고나 불운 또는 자신의 기대를 저버리는 행동 등은 모두 좋은 기회로 작용할 수 있다.

8. 스스로를 도울 수 없을 때나 곤경에 처한 남을 도울 수 없을 때는 학교 보건소나 상담소 또는 동네 보건소의 전문가를 찾아가라. 경우에 따라 심리적인 문제가 신체적인 문제로 보일 수도 있고 또 그 반대일 수도 있다. 정신건강 검진을 미리 받아두어 불명예를 당하는 일이 없도록 예방하라.

9. 건전한 즐거움을 개발하라. 시간을 내어 휴식을 즐기고, 명상을 하고, 전갈을 받고, 연을 날리고, 취미와 혼자서 할 수 있는 활동을 즐겨라. 그렇게 함으로써 자신과 접촉하고 자신의 가치를 더 잘 평가할 수 있을 것이다.

이들 조치를 읽어 본 느낌이 어떤가? 생활 속의 스트레스인 때문에 기분이 나빠질 것 같으면, 인지적 재평가 방법을 이용하여 그 효과를 최소화시킬 수 있을 것이다. 앓아눕게 되면 마음의 치유력을 활용함으로써 회복의 속도를 가속화시킬 수 있을 것이다. 이들 여러 가지 유형의 '깨달음'을 이용하면 삶을 보다 효과적으로 통제할 수 있을 것이다. 그 힘을 모아 보라.

 복습하기

1. 흡연의 유전 가능성에 관한 연구에서 밝혀낸 것은 무엇인가?
2. 성공적 AIDS 대처법에 작용하는 세 가지 요소는 무엇인가?
3. 이완반응을 생성해내는 데 필요한 조건은 무엇인가?
4. 심리신경면역학을 공부하는 사람들의 목표는 무엇인가?
5. A형 행동양식에서 '독성' 측면은 무엇인가?
6. 직무소진은 어떻게 정의되는가?

비판적 사고 정서적 폭로가 건강에 미치는 영향을 검토한 연구에서 통제집단의 참여자들에게 글을 써 보라고 한 이유는 무엇일까?

요점정리

정서

- 정서는 생리적 각성, 인지적 평가, 행동 및 표현반응으로 구성된 복잡한 반응 양상이다.
- 진화의 결과, 모든 인간은 일군의 기본적인 정서반응을 공유하는 것으로 드러나고 있다.
- 정서 표출의 적절성에 관한 규칙은 문화에 따라 다르다.
- 고전적 정서 이론에는 정서반응 중 말초적인 신체반응을 강조하는 이론도 있고 중추적인 신경과정을 강조하는 이론도 있다.
- 보다 최근의 정서 이론에서는 각성에 대한 평가가 강조되고 있다.
- 기분과 정서는 정보처리와 기억에 영향을 미친다.
- 주관적 강녕은 유전뿐 아니라 경험에 의해서도 바뀐다.

삶의 스트레스

- 스트레스는 부정적인 사건은 물론 긍정적인 사건에서도 유발된다. 거의 모든 스트레스의 근원은 삶의 변화와 환경, 사회, 생물, 물리적 요구에 적응해야 하는 필요성에 있다.
- 생리적 스트레스 반응은 시상하부와 내분비계 그리고 신경계의 복잡한 상호작용으로 조절된다.
- 스트레스인의 유형 및 시간 경과에 따른 효과에 따라, 스트레스는 단순한 방해 작용만 할 수도 있지만 건강 위협의 근인이 될 수도 있다.
- 인지적 평가는 스트레스에 대한 일차적 중재 변인이다.
- 대처전략은 문제에 초점을 맞추어 문제를 직면하거나 정서를 조절하려 한다.
- 인지적 재평가와 재구조화도 스트레스 대처에 이용될 수 있다.

- 사회적 지지도 상황에 부합되는 한 중요한 스트레스 중재 변인으로 작용한다.
- 스트레스는 충격 후 성장과 같은 긍정적 변화로 이어질 수도 있다.

보건심리학

- 보건심리학자들은 질병의 치료와 예방을 위해 노력한다.
- 건강과 질병의 심신사회적 모형은 질병과 신체적 요인, 정서적 요인 및 환경 요인들 간 상호관계를 강조한다.
- 21세기의 질병 예방은 흡연, 영양섭취, 운동, AIDS 유발 행동과 같은 생활양식 관련 요인에 초점을 맞추고 있다.
- 심리적 요인도 면역기능에 영향을 미친다.
- 심리사회적 치료법 개발로 환자를 치료하는 또 하나의 차원이 추가되었다.
- 사람들의 행동양식(A형, B형), 그리고 낙관주의 행동양식에 따라 질병을 겪을 확률이 달라진다.
- 건강관리 기관 종사자들은 고갈의 위험이 높다. 이 위험을 줄이는 방법 중 하나는 그들의 생활환경을 바꾸는 것이다.

그림 12.1의 정답

1. 행복
2. 놀람
3. 노여움
4. 혐오감
5. 두려움
6. 슬픔
7. 경멸

연습문제

1. 다음 중 기분에는 적용되지만 정서에는 적용되지 않는 것은?
   a. 수일간 계속된다.
   b. 긍정적일 수도 있고 부정적일 수도 있다.
   c. 구체적인 사건에서 유발된다.
   d. 비교적 강하다.

2. 다음 얼굴표정 중 보편적으로 인식되는 7가지 정서를 반영하는 것이 아닌 것은?
   a. 걱정   b. 경멸
   c. 혐오   d. 행복

3. 우리 몸에서 생리적 측면의 정서반응을 준비하는 것은 _____ 이다.
   a. 시상하부   b. 편도체
   c. 자율신경계   d. 해마

4. _____(의) 정서 이론에 의하면, 우리의 느낌은 신체반응이 있은 후에 전개된다.
   a. Cannon-Bard   b. 인지적 평가
   c. James-Lange   d. 접근 관련

5. 영수는 어려운 수학시험에서 생각했던 것보다 높은 점수를 받았다는 사실을 방금 알았다. 심리학자가 여러분에게 묻는다. 영수의 기쁨이 얼마나 크겠냐고. 그리고 영수에게는 기쁨이 얼마나 크냐고 물었다. 이때 여러분의 추정치와 영수 자신의 추정치를 비교하면?
   a. 차이가 없을 것이다.
   b. 여러분의 추정치가 더 작을 것이다.
   c. 여러분의 추정치가 더 클 것이다.
   d. 여러분의 추정치가 턱없이 작을 것이다.

6. 투쟁-또는-도피 반응에 가장 중요한 역할을 하는 뇌의 구조는?
   a. 뇌하수체   b. 편도체
   c. 시상하부   d. 갑상선

7. 만약 _____ 스트레스인에 직면했다면, 가장 유용한 대처전략은 _____ 대처일 것이다.
   a. 통제 불가능한, 문제지향   b. 통제 가능한, 정서중심
   c. 통제 가능한, 지연기초   d. 통제 불가능한, 정서중심

8. 상숙이가 피부암 진단을 받았을 때, 상호는 웹에서 여러 가지 치료법을 검색하여 상숙이를 도우려 했다. 이러한 유형의 사회적 지지는 _____ 지지에 속한다.
   a. 물질적   b. 정보적
   c. 정서적   d. 예방

9. 지진에서 살아남은 정숙이가 몇 달 후 하는 말이 "매일매일을 감사하는 마음으로 살아간다."라면, 정숙이는 다음 중 어떤 영역에서 충격 후 성장을 경험한다고 할 것인가?
   a. 영적 변화   b. 타인과의 관계형성
   c. 삶에 대한 음미   d. 개인적 강성

10. 절연을 시도하는 사람들이 거치는 단계들이다. 다음 중 그 순서가 잘못된 것은?
    a. 준비; 고려 중   b. 고려 중; 실행
    c. 실행; 유지   d. 준비; 유지

11. 맹구는 실험실 연구에 참여하고 있다. 맹구의 혈압이 올라갈 때마다 컴퓨터 화면에는 '슬픈' 표정을 지은 얼굴이 나타난다. 맹구가 배우고 있는 것은?
    a. 이완 반응   b. 바이오피드백
    c. 예상성 대처   d. 스트레스 예방

12. 알츠하이머병을 앓고 있는 환자를 돌보는 사람들과 통제집단에 속한 사람들에게 표준화된 상처를 입혔다. 이 연구의 결과는?
    a. 환자를 돌보는 사람들의 상처가 더 늦게 아물었다.
    b. 통제집단에 속한 사람들의 상처가 더 늦게 아물었다.
    c. 상처가 아무는 데 걸리는 시간에는 두 집단 간에 차이가 없었다.
    d. 통제집단에 속한 사람들의 상처가 더 커졌다.

13. 건강에 가장 큰 영향력을 행사한 _____ 행동양식의 특징은 _____ 이다.
    a. B형; 적개심   b. A형; 낙관주의
    c. B형; 비관주의   d. A형; 적개심

14. 다음 속성 중 직무소진의 정의에 들어가지 않는 것은?
    a. 몰개인화   b. 부조화
    c. 정서적 고갈   d. 성취감의 감소

15. 인숙이는 운동량을 늘이기 위한 대처전략을 사용하고 있는 중이다. 다음 중 가장 그럴듯한 대처계획은?
    a. 매일 아침 먹기 전에 윗몸 일으키기를 할 것이다.
    b. 새로 구입한 운동기구 사용법을 배울 것이다.
    c. 체육관 회원권을 살 것이다.
    d. 러닝머신 위에서 책을 읽을 것이다.

서술형 문제

1. 정서반응 중 일부는 타고난 것이고 나머지 일부는 학습된 것이라는 증거는 무엇인가?

2. 통제력을 어떻게 지각하느냐에 따라 스트레스 대처능력도 달라지는 이유는 무엇일까?

3. 환자들의 처방 준수에 영향을 미치는 요인에는 어떤 것이 있을까?

인간의 성격 이해

여러분에게 가장 친한 친구 두 사람을 비교하고 대비시켜 보라고 한다고 하자. 어떤 점에서 그들이 비슷하고, 어떤 점에서 그들은 다른가? 여러분의 분석은 친구들의 성격으로 재빨리 좁혀질 것이다. 예를 들어 여러분은 둘 중 어느 한쪽이 더 다정다감하고 다른 친구는 더 자신감이 있다는 등으로 말할 것이다. 이런 식으로 하는 것은 여러분이 친구들과의 관계에서 적용할 자신만의 성격 이론을 갖고 있으며, 여러분이 성격을 평가할 자기 나름의 체계를 갖추고 있음을 보이는 것이다.

심리학자들은 **성격**(personality)을, 시간이 지나고 상황이 달라지더라도 특정한 개인의 특징적인 행동 패턴에 영향을 주는 복잡한 심리적 특성이라고 정의한다. 이 장(章)에서 여러분은 몇 가지 성격 이론을 접하게 된다. 성격 이론들은 개인 성격의 구조와 기능에 대한 가설적인 기술이다. 성격 이론은 (1) 성격의 구조, 원천, 그리고 관련성 측면에서 각 개인들의 고유성에 대한 이해, (2) 성격에 대하여 알고 있는 것에 근거하여 고유한 행동 패턴이 어떻게 나타나는 지를 이해하는 시도라는 두 가지 큰 목적을 달성하는 데 도움이 된다. 여러 이론들은 사람들이 삶의 조건들에 대해 반응하고 적응하는 방식을 각기 다르게 예언한다.

주요 이론적 접근들을 살펴보기 전에 왜 그토록 많은 여러 이론들이 자주 경쟁하고 있는지를 따져 보아야겠다. 여러 이론들은 성격에 대한 접근방법이 달라서 이론의 출발점, 자료의 원천, 상이한 유형의 현상을 다르게 설명한다. 어떤 이론들은 개인별 성격 구조에, 다른 이론들은 성격의 발달에 초점을 둔다. 어떤 이론은 특정한 행동이나 중요한 생활사건에 관심을 두지만, 다른 이론들은 사람들이 삶에 대하여 어떤 감정을 갖고 있는지에 관심을 둔다. 끝으로 일부 이론들은 심리적 문제를 가진 사람들의 성격을 설명하고, 다른 이론들은 건강한 사람들에 초점을 둔다. 따라서 각 이론들은 성격에 대한 어떤 여러 가지 점들을 말해 줄 수 있으며, 이들이 모두 인간 본성에 대해 많은 것을 알 수 있게 해 준다.

이 장의 목적은 성격의 일상적 경험을 이해하는 틀을 제공하는 데 있다. 하지만 먼저 일련의 물음들을 살펴보기로 하자. 심리학자들이 당신을 연구한다면, 당신의 성격을 어떻게 그릴 것인가? 과거의 경험 중 현재의 행위와 생각에 영향을 주는 것은 무엇인가? 현재 생활에서 당신의 생각과 행동에 강한 영향을 주는 조건들은 무엇인가? 당신과 같은 상황에 놓인 다른 사람들을 당신과 다르게 만드는 것은 무엇인가? 이 장에서는 이들 문제들에 대하여 보다 구체적인 답들을 줄 수 있게 할 것이다.

유형과 특성 성격 이론

성격을 기술하는 데 써온 오래된 두 가지 방법들로는, 사람들을 한정된 수의 서로 다른 유형으로 구분하는 것과 상이한 **특성**으로 기술되는 정도를 수량화하는 것이다. 사람들은 자연스레 자신이나 타인의 행동을 다른 범주들로 나누려는 경향성을 보인다. 유형과 특성에서 이러한 차이를 보인 심리학자들의 공식적인 이론들을 살펴보기로 하자.

특성의 기술

특성(traits)이란, 사람들이 여러 상황에 걸쳐 일관성 있게 행동하게 만드는 지속적인 속성이나 특징들이다. 예를 들면 당신은 어떤 날에는 남이 잃어버린 지갑을 돌려주어 정직함을 입증하기도 하지만, 다른 날에는 시험에서 부정행위를 하지 않아서 정직함을 입증할 수 있다. 일부 특성 이론가들은 특성을 행동을 일으키는 기질로 생각하지만 좀더 보수적인 이론가들은 특성을 단지 관찰된 행동 패턴을 요약해 주는 기술차원에 불과하다고 본다. 다음에는 유명한 특성 이론을 살펴보기로 하자.

Allport의 특성 이론 Gordon Allport(1897~1967)는 특성을 성격의 초석이고 개성의 원천이라고 보았다. 그는(1937, 1961, 1966) 특성들이 다양한 자극들에 대한 반응들을 연결하고 통합시키기 때문에 행동에 있어서 일관성을 보인다고 하였다. 특성들은 언뜻 보기에는 서로 관련이 적은 것처럼 보일 수 있는 일단의 자극과 반응들을 연결하는 매개변인 역할을 할 수 있다(그림 13.1 참조).

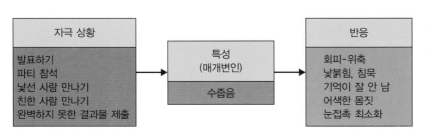

그림 13.1 특성으로서의 수줍음
특성들은 언뜻 보기에는 서로 관련이 없을 듯한 자극들과 반응들을 연결하는 매개변인의 역할을 할 수 있다.

자극 상황	특성 (매개변인)	반응
발표하기 파티 참석 낯선 사람 만나기 친한 사람 만나기 완벽하지 못한 결과물 제출	수줍음	회피-위축 낯붉힘, 침묵 기억이 잘 안 남 어색한 몸짓 눈접촉 최소화

성격검사 결과를 갖고 있지 않은 상태에서 특성은 행동을 관찰하여 추리할 수 있다. 예를 들어 마틴 루터 킹(왼쪽)은 평화롭게 불의에 저항하는 주 특성을 가진 것으로, 정직성은 에이브러햄 링컨의 핵심특성으로, 마돈나의 변덕스러운 스타일은 이차특성이라고 볼 수 있다. 여러분의 주 특성, 핵심특성, 이차특성은 무엇이라고 보는가?

Allport는 주 특성, 핵심특성, 이차특성의 세 가지 종류의 특성들로 구분한다. 주 특성은 특정인의 생애를 구성하는 특성들이다. 테레사 수녀에 있어서 주 특성은 타인들의 이익을 위해 자기희생을 하는 것일 수 있다. 하지만 모든 사람들이 그러한 주 특성들을 형성하는 것은 아니다. 대신에 정직성이나 낙관성과 같은 특정인의 주요 성격을 나타내는 핵심특성이 있다. 이차특성은 사람들의 행동을 예언할 수 있는 구체적이고 개인적인 특성들이지만 개인의 성격을 이해하는 데는 도움이 덜 된다. 음식이나 의복에서의 기호들은 이차특성의 예가 된다. Allport는 이들 세 가지 특성들의 고유한 조합을 찾는 데 관심을 가졌는데, 이들은 각 개인의 특이한 실체를 이루기 때문에 이를 알아보기 위한 사례연구를 옹호한다.

Allport는 개인행동의 결정요소로서 환경조건보다 성격 구조를 중요시한다. "같은 불이라도 버터를 녹일 수도 있지만 달걀은 단단하게 만든다."는 말처럼 그는 동일한 자극이지만 사람에 따라서 다른 효과를 낼 수 있다고 설명한다. 많은 현대 특성 이론들은 Allport의 전통을 따르고 있다.

보편적 특성 차원의 확인 1936년에 Gordon Allport와 그의 동료인 H. S. Odbert는 영어사전에서 개인 차이를 나타내는 18,000개의 형용사를 찾아내었다. 그 이후 연구자들은 특성을 나타내는 엄청난 양의 어휘들 속에 내재된 기본적인 차원들을 찾아내려고 시도해 왔다. 이들은 얼마나 많은 차원들이 있으며, 어떤 차원들이 유용하고 보편적인 특징을 기술하는 데 도움이

될지를 알고자 하였다.

Raymond Cattell(1979)은 Allport와 Odbert의 형용사 목록을 써서 적절한 소수의 기본적 특성을 찾으려 하였다. 그의 연구로 인간의 성격에 내재된 16개 요인들이 나왔다. 그는 이들 16개 요인들을 성격이라고 볼 수 있는 표면 행동들의 원천을 제공하기에 근원 특성이라고 불렀다. Cattell의 16요인들은 내성적 대 외향적, 믿음직한 대 의심스러운, 편안함 대 긴장된 같은 주요한 행동 상 양극차원을 기술하는 것이었다. 그렇지만 오늘날의 특성 이론가들은 사람들의 성격은 16개보다 더 적은 수로 기술할 수 있다고 주장한다.

Hans Eysenck(1973, 1990)는 성격검사 자료에서 2개의 폭넓은 차원들을 추출해냈다. 외향성(내향적 대 외향적)과 신경증(정서적으로 안정 대 정서적으로 불안정). 그림 13.2에서 보듯이 Eysenck는 외향성과 신경증의 두 차원을 조합하여 4분원에 제시하였다. 각 개인들은 아주 내향적으로부터 아주 외향적 그리고 아주 안정적으로부터 아주 불안정적으로 이어지는 정도에 따라 4분원 안의 어딘가에 위치할 수 있다. 예를 들면 아주 외향적이고 약간 불안정한 사람은 충동적이기 쉽다.

5요인 모형 Eysenck 이론의 여러 측면들을 지지하는 연구 증거들이 나왔다. 하지만 최근에는 Eysenck의 세 차원들과 완전하게 중복되지 않는 5요인들이 성격구조를 잘 나타낸다고 하는 주장에 대한 합의가 이루어지고 있다. 주제는 공통적이지만 고유한 함축적 의미를 갖는 다수의 특성들이 하나의 범주

그림 13.2 Eysenck 성격원의 4 상한
외향성과 신경증의 두 차원들로 만들어지는 원을 나타낼 수 있다.

표 13.1 5요인의 모형

요인	양극의 정의
외향성	수다스럽고, 정력적, 주장적 대 조용하고, 겸손하고, 수줍어하는
동조성	공감적, 친절, 사려성 있는 대 냉담성, 논쟁적, 무례한
성실성	책임감, 신중함, 진지함 대 부주의, 변덕스러움, 무책임한
정서안정성	안정적, 조용, 낙관적 대 불안, 불안정, 기분에 좌우되기 쉬운
개방성	창의적, 지적, 개방적 대 단순, 천박, 비지성적

속에 들어가기 때문에 5개 각 차원들은 아주 광범위한 것들이다. 요즘에는 이들 5개의 성격 차원들을 **5요인 모형**(five-factor model) 또는 좀 더 비공식적으로는 빅파이브라고도 부른다(McCrae & Costa, 1999). 표 13.1에 5요인들이 요약되어 있다. 여러분은 각 차원들이 양극적임을 다시 한 번 알 수 있을 것이다. 각 차원의 이름은 각 차원의 윗쪽 설명 내용과 동일한 의미이고, 아랫쪽 설명은 그 이름의 반대 의미이다.

5요인 모형을 만드는 움직임은 Allport와 Odbert(1936)가 사전에서 뽑은 방대한 양의 특성목록들 간의 구조를 찾으려는 시도를 반영하였다. 특성들은 책임감 대 무책임감처럼 양극을 지닌 차원들을 이루는 데 쓰이는 약 200개의 동의어 묶음들로 축소되었다. 그 다음으로는 사람들에게 자신들과 타인들을 이들 양극차원 상에서 평가하게 한 후 동의어군들이 서로 어떻게 내적 상관을 이루는지를 통계적 절차로 확인하였다. 이 방법을 써서 사람들이 자신이나 타인들을 기술하는 데 쓰는 특성들에 내재된 5개의 기본적인 차원들을 얻었다(Norman,1963, 1967; Tupes & Christal, 1961).

1960년대 이후에 아주 유사한 차원들이 성격검사, 면접자 체크리스트, 기타 자료들에서도 나왔다(Costa & McCrae, 1992a; Digman, 1990; Wiggins & Pincus, 1992). 5요인 모형의 보편성을 확인하기 위하여 연구자들은 독일, 포르투갈, 중국, 일본, 한국 등 영어권 이외의 나라들에서도 반복 검증해 보았다(McCrae & Costa, 1997). 5요인들로 고유의 뉘앙스와 숨겨

진 뜻을 지닌 다수의 특성 용어들을 대체하려는 것은 아니다. 오히려 5요인들은 우리가 아는 모든 사람들을 중요 차원들에 따라 기술할 수 있게 해 주는 분류체계라고 할 수 있다.

5요인 모형은 대체로 기술적이라는 점을 강조하는 것이 중요하다. "이 요인들은 반드시 존재해야만 하는 것들이다."라고 말하는 이론으로부터 나온 것이 아니고, 특성을 나타내는 용어군들에 대한 통계적 분석으로 나온 것이다(Ozer & Reise, 1994). 그러나 5요인 모형에서의 특성 차이에 대응하는 뇌기능의 차이가 밝혀지기 시작하였다.

제12장에서 편도체라고 부르는 뇌 구조가 정서 자극을 처리하는 데 중요한 역할을 한다는 점을 기억할 것이다. 그러나 연구자들은 모든 편도체가(따라서 모든 사람들이) 동일한 방식으로 자극에 반응하는지에 의문을 가져왔다. 이러한 생각을 검증하기 위하여 몇몇 연구자들은 외향성의 수준에서 차이를 보이는 15명의 참가자들을 대상으로 연구하였다(Canli et al., 2002b). 연구자들은 외향성의 사람들은 정서 생활이 중요하기 때문에 정서처리에 영향을 주리라고 예상하였다. 연구자들은 개인차를 보기 위하여 참가자들로 하여금 공포, 행복, 그리고 중립적인 얼굴을 보게 하면서 이들의 뇌를 fMRI로 재었다. 그림 13.3은 참가자들 자신들이 보고한 외향성 측정과 좌우 편도체의 활동 사이의 상관을 보인 것이다. 붉은색으로 표시된 부분은 높은 수준의 외향성과 높은 수준의 뇌활동이 상관됨을 보인 것이다. 여러분이 볼 수 있듯이, 외향성은 공포스러운 얼굴에 대한 뇌 반응과는 상관을 보이지 않았다(다시 말하면, 붉은 영역이 없음). 실제로 공포스러운 얼굴은 좌우의 편도체 모두에서 활동하였으나, 모든 수준의 외향성에 걸쳐서 다소 균등하게 나왔다. 반면에, 행복한 얼굴에 대하여는 높은 외향성의 사람들에서만 왼쪽 편도체에서의 활발한 활동을 보였다.

여러분은 제12장에서 연구자들이 정서들은 접근-관련이거

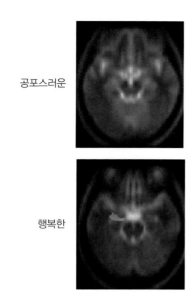

공포스러운

행복한

그림 13.3 외향성은 왼쪽 편도체의 기능에 영향을 준다.
참가자들에게 공포스럽거나 행복한 얼굴을 보여주었다. 붉은 부분이 있는 그림은 외향성과 편도체의 활동 사이에 상관을 보인 것이다. 공포스러운 얼굴에서는, 그러한 상관을 보이지 않았다. 그러나 행복한 얼굴에서는 가장 외향적인 참가자들이 왼쪽 편도체에서 가장 높은 수준의 활동을 보였다.
출처 : "Amygdala response to happy faces as a function of extraversion" by Turhan Canli, Heidi Sivers, Susan L. Whitfield, Ian H. Gotlib, and John D. E. Gabrieli, *Science*, June 1, 2002, Reprinted with permission from AAAS.

나 회피-관련의 특징을 보인 것을 기억할 것이다. 이 연구는 다른 사람들이 접근하는 것에 만족하면(이것이 외향적으로 만들고) 접근-관련 정서들을 지지하는 뇌영역의 활동을 더 활성화한다는 점을 시사하는 것이다.

특성차원에 대한 진화론적 접근 5요인 모형을 지지하는 사람들은 왜 이들 다섯 차원들이 부각되었는지를 진화로 설명하려 하였다. 이들은 인간이 진화하는 동안 사람들이 다른 사람들이나 외부 세계와 하는 일관된 상호작용 유형들과 5개의 차원들을 관련지으려 하였다(Buss, 2009; Michalski & Shackelford, 2010). 예를 들면, 인간은 본질적으로 사회적 종이므로 "누가 좋은 동료인가(외향성), 누가 친절하고 지지적인가(우호성), 누가 지속적인 노력을 하는가(성실성), 누가 정서적으로 비의존적인가(신경증), 그리고 누가 성공하는 아이디어를 가지고 있는가(경험에 대한 개방성)"과 같은 기본적인 사회적 질문에 대한 답으로서 5개 차원에서 다른 모습들을 보인다는 것을 알 수 있다(Bouchard & Loehlin, 2001, p. 250). 이 진화론적 분석은 다양한 문화권에 걸쳐서 5요인들의 보편성을 설명하는데 도움이 될 것이다(Yamagata et al., 2006).

진화론적 접근을 하는 연구자들은 또한 이들 차원에서 그렇게 큰 변이가 왜 존재하는지에 대해서도 고려해 왔다(Penke et

al., 2007). 외향성에 대해 생각해 보자. 앞서 언급한 바와 같이 인간들은 고도의 사회적 종이다. 그러한 이유 때문에 각 개인들은 사회적이거나 활동적이지 않고 오히려 비사회적이거나 얌전한 경우 부적응적으로 보일 수 있다. 하지만 환경의 차이에서 요인을 찾을 필요가 있다. 매우 외향적인 사람들은 그렇지 않은 사람에 비해 위험한 행동에 더 참여하기 쉽다(Nettle, 2006). 특히 위험한 환경에서는 사회적 상호작용에 대해 상대적으로 보다 조심스러운 사람들은 생존하기가 더 쉽다. 인간의 진화에 대해 환경의 다양성은 사람들이 이 5개 차원의 각각에서 낮은 가치와 높은 가치 둘 다를 나타내는 이유를 설명해 준다. 이러한 설명이 맞는다면 진화로 형성되어 온 인간 경험의 다른 측면들처럼 특성들도 한 세대에서 다음 세대로 전해질 수 있다고 기대할 수도 있을 것이다. 다음에 그러한 주장을 살펴보자.

특성과 유전성

여러분은 "철수의 그림 솜씨가 그의 어머니를 닮았다."거나 "영희의 고집은 할아버지를 닮았다." 하는 소리를 들은 적이 있을 것이다. 또는 자신도 바꾸고 싶은 특성을 자신의 형제들이 보이고 있다는 점에서 좌절감을 느낄 수도 있다. 성격 특성의 유전을 지지하는 증거들을 보기로 하자.

행동유전학(behavioral genetics)은 성격 특성들과 행동 패턴들이 유전되는 정도를 연구하는 것임을 상기하자. 연구자들은 성격에 미치는 유전의 효과를 보기 위하여 유전자 비율이 다른 가족들과 같은 집이나 다른 집에서 자란 가족들의 성격 특성을 연구한다. 예를 들어 사교성 같은 것이 유전으로 이어져오는 성격 특성이라면 사교성은 이란성 쌍생아나 다른 형제들(평균 50% 유전자를 공유하는)보다 일란성 쌍생아(100% 유전자가 같은)에서 더 높은 상관을 보여야 한다.

일란성 쌍생아를 대상으로 한 연구는 성격 특성의 유전 가능성을 보여준다. 당신 생각에 당신의 가족 중에 흐르는 성격 특성이 있는가?

유전성 연구들은 거의 모든 성격 특성들이 유전적 요인들에 의하여 영향받음을 보인다(McCrae et al., 2010; Munafo & Flint, 2011). 광범위한 특성(내향성과 외향성)이든, 구체적인 특성(자기 통제나 사교성)이든 어느 것을 재든지 결과는 같았다. 다음의 한 표집 연구를 보자.

지정 연구

성격에 대한 유전의 중요성을 연구하기 위해 어느 연구팀은 13년 동안 696명의 일란성 쌍생아와 387명의 이란성 쌍생아를 표집하여 연구하였다.(Kandeler et al., 2010). 이 기간 동안 연구자들은 쌍생아 쌍들에 대한 성격 평가뿐만 아니라 이들이 자기보고형태로 제시한 성격 결과를 획득하였다. 일란성 쌍생아와 이란성 쌍생아 자료의 비교를 통해 시간의 흐름에도 불구하고 성격의 안정성이 유전적 요인에 의해 의존하고 있는 반면, 시간의 흐름에 따라 성격의 변화가 환경적 요인에 의해 나타났다. 하지만 전체적으로 보면, 유전적 요인들이 보다 강력했다. 연구자들은 이들 자료가 "환경적 변동이 성격에 있어서 단기적 변화(며칠, 몇 주, 혹은 몇 개월까지도)에 영향을 주는 반면, 유전적 요인들은 개인들이 장기적 측면에서 회귀할 기준점을 결정한다는 가정을 하고 있다는 점에서 성격에 대한 세트모델과 일관된다."는 주장을 하였다.

표 13.1을 다시 한 번 보자. 5요인들의 어느 한쪽 극단이 당신에게 가장 잘 어울리는가? 당신과 당신의 부모님들 사이에 유사성을 찾을 수 있는가?

특성들은 행동들을 예측하는가

특히 자신에게 잘 해당된다고 보는 특성을 택하라고 요청받으면 자신이 아주 우호적이라고 말할 수 있다. 성격 이론들이 행동에 대한 예측을 해 준다면, 자신을 **우호적**이라고 평가한다는 것으로부터 무엇을 예상할 수 있는가? 자신의 믿음에 대한 타당성을 어떻게 알 수 있는가? 이런 물음을 탐색해 보자.

우리가 갖고 있는 생각의 하나는 어떤 사람이 특정한 성격을 특징적으로 가지고 있다고 알고 있으면, 여러 다른 상황들에서도 그가 할 행동을 예언할 수 있다는 것이다. 따라서 모든 상황들에서 그가 우호적인 행동을 할 것으로 예상한다. 그러나 1920년대에 상이한 상황들에서 특성과 관련된 행동들을 관찰하기 시작한 일부 연구자들은 상황에 따라 행동이 별로 일관성을 보이지 않음에 놀라게 되었다. 예를 들어 학생들 간에 정직성이란 특성과 관련 있는 두 행동들(거짓말하기와 시험 부정행위) 사이에 약한 상관만을 보였다(Hartshore & May, 1928). 내향성이나 정확성 같은 다른 특성들의 초상황적 일관성을 검증한 다른 연구자들도 비슷한 결과를 내었다(Dudycha,

1936; Newcomb, 1929).

특성 관련 행동들이 초상황적인 일관성을 보이지 않는다면(상황이 바뀌면 다른 행동) 왜 사람들은 자신이나 타인들의 성격들이 비교적 안정적이라고 보는가? 보다 흥미로운 것은 한 상황에서 특정인을 관찰해 온 사람의 성격 평정은 다른 상황에서의 그 사람을 평정한 것과 상관을 보인다는 점이다. 시간을 두고 다른 관찰자 간에서 성격 평정들이 일관성을 보이지만 상황에 따른 행동 평정에서는 일관성을 보이지 않는 것을 **일관성 역설**(consistency paradox; Mischel, 1968)이라고 한다.

일관성 역설이 알려짐에 따라 많은 연구들이 진행되었다(Mischel, 2004). 시간이 지남에 따라 대체로 상황들을 잘못 범주화하였기에 행동의 비일관성이 나타난 것이라는 데 합의가 이루어졌다. 이론가들이 상황들에 대한 심리적 특징들을 적절히 설명할 수 있게 됨에 따라 역설은 사라졌다(Mischel & Shoda, 1999). 예를 들어 어떤 친구가 모든 파티에서 동일한 방식으로 행동하는 것으로 행동의 일관성을 재려고 한다고 하자. 분석의 단위가 단지 '파티장'이라면 그 친구의 행동은 아주 큰 변화를 보이기 쉽다. 우리는 심리적으로 관련 있는 특징들에 따라 파티들을 여러 다른 범주들로 구분해야 한다. 친구가 낯선 사람들 앞에서 개인적 정보를 공개해야 하는 상황이라면 불안감을 느낄 것이다. 그 결과로 어떤 파티(개인정보를 털어 놓는)에서는 아주 비우호적으로 보이지만, 다른 파티(개인정보를 밝히지 않아도 되는)에서는 아주 우호적일 수 있다. 한편 취업면접에서와 같이 자신의 정보를 이야기해야 하는 상황들에서는 부정적 행동들도 보일 수 있는 것이다. 따라서 우리는 상황들의 특징에 따라 사람들이 다른 반응을 보이는 방식에 있어서 일관성을 찾는다.

연구자들은 기질들과 상황들의 관계에 대한 지식을 만일 ······라면 ······일 것이라는 성격 특징(if ······ then ······ personality signatures)으로 기술해 왔다. 만일 어떤 사람이 어떠한 기질을 갖고 있는데 어떠한 상황에 간다면 그 사람은 어떻게 행동할 것이라는 것이다(Mischel, 2004). 이 접근은 우리로 하여금 그들의 특별한 만일 ······라면 ······일 것 패턴에 대한 지식을 얻음으로써 부분적으로는 다른 사람들을 이해하게 된다. 친밀한 관계를 위한 만일 ······라면 ······일 것 지식의 결과를 보여주는 예를 들어 보자.

지정 연구

사람들이 자신의 친구들이 다른 상황에서 어떻게 반응할지를 보다 잘 이해하면 이 친구들과 보다 더 적은 갈등을 보일 것이라고 가정하였다(Friesen & Kammrath, 2011). 연구자들은 이 가설을 검증하

이 두 가지의 휴가 중 어떤 것이라도 누릴 수 있다면 어느 쪽을 더 선호할 것인가? 성격 특성과 상황 특징이 상호작용하는 방식에 대해 이러한 것이 우리에게 무엇을 말해 줄 것인가?

기 위해 쌍으로 이루어진 친구들에게 만일 ……라면 ……일 것을 촉발하는 질문지를 완성하도록 요구하였다. 이 질문지는 참가자들의 행동 유형을 보여준다. 예를 들어, 연구 참가자들은 '그 혹은 그녀가 받은 정보에 대해 과도하게 회의적인' 누군가에 대해 반응하는 것을 상상해 보라는 요구를 받았다. 이 행동을 위해 참가자들은 그 행동이 강한 부정적 정서를 '촉발'할 가능성의 정도를 표시하였다. 참가자들은 그들 스스로에 대해 "이 행동이 당신을 얼마나 촉발시키는가?"라는 질문과 "이 행동이 귀하의 친구들을 얼마나 촉발시키는가?"라는 질문 둘 다에 대한 측정 문항에 응답하였다. 이들 2개의 점수 세트를 기초로 연구자들은 각 참가자들의 쌍이 각 상대방의 만일 ……라면 ……일 것이라는 행동에 대해 얼마나 잘 알고 있는지를 보여주는 정확도를 측정하였다. 참가자들은 친구와의 관계에서 갈등의 정도를 측정하는 내용에 대해서도 응답하였다. 연구자들은 만일 ……라면 ……일 것의 정확성이 높은 참가자 쌍이 이들의 친구 관계에서 더 적은 갈등을 보일 것이라는 점을 알아냈다.

여러분의 친구들을 위한 만약 ……라면 ……일 것 지식을 잠시 고려해 보자. "이 상황이 만약 발생된다면 그들은 부정적으로 반응하기 쉽다."를 이해하는 데 이것이 왜 유용한지 알겠는가?

특성 이론들에 대한 평가

우리는 이제까지 여러 사람들의 성격들을 간결하게 기술할 수 있게 하는 유형과 특성 이론들을 보아왔다. 그러나 이들 이론들은 행동이 어떻게 일어나는지, 성격은 어떻게 발달하는지

에 대한 일반적인 설명을 해 주지 못한다. 단지 행동과 관련 있는 성격 특성들만 찾아내어 기술했을 뿐이다. 이러한 점들을 보완하려고 노력해 왔으나 특성 이론들은 전형적으로 성격 구조가 현재 있는 그대로라고 보는 정적이거나 적어도 안정화된 것으로 기술한다. 이와 대조적으로 다음에 보게 될 심리 역동적 성격 이론들은 개인 속에서 변화되고 발달되는 갈등적인 힘들을 강조한다.

 복습하기

1. 신경증의 특성차원 중 양 극단들은 무엇인가?
2. 연구자들은 특성의 유전성을 어떻게 재는가?
3. 일관성 역설이란 무엇인가?

비판적 사고 5요인의 유전성을 다룬 연구를 상기해 보자. 각 동료 평정자(즉, 가족이나 친구)에게 어느 한 쌍생아의 정보만 묻는 이유는 무엇인가?

정신역동적 이론

모든 **정신역동적 성격 이론**(psychodynamic personality theory)들에서 공통적인 것은 강력한 내부의 힘들이 성격을 만들고 행동을 이끈다고 가정한다. Freud는 정신역동 이론들의 원조로서 그의 전기를 쓴 Ernest Jones(1953)는 그를 '마음 문제에 있어서의 다윈'이라고 하였다. Freud의 성격 이론은 성격발달

성격은 변할 수 있다고 믿는가?

이 장에서 여러분은 심리학자들이 인간의 성격을 탐구하기 위해 고안해 온 다양한 이론들을 만나게 될 것이다. 하지만 여러분이 성격이 변할 수 있을 것이라는 정도의 여러분 자신의 이론을 이미 가지고 있는 것에 대한 성격 측면도 있을 수 있다. "누구나 일종의 어떤 사람이고, 그 종류를 실제로 변화시킬 수 있는 정도는 크지 않다."와 "누구나 그들의 가장 기본적인 성질까지도 변화시킬 수 있다."는 두 가지 진술에 대해 잠깐 대답해 보라(Plaks et al., 2009, p. 1070). 이들 2개의 취지 중 어느 하나에 더 강하게 동의하는가?

이 진술들이 일반인들이 가지고 있는 성격 변화에 대한 서로 다른 2개의 이론을 담고 있다(Dweck, 1999). 첫 번째 이론은 실체 이론 (entity theory)으로서 성격 특질은 본질적으로 고정되어 있어서 시간이 흘러도 별로 변화하지 않는다는 것이다. 두 번째 이론은 점진 이론 (incremental theory)으로서 성격 특질은 유연해서 사람들은 시간이 흐르면 변화할 수 있다는 것이다. 대학생과 초등학생을 대상으로 한 연구에서 약 80%의 사람들이 실체 이론이나 점진 이론을 가지고 있는 것으로 견고하게 분류되었다(Plaks et al., 2009). 사람들이 가지고 있는 이론들에 따라 나타나는 몇 가지 결과를 살펴보자.

이 2개 이론의 관점에서 수줍어하는 것이 어떤 의미를 가지고 있는지 생각해 보자. 실체 이론가인 수줍어하는 사람들은 자신들의 수줍음을 극복할 수 있을 가능성은 그리 크지 않다고 믿고, 점진 이론가인 수줍어하는 사람들은 수줍음을 극복할 수 있을 가능성이 더 커서 사회적 상황을 학습기회로 보게 된다(Beer, 2002). 한 연구에서 이 두 가지 유형의 수줍어하는 사람들은 낯선 사람들과 5분간의 상호작용을 3회 경험하였다. 예상한 바와 같이 모든 수줍어하는 참가자들은 만나는 회기의 초반에 상호작용하는 과정에서 불편함을 드러냈다. 하지만 상황이 진행되면서 실체 이론가들은 높은 수준의 불안을 지속적으로 경험한 반면, 점진이론가들은 덜 불편해했다(Beer, 2002). 변화 가능성에 대한 각 개인의 이론이 그 혹은 그녀의 행동에 주된 영향을 미친다.

두 번째의 예로서 어떤 사람이 당신을 화나게 하는 경우를 생각해 보자. 이 사건에 대해 당신은 어떻게 반응했을까? 실체 이론을 가진 사람들은 잘못을 저지르는 사람들은 변화하지 않으므로 처벌받아야 한다고 생각하는 경향이 있는 반면, 점진 이론을 가진 사람들은 사람들이 어쩔 수 없이 나쁜 것만은 아니어서 처벌이 늘 필요한 것은 아니라고 생각하는 경향이 있다(Yeager et al., 2011). 한 연구에서 청소년들에게 그들의 지인들이 화나게 했던 최근의 사건들을 회상하게 했다. 그러자 이들은 '이 사람을 해치는' 것과 '이 사람을 벌주는 방식을 찾는' 것과 같이 얼마나 느끼는지를 반응함으로써 복수에 관심 있는 정도를 표시하였다 (Yeager et al., p.1094). 실체 이론을 가진 것으로 분류된 청소년들은 점진 이론을 가진 동료들보다 복수에 더 많은 관심을 보였다.

자, 이 글의 제목인 "성격은 변할 수 있다고 믿는가?"라는 질문으로 되돌아가 보자. 이들 연구 예들은 실체 이론을 가지고 있거나 점진 이론을 가지고 있다는 것은 사람들이 자신의 삶을 어떻게 살아가는가에 광범위한 영향을 미칠 수 있음을 알게 해줄 것이다.

의 기원과 과정, 의식의 본질, 이상적 성격의 측면, 그리고 치료로 성격이 바뀌는 방식을 과감히 설명한다. 여기서는 정상적 성격에만 초점을 둘 것이다. Freud의 정신병리와 치료에 대한 견해는 제14~15장에서 다루기로 하자. 다음에는 그의 이론들에 대한 비판과 수정 이론들을 볼 것이다.

Freud파의 정신분석

정신분석 이론에 의하면 성격의 핵심들은 행동을 일으키는 사람의 머릿속에서 생기는 일들(intrapsychic events)이라는 것이다. 사람들은 흔히 이 추동들을 의식하고 있지만 일부 추동들은 무의식적으로 작용할 수 있다. 이런 정신역동적 생각은 행동의 내부 결정을 강조하고 이들 내부 힘들 간의 갈등을 인정하는 것이다. 모든 행동은 어떤 원인이 만든다는 것이다. 우연하게 행동이 일어나는 것은 아니며 모든 행위들은 추동들에 의해 결정된다. 모든 인간의 행위는 원인과 목적이 있고 이들은 사고연상, 꿈, 실수, 기타 내적 열정에의 행동적 단서들에 대한 분석을 통해 발견된다. 성격에 대한 Freud가설에서 주요 자료들은 임상적 관찰과 치료에서의 개별 환자들에 대한 심층 사례연구로 얻어진다. 그는 정신장애를 가진 사람들에 대한 집중적 연구로부터 정상인의 성격에 대한 이론을 만들어냈다. Freud 이론의 가장 중요한 측면들의 일부를 보기로 하자.

추동들과 성 심리적 발달 Freud는 신경학자로서 의학훈련을 받았고, 이것이 그가 환자들을 통하여 얻은 행동 패턴에서의 공통적인 생물학적 토대를 찾아내게 하였다. 그는 각 개인들 속에서 보이는 심리적 에너지가 인간행위의 동기 원천이라고 보았다. 각 개인은 신체의 기관들로부터 생긴 긴장체계들인 타고난 본능 또는 추동들을 갖고 있다고 보았다. 이들 에너지 원천들은 활성화되면 많은 다른 방식으로 표현될 수 있다.

처음에 Freud는 두 가지 기본적인 추동(drive)들이 있다고 보았다. 하나는 **자기보존**(배고픔과 갈증과 같은 욕구를 충족시키는)이고, 다른 하나는 **에로스**(성적 욕구의 종족보존에 관련된 추동)이다. 이들 두 가지 추동들 중에서 그는 성적 욕구에 더 관심을 가졌다. 그는 성욕이 성적 결합에의 욕구뿐만 아니라 타인들과의 쾌락이나 신체적 접촉을 하려는 시도들 모두를 포함하도록 크게 확장시켰다. 그는 모든 형태의 육감적 쾌락을 추구하는 심리적 에너지인 성욕에의 에너지 원천을 **리비도**(libido)라고 불렀다. 성적 욕구들은 직접적인 행위이거나 환상과 꿈과 같은 간접적인 수단을 통한 즉각적인 만족을 요구한다.

Freud에 따르면 에로스는 폭넓게 정의된 성적 추동으로서 사춘기 때 갑자기 나타나는 것이 아니라 출생 시부터 작동된다. 그는 유아들의 성기나 다른 민감한 부위(성감대)에 대한 신체적 자극으로 인한 쾌감으로 에로스는 입증된다고 주장한다. 표 13.2에 그의 성 심리적 발달의 5단계가 나와 있다. 그는 성적 쾌감을 주는 신체적 원천은 차례대로 진행되면서 변화한다고 보았다. 적어도 소년들에 있어서 성 심리적 발달의 주요 장애의 하나는 음경기에 발생한다. 이 시기에 4~5세 아동은 **오이디푸스 콤플렉스**를 극복해야만 한다. Freud는 무심코 아버지를 살해하고 어머니와 결혼한 전설상의 인물인 오이디푸스의 이름을 따서 그러한 이름을 지었다. 그는 모든 어린 소년들이 아버지를 어머니의 관심을 끌기 위한 성적 경쟁자로 보는 본능적인 충동을 갖고 있다고 보았다. 어린 소년이 아버지를 대신할 수 없으므로, 일반적으로 오이디푸스 콤플렉스는 소년이 자신의 아버지와 **동일시**할 때에 해결된다(그는 어린 소녀의 경우에는 일관된 설명을 못한다).

Freud에 따르면 성 심리발달 단계의 초기 단계의 하나에서 너무 많은 만족을 느끼거나 좌절을 경험하게 되면 정상적으로 다음 발달 단계로 넘어갈 수 없는 고착을 보인다. 표 13.2에서 보인 것처럼 상이한 단계들에서의 **고착**(fixation)은 다양한 성격 특성들로 나타날 수 있다. 고착의 개념은 Freud가 성격의

Freud가 섭식은 허기를 채우려는 자기보존적 추동으로 인한 동기일 뿐만 아니라 구강의 만족을 채워주는 '관능적' 추동에 의한 동기라고 본 이유는 무엇인가?

연속성에서 초기의 경험을 왜 그토록 강조했는지를 설명한다. 그는 성 심리발달의 초기 단계들에서의 경험들이 성격 형성과 성인 행동 패턴들에 상당한 영향을 준다고 보았다.

심리적 결정론 고착의 개념은 초기 갈등들이 나중의 행동들을 결정한다는 Freud의 생각을 알게 한다. **심리적 결정론**(psychic determinism)이란 모든 정신적이고 행동적 반응(증상)들이 어릴 적 경험들에 의하여 결정된다고 보는 가정이다. Freud는 증상들이 아무렇게나 생기는 것이 아니라 중요한 인생사의 사건들과 의미 있게 관련 있다고 보았다.

Freud의 심리적 결정론에 대한 생각은 의식적으로는 알지 못하는 정보의 저장소인 **무의식**(unconscious)을 강조하게 하였다(그림 13.4 참조). 다른 사람들도 그러한 구성개념을 논의하기는 했으나, Freud가 인간의 사고, 감정, 그리고 행동의 무의식적 결정개념을 인간의 드라마에서 중심적인 위치로 올려놓았다. Freud에 따르면 행동은 특정인이 의식하지 못하는 추동에 의하여 동기화될 수 있다는 것이다. 우리는 왜 그런지 모르거나 자기 행위의 진정한 이유를 직접 확인하지 않은 채 행동

표 13.2 성 심리발달의 5단계

단계	연령	성감대	주요 발달과업(갈등의 원천)	각 단계 고착 시 성인 이후 특징적 성격
구강기	0~1	입, 입술, 혀	이유	흡연, 과식 같은 구강행동, 수동성과 속기 쉬움
항문기	2~3	항문	변 훈련	질서, 인색함, 고집스러움, 또는 그 반대
음경기	4~5	성기	오이디푸스 콤플렉스	허영, 무모함, 또는 그 반대
잠재기	6~12	특정부위 없음	방어기제의 발달	이 단계에서는 보통 고착이 생기지 않음
성기기	13~18	성기	성숙된 성적 친밀성	성공적으로 이전 단계들과 통합된 성인들은 타인에의 진실된 관심과 성숙된 성욕을 갖게 된다.

의식

무의식

그림 13.4 인간 정신에 대한 Freud의 개념
Freud는 인간의 정신을 빙산에 비유한다. 수면 위에 솟은 빙산은 의식을 나타낸다. 수면 아래에 숨겨져 있는 더 큰 부분이 무의식이다.

할 수 있다. 우리가 말하고, 행하고, 지각하는 행동에는 표현된 내용도 있지만, 숨겨지고 잠복된 내용도 있다. 신경증적(불안에서 비롯) 증상들, 꿈, 말이나 글의 실수의 의미는 무의식적 사고와 정보처리에서 찾을 수 있다. 오늘날의 많은 심리학자들은 Freud가 심리학에 가장 크게 기여한 것은 무의식 개념이라고 본다. 많은 현대 문학과 드라마에서도 인간행동의 무의식적 과정들이 주는 함축성을 탐색하고 있다.

Freud에 따르면, 받아들일 수 없는 우리 속의 추동들이 표현되려고 몸부림친다는 것이다. Freud식 실수(Freudian slip)는 무의식적 욕구와 다르게 우리가 말이나 행동을 할 때 생긴다. 예를 들면 친구 집에서 주말을 보냈는데 별로 재미가 없었지만 감사의 편지를 써야 할 경우가 있을 것이다. 이때 "우리가 함께 많은 시간(chunk of time)을 보내서 즐거웠습니다."라고 할 것을 실제로는 "우리가 함께 시시한 시간(junk of time)을 보내서 즐거웠습니다."라고 써 보내 다소 짜증난 친구의 전화를 받게 될 수 있다. '많은' 대신에 '시시한'으로 바뀌게 된 것이 무의식적 욕구의 표현인 것을 이해할 수 있는가? 무의식적 동기의 개념은 더 복잡한 정신 기능을 허용하여서 성격의 새로운 차원을 더해 주는 것이다.

이제 우리는 Freud 이론의 일부 기본적인 측면들을 살펴보기로 하자. 이들이 성격구조에 어떤 역할을 해주는지 볼 것이다.

성격의 구조 Freud의 이론에서 성격 차이는 사람들이 자신들의 기본적 추동들을 대하는 방식이 다르기 때문으로 본다. Freud는 이들 차이를 설명하기 위하여 제3의 자아에 의해 조절되는 원초아와 초자아의 지속적인 싸움을 들었다. 여기서는 이들 세 측면들이 별개인 것처럼 언급하지만 Freud는 이들 모두를 단지 다른 정신과정들로 보고 있음을 유념하자. 예를 들면 그는 원초아, 자아, 그리고 초자아를 담당하는 뇌의 특정한 부위가 있다고는 생각하지 않는다.

원초아(id)는 기본적 추동들의 창고이다. 원초아는 비합리적으로 작용하여 바라는 것이 현실적으로 가능한지, 사회적으로 바람직하거나 도덕적으로 인정되는지를 고려하지 않은 채 충동적이고 즉각적인 만족을 추구한다. 원초아는 쾌락원리(pleasure principle)에 지배되어 결과에 대한 생각 없이 지금 당장의 성적, 신체적, 정서적 만족을 추구한다.

초자아(superego)는 사회로부터 배운 도덕적 태도를 포함한 개인적 가치의 창고이다. 초자아는 대략 양심이라는 생각과 거의 대응되는 것이다. 초자아는 아동이 사회적으로 바람직하지 않은 행위에 대한 부모나 다른 성인들의 금지들을 자신의 가치로 받아들이면서 형성된다. 이는 당위성과 '하면 안 된다'라는 내면의 소리이다. 초자아에는 자신이 되고자 하는 사람에 대한 개인적인 생각인 **자아이상(ego ideal)**도 포함된다. 따라서 흔히 초자아는 원초아와 갈등을 일으킨다. 원초아는 느낌이 좋은 대로 행동하려고 하지만 초자아는 올바른 대로 행동하려 한다.

자아(ego)는 원초아의 추동과 초자아의 요구들 사이의 갈등을 중재하는 현실에 기반을 둔 자기의 또 다른 측면이다. 자아는 특정인이 물리적·사회적 현실(행동의 원인과 결과에 대한 자신의 의식적 신념)에 대해 갖고 있는 생각을 나타낸다. 자아의 임무 중 일부는 바람직하지 않은 결과를 보이지 않고 원초아 추동을 만족시키는 행위를 선택하는 것이다. 자아는 쾌락적 요구를 하기 전에 합리적 선택을 하는 **현실원리(reality principle)**의 지배를 받는다. 따라서 자아는 발각될 경우의 결과를 생각하게 하고 다음에 열심히 하겠다는 결심으로 바꾸어 시험에서 부정행위를 못하게 한다. 원초아와 초자아가 갈등을 빚으면 자아는 양자가 적어도 부분적인 만족을 하도록 절충을 한다. 그러나 원초아와 초자아의 압력이 거세지면 자아가 적절한 절충을 하기가 더 어렵다.

억압과 자아 방어 원초아와 초자아 간의 타협은 '원초아를 못 쓰게'할 수 있다. 극단적 욕구들을 의식 밖으로 밀어내 은밀한 무의식으로 들어가게 한다. **억압**(repression)은 극도의 불안이나 표현이 허용되지 않거나 위험한 추동, 생각, 기억에 대한 죄의식을 겪지 않는 심리적 과정이다. 자아는 검열되는 정신적 내용과 억압으로 정보가 의식되지 못하게 하는 과정을 모두 알지 못한다. 위협적인 추동과 생각으로 압도당할 때 자아를 방어하는 데 억압이 가장 기본적이다.

자아 방어기제(ego defense mechanism)들은 표현을 추구하는 원초아 추동과 이들을 부정하는 초자아 사이의 일상적 갈등 속에서 자아가 스스로를 방어하려고 쓰는 정신적 책략들이다(표 13.3 참조). 정신역동 이론에서는 강한 내적 갈등들에 개인들이 심리적으로 대처하는 것이 중요하다고 본다. 이들을 써서 호의적인 자기 이미지를 유지하고, 인정받는 사회적 이미지를 지속할 수 있다. 예를 들어 한 어린이가 그의 아버지에 대해 강한 혐오를 느낀다면(행동으로 옮기면 위험할) 억압이 간여한다. 공격적 추동이 더 이상 의식적으로 압력을 가하거나 그것이 있는지조차도 의식하지 않게 된다. 그러나 추동이 보이거나 들리지 않더라도 사라진 것은 아니다. 이들 감정은 성격 기능에 한 역할을 지속한다. 예를 들면 그의 아버지와의 강한 동일시를 형성함으로써, 자신의 가치감을 높이거나 적대적인 자신의 모습이 드러날 것에 대한 무의식적 공포를 줄일 수 있다.

Freud 이론에서 **불안**(anxiety)이란 억압된 갈등이 의식 밖으로 떠오르려 할 때 생기는 강한 정서적 반응이다. 불안은 위험한 신호이다. 억압이 먹혀들지 못한다. 적색경보이다. 방어가 좀 더 필요하다. 2차 방어선이 필요한 시점이다. 하나 또는 그 이상의 자아 방어기제를 동원하여 불안을 제거하고 좌절을 일으키는 추동을 무의식 속으로 밀어 넣어야 한다. 예를 들면 자기 아들을 싫어하고 돌보고 싶지 않은 어머니는 **반동형성**(reaction formation)을 쓸 수 있는데, 이는 그녀의 받아들여지지 않는 추동을 정반대로 바꾸어 준다. "내가 내 아들을 미워하는 것이 아니야."가 "나는 내 아들을 사랑해(내가 그 아이를 사랑으로 어떻게 감싸는지 알아)."로 된다. 이러한 방어는 불안을 줄이는 결정적 대응 기능을 해준다.

방어기제들이 불안을 막아준다면 왜 이들이 우리에게 부정적 결과를 미치는가? 방어기제들이 유용하기는 해도 궁극적으로는 자기기만이다. 과용하게 되면 문제를 해결하는 것이 아니라 더 큰 문제를 만든다. 불안을 줄이기 위해서 수용할 수 없는 욕구들을 제거, 위장, 재처리하는 데 상당한 시간과 정신적

표 13.3 주요 자아 방어기제

현실 부정	불쾌한 현실을 지각하기를 거부하여 이로부터 자신을 보호
전이	대개는 적대적인 억눌린 감정을 원래 감정을 일으킨 대상보다 덜 위험한 대상에다 발산하는 것
환상	상상 속의 성취로 좌절된 욕구들을 만족시키는 것('백일몽'이 흔한 형태)
동일시	다른 사람이나 제도(흔히 뛰어난 지위의)에 자신을 동일시하여 자기 가치감을 높이는 것
고립	고통스런 상황으로부터 감정적 분출을 차단하거나 갈등적 태도들을 논리적 구분으로 분리
투사	자신의 문제들을 타인에게 돌려 비난하거나 자신의 '금지된' 욕구들을 타인이 가진 것으로 돌리기
합리화	자신의 행동이 '논리적'임을 입증하려고 하거나 정당화하며 자신이나 남들의 인정을 받으려는 것
반동형성	반대되는 태도와 행동 유형을 쓰거나 이들을 '장벽'으로 써서 위험한 욕구들이 표출되는 것을 막는 것
퇴행	어린아이 같은 반응이나 낮은 포부 수준을 보여 이전의 발달 수준으로 후퇴하는 것
억압	고통스럽거나 위험한 생각을 의식 밖으로 밀어내고, 무의식 속에 가둬 두는 것, 방어기제에서 가장 기본적
승화	좌절되는 성적 욕구들을 사회에서 용인되는 다른 활동으로 대체하여 만족을 느끼거나 사라지게 하는 것

에너지를 쓰기에 심리적으로 건강하지 못한 것이다. 그렇게 되면 생산적인 생활이나 만족스러운 인간관계에 쓸 에너지가 남아 있지 않기 때문이다. 정신장애를 다룬 나중의 장에서 보겠지만 일부 형태의 정신질환은 불안에 대응하려고 지나치게 방어기제들에 의존할 때 생기기도 한다.

Freud 이론에 대한 평가

이제까지 정신분석 이론의 요체를 설명하는 데 상당한 지면을 할애했는데, 이는 Freud의 생각이 성격에서의 정상적 측면과 이상적 측면을 생각하는 방식에 엄청난 영향을 주었기 때문이다. 그러나 Freud의 개념을 지지하는 사람보다는 비판하는 심리학자들이 더 많을 것이다. 그러한 비판들의 근거는 무엇인가?

첫째는 정신분석의 개념들이 모호하며 조작적으로 잘 정의되지 않았다는 것이다. 그래서 대부분의 이론은 과학적으로 평가하기가 어렵다. 일부 핵심적 가설들과 심지어 원리에 있어서도 반박할 수 없기에 Freud의 이론은 의문시되고 있다. 성격의 구조인 리비도의 개념들과 유아 성추동의 억압을 어떻게

연구할 수 있는가?

둘째는 Freud의 이론은 좋은 역사학이지만 나쁜 과학이다. 앞으로 무엇이 일어날지를 신뢰성 있게 예언하지 못하고 일이 있고 난 후에야 회고적으로만 적용된다. 대개 성격을 이해하기 위하여 정신분석 이론을 쓰는 것은 역사적 재구성이지, 가능한 행위들과 예측할 수 있는 결과들을 과학적으로 구성하는 것이 아니다. 더구나, 현재의 행동에 대한 역사적 원인들을 지나치게 강조하여 행동을 일으킨 현재의 자극으로부터는 주의를 벗어나게 한다.

Freud의 이론에 대해서는 세 가지 주요 비판들이 나오고 있다. 첫째는, 그의 이론이 발달 이론이지만 아동들에 대한 관찰은 전혀 없다는 점이다. 둘째는, 외상경험(아동 학대와 같은)에 대한 기억을 환상(부모와의 성적인 접촉을 원하는 아동의 욕구에 근거한)으로 재해석해서 외상경험을 최소화한다는 것이다. 셋째는, 남성들을 위주로 한 이론으로서 여성들은 어떻게 다른지를 고려하지 않은 남성중심적이라는 점이다.

그러나 Freud 이론의 어떤 측면들은 경험적 검증을 통하여 수정되고 개선됨에 따라 계속하여 받아들여지고 있다. 예를 들어 제5장에서 우리는 무의식의 개념이 오늘날의 연구자들에 의하여 체계적으로 탐색되고 있음을 보았다(McGovern & Baars, 2007). 이 연구는 대부분의 일상적 경험이 자신의 의식 밖에서 형성됨을 보이고 있다. 이 결과들은 Freud의 일반적 개념은 지지하지만 무의식 과정들과 정신병리 간의 연계는 약함을 보인다. 또한 Freud가 방어기제라고 본 일부 의식의 습관들에 대한 증거가 발견되고 있다. 우리는 앞에서 불안을 경험하는 사람들이 가장 많이 방어기제를 쓰기 쉽다고 말해 왔다. 연구자들은 다양한 방법으로 이 가설을 검증해 왔다.

9세에서 11세 사이의 여아들로 구성된 집단을 다룬 연구가 있다(Sandstrom & Cramer, 2003). 연구자들은 50명으로 구성된 이 집단에서 동료들 중에 누가 인기가 있으며 누가 인기가 없는지를 면접을 하였다. 50명의 소년들 각각은 어린 소녀에 의하여 거부되는 실험실 실험에 참가하게 하였다. 연구자들은 부정적인 사회적 상호작용을 한 과거 때문에 인기가 없는 소녀들이 인기 있는 소녀들보다 이러한 거부를 당하면 더 불안을 느끼리라고 보았다. 연구자들은 이러한 불안에 대응하기 위해서 인기 없는 소녀들이 방어기제를 더 쓸 것이라고 보았다. 이 가설을 검증하기 위하여 주제통각검사에 나오는 카드를 보고 이야기를 하도록 하였다. 소녀들의 이야기를 분석해서 부정과 투사의 방어기제를 보았다(표 13.3 참조). 그 결과 가설을 지지하였다. 인기가 없는 소녀들이 인기가 있는 소녀들보다 거부를 당한 후에 방어기제를 더 썼다.

우리가 제12장에서 말한 스트레스에 대응하는 일부 유형들도 일반적인 방어기제 속에 들어가는 것이다. 예를 들면 개인적인 외상, 죄의식, 또는 수치스러운 경험과 관련된 사고와 감정의 억제가 정신적·신체적 건강에 치명적인 영향을 줄 수 있음을 기억할 것이다(Pennebaker, 1997; Petrie et al., 2004). 이 결과는 억압된 정신적 내용이 심리적 문제를 일으킬 수 있다고 한 Freud의 생각을 반영하는 것이다.

Freud의 이론은 예언이 틀린다 해도 정상적이고 이상적인 성격 기능을 가장 복잡하고, 종합적이며, 흥미롭게 설명하는 것이다. 그러나 다른 이론들처럼, 이론들의 요소들 하나하나를 인정하거나 부정하는 것이 그의 이론을 가장 잘 대우하는 것이다. 그의 주장 일부가 널리 받아들여지기 때문에 그의 이론은 오늘날의 심리학에도 영향을 주고 있다. 다른 주장들은 기각되기도 하였다. 초기에 수정된 Freud의 이론은 그의 문하생들로부터 시작되었다. 그의 이론이 어떻게 수정되었는지를 보기로 하자.

정신역동 이론들의 연장

Freud 이후의 사람들도 기본적으로는 성격을 무의식적이고 원초적인 욕구들이 사회적 가치들과 갈등을 빚는 전쟁터로 본다는 점은 같다. 그러나 Freud의 많은 추종자들은 성격의 정신분석적 견해에 대해 대폭 수정을 가하였다. 일반적으로 이들 Freud 이후의 사람들은 다음과 같은 변화를 보였다.

자아방어, 자아의 발달, 의식적 사고과정, 그리고 성격 통제자로서의 자아의 기능을 더 강조한다.

- 성격 형성에서 문화, 가족, 동료 등 사회적 변인들이 큰 역할을 한다고 본다.
- 일반적인 성적 욕구 또는 리비도 에너지의 중요성을 덜 강조한다.
- 성격발달이 아동기에 끝나지 않고 생애 전반에 걸치도록 연장한다.

여기서는 Adler, Horney, 그리고 Jung 이론의 핵심사항들을 개관하기로 한다.

Alfred Adler(1870~1937)는 에로스의 중요성과 쾌락원리를 부정하였다. Adler(1929)는 무력하고, 의존적인 어린아이들처럼 모든 사람들이 열등감을 경험한다고 보았다. 그는 모든 사람들은 이 감정을 극복하는 방법을 찾는 데 몰두한다고 하였다. 사람들은 부족한 것을 보충하거나 더 흔하게는 우월해지려는 나머지 과잉 보상을 한다. 성격은 바로 이 내재된 열망에 따라

어떤 사람이 가진 권투에 대한 열정을 자아 방어기제의 하나인 전위라고 볼 근거는 무엇인가?

Jung은 창의성을 개인무의식과 집단무의식으로부터의 이미지를 방출하는 수단의 하나라고 보았다. Jung이 두 종류의 무의식이 있다고 본 근거는 무엇인가?

구조화된다. 사람들은 자신들의 기본적이고 지배적인 열등감을 극복하는 특정한 방식에 근거한 생활양식들을 발전시킨다. 성격 갈등은 사람 내부의 경합하는 욕구들로부터가 아닌 외부의 환경 압력과 내부의 적절성을 추구하려는 노력 사이의 부조화로부터 온다.

Karen Horney(1885~1952)는 정신분석학파 속에서 훈련을 받았으나 몇 가지 점에서 정통 Freud 이론들과 거리를 두게 되었다. 그녀는 Freud가 남근의 중요성에 근거한 남근 중심성 강조를 반박하고, 남성은 오히려 임신, 모성, 유방을 선망하며, 젖을 빠는 것은 소년들과 남성들의 무의식 속의 역동적인 힘의 하나라는 가설을 내놓았다.

이러한 '자궁선망'은 남성으로 하여금 여성의 가치를 절하시키게 하고 창의적인 작업을 통해 무의식적 충동들을 과잉 보상한다는 것이다. 그녀는 Freud보다 문화적 요인들을 더 강조하고 유아 성욕보다 현재의 성격 구조에 초점을 두었다(Horney, 1937, 1939). Horney도 인본주의적 이론의 발달에 영향을 주었으므로 다음 절에서 그녀의 생각도 보게 될 것이다.

Carl Jung(1875~1961)은 무의식의 개념을 더욱 확장시켰다. 그(1959)는 개인의 고유한 인생 경험에 국한되지 않고 전체 인류가 공유하는 **집단무의식**(collective unconscious)을 제기하였다. 집단무의식은 보편적 존재의 원형들이 원시적 신화, 미술형태, 기호를 직관적으로 이해하게 한다. **원형**(原型, archetype)은 특정한 경험이나 대상의 원시적인 상징적 표현이다. 각 원형은 특정한 방식으로 그 대상이나 경험을 느끼고 생각하는 본능적 경향성과 관련된다. Jung은 신화와 상징들에서 태양신, 영웅, 어머니로서의 대지와 같은 많은 원형들을 추출해냈다. 애니무스(animus)는 남성의 원형이고 애니마(anima)는 여성 원형이지만 모든 남녀는 정도의 차이는 있으나 두 가지

모두를 경험한다. 자아의 원형은 만달라(mandala), 또는 신비의 원으로서 통합과 전체로의 추구를 상징한다(Jung, 1973).

Jung은 건강하고 통합된 성격은 남성적 공격성과 여성적 민감성이 조화를 이루는 것같이 대립적인 힘들이 균형을 이루는 것으로 보았다. 역동적 균형 속에서 경쟁하는 내부의 힘들의 집합으로 성격을 보는 것을 **분석심리학**(analytic psychology)이라고 부른다. Jung은 덧붙여 Freud 이론에서는 핵심적이던 리비도를 중요하지는 않다고 보았다. 그는 통합되고 건강한 사람을 창조하려는 욕구와 되고자 하는 욕구의 두 가지의 대등한 무의식적 본능을 추가하였다. 인본주의를 다룬 다음 절에서 두 번째 욕구인 자기실현의 개념을 보게 될 것이다.

stop 복습하기

1. Freud의 이론에 따르면, 구강기에 발달이 고착되면 나중에 어떤 행동들이 나올 수 있는가?
2. 자아는 어떻게 현실원리에 따르는가?
3. Leon은 아주 공격적인데, 늘 남들이 싸움을 걸어온다고 남들을 탓한다. 이때 작용하는 방어기제는 무엇인가?
4. Alfred Adler는 대부분의 사람들의 행동을 이끄는 동기는 무엇이라고 보는가?

비판적 사고 방어기제에 관한 연구를 상기해 보자. 연구자들이 특히 불안을 일으키는데 거부 사례를 쓴 이유는 무엇인가?

인본주의 이론

성격 이해를 위한 인본주의적 접근들은 개인적이고 의식적인 경험 그리고 성장 잠재력의 통합에 관심을 갖는 것이 특징이다. 인본주의적 이론들의 핵심적 특징은 자기실현으로의 동기

를 강조한 것이다. 자기실현(self-actualization)이란 자신의 능력과 재능을 충분히 발전시키려는(자신의 내적 잠재력을 실현시키려는) 끊임없는 노력이다. 이 절에서는 인본주의 이론가들이 이 자기실현의 개념을 어떻게 전개해 왔는지 보기로 하자. 덧붙여 인본주의 이론들은 다른 성격 이론들과 다른 특징들이 무엇인지도 알게 될 것이다.

인본주의 이론들의 특징

Rgers(1902~1987)는 자기를 성격의 중심 개념으로 보았다. 그는 나중에 **자기개념**(self-concept)으로 발전된 우리의 전형적인 행동과 고유한 성질에 대한 정신 모델을 제시했다. 그는 우리가 삶을 살아가면서 자신의 자기개념과 자신의 실제 생활 경험 간의 일치를 경험하려고 노력한다고 믿었다. 그의 자기에 대한 강조는 모든 인본주의적 이론의 핵심 특징을 의미하고, 이것은 **자기실현**(self-actualization) 경향성을 향한 욕구를 강조하는 것이다. 제11장에서 Maslow는 욕구의 사다리 맨 위에 자기실현을 놓았음을 상기하자. 자기실현에의 노력은 각 개인이 일반적으로 긍정적 행동들과 자아향상 쪽으로 가도록 이끄는 힘이다.

때로 자기실현의 욕구는 자신과 타인으로부터의 인정욕구와 갈등을 빚는데, 특히 인정을 받으려면 어떤 조건이나 의무가 충족되어야 한다고 느낄 때 그러하다. 예를 들어 Carl Rogers(1947, 1951, 1977)는 아이를 키울 때 **무조건적 긍정적 존중**(unconditional positive regard)의 중요성을 강조한다. 이를 통해서 아동들은 항상 자신들의 실수와 나쁜 행동에도 불구하고(부모의 사랑을 얻으려고 할 필요 없이) 자신들이 사랑받고 인정받고 있음을 느껴야 한다는 것이다. 그는 어린이가 비행을 저지르면 부모들은 나무라야 하는 대상이 아동이 아니라, 행동이라는 점을 강조해야 한다고 권고한다. 무조건적 긍정적 존중은 어른에게도 중요하다. 왜냐하면 인정을 받고자 하는 데서 오는 염려는 자기실현을 방해하기 때문이다. 우리들은 가까운 사람들로부터 무조건적 긍정적 존중을 주고받아야 할 필요가 있다. 가장 중요하게는 자신이 바꾸려고 시도하는 약점이 있음에도 불구하고, **자기존중** 또는 스스로의 인정을 느껴야 한다.

Horney는 흔히 인정받지는 못하지만 그녀의 생각이 인본주의 심리학의 기초를 만든 또 다른 주요 이론가이다(Frager & Fadigman, 1998). 그녀는 사람들이 온화한 분위기, 타인들의 호의, 그 아동을 '특별한 사람'으로 보는 부모의 사랑 같은 실현되어야 할 호의적인 환경상황을 요하는 '현실적 자기(real

칼 로저스는 왜 아이들에 대해 그들 부모의 무조건적인 긍정적 존중을 강조했는가?

self)'를 갖는다고 보았다(Horney, 1943, 1950). 이러한 호의적인 양육조건이 없으면 아동은 실제 감정의 자연스러운 표현을 억제하고 타인들과 원활한 관계를 막는 기본적 불안이 생긴다. 이러한 기본적 불안에 대응하기 위해 사람들은 대인 간 방어나 개인 내 방어에 의지하게 된다. 대인 간 방어는 타인들 쪽으로 이동(지나친 추종이나 자제하는 행위), 타인에 대한 적대적 행동(공격적, 거만, 자기애적 해결),그리고 타인들로부터 멀어지는 행동들을 일으킨다. 개인 내 방어는 정당화할 '명예를 추구'하게 하는 비현실적인 이상적인 자기 이미지를 갖고, 과장된 자기개념에 맞춰 사는 경직된 행동규칙들이 통하는 자부심 체계를 만든다. 흔히 이런 사람들은 "나는 완벽하고, 관대하고, 매력적이고, 용감해야만 한다." 등과 같이 스스로 만든 책무들 속에 묻혀 산다. Horney는 인본적 치료의 목표는 사람들로 하여금 자기실현의 즐거움을 성취하고 자기완성에의 노력을 지원하는 인간의 본성 속에 있는 타고난 건설적인 힘들을 조장하는 것이라고 하였다.

앞에서 본 바와 같이 인본주의 이론에서는 진정한 자기로의 자기실현, 또는 진보를 강조하는 것이다. 이에 덧붙여 말하자면, 인본주의적 이론은 통합적이고, 기질적이며, 현상적이라고 불리어 왔다. 왜 그런지 보기로 하자.

인본주의 이론은 사람들이 별개의 행위들을 전체 성격으로 설명하는 점에서 통합적이다. 사람은 각자가 다른 방식으로 서로 영향을 주는 개별 특성들의 합으로 보지 않는다. Maslow는 사람들은 낮은 수준에서의 결핍들 때문에 내려가지 않는 한, 높은 수준의 욕구 단계(제11장에서 논의)로 가려는 내적 동기가 있다고 보았다.

인본주의 이론은 행동이 일어나는 방향에 큰 영향을 주는 개인들의 천성적인 특성들에 초점을 두기에 **기질적**이다. 상황 요인들은 제약과 장애물로 볼 수 있다(풍선을 묶는 실처럼). 부정적 상황조건들에서 자기실현 경향성은 능동적으로 사람들을 이끌어서 생활증진 상황들을 택하게 해야 한다. 그러나 인본주의 이론들은 특성 이론이나 정신역동 이론들에서 말하는 특성과는 같지 않다. 인본주의에서의 기질은 창의성과 성장을 향하여 특정한 쪽으로만 방향 지어진 것이다. 매번 인본주의적 기질이 발휘되면 사람은 조금씩 변하여 그 기질은 두 번 다시 동일한 방식으로는 표현되지 않는다. 시간을 두고 인본적 기질은 사람들을 이들 동기의 가장 순수한 표현인 자아완성 쪽으로 이끄는 것이다.

인본주의 이론은(관찰자나 치료자의 객관적인 시각이 아닌) 개인들의 참조틀과 주관적 현실관을 강조한다는 점에서 **현상학적**이다. 따라서 인본주의 심리학자들은 늘 각 개인의 고유한 관점을 찾으려 노력한다. 이러한 생각은 현실지향적 시각이기도 하다. 과거의 영향은 그것이 그 사람의 현재 상황에 영향을 주는 정도만큼만 중요하고, 미래는 성취한 목표들에만 나타난다. 그래서 정신역동 이론과 달리 인본주의 이론은 사람들의 현재 행동이 과거경험으로 무의식적인 지배가 되는 것으로 보지 않는다.

낙관적인 인본주의적 성격 이론은 쓴맛을 풍기는 Freud식 약물로 자라온 많은 심리학자들의 환영을 받았다. 인본주의적 접근은 억압된 채로 남아 있으면 때로 더 나을 고통스러운 기억들을 새삼 들추기보다는 직접 개선하는 데(인생을 보다 입맛에 맞게 살려는) 초점을 둔다. 인본주의적 시각은 각 개인의 최대한의 잠재능력을 깨달을 수 있는 것을 강조한다.

인본주의 이론들의 평가

Freud의 이론은 종종 인간의 본성이 갈등, 충격, 불안 속에서 발달한다고 보는 너무 비관적인 관점이 비판받아 왔다. 인본주의적 이론들은 행복과 자아완성을 위해 노력하는 건강한 성격을 알리기 위해 나온 것이다. 이들 이론에서 잘못이 있다 치더라도 사람들을 격려하고 평가해 주는 이론을 비판하기는 어렵다. 그렇더라도 인본주의 개념들은 연구에서 탐색하기에 모호하고 어려운 점 때문에 비판을 받아왔다. 이들은 "자기실현이란 정확히 무엇인가, 이는 타고난 경향성인가, 또는 문화적 맥락에서 창조되는가?" 인본주의 이론들은 전통적으로 개인들의 특정한 성격 특성들에도 주목해 오지 않았다. 이들 이론들은(개인의 성격이나 사람들 간 차이보다) 인간의 본성과 모든 사람들이 공유하는 특성에 대한 것들이다. 다른 심리학자들은 경험과 행위의 한 원천으로서 자기의 역할만 강조하는 인본주의 심리학자들이 행동에 영향을 주는 환경적 변인들의 중요성을 무시한다고 비판한다.

이러한 제한점에도 불구하고, 현대 연구의 한 유형은 이야기체 또는 인생사에 직접 초점을 두는 인본주의적 전통으로 소급해 올라갈 수 있다(McAdams & Olson, 2010). 한 개인의 생애를 자세히 이해하기 위해 심리학적 이론을 사용하는 전통은 Freud의 레오나르도 다빈치의 분석으로 소급할 수 있다(Freud, 1910/1957; Freud 연구에 대한 비평은 Elms, 1988 참조). **성격분석적 전기**(psychobiography)란 '한 인생을 일관되게 조명할 수 있는 이야기로 바꾸기 위해 심리학(특히 성격) 이론을 체계적으로 사용하는 것'이라고 정의한다(McAdams, 1988, p. 2). 저명한 화가인 피카소를 들어 보자. 그는 어렸을 때 경험한 일련의 충격(지진과 여동생 죽음)으로 고생을 하였다. 성격분석학을 통해 피카소의 엄청난 예술적 창의성은 어릴 적 충격에 대한 그의 반응이 일생 동안 남았다고 설명할 수 있다(Gardner, 1993). 저명하거나 역사적인 인물을 성격분석학의 대상으로 한다면, 연구자는 발간된 작품, 일기, 편지들을 관련 자료로 쓸 수 있다. 보통 사람들에 대해서는, 직접적으로 생활의 경험담을 이야기하게 할 수 있다. 예를 들어 최근에 겪은 정상 경험(peak experience)을 이야기하게 하는 것이다. "무엇을 느꼈고, 어떻게 생각했습니까?" 그 이야기로 자신이 누구인지, 누구였는지, 어떤 사람일 수 있는지, 또는 시간이 지남에 따라 어떻게 발전해 왔는지를 물을 수 있는 것이다(McAdams et al., 2006, p. 1379). 일련의 이야기에서 나온 특징적 주제들은 초기 인본주의자들에 의해 제기된 전체적이고 현상학적 성격을 지지하는 것이다. 사람들은 여러 이야기 속에서 인생 이야기를 엮어 자신의 정체성을 구성한다. 개인적 설명은 자신들과 대인관계를 어떻게 보는지의 창문인 셈이다.

인본주의 이론가들은 자기실현으로의 각 개인들의 노력을 강조한다. 그러나 이들도 그러한 목표로의 전진이 일부는 사람들의 현실적 환경에 의해 결정된다는 점을 인정한다. 다음에는 개인들의 행동이 환경에 대해 어떻게 형성되는지 직접 검증하는 이론들을 살펴보기로 하자.

 복습하기

1. 자기실현이란 무엇인가?
2. 인본주의 이론들은 어떤 점에서 기질적인가?
3. 성격분석적 전기란 무엇인가?

사회학습과 인지 이론

이제까지 우리가 보아온 이론들의 공통점은 행동을 이끌고 기능적인 성격의 토대를 형성하는 특성, 본능, 추동, 자기실현 경향성 등 가정된 내적 기제를 강조한 점이다. 그러나 이들 대부분의 이론들에서 결여된 것은 성격과 특정한 행동들 간의 확고한 연결고리가 없다는 것이다. 예를 들어 정신역동과 인본주의 이론에서는 전체 성격을 설명하지만 특정한 행위는 예언하지 못한다. 또 다른 성격 이론의 전통은 행동에서의 개인차에 초점을 둔 것들이다. 제6장에서 특정한 사람의 대부분의 행동은 환경과 관련지어 예언할 수 있음을 보았다. 학습 이론 지향의 심리학자들은 행동을 통제하는 환경상황에 주목한다. 성격을 특정 개인이 과거에 강화 받은 역사에 의하여 신뢰성 있게 유발되는 공개적이고 은폐적 반응의 합으로 본다. 학습 이론에서는 사람들이 강화 받은 역사가 다르기 때문에 다른 성격을 보인다고 주장한다.

지금 다루게 되는 이론들은 행동이 환경적 수반성(contingency)에 의해 영향받는다는 점을 동일한 출발점으로 공유하고 있다. 하지만 이들 현대 사회 학습 이론과 사회학습 이론들은 한 걸음 더 나아가서 행동적 과정뿐만 아니라 인지적 과정을 강조한다. 성격의 인지적 이론을 제안했던 이들 연구자들은 사람들이 외부 상황을 생각하는 방식과 정의하는 방식에서 중요한 개인차가 있다고 지적하였다. 인본주의 이론과 같이 인지 이론들은 사람들이 자신의 성격을 창조하는데 관여

당신이 새로 이발할 때마다 부모님이 칭찬한다면 성인으로서의 당신 외모와 머리다듬기에 대한 자신감에 어떻게 영향을 주었을까? 그들이 규칙적으로 비판적이었다고 생각해 보라. 무슨 효과가 나타났을까?

하고 있다고 강조한다. 예를 들면 사람들은 자신들의 환경 속에서 단지 수동적인 반응을 하지 않고 능동적인 선택을 한다. 사람들은 자신들이 행동을 하거나 타인의 행동을 받아들이면서, 강화를 많이 받은 조건을 택하고 불만족과 불확실한 것은 피하도록 여러 대안들을 저울질해서 선택한다. 예를 들어 식당을 갈 때에도 어딘가 늘 새로운 장소를 찾기보다 맛있었던 곳을 자주 가게 된다.

다음에는 이러한 생각들을 보다 구체적으로 보기로 한다. Julian Rotter, Walter Mischel, 그리고 Albert Bandura의 이론들을 살펴보기로 하자.

Rotter의 기대 이론

Julian Rotter(1954)는 사람들이 특정한 상황에서의 자신들의 행동이 보상을 가져올 것이라는 점을 믿는 정도인 기대(expectancy)를 그의 이론에서 초점화하였다. 예를 들어, 강의에서 발표를 하기 앞서 얼마만큼의 연습을 할 지 결정할 필요가 있다고 생각해 보자. 이때 적어도 B학점 이상을 얻고자 한다. 높은 기대를 가지고 있다는 것은 사람들이 추가적인 연습이 B학점 혹은 그 이상의 학점을 가져올 것이라는 점을 의미하고, 낮은 기대를 가진다는 것은 추가적인 연습이 학점에 도움이 된다는 확신을 전혀 하지 않음을 의미한다. 부분적으로는 여러분 자신의 강화 이력 때문에 여러분의 기대가 생길 것이다. 즉, 과거에 연습이 보상으로 이어졌다면 이번 연습이 다시 보상을 가져올 것이라는 보다 강한 기대를 가지게 될 것이다. Rotter는 또한 개인이 특정한 보상에 대해 부여하는 가치인 보상 가치도 강조하였다. 여러분이 만약 힘든 학기를 보내고 있다면 B학점은 다른 상황에 처해 있는 경우에 비해 더 큰 가치를 가질 것이다. Rotter의 견해에 따르면, 보상에 대한 기대와 보상에 대한 가치의 정도 둘 다를 평가할 수 있다면 여러분의 행동을 예상할 수는 있다.

Rotter는 사람들이 삶에서 부딪히는 많은 상황에서 구체적인 기대를 가지게 된다고 강조하였다. 하지만 그는 사람들이 얻을 수 있는 보상을 통제할 수 있는 정도에 대한 보다 일반적인 기대를 발전시킨다고 믿기도 했다. Rotter(1966)는 통제소재(locus of control)의 차원을 정의하였다. 이에 따르면, 일부 사람들이 자신의 행동에 따라 그 행동의 결과가 수반된다는 점을 강하게 믿는 내적 통제소재를 가지고 있고, 다른 사람들은 자신의 행동 결과는 환경적인 요인들에 의해 수반된다는 외적 통제소재를 가지고 있다. 표 13.4에서 Rotter의 내적·외적 통제소재 척도의 일부 문항들을 볼 수 있다. 이

표 13.4 내외적 통제소재 척도의 일부 항목

1. a. 사람이란 결국 자기의 가치에 따라 존경을 받게 마련이다.
   b. 불행한 일이긴 하나 제아무리 노력해도 그 가치를 인정받지 못하는 일이 가끔 있다.
2. a. 유능한 사람이라도 운이 나쁘면 지도자가 될 수 없다.
   b. 유능하면서도 지도자가 못 되는 것은 그 사람이 자기의 모든 기회를 활용하지 않았기 때문이다.
3. a. 대부분의 사람들은 자신들의 삶이 우연히 발생된 것에 의해 통제되는 정도를 인식하지 못한다.
   b. 세상에 '운' 같은 것은 없다.
4. a. 계획만 잘 짜면 일은 다 된 것이나 다름없다.
   b. 아무리 계획을 잘 짜도 운이 나빠서 그르치는 수가 있다.

주 : 1a, 2b, 3b, 그리고 4b에 응답하는 것은 보다 내적 통제소재 지향성을 의미한다.
출처 : J. B. Rotter, Generalized expectancies for internal versus external locus of control of reinforcement, Table 1. *Psychological Monographs*, 80 (1): 11–12. Copyright © 1966 by the American Psychological Association. Adapted with permission.

척도를 완성하기 위해서는 여러분이 보다 정확하다고 믿고 있는 문장과 같이 (a)와 (b) 중에서 고르면 된다. 이들 예는 내적 통제소재와 외적 통제소재가 삶의 결과에 대한 기대를 낳는 방식에서 일부 다르다는 점을 알려준다. 연구자들은 사람들의 통제소재 지향성의 중요성을 지속적으로 보여주어 왔다. 예를 들어, 한 연구는 사람들의 10세 때 통제소재 지향성과 30세 때 이들의 정신건강과 신체건강 간의 관련성을 조사하였다(Gale et al., 2008). 아동기 때보다 내적 지향적이었던 30세의 사람들이 전체적으로 보면 더 나은 건강 상태를 보였다. 예를 들면, 그들은 비만, 고혈압, 정신적 고통 면에서 낮은 위험 상태에 있었다. 연구자들은 외적 지향성을 가진 사람들은 그들의 건강이 자신들의 통제 밖에 있다고 믿고 있어서 건강을 증진시키려는 어떠한 노력도 하지 않았기 때문에 더 좋지 않은 모습을 보였을 것이라고 제안했다.

Mischel의 인지적-정서적 성격 이론

Walter Mischel은 인지에 토대를 둔 영향력 있는 성격 이론을 제안하였다. 그녀는 사람들은 환경과 상호작용 시 능동적으로 인지적 조직화에 참여함을 강조한다. 그녀는 사람들과 상황들의 상호작용에 의해 행동이 야기되는 방식을 이해해야 한다고 강조한다(Mischel, 2004). 다음 예를 보자.

> 존의 특이한 성격은 그가 처음 만나는 사람에게는 아주 친절하지만, 점차 그 사람을 자주 만나면서 변덕스럽고 불친절하게 됨은 분명히 예언할 수 있는 것이다. 반면에 짐은 잘 모르는 사람과 있으면 대체로 수줍고 조용하지만 한번 잘 알게 되면 아주 수다쟁이가 되는 점이 특이하다(Shoda et al., 1993a, p. 1023).

존과 짐의 전반적인 친절을 평균한다면 그들의 행동에서의 중요한 차이를 찾을 수는 없다. Mischel에 의하면 (1973, 2004), 특정한 환경에 어떤 반응을 보일지는 표 13.5에 제시된 변인들에 따른다는 것이다. 여러분은 열거된 각 변인들이 특정한 상황에서 행동하는 데 어떤 영향을 주리라고 보는가? 우리는 목록에 나온 각 변인들이 사람들이 특정한 상황에서 행동하는 방식에 어떻게 영향을 주는지를 알 수 있도록 각 변인들에서의 예들을 제시하였다. 표에 나온 인물들과 다른 행동을 보이는 상황을 생각해 보자. 여러분들은 특정인에게 이들 변인들의 어떤 성질이 결정적인지 궁금해할 것이다. Mischel은 이는 관찰의 역사와 타인들과 물리적 환경의 무생물적 측면들과의 상호장용에서 비롯된다고 보았다(Mischel, 1973).

저자는 Mischel의 이론에서 변인들이 사람들이 동일한 상황에서 보이는 특정한 행동들에 관련해서 차이를 어떻게 설명하는지에 대해 구체적인 예를 제시해 보고 싶다. 유능감과 자기조절 계획의 상호작용이 어떻게 10세 소년들 사이에서 나타나는 공격적 행동을 예언하는 데 있어서 상호작용하는지를 기록한 한 연구를 살펴보자(표 13.5 참조).

표 13.5 Mischel의 인지적-정서적 성격 이론에서의 개인 변인들

변인	정의	예
부호화	자신, 타인, 사건, 상황에 대한 정보를 범주화하는 방식	밥은 누군가를 만나면 그 사람이 얼마나 부자인가를 알아내려 한다.
기대와 신념	사회적 체계와 특정 상황에서 어떤 행위에 따라 나오기 쉬운 결과에의 신념, 자신의 성과를 가져올 것에 대한 믿음	그레그가 친구들을 영화에 초대했지만 그들이 응낙하리라고 전혀 기대하지 않는다.
감정	생리적 반응을 포함한 자신의 감정과 정서	신디는 쉽게 얼굴이 빨개진다.
목표와 가치	자신의 목표와 인생 계획, 가치를 둔 성과의 감정 상태	피터는 학생회장이 되고자 한다.
능력과 자기조절 계획	달성할 수 있는 행동들과 인지적 행동적 성과를 낼 계획들	존은 영어, 프랑스어, 일어를 잘하며, 유엔에서 일하기를 희망한다.

이 연구는 여름캠프에 참가한 59명의 소년에 대해 초점을 두었다 (Ayduk et al., 2007). 연구자들은 이들의 유능감을 측정하기 위해 각각의 소년들에게 언어성 지능 검사지를 주었다. 이들의 자기조절 능력을 측정하기 위해서는 이들의 만족을 지연시키는 능력을 측정할 수 있는 과제에 참여하도록 했다. 소년들은 이들이 M&M 캔디와 같이 특별히 좋아하는 음식 유형을 담은 작은 목록과 큰 목록이 있는 방으로 안내되었다. 소년들이 큰 목록을 얻기 위해서는 연구자가 되돌아온다는 것을 알리는 벨 소리가 울리는 것 없이 25분간 기다려야 하고, 이들이 그 벨을 사용한다면 작은 목록만 얻게 되었다. 소년들이 25분간의 기다리는 것을 견디기 위해서는 자신의 행동을 규제할 필요가 있었다. 특히 시간이 보다 쉽게 흘러가도록 하기 위해서는 캔디와 벨로부터 주의를 피할 필요가 있었다. 그러한 이유로 연구자들은 소년들의 자기규제 능력의 측정치로서 이들의 주의를 통제하는 능력을 사용하였다. 끝으로, 연구자들은 공격성을 측정하기 위해서 캠프 상담자들로부터 이들이 집단활동을 하는 동안 보인 이들의 언어적 공격과 신체적 공격과 같은 다중적 평가치를 획득하였다. 그림 13.5에서 볼 수 있듯이 소년들의 공격성 수준을 예언하기 위해서는 이들의 유능감과 자기규제 능력 둘 다를 아는 것이 중요하다. 특히, 높은 수준의 언어성 지능을 가졌지만 낮은 수준의 주의통제 능력을 가진 소년들은 높은 수준의 지능과 높은 수준의 주의통제 능력을 지닌 동료들보다 실제로 더 공격적이었다.

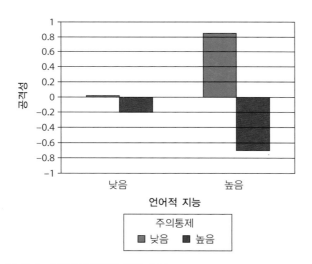

그림 13.5 소년들의 공격적 행동 수준
여름캠프에서 소년들의 공격적 행동 수준은 그들의 언어성 지능과 만족을 지연시키기 위해 자신들의 주의를 통제하는 능력 간의 상호작용을 반영하였다.
출처 : O. Ayduk, M. L. Rodriguez, W. Mischel, Y. Shoda, & J. Wright. Verbal intelligence and self-regulatory competencies, *Journal of Research in Personality* (41): 374–388, Copyright © 2007.

보다 영리한 소년들은 사회 환경에서 공격에 의지하지 않고도 잘 기능할 수 있게 하는 지식을 가지고 있다고 기대해 볼 수 있다. 이 연구는 지식만이 충분한 것은 아니고, 소년들이 대안

적인 행동을 수행할 수 있는 능력과 동기를 가지고 있을 필요가 있다는 점을 보여준다. 이 결과는 왜 Mischel의 성격 이론이 여러 다른 유형의 변인들 간의 상호작용에 초점을 두고 있는 지를 이해할 수 있도록 한다.

표 13.5에서 볼 수 있는 것처럼 Mischel의 이론은 사람들의 목표가 특정한 상황에서의 반응을 규정하는데 있어서 역할이 있음도 고려하고 있다. 연구를 통해 사람들은 자신들의 삶의 목표를 선택하는 것과 이들 목표를 이루기 위해서 사용하는 전략 둘 다에서 다르다는 점을 알 수 있다(Cantor & Kihlstrom, 1987; Kihlstrom & Cantor, 2000). 사람들이 목표와 관련된 선택과 기술이 성격으로 인식하고 있는 서로 다른 행동 패턴을 낳을 수 있다고 알 수 있을까? 예를 들어, 어떤 사람들은 친밀성을 중요한 목표로 가지고 있어서 상호의존성을 기르고 자기노출을 하는 반면, 다른 사람들은 친구 사이에서 이러한 욕구를 가지지 않는다. 이들 목표가 행동에 영향을 준다. 강한 친밀성 목표를 가진 사람들은 갈등을 최소화하기 위해서 다른 사람과의 관계에서 더 노력한다(Sanderson et al., 2005). 이런 경우에 여러분은 사람들의 목표가 그들을 행동하게 이끄는 일관된 방식이라는 점에서 성격을 인식한다.

Bandura의 인지적 사회학습 이론

Albert Bandura(1986, 1999)는 아동과 성인에 대한 이론적 저술과 집중적인 연구를 통하여 성격 이해에서 사회학습적 방법의 대가로 부각되었다(아동의 공격적 행동은 제6장 참조). 이 접근방법에서는 학습의 원리와 사회적 장면에서의 인간의 상호작용을 강조한다. 사회학습 이론에서는 인간이 내적 힘에 의해 이끌리는 것도 아니고 환경적 영향에 무력하게 휩쓸리지도 않는다고 본다. 사회학습 이론에서는 행동 패턴을 습득하고 유지하는 성격에서의 인지적 과정들을 강조한다.

Bandura의 이론에서는 개인적 요인들, 행동, 그리고 환경 자극의 복잡한 상호작용을 언급한다. 각각이 서로 영향을 주고 변화를 일으킬 수 있으며, 변화의 방향은 일방적이지 않고 상호적이다. 우리의 행동은 환경 속의 자극들뿐 아니라 우리의 태도, 신념, 또는 이전의 강화 역사에 의해서도 영향을 받는다. 우리의 행동은 환경에 영향을 줄 수 있으며, 성격의 중요한 측면들이 환경이나 행동에 대한 피드백으로 영향을 받는다. 이러한 중요개념이 **상호결정론**(reciprocal determinism)으로서 인간의 행동, 성격, 그리고 사회적 생태학을 모두 알려면 모든 요소들을 검증해야 됨을 시사한다(Bandura, 1999; 그림 13.6 참조). 예를 들어 자신이 운동선수가 아니라고 생각한다면, 운

이 스냅사진으로부터 이 소년들에 대한 성격판단을 편하게 할 수 있는가? 왜 이들이 다른 유형의 상황에서 보이는 행동 패턴을 알려고 하는가?

동장 트랙을 도는 적극적인 활동을 하지 않지만, 수영장이 근처에 있다면 수영하는 데는 시간을 투자할 수 있을 것이다. 그가 외향적이라면 풀장 근처에 앉아 사람들과 담소를 하게 되고, 그래서 보다 사교적이 되며, 이것이 다시 보다 쾌적한 환경

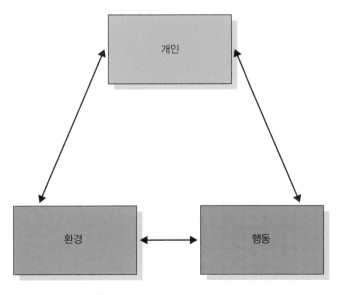

그림 13.6 상호결정론
상호결정론에서는 개인, 개인의 행동, 그리고 환경 모두가 서로 영향을 주고 다른 요소를 변화시킨다고 본다.

을 만드는 것이다. 이는 개인, 장소, 환경 간의 상호결정론의 한 사례인 것이다.

여러분은 제6장에서 사람들은 다른 사람들의 행동을 관찰한 것을 토대로 자신의 행동을 바꾸는 과정으로서 관찰학습을 강조한 Bandura의 사회학습 이론을 기억할 것이다. 관찰학습을 통하여 아이들과 어른들은 자신들의 사회적 환경에 대하여 엄청난 양의 정보를 얻게 된다. 우리는 기억을 하고 외적 사건들에 대하여 생각할 수 있어서, 실제 이들을 체험하지 않고서도 자신의 행위가 가져올 가능한 결과를 내다볼 수 있다. 우리는 남들이 어떤 행동을 하고 그 결과로 무엇이 오는가를 보기만 해도 기술, 태도, 신념을 알 수 있다.

Bandura(1997)는 이론을 발전시키면서 자기효능감을 핵심적 구성개념으로 정교화하였다. **자기효능감(self-efficacy)**이란 특정한 상황에서 자신이 적절하게 수행해 낼 수 있다는 신념이다. 여러모로 자기효능감은 자신의 지각, 동기, 수행에 영향을 준다. 자신이 생각해서 '노력을 해 보았자 안 된다'라고 보면 시도하지도 않게 된다. 자신이 없는 상황은 피한다. 실제로, 자신에게 능력과 욕구가 있더라도 필요한 행동을 하지 않게 되거나, 자신에게 그러한 능력이 없다고 생각하더라도 과제를 끝까지 해서 성공하기도 한다.

자기효능감 판단을 위한 정보 원천에는 실제 성취 이외에 다음 세 가지가 있다.

- 대리 경험. 남들의 수행을 관찰
- 설득. 남들로부터 자신이 무엇을 할 수 있다고 설득당하거나 스스로 확신
- 과제를 생각하거나 시작할 때 자신의 정서적 각성을 탐지. 예를 들어 불안하면 낮은 효능감을, 흥분은 성공에 대한 기대를 시사

자기효능감 판단은 다양한 인생 상황에서 어려움에 닥치면 자신이 얼마나 더 노력을 해야 하는지 얼마나 더 지속해야 하는지에 대한 영향을 준다(Bandura, 1997, 2006).

자기효능감의 중요한 한 가지 유형은 자신의 행동을 조절하는 능력에 대한 판단을 반영하는 것이다. 자기조절 효능감이 청소년의 폭력적 행동을 일으키는 영향의 예를 보자.

캘리포니아주립대의 2학년생 1,291명 집단이 대학 성적에 대한 자기효능감 신념의 영향을 조사하는 연구에 참여하였다(Vuong et al., 2010). 각 학생들은 자신의 대학 경험과 관련된 측정도구에 응답하였다. 여기에 포함된 내용으로는 교과과정에서의 자기효능감

교수, 상담자, 동료와의 사회적 상호작용에서의 자기효능감이 포함되었다. 이들은 '수업시간에 질문하기'와 '학교에서 친구 사귀기'와 같은 다양한 과제를 완성하는데 대해 어떻게 느끼는 지를 나타내기 위해 '전혀 자신감이 없다'에서부터 '매우 자신감이 있다'까지의 10점 척도를 사용했다(Zajacova et al., 2005, p. 700). 2학년생들은 자신들의 학업 성적과 자신들이 학업을 어떻게 이어갈지에 대해 대해서도 보고하였다. 교과과정에서의 자기효능감은 그 학생들의 학업성적과 지속성 둘 다를 예언하였다(Vuong et al., 2010). 하지만 사회적 상호작용에 대한 자기효능감은 학업성적 측정치와는 관련이 없었다.

이 연구는 사람들이 특정한 삶의 경험 영역에 대한 자기효능감을 어떻게 가지고 있는지를 보여준다. 사실 우리는 사람들이 다른 영역에서는 다른 양의 자기효능감을 자주 가지고 있기를 기대한다. 무엇이 연구자들로 하여금 대학교 2학년생의 경험에서 사회적 상호작용에 대한 자기효능감의 중요성을 평가하도록 측정될 것인가?

Bandura의 자기효능감 이론에서는 환경의 중요성도 인정한다. 성공과 실패에 대한 기대와 이에 따른 포기나 계속의 결정은 자신의 적절성, 비적절성뿐 아니라 환경이 지원적이냐 비지원적이냐 하는 지각에 근거할 수 있을 것이다. 그러한 기대들을 성과에 기반한 경험(outcome-based experiences)이라고 부른다. 그림 13.7은 Bandura 이론의 부분들이 서로 어떻게 연결되는지를 보여준다. 행동의 성과들은 자신의 능력에 대한 지각과 환경에 대한 지각 모두에 의해 결정된다.

사회학습과 인지 이론의 평가

사회학습과 인지 이론들은 흔히 성격의 중요한 성분인 감정을 무시한다는 비판을 받는다. 정신역동 이론들에서는 불안과 같은 감정이 핵심적인 역할을 한다. 사회학습과 인지 이론에서는 감정은 단지 사고와 행동의 부산물이거나 독립적인 중요성을 갖는 것이 아니라 다른 종류의 사고들 속에 포함된다. 감정이 인간 성격의 중심이라고 보는 사람들에게는 이는 심각한 흠인 것이다. 인지 이론들은 행동과 감정에 영향을 미치는 무의식적 동기를 충분히 인정하지 않았다는 비판도 받는다.

두 번째의 비판은 개인적 구성개념들과 능력들이 형성되는 방식에 대한 설명이 애매하다는 데 모아진다. 인지 이론가들은 흔히 성인 성격의 발달적 기원에 대하여는 별로 언급하지 않고, 개인의 역사를 흐리게 한 현재의 행동 장면에 대한 개인들의 지각에 초점을 맞춘다. 이러한 비판은 특히 Kelly의 이론에서 분명해진다. 여기서는 성격 구성의 내용은 별로 언급

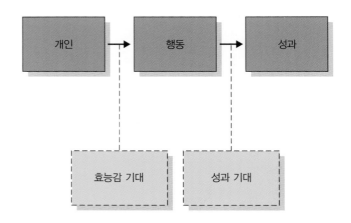

그림 13.7 Bandura의 자기효능감 모형
이 모형에서는 개인과 그의 행동 사이에 효능감 기대, 행동과 예상되는 성과 사이에 성과 기대가 위치한다고 본다.

하지 않고 구조와 과정에 초점을 두기 때문에 이론이라기보다 개념적 체계로 기술된다.

이러한 비판에도 불구하고, 인지적 성격 이론들은 오늘날의 생각에 큰 기여를 해 왔다. Kelly의 이론은 많은 인지치료자들에게 영향을 주었다. Mischel의 상황인식은 특정인이 행동 장면에 갖고 들어오는 것과 그 장면이 사람에게 무엇을 일으키게 하는지의 상호작용에 대하여 보다 나은 이해를 하게 하였다. Bandura의 생각은 교사들이 어린이들을 교육하는 방식에 향상을 가져오게 하였다. 건강, 기업, 스포츠 수행 분야에서의 새로운 방법뿐 아니라 성취를 돕도록 만들었다. 끝으로 Cantor의 이론은 성격 일관성에 대한 탐색에서 인생의 목표와 사회적 책략으로 주의를 바꾸게 하였다.

이들 인지적 성격 이론들이 여러분의 성격과 행동에 대한 통찰을 제공해 주는가? 여러분은 환경과의 상호작용을 통해서 일부 자신을 어떻게 정의하는지부터 시작할 수 있다. 이제 자기에 대한 정의를 확장시켜 주는 이론들을 보기로 하자.

 복습하기

1. Julian Rotter의 이론에서 외적 통제소재 지향성은 어떤 의미인가?
2. Walter Mischel의 이론에서 개인 차이를 설명하는 다섯 가지 변인 유형에는 어떤 것들이 있는가?
3. Albert Bandura의 상호적 결정주의론에 나오는 세 가지 성분들에는 무엇이 있는가?

비판적 사고 여름캠프에서 소년들의 공격성을 조사한 연구를 상기하자. 연구자들이 소년들의 공격성 수준에 대해 다중 평가치를 획득한 것이 왜 중요한가?

자기 이론

이제 우리는 가장 개인적인 성격 이론을 살펴볼 차례이다. 이 이론들은 각 개인들이 자신의 자기(self)에 대한 의식을 어떻게 다루는지를 직접 설명한다. 여러분은 자신의 자기가 외부세계와 늘 같은 방식으로 반응한다고 보는가? 여러분의 가족이나 친구들에게 일관된 자기를 보이려 하는가? 여러분의 자기에 대한 생각에 정부적인 경험이 어떤 영향을 주는가? 이들 문제들을 역사적 개관을 시작으로 살펴보기로 하자.

자기에 대한 분석은 William James(1892)에 의하여 시작되었고, 그는 자기경험을 세 가지 성분으로 나누었다. 물질적 자기(material me, 자기 몸과 주변의 물리적인 대상들), 사회적 자기(social me, 타인들이 자신을 어떻게 보는지에 대한 인식), 영적인 자기(spiritual me, 개인적인 생각과 감정을 탐지하는 자기). 그는 개인의 정체성과 관련되는 모든 것이 어떤 식으로든 자기의 일부가 된다고 보았다. 이는 자신의 일부인 가족이나 친구를 남들이 공격을 하면 왜 방어적 반응을 보이는지를 설명하는 것이다. 자기의 개념은 심리역동적 개념의 핵심이기도 하다. Freud의 이론에서 자기통찰이 정신분석적 치유의 중요한 부분이고, Jung도 완전히 발달한 자기를 가지려면 개인의 의식적 생활과 무의식적인 생활의 모든 측면들을 받아들이고 통합해야 한다고 강조하였다.

현대 이론들에서는 자기가 어떻게 설명되어 왔는가? 먼저 자기의 인지적 측면들인 자기 개념들과 가능한 자기를 보자. 다음에는 외부에 자기를 어떻게 제시하는지를 보고, 마지막으로는 여러 문화권에 따라서 자기에 대한 생각이 어떻게 다른지를 다루는 중요한 주제를 살펴보기로 하자.

자기개념과 자기존중감

자기개념(self-concept)은 개인 간 또는 개인 내의 행동과 과정을 동기화시키고, 조직하고, 해석하고, 중재하고, 조절하는 역동적인 정신적 구조이다. 자기개념에는 많은 요소들이 들어 있다. 그 중에는 자기 자신에 대한 기억들이 있다. 자신의 특성, 가치, 태도에 대한 생각, 자신이 되고자 하는 이상적인 자기, 자신이 생각하고 있는 가능한 자기, 자신에 대한 긍정적이거나 부정적인 평가들(자기존중감), 그리고 남들이 자신에 대하여 갖고 있으리라고 보는 생각들이 그것이다(Chen et al., 2006). 우리는 제7장에서 도식(scheme)을 환경구조에 대한 복잡한 일반화를 구체화한 '지식 꾸러미'라고 한 바 있다. 여러분의 자기개념 속에는 여러분의 경험의 다른 측면들을 다루

는 다른 도식들처럼, 자기 자신에 대한 정보를 조직할 수 있게 하는 자기에 대한 도식인 자기도식이 들어 있다. 그러나 자기 자신에 대한 정보를 처리하는 것 이상의 영향을 자기도식이 준다. 연구들은 흔히 자신의 행동을 해석하는 데 쓰는 이들 도식들이 타인들에 대한 정보를 처리하는 방식에도 영향을 준다는 점을 보인다(Kruger & Stanke, 2001; Mussweiler & Bodenjasen, 2002). 그래서 여러분은 여러분 자신에 대하여 알고 있고 생각하는 바대로 남들의 행동도 해석하게 된다.

어떤 사람의 자기존중감(self-esteem)은 자기에 대한 일반화된 평가이다. 사람들마다 자기존중감의 수준이 다르다. 내가 성격의 다른 측면에 대해 유전의 중요성을 기술했었기 때문에 여러분은 자기존중감에서 개인차는 유전적 요인을 가지고 있다는 점을 아는데 있어서 그리 놀라지는 않을 것이다. 즉, 사람들은 높은 자기존중감이든 낮은 자기존중감이든 그 경향성을 물려받는다(Neiss et al., 2006). 하지만 환경적 요인들도 중요한 영향을 미친다. 예를 들면, 사람들이 자신의 신체적 외모에 대해 만족하거나 불만족한 것은 이들의 자기존중감에 중요한 영향을 준다(Donnellan et al., 2007). 자기존중감도 사회생활을 영위할 수 있도록 하는 사람들의 능력에 대한 지각과 관련하여 다양하다. 높은 자기존중감을 가진 사람들은 사회적 관계에서 잘 기능할 것이라고 일반적으로 느끼고 낮은 자기존중감을 가진 사람들은 자신의 사회적 가치에 대해 의구심을 갖는다(Anthony et al., 2007).

자기존중감은 사람들의 사고, 기분, 행동에 강하게 영향을 미칠 수 있다(Swann et al., 2007). 사실 연구자들은 수많은 부정적인 결과들을 낮은 수준의 자기존중감과 연결시켜왔다. 예를 들어, 청소년들과 대학생들 사이에서 낮은 자기존중감은 공격성과 반사회적 행동과 연결되어 있다(Donnellan et al., 2005). 이와 유사하게도 청소년들처럼 낮은 자기존중감을 보고한 사람들은 성인과 같이 보다 큰 재정적 문제뿐만 아니라 정신건강과 신체건강이 더 좋지 않았다(Orth et al., 2008; Trzeniewski et al., 2006). 이들 결과는 낮은 자기존중감을 가지고 있으면 긍정적인 결과를 낳을 수 있는 목표를 수립하는 능력을 침식하여 부정적인 생활사건에 직면하게 될 수 있음을 보여준다.

어떤 사람들은 명백하게 낮은 자기존중감을 경험한다. 하지만 대부분의 사람들은 자기존중감을 유지하는 방식으로 나아가서 자신들의 자기개념의 통합성을 떠받치고 있다는 증거들이 있다(Vignoles et al., 2006). 자신들의 자기이미지를 보존하기 위해 사람들은 다양한 형태의 자기고양에 관여된다. 즉, 사

람들은 자신의 행위와 행동을 일관되게 긍정적으로 보는 방향으로 나아간다(Sedikides & Gregg, 2008). 예를 들어, 사람들이 어떤 과제를 수행할 때 자신의 능력에 대해 의구심을 가지면 **자기구실 대기**(self-handicapping) 행동을 한다. 우리들은 자신의 수행 과정에서 일부러 사보타주(sabotage)를 한다(그림 13.8). 이 전략의 목적은 실패에 대비한 구실을 미리 준비하고 능력이 없어서 실패한 것이라는 것을 알리기 위한 것이다(McCrea & Hirt, 2001). 어떤 중요한 시험을 앞두고 있는데 그 결과를 자신할 수 없으면 시험 준비 대신에 친구들과 노는 것이다. 그래서 시험에 떨어지더라도 자신의 능력이 없어서가 아니라 노력을 하지 않아서라고 돌릴 수 있다는 것이다. 이 예에서 내가 '그'라고 한 것은 고의적인 것을 밝힌다. 연구는 남성들이 여성보다 더 많은 자기구실 대기를 지속적으로 한다는 점을 보여준다.

이 결과들은 여성들이 노력에 대한 가치를 너무 많이 두기 때문에 자기구실 대기에 개입되지 않는다는 연구자들의 주장을 지지한다.

최근 연구자들은 자기존중감을 보다 광범위한 관점에 위치 지우는 이론에 대한 지지를 해 오고 있다. **공포관리 이론**(Terror management theory)은 자기존중감이 사람들로 하여금 필연적인 죽음을 직면하도록 도와준다고 제안한다(Greenberg, 2008). 공포관리 이론은 사람들이 자신들의 가족, 국가, 직업, 그리고 이데올로기와 연계하고 공헌함으로써 자신들의 삶보다 보다 크고, 보다 중요하고, 보다 영원한 무엇인가의 한 부분으로 느끼게끔 하는 문화적 제도에 의탁하는 **상징적 불멸**을 달성하기를 소망한다는 점을 보여준다(Pyszczynski et al., 2004, p. 436).

사람들은 상징적 불멸로 이르게 하는 가치 있는 공헌을 했다고 믿을 때 자기존중감을 얻는다. 공포관리 이론을 지지하기 위해 연구자들은 사람들의 주의가 죽음의 불가피성이라고 불릴 때 이들의 행동이 변화되는 많은 방식을 보여주었다. 예를 들어, "당신이 신체적으로 죽어가면서 무슨 일이 발생될 것인가와 일단 당신이 신체적으로 죽었다는 점을 가급적이면 구체적으로 생각해서 적어 봐라."라고 참가자들에게 요구함으로써 일부 참가자들에게 **사망 현저성**을 주입시키는 한 프로젝트가 있었다(Greenberg et al., 2010. p. 5). 통제집단의 구성원들은 이 연습을 마치지 않았다. 실험 후반에 참가자들은 "당신 생각에 당신은 얼마나 유명해지고 싶은가?"와 "당신 생각에 미래에 당신이 얼마나 유명해질 것인가?"와 같은 질문에 응답했다. 사망 현저성을 보인 참가자들은 그렇지 않은 참가자들보다 유명해지는 것을 추구하는 것과 성취하는 것에 더 많은

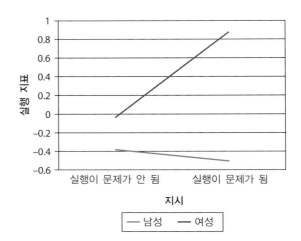

그림 13.8 남성과 여성의 자기구실 대기
실행지표는 한 학생이 완료한 실행 문항 수와 그 학생이 실행하는 데 소요된 시간을 하나의 측정치로 나타낸 것을 조합한 것이다. 정적 점수는 평균 실행보다 많음을 표시하고, 부적 점수는 평균 실행보다 적음을 표시한다. 실행이 문제가 안 된다는 지시가 제시될 때 남성과 여성의 실행 차이는 작았다. 하지만 학생들이 자신들의 실행이 문제가 된다고 믿었을 때는 여성들이 남성들보다 상당히 더 많이 실행했다.
출처 : S. M. McCrae, E. R. Hirt, & B. J. Milner, She works hard for the money, *Journal of Experimental Social Psychology* (44): 292–311, © 2008.

관심을 보인다고 보고했다. 어떻게 유명해지는 것에 대한 기대와 자기존중감 그리고 상징적 불멸이 관련된다고 생각할 수 있는가?

이 절에서는 사람들이 높은 자기존중감을 유지하기 위하여 자기구실대기와 같은 행동을 하는 것을 강조해 왔다. 이러한 이유로, 여러분은 여러 장면들에서 높은 자기존중감이 좋은 수행을 예언하지 못하더라도 놀라지 않을 것이다(Baumeister, 2003). 실제로 높은 자기존중감은 성공의 결과라고 보는 것이 안전하다. 그리하여 학생들에게 기분 좋게 해 주는 것이 학교 성적을 높여 주지는 않는다는 것이다. 도리어 학교 성적이 높은 것이 높은 자기존중감을 갖게 하는 것이다(Swann et al., 2007). 이와 유사하게도 자기존중감을 끌어 올리는 프로그램은 사람들이 실제로 성과를 변화시키는 전략을 배울 수 있도록 하는 특정한 영역에 대해 가장 잘 들어맞는다.

자기의 문화적 구성

우리는 이제까지, 폭넓게 여러 개인들에게 적용되는 자기존중감과 가능한 자기와 같은 자기와 관련된 구성개념들에 초점을 두어 왔다. 그러나 자기를 다룬 연구자들은 자기개념과 자기발달은 문화권에 따라서 다를 수 있다는 점도 연구해 왔다. 여러분이 서구문화권에서 성장하였다면, 여러분은 이제까지 보아온 연구결과들을 무리없이 받아들일 수 있을 것이다. 이론

행동으로 드러난 자기구실 대기 : 당신이 내일 있을 시험을 위한 공부 대신 도서관에서 잠에 빠지면 그 시험에서 성적이 좋지 않을 때 "그래 난 실제로 공부하지 않았지."라고 말할 수 있다. 당신은 자기구실 대기에 의지했던 상황이 있는가?

자신이 독립적 자기 구성개념을 가진 문화권이 아닌 상호의존적 자기 구성개념을 가진 문화권에 살고 있다면, 각 개인이 느끼는 자기감은 어떻게 다른가?

들과 구성개념들이 서구문화권에서 자기를 보는 방식과 잘 일치한다. 그러나 서구인들의 자기상을 만든 서구 문명들과 개인주의적 문화는 집단주의적 문화가 70%를 차지하는 전 세계적 인구로 보면 소수인 셈이다. 개인주의적 문화권에서는 개인의 욕구를 강조하지만, 집단주의적 문화권에서는 집단의 요구를 강조한다(Triandis, 1994, 1995). 이러한 문화적 강조는 각 문화권에서 구성원들이 자기를 어떻게 개념화할지에 중요한 함축을 주게 된다. Hazel Markus와 Shinobu Kitayama(1991; Kitayama et al., 1995; Markus et al., 1997)는 각 문화권에 따라 자기의 의미를 다르게 해석하게 하거나 상이한 자기에 대한 구성개념을 낳게 하였다고 하였다.

- 개인주의적 문화권에서는 **독립적 자기 구성개념**(independent construals of self)을 장려. "다른 사람들의 생각, 느낌, 그리고 행위보다는 주로 자기 자신의 내적인 생각, 느낌, 그리고 행위를 중시한 자기개념을 가져 독립적이 되도록 하는 문화권의 목표를 달성하게 한다"(Markus & Kitayama, 1991, p. 226)
- 집단주의 문화권에서는 **상호의존적 자기 구성개념**(interdependent construals of self)을 장려. "상호의존을 통하여 자신은 자신을 포함한 전체 사회의 일부로 보게 하고, 관계를 맺은 다른 사람들의 생각, 느낌, 행위를 고려하여 이들에 맞춘 조화로운 행동을 하게 한다."(Markus & Kitayama, 1991, p. 227).

연구자들은 많은 방법으로 이들 문화권에 따른 차이의 실제와 함축을 입증해 왔다(Cross et al., 2011)

자기에 대한 범문화적 연구의 한 형태는 스무고개 검사(Twen-ty Statements Test, TST)라는 측정도구를 쓰는 것이다(Kuhn & McPartland, 1954). 이 검사에서는 "나는 누구인가?"라는 질문에 20가지의 서로 다른 응답을 하게 하였다. 표 13.6에서 보듯이, 전형적으로 반응들은 6가지의 다른 범주들로 나뉜다. 문화는 사람들의 반응인 범주들에 영향을 주었다. 예를 들어 미국과 인도의 약 300명의 대학생들을 대상으로 한 TST 절차를 본 연구를 들 수 있다(Dhawan et al., 1995). 미국 남성 참가자의 65%와 여성 참가자의 64%는 독립적 자아감에 맞게 자기평가 범주에 들어갔다. 인도 참가자들은 33%의 여성과 35%의 남성들이 이 범주에 들어갔다. 그리하여 인도 참가자들은 약 절반

표 13.6 **스무고개 검사 반응의 범주들**

범주	예
사회적 정체성	나는 학생이다. 나는 딸이다.
이념적 신념	나는 모든 인간이 선하다고 믿는다. 나는 신을 믿는다.
관심	나는 피아노 치기를 좋아한다. 나는 새로운 곳을 방문하기를 즐긴다.
야망	나는 의사가 되고 싶다. 나는 심리학을 더 배우고 싶다.
자기평가	나는 정직하고 열심히 일한다. 나는 키가 크다. 나는 미래가 걱정된다.
타인들	나는 개를 키운다. 내 친구 중에 시끄러운 사람이 있다.

정도의 **자기평가**를 한 것이다. 양 국가에서의 양성의 차이는 훨씬 적고 문화적 차이가 큼을 주목하자.

여러분은 서구 문명이 집단주의 문화에 어떤 파급효과를 주었을지 궁금해할 것이다. 서구 문명에 거의 접하지 않은 농촌 지역의 삼부루와 마사이 족과 서구화된 도시인 나이로비로 이주한 케냐인들의 TST 반응을 비교한 연구가 있다. TST상 약 82%의 농촌 부족들이 사회적 반응을 택하였다. 나이로비 도시의 58%가 사회적 반응을 보였다. 나이로비 대학의 학생들은 17%만 사회적 반응을 보였다(Ma & Schoeneman, 1997). 이러한 패턴은 한 나라에서 서구 문물을 수입할 때 서구적인 자기의식도 같이 들여가는 것을 시사해 준다.

이 연구들은 사람들이 속한 문화권은 이들의 자기개념을 구성하는 데 영향을 줌을 보이는 것이다. 여러분은 이미 이러한 구성개념의 결과들을 보아온 바 있다. 제10장에서 문화가 도덕적 판단에 영향을 줌을 보았다. 여러분은 이 책의 뒷부분에서 이러한 구분이 사랑에 대한 생각도 자기에 대한 구성개념이 어떻게 다른 영향을 주는지를 볼 것이다(제16장 참조). 지금은 자기에 관한 이론에 특별한 관련성을 가진 연구를 보기로 하자.

연구를 시작할 때 유럽계 미국인 학생과 아시아계 미국인 학생들을 사망 현저성 집단 혹은 통제집단에 무선 할당하였다(Ma-Kellams & Blascovich, 2011). 사망 현저성 집단의 학생들은 자신들의 죽음에 대한 생각을 쓴 데 반해 통제집단의 학생들은 치통에 대해 썼다. 그다음에는 학생들이 Steve라는 대학직원이 피해자가 된 중대한 자동차 사고를 기술해 놓은 시나리오를 읽는다. 시나리오를 읽은 후 참가자들은 Steve가 얼마나 책임이 있다고 보는가를 나타내는 비난 부과 척도(ABS)에 응답하였다. 그림 13.9에서 볼 수 있는 바와 같이 사망 현저성은 유럽계 미국인 학생과 아시아계 미국인 학생들이 서로 다른 방향으로 반응하게끔 떠밀었다. 아마도 사고 피해자가 되는 것에 대한 두려움으로부터 자기의 독립적인 구성을 보호하기 위해 유럽계 미국인들은 사망 현저성을 경험한 경우 Steve를 보다 더 비난했다. 이와는 반대로, 사망 현저성을 경험한 아시아계 미국인들은 상호의존적 자기 구성에 Steve를 포함시켜서 결과적으로 그를 덜 비난했다.

여러분의 다음 며칠을 두고 여러분 주변에서 일어나는 일들이 한 개인으로서의 자기와 더 큰 사회구조 속의 성원들로서의 자기의 두 가지의 자기개념에 어떤 영향을 주는지를 살펴보라.

자기 이론의 평가

자기 이론들은 사람들의 갖고 있는 자신의 성격에 대한 개념과 남들에 의하여 어떻게 지각되기를 바라는지를 잘 알려준

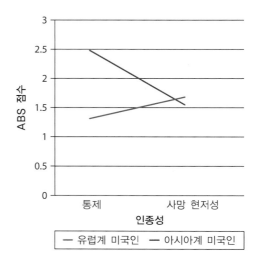

그림 13.9 문화와 사망 현저성
유럽계 미국인 학생들과 아시아계 미국인 학생들이 중대한 자동차 사고의 희생자였던 Steve에게 비난을 했다(비난 과제 척도인 ABS에서). 그들의 자기의 문화적 구성의 산물로서 사망 현저성은 학생들의 평가에 상당히 다른 영향을 미쳤다.

출처 : Christine Ma-Kellams and Jim Blascovich, "Culturally divergent responses to mortality salience," *Psychological Science*, August 1, 2011, copyright © 2011 Association for Psychological Science.

다. 나아가서 자기의 구성개념들에 대한 범문화적 연구를 통해서 심리학 이론들의 보편성을 측정하는 데 큰 영향을 주었다. 그러나 자기 이론의 접근방법에 대한 비판들은 이론들의 경계선이 애매하다는 점을 들고 있다. 자기와 자기개념에는 아주 많은 것들이 관련되기에, 행동을 예언하는 데 어떤 요인들이 가장 중요한지가 항상 분명하지 못하다. 더구나 사회적 구성개념으로서 자기에 대한 강조는 성격의 어느 부분은 타고나는 것이라는 증거와 완전히 일치하지 않는다. 우리가 보아온 다른 이론들에서처럼 자기 이론들은 여러분이 생각하는 성격의 어떤 부분을 설명해 주기는 하지만 모든 것을 알려주지는 않을 것이다.

 복습하기

1. 자기존중감이란 무엇인가?

2. 자기구실 대기란 무엇인가?

3. 상호의존적 자기 구성개념을 갖고 있다는 것은 무슨 뜻인가?

비판적 사고 학생들의 자기구실 대기 연구를 상기해 보자. 연구자들이 학생들에게 자신들이 만족할 만한 학점이 어느 정도인지 질문한 이유는 무엇인가?

성격 이론들의 비교

다수의 심리학자들이 지지할 수 있는 통일된 성격 이론은 없다. 여러 이론들을 검토한 결과 몇 가지 기본적인 가정들에서 차이가 있음이 반복하여 드러났다. 성격에 대한 가정과 각 가정을 전개하는 방법에서 다섯 가지의 가장 중요한 차이를 요약하는 것이 도움이 될 것이다.

1. **유전 대 환경.** 이 책 전반에 걸쳐서 보아오듯이 이러한 차이는 선천 대 후천으로도 구분되는 것이다. 유전과 생물학적 요인들 또는 환경적 영향 중 어느 것이 더 중요한가? 특성 이론가들은 이 문제에 있어서 통일된 의견을 보이지 않고, Freud 이론에서는 유전에 크게 무게를 두고, 인본주의적, 사회학습적, 인지적, 자기 이론들은 모두 행동 결정인으로서 성격발달과 차이의 근원으로서 환경과 상호작용을 강조한다.

2. **행동의 학습 과정 대 선천적 행동 법칙.** 성격이 학습을 통하여 변하는 것이냐 유기체 내부에서 정해진 시간표에 따라 발달하느냐의 문제이다. 여기서도 특성 이론들은 의견이 갈린다. Freud 이론에서는 내부결정론, 인본주의자들은 새로운 경험으로 변화된다는 낙관론을 제시한다. 사회학습 이론, 인지적, 그리고 자기 이론들은 분명히 학습된 경험의 결과로 행동과 성격 변화가 생긴다고 주장한다.

3. **과거, 현재, 미래에의 강조.** 특성 이론들은 선천적이든 학습된 것이든 과거의 원인을 강조한다. Freud 이론에서는 어릴 적 아동기에서 있었던 사건들을, 사회학습 이론들은 과거의 강화와 현재에서의 유관성, 인본주의 이론은 지금의 현실이나 미래의 목표를 강조하고, 인지적 이론은 과거와 현재(목표설정이 관련된다면 미래도)를 강조한다.

4. **의식 대 무의식.** Freud 이론에서는 무의식 과정을 중시하고, 인본적, 사회학습, 인지 이론에서는 의식 과정을 강조한다. 특성 이론들에서는 이러한 구분에 별로 주목하지 않는다. 자기 이론들은 이 점수가 명확하지 않다.

5. **내부 소인 대 외부 상황.** 사회학습 이론들은 상황적 요인들을 강조하고, 특성 이론들은 기질적 요인들, 나머지 이론들은 개인에 근거한 변인들과 상황에 근거한 변인들의 상호작용을 인정한다.

각 이론들은 인간의 성격을 이해하는 데 나름대로의 기여를 한다. 특성 이론들은 부품과 구조를 기술하는 목록을 제공한다. 정신역동 이론들은 차가 움직일 수 있게 강력한 엔진과 연료를 더해 준다. 인본주의 이론들은 사람들을 운전석에 올려놓는다. 사회학습 이론들은 핸들, 방향지시등, 기타 다른 조절장치를 제공한다. 인지 이론들은 운전자가 여행을 위해 택하는 정신적 지도에 여행일정, 조직, 기억해야 할 내용들을 추가해 준다. 마지막으로, 자기 이론들은 뒷자리에 앉아서 코치하는 사람과 보행자에게 전달되는 자신의 운전능력에 대한 이미지를 생각하도록 한다.

성격에 관한 논의를 끝맺기 위해 다음에는 성격 평가를 살펴보기로 한다. 각 개인을 특이하게 만드는 일련의 성격속성들에 대한 정보를 얻기 위해 심리학자들이 쓰는 방법을 기술할 것이다.

⬇ stop 복습하기

1. 유전과 환경 차원상에서 성격 이론들은 어떻게 다른가?
2. Freud의 성격 이론은 대체로 과거, 현재, 또는 미래 중 어디에 직접적인 초점을 두는가?
3. 성격 이론의 어느 차원이 사람들의 행동을 형성하는 힘을 알아차리는 것을 가리키나?

성격 평가

당신과 당신의 친한 친구가 다를 수 있는 모든 차이들을 생각해 보자. 심리학자들은 특정한 사람을 특징짓는 다양한 속성들, 어떤 사람을 다른 사람과 구분 짓는 또는 일단의 사람들과 다른 집단 사람들을(예 : 수줍은 사람과 외향적인 또는 편집증 환자들과 정상인) 구분하는 것에 대하여 궁금증을 가져왔다. 인간의 성격을 이해하고 기술하는 일의 밑바탕에는 두 가지 가정이 있는데 하나는 사람들의 행동에 통일성을 주는 개인의 성격 특성들이 있다는 것이고, 다른 하나는 이들 특성들을 측정할 수 있다는 것이다. 성격검사들은 신뢰성과 타당성의 기준을 만족시켜야 한다(제9장 참조). 이러한 목적을 둔 성격검사들에는 **객관적**인 것과 **투사적**인 것으로 구분할 수 있다.

객관적 검사

객관적 성격검사의 채점과 실시는 비교적 간단하고 잘 정해진 규칙에 따르면 된다. 일부 객관적 검사들은 컴퓨터로 채점하고 해석하기도 한다. 최종적인 점수는 대개 단일 차원으로 된 척도상(적응, 부적응처럼) 단일한 수치이거나 규준적 표집들과 비교한 여러 특성(충동성, 의존성, 외향성)상에서 점수들이다.

자기보고식 검사(self-inventory test)는 각자가 자신의 생각, 느낌, 행위에 대한 일련의 질문들에 대하여 응답하는 객관적 검사의 하나이다. 최초의 자기보고식 검사의 하나는 우드워스의 척도(Woodworth Personal Data Sheet, 1917년 제작)로서 "당신은 종종 한밤중에 놀라십니까?"와 같은 질문에 답하는 것이었다(DuBois, 1970 참조). 오늘날에는 일련의 진술문이 자신에게 들어맞거나 전형적인 것을 **성격검사**(personality inventory)에서 고르게 한다. 두드러진 2개의 성격검사인 Minnesota Multiphasic Personality Inventory 혹은 MMPI와 NEO Personality Inventory(NEO-PI)를 살펴보자.

MMPI 1930년대 미네소타대학교에서 심리학자인 Hathaway와 정신과 의사인 McKinley에 의해서 개발되었다(Hathaway & McKinley, 1940, 1943). 기본적인 목적은 일련의 정신과적 명칭에 따라 사람들을 진단하려는 것이었다. 최초의 검사는 550개의 문항으로 구성되었고 자신을 잘 기술하는지, 아닌지, 또는 '잘 모르겠다' 중에서 고르게 하였다. 이들 문항들로부터 정신과 장면에서 보이는 환자들의 문제와 관련된 척도들을 개발하였다.

MMPI 척도들은 당시에 유행하던 직관적, 이론적 접근이 아닌 **경험적 책략**을 썼기 때문에 기존의 다른 성격검사들과는 달랐다. 두 집단(예 : 정신분열 환자들과 정상적 비교집단)을 분명히 구분할 수 있을 때만 척도상에 문항들을 포함시켰다. 각 문항은 각 집단 안에서의 성원들 간에는 비슷하게 응답하고, 두 집단들 간에는 다르게 응답하여 타당성을 입증해야 했다. 그래서 문항들은 이론적 근거(내용이 전문가에게 어떤 의미를 주는지)에 의하지 않고 경험적 토대(문항이 두 집단을 구분하나?)에 근거하여 선정되었다.

MMPI는 10개의 임상척도로 구성되었는데, 각각은 정상적인 비교집단과 특별한 임상적 집단(정신분열증 같은)을 구분하도록 제작하였다. 이 검사에는 뻔한 거짓말, 부주의, 방어적인 태도, 회피성과 같은 의심스러운 반응 패턴을 알아볼 수 있는 타당성 척도도 포함되어 있다. MMPI를 해석할 때는 먼저 타당성 척도를 확인해서 검사가 타당한지를 본 후에 나머지 점수들을 보아야 한다. 어느 척도가 가장 높은지, 어떤 차이를 보이는지가 'MMPI 특성곡선(profile)'을 구성한다. 각 개인의 특성곡선들은 도박꾼들, 중죄자들 같은 특정한 집단들에서 흔한 패턴들과 비교된다.

1980년대 중반에 MMPI를 대폭 수정을 하여 지금의 MMPI-2라는 것으로 새롭게 등장하였다(Butcher et al., 2001).

표 13.7 MMPI-2 임상척도

심기증(Hs) : 신체기능에 대환 지나친 염려
우울증(D) : 비관, 절망, 행동과 사고의 지연
전환신경증(Hy) : 갈등이나 책임을 회피하려고 무의식적으로 정신적 문제들을 사용
반사회성(Pd) : 사회적 관습의 무시, 경박스러운 정서, 경험에서 교훈을 얻지 못하기
남성성-여성성(Mf) : 남녀 간의 차이
편집증(Pa) : 의심증, 피해나 과다망상
정신쇠약증(Pt) : 강박, 충동, 공포, 죄의식, 안절부절
정신분열증(Sc) : 괴상하고 이상한 생각이나 행동, 냉담, 환상, 망상
경조증(Ma) : 정서적 흥분, 생각의 비약, 과활동성
사회적 내향성(Si) : 수줍음, 타인기피, 불안정

출처 : MMPI(R)-2 (Minnesota Mulitphasic Personality Inventory(R)-2) Manual for Administration, Scoring and Interpretation, Revised Edition. Copyright © 2001 by the Regents of the University of Minnesota. All rights reserved. Used by permission of the University of Minnesota Press. "MMPI" and "Minnesota Multiphasic Personality Inventory" are trademarks owned by the Regents of the University of Minnesota.

MMPI-2는 현대인의 관심사를 더 잘 반영하도록 말과 내용을 바꾸고, 새로운 표집을 통하여 새로운 규준을 만들었다. MMPI-2에서는 15개의 새로운 내용척도들을 추가했는데, 이들은 일부 이론적 방법을 써서 얻어진 것들이었다. 15개의 임상관련 주제들(불안 또는 가족문제 등) 각각은 문항 선정이 두 가지 근거에 따라 선정되었는데 하나는 주제영역과 이론적으로 관련이 있는 것이고 다른 하나는 통계적으로 동질적인 척도, 즉 각 척도 측정치들이 단일하고 통합된 개념을 뜻하는 것이었다. MMPI-2의 임상척도 및 내용척도들이 표 13.7과 표 13.8에 나와 있다. 여러분은 대부분의 임상척도들이 몇몇 관련된 개념들을 재는 것이고 내용척도들의 이름도 간단하고 평이한 것을 볼 수 있다.

MMPI-2가 임상연구와 실제에서 중요한 역할을 하기 때문에 연구자들은 적절한 임상적 판단을 하기 위해 이 검사의 신뢰도와 타당도를 지속적으로 평가하고 있다. 이 연구의 중요한 측면은 2008년에 출간된 MMPI-2-RF(개정판이라는 이름)으로 구체화되었다(Tellegen & Ben-Porath, 2008). MMPI-2-RF의 MMPI-2의 임상척도들을 보완하는 개정된 임상척도에 특징이 있다. 이 개정 척도의 목표는 서로 다른 정신장애 유형을 가진 사람들 간에 보다 나은 변별을 하게 하는데 있었다. 개정 임상척도들은 심리학자들로 하여금 MMPI-2-RF를 적절하게 사용하도록 하기 위해 신뢰도와 타당도 테스트가 수행되기 시작했다(Forbey et al., 2010; Rouse et al., 2008).

표 13.8 MMPI-2 내용척도

불안	반사회적 행동
공포	Type A(일 중독증)
강박	낮은 자기존중감
우울	사회적 불편감
건강 염려	가족 문제
괴상한 생각	업무방해
분노/냉소	부정적 치료지표(의사와 치료에 대한 부정적 태도)

NEO-PI MMPI가 임상적 문제를 가진 개인들을 평가하기 위해 고안되었다는 점을 상기하자. 이와는 반대로 NEO 성격검사(NEO-PI)는 비임상적인 성인집단의 성격특성을 측정하려고 제작된 것이다. 여기서는 앞에서 논의한 성격의 5요인 모형을 측정이다. NEO-PI검사를 하면 표준화된 점수가 정서안정성, 외향성, 개방성, 동조성, 성실성의 5개의 주요 차원 각각에서 표집 집단들의 사람들과 비교한 표준점수인 특성곡선이 나온다(Costa & McCrae, 1985). NEO-PI-3이란 수정판에서는 5개의 주요 요인 속에 포함된 30개의 개별 특성들을 측정한다(McCrae et al., 2005). 예를 들면 정서안정성 차원은 불안, 분노적대감, 우울증, 자기의식, 충동성, 취약성의 여섯 가지 다면척도들로 나뉜다. NEO-PI차원들은 동질적이고, 아주 신뢰성이 있으며, 훌륭한 준거타당도 및 구인타당도를 보여준다(McCrae et al., 2004, 2011). NEO-PI는 성격특성과 신체적 건강, 그리고 직업에서 성공이나 조기 은퇴와 같은 여러 인생사뿐 아니라 전 생애에 걸친 성격의 안정성과 변화를 연구할 수 있다.

투사검사

앞서 보았듯이 객관적 검사들은 피검자들에게 일련의 문장을 주고 진정한 응답('예', '아니요', '잘 모르겠다' 같은)을 하게 하거나 어떤 차원에 따라 자신들을 평가하게('불안' 대 '불안하지 않음' 같은) 한다. 그래서 응답자들은 사전에 정해진 반응들 중에서 하나를 선택하게 된다. 이에 비하여 투사검사들에서는 사전에 응답의 범위가 정해져 있지 않다. **투사검사**(projective tests)에서는 여러 가지로 해석될 수 있는 추상적 패턴이나 미완의 그림 같은 애매한 일련의 자극을 응답자들에게 제시한다. 그리고 나서 패턴을 기술하게 하거나 그림을 완성하게 하거나 그림에 대한 이야기를 하도록 한다. 투사검사는 처음에 정신분석가들에 의해 환자들의 무의식적 성격 역동들을 알아보려고 이용되었다. 자극들이 애매하기 때문에 이들에 대한 반응들은 내적 감정, 개인적 동기, 생활경험으로부터의 갈등 같은 것들 중 응답자가 어떤 것을 그 상황에 가져오는지에 달렸다. 이러한 개인적이고, 특유의 측면들이 자극에 투사되어 성격 측정자들로 하여금 여러 가지 해석을 할 수 있게 하는 것이다.

투사검사는 심리학 관련 개업인들이 가장 흔하게 쓰는 평가도구이다(Butcher, 2010; Musewicz et al., 2009). 하지만 투사검사들이 아주 널리 쓰이므로 타당하지 못한 채로 쓰인다는 비판론자들의 우려를 받아오고 있다. 타당성의 문제를 보기 위하여 가장 흔한 투사검사들인 Rorschach와 TAT를 보자.

Rorschach 검사 Rorschach 검사는 1921년에 스위스의 정신과 의사인 Hermann Rorschach가 개발한 것으로 대칭적인 잉크 반점들로 애매한 자극들로 구성하였다(Rorschach, 1942). 일부는 흑백이고 일부는 컬러로 구성 되었다(그림 13.10 참조). 검사 동안 응답자는 잉크반점을 보고서 "이것이 무엇일 것 같은가?"에 응답한다. 응답자들에게 정·오답은 없음을 주지시킨다(Exner, 1974). 응답자가 말하는 내용, 반응에 걸린 시간, 각 잉크반점당 총 소요시간, 잉크반점 카드를 다루는 방식 등을 기록한다. 이어서 두 번째 단계는 질문단계로서 응답자들에게 앞서의 반응을 환기시키고 이 반응을 정교화하도록 한다.

반응은 다음 세 가지 주요 특징들에 따라 채점한다. (1) 자극 전체에 대해서든 일부에 대한 것이든 그리고 언급된 세부사항의 크기에 관계없이 반응에 언급된 부분의 위치 또는 카드의

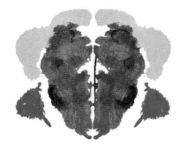

그림 13.10 Rorschach 검사에서와 유사한 잉크반점
여러분은 무엇으로 보이는가? 잉크반점이 자신의 성격을 나타낸다고 보는가?

부분, (2) 반응의 내용(대상의 본질과 보인 활동들), (3) 결정요인 (색이나 그림자 같은 카드의 어떤 측면이 반응을 일으켰는지). 채점자들은 반응들이 창의적이고 고유한 것인지 아니면 동조적이고 일반적 인지에도 주목할 수 있다.

여러분은 애매한 잉크반점들이 해석할 수 없는 반응의 다양성을 가져온다고 생각할 수 있을 것이다. 실제로 연구자들은 여러 피검사자들 간의 유의미한 비교를 할 수 있도록 Rorschach 반응에 대한 종합적인 채점체계를 만들어 왔다 (Exner, 2003; Exner & Weiner, 1994). 예를 들어 채점체계에서는 전체 인간(반응이 전체 인간의 형태를 언급 또는 시사)과 피 (반응이 인간이나 동물의 피 언급) 같은 내용 반응의 공통적 범주들을 명시한다. 연구자들은 임상가들이 종합적인 채점체계를 신뢰성 있게 사용하도록 배울 수 있게 하기 위해 훈련 절차를 발전시켜왔다(Hilsenroth et al., 2007). 게다가 연구자들은 이 채점체계에서 얻은 결과가 외상 후 스트레스장애와 같은 구체적인 정신장애를 진단하는 데 사용될 수 있는지를 결정하기 위해 공식적인 연구들을 수행해 왔다(Arnon et al., 2011). 하지만 임상가들도 임상가의 추론의 타당도를 지지하는 공식적인 증거 없이도 사람들의 Rorschach 반응에 기초해서 진단하기도 한다. 그러한 이유로 Rorschach 검사의 타당성에 대한 논쟁이 일부 남아 있다(Garb et al., 2005).

TAT 검사 1938년 Henry Murray가 만든 주제통각 검사에서는 애매한 장면의 그림을 보이고 이에 대한 이야기(장면 속의 사람들이 무엇을 하고, 생각하는지, 무슨 일이 있었는지, 어떻게 상황이 끝날지 등)를 만들게 하는 것이다(그림 13.11 참조). TAT를 실시하는 사람은 응답자의 주요 관심사, 동기, 그리고 성격특성을 찾아내기 위하여 사람들이 말하는 행동뿐 아니라 이야기의 내용과 구조를 평가한다. 예를 들어 책임감을 갖고 살고 있는 사람들에 관심이 있고 진지하고 차분하게 말한다면 그 사람을 양심적이라고 평가할 수 있는 것이다(Lilienfeld et al., 2001). 제11장에서 TAT는 권력욕구, 친애욕구, 그리고 성취욕구 같은 지배적 욕구들에 있어서 개인 차이를 밝히는 데 종종 쓰여 온 것을 상기하자(McClelland, 1961). 연구자들은 의대에 입학하는 학생들의 주된 욕구가 세대 간에 변화가 있는가와 같은 집단 차이를 조사하기 위해 TAT를 사용해오기도 했다(Borges et al., 2010).

그림 13.11 TAT 검사에 쓰이는 카드의 예
여러분은 어떤 이야기를 만들 수 있는가? 그러한 이야기가 자신의 성격을 나타낸다고 보는가?

여러분은 성격 측정 도구들과 앞서 살펴온 성격 이론들 간에 관련성을 알 수 있는가? 앞서 우리가 내린 결론은 각 이론들의 유형이 인간경험의 다른 측면들을 조명한 것이라는 것이다. 성격검사에서도 같은 말을 할 수 있다. 각 검사들은 개인의 성격에 대한 고유한 통찰을 할 수 있게 해 준다. 임상전문가들은 흔히 성격 측정 시 여러 검사들을 조합하여 쓴다.

우리는 이 장을 끝내면서 여러분들이 배워 온 점에 비추어서 일련의 물음들을 생각하기를 바란다. 심리학자들이 당신을 연구한다면 그들은 당신의 성격을 어떻게 그릴 것인가? 당신이 지금 행동하고 생각하는 데 이전의 경험들 중 어떤 것이 영향을 주는가? 당신의 현재 삶에서 무엇이 당신의 행동과 생각에 강한 영향을 주는가? 당신과 같은 상황에 처한 많은 사람들과 당신이 다른 것은 무엇 때문인가? 이제 여러분에게 각 성격 이론이 이들 질문에 대한 답을 하는 하나의 틀을 마련해 줄 것이다. 여러분의 심리적 초상화를 칠할 실제 시간이 다가왔다고 하자. 어디서부터 시작할 것인가?

 복습하기

1. MMPI의 10개 임상척도들의 목적은 무엇인가?
2. NEO 성격검사의 목적은 무엇인가?
3. Rorschach 반응을 해석하는 데 임상가들이 보는 세 가지 주요 특징에는 무엇이 있는가?

요점정리

유형과 특성 성격 이론

- 일부 이론가들은 사람들을 특정한 특징적 행동과 관련된다고 보는 어느 한 유형으로 분류한다.
- 5요인 모형에서는 이론적인 개념인 공통적인 특성 단어들과 성격척도들 간의 관련성을 갖는 하나의 성격 시스템으로 본다.
- 쌍생아와 입양아 연구들은 성격 특성들의 일부는 유전됨을 보인다.
- 사람들은 상황을 관련된 심리적 특징에 따라 정의하면 행동적 일관성을 보인다.

정신역동적 이론

- Freud의 정신역동 이론은 인간의 동기의 원천으로서 본능적인 생물학적 에너지를 강조한다.
- Freud 이론의 기본 개념에는 행동을 이끌고 동력을 주는 심리적 에너지, 일생 동안의 성격을 결정하는 초기의 경험, 심리적 결정론, 그리고 강력한 무의식의 과정이 포함된다.
- 성격은 원초아, 초자아, 그리고 양자를 조절하는 자아로 구성된다.
- 받아들일 수 없는 추동은 억압하고, 불안을 줄이고, 자기존중감을 높이기 위하여 방어기제를 발달시키게 된다.
- Adler, Horney, Jung과 같은 후기 Freud학파는 자아기능과 사회적 변인들을 더 강조하는 반면, 성적 추동은 덜 강조한다. 또한, 이들은 성격발달이 일생을 두고 진행되는 것으로 본다.

인본주의 이론

- 인본주의 이론들은 개인 잠재력의 발달인 자기실현을 강조한다.
- 이들은 전체적이고, 기질적이며, 현상학적이다.
- 인본주의 전통에서의 현대 이론들은 개인의 인생사에 초점을 둔다.

사회학습과 인지 이론

- 사회학습 이론들은 행동에서의 개인차 이해와 상이한 강화 결과로서의 성격을 강조한다.
- 인지 이론가들은 지각에서의 개인차와 환경에 대한 주관적 이해를 강조한다.

- Julian Rotter는 일반적인 내적 혹은 외적 통제 소재 지향성을 포함하여 보상에 대한 사람들의 기대를 강조하였다.
- Walter Mischel은 사람들과 상황의 상호작용으로서 행동의 원천을 탐색하였다.
- Albert Bandura는 사람, 환경, 그리고 행동들 간의 상호결정론을 주장한다.

자기 이론

- 자기 이론은 인간의 성격을 완전히 이해하는 데 자기개념을 중시한다.
- 사람들은 자기존중감을 유지하기 위해 자기구실 대기와 같은 행동을 한다.
- 공포관리 이론은 자기존중감이 사람들로 하여금 죽음에 대한 생각을 직면하게 하는 데 도움이 된다는 점을 제시한다.
- 여러 문화권에서의 연구결과 집단주의 문화에서는 상호의존적 자기 구성개념, 개인주의적 문화권에서는 독립적인 자기 구성개념이 있을 수 있음을 보인다.

성격 이론들의 비교

- 성격 이론들은 유전과 환경, 학습과정과 선천적인 행동법칙, 과거, 현재, 또는 미래, 의식과 무의식, 내부의 기질과 외부의 상황 중 어디를 더 강조하느냐에 따라 비교될 수 있다.
- 각 이론들은 인간의 성격을 이해하는 데 각기 다른 기여를 할 수 있다.

성격 평가

- 성격 특성은 객관적 검사나 투사검사로 잴 수 있다.
- 가장 흔한 객관적 검사인 MMPI-2는 임상적 문제를 진단하는 데 쓰인다.
- NEO-PI는 성격의 주요 5요인을 재는 새로운 객관적 성격검사이다.
- 투사적 성격검사에서는 사람들에게 애매한 자극을 제시하고 이에 대한 반응으로 잰다.
- 가장 중요한 두 투사검사로는 Rorschach와 TAT를 들 수 있다.

1. William Sheldon은 _____이 머리가 좋고, 예술적이며, 내향적이리라고 예측한다.
   a. 내배엽 b. 외배엽
   c. 중배엽 d. 복합형

2. 다음 중 5요인의 한 특성 차원이 아닌 것은?
   a. 창의성 b. 신경증(정서안정성)
   c. 동조성 d. 외향성

3. 다음 중 사람들이 수줍어하는 이유를 선천적인 것으로 설명하는 내용은?
   a. 인터넷에서 활동하는 대부분의 사람들이 사회적으로 고립되어 있다.
   b. 일부 문화권에서는 권위에 대한 복종을 더 강조한다.
   c. 어떤 아동은 날 때부터 낯선 사람을 더 멀리한다.
   d. 자녀들이 성공하지 못하면 부모의 사랑이 유보될 수 있다.

4. Freud에 의하면 4~5세경의 아동들은 _____ 발달 단계에 있다.
   a. 성기기 b. 구강기
   c. 음경기 d. 항문기

5. 여러분이 집단무의식의 원형에 대한 강의를 듣고 있다면 이는 누구의 생각에 대한 것인가?
   a. Carl Jung b. Sigmund Freud
   c. Karen Horney d. Alfred Adler

6. 인본주의적 성격 이론의 가장 중요한 주장은 사람들이 무엇을 추구한다는 것인가?
   a. 우월감 b. 성감대
   c. 자기보존 d. 자기실현

7. 인본주의 이론에서 사람들의 주관적인 현실감을 강조하는 것을 무엇이라고 하는가?
   a. 전체적 b. 결정적
   c. 현상학적 d. 기질적

8. Walter Mischel의 성격 이론에서 다양한 목표와 가치와 관련된 것은?
   a. 바트는 30세가 되기 전에 대학을 졸업하기를 원한다.
   b. 리스는 동생이 차를 빌려주도록 설득할 수 있다고 생각한다.
   c. 파이퍼는 시험을 보기 전에 매우 마음을 졸인다.
   d. 비토는 계산기 없이도 곱셈을 할 수 있다.

9. 제이슨의 절친한 친구인 버피는 새 일자리를 찾을 수 있으리라고 확신을 심어주는 중이다. 이러한 시도가 성공한다면 친구에게 어떤 느낌을 갖게 하는가?
   a. 자기효능감 b. 자기조절감
   c. 상호결정론 d. 리비도

10. 브라이언이 3종 경기를 하기 전날 밤 늦도록 철학시간에 낼 노트 정리로 시간을 보냈다면 이는 어떤 것의 한 예인가?
    a. 자기효능감 b. 심리적 결정론
    c. 자기구실 대기 d. 신경증

11. 아시아 지역에 사는 마린은 _____ 문화권에 살고 있기에 _____ 자기 구성개념을 갖기 쉽다.
    a. 집단주의, 의존적 b. 집단주의, 상호의존적
    c. 개인주의, 상호의존적 d. 집단주의, 독립적

12. 다음 중 페이스북 페이지의 어떤 특징이 자기애의 판단과 관련되지 않는가?
    a. 재미있는 인용을 하는 수
    b. 메인 사진의 매력도
    c. 메인 사진의 자기증진감(self-promotion)
    d. 소유자의 사회적 상호작용 양

13. 두 사람의 성격 이론가들이 있는데, 한 사람은 성격은 대체로 나면서부터 결정된다고 믿고 있으며, 다른 한 사람은 인생 경험을 통하여 성격이 결정된다고 본다면, 이들은 어떤 차원에서 이견을 보이는가?
    a. 학습과정 대 선천적 행동법칙
    b. 의식 대 무의식
    c. 내적 기질 대 외적 상황
    d. 유전 대 환경

14. 5요인 모형을 가장 직접적으로 측정하는 성격검사는?
    a. Rorschach b. NEO-PI
    c. TAT d. MMPI-2

15. 성취 욕구를 재려 할 때 가장 먼저 선택될 법한 검사는?
    a. Rorschach b. TAT
    c. MMPI-2 d. NEO-PI

서술형 문제

1. 특성과 상황은 행동을 예하는 데 어떻게 상호작용을 하는가?

2. 인본주의 이론들은 어떻게 인생사와 성격분석학에 초점을 두는가?

3. 투사적 성격검사를 개발하는 데 영향을 준 이론적 아이디어들에는 무엇이 있는가?

14

심리장애

정신분열증으로 치료받고 있던 30세 여인이 쓴 글을 읽어 보자.

이 시대에 정신분열증에 걸린다는 것이, 나와 같은 정신병에 걸린다는 것이 어떤가를 알려주고 싶다……. 나는 꽤 정상적인 생활을 하고 있으며 내가 말하지 않으면 누구도 내가 정신병에 걸렸다는 사실을 알지 못한다. …… 약을 먹기 전에는 망상이 제멋대로 이야기를 만들어냈다. 치료를 받기 전 나는 시간이 갈수록 망상이 내 두뇌 전체를 점령하고 있다고 느꼈고 나의 정신과 인생을 돌려받고 싶어 울부짖었다…….

이 젊은 여성의 글을 읽으며 여러분은 어떤 반응을 보이겠는가?

다른 학생들처럼 여러분은 아마 그녀의 처지가 슬프기도 하고, 정신질환으로 인해 생긴 많은 문제들을 해결해 나가려는 의지에 기쁘기도 하고, 그녀가 때로 다르게 행동하기 때문에 낙인을 찍는 사람들에게 분노도 느끼며, 약물과 심리치료로 그녀가 호전하리라는 희망도 품는 등 여러 복잡한 감정을 느낄 것이다. 이러한 감정은 임상심리학자, 연구자, 정신과 의사들이 심리장애를 이해하고 치료하기 위해 노력하면서 경험하게 되는 감정의 일부이다.

이 장에서는 심리장애의 성격과 원인, 즉 심리장애가 무엇이며, 왜 발생하고, 원인이 무엇인지 설명하고자 한다. 다음 장에서는 이 지식에 기초하여 정신질환을 치료하고, 예방할 수 있는 방법을 설명하겠다. 연구결과에 의하면 미국의 18세 이상 사람들 중 거의 46.4% 이상이 일생 중 어떤 시기에 심리장애로 고통받는다(Kessler et al., 2005a). 한국의 경우, 2011년도 보건복지부 정신질환실태 역학조사에서 만18세 이상 만 74세 이하 일반 성인 6,022명 중 27.6%가 평생 중 한 번 이상은 정신질환을 경험한 것으로 나타났다(조맹제 등, 2012). 그러므로 이 책을 읽는 많은 분들은 정신병리에 대한 지식을 얻고 직접적 도움을 받을 것이다. 물론 사실만으로 심리장애가 개인과 그 가족들의 일상생활에 얼마나 심각한 영향을 주는지를 전달할 수는 없을 것이다. 이 장을 통하여 심리장애의 종류를 논하면서 매일 그러한 장애를 가지고 살고 있는 실제 사람들에 대하여 그려 보고자 한다. 이 장의 시작에서와 같이, 그들의 말과 삶을 여러분과 나누고자 한다.

심리장애의 본질

지나치게 걱정해 본 적이 있는가? 이유 없이 우울하고 불안한가? 이성적으로는 당신을 해치지 않으리라는 것을 알면서도 어떤 것이 두려운 적이 있는가? 자살을 생각해 본 적은? 문제를 피하려고 술이나 약을 먹은 적은? 대부분의 사람이 위의 질문에서 한두 가지는 긍정적으로 답할 것이고 이는 거의 모두가 심리장애의 증상을 경험해 본 적이 있다는 뜻이다. 여기서 정신병리, 또는 심리장애란 건강하지 못하거나 이상하다고 여겨지는 광범위한 심리적 기능을 뜻한다. 정신병리적 기능(psychopathological functioning)은 중요한 목적을 성취하는 데 필요한 개인의 능력을 방해하거나 개인적 고통이 되는 정서적, 행동적, 또는 사고과정의 혼란을 의미한다. 이상심리(abnormal psychology)는 정신, 기분, 행동상의 개인병리의 본질을 이해하려는 심리적 탐색과 관련된 영역이다.

이 절에서는 이상행동의 보다 명확한 정의를 내리고 객관성의 문제를 다루어 보기로 한다. 그리고 이 정의가 몇백 년의 인간 역사를 통하여 어떻게 변화되었나 탐색하겠다.

이상행동의 기준

비정상이라거나 심리장애로 고통을 당한다는 의미는 무엇일까? 심리학자들은 비정상을 어떻게 판단하는가? 행동이 정상에서 비정상의 범주로 넘어가는 게 항상 명확한가? 누가 심리장애를 가지고 있는지의 판단은 보통 특별한 권위나 힘을 가진 사람들이 개인의 행동적 기능에 근거하여 내린 평가이다. 이러한 현상을 설명하기 위하여 사용하는 심리장애, 정신질환, 이상행동 같은 용어들은 평가자의 이론적 관점, 훈련, 문화적 배경에 따라, 또 피평가자의 상황과 지위에 따라 달라진다.

'이상행동'으로 분류할 때 사용할 수 있는 일곱 가지 기준을 살펴보자(DSM-IV-TR, 2000; Rosenhan Seligman, 1989).

정신질환을 지닌 사람들의 삶은 어떠하리라 상상하는가?

1. **고통 또는 장애.** 개인이 고통이나 기능장애를 경험하면서 신체적·심리적 붕괴의 위험이 오거나 행동의 자유를 잃는다. 예를 들어 집을 떠나면 울음이 나오는 남자는 보통의 인생 목표를 추구할 수 없다.

2. **부적응.** 자신, 타인, 사회에 도움이 되지 않는 행동을 한다. 지나친 음주로 직장생활을 지속할 수 없거나 타인을 위험에 빠지게 하는 행동은 부적응적 행동이다.

3. **비합리성.** 타인이 이해하지 못하는 비합리적인 행동과 말을 한다. 객관적 현실에서 들리지 않은 소리에 반응하는 것은 비합리적인 행동이다.

4. **예측 불능.** 상황에 맞지 않고 예측할 수 없는 별난 행동을 한다. 이유 없이 주먹으로 창문을 깨부수는 어린아이의 행동은 예측 불가능하다.

5. **비관습성과 통계적 희소성.** 수용되거나 바람직한 사회적 규범에서 벗어난, 통계적으로 드문 행동을 한다. 그러나 통계적으로 드물다고 해서 다 이상행동은 아니다. 예를 들어 천재 수준의 지능은 예외적이지만 바람직하다. 반대로 극단적으로 지능이 낮은 경우 예외적이지만 바람직하지 않으며, 이 경우 이상행동으로 분류된다.

6. **목격자의 불편.** 어떤 식으로든 타인을 위협하거나 스트레스를 주어 불편하게 만든다. 길 한복판에서 혼자 큰소리로 말하면서 걸어가는 어떤 여자의 행동은 목격자들을 불편하게 하고 그녀를 피해 걷도록 만든다.

7. **도덕적 규준의 위반.** 사회적 규준에 맞지 않은 행동을 한다. 일반적으로 사람들이 자녀를 돌보는 것이 중요하다고 생각한다면, 자녀를 유기하는 부모의 행동은 이상행동에 해당한다.

이러한 이상행동의 지표 중 대다수는 모든 이들에게 분명하게 드러나지는 않는다. 예를 들어 마지막 범주에서 사회규범에 맞지 않아서 비정상적이라 해도, 일하기 싫어하면 이상행동인가? 우리 문화에서 환각은 정신장애의 증상이고 '나쁜' 것이지만 다른 문화에서는 신비로운 영성의 경험으로 '좋은' 것이다. 누구의 판단이 옳은가? 이 장 끝에서 사회적으로 규정되는 판단과 이에 준한 결정이 위험과 부정적 결과를 초래할 수도 있음을 다룰 것이다.

두 가지 이상의 지표가 있고 그것이 타당할 때 우리는 그 행동을 '이상행동'으로 간주하게 된다. 그 지표가 극단적이고 전반적일수록 이상행동이라고 더 자신 있게 말할 수 있다. 이 기준들 중 어떤 것도 모든 이상행동 사례의 **충분조건**은 아니

다. 가령, 수학 교수를 살해하고 연구실 문에 '오늘은 면담 시간 없음'이라는 쪽지를 붙인 스탠퍼드 대학교의 대학원 학생은 재판에서 아무런 죄책감도 후회도 없다고 보고 하였다. 개인적 고통이 없긴 하지만, 우리는 주저 없이 그의 행동을 이상행동이라 판단한다. 마찬가지로 어떤 기준도 그 자체로서 정상적 행동 범위로부터 비정상 행동을 구별해 내는 충분조건이 되지 않는다. 정상과 비정상의 구별은 두 종류의 독립적 행동 간의 차이가 아니라, 개인의 행동이 이상행동의 여러 기준들과 얼마나 유사한가 하는 정도의 문제이다. 심리장애는 정신건강과 정신질환 사이의 연속선상에서 생각해야 한다.

이러한 이상행동에 대한 생각이 편안하게 느껴지는가? 기준들이 꽤 명확하기는 하지만, 심리학자들은 여전히 객관성의 문제를 걱정한다.

객관성의 문제

누가 심리적으로 장애가 있다든가 비정상이라는 결정을 내릴 때, 우리는 항상 행동에 대한 판단을 하게 된다. 많은 연구자들은 이 판단을 편견 없이 **객관적**으로 하려고 한다. 우울증이나 정신분열증 같은 심리장애는 객관적 규준에 맞아 진단 내리기가 쉽지만, 그렇지 않은 경우에 문제가 된다. 지금까지 심리학 연구에 대하여 살펴보았듯이 행동의 의미는 그 **내용**과 **맥락** 안에서 결정된다. 같은 행동이라도 장소가 다르면 매우 다른 의미로 전달된다. 한 남자가 다른 남자에게 키스한다. 이것은 미국에서 동성애자를 의미할 수 있고, 프랑스에서는 인사하는 방식이고, 시칠리아에서는 마피아의 '죽음의 키스'를 의미한다. 행동의 의미는 항상 맥락에 달려 있다.

객관성이 왜 그렇게 중요한가 하면, 역사를 뒤돌아 볼 때 자신의 도덕성 또는 권력을 유지하기 위하여 비정상이라는 판단을 내린 예들이 수없이 많기 때문이다. '흑인종의 질병과 신체적 특이성'이라는 보고가 1851년 의학 학술지에 실렸다. 저자 Samuel Cartwright 박사는 루이지애나 의학회에서 아프리카계 미국인들의 '괴상한' 행동들을 조사하도록 임명되었다. '부정할 수 없는 과학적 근거들'이 노예제도를 정당화하기 위해 수집되었다. 그전에 백인들이 몰랐던 여러 질병들이 발견되었다. 한 가지 예를 들자면 흑인들은 처벌받을 때 고통을 느끼지 못하는 감각장애를 갖고 있다는 것이다(그래서 때릴 때 매를 아낄 필요가 없다.). 그 위원회는 어떤 노예들이 주인으로부터 도망치도록 만드는 정신장애, 즉 자유를 찾는 병(drapetomania)이라는 새로운 질병을 발명해냈다. 도망간 노예는 잡아서 제대로 치료할 필요가 있다(Chorover, 1981)!

일단 개인에게 '비정상'이라는 이름이 붙으면 사람들은 이 판단을 확증하기 위해 그 후의 행동을 해석하는 경향이 있다. David Rosenhan(1973, 1975)과 그 동료들은 '비정상적'인 곳에서 '정상'으로 판정받는 것이 불가능함을 증명하였다.

Rosenhan과 7명의 정상적인 사람들이 한 가지 똑같은 증상, 즉 환각을 경험하는 척하고 각기 다른 정신병원에 입원하였다. 이 8명의 가짜 환자들은 입원 시 망상형 정신분열증 또는 양극성 장애로 진단되었다. 입원 후 그들은 모든 면에서 정상적으로 행동하였다. 그러나 Rosenhan은 정상인이 비정상적인 장소에 있을 때 어떤 행동이든 그 맥락에 맞게 해석되어 비정상적으로 판단된다는 것을 관찰하였다. 가짜 환자들이 스태프에게 그들의 상황을 합리적으로 말하였지만 그들은 '주지화(intellectualization)'라는 방어를 사용한다고 보고되었다. 그들이 관찰한 것을 기록하였을 때 '쓰는 습관'을 가진 증거로 보았다. 가짜 환자들은 거의 평균 3주 동안 입원해 있었는데, 그중 어느 한 명도 정상인으로 확인되지 않았다. 배우자나 동료들의 도움으로 그들이 퇴원하게 되었을 때 여전히 정신분열증이지만 소강상태로 진단되었다.

Rosenhan의 연구는 이상행동의 판단이 행동 그 이상의 요인에 달려 있음을 증명한다.

정신과 의사 Thomas Szasz의 관점에 따르면 정신병은 존재하지 않는다. 그것은 '신화'일 뿐이다(1974, 2004). Szasz는 정신병의 증거인 증상들은 사회문제인 것에 전문적 개입을 용인하는, 즉 이상한 사람들이 사회적 규준을 위반한다는 식의 의학적 명명일 뿐이라고 논한다. 일단 이름이 붙으면, 이 사람들은 기존 현상을 어지럽힐 것이라는 위협 없이, '다르다'라는 그들의 문제에 대해 친절하게 또는 가혹하게 다루어 질 것이다.

대부분 연구와 치료는 개인의 장애를 이해하고 고통을 경감하려는 데 관심을 가지므로 임상가들은 이 정도까지는 가지 않는다. 이 장에서 설명할 대부분의 장애는 개인 자신이 이상행동 또는 부적응 행동으로 경험한 것이다. 그렇다 하더라도 이상행동에 대한 완전히 객관적 평가는 있을 수 없다. 심리장애 유형을 하나씩 배워가면서, 함께 묶은 증상들이 단순히 사회적 규준에서 벗어나기보다 좀 더 심각한 개인의 행동양식을 나타내고 있음을 이해하게 될 것이다.

심리장애의 분류

심리장애의 분류체계가 도움이 되는 이유는 무엇인가? 이상행동이 있다는 전체적 평가에서 더 나아가 이상행동의 서로 다른 유형을 구분하는 것에는 어떤 이점들이 있을까? **심리적 진단**(psychological diagnosis)이란 인정된 진단체계에 따라 관찰 가능한 행동들을 분류하고 범주화하여 이상행동을 명명하는 것이다. 이러한 진단은 의학적 진단보다 한층 어렵다. 의학적 진단에서는 진단적 결정을 하기 위하여 의사가 혈액검사, 엑스레이, 조직검사 같은 물리적 근거에 의존할 수 있다. 심리장애의 경우는 진단 근거가 개인 행동의 해석에 달려 있다. 임상가 간의 일치성과 진단평가의 일관성을 높이기 위하여 심리학자들은 진단과 분류체계를 개발하여 증상에 대한 정확한 기술을 제공하고 임상실무자가 개인의 행동이 특정 장애의 증거인지 결정하는 것을 돕는 여러 기준들을 제공해 왔다.

진단체계가 가장 유용하려면 다음의 세 가지 기능을 제공해야 한다.

- **공통으로 사용할 수 있는 전문 용어.** 정신분야에서 일하는 임상가나 연구자들 간에 신속하고 분명한 이해를 위하여 서로 동의하는 공통적 용어를 필요로 한다. 우울증 같은 진단 범주는 증상 특징과 그 장애의 전형적인 진전과정을 포함하여 다량의 복잡한 정보를 요약하고 있다. 클리닉이나 종합병원 같은 임상 장면에서 진단체계는 정신건강 전문인들이 그들이 돕고 있는 사람들에 대하여 효과적으로 의사소통할 수 있도록 한다. 정신병리의 다른 측면들을 연구하거나 치료 프로그램을 평가하는 연구자들도 그들이 관찰하는 장애에 대해 동의해야 한다.
- **병의 원인에 대한 이해.** 이상적으로 특정 장애에 대한 진단은 증상의 원인이 분명해야 한다. 신체적 질병의 경우처럼 동일한 증상은 하나 이상의 장애에서 생겨날 수 있다. 분류체계의 목표는 임상실무자들이 특유의 증상패턴을 특정한 장애의 증거로서 해석해야만 하는 이유를 명시하는 것이다.
- **치료계획.** 진단은 특정 장애를 위한 치료에 대하여 제안할 수 있어야 한다. 연구자와 임상가들은 어떤 치료가 특정한 유형의 심리장애에 가장 효과적인지를 알게 되었다. 예를 들어 정신분열증에 매우 효과적인 약이 우울증 환자를 돕지 못할 뿐 아니라 오히려 해가 될 수 있다. 치료의 효과성과 특수성에 대한 지식이 증가함에 따라 신속하고 신뢰성 있는 진단은 더욱 더 중요해진다.

1896년 독일 정신과 의사 Emil Kraepelin(1855~1926)은 최초로 심리장애에 대한 종합적 분류체계를 내놓았다. 그는 심리적 문제가 신체에 근거한다는 강한 신념을 갖고 심리적 진단과 분류과정에 의학적 진단의 성격을 도입하였고 오늘날까지도 그 흔적이 남아 있다.

DSM-IV-TR 미국은 물론이고 한국에서 가장 넓게 사용되고 있는 분류방법은 미국 정신의학회에서 개발한 정신장애 진단 통계편람(Diagnostic and Statistical Manual of Mental Disorders)이다. 가장 최근판인 DSM-IV-TR은 4판(DSM-IV, 1994)의 개정판으로 2000년에 발행되었다. 이는 200여 개의 정신장애를 분류·정의하여 설명하고 있다.

심리장애에 대한 다양한 접근 때문에 생기는 진단의 어려움을 최소화하기 위하여 DSM-IV-TR은 장애의 원인이나 치료 전략보다 증상 패턴과 과정에 대한 서술(description)을 강조한다. 순수하게 서술적 용어를 사용하였기 때문에 임상가와 연구자가 문제 서술에 있어 공통의 언어를 사용할 수 있도록 하였고, 어떤 이론적 모델들이 문제를 가장 잘 설명(explanation)하는지에 대한 이견과 지속적 연구를 가능하게 한다.

DSM 초판은 60~70개의 정신질환을 포함하였고 1952년(DSM-I)에 나왔다. DSM-II는 1968년에 출판되었고 다른 대중적인 체계인 세계건강기구(World Health Organization)의 국제질병분류(International Classification of Diseases, ICD)와 양립할 수 있도록 개정되었다. DSM 4판(DSM-IV, 1994)은 학자들로 구성된 위원회의 여러 해에 걸친 노고 끝에 나왔다. 1987년에 출판된 DSM-III-R을 수정하기 위해 이 위원회는 정신병리에 관한 방대한 연구들을 철저히 검토하고 또한 수정안들을 실제 임상 장면에서 사용할 수 있는가를 검증하였다. DSM-IV 또한 ICD 10판과 양립할 수 있었다. DSM-IV-TR(2000)은 DSM-IV의 분류체계는 그대로 유지하되 DSM-IV 이래로 축적된 새로운 연구결과를 보충하여 본문 내용만 수정하였기 때문에, '본문 수정(text revision)'이라 명명되었다. 위원회는 가장 최신의 연구를 반영하기 위해 DSM-5를 개발 중이며, 2013년에 출판될 예정이다.

DSM-IV-TR은 심리장애와 관련되는 심리적·사회적·신체적 요인을 고려하도록 차원 또는 축의 개념을 사용한다(표 14.1 참조). 대부분의 주요 임상장애는 축 I에 있다. 여기에는 정신지체를 제외하고 아동기에 출현하는 모든 장애가 포함된다. 축 II는 정신지체와 성격장애를 포함한다. 이 장애들은 축 I 장애와 병행할 수 있다. 축 III은 축 I과 축 II의 장애에 대한 이해나 치료와 관련된, 예를 들어 당뇨병 같은 일반적인 의학적 조건에 관한 정보를 포함하고 있다. 축 IV와 축 V는 개인의 치료를 계획하거나 또는 예후(prognosis, 미래 변화에 대한 예측)를 판단할 때 유용한 보충 정보를 제시한다. 축 IV는 환자의 스트레스 반응이나 스트레스 대응 자원을 말해 줄 수 있는 심리적, 환경적 문제를 평가한다. 축 V는 개인의 전반적 기능 수준을 평가한다. DSM-IV-TR 체계에서 완전한 진단은 각 축을 다 고려해야 한다.

이 장은 특정 심리장애의 유병률을 제시할 것이다. 서로 다른 장애에 대한 유병률은 1년과 전생애 기간에 대해 나와 있다. 이 장에서는 전국 공병연구(National Comorbidity Study, NCS), 즉 18세 이상 되는 9,282명의 미국 성인을 표집하여 그들의 정신건강 역사를 수집한 연구 프로젝트(Kessler et al., 2005a, 2005b)로부터 수치를 인용할 것이다. 한 개인은 생애 어느 시점에서 하나 이상의 장애를 동시에 가질 수 있는데, 이를 공병(comorbidity)이라 한다. NCS는 1년간 하나의 장애를 경험한 사람들 중 45%가 실제로는 둘 또는 그 이상의 장애를 경험했음을 발견하였다. 연구자들은 서로 다른 심리장애의 공병 패턴을 집중적으로 연구하기 시작하였다(Kessler et al., 2005b).

진단 범주의 진화 진단 범주와 이를 조직하고 제시하기 위하여 사용된 방법은 DSM을 개정할 때마다 변경되었다. 이 변경은 대부분의 정신건강 전문가들이 심리장애가 어떻게 구성되고 각기 다른 종류의 장애 간 차이를 어떻게 구분할 것인가에 대한 의견을 반영한다. 또한 일반인들이 무엇이 이상행동을 구성한다고 생각하는지 관점의 변화를 반영한다.

DSM 개정 과정에서 일부 진단 범주는 삭제되고 어떤 진단 범주는 추가되었다. 예를 들어 1980년에 DSM-III가 소개되었을 때는 신경증과 정신증 장애의 구별이 없어졌다. **신경증 장애**(neurotic disorder) 또는 노이로제는 본래 두뇌의 이상이 없고 심한 비합리적 사고를 보이지 않고 기본 규준을 어기지 않지만, 주관적 고통을 경험하거나 자기패배적, 부적절한 대응전략을 보이는 등 보통의 심리적 문제를 가질 때 사용되는 의미였다. **정신증 장애**(psychotic disorder) 또는 정신병(psychoses)은 신경증적 문제와 질적으로나 심각성에서 다르다고 생각하였다. 정신병적 행동은 사회적 규준에서 크게 벗어나고 합리적 사고와 일반적인 정서와 사고과정이 극심하게 장애를 보인다고 생각하였다. DSM-III 위원회는 신경증 장애와 정신증 장애라는 용어는 진단 범주로 사용하기에는 너무 일반적 의미를 갖는다고 느꼈다(그렇지만 많은 정신과 의사나 심리학자들은 장애의 일반적 수준을 구별하는 특징으로 계속 사용한다.).

마지막으로, 오랜 기간에 걸쳐 진화해 온 분류체계의 한 가지 측면에 주목하고자 한다. 역사적으로 정신질환에 걸린 사

표 14.1 DSM-IV-TR의 5개 축

축	분류 정보	설명
축 I	임상적 장애	이 심리장애는 고통스럽거나 어떤 영역의 기능이 손상된 행동적·심리적 문제의 증상 또는 패턴을 대표한다. 유아기, 아동기, 청년기에 나타나는 장애를 포함한다.
축 II	(a) 성격장애 (b) 정신지체	세상을 지각하고 이에 반응하는 역기능적 패턴이다.
축 III	일반의학적 상태	축 I, 축 II의 심리장애의 이해, 치료와 관련된 신체적 문제를 부호화한다.
축 IV	심리사회적 문제	이 축은 장애의 진단과 치료, 회복 가능성에 영향을 줄 수 있는 심리사회적, 환경적 스트레스 요인들을 부호화한다.
축 V	기능의 전반적 평가	심리, 사회, 직업 영역에서 현재의 전반적 기능 수준을 부호화한다.

람들은 종종 그 장애 이름으로 불리곤 하였다. 예를 들어 임상가들은 '정신분열증인 사람(schizophrenics)' 또는 '공포증인 사람(phobics)'이라고 지칭하였다. 암에 걸린 사람을 '암인 환자(cancerics)'라고 지칭하지 않는 것처럼 이는 신체 질병에 대해서는 일어나지 않았다. 이제 임상가와 연구자들은 진단과 사람을 분리시키고자 노력한다. 암이나 감기에 걸린 사람인 것과 마찬가지로 정신분열증 또는 공포증에 걸린 사람이 옳다.

정신병리의 원인

병인(etiology)이란 심리적·의학적 문제의 원인이 되거나 그러한 문제의 발달에 기여하는 요인들을 말한다. 장애가 왜 일어나고 근원이 무엇인지 어떻게 사고, 정서, 행동에 영향을 주는지 안다면 치료할 수 있는 방법, 나아가 예방할 수 있는 방법도 알 수 있을 것이다. 인과(causality)의 분석은 각 개별 장애에 대한 토론에 중요한 부분이 될 것이다. 이 절은 인과요인의 두 가지 일반적 범주, 즉 생물학적 그리고 심리학적 범주를 소개할 것이다.

생물학적 접근 의학 모델의 전통으로부터 현대생물학적 접근은 심리적 장애가 생물학적 요인과 직접적으로 관련이 있다고 가정한다. 이 접근의 연구자나 임상가는 뇌의 구조적 이상, 생리화학적 과정, 유전적 영향 등을 조사한다.

뇌는 복잡한 기관으로 여러 요소들이 상호연결되어 미묘하게 균형을 유지하고 있다. 신경전달물질이나 뇌 조직에서의 약간의 변화라도 의미 있는 결과를 가져온다. 유전적 요인, 뇌의 상해, 감염 등이 이런 변화의 원인이 될 수 있다. 뇌 영상기술의 발달은 정신건강 전문가들로 하여금 뇌의 구조와 생리화학적 과정을 들여다볼 수 있게 한다. 이런 기술들을 사용하여 생물학적 지향을 가진 연구자들은 심리장애와 구체적인 뇌의 이상을 연결하는 새로운 발견을 하고 있다. 행동유전학 분야

의 계속적인 발달은 특정 유전인자와 심리장애 간의 연결고리를 확인할 수 있게 하였다.

심리학적 접근 심리학적 접근은 정신병리의 원인으로 심리적·사회적 요인에 관심을 갖는다. 이 접근은 개인적 경험, 외상, 갈등, 환경적 요인들을 심리장애의 뿌리로 본다. 대표적인 심리학적 모델에는 정신역동적 접근, 행동주의 접근, 인지적 접근, 사회문화적 접근이 있다.

정신역동적 접근 생물학적 접근과 마찬가지로 정신역동적 모델은 정신병리의 원인이 개인 내면에 있다고 본다. 그러나 이 모델을 시작한 Sigmund Freud에 의하면 내적 요인은 생물학적이 아니라 심리학적이다. 앞에서 설명하였듯이 Freud는 많은 심리장애가 단순히 모든 사람들이 경험하는 심리갈등과 자아방어라는 정상적 과정의 확장에 지나지 않는다고 믿었다. 정신역동적 모델에서는 아동 초기 경험이 정상적이거나 비정상적인 행동을 형성한다고 본다.

정신역동적 이론에서는 사람들이 종종 의식하지 못하는 충동과 소망이 동기가 되어 행동으로 나타난다. 정신병리의 증상들은 무의식적 갈등과 사고에 근거한다. 무의식이 갈등과 긴장으로 채워진다면 사람은 불안과 다른 장애를 경험하게 된다. 많은 심리갈등은 비합리적이고 즐거움을 추구하는 원초아(id)와 초자아(superego)에 의해 내면화된 사회적 제약 간의 갈등에서 비롯된다. 자아(ego)는 이 갈등의 조종자이지만 아동기의 비정상 발달로 인하여 그 기능이 약화되어 있을 수 있다. 개인은 갈등을 일으키는 동기들로 인한 고통과 불안을 억압(repression)이나 부정(denial) 같은 자아 방어기제로 피하고자 한다. 방어가 지나치게 사용되면 현실을 왜곡하거나 자기패배적인 행동을 하게 된다. 개인은 불안과 갈등에 대항하여 방어에 너무 많은 심리 에너지를 소비하게 되어, 결국 생산적이고 만족스런 생활을 영유할 에너지가 부족하게 된다.

행동주의적 접근 관찰할 수 있는 반응을 강조하는 행동주의자들에게 가설적인 정신역동적 과정은 필요가 없게 된다. 행동주의자들은 이상행동은 정상적인 행동이 습득되는 것과 똑같은 방식으로, 즉 학습과 강화로 습득된다고 논한다. 그들은 내적인 심리적 현상이나 아동 초기 경험에 관심이 없다. 대신 그들은 **현재의 행동**과 그 행동을 유지시키는 **현재의 조건** 또는 강화에 초점을 둔다. 심리장애의 증상들은 개인이 자기패배적인 또는 비효율적인 행동을 학습하였기 때문에 생긴 것이다. 어떤 바람직하지 못한 이상행동을 지속시키는 환경적 조건들을 발견할 수 있다면 임상가나 치료자는 이 조건을 변화시키고 바람직하지 못한 행동을 소거시킬 수 있는 치료방법을 제안할 수 있다. 행동주의자들은 부적응적인 행동을 이해하기 위하여 고전적 조건화와 조작적 조건화(제6장 참조) 모델을 사용한다.

인지적 접근 정신병리에 대한 인지적 접근은 행동주의 관점을 보완하기 위하여 자주 사용된다. 인지적 관점은 심리적 장애의 근원이 자극환경, 강화, 외현적 반응 같은 객관적 현실에서 항상 발견할 수는 없다고 본다. 중요한 것은 사람들이 자기 자신에 대하여, 자신과 다른 사람, 환경과의 관계에 대하여 어떻게 지각하고 생각하는가이다. 적응적 반응을 이끌어내는 인지적 변인 중에는 중요한 강화물을 통제할 수 있다고 지각하는 정도, 위협적인 사건에 대처할 수 있다는 신념, 상황적·개인적 요인에 대한 해석 등이 있다. 인지적 접근은 심리적 문제란 실제 상황에 대한 왜곡된 지각, 잘못된 추리, 부적절한 문제해결의 결과라고 본다.

사회문화적 접근 정신병리에 대한 사회문화적 접근은 이상행동의 진단과 병인에서 문화의 역할을 강조한다. 이미 객관성의 문제를 다룰 때 문화의 영향에 대하여 잠깐 언급하였지만 행동은 다른 문화에서 다르게 해석된다. 어떤 행동이 어느 수준에서 개인의 적응 문제를 일으킬 것인가는 부분적으로 문화적 맥락에 따라 달라진다. 병의 원인과 관련하여, 사람들이 살고 있는 특정 문화적 상황은 정신병리의 독특한 유형 또는 하위유형을 초래하는 환경일 수 있다.

이제까지 정신질환의 출현에 대하여 일반적인 설명을 하였다. 현대 연구자들은 정신병리가 여러 생물학적·심리학적 요인의 복잡한 상호작용의 결과물이라는 **상호교차적**인 관점을 점차 더 많이 택하고 있음을 주목할 필요가 있다. 예를 들면 유전적 성향은 신경전달물질이나 호르몬 수준에 영향을 끼쳐 심리장애에 취약하게 만들 수 있지만, 심리적 또는 사회적 스트레스나 어떤 학습된 행동이 있어야만 그 장애가 발생할 수 있다는 점이다.

이상행동에 대한 기본 윤곽에서 더 나아가, 여기서는 불안, 우울, 정신분열증 같은 주요 심리장애의 원인과 결과에 대한 핵심 정보를 다루고자 한다. 각 장애별로 어떤 고통을 경험하게 되는지, 타인에게는 어떻게 보이는지 설명하겠다. 이어서 병인에 대한 주요 생물학적·심리학적 접근은 이러한 장애의 발달을 어떻게 설명하는지 검토하고자 한다. 정신병리의 범주가 너무나 많기 때문에, 여기서는 가장 중요한 몇몇의 간략한 요약으로 대신할 것이다.

- **물질사용 장애.** 알코올과 약물에 대한 의존 및 남용. 의식 상태라는 더 넓은 맥락에서 물질사용과 관계되는 문제를 다루었다(제5장 참조).
- **성장애.** 성적 억압, 성 불능, 이상 성행위와 관계되는 문제
- **섭식장애.** 거식증, 폭식증(제11장 참조)

여러 가지 심리장애의 전형적인 증상과 경험을 읽으면서 독자들은 이런 특징들이 자신이나 아는 이들에게 적용되는 부분이 있다는 것을 알게 될 것이다. 여기서 다룰 일부 장애는 흔하기 때문에 전혀 익숙하지 않다면 더 놀라운 일이다. 많은 사람들은 특정 심리장애에 나타나는 인간적 약점을 지니고 있다. 이러한 익숙함을 인식하면 오히려 이상심리 이해에 도움이 된다. 그러나 장애의 진단은 여러 기준에 맞아야 하고 훈련받은 정신건강 전문가의 판단이 필요하다. 여기서 얻은 지식으로 친구나 식구들이 병리적이라고 진단 내리고 싶은 유혹을 물리쳐라. 그러나 이 장을 읽고 정신건강 문제에 대해 우려되는 바가 있다면, 대학 상담소를 찾아가 보는 것이 도움이 될 것이다.

 복습하기

1. 제리는 거미에 대한 심한 공포 때문에 그가 신뢰하는 누군가가 방에 거미가 없다고 안심시켜야만 그 방에 들어간다. 어떤 범주로 제리의 행동이 이상행동이라고 말할 수 있는가?
2. 정신장애 분류가 주는 세 가지 중요한 장점은 무엇인가?
3. 정신병리 진단에서 문화의 역할은 무엇인가?

비판적 사고 David Rosenhan과 7명이 정신병원에 입원하였던 연구를 보자. 그들이 '환각'을 가짜 증상으로 택한 이유는 무엇일까?

불안장애

누구나 어떤 상황에서는 불안이나 공포를 경험한다. 그러나 어떤 사람들은 불안으로 인해 효율적으로 일할 수 없거나 일상생활을 즐기지 못할 정도로 문제가 된다. 성인 인구의 거의 28.8%가 어떤 시점에 여러 **불안장애**(anxiety disorder)의 증상을 경험한 적이 있는 것으로 추정된다(Kessler et al., 2005a). 불안장애에서 불안이 주된 역할을 하지만 불안이 경험되는 범위, 불안의 강도, 불안이 촉발되는 상황은 서로 다르다. 다섯 가지 주요 유형, 즉 일반화된 불안장애, 공황장애, 공포증, 강박장애, 외상 후 스트레스 장애를 다루겠다.

일반화된 불안장애

적어도 6개월 동안 어떤 구체적인 위험으로부터 위협받지 않았는데도 대부분을 걱정과 근심으로 보냈다면 임상가는 **일반화된 불안장애**(generalized anxiety disorder)로 진단을 내린다. 불안은 대개 재정에 대한 비현실적인 염려라든가 사랑하는 사람의 안녕과 같은 구체적 상황과 관계된다. 불안이 표현되는 방법, 즉 구체적 증상은 개인마다 다르지만 일반화된 불안장애라고 진단이 내려진다면 근육긴장, 피로, 안절부절, 집중력 저하, 짜증, 수면의 어려움 같은 증상 중 적어도 세 가지 다른 증상이 있어야 한다. 미국 성인의 5.7%가 불안장애를 경험한다(Kessler et al., 2005a). 한편, 우리나라 보건복지부의 2011년도 정신질환실태 역학조사에 따르면, 일반 성인의 불안장애 평생유병률은 8.7%였다(조맹제 등, 2012).

일반화된 불안장애는 개인이 걱정을 통제할 수 없고 벗어날 수도 없기 때문에 정상적 기능을 해치게 된다. 불안에 관심을 두다 보면 사회적·직업적 책임을 다할 수 없게 된다. 이러한 어려움은 이 장애와 관련된 신체적 증상들과 합쳐져 더욱 힘들어진다.

공황장애

만성적 불안에 시달리는 일반화된 불안장애와 달리 **공황장애**(panic disorder)는 예상치 못한 심한 **공황발작**(panic attacks)을 단 몇 분간 경험한다. 이 발작은 강렬한 두려움, 공포, 무서움과 함께 온다. 이러한 감정과 동반되는 신체적 증상은 심장박동의 증가와 같은 자율신경계의 과활동, 현기증, 기절 또는 목이 죄거나 숨이 막히는 것 같은 감각 등이다. 공황장애는 상황의 구체적인 어떤 것으로 인하여 유발되지 않는다는 의미에서 예상치 못한 것이다. 공황장애는 갑작스런 공황발작이 반복하여 일어나고 또한 이러한 발작의 가능성에 대하여 지속적인 걱정을 할 때 진단된다. 연구에 의하면 미국 성인의 4.7%가 공황장애를 경험하는 것으로 나타났다(Kessler et al., 2006b). 한국 일반 성인의 공황장애 평생유병률은 0.3%이다(조맹제 등, 2012).

DSM-IV-TR에서 공황장애는 **광장공포증**(agoraphobia)과 동시에 나타나는지 아닌지를 진단에 포함시켜야 한다. 광장공포증은 도피가 힘들거나 당혹스러운 공공장소나 개방된 곳에서 경험하는 극단적인 공포를 말한다. 광장공포증이 있는 사람은 보통 사람이 많은 방, 백화점, 버스 같은 장소를 무서워한다. 그들은 소변통제를 못한다든가 공황장애 증상이 올 때처럼 집 밖에서 어떤 어려움을 겪는데도 도움을 받을 수 없는 당황스런 상황이 벌어질까 두려워한다. 이러한 공포가 그들의 자유를 빼앗고 집에 갇혀 살게 만든다.

광장공포증이 왜 공황장애와 연결되는지 알겠는가? 공황장애에 시달리는 일부 사람들은 그 다음에 올 발작과 그로 인한 무력감을 두려워하여 갇혀 살게 된다. 광장공포증이 있는 사람은 안전한 집을 떠날 수 있긴 하지만, 그때마다 항상 극도의 불안을 겪는다.

공포증

두려움(fear)은 객관적으로 확실한 외적 위험에 대한(집에 화재가 난다든가 괴한에게 공격을 당할 때와 같이) 합리적 반응으로, 자기방어로 도망가거나 공격을 하게 만든다. 이와 달리 **공포증**(phobia)을 가진 사람은 구체적 대상, 활동 또는 상황에 대해 지속적이고 비합리적인 두려움을 느끼며, 이는 실제 위협에 견주어 볼 때 극단적이고 비이성적이다.

많은 사람들이 거미나 뱀을 보면 불안을 느낀다. 이러한 경미한 두려움은 일상생활의 여러 활동을 하는 데 방해가 되지 않는다. 그러나 공포증은 적응을 방해하고 큰 고통을 주며 목표지향 행동을 못하게 만든다. 매우 구체적이고 제한된 공포증도 개인의 전 생활에 막대한 영향을 줄 수 있다. DSM-IV-TR은 사회공포증과 특정 공포증, 이 두 유형의 공포증을 제시한다(표 14.2 참조).

사회공포증(social phobia)은 자신이 타인에 의해 관찰되는 공공상황을 예상함으로써 야기되는 끊임없는 비이성적인 두려움이다. 사회공포증이 있는 사람은 창피할 수 있는 행동을 하게 될 것이라고 두려워한다. 그 두려움이 지나치고 비이성적이라는 것을 인식하면서도 사람들이 쳐다보는 상황을 피해야 한다고 느낀다. 사회공포증은 자기 충족적 예언인 경우

표 14.2 흔한 공포증

사회공포증(창피스러운 어떤 일을 하는 것이 관찰될 것에 대한 공포)
특정 공포증
동물 유형
고양이
개
벌레
거미
뱀
바퀴벌레
자연환경 유형
폭풍
높은 곳
피-주사-상처 유형
피
주사
상황적 유형
폐쇄공포증
철도공포증

왜 광장공포증은 사람들을 자신의 집안에 갇힌 '죄수'로 만드는가?

가 많다. 다른 사람이 쳐다보고 거부당할 것을 두려워하기 때문에 실제 행동이 엉망이 되어 버린다. 사회공포증이 있는 사람에게는 긍정적인 사회적 상호작용조차도 불안을 야기한다. 즉, 그들은 자신이 미래에 이룰 수 없는 기준을 세워놓은 것을 걱정한다(Weeks et al., 2008). 미국 성인의 12.1%가 사회공포증을 경험한 반면(Rusico et al., 2008), 한국 성인의 사회공포증 평생유병률은 0.5%로 보고되었다(조맹제 등, 2012).

특정 공포증(specific phobia)은 다양한 대상과 상황에 대한 반응으로 일어난다. 표 14.2에서 보듯이 특정 공포증은 몇 가지 하위 유형으로 분류된다. 예를 들어 거미에 대한 공포반응은 **동물-특정 공포증**이다. 각 유형의 공포반응은 특정 대상이나 상황에서 또는 그런 대상이나 상황을 예상할 때 일어난다. 미국 성인의 12.5%가 특정 공포증을 경험하였으며(Kessler et al., 2005a), 한국 성인의 경우 특정 공포증 평생유병률은 5.2%에 해당하였다(조맹제 등, 2012).

강박장애

불안장애가 있는 사람 중 일부는 특정 패턴의 사고와 행동에 고착된다.

1년 전만 해도 17세 된 짐은 많은 재주와 흥미를 가진 정상적인 청년이었다. 그러다가 거의 하룻밤 사이에 그는 심리장애로 인해 사회생활에서 배제되고 고독한 이방인으로 변하였다. 구체적으로 그는 강박적으로 씻기 시작하였다. 자신이 더럽다는 생각에 사로잡혀 자신을 씻는 데 대부분의 시간을 보냈다. 처음에 씻는 의식(ritual)은 저녁과 주말에 제한되었는데 곧 그의 모든 시간을 소비하게 되었고 학교를 그만둘 수밖에 없었다(Rapoport, 1989).

짐은 **강박장애**(Obsessive-Compulsive Disorder, OCD)로 고통당하고 있다. 이 장애는 미국 성인의 1.6%가 일생 중 어떤 한 시점에 경험하는 것으로 추정되며(Kessler et al., 2005a), 한국 일반 성인의 강박장애 평생유병률은 0.7%로 보고되었다(조맹제 등, 2012). 강박사고(obsessions)는 억누르려고 애써도 끊임없이 일어나는 생각, 상상, 충동(짐의 경우 자신이 깨끗하지 않다는 믿음)을 말한다. 강박사고는 의식의 원치 않는 침입으로, 의미 없거나 혐오스러우며, 스스로 용납할 수 없는 것이다. 아마도 여러분은 문을 잠갔는지 또는 가스를 잠갔는지와 같은 사소한 강박적 경험을 한 번쯤은 경험해 보았을 것이다. 강박장애의 강박사고는 훨씬 강력하고 고통스러우며 사회적·직업적 기능을 방해한다.

강박행동(compulsions)은 짐의 씻는 행동처럼 강박적 사고에 대한 반응으로 어떤 규칙과 의식에 따라 반복되는 목적이 있는 행동이다. 비이성적이고 지나치다는 것을 알면서도 어떤 두려운 상황으로 야기되는 불편함을 줄이거나 막기 위하여 강박행동은 행해진다. 전형적인 강박행동의 예로는 씻어야만 하고, 전기나 가스를 잠갔는지 확인해야만 하고, 대상이나 소유물을 세야만 하는 억누를 수 없는 충동을 포함한다.

강박장애가 있는 사람은 왜 반복적으로 손을 씻는 행동을 할까?

강박장애가 있는 사람들은 적어도 처음에는 강박행동을 하지 않으려고 억누른다. 조용히 생각해 보면 그들의 강박행동이 말도 안 된다는 것을 안다. 그러나 불안이 올라오면, 긴장을 완화시키는 강박행동의 힘을 물리칠 수는 없다. 이런 정신 문제를 경험하는 사람들의 고통은 그들의 강박사고가 비이성적이고 지나치다는 것을 알면서도 없앨 수 없다는 좌절에서 온다.

외상 후 스트레스 장애

제12장에서 외상적 사건으로 인한 심리적 결과 중 하나가 제시되었는데, 이는 외상 후 스트레스 장애(posttraumatic stress disorder, PTSD)이다. 외상 후 스트레스 장애는 고통스런 기억, 꿈, 환각, 또는 회상을 통해 외상적 사건을 지속적으로 재경험하게 되는 불안장애이다. 사람들은 성폭행, 생명을 위협하는 사건이나 심각한 부상, 자연재해 등에 반응하여 외상 후 스트레스 장애를 겪게 될 수 있다. PTSD는 자신이 외상의 희생자일 때 또는 다른 사람이 희생당하는 장면을 목격하였을 때 생길 수 있다. PTSD로 고통받는 사람들은 주요우울증, 물질남용 문제, 자살시도 같은 다른 정신병리도 동시에 경험할 수 있다(Pietrzak et al., 2011).

미국 성인 중 6.4%가 일생 중 어느 시점에 PTSD를 경험한다는 연구결과가 있다(Pietrzak et al., 2011). 한국의 경우, 2011년도 정신질환실태 역학조사에서 일반 성인의 PTSD 평생유병률은 1.6%로 보고되었다(조맹제 등, 2012). 많은 연구들은 일관되게 대부분의 성인이 심각한 사고, 비극적 죽음, 또는 신체적·성적 학대와 같은 외상적 사건을 경험한 적이 있음을 보고한다(Widom et al., 2005). 1,824명의 스웨덴 성인을 대상으로 한 한 연구에서 80.8%가 적어도 한 번은 외상적 사건을 경험했음을 보고하였다(Frans et al., 2005). 이 연구에서 남성이 여성보다 더 많은 외상적 사건을 경험했지만, 여성이 두 배나 더 PTSD를 일으켰다. 연구자들은 여성이 외상적 사건에 대해 겪는 더 큰 고통이 이러한 차이를 설명한다고 논의하였다.

엄청난 영향을 미쳤던 외상 발생 후 PTSD의 유병률에 많은 관심이 모아졌다. 예를 들어 제12장에 소개했듯이 2001년 9월 11일 세계무역센터에서 대피했던 사람들 중 약 15%가 테러리스트 공격 2~3년이 지난 후 PTSD 진단을 만족시켰다는 연구를 떠올려 보라(DiGrande et al., 2011). 비슷한 자료는 다른 비극에서도 찾아볼 수 있다. 예를 들어 대략 7만 명의 사람들이 사망했던 2008년 중국 쓰촨성 대지진의 경우, 지진 발생 6개월 후 약 2,100명의 청소년 중 15.8%가 PTSD 진단을 만족시켰다는 연구가 있다(Fan et al., 2011). 한국 자료의 경우 사망자 507명, 부상자 937명이 발생한 1997년 삼풍백화점 붕괴사고 직후 삼성서울병원에 내원하였던 16명의 생존자 중, 사고 후 3개월 동안 PTSD 발생 빈도는 41%인 것으로 나타났다(김승태 등, 1997). 한편, 2007년 12월 태안 앞바다에서 발생한 허베이 스프리트호 기름유출사고 관련 연구에서는 사고 후 8개월 시점에서 응답자의 57.9%(김교헌, 권선중, 2009), 2010년 10월 조사에서는 응답자의 43.8%가 PTSD 증상을 호소하였다(이정림, 김도균, 2011).

PTSD는 고통받는 이의 생활을 심각하게 방해한다. 연구자들은 PTSD와 다른 불안장애의 근원을 찾는 복잡한 작업을 어떻게 하는 것일까? 근원을 이해하는 것은 심리적 고통을 없앨 수 있다는 희망을 준다.

불안장애의 원인

심리학자들은 불안장애를 어떻게 설명하는가? 네 가지 병인론적 접근, 즉 생물학적, 정신역동적, 행동주의적, 인지적 접근은 서로 다른 요인을 강조하며, 불안장애의 이해에 각각 어떻게 기여하는지 살펴보겠다.

생물학적 여러 연구에서 불안장애가 생물학적 근거가 있다고 제시한다. 어떤 이론은 거미, 높이 같은 것에 대한 공포가 왜 전기 같은 다른 것들에 대한 공포보다 더 일반적인가를 설명한다. 많은 공포들이 여러 문화에서 공통으로 일어나기 때문에 과거 진화과정 중 한때 어떤 공포는 우리 조상들의 생존에 필요한 것이었으리라고 제안한다. 아마도 인간은 진화과정에서 심각한 위험과 관계되는 것들을 두려워하는 성향을 갖고 태어난 듯하다. 이 준비성 가설(preparedness hypothesis)은 한때 두려워하던 자극에 대하여 즉각적으로 반응하는 진화적 성향이 있다고 주장한다(LoBue & DeLoache, 2008; Öhman & Mineka, 2001). 그러나 이 가설은 주삿바늘, 운전 또는 엘리베이터에 대한 공포 같이 진화 역사상 생존의 의미를 가질 수 없는 대상이나 상황에 대하여 일어나는 공포에 대해서는 설명하지 못한다.

어떤 약은 불안을 감소시키는 반면 어떤 약은 불안을 일으킬 수 있다는 것은 불안장애에 생물학적 역할이 있다는 증거이다(Croakin et al., 2011; Hoffman & Mathew, 2008). 예를 들어 뇌 신경전달물질 GABA의 수준이 낮을 때 사람들은 불안함을 느낀다. GABA 수준에 영향을 미치는 약물이 불안장애의 일부 유형 치료에 성공적으로 사용된다. 뇌의 세로토닌 수준에서의 장애 역시 불안장애와 관련이 있다. 제15장에서 보겠지만, GABA나 세로토닌 수준에 영향을 미치는 약물들은 불안장애의 치료에 효과적이다.

연구자들은 또한 영상기술을 사용하여 뇌에 이런 장애의 근거가 있는가를 검사한다(Radua et al., 2010; van Tol et al., 2010). 예를 들어, PET 스캔은 공황장애가 있는 사람과 통제 집단을 비교할 때 세로토닌 수용기의 기능에 차이가 있다는 것을 밝혔다(Nash et al., 2008). 이런 차이들이 공황장애의 시작을 설명해 줄 수 있을 것이다. 또 다른 예로, 자기공명영상(MRI) 기술은 강박장애 환자들의 경우 정상적이라면 행동을 억제하도록 하는 뇌영역의 피질이 훨씬 두껍다는 것을 보여주었다(Narayan et al., 2008). 뉴런들 간의 의사소통을 방해할 수 있는 이러한 뇌 이상은 강박장애를 가진 사람들이 왜 강박행동을 통제하는 것이 그토록 어려운지를 부분적으로 설명한다.

마지막으로 가족과 쌍둥이 연구는 불안장애를 겪게 될 유전적 소인이 있음을 제시한다(Hettema et al., 2005). 예를 들어 남자 일란성 쌍둥이가 둘 다 사회공포증 또는 특정 공포증을 겪을 확률은 이란성 쌍둥이의 경우보다 일관성 있게 더 높다(Kendler et al., 2001). 그러나 천성과 양육의 상호작용에 대하여 유념해야 한다. 성격의 많은 측면이 유전적이라는 제13장의 내용을 떠올려 보라. PTSD에 대한 유전적 영향의 일부는 다른 성격적 특징을 지닌 사람들이 살아가면서 그들이 외상을 겪게 될 가능성을 높이거나 낮추는 선택을 함으로써 생겨난다(Stein et al., 2002).

정신역동적 정신역동적 모델은 불안장애의 증상이 밑에 깔린 심리적 갈등 또는 두려움에서 온다는 가정으로 시작한다. 증상은 심리적 고통으로부터 개인을 보호하기 위한 시도이다. 그러므로 공황발작은 무의식적 갈등이 의식으로 분출된 결과이다. 예를 들어 아이가 어려운 집안 환경에서 도망치고 싶다는 갈등적 사고를 억압하였다고 가정해 보자. 생애의 나중에 그 갈등을 상징하는 대상 또는 상황이 공포증을 활성화시킬 수 있다. 예를 들어 다리가 집과 가족으로부터 밖의 세상으로 건너가야 하는 통로를 상징할 수 있다. 다리를 보면 무의식적 갈등이 의식으로 올라오고 더불어 공포증에 일반적인 불안과 공포가 생겨난다. 다리를 피한다는 것은 아동기 때 집에서 경험하였던 불안에서 벗어나려는 시도이다.

강박장애에서 강박행동은 관련은 되지만 훨씬 더 두려운 욕망 또는 갈등 때문에 일어나는 불안을 제거하려는 시도로 본다. 금지된 충동을 상징적으로 보여주는 강박사고를 대체함으로써 약간 안심할 수 있다. 예를 들어 앞에서 언급하였던 청소년 짐이 더러운 것에 대해 강박적 공포를 갖는 것은 그가 성적으로 활발해지고자 하는 욕망과 그의 명예를 더럽힌다는 공포에서 나왔을 수 있다. 별것 아닌 의식적(ritualistic) 과제에 대한 강박적 집착은 무의식적 갈등을 일으키는 원래의 문제를 피하도록 만든다.

행동주의적 불안에 대한 행동주의적 설명은 불안장애의 증상이 강화되거나 조건화된 방법에 관심을 갖는다. 직접 관찰될 수 없는 무의식적 갈등이나 초기 아동기 경험에는 아무런 관심이 없다. 제6장에서 보았듯이 행동주의 이론은 고전적 조건화로 보이는 공포증의 발달을 설명하는 데 자주 쓰인다. John Watson과 Rosalie Rayner가 흰 쥐에 대한 공포를 심어 주었던 꼬마 알버트의 사례가 그 예이다. 행동주의 입장에서 보면 전에 중립적이었던 대상이나 상황이 무서운 경험과 짝지어짐으로써 공포의 자극이 된다는 것이다. 예를 들어 아이가 뱀에 접근할 때마다 소리를 질러 경고한다면 그 아이는 뱀에 대한 공포를 갖게 될 것이다. 이런 경험 이후 뱀에 대한 생각만 하여도 공포에 떨 것이다. 공포증은 두려운 상황에서 물러설 때 공포가 감소함으로써 계속 유지된다.

강박장애에 대한 행동주의적 분석은 강박행동이 강박사고로 인한 불안을 감소시키기 때문에 강박행동이 강화된다고 설명한다. 예를 들어 한 여성이 쓰레기를 만지면 균이 옮을까 두려워할 때 손을 닦는 것이 불안을 감소시킬 것이고 따라서 씻는 행동은 강화될 것이다. 공포증과 마찬가지로 강박장애는 강박행동에 뒤따라오는 불안 감소로 계속 유지된다.

인지적 인지적 입장은 개인이 직면하는 위협을 왜곡하였을 수 있는 지각과정이나 태도에 관심을 갖는다. 위협의 실체나 성격을 과대평가하거나 그 위협을 대처할 자신의 능력을 과소평가할 수 있다. 예를 들어 대집단 앞에서 강연을 하기 전에 사회공포증을 갖는 사람은 자신의 불안을 부추길 수 있다.

> 내가 말하려는 걸 잊어버리면 어떻게 하지? 이 많은 사람 앞에서 바보가 되고 말겠지. 그러면 나는 더 불안해지고, 땀이 나기 시작하고, 목소리는 떨리고, 나는 정말 우습게 보일 거야. 이제부터 사람들은 나를 볼 때마다 내가 강연할 때 얼마나 바보스러웠는지 기억하겠지.

불안장애로 고통받는 사람들은 자기의 고통을 곧 닥칠 불행으로 종종 해석한다. 그런 해석은 불행을 두려워하게 만들고, 그래서 불안이 증가되고, 불안의 감각이 악화되고 결국 그 사람의 두려움이 확증되는 악순환을 가져온다(Beck & Emery, 1985).

심리학자들은 **불안민감성**(anxiety sensitivity), 즉 숨이 가쁘거나 심장이 뛰는 등의 신체적 증상이 해로운 결과를 가져오리라는 개인의 신념을 측정하여 인지적 입장을 검증하였다. 불안민감성이 높은 사람은 "내 심장이 빠르게 뛰면 심장마비가 올지도 모른다고 걱정한다."라는 항목에 동의하기 쉽다. 비행(flight) 공포증에 대한 불안민감성의 역할을 입증한 다음 연구를 살펴보자.

지정연구
비행 공포증이 있는 참가자들과 통제집단이 그들의 비행 불안, 비행과 관련된 신체 증상, 그들의 불안민감성에 대한 정보를 제공하였다 (Vanden Bogaerde & De Raedt, 2011). 참가자들은 비행기가 이륙하기를 기다리면서 실제 비행 중에 최종 데이터를 제공하였다. 비행 공포증이 있는 사람들은 더 높은 비행 불안, 더 많은 신체증상, 더 많은 불안민감성을 보였다. 그러나 이러한 측정치들 간의 관계 역시 중요함이 밝혀졌다. 곧 이륙할 것이라는 예상에 똑같은 수준의 신체증상을 경험하는 두 명의 참가자들 중 불안민감성이 더 높은 쪽이 더 많은 비행 불안을 경험한다. 연구자들에 따르면, "비행 환경 때문에 똑같이 불쾌한 신체감각을 경험해도 불안민감성이 높은 사람들이 이 경험을 더 위협적인 것으로 해석하고 결국 더 많은 불안을 경험하게 된다."

불안한 환자들이 위협적인 자극을 더 고조시키는 인지적 편견을 가짐으로써 그들의 불안을 유지한다는 연구도 있다. 예를 들어, 청결문제에 강박장애가 있는 환자들이 연구자가 '깨끗한 새 화장지', 아니면 '더럽고 쓰던 화장지'를 가지고 일련

불안민감성은 사람들의 비행에 대한 공포에 어떤 영향을 미칠까?

의 물건들을 만지는 것을 관찰하였다. 이후 기억 시험에서 이 강박장애 환자들은 '깨끗한' 보다 '더러운' 물건을 더 잘 기억하였다(Ceschi et al., 2003). 이런 연구들은 불안장애가 있는 사람들이 불안을 지속시키는 방식으로 세상에 주의를 기울인다는 것을 보여준다.

불안장애에 대한 주요 접근은 병인의 조각들을 설명할지 모른다. 각 접근에 대한 지속적 연구는 원인을 명확히 하고 궁극적으로 가능한 치료방안을 제시할 것이다. 이제 이상행동의 또 다른 주요 범주인 기분장애를 다루고자 한다.

 복습하기

1. 두려움과 공포증의 관계는 무엇인가?
2. 강박사고와 강박행동의 차이는 무엇인가?
3. 공포증과 관련하여 준비성 가설은 무엇인가?
4. 불안민감성의 영향은 무엇인가?

비판적 사고 비행 공포증에 있어 불안민감성의 역할을 살펴본 연구를 떠올려 보라. 연구자들이 실제 비행에 대한 자료를 수집하는 것은 왜 중요했을까?

기분장애

우리는 살면서 무섭게 우울하거나 믿을 수 없을 만큼 행복한 적이 있다. 그러나 어떤 사람들에게는 기분이 극단적이 되어 정상적 생활이 파괴된다. **기분장애**(mood disorder)란 심각한 우울증이나 조증과 우울증이 교차되어 일어나는 정서적 혼란이다. 연구자들은 성인의 20.8%가 기분장애로 고통받고 있다고 추정한다(Kessler et al., 2005a). 두 가지 대표적 유형인 주요 우울장애와 양극성 장애에 대하여 설명하겠다.

주요우울장애

우울은 너무 자주 일어나고 또 누구나 인생에서 이 장애를 경험하기 때문에 '정신병리의 흔한 감기'라고 한다. 누구나 한두 번 사랑하는 사람을 잃은 후 비탄을 경험하였거나 아니면 원했던 목표를 성취하지 못하였을 때 슬픔을 느낀다. 이러한 슬픈 감정은 **주요우울장애**(major depressive disorder)로 고통받는 사람들이 경험하는 증상 중 하나일 뿐이다(표 14.3 참조). 우울의 심연에서 매일 일상생활을 해내기 위하여 분투하는 어느 개인의 글을 보자.

> 단순한 일을 하기 위해서도 어마어마한 노력이 드는 것 같다. 나는 샤워를 하다가 비누가 다 써서 떨어진 것을 알고 눈물을 터뜨리고 말았다. 컴퓨터 자판 하나가 말을 듣지 않았을 때도 울었다. 모든 것이 심한 고통이었다. 예를 들어 전화 수화기를 드는 것조차도 200kg이나 되는 역기를 들어 올리는 것처럼 느껴졌다. 양말 한 짝이 아니라 두 짝을, 구두 한 짝이 아닌 두 짝을 신어야 한다는 현실이 너무도 엄청나서 도로 침대로 기어들어가고 싶었다(Solomon, 2001, pp. 85~86).

우울증 진단을 받은 사람은 증상의 심각성과 지속성에 있어 다르다. 많은 사람들은 인생의 한 시점에 단지 몇 주만을 임상적 우울증에 시달리는 반면 다른 사람들은 여러 해 동안 일화적으로(episodically) 또는 만성적으로 우울증을 경험한다. 약 16.6%의 성인들이 일생의 한 시점에서 주요우울증을 경험하는 것으로 알려져 있다(Kessler et al., 2005a). 한국 일반 성인의 경우, 주요우울장애의 평생유병률은 6.7%인 것으로 보고되었다(조맹제 등, 2012).

우울증은 우울증에 걸린 사람과 그 가족, 사회에 엄청난 희생을 요한다. 세계건강기구(World Health Organization)의 의뢰로 이루어진 연구에서 신체적·물리적 질병으로 인해 건강한 수명이 얼마나 감소하는가를 추정하였다(World Health Organization, 2008). 주요우울장애는 하부 호흡기 감염과 설사병 다음으로 전 세계 사람들의 인생에 짐이 되는 것으로 나타났다. 소득 수준이 중간 또는 상위인 나라들의 경우 주요우울장애는 1위에 해당하였다. 미국에서는 우울증이 모든 정신병원 입원의 대부분을 차지하는데도 아직도 진단이나 치료가 제대로 이루어지지 않고 있다. 전국 공병연구에 따르면 37.4%만이 주요우울장애가 발생한 첫해에 치료를 받는다(Wang et al., 2005). 주요우울증 일화를 경험하고 치료받기까지 사람들은 보통 8년을 기다린다.

양극성 장애

양극성 장애(bipolar disorder)는 심각한 우울증과 조증 일화가 교차되어 나타나는 특징이 있다. **조증 일화**(manic episode)가 있는 사람은 일반적으로 기분이 고양되고 팽창되는 느낌을 가지고 지나치게 활동적이다. 그러나 때로는 환자의 주된 기분은 고양된 기분이기보다 짜증이다. 조증 시기에는 자기존중감이 확장되거나 자신이 특별한 능력이나 힘을 가졌다는 비현실적인 신념을 경험한다. 수면이 극적으로 줄고, 일이나 사교적 또는 즐거움을 주는 활동에 지나치게 몰두한다.

이 조증에 빠져 있을 때는 근거 없는 낙관을 보이고 불필요한 위험부담을 택하며 무엇이든 약속을 하고 모든 것을 주어 버린다. 조증이 사라지면 사람들은 그들이 광란의 시기에 저질렀던 피해와 곤혹스런 사태를 처리해야 한다. 그러므로 조증은 항상 심한 우울로 이어진다.

양극성 장애에서 기분의 혼돈이 지속되는 시간과 횟수는 사람마다 다르다. 어떤 사람은 오랜 기간 정상적으로 기능하다가 가끔씩 짧은 조증, 우울증 일화를 경험한다. 소수의 개인들은 불행하게도 조증 일화에서 바로 임상적 우울로, 다시 조증으로 계속하여 그치지 않고 순환하여 자신과 가족, 친구, 동료들을 황폐화시킨다. 조증일 때 그들은 저축을 털어 도박을 하거나 모르는 사람들에게 값비싼 선물들을 뿌리는 등 나중에 우울단계에 있게 될 때 죄책감을 더 줄 수 있는 행동들을 한다. 양극성 장애는 주요우울장애보다 드물어 성인의 약 3.9%에서 일어난다(Kessler et al., 2005a). 한국의 경우, 일반 성인의 양극성 장애 평생유병률은 0.2%로 매우 낮게 나타났다(조맹제 등, 2012).

표 14.3 주요우울장애의 특징

특징	예
우울한 기분	슬프고, 공허하고, 절망적이고, 거의 모든 일상적 활동에 관심과 기쁨이 없음
식욕	체중 조절을 하지 않는 상태에서 체중 감소나 체중 증가
수면	불면이나 과다수면
활동	눈에 띄게 느려지거나 안절부절못함
죄책감	무가치감, 자기비난
집중력	사고력, 집중력, 기억력 감퇴
자살	반복되는 죽음에 대한 생각, 자살생각 또는 시도

기분장애의 원인

기분장애의 발달에 관련되는 요인은 무엇인가? 이 질문에 답하기 위해 생물학적, 정신역동적, 행동주의적, 인지적 입장을 살펴보도록 하겠다. 유병률이 높기 때문에 주요우울장애에 대한 연구가 양극성 장애에 대한 연구보다 많음을 기억하기 바란다.

생물학적 생물학적 요인이 기분장애와 관련된다는 단서는 여러 연구에서 제시된다. 예를 들어 우울증과 조증을 경감시키는 데 서로 다른 약물이 효과가 있다는 것은 양극성 장애의 두 극단에 뇌의 다른 상태가 작용한다는 근거가 된다(Thase & Denko, 2008). 뇌의 두 가지 화학적 전달물질인 세로토닌과 노르에피네프린이 우울증과 연관되고, 이 두 신경전달물질의 증가는 조증과 관련된다.

연구자들은 기분장애의 원인과 결과를 이해하기 위하여 뇌 영상기술을 사용하기 시작하였다(Gotlib & Hamilton, 2008). 예를 들어 fMRI 스캔을 사용하여 양극성 장애 환자들이 조증과 우울증 단계에서 다르게 반응한다는 것을 발견하였다. 양극성 장애 환자 36명 대상의 한 연구에서, 연구 당시 11명이 고양된 기분이었고, 10명이 우울한 기분에 있었으며 15명은 균형 잡힌 감정 상태였다(Blumberg et al., 2003). 모든 환자들은 인지적 작업, 즉 단어가 인쇄된 색깔을 말하는 일을 하였는데 fMRI 스캔이 동시에 이루어졌다. 그 결과, 양극성 장애의 어떤 상태에 있는가에 따라 특정 피질 부위가 더 또는 덜 활성화되는 것을 알 수 있었다.

기분장애 발생이 유전적 소인과 관련된다는 증거도 확인되고 있다(Edvardsen et al., 2008; Kendler et al., 2006). 예를 들어, 쌍둥이 양쪽이 양극성 장애로 진단받았던 확률을 평가하였을 때, 일란성 쌍둥이의 경우 상관은 0.82였지만 이란성 쌍둥이일 경우 0.07에 불과하였다. 이 자료에 따르면 유전성(heritability), 지수는 0.77이다(Edvardsen et al., 2008). 387쪽 '생활 속의 심리학'의 내용은 유전자가 환경과 어떻게 상호작용하여 개인이 기분장애를 경험할 가능성에 영향을 주게 되는지 그 방식에 대해 연구자들이 파악하기 시작했음을 보여준다.

기분장애 발병을 이해하기 위해, 세 가지 주요 심리학적 접근을 살펴보기로 하자.

정신역동적 정신역동적 접근에서는 초기 아동기에서 온 무의식적 갈등과 적개심이 우울증 발달에 주요 역할을 한다고 본다. Freud는 우울한 사람들이 보여주는 자기비난과 죄책감의 정도를 보고 충격을 받았다. 그는 이런 자기비난의 근원은 원래 누군가에게 향한 분노가 자신의 내면으로 향한 것이라 믿었다. 분노는 아동의 요구와 기대가 만족되지 못했던 아동기의 강한 의존적 관계, 특히 부모-자식 관계와 연관된다고 믿었다. 성인기의 실제 또는 상징적 상실이 적개심을 재활성화시키는데, 이러한 적개심은 이제 자아를 향해 있고, 우울증의 특징인 자기비난을 만들어낸다.

행동주의적 무의식에서 우울증의 뿌리를 찾기보다 행동주의 접근은 개인이 받는 정적 강화와 처벌의 양적인 면에 관심을 갖는다(Dimidjian et al., 2011). 개인이 상실이나 주요 생활변화 후에 환경에서 정적 강화를 충분히 받지 못하고 처벌을 많이 경험하기 때문에 우울이 생긴다고 본다. 사람들이 우울을 경험하기 시작하면, 그들은 종종 스트레스적인 상황에서 숨게 될 것이다. 이 회피전략은 정적 강화를 받을 기회를 줄이게 될 것이다(Carvalho & Hopko, 2011). 그렇게 되면 우울은 더 깊어질 것이다. 게다가 우울한 사람들은 정적 피드백을 과소평가하고 부적 피드백을 과대평가하는 경향이 있다(Kennedy & Craighead, 1988).

인지적 우울증에 대한 인지적 접근의 중심에는 두 가지 이론이 있다. 한 이론은 부정적 **인지틀**(세계를 지각 하는 고정된 양상)이 사람들로 하여금 자신에게 책임이 있다고 느끼는 생활사건에서 부정적 관점을 택하게 한다는 것이다. 다른 이론은 **설명양식** 모델로 우울은 개인이 중요한 생활 사건을 통제할 수 없다는 신념에서 온다고 한다. 이 두 모델은 각각 우울증의 어떤 측면을 설명해 준다.

Aaron Beck(1967; Disner et al., 2011)은 우울증에 관한 뛰어난 연구자로 인지틀 이론을 발달시켰다. Beck은 우울한 사람들은 세 가지 유형의 부정적 인지 특징을 갖는다고 주장한다. 그는 자신에 대한 부정적 관점, 진행 중인 경험에 대한 부정적 관점, 미래에 대한 부정적 관점을 우울의 **인지삼제**라고 불렀다. 우울한 사람들은 자신을 부적절하고 결함이 있다고 보고 진행 중인 경험을 부정적으로 해석하며, 미래는 고통과 곤경의 연속일 것이라고 믿는다. 이와 같은 부정적 사고 패턴이 모든 경험을 어둡게 보게 하고 우울의 다른 특징을 일으킨다. 부정적 결과를 기대하는 사람은 어떤 목표도 추구할 동기가 없게 되는데, 우울증에 두드러지는 특징인 의지의 마비를 일으킨다.

설명양식 모델은 Martin Seligman이 시작하였는데, 사람들은 정확하든 아니든 그들에게 중요한 미래를 통제할 수 없다고 믿는다. Seligman의 이론은 개의 우울증 같은 증상을 검증하는 연구로부터 시작되었다. Seligman과 Maier(1967)는 개들에게 고통스럽고 피할 수 없는 충격을 주었다. 개가 어떤 행동을 하든 그 충격을 피할 수 없었다. 개들은 Seligman과 Maier가 **학습된 무기력**(learned helplessness)이라고 부르는 증상을 나타냈다. 학습된 무기력은 세 가지 유형의 결함이다. 개가 알고 있는 행동을 시작하지 않는 **동기적** 결함, 경직되고, 무관심하고, 겁나고, 혼돈되어 보이는 **정서적** 결함, 새로운 상황에서 학습하지 못하는 **인지적** 결함을 말한다. 충격을 피할 수 있는 상황에 놓여도 개들은 피하려 들지 않았다(Maier & Seligman, 1976).

Seligman은 우울한 사람들도 학습된 무기력 상태에 있다고 믿는다. 그들은 무엇을 해도 소용이 없다고 믿는다(Abramson et al., 1978; Peterson & Seligman, 1984; Seligman, 1975). 그러나 이러한 상태의 출현은 개인이 자신의 생활 사건을 어떻게 해석하는가에 크게 의존한다. 제11장에서 설명하였듯이 귀인양식에는 내적-외적, 전반적-구체적, 안정적-불안정적의 세 가지 차원이 있다. 심리학 시험에서 방금 나쁜 점수를 받았을 때 시험의 결과가 내적 요인에 의한다고("나는 바보다.") 귀인하면 슬프지만 외적인 요인에 의한다고("시험이 정말 어려웠다.") 귀인하면 화가 난다. 시험결과를 설명하기 위하여 지능보다 덜 안정적인 내적 상태("그날 나는 피곤했어.")를 선택할 수도 있다. 전반적이고 영향력이 많이 미치는 안정적이고 내적인 요인(어리석음)을 택하기보다 심리학 시험에 한정하여 설명할 수도 있다("나는 심리학을 잘 못한다."). 설명양식 이론은 실패를 내적이고 안정적이고 전반적 원인에 귀인하는 개인이 우울증에 더 취약하다고 한다. 이 예측은 반복하여 확인되었다(Lau & Eley, 2008; Peterson & Vaidya, 2001).

사람들이 주요우울장애로 부정적인 기분에 빠지게 되면 일반적 인지과정은 그런 기분에서 벗어나기 더 힘들게 한다. 우울증이 사람들이 세상에 대한 정보에 주의를 기울이는 방식을 변화시킨다는 것을 증명했던 연구를 고려해 보자.

지정연구

연구자들은 15명의 우울증 환자와 우울증을 전혀 겪은 적이 없는 45명의 통제집단을 모집하였다(Kellough et al., 2008). 참가자들은 시각자극을 볼 때 연구자가 그들의 눈 움직임을 모니터할 수 있게 하는 장치를 착용하였다. 각 자극은 슬픔, 위협, 긍정, 그리고 중립인 정서 범주를 나타내는 4개의 사진이었다. 예를 들어, 한 자극은 울고 있는 소년, 겨누어진 총, 껴안고 있는 커플, 그리고 소화전의 사진으로 구성되어 있었다. 참가자들은 눈 추적장치(eye-tracking

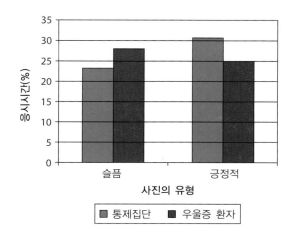

그림 14.1 **주요우울장애의 주의편향**
우울증 환자들과 우울증을 전혀 겪어 보지 않은 통제집단이 슬픔, 위협, 긍정적, 중립적 사진들로 구성된 시각자극을 보았다. 통제집단에 비해 우울증 환자들은 슬픈 사진을 바라보는 데 더 많은 시간을 들였고, 긍정적 사진을 바라보는 데에는 더 짧은 시간을 들였다.

출처 : Kellough, J. L., Beevers, C. G., Ellis, A. J., & Wells, T. T. (2008) Time course of selective attention in clinically depressed young adults, *Behaviour Research and Therapy* 46(11), 1238–1243.

device)를 착용함으로써 연구자가 동공확장과 정서적 이미지 간의 관계를 결정할 수 있게 할 것이라고 설명 받았다. 사실 연구자들은 우울한 사람들이 통제집단에 비해 슬픈 사진을 더 오래 보고, 긍정적 사진은 더 짧은 시간 바라본다는 가설을 검증하고자 했다. 그림 14.1에서 볼 수 있듯이, 우울증을 지닌 사람들은 우울증을 겪은 적이 없는 사람들이 긍정적인 사진을 더 오래 바라봤던 것과 달리, 슬픈 사진을 더 오래 쳐다보았다.

이 연구는 주요우울장애를 겪고 있는 사람들이 세상에 대한 부정적 정보에 더 끌리게 된다는 일반적 결론을 지지한다(Peckham et al., 2010). 이러한 주의편향이 어떻게 우울을 피할 수 없게 하는지를 이해할 수 있을 것이다.

제15장에서 우리는 우울증에 대한 인지적 이론으로부터 생겨난 통찰이 성공적인 치료방법을 만들어냈음을 알게 될 것이다. 이제 우울증에 관한 연구에서 두 가지 중요한 측면, 즉 남성과 여성에 있어 우울증 발생의 차이와 우울증과 자살의 관계를 검토하고자 한다.

우울증의 성차

우울증에 대한 연구에서 중요한 질문 중 하나는 '왜 여성이 남성보다 2배나 더 우울증에 걸리는가'이다(Hyde et al., 2008). 기분장애 발병률의 추정치에 의하면 여성의 21%, 남성의 13%가 인생의 어떤 시점에서 주요우울증을 경험한다고 한다(Kessler et al., 1994). 이러한 성차는 청소년기, 약 13~15세에 나타난다. 불행하게도 이 차이에 기여하는 한 가지 요인은 분명하다. 평균적으로 여성이 남성보다 부정적 사건이나 생활 스트레스를 더 많이 경험한다(Kendler et al., 2004; Shih et al., 2006). 예를 들어 여성은 신체적·성적 학대를 경험할 가능성이 많고, 아이들과 노부모들을 보살피면서 가난 속에서 살 가능성도 더 많다. 이처럼 여성의 삶은 심각한 우울의 기반이 되는 경험들을 더 많이 제공한다.

성차에 대한 연구는 여성을 우울에 더 취약하게 만드는 다양한 요인들에 초점을 맞추어 왔다(Hyde et al., 2008). 이런 요인들 중에는 생물학적인 것이 있다. 일례로 사춘기에 시작되는 남녀 호르몬 차이는 청소년기 소녀들이 소년들보다 우울에 더 취약하게 만든다. 연구자들은 또한 여성과 남성을 다르게 하는 인지적 요소에 대해 집중해서 검토해 왔다. 예를 들면, Susan Nolen-Hoeksema(Nolen-Hoeksema & Hilt, 2009)의 연구에서는 부정적 감정을 경험하기 시작할 때 여성과 남성의 반응양식을 대비시킨다. 이 관점에 의하면 여성은 슬픈 경험을 할 때 이 감정의 가능한 이유와 의미에 대하여 생각하는 경향이 있다. 이와 달리 남성은 다른 일에 집중하거나 신체적 활동을 하는 등 우울한 감정에서 벗어나려고 적극적인 시도를 한다.

이 모델은 여성이 생각을 많이 하고, 더 많이 반추하기 때문에, 즉 그들의 문제에 강박적으로 집중하는 경향으로 인해 우울에 더 취약하게 된다고 설명한다. 대규모 청소년 표본에서 반추를 검토했던 연구를 고려해 보자.

10~17세 사이의 학생 1,218명을 대상으로 생활사건에 대한 그들의 반응을 평가하는 설문지를 실시하였다(Jose & Brown, 2008). 설문지는 "나는 집에 앉아서 내 기분에 대해 생각한다."와 "내가 이 기분을 빨리 떨쳐버리지 않는다면, 어느 누구도 내 곁에 있고 싶지 않을 거라고 생각한다."와 같은 질문들로 구성되어 있다. 학생들은 '전혀'부터 '항상'까지 5점 척도상에 반응하였다. 그림 14.2에서 볼 수 있듯이 가장 어린 연령에서 남녀 간에 어느 정도의 차이가 있다. 그렇지만 청소년기에 그 차이는 더 커져 가고 소녀가 훨씬 더 많이 반추한다. 학생들은 우울증 설문지도 작성하였는데, 소년, 소녀 모두 가장 많이 반추하는 학생들이 가장 많은 우울증 증상을 보고하였다. 그러나 반추와 우울증 간의 관계는 소녀의 경우에 훨씬 강했다.

이 연구는 반추가 우울의 위험요소라는 가설을 지지한다. 부정적 감정에 관심을 두면, 부정적 사건을 더 생각하게 되고, 점차로 부정적 감정에 더 많이, 더욱 강렬하게 빠질 수 있다.

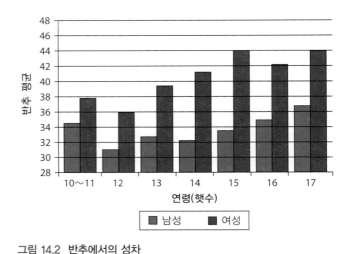

그림 14.2 반추에서의 성차
청소년기 동안 소녀와 소년 간 반추 경험의 차이는 증가한다.
출처 : Jose, P. E. & Grown, I,(2008) When does the gender difference in rumination begin? *Journal of Youth and Adolescence*, 37(2), 180－192.

우울에 대하여 반추하는 남성도 또한 우울 위험이 있다. 다만 더 많은 여성이 반추하기 때문에 성차가 나타나는 것이다.

자살

"살려는, 성공하려는 의지가 부서지고 실패하였다.…… 희망의 빛이 사라졌을 때, 모든 것이 빛을 잃게 되었다(Shneidman, 1987, p .57)." 자살하려고 한 젊은이의 이 슬픈 말은 심리적 장애의 가장 극단적 결과, 즉 자살을 잘 반영한다. 대부분의 우울한 사람들이 자살하는 것은 아니지만 대부분의 자살은 우울증에 시달리던 사람들에 의해 일어난다(Bolton et al., 2008). 미국의 일반 인구에서 공식적으로 자살이라고 명시된 사망은 매년 약 30,000명이다(Nock et al., 2008). 많은 자살이 사고나 다른 원인으로 분류되기 때문에, 실제 자살률은 훨씬 높을 것이다. 우울이 여성에게 더 자주 발생하므로 여성의 자살시도가 남성보다 더 흔하다는 것은 놀라운 사실이 아니다. 그러나 남성의 자살시도가 더 성공적이다(Nock et al., 2008). 이 차이는 남성은 권총을 더 자주 사용하고 여성은 수면제 같은 치명적이지 않은 방법을 사용하기 때문이다

최근 몇십 년간 가장 놀라운 사회문제 중 하나가 청소년 자살의 증가이다. 모든 연령층을 통틀어 미국에서 자살이 11번째 사망 원인인데 15세에서 24세의 경우 세 번째 원인이다(Miniño et al., 2010). 자살사망 한 건당 아마도 8건 내지 20건의 자살시도가 있을 것이다. 청소년 자살위험을 조사하기 위하여 연구팀이 12세에서 20세 사이의 500,000명이 포함된 128개의 연구를 고찰하였다(Evans et al., 2005). 29.9%의 청소년이 살면서 자살생각을 해 본 적이 있고, 9.7%의 청소년이 실제

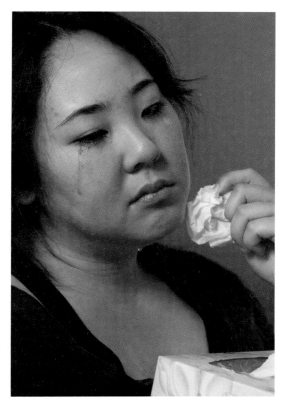

왜 여성이 남성보다 더 많은 우울경험을 하는지 설명할 수 있는 요인은?

로 자살시도를 하였다. 여자 청소년은 남자 청소년 보다 대략 2배 정도 더 자살시도를 하였다.

한국의 경우도 청소년 자살은 매우 심각한 사회문제이다. 2010년도 통계청 조사(2011)에 따르면, 15~19세의 자살사망률은 10만 명당 8.3명, 20~24세의 자살사망률은 10만 명당 18.3명으로 자살은 청소년 사망원인 중 1위에 해당한다. 우종민(2012)의 연구에 따르면, 2009년도 청소년 건강행태 온라인 조사에서 12~18세 청소년의 자살시도율은 4.44%, 자살 생각률은 18.97%인 것으로 나타났다. 한편, 학교폭력 피해학생 중 31.4%가 자살생각을 1번 이상 해 본 적이 있는 것으로 보고되었다(청소년폭력예방재단, 2012).

청소년 자살은 일순간 충동적으로 일어나는 행동이 아니고 내적 갈등과 외적 고통으로 고민하다가 마지막 단계에 일어난다. 대부분의 젊은 자살자들은 자신의 자살의도를 남에게 말하거나 글로 쓴다. 그러므로 누군가 자살에 대한 이야기를 할 때는 항상 심각하게 받아들여야 한다(Rudd et al., 2006). 성인의 경우와 마찬가지로 청소년도 우울을 경험할 때 자살시도를 하기 쉽다(Gutierrez et al., 2004; Nrugham et al, 2008). 무력감, 고립감, 부정적 자아개념이 자살위험과 관계된다(Rutter & Behrendt, 2004). 게다가 동성애 청소년들은 다른 청소년보다

자살위험이 더 높다. 한 연구팀이 이성애자 청소년과 '성적 소수자' 청소년의 자살 비율을 비교한 연구들을 검토하였다. 자살생각과 행동의 평균 비율은 성적 소수자 집단에서 28%, 이성애자 집단에서 12%였다(Marshal et al., 2011). 이 높은 자살률은 동성애자들에 대한 사회적 지지가 상대적으로 결핍되어 있음을 반영한다. 자살은 청소년들이 다른 사람들에게 도움을 청할 수 없을 때 일어나는 극단적인 반응이다. 완전한 자기파괴 외에 어떤 해결책도 없다고 보는 청소년이나 성인들의 생명을 구하기 위해서는 자살의도의 단서들에 민감해지고 진심으로 관심을 보여 개입하는 것이 중요하다.

stop 복습하기

1. 양극성 장애의 특징은?
2. Aaron Beck의 이론에서 인지삼제를 구성하는 부정적 사고 유형은 무엇인가?
3. 어떻게 반추하는 반응 스타일이 우울증의 성차를 설명하는가?
4. 청소년들의 자살위험요인은 무엇인가?

비판적 사고 주요우울장애에서 주의편향을 입증했던 연구를 떠올려 보라. 참가자들은 왜 이 연구가 동공확장에 대한 것이라고 믿게 유도되었을까?

해리장애

해리장애(dissociative disorder)는 정체성, 기억, 또는 의식의 통합에 장애가 온 것이다. 사람들이 자신의 정서, 사고, 행동을 통제할 수 있다고 생각하는 것은 매우 중요하다. 자기통제에 대한 지각에 중요한 것은 자기라는 느낌, 즉 자기의 여러 면이 일관성 있고 시간과 공간을 넘어 정체성이 연속성을 갖는다는 것이다. 해리상태에서 사람들은 이 소중한 일관성과 연속성을 포기함으로써, 즉 자신의 일부를 포기하여 갈등에서 도피한다. 중요한 개인경험을 잊는 현상, 즉 유기체적 기능장애 없이 심리적인 요인들에 의하여 일어나는 이 과정을 **해리성 건망증**(dissociative amnesia)이라고 한다. 어떤 사람들에게는 자신의 과거를 회상하는 능력 상실이 실제로 자신의 집이나 직장으로부터의 도피를 동반한다. **해리성 둔주**(dissociative fugue)라는 이 장애의 경우, 사람들은 수시간, 수일, 수개월을 망각상태에 있으면서 새로운 장소에서 새로운 사람으로 살 수도 있다.

해리정체성 장애(Dissociative Identity Disorder, DID)는 전에

배우 Owen Wilson처럼 매우 성공적인 사람들조차도 자살생각을 유발하는 절망감에 면역력이 있는 것은 아니다. 연구에 따르면 우울과 자살 간의 관계는 어떠한가?

음식을 만들고 따로 포장을 한다. 우리 모두가 좋아하는 것, 싫어하는 것이 다르다. 두려움에 떠는 내가 소리를 지른다. 부상당한 내가 신음을 한다. 슬픈 내가 울부짖는다.

이 여인의 입장이 될 수 있겠는가? 아이, 죽은 아기, 산 아기, 요리사 등 일련의 '개인들'이 내 머릿속 하나에 다 있다고 상상해 보라.

해리장애의 원인 정신역동적 관점을 취하는 심리학자들은 해리는 생존을 위한 필수적 기능으로 작용한다고 설명한다. 그들은 외상적 스트레스를 경험한 적이 있는 사람들이 외상적 사건을 의식적 인식 밖으로 밀어내기 위해 방어기제를 사용한다고 설명한다. 푸에르토리코의 11~17세 청소년 891명의 경험에 초점을 맞춘 연구를 살펴보자(Martínez-Taboas et al., 2006). 아동들은 피해경험과 해리증상에 대해 질문지에 답하였다. 그림 14.3에 나와 있듯이, 상대적으로 매우 적은 수의

다면적 성격장애로 알려졌는데, 이는 한 개인 안에 둘 이상의 구분되는 성격이 공존하는 해리성 정신장애이다. 어느 특정 시간에 이 성격들 중 하나가 우세하여 그 개인의 행동을 지시한다. 해리정체성 장애는 대중적으로 분리 성격(split personality)으로 알려져 있고 때로 정신분열증으로도 오해 받는다. 정신분열증은 성격이 여러 개로 분리된 것이 아니라 손상된 것이다. 해리정체성 장애에서 출현되는 각각의 성격들은 원래의 자기와 의미 있는 방식으로 반대이다. 원래 수줍음을 잘 타는 성격이면 외향적으로, 원래 약하면 거칠게, 원래 성적으로 순진하고 두려워하면 성적으로 자기주장이 강한 성격으로 나타날 수 있다. 각 성격은 고유한 정체성, 이름, 행동 특징을 가지고 있다. 어떤 경우에는 12개의 다른 성격이 나타나 그 개인이 어려운 상황을 다루도록 돕는다. 다음은 해리정체성 장애를 경험하는 여성이 직접 쓴 글의 발췌문이다(Mason, 1997, p. 44)

파도가 바다를 뒤집어 바닷물을 재정비하듯이 내 안에 또 다른 많은 '내'가 있어 밀물과 썰물처럼 나타났다 사라졌다 한다. 때로는 온화하고 때로는 격동적이다. 한 아이가 크레용으로 색칠을 한다. 여자가 은행잔고를 맞추고 있는 사무원을 위하여 길을 내주려고 비켜선다. 잠시 후 죽은 아기가 나타나 마루에 마비되어 누워 있다. 그녀는 얼마간 그대로 있고, 아무도 불안하지 않다. 이제 그녀 차례다. 산 아기가 기어가다가 멈추고 한 점의 흙먼지에 몰두한다. 요리사가 3일간의

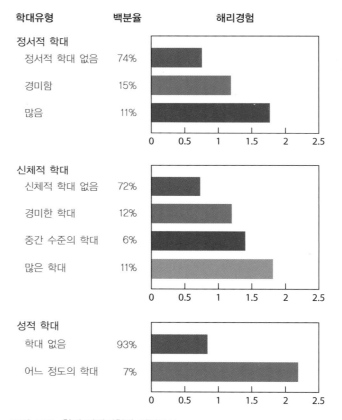

학대유형	백분율	해리경험
정서적 학대		
정서적 학대 없음	74%	
경미함	15%	
많음	11%	
신체적 학대		
신체적 학대 없음	72%	
경미한 학대	12%	
중간 수준의 학대	6%	
많은 학대	11%	
성적 학대		
학대 없음	93%	
어느 정도의 학대	7%	

그림 14.3 학대 피해경험과 해리증상
청소년들이 학대를 받은 경험과 해리증상에 대한 정보를 제공하였다. 백분율 수치로 알 수 있듯이 아동 대다수는 어떤 학대도 경험한 적이 없었다. 학대를 받은 적이 있는 아동들은 더 많은 해리증상을 보고하였다.
출처 : Martínez-Taboas, A. et al. (2006). Prevalence of victimization correlates of pathological dissociation in a community sample of youths, *Journal of Traumatic Stress*, 19, 439 – 448.

어떻게 천성과 양육의 상호작용을 정확히 설명할 수 있는가?

『심리학과 삶』 전체에서 어머니에 대한 애착이나 지적 능력과 같은 삶의 결과가 천성과 양육의 상호작용을 반영한다는 예들을 많이 보아 왔을 것이다. 환경은 유전자의 영향을 변화시킨다. 이러한 유형의 상호작용은 특히 정신병리 연구에서 중요하다. 많은 정신질환에 대한 인과모델은 특정 유전자가 정신질환의 위험을 높이긴 하지만, 환경 요인이 과연 이 위험이 질환을 초래할 것인지를 결정하는 데 매우 중요한 역할을 한다고 주장한다. 주요우울장애에 대한 천성과 양육의 상호작용을 탐색해 보자.

기분장애에 대한 논의는 신경전달물질인 세로토닌의 기능 문제가 우울증에 기여한다는 것에 주목한다. 그러한 이유에서, 연구자들은 세로토닌 시스템에 영향을 주는 5-HTTLPR로 불리는 유전자에 관심을 기울여 왔다(Caspi et al., 2010; Karg et al., 2011). 유전자는 짧고(S), 긴(L) 형태가 있다. 144명의 대학생 연구에서 19%는 두 개의 짧은 유전자 형태를 가지고 있었고(SS), 53%는 하나는 짧고 하나는 긴 형태였다(SL). 28%는 둘 다 긴 형태였다(LL) (Carver et al., 2011). 학생들은 자신이 키워진 가정환경에 대해 정보를 제공하였다. 그들은 얼마나 자주 사랑받고 관심받았다고 느끼는지, 얼마나 자주 모욕당했는지, 얼마나 자주 학대당했는지와 같은 요소에 5점 척도(1 = 전혀, 5 = 매우 자주)에 반응하였다. 그들의 반응에 기초하여, 연구자들은 각 학생이 '위험한 가족'에서 성장한 정도를 계산하였다. 각 학생은 또한 주요우울장애의 진단준거를 만족시키는지 알아보기 위해 임상평가를 받았다.

그림에서, '위험한 가족'의 양수 값은 그 가족이 많은 위험요소를 가지고 있어 학생의 아동기 경험에 스트레스가 더 많았음을 나타낸다. '우울증 진단'의 양수 값은 진단 가능성이 더 높음을 의미한다. 그림에서 볼 수 있듯이 유전자와 환경의 상호작용은 매우 극적이다. 두 개의 긴 유전자 유형(LL)을 지닌 학생들의 경우, 매우 위험한 가족환경이 실제로 주요우울장애의 진단을 가장 덜 초래했다.

또 다른 연구는 사람들을 수십 년간 추적연구해서 이 동일 유전자와 환경 간 상호작용을 평가하였다(Uher et al., 2011). 참가자들은 그들이 어린 아동이었을 때(어떤 경우 3세, 어떤 경우는 5세) 연구에 참여하였고 아동기 동안의 학대경험이 평가되었다. 어떤 사람이 지속적인 우울을 경험하는지 결정하기 위해, 그들은 성인기(32세 또는 40세)까지 추적되었다. 다시 한 번 우울증의 지속 가능성에 대한 아동기 학대의 영향은 사람들이 어떤 유형의 5-HTTLPR 유전자를 유전 받았는지에 따라 달라졌다.

이러한 연구들은 천성과 양육 모두의 중요성을 강조한다. 부정적 생활사건과의 조합에서 유전적 차이는 사람들이 우울증을 경험할 가능성을 크게 변화시킨다. 인간 게놈을 이해하는 데 있어서의 주요 발견들은 연구자들이 천성과 양육이 어떻게 상호작용하는지를 정확히 결정할 수 있게 한다.

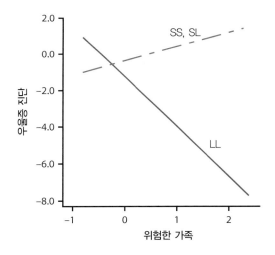

아동들이 높은 수준의 괴롭힘 경험을 보고하였다. 예를 들어, 74%의 청소년은 어떤 정서적 학대도 경험한 적이 없었다. 그러나 정서적·신체적·성적 학대의 수준이 올라갈수록 더 높은 수준의 해리증상과 연합이 되어 있음을 알 수 있다. 한국의 16~60세 여성 정신과 환자 69명을 대상으로 한 연구에서 일생의 어느 시기에서든 신체적·성적 학대를 받았던 경우는 51명(76.81%)이었으며, 16세 이전에 학대경험이 있는 집단의 해리증상 척도점수가 가장 높았다. 16세 이전 또는 이후에 학대경험이 있는 두 집단은 학대경험이 없는 집단에 비해 해리증상 척도점수가 유의하게 더 높았다(연규월, 우행원, 1995).

이러한 자료와 이전에 인용한 개인적 이야기는 흥미롭지만, 많은 심리학자들은 외상과 해리 간 연결에 대해 의구심을 갖는다(Giebrecht et al., 2008). 이러한 의심은 특히 해리정체성 장애에 집중되어 있다. 이 장애의 유병률에 대해서는 어떤 확고한 자료도 없다(DSM-IV-TR, 2000). 많은 수의 구분되는 성격을 가지고 있다고 주장하는 사람들에 대해 미디어가 쏟는 관심 때문에 해리정체성 장애의 진단이 증가한다는 비판도 있다(Lilienfeld & Lynn, 2003). 회의론자들은 해리정체성 장애를 믿는 치료자들이 해리정체성 장애를 만들어 내는지도 모른다고 말한다. 이 치료자들은 자기 환자들에게 최면을 걸고 다면적 성격들이 출현할 수 있게끔 질문을 한다. 연구자들은 엄격한 연구방법을 찾아 해리정체성 장애를 지닌 사람들이 서로 다른 정체성 간의 분리에 대해 주장하는 바를 검사하기 위해 노력해 왔다. 예를 들어, 한 정체성에 의해 획득된 정보가 다른 정체성에게 알려진 정도를 평가함으로서 정체성간 망각(inter-identity amnesia)을 검사하는 것이다. 연구결과 정체성간 망각이 일어난다는 주장은 지지되지 않았다.

해리정체성 장애에 대한 연구자들은 진단 모두가 적절한 것은 아니라는 데 합의한다. 그러나 많은 심리학자들은 해리정체성 장애의 진단을 지지하는 충분한 증거가 모이고 있다고 믿는다(Gleaves et al., 2001; Ross, 2009). 안전한 결론은 해리정체성 장애 진단을 받은 사람 중에는 진짜 그런 경우도 있고, 치료자의 요구에 따라 나타난 경우도 있다는 것이다.

 복습하기

1. 해리성 건망증의 정의는?
2. 해리정체성 장애의 원인으로 연구자들은 생활경험이 어떤 역할을 한다고 하는가?

정신분열증

우리 대부분은 장애를 일으킬 정도로 강한 경험은 없지만 우울하거나 불안한 느낌이 무엇인지는 안다. 그러나 정신분열증은 정상적 기능과 질적으로 다른 경험을 대표하는 장애이다. **정신분열증**(schizophrenic disorder)은 성격이 와해된 것 같고 사고와 지각이 왜곡되고 감정이 무뎌지는 심각한 정신병리이다. 정신분열증을 가진 사람은 미친 사람, 정신 나간 사람을 상상하면 된다. 정신분열증은 비교적 드물어 미국 성인의 약 0.7%가 살면서 한때 이 병으로 고통받지만(Tandon et al., 2008), 이는 약 200만 명이 이 이상하고 비극적인 정신장애에 걸린다는 의미이다. 한국의 경우, 정신분열성 장애(정신분열증과 유사 장애, 정신분열형 장애, 분열정동장애, 망상장애를 포함)의 평생 유병률은 일반 성인의 0.2%에 해당하였다(조맹제 등, 2012).

소설가 Kurt Vonnegut의 아들인 Mark Vonnegut는 20대 초에 정신분열증 증상을 경험하기 시작하였다. 『The Eden Express』(1975)라는 책에서 그는 자신이 겪은 현실과의 단절과 궁극적 회복에 대해 이야기한다. 한번은 과일 나무를 다듬을 때 그의 현실이 왜곡되었다.

나는 내가 나무에게 상처를 주고 있지 않나 생각하며 사과를 하고 있는 나 자신을 보았다. 나무 하나하나가 인격을 갖기 시작하였다. 그중 하나라도 나를 사랑하는지에 대해 생각하기 시작하였다. 나는 나무 하나하나에 완전히 빠져 바라보았고, 나무들도 약간 빛을 발하고 부드러운 내면의 빛이 가지 주위를 맴돌며 빛나는 것이 보였다. 갑자기 믿을 수 없이 주름지고 형형색색인 얼굴이 나타났다. 무한히 멀리 떨어진 작은 점으로 시작하였으나 앞으로 달려들어 무한히 커졌다. 나는 아무것도 볼 수 없었다. 나의 심장이 멈추었다. 그 순간이 영원히 계속되었다. 나는 그 얼굴을 떠나가게 하려고 애썼지만 나를 비웃었다. 나는 두 눈으로 그 얼굴을 똑바로 보려고 했지만 내가 익숙한 땅을 떠났다는 것을 알았다(1975, p. 96).

Vonnegut의 묘사는 정신분열증의 증상을 일별할 수 있게 한다.

정신분열증의 세계에서는 사고가 비논리적이 된다. 생각들 간의 연결은 멀어지고 분명한 틀이 없다. 시각, 후각, 가장 흔하게 청각(보통 목소리)의 감각적 지각을 상상하는 환각(hallucination)이 자주 일어나고 환자는 실제라고 생각한다. 환자는 그의 행동에 대해 끊임없이 뭐라고 하는 소리를 듣거나 여러 소리가 대화하는 것을 들을 수도 있다. **망상**(delusions)도 흔하다. 이것은 분명히 반대되는 증거가 있는데도 불구하고 유지되는 잘못된 또는 비이성적인 믿음이다. 언어가 지리멸렬할 수도 있다. 관계가 없는 또는 마음대로 지어낸 단어들로 단어 샐러드를 만들거나 또는 말을 전혀 하지 않을 수도 있다. 아무런 감정표현이 없거나 상황에 적절하지 않을 수 있다. 심리운동 행동이 와해되거나(얼굴을 찡그리고 반복되는 이상한 행위들) 자세가 경직되어 있을 수 있다. 이런 증상 중 몇 개만 있다 하더라도 환자가 사회적으로 철수하거나 감정적으로 무심해지게 되면서, 직장이나 대인관계에서의 기능저하가 일어난다.

심리학자들은 증상을 양성증상과 음성증상으로 나눈다. 정신분열증이 급성이고 활성기일 때 환각, 망상, 지리멸렬, 와해된 행동 같은 양성증상이 우세하다. 다른 경우에는 사회적 철회, 무감동 같은 음성증상이 더 분명하다. Mark Vonnegut처럼 어떤 환자들은 한두 번의 급성 정신분열증을 경험하고 정상생활로 회복되기도 한다. 만성적 분열증 환자인 경우에는 단기간의 부적 증상을 갖고 반복적으로 급성 상태를 경험하거나 오랜 기간 부적 증상을 보이다가 가끔 정적 증상을 보인다. 가장 심각하게 와해된 사람일지라도 항상 심한 망상을 갖지는 않는다.

정신분열증의 유형

다양한 증상이 정신분열증의 특징으로 나타나기 때문에 연구자들은 하나의 장애가 아니라 여러 유형이 군집된 장애로 본다. 대표적인 다섯 가지 하위 유형이 표 14.4에 정리되어 있다.

와해형(disorganized type) 이 유형인 경우, 사고양식이 조리에 맞지 않고, 아주 기괴하고 와해된 행동을 한다. 감정은 무미건조하거나 상황에 부적절하다. 이유 없이 낄낄거리는 등 종종 웃기는 또는 유치한 행동을 한다. 언어도 이상한 단어와 불완전한 문장을 쓰며 지리멸렬하고 다른 사람과 대화가 안 된다. 망상과 환각도 통합된 주제로 조직되어 있지 않다.

긴장형(catatonic type) 이 유형의 주요 특징은 근육운동 장애이다. 때로 이 장애를 가진 사람은 굳은 상태로 얼어붙은 것처럼 보인다. 오랫동안 움직이지 않고 종종 괴상한 자세로 환경의 어떤 자극에도 반응하지 않고 그대로 있다. 어떤 때는 목적 없이 외부 자극에 영향을 받지 않고 지나친 근육운동을 한다. 긴장형 유형은 모든 지시에 저항하는 극단적인 거부증(negativism)의 특징이 있다.

편집형(paranoid type) 이 유형은 구체적 주제가 있는 복잡하고 조직화된 망상을 경험한다.

- 피해망상. 끊임없이 누가 감시하고 음모를 꾸미고 있어 생명이 위험하다고 느낀다.
- 과대망상. 자신이 중요하고 신분이 높은 존재, 백만장자, 유명한 발명가, 예수 그리스도 같은 종교 지도자라고 믿는다. 피해망상은 과대망상과 함께 올 수 있다. 유명한 사람인데 악의 힘 때문에 끊임없이 반대를 겪는다.
- 망상적 질투. 근거 없이 배우자가 바람을 피운다고 확신한다. 그들은 이 이론에 따라 망상의 진실을 증명하기 위하여 정보를 꾸민다.

표 14.4 **정신분열증의 유형**

유형	주요 증상
와해형	부적절한 행동과 감정, 지리멸렬한 언어
긴장형	무동증, 경직되거나 흥분된 운동 행동
편집형	피해망상, 과대망상
감별불능형	사고장애의 증상들과 다른 유형의 특징들의 혼합
잔류형	주요 증상들은 없지만 장애의 지속을 보여주는 경미한 증상 존재

편집형 정신분열증 환자는 와해된 행동을 거의 나타내지 않는다. 대신 그들의 행동은 강렬하고 매우 형식적이다.

감별불능형(undifferentiated type) 하나의 유형 이상을 만족시키거나 또는 분류하기 힘든 유형으로 분명한 망상, 환각, 지리멸렬한 언어, 심하게 와해된 행동이 합쳐진 정신분열증의 범주이다. 여러 증상이 혼합되어 경험되기 때문에, 다양한 정신분열성 반응을 명확히 분별하기가 어렵다.

잔류형(residual type) 잔류형 정신분열증 환자는 보통 과거의 주요 정신분열증 사건으로 인해 고통스럽다. 현재는 환각, 망상 같은 주요 양성증상으로부터 자유롭다. 양성증상이 약간 있거나 무감정 같은 음성증상이 있어 이 장애가 지속되고 있다고 보인다. 잔류형 정신분열증 진단은 병이 소강상태 또는 활동하지 않는 상태라고 할 수 있다.

정신분열증의 원인

여러 모델이 정신분열증의 초기 원인, 정신분열증이 발달하는 경로, 치료방법에 대해 매우 다른 입장을 취하고 있다.

유전적 접근 정신분열증이 특정 가계에 전해지는 경향이 있다는 것은 오래전부터 알려진 사실이다(Bleuler, 1978; Kallmann, 1946). 세 개의 독립적 연구형태 — 가계 연구, 쌍둥이 연구, 입양 연구 — 는 공통적인 결론을 내린다. 정신분열증에 걸린 사람과 유전적으로 관련이 된 사람이 그렇지 않은 사람에 비해 정신분열증에 더 쉽게 걸린다(Riley, 2011).

그림 14.4는 여러 유형의 친척들이 정신분열증에 걸릴 위험에 대해 정리한 것이다. 정신분열증 연구자 Irving Gottesman (1991)은 1920년과 1987년 사이 서유럽에서 이루어진 약 40개의 신뢰가 가는 연구자료 중 좋지 않은 자료는 버리고 모든 자료를 한데 모았다. 이 자료는 유전적 관계의 정도에 따라 나열되었는데, 이는 위험도와 높은 상관관계를 보인다. 예를 들어 부모 모두가 정신분열증일 때 자녀들이 정신분열증이 될 위험도가 46%인 데 비하여 일반인은 1%였다. 부모 중 한쪽만 정신분열증일 때 그 자녀가 정신분열증이 될 위험도는 13%로 떨어진다. 일란성 쌍둥이가 모두 정신분열증에 걸릴 확률은 이란성 쌍둥이의 확률보다 거의 3배가 높다.

정신분열증의 유전성은 매우 확고하게 확립되어 있기 때문에, 연구자들은 사람들을 정신분열증의 위험에 빠지도록 하는 구체적인 유전자를 발견하는 것에 관심을 기울여 왔다.

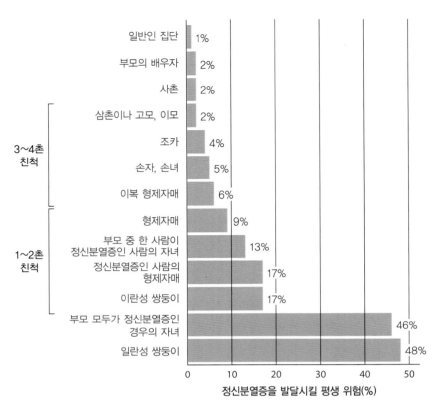

그림 14.4 정신분열증을 발달시키는 유전적 위험
그래프는 정신분열증을 빌달시키는 평균적 위험을 보여준다. 자료는 1920년부터 1987년 사이 유럽인들을 대상으로 행해진 가족과 쌍둥이 연구로부터 수집되었다. 위험의 정도는 유전적 관련성의 정도와 높은 상관을 보였다. 좌표명이 달리 쓰여 있지 않은 한 자료는 개인과 정신분열증으로 진단받은 누군가와의 관계를 나타낸다. 예를 들어, 정신분열증으로 진단된 누군가의 이란성 쌍둥이는 같은 진단을 받을 가능성이 17%이다.

앞에서 보았듯이, 정신분열증에는 매우 다양한 증상을 지닌 여러 가지 유형이 있다. 이 때문에 연구자들은 많은 수의 유전자가 사람들이 언제, 어떻게 영향을 받게 될지 관여한다고 믿고 있다. 이 장애와 연관된 몇몇 후보 유전자에 대한 연구 증거가 생겨나고 있다(Shi et al., 2008). 정신분열증에 대한 사람들의 서로 다른 경험, 예를 들어 증상의 심각성 측면에서의 차이는 그들이 물려받은 유전자의 조합 때문일 수 있다.

뇌 기능 정신분열증 연구의 또 다른 생물학적 접근은 이 장애를 가진 개인의 뇌에서 이상을 찾는 것이다. 이러한 연구의 대부분은 정신분열증을 지닌 사람들과 정상 통제집단 간에 뇌 구조와 기능을 직접적으로 비교할 수 있게 하는 뇌영상기법을 사용한다(Keshavan et al., 2008). 예를 들어 그림 14.5에서 보듯이, 자기공명영상(Magnetic Resonance Imaging, MRI)은 뇌척수액(cerebrospinal fluid)이 흐르는 뇌의 구조인 뇌실(ventricles)이 정신분열증 환자에게서 종종 확대된 것을 보여준다(Barkataki et al., 2006). 또한 MRI 연구는 정신분열증 환자가 대뇌피질의 전두엽과 측두엽 부위가 더 얇고, 신경조직의 상실은 아마도 이 장애의 이상행동과 관련이 있다는 증거를 제시한다(Bakken et al., 2011).

연구자들은 또한 뇌의 이상 중 일부는 이 장애의 진전과 관

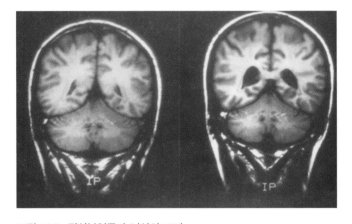

그림 14.5 정신분열증과 뇌실의 크기
남성 일란성 쌍둥이에게 MRI 스캔을 하였다. 스캔 결과 정신분열증이 있는 쌍둥이(오른쪽)의 뇌실이 장애가 없는 쌍둥이(왼쪽)의 뇌실에 비해 확장되어 있다.
출처 : Drs. E. Fuller Torrey and Daniel Weinberger.

련이 있음을 보고하기 시작하였다(Brans et al., 2008). 예를 들어, 그림 14.6은 12세경에 정신분열증 증상을 경험하기 시작했던 12명에 대한 종단연구 자료를 보여준다(Thompson et al., 2001). 이 연구는 5년간에 걸쳐 회백질(gray matter; 피질에 있는 신경세포의 세포체와 수상돌기)에서의 변화를 살펴보았다. 12명의 환자는 연령을 동일하게 맞춘 건강한 통제집단과 마찬가지로 MRI 스캔을 반복적으로 받았다. 제10장에 나와 있

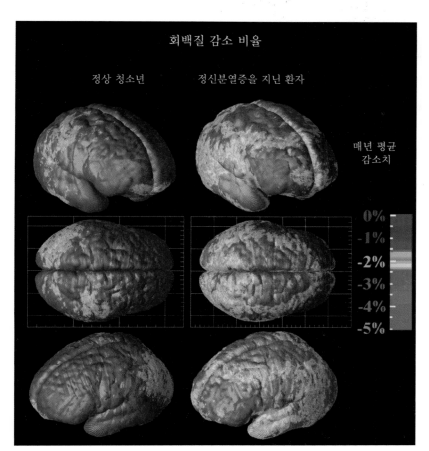

회백질 감소 비율

정상 청소년 　　　정신분열증을 지닌 환자

매년 평균
감소치

0%
-1%
-2%
-3%
-4%
-5%

그림 14.6 정신분열증을 지닌 청소년의 회백질 감소
연구자들이 정신분열증을 지닌 12명의 청소년과 같은 연령인 12명의 건강한 통제집단에 MRI 스캔을 하였다. 5년간의 기간 동안, 정신분열증을 지닌 청소년들은 뇌의 여러 영역에서 회백질의 심각한 감소가 있었다.
출처 : P. M., Vidal, C., Giedd, J. N., Gochman, P., Blumenthal, J., Nicolson, R., Toga, A. W., & Rapoport, J. L. (2001). Mapping adolescent brain change reveals dynamic wave of accelerated gray matter loss in very early-onset schizophrenia. *PNAS, 98,* 11650−11655.

듯이, 청소년의 뇌는 여전히 변화 중이다. 그렇기 때문에 정상적인 청소년들 역시 회백질의 감소를 경험하게 된다. 그러나 그림 14.6에서 볼 수 있듯이, 정신분열증을 지닌 청소년 환자에서 회백질 감소는 매우 두드러진다. 임상가는 정신분열증의 유전적 위험이 있는 사람들에게서 그러한 변화를 모니터링해서 진단과 치료를 더 이른 시기에 제공할 수 있을 것이다 (Wood et al., 2008).

정신분열증의 증상이 광범위하기 때문에, 이 장애의 원인이거나 결과일 수 있는 다양한 생물학적 이상을 발견하는 것은 놀라운 일이 아니다. 환경적 요인들은 정신분열증의 위험을 지닌 사람들에게서 어떻게 장애를 촉발하게 될까?

환경 스트레스 그림 14.5에서 볼 수 있듯이 유전적 유사성이 매우 큰 집단에서조차 위험요인은 50%를 넘지 않는다. 이는 유전이 작용한다고 해도, 환경적 조건이 장애를 일으키는 데 필수적임을 시사한다. 정신분열증 원인으로 널리 수용되는 가설은 **취약성 스트레스 가설**(diathesis-stress hypothesis)이다. 취약성 스트레스 가설에 따르면 유전적 요인이 개인에게 위험부담이 되지만 정신분열증으로 나타나려면 환경적 스트레스 요인

이 영향을 주어야 한다.

예를 들어, 도시에 사는 사람들, 경제적 어려움이 큰 사람들, 한 나라에서 다른 나라로 이주한 사람들은 더 높은 비율로 정신분열증을 경험한다(Bourgue et al., 2011; Tandon et al., 2008). 이러한 관계에 대한 설명은 사회적 스트레스 요인과 사회적 역경에 주목해 왔다. 또한 외상적 사건을 경험한 사람들이 정신분열증의 위험이 더 높다는 것이 밝혀졌다. 한 연구는 미국과 영국의 대규모 표본을 검토하였고, 그 결과 신체적 또는 성적 학대와 같은 외상을 더 많이 경험했을수록, 정신분열증을 경험할 가능성이 더 높음을 발견하였다(Shevlin et al., 2008).

또한 연구자들은 정신분열증으로 진단받았을 때, 생활사건이 사람들의 증상을 어떻게 변화시키는지를 살펴보았다. 환자의 생활사건에 대한 반응과 증상 변화 간의 관계를 증명한 다음 연구를 보자.

연구자들은 9개월 기간의 시작과 끝에 정신분열증 환자의 증상을 평가하였다(Docherty et al., 2009). 연구의 시작 시, 각 환자의 정서적 반응성, 즉 생활사건에 대한 개인의 정서적 반응 강도 역시 측

지정연구

정하였다. 예를 들어, 환자들이 "나는 기분변동이 크다."와 "나는 매우 강렬한 정서를 경험한다."와 같은 문장에 '전혀 또는 거의 전혀'부터 '항상 또는 거의 항상'의 척도에 답을 하였다. 9개월 후에 환자들은 바로 전 달의 생활사건에 대해 설명하였다. 그들의 보고에 따라 연구자들을 지난 달에 중간 또는 심각한 생활사건을 경험한 사람들 부류와 그렇지 않은 부류로 나누었다. 연구자들은 부정적 생활사건이 더 많은 증상으로 이어질 것이지만 오직 그러한 사건들에 규칙적으로 강한 정서적 반응을 보이는 환자들에게서만 그러할 것이라고 예측하였다. 그림 14.7에서 볼 수 있듯이, 부정적 생활사건과 높은 정서적 반응성 모두를 지닌 환자들만이 망상과 환각 등에서 증상 증가를 보였다.

우리는 생활사건에 대한 사람들의 반응 차이가 그들이 주요 우울장애를 겪게 될 가능성에 영향을 준다는 것을 앞서 살펴보았다. 이 연구도 정신분열증 증상에서 유사한 패턴을 증명하였다.

연구는 또한 가족 스트레스가 사람들에게 정신분열증을 일으킬 확률과 증상이 재발하게 될 확률에 영향을 미친다는 것을 보여주었다(Miklowitz & Tompson, 2003; Scholosser et al., 2010). 예를 들어, 여러 연구들은 **표현된 정서**(expressed emotion)라는 개념에 주목해 왔다. 가족이 환자에 대해 비난하는 말을 많이 하고, 정서적으로 지나치게 관여하며(과보호적이고 간섭이 많은), 일반적으로 환자에 대해 적대적인 태도를 갖고 있다면 표현된 정서가 높은 것이다. 회복한 환자가 병

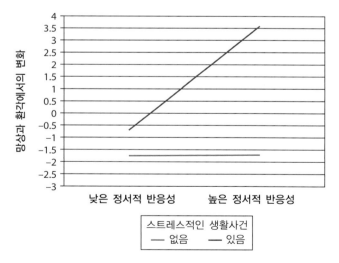

그림 14.7 정신분열증의 증상 변화
연구자들은 9개월간의 기간 동안 환자의 정서적 반응성과 증상 변화를 측정하였다. 부정적 생활사건과 높은 정서적 반응성 모두를 가진 환자들만이 망상과 환각 등의 증상 증가를 보였다.
출처 : Docherty, N. M. et al. (2008). Life events and high-trait reactivity together predict psychotic symptom increases in schizophrenia. *Schizophrenia Bulletin, 35*(3). Reprinted by permission of Oxford University Press.

원을 떠나 표현된 정서가 높은 가정으로 돌아갈 때, 재발위험은 표현된 정서가 낮은 가정으로 돌아갈 때에 비해 두 배나 높다(Hooley, 2007). 따라서 치료는 하나의 시스템으로서의 가족 전체가 장애를 지닌 아동을 향해 움직이는 방식을 변화시키는 것이 되어야만 한다.

정신분열증에 대한 많은 설명과 의미 있는 연구에도 불구하고 여전히 남아 있는 의문들은 이 강력한 심리장애에 대해 알아야 할 것이 많이 남아 있음을 보여준다. 우리의 이해를 어렵게 하는 것은 정신분열증이라 불리는 현상 각각이 서로 다른 원인을 지닌 여러 장애들의 집합으로 더 잘 설명되기 때문일 것이다. 유전적 성향, 뇌의 과정, 가족 상호작용은 모두 적어도 사례 중 일부에 관여하고 있음이 확인되었다. 연구자들은 여전히 이러한 요인들이 어떻게 조합되어 정신분열증을 초래하게 되는지 그 방식을 결정해야만 한다.

 복습하기

1. 사회적 철회와 무미건조한 감정은 정신분열증의 양성증상인가, 음성증상인가?
2. 정신분열증 중 어느 유형이 피해나 과대망상을 보이는가?
3. 가족의 표현된 정서는 정신분열증의 재발에 어떤 영향을 미치는가?

비판적 사고 정신분열증 증상에 대한 생활사건의 영향을 다룬 연구를 떠올려 보라. 9개월 기간의 처음에 정서적 반응성을 왜 측정하였는가?

성격장애

성격장애(personality disorder)는 지각, 사고, 행동의 만성적이고 융통성이 없으며 부적응적인 패턴이다. 이는 사회나 직업 장면에서 기능하는 개인의 능력을 심각하게 방해하며, 상당한 고통을 야기할 수 있다. 보통 청년기나 성인 초기가 되면 알 수 있다. 성격장애는 DSM-IV-TR의 축 II에 표시된다. 표 14.5에서 보듯이 DSM-IV-TR에서 열 가지 유형의 성격장애를 3개의 군집으로 분류하였다.

성격장애 진단은 장애들 간의 중첩 때문에 때로 논쟁의 여지가 있다. 같은 행동이 때로는 다른 장애의 진단에 사용되기도 하기 때문이다. 연구자들은 정상과 비정상의 관계를 이해하려고 노력 중이다. 또한 그들은 특정 성격 차원에서의 극단이 어

표 14.5 성격장애

장애	특징
군집 A : 행동이 특이하거나 기이해 보임	
편집성	다른 사람의 동기를 의심하고 신뢰하지 않는다.
분열성 (schizoid)	사회적 관계를 원하지도 즐기지도 못하고 정서가 결여되어 있다.
분열형 (schizotypal)	인지적, 지각적 왜곡과 함께 사람들과의 관계가 불편하다.
군집 B : 행동이 극적이거나 변덕스러움	
반사회적	타인의 권리를 존중할 줄 모르고 사회규범을 위배하는 무책임하고 불법적 행동을 한다.
경계선	인간관계가 불안정하고 극단적이다. 특히 충동적 자해행위를 한다.
히스테리성	정서표현이 과도하고 항상 자기 자신에 대해 관심을 끌려고 한다. 부적절한 성적, 유혹적 행동을 한다.
자기애성	과장된 자신의 중요성과 타인으로부터 끊임없는 찬사를 원하며 타인에 대한 공감능력이 없다.
군집 C : 행동이 불안하고 두려워 보임	
회피성	거부의 위험 때문에 대인관계를 회피하고, 비난을 두려워하며 사회적 상황에서 부적절감을 느낀다.
의존성	인생의 주요 영역에서 타인이 책임을 져 주기를 원하고 타인의 지지가 없으면 불안하고 무기력하다.
강박성	규칙이나 목록에 집착하고 완벽주의 때문에 일을 끝낼 수 없다.

느 지점에서 장애를 의미하게 되는지 의문을 갖는다(Livesley & Lang, 2005). 예를 들어 대부분의 사람들은 나 아닌 다른 사람에게 어느 정도 의존한다. 의존성이 어느 정도로 극단적이어야 의존적 성격장애의 신호가 될까? 다른 유형의 심리장애와 마찬가지로, 임상가는 성격 특징이 언제, 어떻게 부적응적이 되는지, 즉 그러한 특징이 언제, 어떻게 사람이나 사회에 고통을 초래하는지를 이해해야 한다. 이 결론을 설명하기 위해, 경계선 성격장애와 반사회적 성격장애를 살펴보도록 하자.

경계선 성격장애

경계선 성격장애(borderline personality disorder)는 대인관계에서 매우 불안정하고 강렬한 경험을 한다. 이런 어려움은 부분적으로 분노 통제가 어려워 일어난다. 이 장애로 사람들은 자주 싸움을 하고 성질을 부린다. 이 장애를 지닌 사람들은 매우 충동적으로 행동하는데, 특히 약물남용, 자살시도 같은 자해적 행동에서 그러하다. 미국 내 성인들 중 경계선 성격장애의 유병률은 약 1.6%이다(Lenzenweger et al., 2007).

경계선 성격장애의 중요한 요인 중 하나는 버림받음(유기)

에 대한 강렬한 공포이다(Bornstein et al., 2010). 이 장애를 지닌 사람들은 버림받지 않으려고 전화를 자주한다든가 신체적으로 매달리는 등 미친 듯이 행동한다. 거부와 경계선 성격장애를 지닌 사람들이 보이는 분노 간의 관계를 보여주는 연구하나를 살펴보자.

연구자들은 경계선 성격장애(BPD) 진단을 충족시킨 사람들 45명과 건강한 통제집단인 40명을 모집하였다(Berenson et al., 2011). 참가자들은 21일간 임의로 선택된 105개의 특정 시간에 반응할 수 있도록 손바닥 크기의 휴대용 컴퓨터를 가지고 다녔다. 컴퓨터가 울리면, 참가자들은 바로 그 순간에 그들이 얼마나 많은 거부를 경험하고 있는 중인지를 보고하기 위해 '나는 버려졌다'와 같은 문장에 반응하였다. 참가자들은 "지금 이 순간 당신은 어느 정도 폭언을 하고 싶습니까?"와 같은 질문에 답하여, 그 순간에 자신이 느끼는 분노감을 보고하였다. BPD 집단의 사람들은 3주 동안 더 많은 거부와 분노를 보고하였다. 게다가 BPD 집단의 경우 거부에서 약간의 증가만 있어도 분노감에서 상대적으로 매우 큰 증가가 있었다. 통제집단의 사람들은 순간적인 거부감에 그런 식의 분노로 반응하지 않았다.

이 연구는 감정통제의 어려움이 경계선 성격장애를 지닌 사람들과 관계를 유지하는 것을 상당히 어렵게 만든다는 것을 보여준다. 이 장애를 지닌 사람들을 10년간 추적한 한 연구는 전 기간 동안 이들의 사회적 기능이 손상되어 있음을 발견하였다(Choi-Kain et al., 2010). 이 연구는 경계선 성격장애가 시간이 지나도 상당히 안정적임을 나타낸다.

경계선 성격장애의 원인 다른 장애에서와 마찬가지로 연구자들은 경계선 장애의 천성과 양육 문제에 관심을 갖는다. 쌍둥이 연구는 유전적 기여에 대한 강한 증거를 제공한다(Distel et al., 2008). 예를 들면 일란성 쌍둥이와 이란성 쌍둥이의 일치율을 비교한 연구에서 일란성 쌍둥이 중 한 쌍둥이가 경계선 성격장애가 있으면, 다른 쌍둥이의 35.3%가 또한 이 장애를 보인다. 그러나 이란성 쌍둥이의 경우는 6.7%만이 이 장애를 갖는다. 성격적 특성이 강한 유전성을 보인다는 제13장의 논의를 기억한다면, 이러한 성격특성에서의 장애 역시 유전적이라는 것은 놀라운 일이 아니다.

환경적 요인이 경계선 성격장애의 중요한 원인이라는 연구도 있다(Cohen et al., 2008; Lieb et al., 2004). 한 연구는 아동기에 경험한 외상적 사건의 발생에 대해 이 장애를 지닌 66명의 환자와 109명의 건강한 사람을 비교하였다(Bandelow et al., 2005). 환자들은 상당히 다른 삶을 살아왔는데, 경계선 성격장애를 지닌 사람들의 73.9%가 아동기 때 성적 학대를 받은 데 비해 통제집단의 경우는 5.5%만이 성적 학대를 경험하였다. 환자들의 보고에 의하면 학대는 평균적으로 6세 때 시작하였고 3년 반 동안 지속되었다. 초기의 외상이 장애에 영향을 주었을 가능성이 크다. 그러나 아동기의 성적 학대를 경험한 모든 사람들이 다 경계선 성격장애를 일으키는 것은 아니다. 통제집단의 5.5%를 보면 성적 학대를 경험하였지만 장애를 일으키지는 않았다. 유전적 위험요인과 외상적 사건이 합쳐져서 이 장애의 원인이 되었을 것이다.

한편, 환자가 아닌 650명의 여대생을 대상으로 한 한국 연구에서도 신체적·성적·정서적 학대나 방임과 같은 복합외상(complex trauma) 경험은 경계선 성격특성과 유의한 정적 상관을 보였으며, 복합외상 경험과 경계선 성격특성의 관계는 자기개념의 수준에 따라 조절되는 것으로 나타났다(이아람, 김남재, 2012). 즉, 자기개념이 더 부정적인 집단에서 복합외상 경험이 많을수록 경계선 성격특성을 더 많이 보였다.

반사회적 성격장애

반사회적 성격장애(antisocial personality disorder)는 사회 규범을 위배하는 무책임하고 불법적인 행동양식을 오랫동안 나타내는 특징이 있다. 거짓말, 도둑질, 싸움이 일반적인 행동이다. 반사회적 성격장애를 지닌 사람들은 자신의 행동에 대하여 수치심을 느끼거나 후회를 하지 않는다. 수업을 방해하거나, 싸움을 하고 가출을 하는 등 어려서부터 사회적 규범에 어긋나는 행동을 한다. 그들의 행동은 타인의 권리에 무관심한 특징을 가진다. 미국 성인 중 반사회적 성격장애의 유병률은 약 1.0%이다(Lenzenweger et al., 2007)

반사회적 성격장애는 종종 다른 장애와 함께 나타난다. 예를 들어 술이나 약물남용을 한 적이 있는 성인 중 남성은 18.3%, 여성은 14.1%가 반사회적 성격장애를 보였고, 이는 일반집단의 1%보다 훨씬 높았다(Goldstein et al., 2007). 또한 반사회적 성격장애자들은 주요우울장애가 없어도 자살위험이 있다(Javdani et al., 2011; Swogger et al., 2009). 자살위험은 이 장애를 특징짓는 충동성과 안전에 대한 무관심이 만들어낸 결과이다.

반사회적 성격장애의 원인 연구자들은 반사회적 성격장애와 연관되는 구체적 행동들이 유전적 요인이 있는지 탐색하기 위하여 쌍둥이 연구를 사용해 왔다. 한 연구는 3,687쌍의 쌍둥이의 행동이 일치하는지를 보았다(Viding et al., 2005). 교사들에

반사회적 성격장애가 있는 사람은 왜 법적 문제를 자주 일으키는가?

게 쌍둥이 각자에 대하여 "감정이나 정서를 보이지 않는다."와 같은 냉담하고 무감각한 특성(callous-unemotional traits)과 "다른 아동들과 싸우거나 못살게 군다."와 같은 반사회적 특성이 있는지 표시하라는 지시를 하였다. 일란성과 이란성 쌍둥이 비교에서 냉담-무감각 특성이 강한 유전적 소인이 있음을 보여주었다. 높은 수준의 냉담-무감각 특성을 보이는 쌍둥이들의 경우, 유전은 반사회적 행동에 큰 역할을 하였다.

반사회적 성격장애를 일으키는 환경적 상황에 대한 연구도 있다(Paris, 2003). 경계선 성격장애의 경우처럼, 반사회적 성격장애를 지닌 사람들은 건강한 사람들보다 아동기 학대를 경험했을 확률이 더 높았다. 이 관계를 입증하기 위해, 한 연구팀은 법원 기록(1970년경부터)을 검색하여 아동기 학대와 방임이 공식적으로 기록된 641명의 자료를 수집하였다(Horwitz et al., 2001). 이 사람들이 심리장애가 있는지 평가하기 위해 20년 후에 인터뷰를 받았다. 학대 경험이 없는 510명의 통제집단에 비교하여, 학대받은 사람들은 반사회적 성격장애의 진단을 더 많이 만족시켰다. 중요한 점은 아동기 때 학대받은 사람들이 전생애에 걸쳐 더 높은 수준의 스트레스 요인을 경험해 왔다는 것이다. 후속 연구는 특히 신체적 학대가 반사회적 성격장애의 위험을 높인다는 것을 제시하였다(Lobbestael et al., 2010).

 복습하기

1. 경계선 성격장애가 있는 사람은 대인관계에서 어떤 강렬한 두려움을 갖는가?
2. 경계선 성격장애가 있는 사람의 생애 초기는 건강한 통제집단의 사람들과 비교하면 어떤가?

3. 반사회적 성격장애가 있는 사람은 왜 자살위험이 높은가?

비판적 사고 거부와 경계선 성격장애의 분노 간의 관계를 평가했던 연구를 떠올려 보라. 자료수집이 무선으로 선택된 시간에 행해져야만 했던 이유는 무엇인가?

아동기 장애

지금까지 성인의 정신병리를 주로 살펴보았지만, 아동기와 청소년기에 정신질환의 증상들을 경험하기 시작한다는 점에 주목해야 한다. 최근 연구자들은 나이가 어린 사람들에게서 정신병리가 출현하게 되는 시간 과정에 대한 연구에 집중해 왔다(Zahn-Walxer et al., 2008). 연구자들은 초기 진단과 치료를 가능케 하는 행동패턴을 파악하고자 노력해 왔다. 예를 들어, 사회적 기능의 어려움은 아동·청소년이 정신분열증의 위험이 있다는 신호를 제공해 줄 수 있다(Tarbox & Pogue-Geile, 2008).

DSM-IV-TR은 '보통 유아기, 아동기, 청소년기에 처음으로 진단되는' 여러 장애를 제시하고 있다. 여기서는 주의력결핍 과잉행동장애와 자폐장애를 다루겠다.

주의력결핍 과잉행동장애

주의력결핍 과잉행동장애(Attention-Deficit Hyperactivity Disorder, ADHD)의 정의는 2개의 증상군을 이야기한다(DSM-IV-TR, 2000). 첫째, 아동이 그들의 발달수준과 맞지 않게 주의력 수준이 낮아야만 한다. 학교에서 집중하기가 힘들거나 장난감이나 학교숙제 등을 잊어버린다. 둘째, 그들의 발달수준과 맞지 않는 **과잉행동**과 **충동성**을 보여야 한다. 과잉행동에는 꼼지락거리고, 안절부절못하고, 지나치게 말이 많은 것을 포함하며, 충동적 행동은 자기 순서가 아닌데도 참지 못하고 답을 말해 버리거나 다른 사람을 방해하는 것을 포함한다. 아동 7세 이전에 적어도 6개월 이상 이러한 행동패턴을 보이게 되면, ADHD로 진단한다.

연구자들은 미국의 5~17세 아동 중 9%가 ADHD를 지닌 것으로 추정한다(Akinbami et al., 2011). 유병률은 소년의 경우 12.3%, 소녀의 경우 5.5%이다. 한국 초등학생 1~6학년 2,667명을 대상으로 조사하였을 때 ADHD 출현율은 5.9%로, 남학생이 여학생에 비해 4.5배 정도 높은 출현율을 보였다(임경희, 조붕환, 2004). 또한 초등학생 4~6학년 228명의 자기평가 자료에 근거한 연구에서 ADHD 증상의 유병률은 9.6%였으며,

남학생이 11.2%, 여학생이 8.1%로 나타났다(이동훈, 2009). 그러나 연구에 따르면, 성차에 대한 기대와 같이 문화적 편향이 소년들에게서 ADHD 진단을 덜 하게 만들며, 성차에 대한 정확한 추정을 어렵게 만든다. 그러나 대규모 성인연구에서, 여성의 3.2%, 남성의 5.4%가 ADHD 진단을 충족시켰다(Kessler et al., 2006a). 이 수치는 전생애에 걸친 성차를 정확히 반영하는 듯하다. ADHD로 진단될 때, 소년과 소녀는 비슷한 패턴의 문제행동을 보인다(Rucklidge, 2010). 그러나 ADHD로 인해서 소녀가 소년에 비해 사회적 고립을 더 많이 경험할 것이다(Elkins et al., 2011).

많은 아동들이 주의력이 없고, 과잉행동, 충동적인 경향이 있기 때문에 ADHD로 진단 내리기가 힘들다. 이런 이유로 진단에 있어 논쟁이 생긴다. 사람들은 아동의 정상적인 무질서를 이상행동으로 진단 내리는 것은 아닌지 염려한다. 그렇지만 임상가들이 모두 동의하는 바는 어떤 아동들은 행동조절을 하지 못하고 과제를 마치지 못할 정도로 부적응적인 수준이라는 것이다. 많은 사람들이 ADHD가 과잉 진단되고 있다고 생각하지만, 연구결과는 이와 반대이다(Sciutto & Eisenberg, 2007). 사실, ADHD는 소녀의 경우에 과소 진단되고 있다.

다른 장애와 마찬가지로 연구자들은 ADHD의 천성과 양육을 논한다. 쌍둥이와 입양연구에서 유전적 근거가 분명이 나타난다(Greven et al., 2011). 연구자들은 뇌의 발달에 영향을 미치는 구체적 유전자와 신경전달물질의 기능 간 관계를 입증하기 시작하였다(Polemans et al., 2011; Smoller et al., 2006). 또한 ADHD와 관련된 환경적 변인도 있다. 경제적으로 취약하거나 갈등 수준이 높은 가정에서 자란 아동들이 이 장애를 경험하기가 더 쉽다는 것이다(Akinbami et all, 2011; Biederman et al., 2002). 어떤 환경적 변인들은 서로 다른 출생순위에 있는 아동들에게 큰 영향을 미친다. 예를 들면 서로 지지를 제공하지 못하는 가정에 태어난 첫째 아이는 같은 가정의 다른 형제들보다 ADHD의 위험이 높다(Pressman et al., 2006). 이러한 연구결과는 부모의 양육 경험이 ADHD의 발생에 영향이 있음을 말한다.

자폐장애

자폐장애(autistic disorder)를 지닌 아동은 사회적 유대를 형성하는 데 심각한 장애가 있다. 이들은 언어발달이 매우 느리고 세상에 대한 관심이 거의 없어 보인다. 이 장애로 진단받은 아동에 대한 보고이다.

오드리는 일상생활에서의 거의 모든 변화에 두려움을 느끼는 것 같다. 낯선 사람이 있어도 그렇다. 다른 아이들이 접촉을 하면 움츠리거나 아예 피해 버린다. 혼자 아무 의미 없는 놀이를 몇 시간씩 한다. 다른 아이들과 있을 때 거의 같이 놀지도 않고 그들의 움직임을 전혀 따라하지도 않는다(Meyer, 2003, p. 244).

많은 자폐장애 아동들은 반복적이고 의례적(ritualistic) 행동을 한다. 그들은 물건을 하나의 선으로 늘어놓거나 서로 대칭이 되도록 놓는다(Greaves et al., 2006; Leekam et al., 2011).

자폐장애와 관련된 장애의 유병률은 아동 110명 중 한 명에 해당한다(Center for Disease Control and Prevention, 2009). 한편, 한국의 초등학생 30,042명을 대상으로 한 최근 실태조사에서 자폐스펙트럼 장애(autism spectrum disorder)의 유병률은 3.8%로 나타났다(유승환 외, 2010). 자폐장애의 많은 증상은 언어와 사회적 상호작용과 관련되므로 부모들이 그들의 자녀가 말을 하지 못하고 남들과 상호작용을 하지 못한다는 것을 알게 되기까지 진단 내리기가 어렵다. 그러나 최근 연구에서 첫 1년 동안의 행동들 중 나중에 자폐장애로 진단을 내릴 수 있게 하는 것들을 정리하기 시작하였다(Zwaigenbaum et al., 2005). 예를 들어 자폐장애에 걸릴 위험이 있는 아동들은 자기 이름을 부를 때 반응하지 않으며, 사회적 미소에도 따라서 웃지 않는다.

자폐장애의 원인 ADHD와 마찬가지로 자폐장애는 유전적 소인이 크다. 사실, 연구자들은 인간 게놈(genome) 중 이 장애의 소인일 수 있는 변종을 알아내기 시작하였다(Vieland et al., 2011). 또한 연구자들은 이 장애에 대한 뇌의 표지(brain marker)를 발견하였다. 예를 들어 자폐장애 아동은 다른 아동보다 뇌의 성장이 더 빠르다(Amaral et al., 2008). 어떻게 그러한 뇌의 이상이 이 장애의 증상을 일으키는가는 계속되는 의문이다.

연구자들은 자폐장애를 겪고 있는 개인들은 다른 사람의 정신상태를 이해하지 못한다고 제안한다(Baron-Cohen, 2008). 제10장에서 보았듯이, 보통의 상황에서 아동들은 소위 마음이론(theory of mind)을 발달시킨다. 처음에는 자신의 입장에서만 세상을 해석하다가 3, 4세경에 빠르게 성장하여, 다른 사람들은 그들과 다른 지식, 신념, 의도를 갖고 있다는 것을 이해하기 시작한다. 자폐장애 아동은 이러한 이해력이 발달하지 못한다. 마음이론 없이는 사회적 관계를 이루기가 매우 힘들다.

자폐장애 장애가 있는 사람들은 다른 사람들의 행동을 예측하는 것이 거의 불가능하기 때문에 일상생활이 불가사의하며 적대적인 것이다.

복습하기

1. ADHD의 행동 특징은 무엇인가?
2. 2, 3세 전에 자폐장애 진단이 왜 어려운가?
3. 마음이론은 자폐장애와 어떻게 관련되는가?

정신질환에 대한 낙인

이 장의 가장 중요한 목표 중 하나는 어떤 의미에서 이상행동은 일반적이라는 것을 이해하도록 돕고 정신질환에 대한 신화를 벗기는 것이다. 심리장애를 가진 사람들은 흔히 비정상적이라고 명명된다. 그러나 비정상이라는 명칭은 현실에는 맞지 않다. 미국 성인의 46.4%가 일생의 어느 시점에서 심리장애를 경험한 적이 있다고 할 때(Kessler et al., 2005a), 정신병리는 적어도 통계적으로는 상대적으로 정상적이다.

정신병리가 정상인 사람들에게도 영향을 미친다는 사실에도 불구하고, 심리적 장애를 가진 사람들은 신체적으로 병든 사람들과는 달리 종종 낙인에 시달린다. **낙인**(stigma)이란 불명예의 표시, 오명이다. 심리학적으로는 어떤 사람을 수용할 수 없는 사람으로 간주하는, 그 사람에 대한 일련의 부정적 태도이다(Hinsaw & Stier, 2008). 이 장의 시작에서 정신분열증을 앓고 있는 한 여성의 말을 인용하였었는데, 그녀는 "내 생각에 환자와 일반 대중은 정신질환에 대한 교육이 필요하다. 사람들은 중요한 시기에 우리를 비웃고, 함부로 대하고, 오해하기 때문이다."라고 하였다. 심리장애를 지닌 사람들에 대한 부정적인 태도는 여러 곳에서 나타난다. 대중매체에서 정신과적 환자를 폭력 범죄를 저지를 경향이 있는 사람으로 그리고, 정신병자에 대한 농담이 받아들여지고, 가족들은 가족 중 누가 심리장애자라는 것을 숨기고, 법적 용어들은 정신적 무능력을 강조한다. 사람들은 또한 현재의 심리적 어려움이나 정신병력을 감춤으로써 스스로가 낙인을 찍는다.

연구자들은 정신질환에 대한 낙인이 사람들의 삶에 여러 가지 방법으로 부정적인 영향을 준다고 입증하였다(Hinsaw & Stier, 2008). 정신질환으로 병원에 입원했던 84명의 남자 중 6%는 입원하였기 때문에 직장을 잃었고, 10%가 아파트 입주를 거부당하였고, 37%가 타인들이 피하였다고 보고하고, 45%

가 다른 사람들이 그들에게 상처를 주기 위하여 그들의 정신 병력을 들먹이는 경험을 하였다고 보고하였다. 단지 6%가 어떤 거부도 받지 않았다고 보고하였다(Link et al., 1997). 이 집단은 1년간의 치료를 통하여 정신건강에 상당한 호전을 보였다. 그럼에도 불구하고 1년 후 그들의 낙인에 대한 지각은 변화가 없었다. 그들의 호전에도 불구하고 환자들은 세상이 그들을 좀 더 친절하게 대해 줄 거라 기대하지 않았다. 이런 연구는 심리장애에 대한 많은 사람들의 경험의 이중성을 보여준다. 도움을 청하는 것은 자신의 문제가 '진단'되게 하고, 일반적으로 증상 감소뿐 아니라 낙인을 불러일으킨다.

안타깝게도 정신질환이 있는 많은 사람들이 부정적인 고정관념을 내재화하고 스스로를 낙인찍는다. 한 연구에서 심각한 정신질환을 지닌 144명의 사람들이 내재화된 낙인을 평가하는 설문에 답하였다(West et al., 2011). 예를 들어 설문지는 참가자들이 정신질환을 가진 사람들에 대한 부정적 고정관념에 얼마나 동의하는지를 평가하였다. 41%의 여성과 35%의 남성은 상당한 수준으로 낙인을 내재화한 것으로 드러났다. 그러한 내재화된 낙인을 보이는 사람들은 더 많은 절망과 더 낮은 자기존중감을 경험하였고, 삶의 질 또한 낮았다(Livingston & Boyd, 2010).

낙인에 대하여 마지막으로 한마디 더 하겠다. 전에 정신질환이 있는 개인들과 접촉을 해 본 사람들은 낙인에 의해 영향을 별로 받지 않는다는 연구결과가 있다(Couture & Penn, 2003). 이 결론을 지지하는 한 연구를 살펴보자.

연구자팀이 개인적으로 정신질환에 대해 접한 적이 있는지에 대해 911명의 참가자에게 설문조사를 하였다(Boyd et al., 2010). 어떤 참가자들은 전혀 그런 경험이 없었던 반면, 다른 참가자들은 자신이 정신질환으로 입원한 적이 있거나 가족이나 친구가 입원한 적이 있었다. 참가자들은 정신분열증이나 주요우울장애로 진단받은 개인에 대해 설명하는 짧은 글을 받았다. 참가자들은 그들이 이 사람에게 어떻게 반응할 것인지에 대해 여러 질문에 답했다. 예를 들어, "당신은 이 환자와 친구가 되기를 얼마나 원합니까?"와 같은 질문에 답해서 그들이 유지하는 사회적 거리가 어느 정도인지를 표시하였다. 개인적 경험이 많은 참가자들은 개인적 거리를 덜 둘 것이라고 답하였고, 환자를 향한 분노나 비난을 더 적게 표현하였다.

이 장을 읽고 나서, 정신질환을 갖는 것이 무슨 의미인지에 대한 우리의 신념을 바꾸고, 정신질환을 지닌 사람들에 대한 관용과 연민이 늘어나기를 기대한다.

정신병리의 의미를 파악하게 되면서 여러분들은 정상, 현실, 사회적 가치의 기초 개념을 이해하게 되었을 것이다. 심리적 장애를 이해하고, 치료하고, 이상적으로는 예방하는 방법을 발견하고자 연구자들은 고통당하고 삶의 기쁨을 잃은 사람들을 도울 뿐만 아니라 인간 본성에 대한 기초적 이해를 확장시킨다. 심리학자들과 정신의학자들은 잘못된 마음에 어떻게 개입하며 잘못된 행동을 어떻게 수정할까? 다음 장에서는 치료에 대하여 다루겠다.

 복습하기

1. 정신질환에서 낙인은 어떤 역할을 하는가?
2. 정신질환의 치료가 종종 안도감과 낙인을 동시에 주는 이유는 무엇인가?
3. 어떤 경험이 낙인을 감소시키는가?

비판적 사고 개인적 경험과 정신질환에 대한 반응에 대한 연구를 떠올려 보라. 사회적 거리는 왜 중요한 측정치인가?

요점정리

심리장애의 본질

- 이상행동이란 개인의 행동이 고통, 부적응, 비합리성, 예측 불능, 비관습성, 목격자의 불편, 사회적 규준의 위반 등을 나타내는 정도에 따라 판단된다.
- 객관성은 정신질환을 논할 때 중요한 문제이다.
- 심리장애의 분류체계는 정신병리의 유형과 구체적 사례에 대하여 의사소통할 수 있는 공통 용어를 제공한다.
- 가장 광범위하게 사용되는 진단과 분류체계는 DSM-IV-TR 이다.
- 생물학적 접근은 뇌의 이상, 생화학적 과정, 유전적 영향에 대해 다룬다.
- 심리적 접근은 정신역동적, 행동주의적, 인지적, 사회문화적 모델을 포함한다.

불안장애

- 불안장애의 다섯 가지 주요 유형은 일반화된 불안장애, 공황장애, 공포증, 강박장애, 외상 후 스트레스 장애이다.
- 연구는 불안장애에 대한 행동적, 인지적 원인뿐 아니라 유전적 원인, 뇌와 관련된 기초를 확증해 왔다.

기분장애

- 주요우울장애는 가장 일반적인 기분장애이고 양극성 장애는 훨씬 소수이다.
- 기분장애는 유전적 성향이 작용한다.
- 기분장애는 인생경험에 대해 반응하는 방식을 변화시킨다.
- 여성이 주요우울장애의 수준이 높은 것은 부정적 생활경험에서의 차이와 그러한 경험에 대한 인지적 반응에서의 차이를 반영한다.
- 자살은 우울증을 앓는 사람들에게서 가장 흔하다.

해리장애

- 해리장애는 기억, 의식 또는 개인 정체성의 기능이 통합되지 않은 것이다.

정신분열증

- 정신분열증은 지각, 사고, 정서, 행동과 언어에서의 극단적인 왜곡으로 특징지어지는 심각한 정리병리이다.
- 정신분열증의 하위유형은 와해형, 긴장형, 편집형, 감별불능형, 잔류형이다.
- 정신분열증의 원인으로 유전, 뇌의 이상, 환경적 스트레스 등 여러 가지 요인이 있다

성격장애

- 성격장애는 지각, 사고, 또는 행동의 지속적이고 융통성 없는 패턴으로, 개인의 기능이 손상된 것이다.
- 경계선 성격장애와 반사회적 성격장애는 유전적·환경적 요인에 의하여 발생한다.

아동기 장애

- ADHD 아동은 주의력 결핍, 과잉행동과 충동성을 보인다.
- 자폐장애는 사회적 유대를 형성하고 언어를 사용하는 능력에 심각한 장애를 보인다.

정신질환에 대한 낙인

- 심리장애를 갖는 사람은 신체적 장애를 갖는 사람과 달리 종종 낙인에 시달린다.
- 심리장애의 치료는 긍정적 변화를 가져오지만, 정신질환과 연합된 낙인은 삶의 질에 부정적 영향을 준다.

연습문제

1. 공병이란 개인이 _____ 상황을 말한다.
   a. DSM-IV-TR로 정확이 진단을 내릴 수 없는
   b. 쉽게 치료할 수 없는 신경증적 장애가 있는
   c. 죽음의 공포를 포함한 정신증 장애에 걸린
   d. 동시에 1개 이상의 심리장애를 경험하는

2. 헥스터 교수는 무의식적 갈등이 종종 심리적 장애를 일으킨다고 믿는다. 헥스터 교수의 정신병리에 대한 접근은?
   a. 정신역동적   b. 사회문화적
   c. 인지적   d. 행동주의적

3. 1년 이상 제인은 하루 종일 불안해하고 걱정을 한다. 제인은 _____ (으)로 고통받고 있는 것 같다.
   a. 공황장애   b. 일반화된 불안장애
   c. 강박장애   d. 광장공포증

4. 어떤 귀인 스타일이 사람을 우울위험에 빠지게 하나?
   a. 내적, 구체적, 안정적
   b. 외적, 구체적, 불안정적
   c. 내적, 전제적, 안정적
   d. 외적, 전체적, 불안정적

5. 나쁜 일이 일어나면 크리스는 그 문제를 생각하느라 많은 시간을 보낸다. 이 행동에 근거하여 당신은 _____ 으로 생각한다.
   a. 크리스가 남성일 것
   b. 크리스가 남성이거나 여성일 가능성이 똑같을 것
   c. 크리스가 구체적 공포증을 일으킬 것
   d. 크리스가 여성일 것

6. 나디안은 트리시아에게 악을 쓰다가 또 친구로 남아 있어 달라고 애걸을 한다. 트리시아는 나디안이 _____ 성격장애라고 확신한다.
   a. 분열형   b. 자기애적
   c. 경계선   d. 강박적

7. 이브는 신체적 문제가 없음에도 불구하고 자주 중요한 개인적 경험을 잊어버린다. 이는 _____일 수 있다.
   a. 해리성 건망증   b. 건강염려증
   c. 신체화 장애   d. 의존적 성격장애

8. 다음 중 정신분열증의 음성증상은?
   a. 환각   b. 언어가 지리멸렬
   c. 망상   d. 사회적 철수

9. 다음 중 어떤 행동이 일반적으로 주의력결핍 과잉행동장애의 진단을 지지하지 않는가?
   a. 맨프레드는 학급활동 중 불쑥 대답한다.
   b. 맨프레드는 장난감과 학교 숙제를 잃어버린다.
   c. 맨프레드는 교실에서 몸부림치고 안절부절못한다.
   d. 맨프레드는 아이들이 놀리면 운다.

10. 와트 교수는 한 살 난 브라이언이 자폐장애라고 믿는다. 와트 교수는 브라이언이 _____ 을 관찰할 수 있을 것이다.
    a. 이름을 불러도 대답을 안 한다는 것
    b. 도움 없이 걸을 수 있다는 것
    c. 큰 소리에 적절하게 반응한다는 것
    d. 눈으로 순조롭게 따라간다는 것

11. 심리학 개론 과목에서 담당교수가 학생들에게 심리장애에서 회복된 사람들을 면담하게 하였다. 이런 과제는 _____
    a. 학생들이 정신질환이라는 낙인에 의해 더 영향 받도록 한다.
    b. 낙인에 대한 학생들의 경험에 영향을 주지 않는다.
    c. 학생들이 정신질환이라는 낙인에 의해 덜 영향 받도록 한다.
    d. 학생들이 정신질환으로 치료받을 확률이 줄어든다.

서술형 문제

1. 정신질환에 대한 진단이 왜 항상 객관적이지 않은가?
2. 심리장애의 분류체계가 유용한 점은 무엇인가?
3. 어떤 삶의 상황이 사람들로 하여금 자살을 생각하게 하는가?

15

심리장애를
위한 심리치료

제14장을 읽으면서, 여러분은 사람들이 온갖 방법으로 정신질환을 경험할 수 있다는 사실에 압도되었을지 모른다. 다행히 심리학자들과 정신건강 전문가들은 다양한 정신병리를 다룰 수 있는 치료법을 알아내기 위하여 애써왔다. 제15장을 통해 연구자들이 획기적인 치료방법을 계속해서 개발해 왔음을 알게 될 것이다. 연구자들이 정신병리의 원인과 그 영향에 대하여 더 많이 알게 될수록 보다 적합한 치료방법이 나올 수 있을 것이다.

이 장에서는 여러 정신장애를 가진 사람들이 개인적 통제를 회복하도록 도움을 주는 여러 가지 심리치료에 대해 검토하겠다. 정신건강 분야의 전문가들이 현재 사용하고 있는 주요 치료방법 ― 정신분석, 행동수정, 인지치료, 인본주의적 치료, 약물치료 ― 들을 알아보고, 이 치료들이 어떻게 작용하는지, 그리고 성공 가능성에 대해서도 살펴보겠다.

이번 장을 읽으면서, 치료자의 도움을 원하는 많은 사람들이 정신장애 진단을 받은 것은 아님을 명심해야 한다. 사람들은 살면서 다양한 심리적 스트레스를 다루기 위해 도움을 받을 때가 여러 번 있다. 제12장에서 강조했듯이 유연한 대처 기술들을 갖는 것은 매우 중요하다. 치료자들은 사람들이 스트레스를 야기하는 생활 여건들을 다룰 수 있는 전략을 발달시킬 수 있도록 도울 수 있다.

치료적 배경

심리장애를 치료하기 위한 여러 치료적 접근들이 있으며, 사람들이 도움을 요청하는 이유도 다양하다(도움이 필요하지만 요청하지 않은 사람들도 있다). 치료의 목적이나 목표, 치료가 행해지는 장소, 치료를 행하는 사람들 또한 다르다. 그러나 치료접근들 간에 이러한 차이가 있음에도 모든 치료는 개인의 삶에 개입해 어떻게든 개인의 기능에 변화를 가져오고자 한다.

목표와 주요 심리치료

치료과정에는 다음의 네 가지 주요과업 또는 목표가 있다.

1. 무엇이 잘못되었는지에 대해 진단 내리기. 즉, 호소 문제(presenting problems)에 대한 적절한 정신과적(DSM-IV-TR) 명명을 결정하고 장애를 분류하는 것이다.
2. 가능한 병인(문제의 원인)을 제시하기. 즉, 장애의 근원과 증상들에 의해 충족되는 기능을 확인하는 것이다.

3. 예후 내리기. 즉, 치료를 받을 때와 받지 않을 때 문제가 진행되는 과정을 예측하는 것이다.
4. 어떤 형태의 치료, 즉 문제되는 증상이나 그 근원을 제거하거나 최소화시키는 심리치료를 처방하고 시행하기.

생물의학적 치료(biomedical therapy)는 중추신경계를 움직이는 기제를 변화시키는 것에 초점을 둔다. 의사와 정신과 의사들이 주로 행하는 이 치료는 뇌와 신체의 연결에 직접 관여하는 수술, 전기충격, 약물과 같은 화학적 또는 물리적 개입으로 뇌의 기능을 변화시키려고 한다.

심리학적 치료들은 모두 심리치료(psychotherapy)라고 지칭하며, 사람들이 학습한 잘못된 행동들 ― 삶을 위한 일상의 전략들을 구성하는 말, 생각, 해석, 피드백 ― 의 변화에 초점을 맞춘다. 심리치료는 정신과 의사뿐만 아니라 임상심리학자에 의해서도 행해진다. 주요 심리치료에는 정신역동적 접근, 행동주의 접근, 인지적 접근, 실존적-인본주의적 접근이 있다.

정신역동적(psychodynamic) 접근은 내적으로 미해결된 정신적 외상과 갈등이 외적 증상으로 나타난 것을 고통이라 간주한다. 정신역동적 치료자들은 '대화치료(talking cure)'로 심리장애를 치료한다. 치료자는 내담자가 해결하지 못한 숨은 갈등과 이로 인한 외적 증상과의 관계에 대하여 통찰할 수 있도록 돕는다.

행동치료(behavior therapy)는 행동 자체를 수정되어야 할 장애로 간주한다. 장애는 정신질환의 증상이 아니라 학습된 행동으로 본다. 행동은 바람직하거나 바람직하지 못한 반응에 대하여 강화 유관성(reinforcement contingencies)을 변화시키고, 조건화된 반응을 소거하고, 효과적인 문제해결의 모델을 제시하는 여러 방법들을 통해 변화될 수 있다.

인지치료(cognitive therapy)는 개인이 문제의 원인에 대하여 만들어낸 왜곡된 자기진술을 바꿈으로써 개인이 사고하는 방식을 재구성한다. 인지구조를 재구성한다는 것은 개인이 문제를 정의하고 설명하는 방식을 바꾸어 그 문제에 대응할 수 있도록 하는 것이다.

인본주의적 전통(humanistic tradition)을 근간으로 한 치료들은 내담자의 가치를 강조한다. 이 접근은 자아실현, 심리적 성장, 의미 있는 대인관계의 발달, 선택의 자유 증진을 지향한다. 심각한 정신장애의 증상을 제거하기보다 근본적으로 건강한 사람으로 기능할 수 있도록 돕는 데 초점을 둔다.

본 장에서는 여러 유형의 심리치료를 각각 나눠 소개하지만, 많은 심리치료자들은 임상에서 통합적 접근을 사용한다는 것을 주목해야 한다. 그들은 환자나 내담자에게 가장 도움을 줄 수 있는 여러 이론적 접근들을 통합한다. 심리치료자들은 초기에는 특정 이론적 접근을 지지하며 시작하지만, 경험을 쌓으면서 여러 다른 치료의 가장 효과적인 요소들을 합치기 시작한다(Norcross et al., 2005; Thoma & Cecero, 2009). 심리치료자들은 사실상 거의 모든 접근들을 짝(인지치료와 인본주의적 치료, 행동치료와 정신역동치료 등)을 지어 통합해 사용한다. 그러나 가장 뛰어난 통합적 접근은 인지치료와 행동치료를 통합한 것이다(Goldfried, 2003; Norcross et al., 2005).

치료자와 치료장면

심리적 문제가 생길 때, 대부분의 사람들은 제일 먼저 친숙한 장면에 있는 비공식 상담자를 찾는다. 많은 사람들은 가족, 가까운 친구, 주치의, 변호사 또는 친숙한 교사에게 지지, 지도, 조언을 구한다. 종교를 가진 사람들은 성직자에게 도움을 청할 수도 있다. 어떤 사람들은 바텐더, 판매원, 택시기사, 또는 듣기를 좋아하는 사람들에게 터놓고 말하며 충고를 얻는다. 우리사회에서는 이와 같이 비공식 상담자들이 일상생활의 갈등과 좌절의 무거운 짐을 짊어진다. 문제가 크지 않으면 비공식 상담자가 도움이 될 수 있다.

과거보다는 더 많은 사람들이 심리치료를 받지만, 일반적으로 사람들은 심리문제가 심각해지거나 오랫동안 지속될 때에만 훈련받은 정신건강 전문가들을 찾는다. 이때 그들은 여러 유형의 심리치료자를 만날 수 있다.

임상사회복지사(clinical social worker)는 정신과 의사, 임상심리학자들과 협력해 일하도록 전문화된 훈련을 받은 정신건강 전문가이다. 이들은 정신과 의사나 심리학자들과 달리 사람들의 문제를 사회적 맥락에서 보도록 훈련되었으며, 치료에 내담자 가족을 포함시키거나 적어도 내담자의 가정이나 직업 환경에 대해 잘 안다.

목회 상담자(pastoral counselor)는 종교집단의 일원으로 심리장애 치료를 전문으로 한다. 이들은 종종 영성(spirituality)과 실제 문제해결을 결합한다.

임상심리학자(clinical psychologist)는 대학원에서 심리문제의 평가, 치료에 대한 훈련을 받고, 임상장면에서 슈퍼바이저의 지도 아래 인턴십을 수료하며 박사학위를 취득해야 한다. 정신과 의사보다 심리학, 평가, 연구에 있어서 폭넓은 배경지식을 갖고 있다.

상담심리학자(counseling psychologist)는 보통 박사학위를 갖고 있으며 진로 선택, 학교문제, 약물남용, 부부갈등과 같은

많은 심리치료자들이 서로 다른 이론적 접근을 통합하여 치료하는 이유는 무엇일까?

영역에서 도움을 제공한다. 상담자들은 흔히 문제영역과 관계되는 회사, 학교, 감옥, 군대 또는 복지관 같은 지역사회 장면에서 일하며, 면담, 검사 등을 통하여 구체적 문제를 해결하고, 미래에 대한 결정을 하도록 도움을 준다.

정신과 의사(psychiatrist)는 의학박사 학위를 받기 위해 모든 의과대학 교육을 마쳐야 하며, 박사학위 취득 후 정신장애와 정동장애 대한 전문 훈련을 받는다. 정신과 의사는 주로 심리적 문제의 생물의학적 기초에 대해 교육을 받는다.

정신분석가(psychoanalyst)는 정신장애를 이해하고 치료하기 위해 박사 후 과정에서 Freud식 접근에 대해 전문화된 훈련을 이수한 의학박사나 박사학위를 가진 치료자다.

이와 같이 다양한 유형의 치료자들이 종합병원, 개인병원, 학교, 연구소 등 여러 임상장면에서 일하고 있다. 일부 인본주의적 치료자들은 좀 더 자연스런 환경에서 일하기 위하여 자신의 집에서 집단 상담을 한다. 지역사회에 기반을 둔 치료들은 지역 상점이나 교회에서 치료하기도 한다. 문제와 연관되는 생활장면에서 내담자를 치료하는 치료자도 있다. 예를 들어, 비행 공포증이 있는 내담자를 비행기에서 치료하거나 사회공포증이 있는 사람을 쇼핑몰에서 치료한다. 또한, 최근 들어 심리치료자들은 인터넷을 통하여 정신건강 관련 치료를 제공하기 시작하였다. 이 주제는 427쪽에 있는 '생활 속의 비판

적 사고'에서 살펴본다.

치료를 받는 사람을 일반적으로 **환자**(patient) 또는 **내담자**(client)라고 부른다. 환자라는 용어는 심리적 문제를 생물의학적 접근에서 보는 전문가들이 쓰고, 내담자라는 용어는 심리적 장애를 정신질환이 아니라 생활 속의 문제라고 생각하는 전문가들이 사용한다. 본 교재에서는 각 치료적 접근이 선호하는 용어, 즉 생물의학적, 정신분석적 치료에서는 '환자', 다른 치료 접근들에서는 '내담자'를 사용할 것이다.

심리치료에서의 다양성 이슈

임상가에게 있어 중요한 목표는 심리적 장애로 인한 사람들의 고통을 완화시켜 주는 것이다. 그러나 이러한 목표는 문화와 성의 다양성(diversity)으로 인해 복잡해진다. 다시 말해 모든 문화집단이 동일한 방식으로 치료를 겪게 되지는 않을 것이다(Wang et al., 2005; Youman et al., 2010). 예를 들어, 미국에 사는 백인들은 소수민족 구성원들보다 심리치료를 받을 가능성이 좀 더 많을 것이다. 이러한 차이에 대한 중요한 이유는 신체적, 정신적 건강관리에 대한 접근성이 동등하지 않기 때문이다. 그러나 문화적 규준 또한 사람들이 심리치료를 찾는 정도에 영향을 미친다(Snowden & Yamada, 2005). 예를 들면, 연구자들은 아프리카계 미국인들은 정신질환을 신체질환으로 해석할 가능성이 좀 더 많기 때문에 그들이 적절한 시기에 심리치료를 받을 가능성이 적다고 보고하였다(Bolden & Wickes, 2005).

또 다른 다양성 이슈는 사람들이 실제로 심리치료를 찾을 때 나타난다. 특정 심리치료가 모든 문화집단에 동일하게 효과가 있는지의 여부는 중요한 문제가 된다. 사실, 연구자들은 **문화적으로 적응된 심리치료**(culturally adapted psychotherapy)에 대해 입증하기 시작했으며, 이것은 "내담자의 문화 패턴, 의미, 가치와 조화를 이루는 방식으로 언어, 문화, 맥락을 고려하는, 치료의 체계적인 변형"이라고 정의된다(Bernal et al., 2009, p. 362). 제13장에서 자아(self)에 대한 생각이 문화마다 차이가 있다고 설명했던 것을 기억하라. 어떤 문화적 적응은 사람들이 개인주의나 집단주의 배경을 가질 때 이를 인식해 심리치료의 형태를 수정하는 것이 될 것이다(Smith et al., 2011). 최근 연구들은, 문화적으로 적응된 심리치료가 표준화된 심리치료보다 소수인종과 민족에게 치료적 가치가 높다고 보고한다(Benish et al., 2011; Smith et al., 2011). 이러한 초기 결과를 입증하기 하기 위해 앞으로 더 많은 연구들이 필요하다.

이와 유사하게, 추가적으로 남녀가 동일한 심리치료를 통해 얻는 효과의 정도를 평가할 필요가 있다(Sigmon et al., 2007). 앞장에서 심리장애의 유병률에 있어 성차를 알아보았다. 예를 들어, 여성은 남성보다 섭식장애(eating disorder)를 경험할 확률이 더 높다. 이러한 차이때문에, 대부분의 심리치료자들은 소녀와 젊은 여성을 위한 섭식장애 치료를 발달시켜 왔다(Greenberg & Schoen, 2008). 연구자들은 동일한 치료 접근들이 남성에게는 어느 정도의 효과가 있는지 밝혀야 한다. 마찬가지로, 임상가가 남성을 치료하기 위해 고안한 치료 접근이 여성을 치료하기 위해서는 수정되어야 하는지도 확인해야 한다.

다양성에 대한 마지막 이슈는 심리치료자들의 훈련에 관한 것이다. 치료자들은 문화적 차이에 민감한 치료를 제공하기 위해 준비가 되어야 한다. 특히, 연구자들은 치료자들이 문화적 유능성(cultural competence)을 가져야 한다고 제안해 왔다(Imel et al., 2011). 문화적 유능성은 다음 세 가지 요소를 갖게 되는 것이다(Sue, 2006, p. 238).

- 문화적 인식과 신념. 치료자 개인의 가치와 편견 그리고 이러한 것들이 얼마나 내담자에 대한 지각, 내담자의 문제, 상담관계에 영향을 미칠 수 있는지에 대한 민감성
- 문화적 지식. 내담자의 문화, 세계관, 그리고 상담관계에 대한 기대에 관한 상담자의 지식
- 문화적 기술. 문화적으로 민감하고 적절한 방식으로 개입하는 상담자의 능력

연구자들은 문화적 유능성이 더 높은 치료자들이 다양한 집단의 환자, 내담자와의 치료에서 더 나은 치료결과를 가져올 수 있다고 제안한다(Woethington et al., 2008).

현대적인 심리치료 및 치료자에 대해 자세히 살펴보기 전에, 우선 정신질환자들을 위한 치료가 어떤 역사적 맥락으로 발전되어 왔는지를 살펴보자.

시설치료에 대한 역사적 관점

만약 여러분이 지난 세기에 심리적 문제로 고통을 받았다면 어떤 치료를 받았을까? 오랜 역사 동안 치료는 그다지 도움이 되지 않거나 오히려 해가 되었을 가능성이 충분하다. 지금부터 심리장애에 대한 시설치료를 살펴보고 21세기에 일어난 **탈시설화**(deinstitutionalization), 즉 치료를 위해 사람들을 정신병원에서 다른 곳으로 옮기도록 한 중요한 문제에 대하여 논하겠다.

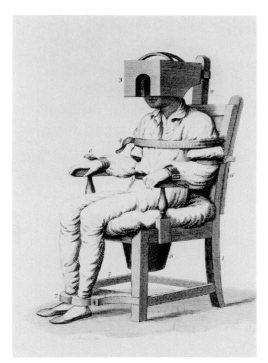

18세기에 정신질환 치료는 몸에서 '나쁜 체액'을 빼내는 것에 초점을 맞추었다. 이 그림은 필라델피아 의사인 Benjamin Rush에 의해 옹호된 '진정 의자'이다. 정신질환의 치료에 대한 태도는 왜 변화했을까?

치료의 역사 14세기 서부 유럽의 인구 증가와 대도시 이주는 실직과 사회적 소외의 문제를 야기했고, 이는 빈곤, 범죄와 심리적 문제로 이어졌다. 곧 특별 시설들이 생겼고 사회 '부적격자'로 분류된 빈민, 범죄자, 정신장애자를 수용하였다.

1403년, St. Mary of Bethlehem이라는 런던의 한 병원에 심리문제를 가진 첫 환자가 입원하였다. 그 후 300년 동안 그 병원의 정신병 환자들은 사슬에 묶였고, 고문당하고, 돈을 받고 일반인들에게 전시되었다. 시간이 지남에 따라, Bethlehem의 잘못된 발음인 bedlam은 그 병원의 무시무시한 혼란과 그곳 환자들에 대한 비인간적 대우 때문에 혼돈(chaos)이라는 의미를 지니게 되었다(Foucault, 1975).

18세기 후반에 와서야 유럽에서 심리적 문제들이 정신질환으로 지각되기 시작하였다. 1792년 프랑스 의사 Philippe Pinel은 프랑스 혁명 후 수립된 정부로부터 정신병원에 수용되어 있는 환자들이 차고 있는 쇠사슬을 벗기도록 허락을 받았다. 미국에서는 심리적 장애가 있는 개인들은 그들 자신의 보호와 지역사회의 안전을 위하여 수용되었지만, 아무런 치료를 받지 못하였다. 그러나 1800년대 중반 심리학이 학문으로서 신뢰와 존경을 얻기 시작하면서 전국적으로 치료 가능성에 대한 예찬이 있었다. Dorothea Dix(1802~1887)는 감옥에서 직접 경험한 것에 자극받아 1841년에서 1881년까지 정신병 환자의 물리적 대우를 개선하기 위하여 지속적으로 노력하였다.

19세기 말에서 20세기 초반, 많은 사람들은 정신질환이 신흥 도시의 혼란에서 비롯된 환경적 스트레스에서 온다고 주장하였다. 스트레스를 줄이기 위해, 정신질환자들은 보호차원뿐만 아니라 치료차원에서 도시의 스트레스에서 멀리 떨어진 농촌지역에 있는 정신병원으로 수용되었다(Rothman, 1971). 불행하게도, 많은 정신병원에 너무 많은 사람들이 수용되었다. 정신질환을 완화시키려는 인도적 목표는 멀리 떨어진 곳에 괴상한 사람들을 가두어 두는 실용적 목표로 대체되었다. 직원도 얼마 없는 이 거대한 주립 정신병원들은 이상한 사람들을 모아두는 창고일 뿐이었다(Scull, 1993). 1960년에 이르러, 개혁자들이 이 인간창고에 반대하여, 최소한 외래치료와 적절한 지역사회의 지지가 있으면 살아갈 수 있는 정신병 환자들을 병원에서 내보내는 탈시설화를 활발하게 검토하기 시작하였다. 불행하게도 다음에서 볼 수 있듯이, 병원에서 나간 많은 환자들은 지역사회에서 적절한 도움을 받지 못하였다.

탈시설화와 노숙자 1986년, 미국에서는 정신건강 치료를 위한 예산의 41%가 입원환자에게 쓰였으며, 최근에는 24%로 감소하였다(Mark et al., 2007). 이러한 변화는 탈시설화의 과정을 반영하는 것으로, 이제는 정신질환을 가진 많은 사람들이 병원 밖에서 치료를 받고 있다. 탈시설화는 정신질환을 가진 사람들을 시설에서 해방시키라는 사회적 압력과 진정한 치료의 발달로 이루어진 것이다. 이 장의 뒷부분에서 시설 밖에서 지내기 위해 정신분열증 환자에게 사용되는 약물치료에 대해 소개하겠다.

많은 사람들이 시설이 아닌 다른 곳에서 정신건강 치료를 받을 것이라는 가정하에 시설에서 나가게 되었지만, 사실, 정신병원을 떠난 사람들은 지역사회에 있으면서 그들의 장애에 대처할 수 없었다. 이러한 현실은 '회전문(revolving door)'이라고 불리는 상황을 초래하였다. 즉, 사람들은 잠깐 시설을 떠났다가 다시 도움이 필요하여 돌아온다. 예를 들어, 병원에서 퇴원한 29,373명의 정신분열증 환자들에 대한 연구를 보면, 42.5%가 병원을 처음 퇴원한 후 30일 이내에 재입원 하였다(Lin et al., 2006). 좀 더 일반적으로는, 정신과 환자의 40~50%가 첫 퇴원 후 1년 이내에 재입원을 한다(Bridge & Barbe, 2004). 이들 대부분은 바깥세상에서 살 수 있을 수준의 심리장애 증상을 갖고 병원을 떠나게 된다. 불행하게도 사람들은 병원에서 제공하는 구조 밖에서 치료를 받을 수 있는 적절한 지역사회나 개인적 자원을 가지지 못한다. 이런 의미에서 탈시설화 자체가 문제가 아니라 시설 밖의 지역사회 자원이 없다는 것이 문제이다.

적절한 정신건강관리를 받지 못하게 되면, 사람들은 직업을 유지하거나 일상적 욕구를 채울 수 없다. 이러한 이유로, 정신분열증이나 주요우울장애 같은 정신질환을 가진 많은 수의 사람들이 노숙자가 된다. 예를 들어, 필라델피아에 있는 1,562명의 만성적인 노숙자 샘플 중 53%가 심각한 정신질환을 가진 것으로 진단되었다(Poulin et al., 2010). 이와 같은 노숙자와 정신질환과의 관계는 미국이 아닌 곳에서도 나타난다. 덴마크의 32,711명의 노숙자 샘플에서도, 남자 62%와 여자 58%가 정신장애 진단을 받았다(Nielsen et al., 2011). 한국 외환위기 이후인 1998년 말부터 1999년 초까지 부산 지역 쉼터 두 곳에 거주하는 노숙자 216명을 대상으로 한 역학연구에서, 정신질환(기분장애, 정신증적 장애, 물질사용장애)의 평생유병률은 60.1%, 현재 유병률은 35.7%로 나타났다(안준호 등, 2001). 심각한 정신질환을 가진 사람이 노숙자가 아니더라도, 지속적인 정신건강 문제는 상당한 문제를 야기할 것이다. 예를 들어, 연구자들은 심각한 정신질환을 가진 사람들이 강도나 폭행 같은 폭력범죄의 피해자가 되는 비율을 연구하였다(Teplin et al., 2005). 936명의 남녀 성인 중 25.3%가 폭력범죄를 경험하였는데 이는 일반인보다 11배 높은 비율이다. 연구자들은 정신질환이 위험을 인식하는 것을 막거나 적절하게 자신을 보호하지 못하게 하는 것일 수 있다고 설명하였다.

이 장에서 고통을 줄이기 위해 임상가에 의해 개발되어 온 다양한 치료법을 개관할 때, 많은 사람들이 충분한 정신건강관리를 받지 못하고 있음을 기억할 필요가 있다.

 복습하기

1. 치료과정의 주요 목표는 무엇인가?
2. 정신분석가는 어떤 특별한 훈련과정을 거치는가?
3. 문화적 유능성은 치료자에게 왜 중요한가?
4. 탈시설화와 관련하여 '회전문'은 무엇을 의미하는가?

정신역동적 치료

정신역동적 치료는 환자의 문제가 무의식적 충동과 생활 상황의 제약 간의 심리적 긴장에서 발생된다고 본다. 이러한 치료들은 장애의 핵심을 정신장애가 있는 사람의 내면에서 찾는다. 지금부터는 Sigmund Freud와 후학들의 연구를 통해 정신

역동적 접근의 기원을 개관하고, 현대의 임상가들이 정신역동적 치료를 어떻게 사용하고 있는지 살펴보겠다.

Freud의 정신분석

Freud에 의해 시작된 **정신분석**(psychoanalysis)은 신경증적이고 불안에 휩싸인 개인의 무의식적 동기와 갈등을 탐색하기 위한 집중적이고 장기적인 기술이다. 앞장에서 보았듯이, Freud 이론은 불안장애를 원초아(id)의 무의식적이고 비합리적인 충동과 **초자아**(superego)에 의해 부과된 내면화된 사회적 제약간의 내적 갈등을 적절하게 해결하지 못하는 무능력의 상태로 본다. 정신분석의 목적은 원초아의 힘에 대해 더 많이 인식하게 하고, 초자아의 요구에 대한 지나친 순응을 감소시키며, 자아(ego)의 역할을 강화해 심리내적 조화를 이루게 하는 것이다.

치료자에게 가장 중요한 것은 환자가 갈등을 해결하기 위하여 사용하는 억압(repression)과정을 이해하는 것이다. 증상은 무엇인가 잘못되었다고 알려주는 무의식으로부터의 메시지이다. 정신분석자의 과제는 환자가 억압된 사고를 의식화하고 현재 증상과 억압된 갈등과의 관계에 대한 통찰을 얻도록 돕는 것이다. 정신역동적 입장에서는, 환자가 초기 아동기 때 형성된 억압으로부터 해방될 때 그 치료가 성공적이며 환자가 회복된다고 본다. 치료자의 중요한 목표는 환자가 현재 증상과 과거에 뿌리를 둔 증상 간의 관계에 대하여 통찰을 갖도록 인도하는 것이기 때문에, 정신역동적 치료를 흔히 **통찰치료**(insight therapy)라고 부른다.

전통적인 정신분석은 오랜 세월 억압되었던 기억들을 재구성하고 고통스런 감정을 효과적인 해결로 이끄는 시도이다. 정신역동적 접근은 환자가 억압된 갈등을 의식에 가져오고 해결하도록 돕기 위해 다양한 기법들을 사용한다(Luborsky & Barrett, 2006). 이러한 기법들에는 자유연상, 저항의 분석, 꿈 분석, 전이와 역전이의 분석 등이 있다.

자유연상과 카타르시스 정신분석에서 무의식을 탐색하고 억압된 자료들을 표출시키기 위해 사용하는 주요 절차를 **자유연상**(free association)이라고 한다. 환자는 의자에 편안하게 앉거나 긴 의자에 긴장을 풀고 누운 상태로, 자신의 마음이 자유롭게 떠돌도록 하여 이때 떠오르는 생각, 소망, 신체적 감각, 심상들에 대해 말한다. 환자가 중요하게 생각하지 않는 것이라 할지라도 모든 생각이나 느낌을 드러내도록 격려한다.

Freud는 자유연상을 두서없는 것이 아니라 이미 예정된 것이라고 주장하였다. 분석 작업은 이 자유연상의 근원을 찾아

서, 겉으로 나타난 단어 기저의 의미를 확인하는 것이다. 환자는 보통 처벌이나 보복이 두려워 억압해 왔던, 권위자를 향한 강한 감정을 표현하도록 격려 받는다. 치료적 과정에서 표현된 그러한 감정적 배출을 **카타르시스(catharsis)**라고 한다.

저항 정신분석가는 환자가 말하고 싶어 하지 않는 주제를 특히 중요하게 생각한다. 자유연상 과정 중 어떤 때라도 환자는 특정 생각, 욕망, 경험에 대해 말하기를 꺼리거나 말을 할 수 없는 **저항(resistance)**을 보일 것이다. 이러한 저항은 무의식과 의식 사이의 장애물로 이해된다. 이 내용들은 흔히 개인의 성생활(즐거움을 주는 모든 것을 포함)이나 부모를 향한 적대적인 분노 감정과 관계된 것이다. 억압된 산물이 마침내 드러나게 되면, 환자는 일반적으로 "중요하지 않다, 우습다, 관계없다, 또는 너무 불쾌하여 말하고 싶지 않다."라고 주장한다. 그러나 치료자는 그 반대라고 믿는다. 정신분석은 저항을 무너뜨리고 환자가 고통스러운 생각, 욕망, 경험을 직면할 수 있도록 한다.

꿈 분석 정신분석가들은 꿈이 환자의 무의식적 동기에 대해 알 수 있는 중요한 자료라고 믿는다. 사람이 잠이 들면, 초자아가 원초아에서 나온 수용될 수 없는 충동에 대한 경계를 풀게 되면서 깨어 있는 동안 표현될 수 없던 동기가 꿈에서 표현될 수 있다. 분석에서 꿈은 두 가지 내용을 담고 있다고 가정한다. 사람들이 깨어나서 기억하는 **명백한(manifest, 가시적인)** 내용과 표현하고 싶은 실제 동기지만 너무 고통스럽거나 수용할 수 없어서 왜곡된 또는 상징적인 형태로 나타나는 **잠재적(latent)** 내용이다. 치료자들은 꿈 분석을 통해 숨겨진 동기를 밝히려고 한다. 즉, **꿈 분석(dream analysis)**은 개인의 꿈의 내용을 검토하여, 잠재되거나 왜곡된 동기와 의미 있는 삶의 경험과 욕망에 대한 상징적 의미를 알아내는 치료기법이다.

전이와 역전이 집중적인 정신분석적 치료과정에서 환자는 보통 치료자에게 감정적 반응을 일으킨다. 흔히 치료자는 과거에 감정적 갈등의 중심에 있었던 사람으로, 대부분의 경우 부모나 사랑하는 사람과 동일시된다. 이러한 감정적 반응을 **전이(transference)**라고 부른다. 치료자에게 갖는 감정이 사랑이나 동경일 때 **긍정적 전이(positive transference)**라 하고, 적개심이나 질투일 때 **부정적 전이(negative transference)**라고 한다. 종종 환자의 태도가 긍정적 감정과 부정적 감정이 혼합되어 양가적이기도 하다. 환자의 정서적 취약성 때문에 정신분석가

Freud의 정신분석적 치료가 종종 '대화치료'라고 명명되는 이유는 무엇인가?

가 전이를 다루는 것은 어려운 과제이지만 치료에 결정적인 부분이다. 치료자는 환자의 어렸을 적 경험과 태도에서 그 근원을 이해할 수 있게 함으로써 환자가 갖는 현재의 전이감정을 해석하도록 돕는다. 표 15.1에 있는 치료장면에서 발췌한 내용(Hall, 2004, pp. 73~74)을 읽어 보자. 환자는 아동이었을 때 입양되었다. 생모로부터 버림받았다는 사라의 감정이 어떻게 그녀의 치료자로 전이되었는지 알 수 있다.

치료자가 환자에게 갖는 개인적 감정도 나타날 수 있다. **역전이(countertransference)**란 치료자가 환자를 치료자의 삶에서 의미 있는 사람과 비슷하게 지각하게 되면서, 환자를 좋아하거나 싫어하게 되는 현상을 말한다. 역전이를 다룸으로써, 치료자는 자신의 무의식적 역동을 발견할 수 있다. 치료자는 환자에게 '살아 있는 거울'이 되고, 역으로 환자는 치료자에게 '살아 있는 거울'이 된다. 만약 치료자가 역전이의 작용을 인

표 15.1 정신역동적 치료자와의 치료회기에서 발췌한 대화 내용

사라(화가 나서) : 더 이상 당신과 연결된 느낌이 없어요(일주일 두 번씩 2년간의 치료 후). 당신은 들으려 하지 않고, 어쨌든, 나는 할 말이 없어요. 이 모든 시간이 지났으니 내가 바뀌었어야 한다고 생각해요. 하지만 나는 여전히 내 딸과 거리가 있고, 그녀는 여전히 문제가 있고, 여전히 치료를 받고 있어요. 나는 이제 치료를 그만두고 싶어요.

치료자 : 지금 일어나고 있는 일들은 입양에 대한 환상과 당신의 어머니가 당신을 입양보낸 것에 대한 감정들과 큰 관련이 있어요. 지금 내가 그녀 역할을 대신하고 있는 것 같군요.

사라 : 나는 당신이 정말 미워요. 어떻게 일주일이나 휴가를 낼 수 있죠? 당신은 나를 떠날 거예요. 엄마가 그랬던 것처럼. 당신이 돌아올 거란 걸 내가 어떻게 알 수 있죠? 그녀는 결코 돌아오지 않았어요. 어떻게 그녀는 나를 떠날 수 있었죠? 그리고 나는 여기서, 울며 매달리는 아기 같아요. 그리고 당신은 나를 떠날 거예요.

출처 : J. S. (2004). Roadblocks on the journey of psychotherapy. Lanham, MD: Jason Aronson, pp. 73–74. Reprinted by permission.

억압된 기억에 사로잡힌 삶

1969년 12월, 순찰경관은 8세 된 수잔 네이슨(Susan Nason)의 시체를 찾았다. 그 후 20년 동안 누가 수잔을 살해하였는지 아무도 알지 못하였다. 그런데 1989년, 수잔의 친구인 에일린 프랭클린-립스커(Eileen Franklin-Lipsker)가 지방경찰에게 연락해 왔다. 에일린은 심리치료의 도움을 받아 그녀의 아버지 조지 프랭클린(George Franklin)이 수잔을 성폭행하였고, 돌로 쳐 죽이는 것을 목격했던 오래전 억압된 기억을 회상하여 보고하였다(Marcus, 1990; Workman, 1990). 이 증언은 조지 프랭클린이 살인죄로 기소되기에 충분하였다. 시간이 흐르고, 프랭클린은 에일린의 기억에 대한 타당성에 의심이 쌓이면서 석방되었다. 그럼에도 불구하고 배심원은 20년 된 기억의 극적인 회복이 매우 신뢰성이 높다고 생각하였다.

이론적으로 어떻게 이러한 기억이 20년 동안 남아 있었을까? 정답은 Sigumund Freud의 억압된 기억이라는 개념에 근거하여 찾을 수 있다. Freud(1923)는 심리적 안녕을 충분히 위협하는 기억들은 의식에서 사라진다는, 즉 억압한다는 이론을 주장하였다. 임상심리학자들은 종종 억압된 기억의 결과로서 나타나는 혼란된 삶의 방식을 해석하는 것을 통해 내담자가 자신의 삶을 통제할 수 있도록 돕는다. 그러나 억압된 기억의 모든 경험이 치료장면에 머물러 있지는 않다. 많은 시간이 지난 후, 개인은 때때로 아동기 성적 학대나 살인자와 같은 무서운 사건에 대해 갑자기 고발을 할 수도 있을 것이다. 이러한 주장이 진짜일까?

임상가들은 억압된 기억을 믿는 치료자들이 심리치료의 기제를 통하여 환자에게 그러한 신념을 심어 줄 수 있다는 점을 우려한다(Lynn et al., 2003). 억압된 기억이 있다고 믿는 치료자들은 이러한 기억을 찾는 환자의 노력을 부추길 것이고, 그 '기억'이 떠올랐을 때 언어적으로 보상해 줄 것이다(de Rivera, 1997). 한 연구에서, 연구자들은 아동기에 성적 학대를 경험했다고 주장하는 128명의 연구 참여자를 모집하였다(Geraerts et al., 2007). 이들 중 대부분(128명 중 71명)은 학대에 대한 연속적인 기억(continuous memories)을 가지고 있었다. 이는 그들이 학대에 대해 회상하지 못하는 삶의 기간이 없다는 것이다. 나머지 57명의 연구 참여자들은 비연속적 기억(discontinuous memories)을 가지고 있었다. 그들은 어떤 특정 시점 동안에는 학대당했던 것을 잊고 있었다고 믿었다. 이 중 16명은 치료 중 학대에 대한 기억을 회복한 반면, 나머지 41명은 어떤 특별한 자극 없이 기억을 회복하였다. 연구자는 인터뷰를 할 사람들을 현장으로 파견하여, 학대에 대한 연구 참여자의 기억을 확증하는 증거를 찾기 위해 노력하였다. 연속적 기억을 지닌 참가자의 45%, 스스로 기억을 회복했던 참가자의 37%에서 증거를 찾았다. 그러나 치료 중 회복된 기억을 가지고 있는 참여자들 중 확증하는 증거를 발견한 경우는 0%였다.

이 연구는 회복된 기억의 일부는 실제 일어난 것에 바탕을 둔 보고라는 것을 확인해 준다. 그러나 이 연구는 또한 심리치료가 사람들로 하여금 잘못된 기억을 만들어내도록 하는 과정일 수 있음을 증명한다. 억압된 기억의 회복에 대한 믿음은 심리치료 환자에게 상당한 이득을 줄 것이다. 그렇다고 해도 환자들은 자신의 삶에 대해 타인이 만들어 낸 것을 수동적으로 받아들이지 않도록 해야만 한다.

식하지 못한다면 치료는 효과적일 수 없다(Hayes et al., 2011). 이와 같이 감정적으로 강렬한 치료적 관계와 환자의 취약성 때문에, 치료자는 전문가로서의 배려와 환자와의 개인적 관계 간에 선을 넘지 않도록 주의해야만 한다. 치료자는 치료장면에서 엄청난 힘의 불균형이 있다는 사실을 분명히 인식하고 존중해야 한다.

후기 정신역동적 치료

Freud 추종자들은 Freud의 기본 발상을 대부분 받아들였으나 일부 원리(principle)와 실무(practices)를 수정하였다. 일반적으로 이 신 Freud학파는 Freud보다 (1) 과거에 초점을 맞추기보다는 환자의 현재 사회적 환경, (2) 아동기의 갈등만이 아니라 인생 경험의 지속적 영향, (3) 생물학적 충동과 이기적 관심(selfish concern)보다 사회적 동기의 역할 및 대인 간 애정관계, (4) 원초아와 초자아의 갈등보다 자아 기능의 중요성과 자아개념의 발달을 더욱 강조하였다.

제13장에서 Freud학파 중 저명한 이론가 Carl Jung과 Alfred Adler를 소개하였는데, 보다 현대적인 정신역동적 접근을 맛보기 위하여 Harry Stack Sullivan과 Melanie Klein의 업적을 살펴보겠다(Freud학파의 다른 인물들을 보려면 Ruitenbeek, 1973 참조).

Harry Stack Sullivan(1953)은 Freud식 이론과 치료가 사회적 관계의 중요성과 환자의 수용과 존중, 사랑에 대한 욕구를 인식하지 못하였다고 생각했다. 그는 정신장애는 외상적인 내적 심리과정뿐 아니라, 대인관계 문제, 심지어는 강력한 사회적 압력과 관련되어 있다고 주장하였다. 불안과 다른 정신질환은 부모나 의미 있는 사람들과의 불안정한 관계에서 비롯된다. 이러한 대인관계적 관점에 기초를 둔 치료는 **치료자의 태도**

에 대한 환자의 느낌을 관찰하는 것을 포함한다. 치료적 면담은 각 개인의 느낌과 태도가 상대의 느낌과 태도에 의해 영향 받는 사회적 장면으로 간주된다.

Melanie Klein(1975)은 정신병리의 주요 근원으로 오이디푸스 컴플렉스(Oedipal complex)를 강조하는 Freud로부터 벗어났다. Klein은 정신을 조직화하는 가장 중요한 요인으로 오이디푸스적 성적 갈등 대신 **죽음의 본능**(death instinct)을 꼽았다. 죽음의 본능은 성적 인식(sexual awarness)보다 앞서며 정신을 조직화하는 데 있어 똑같이 중요한 선천적인 공격적 충동으로 이끈다고 주장하였다. Klein은 정신을 조직화하는 두 가지 기본 힘(force)은 공격성과 사랑이라고 보고, 공격성이 정신을 분열시킨다면 사랑은 **통합**시킨다고 주장하였다. Klein의 관점에서 의식적 사랑은 우리가 사랑하는 사람들을 향해 갖는 파괴적 증오와 잠재적 폭력을 넘어 회한(remorse)과 연결되어 있다. Klein은 모든 사람이 직면하는 가장 큰 미스터리 중 하나는 개인적인 천당과 지옥이라 할 수 있는 사랑과 증오가 서로 분리될 수 없다는 것이라고 설명하였다(Frager & Fadiman, 1998, p. 135). Klein은 환자를 분석할 때 공격성과 성적 충동 모두에 대해 강력한 치료적 해석을 사용한 선구자였다.

현대의 치료 실무에서, 정신역동적 치료자들은 Freud와 그의 추종자들의 기본적인 개념을 유지한다. 그러나 현대 정신역동적 치료자들은 몇몇의 구별되는 특징을 가지고 있다(Shedler, 2010). 그들은 환자의 정서와 저항의 순간을 강조한다. 그들은 현재 실재(current reality)에 대한 과거 경험의 중요성을 강조한다. 또한 대인관계 갈등에 집중한다. 이러한 배경과는 반대로, 개인 치료자들은 전이의 해석과 같은 특정 과정을 더 혹은 덜 강조하기도 한다(Gibbons et al., 2008). 치료자들은 환자의 생활경험을 해석하는 데 있어 치료자의 역할을 얼마나 능동적으로 할 것인지에 대해 다른 관점을 갖기도 한다. 마지막으로, 전통적인 정신분석은 오랜 시간을 필요로 한다(일주일에 5번 정도, 적어도 몇 년). 또한 정신분석 치료는 언어가 풍부하고, 치료를 계속하려는 동기가 높으면서 상당한 비용을 지불할 수 있는, 자기성찰적인(introspective) 환자를 요구한다. 정신역동적 치료의 새로운 형태는 총 치료기간을 더 짧게 만드는 중이다.

정신역동적 치료의 중요한 목표는 환자가 자신의 심리장애의 뿌리가 되는 대인관계 갈등에 대한 통찰을 제공하는 것이다. 앞으로 우리가 살펴볼 행동치료는 장애를 정의하는 부적응적인 행동에 보다 직접적으로 초점을 맞춘다.

 복습하기

1. 정신역동적 치료가 통찰치료라고 알려진 이유는 무엇인가?
2. 전이란 무엇인가?
3. Melanie Klein의 이론에서 죽음의 본능의 역할은 무엇인가?

행동치료

정신역동적 치료가 추정된 내적 원인에 초점을 맞추는 반면, 행동치료는 관찰 가능한 외적 행동에 초점을 맞춘다. 행동치료자들은 이상행동이 정상행동과 같이 조건화와 학습의 기본 원리에 따른 학습과정에 의해 습득된다고 주장하였다. 행동치료는 정신장애와 관련 있는 바람직하지 못한 행동방식을 수정하기 위해 조건화와 강화의 원리를 적용한다.

행동치료(behavior therapy)와 **행동수정**(behavior modification)은 종종 같은 용어로 사용된다. 두 가지 모두 바람직한 행동의 빈도를 증가시키거나 문제행동의 빈도를 감소시키기 위하여 학습원리를 체계적으로 사용한다. 행동치료에 의해 전형적으로 다루어지는 이상행동과 개인적 문제들은 광범위하며 공포, 강박행동, 우울, 중독, 공격성, 그리고 비행(delinquent behaviors)을 포함한다. 일반적으로, 행동치료는 개인 문제의 보편적 형태보다는 구체적인 문제에 더 효과가 있다. 즉, 초점이 불분명한 불안보다는 공포증에 더 효과가 있다.

조건화와 학습 이론에서 시작된 치료들은 실용적, 경험적 연구전통에 기초를 둔다. 모든 살아 있는 유기체의 중요한 과업은 현재 사회적·물리적 환경의 요구에 적응하는 방법을 배우는 것이다. 유기체가 효과적으로 대처하는 법을 학습하지 못할 때, 그들의 부적응적 반응은 학습원리에 기초한 치료에 의해 극복될 수 있다. 목표행동(target behavior)은 기저의 어떤 과정으로 인한 증상이라고 간주되지 않는다. 증상은 그 자체로 문제인 것이다. 정신역동적 치료자들은 진실에 직면하지 않은 채 외적 행동만을 치료하는 것은 **증상대체**(symptom substitution)를 불러일으켜 새로운 신체적 또는 심리적 문제가 등장할 것이라 예측하였다. 그러나 행동치료에 의해 병리적 행동이 제거되었을 때 새로운 증상으로 대체된다는 주장을 지지하는 어떤 증거도 발견되지 않았다(Tryon, 2008). "반면에 목표행동이 호전된 환자는 종종 다른 덜 중요한 증상들에 있어서도 호전을 보고하였다."(Sloane et al., 1975, p. 219)

역조건화

거미, 독이 없는 뱀, 또는 사회적 접촉같이 해롭지 않은 자극을 대할 때 왜 어떤 사람들은 불안해하는가? 행동주의적 설명에 따르면, 제6장과 제14장에서 검토한 바와 같이 불안은 단순 조건화 원리에 따라 일어난다. '아무런 이유 없이' 개인의 생활을 방해하는 강한 정서적 반응은 개인이 인식하지 못하지만 이전에 학습된 조건화된 반응이다. **역조건화**(counterconditioning)는 새로운 반응이 역기능적인 반응을 대신하여 또는 역하여(counter) 조건화되는 것이다. 행동치료 사용에 대한 최초의 기록은 이 논리를 따랐다. Mary Cover Jones(1924)는 조건화를 통하여 공포가 탈학습(unlearn)될 수 있음을 보여주었다(제6장의 꼬마 앨버트 사례와 비교).

그녀의 환자 피터는 3세 된 남자아이였는데 알려지지 않은 어떤 이유로 토끼를 무서워하였다. 치료는 피터가 방 한쪽 끝에서 밥을 먹고, 방 다른 쪽 끝에 토끼를 데려오는 것으로 시작되었다. 치료회기가 계속되면서 피터의 공포가 사라질 때까지 토끼를 점점 가까이 데려왔고, 결국 피터는 토끼와 자유롭게 놀게 되었다.

Cover Jones의 뒤를 이어 행동주의 치료자들은 현재 체계적 둔감화, 내파법(implosion), 홍수법, 혐오치료를 포함하는 여러 가지 역조건화 기법을 사용한다.

노출치료 노출치료(exposure therapy)의 핵심 요소는 불안을 일으키는 대상이나 상황에 개인이 직면하도록 만드는 것이다. 치료원리는 노출을 통해 역조건화를 시켜, 그들이 가장 불안을 느꼈던 환경에서 이완된 상태로 남아 있게 하는 것이다.

예를 들어, Joseph Wolpe(1958, 1973)는 신경계는 양립할 수 없는 과정이 동시에 작동할 수 없기 때문에 이완하면서 동시에 흥분할 수 없다는 것을 관찰하였다. 이 통찰이 상호제지이론(theory of reciprocal inhibition)의 핵심으로 Wolpe는 두려움(fear)과 공포증(phobia)의 치료에 이를 적용하였다. Wolpe는 환자들에게 근육을 이완하도록 가르친 후, 그들이 두려워하는 상황을 시각적으로 **상상**하게 하였다. 처음에는 공포를 유발하는 자극과 거리가 먼 연상부터 시작하여 직접적인 이미지까지 점진적으로 진행하였다. 이완된 상태에서 두려워하는 자극을 점진적인 과정을 통해 심리적으로 직면하는 것은 **체계적 둔감화**(systematic desensitization)로 알려진 치료기법이다.

둔감화 치료는 세 가지 주요 단계로 구성된다. 첫째, 내담자는 불안을 일으키는 자극을 확인하고 가장 약한 자극부터 강

불안장애를 위한 많은 치료들은 왜 노출치료로 알려져 있는가?

한 자극까지 위계를 정한다. 예를 들어, 표 15.2는 심각한 시험불안으로 고통받는 학생이 불안자극 위계를 구성한 것이다. 그 학생은 즉각적인 시험에 대한 기대(14번)가 시험을 치르는 것 자체(13번)보다 더 스트레스가 된다고 평가하였다. 둘째, 내담자는 점진적 근육 이완을 체계적으로 훈련받는다. 이완 훈련은 긴장과 이완을 구별하는 법과 긴장된 상태에서 벗어나 신체적·정신적 이완 상태에 도달하는 법을 배우는 것으로, 이를 위해서는 여러 번의 회기를 필요로 한다. 마지막으로 실질적인 둔감화 과정이 시작된다. 이완된 내담자는 위계 목록에서 가장 약한 불안자극부터 생생하게 상상한다. 불편함이 없이 시각화가 된다면, 내담자는 목록에서 다음으로 강한 자극을 떠올리게 된다. 여러 번의 치료회기 후 목록에서 가장 고통스런 상황이 불안 없이 상상될 수 있다.

체계적 둔감화는 불안을 일으키는 자극에 노출시키는 점진적 과정을 의미한다. 치료자들은 다양한 기법을 연구해 왔는데, 어떤 방법은 지연(delay) 없이 노출하는 것이다. 예를 들어, **홍수법**(flooding)이라는 기법은 내담자의 허락하에 내담자를 실제 공포 상황에 바로 들어가게 한다. 폐쇄공포증을 가진 내담

자를 어두운 벽장에 앉아 있도록 하거나 물을 무서워하는 아동을 수영장에 집어넣거나 하는 것이다. 연구자들은 풍선 터지는 소리를 두려워하는 21세 대학생을 수백 개의 풍선이 터지는 세 번의 치료회기를 견디게 함으로써 성공적으로 치료하였다(Houlihan et al., 1993). 세 번째 회기에서 그 학생은 마지막 115개의 풍선을 스스로 터뜨릴 수 있었다. 홍수법치료의 다른 형태는 상상을 사용하는 것이다. 이 치료과정에서 내담자는 자신이 두려움을 느끼는 공포증에 관한 가장 끔찍한 버전이 아주 자세하게 녹음된 것을 한두 시간 동안 듣는다. 극심한 공포(terror)가 진정이 되면, 내담자는 두려워하는 상황으로 가게 된다.

노출기법이 처음 나왔을 때 치료자들은 상상이나 실제접촉을 통한 노출을 하였다. 최근에 임상가들은 노출치료를 제공하기 위해 가상현실(virtual reality)로 방향을 전환하고 있다(Powers & Emmelkamp, 2008). 예를 들어, 사람들은 비행에 대한 공포를 공항에 직접 가는 것 대신, 비행기를 타는 가상경험을 통해 극복할 수 있게 되었다(예 : 비행기 안에 앉아 보기, 착륙하기, 이륙하기)(Rothbaum et al., 2006). 또 다른 예로, 가상현실 치료를 사용하여 바퀴벌레 공포증을 가진 여성 집단을 치료한 연구를 들 수 있다.

지정 연구

한 연구팀은 가상현실 시스템을 만들어 자신의 주변 환경에서 바퀴벌레를 목격한다는 착각을 일으켰다(Botella et al., 2010). 예를 들어, 이 시스템은 바퀴벌레가 자신의 손에 기어오르는 것을 볼 수 있게 했다. 또한 이 시스템은 바퀴벌레의 수, 크기, 움직임과 같은 특성을 치료자가 조작하는 것을 가능케 하였다. 이처럼 이 시스템은 환자 개개인의 욕구에 부합하는 노출치료를 적용하기 위해 필요한 유연성을 치료자에게 제공하였다. 연구에 참여한 6명의 환자는 각 치료회기에서 가상 바퀴벌레에 체계적으로 노출되었고, 평균 두 시간 정도 지속되었다. 한 번의 이러한 회기 후에도 환자는 바퀴벌레에 접근하는 능력에서 상당한 호전을 보였다. 치료 후 3, 6, 12개월에 이루어진 사후평가에서 환자는 공포증으로부터 상당히 회복된 모습을 지속적으로 보여주었다.

노출치료는 불안장애를 치료하는 데 매우 효과적임이 증명되었다. 가상현실기법은 실제 세상 속으로 가는 데 드는 시간과 비용 없이 강력한 노출 경험을 제공한다는 이점이 있다.

노출치료는 강박장애를 치료하는 데에도 사용되곤 한다. 그

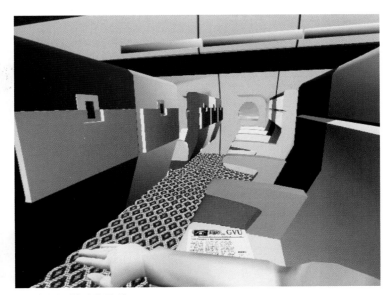

행동치료자는 내담자가 비행 공포를 극복할 수 있도록 가상현실 노출치료를 어떻게 사용하게 될까?

러나 이 치료에는 반응방지(response prevention)라는 다른 요소가 더해진다. 내담자들은 그들이 공포를 느끼는 대상에 노출될 뿐만 아니라, 그들이 불안을 줄이기 위해 전형적으로 하던 강박행동을 하지 못하도록 제지당한다. 강박장애를 가진 아동과 청소년 20명을 대상으로 한 연구를 살펴보자(Bolton & Perrin, 2008). 연구 참여자 각각이 모두 다른 강박사고(obsession)와 강박행동(compulsion)을 가지고 있었기 때문에, 치료는 개개인에 맞춰질 필요가 있었다. 그러나 가장 핵심적인 요소는 동일하게 하였다. 연구 참여자 각각은 강박행동을 저지하는 훈련에 참여하는 동안 자신의 강박대상에 노출되었다. 이 치료 프로그램은 지속적인 안정을 가져다주었다.

모델의 모방 노출치료의 또 다른 형태는 사회학습이론으로부터 영감을 받은 것이다. 제6장에서 개인이 관찰을 통해 반응을 습득한다고 예측한 사회학습이론(제6장)을 떠올려 보자. 따라서 공포증을 가진 사람은 모델을 모방함으로써 공포 반응을 탈학습할 수 있어야만 한다. 예를 들어, 뱀 공포증을 치료할 때, 치료자는 뱀 우리에 가까이 가거나 뱀을 만지는 것과 같이 상대적으로 약한 수준에서 두려움 없이 접근하는 것을 시범적으로 보여준다. 내담자는 모델의 행동을 모방하기 위하여 시범과 격려를 통해 도움을 받게 된다. 점진적으로, 접근행동은 조형되고(shaped) 그래서 내담자는 뱀을 잡을 수 있게 되고, 뱀이 자기 주변에서 자유롭게 기어다니도록 두는 것이 가능해진다. 내담자가 어떤 행동을 하기를 강요받는 시간은 없다. 어떤 수준에서든지 저항(resistance)은 내담자가 성공했던 이전 단계, 즉 접근행동이 덜 위협적이었던 단계로 돌아가는 것을 통해 극복된다.

참여자 모델링(participants modeling)이라는 형태가 갖는 힘은 상징적 모델링(symbolic modeling), 둔감화, 그리고 통제조건(control condition)을 함께 비교한 연구에서 잘 나타난다. 상징적 모델링 치료에서 이완훈련을 받은 개인은 몇몇의 모델들이 공포감 없이 뱀을 다루는 필름을 보게 된다. 그들은 필름을 그만 볼 수도 있고, 필름을 보면서 만약 불안을 느끼게 되면 그 장면에서 이완을 시도할 수도 있다. 통제조건에서는 어떠한 치료적 개입도 사용되지 않았다. 그림 15.1에서 볼 수 있듯이, 참여자 모델링은 이 기법들 중 가장 성공적이었다. 참여자 모델링 그룹에 참여한 12명 중 11명이 뱀 공포증에서 완전히 벗어났다(Bandura, 1970).

혐오치료 앞서 살펴본 노출치료의 여러 형식은 그렇게 해롭지 않은 자극을 내담자가 직접 다룰 수 있도록 돕는다. 해로운 자극에 끌린 사람들은 어떻게 도울 수 있을까? 약물중독, 성도착, 통제할 수 없는 폭력은 유혹적 자극으로 인해 일탈행동이 초래되는 문제이다. 혐오치료(aversion therapy)는 전기충격이나 구토약 같은 강한 혐오 자극과 함께 이러한 자극들을 짝짓기 위해 역조건화(counterconditioning) 과정을 사용한다. 시간이 지나면 동일한 부정적 반응이 유혹적인 자극에 의해서도 일어나고, 개인은 이전의 욕구를 대체하는 혐오감을 발달시킨다.

예를 들어, 혐오치료는 자신의 머리를 때리거나, 다른 물건에 박거나 하는 자해 행동(self-injurious behaviors)을 하는 사람들에게 사용된다. 개인이 자해 행동을 할 때 약한 전기충격이 가해진다. 이 치료는 모든 환자는 아니지만 일부 환자들의 자해 행동을 효과적으로 제거하였다(van Oorsouw et al., 2008).

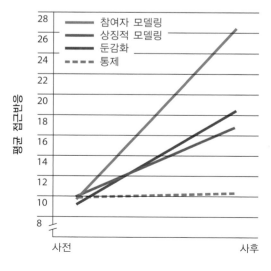

그림 15.1 참여자 모델링 치료
사진 속의 내담자는 먼저 뱀에 접근하는 반응의 점진적 과정을 관찰한 후, 스스로 이를 반복하였다. 마침내 뱀을 잡을 수 있게 되고, 뱀이 자유롭게 주변을 기어다니도록 둘 수 있게 되었다. 그래프는 참여자 모델링 치료 전과 이후의 뱀 접근반응의 수를 다른 두 기법과 통제집단의 행동과 비교한 것이다.

출처 : Albert Bandura, from "Modeling Therapy." Reprinted by permission of Albert Bandura.

혐오치료는 신체적으로 해를 입힐 수 있기 때문에 윤리적으로 치료자는 다른 치료기법들이 실패했을 때에만 혐오치료를 사용해야 한다(Prangnell, 2010).

유관성 관리

역조건화 절차는 하나의 반응이 다른 반응으로 대체될 때 적절하다. 다른 행동수정 절차는 B. F. Skinner가 개척한 조작적 조건화의 원칙에 의존한다. **유관성 관리**(contingency management)는 결과(consequence)를 수정함으로써 행동변화를 시도하는 일반적 치료전략을 말한다. 행동치료에 있어 유관성 관리의 두 가지 주요 기법은 **정적 강화 전략**(positive reinforcement strategies)과 **소거 전략**(extinction strategies)이다.

정적 강화 전략 반응 후 즉각적인 보상이 따를 때 그 반응은 시간이 지나며 반복되고 빈도가 늘어나는 경향이 있다. 이러한 조작적 학습의 주요 원리는 치료전략이 되는데, 바람직한 반응이 바람직하지 않은 반응을 대신하는 경우와 마찬가지로 바람직한 반응의 빈도를 수정하기 위해 사용될 때 그러하다. 행동문제에 정적 강화 절차를 적용하여 극적인 성공을 거두어 왔다.

제6장에서 연구자들이 선호되는 행동에 성공적으로 근접하는 것을 강화하는 **행동조형**(shaping)을 기억할 것이다. 흡연자들이 피우는 담배 개수를 줄이는 것을 돕기 위해 어떻게 조형했는지 생각해 보라(Lamb et al., 2007). 연구자들은 연구 참여자들의 초기 흡연 습관을 알아보기 위하여 호흡 시 일산화탄소(breath carbon monoxide, BCO)를 측정하였다. 연구가 진행되면서 연구 참여자들은 개개인에 맞게 설정된 특정 목표 수준 이하로 BCO 수준을 보여줄 경우, 현금으로 인센티브를 받았다. 그러한 목표들은 시간이 흐를수록 더 많은 것을 요구하였고, 금연이라는 목표행동을 향해 참가자들을 조형하였다. 제6장에서 **토큰경제**(token economies)에 대하여 설명하였다. 토큰경제는 자신을 돌보기, 약 복용하기처럼 바람직한 행동을 명확히 정의하고, 그 행동을 행했을 때 시설 스태프가 토큰을 준다. 이 토큰은 나중에 보상(rewards)과 특권(privilege)으로 교환될 수 있다(Dickerson et al., 2005; Matson & Boisjoli, 2009). 이러한 강화체계는 특히 개인위생, 청결한 환경유지, 긍정적인 사회적 상호작용의 빈도와 관련해서 환자의 행동을 수정할 때 효과적이다.

다른 접근은 치료자들이 부적응적 행동과 양립할 수 없는 행동들을 차별적으로 강화하는 것이다. 이 기법은 약물중독

을 경험하는 개인을 치료하는 데 아주 성공적으로 사용되어 왔다.

연구자들은 코카인 의존으로 치료를 원하는 87명을 선발하여 12주간 연구하였다(Petry & Roll, 2011). 모든 참가자는 의존성을 극복할 수 있는 전략 및 기법을 전해 주는 일련의 상담 회기로 구성된 표준화된 치료를 받았다. 이 표준화된 치료와 더불어 연구 참여자들은 소변검사에서 음성판정을 받을 때마다 상금을 받을 기회가 주어졌다. 상금을 받기 위하여 연구 참여자들은 항아리에서 카드를 뽑았다. 카드 중 절반(50%)은 "잘했습니다. 계속해서 노력하세요."였다. 반면, 카드의 44%는 1달러, 6%는 20달러의 상금을 제공하였다. 또한 100달러를 상금으로 제공하는 한 장의 카드가 포함되어 있었다. 첫 번째 음성반응에 대해 연구 참여자들은 항아리에서 카드 한 장을 꺼냈다. 그리고 그다음부터는 음성반응이 나타날 때마다 카드를 한 번 더 꺼낼 수 있었다. 만약 양성반응이 나타났다면, 다음에 음성반응이 나타날 때 다시 한 번만 카드를 꺼낼 수 있었다. 이 절차를 완료하고 3개월 후에도 연구 참여자의 26.9%가 코카인을 절제하고 있었다. 각 참여자가 얻은 실제 상금의 양은 그들이 항아리에서 카드를 뽑을 때 운에 의해 결정되었음을 주목하라. 그럼에도 연구자들은 더 많은 상금을 받은 참여자일수록, 코카인을 사용하지 않을 가능성이 더 높았음을 발견하였다.

이 연구는 유관성 관리가 약물의존을 치료하기 위해 성공적으로 사용될 수 있음을 확인해 준다. 상금을 받을 수 있는 기회가 있다는 것만으로도 약물복용자는 약물을 끊을 수 있었고, 세 달 후에도 그 상태를 유지할 수 있었다. 당신은 이 사례에서 앞서 설명한 역조건화 절차와 유사한 원리를 발견할 수 있을 것이다. 학습의 기초 원리는 적응행동의 가능성을 증가시키는 데 사용된다.

소거 전략 왜 사람들은 다른 방식으로 행동할 수도 있음에도 불구하고 신체적·정신적 고통을 일으키는 행동을 계속하는 것일까? 그 대답은 행동의 여러 형태는 일부는 긍정적이고, 일부는 부정적인 다양한 결과를 가져온다는 것에 있다. 종종 약간의 정적 강화는 명백한 부정적 결과에도 불구하고 그 행동을 계속하게 만든다. 예를 들어, 만약 처벌이 아동이 얻을 수 있는 관심의 유일한 형태라면, 그 아동은 계속해서 잘못된 행동을 할 것이다.

소거는 인식하지 못한 강화적 상황에 의하여 역기능적인 행동이 유지되고 있을 때 치료에 유용하게 사용된다. 강화물은 면밀한 상황분석을 통하여 확인될 수 있고 그러면 바람직하지 않은 반응이 나오면 강화물을 주지 않도록 프로그램을 만들

면 된다. 이 접근이 가능하다면, 그리고 그 행동을 의도하지 않은 채 강화할 수도 있는 그 상황 내의 사람들이 협력한다면, 소거과정을 통하여 그 행동의 횟수를 줄이고 점차적으로 완전히 제거할 수 있다. 교실의 예를 들어 보자. ADHD를 지닌 한 소년은 과제와 관련 없는 소란한 행동들을 자주 해서 선생님들을 힘들게 하고 있었다. 연구자들은 그가 과제 외의 행동을 했을 때 교사가 주었던 주의가 그 행동을 정적으로 강화하고 있음을 밝혔다(Stahr et al., 2006). 그가 부적절한 행동을 했을 때 교사들이 더 이상 주의를 주지 않았고, 그 학생의 행동은 향상되었다.

일반화 기법

행동치료자들이 계속 관심 갖는 문제는 치료장면에서 생긴 새로운 행동들이 내담자들이 대하는 일상생활 장면에서도 실제로 사용되는가이다(Kazdin, 1994). 치료효과의 측정은 치료자의 긴 의자, 병원, 연구실을 떠나 장기적인 변화가 유지되는지를 포함하기 때문에 이 질문은 모든 치료에서 중요하다.

내담자의 실제 생활장면의 중요한 면이 치료 프로그램에서 빠진다면 치료를 통해 일어난 행동 변화는 치료 종결 후 시간이 지나면 없어질 수 있다. 점진적인 효과 상실을 막기 위하여 치료과정에 일반화 기법을 구축하는 것이 보통이다. 이 기법은 치료와 실제 생활장면에서 표적행동, 강화, 모델, 자극요구 등을 비슷하게 만드는 것이다. 예를 들어, 예의를 지킨다든가, 배려를 한다든가와 같은, 개인의 환경에서 자연스럽게 강화를 받을 수 있는 행동을 가르친다. 보상이 항상 따르지 않는 현실세계에서 치료효과를 유지하기 위하여 부분강화 스케줄에 따라 보상을 제공한다. 사회적 인정과 강화적인 자기진술 같은 보다 자연스럽게 일어나는 결과를 통합함에 따라, 물질적인 외적 보상에 대한 기대는 점차 줄여나간다.

예를 들어, 행동치료자들은 우유 마시기를 거부했던 한 소년(연령 : 4년 10개월)에게 용암법(fading) 과정을 사용하였다(Tiger & Hanley, 2006). 소년이 우유를 마시도록 하기 위해, 치료자는 교사가 우유 잔에 약간의 초콜릿 시럽을 섞도록 했다. 초콜릿 시럽이 섞였을 때 소년은 우유를 마셨다. 다음 48번의 식사에 걸쳐, 교사는 천천히 시럽의 양을 줄여나갔고 결국 그 소년에게 완전히 순수한 우유만 주게 되었다. 이 개입의 마지막에 소년은 일관되게 아무것도 들어가지 않은 우유를 마셨다. 이는 집에서도 마찬가지였는데, 교실에서 다른 장면으로의 일반화를 증명한다. 이제 인지치료를 살펴보자.

 복습하기

1. 역조건화의 기본 원리는 무엇인가?
2. 임상가가 환자로 하여금 상을 받도록 허용할 때 어떤 학습원리가 작동 중인가?
3. 일반화 기법의 목적은 무엇인가?

인지치료

인지치료(cognitive therapy)는 중요한 생활경험에 대한 내담자의 생각을 바꾸어 문제 감정과 행동을 변화시키고자 한다. 이 치료는 사람들이 무엇을 생각하고(인지적 내용) 어떻게 생각하는가(인지적 과정)에 따라 이상행동 패턴과 정서적 고통이 시작된다고 가정한다. 인지치료는 인지적 과정의 다양한 유형을 변화시키고 인지를 재구조화하는 방법을 제공하는 데 관심을 갖는다. 제12장에서는 스트레스에 대처하고 건강을 증진하기 위한 방법으로서 이러한 접근 일부를 소개하였다. 여기서는 인지치료의 두 가지 중요한 형태인 잘못된 신념체계의 변화와 인지행동치료를 다룬다.

잘못된 신념의 변화

인지치료자들은 신념, 태도, 습관적 사고의 틀을 변화의 일차적 목표로 삼았다. 이 인지치료자들은 많은 심리적 문제들이 다른 사람들이나 그들이 접하는 상황들과 관련하여 자기 자신에 대해 생각하는 방식 때문에 일어난다고 주장한다. 잘못된 사고는 (1) 비합리적인 태도(완벽함은 학생이 가져야 할 가장 중요한 특성이다.), (2) 잘못된 전제(그들이 원하는 모든 것을 한다면 나는 인기가 있을 것이다.), (3) 효율성이 없는데도 행동을 자동적으로 반복하게 하는 엄격한 규칙(권위자들에게 복종해야 한다.)을 근거로 한다. 정서적 고통은 인지적 오해와 현실과 개인의 상상(또는 기대)의 차이를 구별하지 못하는 것에서 야기된다.

우울증에 대한 인지치료 인지치료자들은 좀 더 효과적인 문제해결 기술로 대체함으로써, 내담자가 잘못된 사고 패턴을 교정할 수 있도록 돕는다. Aaron Beck(1976)은 인지치료를 이용하여 우울증을 치료한 성공적인 선구자이다. 그는 치료를 위한 공식으로 "치료자는 내담자가 자신의 왜곡된 사고를 확인하고, 그의 경험을 조직화하는 좀 더 현실적인 방법을 학습할 수 있게 돕는다."라고 간단히 말하였다. 예를 들어, 우울한 사람들에게 자신에 대한 부정적 생각을 써 보도록 하고 왜 이런 자기비난이 정당하지 않은지 알아내고, 좀 더 현실적인(그리고 덜 파괴적인) 자기인지(self-cognition)를 생각해내라고 지시한다.

Beck은 우울한 내담자들이 "나는 오빠만큼 될 수 없을 거야, 내 모습을 실제로 알게 된다면 누구도 나를 좋아하지 않을 거야, 나는 이 경쟁적인 학교에서 살아남을 정도로 똑똑하지 못해."처럼 그들이 습관적으로 만들어내는 부정적인 자동적 사고를 의식하지 못하기 때문에 우울증이 유지된다고 믿는다. 치료자들은 네 가지 전략을 이용하여 우울을 지속시키는 인지적 기초를 변화시킨다(Beck & Rush, 1989; Beck et al., 1979).

- 자신의 기능에 대한 내담자의 기본 가정에 도전한다.
- 자동적 사고가 정확하다는 근거와 그렇지 않은 근거를 평가한다.
- 환자의 무능력보다 상황적 요인을 탓하는 재귀인(reattribution)을 한다.
- 실패 경험으로 이끌 수 있는 복잡한 일에 대한 대안적 해결방법을 토론한다.

이 치료는 내담자의 현재 상태에 초점을 맞춘다는 점에서 행동치료와 비슷하다.

우울증의 가장 큰 부작용 중 하나는 우울과 연합된 모든 부정적인 감정과 무기력을 갖고 사는 것이다. 부정적 기분에 대한 생각이 강박적이 되어 인생에서 나쁜 기억들만 떠올리게 되고, 이것이 우울한 감정을 더 악화시킨다. 우울이라는 까맣게 칠한 안경을 통하여 모든 것을 보면서 우울한 사람들은 비난하지도 않았는데 비난으로 보고 칭찬을 듣고도 빈정거렸다고 하기 때문에 우울해질 더 많은 이유가 생긴다. 인지치료는 우울증이 더 악화되는 악순환에 빠지지 않도록 하는 데 성공적이다(Hollon et al., 2006).

합리적 정서치료 초기 인지치료 중 하나는 Albert Ellis (1913~2007)가 개발한 **합리적 정서치료**(Rational-Emotive Therapy, RET)이다. RET는 심한 불안처럼 바람직하지 못한, 강력한 정서적 반응을 야기하는 비합리적 신념을 변화시킴으로써 성격을 변화시키는 종합적인 체계이다(1962, 1995; Windy & Ellis, 1997). 내담자는 그가 성공해야 하고 인정받아야 한다고 요구하거나, 공평하게 대우받아야 한다고 주장하거나, 세상이 좀 더 유쾌해야 한다고 명령하는 핵심 가치관을 갖고 있을 수 있다.

뜨개질을 배우고 있다고 해 보자. 시간이 지날수록 뜨개질을 더 잘할 수 있기를 원한다면, 뜨개질에 대해 마음속으로 내게 줄 수 있는 최상의 메시지는 무엇일까?

RET 치료자들은 내담자에게 그들의 행동을 통제하고 그들이 원하는 삶을 선택하지 못하도록 만드는 "~해야만 한다.", "당연하다.", "~하지 않으면 안 된다."를 인식하는 방법을 가르친다. 치료자들은 어떤 사건에 따른 감정반응이 사실 그 사건에 대해 인식하지 못한 신념의 결과임을 보여줌으로써 내담자의 닫힌 마음을 극복하도록 시도한다. 예를 들어 성관계 중 오르가슴을 느끼지 못하는 것은 우울과 자기비하에 빠지게 한다. 그러한 감정반응을 일으키는 신념은 "기대대로 하지 못했으니 나는 성적으로 부적절하고, 성 불능일 수도 있다."이다. 치료에서는 이 신념 및 다른 신념에 대한 합리적인 직면과 그 사건에 대한 대안적 이유(피곤, 알코올, 성행위에 대한 잘못된 개념, 그 당시 또는 그 상대와 마지못해 성관계를 함)를 찾아보며 비합리적 신념을 논박한다. 이 직면기법은 독단적이고 비합리적인 사고를 합리적이고 상황에 적절한 생각으로 대치하는 개입으로 이어진다.

합리적 정서치료는 개인의 성장을 막고 있는 잘못된 신념체계를 버림으로써 자기 가치감과 자아실현의 잠재력을 증가시키는 것이 목적이다. 이런 의미에서 다음 장에서 다룰 인본주의적 치료와 많은 것을 공유한다.

인지행동치료

우리는 나는 무엇을 할 수 있다고 나에게 말하는 만큼의 사람이고, 내가 해야만 한다고 스스로 믿는 것들에 의해 인도된다. 이것이 **인지행동수정**(cognitive behavior modification)의 기초가 되는 가정이다. 이 치료적 접근은 잘못된 신념의 변화라는 인지적인 강조와 강화 유관성(reinforcement contingencies)을 사용한 행동변화라는 행동적 초점을 결합시킨 것이다

(Goldfried, 2003). 수용될 수 없는 행동패턴들은 개인의 부정적인 자기 진술을 건설적인 대처전략에 관한 것으로 바꾸는 인지 재구조화를 통해 수정된다.

이 치료의 핵심은 치료받고자 하는 문제에 대해 내담자가 생각하고 표현하는 방식을 치료자와 내담자가 함께 발견한다는 점이다. 치료자와 내담자가 비생산적이거나 역기능적으로 이끄는 사고 유형을 이해하면, 그들은 불안이나 자기존중감을 낮추는 자기패배적인 진술을 최소화하고 건설적인 새로운 자기진술을 개발한다(Meichenbaum, 1977, 1985, 1993). 표 15.3 에 인지행동치료자가 어떻게 회기를 진행하는지에 대한 예가 제시되어 있다. 치료자는 가장 친한 친구가 자신과의 관계를 끝내길 원한다는 내담자의 신념을 지지하는 증거를 다시 생각하도록 돕는다. 또한 숙제를 내줌으로써, 내담자는 친구의 행동에 대한 다른 가능성들을 탐색하기 위해 더 많은 증거들을 모으게 된다.

인지행동치료는 여러 장애에서 성공적인 치료방법으로 활용되어 왔다. 인지행동치료가 '과도하고 무감각적으로 물건을 사거나 충동구매를 하여 사회적·직업적 기능을 방해하고,

표 15.3 인지행동치료자의 가능한 치료회기

내담자 : 저는 저의 가장 친한 친구인 마조리가 저를 거부한다고 느껴요.
치료자 : 불쾌했겠네요. 무엇이 그녀가 당신을 거부한다고 느끼게 했나요?
내담자 : 어제 우리가 쇼핑몰에서 만났을 때, 마조리는 제대로 인사를 하지 않았어요. 그녀는 "잘 지냈어?"라고 말하고 빨리 가버렸어요. 전 그녀가 저에게 관심없이 말하는 것을 본 적이 없었어요.
치료자 : 음…… 당신은 친구와 오랜만에 본 것이라고 말했죠, 맞나요?
내담자 : 네, 그녀는 왜 어제 저에게 무례했을까요? 그녀는 절 매우 불쾌하게 했어요.
치료자 : 당신이 화가 난 걸 이해할 수 있어요. 그녀가 왜 그런 행동을 했는지에 대한 다른 설명을 생각해 볼까요? 생각할 시간을 드리지요.
내담자 : 글쎄요, 그녀의 엄마가 아파서 그녀는 엄마를 간호하기 위해 집에 갔었어요. 아마도 그녀는 엄마가 집에서 혼자 계시는 동안 쇼핑하는 것에 대해 죄책감을 느꼈겠지요. 이것이 다른 이유가 될 수 있겠군요.
치료자 : 그럴 수도 있겠군요. 당신이 옳은지 어떻게 알아낼 수 있을까요?
내담자 : 그녀에게 전화해서 괜찮냐고 물어볼 수 있어요. 어젯밤에 쇼핑몰에서 본 그녀는 긴장한 것처럼 보였고, 제가 그녀를 도울 수 있는 무언가가 있는지 찾아보았겠죠.
치료자 : 당신이 세운 가정에 대해 정보를 얻는 좋은 방법이네요. 다음 회기가 시작되기 전에 한 번 실천에 옮겨 보세요. 다음에 당신이 무엇을 배웠는지에 대해 이야기해 보죠.

종종 재정문제를 초래하기도 하는' **강박적 구매장애**(compulsive buying disorder)를 가진 내담자를 치료하기 위해 어떻게 사용되는지 살펴볼 것이다(Mueller er al., 2008, p. 1131).

연구자들은 강박적 구매장애를 지닌 60명의 사람들을 무선적으로 인지행동치료 집단과 통제집단에 배정하였다(Mueller et al., 2008). 치료집단의 참가자들은 일주일에 한 회기 씩 총 12주 동안 치료를 받았다. 이 치료는 여러 요소를 포함하고 있었다(Burgard & Mitchell, 2000). 치료의 한 가지 요소는 참가자들의 생활에서 구매 행동을 유발시키는 단서(예 : 사회적·심리적인 상황들)를 찾는 것이었다. 참가자들이 이러한 단서를 찾게 되면, 치료자는 그들과 함께 단서의 영향력을 피하거나 파괴시키기 위한 인지전략을 발달시키는 작업을 했다. 치료의 다른 요소는 참가자들이 자신의 행동을 통제하였다는 것에 자신감을 얻도록 하는 것이었다. 연구자들은 부정적인 자기 진술(예 : 나는 가게에 가고자 재촉하는 것을 통제할 수 없어)에 반대되는 증거를 모으고 더 큰 통제를 달성할 수 있는 계획을 만들어냄으로써 참가자들이 부정적인 자기진술을 약화시키도록 격려하였다. 이 치료 프로그램은 치료 직후와 치료가 끝난 6개월 후의 추후연구에서 모두 증상개선을 보였다.

연구자들이 치료의 효과를 입증하기 위해 통제집단이 필요했음에 주목해 보자(즉, 치료집단의 참가자들은 통제집단 참가자들보다 많은 개선을 보여주었다.). 그러나 통제집단의 참가자들 또한 이 연구가 끝난 뒤 치료를 받을 수 있었다.

이 예에서 볼 수 있듯이, 인지행동치료는 효과적이라는 기대를 만들어낸다. 치료자들은 이러한 기대를 확립하면 사람들이 효과적으로 행동하기 쉽게 된다는 것을 알고 있다. 이룰 수 있는 목표를 세우고, 현실적인 전략을 개발하여 그것들에 도달하게 하고, 현실적으로 피드백을 평가함으로써 숙달감과 **자기효능감**(self-efficacy)을 발달시킬 수 있다(Bandura, 1992,1997). 제13장에서 보았듯이, 자기효능감은 지각, 동기, 수행에 영향을 준다. 자기효능감 판단은 힘든 상황에서 얼마나 많은 노력을 해야 할지 또 얼마나 오래 버티어야 할지에 영향을 준다(Bandura, 2006). 연구자들은 심리장애의 회복에 자기효능감이 중요함을 입증해 왔다(Benight et al., 2008; Kadden & Litt, 2011). 폭식장애(binge eating disorder)를 갖고 있는 108명의 여성들에 대한 연구를 생각해 보자(Cassin et al., 2008). 통제집단의 여성들은 폭식장애에 대한 정보가 담겨 있는 책자를 받았다. 치료집단의 여성들은 책자뿐만 아니라, 자기효능감 증진을 위해 고안된 치료회기에 참가하였다. 예를 들어, 각 여성들은 어려움에 직면하거나 무언가에 도전했을 때의 숙달경험을 회상해 보라고 격려 받았다. 처치 6주 후, 치

료집단 여성 중 28%가 폭식이 줄어들었는데, 통제집단의 경우 11%였다. 치료집단 내에서 폭식을 억제했던 여성들은 더 높은 자기효능감 수준을 보고하였다. 이 연구는 인지행동치료가 증상완화를 가져올 수 있다는 증거를 제공한다.

복습하기

1. 인지치료의 기본 가정은 무엇인가?
2. 합리적 정서치료에서 고조된 감정반응의 근원은 무엇인가?
3. 자기효능감의 증가가 인지행동치료의 목표가 되는 이유는 무엇인가?

비판적 사고 강박적 구매장애에 대한 인지행동치료를 평가한 연구를 떠올려 보라. 구매행동을 촉발하는 단서를 찾아내는 것이 왜 중요할까?

자원봉사는 어떻게 사람들이 자신의 잠재력을 최대화하도록 돕게 될까?

인본주의적 치료

인본주의적 치료의 핵심은 변화하고 성장하는 끊임없는 과정에 있는 전인적 인간에 대한 개념이다. 환경과 유전의 제약이 있더라도, 사람들은 항상 자기 자신의 가치를 창조하고 스스로의 결정을 통하여 자신이 어떤 사람이 될 것인가를 자유롭게 선택한다. 그렇지만 선택의 자유와 함께 책임도 따른다. 우리 행위에 대한 모든 의미를 완전히 알지 못하기 때문에 우리는 불안과 절망을 경험한다. 또한 잠재력을 발휘할 기회를 놓친 데 대한 죄책감으로 고통스러워한다. 인간 본성에 대한 이러한 일반 이론을 적용하는 심리치료는 내담자가 자신의 자유를 정의내리고, 경험 중인 자기와 현 순간의 풍요로움을 가치 있게 여기고, 개성을 함양하여 완전한 잠재력을 실현하는(자기실현) 방법을 개발하도록 돕는다.

인본주의적 치료가 인간의 경험에 대한 **실존주의자들**의 입장을 흡수한 경우도 있다(May, 1975). 이 접근은 매일매일 실존의 도전을 만나고, 이에 압도되는 사람들의 능력을 강조한다. 실존주의 이론가들은 개인의 고통은 일상생활의 문제들, 의미 있는 인간관계의 결여, 중요한 목표의 부재 같은 존재적 위기에서 온다고 한다. 실존주의 이론에 기초한 임상적 입장에 따르면, 현대적 삶의 고통스런 현실이 두 가지의 질병을 일으킨다고 한다. 우울증과 강박증은 이러한 현실에서의 도피를 반영하며, 반사회적이거나 자기애적 증상들은 이러한 현실의 착취를 반영한다(Schneider & May, 1995).

인본주의적 철학은 1960년대 미국에서 시작된 **인간 잠재력 운동**(human-potential movement)을 출현시켰다. 이 운동은 보통 인간의 잠재력을 좀 더 높은 수준의 수행과 좀 더 풍요로운 경험으로 향상되게 하는 방법들을 망라한다. 이 운동을 통하여 심리장애를 겪는 사람들을 위해 원래 개발된 치료가 좀 더 효율적이고, 생산적이고, 행복하기를 원하는 정신적으로 건강한 사람들에게까지 확장되었다. 인본주의 전통을 따른 내담자 중심 치료와 형태주의 치료를 살펴보자.

내담자 중심 치료

Carl Rogers(1902~1987)에 의하여 개발된 내담자 중심 치료(client-centered therapy)는 많은 다른 유형의 치료자들이 자신과 내담자와의 관계를 정의 내리는 데 커다란 영향을 주었다(Rogers, 1951, 1977). 내담자 중심 치료의 일차적 목표는 개인의 건강한 심리적 성장을 도모하는 것이다.

이 접근은 모든 인간이 자아실현, 즉 자신의 잠재력을 실현하려는 경향을 갖고 있다는 가정에서 출발한다. Rogers는 "유기체는 자신을 유지하고 향상시킬 수 있는 모든 방법들을 동원하여 자신의 잠재력을 향상시키려는 내재적 경향성을 띤다."고 믿었다(1959, p. 196). 건강한 발달은 개인이 자신의 몸과 마음의 평가 대신 타인의 평가를 받아들이는 잘못된 학습 패턴 때문에 방해를 받는다. 자연스러운 긍정적인 자아상과 외적인 부정적 비판 사이의 갈등은 불안과 불행을 가져온다. 이 갈등 또는 불일치가 의식 밖에서 작용할 수 있기 때문에 개인은 이유도 모른 채 자신이 불행하고 무가치하다는 느낌을 경험한다.

Rogers식 치료의 임무는 내담자가 자기고양(self-enhancement)과 자기실현(self-actualization)을 성취하기 위하여 어떻게 행동해야 하는지를 배울 수 있는 치료 환경을 만드는 것이다. 사람들은 근본적으로 선하다고 가정하기 때문에, 치료자의 주된 과업은 이 자연스런 긍정적 성향의 표현을 막는 장애물을 제거하는 것이다. 기본적 치료전략은 내담자의 감정을 인식하고, 수용하고, 명료화하는 것이다. 이것은 무조건적 긍정적 존중(unconditional positive regard), 즉 내담자에 대한 무비판적인 수용과 존중의 분위기에서 이루어질 수 있다. 치료자는 내담자에게 자신의 감정과 사고를 그대로 내보인다. 이러한 진정성과 함께 치료자는 내담자의 감정을 경험하고자 노력한다. 이러한 완전한 공감은 내담자를 가치 있고 능력 있는 개인으로 여기는 치료자의 마음을 요구하며, 내담자를 판단하거나 평가하지 않고, 그의 개별성을 발견하도록 도와주는 것을 필요로 한다(Meador & Rogers, 1979).

치료자의 정서적 스타일과 태도는 내담자가 다시 한 번 개인적 갈등의 진짜 근원에 주의를 기울이고 자아실현을 방해하는 요인들을 제거하도록 만드는 힘을 갖게 한다. 해석하고, 대답하고, 지시하는 다른 접근의 치료자들과는 달리 내담자 중심 치료자는 내담자의 평가적인 말과 감정을 반영하고 때로 재진술하는 지지적인 경청자이다. 내담자 중심 치료자(표 15.4)는 비지시적으로 자기인식과 자기수용을 추구하는 내담자를 단지 촉진시킬 뿐이다.

표 15.4 내담자 중심 치료자와의 치료회기

앨리스 : 잘 모르겠어요. 어린 시절부터 쭉 그랬던 것 같아요. 우리 엄마는 내가 아빠의 사랑을 많이 받았다고 말해 주었어요. 난 결코 그렇게 생각해 본 적이 없지만요. 제 말은 부모님은 저를 사랑으로 대하지 않으셨다는 거죠. 그러나 다른 사람들은 항상 제가 가족 중에서 특권을 받은 아이라고 생각하는 것 같아요. 그러나 저는 절대 그렇게 생각하지 않아요. 지금 내가 돌아볼 수 있는 만큼 회상해 보면, 가족들은 나보다 형제들이 더 많은 기회를 가질 수 있게 했어요. 그리고 다른 형제들에 비해 저에게 더 엄격한 기준을 두셨구요.

치료자 : 당신은 당신이 더 사랑받은 사람이라고 생각하지 않는군요. 가족들이 당신에게 더 높은 기준을 두었다고 생각하고요.

앨리스 : 네, 그게 저의 생각이에요. 저는 제 기준이나 가치에 대해 신중하게 생각할 필요가 있다고 생각하는데, 왜냐하면 내가 그런 것들을 가지고 있는지조차 잘 모르겠거든요

치료자 : 음…… 당신은 스스로가 확실한 가치관을 갖고 있는지 확신하지 못하는군요.

출처 : permission of Natalie Rogers, executor of the Estate of Carl Rogers.

Rogers는 일단 사람들이 다른 사람들과 자유롭게 관계를 맺고 자신을 수용하면 자신을 심리적 건강 상태로 되돌릴 수 있는 잠재력이 있다고 믿었다. 이 낙관적인 관점, 그리고 전문가로서의 치료자와 한 인간으로서의 내담자 간의 인간적인 관계가 많은 치료자들에게 영향을 주었다.

형태주의 치료

형태주의 치료(gestalt therapy)는 전인적 인간을 만들기 위하여 마음과 신체를 통합하는 방법에 관심을 갖는다(제4장에서 설명한 형태주의 지각에 대한 이론을 상기하라.). 이 치료의 목적인 자기인식은 내담자가 억눌린 감정을 표현하고, 새로운 관계에 영향을 미치며 지속적 성장을 위해서는 반드시 해결해야만 하는 과거 갈등에서 미해결된 과제를 인식하도록 돕는 것이다. 형태주의 치료의 창시자인 Fritz Perls(1893~1970)는 내담자에게 갈등과 관련된 환상과 강한 감정을 행동으로 표현하고 자신이 꾼 꿈들을 재창조하도록 요구하였는데, 그는 이러한 부분들을 성격의 억압된 부분으로 간주하였다. Perls는 "우리는 이러한 성격의 투사되고, 조각난 부분을 다시 내 것으로 만들고 꿈에 나타나는 숨겨진 잠재력을 재소유해야 한다."고 말한다(1969, p. 67).

형태주의 치료 워크숍에서 치료자들은 참여자들로 하여금 자기 고유의 내적 소리에 접촉하도록 격려한다(Hatcher & Himelstein, 1996). 형태주의 치료기법 중 가장 잘 알려진 기법에 빈 의자 기법이 있다. 이 기법을 쓰기 위해 치료자는 내담자 가까이에 빈 의자를 놓는다. 내담자에게 어떤 감정, 사람이나 대상, 또는 상황이 그 의자를 차지하고 있는 것으로 상상하라고 한다. 그리고 내담자는 그 의자에 앉은 대상에게 말한다. 예를 들어, 그 의자에 어머니나 아버지가 있다고 상상하고 부모가 있는 실제 상황에서 드러내지 않을 감정을 드러내도록 한다. 내담자는 이제 그러한 감정들이 자신의 삶에 주었을 영향에 대해 그 의자의 대상이 어떤 기분인지 상상한다. 이 기법은 내담자가 표현하지 않았던, 심리적 안녕을 방해할 수 있는 강한 감정을 직면하고 탐색하도록 해 준다.

 복습하기

1. 인간 잠재력 운동의 목표는 무엇인가?
2. 내담자 중심 치료에서 무조건적 긍정적 존중의 의미는 무엇인가?
3. 형태주의 치료에서 빈 의자 기법의 목적은 무엇인가?

집단치료

이제까지 살펴본 모든 치료접근은 주로 환자 또는 내담자와 치료자 간의 일대일 관계로 설계되었다. 그러나 요즘 많은 사람들은 집단의 일부로 참여해 치료를 경험한다. 집단치료가 왜 성행인가에 대한 여러 가지 이유가 있다. 어떠한 장점들은 실용적이다. 집단치료는 치료 비용이 덜 들고, 적은 수의 정신건강 전문가들이 많은 내담자들에게 도움을 줄 수 있다. 다른 장점은 집단 장면의 힘과 관계되는 것이다. 집단은 (1) 권위자를 혼자 대하는 데 어려움을 가진 사람들에게 덜 위협적인 장면이다. (2) 집단과정이 개인의 부적응적인 행동에 영향을 주도록 사용될 수 있다. (3) 치료 회기 중 대인관계 기술을 관찰하고 연습하는 기회를 제공한다. (4) 일차적 가족 집단과 비슷하여 교정적인 정서 경험이 일어날 수 있다.

집단치료 또한 특별한 문제를 갖고 있다(Motherwell & Shay, 2005). 예를 들어, 어떤 집단은 수동적이고 자기개방을 제한하는 규준이 조성되어서 변화를 일으킬 수 있는 풍토가 아니다. 또한 집단의 효과가 집단원이 들어오거나 떠날 때 극적으로 변하기도 한다. 들어오고 나가는 것 모두 그 집단이 하나의 조직으로서 잘 기능하게 하던 미묘한 균형을 변화시킬 수 있다. 집단치료를 전문으로 하는 치료자는 이런 집단의 역동을 다루어야 한다.

집단치료의 기본 전제들 중 일부는 개인치료의 기본 전제와 다르다. 집단치료의 사회적 장면은 어떻게 다른 사람들을 만나고, 투사된 자아상이 자기가 의도하거나 개인적으로 경험한 것과 어떻게 다른가를 배울 수 있는 기회를 제공한다. 나아가 집단은 개인의 증상, 문제, '이상' 반응이 유별난 것이 아니라 종종 아주 일반적이라는 것을 확인하게 해 준다. 사람들은 다른 사람들에게 자신에 대한 부정적인 정보를 감추려는 경향

이 있기 때문에, 같은 문제를 가진 많은 사람들이 "나만 문제를 가졌어."라고 믿게 된다. 공유된 집단경험은 이러한 다원적 무지(pluralistic ignorance), 즉 자신들의 독특한 실패에 대해 많은 사람들이 공유하는 유사한 잘못된 믿음을 없앨 수 있도록 도와준다. 게다가 동료들의 집단은 치료장면 밖에서 사회적 지지를 제공할 수 있다.

부부치료와 가족치료

집단치료는 서로 모르는 사람들이 주기적으로 어울려 혜택을 얻을 수 있는 일시적인 연합을 형성한다. 부부치료와 가족치료는 현존하는 의미 있는 단위를 집단치료 장면으로 가져 온다.

결혼문제를 위한 **부부치료**는 서로의 전형적인 의사소통 유형을 명료화하고 상호작용의 질을 호전시키기 위함이다 (Snyder et al, 2006). 부부를 함께 봄으로써, 그리고 그들의 상호작용을 녹화하여 다시 봄으로써, 치료자는 그들이 서로를 장악하고 통제하고 혼란에 빠뜨리기 위하여 사용하는 언어적, 비언어적 스타일을 살펴보도록 도와준다. 각자는 상대편 안에 있는 바람직한 반응을 강화하고 바람직하지 못한 반응의 강화를 철회하는 법을 배운다. 또한 상대방이 감정과 생각을 명료화하고 표현하는 것을 도울 수 있도록 비지시적인 (nondirective) 경청 기술을 배운다. 부부치료는 결혼생활 위기를 감소시키고 결혼을 그대로 유지하도록 돕는다고 보고되었다(Christensen et al., 2006).

가족치료에서는 전체 핵가족이 내담자가 되고, 각 가족 구성원이 관계라는 시스템의 구성원으로 다루어지게 된다(Nutt & Stanton, 2011). 가족치료자는 문제 있는 가족 구성원들과 작업하면서 무엇이 문제들을 일으키고 있는지를 지각할 수 있도록 도와준다. 불안장애 진단을 받은 아동의 상황을 보자. 연구에 따르면, 불행하게도 부모의 어떤 양육방식은 아동의 불안을 지속시킨다(McLeod et al., 2011). 예를 들어, 부모가 자녀에게 충분히 자율성을 주지 않으면, 아동은 새로운 과제에 성공적으로 대처하는 자기효능감을 갖고 있지 못할 수 있다. 이런 경우 새로운 과제는 계속 불안을 유발할 수 있다. 가족치료는 아동의 불안과 함께 이 불안을 지속시키는 부모의 행동에 초점을 맞춘다.

집단치료의 장점은 무엇인가?

연구자들은 치료연구에 참여시키기 위해 9~13세 아동 45명을 모집했다(Podell & Kendall, 2011). 모든 아동들은 불안장애로 진단을 받았다(일반화된 불안장애, 사회공포증 등). 아동들은 불안을 야기하는 상황을 인지할 수 있고 그러한 상황에서 불안에 대처할 수

지정연구

있는 기술 개발을 도와주는 인지행동치료를 받았다. 아동들의 어머니와 아버지들도 치료 회기에 참여했다. 부모들은 아이들과 함께 대처전략에 대해 배웠다. 또한 이 치료는 아동의 불안 경험에 대해 부적응적으로 반응하는 부모의 행동을 수정하고 건설적인 행동으로 교체하고자 했다. 연구자들의 분석 결과, 부모들이 치료회기에 더 많이 참여할수록 아동에게 더 큰 향상이 나타났다.

이 연구는 가족치료 접근의 중요성을 보여준다. 전체 가족을 참여시킴으로써 치료적 개입은 아동의 불안 수준을 유지시킨 환경적 요인을 변화시켰다.

가족치료는 내담자들이 그들 관계의 부정적인 측면뿐 아니라 긍정적 측면도 인식하도록 도움으로써, 가족 내의 긴장을 감소시키고 개별 가족 구성원의 기능을 향상시킬 수 있다. 가족치료 접근의 창시자인 Virginia Satir(1916~1988)는 가족치료자가 많은 역할을 한다고 강조하는데, 즉, 치료면담에서 일어나는 상호작용을 해석하고 명료화하는 사람, 대리자, 중개자, 심판으로 활약한다(Satir, 1967). 대부분의 가족치료자들은 치료에 가져오는 문제들이 개인들의 기본 성향적인 측면보다 개인 간의 **상황적 어려움**이나 사회적 상호작용의 문제들이라고 가정한다. 이 어려움들은 가족 구성원들이 만족스럽지 않은 역할을 오랜 시간 강요받거나 수용할 때 일어날 수 있다. 비생산적인 의사소통은 실직, 자녀의 입학, 데이트, 결혼, 아기출생과 같은 가족상황에서 있을 수 있는 자연스런 변화에 대한 반응일 수도 있다. 가족치료자가 할 일은 가족의 구조와 여기에 작용하는 많은 요인들을 이해하는 것이다. 그리고 가족 구성원들과 함께 역기능적인 구조적 요인을 약화시키고 다른 한편으로 새롭고 좀 더 효과적인 구조를 만들고 유지하도록 한다(Fishman & Fishman 2003).

지역사회 지지집단

치료에서의 극적인 발달은 **상호지지집단**(mutual support groups)과 **자조집단**(self-help groups)에 대한 관심과 참여가 쇄도하면서 일어났다. 미국에는 정신건강 문제에 초점을 맞춘 이러한 집단들이 6,000개 이상이며, 자조집단은 백만 명 이상의 회원이 있다고 한다(Goldstrom et al., 2006). 또한 미국에서는 매년 12세 이상의 5백만 명의 사람들이 알코올과 약물치료를 위한 자조집단에 참여하고 있다(Substance Abuse and Mental Health Services Administration, 2008a). 이 지지집단 모임은 보통은 (특히 정신건강 전문가들로부터 지도 받지 않을 경우에) 무료이고, 같은 문제를 지니고 있으면서 문제를 극복해 살아남았거나 때로 번창하고 있는 사람들을 만날 기회를 준다. 지역사회 집단 장면에 적용된 자조집단의 개념은 1935년에 시작한 알코올중독자 모임, 즉, Alcoholics Anonymous(AA)가 그 시작이었다. 그러나 자조집단이 알코올 중독 영역을 벗어나 확장되도록 도운 것은 1960년대 여성들의 자기의식 향상 집단운동이었다. 현재 지지집단은 네 가지 기본 범주로 구별되는 문제들을 다룬다. 즉 중독 행동, 신체적 또는 정신적 장애, 생활변화 또는 위기, 그리고 심각한 문제를 가진 친구나 친척들 때문에 경험하게 되는 외상이다. 최근에는 사람들이 인터넷 공간에서 또 다른 자조집단을 형성하기 시작했다(Barak et al., 2008; Finn & Steele, 2010). 일반적으로 인터넷 자조집단은 오프라인에서 만나는 자조집단과 같은 문제들을 다룬다(Goldstrom et al., 2006). 그러나 인터넷은 특별히 만성피로증, 다발성경화증과 같이 거동이 불편한 사람들을 위한 중요한 만남의 장소가 된다. 물리적으로 모임에 참석할 수 없는 것은 자조집단의 도움을 막는 조건이 아니다.

자조집단은 집단원을 위하여 여러 가지 기능을 하는 것으로 나타나고 있다. 예를 들어, 그들은 사람들에게 희망을 주고 자기문제를 통제할 수 있도록 하고, 그들이 고통받고 있는 사람들을 지지하고 있다는 느낌을 갖게 하고 또한 장애와 치료에 대한 정보를 교환할 수 있는 장을 마련해 준다(Groh et al., 2008). 연구자들은 자조집단이 다른 치료와 함께 안정을 가져올 수 있다고 주장하기 시작했다. 예를 들어, 자조집단 참여는 우울 증상을 줄여줄 수 있다(Pfeiffer et al., 2011).

자조집단에서의 중요한 발전은 말기 환자들에게 집단치료의 기법을 적용한 것이다. 이 치료의 목적은 아픈 동안 환자와 가족이 가능한 한 만족스럽게 살 수 있도록 돕고, 다가오는 죽음에 현실적으로 대응하고 병의 마지막 단계에 적응하도록 돕는 것이다(Kissane et al., 2004). 임종환자를 위한 지지집단의 일반적인 초점은 환자가 마지막 인사를 하게 될 때까지 충만하게 살아가는 법을 배우도록 돕는 것이다.

집단치료는 순수하게 심리학적 개입에 기반한 치료 유형의 마지막 예이다. 이제 마음에 영향을 주기 위해서 생물의학적 치료가 어떻게 뇌를 변화시키고자 하는지 살펴보도록 하자.

 복습하기

1. 집단치료는 어떠한 방법으로 내담자들이 자신들의 문제의 독특함에 대해서 알도록 도와주는가?
2. 부부치료의 공통된 목적은 무엇인가?

3. 어떠한 경우 인터넷상의 자조집단이 도움이 되는가?

비판적 사고 아동의 불안장애를 치료하기 위해 사용되었던 가족치료를 떠올려 보라. 부모 모두를 치료에 참여시키는 것은 왜 중요한가?

생물의학적 치료

정신세계는 섬세한 조화를 이룬다. 뇌에 무언가 잘못되면 이상행동, 기이한 인지적·정서적 반응으로 그 결과가 나타난다. 마찬가지로 약물이나 폭력 같은 환경적·사회적·행동적 문제는 뇌의 화학작용과 기능을 변화시킨다. 생물의학적 치료는 정신장애를 뇌의 문제로 보고 치료한다. 약물치료, 정신외과술, 전기충격치료(ECT), 반복적 경두개 자기자극법(repetitive Transcranial Magnetic Stimulation, rTMS)의 네 가지 접근을 설명하겠다.

약물치료

정신장애의 치료 역사상, 불안한 환자를 안정시키고 철수된 환자를 현실과 접촉하도록 회복시키고, 정신증적 환자들의 환각을 없애 주는 약의 발견으로 일어난 혁명에 필적하는 것은 없다. 이 새로운 치료의 시대는 1953년 클로르프로마진(chlorpromazine)이라는 진정제가 병원치료 프로그램에 소개되면서부터 시작되었다. 약물치료는 환자의 행동을 변화시키는 효과적인 방법으로 즉각적인 명성을 얻었다. **정신약리학**(psychopharmachology)은 행동에 대한 약물의 영향을 조사하

는 심리학의 한 분야이다. 정신약리학의 연구자들은 생물학적 시스템에 약물이 미치는 영향과 그 결과 일어나는 행동반응에서의 변화를 이해하고자 한다.

약물치료의 발견은 심각한 장애를 가진 환자들을 치료하는 데 심오한 효과가 있었다. 더 이상 정신병원 스태프들이 환자를 격리시키고, 구속복을 입히는 경비가 아니었다. 정신병자들을 단순히 먹고 입히는 일 대신 재활을 돕게 되면서 스태프들의 사기가 올라갔다(Swazey, 1974). 더구나 약물치료 혁명은 미국 정신병원 입원 인구에 지대한 영향을 주었다. 1955년에 정신병 시설에는 평균 몇 년씩 50만 명 이상이 입원하여 있었다. 클로르프로마진과 다른 약물의 등장으로 환자들의 수가 점차 감소하였다. 1970년대 초에는 전국의 정신병 환자들의 반 이하가 실제로 정신병원에 입원한 것으로 추정되었다. 입원한 환자들도 평균 몇 달 동안만 병원에 머물렀다.

다양한 정신장애의 증상을 경감시키기 위하여 여러 가지 약들이 처방된다. 정신건강치료가 건강유지조직(Health Maintenance Organization, HMO)의 방향대로 가고 있기 때문에, 경비절감을 위해 환자가 심리치료자를 방문하는 횟수는 제한하고 대신 더 저렴한 약물치료로 대체하게 되었다. 이러한 이유로 약물치료의 긍정적, 부정적인 면을 이해하는 것이 중요하다.

오늘날 치료 프로그램에 사용되는 약물에는 세 가지 주요범주가 있다. 항정신증 약물, 항우울제, 항불안제가 있다(표 15.5 참조). 이름에서 알 수 있듯이 이 약물들은 정신증적 증상, 우울증, 극심한 불안에 책임이 있는 특정 뇌의 기능을 화학적으로

표 15.5 정신질환을 위한 약물치료

장애	치료유형	예
정신분열증	Antipsychotic drug	chlorpromazine (Thorazine) haloperidol (Haldol) clozapine (Clozaril)
우울증	Tricyclic antidepressant	imipramine (Tofranil) amitriptyline (Elavil)
	Selective serotonin reuptake inhibitor	fluoxetine (Prozac) paroxetine (Paxil) sertraline (Zoloft)
	Serotonin and norepinephrine reuptake inhibitor	milnacipran (Dalcipran) venlafaxine (Effexor) phenelzine (Nardil)
	MAO inhibitor	isocarboxazid (Marplan)
양극성 장애	Mood stabilizer	lithium (Eshalith)
불안장애	Benzodiazepines Antidepressant drug	diazepam (Valium) alprazolam (Xanax) fluoxetine (Prozac)

변화시킨다.

항정신증 약물 항정신증 약물(antipsychotic drugs)은 망상, 환각, 사회적 철수, 가끔씩의 불안 같은 정신분열증 증상을 변화시킨다. 항정신증 약물은 뇌의 신경전달물질인 도파민의 활동을 감소시킨다(Keshavan et al., 2011). 클로르프로마진(미국 상표명 Thorazine)과 할리페리돌(haloperidol; 상표명 Haldol) 같은 연구자들이 개발한 가장 초기의 약물들은 도파민 수용기의 민감성을 감소시키거나 차단한다. 이런 약물들은 전반적으로 뇌의 활동수준을 감소시키지만 단순히 진정제는 아니다. 많은 환자들에게 단순히 불안을 제거하는 그 이상의 역할을 한다. 망상과 환각 같은 정신분열증의 양성증상을 없애거나 감소시킨다.

불행하게도 항정신증 약물의 부작용도 있다. 도파민이 운동통제 역할을 하기 때문에 약물치료와 함께 자주 근육장애가 온다. 지발성 운동장애(tardive dyskinesia)은 항정신증제로 인한 운동통제 장애, 특히 안면근육 장애이다. 이 부작용이 있는 환자들은 턱, 입술, 혀가 제멋대로 움직이는 경험을 한다.

연구자들은 운동장애가 거의 없는 비전형성 항정신증 약물(atypical antipsychotic drugs)을 개발하였다. 이 범주에 속하는 첫 번째 약이 클로자핀(clozapine, 상품명 Clozaril)인데 미국에서는 1989년에 승인되었다. 클로자핀은 직접적으로 도파민 활동을 감소시키고, 도파민 활동을 억제하는 세로토닌의 활동수준을 증가시킨다. 이 결과 도파민 수용기를 선택적으로 차단하여 운동장애의 가능성을 낮춘다. 불행하게도 골수가 백혈구를 만들지 못하는 희귀병인 agranulocytosis는 클로자핀으로 치료받은 환자 중 1~2%에서 생긴다.

연구자들은 클로자핀과 흡사한 방법으로 뇌에서 활동하는 비전형성 항정신증 약물을 여러 가지 개발하였다. 대규모 연구들은 이러한 약들이 정신분열증 증상을 감소하는 효과가 있지만 모두 부작용의 가능성이 있다고 제안한다. 예를 들어, 이 약을 복용하는 사람들은 체중 증가, 당뇨병의 위험이 있다(Rummel-Kluge et al., 2010; Smith et al., 2008). 불행하게도 이러한 부작용 때문에 환자들이 종종 약물치료를 중단한다. 환자가 약을 복용하지 않았을 때 재발률은 매우 높다. 처방된 양보다 약간만 더 적게 먹어도 환자들은 증상 증가 위험이 유의하게 높아진다(Subotnik et al., 2011). 클로자핀과 같은 새로 발명된 약을 복용하는 환자들도 15%에서 20% 정도가 재발한다(Leucht et al., 2003). 그러므로 항정신증 약물은 정신분열증을 고치지 못한다. 즉, 기저의 정신병리를 제거하지 못한다.

다행히 장애의 가장 파괴적인 증상들을 통제하는 데 있어서는 비교적 효과적이다.

항우울제 항우울제 약물(antidepressant drugs)은 신경전달물질인 노르에피네프린과 세로토닌의 활동을 증가시키는 작용을 한다(Thase & Denko, 2008). 토프라닐(Tofranil)과 엘라빌(Elavil)과 같은 삼환계 약물은 시냅스 틈에서 신경전달물질의 재흡수를 감소시킨다(그림 15.2 참조). 선택적 세로토닌 재흡수 억제제(Selective Serotonin Reuptake Inhibitors, SSRI)인 프로작(Prozac)은 세로토닌의 재흡수를 감소시킨다. 모노아민 산화효소(monoamine oxidase, MAO) 억제제는 노르에피네프린을 분해하는(신진대사를 하는) MAO 효소의 활동을 제한한다. MAO가 억제될 때 더 많은 신경전달물질이 남아 있게 된다. 따라서 이런 유형의 약물은 신경신호를 일으킬 수 있는 더 많은 신경전달물질을 남겨둔다.

약 50%의 환자들이 호전되지 않긴 하지만, 항우울제 약물은 우울증 증상 개선에 효과적이다(Hollon et al., 2002). 우울증의 경미하거나 중간 정도의 증상을 보이는 사람들에게 항우울제 약물은 위약(placebo; 활성 약물이 들어 있지 않은 약) 이상의 효과를 보이지 않는다. 약물은 심각한 우울증을 지닌 사람들에게 훨씬 효과적이다(Fournier et al., 2010). 항우울제는 뇌의 주요한 신경전달물질 시스템에 영향을 미치기 때문에, 심각한 부작용의 가능성도 있다. 예를 들어, 프로작 같은 SSRI를 복용하는 환자는 메스꺼움, 불면증, 불안, 성 장애 등을 경험할 수 있다. 삼환계 항우울제나 MAO 억제제는 입술이 마르고 수면을 취하기 힘들며 기억에 문제가 생기기도 한다. 연구에 따르

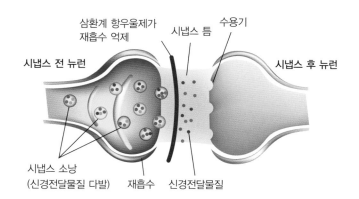

그림 15.2 삼환계 항우울제의 뇌 기제
삼환계 항우울제는 노르에피네프린과 세로토닌의 재흡수를 차단함으로써 이 신경전달물질이 시냅스 틈에 머무르게 한다.
출처 : Butcher, James N.; Mineka, Susan; Hooley, Jill M., *Abnormal Psychology*, 13th Ed., © 2007. Reprinted and electronically reproduced by permission of Pearson Education, Inc., Upper Saddle River, New Jersey.

면, 대부분의 주요 항우울제 약물은 증상 감소에 있어 그 효과가 거의 비슷하다고 한다(Hollon et al., 2002). 이러한 이유로 각 개인이 자기에게 가장 부작용이 적은 약을 찾는 것이 중요하다.

연구자들은 우울 증상을 감소시키면서 부작용이 적은 약물을 지속적으로 개발하고 있다. 가장 최근의 약물로 세로토닌과 노르에피네프린 재흡수 억제제(Serotonin and Norepin-ephrine Reuptake Inhibitors, SNRI)가 있다. 이펙서(Effexor), 달시프란(Dalcipran) 같은 약은 세로토닌과 노르에피네프린 모두의 재흡수를 억제하는 약물이다. 이 약을 실험적으로 사용하였던 임상가들은 SSRI와 효과성에서 큰 차이가 없음을 보고하였다(Machado & Einarson, 2010). 그러나 연구자들은 여전히 SNRI가 심각한 부작용이 없다는 것을 증명해야 한다(Perahia et al., 2008).

최근에 연구자들은 항우울제를 복용하는 사람들, 특히 아동·청소년이 자살의 위험이 더 높은지를 검토해 왔다. 결론은 여전히 논쟁적이지만, 대다수의 증거가 우울증의 약물치료가 실제로 자살위험을 약간 높인다는 주장을 지지한다(Möller et al., 2008). 중요한 질문은 왜 이렇게 되는가 이다. 어떤 연구자들은 약물, 특히 SSRI가 자살생각을 증가시키도록 뇌에 작용한다고 믿는다. 다른 연구자들은 자살위험의 작은 증가는 약물로 인한 증상완화의 안타까운 결과라고 설명한다. 주요우울장애는 사람들의 동기를 손상시키기 때문에 그들의 정신건강이 개선되기 시작하면 자살행동을 할 수 있을지 모른다. 그렇기 때문에 주요우울장애의 약물치료를 시작한 사람들은 잠재적인 자살생각이나 의도를 모니터링 하기 위해 일관된 임상적 주의가 주어져야 한다. 많은 연구자들이 항우울제 약물이 우울증 완화를 가져오기 때문에 자살을 야기하는 것보다는 자살을 더 많이 예방할 수 있을 것이라 주장한다는 점을 주목하기 바란다. 약물의 이득은 위험을 능가한다(Bridge et al., 2007).

리튬(lithium salts)은 양극성 장애의 치료에 효과적이라고 알려졌다(Thase & Denko, 2008). 에너지가 무한한 것 같고 사치스럽고 화려한 행동을 하는 극심한 흥분 상태를 통제할 수 없는 조증 상태의 사람들은 이 리튬으로 통제가 된다. 증상이 회복 중일 때 리튬을 계속 복용할 경우, 장애의 재발이 훨씬 덜하다(Biel et al., 2007). 그러나 조증과 우울증 일화를 빈번하게 반복하는 양극성 장애로 고통받는 사람들의 경우, 리튬은 원래 발작을 예방하기 위해 개발된 발프로에이트(valproate) 같은 다른 약물에 비해 효과가 떨어지는 것으로 나타났다(Cousins & Young, 2007).

항불안제　항정신증 약물과 항우울제처럼 항불안제 약물(antianxiety drugs)은 일반적으로 신경전달물질의 활동수준을 조절함으로써 효과를 낸다. 여러 가지 약물이 여러 유형의 불안장애를 경감시키는 데 대단히 효과적이다(Hoffman & Mathew, 2008). 일반화된 불안장애는 신경전달물질인 GABA의 활동을 증가시키는 발륨(Valium)이나 자낙스(Xanax) 같은 벤조디아제핀(benzodiazepine)으로 가장 잘 치료된다. GABA는 억제적 뇌세포를 조절하므로, GABA 활동의 증가는 일반화된 불안 반응과 관련된 뇌영역에서 뇌 활동을 감소시킨다. 광장공포증이나 다른 공포증과 마찬가지로 공황장애는 항우울제로 치료될 수 있지만 연구자들은 아직 어떤 생물학적 기제가 작용하는지 이해하지 못하고 있다. 세로토닌의 낮은 수준 때문에 일어날 수 있는 강박장애는 특별히 세로토닌의 기능에 영향을 주는 프로작과 같은 약물치료에 반응이 좋다.

정신분열증, 우울증을 치료하는 약과 마찬가지로 벤조디아제핀도 주요 신경전달물질 시스템에 영향을 주므로 여러 가지 부작용 가능성이 있다(Macaluso et al., 2010). 치료를 받기 시작한 사람들은 낮 시간에 졸리거나, 말이 어눌하고, 운동 협응이 잘 안 될 수 있다. 또한 주의력이나 기억력 같은 인지과정에 장애를 일으킬 수도 있다(Stewart, 2005). 벤조디아제핀으로 치료받은 사람들은 종종 약물내성을 경험하게 되는데, 다시 말해서 안정된 효과를 유지하기 위하여 약의 분량을 증가해야 한다(제5장 참조). 또한 치료를 중단하면 금단현상도 일어날 수 있다(Tan et al., 2011). 심리적·신체적 의존 가능성 때문에 항불안제를 쓸 때 반드시 의사에게 자문을 구하고 주의해야 한다.

정신외과술

다른 심리치료들이 증상완화에 실패했을 때, 의사들은 뇌에 직접적인 처치를 하는 것을 고려해 왔다. **정신외과술**(psychosurgery)은 심리장애를 경감시키기 위해 뇌세포에 행해지는 수술 절차에 대한 일반 용어이다. 그러한 개입은 뇌의 부분들 간의 연결을 끊는다든가 뇌의 작은 영역을 제거하는 것 등을 포함한다. 가장 잘 알려진 정신외과술은 **전전두엽절제술**(prefrontal lobotomy)이다. 간뇌와 뇌의 전두엽을 연결하는 신경섬유를, 특별히 시상과 시상하부 영역의 섬유를 절단하는 수술이다. 1949년 이 치료법으로 노벨상을 수상한 신경학자 Egas Moniz(1874~1955)에 의해 개발되었다.

뇌엽절제술의 원래 후보자는 불안한 정신분열증 환자와 강박적이고 불안한 환자였다. 뇌수술의 효과는 극적이었다. 강렬한 정서적 흥분이 없어진 새로운 성격이 나타났다. 그리고 과도한 불안이나 죄책감, 분노도 없었다. 그러나 수술은 인간 본성의 기본적인 면을 영구적으로 파괴하였다. 뇌엽절제술을 받은 환자들은 미리 계획을 세울 수 없고 다른 사람의 의견에 무관심하고 어린애처럼 행동하고 자아일치감이 없이 지적, 정서적으로 무덤덤한 사람이 되었다.(Moniz의 환자 한 사람은 이 기대하지 않았던 결과에 너무도 비탄에 빠져 Moniz를 총으로 쏘아 부분 마비가 되게 하였다.)

정신외과술의 효과는 영구적이기 때문에, 지속적인 사용은 매우 제한적이다. 임상가는 다른 치료들이 반복적으로 실패했을 때에만 이를 고려한다. 예를 들어, 한 연구는 대상 회전부(cingulate gyrus)라 불리는 변연계 구조에 상처를 내는 대상 회전부 절제(cingulotomy)의 효과를 평가하였다(Shields et al., 2008). 이 연구의 환자 33명은 치료불가능한 주요우울증을 가지고 있었는데, 다른 표준적 치료뿐 아니라 4개 이상의 약물치료과정에 모두 실패한 적이 있었다. 수술 후에, 이 환자들 중 75%에서 증상이 완화되었다. 대상 회전부 절제술은 약물치료에 마찬가지로 반응을 보이지 않았던 강박장애 환자들의 증상도 완화시켰다(Kim et al., 2003).

전기충격치료와 rTMS

전기충격치료(electroconvulsive therapy, ECT)는 정신분열증, 조증, 가장 흔히 우울증 같은 정신과적 장애를 치료하기 위하여 뇌에 전기충격을 가하는 것이다. 이 기법은 발작이 일어날 때까지 환자의 두피에 약한 전류를 흐르게 하는 것이다. 전류의 강도는 특정 환자의 발달 역치에 맞게 조정된다 (Kellner et al., 2010). 발작은 보통 45초에서 60초간 계속된다. 이때 환자에게 진정제와 근육이완제를 사용하여 외상적 개입에 준비가 되게 하는데, 이러한 약물은 환자가 의식이 없도록 하고 폭력적인 신체반응을 하지 않도록 한다.

ECT는 심각한 우울 증상을 경감시키는 데 대단히 효과적임이 알려졌다(Lisanby, 2007). ECT는 효과가 즉시 나타나므로 특별히 중요하다. 약물치료가 1~2주일 걸리는 데 비하여 ECT는 전형적으로 3일 또는 4일 과정으로 치료를 받고 우울 증상이 경감된다. 그렇지만 대부분의 치료자들은 ECT를 마지막 방법으로 여긴다. ECT는 자살시도나 심각한 영양실조, 우울증 환자의 응급치료나 항우울제에 반응하지 않거나 항우울제의 부작용을 견디지 못하는 환자들에게 사용된다.

ECT가 효과적임에도 치료방법으로서 여전히 논란거리이다. ECT에 대한 과학적 의구심은 ECT가 어떻게 작용하는가

에 대한 이해 부족에 주로 기인한다. 연구자들은 치료가 신경전달물질이나 호르몬의 균형을 바로잡을 수 있다고 생각해 왔다. 또한 반복적 발작이 실제로 뇌를 강화시킬 수 있다고도 제안한다(Keltner & Boschini, 2009). 명확한 답을 제공하기 위해 연구자들이 인간 피험자에게 실험을 행하는 것은 윤리적이지 않기 때문에, 많은 불확실성이 남아 있다.

비판자들은 ECT의 잠재적 부작용에 대해 걱정하기도 한다. ECT는 일시적인 혼란과 여러 가지 인지적 결함을 일으킨다. 예를 들어, 환자들은 종종 치료 전에 일어난 사건들을 기억하지 못하거나 새로운 기억을 형성하는 데 어려움을 겪는다(Ingram et al., 2008). 그러나 연구에 의하면 환자들은 일반적으로 치료 후 몇 주 내로 이 결함을 극복한다. 단기적 결함조차 최소화하기 위하여 ECT는 뇌의 한쪽 반구에만 실시하며, 언어장애의 가능성을 줄이게 된다. 그렇게 한쪽만의 ECT는 치료로 인한 인지적 결과를 줄이고, 효과적인 항우울제로 작용한다(Fraser et al., 2008).

최근에 연구자들은 ECT의 대안으로 **반복적 경두개 자기자극법**(rTMS)을 개발하였다. 뇌에 자기자극을 반복하여 보내는 방법이다. ECT와 마찬가지로, 연구자들은 rTMS가 어떻게 주요우울장애와 다른 정신병리의 증상을 감소시키는지 검증해야 한다. 그러나 rTMS가 항우울제 만큼이나 효과적이라는 근거가 축적되고 있다(Schutter, 2008). 연구자들은 자기자극의 강도와 같은 변인이 rTMS의 증상 감소에 영향을 주는지 연구하고 있다(Daskalakis et al., 2008).

 복습하기

1. 비전형성 항정신증 약물이 정신분열증을 위한 초기의 약물치료보다 나은 점은 무엇인가?
2. 뇌에서 SNRI가 하는 일은 무엇인가?
3. 전전두엽 절제술의 효과는 무엇인가?
4. rTMS 절차란 무엇인가?

치료의 평가와 예방전략

여러분이 인생에서 문제가 있다고 느끼고, 훈련받은 치료자와 만나면 문제가 완화되리라고 믿는다고 하자. 앞에서 여러 유형의 심리치료에 대하여 언급하였는데 그중 어떤 치료가 가장 좋은지 어떻게 알 수 있겠는가? 그중 어떤 치료가 도움이 되리라고 어떻게 확신할 수 있는가? 지금부터 특정 치료가 효과적

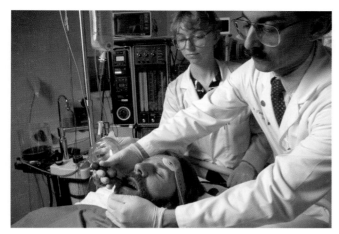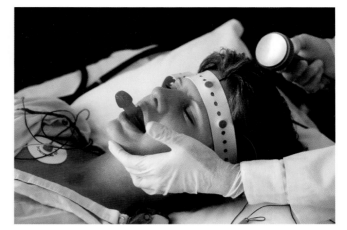

전기충격치료는 심한 우울증을 치료할 때 매우 효과적이다. 그럼에도 치료로서 논란이 되는 이유는 무엇인가?

인지 조사하고 여러 치료를 비교한 연구들을 살펴보겠다. 일반적인 목표는 사람들이 고통을 극복하기 위하여 가장 효과적인 방법을 발견하는 것이다. 이러한 연구는 모든 성공적인 치료기법들에는 공통된 요소들이 있다는 것도 밝혀내었다. 또한 예방에 대해서도 간략히 고려해 볼 것이다. 심리학자들은 정신질환을 예방하기 위해 사람들의 삶 속에 어떻게 개입할 수 있을까?

심리치료 효과의 평가

영국의 심리학자 Hans Eysenck(1952)는 오래전에 심리치료가 전혀 효과가 없다고 선언함으로써 분노를 일으켰다. 그는 여러 치료들의 효과를 보고한 간행 논문들을 검토하여 치료를 받지 않은 환자가 정신분석이나 다른 형태의 통찰치료를 받은 환자들만큼 회복률이 높다는 것을 발견하였다. 그는 신경증적 문제를 갖고 있는 사람들 중 거의 3분의 2가 문제 발병 후 2년 내에 저절로 회복되었다고 주장하였다.

연구자들은 치료의 효과성을 평가하기 위해 더욱 정확한 방법론을 고안함으로써 Eysenck의 도전에 맞섰다. Eysenck의 비평으로 연구를 위해 적절한 통제집단이 필요하다는 것이 분명해졌다. 여러 가지 이유로 심리치료에 참여한 일부 환자들은 전문가의 치료 개입 없이도 호전된다. 이와 같은 **자발적 회복효과**(spontaneous-remission effect)는 치료의 효과를 평가하는 기저선이 된다. 간단히 말해서 아무것도 안 한 것에 비해 무언가 할 때 높은 비율로 호전되었다는 것을 보여주어야 한다.

마찬가지로 연구자들은 그들의 치료가 단순히 내담자의 치유에 대한 기대로 인한 것 그 이상임을 증명하고자 한다. 앞에서 위약효과에 대한 토론을 기억할 것이다. 여러 사례에서 사람들의 정신적 또는 신체적 건강은 그들이 호전되리라는 기대 때문에 호전될 것이다. 치료적 상황은 치료자를 치유자라는 구체적인 사회적 역할에 위치하게 하여 이 신념을 강화한다(Frank & Frank, 1991). 치료의 위약효과가 치료적 개입에 중요한 부분이기는 하지만 연구자들은 치료의 구체적인 형태가 **위약치료**(placebo therapy, 단지 치유가 일어날 것으로 기대만 하는 중립적 치료)보다 더 효과적이라는 것을 증명하고 싶어 한다(Hyland et al., 2007).

최근에 연구자들은 **메타분석**(meta-analysis)이라는 통계적 기술을 사용하여 치료적 효과를 평가하고 있다. 메타분석은 여러 실험들로부터 얻은 데이터에서 발견된 일반적 결론을 탐지하는 공식적 메커니즘을 제공한다. 많은 심리연구에서 연구자들은 "대부분의 참가자들이 내가 기대한 효과를 보였나?"라는 질문을 한다. 메타분석은 실험들을 참가자들처럼 다룬다. 치료의 효과에 관하여 연구자들은 "대부분의 결과 연구들이 긍정적 변화를 보였나?"라고 질문한다.

그림 15.3은 우울증 치료에 관한 문헌들을 메타분석한 결과이다(Hollon et al., 2002). 막대그래프는 세 가지의 심리치료 방법과 약물치료를 위약치료와 비교한 것이다. 이 장의 앞 부분에서 정신역동적 치료와 인지행동치료에 대하여 언급하였다. 인간관계치료는 환자의 현재 생활과 대인관계에 초점을 맞춘다. 이 메타분석에서 검토된 모든 연구들에서 인간관계치료, 인지행동치료, 약물치료는 일관성 있게 위약치료보다 큰 효과가 있다. 적어도 우울치료에 있어서 고전적인 정신역동적 치료는 그렇게 효과가 있는 것 같지 않다.

이 자료는 치료기법의 효과를 각각 살펴본 것이다. 연구자들은 심리치료만 할 때와 심리치료와 약물치료를 혼합하여 치

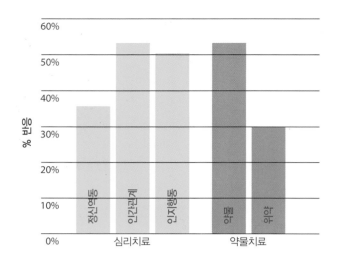

그림 15.3 우울증 치료의 평가
이 그림은 우울증 치료에 대한 메타분석 결과를 보여준다. 각 치료마다, 수치는 각 유형의 치료에 전형적으로 반응한 환자들의 비율을 나타낸다. 예를 들어, 항우울제를 복용한 환자의 약 50%는 눈에 띄는 증상 완화가 있었으나, 50%는 그렇지 않았다.

료할 때의 효과를 비교 평가했다. 한 연구에서 혼합치료가 만성적인 우울증의 완전한 회복을 가져올 수 있음을 발견했다 (Manber et al., 2008). 치료과정을 모두 마친 참여자들 중, 약물만 복용한 환자의 14%만이 완전한 회복을 보였고, 역시 심리치료만 받은 참여자의 14%만이 완전한 회복을 나타내었다. 한편 약물치료와 심리치료를 병행한 참여자들의 29%가 같은 수준의 호전을 보였다.

이러한 발견 때문에 요즘 연구자들은 심리치료가 효과적인가 아닌가를 묻기보다 어떻게 효과를 내는지, 어떤 특정 문제와 어떤 유형의 환자에게 어느 치료가 가장 효과적인지에 더 관심을 갖는다(Goodheart et al., 2006). 예를 들어, 치료의 평가는 환자(한 가지 이상의 장애를 가진 환자를 제외)와 과정(치료 차이를 줄이기 위하여 치료자를 엄격하게 훈련)이 합리적으로 통제된 연구 장면에서 행해진다. 연구자들은 본인의 연구가 효과가 있다는 것을 연구 장면에서뿐만 아니라 환자와 연구자가 다양한 증상과 경험을 갖는 지역사회 장면에서도 연구할 필요가 있다(Kazdin, 2008). 결과 연구에서 또 다른 문제는 환자가 치료과정을 전부 마칠 가능성을 평가하는 것이다. 거의 모든 상황에서, 어떤 환자들은 스스로 치료를 중단한다(Barrett et al., 2008). 연구자들은 누가 왜 치료를 그만두는지를 이해하고자 하며, 궁극적으로 모든 사람들이 끝까지 참여할 수 있는 치료방법을 개발하기 희망한다.

공통요소

앞에서는 연구자들이 특정 장애를 위한 특정 치료기법의 효과를 어떻게 평가하는지에 대해 기술했었다. 그러나 다른 연구자들은 치료의 효과성에 기여하는 **공통요소**들을 밝히려는 목적하에 다양한 심리치료들을 두루 살펴보기도 한다(Wampold, 2001). 성공적인 치료의 경우, 다음의 요소들이 자주 드러난다.

- 내담자가 회복에 대한 긍정적인 기대와 소망을 가지고 있다.
- 치료자는 이러한 기대들을 강화하고 희망이 자라나게 할 수 있다.
- 내담자가 어떠한 모습으로 변화할 것인지를 설명하고 내담자가 그러한 변화를 달성할 수 있는 행동들을 연습하도록 허용한다.
- 명확한 치료 계획이 제공된다.
- 내담자와 치료자는 신뢰, 따뜻함과 수용으로 특징지어지는 관계를 구축한다.

이러한 공통요소들을 살펴보면서, 이러한 요인들이 앞서 살펴본 각각의 심리치료 기법들에 어떻게 적용될 수 있을지 잠시 생각해 보길 바란다.

공통요소들 중에서 연구자들은 특히 내담자와 치료자 간의 관계에 관심을 쏟아왔다. 치료기법이 무엇이든 간에 도움을 찾고 있는 개인이 효과적인 **치료 동맹**(therapeutic alliance) 안으로 들어오는 것이 중요하다. 치료 동맹은 내담자가 치료자와 함께 구축하는 상호관계이다. 내담자와 치료자는 회복을 위해 협력한다. 연구에 따르면, 치료 동맹이 심리적 건강의 개선을 가져오는 심리치료의 역량에 영향을 끼친다(Goldfried &

예방전략은 어떻게 사람들이 치료의 필요성을 줄이는 습관을 형성하도록 장려할 수 있나?

인터넷에 기반한 심리치료는 효과적일까?

이 장에서 소개된 치료들은 모두 치료자와 내담자가 일대일로 만난다는 가정에 기초한다. 그러나 인터넷이 사람들 대부분의 일상적인 삶의 요소가 되어 오면서, 심리치료자들은 전통적인 사람 간 접촉이 없이도 정신건강 서비스를 제공할 수 있는 가능성을 탐색하기 시작하고 있다.

사회공포증에 대한 성공적인 인터넷 기반 치료 프로그램을 예로 들어 보자. 사회공포증을 가진 사람들은 공적인 상호작용을 예상할 때 불안을 경험한다. 그러한 이유 때문에, 인터넷은 그 장애를 지닌 사람들이 사회적 영역에 들어올 필요 없이 치료를 제공한다는 약속을 지킨다. 한 연구에서, 사회공포증을 지닌 사람들이 인지행동치료의 과정을 안내했던 10주짜리 인터넷 프로그램을 마쳤다(Bergert et al., 2009). 치료자들은 이메일로 그 과정에 참여하였다. 그들은 내담자의 질문에 답하였고 동기를 부여하는 메시지들을 보냈다. 치료의 끝에, 내담자의 고통 수준은 사회공포증으로 진단받았던 통제집단 사람들의 고통 수준과 비교되었다. 인터넷 기반 치료를 마쳤던 내담자들은 통제집단에 비해 상당한 개선을 보여주었다.

이러한 성공은 치료자들이 인터넷을 통해 전달되는 혁신적 치료의 선구자가 되도록 장려한다. 그러나 치료자들은 치료자와 내담자가 멀리 떨어져 있을 때 발생할 수 있는 윤리적 문제들 때문에 한 발 뒤로 물러나 왔다(Fitzgerald et al., 2010; Ross, 2011). 예를 들어, 치료자는 내담자가 직접 대면으로 가능한 추가 검증 없이 제한되거나 왜곡된 정보를 제공한다면 잘못 진단될 수 있음을 우려한다. 게다가 소비자들은 온라인 치료자의 경력을 확인할 방법이 없다. 사이버 공간에서는 누구든 전문가라고 주장할 수 있다. 마지막으로 인터넷을 사용하는 치료자는 내담자에게 비밀보장을 장담할 수 없다. 사적인 정보가 해킹을 당하거나 공개된 영역으로 옮겨질 수 있다.

비밀보장에 대한 이러한 우려는 온라인 치료가 탈억제를 일으킨다는 연구결과 때문에 특히 시급한 문제이다. 이러한 형태의 치료가 갖는 상대적 익명성은 내담자로 하여금 자신의 가장 힘든 문제와 근심거리를 더 빠르게, 덜 창피해하며 드러내게 만든다(Richards, 2009). 사람들은 자신의 힘든 고백에 대해 치료자가 보이는 반응을 걱정할 필요가 없을 때 더 정직해질 것이다.

그러나 치료적 동맹의 맥락에서 정보의 쇄도를 생각해 보자. 치료 동맹의 질이 향상된 정신건강을 가져오는 심리치료의 역량에 강하게 영향을 미친다는 것을 상기하라(Goldfried & Davila, 2005; Horvath et al., 2011). 일부 치료자들은 내담자와의 직접적 대면이 없다면 당연히 치료적 동맹이 손상될 것이라 우려한다(Ross, 2011). 다른 치료자들은 인터넷 기반 치료가 전형적 치료들의 효과성에 기초하는 공통요소들을 활성화시키기 때문에 증상완화를 가져올 수 있다고 설명한다(Peck, 2010).

- 사회적 공포증에 더하여, 어떤 다른 심리장애의 경우에 인터넷 기반 치료가 특히 적절할까?
- 인터넷상의 비밀보장 이슈를 다루기 위해 치료자들은 무엇을 할까?

Davila, 2005). 일반적으로 치료 동맹이 더 긍정적일수록 내담자는 더 많이 회복된다(Horvath et al., 2011). 치료 동맹의 개념은 여러 가지 요인들을 가지며 각 요인은 긍정적인 결과에 기여한다. 예를 들어, 내담자가 치료자와 치료 목표에 대해 같은 시각을 가지고, 그 목적을 달성하기 위한 절차에 동의하게 될 때, 내담자는 더 많은 치료효과를 보인다(Tryon & Winograd, 2011). 치료를 시작하게 되면, 치료자와 강한 치료 동맹을 만들 수 있다고 믿어야만 한다.

이 장의 마지막 부분은 삶의 중요한 원리에 대해 고찰한다. 즉, 치료의 효과성과는 무관하게, 장애가 발생하고 나서 고치는 것보다는 장애를 미리 예방하는 것이 낫다.

예방전략

이 장에서 살펴보았던 전통적인 치료들은 이미 고통이나 장애를 겪고 있는 사람을 변화시키는 데 초점을 두고 있다. 대부분의 경우 사람들은 자신이 심리적 장애의 위험에 처해 있다는 것을 알지 못하기 때문에 이러한 접근은 필요하다. 사람들은 증상들을 경험하기 시작해서야 치료를 받으러 온다. 그러나 제14장에서 살펴본 것처럼, 다양한 생물학적 · 심리학적 요인이 사람들을 위험에 처하게 한다. 예방의 목표는 고통의 가능성과 심각성을 줄이기 위해 이러한 위험요인들에 대한 지식을 적용하는 것이다.

예방은 여러 수준에서 실현될 수 있다. 일차적 예방은 조건이 시작되기 전에 막는 것이다. 예를 들어, 개인들에게 대처기술을 제공함으로써 그들이 좀 더 탄력성을 갖게 되고 이것은 불안이나 우울로 이끌 수 있는 부정적인 환경을 변화시킬 수 있게 된다(Boyd et al., 2006; Hudson et al., 2004). 이차적 예방은 장애가 일단 시작된 후 장애의 기간과 심각성을 제한하려는 시도이다. 이 목표는 초기 진단 및 즉각적인 치료를 할 수 있는 프로그램을 통하여 이루어질 수 있다. 예를 들어 치료효과에 대한 평가에 기초하여, 정신건강 실무자는 이차예방을 최적화하기 위하여 심리치료와 약물치료의 병행을 추천할 수 있다(Manber et al., 2008). 삼차적 예방은 재발을 막음으로써 심리장애의 장기적 영향을 제한하는 것이다. 예를 들어, 약을 지속적으로 복용하지 않는 정신분열증 환자는 재발률이 매우 높았음을 주목하라(Fournier et al., 2010). 삼차예방에서는 정신분열증 환자가 항정신증 약물을 계속 복용하도록 한다.

심리학 내에서 **지역사회 심리학**(community psychology) 영역은 심리적 질환을 예방하고 건강을 촉진하는 특별한 역할을 담당하고 있다(Schueller, 2009). 지역사회 심리학자들은 사람들을 위험에 빠뜨리는 지역사회의 특징들을 다루는 개입 방안을 마련한다. 예를 들어, 연구자들은 도심 지역의 청소년들의 물질남용을 줄이기 위해 지역사회 전반을 포괄하는 전략을 개발해 오고 있다(Diamond et al., 2009). 이러한 프로그램들은 약물과 알코올에 대한 지역사회의 가치를 변화시키는 것을 목표로 하며, 청소년들에게 약물과 알코올이 없는 활동들을 제공한다.

정신장애의 예방은 복잡하고 어려운 작업이다. 관련 있는 인과 요인을 이해하는 일뿐만 아니라 변화에 저항하는 개인, 단체, 정부를 극복하는 일도 포함하고 있다. 예방, 그리고 정신병리에 대한 공공보건 접근의 장기적 유용성을 증명하기 위해서 많은 연구노력이 필요하다. 예방 프로그램의 궁극적인 목표는 우리 사회의 모든 사람들의 정신건강을 지키는 일이다.

 복습하기

1. 우울증 치료에 대한 메타분석에서 어떤 결과를 끌어낼 수 있을까?
2. 치료 동맹의 중요성에 대해 연구가 제시하고 있는 것은 무엇인가?
3. 일차적 예방의 목표는 무엇인가?

요점정리

치료적 배경
- 치료는 진단과 치료과정이 요구된다.
- 치료는 의학적 또는 심리학적일 수 있다.
- 심리치료에는 정신역동적, 행동적, 인지적, 인본주의적 치료의 네 가지가 있다.
- 다양한 전문가들이 치료를 한다.
- 연구자들은 다양한 집단을 대상으로 심리치료의 효과성을 검증해야만 한다.
- 정신질환에 걸린 사람들에 대한 초기 치료가 가혹하였기 때문에, 현대에 와서 탈시설화 운동이 일어났다.
- 불행하게도 많은 사람들이 시설 밖에 적절한 자원이 없기 때문에 노숙자가 되거나 곧바로 시설에 재흡수된다.

정신역동적 치료
- 정신역동적 치료는 Freud의 정신분석이론에서 시작되었다.
- Freud는 무의식적 갈등이 정신병리의 근원이라고 보았다.
- 정신역동적 치료는 이런 갈등을 해결하기 위해 노력한다.
- 자유연상, 저항, 꿈 분석, 전이, 역전이에 대한 관심이 치료에서 중요한 요소이다.
- 다른 정신역동적 치료자들은 내담자의 현재 사회적 상황과 대인관계에 더 많은 관심을 둔다.

행동치료
- 행동치료는 문제행동을 수정 또는 제거하기 위하여 학습과 강화의 원칙을 사용한다.
- 역조건화 기법은 공포반응 같은 부정적 행동을 더 적응적인 행동으로 교체한다.
- 노출은 공포 수정 치료에서 사용되는 공통요인이다.
- 유관성 관리는 행동을 수정하기 위하여 주로 정적 강화와 소거를 통하여 조작적 조건화를 사용한다.

인지치료
- 인지치료는 자신과 사회적 관계에 대한 부정적 또는 비합리적인 사고 패턴을 변화시키는 것에 중점을 둔다.
- 인지치료는 우울증 치료에 성공적으로 사용되어 왔다.
- 합리적 정서 치료는 내담자로 하여금 성공적인 삶을 방해하는 자신에 대한 비합리적 신념을 인식하도록 돕는다.
- 인지행동치료는 내담자가 문제에 대한 좀 더 건설적인 사고 패턴을 배우고 다른 상황에 새로운 기술을 적용하도록 한다.

인본주의적 치료
- 인본주의적 치료는 개인이 좀 더 자아실현을 하도록 돕는다.
- 치료자는 비지시적으로 내담자가 외적 비난을 다룰 수 있는 긍

정적 자아상을 갖도록 돕는다.

- 형태주의 치료는 신체, 정신, 삶의 장면 등 전인에 초점을 맞춘다.

집단치료

- 집단치료는 심리적 고통을 감소시키는 수단으로서, 사람들로 하여금 사회적 상호작용에 참여하고 관찰하도록 한다.
- 가족치료, 부부치료는 개선이 필요한 시스템으로서 부부, 가족 집단의 대인간 역동과 문제 상황에 집중한다.
- 지역사회, 인터넷 자조집단은 사회적 지지 안에서 개인이 정보를 얻고 통제감을 얻도록 한다.

생물의학적 치료

- 생물의학적 치료는 정신질환의 생리적 측면을 변화시키는 것에 초점을 둔다.

- 약물치료는 항우울제, 항불안제뿐 아니라, 정신분열증 치료를 위한 항정신증 약물을 포함한다.
- 정신외과술은 근본적인, 돌이킬 수 없는 효과 때문에 잘 사용되지 않는다.
- 전기충격치료와 반복적 경두개 자기자극법(rTMS)은 우울증 환자에게 효과적일 수 있다.

치료의 평가와 예방전략

- 연구에 따르면, 많은 치료는 단순한 시간의 경과나 불특정적 위약치료보다 더 효과가 있다.
- 평가연구는 무엇이 치료를 효과적으로 만드는가에 대한 의문에 답하도록 한다.
- 치료 동맹의 질과 같은 공통요소들이 치료의 효과에 기여한다.
- 예방전략은 심리장애가 일어나지 않도록, 또 일단 일어나면 그 결과를 최소화시키기 위하여 필수적이다.

1. 주디가 치료를 시작하였을 때 치료자는 그녀의 해결되지 않은 내적 갈등에 초점을 맞추었다. 주디의 치료자는 _____ 접근을 하는 것 같다.
   a. 정신역동적   b. 인지적
   c. 생물학적   d. 인본주의적

2. 다음 중 어느 주제가 탈시설화에 대한 강의에서 가장 적게 듣게 될 것 같은가?
   a. 노숙자   b. 메타분석
   c. 재입원율   d. 폭력범죄

3. 정신역동적 치료에서 _____이(란) 환자가 어떤 주제를 논할 수 없거나 논하기를 원하지 않는 것을 말한다.
   a. 카타르시스   b. 전이
   c. 역전이   d. 저항

4. 억압된 기억에 대한 연구에 따르면,
   a. 회복된 기억은 결코 정확하지 않다.
   b. 사람들의 기억은 치료자의 영향을 받지 않는다.
   c. 학대에 대한 어떤 기억은 치료자에 의해 심어진 것이다.
   d. 대부분의 기억은 억압된다.

5. 로날드가 _____을(를) 받는다면 아주 유해한 자극과 그가 좋아하는 자극이 짝지어질 것을 기대할 것이다.
   a. 체계적 둔감법   b. 행동시연
   c. 참여자 모델링   d. 혐오치료

6. 제니스는 약물이 없는 소변을 제공하면 쿠폰을 받고, 이 쿠폰으로 그녀가 사고 싶은 물건을 살 수 있다. 이 치료는 _____ 방법이다.
   a. 체계적 둔감법   b. 유관성 관리
   c. 참여자 모델링   d. 일반화

7. 사람들은 부정적 자기진술을 긍정적 대처진술로 바꾸기 위하여 _____ 과정을 학습할 수 있다.
   a. 사회학습   b. 자기효능감
   c. 인지적 재구조화   d. 카타르시스

8. 치료자가 무조건적 존중을 전달하기 위하여 얼마나 열심인지를 얘기한다면, 그 치료자는 _____ 치료자임에 틀림없다.
   a. 형태주의적   b. 내담자 중심
   c. 행동주의적   d. 정신역동적

9. 심리학 개론 수업에서 빈 의자를 마치 그를 막 대하는 상관인 것처럼 다루는 치료 장면을 영화로 보았다. 이 영화는 _____ 치료를 보여준 것이다.
   a. 형태주의   b. 내담자 중심
   c. 혐오   d. 사회학습

10. _____ 치료는 잘못된 의사소통 패턴에 특별히 초점을 맞춘다.
    a. 형태주의   b. 내담자 중심
    c. 부부   d. 정신역동적

11. 신경전달물질인 세로토닌과 노르에피네프린의 기능을 변화시킴으로써 뇌에 영향을 주는 약물은 _____이다.
    a. 항우울제   b. 항불안제
    c. 항정신증 약물   d. 항조증제

12. 임상 연구에 의하면 우울 증상을 경감시키는 데 _____ 것으로 증명되었다.
    a. ECT만 효과적인
    b. rTMS만 효과가 없는
    c. ECT, rTMS 모두 효과가 없는
    d. ECT, rTMS 모두 효과적인

13. _____ 치료는 주요우울장애의 증상완화를 가장 덜 일으킬 치료 유형이다.
    a. 위약   b. 대인관계
    c. 인지행동   d. 약물

14. 재발방지를 위한 예방 노력은 _____ 예방이다.
    a. 일차적   b. 정기적
    c. 삼차적   d. 이차적

15. 인터넷상의 상호작용이 지닌 상대적 익명성 때문에, 내담자와 치료자의 상호작용은 _____을(를) 보일 것이다.
    a. 역전이   b. 더 큰 창피함
    c. 비밀보장   d. 탈억제

서술형 문제

1. 행동치료는 왜 적응적이거나 부적응적인 행동을 목표로 삼는가?

2. 자조집단의 어떤 점이 그들의 정신건강에 도움을 주는가?

3. 치료효과를 평가하기 위하여 위약치료와 비교하는 이유는 무엇인가?

사회심리학

여러분이 취업면접 준비를 열심히 해 왔으나, 막상 당일은 면접이 엉망이 된 상황을 상상해 보자. 면접 전날에 전기가 나가서 당일 아침에 자명종이 울리지 않았고, 면접 장소까지 데려다 주기로 한 친구의 차가 펑크 나서 택시를 타야 했다. 택시 요금을 마련하기 위해 현금인출기에 갔으나, 카드가 들어가서는 나오지 않는 것이다. 천신만고 끝에 면접을 보았으나, 면접관은 "이런 믿을 수 없는 사람을 입사시켜야 하나?"라고 생각하겠지만, 자신은 "내가 잘못한 것이 아니라 상황이 그렇게 된 것입니다."라고 항의하고 싶을 것이다. 이런 시나리오를 생각한다면 여러분은 사람들이 사회적 관계를 만들고 해석하는 방식을 다루는 학문인 **사회심리학**의 세계에 들어가기 시작한 것이다.

사회심리학(social psychology)은 사람들 간의 사고, 감정, 지각, 동기, 그리고 행동이 상호작용과 교류에 의하여 영향을 받는 방식을 연구하는 학문이다. 사회심리학자들은 그러한 사회적 맥락 안에서의 행동을 이해하려 한다. 이러한 사회적 맥락은 사회적 동물의 동작, 강도, 그리고 취약성이 그려지는 생생한 캠버스이다. 폭넓게 정의하면, 사회적 맥락에는 다른 사람들이 실제로 존재하거나, 상상으로만 존재하는, 또는 상징적으로 존재하는 것, 사람들 간에 일어나는 활동과 상호작용, 행동이 일어나는 장면들의 세부 특징, 특정한 장면에서의 행동을 지배하는 기대와 규범을 모두 포함한다(Sherif, 1981).

이 장에서는 사회심리학 연구의 몇 가지 주요 주제들을 살펴보기로 한다. 이 장에서는 사람들이 사회적 정보를 선택하고, 해석하고, 기억하는 과정을 다루는 **사회적 인지**(social cognition)에 대부분의 초점을 둘 것이다. 우리는 사람들이 사회적 현실을 어떻게 구성하는지, 태도가 어떻게 형성되고 변화하는지를 살펴볼 것이다. 그러고 나서 사회적 상호작용 중 해로운 문제를 일으키는 신념과 태도인 편견의 본질을 보기로 하자. 마지막으로는, 호감과 사랑이라는 관계를 살펴볼 것이다. 이 장에서 우리는 사회심리학의 연구가 여러분의 생활에 어떻게 응용될 수 있는지를 볼 것이다.

사회적 현실 구성하기

우리는 이 장을 열면서 취업면접을 앞두고 일어날 수 있는 최악의 시나리오를 상상해 보라고 하였다. 여러분이 면접장에 도착해 보니 같은 사건이지만 전혀 다른 해석이 존재하는 것을 보게 되었다. 여러분은 자신이 환경의 희생양이라는 것을 안다. 그러나 면접자는 잠시이기는 하지만 눈앞에 있는 것만

갖고 판단한다. 시간도 늦었고, 용모도 단정치 못하다. 이것이 사회적 현실의 구성인 것이다. 면접자는 지원자가 보여준 증거만 고려하고 그 상황을 해석한다. 취업자가 미련을 갖고 있다면, 취업자는 면접자에게 새로운 해석을 구성하게 해야 한다.

사회심리학자들은 사람의 신념이 같은 상황을 다른 입장에서 보게 하고, 실제로 '발생한' 것에 대해 다른 결론을 내리게 한 수많은 상황의 예를 보여주었다. 1950년대에 수행된 하나의 고전적인 연구는 매우 경쟁적인 미식축구 경기에서 명백하게 서로 다른 지각을 조명하였다(Hastorf & Cantril, 1954). 각 학교의 학생들은 특별히 거친 경기에서 발생된 대부분의 바쁜 행동의 책임을 상대편 팀에게 있다고 판단하였다. 스포츠 사건들이 이렇게 서로 다른 사회적 현실을 구성하는 환경을 계속해서 제공한다는 점에 여러분은 놀라지 않을 것이다.

이 연구는 축구 경기와 같은 사회적으로 복잡한 사건은 편향적이지 않고, 객관적으로 관찰할 수 없다는 것을 분명히 나타낸다. 관찰자들 자신들이 원하고 기대하는 것으로 발생한 것을 **선택적으로 부호화**할 때 사회적 상황은 그 의미를 가진다. 축구 경기의 예에서 사람들은 같은 행동을 **보았지만**(looked) 그들은 다른 두 경기를 본(saw) 것이다.

프린스턴과 다트머스 팬이 어떻게 같은 경기를 다르게 해석했는지를 설명하기 위해서는 **지각**의 영역으로 넘어가야 한다. 제4장에서 본 것처럼 애매한 지각 대상을 해석하려면 이전의 지식을 사용해야 한다는 것을 상기해 보자. 그 원리는 사람들이 현재의 사건을 해석하기 위해서 과거의 지식을 사용하는 축구 경기의 예와 동일하다. 그러나 지각과정의 대상은 상황과 사람이다. **사회적 지각**(social perception)은 사람들이 다

자기 팀보다 상대팀의 반칙을 더 잘 지각하기 쉬운 이유는 무엇인가?

른 사람들의 행동을 분류하고 이해하는 과정이다. 이 절에서는 사회적 지각에 대한 두 가지 이슈에 초점을 맞출 것이다. 첫째, 사람들이 다른 사람의 행동에 영향을 미치는 힘에 대한 판단을 어떻게 하는가의 인과적 귀인을 고려할 것이다. 다음에는 어떻게 사회적 지각 과정이 기대에 맞게 현실을 바라보게 하는지를 논의한다.

귀인 이론의 원천

모든 사회적 지각자들이 직면한 가장 중요한 추론 과제는 사건의 원인을 결정하는 것이다. 우리는 삶의 목적을 알고 싶어 한다. 왜 여자 친구가 떠났는가? 왜 그는 직업을 구했는데 나는 못 구했는가? 왜 나의 부모님은 오랜 결혼 생활 뒤에 이혼하게 되었는가? 그러한 질문은 어떤 행위, 사건, 결과에 대하여 가능한 인과적 결정 원인을 분석 하게 한다. **귀인 이론**(attribution theory)은 사회적 지각자가 인과적 설명을 도출하기 위해 정보를 사용하는 방법을 설명하는 일반적인 접근법이다.

귀인 이론은 Fritz Heider(1958)의 글에서 유래되었다. Heider는 사회적 세계에 대한 이해를 하려는 시도로서 사람들은 지속적으로 인과 분석을 한다고 주장했다. 그는 모든 사람들이 전문적인 심리학자가 하는 것처럼 행동을 일으킨 것과 사람들이 무엇을 좋아하는가를 알아내려는 직관인 심리학자(intuitive psychologist)라고 보았다. Heider는 대부분의 귀인 분석에서 지배적인 물음은 행동의 원인이 사람 때문(내부 또는 기질적 원인)인지 또는 상황 때문(외부, 상황적 원인)인지 그리고 그러한 결과는 누구에게 책임이 있는지에 관한 것이라고 보았다. 사람들은 어떻게 그런 판단을 하는가?

Harold Kelly(1967)는 사람들이 귀인을 하는 데 사용하는 변인들을 구체화함으로써 Heider의 생각을 정리하였다. Kelley는 사람들은 종종 불확실한 상황에서 사건에 대하여 인과적 귀인을 한다는 중요한 관찰을 하였다. 우리들은 누가 어떤 방법으로 행동하게 했다는 정보가 있다고 해도 충분한 정보를 갖기는 좀처럼 쉽지 않다. Kelly는 사람들이 다양한 사건으로부터 정보를 축적해서 공변 원리를 써서 불확실한 것을 해결한다고 보았다. **공변 원리**(covariation principle)에서는 특정 행동이 일어나지 않을 때는 그 요인이 존재하지 않고, 그 행동이 일어날 때는 언제나 그 요인이 존재하여, 행동의 원인을 그 요인 탓으로 돌린다고 본다. 예를 들어 여러분이 거리를 걷고 있는데, 어떤 말을 가리키면서 비명을 지르는 친구를 보았다고 하자. 여러분은 친구가 미쳤는지(기질 귀인), 또는 위험이 급박한 것인지(상황 귀인)를 결정하기 위해 어떤 증거를 모아야 하는가?

Kelly는 설명하려는 사람의 행동과 관련된 정보의 세 가지 차원을 기초로 공변을 평가해서 판단을 한다고 보았다.

- 특이성은 행동이 특정한 상황에서만 나타나는지를 나타낸다. 여러분의 친구는 모든 말을 보기만 하면 소리를 치는가?
- 일관성은 같은 상황에서 반복적으로 일어나는지를 말한다. 과거에도 그 말이 친구로 하여금 소리를 지르게 한 적이 있는가?
- 합의성은 다른 사람들도 동일한 상황에 같은 행동을 하는가이다. 모든 사람이 손가락질 하고 소리를 지르는가?

이러한 세 가지 차원 각각은 여러분의 결론에 영향을 주게 된다. 예를 들어 여러분의 친구만 비명을 지르고 있다고 가정해 보자. 여러분은 그것을 기질적 귀인 또는 상황적 귀인 중 어디로 돌릴 가능성이 있는가?

수많은 연구들이 Heider와 Kelly가 제공한 토대를 넘어서 귀인 이론을 확장하고 다듬어 왔다(Försterling, 2001; Moskowitz, 2004). 많은 연구들은 귀인이 사용가능한 정보를 체계적 검색으로부터 벗어나는 조건을 찾는 것이었다. 우리는 귀인에서 편향이 생길 수 있는 네 가지 유형의 상황을 기술할 것이다.

기본적 귀인오류

여러분이 7시에 친구와 만나는 약속을 했다고 생각해 보라. 7시 30분이 되어도 친구는 도착하지 않았다. 이 일을 어떻게 설명할 수 있는가?

- 나는 그녀가 제시간에 나올 수 없는 무언가 중요한 일이

생겼을 거라고 확신해.

• 멍청한 친구 같으니! 좀 더 부지런 할 수는 없나?

이 두 가지는 각각 상황적 귀인과 기질적 귀인을 나타낸다. 연구들은 사람들이 평균적으로 기질적 귀인을 할 가능성이 높다는 것을 보여 왔다(Ross & Nisbett, 1991). 이런 경향은 실제로 꽤 강하며, 사회심리학자 Lee Ross(1977)는 이런 경향을 기본적 **귀인오류**(Fundamental Attribution Error, FAE)라고 이름을 붙였다. 기본적 귀인오류는 사람들이 행동이나 결과에 대한 원인을 찾을 때 기질적 요인(남을 비난하거나 칭찬하는)을 과다 추정하거나 상황적 요인(환경에 탓을 돌리는)을 과소 추정한다는 두 가지 경향을 나타낸다.

기본적 귀인오류의 실험 예를 보기로 하자. Ross 등(1977)은 참가자들이 동전 던지기를 하여 질문자와 도전자로 나누어 퀴즈대회에 참가하도록 하였다. Ross 등(1977)은 FAE를 검증하기 위하여 참가자들을 실험실에서 동전 던지기를 하여 질문자와 도전자로 나누어 퀴즈대회에 참가하게 하였다. 동전을 던진 후에, 질문자와 도전자가 지시문을 듣게 하였다. 실험자는 질문자들에게 자신들이 알고 있는 문제를 내게 하였다.

질문이 만들어지면 도전자에게 질문을 하였다. 도전자는 답을 하지만 자주 틀렸다. 끝부분에 가서 질문자, 도전자, 관찰

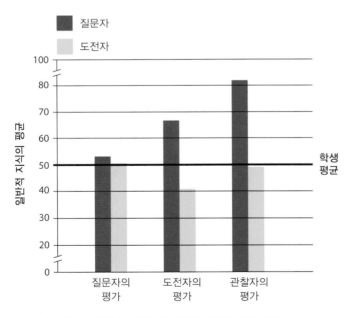

그림 16.1 질문자들과 도전자들의 일반적 지식에 대한 평정
퀴즈가 끝난 다음에 질문자, 도전자, 관찰자들에게 참가자들의 일반적인 지식을 평균적인 대학생의 수준을 50점이라고 할 때 어느 정도라고 보는지 평가하도록 하였다. 질문자들은 자신들과 도전자들의 실력이 모두 평균적이라고 보았으나, 도전자들과 관찰자들은 도전자들보다 질문자들의 수준이 더 높다고 평가하였다. 나아가 도전자들 자신들도 평균보다 다소 떨어지는 것으로 응답하였다.

자들(퀴즈게임을 지켜보는 다른 참가자들)에게 도전자와 질문자의 일반적인 지식 정도를 평가하게 하였다. 결과는 그림 16.1과 같이, 질문자들은 자신들과 도전자들이 지식수준에서 평균적이라고 평가하였다. 반면에, 도전자들과 관찰자들은 도전자들보다 질문자들이 더 지식이 많다고 평정하였고, 심지어 도전자들조차 자신들이 지식수준에서 평균 이하라고 응답하였다. 이 결과가 공정한가? 질문자에게 유리한 상황임이 분명하다.(여러분이라면 도전자보다는 질문자 역할을 더 선호하지 않겠는가?) 도전자들과 관찰자들 모두 한 사람은 명석해 보이고 다른 한 사람은 멍청해 보일 수 있는 상황을 모르고 평정한 것이다. 이것이 기본적 귀인오류이다.

여러분은 귀인오류의 실례들에 대하여 지속적인 주의를 해야 한다. 그러나 그것이 언제나 쉽지는 않다. 행동의 상황적 근원을 발견하기 위해서는 약간의 연구를 해야 한다. 상황의 힘은 눈에 보이지는 않는다. 예를 들어 여러분은 사회적 규범을 '볼' 수가 없다. 행동을 일으킨 규범이 무엇인지는 겉으로 나타난 행동만을 보고 알 수 있다. 기본적 귀인오류를 피하기 위해서 여러분이 할 수 있는 것은 무엇인가? 특히 부정적인 기질적 귀인을 하게 되는 상황에서는("멍청한 친구 같으니"), 한 발짝 물러서서 스스로에게 물어보아야 한다. 이런 행동을 가져오는 상황에는 무엇이 있을 수 있는가? 귀인 자비(attributional charity)'와 같은 훈련을 생각해 볼 수 있을 것이다. 왜 그럴까?

이 충고는 FAE가 부분적으로는 문화적 원천에 의해 기인한다는 증거가 있기 때문에 서구에 살고 있는 사람들에게는 특히 중요할 수 있다(Miller, 1984). 제13장에서 자기의 구성에서 문화적 차이가 있음을 논의했던 것을 상기해 보자. 그 장에서 설명했듯이 대부분의 서구 문화는 독립적인 자기 구성개념을 구현하고 있는 반면에, 대부분의 동구 문화는 상호의존적 자기 구성개념을 구현하고 있다(Markus & Kitayama, 1991). 연구는 상호의존 문화의 기능 때문에 비서구 문화권의 구성원들이 상황에서 개별적인 행위자에 덜 초점을 두는 경향이 있다. 올림픽 선수들에 대한 언론 매체를 달리 분석한 경우에도 이러한 문화 차이를 볼 수 있다. 이 연구의 인상적인 특징은 TV와 신문에 드러난 문화적 귀인 양식들을 보여준다는 것이다. 이 연구는 문화적 귀인 양식이 특정한 문화에서 언론 매체에 노출된 모든 사람들에게 전달되고 유지되는 하나의 방식을 보여준다(Morling & Lamoreaux, 2008).

이기주의 편향

대학 간 축구 경기를 다룬 연구에서의 가장 놀라운 결과 중 하

나는 참가자의 자신에 대한 부정적인 평가였다. 이는 사람들은 자신에게 불리한 경우에도 기본적 귀인오류를 범할 것이라고 시사한다. 실제로 제14장에서 우울증의 원인을 다룬 이론 중 하나는 상황보다는 자기 자신에게 너무 많은 부정적인 귀인을 하기 때문이라고 한 주장을 상기하자. 그러나 수많은 상황에서 사람은 반대로 이기적인 방향으로 귀인오류를 범한다. **이기주의 편향**(self-serving bias)은 사람이 성공에 대해서는 인정을 받으려 하고 실패에 대해서는 책임을 회피하려는 것이다. 여러 상황에서 사람들은 성공에 대해서는 기질적 귀인을 하려는 경향이 있고, 실패에 대해서는 상황적 귀인을 하려는 경향이 있다(Gilovich, 1991). "나는 내 능력 때문에 상을 받았어.", "그것이 조작되었기 때문에 내가 경쟁에서 졌어."

이러한 귀인 패턴은 단기적인 자기존중감에는 좋을 수 있다. 그러나 우리의 인생에서는 어떤 원인 때문인지를 밝히는 것이 더 중요할 수 있다. 여러분이 학교에서 어떻게 하는지를 생각해 보라. 여러분이 A를 받았다면 여러분은 어떤 귀인을 하겠는가? 만약 C를 받았다면 어떻게 하겠는가? 학생들이 높은 학점은 자신의 노력으로 낮은 학점은 외적인 요소로 귀인하려는 경향을 보인다(McAllister, 1996). 실제로 교수들도 학생의 성공은 자신 때문이라고 귀인하지만, 학생의 실패에 대해서는 그렇지 않아 학생들과 같은 패턴을 보였다. 이런 귀인 패턴이 여러분의 성적에 영향을 미친다는 것을 어떻게 알 수 있는가? 성공에 대하여 외적인 요인을 고려하지 않는다면(첫 시험은 쉬웠다), 다음에 충분히 공부하지 못할 것이다. 실패에서의 기질적 원인을 떠올리지 못한다면(그 모임에서 너무 늦게까지 놀지 않았어야지), 다음번에도 열심히 공부하지 않게 된다.

마지막 절은 상호의존적 자기감을 가진 문화의 사람들은 기본적 귀인오류를 할 가능성이 덜 하다는 것을 제시하였다. 이들이 개인들로만 존재하는 경우에도 개인들보다 상황을 더 많이 생각하기 때문에 서구 문화의 구성원들은 이기적 편향을 덜 보여줄 수도 있다. 미국과 일본에서 온 학생들이 보통 이상의 학점을 받는 경우와 같이 성공과 실패를 회상하는 연구를 생각해 보자(Imada & Ellsworth, 2011). 연구자들은 이 학생들에게 자신들이 회상한 사건의 원인에 대해 귀인하도록 요구하였다. 미국 학생들은 예를 들면, 성공에 대해서는 자신에게 더 많은 귀인을 하고 실패에 대해서는 상황에 더 많은 귀인을 집중함으로써 이기적 편향을 보였다. 일본 학생들은 미국 학생들과 같이 강한 패턴을 보이지는 않았다. 그 학생들도 자신들이 경험한 감정을 보고하였다. 미국 학생들은 뿌듯한 느낌을 상기하는 상황에서 일본 학생들은 운이 좋았다는 점을 회상하였다.

여러분이 하는 귀인이 중요한 이유는 무엇 때문인가? 여러분의 게으른 친구의 예를 상기해 보자. 여러분이 상황 정보를 찾지 않았기에, 여러분은 그녀가 여러분의 친구가 되는데 관심이 없다고 보았다. 그러한 잘못된 귀인 때문에, 그 사람이 장래에 여러분에게 비호의적이 될 수 있는가? 이러한 문제를 보기 위하여, 이제 우리는 사회적 현실을 구성하는 신념과 기대의 힘을 살펴볼 것이다.

기대와 자기충족적 예언

신념과 기대가 경험을 해석하는 방식뿐 아니라 실제로 사회적 현실까지 바꾸어 놓을 수 있을까? 많은 연구들은 일부 상황의 본질 자체가 사람이 갖고 있는 기대와 신념에 따라서 크게 바뀔 수 있다고 시사한다. **자기충족적 예언**(self-fulfilling prophecy; Merton, 1957)은 기대하는 대로 일이 벌어지도록 행동적 상호작용을 조절하는 미래의 사건이나 행동에 관한 예측이다. 예를 들어 즐거운 시간을 가질 것이라 기대하며 파티에 가는 친구와 지겨울 것이라 생각하고 파티에 가는 친구를 생각해 보자. 두 사람이 행동하는 방식을 상상할 수 있는가? 이런 다른 방식은 파티에 참석한 다른 사람들의 행동도 바꾸어 놓는다. 그런 경우 누가 그 파티에서 더 즐거운 시간을 보낼 가능성이 높겠는가?

사회적 기대에 대한 가장 강력한 예시 중 하나는 보스턴의 초등학교 교실들에서 펼쳐졌다. 연구자들은 보스턴에 있는 초등학교 교사들에게 일부 학생들이 시험에서 갑자기 '두각'을 나타냈다고 알려 주었다. 교사들은 이 특별한 학생들이 "이번 학년 동안에 특별한 향상을 보이리라."고 믿게 되었다. 그러나 실제로 그러한 예측을 입증할 객관적인 자료는 없었다. 그런 두각을 보이는 학생들의 이름은 무선적으로 선택하였기 때문이었다. 그러나 학년 말에 가서 임의로 선정된 학생들의 30%는 IQ가 평균 22점 증가하였다. 표준 지능검사로 잰 지적 성취도도 학기 초의 평균 IQ가 같았던 통제집단의 다른 학생들보다 현저하게 높게 나왔다(Rosenthal & Jacobson, 1968). 교사들의 잘못된 기대가 어떻게 학생들의 성적을 그렇게 높여 놓았는가? Rosenthal(1974)은 교사들의 기대로 적어도 네 가지의 과정이 활성화된다고 지적하였다. 교사들은 수업 중에 학생들이 해온 과제에 대한 강화를 해 주는 기회를 더 주었고, 이는 그들이 교사를 믿는 것처럼 교사도 학생들을 믿는다는 것을 보여주었다.

물론 이 실험에서 특이한 것은 교사들이 의도적으로 잘못된 기대를 하고 있다는 것이다. 이런 방법론은 Rosenthal과 Jacobson이 자기충족적 예언의 가능성을 증명한 것이다. 그러나 대부분의 실생활에서 기대는 공정한 사회적 지각을 기초로 형성된다(Jussim & Harber, 2005). 예를 들어 교사들은 특정한 학생들이 더 잘할 것이라고 기대를 한다. 왜냐하면 그런 학생은 더 잘 준비된 상태로 수업에 들어오고, 그런 학생들이 일반적으로 더 나은 성적을 보이기 때문이다. 그러나 연구자들은 자기충족적 예언은 부모의 기대에 상당 부분 영향을 받는다고 제안한다.

어떤 연구자 집단은 332명의 청소년들을 12세 때부터 시작하여 6년 동안 학업 성적을 추적하였다. 이 연구의 시작 시점에 그들의 어머니들은 "당신은 당신 자녀가 학업을 얼마나 길게 할 것으로 생각하시나요?"와 같은 진술에 반응함으로써 어린이들의 학업 성적에 대한 기대를 나타냈다(Scherr et al., 2011 p. 591). 예를 들면, 연구자들도 이들 자녀들이 보일 것 같은 학업 성적에 관련된 표준화된 검사 점수와 같은 광범위한 배경 지표들을 획득하였다. 18세 때, 이 어린이들의 학업 결과는 어머니들이 가졌던 신념의 영향을 보여주었다. 즉, 이들은 자신들의 어머니가 자신들이 어떻게 할 것이라고 생각하는가의 기능에 따라 배경 지표에 기초하여 예상한 바의 기대보다 더 나아지거나 더 나빠진 결과를 보였다. 이 자료는 청소년들이 자신의 어머니가 기대하는 바에 따라 자신의 이미지를 구성하고 그 이미지에 따라 학업 성적을 맞춘다는 점을 보여주었다.

대부분의 자기충족적 예언을 다룬 연구들은 학교에서의 성공에 초점을 둔 것이다. 그러나 연구자들은 다른 영역에서도 사람들의 잘못된 신념과 기대가 실제로 일어나는 데 영향을 줄 수 있음을 보였다. 예를 들어 부모들이 자기 자녀들의 음주량을 과다 추정하면, 이러한 기대가 자기충족적으로 나타날 수 있다는 것이다(Madon et al., 2008).

자기충족적 예언을 다룬 이 연구들을 보고서, 여러분은 교사들과 부모들의 어떤 행동에서 잘못된 기대가 확인되는지 궁금할 것이다. 다음에는 한 사람의 행동 선택이 사회적 현실을 구성하는 데 어떻게 영향을 미칠 수 있는지를 보기로 하자.

stop 복습하기

1. Harold Kelly는 귀인과정에 영향을 주는 세 가지 차원을 무엇이라고 하였는가?

2. 이기주의 편파가 학생들의 학점에 부정적 영향을 주는 이유는 무엇인가?

3. 일상적 수업 활동은 자기충족적 예언에 어떤 영향을 주는가?

비판적 사고 인과 설명에 있어서 문화적 차이를 다룬 연구를 상기해 보자. 연구자들이 금전적 문제에 초점을 둔 이유는 무엇 때문인가?

상황의 힘

이 책의 여러 곳에서 우리는 행동의 원인을 이해하려는 심리학자들이 다른 여러 분야에서 그 해답을 찾으려 하는 것을 보았다. 어떤 사람은 유전적 요인에서, 다른 사람은 생화학적 요인과 뇌의 과정으로 이해하려고 하지만, 환경의 영향에서 원인을 찾고자 하는 사람도 있다. 사회심리학자들은 행동이 일어나는 사회적 상황의 속성이 행동을 결정하는 가장 중요한 요인이라고 본다. 이들은 사회적 상황이 개인의 행동을 조절하며, 때로는 개인의 성격, 과거의 학습, 가치관과 신념도 압도한다고 주장한다. 이 절에서는 사회심리학의 고전적 연구와 최근의 실험을 통하여 인간의 행동에 영향을 미치는 상황의 힘에 대하여 공부하겠다.

역할과 규칙

여러분은 어떤 **사회적 역할**을 가지고 있는가? **사회적 역할**(social role)은 특정 상황이나 집단에서 기능하는 개인에게 기대되는 사회적으로 정의된 행동 유형이다.

사회적 상황이 달라지면 다른 사회적 역할이 부여될 수 있다. 여러분이 집에 있을 때는 '자녀' 또는 '형제'의 역할을 할 것이고, 학교에서는 '학생'의 역할, 때로는 '좋은 친구'가 되기도 하고 '연인'의 역할을 하기도 한다. 이렇게 다양한 역할이 그 상황에 적합하도록 다양한 행동을 어떻게 즉각적으로 할 수 있는지 생각해 본 적이 있는가?

특정 환경에서 필요한 행동지침인 **규칙**(rule)으로 상황을 정의할 수 있다. 어떤 규칙은 **명시적**으로 표시되어 있다('담배 피우지 마시오', '교실에서 음식 금지'). 또는 명시적으로 아이들에게 가르치기도 한다('어른을 공경 하여라', '낯선 사람이 주는 과자는 받지 마라'). 그렇지만 어떤 규칙은 **묵시적**이어서 특정 상황에서 다른 사람들과 교류를 통해서 배우게 된다. 악기를 얼마나 큰 소리로 연주할 것인지, 옆 사람에게 어느 정도 거리를 두고 서야 하는지, 선생님이나 상사의 직함이 아닌 이름으로 부를 수 있는지, 칭찬이나 선물을 받았을 때 어떻게 반응을 하는 것이 적합한지 등 이 모든 행동이 주어진 상황에 따라

열까 말까? 서로 다른 문화에서 선물 주고받기에 대한 예절을 사람들은 어떻게 배울까?

서 달라진다. 예를 들어 일본 사람들은 선물에 대한 감사의 표현이 부족할까 두려워서 선물을 준 사람 앞에서 선물을 풀어보지 않는다. 외국인이 이러한 명문화되지 않은 규칙을 알지 못하였다면 일본 사람에 대하여 예의 없는 사람이라고 오해할 수 있다.

우리들은 대개 이러한 역할과 규칙의 효과에 대하여 특별히 주의를 기울이지 않을 수 있다. 그러나 사회심리학의 고전적 실험인 '스탠퍼드 교도소 실험'은 역할과 규칙의 힘이 얼마나 놀라운 결과를 가져오는지를 보여준다(Zimbardo, 2007; 오스트레일리아의 Lovibond와 동료들에 의해서 1979년에 반복 실험됨).

지정 연구

캘리포니아의 어느 여름 일요일에 사이렌 소리가 대학생인 토미의 아침잠을 깨웠다. 경찰차가 그의 집 앞에 날카로운 소리를 내며 멈췄다. 몇 분 후에 그는 중범죄로 기소되고, 묵비권과 변호사 선임 등의 기본권을 알려주고, 몸을 수색하고, 수갑이 채워졌다. 인적 사항을 기록한 후에 지문을 찍게 하였다. 그는 눈이 가려진 상태로 스탠퍼드 교도소로 이송되었다. 그리고 온 몸을 벗은 채로 소독을 하고, 가슴과 등에 수인번호가 있는 죄수복으로 갈아입었다. 토미의 옷에는 647번이 붙어 있었다. 나머지 8명의 대학생들도 연행되었고 수인번호를 받았다. 토미와 함께 감방에 있는 죄수들은 모두 신문의 광고를 보고 2주간의 교도소 체험실험에 참가하기로 동의한 자원자들이다. 동전을 던져서 일부는 죄수 역할을 맡고 나머지는 교도관

역할을 하기로 하였다. 이들은 여러 명의 대학생 자원자의 집단에서 선발되었으며, 선발과정에서 여러 가지의 심리검사와 면접을 하였고, 평소에 준법정신이 강한 사람이었고, 정서적으로 안정되고 신체적으로 건강하였으며 비슷한 연령이었다. 죄수들은 하루 종일 교도소에 갇혀 있었고, 교도관들은 8시간 교대로 근무하였다.

대학생들이 무선적으로 배정된 역할을 맡았을 때 어떤 일이 일어났을까? 평소에 평화주의자이고 착한 사람으로 알려졌던 교도관 역할을 맡은 학생이 공격적이 되었고 때로는 가학적 행동을 하였다. 교도관은 죄수에게 모든 규칙에 대하여 반문하지 말고 즉각 복종하라고 하였고, 만약 복종하지 않으면 죄수의 특권을 박탈하였다. 처음에는 읽고, 쓰고, 다른 사람과 이야기하는 특권을 박탈하였지만, 나중에는 사소한 반항에조차 식사, 수면, 세수 등의 권한까지 박탈하였다. 규칙을 어기면 맨손으로 화장실 청소하기, 교도관의 발을 등에 올린 채 팔굽혀펴기, 독방에 가두기와 같은 무지막지한 벌을 가하였다. 교도관들은 죄수들이 무력감을 느끼게 하도록 항상 새로운 전략을 고안하였다.

죄수의 역할을 맡았던 참가자들도 심리적으로 안정되었던 대학생들이었지만, 죄수 역할이 배정되자 곧 이들은 자신들에게 전혀 기대하지 않았던 운명에 병리적이고 수동적으로 따르기 시작하였다. 집단으로 수감된 후 36시간 이내에 일어난 폭동의 주모자 중의 한 사람인 8412번은 통제가 불가능하도록 울기 시작하였다. 그는 분노로 발작을 하였고, 사고혼란과 함께 심한 우울 증상을 보였다. 날이 지나가면서 3명의 죄수가 비슷한 스트레스 증상을 보였다. 다섯 번째 죄수는 가석방심의위원회에서 자신의 가석방 신청을 기각하자 온몸에 정신신체장애로 인한 두드러기 증상을 일으켰다.

스탠퍼드 교도소 실험의 결과로 교도관과 죄수의 행동이 관찰 가능한 모든 면에서 다르게 나타난 것을 알 수 있다(그림 16.2 참조). 교도관의 극단적인 행동이 표에 나타나지는 않았는데, 이들은 죄수들을 발가벗기기도 하고, 두건을 깊이 씌우고 쇠사슬로 묶기도 하였다. 또한 죄수들에게 음식을 주지 않고 잠을 재우지 않기도 하였다. 이들은 이라크의 Abu Ghraib에서 2003년에 자행되었던 교도관들의 만행과 비슷한 일을 저질렀다. 이 모의 교도소 실험은 이라크에서의 만행이 약간은 이해될 수 있는 가능성을 보여준다. 상황의 힘이 주어지면 보통 사람들도 끔찍한 행동을 저지를 수 있다(Fiske et al., 2004; Zimbardo, 2007).

스탠퍼드 교도소 실험이 시작되기 전에 철저한 인간 대상자 검토를 제2장에서 기술된 유형으로 진행했다. 사전에 위험성이 예고된 사람은 한 사람도 없었다. 연구자들이 상황의 힘을 믿는다고 해도 연구자들은 그럼에도 불구하고 그 상황의 극단적인 강도와 드러난 부정적인 심리적 과정이 급속히 진행되었다는 점에 의해 놀라워했다. 그리고 연구자들은 2주 예정으로

스텐퍼드 교도소 실험은 상황의 역학관계가 착한 행동의 규범을 결정한다는 새로운 '사회적 현실'을 만들었다. 교도관과 수용자의 역할을 맡은 학생들이 그들에게 주어진 역할을 쉽게 받아들인 이유가 무엇일까?

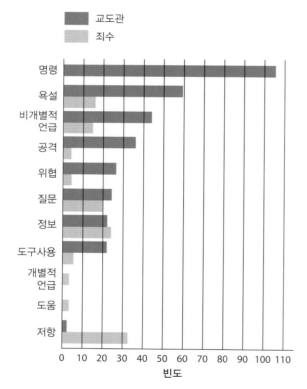

그림 16.2 교도관과 죄수의 행동
스탠퍼드 교도소 실험에서 무선적으로 죄수와 교도관으로 역할을 배정받은 실험참가자들의 행동이 극적으로 다르게 나타났다. 6일 동안 25회 관찰한 결과 교도관들은 보다 지배적이고, 통제적이고, 적대적으로 변화하는 반면에 죄수들은 보다 수동적으로 저항하는 모습을 보였다.

시작한 실험을 단 6일 만에 중지하여야 하였다. 돌이켜 보면, 연구자들은 최대한 빨리 실험을 종료했어야만 했다는 점을 알

았다. 윤리적 문제가 그들의 과학적 의제보다 우세한 것이었어야 했다. 연구자들은 참가자들에 대한 광범위한 사후 보고를 제공했다. 실험이 멈춰진 직후 3시간에 걸친 설명의 시간이 있었다. 이 사후 보고 이후 수집된 자료를 통해 죄수와 교도관 둘 다 그들이 연구를 시작한 상황의 긍정적인 상태에 필적할 만한 정서적 상태에 있었음을 알 수 있었다. 대부분의 참가자들은 몇 주 후 추가적인 사후 보고를 받기 위해 돌아와서 그 연구의 비디오테이프를 다시 보고 토의했다. 수년간의 추수연구를 통해 그 어떤 부작용도 남아 있지 않음이 확인되었다. 다행히도, 학생들은 기본적으로 건강했고, 그들은 이렇게 고도의 격론이 일었던 상황으로부터 벗어나 쉽사리 원상태로 되돌아갔다.

참가자들이 감당했던 비용과 과학과 사회가 가지는 이득 간의 윤리적 균형을 평가하는 것과 같이 우리는 참가자의 이득에 대해서도 고려해야만 한다. 몇몇 참가자들은 이들의 참가에 따른 장기적인 결과를 반영해 왔다. 예를 들면, 극도의 정서적 고통을 가져서 첫 번 째로 풀려난 수감자 역할을 한 학생은 법정 임상심리학자가 되어서 샌프란시스코 교정 기관에서 근무하고 있다. 그의 명백한 목표는 수감자와 교도관의 관계를 개선하기 위해 스탠포드 교도소 실험에서 경험한 것을 활용하는 것이었다. 이와 유사하게 Tommy Whitlow는 다시는 그곳에 가고 싶지 않다고 말했으나, 인간의 본성과 자기 자신에 대해서 많은 것을 배웠기에 교도소에서의 경험이 가치 있었다고 했다.(이 연구와 또 다른 관련 연구에 의해 제기되었던

윤리적 문제에 대해 더 확장된 논의를 보기 원하는 경우에는 Zimbardo가 2007년에 수행한 자료를 개관해 보기를 추천한다.)

스탠퍼드 교도소 실험의 중요한 시사점은 교도관 역할 또는 죄수 역할이 무작위로 결정된 우연한 일이라는 것이다. 역할이 감옥 상황에서 정당화되는 다른 권력과 지위를 만들어냈다. 아무도 참가자들에게 그들의 역할에 따라 행동하라고 가르쳐 주지 않았다. 참가 학생들은 이미 다른 많은 사회적 상호작용 속에서 그런 권력의 차이를 경험하였다(부모와 자녀, 선생과 학생, 의사와 환자, 상사와 하급자, 남성과 여성). 그들은 그런 특정한 환경에서 이전의 행동 패턴을 다시 정교하게 하고 강화했을 뿐이다. 모든 사람들은 두 가지 역할을 모두 할 수 있는 것이다. 교도관 역할을 맡은 많은 학생들은 다른 사람을 통제하는 것에 쉬사리 즐거움을 느꼈다는 것에 놀랐다고 보고했다. 단지 제복을 입는 것만으로도 수동적 대학생을 공격적인 교도관으로 바꾸기에 충분하였다. 다른 역할을 맡게 될 때 여러분은 어떤 종류의 사람이 될 것인가? 여러분의 자아에 대한 개념과 사회 정체성은 어디에서 시작하는가?

사회적 규범

역할 행동에 관한 기대에 더해 집단에서는 구성원들이 어떻게 행동해야만 하는가에 대한 기대도 만들어 낸다. 사회적으로 적절한 태도와 행동을 하도록 하는 집단 내에서의 구체적이거나 혹은 암시적으로 언급된 규칙을 **사회적 규범**(social norm)이라 부른다. 사회적 규범은 폭넓은 지침이 될 수 있다. 여러분이 민주 당원이라면 진보적인 정치적 신념을 가졌을 것이라 기대되고, 반면에 청년 공화당의 일원이라면 보다 보수적인 관점을 옹호할 것이라 기대된다. 예를 들어 여러분이 웨이터나 웨이트리스로 고용된다면 여러분은 손님들이 여러분에게 불쾌하게 하거나 요구가 많더라도 손님을 예의 바르게 대할 것으로 기대하게 된다.

이와 같이 어느 한 집단에 속하면 전형적으로 집단의 장면에서 바람직한 행동을 하게 하는 사회적 규범을 찾게 된다. 이런 적응은 두 가지 방법으로 일어난다. 여러분은 모든 또는 대부분의 구성원들에서 한결같은 **통일된** 행동을 발견할 것이고, 누군가가 사회적 규범을 어기면 **좋지 않은** 결과가 생기는 것을 보게 된다.

규범은 몇 가지의 중요한 기능을 제공한다. 특정한 집단 환경에서 작동하는 규범을 인식하는 것은 구성원에게 도움이 되고 그들의 사회적 상호작용을 조절한다. 참가자들은 다른 사람들에게 인정받으려면 어떻게 그 상황에 들어가며, 어떤 행동을 해야 하는지, 어떻게 옷을 입을지, 무슨 말을 해야 좋아하는지를 미리 알 수 있다. 여러분은 새로운 상황에 들어갔을 때 어떻게 행동해야 한다는 규범을 모르기 때문에 어색함을 종종 느낀다. 기준으로부터 어느 정도 벗어나는 것을 허용하는 것도 규범의 일부이다. 어떤 경우는 엄격하고 어떤 경우는 덜 엄격하다. 예를 들어 반바지와 T-셔츠는 종교 행사에서 겨우 봐줄 수 있는 정도의 차림새이지만, 수영복은 규범으로부터 너무 많이 벗어난 차림새이다. 집단의 구성원들은 대부분 집단의 조롱, 재교육, 거부와 같은 고통스런 집단의 힘을 경험하기 전에 자신이 규범으로부터 얼마나 벗어났는지를 알아차릴 수 있다.

동조

여러분이 사회 역할을 받아들일 때나 사회 규범을 따를 때 여러분은 어느 정도 사회적 기대에 동조하는 것이 된다. **동조**(conformity)는 사람들이 집단의 다른 구성원들에 의해 제시된 행동과 의견을 받아들이려는 경향이다. 왜 여러분은 동조를 하는가? 여러분이 사회적 제약을 무시하고 독립적으로 행동하는 상황이 있는가? 사회심리학자는 동조를 나타내게 하는 두 가지 유형의 힘을 연구해 왔다.

- **정보적 영향 과정.** 특정한 상황에서 올바른 행동을 이해하고 올바르게 되기를 바라는 것
- **규범적 영향 과정.** 다른 사람들이 인정, 수용, 좋아하기를 바라는 것

각 영향의 유형을 설명하는 고전적 실험을 보기로 하자.

정보적 영향 : Sherif의 자동운동 효과 행동을 결정해야 하는 많은 상황은 아주 모호하다. 예를 들어 여러분이 많은 사람들과 우아한 레스토랑에서 저녁식사를 하고 있다고 생각해 보자. 각각의 테이블은 눈부신 은식기들로 차려져 있다. 첫 번째 코스의 요리가 왔을 때 여러분은 어느 포크를 사용해야 하는지 어떻게 알 수 있는가? 이런 경우 일반적으로 파티의 다른 사람을 보는 것이 적절한 결정을 하는 것에 도움이 될 것이다. 이것이 정보적 영향이다.

참가자들에게 고정된 광점이지만 그 광점이 어디로 얼마나 움직이는지를 평가하도록 하였다. 광점이 실제로는 정제해 있지만 참조틀이 없이 완전히 어두운 곳에서 보았을 때는 움직이는 것으로 보인다. 이것이 자동운동 효과라고 알려진 지각

규범적 영향은 사람들의 일상 행동에 어떤 효과를 일으키는가?

적 착각이다. 사람들의 처음 판단은 다양하다. 그러나 참가자들이 낯선 사람과 함께 모여서 자신의 판단을 큰 소리로 말하게 하면, 사람들의 추정치가 비슷해진다. 참가자들은 다른 사람들의 반응과 비슷한 방향으로 그리고 비슷한 정도로 빛이 움직인다고 생각하게 된다. 특히 흥미로운 것은 연구의 마지막 부분으로서 집단으로 광점을 본 후에 홀로 암실에 있게 될 때, 참가자들은 그들이 함께 있을 때 생긴 집단의 규범을 계속 따른다는 것이다.

Muzafer Sherif(1935)에 의하여 수행된 실험은 규범이 형성되고 굳어지는 **규범의 결정화**(norm crystallization)에 작용하는 정보적 영향을 입증하였다.

집단에서 규범이 일단 형성된다면 그 규범은 지속되는 경향이 있다. 이러한 자동운동의 집단규범은 이전 집단원들이 지켜보지 않았어도 1년이 지난 후에도 지속되었다(Rohrer et al., 1954). 규범은 한 세대로부터 다음 세대로 이어질 수 있고, 규범을 만든 원래의 집단이 더 이상 존재하지 않아도 오랫동안 사람들에게 영향을 미친다(Insko et al., 1980). 우리는 규범이 세대에 걸쳐서 영향을 미치는지를 어떻게 알 수 있는가? 연구자들은 자동운동 효과를 한 번 검사할 때마다 집단의 구성원

을 한 사람씩 새로운 사람으로 교체하여 전체 구성원이 모두 교체될 때까지 실험과 구성원 교체를 계속하였다. 집단의 자동운동 규범은 다음의 계속된 세대에 걸쳐 실제로 남아 있었다(Jacobs & Campbell, 1961). 실제 생활 규범이 다음 세대로 전승되게 하는 과정을 이 실험이 어떻게 담고 있는지를 아는가?

규범적 영향 : Asch 효과 규범적 영향, 즉 사람이 때로 다른 사람들로 하여금 자신을 좋아하게 하고, 인정받고자 하는 욕망 때문에 동조하는 현상을 설명하는 가장 좋은 방법은 무엇인가? 초기의 사회심리학자인 Solomon Asch(1940, 1956)는 참가자들이 물리적 현실은 분명하지만 그 집단의 나머지 사람들은 다르게 본다고 말하는 상황을 만들었다. 남자 대학생들에게 간단한 시각적 지각 연구에 참여 중이라고 믿게 하였다. 그들에게 길이가 다른 세 선분이 그려진 카드를 보이고, 세 가지 선분 중에 기준선과 동일한 선은 무엇인지를 고르도록 하였다(그림 16.3 참조). 실제 선의 길이는 거의 실수하지 않을 만큼 차이가 눈에 띄게 하였다. 그리고 실제 상대적 크기는 매 시행마다 다르게 하였다.

참가자들은 6~8명의 다른 사람들과 함께 반원형의 탁자 맨 끝자리 옆에 앉았다. 참가자들은 몰랐지만 사실 다른 학생들은 모두 실험협조자들이었다. 이들은 사전에 미리 짜인 각본에 따라 하기로 되어 있었다. 처음 세 번의 시행에서는 정답을 말하고 이에 동의하였다. 그러나 네 번째 시행에서 맨 앞에 앉은 실험협조자가 분명히 틀린 길이의 두 선분을 짝 지었다. 다음의 실험협조자들도 이에 동의하였다. 진짜 실험참가자는 그 상황에서 다른 사람들이 말하는 대로 따를 것인지 아니면 자신이 확신하는 독자적인 답을 낼 것인지를 결정해야 한다. 이런 딜레마는 18번의 시행 중에서 12번이나 순진한 참가자에게 반복되었다. 참가자들은 자신과 현실을 다르게 보는 다수와 직면하였을 때, 불안과 불신을 보였다. 이들이 어떻게 하였겠는가?

대략 1/4의 참가자들은 주위에 동조하지 않고 완전히 독립적이었다. 그러나 참가자 중에서 50~80%는 적어도 한 번 이상은 잘못된 다수의 추정치에 동조하였고, 참가자의 3분의 1은 반 이상에서 다수의 잘못된 판단을 따라갔다.

Asch는 일부 참가자들 대부분은 '의심스러워하거나', '어리둥절해하면서도' 다수에 따랐다고 기술하였다. Asch는 참가자들이 "다수와 다름을 나타내지 않으려는 강한 충동을 경험했다."고 하였다(1952, p.396). 다수를 따랐던 사람들은 사회적

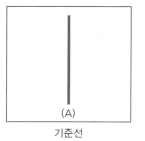
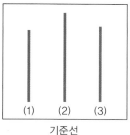

기준선   기준선

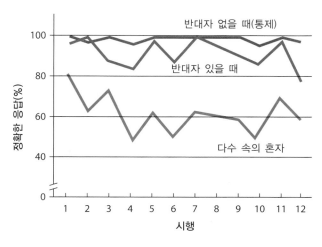

그림 16.3 동조와 Asch의 실험

Asch의 실험을 보인 이 사진에서 순진한 참가자는 6번 자리에 앉아 있는데 다수가 만장일치로 틀린 답을 주장하자 당황해하는 모습을 보인다. 전형적인 자극배열은 왼쪽 위의 그림과 같다. 오른쪽 위의 그래프는 만장일치를 보이는 다수에 둘러싸인 한 사람의 참가자가 12회 시행하는 동안 동조하는 모습을 기록한 것이다. 또 한 사람이 이견을 보인 경우에는 더 독자적인 판단을 하는 모습도 보인다. 정확한 추정을 하는 비율이 낮다는 사실은 집단의 잘못된 추정을 개인이 따라 하는 개인의 동조가 큼을 나타낸다.

압력과 동조의 빈도를 과소평가하였다. 일부는 두 선이 분명히 다름에도 불구하고 실제로 두 선을 동일한 길이로 봤다고 주장했다.

다른 연구에서 Asch는 다수의 크기, 다수와 다른 의견을 말하는 파트너의 존재, 그리고 정답과 다수가 주장하는 오답과의 차이 등 세 가지 요인을 다양하게 하였다. 강한 동조 효과는 단 3~4명으로도 생겼다. 그러나 그림 16.3에서 보듯이 다수의 의견과 다른 의견을 제시하는 사람이 단 하나만 있어도 동조를 크게 감소시키는 효과를 보였다. 한 사람의 파트너만 있어도 참가자는 다수로부터의 동조압력으로부터 버틸 수 있다. 예상대로 다수의 오답이 정답과 큰 차이를 보이면 참가자들은 더 독자적인 판단을 낼 수 있었다. 그러나 놀랍게도 일부의 참가자들은 극단적인 정답-오답의 차이에도 동조를 계속하는 모습을 보였다(Asch, 1955, 1956).

우리는 이러한 결과를 어떻게 해석해야 하는가? Asch 자신은 참가자들이 동조하지 않는 비율에 놀랐다(Friend et al., 1990). 그는 독립성에 대한 연구로서 이 연구를 보고했다. 실제로 참가자들의 3분의 2는 동조하지 않고 바른 답을 했다. 그러나 Asch 실험에서 대부분의 설명은 3분의 1의 동조 비율을 강조해 왔다. 종종 이 실험은 모든 참가자들이 같은 것이 아니라는 것을 지적하지 못했다. 25% 정도의 전혀 동조하지 않은 참가자의 수는 항상 동조했거나 거의 동조했던 참가자의 비율과 같았다. 따라서 Asch의 실험은 두 가지의 상보적인 교훈을 던져준다. 하나는 모든 사람들이 규범적 영향에 굴복하지 않고 대부분의 경우는 독자적이라는 것이고, 다른 하나는 때로는 사람들은 아주 분명한 상황에서도 동조를 한다는 것이다. 동조하려는 잠재성은 인간 본성의 중요한 요소인 것이다.

일상생활에서의 동조 우리가 일생생활 속에서 Asch의 실험과 같은 상황은 아니지만 동조 상황을 더러 경험한다. 이런 상황을 어렵잖게 찾을 수 있다. 다른 사람들이 유행할 것이라고 한 의상을 입었는데 자기에게는 잘 어울리지 않는다는 것을 경험한 적이 있을 것이다(유행에 대한 언급은 옳았다.). 그리고 제10장에서 설명한 바와 같이 청소년들이 마약복용과 같은 위험한 일에도 주위의 친구들에게 동조하는 현상을 보인다.

사람들이 Asch의 실험을 배울 때 연구절차가 시작할 때 테이블 주위에 있으면서 '죄'나 '죄 없음'을 주장하는 배심원들의 모습을 머릿속에 그리게 한다는 점에서 연구결과가 배심원들의 행동에 어느 정도나 적용되는가에 대해 종종 의아해한다. 심사자의 결정에서 동조를 조사하기 위해 중죄 판결에 참가했던 거의 3,500명의 배심원들의 자료를 취합했다(Waters & Hans, 2009). 배심원들은 자신들이 나선 '1인 배심원'일 때 의견을 표시했다. 연구자들은 모든 배심원들이 궁극적으로 동일한 의견에 투표하는 경우인 다수 결정에 도달할 수 있는 능력이 있는 사례들을 살펴보았다. 연구자들은 사적인 의견을 제시하는 것을 포함하여 배심자의 38%가 그들이 공개적으로 동의한 의견과는 다른 것이었다. 실생활 재판은 종종 상당한 모호성을 보인다는 점에 주목할 필요가 있다. 이러한 이유 때문에 사적인 반대의견을 가진 사람들의 공적인 동조를 단지 규범적인 영향만이라고 귀인 할 수는 없다. 동조의 일부는 의심할 여지없이 정보적 영향으로부터 나타난다. 예를 들어, 반대의견자는 증거에서 모호성을 명확하게 하기 위해 동료들을 살펴볼 수 있다.

배심자 행동에 대한 이 연구는 일상생활의 행동에서 동조에 왜 신경을 써야 할 필요가 있는지를 보여준다. 사실은, 규범적 영향에 따르는 강한 경향성은 더 부정적인 결과에 대해 상당히 높은 가능성을 갖게 한다. 예를 들면, 역사는 사람들이 자신의 삶을 이끄는 집단의 규범을 내제화하는 경우인 광신교적 자살에 대한 몇 가지 예를 제시해 왔다. 1997년 3월에 캘리포니아 샌디에이고에서 있었던 사건을 고려해 보라. '천국의 문'이라고 불리던 집단의 구성원들은 집단 자살을 시도하였다. 경찰은 동일한 검정색 유니폼을 입고 여행을 위해 여행 가방을 뒤로 한 채 죽은 시신 39구를 발견하였다(Balch & Taylor, 2002). 이들이 자살하기 전에 그 종교 의식의 구성원들은 그들의 세속적인 몸을 벗어버려야 천국으로 그들을 데려다 줄 UFO에 탑승할 수 있다는 신념 체계를 받아들여 왔다. 이 집단은 공식적인 웹사이트에 이들 신념 체계의 대부분을 게시해 놓았다. 연구자들은 인터넷이 사람들을 광신교와 다른 신념

사람들이 자기가치감과 같은 기본적인 감정을 추구하기 위해 집단(종교집단)에 의존하게 될 때, 그들은 극단적인 동조에 취약해진다. 똑같은 옷을 입은 2만 쌍의 커플이 문선명 목사가 주관하는 예배에서 결혼했다. 또한, 1995년 가을에 문 목사는 전 세계 500여 곳을 인공위성으로 연결하여 360,000쌍을 결혼시켰다. 왜 사람들은 이러한 대단위의 동조로부터 위안을 찾을까?

체계로 끌어들이는 특히 효과적인 수단을 제공할 것이라고 염려한다(Dawson & Hennebry, 2003). 이 사건이 여러분을 정당한 관심사로서 영향을 주는가? 여러분은 이 문제를 Asch의 실험과 동조를 쉽게 유발하는 다른 예시라는 맥락에서 고려해야만 한다.

소수의 영향과 반 동조 다수가 자원과 정보를 통제하는 점을 비추어 볼 때 사람들이 집단에 동조하는 것은 놀랄 만한 것이 아니다. 우리가 본 것처럼 다수의 힘은 사람들에게 개인적 의견에까지 오랫동안 영향을 미친다. 그러나 여러분은 때때로 사람들이 자신의 주장을 고집한다는 것도 알고 있다. 어떻게 이런 일이 일어나는가? 어떻게 사람들이 집단의 지배를 벗어나고, 어떻게 새로운 것(반규범적)을 만들어 낼 수 있겠는가? 소수가 다수를 변화시키고 새로운 규범을 만들어내는 특정한 조건이 있는가?

미국의 경우 동조가 민주적 절차와 맞물려서 동조에 대한 연구에 집중한 반면에 유럽의 사회심리학자들은 다수를 변화시키는 소수의 힘에 대하여 연구하였다.

프랑스의 Serge Moscovici는 소수의 영향에 대한 연구를 개척하였다. 참가자들에게 색 이름을 말하게 하는 실험에서 다수는 색 이름을 바르게 답하였다. 그러나 실험 공모자 중에 두 사람은 일관성 있게 초록색을 파란색이라고 하였다. 이들 소수의 반대 입장은 다수에게 즉각적인 영향은 주지 못하였으나, 나중에 개별적으로 검사하였을 때 일부 참가자들은 파란색과 초록색의 경계선을 이동시켜서 파란색 쪽으로 응답이 바

뀌는 결과를 보였다(Moscovici, 1976; Moscovici & Faucheux, 1972). 결국 다수의 힘은 확신을 가진 소수에 의해서 감소될 수 있다(Moscovici, 1980, 1985).

앞서 소개한 규범적 영향과 정보적 영향의 구분으로 이런 효과를 개념화할 수 있다(Crano & Prislin, 2006; Wood et al., 1994). 소수 집단은 상대적으로 규범적 영향이 적다. 다수 집단원들은 일반적으로 소수 집단원들이 자신을 좋아하고 인정하는 것에 관심이 적다. 반면에 소수 집단원들은 정보적 영향력을 갖고 있다. 소수는 집단원들이 다양한 시각을 갖도록 장려할 수 있는 것이다(Sinaceur et al. 2010). 불행하게도 다수 성원들의 규범적 욕망을 극복하게 하는 정보적 영향력은 매우 드물게 발휘된다(Wood, 2000).

집단 의사결정

집단의 일원으로서 집단 의사결정에 참여해 보았다면 이 일이 얼마나 고통스러운지 잘 알 것이다. 여러 명의 친구들과 영화를 관람하였다고 생각해 보자. 개인적으로는 영화가 '괜찮았다'고 생각하였지만, 관람 후에 토론을 한 결과 '쓰레기 같이 형편없다'는 평가에 동의하는 자신을 발견하게 될 것이다. 집단토론 후에 이런 변화가 흔히 일어나는 것일까? 집단의 판단이 개인의 판단과 언제나 다르게 나오는 것인가? 사회심리학 연구에 의하면, 집단이 의사결정을 할 때 작용하는 특별한 힘이 있다고 한다(Kerr & Tindale, 2004). 집단극화와 집단사고에 초점을 맞추어서 설명하고자 한다.

앞에서 예를 든 영화에 대한 집단의 평가가 **집단극화**(group polarization) 현상의 전형적인 예이다. 영화에 대하여 개인이 혼자서 판단한 것보다 집단의 판단이 더 극적인 경향을 보인다. 그 영화에 대하여 각 개인의 의견을 조사한 결과와 집단의 태도를 반영한 의견을 비교해 보면 분명해진다. 집단의 평가가 개인의 평가의 평균보다 더 극적으로 나온다면 바로 집단극화의 예인 것이다. 초기의 집단 의견이 보수 또는 모험 쪽으로 기울어서 시작되었다면 집단극화 과정을 거치면서 더욱 강하게 보수나 모험 쪽으로 판단하게 된다.

집단극화 현상의 저변에 작용하는 두 가지 과정으로 정보 영향 모델과 사회비교 모델을 제시하고 있다(Liu & Latané, 1998). **정보영향 모델**은 집단의 구성원들이 다양한 정보를 제공하여 의사결정에 기여한다는 것이다. 여러 사람이 그 영화를 좋아하지 않는 조금씩 다른 이유를 내놓게 되고, 이 이유들을 한꺼번에 묶어서 영화를 매우 좋아하지 않는 증거로 작용하여 집단의 판단을 극단적으로 하게 된다. 사회비교 모델은 집단극

화 현상을 다음과 같이 설명한다. 집단 구성원들은 집단의 실제 규준보다 약간 더 극단적인 견해를 집단이 추구하는 이상으로 표현하는 동료의 입장을 따르려고 애쓴다. 그리고 영화를 본 후에 모든 사람들이 불행하다고 결론을 내리게 되면 보다 더 극단적인 의견으로 기민하게 자신을 표현하려 한다. 만약 집단의 모든 구성원이 이런 방식으로 집단의 관점을 유지하려 한다면 집단극화가 나오게 된다.

집단극화 현상은 집단사고의 한 가지 유형으로 볼 수 있다. Irving Janis(1982)는 **집단사고**(groupthink)를 집단의 합의에 불필요한 제안, 특히 지도자의 관점에 벗어나는 견해를 걸러내는 집단의 의사결정 경향성이라고 하였다. 케네디 대통령이 1960년에 쿠바의 피그스만 침공을 결정하는 각료회의 과정을 집단사고에 대한 Janis의 이론으로 설명하면 흥미롭다. 침공에 반대하는 의견도 있었지만, 침공을 주장하는 주전론자들에 의해서 최소화되고 눌려버린 것이다. 집단의 응집력이 강하거나, 전문가로부터 격리되어 있거나, 집단의 지도자가 지시적일 때 집단사고에 빠질 가능성이 크다고 Janis는 주장하였다.

Janis의 생각을 확인하기 위하여 역사적 사건과 실험실 연구를 확인해 보았다(Henningsen et al., 2006). 연구결과는 집단의 구성원이 집단에 대한 긍정적 관점을 함께 가지고 유지하려는 집단주의적 욕구가 강하면 집단사고를 가질 가능성이 높았다(Turner & Pratkanis,1998). 그렇지만 집단의 구성원들이 표면적으로는 집단에 대한 긍정적 느낌이 손상되더라도 서로의 견해 차이를 이해할 때 집단의 의사결정의 질을 향상시킬 수 있었다.

권위에의 복종

무엇이 수천 명의 나치당원들로 하여금 히틀러의 명령을 따르게 했고, 수백만 명의 유대인을 독가스실로 보내게 하였는가? 당신이 상부의 명령에 따라 월남 말라이 마을의 무고한 시민 수백 명을 대량 학살한 미군 중 한 사람이었다고 상상할 수 있는가(Hersh, 1971; Opton, 1970, 1973)? 우리 대부분이 그렇듯이, 당신의 대답은 "아니요! 내가 어떻게 그런 종류의 사람이 될 수 있겠습니까?"라고 대답할 것이다. 여러분이 이 절을 다 읽은 후에는, "아마도 확실하게는 잘 모르겠다."고 스스로 대답하길 기대한다. 그런 상황에 놓인다면 당신도 사회적인 압력을 일으키는 힘에 따라서 그런 일을 할 수 있겠지만, 이 행위들은 그 상황의 밖에서 본다면 매우 끔찍하고 용납될 수 없는 행동으로 보일 수 있다.

Solomon Asch의 제자였던 Milgram(1965, 1974)은 일련의

연구를 통해 맹목적인 복종은 기질적인 성향으로 인한 것이 라기보다 누구든지 휩쓸릴 수밖에 없는 상황적인 압력으로 나타날 수 있다는 점을 보여주었다. 복종 실험에 관한 Stanley Milgram의 프로그램은 실제 생활에서 일어나는 현상에 대하여 탁월한 함축성과 도덕적인 문제를 제기한다는 점에서 심각한 논쟁거리가 되고 있다.

복종 패러다임 성격 요인과 상황 요인을 분리하기 위해, Milgram은 1,000명 이상의 참가자를 대상으로 분리되고 통제된 실험실에서 19번의 실험을 하였다. 예일대학교에서 실시된 첫 번째 실험은 실험에 대한 보상을 받은 뉴헤이븐과 그 주위 지역주민을 대상으로 실시되었다. 이후의 실험들에서 Milgram은 복종실험실을 대학에서 멀리 떨어진 곳으로 옮겼다. 코네티컷 주 브리지포트에 연구시설을 설치한 후, 다양한 연령, 직업, 학력 수준의 남녀 주민을 대상으로 참가자를 모집하기 위해 신문에 모집공고를 하였다.

Milgram의 기본적인 실험의 패러다임은 실험참가자들이 극도로 고통스러운 전기충격을 다른 사람에게 주는 일련의 과정에서 참가자들이 어떤 생각을 하는지를 탐색하는 것이다. 실험지원자들은 기억과 학습에 관한 과학적인 연구에 참여한다고 생각하였다. 참가자들에게 실험의 목적은 처벌이 기억에 어떻게 영향을 주는지를 밝히는 것이고, 궁극적으로 이 실험을 통해 보상과 처벌의 적절한 조화가 학습을 향상시키는지를 알아볼 것이라고 알려주었다. 실험참가자에게는 교사라는 사회적 역할이 주어졌고, 학생의 역할을 하는 사람이 실수를 범하면 처벌하게 했다. 실험의 주요한 규칙은 학생들이 실수 없이 수행할 수 있을 때까지 실수를 범할 때마다 전기충격의 강도를 증가시켜야 한다는 것이었다. 흰색 가운을 입은 실험자는 **합법적인 권위자** 역할을 하였다. 그는 규칙을 설명하고, 역할을 정해 주었으며, 참가자들이 망설이거나 이의를 제기할 때마다

교사로서의 역할에 충실할 것을 명령했다. 종속변인은 교사가 실험자의 권위에 복종하는 것을 거부하여 더 이상 충격을 주지 않게 되는 지점이었다. 전기충격 기계는 15볼트 단위로 증가하며, 최고 450볼트까지 올릴 수 있었다.

실험 상황 실험 상황은 참가자들이 지시를 따름으로 인해 상대방의 고통을 일으키고, 상해를 줄 수 있으며, 심지어 무고한 사람이 죽을 수도 있다고 생각하도록 조작되었다. 전기충격이 어느 정도의 고통을 야기하는지 알려주려고 교사의 역할을 맡은 각 참가자들에게 45볼트의 샘플 충격을 체험하도록 하였다. 학생 역할은 50세 정도의 명랑하고 점잖은 남자가 맡았는데, 그는 자신의 심장 상태에 대해 약간 언급하기는 했지만 그래도 실험에 참여할 수 있다고 말하였다. 그는 옆방의 '전기의자'에 가죽 끈으로 묶여졌으며, 교사와 인터콤으로 의사소통하였다. 실험과제는 두 단어로 이루어진 단어 쌍을 외운 후, 한 단어가 주어지면 나머지 단어를 알아맞히는 것이었다. 실제로는 실험협조자였던 학생은 미리 계획된 대로 실수를 범하기 시작했고, 교사는 학생에게 충격을 주기 시작했다. 충격 정도가 증가함에 따라 학생의 항의는 증가하였다. 75볼트에서는 신음소리를 내기 시작했고, 150볼트에 이르자 실험실에서 내보내 달라고 요청했다. 180볼트에서는 더 이상 고통을 견딜 수 없다고 고함을 질렀고, 300볼트에 이르자 더 이상 실험에 참여하지 않겠으니 풀어달라고 강하게 요구했다. 그는 자신의 심장에 문제가 있다고 소리쳤고 비명을 질렀다. 교사가 다음 단계 충격을 주기를 망설이거나 이의를 제기하면, 실험자는 "실험규칙에 따라 당신은 계속해야 합니다." 또는 "당신에게는 선택의 여지가 없습니다. 계속해야만 합니다."라고 지시하였다.

이렇게 긴장되는 참가자들의 상황을 상상할 수 있을 것이다. 대부분의 참가자들은 불평하고 저항했고, 계속 할 수 없다고 반복적으로 주장했다. 하지만 눈에 보이는 갈등을 직면하

  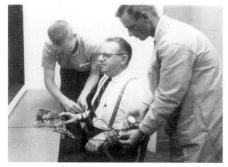

Milgram의 복종실험 : 왼쪽에서부터, 실험자(권위를 가진 인물)와 함께 있는 '교사(실험참가자)', 전기충격발생기, '학습자'(실험자의 보조원). 상황의 어떤 요인이 교사로 하여금 전기충격의 상한선까지 계속해서 올리도록 하였을까?

고 있음에도 불구하고 많은 참가자들은 학습자에게 충격을 주기 위해 '위험 : 심각한 충격 XXX(450볼트)'라고 씌여 있는 버튼까지 계속해서 눌렀다. 복종을 달성하기 위해서 실험자는 참가자들에게 이 실험은 계속되어야 한다고만 상기시키기만 할 필요가 있었다.

왜 사람들은 권위에 복종하는가 Milgram은 정신의학자 40명에게 실험참가자의 수행을 예언하도록 하였다. 정신의학자들은 실험 참가자들이 150볼트 이상의 충격을 주지는 않을 것이라 추정하였다. 그들의 전문적인 의견으로는, 300볼트 충격을 줄 사람은 참가자의 4% 미만일 것이며, 450볼트까지 계속할 참가자는 단지 0.1%에 불과할 것이라고 추정하였다. 정신의학자들은 다른 사람에게 고통을 주는 것을 즐기는 가학적인 성격과 같은 소수의 비정상적인 사람들만이 최대 충격까지 지속하라는 명령에 맹목적으로 복종할 것이라 생각했다.

정신의학자들은 비정상적인 행동을 하는 사람들의 기질적 특성을 기초로 하여 위와 같은 평가를 하였다. 그러나 정신의학자들은 이러한 사회적 맥락 속에서, 대다수 사람의 사고와 행동에 영향을 미칠 수 있는 상황의 힘을 간과하고 있었다. 여기서 특히 주목해야 할 점은 정신의학자들이 얼마나 틀렸는가 하는 것인데, 참가자들의 절대다수가 완전히 권위에 복종하였다. 300볼트 이하에서 중지한 참가자는 아무도 없었다. 참가자 중 65%가 450볼트의 충격을 가하였다. 대부분의 참가자들이 구두로는 이의를 제기하였지만, 절대다수가 행동으로는 불복종하지 않았다. 희생자의 관점에서 볼 때 결정적인 차이점이 있다. 만약 당신이 희생자였다면, 참가자들이 당신에게 고통을 주는 것을 계속하지 않겠다고 말하고 나서(고통을 주는 것에 반대함) 당신에게 반복해서 충격을 가한다면(복종함), 당신이 어떻게 이해하고 느끼겠는가?

사람들이 왜 권위에 복종하는가를 이해하게 해 주는 Milgram의 연구는, 이러한 상황에서 작용하는 심리적인 압력을 살펴볼 필요가 있음을 시사한다. 앞서 우리는 상황적 요인이 얼마나 자주 행동을 제한하는지를 살펴보았다. Milgram의 연구를 통해 일반적인 원리의 생생한 사례를 보았다. Milgram과 다른 연구자들은 복종은 성격변인이 아닌 상황변인에 의한 것이라는 사실을 증명하기 위해 실험실 상황을 변형시켜 다른 실험들을 실시하였다. 예를 들면, 그림 16.4는 학습자의 근접성이 어떻게 참여자로 하여금 450볼트의 한계까지 모든 방식의 쇼크를 주는 가능성을 변화시킬 수 있는지를 보여준다. 거리가 감소될수록 복종도 감소된다. 이러한 결과들은 모두 참

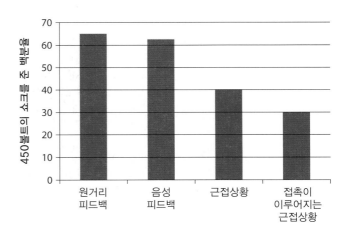

그림 16.4 Milgram의 실험에서의 복종
그래프는 참가자의 권위에 대한 복종의 근접성 상황 변수의 영향을 보인다. 원거리 피드백 조건에서 참가자들은 학습자가 옆방의 벽을 치는 소리를 듣기만 한다. 음성 피드백 조건에서는 참가자들도 벽을 통해 학습자들의 음성적 항의를 듣는다. 근접상황 조건에서 학습자는 참가자와 동일한 방에 있었다. 접촉이 이루어지는 근접상황에서는 참가자들이 쇼크를 주는 판에 학습자의 손을 잡아 올려놓아야 하는 상황이다.
출처 : *Obedience to Authority* by S. Milgram, copyright © 1974 Harper & Row.

가자들의 개인차가 아니라 상황이 행동을 주로 통제한다는 생각을 지지한다.

현대 학생들이 Milgram의 연구를 배우는 경우 이들은 1960년대 초반 이후 진행된 문화적 변화 때문에 사람들이 더 이상 복종하지 않을 것이라는 강한 확신을 자주 표현한다. 이 주장에 대한 답을 하기 위해 Jerry Burger(2009)는 Milgram의 실험 중 하나를 부분적으로 복제 실험하였다. Burger는 Milgram의 원래 실험 절차에서 나타난 윤리적인 문제를 해결하기 위해 실험을 조정하였다. 구체적으로 말하면, Burger는 참가자들이 150볼트의 쇼크를 수행했다고 믿은 이후에 계속해서 복종하는 경우에 참가자들을 정지시켰다. 앞서 언급한 바와 같이 150볼트는 학습자가 실험으로부터 해방되기를 요구받은 시점이었다. Milgram의 원래 자료에 기초해서 Burger는 150볼트를 넘어서 계속 진행할 가능성이 있는 사람들의 이유를 마련했다. Milgram의 원래 실험에서 참가자의 82.5%가 150볼트를 넘어서 계속했다. Bulger의 복제 실험에서는 70.0%가 그렇게 했다. 따라서 복제 실험에서는 대다수의 참가자들이 실험자에게 계속해서 복종했다. Burger는 "Milgram의 실험참가자들의 복종에 영향을 미친 동일한 상황 요인들이 여전히 지금도 작동한다."고 결론을 내렸다.

이러한 상황에서 권위에 복종하는 두 가지 이유는, 앞서 살펴보았던 **규범의 영향**과 **정보의 영향**으로 설명할 수 있다. 즉 사람들은 다른 사람들이 자신을 좋아해 주기를 원하며(규범의

영향), 정확하기를 원한다(정보의 영향). 사람들은 사회적으로 수용되고 인정받기 위해 다른 사람들이 하거나 요구하는 것을 하려는 경향이 있다. 또한 실험 상황과 같이 애매하고 잘 알려지지 않은 상황에서는 무엇이 적절하고 규준에 맞는 행동방식인지에 관한 단서를 다른 사람에게서 찾는다. 그래서 전문가들이나 신뢰성 있는 의사소통자가 무엇을 하라고 이야기하면 사람들은 주로 그렇게 행동한다. Milgram 패러다임에서 세 번째 요인은 참가자들은 어떻게 불복종할 것인지에 대하여 혼란스러웠을 것이라는 점이다. 참가자들이 주장한 어떤 것도 권위인물을 납득시키지 못했다. 이런 상황을 벗어날 수 있는 단순하고 직접적인 방법(예 : '멈춤' 버튼을 누름)이 있었다면, 불복종의 가능성이 더 늘어났을 것이다(Ross, 1988). 마지막으로, 권위에의 복종이라는 이 실험 상황은 어린 시절부터 질문 없이 권위에 복종해야 하는 많은 다양한 상황에서 학습된, 몸에 붙은 습관의 부분이다(Brown, 1986). 이러한 휴리스틱은 권위에의 복종이 합법적이고 가치 있는 것으로 평가하는 사회에서 잘 발견된다. 문제점은 이러한 규칙이 과잉 적용된다는 것이다. 권위에의 맹목적인 복종은 권위적 인물의 사회적 지위 때문에 그들이 불공정할지라도 그들의 명령이나 요구에 대해 어떤 식으로든 복종하는 것을 의미한다.

Milgram의 실험과 당신 이 복종 연구가 당신에게 어떤 의미를 가지는가? 당신이 살면서 도덕적 딜레마에 직면한다면 어떤 선택을 할 것인가? 당신의 일상생활에서 발생하는 권위에의 복종 형태를 반영하는 상황을 고려해 보자. 당신이 점원이라고 가정하자. 상사가 고객을 속이라고 부추긴다면 당신은 고객을 속일 것인가? 당신이 국회의원이라고 가정하자. 당신은 양심적 투표 대신에 정당의 편에서 투표할 것인가?

Milgram의 복종 연구는 악(evil)은 악한 사람의 마음속에 잠재되어 있다는 신화에 대한 도전이었다. 이들 사악한 인간들은, 결코 나쁜 일에 복종하지 않을 선량한 '우리' 또는 '당신'과는 다른 종류의 사람들인 나쁜 '그들'이다. 이러한 연구결과를 다시 제시하는 목적은 인간본성이 악하다는 것을 보여 주기 위함이 아니라, 평범하고 잘 기능하는 개인이 강력한 상황과 사회적인 압력에 부딪혔을 때 나약해질 수 있는 존재라는 것을 분명히 하기 위함이다.

이 절은 사람들은 이들이 공유하고 있는 규칙, 규범, 그리고 상황에 의해 상호연결되어 있음을 보여주었다. 다음은, 사람들이 일상생활의 경험을 정보를 어떻게 수집해서 적용하는가를 살펴보겠다. 우리는 어떤 태도가 형성되고 변화되는지에 대한 의문을 살펴보고, 신념, 태도, 그리고 행위 간의 연결 고리를 탐색해 보겠다.

 stop 복습하기

1. 사회적 역할에 대해 스탠퍼드 교도소 실험이 의미하는 바가 무엇인가?
2. 집단이 규범적 영향을 미치는 이유는?
3. 어떤 유형의 영향이 소수가 집단에 힘을 행사할 수 있는가?
4. 집단극화 현상의 조건을 어떻게 인식할 수 있는가?
5. Milgram의 실험에서 정신과의사들의 예언은 참가자의 실제 행동과 어떻게 비교되었는가?

비판적 사고 선분 길이 판단에서 동조를 볼 수 있는 연구를 고려해 보자. 왜 집단 구성원 모두 첫 번째 몇 개의 시도에서 정답을 말하는 것이 중요했는가?

태도, 태도 변화, 그리고 행위

여러분은 오늘 어떤 태도를 보일 기회가 있었는가? 누군가가 여러분에게 "내 셔츠 어때?"라고 물었는가? 또는 "치킨 맛있니?"라고 물었는가? **태도**(attitude)란 사물, 사람, 아이디어에 대한 부정적 또는 긍정적 평가이다. 이런 정의는 우리가 갖고 있는 태도의 대부분은 겉으로 드러나지 않다는 것을 말해 준다. 여러분이 숨기고 있는 어떤 태도를 여러분은 인식하지 못할 수도 있다. 태도는 사회적 현실을 구성하고 행동하는 방식에 영향을 미치기 때문에 중요하다. 올림픽 스케이팅 경기를 회상 해 보라. 한 쌍에 호의적인 사람들은 다른 쌍에게 호의적인 사람들보다 다른 성적을 '보았다'. 사건에 대한 귀인은 자신들의 태도에 맞게 만들어진다. 태도의 원천은 무엇이고, 그것이 여러분의 행동에 어떻게 영향을 미치는가?

태도와 행동

우리는 이미 태도를 부정적 또는 긍정적 평가라고 정의를 했다. 이번 절은 태도에 대한 평가로부터 시작하기로 하자. 여러분은 다음의 진술문에 어느 정도 동의하는가? 아주 강한 반대는 '1', 아주 강한 동의는 '9'가 되는 척도상에서 평가해 보라.

"나는 안젤리나 졸리가 나오는 영화를 즐긴다."

1 ─── 2 ─── 3 ─── 4 ─── 5 ─── 6 ─── 7 ─── 8 ─── 9
전혀 동의하지   보통이다   강하게
않는다   동의한다

여러분이 '3'에 평정을 했다고 해 보자(별로 동의하지 않는 수준). 그런 판단의 이유는 무엇인가? 여러분의 태도를 만드는 세 가지 유형의 정보를 알아볼 것이다.

- **인지적.** 안젤리나 졸리에 대해 무슨 생각을 하였는가?
- **감정적.** 안젤리나 졸리라는 말이 어떤 감정을 떠오르게 했는가?
- **행동적.** 예를 들어 여러분이 안젤리나 졸리의 영화 한 편을 볼 기회가 생긴다면 어떻게 할 것인가?

여러분이 '3'에 동그라미를 쳤을 때는 이런 종류의 정보들이 조합되어 당신의 손을 안내할 것이다. 여러분의 태도도 동일한 세 가지 범주의 반응을 만들어 낸다. 여러분 스스로가 어느 정도 안젤리나 졸리에 대하여 부정적인 태도를 지니고 있다면 여러분은 "그녀는 진지한 배우가 아니야."(인지적), "그녀는 처음 나왔을 때보다는 나아진 것 같다."(감정적), "최근에 출연한 영화에 대한 비평을 기다린다."(행동적)의 성분으로 나누어 말할 수 있을 것이다.

태도를 측정하는 것은 그렇게 어렵지 않다. 그러나 그런 태도가 언제나 사람이 어떻게 행동할지에 대한 정확한 지표가 되는가? 여러분은 실제의 삶으로부터 그 답은 '아니요'라는 것을 알고 있다. 사람들은 '안젤리나 졸리'를 싫어하지만 그를 보는 데 돈을 사용한다고 말할 것이다. 동시에 때때로 사람들의 행동은 태도를 따를 것이다. '안젤리나 졸리'의 영화를 보는 데 돈을 쓰는 것을 원하지 않는다고 말하고 영화를 보지 않을 수 있다. 여러분은 태도가 행동을 예언하거나 예언하지 못할 때를 어떻게 결정할 수 있는가? 연구자들은 사람들의 태도와 행동의 관련성이 강한 조건을 밝히기 위해서 열심히 연구해 왔다(Bohner & Dickel, 2011; Glasman & Albarracín, 2006).

행동을 예측하는 태도의 속성은 **접근 가능성**이다. 접근 가능성은 태도 대상과 그 대상에 대한 평가의 결합정도이다(Fazio & Roskos-Ewoldsen, 2005). 안젤리나 졸리에 대해서 물어보았을 때, 답이 금방 떠오르는지 아니면 잠시 동안 생각해 보아야 하는가? 연구들은 태도가 매우 접근 가능한 것일 때, 행동은 태도와 일치될 가능성이 높다고 시사한다. 그러나 태도는 어떻게 매우 접근 가능해지는가? 연구들은 **직접** 경험을 했을 때 접근 가능성이 높아진다고 시사한다. 여러분이 안젤리나 졸리의 영화에 대해서 간접적으로 듣거나 읽었을 때보다 스스로

안젤리나 졸리에 대하여 갖고 있는 태도가 그녀가 출연한 영화를 보는 데 어떤 영향을 주는가?

영화를 보았을 때 안젤리나 졸리의 영화에 대한 접근 가능한 태도를 더 갖게 될 것이다.

태도는 자주 암기했을 때 더 접근 가능해진다. 예상할 수 있듯이 무엇에 대한 태도를 공식화하면 할수록 태도는 보다 더 접근 가능해진다('초콜릿'과 '키위'를 비교해 보자.). 누군가 여러분에게 어떤 배우를 어떻게 생각하느냐고 질문했을 때 여러분이 속마음과는 다르게 점잖게 대답했다고 하자.

사람들이 6개월 후나 1년 후에 헌혈하거나 그렇지 않거나 하는 이유는 상당히 다양하다. 하지만 간단한 질문지에 자신의 태도를 반복하는 행동과 보고하는 것은 사람들의 이어지는 다음 행동에 주된 영향을 미친다.

지정 연구

연구자들은 사람들로 하여금 반복된 헌혈을 하도록 만드는 요인들을 이해하는 데 관심을 가지고 있었다(Godin et al., 2008). 이 연구는 이전에 헌혈을 했던 4,672명에 초점을 맞췄다. 이전의 헌혈자는 헌혈의 중요성에 대해 꽤나 긍정적인 태도를 가지고 있다. 이들이 그들의 태도를 더 보일 수 있게 된다면 이들이 다시 기증할 가능성이 증가할 것이라고 연구자들은 판단했다. 태도를 더 보일 수 있도록 하기 위해 연구자들은 실험집단에 2,900명을 무선적으로 선정했고, 이들의 태도가 헌혈로 나타날 수 있는지를 알려달라고 요구하는 질문지를 우편으로 보냈다. 이 집단 중에서 2,389명이 질문지에

응답했다. 통제집단에 무선할당된 1,772명은 이 질문지를 받지 못했다. 이 질문지에 응답한 지 6개월경과 시점과 12개월경과 시점에 연구자들은 얼마나 많은 사람들이 헌혈을 했는지를 체크해 보았다. 질문지의 영향은 명백했다. 실험집단은 헌혈을 더 많이 했다. 예를 들어, 6개월이 지난 시점에서 보면, 실험집단의 8.6%나 더 많은 사람이 헌혈을 하겠다고 등록했다.

태도와 행동이 동일한 수준의 구체성에서 측정되었을 때, 태도가 행동에 대한 더 나은 예측변인이 될 수 있다. 예를 들어, "나는 정치인들을 믿는다."라는 진술에 대해 동의 혹은 부동의한다고 생각해 보자. 당신의 판단은 어떤 정치인이나 정치인들이 머리에 떠오르느냐에 달려 있다. 조지 워싱턴, 윈스턴 처칠, 빌 클린턴, 또는 조지 부시인가? 1주일 후에 여러분에게 동일한 질문을 했을 때 다른 정치인이 마음에 떠올랐다면 바뀔 수도 있을 것이다. 만약 여러분이 서로 다른 정치인들을 머릿속에 떠올린다면 그 정치인들에 대한 전반적인 태도는 변화하기 쉽다(Lord et al., 2004; Sia et al., 1997). 당신의 태도에 대한 '증거'가 시간이 흘러도 안정되는 경우에만 우리는 당신의 평가(생각)와 당신이 하는 것(행위) 간의 강한 관계를 찾는 것에 대해 기대할 수 있다.

태도와 행동 간의 일치도를 증진시키는 다른 방안은 태도 측정치를 증진시키는 것이다. 최근에 연구자들은 사람들이 의식적으로 인식하지 못한 채로 남아 있는, 다른 사람들, 대상들, 아이디어들에 대해 가지고 있는 자동적 태도 혹은 암묵적 태도를 포착할 수 있는 시도인 수많은 새로운 태도 측정방안을 고안해냈다(Bohner & Dickel, 2011; Stanley et al., 2008). 이들이 주장하는 바는, 이들 암묵적 태도는 행동에 대한 보다 나은 예측을 하도록 한다는 것이다. 암묵적 태도에 대한 많은 연구는 사람들이 편견에 빠져서 의식적으로 알지 못하는 환경 조건에 초점을 맞추어 왔다. 암묵적 편견이라는 주제를 다루게 될 때 암묵적 태도가 사람들의 행동을 자주 예측한다는 점을 알 수 있다.

설득의 과정

적당한 조건에서는 태도가 행동을 예측할 수 있다는 것을 보아 왔다. 이는 태도에 영향을 끼치기 위해서 돈과 시간을 쓰는 사람들에게는 좋은 소식이다. 그러나 다른 어떤 사람들은 태도에 영향을 끼치고 싶지만 그럴 수가 없다. 여러분은 진주 색의 치아를 가진 배우가 나오는 새로운 치약 광고를 볼 때마다 치약 상표를 바꿀 수는 없다. 여러분은 카메라로 비치는 후보

자의 외모만을 보고 좋아하는 정당을 바꾸지 않는다. 우리는 일상생활 중 많은 사람들이 우리의 태도를 변화시키려는 의도적 노력인 설득(persuasion)에 노출된다. 설득을 하기 위해서는 특정한 조건이 충족되어야 한다. 이제 그런 조건에 대하여 알아보자.

먼저, 설득 시 인지적 과정에 초점을 맞춘 정교화 가능성 모형(elaboration likelihood model)을 보도록 하자(Petty & Briñol, 2008; Petty et al., 2005). 이 모형에서는 설득에서 핵심적인 통로와 주변적인 통로를 구분한다. 중심적 통로는 사람이 설득적인 대화에 대하여 조심스럽게 생각하고, 그래서 태도가 그런 주장의 강도에 따라서 변하게 되는 환경을 말한다. 이러한 주의 깊은 생각을 높은 정교화라 한다.

누군가가 가솔린은 1갤런에 5달러이어야 한다고 설득시키려 할 때, 여러분은 그 정보를 주의 깊게 처리할 가능성이 있다. 주변적 통로는 메시지에는 주의 깊게 주목하지 않고 상황에서 외견상의 단서에 반응하는 상황을 나타낸다. 판매할 물건 앞에 한 섹시한 모델을 배치한 판매자는 여러분이 비판적인 생각을 못하기를 바라는 것이다. 많은 사람들이 중심적 또는 주변적 통로 중 어느 것을 쓸지는 대부분 정보에 관한 동기에 달렸다. 즉, 설득적인 내용에 대해서 사람들이 주의 깊은 고려를 할 수 있으며 또 하려는 의지가 있는가에 달려 있다.

여러분을 둘러싼 정보를 면밀히 보면 광고주들은 흔히 소비자들이 주변적 방법을 취하게 하려 한다는 결론을 쉽게 내릴 수 있다. 왜 광고주들은 그들의 제품을 팔기 위해 유명인들에게 돈을 지불하는가? 여러분이 진심으로 할리우드의 배우들이 장거리 전화 서비스를 써서 절약하는 데 관심이 있다고 보는가? 아마도 광고주는 광고 문안을 꼼꼼히 검토하기보다는 제품을 광고하는 배우들에 대한 소비자들의 감정에 호소하여 소비자들이 설득당하기를 바랄 것이다.

지금 여러분 스스로에게 다음과 같은 질문을 해 보라. 어떤 상황에서 설득에 대한 중심적 통로를 취하게 될 것 같은가? 연구자들은 이 문제에 답하기 위하여 많은 연구를 해 왔다(Petty et al., 2005). 동시에 모든 사람을 설득시키기가 얼마나 어려운지를 보이는 연구를 들어 보자.

만약 당신이 이메일 계정을 가지고 있다면 거의 확실히 당신은 피싱당했을 것이다. 당신은 당신으로부터 개인적인 정보를 교묘하게 얻으려는 메시지를 받았다. 피싱은 설득의 한 예이다. 피싱을 하는 사람은 정보 요구가 진짜라는 것을 당신이 믿기를 원한다. 일단의 연구자들이 "지금 대학교 이메일 계정을 확인하라!"는 것처럼 경고성

문장이 담긴 피싱 이메일을 받은 전체 캠퍼스의 대학생들로부터 관련 자료를 수집하였다(Vishwanath et al., 2011). 이 연구자들은 이들 대학생들에게 어떤 요인이 그 메시지를 보다 정교화시키는 것이 어떤 요인인지를 결정하기 위해 일련의 질문을 하였다. 분석을 통해 볼 때, 예를 들면, 개인 관련성이 높은 메시지를 받은 대학생들은 정교화에 보다 더 개입되어 있다는 점이 드러났다. 한편, 긴급성을 담은 대문자와 같은 피상적인 단서들에 초점을 맞추는 사람들은 피싱 메시지에 더 설득되기 쉬웠다.

이들 결과는 왜 피싱이 성공적일 수 있는지를 알려준다. 요구에 대해 비판적인 사고를 하기보다는 메시지가 긴급하다는 피상적인 특징에 초점을 맞추면 이들은 자신의 개인 정보를 자기도 모르게 절취당할 수 있다. 피싱을 당한 다음에 그것을 쓴 사람이 당신의 주의를 피상적인 단서에 단단히 붙들어 매는 무엇인가가 있음을 알 수 있는 분석을 해 보라.

당신이 살아가는 과정에서 당신의 태도가 변하는데 아마도 당신이 저항하기를 원하는 많은 상황 조건이 있다. 정교화 가능성 모델은 당신이 설득당하기를 피하려는 어떤 노력을 할 필요가 있다는 점을 제시한다. 연구자들이 학생들에게 대학의 방학이 거의 한 달로 짧아져야만 한다는 주장을 담은 에세이를 읽도록 하는 연구를 생각해 보자(Burkley, 2008). 예를 들면, 그 에세이는 그러한 변화가 학생들을 보다 빨리 졸업시키게 한다는 주장을 담고 있다. 이 에세이를 읽기 전에 몇몇 참가자들은 생각들을 기억하게 하는데 5분을 쓰게 하는 별도의 과제를 수행했으나 그들은 백곰을 생각하는 것이 아니라 명백한 지시를 받는 것이었다. 그 과제를 수행한 후 참가자들은 통제집단의 참가자들이 1개월 방학 안에 대해 평가한 것보다 더 선호하는 태도 평가를 보였다. 백곰을 생각하지 않으려고 노력하는데 시간을 쓴 사람들은 그 에세이의 주장에 대해 저항하는데 필요한 정신 자원을 고갈시키는 것으로 보였다. 당신 자신의 삶에서 설득적인 호소를 맞이하게 된다는 점을 알게 될 때는 당신이 당신의 정신적인 전체 노력에 개입하기 위한 준비가 확실하도록 하는 노력을 해야만 한다.

자기행동에 의한 설득

마지막 절에서는 다른 사람의 태도를 변화시키는 능력에 영향을 미치는 요인들을 설명할 것이다. 그러나 수많은 상황에서 사람들의 태도변화를 가져오는 힘이 있다. 너무 많은 칼로리는 섭취하지 않을 것이라고 맹세를 한 상황을 생각해 보자. 그런데 직장에 도착하자 상사가 보낸 생일 케이크를 받게 되었다. 여러분이 케이크 한 조각을 먹는다. 자신의 다짐을 깨뜨린

것인가? 즉 자신의 행동에 대하여 부정적인 태도를 가져야 하는가? 여러분이 옳다고 생각할 가능성은 없는가? 왜? 자기설득을 분석하기 위하여 **인지부조화 이론**과 **자기지각 이론**을 보기로 하자.

인지부조화 이론 태도 연구의 공통적인 가정 중의 하나는 사람은 자신의 태도가 시간이 지나도 일관성을 유지하기를 원한다는 것이다. 일관성을 유지하려는 노력은 Leon Festinger(1957)에 의해 발전된 **인지부조화**(cognitive dissonance) 이론에서 연구되었다. 인지부조화는 의사결정이나 행동을 한 후 또는 이전의 신념, 느낌, 가치들과 반대되는 정보를 들었을 때 겪는 갈등상태이다. 예를 들어 친구의 충고와는 반대되는 자동차를 골랐다고 하자. 왜 그 차에 대하여 지나치게 방어적인가? 자신의 행동과 태도에 대한 사람의 인지가 조화를 이루지 못할 때, 그 부조화를 감소시키려는 회피 단계가 나타난다. 부조화를 줄이려는 행동은 불안한 상태를 바꾸어준다. 자동차의 경우, 방어적(가치를 부풀리는)으로 되는 것은 여러분이 친구의 충고와 반대로 가는 것에 대한 여러분의 기분을 더 나아지게 만든다.(부조화로 자신의 친구를 덜 좋게 생각할 수도 있다.)

부조화는 불편한 감정을 감소시키는 행동을 촉발하는 동기적 힘을 갖고 있다(Wood, 2000). 부조화를 감소시키려는 동기는 인지적 비일관성의 크기가 클수록 더 증가한다. 다른 말로 하면, 부조화가 커질수록 부조화를 감소하려는 동기도 더 커진다. 고전적 부조화 실험에서 대학생들은 다른 학생들에게 거짓말을 하고 이에 대한 보상으로서 큰 것을 받았을 때보다 적은 것을 받았을 때 자신의 거짓말을 더 믿게 되었다.

당신이 흡연의 부작용을 알고는 있지만 계속 흡연하고 있다면 어떤 메시지가 당신에게 인지부조화를 줄일 수 있을까?

스탠퍼드의 학생들에게 지루한 과제를 하게 하고 다른 참가자들에게 그 과제가 아주 재미있는 것이라고 거짓말을 해 줄 것을 부탁하였다(실험 조수가 나오지 않아서 대신 도와달라는 뜻으로). 참가자들의 반에게는 거짓말의 대가로 20달러를 주었고, 나머지 반에게는 1달러만 주었다. 거짓말을 한 대가로 받는 20달러는 외적 합리화에 충분하지만, 1달러는 합리화에 충분하지 않은 것이었다. 1달러를 받은 참가자들은 인지부조화에 빠지게 되었다. "과제가 재미없다."는 것과 "거짓말을 할 이유도 없이, 다른 사람에게 재미있다고 거짓말을 하였다." 부조화를 줄이기 위해서 1달러를 받았던 참가자들은 그 과제에 대한 평가를 바꾸었다. 이들은 "과제가 정말로 재미있었다. 나는 다시 한 번 하고 싶다."고 말하였다. 반면에 거짓말 대가로 20달러를 받은 참가자들은 과제에 대한 평가를 바꾸지 않았다. 여전히 과제는 재미없는 것이고 '돈 때문에' 거짓말을 했다고 보았다 (Festinger & Carlsmith, 1959).

수백 개의 실험과 현장연구는 태도와 행동을 변화시키는 인지부조화의 힘을 보여주었다(Kooper, 2007). 그러나 최근에 연구자들은 부조화의 효과가 다른 문화권의 사람에게도 일반화될 수 있는지를 궁금해하기 시작했다. 자기의 개념이 문화권에 따라서 다름을 상기해 보자. 앞서 말한 대로, 북부 미국인들은 일반적으로 다른 환경에 있는 사람들과는 달리 스스로를 **독립적**이라고 본다. 아시아 지역 사람들은 일반적으로 다른 사람과 상호작용하는 **상호의존적**으로 자신들을 생각한다. 자아에 대한 문화적 개념이 인지부조화의 경험에 영향을 미치는가?

캐나다와 일본 참가자들을 대상으로 중국 식당에서 메뉴 목록을 주고 연구하였다(Hoshino-Brown et al., 2005). 한 조건에서는 25개의 요리 중 자신들이 가장 좋아하는 것 10가지를 고르게 하였다, 다른 조건에서는 자신들의 친구가 가장 좋아하리라고 보는 10가지를 고르게 하였다. 다음에는 이들 10개의 요리 중 자신들 또는 친구들이 좋아하는 순서대로 1부터 10까지 순서를 매기게 하였다. 이어서 실험자들은 무료시식권을 주되, 두 장을 주고 이 중에서 하나를 고르게 하였다. 식권은 자신들 또는 친구들이 좋아하는 순서상 5위와 6위에 해당하는 것들이었다. 마지막으로, 참가자들은 다시 한 번 가장 좋아하는 요리를 1부터 10까지 순서를 대도록 하였다. 처음에 한 것과 두 번째 순서 매김에서 어떤 변화가 있었는가? 부조화 이론에 따르면, 5위와 6위 중에서 고르는 것과 같은 어려운 선택을 하는 경우, 선택의 결과가 나왔을 때 마음이 편하도록 태도가 바뀌어야 한다. "처음에 5위를 선택했다면 나중에는 6위보다 더 좋은 선택이어야 한다."그러나 자아를 다룬 범문화적 연구들은 캐나다 참가자들이 자신들의 선택에서 더 많은 부조화를 겪지만(독립적인 자기감 때문에), 일본의 참가자들은 친구들을 대신해서 선택한 경우에 더 큰 부조화를 경험해야 한다(상호의존적 자기감 때문에)고 시사한다. 연구결과는 이러한 기대대로 나왔다. 캐나다 참가자들이 자기판단에서 더 큰 태도변화를 보인 반면에, 일본 참가자들은 친구들을 위한 판단에서 더 큰 태도변화를 보였다.

이 연구는 사람들이 독립적인 자아개념을 갖고 있을 때만 그들의 자아개념 내에서 항상성을 유지하려고 인지부조화를 경험한다는 것을 시사한다. 여러분이 다른 문화권의 사람들과 함께 의사결정을 해야 하는 상황에 있다면, 여러분은 의사결정이 이루어진 후에 모든 사람들이 생각하고 행동하는 방식에 미칠 문화적 영향을 고려해야 할 것이다.

자기지각 이론 부조화 이론은 적어도 서양문화권의 사람들이 그들의 행동(내가 이 CD를 택했다)이 태도(내가 선택한 것을 다른 것보다 더 좋아해야 한다)에 영향을 미치는 방식을 설명하는 하나의 이론이다. Daryl Bem(1972)에 의해서 제기된 **자기지각 이론**은 행동이 태도를 알려주는 다른 조건들을 정의한다. **자기지각 이론**(selfperception theory)에 따르면 우리의 내적 상태(신념, 태도, 동기, 감정)는 현재의 행동방식에 대한 지각과 과거에 그 상황에서 어떻게 행동했었는지에 대한 회상을 통하여 추론된다. 우리는 행동의 가장 가능성 있는 원인 또는 결정인자를 추론하기 위해서 자기지식을 사용한다. 예를 들어 자기지각자는 "당신은 심리학을 좋아합니까?"라는 물음에 "그럼요, 나는 기초 과정을 듣고 있고 그것만으로는 충분치 않아요. 많은 책을 읽으려 하고 강의에 더 집중해서 좋은 학점을 받을 거예요."라고 응답한다. 다른 말로 하면, 여러분은 감정과 사고보다 행동과 상황과 관련된 행동적 기술로 심리학에 대한 선호를 답한다.

자기지각 이론은 부조화 이론에서 말하는 동기적 요소가 빠져 있다. 자기지각을 통해 빠진 태도를 채우기 때문에(즉, 자신이 어떻게 느끼는지를 자신의 행동을 보고 안다.) 자기지각 과정은 주로 자신이 모호한 상황과 친숙하지 않은 사건을 처리할 때 일어난다. 이런 상황에서 여러분은 대상에 대하여 어떻게 느끼는지를 발견할 필요가 있다. 만약 여러분이 안젤리나 졸리의 영화를 처음 보는 동안에 자신이 웃는 것을 발견한다면 여러분은 그에 대한 호의적인 태도를 갖고 있다고 추론할 수 있다. 자기지각을 통해서 자기지식을 얻는 과정의 한 가지 결점은 사람들이 종종 자신들의 행동이 상황적인 힘에 영향받는 정도를 인식하지 못한다는 것이다. 대학 간 축구경기 실험을 다시 상기하면 이것을 알 수 있다. 도전자로서 저조한 성적을 얻은 참가자는 자신의 일반적인 지식을 상대적으로 낮게 평가하였다. 그들의 입장이 어떠했을지를 상상해 보자. 그들은 스스로 반복해서 "나는 이 문제에 대한 답을 몰라."라고 말했을 것이다. 이렇게 행동을 관찰하는 자기지각 과정에서 부정적인 자기평가를 하게 될 수도 있다.

앞에서 예를 든 가상의 생일파티에서 케이크 한 조각을 먹었을 때 자신에게 나타낼 수 있는 태도로 돌아가자. 부조화 이론에 따르면 여러분의 태도(불필요한 칼로리를 안 먹을 테야)와 행동(한 조각의 케이크를 먹었다) 간의 불일치를 해결하는 것이 필요하다. 기분 나쁜 것을 피할 수 있는 여러 가지가 있을 것이다. 아마도 여러분은 "내가 케이크 먹는 것을 거절해서 나의 상사가 내게 화나게 할 수는 없다."라고 추론할 것이다. 마찬가지로 자기지각 이론에 따르면 여러분은 여러분의 태도를 알기 위해서 여러분의 행동을 본다. "내가 케이크를 먹었기 때문에 내 상사의 생일은 매우 중요한 것이야."라고 생각한다면 여러분은 자기존중감에 대한 부정적인 영향에서 벗어날 것이다. 자기설득은 때로 유용할 수 있다.

순종

이번 절에서는 태도가 무엇이고 어떻게 변하는지를 토의해 왔다. 그러나 사람들이 여러분에게 원하는 것은 여러분의 행동을 바꾸라는 것임을 여러분은 안다. 사람들은 자기들의 요청과 일치하는 행동의 변화, 즉 **순종**(compliance)이 일어나기를 바란다. 광고주가 TV 광고에 많은 돈을 썼을 때, 그들은 자사 제품이 여러분 마음에 들게 하는 것만을 바라지 않는다. 그들은 여러분이 가게로 가서 물건을 사는 것을 원한다. 마찬가지로 의사들은 의학적 권고를 따르기를 원한다. 사회심리학자들은 사람들이 요청에 따라 순응을 일으키는 방식을 광범위하게 연구하였다(Cialdini, 2009; Cialdini & Goldstein, 2004). 일부 순종의 기법을 설명하고, 외판원들이 어떻게 순종의 기법을 사용하는지를 주목하자.

상호성 인간의 경험을 지배하는 법칙 중의 하나는 누군가가 당신을 위해 무언가를 할 때, 그 누군가에게 무언가를 해야 한다는 것이다. 이것을 **상호성 규범**(reciprocity norm)이라 부른다. 실험실 연구는 아주 작은 호의로도 참가자들이 큰 것으로 보답하게 된다는 것을 보여주었다(Regan, 1971). 판매원들은 여러분에게 호의를 나타냄으로써 상호성 규범을 사용한다. "내가 당신에게 말할 것이 있어요. 가격에서 5달러를 깎아 줄게요." 그렇지 않으면 "오늘 제 말을 듣기만 하셔도 사은품을 드려요." 이런 전략은 여러분이 호의에 보답을 하지 않고 물

건을 사지 않으면 여러분을 심리적 고뇌에 빠뜨린다.

상호성 규범으로부터 나온 또 다른 순응기법은 역단계적 요청기법(door-in-the-face technique)이라 불린다. 사람이 큰 요구에 '아니요'라고 말하더라도 종종 그것보다 덜한 요구에는 '예'라고 말한다. 예를 들어, 어떤 실험에서 학생들에게 비행청소년에 대한 상담자로서 2년 동안 매주 2시간씩 사용하기를 요구했다. 이 학생들은 모두 '아니요'라고 말했다. 다음에는, 이들에게 동물원 나들이에 일부 비행청소년의 보호자 역할을 할 수 있는지를 물었다. 큰 요구에 대해 '아니요'라고 이전에 말했던 학생들 중 50%가 보다 작은 이 요구에 동의한다고 했다. 서로 다른 집단의 학생들이 접근할 때 큰 요구를 전혀 받아보지 못한 사람들 중에는 17%만이 보호자 역할에 동의했다(Cialdini et al., 1975). 이런 기법이 어떻게 상호성 규범이 일어나게 하는가? 요구를 하는 사람이 큰 것에서부터 작은 요구로 옮겨갈 때, 그들이 여러분에게 무언가를 해 준 것이다. 그래서 여러분은 그들을 위해 무언가를 해 주어야 한다. 그렇게 하지 않으면 규범을 어기는 것이다. 여러분은 보다 작은 요구에 동의하게 된다.

일관성과 개입 역단계적 요청기법은 큰 요구로부터 작은 요구로 옮겨간다. 판매원들은 여러분으로부터 작은 것에 양보를 받아낼 수 있다는 것을 알면 보다 큰 것도 양보할 것이라는 사실을 안다. 실험에서 작은 요구(탄원서에 서명)에 응한 사람들은 보다 큰 요구(정원에 대형 간판을 세우기)에 응할 가능성이 있다(Freedman & Fraser, 1966). 이것은 종종 단계적 요청기법(foot-in-the-door technique)이라 불린다. 사람들이 일단 문 안에 발을 디디면 나중에 순종을 증가시킬 수 있도록 양보의 정도를 증가시키는 데 쓰일 수 있다. 당신의 원래 행동이 특정한 방식으로 당신 자신에 대해 생각하게 하기 때문에 이 전략은 유효하다. 여러분은 자기 이미지에 일관된 그 이후의 행동을 원하게 마련이다.

사람들이 일관되어 있다는 느낌을 필요로 한다는 점을 이용하는 또 다른 순종기법을 생각해 보자. 이 기법은 순응기법(foot-in-the-mouth)이라고 불린다. 사람들로 하여금 간단한 초기 질문에 답하게 하여 그들이 그 이후의 요구에 순종할 가능성을 높일 수 있다.

어느 순간 당신은 아마도 전화를 받고서 전화를 건 사람이 몇 가지 질문을 하여 응답을 원한다는 점을 발견하게 되었다. 이 요구에 응했는가? 2명의 연구자들은 이 상황에서 순응기법(foot-in-the-mouth)의 영향을 연구하였다(Meineri & Gueguen, 2011). 이들은 약 1,800명의 참가자들에게 전화를 걸었다. 한 조건에서는 "여보세요, 저는 Vannes에 있는 기술대학 학생인데요. 저는 당신에게 방해가 되지 않기를 바랍니다."라는 초기 질문으로 시작되었다. 전화를 건 사람은 '예' 혹은 '아니요' 반응을 기다렸고 그리고 나서 참가자들에게 조사에 응할 것인지를 물었다. 이 조건에서 참가자의 25.2%가 그렇게 하겠다고 동의했다. 다른 조건에서는 전화를 건 사람이 초기 질문 없이 조사에 응할지를 참가자들에게 물었는데, 순종률은 17.3%이었다.

만약 당신이 사람들로 하여금 조사에 응하도록 하는 일을 하고 있다면, 초기 질문을 덧붙이는 것만으로도 8%의 순종률을 증진시킬 수 있어서 아마 행복할 것이다.

이러한 순종기법을 설명하는 데 있어서 이 절은 당신이 하려는 것들의 두 가지 예를 제공했다. 즉, 당신이 자신의 시간을 자신하여 사용하거나 좋은 대의명분을 위해 청원에 사인을 원할 수 있다. 하지만 당신으로 하여금 아마도 하지 않으려는 것을 하도록 이 기법을 사용하는 사람들이 많은 시간을 사용한다는 점을 알 수 있다. 잔꾀를 부리는 세일즈맨들과 그런 부류의 사람들에 대항하여 자신을 어떻게 보호할 수 있을까? 그들이 이러한 전략을 사용하고 있다는 점을 포착하도록 노력하여 그들의 노력에 저항하라. 당신이 가진 사회심리학적 지식은 당신을 늘 현명한 소비자로 만들 수 있다.

이 절에서는 태도와 행동, 그리고 이들 둘 간의 관계를 보아왔다. 그러나 편견의 형태를 하고 있는 태도는 다루지 않았다. 다음에는 편견의 주제로 넘어가서, 편견이 어떻게 생기며, 편견을 효과적으로 없애거나 줄일 수 있는 절차에는 무엇이 있는지 알아보자.

(stop) 복습하기

1. 태도를 정의하는 세 가지 성분들에는 어떤 것들이 있는가?
2. 설득에의 핵심적 통로와 주변적 통로를 구별하는 인지적 과정에는 어떤 것들이 있는가?
3. 문화가 인지부조화 과정에 영향을 주는 이유는 무엇인가?
4. 역단계적 요청기법이 상호적 규범을 가져오는 이유는 무엇인가?

비판적 사고 실험참가자들이 헌혈에 대한 자신의 태도를 질문지에 표시하는 연구를 상기해 보자. 사람들이 실험집단과 통제집단에 무선할당되는 것이 왜 중요한가?

편견

인간의 약점 중에서 편견보다 개인의 존엄과 인류의 사회적인 결합을 파괴시킬 만한 것은 없다. 편견은 비뚤어져 가는 사회현실의 중요한 예이다. 편견은 사람들의 마음속에서 만들어진 것으로 타인의 삶을 파괴하고 품격을 떨어뜨릴 수 있다. **편견** (prejudice)은 표적 대상을 향한 학습된 태도로서, 부정적 감정(혐오, 공포), 부정적 태도를 정당화하려는 부정적 신념(고정관념), 거부하기 위한 행동적 의도, 통제, 대상집단의 사람들을 몰아내거나 지배하는 것 등을 포함한다. 예를 들어 나치 지도자는 유대인은 인간 이하이고 아리아인 문화를 파멸시키려 한다는 그들의 편견적인 신념을 지지하기 위한 법률을 통과시켰다. 잘못된 신념이 바르지 않다는 적절한 증거를 발견하였음에도 이러한 신념을 바꾸기를 저항한다면 이러한 것을 편견으로 간주한다. 예를 들어 열심히 일하고 있는 아프리카계 미국인 동료가 있지만, 그들을 모두 게으르다고 주장할 때 편견이 나타나는 것이다. 편견적인 태도는 개인을 특정 집단의 구성원으로 범주화하거나 취급하는 데 영향을 미치는 편향된 여과기 구실을 한다.

사회심리학은 편견의 복잡함과 지속성에 관해 이해하고 있으며, 편견적인 태도와 차별하는 행동을 변화시키기 위한 전략을 개발하기 위한 노력을 계속하고 있다(Allport, 1954; Nelson, 2006). 실제로, 1954년 미 대법원은 인종차별적 공교육을 금지시켰다. 이 법안은 분리되고 차별적인 교육을 받은 흑인 아동이 받은 부정적 영향을 보고한 사회심리학자 Kenneth Clark의 연구가 연방법원에 제출됨으로써 가능하게 되었다(Clark & Clark, 1947). 이 절에서는 편견의 원천에 대해 이해하고, 편견을 바꾸기 위한 사회심리학자들의 노력에 대해 살펴볼 것이다.

당신 이웃의 재활용 비율을 증가시키기 위해서 당신은 어떤 일을 해야 할까?

편견의 원천

편견에 관한 연구를 통해 살펴본 편견에 관한 슬픈 진실 중 하나는 사람들은 자신이 속하지 않은 '집단' 구성원들을 향해 부정적인 태도를 쉽게 가진다는 것이다. **사회 범주화**(social categorization)는 자신과 다른 사람이 속한 집단 범주를 통해 사회적 환경을 조직화해 가는 과정이다. 범주화의 가장 단순하고 일상적인 형태는 타인을 좋아하는지 여부에 관한 개인적인 결정으로 구성된다. 이러한 분류는 '나 대 나 아닌 사람'의 형태로 발전하고, '우리 대 그들'이란 방향으로 적용된다. 구성원으로서의 정체성을 공유하는 **내집단**(in-groups)과 정체성이 다른 **외집단**(out-groups)으로 세상을 나눈다.

가장 작은 구분 단서라도 사람들로 하여금 내집단과 외집단의 강한 느낌을 갖게 한다. Henry Tajfel과 그의 동료들(Tajfel et al., 1971)은 최소 집단들이라고 불리는 것의 영향을 보여주는 패러다임을 고안했다. 한 연구에서 학생들은 영화 스크린에 투사된 일련의 패턴에서 점들의 수에 대한 추정치를 제시했다. 이들이 제시한 성과에 따라 '점 과잉 추정자들'과 '점 과소 추정자들'로 불렸다. 실제는 연구자들이 학생들을 무선으로 2개의 집단에 할당하였다. 그 다음에, 각 학생들은 두 집단 구성원들에게 금전적인 보상을 부여하는 기회를 가졌다. 학생들은 자신과 같은 점 추정 경향성을 공유한다고 그들이 믿는 사람들에게 더 많은 보상을 주었다.

이런 유형의 연구는 **내집단 편향**(in-group-bias)을 얼마나

편견은 어떻게 생기고, 한 번 생기면 이를 없애기가 힘든 이유는 무엇인가?

쉽게 발생시킬 수 있는지를 보여준다. 즉, 집단 정체성에 대한 극히 미미한 차이를 보이는 단서도 외집단의 구성원들보다 자신이 속한 내집단의 구성원들에 더 호의를 보이기 시작한다(Nelson, 2006). 많은 실험들이 내집단의 지위 대 외집단의 지위의 결과를 조사했다(Brewer, 2007; Hewstone et al., 2002). 이 연구는 대부분의 경우 사람들은 외집단 구성원들에 대한 편향보다 자신이 속한 집단의 구성원들에게 선호성을 보인다는 결론에 이른다. 예를 들면, 전형적으로 사람들은 내집단원들을 외집단원들보다 더 높게(근면함, 유쾌성 등에서) 평가하였다. 그러나 이는 외집단에 대해서는 중립적이지만, 내집단에 대해서는 정적인 감정을 갖고 있었기 때문이었다. 따라서 편견을 가져오는 부정적 감정을 갖지 않아도 내집단 편향을 보일 수 있는 것이다.

불행하게도, 어떤 경우에는 사람들의 외집단에 대한 감정이 학습된 편견으로 나올 수도 있다. 이런 경우에는 내집단 편향은 다분히 고의적인 것이 된다. 편견은 피부색과 종족의 차이로 인한 차별인 **인종차별**(racism)과 성별 차이로 인한 차별인 **성차별**(sexism)로 쉽게 이어진다. '그들' 대신에 '우리'로 규정되는 일시적인 경향성은 자원이 부족하고, 그 자원이 다른 집단에는 골고루 돌아가지 않고, 오직 한 그룹에게 주어질 때 더 영향력을 가진다. 실제로 외집단원에 대한 판단 시 높거나 낮은 정도의 편견을 보이는 사람들에 따라 다른 패턴의 뇌 활동을 보여준다.

이제까지 '우리'와 '그들'이라는 사람들의 분류가 재빠르게 편견을 이끌 수 있다는 것을 살펴보았다. 다음에는, 고정관념을 통해 편견이 생기는 것을 살펴보자.

고정관념의 영향

편견의 다양한 유형의 기원을 설명하기 위하여 사회 범주화의 영향력을 이용할 수 있다. 어떻게 일상의 상호작용이 편견에 영향을 미칠 수 있는지 설명하기 위해서는 편견과 고정관념에 중요한 영향을 미치는 기억 구조에 대해 탐색하여야 한다. **고정관념**(stereotypes)은 같은 집단의 모든 구성원에게 적용되는 동일한 특성들을 특정 집단 구성원에게 일반화하는 것이다. 우리에게 익숙한 광범위한 고정관념에 대해서는 의심의 여지 없이 받아들인다. 남성과 여성에 대하여 어떤 신념을 가지고 있는가? 유대인, 이슬람교도, 기독교인에 대해서는 어떠한가? 아시아인, 아프리카계 미국인, 인디언, 라틴 아메리카인, 백인에 대해서는 어떤가? 이러한 신념이 각각의 집단에 속한 사람들과의 일상적 상호작용에 어떻게 영향을 미치는가? 당신의

신념에 기초해서 이러한 집단의 구성원들을 회피하겠는가?

고정관념은 기대에 매우 강력하게 영향을 미치기 때문에 사람들은 자신만의 사회적 현실을 구성하기도 한다. 고정관념의 잠재적인 역할은 환경 속에 무엇이 '존재'하는가에 대한 판단을 하는 것이다. 사람들은 고정관념에 기인하여 '빠진 자료'를 채우려는 경향이 있다. "나는 히로시와 같이 차에 타지 않을 거야. 모든 아시아인은 무서운 운전자들이다." 이와 비슷하게 사람들은 **행동적인 확증**을 위해 고의로 혹은 의식하지 못하면서 고정관념에 의한 정보를 활용한다(Klein & Snyder, 2003). 예를 들어 만약 유대인 친구가 구두쇠처럼 군다고 추론된다면, 당신은 그들에게 다른 측면을 증명할 기회를 결코 주지 않을 것이다. 이것보다 더 나쁜 것은 일관성을 유지하기 위해서 자신의 고정관념과 일치하지 않은 정보를 무시한다는 것이다. 예를 들면, 한 연구에서는 각 학생들에게 심리학 개론 책에서 성적 지향에 대한 생물학적 기원에 대해 언급한 내용을 발췌해서 읽게 하였다(Boysen & Vogel, 2007). 동성애에 대한 초기의 부정적인 고정관념을 가진 참가자들은 동성애의 정당성에 관련된 그 글이 설득적이라는 것을 알지 못했다. 이 실험은 왜 정보가 단독으로는 전형적으로 편견을 줄일 수 없다는 것을 보여준다. 즉, 사람들은 자기가 가진 기존의 고정관념과 불일치하는 정보를 폄하하는 경향이 있다. (다음 절에서는 편견을 극복할 수 있는 보다 성공적인 방법들을 논의하겠다.)

지능검사의 맥락에서 보았던 고정관념의 또 다른 효과를 상기해 볼 수 있다. 제9장에서 논의했던 IQ 점수 중에서 인종차이를 상기해 보자. 이 절에서는 고정관념화된 집단의 구성원들이 고정관념의 부정적인 측면이 관여된 상황에 놓일 때 겪는 **고정관념 위협**(stereotype threat)을 경험하는 것에 대한 증거를 살펴보겠다. 고정관념 위협은 사람들이 자신들의 정신 자원을 충분히 활용할 수 없는 맥락을 만들어낸다(Schmader et al., 2008). 연구자들이 지적 수행 상황 조건에서 이 개념을 처음으로 탐색했었지만 이제는 고정관념이 적용되는 어느 것에나 부정적인 효과가 나타날 가능성이 있다는 점을 밝혀왔다. 예를 들어, 자신들을 평균 이상의 선수라고 평가하고 있는 일단의 여성들이 골프 치는 과제에서 어떠한 수행을 보였는지를 조사하는 연구가 있었다(Stone & McWhinnie, 2008). 이들 중 일부 여성들은 이 과제가 '타고난 능력'을 재는 검사라는 말을 들었다. 다른 여성들은 여기에 덧붙여 이 과제에서 남성과 여성 간에 차이가 있었던 결과가 있다고 들었다. "이 검사에서 차이가 있다손 치더라도 여러분은 이 과제에 100% 노력을 기울여서 우리는 당신들의 타고난 능력을 정확하게 측정할 수

있도록 요구합니다."라는 지시가 이어졌다. 100% 노력을 이처럼 요청했다고 하더라도 성차가 있음을 기억하는 여성들은 이 골프 코스 중 8번홀까지 돌기 위해 더 많은 타수를 쳐야 했다. 이 결과는 고정관념 위협이 여러 생활 영역에서 어떻게 사람들의 성과를 손상시킬 수 있는지를 보여준다.

이 논의는 사람들이 편견을 마음속에 품거나 고정관념을 인정하는 것을 알기 쉬운 상황 조건에 초점을 맞췄다. 이제는 사람들이 그들이 잘 알지 못하면서도 가지고 있는 편견에 대해 살펴보겠다.

암묵적 편견

당신에게는 '외집단'으로 간주되는 사람들에 대한 당신의 감정을 잠깐 살펴보자. 당신이 그 집단들에게 편견을 가졌는지 어떻게 결정할 수 있을까? 편견에 대한 명시적 측정방식으로는 "이 집단에 대해 어떻게 느끼십니까?"와 같이 직접적으로 묻는 것이 있다. 하지만 사회심리학자들은 부적태도는 의식적으로 알 수 없는 **암묵적 편견**(implicit prejudice)으로 종종 존재한다고 주장해 왔다. 연구자들은 암묵적 편견을 측정하기 위한 방법들을 개발해서 이것이 사람들의 행동을 어떻게 변화시키는 기능을 하는지 보여주어 왔다.

암묵적 연상 검사(Implicit Association Test, IAT)는 25년 전에 소개되어 암묵적 편견을 재는 돋보이는 측정방식으로 남아 있다(Greenwald et al., 1998). 이 IAT는 사람들이 동일한 범주들에 서로 다른 개념들을 얼마나 빨리 집어넣느냐를 결정한다. 예를 들어, 당신이 컴퓨터 앞에 앉아서 유쾌함을 표현하는 단어와 불쾌함을 표현하는 단어들뿐만 아니라 날씬한 사람이나 뚱뚱한 사람들의 사진을 보는 상황을 상상해 보자. 첫 단계에서는 당신이 날씬한 사람의 사진이나 유쾌한 단어를 보게 되면 하나의 키(자판 글씨)를 누르고, 뚱뚱한 사람의 사진이나 불쾌한 단어를 보게 되면 다른 하나의 키를 누르도록 요구받는다. 그다음 단계에서는 뚱뚱한 사람의 사진이나 유쾌한 단어를 보게 되면 하나의 키를 누르고, 날씬한 사람의 사진이나 불쾌한 단어를 보게 되면 다른 하나의 키를 누르도록 요구받는다. 뚱뚱한 사람의 사진과 불쾌한 단어들을 볼 때 가급적 빨리 반응하는 상황을 상상해 보자. 이 패턴은 뚱뚱한 사람들에 대한 암묵적 편견을 가졌다는 것을 의미한다. 왜냐하면, 당신은 뚱뚱한 사람들을 부정적인 개념과 상대적으로 쉽게 연합하고 있다는 것을 알 수 있기 때문이다. 연구자들은 인종, 성욕, 그리고 종교 등을 포함한 수많은 영역에서 IAT를 사용해 왔다. IAT는 사회적으로 받아들여지기 어려운 편견을 종종 드러내

준다. 예를 들어, 장애와 관련하여 IAT를 받은 학생들은 알코올 중독, 정신질환, 암, 양측 하지마비를 가진 사람들과 같은 장애에 대한 4개의 다른 범주를 가진 사람들에 대해 암묵적 편견을 가지고 있다는 점이 드러난다(Vaughn et al., 2011).

IAT를 활용한 연구는 명시적 태도를 가진 사람들은 편견을 드러내지 않지만 그들의 자동 반응은 그들이 외집단에 대해 부정적인 태도를 지니고 있음을 보여준다고 생각한다(Greenwald et al., 2002). 암묵적 태도는 종종 명시적 태도보다 사람들의 행동을 보다 잘 예측해 준다(Greenwald et al., 2009). 관리자의 암묵적 편견이 그들의 인터뷰 결정에 영향을 준다는 연구를 살펴보자.

인터뷰 후보자들을 초청하기 위해 입사 원서를 평가하는 업무를 하는 153명의 관리자에 초점을 맞춰 연구를 했다(Agerstrom & Rooth, 2011). 이들 관리자들은 자신들이 이 연구에 참여하고 있다는 것을 모르고 있었다. 이들이 자신들이 맡은 정상적인 책무의 한 부분으로서 신청서를 평가하면서 같은 자질을 갖춘 후보자의 신청서를 보았다. 하지만 하나의 신청서에는 뚱뚱한 사람의 사진이 포함되어 있었고, 다른 신청서에는 정상 체중인 사람의 사진이 포함되어 있었다. 이들 관리자 모두는 같은 영역에서 IAT 측정뿐만 아니라 고용해야 하는 뚱뚱한 사람에 대한 명시적 태도 측정에도 반응하였다. 전체적으로 보면, 인터뷰를 할 사람을 선정하는 데 있어서 뚱뚱한 사람을 7%나 적게 초청하였다. 게다가 IAT에 의해 더 많은 편견을 가지고 있음이 드러난 관리자들은 인터뷰에 뚱뚱한 지원자들을 초청할 가능성이 제일 낮았다. 편견에 대한 명시적 측정은 관리자의 행동과 관련되어 있지 않았다.

두 번째 예로서 인종 편향을 측정하는데 IAT를 사용한 연구를 살펴보자(Stanley et al., 2011). 참가자들은 파트너에 대한 자신의 신뢰성을 표현하는 게임을 하였다. IAT에서 가장 친 백인적 편향을 지닌 참가자들은 흑인 파트너에게 신뢰감을 제일 적게 드러냈다. 참가자의 명시적 태도는 그들의 신뢰 패턴을 예언해 주지 못했다.

이들 예는 명시적 신념에서 편견이 없는 사람은 그럼에도 불구하고 암묵적 태도라는 자동적인 편견 자동 행동을 할 수 있음을 보여준다. 이 증거는 편견은 생기기 쉽고, 광범위한 결과를 보일 수 있음을 확신하게 해 준다. 그럴 뿐만 아니라 사회심리학의 초창기 때부터 연구자들은 편견의 행진을 바꾸려는 시도를 해 왔다. 이제 그러한 노력의 일부 예를 살펴보자.

편견 해소

사회심리학의 고전적인 연구 중 하나는 '우리' 대 '그들'을 임의적으로 구분하는 것이 큰 적대감으로 변할 수 있다는 초기 실험에 관한 것이다. 1954년 여름, Muzafer Sherif와 그의 동료(1961/1968)는 두 소년 집단과 함께 오클라호마의 로버스 케이브 주립공원으로 여름 캠프를 갔다. 두 집단은 '독수리'와 '방울뱀'이라고 이름이 붙여졌다. 각 집단은 대략 한 주일 만에 다른 집단을 무시하고 자신들끼리만 결속을 다지며, 자기들끼리 산행하고, 수영하고, 음식을 만들었다. 두 집단은 농구, 축구, 줄다리기와 같은 경쟁적인 활동을 통하여 만나게 되었다. 이러한 두 집단 간 경쟁적인 활동 이후 폭력성이 증가했다. 집단의 깃발을 태우고, 거주지를 약탈하고, 음식을 차지하기 위해서 거의 폭동과 같은 싸움이 돌발하였다. 무엇으로 이러한 증오의 감정을 감소시킬 수 있을 것인가?

실험자들은 각 집단이 상대집단을 서로 칭찬하도록 했으나 효과가 없었다. 실험자들은 두 집단들이 비경쟁 상황이 되도록 하였으나 이것도 무위로 돌아갔다. 두 집단들이 함께 모여 영화를 보기만 해도 적대감이 끓어올랐다. **공동의 목표**를 두 집단이 **함께 협력**해야만 하는 문제가 생기자 해결이 되었다. 예를 들면 실험자들이 야영장의 트럭을 고장 나게 만들었고, 두 집단의 성원들이 가파른 언덕길을 힘을 합쳐서 끌어올려야만 하였다. 상호의존하는 마당에 적대감은 사라졌다. 실제로 소년들은 다른 집단에서 '제일 친한 친구'를 만들기 시작하였다.

Robbers Cave 실험은 단순접촉 이론에서 주장하는 것처럼, 적대적인 집단들 간의 직접적인 접촉으로 편견을 감소시킬 수 없음을 보인 것이다(Allport, 1954). 소년들은 단지 서로 옆에 있게 했다고 해서는 호감을 가지지 않았다. 대신에, 편견을 줄이려면 공동의 목표를 추구하여 개인 간의 상호작용을 촉진하는 프로그램인 **접촉가설**(contact hypothesis)의 효과를 입증하였다(Pettigrew, 2008). 연구자들은 사람들 간의 어떤 접촉이 편견을 감소시킬 수 있는 지를 결정하기 위해 세상의 여러 가지 연구를 수행해 왔다. 접촉가설을 다룬 515개의 연구를 개관한 결과가 외집단 구성원들과의 접촉이 편견을 낮춘다는 결론을 강하게 지지하였다(Pettigrew, 2011). 최근 연구는 특히 성격적으로 편견을 쉽게 표현하려는 사람들에게 접촉이 효과가 있는 지를 결정하려는 시도를 해 왔다(Hodson, 2011). 이제 낙관적인 단초를 제공하는 연구를 보자.

높은 권위주의 성향을 가진 사람들은 권위에 무비판적이고 규범을 어기는 사람들에 대해 공격성을 느끼기 쉽다. 이들은 높은 수준의 편견을 표현하는 경향이 있다. 연구자들은 그렇게 된다면 집단 간 접촉이 권위주의자들에게도 편견을 감소시킬 수 있는 방안이 되는지를 결정하기를 바랐다(Dhont & Van Hiel, 2009). 한 연구에서 215명의 벨기에 성인들은 자신들이 이민자들과 가진 접촉 양과 그들에 대한 인종차별주의 수준뿐만 아니라 자신이 자기보고 한 권위주의 수준을 제공받았다. 연구자들이 분석한 바에 따르면, 권위주의와 인종차별주의 간에는 전체적으로 정적인 상관을 보였다. 즉, 권위주의 수준이 높을수록 인종차별주의가 더 많았다. 하지만 이 맥락에서도 접촉가설은 지지되었다. 구체적으로 말하면, 권위주의가 높은 사람들 간에도 집단 간 접촉이 제일 많은 경우가 인종차별주의 수준은 낮았다.

이 연구는 집단간 접촉이 관용적이지 않은 경향을 가진 개인에게도 효과가 있다는 것을 보여준다.

접촉가설에 관한 연구는 편견 감소를 위해 집단간 우정이 특히 중요함을 강조한다(Davis et al., 2011). 사실 사람들의 편견은 자신의 내집단 친구가 외집단 친구를 가진 경우와 같이 접촉이 간접적이더라도 감소된다(Pettigrew et al., 2007). 왜 직접적인 우정과 간접적인 우정 모두 그렇게 효과적일까? 우정은 사람들로 하여금 외집단 구성원들의 접근을 가지고 그것에 감정이입 하도록 배우게 한다. 우정은 또한 외집단 접촉과 연합된 불안을 감소시키고 외집단이 덜 위협적으로 보이게끔 하기도 한다(Pettigrew et al., 2008).

사회심리학자인 Elliot Aronson과 그의 동료들(1978)은 새롭게 인종차별을 폐지한 텍사스와 캘리포니아에서 Robbers Cave의 철학을 바탕으로 교실에서의 편견을 타파하기 위한 프로그램을 개발하였다. 연구팀은 5학년 학생들이 제시된 주제를 학습하기 위해서 다른 집단과 경쟁하는 대신 서로 의지하게 했다. 조각 맞추기 기법(jigsaw technique)으로 알려진 이 전략은, 전체 학습할 자료 중 일부를 각자에게 나눠 주고, 이를 각자가 마스터해서 다른 집단 구성원들과 내용을 공유할 수 있도록 하였다. 성적은 전체 집단의 프레젠테이션의 결과에 따라서 받았다. 따라서 모든 구성원의 기여는 필수적이고 가치 있는 것이었다. 이전에는 적대적이었던 백인, 라틴계, 아프리카계 미국인들이 공동운명체의 팀을 이루어 조각 맞추기를 통하여 하나가 된 조각 맞추기 교실(jigsaw classrooms)에서 인종 간의 갈등은 감소되었다(Aronson, 2002; Aronson & Gonzalez, 1988).

사회심리학은 갑자기 편견을 종식시킬 위대한 결론을 가지고 있지는 않다. 하지만 각각의 작은 지역에서라도 편견의 부정적 효과를 천천히 그리고 확실히 제거할 수 있는 일련의 아이디어들을 사회심리학은 제공한다. 잠시라도 시간을 갖고 당신이 실행하거나 견디고 있는 대해 당신이 속한 작은 지역에 어떻게 적응하기 시작했는지에 대해 숙고해 볼 가치가 있다.

우리는 이제까지 개인들을 떼어 놓는 심리적 힘이 작용하는 상황을 보아왔다. 이 장의 마지막 절에서는 호감과 사랑의 관계로 사람들을 함께 모으는 상황을 살펴보기로 하자.

stop 복습하기

1. 내집단 편파와 편견의 관계는 무엇인가?
2. 행동적 확증과정은 어떤 과정을 통하여 고정관념을 지지하는가?
3. 여러 다른 집단의 구성원들과의 접촉을 다룬 연구결과들은 어떤 결과를 입증했는가?

비판적 사고 비만자들에 대한 암묵적 태도를 살펴본 연구를 상기해 보자. 왜 참가자들은 자신들이 연구의 한 부분이라는 점을 알지 못하게 하는 것이 중요한가?

사회적 관계

여러분은 인생을 함께 살 사람을 어떻게 선택하는가? 왜 여러분은 친구들을 찾는가? 우정을 넘어 사랑의 관계로 옮기는 사람들은 왜 그런 건가? 사회심리학자들은 대인 간의 매력에 대한 이러한 문제들에 대하여 다양한 답을 해 왔다.(그러나 걱정하지 마라. 아직 아무도 사랑의 신비를 모두 밝혀내지는 못했으니)

호감

어떻게 그리고 왜 친구를 얻었는지를 탐구해 본 적이 있는가? 이 답의 첫 번째 부분은 간단하다. 사람들은 가까이 있는 사람에게 끌리는 경향이 있다. 그 사람들은 근접하여 살고 일하기 때문에 보고 만나게 된다. 이런 요소는 아마 설명을 필요로 하지 않는다. 그러나 사람들이 그저 단순한 접촉 때문에 사람들과 대상들을 좋아하게 되는 일반적인 경향은 주목할 만하다. 제12장에서 설명했듯이 무엇이나 누구나 더 자주 접촉하면 더 좋아하게 된다(Zajonc, 1968). 이런 단순접촉 효과는 일반적으로 가까이 있는 사람을 보다 더 좋아하게 될 것이라는 것을 의미한다. 그러나 생활 속의 심리학에서 보듯이 컴퓨터 세대에 와서는 근접성의 개념에 새로운 의미를 주고 있다. 현재 많은 사람들이 컴퓨터 네트워크를 통해서 관계를 유지한다. 한 친구가 지리적으로 멀리 떨어져 있을지라도 컴퓨터에 나타나는 매일의 메시지는 그 사람을 심리적으로 매우 가깝게 만들 수 있다. 매력과 호감을 일으키는 다른 요인들을 알아보자.

신체적 매력 신체적 매력은 싫든 좋든 종종 우정을 맺는 데 점화 역할을 한다. 실험 연구를 통해 매력이 미치는 영향을 살펴보자.

참가자들은 잘 알지 못하는 매력적인 사람들과 매력적이지 않은 사람 사진 60장을 보았다(Lemay et al., 2010). 참가자들은 각 사진에 대해 친절함, 너그러움, 그리고 따뜻함과 같은 차원에서 이들의 성격 특성을 판단하였다. 또한 참가자들은 "당신이 가진 첫인상에 근거하여 어느 정도나 그 사람을 좋아하는지 혹은 좋아하지 않는지와 같은 진술에 반응함으로써 각 개인들에 대해 얼마나 알고 싶어 하는가?"를 표시하였다. 그들은 사진이라는 판단의 기초만을 가지고 참가자들은 보다 긍정적인 성격 특성을 가진 매력적인 사람들에게 높은 점수를 주었다. 또한 이들은 매력적인 사람들과 사회적으로 어울리려는 강한 동기를 표시하였다.

서구 사회에서는 신체적으로 매력 있는 사람이 다른 면에서도 좋은 사람이라는 고정관념이 강하다. 다수의 연구를 개관해 보면, 신체적 매력은 모든 범위의 판단에 영향을 주는 것으로 입증되었다(Langlois et al., 2000). 예를 들어 어린이나 성인들 모두 매력적이면 사회적으로도 더 유능한 것으로 평가한다. 더구나 매력적인 아동은 학교에서 더 유능한 것으로, 매력적인 성인은 그들의 직장에서 더 능력이 있다고 평가된다. 고정관념의 사회적 토대에 비추어, 신체적 매력이 호감에 중요한 역할을 하는 것은 놀라운 일이 못될 것이다.

왜 신체적 매력이 호감으로 이어지는가? 진화론자들은 매력성 판단이 인간이 배우자를 고를 때 진화시켜 온 심리적 기제에서 나왔다고 주장해 왔다(Gallup & Frederick, 2010). 이 관점에서 보면, "매력성 판단은 건강, 재생산 가치, 그리고 가능한 유전적 질과 같은 적합성과 신뢰성이 있는 만큼 연관이 있는 다양한 특성에 매력을 느끼는 사람이 반응하는 것이다." (Penton-Voak, 2011, p.177). 진화론적 관점에서의 연구는 얼굴의 매력에 대해 초점을 맞추곤 한다(Little et al., 2011). 그림 16.5를 보자. 당신이 보기에 어떤 얼굴이 더 매력적인가? 대부분의 사람들은 좌우대칭인 얼굴을 선호한다. 진화심리학자들은 대칭은 성공적인 발달의 산물이라고 주장한다. 즉, 대칭에

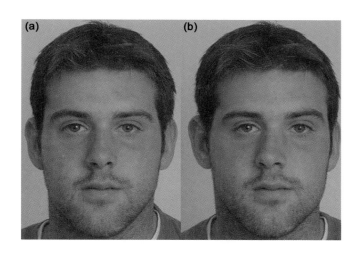

그림 16.5 어느 얼굴이 더 매력적인가?
얼굴 (a)는 좌우대칭이고, 얼굴 (b)는 좌우비대칭이다.
출처 : Little, A. C., Jones, B. C., & DeBruine, L. M. (2011). Facial attractiveness: Evolutionary based research. *Philosophical Transactions of the Royal Society* B, 366, 1638–1659

서 벗어나는 것은 발달과정에서 어려움이 있음을 보여주는 것이다. 이러한 이유로 비대칭은 유전적 적합성이 결여된 것을 말한다. 사람들은 또한 전형적으로 전체 지단의 수학적 평균치를 대표한다는 의미의 평균 얼굴이 평균에서 이탈한 얼굴들보다 더 매력적이라고 본다(Rhodes, 2006). 진화론적 관점에서 보면, 평범하지 않은 얼굴은 발달과정에서의 어려움을 가진 역사에 대한 신호일 수 있고, 따라서 이는 다시 유전적 적합성의 결여를 신호할 수 있다. 이 분석은 호감에 대한 일부 판단이 성공적인 짝짓기를 향한 진화론적 해석의 산물이라는 점을 보여준다.

진화가 신체적 매력에 대한 반응을 설명한다고 해도 문화도 여전히 어떤 매력이 일상적인 판단에 영향을 미치는 정도에 있어서 차이를 보인다. 예를 들어, 가나의 대학생들과 미국의 대학생들이 매력적인 사람들과 매력적이지 않은 사람들 동일한 사진을 보았다(Anderson et al., 2008). 이들은 '신뢰할 만하다, 안정적이다, 민감하다, 강하다'와 같은 몇 개의 성격 특성 기준을 가지고 각 사진에 대해 평정을 하였다. 그림 16.6에서 볼 수 있는 바와 같이 가나의 참가자들은 매력적인 사진과 매력적이지 않은 사진에 대해 거의 비슷한 귀인을 했다. 미국의 참가자들은 매력적이지 않은 사진에 대해 더 낮은 긍정적 귀인을 했다. 미국에서는 독립적 자기 구성개념이 강했고, 가나에서는 상호의존적 자기 구성개념을 보인 것과 같이 서로 다른 문화적 자기 구성개념을 가진 사람들의 경우에서 본 바와 같은 결과가 이 연구에서도 나타났다.

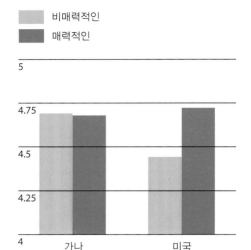

비매력적인
매력적인

5

4.75

4.5

4.25

4

가나   미국

그림 16.6 매력적 대상과 매력적이지 않은 대상에 대한 비교문화적 특성 판단
가나의 참가자들과 미국의 참가자들이 매력적인 개인들과 매력적이지 않은 개인들의 사진에 기초하여 특성 평가를 하였다. 가나 참가자들은 매력적인 사진들과 매력적이지 않은 사진들에 대해 거의 같은 귀인을 했다. 미국 참가자들은 매력적이지 않은 사진들에 대해 긍정적인 귀인을 덜 했다.

출처 : Anderson, S. L., Adams, G., & Plaut, V. C., *Journal of Personality and Social Psychology*, 95, 2008. Copyright ⓒ 2008 American Psychological Association. Reprinted with permission.

유사성 유사성에 대한 유명한 속담은 '유유상종'이라는 것으로 시사된다. 이것이 옳은가? 연구증거는 여러 상황에서 답은 '예'라는 것을 보여주었다. 신념, 태도, 가치와 같은 차원에서의 유사성은 관계를 발전시킨다. 왜 그렇게 되는가? 여러분과 유사한 사람은 자신도 옳다고 지각하게 한다. 왜냐하면 유사한 사람은 여러분이 갖고 있는 태도가 실제로 옳은 것이라고 만들기 때문이다(Byrne & Clore, 1970). 더구나 유사하지 않은 것은 강한 반감을 불러일으킨다(Chen & Kenrick, 2002). 누군가가 다른 의견을 갖고 있는 것을 발견했을 때, 우리는 과거 기억으로부터 다른 사람과의 마찰을 떠올릴 수 있다. 그것은 그로부터 멀어지게 만들 수 있다. 그리고 여러분이 자신과 비슷하지 않은 사람으로부터 멀어지면 오로지 유사한 사람만이 친구들로 남는다. 3살배기 아이들도 그렇게 어린 나이인데도 '유유상종'을 인식하기 시작한다는 점을 시사하면서 호감에 대한 유사한 영향을 보였다(Fawcett & Markson, 2010).

유사성은 시간이 흘러도 우정이 오래 지속되게 하는 중요한 역할을 한다. 연구자들이 45쌍의 친구들 간의 유사성을 평가한 1983년에 시작된 연구를 살펴보자(Ledbetter et al., 2007). 19년이 지난 시점인 2002년에 90명의 원래 참가자 중 58명이 그들의 우정이 어떤 상태인지에 대한 정보를 보내왔다. 예를 들면, 참가자들은 서로 여전히 얼마나 많이 관계하고 있는지를 표시하였다. 1983년에 보다 유사했다고 평가된 쌍들은 2002년에도 더 많이 관계하고 있었다는 결과가 나왔다. 유사성이 매력을 유발한다는 점과 같이 매력은 유사성을 지각하게 만든다는 점을 아는 것은 중요하다. 한 연구에서 학생들은 자신들 스스로와 이성 친구들에 대해 동일한 성격 특성들로 평가하였다(Morry, 2007). 학생들은 자신의 실제 모습을 표시한 것보다 자신의 친구들이 자기 보고한 것이 자신과 더 유사하다고 평가했다.

상호성 마지막으로, 사람들은 서로 비슷한 사람을 좋아하는 경향을 보인다는 것이다. 판매사원들의 **상호성** 사용에 대한 논의를 기억하는가? 받은 것을 되돌려주어야 하는 규칙은 친구 관계에도 잘 적용된다. 사람들은 자신을 좋아한다고 믿어지는 사람들에게 호감을 되돌려준다(Whitchurch et al., 2011). 사람들은 자신에게 호감을 가진 사람들은 향후의 상호작용에서도 신뢰성 있는 방식으로 행동할 것이라고 가정한다. 즉, 이러한 신뢰를 기대한 것은 호감의 상호성에 대한 토대를 제공한다(Montoya & Insko, 2008). 더구나 우리의 신념이 행동에 영향을 끼치는 방법처럼 누군가가 여러분을 좋아하거나 싫어한다고 믿는 것은 관계를 맺는 것에 도움이 된다(Curtis & Miller, 1986). 여러분을 좋아한다고 믿는 누군가에 대해서 여러분은 어떻게 행동할 것이라고 예측할 수 있는가? 여러분을 싫어하는 사람에 대하여 적대감을 갖고서 행동한다고 생각해 보자. 여러분의 신념이 어떻게 자기충족적 예언이 될 수 있는지를 예측할 수 있는가?

우리가 보아 온 증거들은 여러분의 친구들은 대부분 자주 만난 사람들이고, 여러분과 유사하거나 상호성으로 연결된 사람들이라는 것이었다. 그러면, 사람들이 '사랑'이라고 부르는 보다 강렬한 관계에 대해 연구자들이 밝혀낸 것들은 무엇인가?

사랑

호감을 일으키는 동일한 힘의 대부분은 사랑으로 이어진다. 대부분의 경우에 처음에는 호감을 갖고 있다가 사랑으로 끝난다는 말이다.(그러나 어떤 사람들은 개인으로서는 특별히 호감을 갖고 있지 않으나 친척으로서 사랑한다는 보고도 있다.) 사회심리학자들이 사랑의 관계에 대하여 알아낸 특별한 요인들은 무엇인가?

사랑의 체험 사랑을 경험한다는 것이 무엇을 의미하는가? 사랑

당신이 이전에 가졌던 누군가에 대한 정열적인 동료 감정은 '사랑이 아니다'는 것의 신호가 아니다. 반대로 이러한 감정은 자연스러운 낭만의 싹틔움이고 매우 긴 동료애의 중요한 자양분이다.

이라는 중요한 개념이 어떻게 정의되는지를 잠시 생각해 보아야 한다. 여러분의 정의가 여러분 친구의 정의와 같은가? 연구자들은 다양한 방법으로 이 질문에 답하려 해 왔고, 어느 정도의 일치가 나타났다(Reis & Aron, 2008). 사람들은 사랑을 세 가지 차원으로 묶어 왔다(Aron & Westbay, 1996).

- 열정. 성적 열망과 욕구
- 친밀. 진실함과 이해
- 헌신. 희생과 헌신

여러분의 사랑의 관계에 이 세 가지 차원이 다 들어가는가? 전부는 아니라고 생각할 것이다. 실제로, '사랑에 빠지는 것'과 '누군가를 사랑하는 관계' 속에 있는 것을 구분하는 것이 중요하다(Meyers & Berscheid, 1997). 대부분의 사람은 누군가와 사랑에 빠지는 것보다 다양한 사람을 사랑할 것이라고 말한다. 누가 다음의 말을 듣고 마음이 아프지 않겠는가? "난 당신을 사랑하지만 사랑에 빠지지는 않았어요."사랑에 빠진다는 것은 보다 강렬하고 특별한 것을 내포한다. 그것은 성적 열망을 포함하는 사랑의 유형이다.

하나 더 구분을 해 보자. 많은 사랑의 관계는 **열정적 사랑**이라는 강렬함과 몰입으로 사랑이 시작된다. 시간이 지나면서 **동반자적 사랑**이라는 덜 열정적인 관계로 이어져 더 큰 친밀감의 관계로 옮겨가는 경향이 있다(Berscheid & Walster, 1978). 사랑의 관계에서 여러분 스스로를 관찰하면 그런 변화를 잘 예측할 수 있을 것이다. 그래야 '사랑이 식는' 것이 아니라 자연스러운 변화인 것을 오해하지 않게 된다. 실제로, 동반자적 사랑의 수준이 높은 사람들이 대체로 자신들의 삶에서 더 큰 만족을 체험한다고 보고한다(Kim & Hatfield, 2004). 그렇더라

도 정열적인 사랑의 감소는 오래 헌신해 온 부부들이 시사하는 고정관념처럼 극적이지는 않을 것이다. 연구자들은 부부들이 30년을 해로할 정도의 상당한 수준의 열정적 사랑이 있다고 밝혀왔다(Aron & Aron, 1994). 여러분이 사랑을 시작할 때는 어떤 형식만으로 그 열정이 지속되기를 갈망하지만, 그 관계는 다른 요구들을 포함하면서 성장하는 것이다.

사랑의 경험은 문화적 기대에 영향을 받는다는 점을 유의해야 한다(Wang & Mallinckrodt, 2006). 이 장의 여러 곳에서 문화적으로 독립적인 차원과 상호의존적인 차원에 대하여 이야기했다. 독립적인 문화는 집단적인 것보다 개인적인 것에 가치를 둔다. 상호의존적인 문화는 개인적인 목표보다는 공동의 문화적 목표에 가치를 둔다. 이것이 어떻게 여러분의 사랑에 적용되는가? 여러분이 개인적인 사랑의 감정에 의존해서 삶의 동반자를 선택한다면 여러분은 개인적인 목표에 대한 선호를 보이는 것이다. 여러분이 가족의 구조와 관심에 파트너가 얼마나 조화적인지로 파트너를 선택한다면 여러분은 보다 집단적 목표에 초점을 맞춘 것이다. 비교문화 연구는 독립적인 문화권의 사람들이 사랑을 더 많이 강조한다는 일반화를 이끌어냈다(Dion & Dion,1996). "한 남성(여성)이 당신이 원하는 모든 것을 갖추고 있다면 그 사람을 사랑하지 않아도 결혼할 것인가?"라는 질문을 생각해 보라. 미국에 있는 남녀 대학생들 중의 3.5%만이 '예'라고 대답했다. 인도의 비교 집단은 49%가 '예'라고 대답했다(Levine et al., 1995).

어떤 요인이 관계를 지속시키는가 이 글을 읽는 누구나 그리고 이 글을 쓰는 누구든 확실히 지속되지 않았던 관계에 있었던 것으로 보인다. 무슨 일이 일어났는가? 또는 좀 더 긍정적인 관점에서 질문을 던지기 위해 연구자들은 장기적인 애정 관계로 더 이끌기 쉬운 상황의 유형에 대해 무슨 말을 할 수 있을까?

한 이론은 사람들이 그들의 '자아' 속에 '타인'이 포함되어 있는 감정으로 친밀한 관계를 설명한다(Aron et al., 2004). 그림 16.7에 있는 그림들을 보자. 각각의 다이어그램은 여러분이 친밀한 관계를 개념화할 수 있는 방법을 나타낸다. 여러분이 로맨틱한 관계에 있다면, 어떤 다이어그램이 여러분과 파트너 간의 상호의존적인 정도를 가장 효과적으로 나타내는 것이라고 말하겠는가? 연구자들은 자신과 다른 사람 사이에서 가장 많이 중복됨을 지각하는 사람이 시간이 지나도 관계에 보다 헌신적이라는 것을 보여 왔다(Aron et al., 1992; Aron & Fraley, 1999).

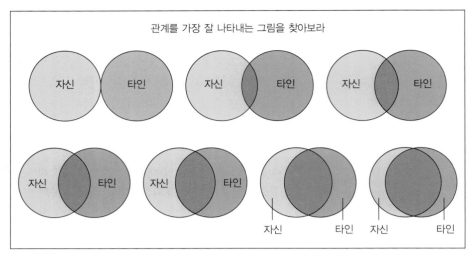

관계를 가장 잘 나타내는 그림을 찾아보라

자신	타인
자신	타인
자신	타인

자신	타인
자신	타인
자신	타인
자신	타인

그림 16.7 자신 속에 타인을 포함하는 척도
사랑하는 관계에 있다면 어떤 그림이 가장 적합한가? 자기 속에 타인을 포함하는 정도를 재는 척도를 연구한 결과에 따르면 타인을 자기 속에 포함된 것으로 지각하는 사람들은 대부분 그들이 맺은 관계에 더 헌신하기 쉽다.
출처 : Aron, A., Aron, E. N., & Smollan, D., IOS Scale, *Journal of Personality and Social Psychology*, Vol 63(4), Oct 1992, 596-612. Copyright © 1992 by the American Psychological Association. Reproduced with permission.

연구자들은 장기간에 걸쳐서 사람들이 애정 관계를 유지하는데 있어서 개인차가 있음을 알아내는 데 관심을 갖기도 했다. 최근에 자주 관심이 가는 것은 성인 애착 유형이었다(Fraley et al., 2005; Fraley & Shaver, 2000). 아동의 부모에 대한 애착의 질이 순조로운 사회 발달에 중요하다는 것을 제10장에서 살펴본 것을 상기해 보자. 연구자들은 초기 애착이 그 이후 아동이 성장해 가면서 맺는 관계와 그 자신의 자식들과의 관계에서 얼마나 영향을 미치는지에 대해 궁금해하기 시작했다.

애착 유형은 어떤 종류들이 있는가? 표 16.1은 친밀한 관계에 대한 3개의 진술을 보여준다(Hazen & Shaver, 1987; Shaver & Hazan, 1994). 잠시 자신에게 가장 적합한 문장에 주목해 보라. 자신에게 가장 적합한 것이 무엇인가를 물었을 때, 55%의 다수자들은 첫 번째 문장을 선택했는데, 이는 안심형 애착 유형

이다. 25%의 상당한 비율의 소수자들은 **회피형 애착 유형**에 해당되는 두 번째 문장을 선택했고, 그다음 세 번째 소수자들은 20%였는데, 불안-양가적 애착 유형에 해당되는 세 번째 문장을 선택했다. 애착 유형이 관계의 질에 대한 정확한 예측자임이 증명되고 있다(Mikulincer et al., 2002; Nosko et al., 2011). 다른 2개 유형을 선택한 사람들과 비교해 보면, 안심형 애착 유형의 사람들은 성인으로서 가장 오래 지속되는 낭만적인 관계를 보였다.

이 장의 전반에 걸쳐서 우리는 사람들이 자신들의 사회적 세계를 어떻게 구성하며 반응하는지를 보아왔다. 이제는 그러한 관계 맥락에서 나타나는 행동 유형에 관심을 가져보자.

stop 복습하기

1. 유사성이 호감에 어떤 영향을 주는가?
2. 대체적으로 어떤 성인 애착이 가장 좋은 관계를 가져오는가?
3. 상호의존 이론에 의하면 어떤 관계가 가장 오래 지속될 것이라고 보는가?

비판적 사고 매력 있는 개인들과 매력적이지 않은 개인들에 대한 참가자들의 판단을 조사하는 연구를 상기해 보자. 사진에서 개인을 알지 못하는 것이 왜 중요한가?

공격성, 이타주의, 그리고 친사회적 행동

매일 몇 분간의 시간을 할애해서 뉴스를 읽어 보면, 극단적인 인간행동에 대한 내용을 거의 확실히 보게 된다. 즉, 사람들이 서로 해치는 상황도 있고, 서로 잘 지내는 상황도 있음을

표 16.1 친밀한 관계를 위한 성인들의 애착 유형

문장 1

나는 비교적 다른 사람들과 쉽게 가까워지고 그들을 편하게 믿는다. 나는 남들이 나를 배신할 것에 대한 걱정이나 너무 가까워질 걱정을 자주하지 않는다.

문장 2

나는 남들과 가까워지면 좀 불안하다. 나는 남들을 완전히 믿지 못하고, 남들에게 의지하기도 어렵다. 나는 남들이 너무 접근해 오면 불안하고, 내 애인은 내가 편하게 여기는 정도 이상의 친밀감을 보여주기를 원할 때가 많다.

문장 3

나는 남들이 내가 원하는 만큼 가까워지려 하지 않는다고 본다. 나는 상대방이 진정으로 나를 사랑하지 않으며, 나와 함께 있지 않으리라 걱정을 한다. 나는 상대방과 아주 가까워지려고 하지만 이러한 나의 행동이 때로는 그들을 달아나게도 한다.

알게 된다. 이 절에서는 이러한 둘 다의 행동을 보이는 요인들에 대해 살펴보겠다. 먼저 다른 사람에게 심리적으로나 신체적으로 해를 끼치는 사람들의 행동, 즉 **공격성**(aggression)에 대해 살펴보겠다. 심리학자들은 사회적 수준에서 발생되는 공격성을 감소시키는 데 도움이 되는 지식 사용이라는 목표를 가지고 공격성의 원인들에 대해 이해하려고 노력하였다. 그리고 나서는 사람들이 다른 사람들을 돕는다는 목표를 가지고 수행하는 행동 즉, **친사회적 행동**(prosocial behavior)에 대해 살펴보겠다. 특히 사람들이 자신들의 안전이나 이익을 고려하지 않고도 수행하는 친사회적 행동, 즉 **이타주의**(altruism)에 대해 초점을 맞출 것이다. 이 절에서는 이러한 도움 행동을 일으키는 데 변화를 주는 몇몇 개인적인 요인들과 상황적 요인들을 다룬다.

공격성에서의 개인차

공격성에 대한 연구에서 중요한 사실 중 하나는 어떤 사람들은 다른 사람들보다 일관되게 더 공격적이라는 점이다. 왜 그럴까? 이와 관련된 한 종류의 연구는 공격성 비율에서 개인차에 작용하는 유전적 측면에 관한 것이다. 이들 연구는 공격적 행동에 강한 유전적 요소가 있음을 전형적으로 보여주었다(Yeh et al., 2010). 예를 들면, 일란성 쌍생아들 간의 공격성 상관율이 이란성 쌍생아들 간보다 더 일관되게 높았다(Haberstick et al., 2006). 제12장에서 살펴보았듯이, 편도체와 피질의 일부분과 같은 몇 가지 뇌의 구조는 정서의 표현과 억제에 관여한다. 공격성의 관점에서 뇌의 경로가 효율적으로 기능하여 개인의 부정적인 정서를 통제할 수 있도록 하는 것은 매우 중요하다. 예를 들어 만약 편도체의 부적절한 활동 수준을 경험한 사람은 아마도 공격적인 행동을 유발하는 부정적인 정서를 통제하지 못할 것이다.

관심은 신경전달물질인 세로토닌에 대해서도 모아졌다. 연구들은 부적절한 세로토닌 수준이 부정적인 정서와 충동적 행동을 조절하는 뇌의 기능을 손상시킨다고 한다(Siever, 2008). 예컨대 공격적 행동을 많이 한 남자들은 세로토닌 체계에 상당한 영향을 주는 것으로 알려진 약물(fenfluramine)에 대한 반응이 떨어지는 것으로 나타났다(Manuck et al., 2002). 연구자들은 세로토닌 기능의 밑바탕이 되는 실제 유전자의 변이 결과를 탐색하기 시작했다는 제3장과 제14장의 내용을 기억해 보자. 이 연구결과에서도 특정 유전자의 변이가 세로토닌의 기능에 영향을 주어서 공격적 행동을 할 가능성이 높다고 한다.

공격성에 관한 성격 연구는 공격적 행동의 범주를 나누어야 한다고 지적하고 있다. 다른 성격 유형의 사람들은 다른 유형의 공격적 행동을 할 수 있다. 한 가지 중요한 구분은 **충동적 공격과 수단적 공격**이다(Little et al., 2003; Ramírez & Andreu, 2006). **충동적 공격**(impulsive aggression)은 감정에 의해 유발되고 상황에 대한 반응으로 발생한다. 사람들은 순간적으로 공격적 행동으로 반응한다. 만약 사람들이 자동차 사고가 난 뒤 주먹질을 한다면, 충동적 공격이다. **수단적 공격**(instrumental aggression)은 목적지향적이고(공격은 어떤 목적을 위한 수단으로 기여함) 인지적이다. 사람들은 특정 목표를 성취하기 위해 미리 계산하여 공격적 행위를 한다. 만약 어떤 사람이 할머니를 쓰러뜨리고 지갑을 훔쳐간다면, 수단적 공격이다. 이들 공격의 종류 중 한 가지 또는 그 이상의 폭력적 행동의 경향이 강한 사람들은 독특한 성격 특성을 가지고 있다(Caprara et al., 1996). 예를 들어 충동적 공격 성향이 높은 사람들은 일반적으로 정서적 반응성 요인이 높게 나타날 수 있다. 즉, 그들은 일반적으로 광범위한 상황에서 높은 정서적 반응을 보인다. 반대로 수단적 공격 성향이 높은 사람은 폭력의 긍정적 평가 요인에서 높은 점수를 보였다. 이러한 사람들은 다양한 형태의 폭력을 정당화시키고, 공격적 행동에 대한 도덕적 책임을 수용하지 못한다. 이러한 분석을 통하여 모든 유형의 공격성이 같은 성격 요소로 인하여 발생하는 것이 아니라는 것을 알 수 있다.

대부분의 사람들은 극단적인 충동적 공격이나 수단적 공격을 하지 않는다. 사람들은 권익을 약간 침해받을 때에도 크게 평정을 잃지는 않으며 의도적으로 공격행위를 하지도 않는다. 그럼에도 불구하고 상황에 따라서 매우 유순한 태도의 사람도 공격적인 행위를 할 수 있다. 지금부터 사람들에게 공격성을 유발하게 하는 상황의 유형에 대해 살펴볼 것이다.

공격성에 대한 상황적 영향

여러분이 가장 최근에 공격적인 행동을 한 경험을 떠올려 보라. 그것이 신체적 공격이 아닐 수도 있다. 당신은 심리적 고통을 주려는 의도로 언어적으로 다른 사람을 공격했을 수도 있다. 왜 특정 상황이 공격성을 유도했는지 당신은 어떻게 설명할 것인가?

다른 사람들이 당신이 어떤 중요한 일을 완수하지 못하도록 하는 상황을 생각해 보자. 당신은 극한점에 이르렀었는가? 이 상황과 공격성의 일반적인 관계가 **좌절-공격 가설**(frustration-aggression hypothesis)에 의해 설명될 수 있다(Dollard et al.,

1939). 이 가설에 따르면, 좌절은 사람들이 목적을 이루려 할 때 방해를 받거나, 제지를 당할 때 발생한다. 좌절감이 생기면 공격할 가능성이 매우 높다. 좌절과 공격성의 관계에 대한 많은 경험적 뒷받침이 있다(Berkowitz, 1993, 1998). 예를 들어 매우 매력적인 인형을 가지고 놀 수 있을 것이라는 기대가 좌절된 아동은 결국 그들이 인형을 가지고 놀 수 있도록 허락을 받자 인형을 향해 공격적인 행동을 하였다(Barker et al., 1941).

연구자들은 이러한 관계를 개인적인 수준과 사회적인 수준의 공격성 모두에 적용하였다. 샌프란시스코의 실직률과 이 도시에서 그 기간 중에 발생한 사람들이 '다른 사람에게 위험한' 행동을 한 비율 간의 관계를 조사한 한 분석에 생각해 보자(Catalano et al., 1997, 2002). 연구자들은 실직률이 폭행 비율을 상승시키지만, 일정 수준에서 한계에 달한다는 것을 알게 되었다. 왜 그럴까? 사람들이 직장을 잃을 수도 있다는 두려움이 좌절에 기반한 폭력 경향성을 억제하게 된다고 연구자들은 추정하였다. 이 연구는 개인적인 힘과 사회적 힘이 폭력이 상호작용하여 순 폭력량을 만들어낸다는 점을 보여준다. 우리는 각 개인이 높아지는 실업률을 보이는 경제 상황을 경험하면서 보이는 좌절에 기반한 공격성의 특정 수준을 예언할 수 있다. 하지만 사람들이 공격의 표현이 자신의 고용을 위험하게 할 수 있다는 점을 알게 될수록 폭력은 억제되었다. 여러분은 일상생활 경험에서 이러한 힘을 아마도 인식할 수 있을 것이다. 즉, 충분히 공격성을 표출할 수도 있을 정도로 많이 좌절감을 느끼지만 공격성 표출이 여러분의 장기적인 최선의 이익을 거스를 수 있는 상황이 많이 있다.

직접적인 도발도 공격성을 불러일으킬 수 있다는 점에 대해서도 그리 놀랄 일은 아니다. 즉, 누군가가 당신을 화나게 하거나 당황하게 하는 방식으로 행동하고, 이것은 당신 생각에 고의적이라고 생각되는 사람이 있을 때 물리적 공격이나 언어적 공격과 같은 형태로 반응할 가능성이 높은 경우가 있다(Johnson & Rule, 1986). 직접적인 도발의 효과는 부정적 효과를 낳는 상황들이 공격성을 유발한다는 일반적인 생각에 부합한다. 그 행동의 고의성이 있다는 것이 문제가 되는 것은, 당신이 비고의적인 행동을 부정적인 방식으로 해석할 가능성이 낮기 때문이다. 4학년 어린이에 초점을 맞춘 한 연구를 생각해 보자(Nelson et al., 2008). 연구자들은 그 아동들에게 시나리오들을 읽게 한 후 행위자들의 의도에 대해 판단하도록 하였다. 예를 들면, 어떤 시나리오에서는 아동 자신들의 동료가 농구공을 자신의 발 아래에서 돌려서 시합 중에 자신이 넘어지게 할 의도를 가졌다고 생각하는 상황을 상상하였다. 아동들

은 동료의 행동이 고의라고 보는가 혹은 우연이라고 믿는가를 표시하였다. 연구자들은 또한 교실에서 아동들이 실제로 보이는 신체적 공격의 정도에 대한 자료도 수집하였다. 두 가지 종류의 자료는 흥미로운 관계를 보여주었다. 예를 들면, 농구공 사례와 같은 시나리오에서 적대적인 의도를 가장 많이 지각한 소년들은 신체적으로 가장 공격적이기도 했다. 이들 자료는 이것이 어떻게 사람들이 사회적 실제를 구성하는가와 관련이 있음을 상기시켜 준다. 즉, 사람들은 모호한 상황을 도발로 지각할 때 공격성으로 반응할 가능성이 크다.

우리의 관심은 공격을 유발하는 특정한 상황의 여러 측면들에 있었다. 게다가 보다 폭 넓은 사회적 규범도 사람들이 공격성을 표출할 수 있는 가능성에 영향을 준다(Leung & Cohen, 2011). 아동들은 성인 모델을 지켜보는 것을 통해 공격적 행동에 매우 쉽게 순응할 수 있다는 점을 다룬 연구를 제6장에서 살펴보았다는 점을 상기해 보자. 예를 들어, 성인 모델이 큰 보보인형을 때리고, 치고, 그리고 발로 차는 것을 지켜본 아동들은 나중에 그러한 공격적인 모델을 관찰하지 않았던 통제 집단의 아동들에 비해 더 많은 빈도의 동일한 행동을 보였다(Bandura et al., 1963). 제6장에서 또한 미국에서 텔레비전이 아동들의 집으로 수많은 공격적인 모델들을 직접 송출한다는 점도 알았다. 즉, 폭력에 노출되는 것은 성인의 공격성과 높게 관련되어 있다(Huesmann et al., 2003).

연구자들은 일반 공격성 모델(general aggression model)을 개발하여 폭력 매체(TV, 영화 등등)에 노출되는 것과 공격적 행동 간의 관계를 설명하려고 해 왔다(DeWall et al., 2011). 이 모델은 사람들이 미디어 폭력물에 노출된 경험을 통해 일반적인 공격성 관련 지식 구조를 획득한다는 점을 보여준다. 즉, 이 관

왜 부모들은 비디오 게임을 하는 아이들이 실생활의 폭력에 취약할 수 있다고 걱정해야 하는가?

점에 따르면, "각 폭력 매체의 내용은 본질적으로 세상이 위험한 곳이고 공격이 갈등과 분노를 다루는 적절한 방식이고, 그리고 이 경우에 공격이 유효하다는 것을 배우게 되는 본질적으로 또 하나의 시도이다."(Bushman & Anderson, 2002, p. 1680). 폭력적인 비디오 게임의 단기적인 영향을 고찰한 연구를 살펴보자.

지정연구

연구자들은 폭력적인 비디오 게임에 대해 사전에 경험이 제한적이었던 대학생들을 모집하였다(Engelhardt et al., 2011). 이 연구의 1단계에서는 참가자들이 25분 동안 폭력적인 비디오 게임(예 : Grant Theft Auto; Vice City) 집단 혹은 비폭력적인 비디오 게임(예 : MVP Baseball 2004) 집단에 무선 할당되었다. 2단계에서는 참가자들이 중립적인 사진들(예 : 자전거를 타고 있는 한 남자)과 폭력적인 사진들(예 : 한 남자가 다른 남자의 입에 총을 겨누는 장면)을 보았고, 이때 연구자들은 이들의 뇌 활동을 기록했다. 대개 사람들은 폭력적인 이미지를 볼 때 P3이라고 불리는 특정한 뇌 반응을 보인다. 하지만 폭력적인 비디오 게임을 한 참가자들은 상대적으로 작은 P3 반응을 보였는데, 이는 폭력적인 비디오 게임이 폭력적 이미지에 대해 이들을 무감각하게 만드는 역할을 한다는 의미로 볼 수 있다. 이 연구의 3단계에서는 폭력적인 이미지에 뇌 활동이 제일 많이 무감각해진 참가자들이 또한 더 크고 길게 울리는 소음을 선택함으로써 가장 강한 공격성을 표출하였다.

이 연구는 폭력적인 비디오 게임들이 사람들의 폭력적인 행동에 대한 경향성을 얼마나 빨리 변화시킬 수 있는지를 보여주었다. 130,296명의 참가자들을 대상으로 한 대규모의 실험에서 얻은 자료에 대한 대규모의 분석을 통해 폭력적인 비디오 게임을 하면 사람들을 공격적 행동을 할 위험성에 놓이게 한다는 강한 결론에 도달하였다(Anderson et al., 2010). 연구자들이 밝힌 바와 같이 "게임이 공격적이고 폭력적인 사고와 행동을 재반복시킬 때 그러한 깊은 게임 몰입이 게임 하는 사람에게 반사회적 효과를 낮다는 점은 놀랄만한 일이 아니다."

여러분은 폭력적인 비디오 게임을 선택할 수 있다. 하지만 많은 사람들에게 있어서 폭력에 대한 노출은 그들의 통제 밖에 있다. 아동들은 그들의 가정에서 공격적인 행위들에 노출될 수 있다(Evans et al., 2008). 또한, 미국의 많은 아이들이 폭력이 일상적이고 만성적인 도심의 빈민 거주 지역에서 성장한다(Berkowitz, 2003; Salzinger et al., 2006). 연구자들은 폭력에 대한 노출이 아동의 정신건강과 공격성에 미치는 영향을 최근에서야 연구하기 시작했다(Lambert et al., 2010; Spano et al., 2012).

이 절에서 우리는 왜 사람들이 공격 행동에 관련될 수 있는지에 대해 많은 원인들을 기술하였다. 다행스럽게도, 사람들은 또한 다른 사람들을 도우려고 준비도 잘하고 있다. 이제 우리는 도움행동의 근원으로 관심을 돌려보자.

이타주의의 뿌리

2008년 5월에 리히터 규모 8.0 수준의 지진이 중국의 쓰촨성 지역을 강타했다. 대중매체는 지진에 의해 발생된 폐허의 영상으로 가득했다. 하지만 대중매체가 이 지진 현장에서 다른 사람을 구조하기 위해 생명의 위험을 무릅쓴 사람들의 영상도 제공했다. 중국 각지에서 온 사람과 다른 나라에서 온 사람들이 생존자를 찾아서 도울 수 있다는 희망을 가지고 이 씨추안 지역으로 몰려들었다. 다른 위기들에서도 이와 유사한 영웅적인 행동을 볼 수 있다. 예를 들면, 60세가 넘은 일본인 시민 집단은 2011년 3월에 발생한 후쿠야마 핵발전소에서의 재해가 있은 이후 자원해서 지원하였다. 이들은 방사선 위험으로부터 젊은 자원봉사자들을 구조하기를 원했다.

어떻게 사람들이 친사회적 행동에 참여하는지를 설명할 수 있을까? 연구자 Daniel Batson(1994)은 공공의 이익을 위해 행동하도록 하는 네 가지 동기의 힘이 있다고 주장한다.

- 이타주의(altruism). 다른 이의 생명을 구한 운전자의 경우처럼 다른 이들에게 이익을 주려는 동기 행동
- 이기주의(egoism). 궁극적으로는 자신의 이익을 위해서 친사회적 행동을 하는 것이며, 비슷한 호의를 되돌려 받기 위해(예 : 요청에 순응하는 것) 또는 보상을 받기 위해(예 : 돈 혹은 칭찬) 도와주는 행동
- 집단주의(collectivism). 특정 집단에게 이익을 주기 위해 친사회적 행동을 하는 것으로 자신의 가족, 사교클럽, 정치적 단체 등의 상황을 개선하기 위해 도와주는 행동
- 원칙주의(principlism). 도덕적 원칙을 유지하기 위해 친사회적 행동을 하는 것이며, 종교적 혹은 시민의 윤리 원칙 때문에 친사회적 태도를 취함

이 각각의 동기가 여러 가지 다른 상황에서 어떻게 적용되는지 알 수 있다.

하나의 친사회적 행동은 이들 동기 중 하나 이상에 적용될 수도 있다. 예를 들면, 많은 단과대학들과 종합대학들이 학생들을 **봉사 학습**(service learning)에 참여하도록 격려한다. 즉, "학생들은 다른 사람을 위해 일하는 경험을 통해 한 과목의 학습 목표를 달성하는 교육 과제에 참여한다."(Jay, 2008, p.255)

예를 들어, 노년학 개론 과정에서 학생들은 어떤 봉사 학습 프로젝트에 참여하여 나이든 성인들에 관련된 법적인 문제에 대한 정보를 수집하여 시의 관련 기관을 돕는다(Anstee et al., 2008). 이 프로젝트에 참여하는 것은 학생의 교육 경험을 높이기 때문에 이것을 우리는 이기주의의 경우라고 간주할 수 있다.(다시 말해서, 학생의 보상은 더 큰 학습이다.) 하지만 그들의 참여는 나이든 성인과 해당 시의 기관에게는 혜택이 되고, 우리는 이러한 경우의 봉사 학습을 집단주의라고 설명할 수도 있다. 사실 봉사 학습을 지지하는 교육자들은 봉사 학습이 가진 가치가 학생들로 하여금 친사회적 행동을 평생 하도록 이끌 수 있다는 희망을 갖기도 한다(Tomkovick et al., 2008).

친사회적 행동을 하는 이들 동기 중에서 이타주의가 존재한다고 하는 것은 때때로 논란이 되기도 한다. 이때 '왜'를 이해하기 위해서는 앞 장들에서 제시된 진화론적인 힘에 대한 논의를 다시 생각해 보아야 한다. 진화론적 관점에 따르면, 삶의 주된 목표는 재생산이고 이것이 한 유전자가 자신의 유전자를 다음 세대로 전달하는 것이다. 이러한 맥락에서 이타주의는 어떤 의미를 가질까? 왜 여러분은 다른 사람을 돕기 위해 생명의 위험을 무릅쓰는가? 이 질문에 대한 답은 두 가지가 있는데, '다른 사람'이 자신의 가족 구성원이냐 아니면 낯선 사람이냐에 따라 다르다.

자신의 가족 구성원일 경우에는 이타적 행동은 자신의 생존이 위험에 처할 지라도 당신이 당신의 유전자 풀에서 일반적인 생존을 돕는 것이므로 일정한 의미를 지닌다(Burnstein, 2005). 연구자들은 유전적인 중첩성의 정도가 사람들의 이타적 행동에 영향을 주는지를 탐구해 왔다.

어느 실험에 참가한 사람들은 자신들을 위해 돈을 벌 기회와 자신과 유전적으로 50% 중첩된 사람(형제, 가족), 25% 중첩된 사람(조부모, 숙모, 그리고 조카), 12.5% 중첩된 사람(사촌)을 위해 돈을 벌 기회를 가졌다(Madsen et., 2007). 하지만 돈을 벌기 위해 참가자들은 고통스러운 신체적 조건에 있어야 했다. 즉, 그 조건에 오래 있을수록 이들이 자신을 위하거나 자신의 친척들을 위해 돈을 더 벌게 되어 있었다. 연구자들이 각 관련된 범주에 따른 테스트들을 준비할 수 있도록 하기 위해 참가자들은 그 실험실에 되돌아가기 위해서는 며칠을 기다려야 했다. 참가자들은 각 시도가 끝나기 전에는 고통스러운 조건에 얼마나 오랫동안 있어야 하는지를 몰랐다. 결과는 유전적 중첩이 가진 명백한 영향을 보여주었다. 전체적으로 보면, 유전적 중첩이 많을수록 참가자들은 고통을 더 오랫동안 참았다. 연구자들은 런던과 다른 남아프리카 줄루 족 대학생들에게서 동일한 유형이었음을 보여주었다.

왜 사람들이 환경보호를 위해 모이는지를 어떤 친사회적 동기가 설명할 수 있는가?

참가자들이 그들의 친척들에게 기금을 제공하기 위해 고통을 참았기 때문에 이들의 행동은 이타주의의 기준에 부합한다. 다른 연구는 사람들이 자신의 친구 집단을 포함하여 정서적으로 친밀한 사람들에게 더 기꺼이 도움을 준다는 점을 보여주었다 (Korchmaros & Kenny, 2006; Stewart-Williams, 2007). 대개의 사람들은 정서적으로 가까운 사람들이 혈연관계도 가깝다. 결국 정서적으로 가까운 것이 유전인자를 보존하는 데 간접적으로 도와주게 된다.

그렇다면 비혈연 관계에서는 어떻게 설명이 되는가? 정서적으로 가깝게 느끼는 사람을 도우려는 경향이 있다고 하였다. 그러나 예를 들어, 일본의 나이든 성인들은 왜 다른 사람의 생명을 구하려 했을까? 아는 사람과 낯선 이들에 대한 이타주의를 설명하기 위해 이론가들은 **상호 이타주의**(reciprocal altruism)라는 개념을 고안하였다(Trivers, 1971). 이 개념은 어떤 측면에서는 남들이 자신을 위해 이타적 행동을 할 것이라고 기대하기 때문에 사람들이 이타적 행동을 한다고 주장한다. 즉, 내가 미래에 물에 빠지면 당신이 나를 구조할 것이라는 기대를 하면서, 당신이 물에 빠지면 내가 구하겠다는 것이다. 하지만 상호 이타주의 개념은 사회생활을 하는 여러 종들의 협조하는 모든 측면을 설명할 수 없다는 점을 밝혀둔다. 예를 들어, 일본에서 나이든 성인들은 낯선 이들이 나중에 교대해서 이와 유사한 이타주의적 행동을 할 것이라는 것을 기대하지 않았다. 이런 종류의 행동을 설명하기 위해서 연구자들은 **간접적 상호성**이 작동한다고 제안했다. 이것을 다소 편하게 말한다면, "내가 너의 등을 긁어주면, 다른 사람이 나의 등을 긁어주겠지."이다(Nowak & Sigmund, 2005, p.1291).

사람들이 혈족이 아닌 사람들에게 이타주의적 행동을 할 때 사회적 요소도 존재하는 경우가 자주 있다. 공감-이타주의 가설

(empathy-altruism hypothesis)이 이러한 특별한 관계를 설명한다. 즉, 어떤 사람에게 공감을 느끼면 그 감정이 도움을 주기 위한 이타적 동기를 일으킬 수 있다. 연구는 이 가설을 지지한다. 예를 들면, 연구자들은 참가자들에게 제비뽑기 티켓을 전체 집단에게나 혹은 그 집단의 개인들에게 배부하라는 요구를 했다(Batson et al., 1999). 실험의 한 조건에서 참가자들은 그들이 믿게 된 집단의 한 구성원으로부터 받은 전기(傳記) 메시지를 읽었다. 이 메시지는 그 사람이 오랫동안 낭만적인 파트너에 의해 차였다는 것을 알리는 것이었다. 참가자들이 공감을 느껴서 이 사람에게 여분의 티켓들을 주었다. 연구자들은 공감과 이타주의 간에 일반적인 연관성이 꽤 있음을 인간과 다른 종들에 있어서 밝혀냈다(de Waal, 2008).

이 절에서는 사람들이 왜 사회적이고 이타주의적인 행동에 참여하는지에 대한 몇 가지 이유를 살펴보았다. 다음은 사람들이 도우려고 하는 의지, 즉 친사회적 동기들을 통해 행동으로 나타낼 수 있는 능력이 상황의 특성에 따라 얼마나 달라지는지를 보여주는 고전적 연구 프로그램을 소개하겠다.

친사회적 행동에 대한 상황의 영향

이 연구 프로그램은 비극에서 시작되었다. 뉴욕 시 퀸즈에서 평소에 법을 잘 지키는 시민 38명이 키티 제노베스(Kitty Genovese)의 살인자를 목격했다는 내용을 뉴욕타임즈는 보도했다. 이 이야기에 대해 보다 충실하게 기록한 어떤 책에 따르면, 30분 이상 살인자가 활보하면서 세 차례나 다시 와서 제노베스를 찔러대는 모습을 안전한 자신의 아파트 내에서 창문을 통해 목격하였다(Rosenthal, 1964). 이들 뉴스는 단지 1명의 목격자만이 제노베스라는 여자가 죽은 이후에 경찰에 전화를 하였다는 점을 보여주었다. 이에 대한 현대적 분석은 이들 초기 설명이 주로 부정확하였다는 것이었다(Manning et al., 2007). 예를 들어, 경찰의 기록이 38명보다 적은 사람들이 그 사건을 목격했고, 사건이 진행되는 것에 따라 어느 한 사람의 목격자도 그 사건의 전말을 다 보기는 사실상 어렵다는 점을 보여주었다. 경찰은 이 첫 번째 공격 이후에 거의 확실히 전화 연락을 받았다. 마지막으로 제노베스는 경찰이 도착하기 전에도 여전히 살아 있었다.

이러한 광범위한 부정확성이 원래 뉴스 기사의 영향을 변화시키지는 않는다. 기술되었던 대로 말하면, 키티 제노베스의 살인사건을 게재한 기사를 본 전국의 시민들은 이 사건에 대해 책임감을 느껴야 할 시민의 무관심 또는 냉정한 모습에 경악했다. 구경꾼들이 개입하는 것을 실패한 이 상황에 대해 새

로운 보고서는 덜 논란이 이는 설명을 계속해서 제공했다. 예를 들면, 2009년에 독일계 회사원이 두 명의 10대에게 살해당하는 것을 행인이 바라보기만 했다(Fischer et al., 2011). 그러한 새로운 보고서에 반응하여 사회심리학자들은 "구경꾼(주변인)에게 '무관심'과 '냉정함'이라는 라벨을 붙이는 것이 적절한 것인가?" 아니면 "상황적인 요인으로 그들의 행동을 설명할 수 있는가?"라는 중요한 질문을 던졌다.

상황 요인을 설명하기 위해서 Bibb Latane와 John Darley(1970)은 일련의 고전적인 연구를 실시하였다. 연구의 목표는 위급 상황에서 낯선 사람을 도와주는 배려인 구경꾼 개입(bystander intervention)이 상황 특성을 정확하게 나타내는 데 매우 민감하다는 것을 증명하는 것이었다. 그들은 구경꾼 개입 상황과 유사한 상황을 실험실에서 재치 있게 만들었다.

지정 연구

참가자들은 남자 대학생이었다(Darley & Latané, 1968). 인터콤이 설치된 방에서 각 학생은 옆방에서 1명 또는 그 이상의 학생과 대화를 나누고 있다고 믿으며 대기하였다. 개인적인 문제에 대해 논의하는 동안 간질 발작과 숨이 막힐 것 같다면서 도움을 요청하는 다른 학생의 소리를 들었다. '발작'하는 동안에는 다른 학생에게 말하는 것 또는 응급 상황이 있다고 알리는 것은 불가능하였다. 종속변인은 참가자가 실험자에게 긴급하다는 것을 알리는 속도였다. 개입의 가능성은 함께 있는 주변 사람들의 숫자에 달려 있었다. 사람들이 더 많이 있다고 생각할수록 더 천천히 보고하였다. 그림 16.8을 보면, 2명이 있는 상황의 모든 학생이 160초 이전에 개입하였지만, 더 큰 집단에 속해 있다고 믿는 약 40%의 사람들은 다른 학생이 심하게 아프다는 점을 연구자에게 알려주기를 전혀 꺼리지 않았다.

이 결과는 **책임감 분산**(diffusion of responsibility)으로부터 초래되었다. 응급 상황에서 한 사람보다 더 많은 사람에게 도움을 청할 수 있을 때, 사람들은 누군가 다른 사람이 도움을 청하거나 그렇게 할 것이라고 생각한다. 그래서 뒤로 물러서거나 아예 관여하지 않는다.

연구자들은 구경꾼들이 개입할 가능성에 영향을 주는 상황 특징을 계속해서 탐색했다. 하나의 중요한 변인은 응급상황의 심각성이다. 즉, 다른 목격자의 존재는 위험한 상황에서 덜 관여하게 한다(Fischer et al., 2011). 한 남성이 한 여성을 위협하기 시작하는데 이들 간의 실제적인 상호작용이 있음을 참가자들이 믿는 어떤 연구를 생각해 보자(Fischer et al., 2006). 낮은 물리적 위험 상황에서는 그 남성이 피골이 상접하여 그리 위협적이지 않았는데, 높은 물리적 위험 상황에서는 그 남성이 크고

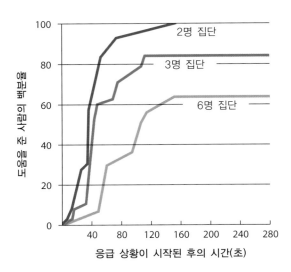

그림 16.8 응급 상황에서의 구경꾼의 개입
함께 있는 사람이 많을수록 구경꾼의 개입 가능성은 줄어든다. 두 사람이 구경꾼으로 있을 때 가장 빨리 개입하였다.

출처 : Darley & Latané, *Journal of Personality and Social Psychology*, 8(4), 1968. Copyright ⓒ 1968 American Psychological Association. Reprinted with permission.

신체적으로 위압적이었다. 여성에게 낮은 물리적 위협 상황에서 참가자들은 혼자 있을 때는 그 시간의 50% 동안 그 여성을 구하려고 했는데, 두 번째 구경꾼이 있는 경우에는 그 시간의 6% 동안만 그러한 행동을 보였다. 위험이 높았을 때 참가자들은 그들이 혼자 있는 경우의 44% 시간 동안 개입했으나 두 번째 구경꾼이 있을 때는 그 시간의 40% 시간 동안 개입했다. 참가자들이 그 여성의 구조에 더 자주 가기를 우리는 여전히 바란다. 하지만 이 연구는 여러분이 도움을 실제로 필요로 할 때 구경꾼들이 그것을 제공할 것이라는 희망을 제공한다.

응급 상황의 정확한 속성은 명백한 위험이 발생된 것을 구경꾼들이 무시하기 어렵게 만들기 때문이라는 것이 부분적으로는 맞는 것 같다. 그러나 출근길 또는 약속을 지키러 가는 도중과 같은 많은 현실 상황에서는 사람들이 자신의 일에 몰두하여 자신이 도울 수 있는 상황에 주목하지 못할 수 있다. 극적인 실험이 프린스턴 신학대학교 학생들을 대상으로 이루어졌다. 신학생들은 그들이 자신의 설교에 의해서 평가될 것이라고 생각하고 있었으며, 그 설교 중 하나는 신약성경의 내용으로 길가에 상처입고 쓰러진 사람을 도와준 선한 사마리아인에 관한 것이었다(Darley & Batson, 1973). 선한 사마리아인에 대한 설교를 하러 가는 길에 신학생들은 그들이 전도할 내용을 실천할 수 있는 기회를 가지게 된 것이다. 신학생들이 어떻게 하였을까? 늦어서 서두르는 학생의 10%만 도와주었다. 제시간에 약속장소에 도달할 수 있었던 학생의 45%가 낯선 사람을 도왔다. 시간적 여유가 있는 조건의 신학생들에서 구경꾼 개

입이 주로 이루어졌다. 이들의 63%가 선한 사마리아인의 행동을 하였다.

여러분이 이제까지 배웠던 것을 감안해서, 도움을 필요로 하는 상황에 당신이 처한다면, 구경꾼들이 자신의 책임을 느끼고 행동할 수 있도록 당신이 할 수 있는 모든 일을 다 해야 한다. 당신은 누군가를 직접적으로 지적하고 외쳐야 한다. "아저씨! 나 좀 도와주세요!" 한 고전적인 연구에서, 바닷가의 행인들은 주인이 테이블을 잠시 동안 떠나 있을 때 범인이 해변용 담요에서 휴대용 라디오를 훔치는 것을 목격한다(Moriarty, 1975). 절도의 피해자(실험협조자)는 범죄를 곧 목격하게 될 구경꾼에게 다음과 같이 물었다. 지금 몇 시지요? 또는 "내가 자리를 비울 동안 내 가방(라디오)을 봐줄 수 있습니까?" 첫 번째 요청에는 개인적인 책임감을 전혀 끌어내지 못했다. 구경꾼들은 범죄가 일어나도 멍하니 방관하였다. 그러나 피해자의 물건을 지켜주겠다고 동의한 거의 모든 구경꾼은 상황에 개입하였다. 그들은 도움을 요청하였고, 범인이 해변에서 도망가지 못하게 막았다. 이런 실험을 통하여 도움을 요청하는 행동이 상황을 실질적으로 변화하게 하고 다른 사람과 특별한 인간적 결속을 맺어 준다는 것을 알 수 있다.

이 절에서 우리는 서로의 도움을 필요로 하는 상황에서의 친사회적인 행동들을 논의하였다. 사람들은 친사회적 행동들을 설명하는 몇 가지 동기를 가지고 있다. 하지만 이 장에서 자주 보았듯이 사회적 상황은 사람들이 친사회적 동기에 따라 행동하는 정도에 큰 영향을 미친다.

 복습하기

1. 왜 연구자들은 공격성에 대해 유전적 요인들이 영향을 준다고 믿는가?
2. 좌절과 공격성 간의 관계는 어떠한가?
3. 상호 이타주의의 의미는 무엇인가?
4. 책임분산은 왜 생기는가?

비판적 사고 폭력적인 비디오 게임의 영향을 평가하는 실험을 상기해 보자. 제공받은 이야기의 결말이 자신들이 하는 비디오 게임과 관련이 없다고 믿으면서 과제를 수행하는 것이 왜 중요한가?

맺음말

여러분은 『심리학과 삶』이라는 책과 함께한 오랜 여행의 종착점에 오게 되었다. 돌이켜보면서 얼마나 많은 것을 배웠는지

어떻게 사람들을 자원하게 할 것인가?

당신이 어떤 조직의 리더가 되었다고 생각해 보라. 당신은 조직 활동을 도와줄 자원자를 모집하고자 할 것이다. 이렇게 하기 위해서는 왜 사람들이 자원하고, 일할 때 무엇이 그들의 흥미를 유지시키는지를 아는 것이 좋을 것이다.

왜 사람들이 자원하는지를 먼저 고려해 보자. 연구자들은 사람들이 자원하는 동기들에는 어떤 것들이 있는지 밝혔다(Mannino et al., 2011; Omoto & Snyder, 2002). 예를 들면 사람들은 이타주의에 관련된 개인적 가치를 표현하기 위해, 경험을 쌓기 위해, 그리고 사회적 관계를 강화하기 위해 자원한다. 자원한 일이 이러한 요구에 맞지 않으면, 사람들은 참여하려고 하지 않을 것이다. 자원자를 모집하기 위해서는 사람들에게 매력을 주는 것이 무엇인지를 이해해야 한다.

사람들이 자원한 후에, 무엇이 그들을 계속하게 만드는가? 이 문제에 답하기 위해 연구자들은 자원자들을 긴 시간에 걸쳐 추적 연구한 종단연구를 실시하였다. 예를 들면 한 연구에서는 238명의 플로리다 주 자원자들을 1년 동안 추적했다(Davis et al., 2003). 이 자원자들은 보건소나 가정폭력상담소와 같은 곳에서 일했다. 참여자들의 만족에 가장 큰 영향을 주었던 요인은 그들이 경험한 고통의 양이었다. 비록 이 결과가 여러분에게는 놀랍지 않겠지만, 이 결과는 매우 중요한 실제적 함축점을 가진다. 연구자들은 자원자들이 고통스런 상황에 대비할 수 있는 훈련을 시키거나 고통에 적응하는 전략을 제공하라고 권고한다.

미국 남동부에 있는 호스피스에서 일하는 302명의 자원자를 대상으로 한 연구는 사람들이 자원자를 중요한 사회적 역할로 보는 정도에서의 개인차에 초점을 맞추었다(Finkelstein et al., 2005). 사람들의 행동이 사회적 역할에 의해 크게 영향을 받는다는 이전 장의 결과를 생각해 보라. 이 연구의 가설은 자원자의 역할이 그들의 개인적 정체성에서 가장 중요한 부분인 사람들은 자원자 일을 계속할 가능성이 크리라는 것이었다. 참가자들은 "호스피스에 자원해서 일하는 것은 내가 누구인지에 대해 매우 중요하다."와 같은 진술문에 답함으로써 사회적 역할의 중요성을 평정했다. 연구자들의 예상과 일치되게, 역할 정체성의 강도와 사람들이 자원자로 일했던 시간 간에는 정적인 상관이 존재했다. 이 결과는 다음과 같은 구체적인 함축점을 가질 수 있다. "자원자가 계속하게 하려면, 역할 정체성을 양성하게 하는 것이 좋을 것이다. 자원자의 기여가 공개적으로 인식될 수 있는 물건들(예 : 자원한 것을 알려주는 티셔츠나 자동차 번호판 홀더)을 사용하는 것이 이 역할 정체성을 강화하는 데 좋은 방법이 될 수 있을 것이다."

우리는 다른 사람들의 자원을 장려하려는 사람들을 위해 이 분석을 제공했다. 그러나 당신 자신의 행동을 생각해 보기 위해서도 이 분석을 이용할 수 있다. 당신의 자원 경험에 어떤 동기가 영향을 주었는가? 당신은 고통에 적응할 준비가 되어 있는가? 당신에게 '자원자'는 어느 정도로 존중받는 사회적 역할인가? 당신의 자원 활동의 개인적이고 사회적인 이득을 증가시키기 위해 위의 질문들을 생각해 볼 수 있을 것이다.

- 자원행동을 연구하기 위해 왜 종단연구가 적절한가?
- 왜 자원한 것을 나타내 주는 티셔츠나 자동차 번호판 홀더가 사람들의 역할 정체성을 강화하는 데 도움이 되는가?

를 깨닫게 되기 바란다. 그러나 우리가 한 것은 심리학을 공부하려는 학생들에게 앞으로 맛보게 될 흥분과 도전의 겉핥기를 제공한 것에 불과하다. 우리는 여러분이 사회적·개인적 문제 해결에 심리학적 지식을 적용하고, 임상 실무자 또는 과학적인 연구자로서 이러한 역동적인 일에 기여할 것과 심리학 내에서 여러분의 흥미를 추구하기를 바란다.

이 책을 마치면서 "모든 출구는 다른 어떤 곳으로의 입구이다."라는 극작가 Tom Stoppard의 말이 생각난다. 여러분이 심리학 개론 과목과 이 책에서 배운 것들이 여러분의 미래의 삶에 도움이 되기를 바란다. 삶의 다음 여정에서는 여러분이 만나는 모든 사람들과의 관계를 돈독히 하면서 여러분의 새로운 삶에 심리학 지식을 한껏 활용하며 살아가기를 기원한다.

Richard Gerrig

요점정리

사회적 현실 구성하기

- 사람은 각자의 자신 나름의 사회적 현실을 구성한다.
- 신념이나 기대에 따라 사회적 지각이 영향을 받는다.
- 귀인 이론은 사람들의 행동의 원인에 대한 판단을 기술한다.
- 기본적 귀인오류, 이기적 편파, 자기충족적 예언 같은 편파들은 귀인과 다른 판단이나 행동에 영향을 준다.

상황의 힘

- 가상적인 상황에서조차 사람들이 사회적 역할을 하도록 할당이 되면, 그들 자신의 신념, 가치, 기질에 반대되게 행동할 수 있다.
- 사회적 규범은 집단 구성원들의 태도와 행동을 만들어낸다.
- Sherif와 Asch에 의한 고전적인 연구는 동조를 일으키는 정보적이고 규범적인 힘을 증명했다.
- 소수자의 영향은 정보적 영향의 결과로 일어날 수 있다.
- Milgram의 복종 연구들은 보통 사람들도 조직적인 공격을 용인하고 참가하게 하는 상황적 요인의 영향을 보여주는 강력한 증거이다.

태도, 태도 변화, 그리고 행위

- 태도란 대상, 사건, 생각에 대한 정적이거나 부적인 평가를 말한다.
- 태도가 모든 행동을 정확하게 예측해 주지는 못한다. 아주 쉽게 떠오르거나 아주 구체적이어야 한다.
- 정교화 가능성 모형에 따르면, 설득에의 중심적 통로는 논점에 대해 신중하게 분석하고, 주변적 통로에서는 설득 상황의 피상적인 모습만을 주목하게 한다.
- 부조화 이론과 자기지각 이론은 행동에 의한 태도와 태도 변화를 다룬다.
- 동조를 얻어내기 위하여 사람들은 상호성, 양보, 희소성을 쓸 수 있다.

편견

- 아무리 인위적일지라도 최소한의 단서가 주어지면 내·외집단 간에 편견이 생길 수 있다.

- 고정관념은 세상의 정보와 행동을 평가하는 데 영향을 준다.
- 암묵적 편견은 사람들의 행동에 자주 영향을 준다.
- 연구자들은 서로 다른 집단원들이 공통의 목표를 갖게 하여 서로 협동해야만 하는 상황을 만들어 편견을 줄일 수 있음을 보였다.
- 여러 문화권에서의 연구들은 우정이 편견을 없애는 데 중요한 역할을 한다는 것을 보여주었다.

사회적 관계

- 대인 간 매력은 근접성, 신체적 매력, 유사성, 그리고 상호성에 의하여 결정된다.
- 사랑하는 관계는 열정, 친밀감, 관여의 측면으로 정의할 수 있다.
- 한 사회의 애착 유형은 여러 인간관계의 질에 영향을 준다.

공격성, 이타주의, 그리고 친사회적 행동

- 공격적 행동에서 개인차는 유전, 뇌기능, 그리고 성격 파일 모두에서 반영된다.
- 좌절과 도발은 공격을 일으킬 수 있다.
- 서로 다른 문화는 공격 행동의 서로 다른 규준을 제공한다.
- 연구자들은 왜 사람들이 친사회적 행동, 특히 자기 자신의 이익에 부합되지 않는 이타적 행동에 관련되는지 설명하려고 노력해 왔다.
- 진화론적 설명은 혈연관계와 상호성에 집중한다.
- 서로 다른 성격 프로파일은 충동적이거나 수단적인 공격에 대한 경향성을 예측한다.
- 비록 공격적 행동에 대한 억제가 있을지라도, 사람들을 공격적으로 반응하게 만드는 상황들이 있을 수 있다.
- 계속된 자극은 공격 수준을 상승시킬 것이다.
- 구경꾼 개입 연구는 비상 상황에서 누군가가 도와줄지 그렇지 않을지가 주로 상황에 의해 결정된다는 것을 보여준다.

연습문제

1. 그레이스는 친구 찰리가 기본적 귀인오류를 피하도록 도우려 한다. 그녀는 행동의 원인 중 _____ 요인에 집중하라고 할 것인가?
   a. 상황적
   b. 기질적
   c. 특징적
   d. 일관적

2. 이기적 편향과 일치하지 않는 내용은?
   a. 다른 친구가 부정행위를 해서 내가 졌다.
   b. 방 안의 온도가 너무 더워서 내가 졌다.
   c. 나는 천재라서 내가 이겼다.
   d. 나는 운이 좋아서 내가 이겼다.

3. 자기충족적 예언이 실제로는 그리 심하지 않을 것이다. 그 이유는?
   a. 대부분의 학생들은 그들의 교사들이 기대하는 것보다 더 잘한다.
   b. 대개 교사들은 학생들이 어떤 성적을 낼지를 정확히 예상한다.
   c. 교사들은 학생들의 기대에 맞춰서 행동을 바꾸지 않는다.
   d. 학생들은 교사들이 다른 학우들과 차별하는 것을 허용하지 않는다.

4. 스탠퍼드 교도소 실험에서 교도관들은 죄수들을 매우 비인간적으로 다루었다. 이 결과는 다음 중 어떤 것을 시사하는가?
   a. 사람들은 자신들의 공격적 충동을 만족시킬 수 있는 상황을 추구한다.
   b. 어떤 사람들은 교도관의 역할을 맡기에 적합하다.
   c. 공격적인 사람들만 교도관의 역할을 하려고 한다.
   d. 사회적 역할은 사람들이 어떻게 행동할지에 큰 영향을 준다.

5. Asch의 동조에 대한 실험은 집단 상황에서 _____ 의 영향을 보여준다.
   a. 규범 구체화
   b. 사회적 규칙
   c. 규범적 영향
   d. 정보적 영향

6. Milgram의 복종 실험에서 많은 사람들은 더 이상의 전기쇼크를 주지 않기를 원한다고 말하면서 저항했다. 그 후에 무슨 일이 일어났는가?
   a. 실험자는 연구가 끝났다고 얘기했다.
   b. 대부분의 참가자는 실험을 그만두겠다고 얘기했다.
   c. 대부분의 참가자는 계속해서 전기쇼크를 주었다.
   d. 실험자는 그들에게 더 낮게 전기쇼크를 주라고 부탁했다.

7. 어떤 회사에서 저명인사를 써서 제품에 대한 광고를 하려 한다면, 이는 대부분의 소비자들이 _____ 통로를 거쳐서 _____ 정교화를 하리라고 보기 때문이다.
   a. 지엽적, 낮은
   b. 핵심적, 높은
   c. 주변적, 높은
   d. 핵심적, 낮은

8. 샘이 자신과 친구인 랜디를 위해 디저트를 시켰는데, 둘 다 엉터리가 나왔다. 샘이 _____ 자기감을 갖고 있다면, _____을(를) 위한 디저트에 대하여 가장 큰 인지부조화를 경험할 것이다.
   a. 독립적, 랜디
   b. 상호의존적, 자신
   c. 상호의존적, 랜디
   d. 독립적, 자신

9. 어떤 사람이 "여성은 남성만큼 재미있지 않다."라는 고정관념을 가진 친구를 변화시키려 한다. 그들은 TV에서 여성이 나오는 코미디 프로그램을 보고 있다. 이를 통하여 고정관념을 가진 친구를 바꿀 수 있다고 보는가?
   a. 그렇다, 친구의 노력에 대해서 고마워할 것이기에
   b. 아니다, 자신의 고정관념과 일치하지 않으므로 새로운 정보를 평가절하하기에
   c. 아니다, 도리어 자신의 고정관념이 사실이라고 설득할 것이기에
   d. 그렇다, TV를 통해서 새로운 고정관념을 배울 것이기에

10. 다음 중 카멘이 페리로 하여금 자신을 더 좋아하도록 유사성을 쓰는 내용은?
    a. "우리 모두 같은 별자리(점성술에서 말하는 출생시간)이죠?"
    b. "당신과 함께 시간을 보내서 즐거웠어요."
    c. "신문 좀 집어 주시겠어요?"
    d. "당신이 새로 한 이발은 엉망이야."

11. 다음 내용 중 정확하지 않은 것은?
    a. 동반자적 사랑은 인생의 만족과 관련이 있다.
    b. 대부분의 관계가 처음에는 보다 열정적인 사랑으로 시작한다.
    c. 동반자적 사랑은 덜 강렬하지만 더 친밀하다.
    d. 장기적인 관계에서는 열정적인 사랑은 거의 없다.

12. 줄리엣은 취업면담 중에 인터뷰의 제스처를 살짝 흉내내었다. 이것은 줄리엣이 취업될 가능성을 높이기 위해 _____을(를) 사용하려고 노력했던 것으로 보인다.
    a. 규준 결정성
    b. 상호성 규범
    c. 카멜레온 효과
    d. 인지부조화

13. 좌절-공격 가설에 따르면, 다음의 어떤 상황에서 버렛이 가장 공격적인 방식으로 행동할 것 같은가?

   a. 버렛은 매우 중요한 면접이 있는데, 교통체증에 걸려 옴짝달싹 못하고 있다.

   b. 버렛의 애인이 자신에게 잘 대해 주지 않는다고 아침 내내 소리를 질렀다.

   c. 버렛은 차의 라디오에서 나오는 노래가 싫다.

   d. 버렛은 자신이 방문하는 웹사이트를 그의 상사가 모니터링해 오고 있다고 생각한다.

14. 다음 조건들 중 어떤 것이 구경꾼 개입에서 전형적으로 가장 덜 중요한가?

   a. 구경꾼은 응급 상황에 주목해야 한다.

   b. 구경꾼은 응급 상황으로 사건을 판단해야 한다.

   c. 구경꾼은 이 상황에서 책임감을 느껴야 한다.

   d. 구경꾼은 스스로를 도움이 많이 되는 사람으로 생각해야 한다.

15. 사람들이 미래에도 계속 자원할 가능성을 높이려 할 때, 다음 중 어떤 방법이 가장 좋지 않은 방법인가?

   a. 사람들이 자원한 것을 알려주는 티셔츠를 준다.

   b. 의무사항으로 자원을 시작하게 한다.

   c. 자원한 일의 어려운 측면들에 적응하도록 돕는다.

   d. 자원하는 데에 대한 사람들의 동기를 파악한다.

서술형 문제

1. 태도와 행동 간의 상관을 높여줄 태도의 속성들에는 어떤 것들이 있는가?

2. 고정관념은 사람들의 행동에 어떤 영향을 주는가?

3. 어떤 상황적 요인이 사람들로 하여금 친사회적 행동을 하게 할 가능성에 영향을 주는가?

해답

복습하기

제1장 심리학과 삶

무엇이 심리학을 독특하게 만드는가(p. 6)

1. 심리학은 개인의 행동과 정신과정에 대한 과학적 연구이다.
2. 네 가지 목표는 행동의 기술, 설명, 예측 그리고 통제이다.
3. 연구는 숨겨진 이유를 확인하여 행동을 설명하려는 것이다. 원인에 대한 성공적 설명은 정확한 예측을 가능하게 한다.

현대심리학의 진화(p. 14)

1. 구성주의는 마음의 경험을 기본적 요소의 조합으로 이해하려고 한다. 기능주의는 행동의 목표에 초점을 맞춘다.
2. Wooly는 남녀 간의 차이가 자연적인 능력에 의한 것이 아니고 남성과 여성의 사회적 경험의 차이에 기인한다고 주장하였다.
3. 정신역동적 관점은 강력한 본능적 힘에 초점을 두었고, 행동주의 관점은 행동을 형성하는 방법에 초점을 두었다.
4. 인지신경과학의 연구는 기억과 언어와 같은 마음의 활동에 대한 뇌의 기저에 대하여 인지적이고 생물학적 관점을 조합한다.
5. 진화론적 관점은 인류 진화의 결과를 모든 사람이 공유하는 것에 초점을 둔다. 사회문화적 관점은 공유된 진화적 배경에 반하여 문화에 의해 야기되는 차이에 초점을 둔다.

심리학자는 어떤 일을 하는가(p. 15)

1. 연구는 심리학자들이 실제 상황에 적용할 수 있도록 새로운 통찰을 제공한다.
2. 심리학자들의 다수는 대학교와 같은 학문기관에 소속되어 있고 병원과 다른 서비스기관에도 근무를 한다.

이 책을 어떻게 사용할 것인가(p. 18)

1. 질문 단계에서는 당신이 읽는 동안 당신의 관심에 따라서 질문을 만들어야 한다. 읽기 단계에서는 교재를 읽으면서 당신의 질문에 대한 해답을 찾도록 해야 한다.
2. 질문에 대한 해답을 암송하려고 할 때 당신이 아는 것과 모르는 것에 대한 구체적인 증거를 확보해야 한다.

제2장 심리학 연구방법

연구절차(p. 30)

1. 이론은 현상을 설명하는 것이다. 이러한 설명은 새로운 가설을 생성해야 하고, 이론은 검증 가능해야 한다.
2. 연구자는 그 과정을 표준화할 수 있어야 하고 변인들에 대한 조작적 정의를 내려야 한다.
3. 연구에서 얻고자 하는 기대가 연구결과에 영향을 주지 않도록 하기 위하여 이중맹목 통제를 사용한다.
4. 피험자 내 실험설계를 하면 실험참여자 각자를 통제하여야 한다.
5. 상관계수는 두 변인 간의 관계의 정도를 설명하지만, 왜 그런 관계가 있는지를 설명해 주지는 못한다.

심리측정(p. 34)

1. 측정의 신뢰성이 높으면 연구자가 이것을 반복적으로 사용했을 때 비교할 만한 가치가 있다. 측정이 정확하다는 것이 심리학적 변인을 정확하게 나타내는 것은 아니다. 신발 크기는 신뢰성이 높지만 행복을 측정하는 것은 아니다.
2. 면접은 매우 개인적이고 민감한 사안에 대하여 자기보고 형식으로 정보를 기꺼이 제공하는 맥락을 만드는 것이다.
3. 아이들 행동은 자연관찰을 통해 연구한다.

인간과 동물연구에서 윤리문제(p. 36)

1. 연구 참가자들은 자신들이 연구에 참여할지를 결정하기 전에 자신들의 책임과 권리에 대하여 이해할 수 있는 기회가 주어져야 한다.
2. 사후 설명 과정에서 연구주제의 새로운 심리학적 현상에 대하여 배울 수 있는 기회가 주어져야 한다. 여기에 더하여 연구자는 참가자가 연구과정에서 흥분되거나 혼란스러운 상태로 있지 않도록 확신시켜 주어야 한다.
3. 세 가지 R은 줄이기, 대체하기 그리고 정제하기이다.

제3장 행동의 생물학적 바탕과 진화론적 바탕

유전과 행동(p. 46)

1. Grant의 관찰에 따르면, 환경상 변화의 결과로서 어떤 경우에는 부리가 큰 되새가 생존하고 번식할 수 있지만 또 다른 경우에는 부리가 작은 되새가 생존하고 번식할 수 있다.
2. 유전자형은 표현형을 결정하는 데 도움이 되는 기저의 유전자료이며, 표현형은 유기체의 관찰 가능한 특성들이다.
3. 두 가지 중요한 진보는 직립보행과 대뇌화이다.
4. 유전 가능성이란 유기체의 특성과 행동 형성을 결정하는 데 있어 유전이 상대적으로 얼마나 영향을 미치는가 하는 측정치이다.

신경계의 활동(p. 53)

1. 일반적으로 수상돌기가 입력 신호를 받아들인다. 세포체는 많은 수상돌기로부터 전달된 정보를 통합하고 그 정보를 축색을 따라 보낸다.
2. 실무율 법칙에 따르면, 일단 발화의 역치에 도달하면 활동전위의 강도는 일정하다.
3. 신경전달물질은 시냅스 소낭이 터지면 시냅스로 방출되며, 그 후 수용하는 뉴런상의 수용기 분자에 결합한다.
4. GABA는 뇌에서 가장 흔한 억제성 신경전달물질이다.

생물학과 행동(p. 66)

1. fMRI를 통해 연구자들은 구조와 기능 양자를 규명할 수 있다.
2. 자율신경계는 교감신경계와 부교감신경계로 구분된다.
3. 편도체는 정서 통제 그리고 정서기억의 형성 역할을 한다.
4. 대부분의 사람들은 공간적 관계와 얼굴표정에 관해 판단할 때 우반구 활동을 더 크게 보인다.
5. 뇌하수체는 다른 모든 내분비선의 활동에 영향을 미치는 호르몬을 생산한다.
6. 신경발생이란 새로운 뉴런의 생성을 말한다.

제4장 감각과 지각

세상사에 관한 감각지식(p. 75)

1. 인접 자극은 망막 위에 맺힌 물체의 상을 일컫는다.
2. 정신물리학이란 물리적 자극과 그 자극에 대한 심리적 경험 간의 관계를 탐구하는 학문의 한 분야이다.
3. 절대 식역(치)이란 감각 자극이 제시된 횟수의 절반만 탐지되는 자극의 강도로 정의된다.
4. 자극이 제시되었는지에 대한 판단은 감각과정은 물론 관찰자의 태도에 따라서도 달라진다.
5. 차이 식역(치)이란 두 개의 자극이 다르다고 판단하는 데 필요

한 두 자극 간 강도의 최소 차이를 일컫는다.
6. 변환이란 특정 형태의 물리적 에너지를 다른 형태로 바꾸는 과정을 말한다.

시각 시스템(p. 84)

1. 조절이란 시선을 집중하고 있는 물체까지의 거리가 달라져도 그 물체에서 반사된 빛의 초점이 망막 위에 맺히도록 하기 위해 수정체의 두께가 바뀌는 과정을 일컫는다.
2. 중심와에는 100% 추상체만 존재한다.
3. 복합세포는 1차 시각피질에 있는 신경세포 중 그 세포의 수용장에 나타난 막대 자극이 특정 정위에서 움직이고 있을 때만 반응하는 세포들이다.
4. 이 경험은 대립과정 이론으로 설명된다.

청각(p. 88)

1. 소리의 주파수가 달라지면 그 소리의 음고가 다르게 들린다.
2. 섬모세포는 기저막의 물리적 진동을 신경세포의 반응으로 변환시키는 일을 한다.
3. 부위설(또는 장소이론)은 소리가 기저막을 자극하는 위치에 따라 음고에 대한 지각이 달라진다고 주장한다.
4. 그 소리는 여러분의 왼쪽 귀에 도달하기 전에 먼저 오른쪽 귀에 도달한다.

그 외 감각 기관(p. 93)

1. 신경반응은 후각정보를 후각 구로 전달한다.
2. 기본 맛은 단맛, 신맛, 쓴맛, 짠맛, 그리고 우마미로 구성된다.
3. 온감과 냉감은 각각 다른 수용기 세포에 의해 탐지된다.
4. 전정 기관은 우리의 몸통이 중력 방향을 기준으로 어떤 정위에 있는지에 관한 정보를 제공한다.
5. 관문통제 이론은 통증에 대한 경험이 심리적 맥락에 따라 달라지는 방식을 설명하기 위해 개발된 이론이다.

지각조직화 과정(p. 105)

1. 때로는 환경 속에서 변하는 자극의 속성 — 예컨대, 실내조명이 초록색에서 빨간색으로 바뀌는 일 — 이 우리의 주의를 앗아가기도 한다.
2. 사람들은 물체를 하나의 전체로 지각하기 위해 작은 틈을 채워 넣는 경향이 있다.
3. 누군가가 여러분 앞으로 다가오면 망막 위에 맺힌 그 사람의 상은 점점 커진다.
4. 물체까지의 거리가 가까울수록 수렴 각은 커진다.
5. 모양 항등성이란 망막 위에 맺힌 특정 물체의 상은 시시각각 그 모양이 변하는데도 우리는 변하지 않고 있는 그 물체의 진짜 모양을 지각하는 능력을 일컫는다.

정체파악 및 인식(p. 107)

1. 동일한 인접 자극이 환경 속에 있는 두 가지 이상의 물체에 의해 유발될 수 있을 때 우리는 그 자극을 모호한 — 두 가지 이상으로 해석될 수 있는 — 자극이라고 한다.

제5장 마음, 의식, 변경 상태

의식의 내용(p. 115)

1. 전의식적 기억이란 현재 의식하고 있지는 않지만 쉽게 의식될 수 있는 내용에 대한 기억이다.
2. Freud는 매우 위협적인 생각이나 동기들이 무의식에 억압된다고 보았다.
3. 연구자들은 실험 참가자들에게 특정 과제를 수행하는 도중 자신의 생각을 보고하도록 요구한다.

의식의 기능(p. 117)

1. 의식을 통해 어떤 정보를 기억하고자 하는가에 대해 명료한 판단을 내릴 수 있다.
2. 현실의 문화적 구성이란 특정 집단의 구성원들 대부분이 공유하는 세상에 대한 사고방식이다.
3. 사람들은 일반적으로 특징적으로 조합된 물체를 찾는 데 의식적 주의를 사용한다.

수면과 꿈(p. 124)

1. 여러분의 내적 일주율이 시간 환경과 불일치하기 때문에 시차 부적응을 경험한다.
2. 이른 밤에는 NREM수면을 비교적 많이 경험하며, 늦은 밤에는 REM수면을 비교적 많이 경험한다.
3. 수면의 기능은 보존과 기억 응고화이다.
4. 수면 무호흡증은 수면 도중 호흡이 멈추는 수면장애이다.
5. 잠재 내용은 마음의 검열자에 의해 숨겨진 기저 의미이다.

변경된 의식 상태(p. 127)

1. 초기의 쌍둥이 연구에 따르면 피최면성은 유전적 성분으로서, 연구자들은 기저의 특정 유전자를 찾아내기 시작했다.
2. 어떤 사람들은 집중 명상을 훈련하지만 다른 사람들은 마음챙김 명상을 훈련한다.

마음에 작용하는 약물(p. 131)

1. 약물내성은 동일한 효과를 내기 위해 약물의 용량을 더 많이 요구하는 상황이다.
2. 헤로인과 같은 약물은 뇌의 내인성 아편(엔도르핀)과 동일한 수용기 위치에 결합한다.
3. 니코틴은 흥분제의 일종이다.

제6장 학습과 행동분석

학습에 관한 연구(p. 138)

1. 학습-수행 구분은 사람들이 알고 있는 모든 것이 그들의 행동에 반영되는 것은 아님을 사실로 인정하는 것이다.
2. 습관화는 특정 자극이 반복해서 제시될 때 그 자극에 대한 유기체의 반응이 줄어드는 현상을 일컫는다.
3. 사람들의 사적 경험은 주관적이어서 과학적 연구의 주제가 될 수 없다는 것이 그의 주장이었다.
4. 행동분석가들은 모든 종의 동물에서 일어나는 학습에서 규칙성을 찾아내고 싶어 했다.

고전적 조건형성 : 예상 가능 신호 학습하기(p. 147)

1. 고전적 조건형성은 무조건 자극(예 : 제공되는 먹이 가루)에 대한 반사적 반응(예 : 침 흘리는 행동)에서 시작된다.
2. UCS는 무조건 자극으로 조건형성이 일어나기 전부터 일정한 반응을 유발한다. 그리고 CS라고 하는 조건 자극은 조건형성이 일어난 후에 그 결과로 일정한 반응을 유발한다.
3. 자극변별이란 유기체가 보다 구체적인 조건 자극에만 반응을 하는 학습을 달성했음을 의미한다. 이 능력은 변별 학습의 과정을 거쳤기 때문에 습득할 수 있는 능력이다.
4. CS와 UCS가 시간적으로 인접해 나타나는 것만으로는 충분하지 않다. UCS는 반드시 CS가 나타난 다음에 제시되어야 한다. (그래서 CS만 보고 UCS를 예상할 수 있어야 한다.)
5. 그 CR은 약물효과에 대한 신체의 보충반응이다.
6. 맛 혐오는 CS와 UCS가 단 한 번만 함께 제시되어도 그리고 CS와 UCS 간 간격이 상당히 길어도 생성될 것이다. 그뿐만 아니라, 이 학습을 통한 행동의 변화는 단 한 번의 학습만으로 거의 영구적으로 남는다.

조작적 조건형성 : 결과에 대한 학습(p. 157)

1. 효과의 법칙은 만족스러운 결과를 초래하는 반응은 다음에 다시 일어날 확률이 높아지고 만족스럽지 못한 결과를 초래하는 반응은 다음에 다시 일어날 확률이 줄어든다고 말한다.
2. 강화는 강화받은 행동이 재발할 확률을 높여주고 처벌은 처벌 대상 행동이 재발할 확률을 줄여준다.
3. 동물은 자기 행동의 결과(강화 또는 처벌)가 특정 자극 — 이런 자극을 변별 자극이라고 함 — 의 맥락 속에서만 나타난다는 것을 학습한다.
4. FR 계획하에서는 유기체가 정해진 횟수의 반응을 한 후에 강화물이 제공된다. FI 계획하에서는 정해진 시간 후에 나타나는 첫 번째 반응 후에 강화물이 제공된다.
5. 조형이란 점근적 접근을 통해 유기체로 하여금 표적 행동을 학습하게 하는 방법이다.

6. 향본능 표류란 시간이 경과함에 따라 학습된 행동이 사라짐과 동시에 본능적인 행동을 하게 되는 경향성을 일컫는다.

인지가 학습에 미치는 영향(p. 160)

1. Tolman은 쥐가 미로에 대한 인지도를 개발했다고 결론지었다.
2. 비둘기는 그 색상이 바뀌는 원판을 쪼아대는 행동을 학습할 수 있다.
3. 다른 사람의 행동이 강화받는 것을 관찰한 후 그 사람이 강화받은 행동을 하게 될 확률이 높아졌을 때 대리 강화가 일어났다고 한다.
4. 연구결과에 따르면, 공격 행동을 많이 관찰한 아이들일수록 공격적인 행동을 배울 가능성이 높아진다.

제7장 기억

기억이란 무엇인가(p. 169)

1. 기억의 외현적 사용은 의식적 노력을 포함하지만, 기억의 암묵적 사용은 그렇지 않다.
2. 기술은 절차기억에 더 의존한다.
3. 이미 암호를 부호화하고 저장했기 때문에 문제는 인출에 있을 가능성이 크다.

단기적 기억 사용(p. 175)

1. 전체보고 절차와 부분보고 절차를 비교하면 사람들이 디스플레이의 모든 정보에 매우 잠깐 접속한다는 것을 알 수 있다.
2. STM의 용량이 3개부터 5개 사이의 범위에 있다고 연구자들은 생각한다.
3. 청킹은 항목들을 의미 있는 집단으로 바꾸는 과정이다.
4. 작업기억은 음운루프, 시공간 스케치판, 중앙집행기를 포함한다.

장기기억 : 부호화와 인출(p. 185)

1. 재인은 일반적으로 더 많은 인출단서들을 제공한다.
2. 이는 계열회상에서 초두효과의 예이다.
3. 전이-적합성 처리가 시사하는 바는, 부호화 도중 수행된 처리 유형이 인출 도중 수행된 처리 유형과 부합될 때 기억이 가장 우수하다는 것이다.
4. 새로운 정보가 이전 정보의 기억을 더 어렵게 만들었으므로 이는 역행간섭의 사례이다.
5. 수소에서 시작하여 각 요소를 친숙한 경로상의 각 위치와 연합시킬 수 있다.

장기기억의 구조(p. 193)

1. 개념은 여러분이 형성하는 범주의 정신적 표상이다.

2. 사례이론의 주장에 따르면, 사람들은 새로운 대상을 기억에 저장된 사례들과 비교함으로써 범주화한다.
3. Bartlett는 평탄화, 첨예화, 그리고 동화과정을 밝혔다.
4. Loftus와 그녀의 동료들은 사람들이 사건을 기억해내고자 할 때 부정확한 사후 정보를 포함시킨다는 것을 밝혔다.

기억의 생물학적 측면(p. 196)

1. Lashley는 기억흔적이 어느 국소 영역에도 존재하지 않고 뇌 전반에 광범위하게 분포되어 있다고 결론 내렸다.
2. 연구자들에 따르면 외현기억에 대해 기억상실증을 가진 사람들에게서 흔히 암묵기억의 중요한 양상이 보존되어 있다.
3. PET 스캔이 밝힌 바에 따르면 부호화와 인출에서 뇌의 상이한 영역들이 불균형적으로 활성화되는데, 좌반구 전전두피질은 부호화 도중에, 우반구 전전두피질은 인출 도중에 활성화된다.

제8장 인지과정

인지 연구(p. 203)

1. Donders의 목표는 특정 처리과정에서만 상이한 과제들을 고안하여 정신과정의 속도를 판단하는 데 있었다.
2. 순차처리는 한 번에 하나씩 일어나며, 병렬처리는 시간상 중복된다.
3. 자동처리는 일반적으로 주의자원을 요구하지 않는다.

언어 사용(p. 208)

1. 표상들이 텍스트가 제공하는 명제들보다 더 많은 정보를 내포할 때 사람들이 추론들을 부호화하였다고 결론내릴 수 있다.
2. 언어상대성 가설이란 사람들이 말하는 언어의 구조가 사람들이 세상에 대해 생각하는 방식에 영향을 미친다는 생각이다.

시각적 인지(p. 211)

1. 정신회전 속도의 일관성이 시사하는 바에 따르면, 정신적 회전과정들이 물리적 회전과정들과 매우 유사하다.
2. 뇌영상연구가 시사하는 바에 따르면, 사람들이 지각에 사용하는 뇌영역들과 시각적 심상을 생성할 때 사용하는 영역 사이에는 상당량의 중첩이 있다.

문제해결과 추론(p. 217)

1. 알고리듬이란 특정 유형의 문제에 대한 정답을 보장하는 단계적 절차이다.
2. 여러분이 이전에 다른 목적과 연합시켰던 대상에 대해 새로운 기능을 찾아냄으로써 기능적 고착을 극복할 수 있다.
3. 사람들이 신념편향효과에 압도될 때, 그들은 전제들에 대해 그 논리적 관계보다는 실제 세상에 대한 믿음에 근거하여 결론을

판단한다.

4. 사람들은 흔히 현재 상황의 속성들과 기억된 과거 경험 사이에서 유추를 형성함으로써 귀납추론을 한다.

제9장 지능과 지능평가

평가란 무엇인가(p. 222)

1. Galton은 지능의 차이를 객관적으로 측정할 수 있다고 제안하였다.
2. 연구자는 측정한 점수가 이 점수와 관련된 미래의 결과를 정확히 예측할 수 있는지를 밝혀야 한다.
3. 규준은 어떤 개인의 점수가 큰 전집의 점수 맥락에서 어떤 의미가 있는지를 알 수 있게 해 준다.

지능평가(p. 227)

1. IQ의 최초 측정치는 정신연령을 생활연령으로 나눈 것이었다.
2. Wechsler는 IQ 측정에 동작성 하위검사를 추가하였다.
3. 현재 지적 장애의 진단은 IQ와 적응 기술 모두를 강조한다.
4. 영재성의 세 가지 차원은 능력, 창의성, 과제 헌신이다.

지능에 대한 이론(p. 230)

1. Spearman은 다양한 지능검사에 대한 수행 간에 높은 상관이 있음을 증명하였고, 따라서 일반 지능이라는 요인이 존재한다고 결론내렸다.
2. Sternberg는 사람들이 분석적, 창의적, 실용적 지능을 가진다고 제안하였다.
3. Gardner는 '공간적' 지능을 시각-공간적 세계를 지각하고, 처음 지각한 것을 변형하는 능력이라고 정의하였으며, 이들 능력은 조각과 연관된다.

지능의 정치학(p. 236)

1. Goddard는 IQ 검사가 정신적으로 열등한 특정 이민자들을 추방하는 데에 사용되어야 한다고 제안하였다.
2. 유전가능성 추정치는 집단 간 비교를 할 수 있게 해 주지는 못한다.
3. 양질의 학령전 프로그램을 경험했던 사람들은 IQ가 더 높았고 정규 고등학교를 마칠 수 있었으며, 급여가 더 높은 직업을 갖게 되는 경향이 있었다.

평가와 사회(p. 237)

1. 만약 특정 집단의 구성원이 다른 집단보다 일반적으로 검사 점수가 낮다면 직업에 평등하게 접근하지 못하게 방해할 수 있다.
2. 많은 학교 지구에서 검사 점수에 기초하여 보조가 이루어지며,

이로 인해 교사로 하여금 검사받을 내용들만을 다루도록 강요한다.
3. 검사가 특정 학업이나 사회적 궤도에 속하는 것으로 명명되는 것과 같이 융통성 없이 사용될 때, 이들 이름표는 광범위한 영향을 초래할 수 있다.

제10장 전생애 인간발달

발달의 연구(p. 244)

1. 발달연령은 대부분의 사람들이 특정 신체적 수행이나 정신적 수행을 성취할 수 있는 생활연령을 말한다.
2. 개인차를 연구하기 위해, 연구자들은 흔히 한 연령에서 사람들 간의 변이(어떤 차원에 대해)를 측정한 다음, 그 변이에 의한 결과를 검토하기 위해 동일한 참가자들이 더 나이가 든 후에 다시 측정한다.
3. 어떤 횡단적 분석의 경우에 연구자들은 연령에 관련된 변화로 보이는 것이, 실은 사람들이 태어난 시대로 인한 차이일 가능성을 제거해야 한다.

전생애의 신체적 발달(p. 249)

1. 기어다닌 경험이 없는 또래들에 비교해서, 기어다니기 시작한 아기들은 시각적 절벽의 깊은 쪽에 있을 때 공포를 느낀다.
2. 최근 연구에서 뇌는 청소년기 동안에도 계속 성숙해 간다는 것을 보여주며, 특히 전두엽 영역에서 그러하다.
3. 나이가 들어감에 따라 안구 수정체는 황변하게 되며, 이로 인해 색채 시력이 감소된다고 본다.

전생애의 인지발달(p. 255)

1. 동화는 아동이 새 정보를 기존의 도식에 맞출 수 있게 해 주며, 조절은 도식을 새로운 정보에 맞출 수 있게 해준다.
2. 중심화를 극복할 수 있는 아동은 문제의 표면적 측면을 무시할 수 있게 되어, 수나 액체의 양과 같은 영역에 대한 깊은 이해를 보여주게 된다.
3. 영아의 지식에 대한 보다 더 정교한 측정 방식을 발명함으로써, 연구자들은 4개월 아동이 대상영속성의 증거를 보인다는 것을 증명할 수 있었다.
4. Vygotsky는 아동의 인지적 발달이 전개되는 과정에서 사회적 맥락의 중요성을 강조하였다.
5. 연구결과에 따르면 연령이 증가함에 따라 정보처리속도는 감소한다.

언어의 습득(p. 259)

1. 유아와 아동에게 말할 때 성인은 느리고, 과장되고, 높은 어조로 말하는 경향이 있으며, 단순한 구조로 짧게 말하는 경향이

있다.

2. 아동은 새 단어의 의미에 대한 가설을 세우는데, 어떤 경우에는 아동의 가설은 성인 범주보다 광범위할 때가 있다.

3. 구어 또는 공식적 수화를 접하지 못한 농아일지라도 종종 실제 언어와 구조적 특징이 공통되는 자신만의 기호언어를 사용하기 시작한다.

전생애의 사회적 발달(p. 270)

1. Erikson은 친밀성 대 고립의 위기가 초기 성인기 동안의 초점이 된다고 제안하였다.

2. 연구결과 초기에 안전애착이 된 아동은, 예를 들어 더 나이 들어서 인기가 더 높고, 사회적 불안이 더 낮다는 사실이 제시되었다.

3. 양육방식은 부모의 요구성과 부모의 반응성의 차원에 따라 정의된다.

4. 청소년들은 우정, 패거리, 집단 수준에서 또래관계를 경험한다.

5. 아기의 출생은 흔히 결혼 만족도에 부정적 영향을 미친다.

생물학적 성과 심리사회적 성의 차이(p. 272)

1. 생물학적 성차는 남성과 여성 간의 생물학적 차이로부터 야기되고, 심리사회적 성차는 남성과 여성의 상이한 역할에 대한 문화적 구성으로부터 야기된다.

2. 어린 아동은 동성의 또래를 선호한다.

도덕발달(p. 275)

1. 3개의 주요 수준은 전관습적 도덕성, 관습적 도덕성, 그리고 원리적 도덕성이다.

2. Gilligan은 남성은 정의에 초점을 두는 반면, 여성은 타인의 보살핌에 더 초점을 둔다고 주장하였다.

3. 사람들은 자율성, 공동체, 신성에 관련된 관심을 가지게 된다.

제11장 동기

동기에 대한 이해(p. 284)

1. 그 학생들이 왜 달리기를 하는지에 관해 약간의 추론을 해야 할 것이다. 추론을 해야 한다는 이 사실은 동기 관련 개념이 관찰 가능한 행동과 관찰 불가능한 사적인 상태를 연결시켜 주는 기능을 한다는 뜻이다.

2. 항동성은 유기체의 생리적 상태가 균형 잡힌 상태를 반영한다.

3. 문화에 따라 행동에 많은 차이가 나는 것으로 밝혀져 있다. 이러한 연구결과는 행동이 생물성 본능에 의해 결정된다는 주장과 상치된다.

4. Heider는 행동의 결과를 설명할 때 그 원인을 상황에서 찾는 경우와 자신의 성향에서 찾는 경우로 구분하였다.

5. 애착의 욕구는 다른 사회집단에 속하고, 사람들과 어울리며 사랑을 하고 사랑을 받고 싶은 욕구에 해당한다.

섭식행동(p. 289)

1. 감각-구체적 포만감이란 특정 맛을 내는 음식물에 대해서만 갖는 배부른 느낌을 일컫는다.

2. 이중 중추 모형에서는 VMH의 기능을 포만 중추로 간주했다. 그러나 보다 최근의 연구결과에 의하면 VMH의 기능은 음식물의 종류에 따라 달라진다.

3. 억제 섭식을 하는 사람들은 억제를 할 수 있을 때는 과식을 하지 않는다. 그러나 일단 억제력을 상실하게 되면 폭식을 하는 경향이 강하다.

4. 신경성 폭식증은 폭식을 한 후 과다 칼로리를 제거하기 위한 여러 가지 행동을 하는 게 그 특징이다.

성행동(p. 296)

1. 인간이 아닌 동물의 경우, 성행동의 양상이 고정되어 있어, 한 쌍의 성행동을 관찰한 후에는 다른 모든 쌍의 성행동을 예상할 수 있다는 뜻이다.

2. Masters와 Johnson이 밝혀낸 인간의 성반응은 흥분, 절정, 오르가슴, 해소라고 하는 네 단계로 구성된다.

3. 남성은 동시에 여러 여인을 임신시킬 수 있는 데 반해, 여성은 동시에 할 수 있는 임신이 하나뿐이다. 이 때문에 남성들은 다수의 성적 상대를 원한다는 생각이다.

4. 성적 각본이란 사회적으로 학습된 성행동의 규범이다. 이 규범은 적절한 성행동이 어떤 것인지를 규정한다.

5. 이란성 쌍생아보다 일란성 쌍생아의 일치성이 높은 것으로 밝혀졌다. 이러한 연구결과는 동성애에도 유전적 요인이 간여하고 있다는 암시이다.

성취를 향한 동기(p. 300)

1. 성취욕구는 계획을 세우고 그 목적을 달성하기 위해 노력하는 것을 얼마나 중요하게 생각하느냐에 대한 개인차를 반영한다.

2. 사람들이 만드는 귀인은 내적-외적 차원, 일반적-구체적 차원, 그리고 불변성-가변성 차원이라는 세 가지 차원에 따라 이루어진다.

3. 기대 이론에서는 노동자들은 자신들이 투자한 노력과 그 결과가 자기들이 원하는 성과를 가져다줄 것이라고 기대할 때에 일할 마음을 갖게 된다고 주장한다.

제12장 정서와 스트레스와 건강

정서(p. 313)

1. 얼굴표정 인식에 관한 문화 간 연구에서 밝혀진 것은 우리가

짓는 얼굴표정 중 일곱 가지 표정 속에 담긴 정서는 인종을 불문하고 누구나 알아차린다는 사실이다.

2. 자율신경계는 정서반응 중 특히 생리적 반응(예 : 심박률의 변화, 발한)을 유발하는 데 중요한 역할을 하는 것으로 알려져 있다.

3. Cannon-Bard 정서 이론은 정서적 자극이 생리적 각성/흥분과 심리적 느낌을 동시에 유발한다고 주장한다.

4. 기분이 좋지 않은 사람들은 기분이 좋은 사람들에 비해, 정보를 보다 세밀하게 그리고 보다 주의 깊게 처리하는 경향이 강하다.

5. 행복의 원천으로 가장 중요한 것은 다른 사람들과의 관계인 것으로 드러났다.

삶의 스트레스(p. 327)

1. 일반적 적응 증후군의 세 단계는 경고반응, 저항, 고갈로 구성된다.

2. 1990년대 연구에 참여한 사람들이 보고한 삶의 변화 단위가 더 많았다. 이는 이들이 삶에서 받은 스트레스가 1960년대 연구에 참여한 사람들보다 더 컸다는 뜻이다.

3. 일반적으로 일상의 고민은 강녕에 부정적인 영향을 미치고 일상의 즐거움은 강녕에 긍정적인 영향을 미친다.

4. 스트레스인에 대해 정서중심 대처를 한다는 말은 스트레스인을 바꾸려는 노력을 하는 것이 아니라 스트레스하에서 갖게 되는 느낌을 바꾸기 위한 노력을 한다는 뜻이다.

5. 스트레스 상황을 스스로 통제할 수 없다고 믿는 사람들은 신체적 적응력 및 심리적 적응력을 잃을 위험이 크다.

6. 사람들은 부정적인 생활사에서도 긍정적인 변화를 찾아낼 수 있다는 뜻이다.

보건심리학(p. 335)

1. 흡연행동의 유사성을 두고 일란성 쌍둥이와 이란성 쌍둥이를 비교한 결과, 흡연행동에도 유전적 요소가 간여하고 있는 것으로 드러났다.

2. AIDS에 성공적으로 대처하게 하기 위해서는 정보를 제공하고, 동기를 유발해야 하며, 대처행동을 가르쳐 줘야 한다.

3. 이완반응을 생성하기 위해서는 눈을 감고 편안한 자세로 휴식을 취하면서 여러 가지 정신적 장치를 활용할 수 있는 조용한 곳을 찾아야만 한다.

4. 심리신경면역학을 공부하는 사람들의 목표는 심리적 상태가 면역계에 영향을 미치는 방식을 밝혀내는 것이다.

5. A형 행동양식의 독성 특성인 적개심은 사람들을 질환에 빠뜨리는 위험을 안고 있다.

6. 직무소진이란 정서는 고갈되고, 개성은 사라지고, 개인적 성취감마저 감퇴된 상태를 일컫는다.

제13장 인간의 성격 이해

유형과 특성 성격 이론(p. 345)

1. 신경증적 경향이란 안정되고, 조용하고, 만족하느냐와 불안하고, 불안정하고, 화내느냐 하는 차원에서 정의된다.

2. 연구자들은 특성의 유전성을 평가하기 위해서 일란성 쌍생아와 이란성 쌍생아의 특성 유사성을 비교하는 연구를 수행하고 있다.

3. 일관성 역설이란 사람들이 개인들의 행동이 여러 상황에서 일관되지 않는다고 하더라도 자신들에 대해서는 일관된 성격을 지니고 있다고 보는 것을 말한다.

정신역동적 이론(p. 351)

1. 사람들이 흡연이나 과식과 같은 구강 관련 행동을 하는데, 이들은 아마도 지나치게 수동적이거나 속기 쉬울 것이다.

2. 자아는 원초아가 쾌락을 요구하기 전에 현실원리에 따라 그럴듯한 선택을 하도록 한다.

3. Leon은 투사라는 방어기제를 사용하는데, 이것은 자신의 동기를 다른 사람에게 투영하는 것이다.

4. Adler는 사람들이 열등감을 극복하게 된다고 주장했다.

인본주의 이론(p. 353)

1. 자기실현이란 자신의 고유한 잠재력에 도달하려고 지속적으로 노력하는 것을 말한다.

2. 인본주의 이론은 자신들의 행동에 영향을 미치는 사람들의 타고난 성질에 초점을 맞춘다.

3. 성격분석적 전기는 심리학적 이론을 사용하여 개인의 삶이 전개되는 방식에 대해 시종일관된 설명을 제공한다.

사회학습과 인지 이론(p. 358)

1. 외재적 통제소재 지향성을 가진 사람들은 보상이 주로 환경적 요인에 의해 수반된다고 믿는다.

2. Mischel의 이론은 부호화, 기대, 신념, 그리고 정서, 목표, 가치, 그리고 유능감과 자기규제 계획에 초점을 둔다.

3. Bandura에 따르면 개인의 특징, 개인의 행동 그리고 환경은 모두 나머지 다른 요소들에 대해 상호작용하여 영향을 미치고 수정한다.

자기 이론(p. 362)

1. 자기존중감은 자기에 대한 전반적인 평가이다.

2. 자기구실 대기는 사람들이 자신의 실패에 대해 자신의 능력 이외에 다른 원인으로 귀인할 수 있는 조건에 행동을 연관시키는 것이다.

3. 상호의존적 자기 구성개념을 가진 사람들은 자신들을 보다 큰

사회 구조의 한 요소로서 경험한다.

성격 이론들의 비교(p. 363)

1. 몇몇 이론들은 각 개인의 유전적 자질에 초점을 맞춰 개인차를 설명하는 반면, 다른 이론들은 개인들의 성격을 형성하는 삶의 경험에 초점을 맞춰 개인차를 설명한다.
2. Freud의 이론은 과거 초기 아동기에 있었던 사건들이 성인의 성격에 영향을 미치는 방식을 강조한다.
3. 적절한 성격 이론의 차원은 의식 대 무의식이다.

성격 평가(p. 366)

1. MMPI의 10개 임상척도 각각은 특정한 임상적 장애가 있는 사람들을 그렇지 않은 사람들과 변별하기 위해 만들어진 것이다.
2. NEO 성격검사는 5요인 성격 모델에 의해 정의된 5개 성격 특성을 측정한다.
3. 임상가들은 위치, 내용, 그리고 결정인이라는 Rorschach 반응을 평가한다.

제14장 심리장애

심리장애의 본질(p. 375)

1. 가장 관련 있는 기준은 '고통이냐 장애냐'(즉, 제리의 두려움은 그에게 개인적 고통을 일으킨다.) 또는 '부적응성이냐'(제리의 두려움은 그가 자신의 목표를 달성하지 못하게 한다.)이다.
2. 분류는 공통의 약칭 언어, 인과성에 대한 이해, 그리고 치료계획을 제공할 수 있다.
3. 행동은 상이한 문화에서 다르게 해석된다. 같은 행동들이 다른 문화적 맥락에서 '정상' 또는 '비정상'으로 해석된다.

불안장애(p. 380)

1. 공포증을 겪고 있는 사람들은 객관적으로 위험하지 않은 상황에서 비합리적인 공포를 경험한다.
2. 강박사고는 생각인 반면 강박행동은 행위이다.
3. 연구에 따르면 인간 종의 진화적 역사는 사람들이 특정 자극에 대해 공포증을 경험하도록 '준비시켰다'.
4. 불안민감성이 높은 사람들은 신체증상이 해로운 결과를 가져올 것이라고 더 많이 믿는다.

기분장애(p. 385)

1. 양극성 장애는 심각한 우울과 조증 일화가 교차되어 나타나는 기간으로 특징지어진다.
2. 인지삼제는 자신에 대한 부정적 관점, 진행 중인 경험에 대한 부정적 관점, 그리고 미래에 대한 부정적 관점을 뜻한다.

3. 연구에 따르면 여성은 남성보다 자신의 문제에 대해 더 많이 반추하는데, 이는 부정적 감정을 늘리는 결과를 낳는다.
4. 청소년은 우울하거나 절망적이거나 고립되어 있고 부정적인 자기개념을 가지고 있을 때 자살시도를 할 위험이 있다.

해리장애(p. 388)

1. 해리성 건망증은 중요한 개인적 경험을 회상하지 못하는 것으로, 유기체적 기능장애는 없이 심리적 요인으로 일어난다.
2. 연구에 따르면 해리정체성 장애를 지닌 거의 모든 사람들은 신체적 또는 심리적 학대를 겪은 적이 있다.

정신분열증(p. 392)

1. 사회적 철회와 정서의 둔마는 정신분열증의 음성증상이다.
2. 피해망상이나 과대망상은 정신분열증 편집형의 증상이다.
3. 연구에 따르면 표현된 정서가 높은 가족에게 돌아간 환자들은 재발을 경험하기가 더 쉽다.

성격장애 (p. 394)

1. 경계선 성격장애를 지닌 사람들은 버려질 것에 대한 강한 두려움을 가지고 있다.
2. 경계선 성격장애를 지닌 사람들은 아동기 성적 학대를 훨씬 더 많이 경험해 왔다.
3. 반사회적 성격장애는 충동적 행동과 안전에 대한 무관심으로 특징지어지며, 이는 자살의 위험을 초래한다.

아동기 장애(p. 396)

1. ADHD는 아동의 발달 수준에 부적합한 정도의 부주의와 과잉행동─충동성으로 특징지어진다.
2. 많은 부모들은 아동이 두 살 정도부터 사회적 상호작용이나 언어사용의 발달적 규준을 만족시키지 못할 때에만 걱정하기 시작한다.
3. 연구에 따르면 자폐장애를 지닌 아동들은 표준적인 마음이론을 발달시키지 못한다.

정신질환에 대한 낙인(p. 397)

1. 정신질환에 대한 부정적 태도는 사람들을 수용될 수 없게 갈라놓는다.
2. 사람들이 치료를 받게 될 때 자신이 정신질환이 있음을 공개적으로 인정해야만 하는데, 이는 낙인이 찍히게 될 맥락이 된다.
3. 연구에 따르면 정신질환을 지닌 사람들과의 접촉은 낙인을 줄이는 효과가 있다.

제15장   심리장애를 위한 심리치료

치료적 배경(p. 406)

1. 치료과정의 목표는 진단을 내리고, 그럴듯한 병인을 제안하고, 예후를 내리고, 치료를 시행하는 것이다.
2. 정신분석가는 Freud식 접근에 대한 박사 후 과정을 마친 사람이다.
3. 연구에 따르면 문화적 유능성이 높은 치료자는 치료결과가 더 좋다.
4. 정신병원을 떠난 환자들의 상당수는 얼마 지나지 않아 재입원한다.

정신역동적 치료(p. 409)

1. 정신역동적 치료는 통찰치료로도 알려져 있는데, 핵심적 목표가 환자로 하여금 현재 증상과 과거 갈등 간의 관계에 대해 통찰을 갖게 하는 것이기 때문이다.
2. 전이는 환자가 종종 자기 삶의 감정적 갈등을 대표하는 치료자를 향해 감정적 반응을 발달시키는 것이다.
3. Klein은 죽음의 본능이 성적 인식보다 앞서며 선천적 공격적 충동으로 이끈다고 믿었다.

행동치료(p. 414)

1. 역조건화를 이용한 치료는 두려움과 같은 부적응적인 반응을 이완과 같은 건강한 반응으로 대체하고자 시도한다.
2. 보통, 임상가들은 바람직한 행동(예 : 약물을 사용하지 않기)에 대해 정적 강화를 제공하기 위해 상을 사용한다.
3. 일반화 기법은 오랜 시간 치료의 긍정적 변화를 보존하기 위한 것이다.

인지치료(p. 417)

1. 인지치료의 기본 가정은 이상행동 패턴과 정서적 고통은 사람들이 생각하는 내용과 방법에서의 문제에서 생겨난다는 것이다.
2. RET는 비합리적인 신념이 부적응적인 정서적 반응을 만들어낸다고 제안한다.
3. 인지행동치료의 목표는 사람들의 행동을 변화시키는 것인데, 사람들이 자신은 적응적인 행동을 할 수 있다고 믿는 것이 중요하다.

인본주의적 치료(p. 418)

1. 인간 잠재력 운동의 목표는 더 높은 수준의 수행과 더 풍요로운 경험으로 이끄는 개인의 잠재력을 향상시키는 것이다.
2. 내담자 중심 치료는 무조건적인 긍정적 존중, 즉 내담자에 대한 무비판적 수용과 존중의 분위기를 확립한다.

3. 형태주의 치료에서 내담자는 감정, 사람, 대상, 또는 상황이 빈 의자를 차지하고 있다고 상상하고, 자기 삶의 이슈들을 다루기 위해 그 빈 의자에 앉아 있는 존재에게 말을 한다.

집단치료(p. 420)

1. 집단치료는 참가자에게 그들이 가진 문제가 실제로는 상당히 흔한 것임을 이해할 기회를 제공한다.
2. 부부치료의 목적은 파트너들이 그들의 상호작용을 명료화하고 그 질을 향상시키도록 돕기 위한 것이다.
3. 인터넷 자조집단은 거동이 불편한 사람들에게 특히 가치가 있는데, 그들은 그렇지 않다면 이러한 집단에 대한 접근성이 없을 것이다.

생물의학적 치료(p. 424)

1. 비전형성 항정신증 약물은 운동통제에서 심각한 문제를 야기하지 않고도 정신분열증의 증상을 경감시킨다.
2. SNRI는 세로토닌과 노르에피네프린 모두의 재흡수를 억제한다.
3. 전전두엽 절제술은 근본적으로 성격을 변화시킨다. 사람들은 덜 감정적이 되지만 그들은 자아일치감을 상실한다.
4. 사람들이 rTMS 절차를 받게 될 때, 자기자극이 반복적으로 뇌에 가해진다.

치료의 평가와 예방전략(p. 428)

1. 메타분석에 따르면 우울증에 대한 많은 표준적 치료법들(예 : 인지행동치료와 약물치료)은 위약치료 이상의 증상완화를 가져온다.
2. 연구에 따르면 일반적으로 치료 동맹이 더 긍정적일수록, 심리장애로부터 회복도 더 많이 된다.
3. 일차적 예방의 목표는 사람들이 정신질환을 경험하게 될 가능성을 낮추는 프로그램을 실시하는 것이다.

제16장   사회심리학

사회적 현실 구성하기(p. 436)

1. Kelly는 사람들이 귀인을 할 때, 독특성, 일관성, 그리고 합의성을 평가한다고 제시했다.
2. 학생들은 성공에 대해서는 책임지려고 하지만 실패에 대해서는 핑계 대려는 경향을 보인다.
3. 대부분의 교실에서 선생님들은 학생들의 잠재력에 대한 정확한 정보를 가지고 있어서 자기충족적 예언 가능성이 제한된다.

상황의 힘(p. 446)

1. 스탠퍼드 교도소 실험은 사람들이 사회적 역할에 의해 규정된

행동 패턴을 얼마나 빨리 수용하는지를 보여주었다.

2. 사람들이 다른 사람들에게서 호감을 받고, 수용받고 그리고 인정받기를 원하기 때문에 집단은 규범적 영향을 가질 수 있다.

3. 집단 구성원 중 다수자들이 옳고자 하는 욕구를 가지고 있기 때문에 소수자들은 영향력을 가질 수 있어서 정보적 영향을 미치려고 노력할 수 있다.

4. 한 집단 구성원 개개인이 결정하는 것보다 집단의 공동 결정이 더 극단적으로 될 때는 집단극화 과정이 발생했다고 할 수 있다.

5. 정신과의사들의 예상은 매우 높은 수준의 쇼크까지 지속적으로 가한 사람들의 수를 매우 과소평가했다.

태도, 태도 변화, 그리고 행위(p. 452)

1. 태도는 인지적, 정서적, 그리고 행동적 요소를 포함한다.

2. 설득의 중심 경로는 설득 요소에 대한 주의 깊은 생각과 같은 높은 수준의 정교화를 특징으로 한다.

3. 부조화 감소는 충동이 자기에 일치되도록 한다는 점을 반영하고 있기 때문에 자기감에 대한 문화적 차이는 사람들이 부조화를 경험하는 상황에 영향을 준다.

4. 여러분이 큰 요구로부터 중간 수준의 요구로 줄여나갈 때 사람들은 여러분에게 뭔가를 해 주었다. 상호적 규범은 그들의 보다 작은 요구를 받아들임으로써 여러분이 그들에게 무엇인가를 해 주는 것을 필요로 한다.

편견(p. 456)

1. 편견이 없는 경우에 대부분의 사람들은 내집단 구성원에 대해서는 긍정적인 감정을, 외집단 구성원에 대해서는 중립적 감정을 보인다.

2. 사람들은 고정관념의 부당성을 입증하는 방식으로는 자신들의 행동을 허용하지 않도록 하면서 다른 사람들과 상호작용한다.

3. 외집단 구성원들과의 접촉이 편견을 지속적으로 감소시킨다는 연구결과가 있다.

사회적 관계(p. 460)

1. 사람들은 자신들과 유사한 사람들을 더 선호하는 경향을 보인다.

2. 사랑을 특징짓는 세 가지 차원은, 열정, 친밀성, 관여이다.

3. 안전주의 애착 유형을 가진 사람들은 성인이 되어서 가장 지속되는 낭만적인 관계를 맺는 경향이 있다.

공격성, 이타주의, 그리고 친사회적 행동(p. 466)

1. 연구자들은 일란성 쌍생아를 통해 이들이 이란성 쌍생아보다 반사회적이고 공격적인 행동 같은 점에서 더 높은 일치도가 있다는 점을 보여주었다.

2. 사람들이 자신들의 목표를 추구하는 과정에서 좌절될 때, 공격성을 보일 가능성이 커진다.

3. 상호 이타주의란, 사람들이 이타주의를 보이는 것은 그들이 그와 같은 이타주의 행동의 수혜자로부터 그러한 행동을 교대로 기대하기 때문이라는 생각이다.

4. 사람들 집단이 응급 상황을 목격하면, 그 집단의 구성원 대부분은 다른 누군가가 도와줄 책임감을 가질 것이라고 종종 가정한다.

연습문제

12. d
13. c
14. a
15. c

제5장
1. a
2. d
3. d
4. d
5. b
6. d
7. b
8. a
9. a
10. b
11. d
12. c
13. c
14. a

제6장
1. b
2. a
3. b
4. d
5. b
6. a
7. b
8. c
9. d
10. d
11. d
12. c
13. d
14. c
15. a

제7장
1. b

2. c
3. a
4. a
5. b
6. d
7. b
8. a
9. b
10. d
11. a
12. a
13. b
14. d

제8장
1. c
2. c
3. b
4. b
5. a
6. a
7. c
8. b

제9장
1. d
2. a
3. b
4. d
5. b
6. b
7. c
8. a
9. c
10. b
11. a
12. d
13. c
14. a
15. b

제10장
1. c
2. a
3. d
4. b
5. d
6. a
7. d
8. c
9. d
10. d
11. b
12. a
13. c
14. d
15. b

제11장
1. c
2. d
3. c
4. d
5. a
6. b
7. b
8. d
9. c
10. b
11. b
12. a
13. c
14. d
15. a

제12장
1. a
2. a
3. c
4. c
5. c

6. c
7. d
8. b
9. c
10. a
11. b
12. a
13. d
14. b
15. d

제13장
1. b
2. a
3. c
4. c
5. a
6. d
7. c
8. a
9. a
10. c
11. b
12. a
13. d
14. b
15. b

제14장
1. d
2. a
3. b
4. c
5. d
6. c
7. a
8. d
9. d
10. a
11. c

제15장
1. a
2. b
3. d
4. c
5. d
6. b
7. c
8. b
9. a
10. c
11. a
12. d
13. a
14. c
15. d

제16장
1. a
2. d
3. b
4. d
5. c
6. c
7. a
8. c
9. b
10. a
11. d
12. c
13. a
14. d
15. b

용어해설

가소성(plasticity) 뇌 수행의 변화로서 새로운 시냅스의 생성이나 기존 시냅스 기능의 변화를 포함함

각인(imprinting) 어떤 종의 어린 동물이 태어나서 처음 보이거나 소리를 내는, 움직이는 대상에게 애착을 형성하는 원시 형태의 학습

간상체(rod) 망막에 있는 두 가지 광수용기 중 하나. 주로 망막의 주변부에 분포되어 있으며 조명이 낮은 조건에서 활발하게 활동한다. 간상체는 색감을 생성하지 않는다.

감각 수용기(sensory receptor) 물리적 신호를 신경계에서 처리될 수 있는 신경신호로 변환시키는 세포

감각 적응(sensory adaptation) 일정한 자극이 한참 동안 제시된 후 그 자극에 대한 수용기의 반응 능력이 감소하는 현상, 덕분에 새로운 정보원에 신속하게 반응할 수 있게 된다.

감각(과정)(sensation) 감각 수용기에 가해진 자극이 신경반응을 유발하여 신체 내부 또는 외부의 조건에 대한 경험이나 의식을 일으키는 과정

감각-구체적 포만감(sensory-specific satiety) 가장 좋아하는 음식이라도 식사과정에서 점점 그 맛이 떨어지는 현상

감각뉴런(sensory neuron) 감각 수용기에서 중추신경계로 메시지를 전달하는 뉴런

강화 계획(schedules of reinforcement) 조작적 조건형성에서 강화를 제공하고 제공하지 않는 시간 간격 및 비율이 조합된 양상

강화 유관성(reinforcement contingency) 어떤 반응과 그 반응이 유발한 환경 변화 사이에서 발견되는 관계의 일관성

강화물(reinforcer) 어떤 자극이든 그 자극을 특정 조작행동을 한 후에 제공했을 때 그 조작행동이 재현될 확률을 높이는 자극

개념(concept) 항목들과 아이디어들의 유형이나 범주에 관한 정신표상

거울뉴런(mirror neuron) 한 개체가 어떤 운동 행위를 수행하는 다른 개체를 볼 때 반응하는 뉴런

건강 증진(health promotion) 사람들이 병에 걸릴 위험을 제거하거나 줄이기 위한 일반적 전략 및 구체적 전술을 개발하고 활용하는 일

건강(health) 몸과 마음의 전반적인 조건을 일컫는 말로, 몸과 마음이 건전하고 활기에 넘치는 정도를 일컫는다.

검사-재검사 신뢰도(test-retest reliability) 각기 다른 시기에 동일한 검사를 실시하여 동일한 사람의 점수 간에 보이는 상관 측정치

결정론(determinism) 신체적, 행동적, 그리고 정신적 모든 사건이 잠정적으로 알 수 있는 특정의 원인 요인에 의해서 결정된다는 주장

결정성 지능(crystallized intelligence) 이미 획득한 지식과 그 지식에 접근하는 능력과 관련된 지능의 측면이며, 어휘, 수 그리고 일반적 정보를 검사하여 측정한다.

고전적 조건형성(classical conditioning) 어떤 행동(조건 반응)이 어떤 자극(조건 자극)에 의해 유발되도록 하는 학습의 한 유형. 여기서 조건 자극이 조건 반응을 유발하는 능력은 그 자극과 생리적으로 중요한 다른 자극(무조건 자극)과의 연관성 덕분에 획득된다.

고정간격 계획(fixed-interval schedule, FI) 일정 시간이 지난 후 나타나는 첫 번째 반응에 강화물을 제공하는 강화 계획

고정관념 위협(stereotype threat) 특정 집단에 대한 부정적 고정관념에 동조하게 되는 위험과 관련된 위협

고정관념(stereotype) 어떤 집단의 사람들이 가진 특성을 그 집단의 모든 구성원들도 가지고 있다고 보는 일반화

고정비율 계획(fixed-ratio schedule, FR) 고정된 수의 반응을 하고 난 후에 강화물을 제공하는 강화 계획

고착(fixation) 심리성적 발달의 초기 단계에 더 적당한 대상이나 행동에 딱 달라붙어 있는 사람의 상태

공격성(aggression) 다른 사람에게 심리적 해나 신체적 해를 입히는 행동

공변 모델(covariation model) 한 행동에 대한 원인은, 행동이 발생될 때는 존재하지만 행동이 발생되지 않은 때는 존재하지 않는 원인 요인을 사람들이 그 원인이라고 제시하는 이론

공식 평가(formal assessment) 개인의 기능, 적성, 능력 또는 정신 상태를 평가하기 위해 훈련된 전문가가 사용하는 체계적 절차와 측정 도구

공통요소(common factor) 치료의 효과를 유발하는 여러 요인 중 여러 심리치료 기법에서 공통적으로 조작, 처치, 강조하는 요인

공포관리 이론(terror management theory) 자기존중감이 사람들로 하여금 죽음의 불가피성을 직면하는 데 도움을 준다는 이론

과잉일반화(overregularization) 문법적 오류로서, 일반적으로 초기 언어발달 동안에 일어나며, 언어의 규칙이 너무 광범위하게 적용됨으로써 올바르지 않은 언어 형태를 초래하게 된다.

과학적 방법(scientific method) 오차를 최소화하고 신뢰할 수 있는 일반화가 가능하도록 정보를 수집하고 해석하는 일련의 과정

관문통제 이론(gatecontrol theory) 통증 조절에 관한 이론. 이 이론은 척수에 있는 특정 세포들이 관문으로 작용하여, 뇌로 전달

되는 통증신호 중 일부는 막아버리고 방해하는 일을 한다고 주장한다.

관찰자 편향(observer bias) 개인적 동기와 관찰자의 기대로 인하여 야기되는 증거의 왜곡

관찰학습(observational learning) 다른 사람의 행동이 보상 또는 처벌받는 것을 보기만 하는데도 나중에 가서 보상/처벌받은 그 행동을 하거나 하지 않기도 하는 행동의 변화

광수용기(photoreceptor) 망막에 있으면서 빛에 민감하게 반응하는 수용기 세포로 간상체 세포와 추상체 세포가 있다.

교감신경계(sympathetic nervous system) 비상대응과 에너지 동원을 다루는 자율신경계의 한 일부분

교세포(glia) 뉴런들을 지탱하고, 신경전달을 촉진시키며, 손상되고 죽은 뉴런들을 제거하고, 혈액에서 독성물질이 뇌에 접근하는 것을 막는 세포

구경꾼 개입(bystander intervention) 도움을 필요로 하는 사람들을 도우려는 의지

구성주의(structuralism) 마음과 행동에 대한 연구. 인간의 정신적 경험이 단순한 요소와 사건의 조합으로 이해될 수 있다는 관점

구성타당도(construct validity) 검사가 기저 구성개념을 적절하게 측정하는 정도

귀납추론(inductive reasoning) 가용한 증거와 과거 경험을 바탕으로 어떤 상황의 확률에 관한 결론이 내려지는 추론 형태

귀인 이론(attribution theory) 사회적 지각자가 인과적 설명을 위해 정보를 사용하는 방식을 기술하는 사회 인지적 과정

귀인(attribution) 결과의 원인에 대한 판단

규범 결정화(normative crystallization) 개인에 대한 집단의 규범이 사람들이 말하고 함께 모여 행동하게끔 하는 공통의 관점으로 수렴하는 것

규범적 영향(normative influence) 개인들의 욕구를 다른 사람이 좋아하고 수용하고 인정할 수 있게 하는 집단의 효과

규준 연구(normative investigation) 특정 연령이나 특정 발달 단계의 특징을 기술하기 위해 행하는 연구

규준타당도(criterion-related validity) 검사점수가 평가하려는 특징의 다른 규준과 일관되는 특정 측정에 대한 결과를 보여주는 정도

규칙(rule) 특정한 상황에서 특정한 방식으로 행동하는 행동 지침

근동감각 기관(kinesthetic sense/kinesthesis) 몸을 움직이는 동안 몸통의 자세와 신체 부분들이 서로 어떤 상태에서 있거나 움직이는지를 알아차리는 데 필요한 감각정보를 받아들이는 기관

근본적 귀인 오류(Fundamental Attribution Error, FAE) 행위자의 행동에 미치는 상황 요인의 영향은 저평가하고, 개인의 기질적 요인의 영향은 고평가하는 이중적 경향성

급성 스트레스(acute stress) 시작과 끝이 분명한 일시적인 각성 상태

급속 안구운동(Rapid Eye Movement, REM) 잠자는 사람이 꿈과 같은 정신활동을 경험할 가능성이 있음을 알려주는 수면단계의 행동 신호

긍정심리학(positive psychology) 만족스러운 삶을 누리는 데 필요한 심리학적 지식과 기술을 가능한 한 많은 사람들에게 제공하고자 하는 심리학자들의 움직임

기능적 고착(functional fixedness) 이전에 다른 목적과 연합된 대상에 대해 새로운 용도를 지각하지 못하는 것으로서, 문제해결과 창조성에 나쁜 영향을 미침

기능적 MRI(functional MRI, fMRI) 뇌 안의 세포에 대한 혈류의 자기(磁氣) 변화를 탐지함으로써 MRI와 PET스캔 양자의 이점을 결합한 뇌영상기법

기능주의(functionalism) 마음과 행동을 볼 때 유기체가 환경과 상호작용하는 가운데 그 기능을 검사하는 관점

기대 이론(expectancy theory) 작업동기에 관한 인지적 이론으로, 직무에 대한 노력과 성과가 원하는 결과를 가져다줄 것으로 예상될 때 일할 마음이 생긴다고 주장하는 이론

기대(expectancy) 사람들이 특정한 상황에서 그들의 행동이 보상을 낳을 것으로 믿는 정도

기대효과(expectancy effect) 연구자 또는 관찰자가 그들이 발견하기를 기대한 종류의 행동에 대하여 참가자와 미묘하게 의사소통하여 나타나는 결과, 결국 자신들이 기대하였던 반응을 만들어냄

기면증(narcolepsy, 발작수면) 낮 동안 참을 수 없는 수면 충동이 특징인 수면 장애

기본수준(basic level) 기억에서 가장 빨리 인출될 수 있고 가장 효율적으로 사용될 수 있는 범주화 수준

기억(memory) 정보를 부호화, 저장, 인출하는 정신능력

기억상실증(amnesia) 신체적 상해, 질병, 약물 사용, 또는 심리적 트라우마에 의해 야기된 기억의 실패

기억술(mnemonics) 기억 정보에 대한 후속 접속을 향상시키기 위해 새로운 정보의 부호화 도중 친숙한 정보를 사용하는 책략 또는 도구

기억의 암묵적 사용(implicit use of memory) 정보를 부호화하거나 재생하기 위한 의식적 노력 없이 기억과정을 통한 정보를 이용할 수 있는 것

기억의 외현적 사용(explicit use of memory) 기억과정을 통해 정보를 부호화하거나 재생하기 위한 의식적 노력

기억흔적(engram) 정보에 대한 뇌 내부의 물리적 기억흔적

기저막(basilar membrane) 와우관 속에 있는 막. 와우관 속 액체의 움직임에 따라 체계적으로 진동함으로써 이 막 위에 정렬되어 있는 모세포를 반응하게 만든다. 모세포의 반응은 청신경을 자극하여 결국에는 청각경험을 유발하게 된다.

기질(temperament) 아동이 환경적 사건에 대해 정서적, 행동적으

로 반응하는 생물학적으로 기본적인 수준

기형발생물질(teratogen, 테라토젠) 태아에게 구조적 기형을 유발하는 질병이나 약물 등의 환경 요인들

꿈 작업(dream work) Freud 꿈의 분석에서 내적 검열자가 꿈의 잠재 내용을 현재 내용으로 변환시키는 과정

꿈분석(dream analysis) 개인의 무의식적 동기나 갈등에 대한 통찰을 얻기 위해 정신분석학자들이 사용하는 꿈에 대한 해석

내담자(client) 심리장애를 정신질환이 아니라 삶의 문제라고 생각하는 임상가가 치료를 받는 사람들을 지칭할 때 사용하는 용어

내담자중심 치료(client-centered therapy) 모든 인간이 자아실현이라고 하는 인간의 본성을 가지고 있다는 전제하에, 개인의 건강한 심리적 성장을 강조하는 인본주의적 치료접근

내성(tolerance) 약물의 지속적 사용 때문에 동일 효과를 얻기 위해 더 많은 용량이 요구되는 상황

내성법(introspection) 개인의 생각과 느낌에 대한 개인적으로 하는 체계적 검사

내용타당도(content validity) 한 검사가 관심 영역의 전체 범위를 적절하게 측정하는 정도

내재화(internalization) Vygotsky에 따르면, 사회적 맥락으로부터 지식을 흡수해 가는 과정

내적 일관성(internal consistency) 신뢰도의 측정치. 한 검사가 홀수 문항들 대 짝수 문항들처럼, 검사의 다른 부분들 간에 비슷한 점수를 산출하는 정도

내집단 편향(in-group bias) 사람들이 외집단 구성원에 비해 내집단 구성원에 대해 더 호의를 갖는 경향

내집단(in-group) 사람들이 자신을 다른 구성원들과 동일시하는 집단

노출치료(exposure therapy) 내담자에게 불안을 느끼게 하는 사물이나 상황을 내담자 스스로 경험하게 하는 행동적 기법

뇌간(brain stem) 신체의 기본적 생명과정을 조절하는 뇌 구조

뇌교(pons) 척수를 뇌와 연결시키고 뇌 부분들을 서로 연결시키는 뇌간의 영역

뇌분비계(endocrine system) 호르몬을 생성하고 혈류에 분비하는 분비샘의 네트워크

뇌전도(electroencephalogram) 뇌의 전기 활동을 기록한 것

뇌하수체(pituitary gland) 성장호르몬을 분비하며 다른 내분비샘의 호르몬 분비에 영향을 미치는 분비샘으로서 뇌에 위치함

뉴런(neuron) 정보를 받아들이고 처리하며 그리고/또는 다른 뉴런으로 정보를 전달하는 데 전문화된 신경계의 세포

단기기억(Short-Term Memory, STM) 최근 경험의 보존 그리고 장기기억에서 정보의 인출과 관련된 기억과정, 단기기억은 용량이 제한되어 있고 되뇌임 없이는 짧은 시간 동안만 정보를 저장함

단안 깊이 단서(monocular depth cue) 깊이 지각에 이용되는 많은 단서 중, 한쪽 눈으로만 수집된 정보를 이용하는 단서

대뇌(cerebrum) 고차적 인지 및 정서기능을 조절하는 뇌영역

대뇌반구(cerebral hemisphere) 대뇌의 절반 2개로서 뇌량에 의해 연결됨

대뇌피질(cerebral cortex) 대뇌의 바깥쪽 표면

대립-과정 이론(opponent-process theory) 색깔에 대한 경험은 적색 대 녹색, 청색 대 황색, 검은색 대 흰색이라는 두 개씩 대립되는 요소로 구성된 세 개의 시스템에 의해 생성된다고 주장하는 이론

대상영속성(object permanence) 대상이 개인의 행위나 인식과 독립적으로 존재한다는 인식. 영아기의 중요한 인지적 획득이다.

대처(coping) 우리가 가진 것보다 더 많은 것을 요구하는 것으로 판단되는 조건(내적 및 외적 조건)을 다루는 심리적 과정

대표적 표집(representative sample) 남녀와 인종 집단 등의 분포 등을 고려하는 모집단의 전반적 특성에 최대한 근접한 모집단의 부분집합

데이트 강간(date rape) 누가 봐도 데이트를 하는 상황에서 면식이 있는 사람에 의해 당하는 성폭행

도구적 공격성(instrumental aggression) 특정한 목표를 달성하기 위해 미리 계획된 생각을 갖고 수행하는 인지 기반이면서 목표 기반의 행동

도덕성(morality) 개인이 사회에서 타인에 대한 의무를 수행하고, 타인의 권리와 이익을 침해하지 않는 방식으로 행동할 수 있게 해 주는 신념 및 가치 체계

도식(scheme) 영아나 어린 아동이 세상을 해석하고 환경에 적응하기를 배워감에 따라 발달하는 인지구조로 피아제의 용어이다.

도피 학습(escape conditioning) 일종의 학습으로 특정 행동을 하면 혐오성 자극에서 벗어나게 된다는 사실을 배우는 과정

독립변인(independent variable) 실험 상황에서 종속변인에 영향을 줄 것으로 기대되는 변인으로 연구자가 조작하는 변인

독립적 자기 구성개념(independent construal of self) 개인의 행동이 다른 사람들의 생각, 감정, 행동에 따르기보다는 주로 자신의 생각, 감정, 행동에 따르도록 조직화된 개인의 행동으로서 자기를 개념화하는 것

동공(pupil) 안구의 앞쪽에 열려 있는 원형의 공간. 이 공간(구멍)을 통해 빛이 눈 안으로 들어간다.

동기(motivation) 신체적 활동이나 심리적 활동을 촉발하고 관리하고 유지하는 데 관여하는 모든 과정. 특정 활동을 다른 활동보다 선호하는 경향성과 반응의 활기 및 지속성에 관여하는 기제도 동기에 포함된다.

동의서(informed consent) 실험과정, 위험성, 그리고 연구에 참가함으로써 얻게 되는 이득 등에 대하여 개인에게 알리는 과정

동조(conformity) 사람들이 참조집단 구성원들의 행동, 태도, 가치를 수용하는 경향

동화(assimilation) Piaget에 따르면, 새로운 인지 요소가 기존의 요소에 맞추거나 또는 더 쉽게 맞출 수 있게 변형되는 과정. 이 과정은 조절과 협력하여 작용한다.

두정엽(parietal lobe) 전두엽의 뒤 그리고 외측열의 위에 있는 뇌 영역으로서 체감각피질을 포함함

리비도(libido) 개인들을 모든 종류의 관능적인 쾌락, 특히 성적 쾌락으로 추동하는 심리적 에너지

마음 갖춤새(mental set) 이전 문제에 대해 반응하는 데 사용한 방식으로 새로운 문제에 반응하는 경향성

마음이론(theory of mind) 타인의 마음 상태의 이해에 기초하여 타인의 행동을 설명하고 예언하는 능력

만성 스트레스(chronic stress) 갖고 있는 내외적 자원보다 더 많은 것이 필요하다고 느끼는 상황에서 오랫동안 지속되는 각성 상태

말초신경계(Peripheral Nervous System, PNS) 척수신경과 뇌신경으로 구성된 신경계의 부분으로서 신체의 감각 수용기를 CNS로, CNS를 근육과 분비샘으로 연결시킴

맛 혐오 학습(taste-aversion learning) 새로운 먹이를 먹은 다음 병을 앓고 나면 그 맛이 나는 먹이를 다시는 먹지 않는 학습, 생리적 제약 덕분에, 단 한 번의 경험으로 일어나는 현상

망막/양안 부등(retinal/binocular disparity) 두 눈의 망막에 맺힌 상이 중심와로부터 떨어진 거리 및 방향이 동일하지 않은 상태

망상체(reticular formation) 대뇌피질로 하여금 입력 감각신호에 대한 경각심을 갖도록 하고 의식을 유지하며 수면에서 깨도록 하는 것을 담당하는 뇌간의 영역

맹점(blind spot) 시신경이 안구를 빠져나가는 곳이어서 안구의 뒤벽 중에서 수용기세포가 존재하지 않는 부분을 일컫는다. 광반이라고도 한다.

메타기억(metamemory) 기억 능력과 효과적인 기억 책략에 관한 암묵적 또는 외현적 지식, 기억에 관한 인지

메타분석(metaanalysis) 가설 검정에 이용되는 통계적 기법 중 하나. 많은 연구에서 수집된 자료를 기초로 일반적 결론을 도출하게 해 주는 공식적인 메커니즘이다.

명상(meditation) 자기 자각을 감소시킴으로써 자기 이해와 웰빙을 고양시키도록 고안된 의식변경의 한 형태

모양 항등성(shape constancy) 망막에 맺힌 물체의 상은 물체를 바라보는 위치에 따라 판이하게 달라지는데도 불구하고 물체의 모양은 변하지 않는 것으로 지각하는 능력

모집단(population) 실험 표집으로부터 일반화할 수 있는 개인들의 전체 집합

모호성(ambiguity) 망막 위에 맺힌 하나의 상이 여러 가지로 해석될 수 있는 본성을 일컫는 말

목적-지향적 주의(goal-directed attention) 감각정보 중 일부가 선택되는 두 가지 양식 중 하나로, 그 선택이 자신의 목적을 기초로 이루어지는 양식을 일컫는 말

목회 상담자(pastoral counselor) 종교 집단의 일원으로서 심리장애 치료를 전문으로 하는 사람

몽유병(somnambulism) 잠자는 사람이 여전히 잠든 상태에서 잠자리를 떠나 배회하도록 하는 장애로서 수면보행(sleep walking)이라고도 함

무선표집(random sampling) 모집단의 모든 구성원이 실험 참가자로 선택될 확률이 같도록 하여 선발하는 과정

무선 할당(random assignment) 실험에서 참가자가 실험의 어떤 조건에도 할당될 확률이 같게 하는 절차

무의식(unconscious) 억압된 욕구와 원시적 충동들을 저장해 놓은 심리적 영역

무조건 반응(unconditioned response, UCR) 고전적 조건형성에서 무조건 자극에 의해 유발되는 행동

무조건 자극(unconditioned stimulus, UCS) 고전적 조건형성에서 무조건 반응을 자연적으로 유발하는 자극

무조건적 긍정적 존중(unconditional positive regard) 아이에 대한 부모의 무조건적 애착과 같이 한 사람에 대한 개인의 완전한 사랑과 수용

문제공간(problem space) 문제를 구성하는 요소들로서, 초기상태는 시작할 때의 불완전한 정보나 만족스럽지 못한 조건, 목표 상태는 달성하고자 하는 정보나 상태, 조작 세트는 초기상태에서 목표상태로 옮겨가는 단계들임

미각(gustation) 맛을 보는 감각

민감화(sensitization) 반복해서 제시되는 특정 자극에 대한 우리의 반응이 점점 더 강해지는 현상

바이오피드백(biofeedback) 일종의 자기조절법으로, 이 기법을 이용하면 혈압이나 홍조 등 무의식적으로 벌어지는 과정을 수의적으로 통제할 수 있게 된다.

반복적 rTMS(repetitive transcranial magnetic stimulation) 반복적인 자기(磁氣) 자극 펄스를 사용하여 뇌영역을 일시적으로 불활성화시키는 기법

반사반응(reflex) 타액분비, 동공수축, 무릎반사 또는 눈 깜박임 등 특정 자극에 의해 자연적으로 유발되는 반응

반응 편파(response bias) 관찰자가 특정 방식의 반응을 선호하게 되는 경향성으로, 감각적 요인 이외의 요인에서 유발된 것

발달연령(developmental age) 대다수의 아동이 특정 수준의 신체적 발달 또는 심리적 발달을 나타내는 연령

발달심리학(developmental psychology) 신체과정과 심리과정 간의 상호작용, 그리고 수태에서 전 생애에 이르기까지의 성장의 단계에 관심을 두는 심리학 분야

밝기 항등성(lightness constancy) 대상을 비추는 빛의 강도, 즉 조도가 바뀌는데도 그 대상의 밝기(흰색-회색-흑색의 정도)를 같은 것으로 지각하는 경향성

밝기(brightness) 빛의 강도를 반영하는 심리적 차원

배아기(embryonic stage) 태내기 발달의 두 번째 단계로, 수정 후 3주에서 8주까지의 기간

베르니케 영역(Wernicke's area) 유창한 말소리 생성과 이해를 담당하는 뇌영역

변동간격 계획(variable-interval schedule, VI) 강화 계획 중 하나로, 어떤 강화물이 제시된 후 다음 강화물이 제시될 때까지의 시간 간격 각각은 정해져 있지 않고, 이들 모든 시간 간격의 평균은 미리 정해져 있는 강화 계획

변동비율 계획(variable-ratio schedule, VR) 강화 계획 중 하나로, 각각의 강화물이 제시되기 전에 관찰되어야 하는 반응의 수는 그때그때 달라지는데, 이들 반응 수의 평균은 미리 정해져 있는 강화 계획

변별자극(discriminative stimulus) 특정 행동이 정적 강화를 유발하는 조건/때를 신호해 줌으로써 강화물 예측 요인으로 작용하는 자극

변연계(limbic system) 주요 생리적 기능뿐만 아니라 정서적 행동, 기본적인 동기적 욕구, 기억을 조절하는 뇌영역

변인(variable) 실험 상황에서 양과 종류가 변화하는 요인

변환(transduction) 한 가지 형태의 에너지가 다른 형태의 에너지로 바뀌는 과정. 가령, 빛 에너지가 신경반응으로 바뀌는 과정

병렬처리(parallel process) 동시에 수행되는 두 개 이상의 정신과정

보건심리학(health psychology) 사람들이 건강을 유지하는 방식, 질병을 겪게 되는 이유, 그리고 질병에 반응하는 방식에 관한 이해의 폭을 넓히는 일을 그 목적으로 하는 심리학의 한 영역

보상을 통한 선택적 최적화(selective optimization with compensation) 성공적 노화의 전략으로, 이를 통해 정상적 노화에 수반되는 감소의 영향을 최소화하고 이득을 최대화할 수 있다.

보색(complementary colors) 색환에서 정반대쪽에 있는 색을 서로 보색이라 함. 보색을 가법적으로 혼합하면 무색이 된다.

보존성(conservation) Piaget에 따르면, 사물의 외양이 변하여도 아무것도 더하거나 빼지 않으면 물리적 속성이 변하지 않음을 이해하는 것

본능(instinct) 선천적 특성으로 그 종의 생존에 필수적인 행동 경향성

부교감신경계(parasympathetic nervous system) 자율신경계의 일부분으로서 신체의 내적 기능의 일상적 작동을 감시하고 신체 에너지를 보존 저장함

부분 강화 효과(partial reinforcement effect) 행동 원리 중 하나로, 강화를 띄엄띄엄 받고 습득된 행동이 반응할 때마다 강화를 받아 학습된 반응보다 소거에 대한 저항이 강하다고 표현되는 원리

부양 투자(parental investment) 부모가 자녀를 키우는 데 소비하는 시간과 에너지

부위 설(place theory) 음파가 속귀에 전도되면 기저막이 움직인다는 사실을 기초로 고안된 이론으로 기저막 위의 신경세포 중 가장 활발하게 반응하는 세포의 위치에 따라 음고가 결정된다고 주장한다.

부적 강화(negative reinforcement) 어떤 행동을 한 후에 혐오성 자극을 제거함으로써 그 행동이 일어날 확률을 증가시키는 일

부주의 맹목(inattentional blindness) 주의가 다른 곳에 초점을 둘 때 대상을 지각하지 못하는 것

부호화 특수성(encoding specificity) 회상할 때 받았던 단서가 부호화할 때 있었던 단서와 일치한다면 정보의 인출이 향상되는 원리

부호화(encoding) 기억에서 정신표상이 형성된 과정

분석심리학(analytic psychology) 사람을 역동적인 균형을 보이는 보상적인 내적 힘의 감정 집합으로 보는 심리학의 한 분파

불면증(insomnia) 만성적 수면장애로서 그 증상은 잠들기 어려움, 빈번한 잠 깨기, 다시 잠들기 어려움, 이른 아침 잠깨기이다.

불안(anxiety) 억압된 갈등이 의식으로 막 드러나려는 전의식적 인식에 의해 유발된 강한 정서적 반응

불응기(refractory period) 축색의 어떤 부분에서 새로운 신경충동이 활성화될 수 없는 휴식 기간

브로카 영역(Broca's area) 사고를 말소리나 사인으로 변환시키는 뇌영역

비 REM수면[non-REM(NREM) sleep] 잠자는 사람이 급속한 안구운동을 보이지 않는 기간으로서, REM수면 도중보다 꿈 활동이 덜하다는 특징이 있음

비교 인지(comparative cognition) 인지능력 발달의 종 간 차이 그리고 인간과 동물의 지적 능력에서 발견되는 연속성을 추적하려는 연구 분야

비의식적(nonconscious) 통상 의식되거나 기억될 수 없는

사례(exemplar) 사람들이 맞닥뜨렸던 특정 범주의 구성원

사례연구(case study) 특정 개인 또는 소규모 집단에 대한 집중적 관찰

사춘기(puberty) 성적 성숙에 도달하는 과정

사회 인지(social cognition) 사람들이 사회적 정보를 선택하고, 해석하고, 그리고 기억하는 과정

사회문화적 접근(sociocultural perspective) 행동의 원인과 결과에 대하여 비교문화적 차이에 초점을 맞추는 심리학적 접근

사회생물학(sociobiology) 인간과 다른 동물 종의 사회적 행동과 사회적 체계에 대해 진화론적 설명에 초점을 두는 연구영역

사회심리학(social psychology) 각 개인의 행동, 태도, 지각, 그리고 동기에 영향을 미치는 사회적 변인을 연구하는 심리학의 한 분파. 또한 집단과 집단 간 현상도 연구한다.

사회적 규범(social norm) 수용 가능하고 적절한 태도와 행동에 관해 집단이 집단 구성원들에게 가지는 기대

사회적 발달(social development) 개인의 사회적 상호작용과 기대가 전 생애에 걸쳐 변화하는 방식

사회적 범주화(social categorization) 사람들이 자신과 다른 사람들을 서로 다른 집단으로 범주화하여 사회적 환경을 조직화하는 과정

사회적 역할(social role) 주어진 상황이나 집단에서 기능하는 사람들의 사회적으로 규정된 행동 패턴

사회적 지각(social perception) 사람이 다른 사람들의 속성을 알거나 지각하게 되는 과정

사회적 지지(social support) 사람들이 스트레스를 성공적으로 대처해 나갈 수 있도록 돕기 위해 다른 사람들이 제공하는 자원으로 물질적 도움, 사회-정서적 지지, 정보성 지원 등으로 분류된다.

사회학습 이론(social learning theory) 학습 이론 중 하나로, 관찰의 역할과 관찰한 행동을 모방하는 일을 강조하는 이론

사회화(socialization) 특정 사회에서 바람직하다고 간주되는 쪽으로 동조하여 개인의 행동 패턴, 가치, 기준, 기술, 태도 그리고 동기들이 형성되어 가는 과정

사후 설명(debriefing) 실험을 마치고 연구자가 참가자에게 실험에 관한 정보를 최대한 설명하고 참가자가 혼란스럽거나 마음이 동요하거나 당황하지 않도록 하는 과정

삼원색 이론(trichromatic theory) 정상인의 눈에는 세 가지의 수용기가 있고 이들 수용기에 의해 일차 색감인 적색, 녹색, 청색이 생성되고, 다른 모든 색깔은 이들 삼원색의 가산성 또는 감산성 조합으로 만들어진다는 이론

상관계수[correlational coefficient(r)] 두 변인 간의 관계의 정도를 나타내는 통계치

상관연구(correlational method) 두 가지 변인, 특성 또는 관계되는 속성 간의 관계를 결정하는 연구방법

상담심리학자(counseling psychologist) 진로선택, 학교문제, 약물남용, 부부갈등과 같은 영역에서 전문적인 도움을 주는 심리학자

상향처리(bottom-up processing) 감각기관을 통해 수집된 정보가 보다 추상적인 개념적 정보로 변형되어 가는 과정

상호결정론(reciprocal determinism) 개인, 그들의 행동, 그리고 환경 자극 간의 복잡하게 서로 상호작용한다는 관념을 말하는 것으로서 이들 구성 요소 각각이 서로에게 영향을 준다는 Albert Bandura의 사회학습 이론의 개념

상호 이타주의(reciprocal altruism) 다른 사람들이 자신에 대해 이타주의 행동을 되돌려 보일 것이라는 기대를 가지고 이타주의 행동을 한다는 생각

상호성 규범(reciprocity norm) 어떤 사람이 다른 사람에게 무엇인가를 했을 때 그 사람이 다시 자신에게 무엇인가를 할 것이라는, 즉 호의가 되돌아올 것이라는 기대

상호의존적 자기 구성개념(interdependent construal of self) 한 사람의 행동은 그 사람이 다른 사람의 생각, 감정, 그리고 행동이라고 지각되는 것에 의해 결정되고, 수반되고, 상당한 정도로 조직되는 사회적 관계를 포괄하는 부분으로서 자기를 개념화하는 것

색상(hue) 빛에 대한 색깔 경험(빨간색, 주황색, 노란색 등)에서 나는 질적 차이

생리적 의존성(physiological dependence) 신체가 약물에 적응하거나 의존하게 되는 과정

생물의학적 치료(biomedical therapy) 심리장애를 치료하기 위해 약물, 수술, 전기충격과 같은 화학적 또는 물리적 개입을 통해 뇌의 기능을 변화시키려는 접근

생물학적 접근(biological perspective) 유전자의 기능, 뇌, 신경계통, 그리고 내분비샘 체계에 초점을 두고 행동의 원인을 학인하려는 접근

생산성(generativity) 개인이 자기와 배우자를 넘어서서 가정, 일, 사회 그리고 미래 세대에게 헌신하는 것. 전형적으로 30~40대에게 발달하는 중요한 상태이다.

생활연령(chronological age) 개인이 태어나서 산 기간

서술기억(declarative memory) 사실과 사건과 같은 정보에 대한 기억

서열위치효과(serial position effect) 목록의 초기와 말미 항목들의 회상이 중간에 나타난 항목들의 회상보다 흔히 더 우수한 기억 인출의 특성

설득(persuasion) 태도를 변화시키려는 의도된 노력

성격(personality) 서로 다른 상황이나 시간이 경과되어도 다양한 특징적인 행동 패턴에 영향을 주는 개인의 심리적 특색

성격검사 도구(personality inventory) 사람들의 사고, 감정, 그리고 행동에 대한 일련의 항목을 포함하는 성격검사로 사용되는 자기보고형 질문지

성격분석적 전기(psychobiography) 개인의 전 삶의 과정을 기술하고 설명하는 심리학적 이론(특히 성격)의 사용

성 고정관념(gender stereotype) 특정 문화에서 남성과 여성에 적절하다고 간주되는 특징과 행동에 대한 신념

성 염색체(sex chromosome) 남성 또는 여성 성징의 발달이 부호화된 유전자를 갖고 있는 염색체

성숙(maturation) 발달과정을 통해 계속되는 유전의 영향. 연령에 따라 일어나는 종의 특징인 신체적 및 행동적 변화

성적 각본(sexual script) 사회적으로 학습된 성적 행동의 반응성

성적 흥분(sexual arousal) 성적 자극에 대한 생리적 및 인지적 반응으로 나타나는 흥분 및 긴장의 동기적 상태

성 정체성(gender identity) 남성인지, 여성인지에 대한 개인의 느낌. 보통 생물학적 성의 인식 및 수용과 관련된다.

성차(sex difference) 남성과 여성을 구분함에 있어서 생물학에 기

초한 특성

성차별주의(sexism) 사람들이 성에 따라 구분짓는 것

성취욕구(need for achievement) 목표달성을 위해 애를 쓰는 인간의 기본적 욕구로 간주되며, 광범위한 행동 및 사고를 자극하는 욕구로 간주됨

세포체(soma) 뉴런의 세포체로서 핵과 세포질을 가짐

소거(extinction) 조건 자극이 제시되어도 조건 반응이 더 이상 일어나지 않는 상태를 일컫는 말로, 무조건 자극 없이 조건 자극만 반복해서 제기되었을 때 발견되는 조건

소뇌(cerebellum) 신체운동 통제의 학습능력뿐만 아니라 운동 조화, 자세, 균형을 통제하는 뇌영역으로서 뇌간에 부착됨

소리내어 생각하기 프로토콜(think-aloud protocol) 어떤 과제를 수행하는 도중 실험 참가자가 사용하는 정신과정과 책략에 대한 자기 보고

소리의 근원 탐지(sound localization) 귀에 들리는 소리만 듣고도 그 소리가 난 위치, 즉 소리의 근원을 쉽게 찾아내는 능력 또는 현상

손상(lesion) 뇌 조직의 손상 또는 파괴

수렴(convergence) 특정 물체를 응시할 때 두 눈 안쪽(코 쪽)으로 회전하는 정도 또는 현상

수면 무호흡증(sleep apnea) 잠자는 동안 호흡 중지를 야기하는 상기도계의 수면장애

수상돌기(dendrite) 입력 신호를 받아들이는 뉴런의 분지된 섬유들의 하나

수용장(receptive field) 시야의 영역 중에서 시각 시스템 속 특정 신경세포를 자극하는 영역을 그 신경세포의 수용장이라 한다.

수정란(zygote) 정자와 난자가 수정하여 생성한 단일세포

수정체(lens) 눈으로 들어오는 빛의 초점이 망막 위에 맺히도록 빛의 진로를 굴절시키는 투명한 조직체

수초(myelin sheath) 축색을 둘러싼 절연물질로서 신경전달의 속도를 빠르게 함

수평세포(horizontal cell) 망막을 구성하는 신경세포 중 하나로, 수용기 세포를 서로서로 연결시키는 역할을 맡고 있다.

순종(compliance, 응종) 의사소통하는 사람의 직접적인 요구에 부합하는 행동상의 변화

순차처리(serial process) 순서대로 한 번에 하나씩 수행되는 두 개 이상의 정신과정

순행간섭(proactive interference) 과거 기억이 새로운 정보의 부호화와 인출을 더 어렵게 만드는 상황

순행성 기억상실증(anterograde amnesia) 뇌에 대한 신체적 손상이 일어난 후 발생한 사건에 대한 외현적 기억을 형성할 수 없는 것

스트레스(stress) 유기체가 자신의 균형을 파괴하고 자신의 능력만으로 대처할 수 없는 사건을 만났을 때 나타나는 구체적 및 비구체적 반응 양상

스트레스인(stressor) 스트레스를 유발하는 유기체의 내적 또는 외적 사건이나 자극

스트레스 조정 변인(stress moderator variables) 스트레스인이 특정 유형의 스트레스 반응에 미치는 효과를 바꾸어 놓는 변인

습관화(habituation) 똑같은 사건/자극에 반복해서 노출되면 그 자극/사건에 대한 반응이 점점 약해지는 현상

습득(acquisition) 고전적 조건형성 실험에서 전개되는 한 단계로, 조건 자극에 대한 조건 반응이 처음으로 유발되기 시작하는 단계

시각피질(visual cortex) 시각정보가 처리되는 후두엽의 영역

시간적 독특성(temporal distinctiveness) 특정 항목이 시간상 다른 항목들로부터 도드라지거나 뚜렷하게 구분되는 정도

시냅스 전달(synaptic transmission) 시냅스 틈을 거쳐 한 뉴런에서 다른 뉴런으로 정보를 전달하는 것

시냅스(synapse) 한 뉴런과 다른 뉴런 사이의 틈

시상(thalamus) 감각충동을 대뇌피질로 전달하는 뇌 구조

시상하부(hypothalamus) 동기화된 행동(섭식과 마시기와 같은)과 항상성을 조절하는 뇌 구조

시신경(optic nerve) 신경절 세포의 축색으로, 망막에서 처리된 정보를 시각피질로 전달하는 작업을 한다.

신경과학(neuroscience) 뇌 그리고 뇌 활동과 행동간 연결에 관한 과학적 연구

신경면역학(psychoneuroimmunology) 스트레스에 대한 반응과 같은 심리적 과정과 면역계와의 상호작용을 탐구하는 학문 분야

신경발생(neurogenesis) 새로운 뉴런의 생성

신경성 거식증(anorexia nervosa) 일종의 섭식장애로, 기대 체중의 85% 미만인 사람인데도 비만해질까 봐 심한 두려움을 내비치는 행동양상

신경성 폭식증(bulimia nervosa) 섭식장애의 일종으로, 폭식 후 과다 칼로리를 몸속에서 제거하기 위해 억지로 구토를 하거나 설사제를 사용하거나 금식을 하는 등으로 나타나는 행동양상

신경전달물질(neurotransmitter) 한 뉴런에서 방출되어 시냅스를 거쳐 시냅스후 뉴런을 자극하는 화학적 메신저

신경절 세포(ganglion cell) 망막을 구성하는 신경세포 중 하나. 여러 개의 양극세포로부터 받은 신호를 통합하여 하나의 신경신호로 바꾸는 작업을 한다.

신경조절자(neuromodulator) 시냅스후 뉴런의 활동을 수정하거나 조절하는 모든 물질

신념편향효과(belief-bias effect) 어떤 사람이 갖고 있는 사전 지식, 태도 또는 가치가 그 사람으로 하여금 부당한 주장을 수용하도록 영향을 미침으로써 추론과정을 왜곡시킬 때 일어나는 상황

신뢰도(reliability) 한 검사를 사용할 때마다 보이는 유사도. 측정 도구 점수의 안정성 또는 일관성

신체 발달(physical development) 수태로 시작되는 전 생애에 걸쳐

계속되는 신체 변화, 성숙 그리고 성장

신호탐지 이론(signal detection theory) 반응 편파를 분석하는 데 이용되는 체계적 접근법. 이 접근법을 이용하는 연구자는 감각 자극의 역할과 최종 반응/판단을 할 때 실험 참여자가 이용하는 준거를 구분할 수 있게 된다.

실무율(all-or-none law) 활동전위를 유발하는 자극 강도가 역치 수준보다 훨씬 더 커진다고 해도 활동전위의 크기가 영향받지 않는다는 규칙

실험법(experimental method) 종속변인에 영향을 주는 독립변인을 조작하는 연구방법

실험집단(experimental group) 처치에 노출되었거나 독립변인의 조작을 경험한 실험의 집단

심리 평가(psychological assessment) 사람의 능력, 행동 그리고 성격 특징을 평정하기 위해 사용되는 특정 절차

심리사회적 단계(psychosocial stage) Erik Erikson이 제안한 것으로, 자신과 타인에 대한 개인의 관심을 강조하는 연속적 발달 단계 중 하나. 이들 단계들은 개인 발달의 성적 및 사회적 측면을 통합할 뿐 아니라 개인과 사회적 환경 간의 상호작용에서 야기되는 갈등을 통합한다.

심리사회적 성(gender) 남성과 여성의 학습된 성 관련 행동과 태도를 지칭하는 심리적 현상

심리적 결정론(psychic determinism) 정신과 행동의 반응은 그 이전의 경험에 의해 결정된다는 가정

심리적 의존성(psychological dependence) 약물에 대한 심리적 요구나 갈망

심리측정 함수(psychometric function) 자극의 강도가 변함(X축)에 따라 그 자극이 탐지될 백분율이 변하는(Y축) 모습을 그려놓은 그래프

심리측정학(psychometrics) 심리(정신)를 검사하는 심리학 분야

심리치료(psychotherapy) 심리장애를 치료하기 위해 특정 장애와 관련될 수 있는 잘못된 행동, 사고, 지각, 정서를 바꾸는 데 초점을 두는 접근

심리학(psychology) 개인과 정신과정의 행동을 과학적으로 연구하는 학문

심신사회적 모형(biopsychosocial model) 건강과 질병의 모형 중 하나로 건강은 신경계와 면역계, 행동양식, 인지과정 그리고 환경영역 간 관련성에 의해 결정된다고 가정하는 모형

아마크린 세포(amacrine cell) 망막을 구성하는 신경세포 중 하나로, 양극세포를 다른 양극세포와 연결시켜 주는 역할을 맡고 있다.

알고리듬(algorithm, 연산법) 특정 유형의 문제에 대한 정답을 항상 제공하는 단계적 절차

암묵적 편견(implicit prejudice) 개인들의 의식적인 자각 외부에 존재하는 편견

암적응(dark adaptation) 조명이 밝은 상태에서 어두운 상태로 바뀐 후, 우리 눈의 빛에 대한 민감도가 점차적으로 향상되는 현상

애착(attachment) 아동과 주 양육자 간의 정서적 관계

양극세포(bipolar cell) 망막을 구성하는 신경세포 중 하나. 수용기 세포로부터 받은 신호를 신경절 세포로 보내는 역할을 수행한다.

양안 깊이 단서(binocular depth cues) 두 눈으로 수집한 정보를 비교했을 때 생성되는 깊이 단서

양육 방식(parenting style) 부모가 아이들을 키우는 방식. 요구성과 반응성이 균형을 이루는 권위 있는 양육 방식이 가장 효율적이라고 본다.

양전자방출단층촬영술술스캔[Positron-Emission Tomography(PET) scan] 여러 인지적 또는 행동적 활동 도중 세포에서 방출된 방사능을 기록함으로써 살아 있는 뇌 활동에 관한 상세한 사진을 구하는 기법을 통해 생성된 뇌 영상

억압(repression) 고통스럽거나 죄책감을 유발하는 생각, 느낌 혹은 기억이 의식적 자각으로부터 배제되는 기본적인 방어기제

억제성 입력(inhibitory input) 뉴런이 발화하지 않도록 신호를 보내는 입력정보

언어상대성(linguistic relativity) 사람이 사용하는 언어의 구조가 사람이 세계에 관해 생각하는 방식에 영향을 미친다는 가설

언어생성능력(language-making capacity) 아동이 언어를 학습하게 해 주는 선천적 지침 또는 선천적 조작원리

에스트로겐(estrogen) 난소에서 생산되는 여성 호르몬으로서, 여성의 생식구조와 이차 성징의 발달 및 유지뿐만 아니라 난소에서 난자의 방출을 담당함

역전이(countertransference) 정신분석가가 내담자를 자신의 삶에서 의미 있는 사람과 비슷하게 지각하게 되면서 내담자에 대한 개인적 감정을 발달시키는 상황

역조건화(counterconditioning) 조건화 과정을 사용하여, 부정적인 반응을 새로운 반응으로 대체하기 위해 치료에서 사용하는 기법

역행간섭(retroactive interference) 새로운 기억의 형성이 이전 기억의 재생을 더 어렵게 만드는 상황

역행성 기억상실증(retrograde amnesia) 뇌에 대한 신체적 손상이 일어나기 이전의 기억을 인출할 수 없는 것

연사 원리(volley principle) 주파수 이론을 확장시킨 원리로, 우리의 귀를 자극하는 음파의 정점이 너무 조밀하여(즉, 주파수가 너무 높아 >1,000Hz) 하나의 신경세포가 이들 각각의 정점에 발화할 수 없을 때는 여러 개의 신경세포가 협력하여 그 주파수에 맞추어 반응한다고 주장한다.

연수(medulla) 호흡, 잠에서 깨기, 심장박동을 조절하는 뇌간의 영역

연역추론(deductive reasoning) 두 개 이상의 진술이나 명제로부터 논리적으로 뒤따르는 결론을 도출하는 사고 형태

연합영역(association cortex) 많은 고등 수준의 뇌 처리가 일어나는 대뇌피질의 부분들

영상기억(iconic memory) 매우 짧은 지속기간 동안 많은 양의 정보가 저장될 수 있도록 해 주는 시각영역의 기억체계

영아지향적 언어(infant-directed speech) 더 느린 속도, 강한 억양 그리고 단순한 구조를 띠는, 아이들에게 하는 말의 형태

예상적 대처(anticipatory coping) 잠재적인 스트레스성 사건이 일어나기 전에, 그 사건에 대처하는 데 필요할 것으로 판단되는 자원과 실제로 가용한 자원 간의 괴리를 미리 극복하거나 줄이거나 참아내려고 투자하는 노력

와우관(cochlea) 일차적 청각기관으로, 속귀에 연결되어 있는 달팽이 모양으로 감겨 있는 관인데 그 속은 림프액으로 채워져 있다.

외집단(out-group) 사람들이 자신을 다른 사람들과 동일시하지 않는 집단

욕구 위계(hierarchy of needs) 인간의 기본 동기는 위계를 이루고 있다는 Maslow의 견해/이론. 위계의 하위 수준에 있는 욕구가 먼저 충족되어야 그 위에 위치한 욕구가 충족될 수 있다고 주장한다. 위계의 맨 아래에는 생리적 욕구가 그리고 맨 위에는 자아실현의 욕구가 자리 잡고 있다.

운동뉴런(motor neuron) 중추신경계에서 근육과 분비샘으로 메시지를 전달하는 뉴런

운동피질(motor cortex) 신체 수의근의 행위를 통제하는 대뇌피질 영역

움직임 시차(motion parallax) 깊이/거리에 관한 정보를 제공하는 정보원으로, 관찰자로부터 물체들까지의 상대적 거리에 따라 물체에 의해 투사된 상들이 망막 위에서 움직이는 방향과 상대적 크기가 결정되는 광학원리를 일컫는다.

원격 자극(distal stimulus) 지각의 과정에서 인접자극과 대비되는 개념으로, 실세계에 산재한 물리적 실체를 일컫는 말

원초아(id) 사회의 가치, 기준, 그리고 도덕을 내재화시킨 성격의 원시적이고 무의식적인 부분

원형(archetype) 특정한 경험이나 대상에 대한 보편적이고, 유전되고, 원시적이며, 그리고 상징적인 표상

위약치료(placebo therapy) 내담자의 회복을 야기하는 어떠한 종류의 특정 임상적 절차와 상호의존적인 치료

위약 통제(placebo control) 처치가 시행되지 않은 실험 조건. 위약효과가 있는 경우에 사용

위약효과(placebo effect) 실험 조작 없이 일어나는 행동의 변화

유관성 관리(contingency management) 대상 행동의 결과를 수정함으로써 그 행동을 바꾸어 놓으려는 일반적 치료전략

유동성 지능(fluid intelligence) 복합적 관계를 볼 수 있고 문제를 해결하는 능력과 관련된 지능의 측면

유인물(incentive) 생리적 욕구와는 직접 관련이 없는데도 불구하고 사람들이 행동을 하게끔 만드는 외적 자극 또는 보상

유전(heredity) 부모로부터 자손으로 생물학적 특성들이 전달되는 것

유전가능성 추정치(heritability estimate) 어떤 특성이나 행동이 유전되는 정도에 대한 통계적 추정치이며, 유전적 유사성 정도에 다양한 차이가 있는 사람들 간의 유사성 정도로 측정된다.

유전율(heritability) 행동 패턴의 결정에 있어 환경에 대한 유전의 상대적 영향

유전자(gene) 유전의 생물학적 단위로서, 특성 전달을 담당하는 염색체의 구분된 부분

유전자형(genotype) 부모로부터 유기체가 물려받은 유전적 구조

유전학(genetics) 조상으로부터 신체적 심리적 특성의 유전에 관한 연구

음고(pitch) 소리의 높낮이를 일컫는 말. 주로 음파의 주파수(물리적 차원) 변화에 의해 결정되는 심리적 차원의 변화

음색(timbre) 청각 감각의 속성 중 음파의 복합성을 반영하는 심리적 경험을 구성하는 한 가지 차원

음소(phoneme) 말, 말의 산출 그리고 말의 이해에 있어서 의미 있는 차이를 일으키는 특정 언어의 최소 단위. /r/과 /l/은 연어에서는 두 개의 구분되는 음소이지만 일본어에서는 이 둘은 약간의 차이를 보일 뿐 한 개의 음소이다.

의미기억(semantic memory) 단어와 개념의 의미와 같은 일반적인 범주적 기억

의식(consciousness) 내적 사건과 외적 환경을 자각하는 상태

이기주의 편향(self-serving bias, 자기고양 편파) 사람들이 자신의 성공은 인정하지만 자신의 실패에 대한 책임은 부정하는 경향의 귀인 편파

이론(theory) 현상이나 현상의 조합을 설명하는 조직화된 개념

이온채널(ion channel) 뉴런 세포막의 일부로서 특정 이온은 세포 안으로 들어오도록 하고 특정 이온은 나가도록 함

이완 반응(relaxation response) 근육 긴장, 피질 활동, 심박률 및 혈압이 낮아지고 호흡이 느려지는 조건

이중맹목 통제(double-blind control) 실험 참가자가 어떤 처치를 받았는지를 참가자와 실험 보조자 모두가 모르게 하여 실험에서 기대효과를 제거하는 실험기법

이타주의(altruism) 사람들이 자신의 안전이나 이해관계를 고려하지 않고 수행하는 친사회적 행동

인간 잠재력 운동(humanpotential movement) 평균적인 개인의 잠재력이 더 풍요로운 경험과 더 높은 수준의 수행을 위해 발휘되도록 돕는 모든 실무와 방법을 망라하는 치료운동

인간 행동유전학(human behavior genetics) 행동과 특성의 개인차의 유전적 성분을 평가하는 연구영역

인본주의 접근(humanistic perspective) 개인의 현상학적 세계와 합리적 선택을 할 수 있고 타고난 잠재력을 최대한 발달시킬 수

있는 타고난 능력을 강조하는 심리학적 모델

인접자극(proximal stimulus) 지각의 과정에서 원격자극과 대비되는 개념으로, 망막 위에 맺힌 광학 이미지/상을 일컫는 말

인종차별주의(racism) 사람들을 그들의 피부색이나 인종적 유전에 기반하여 구분짓는 것

인지(cognition) 주의, 기억, 추론을 포함한 앎의 과정이며, 또한 개념과 기억과 같은 처리과정의 내용

인지과정(cognitive process) 지각, 기억, 언어, 문제해결, 그리고 추상적 사고와 같은 고차 정신과정의 하나

인지과학(cognitive science) 정보를 조작하는 체계와 과정에 관한 학제적 연구영역

인지도(cognitive map) 물리적 공간에 대응하는 마음 속 표상

인지발달(cognitive development) 세상에 대해 알게 되는 과정의 발달. 심상의 형성, 지각, 추론 및 문제해결 등이 포함된다.

인지부조화(cognitive dissonance) 사람들이 가진 불일치하는 인지 내용들이 유발하는 긴장 효과가 그러한 긴장을 개인들로 하여금 감소시키도록 노력하게 한다는 이론

인지신경과학(cognitive neuroscience) 인간의 고등인지기능의 저변에 깔린 뇌의 과정을 이해하려는 다학문적 영역

인지심리학(cognitive psychology) 주의, 언어 사용, 기억, 지각, 문제해결, 그리고 사고와 같은 고차 정신과정에 관한 연구

인지적 접근(cognitive perspective) 생각하고, 기억하고, 기대하고, 문제해결하고, 공상하고, 그리고 의식하는 것과 같은 인식하는 과정과 인간의 사고를 강조하는 심리학적 모델

인지치료(cognitive therapy) 중요한 삶의 경험에 대해 내담자가 생각하거나 지각하는 방식을 변화시킴으로써, 감정과 행동을 변화시키고자 하는 심리치료의 한 유형

인지행동적 치료(cognitive behavior therapy) 사고와 태도에 대한 인지적 강조와 수행변화에 초점을 둔 행동적 강조를 결합한 치료적 접근

인출(retrieval) 저장된 정보를 기억에서 재생하는 것

인출단서(retrieval cue) 기억 인출에 도움이 되도록 이용할 수 있는 내적 또는 외적으로 생성된 자극

일관성 역설(consistency paradox) 여러 상황 걸쳐 서로 다른 관찰자들이 평가한 성격 관찰치는 일관된 데 반해, 여러 상황에 걸쳐 평가한 행동들은 일관되지 않다.

일반적 적응 증후군(General Adaptation Syndrome, GAS) 심각한 스트레스인의 위협이 계속될 경우 그 스트레스인의 종류에 관계없이 그에 대한 반응을 일으키기 시작하는 생리적 기제

일주율(circadian rhythm) 주기적인 신체활동의 일관된 패턴으로서 통상 24시간에서 25시간 지속되며 내적 생물학적 시계에 의해 결정됨

일차 강화물(primary reinforcer) 음식물이나 물처럼 그 강화 속성이 생리적으로 결정되는 강화물

일화기억(episodic memory) 자전적 사건 그리고 그 사건이 발생했던 맥락에 관한 장기기억

임상사회복지사(clinical social worker) 사람들이 지닌 문제의 사회적 맥락을 고려할 수 있도록 전문적 훈련을 받은 정신건강 전문가

임상심리학자(clinical psychologist) 심리학 박사학위를 받고 심리 문제의 평가와 진단에 대해 훈련받은 전문가

자각성(自覺性) 꿈꾸기(lucid dreaming) 꿈을 의식적으로 자각하는 것이 꿈의 방향과 내용을 통제할 수 있게 해 주는 학습 가능한 기술이라는 이론

자극 변별(stimulus discrimination) 유기체가 조건형성을 통해 반응을 하도록 학습된 자극이 일정한 차원에서 바뀌어 제시되었을 때 바뀐 자극에 대해서는 반응을 하지 않는 현상 또는 능력

자극 일반화(stimulus generalization) 조건 반응이 그 반응을 유발시킨 무조건 자극과 한 번도 짝지어 나타난 적이 없는 자극에까지 확장되는 현상. 물론 이 자극은 무조건 자극과 짝지어 제시되었던 조건 자극과 비슷해야 한다.

자극-주도적 주의(stimulus-driven attention) 사람들이 감각정보의 일부를 더 처리할 목적으로 선택을 할 때 그 선택을 결정하는 요인이 우리의 목적이 아니고, 자극 또는 환경 속 대상의 속성인 조건을 일컫는 말. 이때 우리는 우리의 의도/목적과는 관계없이 자극/대상의 특별한 속성 때문에 우리의 주의를 빼앗기는 일이 벌어진다.

자기개념(self-concept) 한 사람의 전형적인 행동과 독특한 특징에 대한 한 사람의 정신모델

자기공명영상법(magnetic resonance imaging) 자기장과 전파를 사용하여 뇌를 스캔하는 뇌영상기법

자기구실 대기(self-handicapping) 실패가 예상될 때 능력의 결여를 실패로 가능한 한 귀인하는 발전된 행동 반응의 과정

자기방어기제(ego defense mechanism) 정상적인 삶의 과정에서 경험된 갈등에 대해 그 자체를 보호하려는 자아에 의해 사용되는 의식적이거나 무의식적인 정신전략

자기보고 측정(self-report measure) 참가자 자신에 대한 관찰과 보고를 통해 확인된 자기 행동

자기실현(self-actualization) 자신의 잠재력을 실현하고 자신의 고유한 재능과 능력을 개발하려는 한 개인의 지속된 노력에 대한 성격심리학적 개념

자기존중감(self-esteem) 개인적인 행위와 집단적인 행위의 범위 내에서 강력하게 영향을 가지는 기분과 행동 둘 다에 영향을 미치는 자신에 대한 전반적인 평가 태도

자기중심성(egocentrism) 인지발달에서, 전조작기에 있는 어린 아동이 타인의 관점을 취하지 못하는 것

자기지각 이론(self-perception theory) 사람들이 행동하는 것과 같은 이유를 알아내게 하는 스스로의 모습을 관찰한다는 생각. 사

람들 자신의 내적 상태가 어떠한지를 추론하는 것은 그들이 주어진 상황에서 어떻게 행동하는가를 지각함으로써 이루어진다.

자기충족적 예언(self-fulfilling prophecy) 기대되는 것을 얻기 위해 미래의 어떤 행동이나 상호작용을 수정하는 사건을 만들어 놓는 것

자기효능감(self-efficacy) 어떤 사람이 특정한 상황에서 적절하게 수행할 수 있다는 믿음

자동처리(automatic process) 주의를 요하지 않는 처리과정으로서 통상 간섭을 미치지 않고 다른 과제와 함께 수행될 수 있음

자발적 회복(spontaneous recovery) 소거가 일어난 얼마 후에 제시된 조건 자극이 소거 기간 동안 유발하지 못했던 조건 반응을 다시 유발하는 현상

자발적-회복 효과(spontaneous-remission effect) 심리치료 중인 일부 환자와 내담자에게서 어떠한 전문적인 개입 없이 나타나는 회복. 치료의 효과가 평가되어져야 하는 기저선 항목임

자아(ego) 자기 보존 행위와 본능적인 욕구와 욕망을 적절한 방식으로 방향 짓는 성격의 한 측면

자연 선택(natural selection) 특정 종의 구성원들 가운데 환경 속성에 대해 더 잘 적응한 구성원들이 그렇지 않은 구성원들보다 더 성공적으로 번식한다는 Darwin의 이론

자연관찰(naturalistic observation) 자연환경에서 일어나는 행동을 남의 눈에 띄지 않게 관찰하는 연구기법

자유연상(free association) 환자가 떠오르는 사고, 소망, 신체적 감각, 심상들에 대해 계속해서 말하는 치료적 방법

자율신경계(Autonomic Nervous System, ANS) 감각수용기를 중추신경계로, 중추신경계를 평활근, 심장근, 분비샘으로 연결시킴으로써 신체의 불수의적 운동반응을 통제하는 말초신경계의 일부분

작업기억(working memory) 추론과 언어이해와 같은 과제를 달성하기 위해 사용되는 기억 자원으로서 음운루프, 시공간 스케치판, 그리고 중앙집행기로 구성됨

잠재 내용(latent content) Freud 꿈의 분석에서 꿈의 감춰진 의미

장기기억(Long-Term Memory, LTM) 나중에 어느 때나 인출할 수 있도록 정보를 보존하는 것과 관련된 기억과정

재구성적 기억(reconstructive memory) 세부적인 기억표상이 없을 때 일반적 유형의 저장된 지식에 근거하여 정보를 만드는 과정

재인(recognition) 자극이 이전에 경험했던 것인지 식별해내도록 요구하는 인출방법

저장(storage) 시간의 흐름에서 부호화된 자료를 보유하는 것

저항(resistance) 환자가 특정 생각, 소망, 경험들을 논의하지 못하거나 꺼리는 것

전기충격치료(electroconvulsive therapy, ECT) 심각한 우울증을 효과적으로 치료하기 위해 전기충격을 사용하는 것

전두엽(frontal lobe) 외측열의 위 그리고 중심구 앞에 위치하는 뇌 영역으로서 운동통제와 인지행위에 관여함

전의식적 기억(preconscious memory) 현재는 의식되지 않지만 필요할 때 쉽게 의식될 수 있는 기억

전이(transference) 정신분석치료를 받고 있는 사람이 과거에 정서적 갈등관계에 있었던 중요한 사람에게 느꼈던 감정들을 치료자에게 부여하는 과정

전이-적합성 처리(transfer-appropriate processing) 부호화할 때 수행된 처리 유형이 인출할 때 수행된 처리와 부합할 때 기억이 가장 우수하다고 제안한 관점

전전두엽절제술(prefrontal lobotomy) 간뇌와 뇌의 전두엽을 연결하는 신경섬유, 특히 시상과 시상하부 영역의 섬유를 절단하는 수술. 정신외과술의 가장 잘 알려진 형태

전정 기관(vestibular sense) 우리의 신체가 중력을 기준으로 어떤 방위에 있는지를 알려주는 감각기관

절대식역(치)(absolute threshold) 감각경험을 유발하는 데 필요한 물리적 자극의 최소 강도. 조작적으로는 강도가 약한 감각 신호를 반복해 제시했을 때 제시된 전체 횟수의 절반에서 탐지되는 자극의 강도로 정의된다.

절차기억(procedural memory) 일이 수행된 방식, 즉 지각적, 인지적, 그리고 운동기술을 획득하고 보유하며 사용한 방식에 관한 기억

점근적 조형(shaping by successive approximation) 행동 수정의 방법으로, 표적행동에 점점 더 가까워지는 각 단계별 반응/행동을 결정한 후, 그 정해진 반응/행동 순서에 맞추어 나타날 때마다 차례로 강화를 하여 결국에는 표적행동을 하게 하는 방법

점화(priming) 암묵기억의 평가에서 단어나 상황에 사전 노출됨에 따라 부여된 이점

접촉 가설(contact hypothesis) 집단 간 접촉이 공유하는 목표에 대한 협조 같은 특징을 포함할 때에만 집단 간 접촉이 편견을 감소시킬 것이라는 예언

접촉 위안(contact comfort) 영아가 어머니 또는 양육자와 신체적 접촉을 하는 것에서 오는 편안함

접합체기(germinal stage) 수정 후 첫 2주간의 태아기

정교형 되뇌기(elaborative rehearsal) 정보의 부호화를 풍부하게 함으로써 기억을 증진시키는 기법

정교화 가능성 모델(elaboration likelihood model) 사람들이 메시지에 대해 정교화하기 위해 자신들의 인지적 과정에 초점을 맞춰서 설득의 중심 경로 혹은 주변 경로에 어떻게 따르는지를 정의한 설득의 한 이론

정보적 영향(informational influence) 주어진 상황에서 개인의 욕구를 바르고 옳게 하고 어떻게 행동하는 것이 최선인가를 이해하도록 하게 하는 집단의 효과

정서(emotion) 우리 각자에게 중요하다고 생각되는 장면에 대한 반응의 복합적 양상. 이 반응 양상은 생리적 각성/흥분, 주관적

느낌, 인지과정, 표정 및 몸짓의 변화와 행동 반응 등에서 나타나는 정신 및 신체적 변화를 반영한다.

정서의 인지 평가 이론(cognitive appraisal theory of emotion) 생리적 각성/흥분과 인지적 평가와의 상호작용 결과로 나타나는 것이 정서경험이라고 주장하는 정서 이론. 이 이론에서 말하는 인지적 평가는 모호한 내적 각성상태를 어떻게 명명할 것인지를 결정하는 기능을 한다.

정서 조절(력)(emotion regulation) 자신이 경험하는 정서의 강도와 지속 기간을 조절하는 능력

정서 지능(emotional intelligence) 정서를 정확하고 적절하게 지각하고, 평가하고, 표현하는 능력, 사고를 촉진하기 위해 정서를 사용하며, 정서를 이해하고 분석하는 능력. 정서 지식을 효율적으로 사용하며 정서적 성장과 인지적 성장 모두를 증진하기 위해 자신의 정서를 조절하는 능력이라고 정의되는 지능 유형

정신과 의사(psychiatrist) 의학박사 학위를 취득한 후 정신장애, 정동장애에 관한 전문 훈련을 이수한 사람. 정신과 의사는 심리장애를 치료하기 위한 약물을 처방할 수 있다.

정신물리학(psychophysics) 물리적 자극과 심리적 경험 간의 관계를 탐구하는 학문 분야

정신분석(psychoanalysis) Freud에 의해 발달된 정신역동치료의 형태로, 신경증적이고 불안한 개인의 무의식적 동기와 갈등을 탐색하기 위한 집중적이고 장기적인 치료기법

정신분석가(psychoanalyst) 의학박사나 철학박사 학위를 취득한 후, 정신장애를 이해하고 치료하기 위해 Freud식 접근에 대해 전문적 훈련을 받은 사람

정신신체 장애(psychosomatic disorder) 장기간 지속된 스트레스나 다른 심리적 문제 때문에 유발되었거나 악화된 신체 질환

정신약리학(psychopharmacology) 행동에 미치는 약물의 효과를 연구하는 심리학의 한 분야

정신역동적 관점(psychodynamic perspective) 행동을 과거의 경험과 동기적 힘으로 설명하는 심리학적 모델. 타고난 본능, 생물학적 추동, 그리고 개인적 요구와 사회적 요구의 갈등을 해소하기 위한 시도로 행위를 보는 관점

정신역동적 성격 이론(psychodynamic personality theory) 내적인 힘들에 의해 성격이 형성되고, 행동이 동기화된다는 가정을 공유하는 성격 이론

정신연령(mental age) Binet의 지능 측정치로서, 아동이 지적으로 수행하고 있는 수준의 연령을 말하며 정상 아동이 획득하는 특정 점수의 평균에 기초하여 표현된다.

정신외과술(psychosurgery) 심리장애를 경감시키기 위해 뇌세포에 행해지는 수술 절차

정적 강화(positive reinforcement) 어떤 행동 뒤에 매력적 자극을 제시함으로써 그 행동이 일어날 확률이 증가하는 현상

정체확인과 재인(identification and recognition) 지각 경험에다 의미를 부여하는 두 가지 방식

조건 강화물(conditioned reinforcer) 고전적 조건형성에서 이전에는 중립적이던 자극이 강화물로 작용하게 되었을 때부터 불리는 이름

조건 반응(Conditioned Response, CR) 고전적 조건형성에서 그전에는 중립적이던 자극이 특정 무조건 자극과 여러 차례 짝지어 제시된 후부터 그 무조건 자극에만 따라오던 무조건 반응을 유발할 수 있게 되는데, 이때 이 자극을 조건 자극이라 하고 이 조건 자극에 의해 유발되기 시작한 무조건 반응을 이때부터는 조건 반응이라 한다.

조건 자극(Conditioned Stimulus, CS) 고전적 조건형성에서 그 전에는 중립적이던 자극이 조건 반응을 유발하게 되었을 때부터 불리는 명칭

조작적 정의(operational definition) 구체적 조작이나 조작을 결정하는 과정의 관점에서 변인이나 조건에 대한 정의

조작적 조건형성(operant conditioning) 어떤 반응/행동이 발생할 확률이 그 반응/행동의 결과가 어떻게 바뀌느냐에 따라 달라지는 행동 변화의 과정(즉, 학습의 과정)

조작행동(operant) 유기체가 방출하는 행동 중 그 결과로 관찰 가능한 효과가 유발되는 행동

조작행동의 소거(operant extinction) 어떤 행동의 결과가 더 이상 바람직한 결과를 초래하지 못하게 되면, 그 행동의 일어날 가능성이 조작적 조건형성이 이루어지기 전의 수준으로 되돌아가는 일

조절(accommodation) 모양근의 수축/이완을 통해 수정체의 두께가 바뀌는 과정. 조절능력 덕분에 우리의 눈은 물체의 원근에 관계없이 물체에서 반사되는 빛의 초점을 망막 위에 맺히게 할 수 있다.

조직심리학자(organizational psychologist) 인간이 작업하는 환경의 다양한 측면. 예컨대, 동료들과의 의사소통, 노동자들의 사회활동 및 문화활동, 통솔력, 직업만족도, 스트레스 및 직업적 소진, 전반적인 삶의 질 등을 연구하는 심리학자

종단적 설계(longitudinal design) 동일한 참가자들을 반복해서 관찰하며, 때에 따라서는 수년간 관찰하는 연구설계

종말단추(terminal button) 축색의 분지된 말단에 있는 전구 같은 구조로서 신경전달물질로 채워진 주머니를 가짐

종속변인(dependent variable) 실험 상황에서 독립변인에 의한 영향을 평가하기 위해 실험자가 측정하는 변인

좌절 공격성 가설(frustration-aggression hypothesis) 이 가설에 따르면, 좌절은 사람들이 가진 목표를 달성하는데 사전에 차단되거나 막히는 상황에서 좌절이 나타나고, 이에 따라 더 큰 공격 가능성이 나타날 수 있다.

주관적 강녕(subjective well-being) 삶에 대한 만족도 및 얼마나 행복하다고 느끼는지에 대한 각자의 주관적 생각

주의(attention) 가용한 지각정보 중 일부에만 의식을 집중하는 상태

주제통각검사(Thematic Apperception Test, TAT) 모호한 장면을 담은 그림을 제시하고는 그 그림과 관련된 공상적인 이야기를 만들어 보라고 요구하는 투사검사의 일종

주파수 설(frequency theory) 귀를 자극하는 음파는 그와 동일한 주파수의 진동을 기저막에 생성시키기 때문에 소리의 음고를 결정하는 주파수가 기저막의 진동 주파수를 반영하는 신경세포의 발화율로 부호화될 수 있다고 주장하는 음고지각 이론

중간뉴런(interneuron) 감각뉴런에서 다른 중간뉴런이나 운동뉴런으로 메시지를 전달하는 뇌 뉴런

중독(addiction) 약물이 없을 때 일어나는 신체적 심리적 반작용 없이 기능하기 위해 신체가 약물을 요구하는 상태, 흔히 내성과 의존성의 산물

중심와(fovea) 망막에서 추상체가 밀집되어 있는 영역. 특정 물체에 시선을 집중했을 때 그 물체의 상이 형성되는 망막 위의 위치. 중심와에 그 상을 맺는 물체는 선명하게 보인다.

중심화(centration) 전 조작기의 아동이 어떤 상황의 한 가지 측면에만 주의를 하고 다른 유관 측면을 무시하는 경향

중추신경계(Central Nervous System, CNS) 뇌와 척수로 구성된 신경계의 일부분

지각(과정)(perception) 감각 이미지 속 정보를 조직하여, 이미지가 실세계 속 사물의 속성에 의해 생성된 것으로 해석하는 과정

지각 조직(화)(perceptual organization) 감각기관을 통해 수집된 정보를 조합하여 시야 전체에 퍼져 있는 자연스러운 광경에 대한 경험을 만들어내는 과정

지각 항등성(perceptual constancy) 주변 물체에서 투사된 망막상은 변하는데도 그 상을 투사한 물체는 변하지 않는 것으로 지각하는 능력/현상

지놈(genome) 유기체의 유전 정보로서 염색체의 DNA에 저장되어 있음

지능(intelligence) 경험으로부터 도움을 받고, 환경에 관한 정보 이상으로 나아갈 수 있는 전체적 역량

지능지수(intelligence quotient, IQ) 표준화된 지능 검사에서 나온 지표. 원래는 정신연령을 생활연령으로 나눈 다음 100을 곱하여 얻어졌으나, 현재는 직접 IQ 점수를 산출한다.

지적 장애(intellectual disability) IQ가 70에서 75 사이에 있으며, 동시에 일상생활에서의 적응기술에 제한을 보이는 사람들의 지적 상태

지혜(wisdom) 인생에 대한 기본적이고 실용적인 전문적 식견

직무소진(job burnout) 직장인들이 겪는 정서적 녹초, 비인간화, 성취감 감퇴 등의 증후군으로, 주로 환자, 내담자, 또는 대중과의 강도 높은 접촉을 요구하는 전문직에 종사하는 사람들이 자주 겪는 증후군

진정제(depressant) 중추신경계의 활동을 억제하거나 늦추는 약물

진화론적 접근(evolutionary perspective) 특정의 적응적 목적을 위하여 수백만 년 동안 진화해 온 마음의 능력을 가정하는 행동과 정신의 적응을 중요하게 강조하는 심리학의 접근

진화심리학(evolutionary psychology) 진화이론의 원리를 사용하는 행동과 마음에 관한 연구

집단 극화(group polarization) 집단이 결정한 내용이 개인 혼자 결정하는 것보다 더 극단적이도록 하는 집단의 경향

집단 무의식(collective unconscious) 각 종의 모든 구성원들에게 유전되고, 진화적으로 발전되고, 그리고 공통적인 각 개인의 무의식 영역

집단 사고(groupthink) 집단의 의사결정이 수용하기 어려운 것은 입력되지 않도록 걸러서 특히 지도자의 관점에 부합하는 방향으로 의견일치가 이루어지는 경향성

차이 식역(difference threshold) 두 개의 자극이 서로 다르게 인식되는 데 필요한 두 자극 간 최소 차이. 표준자극과 비교자극을 반복 제시했을 때, 둘의 차이를 탐지해낸 횟수가 제시된 전체 횟수의 50%가 되는 지점

착각(illusion) 지각경험이 사실과 다른 것이 분명한데도 같은 조건에 있는 모든 사람들에게 공통으로 나타나는 지각경험

참여자 모델링(participants modeling) 치료자가 바람직한 행동을 보여주고, 지지적인 격려 속에 내담자가 본보기가 된 행동을 모방하도록 도움을 받는 치료적 기법

채도(saturation) 색깔의 순도와 선명도를 나타내는 색상경험의 차원

책임의 분산(diffusion of responsibility) 응급 상황에서 구경꾼들의 수가 많을수록 그들 중 어느 한 사람이 도와주려고 느끼는 책임감이 줄어든다.

처리수준 이론(level-of-processing theory) 정보가 처리되는 수준이 깊을수록 기억에 보유될 가능성이 더 크다고 제안한 이론

처벌물(punisher) 특정 반응 후 일관성 있게 제공되었을 때 그 반응이 일어날 확률을 떨어뜨리는 자극

청각피질(auditory cortex) 청각정보를 수용하고 처리하는 측두엽의 영역

청신경(auditory nerve) 신경반응을 와우관에서 뇌간의 와우핵(cochlear nucleus)으로 전달하는 신경

청킹(chunking) 개개 정보 항목들을 유사성 또는 다른 조직화 원리를 바탕으로 재부호화하는 과정

체감각피질(somatosensory cortex) 다양한 신체영역에서 오는 감각입력을 처리하는 두정엽의 영역

체계적 둔감화(systematic desensitization) 내담자가 이완된 상태에서 두려워하는 자극을 직면함으로써, 불안이 일어나지 않도록 배우는 행동치료 기법

체성신경계(somatic nervous system) 중추신경계를 골격근과 피부

로 연결시키는 말초신경계의 일부분

초경(menarche) 생리의 시작

초두효과(primacy effect) 목록의 첫 부분에 있는 항목들의 증진된 기억

초자아(superego) 사회의 가치, 기준, 그리고 도덕을 내재화시킨 성격의 측면

촉감(cutaneous senses) 압감, 온감, 냉감을 받아들이는 피부 감각

최면(hypnosis) 깊은 이완이 특징인 변경된 자각 상태로서 그 특징은 암시에 대한 민감성, 지각, 기억, 동기, 그리고 자기 통제의 변화임

최신효과(recency effect) 목록의 마지막 부분에 있는 항목들의 증진된 기억

추동(drive) 동물의 생리적 욕구에 불균형이 생겼을 때 생성되는 유기체의 내적 상태

추론(inference) 일단의 증거를 기반으로 또는 사전 신념과 이론을 기반으로 누락된 정보를 채우는 것

추상체(cone) 망막에 있는 두 가지 광수용기 중 하나. 주로 망막의 중심와에 집중되어 있으며 정상적인 조명 상태에서 벌어지는 시각경험을 관장한다. 우리가 색깔을 경험할 수 있는 것은 바로 추상체의 작용 덕분이다.

축색(axon) 뉴런의 확장된 섬유로서 이를 통해 신경충동이 세포체로부터 종말단추로 전달됨

충격 후 스트레스장애(Posttraumatic Stress Disorder, PTSD) 일종의 불안장애로, 충격적인 사건을 겪은 후 그 사건이 머릿속에 떠오르거나 악몽이나 환상으로 되살아나는 심리적인 고통이 지속적으로 반복되는 것이 그 특징. 강간이나 생존을 위협하는 사건 그리고 극심한 부상 및 자연재해 등을 경험한 후 자주 나타남

충동적 공격성(impulsive aggression) 특정한 목표를 달성하기 위해 미리 계획된 생각을 갖지 않고 수행하는 비인지 기반이면서 비목표 기반의 행동

측두엽(temporal lobe) 외측열 아래에 있는 뇌영역으로서 청각피질을 포함함

친밀성(intimacy) 타인에게 완전한 헌신, 즉 성적, 정서적 그리고 도덕적 헌신을 할 수 있는 역량

친사회적 행동(prosocial behavior) 다른 사람들을 돕는 목표에 의해 수행되는 행동

카타르시스(catharsis) 강하게 느껴지지만 보통 억압되어 있는 감정을 표출하는 과정

크기 항등성(size constancy) 물체에 의해 투사된 망막상의 크기는 변하는데도 그 물체의 크기는 변하지 않는 것으로 지각하는 현상/능력

크기(loudness) 진폭에 의해 결정되는 소리로서 진폭이 큰 소리(음파)는 큰 소리로 진폭이 작은 소리는 작은 소리로 들린다.

타당도(validity) 측정하려고 한 것을 검사가 반영한 정도

탈시설화(deinstitutionalization) 심리장애를 지닌 사람들을 정신과 병원보다는 지역사회에서 치료하고자 하는 운동

탐지 유발 최소 차이(Just Noticeable Difference, JND) 두 개의 감각경험을 변별하는 데 필요한 감각경험의 최소 차이

태도(attitude) 사람들이나 개념 그리고 사건에 대해 평가적 방식으로 반응하려는 학습되고 상대적으로 안정된 경향성

태아기(fetal stage) 태내기 발달의 세 번째 단계로, 수정 후 9주에서 출생까지의 기간

테스토스테론(testosterone) 고환에서 분비되는 남성 호르몬으로서, 정자 생성을 촉진하고 남성의 2차 성징 발달을 담당함

통제소재(locus of control) 사람들의 얻는 기대가 자신만의 행동에 의해 얻어지느냐 혹은 환경 요인의 작용에 의해 얻어지느냐의 정도에 대한 사람들의 전반적인 기대

통제절차(control procedure) 체계적으로 변화하는 것을 제외한 모든 다른 변인을 일관되게 묶고 실험지시문과 반응 기록 방법 등을 일관되게 하는 절차

통제집단(control group) 처치에 노출되지 않거나 독립변인의 조작을 경험하지 않은 실험의 집단

통제처리(controlled process) 주의를 요하는 처리과정으로서 한꺼번에 한 개 이상의 통제처리를 수행하는 것은 통상 어려움

통증(pain) 피부에 손상을 유발하거나 유발할 정도로 격렬한 자극에 대한 신체의 반응

통찰치료(insight therapy) 환자가 현재 증상과 과거 근원 간의 관계에 대해 통찰할 수 있도록 인도하는 치료기법

투사검사(projective test) 모호하고 추상적인 자극으로 이루어진 표준화된 세트를 개인이 제시받고 그 자극들의 의미를 해석하도록 요구받는 성격 검사의 일종. 각 개인의 반응은 그 사람의 내적 감정, 동기, 갈등이라고 가정된다.

투쟁-또는-도피 반응(fight-or-flight response) 어떤 유기체가 일정한 위협에 직면했을 때 시작되는 일련의 신경계 및 내분비계 활동으로, 유기체로 하여금 투쟁을 통해 극복하거나 안전한 곳으로 도망치는 일을 준비하는 것으로 이해되고 있다. 최근의 연구결과에 의하면, 이런 반응은 남성한테서만 일어나는 것으로 보고되고 있다.

특성(trait) 여러 상황에 걸쳐 행동에 영향을 주는 지속되는 개인적 특색이나 요소

파이 현상(phi phenomenon) 외견상 움직임이라고 하는 가장 단순한 형태의 움직임 착각. 일정한 거리를 두고 있는 두 개 이상의 불빛이 일정한 시간 간격을 두고 점멸하면 하나의 불빛이 위치를 이동하는 것으로 보이는 착각 현상

페로몬(pheromone) 특정 종의 유기체가 동종의 구성원들과 의사소통을 하기 위해 방출하는 화학물질. 성적 욕구를 멀리까지 전달할 때 이용되는 경우가 많다.

편견(prejudice) 표적 대상을 피하고, 통제하고, 지배하고 제거하려는 태도와 행동을 정당화하는 부정적 정서(싫어함 혹은 두려움), 부정적 신념(고정관념)을 포함하여 표적 대상에 대해 가지는 학습된 태도

편도체(amygdala) 정서, 공격성, 그리고 정서기억의 형성을 통제하는 변연계의 일부분

편들기 반응(tend-and-befriend response) 스트레스인에 대한 반응 중 여성에게만 나타나는 것으로 간주되는 반응. 스트레스인이 여성들로 하여금 자식들 보호에 필요한 행동을 하게 하고 여성들은 이런 행동 중 하나로 사회적 집단에 가입을 함으로써 취약성을 줄이려 한다는 생각을 반영하는 용어

폭식장애(binge eating disorder) 정기적으로 폭식을 하면서도 신경성 폭식증 환자들처럼 토해내는 행동을 하지 않는 증상

표준화(standardization) 각 피험자를 검사, 면접, 실험, 또는 자료의 기록을 위해 각 피험자를 다룰 때 사용하는 균일한 절차

표준화(standardization) 검사, 면접, 실험 그리고 자료 기록을 하는 과정에서 참가자들에게 일관되게 적용하는 일정한 절차

표집(sample) 실험에 참가하도록 선택된 모집단의 부분집합

표현형(phenotype) 유기체의 관찰 가능한 특성들로서, 유기체의 유전자형과 환경 사이의 상호작용에서 초래됨

피최면성(hypnotizability) 표준화된 최면 암시에 개인이 반응하는 정도

피험자 간 설계(between-subject design) 참가자의 서로 다른 집단을 실험조건과 통제조건에 무선적으로 할당하는 연구설계

피험자 내 설계(within-subject design) 각 참가자 스스로를 통제하는 연구설계. 예를 들어 실험 참가자가 처치를 받기 전의 행동과 처치를 받은 후의 행동을 비교하기

하향처리(top-down processing) 지각의 과정에서 벌어지는 인지작용으로, 관찰자의 과거경험, 지식, 기대, 동기 및 문화적 배경 등이 물체나 사건을 지각하는(정체를 파악하고 인식하는 일) 방식에 영향을 미치는 과정을 일컫는 말

학습(learning) 경험을 통해 행동 또는 행동 잠재력에 비교적 일관성 있는 변화가 일어나는 과정

학습-수행 구분(learning-performance distinction) 학습한 것과 행동으로 나타나는 것(수행) 간의 차이

학습장애(learning disorder) 개인의 IQ와 실제 수행 간에 큰 불일치가 있는 장애

합리적 정서치료(Rational-Emotive Therapy, RET) 심한 불안 같은 바람직하지 못한, 강한 정서적 반응의 원인인 비합리적 신념의 변화에 기초한, 종합적인 성격 변화 시스템

항동성(homeostasis) 신체의 내적 조건에서 생기는 균형

해마(hippocampus) 외현기억의 획득에 관여하는 변연계의 일부분

행동분석(behavior analysis) 학습 및 행동을 결정하는 환경 요인을 밝혀내려는 심리학의 한 분야

행동수정(behavior modification) 바람직한 행동의 빈도는 늘리고 문제행동의 빈도는 줄이기 위해 학습의 원리를 체계적으로 사용하는 치료기법

행동신경과학(behavioral neuroscience) 행동 저변에 깔린 뇌의 과정을 이해하려는 다학문적 영역

행동자료(behavioral data) 유기체의 행동과 행동이 일어나고 변화하는 조건에 대한 관찰 보고

행동주의(behaviorism) 심리학의 연구를 측정 가능하고 관찰 가능한 행동으로 제한하는 과학적 접근

행동측정(behavioral measure) 자기보고식 행동이 아닌 것으로 관찰되고 기록된 외현적 행동과 반응

행동치료(behavior therapy) 행동수정을 볼 것

향본능 표류(instinctual drift) 조작적 반응을 완벽하게 습득한 후에도 시간이 흐르면 학습된 행동은 본능적 행동으로 되돌아간다는 현상

향정신성 약물(psychoactive drug) 현실에 대한 의식적 자극을 일시적으로 변화시킴으로써 정신과정과 행동에 영향을 미치는 화학물질

현재(顯在) 내용(manifest content) Freud 꿈의 분석에서 꿈의 표면적 내용으로서 꿈의 실제 의미를 숨기는 것으로 가정됨

혐오치료(aversion therapy) 해로운 자극에 끌리는 사람들을 치료하기 위해 사용되는 행동치료의 한 유형. 표적 자극에 대한 부정적 반응을 유발하기 위해 매력적 자극에다 혐오성 자극을 짝지어 제시함

형태주의 심리학(Gestalt psychology) 심리적 현상을 이해하기 위해서는 그 경험(현상)을 지각적 요소로 분석할 것이 아니라, 그 경험을 하나의 구조를 갖춘 전체로 간주해야 한다고 주장하는 학파

형태주의 심리학자들(Gestalt psychologists) 심리적 현상을 이해하기 위해서는 그 경험(현상)을 지각적 요소로 분석할 것이 아니라 그 경험을 하나의 구조로 간주해야 한다고 주장하는 학파

형태주의 치료(gestalt therapy) 몸과 마음을 통일시켜 전인간이 되도록 하는 것에 초점을 두는 치료

형평성 이론(equity theory) 작업동기를 다루는 인지이론. 노동자들은 직장 내 관련 동료들과 공평하고 형평성에 맞는 관계를 유지하려 한다고 주장한다. 여기서 말하는 형평성에 맞는 관계란 투입한 것과 산출한 것이 대등한 사람들 간의 관계를 말한다.

호르몬(hormone) 내분비샘에서 제조되고 분비되는 화학적 메신저의 하나로서, 신진대사를 조절하고 신체 성장, 기분, 성적 특성에 영향을 미침

혼입변인(confounding variable) 실험자가 명백하게 실험상황에 제시하지 않은 자극으로 실험 참가자의 행동에 영향을 주는 변인

환각제(hallucinogen) 인지와 지각을 바꾸는 약물로서 환각을 일으킴

환자(patient) 심리적 문제를 치료하기 위해 생물의학적 접근을 사용하는 사람들이 치료를 받는 사람들을 지칭할 때 사용하는 용어

활동전위(action potential) 뉴런 내에서 활성화된 신경충동으로서 축색을 따라 이동하여 신경전달물질이 시냅스에 방출되도록 함

회상(recall) 이전에 제시된 정보를 재생해내도록 요구하는 인출 방법

회피학습(avoidance conditioning) 혐오자극이 일어나기 전에 그 자극을 피하는 행동을 습득하게 되는 학습과정

횡단적 설계(cross-sectional design) 특정 시기에 상이한 생활연령의 참가자 집단을 관찰하여 비교하는 연구설계

효과의 법칙(law of effect) 특정 자극이 특정 반응을 유발하는 힘은 그 반응 뒤에 만족스런 결과가 오면 점점 커지고 만족스럽지 못한 결과가 오면 점점 작아진다고 말하는 학습의 기본 법칙

후각 구(olfactory bulb) 후각 수용기 세포들로부터 제공되는 신호를 받아들이는 구조물로 대뇌피질의 전두엽 바로 아래에 위치하고 있다.

후각(olfaction) 냄새를 맡는 감각기관

후각과정(olfaction) 화학물질이 이온통로를 통해 후각신경 내부로 유입되면서 시작되며, 화학물질이 세포막 내부로 유입되면서 활동전위가 생성된다.

후두엽(occipital lobe) 뇌의 가장 뒤쪽에 있는 영역으로서 일차 시각피질을 포함함

휴리스틱(heuristics, 어림법) 복잡한 추론과제를 해결하는 데 지름길로 흔히 사용되는 인지적 책략 혹은 '주먹구구식 규칙'

휴식전위(resting potential) 뉴런 내 세포액의 극성화로서 활동전위를 생성하는 능력을 제공함

흥분성 입력(excitatory input) 뉴런이 발화하도록 신호를 보내는 입력정보

흥분제(stimulant) 각성, 증가된 활동, 그리고 희열감을 유발하는 약물

A형 행동양식(Type A behavior pattern) 행동과 정서가 복합되어 나타나는 형태로, 경쟁성, 공격성, 성급함, 바쁨, 적개심이 지나친 것이 그 대표적 특징으로 꼽히는 행동양식

AIDS 후천성 면역 결핍 증후군으로 번역되는 Acquired Immune Deficiency Syndrome을 구성하는 네 단어의 첫 자를 따서 만든 약어로, 면역 시스템을 손상시켜 전염병에 맞서 싸울 수 있는 신체의 능력을 약화시키는 바이러스에 의해 유발되는 증상을 일컫는다.

B형 행동양식(Type B behavior pattern) A형에 속하지 않는 모든 행동으로, 덜 경쟁적이고 덜 투쟁적인 것이 이 행동양식의 대표적인 특징이다.

DNA(deoxyribonucleic acid) 유전정보 전달의 물리적 기초

g Spearman의 개념으로, 모든 지적 수행의 기저가 되는 일반적 지능의 요인

HIV(Human Immunodeficiency Virus, 인간 면역부전 바이러스) 사람 핏속의 백혈구(T 임파구)를 공격하여 면역체계를 손상시킴으로써 다른 질병에 맞서 싸울 신체의 능력을 약화시키는 바이러스

Hozho(호조) 미주 인디언 중 나바호 족이 말하는 건강에 대한 개념으로서 조화, 마음의 평화, 선[善], 이상적인 가족관계, 예술의 아름다움, 신체와 영혼의 건전함을 일컫는다.

James-Lange 정서 이론(James-Lange theory of emotion) 정서 경험에 대한 말초-피드백 이론으로, 정서 유발성 자극이 행동 반응을 유발하면 이 행동반응은 감각 및 운동성 피드백을 뇌로 전달하고, 그 결과를 기초로 뇌에서는 특정 정서경험을 하게 된다고 주장하는 견해

Weber의 법칙(Weber's law) 차이 식역의 크기가 표준자극의 강도에 비례한다는 단언. 즉, JND를 표준자극의 강도로 나누면 그 값이 일정하다는 법칙

3항 유관성(three-term contingency) 유기체의 학습 수단으로 다른 자극은 없고 특정한 자극만 있는 조건에서 자신의 행동이 환경에 정해진 효과를 유발하게 될 가능성을 터득하는 데 이용되는 방법

5요인 모형(five-factor model) 공통의 특성, 이론적 개념, 그리고 성격 척도 간에 관계를 세밀히 나타낸 포괄적으로 기술된 성격 체계

Abrahamsen, R., Baad-Hansen, L., Zachariae, R., & Svensson, P. (2011). Effect of hypnosis on pain and blink reflexes in patients with painful temporomandibular disorders. *The Clinical Journal of Pain, 27*, 344–351.

Abramson, L. Y., Seligman, M. E. P., & Teasdale, J. D. (1978). Learned helplessness in humans: Critique and reformulation. *Journal of Abnormal Psychology, 87*, 32–48, 49–74.

Adams, J. L. (1986). *Conceptual blockbusting* (3rd ed.). New York: Norton.

Adams, J. S. (1965). Inequity in social exchange. In L. Berkowitz (Ed.), *Advances in experimental social psychology* (Vol. 2, pp. 267–299). New York: Academic Press.

Adams, R. E., & Laursen, B. (2007). The correlates of conflict: Disagreement is not necessarily detrimental. *Journal of Family Psychology, 21*, 445–458.

Adaval, R., & Wyer, R. S., Jr. (2011). Conscious and nonconscious comparisons with price anchors: Effects on willingness to pay for related and unrelated products. *Journal of Marketing Research, 48*, 355–365.

Ader, R., & Cohen, N. (1981). Conditioned immunopharmacological responses. In R. Ader (Ed.), *Psychoneuroimmunology* (pp. 281–319). New York: Academic Press.

Ader, R., & Cohen, N. (1993). Psychoneuroimmunology: Conditioning and stress. *Annual Review of Psychology, 44*, 53–85.

Adler, A. (1929). *The practice and theory of individual psychology*. New York: Harcourt, Brace & World.

Adolph, K. E., Karasik, L. B., & Tamis-LeMonda, C. S. (2010). Motor skill. In M. Bornstein (Ed.), *Handbook of cultural developmental science* (pp. 61–88). New York: Psychology Press.

Adolphs, R., & Damasio, A. R. (2001). The interaction of affect and cognition: A neurobiological perspective. In J. P. Forgas (Ed.), *Handbook of affect and social cognition* (pp. 27–49). Mahwah, NJ: Erlbaum.

Agerström, J., & Rooth, D.-O. (2011). The role of automatic obesity stereotypes in real hiring discrimination. *Journal of Applied Psychology, 96*, 790–805.

Ainsworth, M. D. S., Blehar, M., Waters, E., & Wall, S. (1978). *Patterns of attachment*. Hillsdale, NJ: Erlbaum.

Akechi, T., Okuyama, T., Endo, C., Sagawa, R., Uchida, M., Nakaguchi, T., Sakamoto, M., Komatsu, H., Ueda, R., Wada, M., & Furukawa, T. A. (2010). Anticipatory nausea among ambulatory cancer patients undergoing chemotherapy: Prevalence, associated factors, and impact on quality of life. *Cancer Science, 101*, 2596–2600.

Akinbami, L. J., Liu, X., Pastor, P. N., & Reuben, C. A. (2011). Attention deficit hyperactivity disorder among children aged 5–17 years in the United States, 1998–2009. *NCHS data brief* (no. 70). Hyattsville, MD: National Center for Health Statistics. Retrieved from www.cdc.gov/nchs/data/databriefs/db70.pdf.

Akmajian, A., Demers, R. A., Farmer, A. K., & Harnish, R. M. (1990). *Linguistics*. Cambridge, MA: The MIT Press.

Albarracín, D., Durantini, M. R., Earl, A., Gunnoe, J. B., & Leeper, J. (2008). Beyond the most willing audiences: A meta-intervention to increase exposure to HIV-prevention programs by vulnerable populations. *Health Psychology, 27*, 638–644.

Allan, C. A., Forbes, E. A., Strauss, B. J. G., & McLachlan, R. I. (2008). Testosterone therapy increases sexual desire in ageing men with low-normal testosterone levels and symptoms of androgen deficiency. *International Journal of Impotence Research, 20*, 396–401.

Allen, J. P., Porter, M. R., & McFarland, F. C. (2006). Leaders and followers in adolescent close relationships: Susceptibility to peer influence as a predictor of risky behavior, friendship instability, and depression. *Development and Psychopathology, 18*, 155–172.

Allport, G. W. (1937). *Personality: A psychological interpretation*. New York: Holt, Rinehart & Winston.

Allport, G. W. (1954). *The nature of prejudice*. Cambridge, MA: Addison-Wesley.

Allport, G. W. (1961). *Pattern and growth in personality*. New York: Holt, Rinehart & Winston.

Allport, G. W. (1966). Traits revisited. *American Psychologist, 21*, 1–10.

Allport, G. W., & Odbert, H. S. (1936). Trait-names, a psycholexical study. *Psychological Monographs, 47*(1, Whole No. 211).

Almeida, L. S., Prieto, M. D., Ferreira, A. I., Bermejo, M. R., Ferrando, M., & Ferrándiz, C. (2010). Intelligence assessment: Gardner multiple intelligence theory as an alternative. *Learning and Individual Differences, 20*, 225–230.

Aly, M., Knight, R. T., & Yonelinas, A. P. (2010). Faces are special but not too special: Spared face recognition in amnesia is based on familiarity. *Neuropsychologia, 48*, 3941–3948.

Alzheimer's Association. (2011). *2011 Alzheimer's disease facts and figures*. Retrieved from www.alz.org/downloads/Facts_Figures_2011.pdf.

Amaral, D. G., Schumann, C. M., & Nordahl, C. W. (2008). Neuroanatomy of autism. *Trends in Neurosciences, 31*, 137–145.

Amato, P. R. (2010). Research on divorce: Continuing trends and new developments. *Journal of Marriage and Family, 72*, 650–666.

American Association on Intellectual and Developmental Disabilities. (2010). *Intellectual disability: Definition, classification, and systems of supports* (11th ed.). Washington, DC: American Association on Intellectual and Developmental Disabilities.

American Psychological Association. (2002). Ethical principles of psychologists and code of conduct. *American Psychologist, 57*, 1060–1073.

American Psychological Association. (2011). Summary report of journal operations, 2010. *American Psychologist, 66*, 405–406.

Anderson, C. A., Shibuya, A., Ihori, N., Swing, E. L., Bushman, B. J., Sakamoto, A., Rothstein, H. R., & Saleem, M. (2010). Violent video game effects on aggression, empathy, and prosocial behavior in Eastern and Western countries. *Psychological Bulletin, 136*, 151–173.

Anderson, S. L., Adams, G., & Plaut, V. C. (2008). The cultural grounding of personal relationship: The importance of attractiveness in everyday life. *Journal of Personality and Social Psychology, 95*, 352–368.

Andrews-Hanna J. R., Mackiewicz Seghete, K. L., Claus, E. D., Burgess, G. C., Ruzic, L., & Banich, M. T. (2011). Cognitive control in adolescence: Neural underpinnings and relation to self-report behaviors. *PLoS ONE, 6*, e21598.

Andreyeva, T., T., Long, M. W., & Brownell, K. D. (2010). The impact of food prices on consumption: A systematic review of research on the price elasticity of demand for food. *American Journal of Public Health, 100*, 216–222.

Anstee, J. L. K., Harris, S. G., Pruitt, K. D., & Sugar, J. A. (2008). Service-learning projects in an undergraduate gerontology course: A six-stage model and application. *Educational Gerontology, 34*, 595–609.

Anthony, D. B., Holmes, J. G., & Wood, J. V. (2007). Social acceptance and self-esteem: Tuning the sociometer to interpersonal value. *Journal of Personality and Social Psychology, 92*, 1024–1039.

Appleby, D. C. (2006). Defining, teaching, and assessing critical thinking in introductory psychology. In D. S. Dunn & S. L. Chew (Eds.), *Best practices for teaching introduction to psychology* (pp. 57–69). Mahwah, NJ: Erlbaum.

Arendt, J. (2010). Shift work: Coping with the biological clock. *Occupational Medicine, 60*, 10–20.

Arendt, J., & Skene, D. J. (2005). Melatonin as a chronobiotic. *Sleep Medicine Reviews, 9*, 25–39.

Arnett, J. J. (1999). Adolescent storm and stress reconsidered. *American Psychologist, 54*, 317–326.

Arnett, J. J. (2008). The neglected 95%: Why American psychology needs to become less American. *American Psychologist, 63*, 602–614.

Arnon, Z., Maoz, G., Gazit, T., & Klein, E. (2011). Rorschach indicators of PTSD: A retrospective study. *Rorschachiana, 32*, 5–26.

Aron, A., & Aron, E. N. (1994). Love. In A. L. Weber & J. H. Harvey (Eds.), *Perspectives on close relationships* (pp. 131–152). Boston: Allyn & Bacon.

Aron, A., & Fraley, B. (1999). Relationship closeness as including other in the self: Cognitive underpinnings and measures. *Social Cognition, 17*, 140–160.

Aron, A., & Westbay, L. (1996). Dimensions of the prototype of love. *Journal of Personality and Social Psychology, 70*, 535–551.

Aron, A., Aron, E. N., & Smollan, D. (1992). Inclusion of other in the self scale and the structure of interpersonal closeness. *Journal of Personality and Social Psychology, 63*, 596–612.

Aron, A., Mashek, D., McLaughlin-Volpe, T., Wright, S., Lewandowski, G., & Aron, E. N. (2004). Including close others in the cognitive structure of self. In M. W. Baldwin (Ed.), *Interpersonal cognition* (pp. 206–232). New York: Guilford Press.

Aronson, E. (2002). Building empathy, compassion, and achievement in the jigsaw classroom. In J. Aronson (Ed.), *Improving academic achievement: Impact of psychological factors on education* (pp. 209–225). San Diego, CA: Academic Press.

Aronson, E., & Gonzalez, A. (1988). Desegregation jigsaw, and the Mexican-American experience. In P. A. Katz & D. Taylor (Eds.), *Towards the elimination of racism: Profiles in controversy*. New York: Plenum Press.

Aronson, E., Blaney, N., Stephan, C., Sikes, J., & Snapp, M. (1978). *The jigsaw classroom*. Beverly Hills, CA: Sage.

Asch, S. E. (1940). Studies in the principles of judgments and attitudes: II. Determination of judgments by group and by ego standards. *Journal of Social Psychology, 12*, 433–465.

Asch, S. E. (1952). *Social psychology*. Englewood Cliffs, NJ: Prentice Hall.

Asch, S. E. (1955). Opinions and social pressure. *Scientific American, 193*(5), 31–35.

Asch, S. E. (1956). Studies of independence and conformity: A minority of one against a unanimous majority. *Psychological Monographs, 70*(9, Whole No. 416), www.nsf.gov/statistics/nsf11306/.

Auvray, M., Gallace, A., & Spence, C. (2011). Tactile short-term memory for stimuli presented on the fingertips and across the rest of the surface of the body. *Attention, Perception, & Psychophysics, 73*, 1227–1241.

Ayduk, O., Rodriguez, M. L., Mischel, W., Shoda, Y., & Wright, J. (2007). Verbal intelligence and self-regulatory competencies: Joint predictors of boys' aggression. *Journal of Research in Personality, 41*, 374–388.

Ayllon, T., & Michael, J. (1959). The psychiatric nurse as a behavioral engineer. *Journal of the Experimental Analysis of Behavior, 2*, 323–334.

Baars, B. J. (1992). A dozen completing-plans techniques for inducing predictable slips in speech and action. In B. J. Baars (Ed.), *Experimental slips and human error: Exploring the architecture of volition* (pp. 129–150). New York: Plenum Press.

Baars, B. J., Motley, M. T., & MacKay, D. G. (1975). Output editing for lexical status in artificially elicited slips of the tongue. *Journal of Verbal Learning and Verbal Behavior, 14*, 382–391.

Baas, M., De Creu, C. K. W., & Nijstad, B. A. (2008). A meta-analysis of 25 years of mood-creativity research: Hedonic tone, activation, or regulatory focus? *Psychological Bulletin, 134*, 779–806.

Back, M. D., Schmukle, S. C., & Egloff, B. (2008). How extraverted is honey. bunny77@hotmail.de? *Journal of Research in Personality, 42*, 1116–1122.

Baddeley, A. D. (2002). Is working memory still working? *European Psychologist, 7*, 85–97.

Baddeley, A. D. (2003). Working memory: Looking back and looking forward. *Nature Reviews Neuroscience, 4*, 829–839.

Badzakova-Trajov, G., Häberling, I. S., Roberts, R. P., & Corballis, M. C. (2010). Cerebral asymmetries: Complementary and independent processes. *PLoS ONE, 5*, e9862.

Bahrick, H. P., Bahrick, P. O., & Wittlinger, R. P. (1975). Fifty years of memory for names and faces: A cross-sectional approach. *Journal of Experimental Psychology: General, 104*, 54–75.

Bailey, B. A., & Sokol, R. J. (2008). Pregnancy and alcohol use: Evidence and recommendations for prenatal care. *Clinical Obstetrics and Gynecology, 51*, 436–444.

Bakken, T. E., Bloss, C. S., Roddey, C., Joyner, A. H., Rimol, L. M., Djurovic, S., Melle, I., Sundet, K., Agartz, I., Andreassen, O. A., Dale, A. M., & Schork, N. J. (2011). Association of genetic variants on 15q12 with cortical thickness and cognition in schizophrenia. *Archives of General Psychiatry, 68*, 781–790.

Balch, R. W., & Taylor, D. (2002). Making sense of the Heaven's Gate suicides. In D. G. Bromley & J. G. Melton (Eds.), *Cults, religion, and violence* (pp. 209–228). Cambridge, UK: Cambridge University Press.

Balsam, K. F., Beauchaine, T. P., Rothblum, E. D., & Solomon, S. E. (2008). Three-year follow-up of same-sex couples who had civil unions in Vermont, same-sex couples not in civil unions, and heterosexual married couples. *Developmental Psychology, 44*, 102–116.

Baltes, P. B. (1993). The aging mind: Potential and limits. *The Gerontologist, 33*, 580–594.

Baltes, P. B., Smith, J., & Staudinger, U. M. (1992). Wisdom and successful aging. In T. B. Sonderegger (Ed.), *The Nebraska Symposium on Motivation: Vol. 39. The psychology of aging* (pp. 123–167). Lincoln: University of Nebraska Press.

Bandelow, B., Krause, J., Wedekind, D., Broocks, A., Hajak, G., & Rüther, E. (2005). Early traumatic life events, parental attitudes, family history, and birth risk factors in patients with borderline personality disorder and healthy controls. *Psychiatry Research, 134*, 169–179.

Bandura, A. (1970). Modeling therapy. In W. S. Sahakian (Ed.), *Psychopathology today: Experimentation, theory and research*. Itasca, IL: Peacock.

Bandura, A. (1977). *Social learning theory*. Englewood Cliffs, NJ: Prentice-Hall.

Bandura, A. (1986). *Social foundations of thought and action: A social cognitive theory*. Englewood Cliffs, NJ: Prentice-Hall.

Bandura, A. (1992). Exercise of personal agency through the self-efficacy mechanism. In R. Schwarzer (Ed.), *Self-efficacy: Thought control of action* (pp. 3–38). Washington, DC: Hemisphere.

Bandura, A. (1997). *Self-efficacy: The exercise of control*. New York: Freeman.

Bandura, A. (1999). Social cognitive theory of personality. In L. A. Pervin & O. P. John (Eds.), *Handbook of personality: Theory and research* (2nd ed., pp. 154–196). New York: Guilford Press.

Bandura, A. (2006). Toward of psychology of human agency. *Perspectives on Psychological Science, 1*, 164–180.

Bandura, A., Ross, D., & Ross, S. A. (1963). Imitation of film-mediated aggressive models. *Journal of Abnormal and Social Psychology, 66*, 3–11.

Banks, S., & Dinges, D. F. (2007). Behavioral and physiological consequences of sleep restriction. *Journal of Clinical Sleep Medicine, 3*, 519–528.

Banyai, E. I., & Hilgard, E. R. (1976). Comparison of active-alert hypnotic induction with traditional relaxation induction. *Journal of Abnormal Psychology, 85*, 218–224.

Barak, A., Boniel-Nissim, M., & Suler, J. (2008). Fostering empowerment in online support groups. *Computers in Human Behavior, 24*, 1867–1883.

Bárez, M., Blasco, T., Fernández-Castro, J., & Viladrich, C. (2007). A structural model of the relationships between perceived control and the adaptation to illness in women with breast cancer. *Journal of Psychosocial Oncology, 25*, 21–43.

Bar-Hillel, M., & Neter, E. (1993). How alike is it versus how likely is it: A disjunction fallacy in probability judgments. *Journal of Personality and Social Psychology, 65,* 1119–1131.

Barkataki, I., Kumari, V., Das, M., Taylor, P., & Sharma, T. (2006). Volumetric structural brain abnormalities in men with schizophrenia and antisocial personality disorder. *Behavioural Brain Research, 169,* 239–247.

Barker, R., Dembo, T., & Lewin, D. (1941). Frustration and aggression: An experiment with young children. *University of Iowa Studies in Child Welfare, 18*(1).

Baron-Cohen, S. (2008). Theories of the autistic mind. *The Psychologist, 21,* 112–116.

Barrett, L. F., Tugade, M. M., & Engle, R. W. (2004). Individual differences in working memory capacity and dual-process theories of mind. *Psychological Bulletin, 130,* 553–573.

Barrett, M. S., Chua, W.-J., Crits-Christoph, P., Gibbons, M. B., & Thompson, D. (2008). Early withdrawal from mental health treatment: Implications for psychotherapy practice. *Psychotherapy Theory, Research, Practice, Training, 45,* 247–267.

Bartlett, F. C. (1932). *Remembering: A study in experimental and social psychology.* Cambridge, UK: Cambridge University Press.

Bartoshuk, L. M. (1993). The biological basis of food perception and acceptance. *Food Quality and Preference, 4,* 21–32.

Bartoshuk, L. M., & Beauchamp, G. K. (1994). Chemical senses. *Annual Review of Psychology, 45,* 419–449.

Bartz, J. A., Zaki, J., Bolger, N., & Ochsner, K. N. (2011). Social effects of oxytocin in humans: Context and person matter. *Trends in Cognitive Sciences, 15,* 301–309.

Basso, E. B. (1987). The implications of a progressive theory of dreaming. In B. Tedlock (Ed.), *Dreaming: Anthropological and psychological interpretations* (pp. 86–104). Cambridge, UK: Cambridge University Press.

Bastardi, A., Uhlmann, E. L., & Ross, L. (2011). Wishful thinking: Belief, desire, and the motivated evaluation of scientific evidence. *Psychological Science, 22,* 731–732.

Bastien, C. H. (2011). Insomnia: Neurophysiological and neuropsychological approaches. *Neuropsychology Review, 21,* 22–40.

Batson, C. D. (1991). *The altruism question: Toward a social-psychological answer.* Hillsdale, NJ: Erlbaum.

Batson, C. D. (1994). Why act for the public good? Four answers. *Personality and Social Psychology Bulletin, 20,* 603–610.

Batson, C. D., Ahmad, N., Yin, J., Bedell, S. J., Johnson, J. W., Templin, C. M., & Whiteside, A. (1999). Two threats to the common good: Self-interested egoism and empathy-induced altruism. *Personality and Social Psychology Bulletin, 25,* 3–16.

Baum, J. R., Bird, B. J., & Singh, S. (2011). The practical intelligence of entrepreneurs: Antecedents and a link with new venture growth. *Personnel Psychology, 64,* 397–425.

Baumeister, R. F., Campbell, J. D., Krueger, J. I., & Vohs, K. D. (2003). Does high self-esteem cause better performance, interpersonal success, happiness, or healthy lifestyles? *Psychological Science in the Public Interest, 4,* 1–44.

Baumgartner, T., Heinrichs, M., Vonlanthen, A., Fischbacher, U., & Fehr, E. (2008). Oxytocin shapes the neural circuitry of trust and trust adaptation in humans. *Neuron, 58,* 639–650.

Bauminger, N., Finzi-Dottan, R., Chason, S., & Har-Even, D. (2008). Intimacy in adolescent friendship: The roles of attachment, coherence, and self-disclosure. *Journal of Social and Personal Relationships, 25,* 409–428.

Bayley, N. (1956). Individual patterns of development. *Child Development, 27,* 45–74.

Beauchamp, G. K., & Mennella, J. A. (2011). Flavor perception in human infants: Development and functional significance. *Digestion, 83,* 1–6.

Beck, A. T. (1967). *Depression: Clinical, experimental, and theoretical Aspects.* New York: Harper & Row.

Beck, A. T. (1976). *Cognitive therapy and emotional disorders.* New York: International Universities Press.

Beck, A. T., & Emery, G. (1985). *Anxiety disorders and phobias: A cognitive perspective.* New York: Basic Books.

Beck, A. T., & Rush, A. J. (1989). Cognitive therapy. In H. I. Kaplan & B. Sadock (Eds.), *Comprehensive textbook of psychiatry* (Vol. 5). Baltimore: Williams & Wilkins.

Beck, A. T., Rush, A. J., Shaw, B. F., & Emery, G. (1979). *Cognitive therapy of depression.* New York: Guilford Press.

Beck, H. P., Levinson, S., & Irons, G. (2009). Finding Little Albert. *American Psychologist, 64,* 605–614.

Becker, S. W., & Eagly, A. H. (2004). The heroism of women and men. *American Psychologist, 59,* 163–178.

Beer, J. S. (2002). Implicit self-theories of shyness. *Journal of Personality and Social Psychology, 83,* 1009–1024.

Behne, T., Liszkowski, U., Carpenter, M., & Tomasello, M. (2012). Twelve-month-olds' comprehension and production of pointing. *British Journal of Developmental Psychology*, in press.

Bell, D. C. (2001). Evolution of parental caregiving. *Personality and Social Psychology Review, 5,* 216–229.

Bellebaum, C., & Daum, I. (2011). Mechanisms of cerebellar involvement in associate learning. *Cortex, 47,* 128–136.

Belsky, J., Vandell, D. L., Burchinal, M., Clarke-Stewart, K. A., McCartney, K., Owen, M. T., & The NICHD Early Child Care Research Network. (2007). Are there long-term effects of early child care? *Child Development, 78,* 681–701.

Bem, D. (2000). The exotic-becomes-erotic theory of sexual orientation. In J. Bancroft (Ed.), *The role of theory in sex research* (pp. 67–81). Bloomington: Indiana University Press.

Bem, D. J. (1972). Self-perception theory. In L. Berkowitz (Ed.), *Advances in experimental social psychology* (Vol. 6, pp. 1–62). New York: Academic Press.

Bem, D. J. (1996). Exotic becomes erotic: A developmental theory of sexual orientation. *Psychological Review, 103,* 320–335.

Bem, S. L. (1974). The measurement of psychological androgyny. *Journal of Consulting and Clinical Psychology, 42,* 155–162.

Bem, S. L. (1981). *The Bem Sex Role Inventory: Professional manual.* Palo Alto, CA: Consulting Psychology Press.

Benedict, R. (1938). Continuities and discontinuities in cultural conditioning. *Psychiatry, 1,* 161–167.

Benedict, R. (1959). *Patterns of culture.* Boston: Houghton Mifflin.

Benenson, J. F., & Heath, A. (2006). Boys withdraw from one-on-one interactions, whereas girls withdraw more in groups. *Developmental Psychology, 42,* 272–282.

Benenson, J. F., Apostoleris, N. H., & Parnass, J. (1997). Age and sex differences in dyadic and group interaction. *Developmental Psychology, 33,* 538–543.

Benight, C. C., Cieslak, R., Molton, I. R., & Johnson, L. E. (2008). Self-evaluative appraisals of coping capability and posttraumatic distress following motor vehicle accidents. *Journal of Consulting and Clinical Psychology, 76,* 677–685.

Benish, S. G., Quintant, S., & Wampold, B. E. (2011). Culturally adapted psychotherapy and the legitimacy of myth: A direct-comparison meta-analysis. *Journal of Counseling Psychology, 58,* 279–289.

Benjamin, L. T., Jr. (2007). *A brief history of modern psychology.* Malden, MA: Blackwell.

Benjet, C., & Kazdin, A. E. (2003). Spanking children: The controversies, findings, and new directions. *Clinical Psychology Review, 23,* 197–224.

Bennett, D. S., Bendersky, M., & Lewis, M. (2008). Children's cognitive ability from 4 to 9 years old as a function of prenatal cocaine exposure, environmental risk, and maternal verbal intelligence. *Developmental Psychology, 44,* 919–928.

Benson, H. (2000). *The relaxation response* (Updated ed.). New York: HarperCollins.

Berenson, K. R., Downey, G., Rafaeli, E., Coifman, K. G., & Paquin, N. L.

(2011). The rejection-rage contingency in borderline personality disorder. *Journal of Abnormal Psychology, 120*, 681–690.

Berger, T., Hold, E., & Caspar, F. (2009). Internet-based treatment for social phobia: A randomized control trial. *Journal of Clinical Psychology, 65*, 1021–1035.

Bering, J. M., & Bjorklund, D. F. (2007). The serpent's gift: Evolutionary psychology and consciousness. In P. D. Zelazo, M. Moscovitch, & E. Thompson (Eds.), *The Cambridge handbook of consciousness* (pp. 597–629). New York: Cambridge University Press.

Berkowitz, L. (1993). *Aggression: Its causes, consequences, and control.* New York: McGraw-Hill.

Berkowitz, L. (1998). Affective aggression: The role of stress, pain, and negative affect. In R. G. Geen & E. Donnerstein (Eds.), *Human aggression: Theories, research, and implications for public policy* (pp. 49–72). San Diego, CA: Academic Press.

Berkowitz, S. J. (2003). Children exposed to community violence: The rationale for early intervention. *Clinical Child and Family Psychology Review, 6*, 293–302.

Berlin, B., & Kay, P. (1969). *Basic color terms: Their universality and evolution.* Berkeley: University of California Press.

Berlyne, D. E. (1960). *Conflict, arousal, and curiosity.* New York: McGraw-Hill.

Bernal, G., Jiménez-Chafey, M. I., & Domenech Rodríguez, M. M. (2009). Cultural adaptation of treatments: A resource for considering culture in evidence-based practice. *Professional Psychology: Research and Practice, 40*, 361–368.

Bernard, L. L. (1924). *Instinct.* New York: Holt, Rinehart & Winston.

Berscheid, E., & Walster, E. H. (1978). *Interpersonal attraction* (2nd ed.). Reading, MA: Addison-Wesley.

Bersoff, D. N. (Ed.) (2008). *Ethical conflicts in psychology* (4th ed.). Washington, DC: American Psychological Association.

Bialystok, E., & Craik, F. I. M. (2010). Cognitive and linguistic processing in the bilingual mind. *Current Directions in Psychological Science, 19*, 19–23.

Bialystok, E., & Shapero, D. (2005). Ambiguous benefits: The effect of bilingualism on reversing ambiguous figures. *Developmental Science, 8*, 595–604.

Bialystok, E., Luk, G., Peets, K. F., & Yang, S. (2010). Receptive vocabulary differences in monolingual and bilingual children. *Bilingualism: Language and Cognition, 13*, 525–531.

Biederman, J., Faraone, S. V., & Monteaux, M. C. (2002). Differential effect of environmental adversity by gender: Rutter's index of adversity in a group of boys and girls with and without ADHD. *American Journal of Psychiatry, 159*, 1556–1562.

Biehl, M., Matsumoto, D., Ekman, P., Hearn, V., Heider, K., Kudoh, T., & Ton, V. (1997). Matsumoto and Ekman's Japanese and Caucasian facial expressions of emotion (JACFEE): Reliability data and cross-national differences. *Journal of Nonverbal Behavior, 21*, 3–21.

Biel, M. B., Preselow, E., Mulcare, L., Case, B. G., & Fieve, R. (2007). Continuation versus discontinuation of lithium in recurrent bipolar illnesss: A naturalistic study. *Bipolar Disorders, 9*, 435–442.

Bielak, A. A. M., Hughes, T. F., Small, B. J., & Dixon, R. A. (2007). It's never too late to engage in lifestyle activities: Significant concurrent but not change relationships between lifestyle activities and cognitive speed. *Journal of Gerontology: Psychological Sciences, 62B*, P331–P339.

Bierbach, D., Kronmarck, C., Hennige-Schulz, C., Stadler, S., & Plath, M. (2011). Sperm competition risk affects male mate choice copying. *Behavioral Ecology and Sociobiology, 65*, 1699–1707.

Billings, A. G., & Moos, R. H. (1982). Family environments and adaptation: A clinically applicable typology. *American Journal of Family Therapy, 20*, 26–38.

Binet, A. (1911). *Les idées modernes sur les enfants.* Paris: Flammarion.

Biss, R. K., & Hasher, L. (2011). Delighted and distracted: Positive affect increases priming for irrelevant information. *Emotion, 11*, 1474–1478.

Bjorvatn, B., Grønli, J., & Pallesen, S. (2010). Prevalence of different parasomnias in the general population. *Sleep Medicine, 11*, 1031–1034.

Blagrove, M., Henley-Einion, J., Barnett, A., Edwards, D., & Seage, C. H. (2011). A replication of the 5–7 day dream-lag effect with comparisons of dreams to future events as control for baseline matching. *Consciousness and Cognition, 20*, 384–391.

Blatter, K., & Cajochen, C. (2007). Circadian rhythms in cognitive performance: Methodologocial constrains, protocols, theoretical underpinnings. *Physiology & Behavior, 90*, 196–208.

Bleuler, M. (1978). The long-term course of schizophrenic psychoses. In L. C. Wynne, R. L. Cromwell, & S. Mattysse (Eds.), *The nature of schizophrenia: New approaches to research and treatment* (pp. 631–636). New York: Wiley.

Blond, A. (2008). Impacts of exposure to images of ideal bodies on male body dissatisfaction: A review. *Body Image, 5*, 244–250.

Blos, P. (1965). *On adolescence: A psychoanalytic interpretation.* New York: The Free Press.

Blumberg, H. P., Leung, H. C., Skudlarski, P., Lacadie, C. M., Fredericks, C. A., Harris, B. C., Charney, D. S., Gore, J. C., Krystal, J. H., & Peterson, B. S. (2003). A functional magnetic resonance imaging study of bipolar disorder. *Archives of General Psychiatry, 60*, 601–609.

Blustein, D. L. (2008). The role of work in psychological health and well-being: A conceptual, historical, and public policy perspective. *American Psychologist, 63*, 228–240.

Boardman, J. D., Saint Onge, J. M., Haberstick, B. C., Timberlake, D. S., & Hewitt, J. K. (2008). Do schools moderate the genetic determinants of smoking? *Behavioral Genetics, 38*, 234–246.

Bock, K. (1990). Structure in language: Creating form in talk. *American Psychologist, 45*, 1221–1236.

Bock, K., Dell, G. S., Chang, F., & Onishi, K. H. (2007). Persistent structural priming from language comprehension to language production. *Cognition, 104*, 437–458.

Bogle, K. A. (2008). *Hooking up: Sex, dating, and relationships on campus.* New York: New York University Press.

Bohannon, J. N. III, Gratz, S., & Cross, V. S. (2007). The effects of affect and input source on flashbulb memories. *Applied Cognitive Psychology, 21*, 1023–1036.

Bohlin, G., Hagekull, B., & Rydell, A.-M. (2000). Attachment and social functioning: A longitudinal study from infancy to middle childhood. *Social Development, 9*, 24–39.

Bohner, G., & Dickel, N. (2011). Attitudes and attitude change. *Annual Review of Psychology, 62*, 391–417.

Bolden, L., & Wicks, M. N. (2005). Length of stay, admission types, psychiatric diagnoses, and the implications of stigma in African Americans in the nationwide inpatient sample. *Issues in Mental Health Nursing, 26*, 1043–1059.

Bolhuis, J. J., & Honey, R. C. (1998). Imprinting, learning and development: From behaviour to brain and back. *Trends in Neurosciences, 21*, 306–311.

Bolino, M. C., & Turnley, W. H. (2008). Old faces, new places: Equity theory in cross-cultural contexts. *Journal of Organizational Behavior, 29*, 29–50.

Bolton, D., & Perrin, S. (2008). Evaluation of exposure with response-prevention for obsessive compulsive disorder in childhood and adolescence. *Journal of Behavior Therapy and Experimental Psychiatry, 39*, 11–22.

Bolton, J. M., Belik, S.-L., Enns, M. W., Cox, B. J., & Sareen, J. (2008). Exploring the correlates of suicide attempts among individuals with major depressive disorder: Findings from the national epidemiologic survey on alcohol and related conditions. *The Journal of Clinical Psychiatry, 69*, 1139–1149.

Bonanno, G. A., Pat-Horenczyk, R., & Noll, J. (2011). Coping flexibility and trauma: The perceived ability to cope with trauma (PACT) scale. *Psychological Trauma: Theory, Research, Practice, and Policy, 3*, 117–129.

Bond, C. F., Jr., Pitre, U., & van Leeuwen, M. D. (1991). Encoding operations and the next-in-line effect. *Personality and Social Psychology Bulletin, 17*, 435–441.

Borges, N. J., Manuel, R. S., Elam, C. L., & Jones, B. J. (2010). Differences in motives between Millennial and Generation X medical students. *Medical Education, 44*, 570–576.

Bornstein, M. H., & Arterberry, M. E. (2003). Recognition, discrimination and categorization of smiling by 5-month-old infants. *Developmental Science, 6*, 585–599.

Bornstein, R. F., Becker-Matero, N., Winarick, D. J., & Reichman, A. L. (2010). Interpersonal dependency in borderline personality disorder: Clinical context and empirical evidence. *Journal of Personality Disorders, 24*, 109–127.

Botella, C., Bretón-López, J., Quero, S., Baños, R., & García-Palacios, A. (2010). Treating cockroach phobia with augmented reality. *Behavior Therapy, 41*, 401–413.

Bouchard, T. J. Jr., & Loehlin, J. C. (2001). Genes, evolution, and personality. *Behavior Genetics, 31*, 243–273.

Bouris, A., Guilamo-Ramos, V., Pickard, A., Shiu, C., Loosier, P. S., Dittus, P., Gloppen, K., & Waldmiller, J. M. (2010). A systematic review of parental influences on the health and well-being of lesbian, gay, and bisexual youth: Time for a new public health research and practice agenda. *The Journal of Primary Prevention, 31*, 273–309.

Bourque, F., van der Ven, E., & Malla, A. (2011). A meta-analysis of the risk for psychotic disorders among first- and second-generation immigrants. *Psychological Medicine, 41*, 897–910.

Bovbjerg, D. H. (2006). The continuing problem of post chemotherapy nausea and vomiting: Contributions of classical conditioning. *Autonomic Neuroscience: Basic and Clinical, 129*, 92–98.

Bowden, E. M., & Beeman, M. J. (2003). Normative data for 144 compound remote associates problem. *Behavior Research Methods, Instruments, and Computers, 35*, 634–639.

Bowlby, J. (1969). *Attachment and loss, Vol 1. Attachment.* New York: Basic Books.

Bowlby, J. (1973). *Attachment and loss, Vol 2. Separation, anxiety and anger.* London: Hogarth.

Boyd, J. E., Katz, E. P., Link, B. G., & Phelan, J. C. (2010). The relationship of multiple aspects of stigma and personal contact with someone hospitalized for mental illness, in a nationally representative sample. *Social Psychiatry and Psychiatric Epidemiology, 45*, 1063–1070.

Boyd, R. C., Diamond, G. S., & Bourolly, J. N. (2006). Developing a family-based depression prevention program in urban community mental health clinics: A qualitative investigation. *Family Process, 45*, 187–203.

Boysen, G. A., & Vogel, D. L. (2007). Biased assimilation and attitude polarization in response to learning about biological explanations of homosexuality. *Sex Roles, 57*, 755–762.

Brainerd, C. J. (1996). Piaget: A centennial celebration. *Psychological Science, 7*, 191–195.

Branje, S. J. T., Frijns, T., Finkenaer, C., Engels, R., & Meeus, W. (2007). You are my best friend: Commitment and stability in adolescents' same-sex friendships. *Personal Relationships, 14*, 587–603.

Brans, R. G. H., van Haren, N. E. M., van Baal, C. M., Schnack, H. G., Kahn, R. S., & Hulshoff, H. E. (2008). Heritability of changes in brain volume over time in twin pairs discordant for schizophrenia. *Archives of General Psychiatry, 65*, 1259–1268.

Braun, K. A., Ellis, R., & Loftus, E. F. (2002). Make my memory: How advertising can change our memories of the past. *Psychology & Marketing, 19*, 1–23.

Brechwald, W. A., & Prinstein, M. J. (2011). Beyond homophily: A decade of advances in understanding peer influence processes. *Journal of Research on Adolescence, 21*, 166–179.

Breland, K., & Breland, M. (1951). A field of applied animal psychology. *American Psychologist, 6*, 202–204.

Breland, K., & Breland, M. (1961). A misbehavior of organisms. *American Psychologist, 16*, 681–684.

Brennan, S. E., & Hanna, J. E. (2009). Partner-specific adaptation in dialog. *Topics in Cognitive Science, 1*, 274–291.

Breslin, P. A. S., & Spector, A. C. (2008). Mammalian taste perception. *Current Biology, 18*, R148–R155.

Brewer, M. B. (2007). The importance of being *we*: Human nature and intergroup relations. *American Psychologist, 62*, 728–738.

Bridge, J. A., & Barbe, R. P. (2004). Reducing hospital readmission in depression and schizophrenia: Current evidence. *Current Opinion in Psychiatry, 17*, 505–511.

Bridge, J. A., Iyengar, S., Salary, C. B., Barbe, R. P., Birmaher, B., Pincus, H. A., Ren, L., & Brent, D. A. (2007). Clinical response and risk for reported suicidal ideation and suicide attempts in pediatric antidepressant treatment: A meta-analysis of randomized controlled trials. *JAMA, 297*, 1683–1696.

Brody, N. (2003). Construct validation of the Sternberg Triarchic Abilities Test: Comment and reanalysis. *Intelligence, 31*, 319–329.

Bronfenbrenner, U. (Ed.) (2004). *Making human beings human: Bioecological perspectives on human development.* Thousand Oaks, CA: Sage Publications.

Brown, F. B., & Klute, C. (2003). Friendships, cliques, and crowds. In G. R. Adams & M. D. Berzonsky (Eds.), *Blackwell handbooks of developmental psychology* (pp. 330–348). Malden, MA: Blackwell Publishing.

Brown, R. (1976). Reference: In memorial tribute to Eric Lenneberg. *Cognition, 4*, 125–153.

Brown, R. (1986). *Social psychology: The second edition.* New York: The Free Press.

Brown, R. J. (2004). Psychological mechanisms in medically unexplained symptoms: An integrative conceptual model. *Psychological Bulletin, 130*, 793–812.

Brown, R., & Kulik, J. (1977). Flashbulb memories. *Cognition, 5*, 73–99.

Brumm, V. L., & Grant, M. L. (2010). The role of intelligence in phenylketonuria: A review of research and management. *Molecular Genetics and Metabolism, 99*, S18–S21.

Bruni, O., Ferri, R., Novelli, L., Finotti, E., Miano, S., & Guilleminault, C. (2008). NREM sleep instability in children with sleep terrors: The role of slow wave activity interruptions. *Clinical Neurophysiology, 119*, 985–992.

Brunyé, T. T., Rapp, D. N., & Taylor, H. A. (2008). Representational flexibility and specificity following spatial descriptions of real-world environments. *Cognition, 108*, 418–443.

Brysbaert, M., & Rastle, K. (2009). *Historical and conceptual issues in psychology.* Harlow, England: Pearson.

Büchel, C., Brassen, S., Yacubian, J., Kalisch, R., & Sommer, T. (2011). Ventral striatal signal changes represent missed opportunities and predict future choice. *NeuroImage, 57*, 1124–1130.

Buchler, N. E. G., & Reder, L. M. (2007). Modeling age-related memory deficits: A two-parameter solution. *Psychology and Aging, 22*, 104–121.

Buckworth, J., Lee, R. E., Regan, G., Schneider, L. K., & DiClemente, C. C. (2007). Decomposing intrinsic and extrinsic motivation for exercise: Application to stages of motivational readiness. *Psychology of Sport and Exercise, 8*, 441–461.

Buckworth, J., Lee, R. E., Regan, G., Schneider, L. K., & DiClemente, C. C. (2007). Decomposing intrinsic and extrinsic motivation for exercise: Application to stages of motivational readiness. *xi*, 441–461.

Buffardi, L. E., & Campbell, W. K. (2008). Narcissism and social networking web sites. *Personality and Social Psychology Bulletin, 34*, 1303–1314.

Burgard, M., & Mitchell, J. E. (2000). Group cognitive behavioral therapy for buying disorder. In A. L. Benson (Ed.), *I shop therefore I am: Compulsive buying and the search for self* (pp. 367–397). Northvale, NJ: Jason

Aronson.

Burger, J. M. (2009). Replicating Milgram: Would people still obey today? *American Psychologist, 64*, 1–11.

Burkley, E. (2008). The role of self-control in resistance to persuasion. *Personality and Social Psychology Bulletin, 34*, 419–431.

Burnett, R. C., Medin, D. L., Ross, N. O., & Blok, S. V. (2005). Ideal is typical. *Canadian Journal of Experimental Psychology, 59*, 3–10.

Burnstein, E. (2005). Altruism and genetic relatedness. In D. M. Buss (Ed.), *The handbook of evolutionary psychology* (pp. 528– 551). Hoboken, NJ: Wiley.

Bushman, B. J., & Anderson, C. J. (2002). Violent video games and hostile expectations: A test of the general aggression model. *Personality and Social Psychology Bulletin, 28*, 1679–1686.

Buss, D. M. (2008). Evolutionary psychology: *The new science of mind* (3rd ed.). Boston, MA: Allyn & Bacon.

Buss, D. M. (2009). How can evolutionary psychology successfully explain personality and individual differences? *Perspectives on Psychological Science, 4*, 359–366.

Bustillo, J. R., Chen, H., Gasparovic, C., Mullins, P., Caprihan, A., Qualls, C., Apfeldorf, W., Lauriello, J., & Posse, S. (2011). Glutamate as a marker of cognitive function in schizophrenia: A proton spectroscopic imaging study at 4 Tesla. *Biological Psychiatry, 69*, 19–27.

Butcher, J. N. (2010). Personality assessment from the nineteenth to the early twenty-first century: Past achievements and contemporary challenges. *Annual Review of Clinical Psychology, 6*, 1–20.

Butcher, J. N., Graham, J. R., Ben-Porath, Y. S., Tellegen, A., Dahlstrom, W. G., & Kaemmer, B. (2001). *Minnesota Multiphasic Personality Inventory-2 (MMPI-2): Manual for administration and scoring* (2nd ed.). Minneapolis: University of Minnesota Press.

Butcher, J. N., Mineka, S., & Hooley, J. M. (2008). *Abnormal Psychology* (13th ed.). Boston, MA: Allyn & Bacon.

Bykov, K. M. (1957). *The cerebral cortex and the internal organs.* New York: Academic Press.

Byrne, D., & Clore, G. L. (1970). A reinforcement model of evaluative processes. *Personality: An International Journal, 1*, 103–128.

Cahill, L., Uncapher, M., Kilpatrick, L., Alkire, M. T., & Turner, J. (2004). Sex-related hemispheric lateralization of amygdala function in emotionally influenced memory: An fMRI investigation. *Learning & Memory, 11*, 261–266.

Calati, R., De Ronchi, D., Bellini, M., & Serretti, A. (2011). The 5-HTTLPR polymorphism and eating disorders: A meta-analysis. *International Journal of Eating Disorders, 44*, 191–199.

Cameron, C. L., Cella, D. C., Herndon, E. E., II, Kornblith, A. B., Zucerkman, E., Henderson, E., Weiss, R. B., Cooper, M. R., Silver, R. T., Leone, L., Canellos, G. P., Peterson, B. A., & Holland, J. C. (2001). Persistent symptoms among survivors of Hodgkin's disease: An explanatory model based on classical conditioning. *Health Psychology, 20*, 71–75.

Campbell, I., Mill, J., Uher, R., & Schmidt. (2011). Eating disorders, gene-environment interactions and epigentics. *Neuroscience and Biobehavioral Reviews, 35*, 784–793.

Camras, L A., & Shutter, J. M. (2010). Emotional facial expressions in infancy. *Emotion Review, 2*, 120–129.

Camras, L. A., Oster, H., Bakeman, R., Meng, Z., Ujiie, T., & Campos, J. L. (2007). Do infants show distinct negative facial expressions for fear and anger? Emotional expression in 11-month-old European American, Chinese, and Japanese infants. *Infancy, 11*, 131–155.

Canli, T., Desmond, J. E., Zhao, Z., & Gabrieli, J. D. E. (2002a). Sex differences in the neural basis of emotional memories. *Proceedings of the National Academy of Sciences, 99*, 10789–10794.

Canli, T., Desmond, J. E., Zhao, Z., Glover, G., & Gabrieli, J. D. E. (1998). Hemispheric asymmetry for emotional stimuli detected with fMRI. *NeuroReport, 9*, 3233–3239.

Canli, T., Sivers, H., Whitfield, S. L., Gotlib, I. H., & Gabrieli, J. D. E. (2002b). Amygdala response to happy faces as a function of extraversion. *Science, 296*, 2191.

Cannon, W. B. (1927). The James–Lange theory of emotion: A critical examination and an alternative theory. *American Journal of Psychology, 39*, 106–124.

Cannon, W. B. (1929). *Bodily changes in pain, hunger, fear, and rage* (2nd ed.). New York: Appleton-Century-Crofts.

Cannon, W. B. (1934). Hunger and thirst. In C. Murchison (Ed.), *A handbook of general experimental psychology.* Worcester, MA: Clark University Press.

Cannon, W. B., & Washburn, A. L. (1912). An explanation of hunger. *American Journal of Physiology, 29*, 441–454.

Cantlon, J. F., Pinel, P., Dehaene, S., & Pelphrey, K. A. (2011). Cortical representations of symbols, objects, and faces are pruned back during early childhood. *Cerebral Cortex, 21*, 191–199.

Cantor, N., & Kihlstrom, J. R. (1987). *Personality and social intelligence.* Englewood Cliffs, NJ: Prentice Hall.

Cappelletti, M., Fregni, F., Shapiro, K., Pascual-Leone, A., & Caramazza, A. (2008). Processing nouns and verbs in the left frontal cortex: A transcranial magnetic stimulation study. *Journal of Cognitive Neuroscience, 20*, 707–720.

Caprara, G. V., Barbaranelli, C., & Zimbardo, P. G. (1996). Understanding the complexity of human aggression: Affective, cognitive, and social dimensions of individual differences in propensity toward aggression. *European Journal of Personality, 10*, 133–155.

Carey, S. (1978). The child as word learner. In M. Hale, J. Bresnan, & G. A. Miller (Eds.), *Linguistic theory and psychological reality* (pp. 265–293). Cambridge, MA: MIT Press.

Carleton, A., Accolla, R., & Simon, S. A. (2010). Coding in the mammalian gustatory system. *Trends in Neurosciences, 33*, 326–334.

Carlson, E. A. (2004). *Mendel's legacy: The origin of classical genetics.* Cold Spring Harbor, NY: Cold Spring Harbor Laboratory Press.

Carroll, M. E., & Overmier, J. B. (Eds.). (2001). *Animal research and human health: Advancing human welfare through behavioral science.* Washington, DC: American Psychological Association.

Carstensen, L. L., Turan, B., Scheibe, S., Ram, N., Ersner-Hershfield, H., Samanez-Larkin, G. R., Brooks, K. P., & Nesselroade, J. R. (2011). Emotional experience improves with age: Evidence based on over 10 years of experience sampling. *Psychology and Aging, 26*, 21–33.

Carter, S. J., & Cassaday, H. J. (1998). State-dependent retrieval and chlorpheniramine. *Human Psychopharmacology, 13*, 513–523.

Carvalho, J. P., & Hopko, D. R. (2011). Behavioral theory of depression: Reinforcement as a mediating variable between avoidance and depression. *Journal of Behavior Therapy and Experimental Psychiatry, 42*, 154–162.

Carver, C. S., Johnson, S. L., Joorman, J., LeMoult, J., & Cuccaro, M. L. (2011). Childhood adversity interacts separately with 5-HTTLPR and BDNF to predict lifetime depression diagnosis. *Journal of Affective Disorders, 132*, 89–93.

Carver, C. S., Scheier, M. F., & Segerstrom, S. C. (2010). Optimism. *Clinical Psychology Review, 30*, 879–889.

Casey, B. J., Getz, S., & Galvan, A. (2008). The adolescent brain. *Developmental Review, 28*, 62–77.

Caspi, A., Hariri, A. R., Holmes, A., Uher, R., & Moffitt, T. E. (2010). Genetic sensitivity to the environment: The case of the serotonin transporter gene and its implications for studying complex diseases and traits. *American Journal of Psychiatry, 167*, 509–527.

Cassel, J.-C., Riegert, C., Rutz, S., Koenig, J., Rothmaier, K., Cosquer, B., Lazarus, C., Birthelmer, A., Jeltsch, H., Jones, B. C., & Jackisch, R. (2005). Ethanol, 3,4-methylenedioxymethamphetamine (Ecstasy) and their combination: Long-term behavioral, neurochemical and neuropharmacological effects in the rat. *Neuropsychopharmacology, 30,* 1870–1882.

Cassin, S. E., von Ranson, K. M., Heng, K., Brar, J., & Wojtowica, A. E. (2008). Adapted motivational interviewing for women with binge eating disorder: A randomized controlled trial. *Psychology of Addictive Behaviors, 22,* 417–425.

Catalano, R., Novaco, R. W., & McConnell, W. (2002). Layoffs and violence revisited. *Aggressive Behavior, 28,* 233–247.

Catalano, R., Novaco, R., & McConnell, W. (1997). A model of the net effect of job loss on violence. *Journal of Personality and Social Psychology, 72,* 1440–1447.

Cattell, R. B. (1963). Theory of fluid and crystallized intelligence: A critical experiment. *Journal of Educational Psychology, 54,* 1–22.

Cattell, R. B. (1979). *Personality and learning theory.* New York: Springer.

Centers for Disease Control and Prevention (2011). *Tobacco-related mortality.* Retrieved from www.cdc.gov/tobacco/data_statistics/fact_sheets/health_effects/tobacco_related_mortality.

Centers for Disease Control and Prevention. (2009, December 18). Prevalence of autism spectrum disorders—Autism and Developmental Disabilities Monitoring Network, United States, 2006. *Morbidity and Mortality Weekly Report, 58,* 1–24. Retrieved from ftp://ftp.cdc.gov/pub/publications/mmwr/ss/SS5810.pdf.

Ceschi, G., van der Linden, M., Dunker, D., Perroud, A., & Brédart, S. (2003). Further exploration memory bias in compulsive washers. *Behaviour Research and Therapy, 41,* 737–748.

Chan, M. Y. T., Cross-Mellor, S. K., Kavaliers, M., & Ossenkopp, K.-P. (2009). Lipopolysaccharide (LPS) blocks the acquisition of LiCl-induced gaping in a rodent model of anticipatory nausea. *Neuroscience Letters, 450,* 301–305.

Charlton, R. E., Barrick, T. R., Markus, H. S., & Morris, R. G. (2010). The relationship between episodic long-term memory and white matter integrity in normal aging. *Neuropsychologia, 48,* 114–122.

Chartrand, T. L., & Bargh, J. A. (1999). The chameleon effect: The perception-behavior link and social interaction. *Journal of Personality and Social Psychology, 76,* 893–910.

Chase, W. G., & Ericsson, K. A. (1981). Skilled memory. In J. R. Anderson (Ed.), *Cognitive skills and their acquisition.* Hillsdale, NJ: Erlbaum.

Chen, F. F., & Kenrick, D. T. (2002). Repulsion or attraction? Group membership and assumed attitude similarity. *Journal of Personality and Social Psychology, 83,* 111–125.

Chen, S., Boucher, H. C., & Tapias, M. P. (2006). The relational self revealed: Integrative conceptualization and implications for interpersonal life. *Psychological Bulletin, 132,* 151–179.

Cheng, P. W., & Holyoak, K. J. (1985). Pragmatic reasoning schemas. *Cognitive Psychology, 17,* 391–416.

Chida, Y., & Steptoe, A. (2009). The association of anger and hostility with future coronary heart disease. *Journal of the American College of Cardiology, 53,* 936–946.

Child Welfare Information Gateway. (2011). *Foster Care Statistics 2009.* Retrieved from www.childwelfare.gov/pubs/factsheets/foster.pdf.

Cho, S., Holyoak, K. J., & Cannon, T. D. (2007). Analogical reasoning in working memory: Resources shared among relational integration, interference resolution, and maintenance. *Memory & Cognition, 35,* 1445–1455.

Choi-Kahn, L. W., Zanarini, M. C., Frankenburg, F. R., Fitzmaurice, G. M., & Reich, D. B. (2010). A longitudinal study of the 10-year course of interpersonal features in borderline personality disorder. *Journal of Personality Disorders, 24,* 365–376.

Chomsky, N. (1965). *Aspects of a theory of syntax.* Cambridge, MA: MIT Press.

Chomsky, N. (1975). *Reflections on language.* New York: Pantheon Books.

Chorover, S. (1981, June). *Organizational recruitment in "open" and "closed" social systems: A neuropsychological perspective.* Conference paper presented at the Center for the Study of New Religious Movements, Berkeley, CA.

Christensen, A. J., & Johnson, J. A. (2002). Patient adherence with medical treatment regimens: An interactive approach. *Current Directions in Psychological Science, 11,* 94–97.

Christensen, A. J., Howren, M. B., Hillis, S. L., Kaboli, P., Carter, B. L., Cvengros, J. A., Wallston, K. A., & Rosenthal, G. E. (2010). Patient and physician beliefs about control over health: Association of symmetrical beliefs with medication regimen. *Journal of General Internal Medicine, 25,* 397–402.

Christensen, A., Atkins, D. C., Yi, J., Baucom, D. H., & George, W. H. (2006). Couple and individual adjustment for 2 years following a randomized clinical trial comparing traditional versus integrative behavioral couple therapy. *Journal of Consulting and Clinical Psychology, 74,* 1180–1191.

Christensen, B. T., & Schunn, C. D. (2007). The relationship of analogical distance to analogical function and preinventive structure: The case of engineering design. *Memory & Cognition, 35,* 29–38.

Christopoulou, F. D., & Kiortsis, D. N. (2011). An overview of the metabolic effects of rimonabant in randomized controlled trials: Potential for other cannabinoid 1 receptor blockers in obesity. *Journal of Clinical Pharmacy and Therapeutics, 36,* 10–18.

Chun, M. M., Golomb, J. D., & Turk-Browne, N. B. (2011). A taxonomy of external and internal attention. *Annual Review of Psychology, 62,* 73–101.

Cialdini, R. B. (2009). *Influence: Science and practice* (5th ed.). Boston, MA: Allyn & Bacon.

Cialdini, R. B., & Goldstein, N. J. (2004). Social influence: Compliance and conformity. *Annual Review of Psychology, 55,* 591–621.

Cialdini, R. B., Vincent, J. E., Lewis, S. K., Catalan, J., Wheeler, D., & Darby, B. L. (1975). Reciprocal concessions procedure for inducing compliance: The door-in-the-face technique. *Journal of Personality and Social Psychology, 31,* 206–215.

Clamp, M., Fry, B., Kamal, M., Xie, X., Cuff, J., Lin, M. F., Kellis, M., Lindblad-Toh, K., & Lander, E. S. (2007). Distinguishing protein-coding and noncoding genes in the human genome. *PNAS, 104,* 19428–19433.

Clapper, J. R., Moreno-Sanz, G., Russo, R., Guijarro, A., Vacondio, F., Duranti, A., Tontini, A., Sanchini, S., Sciolino, N. F., Spradley, J. M., Hohmann, A. G., Caglignano, A., Mor, M. Tarzia, G., & Piomelli, D. (2010). Anandamide suppresses pain initiation through a peripheral endocannabinoid mechanism. *Nature Neuroscience, 13,* 1265–1270.

Clark, E. V. (2003). *First language acquisition.* Cambridge, UK: Cambridge University Press.

Clark, H. H., & Clark, E. V. (1977). *Psychology and language: An introduction to psycholinguistics.* New York: Harcourt Brace Jovanovich.

Clark, K., & Clark, M. (1947). Racial identification and preference in Negro children. In T. M. Newcomb & E. L. Hartley (Eds.), *Readings in social psychology* (pp. 169–178). New York: Holt.

Clark, M. D., & Carroll, M. H. (2008). Acquaintance rape scripts of women and men: Similarities and differences. *Sex Roles, 58,* 616–625.

Clarke-Stewart, A., & Alhusen, V. D. (2005). *What we know about childcare.* Cambridge, MA: Harvard University Press.

Clarke-Stewart, K. A. (1993). *Daycare.* Cambridge, MA: Harvard University Press.

Clore, G. L., & Huntsinger, J. R. (2007). How emotions inform judgment and regulate thought. *Trends in Cognitive Sciences, 11,* 393–399.

Coates, T. J., & Szekeres, G. (2004). A plan for the next generation of HIV prevention research: Seven key policy investigative challenges. *American Psychologist, 59,* 747–757.

Coe, C. L. (1999). Psychosocial factors and psychoneuroimmunology within a lifespan perspective. In D. P. Keating & C. Hertzman (Eds.), *Developmental health and the wealth of nations: Social, biological, and educational dynamics* (pp. 201–219). New York: Guilford Press.

Cohen, A., & Avrahami, A. (2005). Soccer fans' motivation as a predictor of participation in soccer-related activities: An empirical examination in Israel. *Social Behavior and Personality, 33,* 419–434.

Cohen, P., Chen, H., Gordon, K., Johnson, J., Brook, J., & Kasen, S. (2008). Socioeconomic background and the developmental course of schizotypal and borderline personality disorder symptoms. *Development and Psychopathology, 20,* 633–650.

Cojan, Y., Waber, L., Carruzzo, A., & Vuilleumier, P. (2009). Motor inhibition in hysterical conversion disorder. *NeuroImage, 47,* 1026–1037.

Cole, D. A., Ciesla, J. A., Dallaire, D. H., Jacquez, F. M., Pineda, A. Q., LaGrange, B., Truss, A. E., Folmer, A. S., Tilghman-Osborne, C., & Felton, J. W. (2008). Emergence of attributional style and its relation to depressive symptoms. *Journal of Abnormal Psychology, 117,* 16–31.

Collins, C. J., Hanges, P. J., & Locke, E. A. (2004). The relationship of achievement motivation to entrepreneurial behavior: A meta-analysis. *Human Performance, 17,* 95–117.

Collins, G. T., Truong, Y. N.-T., Levant, B., Chen, J., Wang, S., & Woods, J. H. (2011). Behavioral sensitization to cocaine in rats: Evidence for temporal differences in dopamine D_3 and D_2 receptor sensitivity. *Psychopharmacology, 215,* 609–620.

Collins, W. A., Maccoby, E. E., Steinberg, L., Hetherington, E. M., & Bornstein, M. H. (2000). Contemporary research on parenting: The case for nature and nurture. *American Psychologist, 55,* 218–232.

Colloca, L., & Miller, F. G. (2011). Role of expectations in health. *Current Opinion in Psychiatry, 24,* 149–155.

Conger, R. D., Conger, K. J., & Martin, M. J. (2010). Socioeconomic status, family processes, and individual development. *Journal of Marriage and Family, 72,* 685–704.

Conway, A. R., Kane, M. J., Bunting, M. F., Hambrick, D. Z., Wilhelm, O., & Engle, R. W. (2005). Working memory span tasks: A methodological review and user's guide. *Psychonomic Bulletin & Review, 12,* 769–786.

Conway, B. R., Chatterjee, S., Field, G. D., Horwitz, G. D., Johnson, E. N., Koida, K., & Mancuso, K. (2010). Advances in color science: From retina to behavior. *The Journal of Neuroscience, 30,* 14955–14963.

Cooper, J. (2007). *Cognitive dissonance: Fifty years of a classic theory.* Thousand Oaks, CA: Sage Publications.

Cooper, J. O., Heron, T. E., & Heward, W. L. (2007). *Applied behavior analysis.* Upper Saddle River, NJ: Prentice-Hall.

Coren, S., Ward, L. M., & Enns, J. T. (1999). *Sensation and perception* (5th ed.). Fort Worth, TX: Harcourt Brace.

Corley, M., Brocklehurst, P. H., & Moat, H. S. (2011). Error biases in inner and overt speech: Evidence from tongue twisters. *Journal of Experimental Psychology: Learning, Memory, and Cognition, 37,* 162–175.

Cornelis, M. C., Monda, K. L., Yu, K., Paynter, N., Azzato, E. M., Bennett, S. N., Berndt, S. I., Boerwinkle, E., Chanock, S., Chatterjee, N., Couper, D., Curhan, G., Heiss, G., Hu, F. B., Hunter, D. J., Jacobs, K., Jensen, M. K., Kraft, P., Landi, M. T., Nettleton, J. A., Purdue, M. P., Rajaraman, P., Rimm, E. B., Rose, L. M., Rothman, N., Silverman, D., Stolzenberg-Solomon, R., Subar, A., Yeager, M., Chasman, D. I., van Dam, R. M., & Caporaso, N. E. (2011). Genome-wide meta-analysis identifies regions on 7p21 (*AHR*) and 15q24 (*CYP1A2*) as determinants of habitual caffeine consumption. *PLoS Genetics, 7,* e10002033.

Coslett, H. B., & Lie, G. (2008). Simultanagnosia: When a rose is not red. *Journal of Cognitive Neuroscience, 20,* 36–48.

Costa, P. T. Jr., & McCrae, R. R. (1985). *The NEO Personality Inventory manual.* Odessa, FL: Psychological Assessment Resources.

Cota, D., Marsicano, G., Lutz, B., Vicennati, V. Stalla, G. K., Pasquali, R., & Pagotto, U. (2003). Endogenous cannabinoid system as a modulator of food intake. *International Journal of Obesity, 27,* 289–301.

Cota, D., Tschöp, M. H., Horvath, T. L., & Levine, A. S. (2006). Cannabinoids, opioidis and eating behavior: The molecular face of hedonism? *Brain Research Reviews, 51,* 85–107.

Council, J. R., & Green, J. P. (2004). Examining the absorption-hypnotizability link: The roles of acquiescence and consistency motivation. *International Journal of Clinical and Experimental Hypnosis, 52,* 364–377.

Cousins, D. A., & Young, A. H. (2007). The armamentarium of treatments for bipolar disorder: A review of the literature. *International Journal of Neuropsychopharmacology, 10,* 411–431.

Couture, S., & Penn, D. (2003). Interpersonal contact and the stigma of mental illness: A review of the literature. *Journal of Mental Health, 12,* 291–306.

Cowan, C. P., & Cowan, P. (2000). *When partners become parents: The big life change for couples.* Mahwah, NJ: Erlbaum.

Cowan, N. (2001). The magical number 4 in short-term memory: A reconsideration of mental storage capacity. *Behavioral and Brain Sciences, 24,* 87–185.

Cowan, W. M. (1979, September). The development of the brain. *Scientific American, 241,* 106–117.

Cowles, J. T. (1937). Food tokens as incentives for learning by chimpanzees. *Comparative Psychology Monographs, 74,* 1–96.

Cox, J. J., Reimann, F. Nicholas, A. K., Thornton, G., Roberts, E., Springell, K., Karbani, G., Jafri, H., Mannan, J., Raashid, Y., Al-Gazali, L., Hamamy, H., Valente, E. M., Gorman, S., Williams, R., McHale, D. P., Wood, J. N., Gribble, F. M., & Woods, C. G. (2006). An SCN9A channelopathy causes congenital inability to experience pain. *Nature, 444,* 894–898.

Craig, L. A., Hong, N. S., & McDonald, R. J. (2011). Revisiting the cholinergic hypothesis in the development of Alzheimer's disease. *Neuroscience and Biobehavioral Reviews, 35,* 1397–1409.

Craik, F. I. M., & Lockhart, R. S. (1972). Levels of processing: A framework for memory research. *Journal of Verbal Learning and Verbal Behavior, 11,* 671–684.

Crane, J., Keough, M., Murphy, P., Burrage, & L., Hutchens, D. (2011). Effects of environmental tobacco smoke on perinatal outcomes: A retrospective cohort study. *BJOG, 118,* 865–871.

Crano, W. D., & Prislin, R. (2006). Attitudes and persuasion. *Annual Review of Psychology, 57,* 345–374.

Croarkin, P. E., Levinson, A. J., & Daskalakis, Z. J. (2011). Evidence for GABA-ergic inhibitory deficits in major depressive disorder. *Neuroscience and Biobehavioral Reviews, 35,* 818–825.

Crocco, M. S., & Costigan, A. T. (2007). The narrowing of curriculum and pedagogy in the age of accountability: Urban educators speak out. *Urban Education, 42,* 512–535.

Cross, S. E., Hardin, E. E., & Gercek-Swing, B. (2011). The what, how, why, and where of self-construal. *Personality and Social Psychology Review, 15,* 142–179.

Cryder, C. H., Kilmer, R. P., Tedeschi, R. G., & Calhoun, L. G. (2006). An exploratory study of posttraumatic growth in children following a natural disaster. *American Journal of Orthopsychiatry, 76,* 65–69.

Curci, A., & Luminet, O. (2006). Follow-up of a cross-national comparison on flashbulb and event memory for the September 11th attacks. *Memory, 14,* 329–344.

Curtis, R. C., & Miller, K. (1986). Believing another likes or dislikes you: Behaviors making the beliefs come true. *Journal of Personality and Social Psychology, 51,* 284–290.

Cutajar, M. C., Mullen, P. E., Ogloff, J. R. P., Thomas, S. D., Wells, D. L., & Spataro, J. (2010). Psychopathology in a large cohort of sexually abused children followed up to 43 years. *Child Abuse & Neglect, 34,* 813–822.

Czeisler, C. A., Duffy, J. F., Shanahan, T. L., Brown, E. N., Mitchell, J. F., Rimmer, D. W., Ronda, J. M., Silva, E. J., Allan, J. S., Emens, J. S., Dijk, D. J., & Kronauer, R. E. (1999). Stability, precision, and near-24-hour period of the human circadian pacemaker. *Science, 284,* 2177–2181.

Daddis, C. (2011). Desire for increased autonomy and adolescents' perceptions of peer autonomy: "Everyone else can; why can't I?" *Child*

Development, 82, 1310–1326.

Daffner, K. R., Chong, H., Sun, X., Tarbi, E. C., Riis, J. L., McGinnis, S. M., & Holcomb, P. J. (2011). Mechanisms underlying age- and performance-related differences in working memory. *Journal of Cognitive Neuroscience, 23,* 1298–1314.

Dagan, M., Sanderman, R., Schokker, M. C., Wiggers, T., Baas, P. C., van Haastert, M., & Hagedoorn, M. (2011). Spousal support and changes in distress over time in couples coping with cancer: The role of personal control. *Journal of Family Psychology, 25,* 31–318.

Dailey, M. N., Joyce, C., Lyons, M. J., Kamachi, M., Ishi, H., Gyoba, J., Cottrell, G. W. (2010). Evidence and a computational explanation of cultural differences in facial expression recognition. *Emotion, 10,* 874–893.

Daley, C. E., & Onwuegbuzie, A. J. (2011). Race and intelligence. In R. J. Sternberg & S. B. Kaufman (Eds.), *The Cambridge handbook of intelligence* (pp. 293–306). New York: Cambridge University Press.

Danese, A., Moffitt, T. E., Harrington, H., Milne, B. J., Polanczyk, G., Pariante, C. M., Poulton, R., & Caspi, A. (2009). Adverse childhood experiences and adult risk factors for age-related disease. *Archives of Pediatric & Adolescent Medicine, 163,* 1135–1143.

Darley, J. M., & Batson, C. D. (1973). From Jerusalem to Jericho: A study of situational and dispositional variables in helping behavior. *Journal of Personality and Social Psychology, 27,* 100–108.

Darling, N., & Steinberg, L. (1993). Parenting style as context: An integrative model. *Psychological Bulletin, 113,* 487–496.

Darnon, C., Butera, F., Mugny, G., Quiamzade, A., & Hulleman, C. S. (2009). "Too complex for me!" Why do performance-approach and performance-avoidance goals predict exam performance? *European Journal of Psychology of Education, 24,* 423–434.

Darwin, C. (1965). *The expression of emotions in man and animals.* Chicago: University of Chicago Press. (Original work published 1872)

Daskalakis, Z. J., Levinson, A. J., & Fitzgerald, P. B. (2008). Repetitive transcranial magnetic stimulation for major depressive disorder: A review. *Canadian Journal of Psychiatry, 53,* 555–566.

Davidson, R. J., Jackson D.C., & Kalin, N. H. (2000). Emotion, plasticity, context, and regulation: Perspectives for affective neuroscience. *Psychological Bulletin, 126,* 890–909.

Davies, K., Tropp, L. R., Aron, A., Pettigrew, T. F., & Wright, S. C. (2011). Cross-group friendships and intergroup attitudes: A meta-analytic review. *Personality and Social Psychology Review, 15,* 332–351.

Davis, J. L., Byrd, P., Rhudy, J. L., & Wright, D. C. (2007). Characteristics of chronic nightmares in a trauma-exposed treatment-seeking sample. *Dreaming, 17,* 187–198.

Davis, M. H., Hall, J. A., & Meyer, M. (2003). The first year: Influences on the satisfaction, involvement, and persistence of new community volunteers. *Personality and Social Psychology Bulletin, 29,* 248–260.

Davison, S. L., & Davis, S. R. (2011). Androgenic hormones and aging—The link with female sexual function. *Hormones and Behavior, 59,* 745–753.

Dawson, L. L., & Hennebry, J. (2003). New religions and the Internet: Recruiting in a new public space. In L. L. Dawson (Ed.), *Cults and new religious movements* (pp. 271–291). Oxford, UK: Blackwell.

De Pascalis, V, Cacace, I., & Massicolle, F. (2008). Focused analgesia in waking and hypnosis: Effects on pain, memory, and somatosensory event-related potentials. *Pain, 134,* 197–208.

de Ridder, D., Geenen, R., Kuijer, R., & van Middendorp, H. (2008). Psychological adjustment to chronic disease. *The Lancet, 372,* 246–255.

de Rivera, J. (1997). The construction of false memory syndrome: The experience of retractors. *Psychological Inquiry, 8,* 271–292.

De Santis, M., Cavaliere, A. F., Straface, G., & Caruso, A. (2006). Rubella infection in pregnancy. *Reproductive Toxicology, 21,* 390–398.

De Valois, R. L., & Jacobs, G. H. (1968). Primate color vision. *Science, 162,* 533–540.

de Waal, F. B. M. (2008). Putting the altruism back into altruism: The evolution of empathy. *Annual Review of Psychology, 59,* 279–300.

Deary, I. J. (2008). Why do intelligent people live longer? *Nature, 456,* 175–176.

Deary, I. J., Batty, G. D., Pattie, A., & Gale, C. R. (2008). More intelligent, more dependable children live longer: A 55-year longitudinal study of a representative sample of the Scottish nation. *Psychological Science, 19,* 874–880.

Deary, I. J., Penke, L., & Johnson, W. (2010a). The neuroscience of human intelligence differences. *Nature Reviews Neuroscience, 11,* 201–211.

Deary, I. J., Weiss, A., & Batty, G. D. (2010b). Intelligence, personality, and health outcomes. *Psychological Science in the Public Interest, 11,* 53–79.

Deaux, K., Bikmen, N., Gilkes, A., Ventuneac, A., Joseph, Y., Payne, Y. A., & Steele, C. A. (2007). Becoming American: Stereotype threat effects in Afro-Caribbean immigrant groups. *Social Psychology Quarterly, 70,* 384–404.

DeBraganza, N., & Hausenblas, H. A. (2010). Media exposure of the ideal physique on women's body dissatisfaction and mood. *Journal of Black Studies, 40,* 700–716.

DeCasper, A. J., & Prescott, P. A. (1984). Human newborns' perception of male voices: Preference, discrimination, and reinforcing value. *Developmental Psychology, 17,* 481–491.

Degnan, K. A., Hane, A. A., Henderson, H. A., Moas, O. L., Reeb-Sutherland, B. C., & Fox, N. A. (2011). Longitudinal stability of temperamental exuberance and social-emotional outcomes in early childhood. *Developmental Psychology, 47,* 765–780.

Del Giudice, M. (2011). Alone in the dark? Modeling the conditions for visual experience in human fetuses. *Developmental Psychobiology, 53,* 214–219.

DeLamater, J. D., & Sill, M. (2005). Sexual desire in later life. *The Journal of Sex Research, 42,* 138–149.

Dell, G. S. (2004). Speech errors in language production: Neuropsychological and connectionist perspectives. In B. H. Ross (Ed.), *The psychology of learning and motivation* (Vol. 44, pp. 63–108). New York: Elsevier.

DePaulo, B. M., Lindsay, J. J., Malone, B. E., Muhlenbruck, L., Charlton, K., & Cooper, H. (2003). Cues to deception. *Psychological Bulletin, 129,* 74–118.

Derntl, B., Finkelmeyer, A., Eickhoff, S., Kellermann, T., Falkenberg, D. I., Schneider, F., & Habel, U. (2010). Multidimensional assessment of empathic abilities: Neural correlates and gender differences. *Psychoneuroendocrinology, 35,* 67–82.

Després, J.-P., Golay, A., & Sjöström, L. (2005). Effects of rimonabant on metabolic risk factors in overweight patients with dyslipidemia. *The New England Journal of Medicine, 353,* 2121–2134.

Deutsch, D., Henthorn, T., & Lapidis, R. (2011). Illusory transformation from speech to song. *Journal of the Acoustical Society of America, 129,* 2245–2252.

Dew, J., & Wilcox, W. B. (2011). If momma ain't happy: Explaining declines in marital satisfaction among new mothers. *Journal of Marriage and Family, 73,* 1–12.

Dew, M. A., Hoch, C. C., Buysse, D. J., Monk, T. H., Begley, A. E., Houck, P. R., Hall, M., Kupfer, D. J., & Reynolds, C. F. (2003). Healthy older adults' sleep predicts all-cause mortality at 4 to 19 years of follow-up. *Psychosomatic Medicine, 65,* 63–73.

DeWall, C. N., Anderson, C. A., & Bushman, B. J. (2011). The general aggression model: Theoretical extensions to violence. *Psychology of Violence, 1,* 245–258.

Dewey, J. (1896). The reflex arc concept in psychology. *Psychological Review, 3,* 357–370.

Dewsbury, D. A. (1981). Effects of novelty on copulatory behavior: The Coolidge effect and related phenomena. *Psychological Bulletin, 89,* 464–482.

Dhawan, N., Roseman, I. J., Naidu, R. K., Thapa, K., & Rettek, S. I. (1995). Self-concepts across two cultures: India and the United States. *Journal of Cross-Cultural Psychology, 26,* 606–621.

Dhont, K., & Van Hiel, A. (2009). We must not be enemies: Interracial contact and the reduction of prejudice among authoritarians. *Personality and Individual Differences, 46,* 172–177.

Di Biasi, M., & Dani, J. A. (2011). Reward, addiction, withdrawal to nicotine. *Annual Review of Neuroscience, 34,* 105–130.

Di Marzo, V., & Cristino, L. (2008). Why endocannabinoids are not all alike. *Nature Neuroscience, 11,* 124–126.

Diamond, S., Schensul, J. J., Snyder, L. B., Bermudez, A., D'Alessandro, N., & Morgan, D. S. (2009). Building Xperience: A multilevel alcohol and drug prevention intervention. *American Journal of Community Psychology, 43,* 292–312.

Dickens, W. T., & Flynn, J. R. (2006). Black Americans reduce the racial IQ gap: Evidence from standardization samples. *Psychological Science, 17,* 913–920.

Dickerson, F. B., Tenhula, W. N., & Green-Paden, L. D. (2005). The token economy for schizophrenia: Review of the literature and recommendations for future research. *Schizophrenia Research, 75,* 405–416.

Dickinson, C. A., & Intraub, H. (2008). Transsaccadic representation of layout: What is the time course of boundary extension? *Journal of Experimental Psychology: Human Perception and Performance, 34,* 543–555.

Diekelmann, S., & Born, J. (2010). The memory function of sleep. *Nature Reviews Neuroscience, 11,* 114–126.

Diener, E., Ng, W., Harter, J., & Arora, R. (2010). Wealth and happiness across the world: Material prosperity predicts life evaluation, whereas psychological prosperity predicts positive feeling. *Journal of Personality and Social Psychology, 99,* 52–61.

DiGrande, L., Neria, Y., Brackbill, R. M., Pulliam, P., & Galea, S. (2011). Long-term posttraumatic stress symptoms among 3,271 civilian survivors of the September 11, 2001, terrorist attacks on the World Trade Center. *American Journal of Epidemiology, 173,* 271–281.

Dillworth, T., & Jensen, M. P. (2010). The role of suggestions in hypnosis for chronic pain: A review of the literature. *The Open Pain Journal, 3,* 39–51.

DiMatteo, M. R. (2004). Social support and patient adherence to medical treatment: A meta-analysis. *Health Psychology, 23,* 207–218.

DiMatteo, M. R., Haskard, K. B., & Williams, S. L. (2007). Health beliefs, disease severity, and patient adherence: A meta-analysis. *Medical Care, 45,* 521–528.

Dimidjian, S., Barrera, M., Jr., Martell, C., Muñoz, R. F., & Lewinsohn, P. M. (2011). The origins and current status of behavioral activation treatments for depression. *Annual Review of Clinical Psychology, 7,* 1–38.

Dion, K. K., & Dion, K. L. (1996). Cultural perspectives on romantic love. *Personal Relationships, 3,* 5–17.

Dirkzwager, A. J. E., Bramsen, I., & van der Ploeg, H. M. (2003). Social support, coping, life events, and posttraumatic stress symptoms among former peacekeepers: A prospective study. *Personality and Individual Differences, 34,* 1545–1559.

Dishion, T. J., & Tipsord, J. M. (2011). Peer contagion in child and adolescent social and emotional development. *Annual Review of Psychology, 62,* 189–214.

Disner, S. G., Beevers, C. G., Haigh, E. A., & Beck, A. T. (2011). Neural mechanisms of the cognitive model of depression. *Nature Reviews Neuroscience, 12,* 467–477.

Distel, M. A., Trull, T. J., Derom, C. A., Thiery, E. W., Grimmer, M. A., Martin, N. G., Willemsen, G., & Boomsma, D. I. (2008). Heritability of borderline personality disorder features is similar across three countries. *Psychological Medicine, 38,* 1219–1229.

Dixon, R. A. (2003). Themes in the aging of intelligence: Robust decline with intriguing possibilities. In R. J. Sternberg, J. Lautrey, & T. I. Lubart (Eds.), *Models of intelligence: International perspectives* (pp. 151–167).

Washington, DC: American Psychological Association.

Dixon, R. A., & de Frias, C. M. (2004). The Victoria longitudinal study: From characterizing cognitive aging to illustrating changes in memory compensation. *Aging Neuropsychology and Cognition, 11,* 346–376.

Do, A. M., Rupert, A. V., & Wolford, G. (2008). Evaluations of pleasurable experiences: The peak-end rule. *Psychonomic Bulletin & Review, 15,* 96–98.

Docherty, N. M., St-Hilaire, A., Aakre, J. M., & Seghers, J. P. (2009). Life events and high-trait reactivity together predict psychotic symptom increases in schizophrenia. *Schizophrenia Bulletin 35,* 638–645.

Dollard, J., Doob, L. W., Miller, N., Mower, O. H., & Sears, R. R. (1939). *Frustration and aggression.* New Haven: Yale University Press.

Domhoff, G. W. (2005). Refocusing the neurocognitive approach to dreams: A critique of the Hobson versus Solms debate. *Dreaming, 15,* 3–20.

Domhoff, G. W. (2011). The neural substrate for dreaming: Is it a subsystem of the default network? *Consciousness and Cognition, 20,* 1163–1174.

Donnellan, M. B., Trzesniewski, K. H., Conger, K. J., & Conger, R. D. (2007). A three-wave longitudinal study of self-evaluations during young adulthood. *Journal of Research in Personality, 41,* 453–472.

Donnellan, M. B., Trzesniewski, K. H., Robins, R. W., Moffitt, T. E., & Caspi, A. (2005). Low self-esteem is realted to aggression, antisocial behavior, and delinquency. *Psychological Science, 16,* 328–335.

Donovan, W., Leavitt, L., Taylor, N., & Broder, J. (2007). Maternal sensitivity, mother-infant 9-month interaction, infant attachment status: Predictors of mother-toddler interaction at 24 months. *Infant Behavior & Development, 30,* 336–352.

Douglas, K. S., & Skeem, J. L. (2005). Violence risk assessment: Getting specific about being dynamic. *Psychology, Public Policy, and Law, 11,* 347–383.

DSM-IV. (1994). *Diagnostic and statistical manual of mental disorders* (4th ed.). Washington, DC: American Psychiatric Association.

DSM-IV-TR. (2000). *Diagnostic and statistical manual of mental disorders* (4th ed., Text revision). Washington, DC: American Psychiatric Association.

Du Mont, J., Macdonald, S., Rotbard, N., Bainbridge, D., Asllani, E., Smith, N., & Cohen, M. M. (2010). Drug-assisted sexual assault in Ontario, Canada: Toxicological and DNA findings. *Journal of Forensic and Legal Medicine, 17,* 333–338.

Dube, C., Rotello, C. M., & Heit, E. (2010). Assessing the belief bias effect with ROCs: It's a response bias effect. *Psychological Review, 117,* 931–863.

DuBois, P. H. (1970). *A history of psychological testing.* Boston: Allyn & Bacon.

Dudycha, G. J. (1936). An objective study of punctuality in relation to personality and achievement. *Archives of Psychology, 204,* 1–53.

Duncker, D. (1945). On problem solving. *Psychological Monographs, 58* (No. 270).

Durkin, S. J., & Paxton, S. J. (2002). Predictors of vulnerability to reduced body image satisfaction and psychological well-being in response to exposure to idealized female media images in adolescent girls. *Journal of Psychosomatic Research, 53,* 995–1005.

Dutton, D. G., & Aron, A. P. (1974). Some evidence for heightened sexual attraction under conditions of high anxiety. *Journal of Personality and Social Psychology, 30,* 510–517.

Dweck, C. S. (1975). The role of expectations and attributions in the alleviation of learned helplessness. *Journal of Personality and Social Psychology, 31,* 674–685.

Dweck, C. S. (1999). *Self-theories: Their role in motivation, personality, and development.* Philadelphia: Psychology Press.

Dykas, M. J., & Cassidy, J. (2011). Attachment and the the processing of social information across the life span: Theory and evidence. *Psychological Bulletin, 137,* 19–46.

Eastwick, P. W., Eagly, A. H., Glick, P., Johannesen-Schmidt, M. C., Fiske, S. T., Blum, A. M. B., Eckes, T., Freiburger, P., Huang, L.-L., Fernández, M. L., Manganelli, A. M., Pek, J. C. X., Rodríguez Castro, Y., Sakalli-Ugurlu, N.,

Six-Materna, I., & Volpato, C. (2006). Is traditional gender ideology associated with sex-typed mate preferences? A test in nine nations. *Sex Roles, 54*, 603–614.

Ebbinghaus, H. (1964). *Memory: A contribution to experimental psychology.* New York: Dover. (Original work published 1885)

Ebbinghaus, H. (1973). *Psychology: An elementary text-book.* New York: Arno Press. (Original work published 1908)

Edin, K., & Kissane, R. J. (2010). Poverty and the American family: A decade in review. *Journal of Marriage and Family, 72*, 460–479.

Edvardsen, J., Torgersen, S., Røysamb, E., Lygren, S., Skre, I., Onstad, S., & Øien, P. A. (2008). Heritability of bipolar spectrum disorders. Unity or heterogeneity. *Journal of Affective Disorders, 106*, 229–240.

Eich, T. S., & Metcalfe, J. (2009). Effects of the stress of marathon running on implicit and explicit memory. *Psychonomic Bulletin & Review, 16*, 475–479.

Ein-Dor, T., Mikulincer, M., Doron, G., & Shaver, P. R. (2010). The attachment paradox: How can so many of (the insecure ones) have no adaptive advantages? *Perspectives on Psychological Science, 5*, 123–141.

Ekman, P. (1984). Expression and the nature of emotion. In K. R. Scherer & P. Ekman (Eds.), *Approaches to emotion.* Hillsdale, NJ: Erlbaum.

Ekman, P. (1994). Strong evidence for universals in facial expressions: A reply to Russell's mistaken critique. *Psychological Bulletin, 115*, 268–287.

Ekman, P., & Friesen, W. V. (1971). Constants across cultures in the face and emotion. *Journal of Personality and Social Psychology, 17*, 124–129.

Ekman, P., & Friesen, W. V. (1986). A new pan-cultural facial expression of emotion. *Motivation and Emotion, 10*, 159–168.

Elbert, T., Pantev, C., Wienbruch, C., Rockstroh, B., & Taub, E. (1995). Increased cortical representation of the fingers of the left hand in string players. *Science, 270*, 305–307.

Elfenbein, H. A., Beaupre, M., Levesque, M., & Hess, U. (2007). Toward a dialect theory: Cultural differences in the expression and recognition of posed facial expressions. *Emotion, 7*, 131–146.

Elkins, I. J., Malone, S., Keyes, M., Iacono, W. G., McGue, M. (2011). The impact of attention-deficit/hyperactivity disorder on preadolescent adjustment may be greater for girls than for boys. *Journal of Clinical Child & Adolescent Psychology, 40*, 532–545.

Ellenstein, A., Kranick, S. M., & Hallet, M. (2011). An update on psychogenic movement disorders. *Current Neurology and Neuroscience Reports, 11*, 396–403.

Elliot, A. J., & McGregor, H. A. (2001). A 2x2 achievement goal framework. *Journal of Personality and Social Psychology, 80*, 501–519.

Ellis, A. (1962). *Reason and emotion in psychotherapy.* New York: Lyle Stuart.

Ellis, A. (1995). *Better, deeper, and more enduring brief therapy: The rational emotive behavior therapy approach.* New York: Brunner/Mazel.

Elms, A. C. (1988). Freud as Leonardo: Why the first psychobiography went wrong. *Journal of Personality, 56*, 19–40.

Elsabagh, S., Hartley, D. E., Ali, O., Williamson, E. M., & File, S. E. (2005). Differential cognitive effects of *Ginkgo biloba* after acute and chronic treatment in healthy young volunteers. *Psychopharmacology, 179*, 437–446.

Endler, N. S., Macrodimitris, S. D., & Kocovski, N. L. (2000). Controllability in cognitive and interpersonal tasks: Is control good for you? *Personality & Individual Differences, 29*, 951–962.

Endress, A. D., Cahill, D., Block, S., Watumull, J., & Hauser, M. D. (2009). Evidence of an evolutionary precursor to human language affixation in a non-human primate. *Biology Letters, 5*, 749–751.

Engelhardt, C. R., Bartholow, B. D., Kerr, G. T., & Bushman, B. J. (2011). This is your brain on violent video games: Neural desensitization to violence predicts increased aggression following violent video game exposure. *Journal of Experimental Social Psychology, 47*, 1033–1036.

Epley, N., & Gilovich, T. (2006). The anchoring-and-adjustment heuristic. *Psychological Science, 17*, 311–318.

Erikson, E. (1963). *Childhood and society.* New York: Norton.

Eshbaugh, E. M., & Gute, G. (2008). Hookups and sexual regret among college women. *The Journal of Social Psychology, 148*, 77–89.

Espelage, D. L., Aragon, S. R., Birkett, M., & Koenig, B. W. (2008). Homophobic teasing, psychological outcomes, and sexual orientation among high school students: What influence do parents and schools have? *School Psychology Review, 37*, 202–216.

Evans, A. D., & Lee, K. (2011). Verbal deception from late childhood to middle adolescence and its relation to executive functioning skills. *Developmental Psychology, 47*, 1108–1116.

Evans, E., Hawton, K., Rodham, K., & Deeks, J. (2005). The prevalence of suicidal phenomena in adolescents: A systematic review of population-based studies. *Suicide and Life Threatening Behavior, 35*, 239–250.

Evans, S. E., Davies, C., & DiLillo, D. (2008). Exposure to domestic violence: A meta-analysis of child and adolescent outcomes. *Aggression and Violent Behavior, 13*, 131–140.

Everett, D. L. (2005). Cultural constraints on grammar and cognition in Pirahã. *Current Anthropology, 46*, 621–646.

Everett, G. E., Hupp, S. D. A., & Olmi, D. J. (2010). Time-out with parents: A descriptive analysis of 30 years of research. *Education and Treatment of Children, 33*, 235–259.

Everett, G. E., Olmi, D. J., Edwards, R. P., Tingstrom, D. H., Sterling-Turner, H. E., & Christ, T. J. (2007). An empirical investigation of time-out with and without escape extinction to treat escape-maintained noncompliance. *Behavior Modification, 31*, 412–434.

Evers, C., Stok, F. M., & de Ridder, D. T. D. (2010). Feeding your feelings: Emotion regulations strategies and emotional eating. *Personality and Social Psychology Bulletin, 36*, 792–804.

Exner, J. E. Jr. (1974). *The Rorschach: A comprehensive system.* New York: Wiley.

Exner, J. E. Jr. (2003). *The Rorschach: A comprehensive system* (4th ed.). New York: Wiley.

Exner, J. E. Jr., & Weiner, I. B. (1994). *The Rorschach: A comprehensive system: Vol. 3. Assessment of children and adolescents* (2nd ed.). New York: Wiley.

Eysenck, H. J. (1952). The effects of psychotherapy: An evaluation. *Journal of Consulting Psychology, 16*, 319–324.

Eysenck, H. J. (1973). *The inequality of man.* London: Temple Smith.

Eysenck, H. J. (1990). Biological dimensions of personality. In L. A. Pervin (Ed.), *Handbook of personality theory and research* (pp. 244–276). New York: Guilford Press.

Fabian, J. M. (2006). A literature review of the utility of selected violence and sexual violence risk assessment instruments. *The Journal of Psychiatry & Law, 34*, 307–350.

Fagan, J. F., & Holland, C. R. (2007). Racial equality in intelligence: Predictions from a theory of intelligence as processing. *Intelligence, 35*, 319–334.

Fahey, C. D., & Zee, P. C. (2006). Circadian rhythm sleep disorders and phototherapy. *Psychiatric Clinics of North America, 29*, 989–1007.

Fan, F., Zhang, Y., Yang, Y., Mo, L., & Liu, X. (2011). Symptoms of posttraumatic stress disorder, depression, and anxiety among adolescents following the 2008 Wenchuan earthquake in China. *Journal of Traumatic Stress, 24*, 44–53.

Fantegrossi, W. E., Murnane, K. S., & Reissig, C. J. (2008). The behavioral pharmacology of hallucinogens. *Biochemical Pharmacology, 75*, 17–33.

Fantz, R. L. (1963). Pattern vision in newborn infants. *Science, 140*, 296–297.

Farmer, T. A., Anderson, S. E., & Spivey, M. J. (2007). Gradiency and visual context in syntactic garden-paths. *Journal of Memory and Language, 57*, 570–595.

Fattore, L., Spano, M. S., Deiana, S., Melis, V., Cossu, G., Fadda, P. & Fratta, W. (2007). An endocannabinoid mechanism in relapse to drug seeking: A review of animal studies and clinical perspectives. *Brain*

Research Reviews, 53, 1–16.

Fausey, C. M., & Boroditsky, L. (2011). Who dunnit? Cross-linguistic differences in eye-witness memory. *Psychonomic Bulletin & Review, 18,* 150–157.

Fawcett, C. A., & Markson, L. (2010). Similarity predicts liking in 3-year-old children. *Journal of Experimental Child Psychology, 105,* 345–358.

Fawcett, J. M., Russell, E. M., Peace, K. A., & Christie, J. (2012). Of guns and geese: A meta-analytic review of the "weapon focus" literature. *Psychology, Crime & Law,* in press.

Fazio, R. H., & Roskos-Ewoldsen, D. R. (2005). Acting as we feel: When and how attitudes guide behavior. In T. C. Brock & M. C. Green (Eds.), *Persuasion: Psychological insights and perspectives* (2nd ed., pp. 41–62). Thousand Oaks, CA: Sage.

Feather, N. T. (1961). The relationship of persistence at a task to expectation of success and achievement related motives. *Journal of Abnormal and Social Psychology, 63,* 552–561.

Fechner, G. T. (1966). *Elements of psychophysics* (H. E. Adler, Trans.). New York: Holt, Rinehart & Winston. (Original work published 1860)

Federal Interagency Forum on Aging-Related Statistics. (2010). *Older Americans 2010: Key indicators of well-being.* Retrieved from www .agingstats.gov/agingstatsdotnet/Main_Site/Data/2010_Documents/Docs/ OA_2010.pdf.

Feldman, D. H. (2004). Piaget's stages: The unfinished symphony of cognitive development. *New Ideas in Psychology, 22,* 175–231.

Fernández-Dávila, P., Salazar, X., Cáceres, C. F., Maiorana, A., Kegeles, S., Coates, T. J., & Martinez, J. (2008). Compensated sex and sexual risk: Sexual, social and economic interactions between homosexually- and heterosexually-identified men of low income in two cities of Peru. *Sexualities, 11,* 352–374.

Ferrari, M. C. O., & Chivers, D. P. (2008). Cultural learning of predator recognition in mixed-species assemblages of frogs: The effect of tutor-to-observer ratio. *Animal Behaviour, 75,* 1921–1925.

Ferster, C. B., & Skinner, B. F. (1957). *Schedules of reinforcement.* New York: Appleton-Century-Crofts.

Festinger, L. (1957). *A theory of cognitive dissonance.* Stanford, CA: Stanford University Press.

Festinger, L., & Carlsmith, J. M. (1959). Cognitive consequences of forced compliance. *Journal of Abnormal and Social Psychology, 58,* 203–211.

Fillmore M. T., Blackburn, J. S., & Harrison, E. L. R. (2008). Acute disinhibiting effects of alcohol as a factor in risky driving behavior. *Drug and Alcohol Dependence, 95,* 97–106.

Fink, P., Hansen, M. S., & Oxhøj, M. L. (2004). The prevalence of somatoform disorders among internal medical inpatients. *Journal of Psychosomatic Research, 56,* 413–418.

Finkelstein, M. A., Penner, L. A., & Brannick, M. T. (2005). Motive, role identity, and prosocial personality as predictors of volunteer activity. *Social Behavior and Personality, 33,* 403–418.

Finn, B. (2010). Ending on a high note: Adding a better end to effortful study. *Journal of Experimental Psychology: Learning, Memory, and Cognition, 36,* 1548–1553.

Finn, J., & Steele, T. (2010). Online self-help/mutual aid groups in mental health practice. In L. D. Brown & S. Wituk (Eds.), *Mental health self-help* (pp. 87–105). New York: Springer.

Fiore, M. C., Jaén, C. R., & Baker, T. B. (2008). *Treating tobacco use and dependence: 2008 update.* Rockville, MD: U.S. Department of Health and Human Services. Public Health Service.

Fischer, P., Greitemeyer, T., Pollozek, F., & Frey, D. (2006). The unresponsive bystander: Are bystanders more responsive in dangerous emergencies? *European Journal of Social Psychology, 36,* 267–278.

Fischer, P., Krueger, J. I., Greitemeyer, T., Vogrincic, C., Kastenmüller, A., Frey, D., Heene, M., Wicher, M., & Kainbacher, M. (2011). The bystander-effect: A meta-analytic review on bystander intervention in dangerous and non-dangerous emergencies. *Psychological Bulletin, 137,* 517–537.

Fisher, B. S., Cullen, F. T., & Turner, M. G. (2000). *The sexual victimization of college women.* Washington, DC: National Institute of Justice.

Fitch, W. T. (2011). Unity and diversity in human language. *Philosophical Transactions of the Royal Society B, 366,* 376–388.

Fitzgerald, T. D., Hunter, P. V., Hadjistavropoulos, T., & Koocher, G. P. (2010). Ethical and legal considerations for Internet-based psychotherapy. *Cognitive Behaviour Therapy, 39,* 173–187.

Fitzpatrick, B. M., Fordyce, J. A., & Gavrilets, S. (2008). What, if anything, is sympatric speciation? *Journal of Evolutionary Biology, 21,* 1452–1459.

Flavell, J. H. (1985). *Cognitive development* (2nd ed.). Englewood Cliffs, NJ: Prentice Hall.

Flavell, J. H. (1996). Piaget's legacy. *Psychological Science, 7,* 200–203.

Fleer, M., & Hedegaard, M. (2010). Children's development as participation in everyday practices across different institutions. *Mind, Culture, and Activity, 17,* 149–168.

Foa, E. B., & Riggs, D. S. (1995). Posttraumatic stress disorder following assault: Theoretical considerations and empirical findings. *Current Directions in Psychological Science, 4,* 61–65.

Folkard, S. (2008). Do permanent night workers show circadian adjustment? A review based on endogenous melatonin rhythm. *Chronobiology International, 25,* 215–224.

Folkman, S. (1984). Personal control and stress and coping processes: A theoretical analysis. *Journal of Personality and Social Psychology, 46,* 839–852.

Forbey, J. D., Lee, T. T. C., & Handel, R. W. (2010). Correlates of the MMPI-2 in a college setting. *Psychological Assessment, 22,* 737–744.

Ford, C. S., & Beach, F. A. (1951). *Patterns of sexual behavior.* New York: Harper & Row.

Forgas, J. P. (2008). Affect and cognition. *Perspectives on Psychological Science, 3,* 94–101.

Forgas, J. P., & East, R. (2008). On being happy and gullible: Mood effects on skepticism and detection of deception. *Journal of Experimental Social Psychology, 44,* 1362–1367.

Förster, J., Friedman, R. S., & Liberman, N. (2004). Temporal construal effects on abstract and concrete thinking: Consequences for insight and creative cognition. *Journal of Personality and Social Psychology, 87,* 177–189.

Försterling, F. (2001). *Attributions: An introduction to theories, research and applications.* New York: Psychology Press.

Fortin, A., LeFebvre, M. B., & Ptito, M. (2010). Traumatic brain injury and olfactory deficits: The tale of two smell tests! *Brain Injury, 24,* 27–33.

Foster, R. G., & Wulff, K. (2005). The rhythm of rest and excess. *Nature Reviews Neuroscience, 6,* 407–414.

Foucault, M. (1975). *The birth of the clinic.* New York: Vintage Books.

Foulkes, D. (1962). Dream reports from different states of sleep. *Journal of Abnormal and Social Psychology, 65,* 14–25.

Fournier, J. C., DeRubeis, R. J., Hollon, S. D., Dimidjian, S., Amsterdam, J. D., Shelton, R. C., & Fawcett, J. (2010). Antidepressant drug effects and depression severity: A patient-level meta-analysis. *Journal of the American Medical Association, 303,* 47–53.

Fowler, H. (1965). *Curiosity and exploratory behavior.* New York: Macmillan.

Fox, M. C., Ericsson, K. A., & Best, R. (2011). Do procedures for verbal reporting of thinking have to be reactive? A meta-analysis and recommendations for best reporting methods. *Psychological Bulletin, 137,* 316–344.

Frager, R., & Fadiman, J. (1998). *Personality and personal growth.* New York: Longman.

Fraley, R. C., & Shaver, P. R. (2000). Adult romantic attachment: Theoretical developments, emerging controversies, and unanswered questions. *Review of General Psychology, 4,* 132–154.

Fraley, R. C., Brumbaugh, C. C., & Marks, M. J. (2005). The evolution and function of adult attachment: A comparative and phylogenetic analysis. *Journal of Personality and Social Psychology, 89,* 731–746.

Frank, J. D., & Frank, J. B. (1991). *Persuasion and healing: A comparative study of psychotherapy* (3rd ed.). Baltimore: Johns Hopkins University Press.

Frank, M. C., Everett, D. L., Fedorenko, E., & Gibson, E. (2008). Number as a cognitive technology: Evidence from the Pirahã language and cognition. *Cognition, 108,* 819–824.

Frank, M. E., & Nowlis, G. H. (1989). Learned aversions and taste qualities in hamsters. *Chemical Senses, 14,* 379–394.

Franklin, A., Giannakidou, A., & Goldin-Meadow, S. (2011). Negation, questions, and structure building in a homesign system. *Cognition, 118,* 398–416.

Franklin, N., & Tversky, B. (1990). Searching imagined environments. *Journal of Experimental Psychology: General, 119,* 63–76.

Frans, Ö., Rimmö, P. A., Åberg, L., & Fredrikson, M. (2005). Trauma exposure and post-traumatic stress disorder in the general population. *Acta Psychiatrica Scandinavica, 111,* 291–299.

Fraser, L. M., O'Carroll, R. E., & Ebmeier, K. P. (2008). The effect of electroconvulsive therapy on autobiographical memory: A systematic review. *The Journal of ECT, 24,* 10–17.

Freedman, J. L., & Fraser, S. C. (1966). Compliance without pressure: The foot-in-the-door technique. *Journal of Personality and Social Psychology, 4,* 195–202.

Frenda, S. J., Nichols, R. M., & Loftus, E. F. (2011). Current issues and advances in misinformation research. *Current Directions in Psychological Science, 20,* 20–23.

Freud, A. (1946). *The ego and the mechanisms of defense.* New York: International Universities Press.

Freud, A. (1958). Adolescence. *Psychoanalytic Study of the Child, 13,* 255–278.

Freud, S. (1923). *Introductory lectures on psychoanalysis* (J. Riviera, Trans.). London: Allen & Unwin.

Freud, S. (1957). Leonardo da Vinci and a memory of his childhood. In J. Strachey (Ed. and Trans.), *The standard edition of the complete psychological works of Sigmund Freud* (Vol. 11, pp. 59–137). London: Hogarth Press. (Original work published 1910)

Freud, S. (1965). *The interpretation of dreams.* New York: Avon. (Original work published 1900)

Freund, A. M., & Baltes, P. B. (1998). Selection, optimization, and compensation as strategies of life management: Correlations with subjective indicators of successful aging. *Psychology and Aging, 13,* 531–543.

Friedman, B. H. (2010). Feelings and the body: The Jamesian perspective on autonomic specificity of emotion. *Biological Psychology, 84,* 383–393.

Friedman, M., & Rosenman, R. F. (1974). *Type A behavior and your heart.* New York: Knopf.

Friend, R., Rafferty, Y., & Bramel, D. (1990). A puzzling misinterpretation of the Asch "conformity" study. *European Journal of Social Psychology, 20,* 29–44.

Friesen, C. A., & Kammrath, L. K. (2011). What it pays to know about a close other: The value of if-then personality knowledge in close relationships. *Psychological Science, 22,* 567–571.

Fromkin, V. A. (Ed.). (1980). *Errors in linguistic performance: Slips of the tongue, pen, and hand.* New York: Academic Press.

Furley, P., Memmert, D., & Heller, C. (2010). The dark side of visual awareness in sport: Inattentional blindness in a real-world basketball task. *Attention, Perception, and Psychophysics, 72,* 1327–1337.

Galati, A., & Brennan, S. E. (2010). Attenuating information in spoken communication: For the speaker, or for the addressee? *Journal of Memory and Language, 62,* 35–51.

Gale, C. R., Batty, G. D., & Deary, I. J. (2008). Locus of control at age 10 years and health outcomes and behaviors at age 30 years: The 1970 British Cohort Study. *Psychosomatic Medicine, 70,* 397–403.

Galesic, M., & Garcia-Retamero, R. (2011). Do low-numeracy people avoid shared decision making? *Health Psychology, 30,* 336–341.

Gallace, A., & Spence, C. (2010). The science of interpersonal touch: An overview. *Neuroscience and Biobehavioral Reviews, 34,* 246–259.

Gallup, G. G., Jr., & Frederick, D. A. (2010). The science of sex appeal: An evolutionary perspective. *Review of General Psychology, 14,* 240–250.

Galton, F. (1907). *Inquiries into human faculty and its development.* London: Dent Publishers. (Original work published 1883)

Ganis, F., Thompson, W. L., & Kosslyn, S. M. (2004). Brain areas underlying visual imagery and visual perception: An fMRI study. *Cognitive Brain Research, 20,* 226–241.

Ganis, G., Rosenfeld, J. P., Meixner, J., Kievit, R. A., & Schendan, H. E. (2011). Lying in the scanner: Covert countermeasures disrupt deception detection by functional magnetic resonance imaging. *NeuroImage, 55,* 312–319.

Ganor-Stern, D., Tzelgov, J., & Ellenbogen, R. (2007). Automaticity and two-digit numbers. *Journal of Experimental Psychology: Human Perception and Performance, 33,* 483–496.

Gao, Q., & Horvath, T. L. (2007). Neurobiology of feeding and energy expenditure. *Annual Review of Neuroscience, 30,* 367–398.

Garb, H. N., Wood, J. M., Lilienfeld, S. O., & Nezworski, M. T. (2005). Roots of the Rorschach controversy. *Clinical Psychology Review, 25,* 97–118.

Garcia, J. (1990). Learning without memory. *Journal of Cognitive Neuroscience, 2,* 287–305.

Garcia, J., & Koelling, R. A. (1966). The relation of cue to consequence in avoidance learning. *Psychonomic Science, 4,* 123–124.

Gardner, H. (1999). *The disciplined mind.* New York: Simon & Schuster.

Gardner, H. (2006). *Multiple intelligences: New Horizons.* New York: Basic books.

Gardner, R. A., & Gardner, B. T. (1969). Teaching sign language to a chimpanzee. *Science, 165,* 664–672.

Garrison, M. M., Liekweg, K., & Christakis, D. A. (2011). Media use and child sleep: The impact of content, timing, and environment. *Pediatrics, 128,* 29–35.

Gatchel, R. J., Peng, Y. B., Peters, M. D., Fuchs, P. N., & Turk, D. C. (2007). The biopsychosocial approach to chronic pain: Scientific advances in future directions. *Psychological Bulletin, 133,* 581–624.

Gaultney, J. F. (2010). The prevalence of sleep disorders in college students: Impact on academic performance. *Journal of American College Health, 59,* 91–97.

Gautron, L., & Elmquist, J. K. (2011). Sixteen years and counting: An update on leptin in energy balance. *The Journal of Clinical Investigation, 121,* 2087–2093.

Gauvain, M., Beebe, H., & Zhao, S. (2011). Applying the cultural approach to cognitive development. *Journal of Cognition and Development, 12,* 121–133.

Gazzaniga, M. (1970). *The bisected brain.* New York: Appleton-Century-Crofts.

Gazzaniga, M. S. (1985). *The social brain.* New York: Basic Books.

Geraerts, E., Schooler, J. W., Merckelbach, H., Jelicic, M., Hauer, B. J. A., & Ambadar, Z. (2007). The reality of recovered memories: Corroborating continuous and discontinuous memories of childhood sexual abuse. *Psychological Science, 18,* 564–568.

Gergen, K. J., Gulerce, A., Lock, A., & Misra, G. (1996). Psychological science in a cultural context. *American Psychologist, 51,* 496–503.

Gershoff, E. T., & Bitensky, S. H. (2007). The case against corporal punishment for children: Converging evidence from social science research and international human rights law and implications for U. S. public policy. *Psychology, Public Policy, and Law, 13,* 231–272.

Gibbons, A. (2007). Food for thought. *Science, 316,* 1558–1560.

Gibbons, M. B. C., Crits-Christoph, P., & Hearon, B. (2008). The empirical status of psychodynamic therapies. *Annual Review of Clinical Psychology, 4,* 93–108.

Gibbs, J. C., Basinger, K. S., Grime, R. L., & Snarey, J. R. (2007). Moral judgment development across culture: Revisiting Kohlberg's universality claims. *Developmental Review, 27,* 443–500.

Gibson, E. J., & Walk, R. D. (1960). The "visual cliff." *Scientific American, 202,* 64–71.

Gibson, J. J. (1979). *An ecological approach to visual perception.* Boston: Houghton Mifflin.

Giesbrecht, T., Lynn, S. J., Lilienfeld, S. O., & Merckelbach, H. (2008). Cognitive processes in dissociation: An analysis of core theoretical assumptions. *Psychological Bulletin, 134,* 617–647.

Gigerenzer, G., & Gaissmaier, W. (2011). Heuristic decision making. *Annual Review of Psychology, 62,* 451–482.

Gilbert, D. T., Morewedge, C. K., Risen, J. L., & Wilson, T. D. (2004). Looking forward to looking backward: The misprediction of regret. *Psychological Science, 15,* 346–350.

Gilligan, C. (1982). *In a different voice: Psychological theory and women's development.* Cambridge, MA: Harvard University Press.

Gilovich, T. (1991). *How we know what isn't so: The fallibility of human reason in everyday life.* New York: The Free Press.

Glasman, L. R., & Albarracín, D. (2006). Forming attitudes that predict behavior: A meta-analysis of the attitude-behavior relation. *Psychological Bulletin, 132,* 778–822.

Gleaves, D. H., May, M. C., & Cardeña, E. (2001). An examination of the diagnostic validity of dissociative identity disorder. *Clinical Psychology Review, 21,* 577–608.

Goddard, A. W., Ball, S. G., Martinez, J., Robinson, M. J., Yang, C. R., Russell, J. M., & Shekhar, A. (2010). Current perspectives of the roles of the central norepinephrine system in anxiety and depression. *Depression and Anxiety, 27,* 339–250.

Goddard, H. H. (1914). *The Kallikak family: A study of the heredity of feeble-mindedness.* New York: Macmillan.

Godden, D. R., & Baddeley, A. D. (1975). Context-dependent memory in two natural environments: On land and under water. *British Journal of Psychology, 66,* 325–331.

Godin, G., Sheeran, P., Conner, M., & Germain, M. (2008). Asking questions changes behavior: Mere measurement effects on frequency of blood donation. *Health Psychology, 27,* 179–184.

Goldberg, A. E., & Perry-Jenkins, M. (2007). The division of labor and perceptions of parental roles: Lesbian couples across the transition to parenthood. *Journal of Social and Personal Relationships, 24,* 297–318.

Goldberg, A. E., & Sayer, A. (2006). Lesbian couples' relationship quality across the transition to parenthood. *Journal of Marriage and Family, 68,* 87–100.

Goldfried, M. R. (2003). Cognitive-behavior therapy: Reflections on the evolution of a therapeutic orientation. *Cognitive Therapy and Research, 27,* 53–69.

Goldfried, M. R., & Davila, J. (2005). The role of relationship and technique in therapeutic change. *Psychotherapy: Theory, Research, Practice, Training, 42,* 421–430.

Goldin-Meadow, S. (2003). *The resilience of language: What gesture creation in deaf children can tell us about how all children learn language.* New York: Psychology Press.

Goldin-Meadow, S., & Mylander, C. (1990). Beyond the input given: The child's role in the acquisition of language. *Language, 66,* 323–355.

Goldrick, M., & Larson, M. (2008). Phonotactic probability influences speech production. *Cognition, 107,* 1155–1164.

Goldstein, D., Hahn, C. S., Hasher, L., Wiprzycka, U. J., & Zelazo, P. D. (2007). Time of day, intellectual performance, and behavioral problems in morning versus evening type adolescents: Is there a synchrony effect? *Personality and Individual Differences, 42,* 431–440.

Goldstein, R. B., Compton, W. M., Pulay, A. J., Ruan, W. J., Pickering, R. P., Stinson, F. S., & Grant, B. F. (2007). Antisocial behavioral syndromes and DSM-IV drug use disorders in the United States: Results from the National Epidemiologic Survey on Alcohol and Related Conditions. *Drug and Alcohol Dependence, 90,* 145–158.

Goldstrom, I. D., Campbell, J., Rogers, J. A., Lambert, D. B., Blacklow, B., Henderson, M. J., & Manderscheid, R. W. (2006). National estimates for mental health support groups, self-help organizations, and consumer-operated services. *Administration and Policy in Mental Health and Mental Health Services Research, 33,* 92–103.

Golombok, S., Rust, J., Zervoulis, K., Croudace, T., Golding, J., & Hines, M. (2008). Developmental trajectories of sex-typed behavior in boys and girls: A longitudinal general population study of children aged 2.5–8 years. *Child Development, 79,* 1583–1593.

Goodheart, C. D., Kadzin, A. E., & Sternberg, R. J. (2006). *Evidence-based psychotherapy: Where practice and research meet.* Washington, DC: American Psychological Association.

Goonawardena, A. V., Riedel, G., & Hampson, R. E. (2011). Cannabinoids alter spontaneous firing, bursting, and cell synchrony of hippocampal principal cells. *Hippocampus, 21,* 520–531.

Gorchoff, S. M., John, O. P., & Helson, R. (2008). Contextualizing change in marital satisfaction during middle age: An 18-year longitudinal study. *Psychological Science, 19,* 1194–1200.

Gordon, P. (2004). Numerical cognition without words: Evidence from Amazonia. *Science, 306,* 496–499.

Gotlib, I. H., & Hamilton, J. P. (2008). Neuroimaging and depression: Current status and unresolved issues. *Current Directions in Psychological Science, 17,* 159–163.

Gottesman, I. I. (1991). *Schizophrenia genesis: The origins of madness.* New York: Freeman.

Gottfredson, L. S. (1997). Mainstream science on intelligence: An editorial with 52 signatories, history, and bibliography. *Intelligence, 24,* 13–23.

Gottfredson, L. S. (2002). Where and why *g* matters: Not a mystery. *Human Performance, 15,* 25–46.

Gottfredson, L. S. (2003). Dissecting practical intelligence theory: Its claims and evidence. *Intelligence, 31i,* 343–397.

Gouin, J.-P., Kielcolt-Glaser, J. K., Malarkey, W. B., & Glaser, R. (2008). The influence of anger expression on wound healing. *Brain, Behavior, and Immunity, 22,* 699–708.

Granic, I., & Patterson, G. R. (2006). Toward a comprehensive model of antisocial development: A dynamic systems approach. *Psychological Review, 113,* 101–131.

Grant, P. R., & Grant, B. R. (2006). Evolution of character displacement in Darwin's finches. *Science, 313,* 224–226.

Grant, P. R., & Grant, B. R. (2008). *How and why species multiply.* Princeton, NJ: Princeton University Press.

Gray, M. R., & Steinberg, L. (1999). Unpacking authoritative parenting: Reassessing a multidimensional construct. *Journal of Marriage and the Family, 61,* 574–587.

Graziano, M., & Sigman, M. (2008). The dynamics of sensory buffers: Geometric, spatial, and experience-dependent shaping of iconic memory. *Journal of Vision, 8,* 1–13.

Greaves, N., Prince, E., Evans, D. W., & Charman, T. (2006). Repetitive and ritualistic behaviour in children with Prader-Willi syndrome and children with autism. *Journal of Intellectual Disability Research, 50,* 92–100.

Green, D. M., & Swets, J. A. (1966). *Signal detection theory and psychophysics.* New York: Wiley.

Greenberg, J. (2008). Understanding the vital human quest for self-esteem. *Perspectives on Psychological Science, 3,* 48–55.

Greenberg, J., Kosloff, S., Solomon, S., Cohen, F., & Landau, M. (2010). Toward understanding the fame game: The effect of mortality salience on the appeal of fame. *Self and Identity, 9,* 1–18.

Greenberg, S. T., & Schoen, E. G. (2008). Males and eating disorders: Gender-based therapy for eating disorder recovery. *Professional Psychology: Research and Practice, 39,* 464–471.

Greene, J. D., Morelli, S. A., Lowenberg, K., Nystrom, L. E., & Cohen, J. D. (2008). Cognitive load selectively interferes with utilitarian moral judgment. *Cognition, 107*, 1144–1154.

Greenfield, P. M. (1997). You can't take it with you: Why ability assessments don't cross cultures. *American Psychologist, 52,* 1115–1124.

Greenwald, A. G., McGhee, D. E., & Schwartz, J. L. K. (1998). Measuring individual differences in implicit cognition: The Implicit Association Test. *Journal of Personality and Social Psychology, 74,* 1464–1480.

Greenwald, A. G., Poehlman, T. A., Uhlmann, E., & Banaji, M. R. (2009). Understanding and using the Implicit Association Test: III. Meta-analysis of predictive validity. *Journal of Personality and Social Psychology, 97,* 17–41.

Gregory, R. (1966). *Eye and brain.* New York: McGraw-Hill.

Greven, C. U., Rijsdijk, F. V., & Plomin, R. (2011). A twin study of ADHD symptoms in early adolescence: Hyperactivity-impulsivity and inattentiveness show substantial genetic overlap but also genetic specificity. *Journal of Abnormal Child Psychology, 39,* 265–275.

Grice, H. P. (1968). Utterer's meaning, sentence-meaning, and word-meaning. *Foundations of Language, 4,* 1–18.

Grice, H. P. (1975). Logic and conversation. In P. Cole & J. L. Morgan (Eds.), *Syntax and semantics: Vol. 3. Speech acts* (pp. 41–58). New York: Academic Press.

Grilo, C. M., Hrabosky, J. I., White, M., Allison, K. C., Stunkard, A. J., & Masheb, R. M. (2008). Overvaluation of shape and weight in binge eating disorder and overweight controls: Refinement of a diagnostic construct. *Journal of Abnormal Psychology, 117,* 414–419.

Groh, D. R., Jason, L. A., & Keys, C. B. (2008). Social network variables in alcoholics anonymous: A literature review. *Clinical Psychology Review, 28,* 430–450.

Guérard, K., Neath, I., Surprenant, A. M., & Tremblay, S. (2010). Distinctiveness in serial memory for spatial information. *Memory & Cognition, 38,* 83–91.

Guéraud, S., Tapiero, I., & O'Brien, E. J. (2008). Context and the activation of predictive inferences. *Psychonomic Bulletin & Review, 15,* 351–356.

Guido, M. E., Garbarino-Pico, E., Contin, M. A., Valdez, D. J., Nieto, P. S., Verra, D. M., Acosta-Rodriguez, V. A., de Zavalía, N., & Rosenstein, R. E. (2010). Inner retinal circadian clocks and non-visual photoreceptors: Novel players in the circadian system. *Progress in Neurobiology, 92,* 484–504.

Guilleminault, C., Poyares, D., Aftab, F., & Palombini, L. (2001). Sleep and wakefulness in somnambulism: A spectral analysis study. *Journal of Psychosomatic Research, 51,* 411–416.

Gupta, R. Koscik, T. R., Bechara, A., & Tranel, D. (2011). The amygdala and decision-making. *Neuropsychologia, 49,* 760–765.

Gutierrez, P. M., Watkins, R., & Collura, D. (2004). Suicide risk screening in an urban high school. *Suicide and Life-Threatening Behavior, 34,* 421–428.

Gyurak, A., Gross, J. J., & Etkin, A. (2011). Explicit and implicit emotion regulation: A dual-process framework. *Cognition and Emotion, 25,* 400–412.

Haas, S. M., & Stafford, L. (2005). Maintenance behaviors in same-sex and marital relationships: A matched sample comparison. *Journal of Family Communication, 5,* 43–60.

Haberstick, B. C., Schmitz, S., Young, S. E., & Hewitt, J. K. (2006). Genes and developmental stability of aggressive behavior: Problems at home and school in a community sample of twins aged 7–12. *Behavior Genetics, 36,* 809–819.

Habib, R., Nyberg, L., & Tulving, E. (2003). Hemispheric asymmetries of memory: the HERA model revisited. *TRENDS in Cognitive Sciences, 7,* 241–245.

Hackman, D. A., Farah, M. J., & Meaney, M. J. (2010). Socioeconomic status and the brain: Mechanistic insights from human and animal research. *Nature Reviews Neuroscience, 11,* 651–659.

Haidt, J. (2007). The new synthesis in moral psychology. *Science, 316,* 998–1002.

Haier, R. J., Jung, R. E., Yeo, R. A., Head, K., & Alkire, M. T. (2004). Structural variation and general intelligence. *NeuroImage, 23,* 425–433.

Hajcak, G., & Olvet, D. M. (2008). The persistence of attention to emotion: Brain potentials during and after picture presentation. *Emotion, 8,* 250–255.

Hall, G. S. (1904). *Adolescence: Its psychology and its relations to physiology, anthropology, sociology, sex, crime, religion and education* (Vols. 1 and 2). New York: D. Appleton.

Hall, J. S. (2004). *Roadblocks on the journey of psychotherapy.* Lanham, MD: Jason Aronson.

Hamilton, N. A., Gallagher, M. W., Preacher, K. J., Stevens, N., Nelson, C. A., Karlson, C., & McCurdy, D. (2007). Insomnia and well-being. *Journal of Consulting and Clinical Psychology, 75,* 939–946.

Hamlin, J. K., Hallinan, E. V., & Woodward, A. L. (2008). Do as I do: 7-month-old infants selectively reproduce other's goals. *Developmental Science, 11,* 487–494.

Han, J.-S. (2011). Acupuncture analgesia: Areas of consensus and controversy. *Pain, 152,* S41–S48.

Harati, H., Majchrzak, M., Cosquer, B., Galani, R., Kelche, C., Cassel, J.-C., & Barbelivien, A. (2011). Attention and memory in aged rats: Impact of lifelong environmental enrichment. *Neurobiology of Aging, 32,* 718–736.

Harbluk, J. L., Noy, Y. I., Trbovich, P. L., & Eizenman, M. (2007). An on-road assessment of cognitive distraction: Impacts on drivers' visual behavior and braking performance. *Accident Analysis and Prevention, 39,* 372–379.

Harder, J. W. (1991). Equity theory versus expectancy theory: The case of major league baseball free agents. *Journal of Applied Psychology, 76,* 458–464.

Hardy, J., & Selkoe, D. J. (2002). The amyloid hypothesis of Alzheimer's disease: Progress and problems on the road to therapeutics. *Science, 297,* 353–356.

Harlow, H. F. (1958). The nature of love. *American Psychologist, 13,* 673–685.

Harlow, H. F., & Zimmerman, R. R. (1958). The development of affectional responses in infant monkeys. *Proceedings of the American Philosophical Society, 102,* 501–509.

Harlow, H. F., & Zimmerman, R. R. (1959). Affectional responses in the infant monkey. *Science, 130,* 421–432.

Harlow, J. M. (1868). Recovery from the passage of an iron bar through the head. *Publications of the Massachusetts Medical Society, 2,* 327–347.

Hart, J. T. (1965). Memory and the feeling-of-knowing experience. *Journal of Educational Psychology, 56,* 208–216.

Hartley, C. A., Fischl, B., & Phelps, E. A. (2011). Brain structure correlates of individual differences in the acquisition and inhibition of conditioned fear. *Cerebral Cortex 21, 1954–1962.*

Hartshorne, H., & May, M. A. (1928). *Studies in the nature of character: Vol. 1. Studies in deceit.* New York: Macmillan.

Hartwig, M., & Bond, C. F., Jr. (2011). Why do lie-catchers fail? A lens model meta-analysis of human lie judgments. *Psychological Bulletin, 137,* 643–659.

Haselton, M. G., & Gildersleeve, K. (2011). Can men detect ovulation? *Current Directions in Psychological Science, 20,* 87–92.

Hasson, U., Furman, O., Clark, D., Dudai, Y., & Davachi, L. (2008). Enhanced intersubject correlations during movie viewing correlate with successful episodic encoding. *Neuron, 57,* 452–462.

Hastorf, A. H., & Cantril, H. (1954). They saw a game: A case study. *Journal of Abnormal and Social Psychology, 49,* 129–134.

Hatcher, C., & Himelstein, P. (Eds.). (1996). *The handbook of Gestalt therapy.* Northvale, NJ: Jason Aronson.

Hathaway, S. R., & McKinley, J. C. (1940). A multiphasic personality schedule (Minnesota): I. Construction of the schedule. *Journal of Psychology, 10,*

249–254.

Hathaway, S. R., & McKinley, J. C. (1943). *Minnesota Multiphasic Inventory manual.* New York: Psychological Corporation.

Hauser, R. M., & Palloni, A. (2011). Adolescent IQ and survival in the Wisconsin longitudinal study. *The Journals of Gerontology: Series B, 66,* i91–i101.

Hayes, J. A., Gelso, C. J., & Hummel, A. M. (2011). Managing countertransference. *Psychotherapy, 48,* 88–97.

Hazan, C., & Shaver, P. (1987). Romantic love conceptualized as an attachment process. *Journal of Personality and Social Psychology, 52,* 511–524.

Hearst, E. (1988). Fundamentals of learning and conditioning. In R. C. Atkinson, R. J. Herrnstein, G. Lindzey, & R. D. Luce (Eds.), *Stevens' handbook of experimental psychology: Vol. 2. Learning and cognition* (2nd ed., pp. 3–109). New York: Wiley.

Heatherington, L., & Lavner, J. A. (2008). Coming to terms with coming out: Review and recommendations for family systems-focused research. *Journal of Family Psychology, 22,* 329–343.

Heider, F. (1958). *The psychology of interpersonal relationships.* New York: Wiley.

Hektner, J. M., Schmidt, J. A., Csikszentmihaly, M. (2007). *Experience sampling method: Measuring the quality of everyday life.* Thousand Oaks, CA: Sage.

Helgeson, V. S., Reynolds, K. A., & Tomich, P. L. (2006). A meta-analytic review of benefit finding and growth. *Journal of Consulting and Clinical Psychology, 74,* 797–816.

Helms, J. E. (2006). Fairness is not validity or cultural bias in racial-group assessment: A quantitative perspective. *American Psychologist, 61,* 845–859.

Hendriksen, E. S., Pettifor, A., Lee, S.-J., Coates, T. J., & Rees, H. V. (2007). Predictors of condom use among young adults in South Africa: The reproductive health and HIV research unit national youth survey. *American Journal of Public Health, 97,* 1241–1248.

Hendry, A. P., Huber, S. K., De León, L. F., Herrel, A., & Podos, J. (2009). Disruptive selection in a bimodal population of Darwin's finches. *Proceedings of the Royal Society B, 276,* 753–759.

Henneberger, C., & Rusakov, D. A. (2010). Synaptic plasticity and Ca^{2+} signaling in astrocytes. *Neuron Glia Biology, 6,* 141–146.

Hennessey, B. A., & Amabile, T. M. (2010). Creativity. *Annual Review of Psychology, 61,* 569–598.

Henningsen, D. D., Henningsen, M. L. M., Eden, J., & Cruz, M. G. (2006). Examining the symptoms of groupthink and retrospective sensemaking. *Small Group Research, 37,* 36–64.

Henry, P. J., & Sears, D. O. (2002). The symbolic racism 2000 scale. *Political Psychology, 2,* 253–283.

Herbers, J. E., Cutuli, J. J., Lafavor, T. L., Vrieze, D., Leibel, C., Obradović, J., & Masten, A. S. (2011). Direct and indirect effects of parenting on academic functioning of young homeless children. *Early Education and Development, 22,* 77–104.

Herbst, C., Baier, B., Tolasch, T., & Steidle, J. L. M. (2011). Demonstration of sex pheromones in the predaceous diving beetle *Rhantus suturalis* (MacLeay 1825) (Dytiscidae). *Chemoecology, 21,* 19–23.

Herek, G. M. (2002). Gender gaps in public opinion about lesbians and gay men. *Public Opinion Quarterly, 66,* 40–66.

Herek, G. M. (2006). Legal recognition of same-sex relationships in the United States: A social science perspective. *American Psychologist, 61,* 607–621.

Herman, C. P., Roth, D. A., & Polivy, J. (2003). Effects of the presence of others on food intake: A normative investigation. *Psychological Bulletin, 129,* 873–886.

Hernnstein, R. J., & Murray, C. (1994). *The bell curve.* New York: The Free Press.

Hersh, S. M. (1971). *My Lai 4: A report on the massacre and its aftermath.* New York: Random House.

Hertwig, R., Herzog, S. M., Schooler, L. J., & Reimer, T. (2008). Fluency heuristic: A model of how the mind exploits a by-product of information retrieval. *Journal of Experimental Psychology: Learning, Memory, and Cognition, 34,* 1191–1206.

Hertzog, C. (2011). Intelligence in adulthood. In R. J. Sternberg & S. B. Kaufman (Eds.), *The Cambridge handbook of intelligence* (pp. 174–190). New York: Cambridge University Press.

Hertzog, C., Kramer, A. F., Wilson, R. S., & Lindenberger, U. (2008). Enrichment efforts on adult cognitive development: Can the functional capacity of older adults be preserved and enhanced? *Psychological Science in the Public Interest, 9,* 1–49.

Hess, T. M. (2005). Memory and aging in context. *Psychological Bulletin, 131,* 383–406.

Hess, T. M., & Hinson, J. T. (2006). Age-related variation in the influences of aging sterotypes on memory in adulthood. *Psychology and Aging, 21,* 621–625.

Hess, U., & Thibault, P. (2009). Darwin and emotional expression. *American Psychologist, 64,* 120–128.

Hettema, J. M., Prescott, C. A., Myerse, J. M., Neale, M. C., & Kendler, K. S. (2005). The structure of genetic and environmental risk factors for anxiety disorders in men and women. *Archives of General Psychiatry, 62,* 182–189.

Hewstone, M., Rubin, M., & Willis, H. (2002). Intergroup bias. *Annual Review of Psychology, 53,* 575–604.

Higgins, E. T., & Pittman, T. S. (2008). Motives of the *human* animal: Comprehending, managing, and sharing inner states. *Annual Review of Psychology, 59,* 361–385.

Hilsenroth, M. J., Charnas, J. W., Zodan, J., & Streiner, D. L. (2007). Criterion-based training for Rorschach scoring. *Training and Education in Professional Psychology, 1,* 125–134.

Hines, M. (2011). Gender development and the human brain. *Annual Review of Neuroscience, 34,* 69–88.

Hinshaw, S. P., & Stier, A. (2008). Stigma as related to mental disorders. *Annual Review of Clinical Psychology, 4,* 367–393.

Hobara, M. (2005). Beliefs about appropriate pain behavior: Cross-cultural and sex differences between Japanese and Euro-Americans. *European Journal of Pain, 9,* 389–393.

Hobson, J. A. (1988). *The dreaming brain.* New York: Basic Books.

Hobson, J. A., & McCarley, R. W. (1977). The brain as a dream state generator: An activation-synthesis hypothesis of the dream process. *American Journal of Psychiatry, 134,* 1335–1348.

Hodgkinson, G. P., & Healey, M. P. (2008). Cognition in organizations. *Annual Review of Psychology, 59,* 387–417.

Hodson, G. (2011). Do ideologically intolerant people benefit from intergroup contact? *Current Directions in Psychological Science, 20,* 154–159.

Hoekstra, R. A., Bartels, M., & Boomsma, D. I. (2007). Longitudinal genetic study of verbal and nonverbal IQ from early childhood to young adulthood. *Learning and Individual Differences, 17,* 97–114.

Hoffman, E. J., & Mathew, S. J. (2008). Anxiety disorders: A comprehensive review of pharmacotherapies. *Mount Sanai Journal of Medicine, 75,* 248–262.

Hoffmann, A. A., & Willi, Y. (2008). Detecting genetic responses to environmental change. *Nature Reviews Genetics, 9,* 421–432.

Holahan, C. K., & Sesrs, R. R. (1995). *The gifted group in later maturity.* Stanford, CA: Stanford University Press.

Holen, M. C., & Oaster, T. R. (1976). Serial position and isolation effects in a classroom lecture simulation. *Journal of Educational Psychology, 68,* 723–725.

Hollins, M. (2010). Somesthetic senses. *Annual Review of Psychology, 61,* 243–271.

Hollon, S. D., Stewart, M. O., & Strunk, D. (2006). Enduring effects for cognitive behavior therapy in the treatment of depression and anxiety. *Annual Review of Psychology, 57*, 285–315.

Hollon, S. D., Thase, M. E., & Markowitz, J. C. (2002). Treatment and prevention of depression. *Psychological Science in the Public Interest, 3*, 39–77.

Holmes, T. H., & Rahe, R. H. (1967). The social readjustment rating scale. *Journal of Psychosomatic Research, 11*(2), 213–218.

Homer, B. D., Solomon, T. M., Moeller, R. W., Mascia, A., DeRaleau, L., & Halktis, P. N. (2008). Methamphetamine abuse and impairment of social functioning: A review of the underlying neurphysiological causes and behavioral implications. *Psychological Bulletin, 134*, 301–310.

Hooley, J. M. (2007). Expressed emotion and relapse of psychopathology. *Annual Review of Clinical Psychology, 3*, 329–352.

Horgen, K. B., & Brownell, K. D. (2002). Comparison of price change and health message interventions in promoting healthy food choices. *Health Psychology, 21*, 505–512.

Horney, K. (1937). *The neurotic personality of our time.* New York: Norton.

Horney, K. (1939). *New ways in psychoanalysis.* New York: Norton.

Horney, K. (1945). *Our inner conflicts: A constructive theory of neurosis.* New York: Norton.

Horney, K. (1950). *Neurosis and human growth.* New York: Norton.

Horowitz, A., Brennan, M., & Reinhardt, J. P. (2005). Prevalence and risk factors for self-reported visual impairment among middle-aged and older adults. *Research on Aging, 27*, 307–326.

Horton, J. E., Crawford, H. J., Harrington, G., & Downs, J. H. III. (2004). Increased anterior corpus callosum size associated positively with hypnotizability and the ability to control pain. *Brain, 127*, 1741–1747.

Horton, W. S. (2007). The influence of partner-specific memory associations on language production: Evidence from picture naming. *Language and Cognitive Processes, 22*, 1114–1139.

Horton, W. S., & Gerrig, R. J. (2005). The impact of memory demands on audience design during language production. *Cognition, 96*, 127–142.

Horvath, A. O., Del Re, A. C., Flückiger, C., & Symonds, D. (2011). Alliance in individual psychotherapy. *Psychotherapy, 48*, 9–16.

Horwitz, A. V., Widom, C. S., McLaughlin, J., & White, H. R. (2001). The impact of abuse and neglect on adult mental health: A prospective study. *Journal of Health and Social Behavior, 42*, 184–201.

Hoshino-Browne, E., Zanna, A. S., Spencer, S. J., Zanna, M. P., Kitayama, S., & Lackenbauer, S. (2005). On the cultural guises of cognitive dissonance: The case of Easterners and Westerners. *Journal of Personality and Social Psychology, 89*, 294–310.

Hosp, J. L., Hosp, M. A., & Dole, J. K. (2011). Potential bias in predictive validity of universal screening measures across disaggregation subgroups. *School Psychology Review, 40*, 108–131.

Houlihan, D., Schwartz, C., Miltenberger, R., & Heuton, D. (1993). The rapid treatment of a young man's balloon (noise) phobia using in vivo flooding. *Journal of Behavior Therapy and Experimental Psychiatry, 24*, 233–240.

Howe, C. Q., & Purves, D. (2005). The Müller-Lyer illusion explained by the statistics of image-source relationships. *PNAS, 102*, 1234–1239.

Howell, R. T., & Howell, C. J. (2008). The relation of economic status to subjective well-being in developing countries: A meta-analysis. *Psychological Bulletin, 134*, 536–560.

Hu, A. W.-L., & Tang, L.-R. (2010). Factors motivating sports broadcast viewership with fan identification as a mediator. *Social Behavior and Personality, 38*, 681–690.

Hublin, C., Partinen, M., Koskenvuo, M., & Kaprio, J. (2007). Sleep and mortality: A population-based 22-year follow-up study. *Sleep, 30*, 1245–1253.

Hudson, J. I., Hiripi, E., Pope, H. G. Jr., & Kessler, R. C. (2007). The prevalence and correlates of eating disorders in the national comorbidity survey replication. *Biological Psychiatry, 61*, 348–358.

Hudson, J. L., Flannery-Schroeder, E., & Kendall, P. (2004). Primary prevention of anxiety disorders. In D. J. A. Dozois, & K. S. Dobson (Eds.), *The prevention of anxiety and depression: Theory, research, and practice* (pp. 101–130). Washington, DC: American Psychological Association.

Huesmann, L. R., Moise-Titus, J., Podolski, C. L., & Eron, L. D. (2003). Longitudinal relations between children's exposure to TV violence and their aggressive and violent behavior in young adulthood: 1977–1992. *Developmental Psychology, 39*, 201–221.

Huizink, A. C., & Mulder, E. J. H. (2006). Maternal smoking, drinking or cannabis use during pregnancy and neurobehavioral and cognitive functioning in human offspring. *Neuroscience and Biobehavioral Reviews, 30*, 24–41.

Hull, C. L. (1943). *Principles of behavior: An introduction to behavior theory.* New York: Appleton-Century-Crofts.

Hull, C. L. (1952). *A behavior system: An introduction to behavior theory concerning the individual organism.* New Haven, CT: Yale University Press.

Humphreys, K. R., Menzies, H., & Lake, J. K. (2010). Repeated speech errors: Evidence for learning. *Cognition, 117*, 151–165.

Hunt, E., & Carlson, J. (2007). Considerations relating to the study of group differences in intelligence. *Perspectives on Psychological Science, 2*, 194–213.

Hurvich, L., & Jameson, D. (1974). Opponent processes as a model of neural organization. *American Psychologist, 29*, 88–102.

Hyde, J. S., Mezulis, A. H., & Abramson, L. Y. (2008). The ABCs of depression: Integrating affective, biological, and cognitive models to explain the emergence of the gender difference in depression. *Psychological Review, 115*, 291–313.

Hyland, M. E., Whalley, B., & Geraghty, A. W. A. (2007). Dispositional predictors of placebo responding: A motivational interpretation of flower essence and gratitude therapy. *Journal of Psychosomatic Research, 62*, 331–340.

Imada, T., & Ellsworth, P. C. (2011). Proud Americans and lucky Japanese: Cultural differences in appraisal and corresponding emotion. *Emotion, 11*, 329–345.

Imel, Z. E., Baldwin, S., Atkins, D. C., Owen, J., Baardseth, T., & Wampold, B. E. (2011). Racial/ethnic disparities in therapist effectiveness: A conceptualization and initial study of cultural competence. *Journal of Counseling Psychology, 58*, 290–298.

Ingram, A., Saling, M. M., & Schweitzer, I. (2008). Cognitive side effects of brief pulse electroconvulsive therapy: A review. *The Journal of ECT, 24*, 3–9.

Insko, C. A., Thibaut, J. W., Moehle, D., Wilson, M., Diamond, W. D., Gilmore, R., Solomon, M. R., & Lipsitz, A. (1980). Social evolution and the emergence of leadership. *Journal of Personality and Social Psychology, 39*, 431–448.

Ireland, M. E., Slatcher, R. B., Eastwick, P. W., Scissors, L. E., Finkel, E. J., & Pennebaker, J. W. (2011). Language style matching predicts relationship initiation and stability. *Psychological Science, 22*, 39–44.

Irvine, J. T. (1990). Registering affect: Heteroglossia in the linguistic expression of emotion. In C. A. Lutz & L. Abu-Lughod (Eds.), *Language and the politics of emotions* (pp. 126–161). Cambridge, UK: Cambridge University Press.

IsHak, W. W., Kahloon, M., & Fakhry, H. (2011). Oxytocin role in enhancing well-being: A literature review. *Journal of Affective Disorders, 130*, 1–9.

Ives-Deliperi, V. L., Solms, M., & Meintjes, E. M. (2011). The neural substrates of mindfulness: An fMRI investigation. *Social Neuroscience, 6*, 231–242.

Iyengar, S. S., Wells, R. E. & Schwartz, B. (2006). Doing better but feeling worse: Looking for the "best" job undermines satisfaction. *Psychological Science, 17*, 143–150.

Izard, C. E. (1993). Four systems for emotion activation: Cognitive and non-cognitive processes. *Psychological Review, 100*, 68–90.

Izard, C. E. (1994). Innate and universal facial expressions: Evidence from developmental and cross-cultural research. *Psychological Bulletin, 115,* 288–299.

Jack, R. E., Blais, C., Scheepers, C., Schyns, P. G., & Caldara, R. (2009). Cultural confusions show that facial expressions are not universal. *Current Biology, 19,* 1543–1548.

Jack, R.E., Caldara, R. & Schyns, P.G. (2012). Internal representations reveal cultural diversity in expectations of facial expressions of emotion. *Journal of Experimental Psychology: General*, in press.

Jackson, V. A., Mack, J., Matsuyama, R., Lakoma, M. D., Sullivan A. M., Arnold, R. M., Weeks, J. C., & Block, S. D. (2008). A qualitative study of oncologists' approaches to end-of-life care. *Journal of Palliative Medicine, 11,* 893–906.

Jacob, B. R., & Levitt, S. D. (2003). Rotten apples: An investigation of the prevalence and predictors of teacher cheating. *The Quarterly Journal of Economics, 118,* 843–877.

Jacobs, R. C., & Campbell, D. T. (1961). The perpetuation of an arbitrary tradition through several generations of a laboratory microculture. *Journal of Abnormal and Social Psychology, 62,* 649–658.

Jaffee, S., & Hyde, J. S. (2000). Gender differences in moral orientation: A meta-analysis. *Psychological Bulletin, 126,* 703–726.

Jager, G., de Win, M. M. L., van der Tweel, I., Schilt, T., Kahn, R. S., van den Brink, W., van Ree, J. M., & Ramsey, N. F. (2008). Assessment of cognitive brain function in ecstasy users and contributions of other drugs of abuse: Results from an fMRI study. *Neuropsychopharmacology, 33,* 247–258.

Jahnke, J. C. (1965). Primacy and recency effects in serial-position curves of immediate recall. *Journal of Experimental Psychology, 70,* 130–132.

Jain, S., Mills, P. J., von Känel, R., Hong, S., & Dimsdale, J. E. (2007). Effects of perceived stress and uplifts on inflammation and coagulability. *Psychophysiology, 44,* 154–160.

James, W. (1882). Subjective effects of nitrous oxide. *Mind, 7,* 186–208.

James, W. (1892). *Psychology.* New York: Holt.

James, W. (1950). *The principles of psychology* (2 vols.). New York: Holt, Rinehart & Wilson. (Original work published 1890)

Janis, I. (1982). *Groupthink* (2nd ed.). Boston: Houghton Mifflin.

Janis, I. L., & Frick, F. (1943). The relationship between attitudes toward conclusions and errors in judging logical validity of syllogisms. *Journal of Experimental Psychology, 33,* 73–77.

Janofsky, J. S., Dunn, M. H., Roskes, E. J., Briskin, J. K., & Rudolph, M. S. L. (1996). Insanity defense pleas in Baltimore city: An analysis of outcome. *American Journal of Psychiatry, 153,* 1464–1468.

Janowitz, H. D., & Grossman, M. I. (1950). Hunger and appetite: Some definitions and concepts. *Journal of the Mount Sinai Hospital, 16,* 231–240.

January, D., & Kako, E. (2007). Re-evaluating evidence for linguistic relativity: Reply to Boroditsky (2001). *Cognition, 104,* 417–426.

Jara, C., Popp, R., Zulley, J., Hajcak, G., & Geisler, P. (2011). Determinants of depressive symptoms in narcoleptic patients with and without cataplexy. *The Journal of Nervous and Mental Disease, 199,* 329–334.

Jasper, F., & Witthöft, M. (2011). Health anxiety and attentional bias: The time course of vigilance and avoidance in light of pictorial illness information. *Journal of Anxiety Disorders, 25,* 1131–1138.

Javdani, S., Sadeh, N., & Verona, E. (2011). Suicidality as a function of impulsivity, callous-unemotional traits, and depressive symptoms in youth. *Journal of Abnormal Psychology, 120,* 400–413.

Jay, G. (2008). Service learning, multiculturalism, and the pedagogies of difference. *Pedagogy, 8,* 255–281.

Jedrej, M. C. (1995). *Ingessana: The religious institutions of a people of the Sudan–Ethiopia borderland.* Leiden: Brill.

Jensen, A. R. (1962). Spelling errors and the serial position effect. *Journal of Educational Psychology, 53,* 105–109.

Jensen, L A. (2008). Through two lenses: A cultural-developmental approach to moral psychology. *Developmental Review, 28,* 289–315.

Jo, H., Chen, Y. J., Chua, S. C., Jr., Talmage, D. A., & Role, L. W. (2005). Integration of endocannabinoid and leptin signaling in an appetite-related neural circuit. *Neuron, 48,* 1055–1066.

Johnson, T. E., & Rule, B. G. (1986). Mitigating circumstances, information, censure, and aggression. *Journal of Personality and Social Psychology, 50,* 537–542.

Johnson-Laird, P. N., & Wason, P. C. (1977). A theoretical analysis of insight into a reasoning task. In P. N. Johnson-Laird & P. C. Wason (Eds.), *Thinking* (pp. 143–157). Cambridge, UK: Cambridge University Press.

Joly, M., & Zimmermann, E. (2011). Do solitary foraging animals plan their routes? *Biology Letters, 7,* 638–640.

Jones, E. (1953). *The life and works of Sigmund Freud.* New York: Basic Books.

Jones, M. C. (1924). A laboratory study of fear: The case of Peter. *Pedagogical Seminary and Journal of Genetic Psychology, 31,* 308–315.

Jose, P. E., & Brown, I. (2008). When does the gender difference in rumination begin? Gender and age differences in the use of rumination by adolescents. *Journal of Youth and Adolescence, 37,* 180–192.

Jowkar-Baniani, F., & Schmuckler, M. A. (2011). Picture perception in infants: Generalization from two-dimensional to three-dimensional displays. *16,* 211–226.

Jung, C. G. (1959). The concept of the collective unconscious. In *The archetypes and the collective unconscious, collected works* (Vol. 9, Part 1, pp. 54–74.). Princeton, NJ: Princeton University Press. (Original work published 1936)

Jung, C. G. (1973). *Memories, dreams, reflections* (rev. ed., A. Jaffe, Ed.). New York: Pantheon Books.

Jusczyk, P. W. (2003). Chunking language input to find patterns. In D. H. Rakison & L. M. Oakes (Eds.), *Early category and concept development.* London: Oxford University Press.

Jusczyk, P. W., & Aslin, R. N. (1995). Infants' detection of the sound patterns of words in fluent speech. *Cognitive Psychology, 29,* 1–23.

Jussim, L., & Harber, K. D. (2005). Teacher expectations and self-fulfilling prophecies: Knowns and unknowns, resolved and unresolved controversies. *Personality and Social Psychology Review, 9,* 131–155.

Kabat-Zinn, J. (1990). *Full catastrophe living: Using the wisdom of your body and mind to face stress, pain, and illness.* New York: Dell.

Kadden, R. M., & Litt, M. D. (2011). The role of self-efficacy in the treatment of substance abuse disorders. *Addictive Behaviors, 36,* 1120–1126.

Kagan, J., & Snidman, N. (1991). Infant predictors of inhibited and uninhibited profiles. *Psychological Science, 2,* 40–44.

Kahneman, D. (1992). Reference points, anchors, norms, and mixed feelings. *Organizational Behavior and Human Decision Processes, 51,* 296–312.

Kahneman, D., & Frederick, S. (2002). Representativeness revisited: Attribute substitution in intuitive judgment. In T. Gilovich, D. Griffin, & D. Kahneman (Eds.), *Heuristics and biases: The psychology of intuitive judgment* (pp. 49–81). Cambridge, UK: Cambridge University Press.

Kahneman, D., & Tversky, A. (1973). On the psychology of prediction. *Psychological Review, 80,* 237–251.

Kallmann, F. J. (1946). The genetic theory of schizophrenia: An analysis of 691 schizophrenic index families. *American Journal of Psychiatry, 103,* 309–322.

Kalueff, A. V., & Nutt, D. J. (2007). Role of GABA in anxiety and depression. *Depression and Anxiety, 24,* 495–517.

Kamin, L. J. (1969). Predictability, surprise, attention, and conditioning. In B. A. Campbell & R. M. Church (Eds.), *Punishment and aversive behavior* (pp. 279–296). New York: Appleton-Century-Crofts.

Kandler, C., Bleidorn, W., Riemann, R., Spinath, F. M., Thiel, W., & Angleitner, A. (2010). Sources of cumulative continuity in personality: A longitudinal multiple-rater twin study. *Journal of Personality and Social Psychology, 98,* 995–1008.

Kaplan, C. A., & Simon, H. A. (1990). In search of insight. *Cognitive*

Psychology, 22, 374–419.

Kapur, V. K. (2010). Obstructive sleep apnea: Diagnosis, epidemiology, and economics. *Respiratory Care, 55*, 1155–1167.

Káradóttir, R., Hamilton, N. B., Bakiri, Y., & Attwell, D. (2008). Spiking and nonspiking classes of oligodendrocyte precursor glia in CNS white matter. *Nature Neuroscience, 11*, 450–456.

Karavasilis, L., Doyle, A. B., & Markiewicz, D. (2003). Associations between parenting style and attachment to mother in middle childhood and adolescence. *International Journal of Behavioral Development, 27*, 153–164.

Karg, K., Burmeister, M., Shedden, K., & Sen, S. (2011). The serotonin transporter promoter variant (5-HTTLPR), stress, and depression meta-analysis revisited. *Archives of General Psychiatry, 68*, 444–454.

Karpicke, J. D., & Blunt, J. R. (2011). Retrieval practice produces more learning than elaborative studying with concept mapping. *Science, 331*, 772–775.

Kassebaum, N. L. (1994). Head Start: Only the best for America's children. *American Psychologist, 49*, 1123–1126.

Kazdin, A. E. (2008). Evidence-based treatment and practice: New opportunities to bridge clinical research and practice, enhance the knowledge base, and improve patient care. *American Psychologist, 63*, 146–159.

Keller, M. C., & Miller, G. (2006). Resolving the paradox of common, harmful, an heritable mental disorders: Which evolutionary genetic models work best? *Behavioral and Brain Sciences, 29*, 385–452.

Kelley, H. H. (1967). Attribution theory in social psychology. In D. Levine (Ed.), *Nebraska symposium on motivation* (Vol. 15). Lincoln: University of Nebraska Press.

Kellner, C. H., Knapp, R., Husain, M. M., Rasmussen, K., Samplson, S., Cullum, M., McClintock, S. M., Tobias, K. G., Martino, C., Mueller, M., Bailine, S. H., Fink, M., & Petrides, G. (2010). Bifrontal, bitemporal and right unilateral placement in ECT: Randomised trial. *The British Journal of Psychiatry, 196*, 226–234.

Kellough, J. L., Beevers, C. G., Ellis, A. J., & Wells, T. T. (2008). Time course of selective attention in clinically depressed young adults: An eye tracking study. *Behaviour Research and Therapy, 46*, 1238–1243.

Keltner, N. L, & Boschini, D. J. (2009). Electroconvulsive therapy. *Perspectives in Psychiatric Care, 45*, 66–70.

Kempermann, G. (2008). The neurogenic reserve hypothesis: What is adult hippocampus neurogenesis good for? *Trends in Neurosciences, 31*, 163–169.

Kendler, K. S., Gatz, M., Gardner, C. O., & Pedersen, N. L. (2006). A Swedish national twin study of lifetime major depression. *American Journal of Psychiatry, 163*, 109–114.

Kendler, K. S., Kuhn, J. W., & Prescott, C. A. (2004). Childhood sexual abuse, stressful life events and risk for major depression in women. *Psychological Medicine, 34*, 1475–1482.

Kendler, K. S., Thornton, L. M., Gilman, S. E., & Kessler, R. C. (2000a). Sexual orientation in a U.S. national sample of twin and nontwin sibling pairs. *American Journal of Psychiatry, 157*, 1843–1846.

Kennedy, R. E., & Craighead, W. E. (1988). Differential effects of depression and anxiety on recall of feedback in a learning task. *Behavior Therapy, 19*, 437–454.

Keren, G. (2007). Framing, intentions, and trust-choice incompatibility. *Organizational Behavior and Human Decision Processes, 103*, 238–255.

Kermer, D. A., Driver-Linn, E., Wilson, T. D., & Gilbert, D. T. (2006). Loss aversion is an affective forecasting error. *Psychological Science, 17*, 649–653.

Kerr, N. L., & Tindale, R. S. (2004). Group performance and decision making. *Annual Review of Psychology, 55*, 625–655.

Kesebir, P., & Diener, E. (2008). In pursuit of happiness: Empirical answers to philosophical questions. *Perspectives on Psychological Science, 3*, 117–125.

Keshavan, M. S., Nasrallah, H. A., & Tandon, R. (2011). Schizophrenia, "Just the facts" 6. Moving ahead with the schizophrenia concept: From the elephant to the mouse. *Schizophrenia Research, 127*, 3–13.

Keshavan, M. S., Tandon, R., Boutros, N. N., & Nasrallah, H. A. (2008). Schizophrenia, "Just the Facts": What we know in 2008. Part 3: Neurobiology. *Schizophrenia Research, 106*, 89–107.

Kessler, R. C., Adler, L., Barkley, R., Biederman, J., Conners, C. K., Demler, O., Faraone, S. V., Greenhill, L. L., Howes, M. J., Secnik, K., Spencer, T., Ustun, T. B., Walters, E. E., & Zaslavsky, A. M. (2006a). The prevalence and correlates of adult ADHD in the United States: Results form the National Comorbidity Survey Replication. *American Journal of Psychiatry, 163*, 716–723.

Kessler, R. C., Berglund, P., Demler, O., Jin, R., Merikangas, K. R., & Walters, E. E. (2005a). Lifetime prevalence and age-of-onset distributions of *DSM-IV* disorders in the National Comorbidity Survey Replication. *Archives of General Psychiatry, 62*, 593–602.

Kessler, R. C., Chiu, W. T., Demler, O., & Walters, E. E. (2005b). Prevalence, severity, and comorbidity of 12-month *DSM-IV* disorders in the National Comorbidity Survey Replication. *Archives of General Psychiatry, 62*, 617–627.

Kessler, R. C., Chiu, W. T., Jin. R., Ruscio, A. M., Shear, K., & Walters, E. E. (2006b). The epidemiology of panic attacks, panic disorder, and agoraphobia in the National Comorbidity Survey Replication. *Archives of General Psychiatry, 63*, 415–424.

Kessler, R. C., McGonagle, K. A., Zhao, S., Nelson, C. B., Hughes, M., Eshleman, S., Wittchen, H. U., & Kendler, K. S. (1994). Lifetime and 12-month prevalence of *DSM-III-R* psychiatric disorders in the United States. *Archives of General Psychiatry, 51*, 8–19.

Kettenmann, H., & Verkhratsky, A. (2008). Neuroglia: The 150 years after. *Trends in Neuroscience, 31*, 653–659.

Kiecolt-Glaser, J. K., Marucha, P. T., Malarkey, P. T., Mercado, A. M., & Glaser, R. (1995). Slowing of wound healing by psychological stress. *Lancet, 346*, 1194–1196.

Kihlstrom, J. F. (2007). Consciousness in hypnosis. In P. D. Zelazo, M. Moscovitch, & E. Thompson (Eds.), *The Cambridge handbook of consciousness* (pp. 445–479). New York: Cambridge University Press.

Kihlstrom, J. F., & Cantor, N. (2000). Social intelligence. In R. J. Sternberg (Ed.), *Handbook of intelligence* (pp. 359–369). New York: Cambridge University Press.

Kilmer, R. P., & Gil-Rivas, V. (2010). Exploring posttraumatic growth in children impacted by Hurricane Katrina: Correlates of the phenomenon and developmental considerations. *Child Development, 81*, 1211–1227.

Kilpatrick, L A., Suyenobu, B. Y., Smith, S. R., Bueller, J. A., Goodman, T., Creswell, J. D., Tillisch, K., Mayer, E. A., & Naliboff, B. D. (2011). Impact of mindfulness-based stress reduction training on intrinsic brain connectivity. *NeuroImage, 56*, 290–298.

Kim, C.-H., Chang, J. W., Koo, M.-S., Kim, J. W., Suh, H. S., Park, I. H., & Lee, H. S. (2003). *Acta Psychatrica Scandinavica, 107*, 283–290.

Kim, H. S., Sherman, D. K., & Taylor, S. E. (2008). Culture and social support. *American Psychologist, 63*, 518–526.

Kim, J., & Hatfield, E. (2004). Love types and subjective well-being: A cross-cultural study. *Social Behavior and Personality, 32*, 173–182.

Kim, M. J., Loucks, R. A., Palmer, A. L., Brown, A. C., Solomon, K. M., Marchante, A. N., & Whalen, P. J. (2011). The structural and functional complexity of the amygdala: From normal emotion to pathological anxiety. *Behavioural Brain Research, 223*, 403–410.

Kim, Y.-K. (Ed.) (2009). *Handbook of behavior genetics*. New York: Springer.

King, D. B., Viney, W., & Woody, W. D. (2009). *A History of psychology: Ideas and context* (4th ed.). Boston: Allyn & Bacon.

Kingdom, F. A. A. (2011). Lightness, brightness and transparency: A quarter century of new ideas, captivating demonstrations and unrelenting controversy. *Vision Research, 51*, 652–673.

Kinsey, A. C., Martin, C. E., & Pomeroy, W. B. (1948). *Sexual behavior in the human male*. Philadelphia: Saunders.

Kinsey, A. C., Pomeroy, W. B., Martin, C. E., & Gebhard, R. H. (1953). *Sexual behavior in the human female*. Philadelphia: Saunders.

Kintsch, W. (1974). *The representation of meaning in memory*. Hillsdale, NJ: Erlbaum.

Kirschner, F., Paas, F., Kirschner, P. A., & Janssen, J. (2011). Differential effects of problem-solving demands on individual and collaborative learning outcomes. *Learning and Instruction, 21*, 587–599.

Kirschner, S. M., & Galperin, G. J. (2001). Psychiatric defenses in New York County: Pleas and results. *Journal of the American Academy of Psychiatry and the Law, 29*, 194–201.

Kisilevsky, B. S., Hains, S. M. J., Brown, C. A., Lee, C. T., Cowperthwaite, B., Stutzman, S. S., Swansburg, M. L., Lee, L., Xie, X., Huang, H., Ye, H.-H., Zhang, K., & Wang, Z. (2009). Fetal sensitivity to properties of maternal speech and language. *Infant Behavior and Development, 32*, 59–71.

Kissane, D. W., Grabsch, B., Clarke, D. M., Christie, G., Clifton, D., Gold, S., Hill, C., Morgan, A., McDermott, F., & Smith, G. C. (2004). Supportive-expressive group therapy: The transformation of existential ambivalence into creative living while enhancing adherence to anticancer therapies. *Psycho-Oncology, 13*, 755–768.

Kitamura, C., Thanavishuth, C., Burnham, D., & Luksaneeyanawin, S. (2002). Universality and specificity in infant-directed speech: Pitch modifications as a function of infant age and sex in a tonal and non-tonal language. *Infant Behavior & Development, 24*, 372–392.

Kitayama, S., & Uskul, A. K. (2011). Culture, mind, and the brain: Current evidence and future directions. *Annual Review of Psychology, 62*, 419–449.

Kitayama, S., Markus, H. R., & Lieberman, C. (1995). The collective construction of self-esteem: Implications for culture, self, and emotion. In J. A. Russell, J. Fernandez-Dols, T. Manstead, & J. Wellenkamp (Eds.), *Everyday conceptions of emotion* (pp. 523–550). Dordrecht: Kluwer.

Klatt, K. P., & Morris, E. K. (2001). The Premack principle, response deprivation, and establishing operations. *The Behavior Analyst, 24*, 173–180.

Kleider, H. M., Parrott, D. J., & King, T. Z. (2010). Shooting behaviour: How working memory and negative emotionality influence police officer shoot decisions. *Applied Cognitive Psychology, 24*, 707–717.

Klein, M. (1975). *The writings of Melanie Klein* (Vols. 1–4). London: Hogarth Press and the Institute of Psychoanalysis.

Klein, O., & Snyder, M. (2003). Stereotypes and behavioral confirmation: From interpersonal to intergroup perspectives. In M. P. Zanna (Ed.), *Advances in experimental social psychology* (Vol. 35, pp. 153–234). New York: Academic Press.

Klump, K. L., Burt, A., McGue, M., & Iacono, W. G. (2007). Changes in genetic and environmental influences on disordered eating across adolescence. *Archives of General Psychiatry, 64*, 1409–1415.

Knickmeyer, R., Baron-Cohen, S., Raggatt, P., & Taylor, K. (2005). Foetal testosterone, social relationships, and restricted interests in children. *Journal of Child Psychology and Psychiatry, 46*, 198–210.

Knobloch, L. K., Miller, L. E., Bond, B. J., & Mannone, S. E. (2007). Relational uncertainty and message processing in marriage. *Communication Monographs, 74*, 154–180.

Kobiella, A., Grossmann, T., Reid, V. M., & Striano, T. (2008). The discrimination of angry and fearful facial expressions in 7-month-old infants: An event-related potential study. *Cognition and Emotion, 22*, 133–146.

Kochanska, G., Kim, S., Barry, R. A., & Philibert, R. A. (2011). Children's genotypes interact with maternal responsive care in predicting children's competence: Diathesis-stress or differential susceptibility? *Development and Psychopathology, 23*, 605–616.

Koffka, K. (1935). *Principles of Gestalt psychology*. New York: Harcourt Brace.

Kohlberg, L. (1964). Development of moral character and moral ideology. In M. L. Hoffman & L. W. Hoffman (Eds.), *Review of child development research* (Vol. 1). New York: Russell Sage Foundation.

Kohlberg, L. (1981). *The philosophy of moral development*. New York: Harper & Row.

Köhler, W. (1947). *Gestalt psychology*. New York: Liveright.

Kohn, N., Kellermann, T., Gur, R. C., Schneider, F., & Habel, U. (2011). Gender differences in the neural correlates of humor processing: Implications for different processing modes. *Neuropsychologia, 49*, 888–897.

Konen, C. S., & Kastner, S. (2008). Two hierarchically organized neural systems for object information in human visual cortex. *Nature Neuroscience, 11*, 224–231.

Kong, L. L., Allen, J. J. B., & Glisky, E. L. (2008). Interidentity memory transfer in dissociative identity disorder. *Journal of Abnormal Psychology, 117*, 686–692.

Korchmaros, J. D., & Kenny, D. A. (2006). An evolutionary and close-relationship model of helping. *Journal of Social and Personal Relationships, 23*, 21–43.

Koriat, A., & Fischhoff, B. (1974). What day is today? An inquiry into the process of time orientation. *Memory & Cognition, 2*, 201–205.

Kotovsky, K., Hayes, J. R., & Simon, H. A. (1985). Why are some problems hard? Evidence from Tower of Hanoi. *Cognitive Psychology, 17*, 248–294.

Kounios, J., Fleck, J. I., Green, D. L., Payne, L., Stevenson, J. L., Bowdend, E. M., Jung-Beeman, M. (2008). The origins of insight in resting-state brain activity. *Neuropsychologia, 46*, 281–291.

Krahé, B., Bieneck, S., & Scheinberger-Olwig, R. (2007). Adolescents' sexual scripts: Schematic representations of consensual and nonconsensual heterosexual interactions. *Journal of Sex Research, 44*, 316–327.

Krämer, N. C., & Winter, S. (2008). Impression management 2.0: The relationship of self-esteem, extraversion, self- efficacy, and self-presentation within social networking sites. *Journal of Media Psychology, 20*, 106–116.

Krebs, D. L. (2008). Morality: An evolutionary account. *Perspectives on Psychological Science, 3*, 149–172.

Kristensen, P., & Bjerkedal, T. (2007). Explaining the relation between birth order and intelligence. *Science, 316*, 1717.

Krohne, H. W., & Slangen, K. E. (2005). Influence of social support on adaptation to surgery. *Health Psychology, 24*, 101–105.

Kronenfeld, L. W., Reba-Harrelson, L., Von Holle, A., Reyes, M. L., & Bulik, C. M. (2010). Ethnic and racial differences in body size perception and satisfaction. *Body Image, 7*, 131–136.

Kross, E., Berman, M. G., Mischel, W., Smith, E. E., & Wager, T. D. (2011). Social rejection shares somatosensory representations with physical pain. *Proceedings of the National Academy of Sciences, 108*, 6270–6275.

Krueger, J., & Stanke, D. (2001). The role of self-referent and other-referent knowledge in perceptions of group characteristics. *Personality & Social Psychology Bulletin, 27*, 878–888.

Kruger, J., Wirtz, D., & Miller, D. T. (2005). Counterfactual thinking and the first instinct fallacy. *Journal of Personality and Social Psychology, 88*, 725–735.

Kruglanski, A. W., & Gigerenzer, G. (2011). Intuitive and deliberate judgments are based on common principles. *Psychological Review, 118*, 97–109.

Kuhn, M. H., & McPartland, T. S. (1954). An empirical investigation of self-attitudes. *American Sociological Review, 19*, 68–76.

Kuipers, E., Onwumere, J., & Bebbington, P. (2010). Cognitive model of caregiving in psychosis. *The British Journal of Psychiatry, 196*, 259–265.

Kujawski, J. H., & Bower, T. G. R. (1993). Same-sex preferential looking during infancy as a function of abstract representation. *British Journal of Developmental Psychology, 11*, 201–209.

Kuppens, P., Realo, A., & Diener, E. (2008). The role of positive and negative emotions in life satisfaction judgment across nations. *Journal of Personality and Social Psychology, 95*, 66–75.

Kyriacou, C. P., & Hastings, M. H. (2010). Circadian clocks: Genes, sleep, and cognition. *Trends in Cognitive Sciences, 14*, 259–267.

LaBerge, S. (2007). Lucid dreaming. In D. Barret & P. McNamara (Eds.), *The new science of dreaming: Vol 2. Content, recall, and personality correlates* (pp. 307–328). Westport, CT: Praeger.

LaBerge, S., & Levitan, L. (1995). Validity established of DreamLight cues for eliciting lucid dreaming. *Dreaming: Journal of the Association for the Study of Dreams, 5,* 159–168.

Laborde, S., Brüll, A., Weber, J., & Anders, L. S. (2011). Trait emotional intelligence in sports: A protective role against stress through heart rate variability? *Personality and Individual Differences, 51,* 23–27.

Lachman, M. E. (2004). Development in midlife. *Annual Review of Psychology, 55,* 305–331.

Lamb, R. J., Morral, A. R., Kirby, K. C., Javors, M. A., Galbicka, G., & Iguchi, M. (2007). Contingencies for change in complacent smokers. *Experimental and Clinical Psychopharmacology, 15,* 245–255.

Lambert, S. F., Nylund-Gibson, K., Copeland-Linder, N., & Ialongo, N. S. (2010). Patterns of community violence exposure during adolescence. *American Journal of Community Psychology, 46,* 289–302.

Lambert, T. A., Kahn, A. S., & Apple, K. J. (2003). Pluralistic ignorance and hooking up. *The Journal of Sex Research, 40,* 129–133.

Lammers, J., Stoker, J. I., Jordan, J., Pollmann, M., & Stapel, D. A. (2011). Power increases infidelity among men and women. *Psychological Science, 22,* 1191–1197.

Lampinen, J. M., Copeland, S. M., & Neuschatz, J. S. (2001). Recollections of things schematic: Room schemas revisited. *Journal of Experimental Psychology: Learning, Memory, and Cognition, 27,* 1211–1222.

Lander, E. S., & Weinberg, R. A. (2000). Genomics: Journey to the center of biology. *Science, 287,* 1777–1782.

Langlois, J. H., Kalakanis, L., Rubenstein, A. J., Larson, A., Hallam, M., & Smoot, M. (2000). Maxims or myths of beauty? A meta-analytic and theoretical review. *Psychological Bulletin, 126,* 390–423.

Långström, N., Rahman, Q., Carlström, E., & Lichstenstein, P. (2010). Genetic and environmental effects on same-sex sexual behavior: A population study of twins in Sweden. *Archives of Sexual Behavior, 39,* 75–80.

Langton, S. R. H., Law, A. S., Burton, A. M., & Schweinberger, S. R. (2008). Attention capture by faces. *Cognition, 107,* 330–342.

Lashley, K. S. (1929). *Brain mechanisms and intelligence.* Chicago: University of Chicago Press.

Lashley, K. S. (1950). In search of the engram. In *Physiological mechanisms in animal behavior: Symposium of the Society for Experimental Biology* (pp. 454–482). New York: Academic Press.

Latané, B., & Darley, J. M. (1970). *The unresponsive bystander: Why doesn't he help?* New York: Appleton-Century-Crofts.

Lau, J. Y. F., & Eley, T. C. (2008). Attributional style as a risk marker of genetic effects for adolescent depressive symptoms. *Journal of Abnormal Psychology, 117,* 849–859.

Lawrence, E., Nylen, K., & Cobb, R. J. (2007). Prenatal expectations and marital satisfaction over the transition to parenthood. *Journal of Family Psychology, 21,* 155–164.

Lawyer, S., Resnick, H., Bakanic, V., Burkett, T., & Kilpatrick, D. (2010). Forcible, drug-facilitated, and incapacitated rape and sexual assault among undergraduate women. *Journal of American College Health, 58,* 453–460.

Lay, C. H. (1986). At last my research article on procrastination. *Journal of Research in Personality, 20,* 474–495.

Lazarus, R. S. (1981, July). Little hassles can be hazardous to your health. *Psychology Today,* pp. 58–62.

Lazarus, R. S. (1984a). On the primacy of cognition. *American Psychologist, 39,* 124–129.

Lazarus, R. S. (1984b). Puzzles in the study of daily hassles. *Journal of Behavioral Medicine, 7,* 375–389.

Lazarus, R. S. (1991). Cognition and motivation in emotion. *American Psychologist, 46,* 352–367.

Lazarus, R. S. (1993). From psychological stress to the emotions: A history of changing outlooks. *Annual Review of Psychology, 44,* 1–21.

Lazarus, R. S. (1995). Vexing research problems inherent in cognitive-mediational theories of emotion—and some solutions. *Psychological Inquiry, 6,* 183–196.

Lazarus, R. S., & Folkman, S. (1984). *Stress, appraisal, and coping.* New York: Springer.

Lazarus, R. S., & Lazarus, B. N. (1994). *Passion and reason: Making sense of our emotions.* New York: Oxford University Press.

Lea, V. (2004). Mẽbengokre ritual wailing and flagellation: A performative outlet for emotional self-expression. *Indiana, 21,* 113–125.

Lecci, L., & Myers, B. (2008). Individual differences in attitudes relevant to juror decision making: Development and validation of the Pretrial Juror Attitude Questionnaire (PJAQ). *Journal of Applied Social Psychology, 38,* 2010–2038.

Ledbetter, A. M., Griffin, E., & Sparks, G. S. (2007). Forecasting "friends forever": A longitudinal investigation of sustained closeness between best friends. *Personal Relationships, 14,* 343–350.

Lee, H. S., & Holyoak, K. J. (2008). The role of causal models in analogical inference. *Journal of Experimental Psychology: Learning, Memory, and Cognition, 34,* 1111–1122.

Lee, K. (2011). Impacts of the duration of head start enrollment on children's academic outcomes: Moderation effects of family risk factors and early outcomes. *Journal of Community Psychology, 39,* 698–716.

Lee, M., Zimbardo, P., & Bertholf, M. (1977, November). Shy murderers. *Psychology Today,* pp. 68–70, 76, 148.

Lee, S. A. S., & Davis, B. L. (2010). Segmental distribution patterns of English infant- and adult-directed speech. *Journal of Child Language, 37,* 767–791.

Lee, S.-H., Földy, C., & Soltesz, I. (2010). Distinct endocannabinoid control of GABA release at perisomatic and dendritic synapses in the hippocampus. *The Journal of Neuroscience, 30,* 7993–8000.

Leekam, S. R., Prior, M. R., & Uljarevic, M. (2011). Restricted and repetitive behaviors in autism spectrum disorders: A review of research in the last decade. *Psychological Bulletin, 137,* 562–593.

Leen-Feldner, E. W., Feldner, M. T., Reardon, L. E., Babson, K. A., & Dixon, L. (2008). Anxiety sensitivity and posttraumatic stress among traumatic event-exposed youth. *Behaviour Research and Therapy, 46,* 548–556.

Legate, N., Ryan, R. M., & Weinstein, N. (2012). Is coming out always a "good thing"? Exploring the relations of autonomy support, outness, and wellness for lesbian, gay, and bisexual individuals. *Social Psychological and Personality Science,* in press.

Legrand, D. (2007). Pre-reflective self-as-subject from experiential and empirical perspectives. *Consciousness and Cognition, 16,* 583–599.

Leiter, M. P., & Maslach, C. (2005). *Banishing burnout: Six strategies for improving your relationship with work.* San Francisco: Jossey-Bass.

Lemay, E. P., Jr., Clark, M. S., & Greenberg, A. (2010). What is beautiful is good because what is beautiful is desired: Physical attractiveness stereotyping as projection of personal goals. *Personality and Social Psychology Bulletin, 36,* 339–353.

Lenroot, R. K., & Giedd, J. N. (2010). Sex differences in the adolescent brain. *Brain and Cognition, 72,* 46–55.

Lenroot, R. K., Gogtay, N., Greenstein, D. K., Wells, E. M., Gregory L. Wallace, G. L., Clasen, L. V., Blumenthal, J. D., Lerch, J., Zijdenbos, A. P., Evans, A. C., Thompson, P. M., & Giedda, J. N. (2007). Sexual dimorphism of brain developmental trajectories during childhood and adolescence. *NeuroImage, 36,* 1065–1073.

Lenzenweger, M. F., Lane, M. C., Loranger, A. W., & Kessler, R. C. (2007). *DSM-IV* personality disorders in the National Comorbidity Survey Replication. *Biological Psychiatry, 62,* 553–564.

Lesku, J. A., Bark, R. J., Martinez-Gonzalez, D., Rattenborg, N. C., Amlaner, C. J., & Lima, S. L. (2008). Predator-induced plasticity in sleep architecture in wild-caught Norway rats (*Rattus norvegicus*). *Behavioural Brain Research, 189,* 298–305.

Leucht, S., Barnes, T. R. E., Kissling, W., Engel, R. R., Correll, C., &

Kane, J. M. (2003). Relapse prevention in schizophrenia with new-generation antipsychotics: A systematic review and exploratory meta-analysis of randomized, controlled trials. *American Journal of Psychiatry, 160,* 1209–1222.

Leuner, B., & Gould, E. (2010). Structural plasticity and hippocampal function. *Annual Review of Psychology, 61,* 111–140.

Leung, A. K.-Y., & Chiu, C-Y. (2010). Multicultural experiences, idea receptiveness, and creativity. *Journal of Cross-Cultural Psychology, 41,* 723–741.

Leung, A. K.-Y., & Cohen, D. (2011). Within- and between-culture variation: Individual differences and the cultural logics of honor, face, and dignity cultures. *Journal of Personality and Social Psychology, 100,* 507–526.

Levenson, R. W., Ekman, P., Heider, K., & Friesen, W. V. (1992). Emotion and autonomic nervous system activity in the Minangkabau of West Sumatra. *Journal of Personality and Social Psychology, 62,* 972–988.

Leventhal, A. M., Martin, R. L., Seals, R. W., Tapia, E., & Rehm, L. P. (2007). Investigating the dynamics of affect: Psychological mechanisms of affective habituation to pleasurable stimuli. *Motivation and Emotion, 31,* 145–157.

Leventhal, H. (1980). Toward a comprehensive theory of emotion. In L. Berkowitz (Ed.), *Advances in experimental social psychology* (Vol. 13, pp. 139–207). New York: Academic Press.

Levine, R., Sato, S., Hashimoto, T., & Verma, J. (1995). Love and marriage in eleven cultures. *Journal of Cross-Cultural Psychology, 26,* 544–571.

Lew, A. R. (2011). Looking beyond boundaries: Time to put landmarks back on the cognitive map? *Psychological Bulletin, 137,* 484–507.

Lewin, K. (1936). *Principles of topological psychology.* New York: McGraw-Hill.

Lewis, R. J., Derlega, V. J., Clarke, E. G., & Kuang, J. C. (2006). Stigma consciousness, social constraints, and lesbian well-being. *Journal of Counseling Psychology, 53,* 48–56.

Li, J.-Y., Christophersen, M. S., Hall, V., Soulet, D., & Brundin, P. (2008). Critical issues of clinical human embryonic stem cell therapy for brain repair. *Trends in Neurosciences, 31,* 146–153.

Li, X., Sundquist, J., & Sundquist, K. (2011). Sibling risk of anxiety disorders based on hospitalizations in Sweden. *Psychiatry and Clinical Neurosciences, 65,* 233–238.

Liao, H.-L., Liu, S.-H., Pi, S.-M. (2011). Modeling motivations for blogging: An expectancy theory analysis. *Social Behavior and Personality, 39,* 251–264.

Licata, S. C., & Rowlett, J. K. (2008). Abuse and dependence liability of benzodiazepine-type drugs: $GABA_A$ receptor modulation and beyond. *Pharmacology, Biochemistry and Behavior, 90,* 74–89.

Lietzén, R., Virtanen, P., Kivimäki, M., Sillanmäki, L., Vahtera, J., & Koskenvuo, M. (2011). Stressful life events and the onset of asthma. *European Respiratory Journal, 37,* 1360–1365.

Lilienfeld, S. O., & Lynn, S. J. (2003). Dissociative identity disorder: Multiple personalities, multiple controversies. In S. O. Lilienfeld, S. J. Lynn, & J. M. Lohr (Eds.), *Science and pseudoscience in clinical psychology* (pp. 109–142). New York: Guilford Press.

Lilienfeld, S. O., Wood, J. M., & Garb, H. N. (2001). The scientific status of projective techniques. *Psychological Science in the Public Interest, 1,* 27–66.

Lin, H., Tian, W., Chen, C., Liu, T., Tsai, S., & Lee, H. (2006). The association between readmission rates and length of stay for schizophrenia: A 3-year population based study. *Schizophrenia Research, 83,* 211–214.

Lindau, S. T., Schumm, L. P., Laumann, E. O., Levinson, W., O'Muircheartaigh, C. A., & Waite, L. J. (2007). A study of sexuality and health among older adults in the United States. *The New England Journal of Medicine, 357,* 762–775.

Link, B. G., Struening, E. L., Rahav, M., Phelan, J. C., & Nuttbrock, L. (1997). On stigma and its consequences: Evidence from a longitudinal study of men with dual diagnoses of mental illness and substance abuse. *Journal of Health and Social Behavior, 38,* 177–190.

Linnman, C., Rougemont-Bücking, A., Beucke, J. C., Zeffiro, T. A., & Milad, M. R. (2011). Unconditioned responses and functional fear networks in human classical conditioning. *Behavioural Brain Research, 221,* 237–245.

Lisanby, S. H. (2007). Electroconvulsive therapy for depression. *New England Journal of Medicine, 357,* 1939–1945.

Little, T. D., Jones, S. M., Henrich, C. C., & Hawley, P. H. (2003). Disentangling the "whys" from the "whats" of aggressive behavior. *International Journal of Behavioral Development, 27,* 122–123.

Littlewood, R. A., Venable, P. A., Carey, M. P., & Blair D. C. (2008). The association of benefit finding to psychosocial and health behavior adaptation among HIV+ men and women. *Journal of Behavioral Medicine, 31,* 145–155.

Liu, J. H., & Latané, B. (1998). Extremitization of attitudes: Does thought- and discussion-induced polarization cumulate? *Basic and Applied Social Psychology, 20,* 103–110.

Livesley, W. J., & Lang, K. L. (2005). Differentiating normal, abnormal, and disordered personality. *European Journal of Personality, 19,* 257–268.

Livingston, J. D., & Boyd, J. E. (2010). Correlates and consequences of internalized stigma for people living with mental illness: A systematic review and meta-analysis. *Social Science & Medicine, 71,* 2150–2161.

Lobbestael, J., Arntz, A., & Bernstein, D. P. (2010). Disentangling the relationship between different types of childhood maltreatment and personality disorders. *Journal of Personality Disorders, 24,* 285–295.

Lobo, I. A., & Harris, R. A. (2008). $GABA_A$ receptors and alcohol. *Pharmacology, Biochemistry and Behavior, 90,* 90–94.

LoBue, V., & DeLoache, J. (2008). Detecting the snake in the grass: Attention to fear-relevant stimuli by adults and young children. *Psychological Science, 19,* 284–289.

LoBue, V., Coan, J. A., Thrasher, C., & DeLoache, J. S. (2011). Prefrontal asymmetry and parent-rated temperament in infants. *PLOSone, 6,* e22694.

Locher, P., Frens, J., & Overbeeke, K. (2008). The influence of induced positive affect and design experience on aesthetic responses to new product designs. *Psychology of Aesthetics, Creativity, and the Arts, 2,* 1–7.

Lockhart, R. S., & Craik, F. I. M. (1990). Levels of processing: A retrospective commentary on a framework for memory research. *Canadian Journal of Psychology, 44,* 87–122.

Loftus, E. F. (1979). *Eyewitness testimony.* Cambridge, MA: Harvard University Press.

Loftus, E. F., & Palmer, J. C. (1974). Reconstruction of automobile destruction: An example of the interaction between language and memory. *Journal of Verbal Learning and Verbal Behavior, 13,* 585–589.

Loftus, E. F., Miller, D. G., & Burns, H. J. (1978). Semantic integration of verbal information into a visual memory. *Journal of Experimental Psychology: Human Learning and Memory, 4,* 19–31.

Lohmann, R. I. (2010). How evaluating dreams makes history: Asabano examples. *History & Anthropology, 21,* 227–249.

London, B., Nabet, B., Fisher, A. R., White, B., Sammel, M. D., & Doty, R. L. (2008). Predictors of prognosis in patients with olfactory disturbance. *Annals of Neurology, 63,* 159–166.

Loomis, A. L., Harvey, E. N., & Hobart, G. A. (1937). Cerebral states during sleep as studied by human brain potentials. *Journal of Experimental Psychology, 21,* 127–144.

Lord, C. G., Paulson, R. M., Sia, T. L., Thomas, J. C., & Lepper, M. R. (2004). Houses built on sand: Effects of exemplar stability on susceptibility to attitude change. *Journal of Personality and Social Psychology, 87,* 733–749.

Lourenço, O., & Machado, A. (1996). In defense of Piaget's theory: A reply to 10 common criticisms. *Psychological Review, 103,* 143–164.

Louw, M. E. (2010). Dreaming up futures: Dream omens and magic in Bishkek. *History & Anthropology, 21,* 277–292.

Lovibond, S. H., Adams, M., & Adams, W. G. (1979). The effects of three experimental prison environments on the behavior of nonconflict volunteer subjects. *Australian Psychologist, 14,* 273–285.

Luborsky, L., & Barrett, M. S. (2006). The history and empirical status of key psychoanalytic concepts. *Annual Review of Clinical Psychology, 2,* 1–19.

Lucas, R. E. (2007). Adaptation and the set-point model of subjective well-being: Does happiness change after major life events? *Current Directions in Psychological Science, 16,* 75–79.

Luchins, A. S. (1942). Mechanization in problem solving. *Psychological Monographs, 54* (No. 248).

Luijk, M. P. C. M., Tharner, A., Bakermans-Kranenburg, M. J., van IJzendoorn, M. H., Jaddoe, V. W. V., Hofman, A., Verhulst, F. C., & Tiemeier, H. (2011). The association between parenting and attachment security is moderated by a polymorphism of the mineralocorticoid receptor gene: Evidence for differential susceptibility. *Biological Psychology, 88,* 37–40.

Lumpkin, E. A., & Caterina, M. J. (2007). Mechanisms of sensory transduction in the skin. *Nature, 445,* 858–865.

Lynch, D. J., McGrady, A., Alvarez, E., & Forman, J. (2005). Recent life changes and medical utilization in an academic family practice. *The Journal of Nervous and Mental Disease, 193,* 633–635.

Lynch, W. C., Heil, D. P., Wagner, E., & Havens, M. D. (2008). Body dissatisfaction mediates the association between body mass index and risky weight control behaviors among White and Native American adolescent girls. *Appetite, 51,* 210–213.

Lynn, S. J., & Kirsch, I. (2006). *Essentials of clinical hypnosis: An evidence-based approach.* Washington, DC: American Psychological Association.

Lynn, S. J., Lock, T., Loftus, E. F., Krackow, E., & Lilienfeld, S. O. (2003). The remembrance of things past: Problematic memory recovery techniques in psychotherapy. In S. O. Lilienfeld, S. J. Lynn, & J. M. Lohr (Eds.), *Science and pseudoscience in clinical psychology* (pp. 205–239). New York: Guilford Press.

Lyubomirsky, S., King, L., & Diener, E. (2005). The benefits of frequent positive affect: Does happiness lead to success? *Psychological Bulletin, 131,* 803–855.

Ma, V., & Schoeneman, T. J. (1997). Individualism versus collectivism: A comparison of Kenyan and American self-concepts. *Basic and Applied Social Psychology, 19,* 261–273.

Macaluso, M., Kalia, R., Ali, F., & Khan, A. Y. (2010). The role of benzodiazepines in the treatment of anxiety disorders: A clinical review. *Psychiatric Annals, 40,* 605–610.

Macchi Cassia, V., Turati, C., & Simion, F. (2004). Can a nonspecific bias toward top-heavy patterns explain newborns' face preference? *Psychological Science, 15,* 379–383.

Maccoby, E. E. (2002). Gender and group processes: A developmental perspective. *Current Directions in Psychological Science, 11,* 54–58.

Maccoby, E. E., & Martin, J. A. (1983). Socialization in the context of the family: Parent–child interaction. In E. M. Hetherington (Ed.), *Handbook of child psychology: Vol. 4. Socialization, personality, and social development* (pp. 1–101). New York: Wiley.

MacDonald, G., & Leary, M. R. (2005). Why does social exclusion hurt? The relationship between social and physical pain. *Psychological Bulletin, 131,* 202–223.

Machado, M., & Einarson, T. R. (2010). Comparison of SSRIs and SNRIs in major depressive disorder: A meta-analysis of head-to-head randomized clinical trials. *Journal of Clinical Pharmacy and Therapeutics, 35,* 177–188.

MacKay, D. G., James, L. E., Hadley, C. B., & Fogler, K. A. (2011). Speech errors of amnesic H.M.: Unlike everyday slips-of-the-tongue. *Cortex, 47,* 377–408.

MacKay, D. G., James, L. E., Taylor, J. K., & Marian, D. E. (2007). Amnesic H.M. exhibits parallel deficits and sparing in language and memory: Systems versus binding theory accounts. *Language and Cognitive Processes, 22,* 377–452.

Mackinnon, S. P., Jordan, C. H., & Wilson, A. E. (2011). Birds of a feather sit together: Physical similarity predicts seating choice. *Personality and Social Psychology Bulletin, 37,* 879–892.

Macknik, S. L., King, M., Randi, J., Robbins, A., Teller, Thompson, J., & Martinez-Conde, S. (2008). Attention and awareness in stage magic: Turning tricks into research. *Nature Research Neuroscience,*

Macmillan, M. (2008). Phineas Gage—Unravelling the myth. *Psychologist, 21,* 828–831.

MacSweeney, M., Capek, C. M., Campbell, R., & Woll, B. (2008). The signing brain: The neurobiology of sign language. *Trends in Cognitive Sciences, 12,* 432–440.

Maddux, W. W., Mullen, E., & Galinsky, A. D. (2008). Chameleons bake bigger pies and take bigger pieces: Strategic behavioral mimicry facilitates negotiation outcomes. *Journal of Experimental Social Psychology, 44,* 461–468.

Maddux, W. W., Yang, H., Falk, C., Adam, H., Adair, W., Endo, Y., Carmon, Z., & Heine, S. J. (2010). For whom is parting with possessions more painful? Cultural differences in the endowment effect. *Psychological Science, 21,* 1910–1917.

Madon, S., Guyll, M., Buller, A. A., Scherr, K. C., Willard, J., & Spoth, R. (2008). The mediation of mothers' self-fulfilling effects on their children's alcohol use: Self-verification, informational conformity, and modeling processes. *Journal of Personality and Social Psychology, 95,* 369–384.

Madsen, E. A., Tunney, R. J., Gieldman, G., Plotkin, H. C., Dunbar, R. I. M., Richardson, J.-M., & McFarland, D. (2007). Kinship and altruism: A cross-cultural experimental study. *British Journal of Psychology, 98,* 339–359.

Maguen, S., Floyd, F. J., Bakeman, R., & Armistead, L. (2002). Developmental milestones and disclosure of sexual orientation among gay, lesbian, and bisexual youths. *Applied Developmental Psychology, 23,* 219–233.

Mahon, B. Z., & Caramazza, A. (2011). What drives the organization of object knowledge in the brain? *Trends in Cognitive Sciences, 15,* 97–103.

Maier, N. R. F. (1931). Reasoning in humans: II. The solution of a problem and its appearance in consciousness. *Journal of Comparative Psychology, 12,* 181–194.

Maier, S. F., & Seligman, M. E. P. (1976). Learned helplessness: Theory and evidence. *Journal of Experimental Psychology, 105,* 3–46.

Mailis-Gagnon, A., & Nicholson, K. (2011). On the nature of nondermatomal somatosensory deficits. *The Clinical Journal of Pain, 27,* 76–84.

Ma-Kellams, C., & Blascovich, J. (2011). Culturally divergent responses to mortality salience. *Psychological Science, 22,* 1019–1024.

Male, L. H., & Smulders, T. V. (2007). Memory for food caches: Not just retrieval. *Behavioral Ecology, 18,* 456–459.

Malinowski, B. (1927). *Sex and repression in savage society.* London: Routledge & Kegan Paul.

Manber, R., Kraemer, H. C., Arnow, B. A., Trivedi, M. H., Rush, A. J., Thase, M. E., Rothbaum, B. O., Klein, D. N., Kocsis, J. H., Gelenberg, A. J., & Keller, M. E. (2008). Faster remission of chronic depression with combined psychotherapy and medication than with each therapy alone. *Journal of Consulting and Clinical Psychology, 76,* 459–467.

Mandel, D. R., Jusczyk, P. W., & Pisoni, D. B. (1995). Infants' recognition of the sound patterns of their own names. *Psychological Science, 5,* 314–317.

Manning, R., Levine, M., & Collins, A. (2007). The Kitty Genovese murder and the social psychology of helping: The parable of the 38 witnesses. *American Psychologist, 62,* 555–562.

Mannino, C. A., Snyder, M., & Omoto, A. M. (2011). Why do people get involved? Motivations for volunteerism and other forms of social action. In D. Dunning (Ed.), *Social motivation* (pp. 127–146). New York:

Psychology Press.

Manoussaki, D., Chadwick, R. S., Ketten, D. R., Arruda, J., Dimitriadis, E. K., & O'Malley, J. T. (2008). *Proceedings of the National Academy of Sciences, 105,* 6162–6166.

Manuck, S. B., Flory, J. D., Muldoon, M. F., & Ferrell, R. E. (2002). Central nervous system serotonergic responsivity and aggressive disposition in men. *Physiology & Behavior, 77,* 705–709.

Marcia, J. E. (1966). Development and validation of ego-identity status. *Journal of Personality and Social Psychology, 3,* 551–558.

Marcia, J. E. (1980). Identity in adolescence. In J. Adelson (Ed.), *Handbook of adolescent psychology* (pp. 159–187). New York: Wiley.

Marcus, A. D. (1990, December 3). Mists of memory cloud some legal proceedings. *Wall Street Journal,* p. B1.

Mares, M. L., & Woodard, E. (2005). Positive effects of television on children's social interactions: A meta-analysis. *Media Psychology, 7,* 301–322.

Mark, T. L., Levit, K. R., Buck, J. A., Coffey, R. M., & Vandivort-Warren, R. (2007). Mental health treatment expenditure trends, 1986–2003. *Psychiatric Services, 58,* 1041–1048.

Markman, K. D., Lindberg, M. J., Kray, L. J., & Galinsky, A. D. (2007). Implications of counterfactual structure for creative generation and analytic problem solving. *Personality and Social Psychology Bulletin, 33,* 312–324.

Markou, A. (2007). Metabotropic glutamate receptor antagonists: Novel therapeutics for nicotine dependence and depression? *Biological Psychiatry, 61,* 17–22.

Markus, H. R., & Kitayama, S. (1991). Culture and the self: Implications for cognition, emotion, and motivation. *Psychological Review, 98,* 224–253.

Markus, H. R., Mullally, P. R., & Kitayama, S. (1997). Selfways: Diversity in modes of cultural participation. In U. Neisser & D. A. Jopling (Eds.), *The conceptual self in context* (pp. 13–61). Cambridge, UK: Cambridge University Press.

Markus, H. R., Uchida, Y., Omoregie, H., Townsend, S. S. M. & Kitayama, S. (2006). Going for the gold: Models of agency in Japanese and American contexts. *Psychological Science, 17,* 103–112.

Marshal, M. P., Dietz, L. J., Friedman, M. S., Stall, R., Smith, H. A., McGinley, J., Thoma, B., Murray, P. J., D'Augelli, A. R., & Brent, D. A. (2011). Suicidality and depression disparities between sexual minority and heterosexual youth: A meta-analytic review. *Journal of Adolescent Health, 49,* 115–123.

Marshall, G. D., & Zimbardo, P. G. (1979). Affective consequences of inadequately explained physiological arousal. *Journal of Personality and Social Psychology, 37,* 970–988.

Martin, C. L., & Ruble, D. N. (2010). Patterns of gender development. *Annual Review of Psychology, 61,* 353–381.

Martin, L. T., Burns, R. M., & Schonlau, M. (2010). Mental disorders among gifted and nongifted youth. A selected review of the epidemiologic literature. *Gifted Child Quarterly, 54,* 31–41.

Martínez-Taboas, A., Canino, G., Wang, M. Q., Garcías, P., & Bravo, M. (2006). Prevalence of victimization correlates of pathological dissociation in a community sample of youths. *Journal of Traumatic Stress, 19,* 439–448.

Martin-Fardon, R., Lorentz, C. U., Stuempfig, N. D., & Weiss, F. (2005). Priming with BTCP, a dopamine reuptake blocker, reinstates cocaine-seeking and enhances cocaine cue-induced reinstatement. *Pharmacology, Biochemistry, and Behavior, 92,* 46–54.

Maslach, C. (1979). Negative emotional biasing of unexplained arousal. *Journal of Personality and Social Psychology, 37,* 953–969.

Maslach, C., & Leiter, M. (2008). Early predictors of job burnout and engagement. *Journal of Applied Psychology, 93,* 498–512.

Maslow, A. H. (1968). *Toward a psychology of being* (2nd ed.). Princeton, NJ: Van Nostrand.

Maslow, A. H. (1970). *Motivation and personality* (rev. ed.). New York: Harper & Row.

Mason, L. E. (1997, August 4). Divided she stands. *New York,* pp. 42–49.

Mason, R. A., & Just, M. A. (2007). Lexical ambiguity in sentence comprehension. *Brain Research, 1146,* 115–127.

Mason, T. B. A. II, & Pack, A. I. (2007). Pediatric parasomnias. *Sleep, 30,* 141–151.

Masten, A. S. (2011). Resilience in children threatened by extreme adversity: Frameworks for research, practice, and translational synergy. *Development and Psychopathology, 23,* 493–506.

Masters, W. H., & Johnson, V. E. (1966). *Human sexual response.* Boston: Little, Brown.

Masters, W. H., & Johnson, V. E. (1970). *Human sexual inadequacy.* Boston: Little, Brown.

Masters, W. H., & Johnson, V. E. (1979). *Homosexuality in perspective.* Boston: Little, Brown.

Mather, M., & Sutherland, M. R. (2011). Arousal-based competition in perception and memory. *Perspectives on Psychological Science, 6,* 114–133.

Matson, J. L., & Boisjoli, J. A. (2009). The token economy for children with intellectual disability and/or autism: A review. *Research in Developmental Disabilities, 30,* 240–248.

Maxwell, J. C. (2005). Party drugs: Properties, prevalence, patterns, and problems. *Substance Abuse & Misuse, 40,* 1203–1240.

Maxwell, J. S., & Davidson, R. J. (2007). Emotion as motion: Asymmetries in approach and avoidant actions. *Psychological Science, 18,* 1113–1119.

May, R. (1975). *The courage to create.* New York: Norton.

Mayer, J. D., Roberts, R. D., & Barsade, S. G. (2008a). Human abilities: Emotional intelligence. *Annual Review of Psychology, 59,* 507–536.

Mayer, J. D., Salovey, P., & Caruso, D. R. (2008b). Emotional intelligence: New ability or eclectic traits. *American Psychologist, 63,* 503–517.

Maynard, A. E. (2008). What we thought we knew and how we came to know it: Four decades of cross-cultural research from a Piagetian point of view. *Human Development, 51,* 56–65.

McAdams, D. P. (1988). Biography, narrative, and lives: An introduction. *Journal of Personality, 56,* 1–18.

McAdams, D. P., & Olson, B. D. (2010). Personality development: Continuity and change over the life course. *Annual Review of Psychology, 61,* 517–542.

McAdams, D. P., Bauer, J. J., Sakaeda, A. R., Anyidoho, N. A., Machado, M. A., Magrino-Failla, K., White, K. W., & Pals, J. L. (2006). Continuity and change in the life story: A longitudinal study of autobiographical memories in emerging adulthood. *Journal of Personality, 74,* 1371–1400.

McAllister, H. A. (1996). Self-serving bias in the classroom: Who shows it? Who knows it? *Journal of Educational Psychology, 88,* 123–131.

McCabe, C., & Rolls, E. T. (2007). Umami: A delicious flavor formed by convergence of taste and olfactory pathways in the human brain. *European Journal of Neuroscience, 25,* 1855–1864.

McClelland, D. C. (1961). *The achieving society.* Princeton, NJ: Van Nostrand.

McClelland, D. C. (1971). *Motivational trends in society.* Morristown, NJ: General Learning Press.

McClelland, D. C., Atkinson, J. W., Clark, R. A., & Lowell, E. L. (1953). *The achievement motive.* New York: Appleton-Century-Crofts.

McClelland, D. C., Atkinson, J. W., Clark, R. A., & Lowell, E. L. (1976). *The achievement motive* (2nd ed.). New York: Irvington.

McCrae, R. R., & Costa, P. T., Jr. (2008). The five-factor theory of personality. In O. P. John, R. W. Robins, & L. A. Pervin (Eds.), *The handbook of personality: Theory and research* (3rd ed., 159–181). New York: Guilford Press.

McCrae, R. R., Costa, P. T. Jr., & Martin, T. A. (2005). The NEO-PI-3: A more readable revised NEO Personality Inventory. *Journal of Personality Assessment, 84,* 261–270.

McCrae, R. R., Costa, P. T. Jr., Martin, T. A., Oryol, V. E., Rukavishnikov,

A. A., Senin, I. G., Hřebíčková, M., & Urbánek, T. (2004). Consensual validation of personality traits across cultures. *Journal of Research in Personality, 38,* 179–201.

McCrae, R. R., Kurtz, J. E., Yamagata, S., & Terracciano, A. (2011). Internal consistency, retest reliability, and their implications for personality scale validity. *Personality and Social Psychology Review, 15,* 28–50.

McCrae, R. R., Scally, M., Terracciano, A., Abecasis, G. R., & Costa, P. T., Jr. (2010). An alternative to the search for single polymorphisms: Toward molecular personality scales for the five-factor model. *Journal of Personality and Social Psychology, 99,* 1014–1024.

McCrae, S. M., & Hirt, E. R. (2001). The role of ability judgments in self-handicapping. *Personality & Social Psychology Bulletin, 27,* 1378–1389.

McCrae, S. M., Hirt, E. R., & Milner, B. J. (2008). She works hard for the money: Valuing effort underlies gender differences in behavioral self-handicapping. *Journal of Experimental Social Psychology, 44,* 292–311.

McDaniel, M. A., Agarwal, P. K., Huelser, B. J., McDermott, K. B., & Roediger, H. L., III. (2011). Test-enhanced learning in a middle school science classroom: The effects of quiz frequency and placement. *Journal of Educational Psychology, 103,* 399–414.

McGlone, F., & Reilly, D. (2010). The cutaneous sensory system. *Neuroscience and Biobehavioral Reviews, 34,* 148–159.

McGovern, K., & Baars, B. J. (2007). Cognitive theories of consciousness. In P. D. Zelazo, M. Moscovitch, & E. Thompson (Eds.), *The Cambridge handbook of consciousness* (pp. 177–205). New York: Cambridge University Press.

McGrath, M. P., & Zook, J. M. (2011). Maternal control of girls versus boys: Relations to empathy and persuasive style with peers. *Journal of Child and Family Studies, 20,* 57–65.

McGregor, H. A., & Elliot, A. J. (2002). Achievement goals as predictors of achievement-relevant processes prior to task engagement. *Journal of Educational Psychology, 94,* 381–395.

McGue, M., Elkins, I., Walden, B., & Iacono, W. G. (2005). Perceptions of the parent-adolescent relationship: A longitudinal investigation. *Developmental Psychology, 41,* 971–984.

McHale, S. M., Crouter, A. C., & Whiteman, S. D. (2003). The family contexts of gender development in childhood and adolescence. *Social Development, 12,* 125–148.

McLeod, B. D., Wood, J. J., & Avny, S. B. (2011). Parenting and child anxiety disorders. In D. McKay & E. A. Storch (Eds.), *Handbook of child and adolescent anxiety disorders* (pp. 213–228). New York: Springer.

McLeskey, J., Landers, E., Williamson, P., & Hoppey, D. (2011). Are we moving toward educating students with disabilities in less restrictive settings? *Journal of Special Education, 26,* 60–66.

McNamara, D. S., & Magliano, J. (2009). Toward a comprehensive model of comprehension. In B. H. Ross (Ed.), *The psychology of learning and motivation* (Vol. 51, pp. 298–384). Burlington, MA: Academic Press.

McNeil, B. J., Pauker, S. G., Sox, H. C., Jr., & Tversky, A. (1982). On the elicitation of preferences for alternative therapies. *New England Journal of Medicine, 306,* 1259–1262.

McRae, K., Hughes, B., Chopra, S., Gabrieli, J. D. E., Gross, J. J., & Ochsner, K. N. (2010). The neural bases of distraction and reappraisal. *Journal of Cognitive Neuroscience, 22,* 248–262.

Mead, M. (1928). *Coming of age in Samoa.* New York: Morrow.

Mead, M. (1939). *From the South Seas: Studies of adolescence and sex in primitive societies.* New York: Morrow.

Meador, B. D., & Rogers, C. R. (1979). Person-centered therapy. In R. J. Corsini (Ed.), *Current psychotherapies* (2nd ed., pp. 131–184). Itasca, IL: Peacock.

Meeus, W. (2011). The study of adolescent identity formation 2000-2010: A review of longitudinal research. *Journal of Research on Adolescence, 21,* 75–94.

Meichenbaum, D. (1977). *Cognitive-behavior modification: An integrative approach.* New York: Plenum.

Meichenbaum, D. (1985). *Stress inoculation training.* New York: Pergamon Press.

Meichenbaum, D. (1993). Changing conceptions of cognitive behavior modification: Retrospect and prospect. *Journal of Consulting and Clinical Psychology, 61,* 202–204.

Meineri, S., & Guéguen, N. (2011). "I hope I'm not disturbing you, am I?" Another operationalization of the foot-in-the-mouth paradigm. *Journal of Applied Social Psychology, 41,* 965–975.

Melzack, R. (1973). *The puzzle of pain.* New York: Basic Books.

Melzack, R. (1980). Psychological aspects of pain. In J. J. Bonica (Ed.), *Pain.* New York: Raven Press.

Melzack, R. (2005). Evolution of the neuromatrix theory of pain. *Pain Practice, 5,* 85–94.

Mendelson, J. R., & Rajan, R. (2011). Cortical effects of aging and hearing loss. In J. A. Winer & C. E. Schreiner (Eds.), *The auditory cortex* (pp. 493–501). New York: Springer.

Menzel, R., Kirbach, A., Haass, W.-D., Fischer, B., Fuchs, J., Koblofsky, M., Lehmann, K., Reiter, L., Meyer, H., Nguyen, H., Jones, S., Norton, P., & Greggers, U. (2011). A common frame of reference for learned and communicated vectors in honeybee navigation. *Current Biology, 21,* 645–650.

Mercadillo, R. E., Díaz, J. L., Pasaye, E. H., & Barrios, F. A. (2011). Perception of suffering and compassion experience: Brain gender disparities. *Brain and Cognition, 76,* 5–14.

Mercer, S. (2012). Dispelling the myth of the natural-born linguist. *ELT Journal, 66,* 22–29.

Merton, R. K. (1957). *Social theory and social structures.* New York: The Free Press.

Mesquita, B., & Leu, J. (2007). The cultural psychology of emotion. In S. Kitayama & D. Cohen (Eds.), *Handbook of cultural psychology* (pp. 734–759). New York: Guilford Press.

Metcalfe, J. (2009). Metacognitive judgments and control of study. *Current Directions in Psychological Science, 18,* 159–163.

Meyer, R. G. (2003). *Case studies in abnormal behavior* (6th ed.). Boston: Allyn & Bacon.

Meyers, S. A., & Berscheid, E. (1997). The language of love: The difference a preposition makes. *Personality and Social Psychology Bulletin, 23,* 347–362.

Michalski, R. L., & Shackelford, T. K. (2010). Evolutionary personality psychology: Reconciling human nature and individual differences. *Personality and Individual Differences, 48,* 509–516.

Miklowitz, D. J., & Tompson, M. C. (2003). Family variables and interventions in schizophrenia. In G. P. Sholevar & L. D. Schwoeri (Eds.), *Textbook of family and couples therapy: Clinical applications* (pp. 585–617). Washington, DC: American Psychiatric Publishing.

Mikulincer, M., Florian, V., Cowan, P. A., & Cowan, C. P. (2002). Attachment security in couple relationships: A systematic model and its implications for family dynamics. *Family Process, 41,* 405–434.

Milar, K. S. (2000). The first generation of women psychologists and the psychology of women. *American Psychologist, 55,* 616–619.

Milgram, S. (1965). Some conditions of obedience and disobedience to authority. *Human Relations, 18,* 56–76.

Milgram, S. (1974). Obedience to authority. New York: Harper & Row.

Miller, G. A. (1956). The magic number seven plus or minus two: Some limits in our capacity for processing information. *Psychological Review, 63,* 81–97.

Miller, G. A. (1969). Psychology as a means of promoting human welfare. *American Psychologist, 24,* 1063–1075.

Miller, J. G. (1984). Culture and the development of everyday social explanation. *Journal of Personality and Social Psychology, 46,* 961–978.

Miller, J. G., Bersoff, D. M., & Harwood, R. L. (1990). Perceptions of social responsibilities in India and in the United States: Moral imperatives or personal decisions? *Journal of Personality and Social Psychology, 58,* 33–47.

Miller, K. A., Fisher, P. A., Fetrow, B., & Jordan, K. (2006). Trouble on the journey home: Reunification failures in foster care. *Children and Youth Services Review, 28,* 260–274.

Miller, M. A., & Rahe, R. H. (1997). Life changes scaling for the 1990s. *Journal of Psychosomatic Research, 43,* 279–292.

Miller, N. E. (1978). Biofeedback and visceral learning. *Annual Review of Psychology, 29,* 373–404.

Miller, S. L., & Maner, J. K. (2011). Ovulation as a male mating prime: Subtle signs of women's fertility influence men's mating cognition and behavior. *Journal of Personality and Social Psychology, 100,* 295–308.

Miniño, A. M., Xu, J., & Kochanek, K. D. (2010). Deaths: Preliminary data for 2008. *National Vital Statistics Reports, 59,* 1–52.

Mischel, W. (1968). *Personality and assessment.* New York: Wiley.

Mischel, W. (1973). Toward a cognitive social learning reconceptualization of personality. *Psychological Review, 80,* 252–283.

Mischel, W. (2004). Toward an integrative science of the person. *Annual Review of Psychology, 55,* 1–22.

Mischel, W., & Shoda, Y. (1995). A cognitive-affective system theory of personality: Reconceptualizing situations, dispositions, dynamics, and invariance in personality structure. *Psychological Review, 102,* 246–268.

Mischel, W., & Shoda, Y. (1999). Integrating dispositions and processing dynamics within a unified theory of personality: The cognitive-affective personality system. In L. A. Pervin & O. P. John (Eds.), *Handbook of personality: Theory and research* (2nd ed., pp. 197–218). New York: Guilford Press.

Mishra, J., & Backlin, W. (2007). The effects of altering environmental and instrumental context on the performance of memorized music. *Psychology of Music, 35,* 1–20.

Mitchell, K. J., & Johnson, M. K. (2009). Source monitoring 15 years later: What have we learned from fMRI about the neural mechanisms of source memory? *Psychological Bulletin, 135,* 638–677.

Miyashita, T., Kubik, S., Lewandowski, G., & Guzowski, J. F. (2008). Networks of neurons, networks of genes: An integrated view of memory consolidation. *Neurobiology of Learning and Memory, 89,* 269–284.

Modirrousta, M., & Fellows, L. K. (2008). Medial prefrontal cortex plays a critical and selective role in "feeling of knowing" meta-memory judgments. *Neuropsychologia, 46,* 2958–2965.

Mogil, J. S., Davis, K. D., & Derbyshire, S. W. (2010). The necessity of animal models in pain research. *Pain, 151,* 12–17.

Mohamed, F. B., Faro, S. H., Gordon, N. J., Platek, S. M., Ahmad, H., & Williams, J. M. (2006). Brain mapping of deception and truth telling about an ecologically valid situation: Functional MR imaging and polygraph investigation—initial experience. *Radiology, 238,* 679–688.

Möller, J.-J., Baldwin, D. S., Goodwin, G., Kasper, S., Okasha, A., Stein, D. J., Tandon, R., Versiani, M., & the WPA section on Pharmacopsychiatry. (2008). Do SSRIs or antidepressants in general increase suicidality? WPA Section on Pharmacopsychiatry: Consensus statement. *European Archives of Psychiatry and Clinical Neuroscience, 258* (Suppl. 3), 3–23.

Moncrieff, R. W. (1951). *The chemical senses.* London: Leonard Hill.

Montanari, S. (2010). Translation equivalents and the emergence of multiple lexicons in early trilingual development. *First Language, 30,* 102–125.

Montoya, R. M., & Insko, C. A. (2008). Toward a more complete understanding of the reciprocity of liking effect. *European Journal of Social Psychology, 38,* 477–498.

Morawska, A., & Sanders, M. (2011). Parental use of time out revisited: A useful or harmful parenting strategy. *Journal of Child and Family Studies, 20,* 1–8.

Morgado-Bernal, I. (2011). Learning and memory consolidation: Linking molecular and behavioral data. *Neuroscience, 176,* 12–19.

Morgan, A. H., Hilgard, E. R., & Davert, E. C. (1970). The heritability of hypnotic susceptibility of twins: A preliminary report. *Behavior Genetics, 1,* 213–224.

Moriarty, T. (1975). Crime, commitment and the responsive bystander: Two field experiments. *Journal of Personality and Social Psychology, 31,* 370–376.

Morin, S. F., & Rothblum, E. D. (1991). Removing the stigma: Fifteen years of progress. *American Psychologist, 46,* 947–949.

Morling, B., & Lamoreaux, M. (2008). Measuring culture outside the head: A meta-analysis of individualism-collectivism in cultural products. *Personality and Social Psychology Review, 12,* 199–221.

Morris, J. A., Jordan, C. L., & Breedlove, S. M. (2004). Sexual differentiation of the vertebrate nervous system. *Nature Neuroscience, 7,* 1034–1039.

Morris, T., Moore, M., & Morris, F. (2011). Stress and chronic illness: The case of diabetes. *Journal of Adult Development, 18,* 70–80.

Morry, M. M. (2007). The attraction-similarity hypothesis among cross-sex friends: Relationship satisfaction, perceived similarities, and self-serving perceptions. *Journal of Social and Personal Relationships, 24,* 117–138.

Moscovici, S. (1976). *Social influence and social change.* New York: Academic Press.

Moscovici, S. (1980). Toward a theory of conversion behavior. In L. Berkowitz (Ed.), *Advances in experimental social psychology* (Vol. 13, pp. 209–239). New York: Academic Press.

Moscovici, S. (1985). Social influence and conformity. In G. Lindzey & E. Aronson (Eds.), *The handbook of social psychology* (3rd ed., pp. 347–412). New York: Random House.

Moscovici, S., & Faucheux, C. (1972). Social influence, conformity bias, and the study of active minorities. In L. Berkowitz (Ed.), *Advances in experimental social psychology* (Vol. 6). New York: Academic Press.

Moskowitz, G. B. (2004). *Social cognition: Understanding self and others.* New York: Guilford Press.

Motherwell, L., & Shay, J. J. (2005). (Eds.). *Complex dilemmas in group therapy.* New York: Brunner-Routledge.

Moulson, M. C., Fox, N. A., Zeanah, C. H., & Nelson, C. A. (2009). Early adverse experiences and the neurobiology of facial emotion processing. *Developmental Psychology, 45,* 17–30.

Moulton, E. A., Schmahmann, J. D., Becerra, L., & Borsook, D. (2010). The cerebellum and pain: Passive integrator or active participator? *Brain Research Reviews, 65,* 14–27.

Mueller, A., Mueller, U., Silbermann, A., Reinecker, H., Bleich, S., Mitchell, J. E., & de Zwaan, M. (2008). A randomized, controlled trial of group cognitive-behavioral therapy for compulsive buying disorder: Posttreatment and 6-month follow-up results. *Journal of Clinical Psychiatry, 69,* 1131–1138.

Mulvaney, M. K., & Mebert, C. J. (2007). Parental corporal punishment predicts behavior problems in early childhood. *Journal of Family Psychology, 21,* 389–397.

Munafò, M. R., & Flint, J. (2011). Dissecting the genetic architecture of human personality. *Trends in Cognitive Sciences, 15,* 395–400.

Munafò, M. R., & Johnstone, E. C. (2008). Genes and cigarette smoking. *Addiction, 103,* 893–904.

Murayama, K., Elliot, A. J., & Yamagata, S. (2011). Separation of performance-approach and performance-avoidance achievement goals: A broader analysis. *Journal of Educational Psychology, 103,* 238–256.

Murdoch, B. E. (2010). The cerebellum and language: Historical perspective and review. *Cortex, 46,* 858–868.

Murphy, G. L. (2002). *The big book of concepts.* Cambridge, MA: MIT Press.

Murphy, K. J., Troyer, A. K., Levine, B., & Moscovitch, M. (2008). Episodic, but not semantic, autobiographical memory is reduced in amnestic mild cognitive impairment. *Neuropsychologia, 46,* 3116–3123.

Murty, V. P., Ritchey, M., Adcock, R. A., & LaBar, K. S. (2011). Reprint of: fMRI studies of successful emotional memory encoding: A quantitative meta-analysis. *Neuropsychologia, 49,* 695–705.

Musewicz, J., Marczyk, G., Knauss, L., & York, D. (2009). Current assessment practice, personality measurement, and Rorschach usage by psychologists. *Journal of Personality Assessment, 91,* 453–461.

Mussweiler, T., & Bodenhausen, G. V. (2002). I know you are, but what am I? Self-evaluative consequences of judging in-group and out-group members. *Journal of Personality and Social Psychology, 82,* 19–32.

Myers, K. M., Carlezon, W. A., Jr., & Davis, M. (2011). Glutamate receptors in extinction and extinction-based therapies for psychiatric illness. *Neuropsychopharmacology, 36,* 274–293.

Nadel, L., & Hardt, O. (2011). Update on memory systems and processes. *Neuropsychopharmacology, 36,* 251–273.

Narayan, V. M., Narr, K. L., Phillips, O. R., Thompson, P. M. Toga, A. W., Szeszko, P. R. (2008). Greater regional cortical gray matter thickness in obsessive-compulsive disorder. *NeuroReport, 19,* 1551–1555.

Nash, J. R., Sargent, P. A., Rabiner, E. A., Hood, S. D., Argyropoulos, S. V., Potokar, J. P., Grasby, P. M., & Nutt, D. J. (2008). Serotonin 5-HT$_{1A}$ receptor binding in people with panic disorder: Positron emission tomography study. *The British Journal of Psychiatry, 193,* 229–234.

National Science Foundation, Division of Science Resources Statistics. (2010). *Doctorate Recipients from U.S. Universities: 2009. Special Report NSF 11-306. Arlington, VA. Available at http://www.nsf.gov/statistics/nsf11306/.*

Neath, I., & Crowder, R. G. (1990). Schedules of presentation and temporal distinctiveness in human memory. *Journal of Experimental Psychology: Learning, Memory, and Cognition, 16,* 316–327.

Neath, I., & Surprenant, A. M. (2003). *Human memory: An introduction to research, data, and theory* (2nd ed.). Belmont, CA: Wadsworth.

Neath, I., Brown, G. D. A., McCormack, T., Chater, N., & Freeman, R. (2006). Distinctiveness models of memory and absolute identification: Evidence for local, not global, effects. *Quarterly Journal of Experimental Psychology, 59,* 121–135.

Neider, M., Pace-Schott, E. F., Forselius, E., Pittman, B., & Morgan, P. T. (2011). Lucid dreaming and ventromedial versus dorsolateral prefrontal task performance. *Consciousness and Cognition, 20,* 234–244.

Neiss, M. B., Sedikides, C., & Stevenson, J. (2006). Genetic influences on level and stability of self-esteem. *Self and Identity, 5,* 247–266.

Neisser, U. (1967). *Cognitive psychology.* New York: Appleton-Century-Crofts.

Neitz, J., & Neitz, M. (2011). The genetics of normal and defective color vision. *Vision Research, 51,* 633–651.

Nelson, D. A., Mitchell, C., & Yang, C. (2008). Intent attributions and aggression: A study of children and their parents. *Journal of Abnormal Child Psychology, 36,* 793–806.

Nelson, T. D. (2006). *The psychology of prejudice* (2nd ed.). Boston: Allyn & Bacon.

Nes, R. B., Røysamb, E., Tambs, K., Harris, J. R., & Reichborn-Kjennerud, T. (2006). Subjective well-being: Genetic and environmental contributions to stability and change. *Psychological Medicine,* 36, 1033–1042.

Nettelbeck, T., & Wilson, C. (2005). Intelligence and IQ: What teachers should know. *Educational Psychology, 25,* 609–630.

Nettle, D. (2006). The evolution of personality variation in humans and other animals. *American Psychologist, 61,* 622–631.

Neubauer, A. C., & Fink, A. (2009). Intelligence and neural efficiency. *Neuroscience and Biobehavioral Reviews, 33,* 1004–1023.

Névéus, T., Cnattingius, S., Olsson, U., & Hetta, J. (2001). Sleep habits and sleep problems among a community sample of schoolchildren. *Acta Paediatr, 90,* 1450–1455.

Newcomb, T. M. (1929). *The consistency of certain extrovert-introvert behavior traits in 50 problem boys* (Contributions to Education, No. 382). New York: Columbia University Press.

Newell, A., & Simon, H. A. (1972). *Human problem solving.* Englewood Cliffs, NJ: Prentice Hall.

Newman, D. A., & Lyon, J. S. (2009). Recruitment efforts to reduce adverse impact: Targeted recruiting for personality, cognitive ability, and diversity. *Journal of Applied Psychology, 94,* 298–317.

Newman, G. E., Keil, F. C., Kuhlmeier, V. A., & Wynn, K. (2010). Early understandings of the link between agents and order. *PNAS, 107,* 17140–17145.

Niaura, R., Todaro, J. F., Stroud, L., Spiro, A., III, Ward, K. D., & Weiss, S. (2002). Hostility, the metabolic syndrome, and incident coronary heart disease. *Health Psychology, 21,* 588–593.

Niccols, A. (2007). Fetal alcohol syndrome and the developing socio-emotional brain. *Brain and Cognition, 65,* 135–142.

NICHD Early Child Care Research Network. (1997). The effects of infant child care on infant-mother attachment security: Results of the NICHD Study of Early Child Care. *Child Development, 68,* 860–879.

NICHD Early Child Care Research Network. (2006). Infant-mother attachment classification: Risk and protection in relation to changing maternal caregiving quality. *Developmental Psychology, 42,* 38–58.

Nielsen, B. D., Pickett, C. L., & Simonton, D. K. (2008). Conceptual versus experimental creativity: Which works best on convergent and divergent thinking tasks? *Psychology of Aesthetics, Creativity, and the Arts, 2,* 131–138.

Nielsen, S. F., Hjorthøj, C. R., Erlangsen, A., & Nordentoft, M. (2011). Psychiatric disorders and mortality among people in homeless shelters in Denmark: A nationwide register-based cohort study. *Lancet, 377,* 2205–2214.

Nielsen, T. A., & Stenstrom, P. (2005). What are the memory sources of dreaming? *Nature, 437,* 1286–1289.

Nigg, C. R., Borrelli, B., Maddock, J., & Dishman, R. K. (2008). A theory of physical activity maintenance. *Applied Psychology: An International Review, 57,* 544–560.

Nir, Y., & Tononi, G. (2010). Dreaming and the brain: From phenomenology to neurophysiology. *Trends in Cognitive Sciences, 14,* 88–100.

Nock, M. K., Borges, G., Bromet, E. J., Cha, C. B., Kessler, R. C., & Lee, S. (2008). Suicide and suicidal behavior. *Epidemiologic Reviews, 30,* 133–154.

Nooteboom, S., & Quené, H. (2008). Self-monitoring and feedback: A new attempt to find the main cause of lexical bias in phonological speech errors. *Journal of Memory and Language, 58,* 837–861.

Norcross, J. C., Karpiak, C. P., & Lister, K. M. (2005). What's an integrationist? A study of self-identified and (occasionally) eclectic psychologists. *Journal of Clinical Psychology, 61,* 1587–1594.

Norman, G. J., Velicer, W. F., Fava, J. L., & Prochaska, J. O. (1998). Dynamic topology clustering within the stages of change for smoking cessation. *Addictive Behaviors, 23,* 139–153.

Norman, G. J., Velicer, W. F., Fava, J. L., & Prochaska, J. O. (2000). Cluster subtypes within stage of change in a representative sample of smokers. *Addictive Behaviors, 25,* 183–204.

Norman, W. T. (1963). Toward an adequate taxonomy of personality attributes: Replicated factor structure in peer nomination personality ratings. *Journal of Abnormal and Social Psychology, 66,* 574–583.

Norman, W. T. (1967). *2,800 personality trait descriptors: Normative operating characteristics for a university population* (Research Rep. No. 083101-T). Ann Arbor: University of Michigan Press.

Nosko, A., T., T.-T., Lawford, H., & Pratt, M. W. (2011). How do I love thee? Let me count the ways: Parenting during adolescence, attachment styles, and romantic narratives in emerging adulthood. *Developmental Psychologyi, 47,* 645–657.

Nosofsky, R. M. (2011). The generalized context model: An exemplar model of classification. In E. M. Pothos & A. J. Wills (Eds.), *Formal approaches in categorization* (pp. 18–39). New York: Cambridge University Press.

Novick, L. R., & Bassok, M. (2005). Problem solving. In K. J. Holyoak &

R. G. Morrison (Eds.), *Cambridge handbook of thinking and reasoning* (pp. 321–349). New York: Cambridge University Press.

Nowak, M. A., & Sigmund, K. (2005). Evolution of indirect reciprocity. *Nature, 437,* 1291–1298.

Nrugham, L., Larsson, B., & Sund, A. M. (2008). Predictors of suicidal acts across adolescence: Influences of family, peer and individual factors. *Journal of Affective Disorders, 109,* 35–45.

Nutt, R. L., & Stanton, M. (2011). Family psychology specialty practice. *Couple and Family Psychology: Research and Practice, 1,* 92–105.

Ogden, C. L., & Carroll, M. D. (2010). *Prevalence of overweight, obesity, and extreme obesity among adults: United States, trends 1960–1962 through 2007–2008.* National Center for Health Statistics. Retrieved from www.cdc.gov/nchs/data/hestat/obesity_adult_07_08/obesity_adult_07_08.pdf.

Öhman, A., & Mineka, S. (2001). Fears, phobias, and preparedness: Toward an evolved module of fear and fear learning. *Psychological Review, 108,* 483–522.

Olsson, I. A. S., Hansen, A. K., & Sandøe, P. (2007). Ethics and refinement in animal research. *Science, 317,* 1680.

Oman, D., Hedberg, J., & Thoresen, C. E. (2006). Passage meditation reduces perceived stress in health professionals: A randomized, controlled trial. *Journal of Consulting and Clinical Psychology, 74,* 714–719.

Omoto, A. M., & Snyder, M. (2002). Considerations of community: The context and process of volunteerism. *American Behavioral Scientist, 45,* 846–867.

Oppenheimer, D. M., & Frank, M. C. (2008). A rose in any other font would not smell as sweet: Effects of perceptual fluency on categorization. *Cognition, 106,* 1178–1194.

Opton, E. M. Jr. (1970). Lessons of My Lai. In N. Sanford & C. Comstock (Eds.), *Sanctions for evil.* San Francisco: Jossey-Bass.

Opton, E. M. Jr. (1973). "It never happened and besides they deserved it." In W. E. Henry & N. Stanford (Eds.), *Sanctions for evil* (pp. 49–70). San Francisco: Jossey-Bass.

Orban, G. A., van Essen, D., & Vandeuffel, W. (2004). Comparative mapping of higher areas in monkeys and humans. *Trends in Cognitive Science, 8,* 315–324.

Orth, U., Robins, R. W., & Roberts, B. W. (2008). Low self-esteem prospectively predicts depression in adolescence and young adulthood. *Journal of Personality and Social Psychology, 95,* 695–708.

Ossenkopp, K.-P., Biagi, E., Cloutier, C. J., Chan, M. Y. T., Kavaliers, M., & Cross-Mellor, S. K. (2011). Acute corticosterone increases conditioned spontaneous orofacial behaviors but fails to influence dose related LiCl-induced conditioned "gaping" responses in a rodent model of anticipatory nausea. *European Journal of Pharmacology, 660,* 358–362.

Ozer, D. J., & Reise, S. P. (1994). Personality assessment. *Annual Review of Psychology, 45,* 357–388.

Packer, I. K. (2008). Specialized practice in forensic psychology: Opportunities and obstacles. *Professional Psychology: Research and Practice, 39,* 245–249.

Pagel, J. F. (2008). The burden of obstructive sleep apnea and associated excessive sleepiness. *Journal of Family Practice, 57,* S3–S8.

Pagnoni, G., & Cekic, M. (2007). Age effects on gray matter volume and attentional performance in Zen meditation. *Neurobiology of Aging, 28,* 1623–1627.

Paivio, A. (2006). *Mind and its evolution: A dual coding theoretical interpretation.* Mahwah, NJ: Lawrence Erlbaum Associates, Inc.

Paller, K. A., & Voss, J. L. (2004). Memory reactivation and consolidation during sleep. *Learning & Memory, 11,* 664–670.

Pandi-Perumal, S. R., Srinivasan, V., & Spence, D. W., & Cardinali, D. P. (2007). Rold of the melatonin system in the control of sleep: Therapeutic implications. *CNS Drugs, 21,* 995–1018.

Papafragou, A., Li, P., Choi, Y., & Han, C.-H. (2007). Evidentiality in language and cognition. *Cognition, 103,* 253–299.

Paris, J. (2003). *Personality disorders over time: Precursors, course, and outcome.* Washington, DC: American Psychiatric Publishing.

Parker, A. M., Bruine de Bruin, W., & Fischhoff, B. (2007). Maximizers versus satisficers: Decision-making styles, competence, and outcomes. *Judgment and Decision Making, 2,* 342–350.

Parr, W. V., & Siegert, R. (1993). Adults' conceptions of everyday memory failures in others: Factors that mediate the effects of target age. *Psychology and Aging, 8,* 599–605.

Parrino, L., Milioli, G., De Paolis, F., Grassi, A., & Terzano, M. G. (2009). Paradoxical insomnia: The role of CAP and arousals in sleep misperception. *Sleep Medicine, 10,* 1139–1145.

Paterson, H. M., Kemp, R. I., & Ng, J. R. (2011). Combating co-witness contamination: Attempting to decrease the negative effects of discussion on eye-witness memory. *Applied Cognitive Psychology, 25,* 43–52.

Patson, N. D., & Warren, T. (2011). Building complex reference objects from dual sets. *Journal of Memory and Language, 64,* 443–459.

Paus, T. (2005). Mapping brain maturation and cognitive development during adolescence. *Trends in Cognitive Sciences, 9,* 60–68.

Pavlov, I. P. (1927). *Conditioned reflexes* (G. V. Anrep, Trans.). London: Oxford University Press.

Pavlov, I. P. (1928). *Lectures on conditioned reflexes: Twenty-five years of objective study of higher nervous activity (behavior of animals)* (Vol. 1, W. H. Gantt, Trans.). New York: International Publishers.

Peck, D. F. (2010). The therapist-client relationship, computerized self-help and active therapy ingredients. *Clinical Psychology and Psychotherapy, 17,* 147–153.

Peckham, A. D., McHugh, K., & Otto, M. W. (2010). A meta-analysis of the magnitude of biased attention in depression. *Depression and Anxiety, 27,* 1135–1142.

Pedersen, A. F., Zachariae, R., & Bovbjerg, D. H. (2009). Psychological stress and antibody response to influenza vaccination: A meta-analysis. *Brain, Behavior, and Immunity, 23,* 427–433.

Penick, S., Smith, G., Wienske, K., & Hinkle, L. (1963). An experimental evaluation of the relationship between hunger and gastric motility. *American Journal of Physiology, 205,* 421–426.

Penke, L., Denissen, J. J. A., & Miller, G. F. (2007). The evolutionary genetics of personality. *European Journal of Personality, 21,* 549–587.

Pennebaker, J. W. (1990). *Opening up: The healing power of confiding in others.* New York: Morrow.

Pennebaker, J. W. (1997). Writing about emotional experiences as a therapeutic process. *Psychological Science, 8,* 162–166.

Penton-Voak, I. (2011). In retreat from nature? Successes and concerns in Darwinian approaches to facial attractiveness. *Journal of Evolutionary Psychology, 2011,* 173–193.

Perahia, D. G. S., Pritchett, Y. L., Kajdasz, D. K., Bauer, M., Jain, R., Russell, J. M., Walker, D. J., Spencer, K. A., Froud, D. M., Raskin, J., & Thase, M. E. (2008). A randomized, double-blind comparison of duloxetine and venlafaxine in the treatment of patients with major depressive disorder. *Journal of Psychiatric Research, 42,* 22–34.

Perls, F. S. (1969). *Gestalt therapy verbatim.* Lafayette, CA: Real People Press.

Perrin, P. B., Heesacker, M., Tiegs, T. J., Swan, L. K., Lawrence, A. W., Jr., Smith, M. B., Carrillo, R. J., Cawood, R. L., & Mejia-Millan, C. M. (2011). Aligning Mars and Venus: The social construction and instability of gender differences in romantic relationships. *Sex Roles, 64,* 613–628.

Perry, D. G., & Pauletti, R. E. (2011). Gender and adolescent development. *Journal of Research on Adolescence, 21,* 61–74.

Peters, E., Västfjäll, D., Slovic, P., Mertz, C. K., Mazzocco, K., & Dickert, S. (2006). Numeracy and decision making. *Psychological Science, 17,* 407–413.

Peterson, C., & Seligman, M. E. P. (1984). Causal explanations as a risk factor for depression: Theory and evidence. *Psychological Review, 91,* 347–374.

Peterson, C., & Vaidya, R. S. (2001). Explanatory style, expectations, and depressive symptoms. *Personality and Individual Differences, 31,* 1217–1223.

Peterson, H. M., & Kemp, R. I. (2006). Co-witness talk: A survey of eyewitness discussion. *Psychology Crime & Law, 12,* 181–191.

Peterson, L. R., & Peterson, M. J. (1959). Short-term retention of individual verbal items. *Journal of Experimental Psychology, 58,* 193–198.

Petrie, K. J., Booth, R. J., & Pennebaker, J. W. (1998). The immunological effects of thought suppression. *Journal of Personality and Social Psychology, 75,* 1264–1272.

Petrie, K. J., Fontanilla, I., Thomas, M. G., Booth, R. J., & Pennebaker, J. W. (2004). Effect of written emotional expression on immune function in patients with human immunodeficiency virus infection: A randomized trial. *Psychosomatic Medicine, 66,* 272–275.

Petry, N. M., & Roll, J. M. (2011). Amount of earnings during prize contingency management treatment is associated with posttreatment abstinence outcomes. *Experimental and Clinical Psychopharmacology, 19,* 445–450.

Pettigrew, T. F. (2008). Future directions for intergroup contact theory and research. *International Journal of Intercultural Relations, 32,* 187–199.

Pettigrew, T. F., Christ, O., Wagner, U., & Stellmacher, J. (2007). Direct and indirect intergroup contact effects on prejudice: A normative interpretation. *International Journal of Intercultural Relations, 31,* 41–425.

Pettigrew, T. F., Tropp, L. R., Wagner, U., & Christ, O. (2011). Recent advances in intergroup contact theory. *International Journal of Intercultural Relations, 35,* 271–280.

Petty, R. E., & Briñol, P. (2008). Persuasion: From single to multiple to metacognitive processes. *Perspectives on Psychological Sciences, 3,* 137–147.

Petty, R. E., Cacioppo, J. T., Strathman, A. J., & Priester, J. R. (2005). To think or not to think: Exploring two routes to persuasion. In T. C. Brock & M. C. Green (Eds.), *Persuasion: Psychological insights and perspectives* (2nd ed., pp. 81–116). Thousand Oaks, CA: Sage.

Pfeiffer, P. N., Heisler, M., Piette, J. D., Rogers, M. A. M., & Valenstein, M. (2011). Efficacy of peer support interventions for depression: A meta-analysis. *General Hospital Psychiatry, 33,* 29–36.

Phillips, M. C., Meek, S. W., & Vendemia, J. M. C. (2011). Understanding the underlying structure of deceptive behaviors. *Personality and Individual Differences, 50,* 783–789.

Piaget, J. (1929). *The child's conception of the world.* New York: Harcourt, Brace.

Piaget, J. (1954). *The construction of reality in the child.* New York: Basic Books.

Piaget, J. (1965). *The moral judgment of the child* (M. Gabain, Trans.). New York: Macmillan.

Piaget, J. (1977). *The development of thought: Equilibrium of cognitive structures.* New York: Viking Press.

Piccione, C., Hilgard, E. R., & Zimbardo, P. G. (1989). On the degree of stability of measured hypnotizability over a 25-year period. *Journal of Personality and Social Psychology, 56,* 289–295.

Pickel, K. L. (2009). The weapon focus effect on memory for female versus male perpetrators. *Memory, 17,* 664–678.

Pietrzak, R. H., Goldstein, R. B., Southwick, S. M., & Grant, B. F. (2011). Prevalence and Axis I comorbidity of full and partial posttraumatic stress disorder in the United States: Results from wave 2 of the national epidemiological survey on alcohol and related conditions. *Journal of Anxiety Disorders, 25,* 456–465.

Pischke, C. R., Scherwitz, L., Weidner, G., & Ornish, D. (2008). Long-term effects of lifestyle changes on well-being and cardiac variables among coronary heart disease patients. *Health Psychology, 27,* 584–592.

Plaks, J., Levy, S. R., & Dweck, C. (2009). Lay theories of personality: Cornerstones of meaning in social cognition. *Social and Personality Psychology Compass, 3,* 1069–1081.

Plomin, R., & Petrill, S. A. (1997). Genetics and intelligence: What's new? *Intelligence, 24,* 53–77.

Plomin, R., & Spinath, F. M. (2004). Intelligence: Genetics, genes, and genomics. *Journal of Personality and Social Psychology, 86,* 112–129.

Podell, J. L., & Kendall, P. C. (2011). Mothers and fathers in family cognitive-behavioral therapy for anxious youth. *Journal of Child and Family Studies, 20,* 182–195.

Poelmans, G., Pauls, D. L., Buitelaar, J. K., & Franke, B. (2011). *American Journal of Psychiatry, 168,* 365–377.

Polivy, J., & Herman, C. P. (1999). Distress and eating: Why do dieters overeat? *International Journal of Eating Disorders, 26,* 153–164.

Polivy, J., Herman, C. P., & Deo, R. (2010). Getting a bigger slice of the pie. Effects on eating and emotion in restrained and unrestrained eaters. *Appetite, 55,* 426–430.

Pollo, A., Carlino, E., & Benedetti, F. (2011). Placebo mechanisms across different conditions: From the clinical setting to physical performance. *Philosophical Transactions of the Royal Society B, 366,* 1790–1798.

Porter, L. W., & Lawler, E. E. (1968). *Managerial attitudes and performance.* Homewood, IL: Irwin.

Posada, R., & Wainryb, C. (2008). Moral development in a violent society: Columbian children's judgments in the context of survival and revenge. *Child Development, 79,* 882–898.

Poucet, B. (1993). Spatial cognitive maps in animals: New hypotheses on their structure and neural mechanisms. *Psychological Review, 100,* 163–182.

Poulin, S. R., Maguire, M., Metraux, S., & Culhane, D. P. (2010). Service use and costs for persons experiencing chronic homelessness in Philadelphia: A population-based study. *Psychiatric Services, 61,* 1093–1098.

Poulin-Dubois, D., Blaye, A., Coutya, J., & Bialystok, E. (2011). The effects of bilingualism on toddlers' executive functioning. *Journal of Experimental Child Psychology, 108,* 567–579.

Powell, R. A. (2011). Little Albert, lost or found: Further difficulties with the Douglas Merritte hypothesis. *History of Psychology, 14,* 106–107.

Powers, M. B., & Emmelkamp, P. M. G. (2008). Virtual reality exposure therapy for anxiety disorders: A meta-analysis. *Journal of Anxiety Disorders, 22,* 561–569.

Powley, T. (1977). The ventromedial hypothalamic syndrome, satiety, and a cephalic phase hypothesis. *Psychological Review, 84,* 89–126.

Prangnell, S. J. (2010). Behavioural interventions for self injurious behaviour: A review of recent evidence (1998–2008). *British Journal of Learning Disabilities, 38,* 259–270.

Premack, D. (1965). Reinforcement theory. In D. Levine (Ed.), *Nebraska symposium on motivation* (pp. 128–180). Lincoln: University of Nebraska Press.

Premack, D. (1971). Language in chimpanzee? *Science, 172,* 808–822.

Pressman, L. J., Loo, S. K., Carpenter, E. M., Asarnow, J. R., Lynn, D., McCracken, J. T., McGough, J. J., Lubke, G. H., Yang, M. H., & Smalley, S. L. (2006). Relationship of family environment and parental psychiatric diagnosis to impairment in ADHD. *Journal of the American Academy of Child and Adolescent Psychiatry, 45,* 346–354.

Preusse, F., van der Meer, E., Deshpande, G., Krueger, F., & Wartenburger, I. (2011). Fluid intelligence allows flexilble recruitment of the parieto-frontal network in analogical reasoning. *Frontiers in Human Neuroscience, 5,* Article 22.

Prosser, D., Johnson, S., Kuipers, E., Szmukler, G., Bebbington, P., & Thornicroft, G. (1997). Perceived sources of work stress and satisfaction among hospital and community mental health staff, and their relation to mental health, burnout, and job satisfaction. *Journal of Psychosomatic Research, 43,* 51–59.

Pyszczynski, T., Greenberg, J., Solomon, S., Arndt, J., & Schimel, J. (2004). Why do people need self-esteem? A theoretical and empirical review. *Psychological Bulletin, 130,* 435–468.

Quine, W. V. O. (1960). *Word and object.* Cambridge, MA: The MIT Press.

Quittner, A. L., Modi, A., Lemanek, K. L., Ievers-Landis, C. E., & Rapoff, M. A.

(2008). Evidence-based assessment of adherence to medical treatments in pediatric psychology. *Journal of Pediatric Psychology, 33,* 916–936.

Radke, A. K., Rothwell, P. E., & Gewirtz, J. C. (2011). An anatomical basis for opponent processes mechanisms of opiate withdrawal. *The Journal of Neuroscience, 31,* 7533–7539.

Radua, J., van den Heuvel, O. A., Surguladze, S., & Mataix-Cols, D. (2010). Meta-analytical comparison of voxel-based morphometry studies in obsessive compulsive disorder vs. other anxiety disorders. *Archives of General Psychiatry, 67,* 701–711.

Radvansky, G. A. (2006). *Human memory.* Boston: Allyn & Bacon.

Rahman, Q., & Wilson, G. D. (2003). Born gay? The psychobiology of human sexual orientation. *Personality and Individual Differences, 34,* 1337–1382.

Rahman, R. A., & Melinger, A. (2007). When bees hamper the production of honey: Lexical interference from associates in speech production. *Journal of Experimental Psychology: Learning, Memory, and Cognition, 33,* 604–614.

Raizen, D. M., & Wu, M. N. (2011). Genome-wide association studies of sleep disorders. *Chest, 139,* 446–452.

Ramachandran, V. S. (2011). *The tell-tale brain.* New York: Norton.

Ramachandrappa, S., & Farooqi, I. S. (2011). Genetic approaches to understanding human obesity. *The Journal of Clinical Investigation, 121,* 2080–2086.

Ramirez, G., & Beilock, S. L. (2011). Writing about testing worries boosts exam performance in the classroom. *Science, 331,* 211–213.

Ramírez, J. M., & Andreu, J. M. (2006). Aggression, and some related psychological constructs (anger, hostility, and impulsivity): Some comments from a research project. *Neuroscience and Biobehavioral Reviews, 30,* 276–291.

Rapoport, J. L. (1989, March). The biology of obsessions and compulsions. *Scientific American,* pp. 83–89.

Rasmussen, T., & Milner, B. (1977). The role of early left-brain injury in determining lateralization of cerebral speech functions. *Annals of the New York Academy of Sciences, 299,* 355–369.

Ratcliff, R., & McKoon, G. (1978). Priming in item recognition: Evidence for the propositional structure of sentences. *Journal of Verbal Learning and Verbal Behavior, 17,* 403–418.

Rau, H., Bührer, M., & Wietkunat, R. (2003). Biofeedback of R-wave-to-pulse interval normalizes blood pressure. *Applied Psychophysiology and Biofeedback, 28,* 37–46.

Rawson, R. A., Maxwell, J., & Rutkowski, B. (2007). OxyContin abuse: Who are the users? *The American Journal of Psychiatry, 164,* 1634–1636.

Ray, W. J., Keil, A., Mikuteit, A., Bongartz, W., & Elbert, T. (2002). High resolution EEG indicators of pain responses in relation to hypnotic susceptibility and suggestion. *Biological Psychology, 60,* 17–36.

Recanzone, G. H., & Sutter, M. L. (2008). The biological basis of audition. *Annual Review of Psychology, 59,* 119–142.

Recipients from U.S. Universities: 2009. Special Report NSF 11–306. Arlington, VA. Available

Regan, R. T. (1971). Effects of a favor and liking on compliance. *Journal of Experimental Social Psychology, 7,* 627–639.

Reis, H. T., & Aron, A. (2008). Love: What is it, why does it matter, and how does it operate? *Perspectives on Psychological Science, 3,* 80–86.

Reis, S. M., & Renzulli, J. S. (2010). Is there still a need for gifted education? An examination of current research. *Learning and Individual Differences, 20,* 308–317.

Remick, A. K., Polivy, J., & Pliner, P. (2009). Internal and external moderators of the effect of variety on food intake. *Psychological Bulletin, 135,* 434–451.

Renzulli, J. S. (2005). The three-ring conception of giftedness: A developmental model for promoting creative productivity. In R. J. Sternberg & J. E. Davidson (Eds.), *Conceptions of giftedness* (2nd ed., pp. 246–279). New York: Cambridge University Press.

Rescorla, R. A. (1966). Predictability and number of pairings in Pavlovian fear conditioning. *Psychonomic Science, 4,* 383–384.

Rescorla, R. A. (1988). Pavlovian conditioning: It's not what you think it is. *American Psychologist, 43,* 151–160.

Reyna, V. R., Nelson, W. L., Han, P. K., & Dieckmann, N. F. (2009). How numeracy influences risk comprehension and medical decision making. *Psychological Bulletin, 135,* 943–973.

Reynolds, J. S., & Perrin, N. A. (2004). Mismatches in social support and psychosocial adjustment. *Health Psychology, 23,* 425–430.

Rhodes, G. (2006). The evolutionary psychology of facial beauty. *Annual Review of Psychology, 57,* 199–226.

Rhodes, M. G., & Tauber, S. K. The influence of delaying judgments of learning on metacognitve accuracy: A meta-analytic review. *Psychological Bulletin, 137,* 131–148.

Ribeiro, S. C., Kennedy, S. E., Smith, Y. R., Stohler, C. S., & Zubieta, J. K. (2005). Interface of physical and emotional stress regulation through the endogenous opioid system and μ-opioid receptors. *Progress in Neuro-Psychopharmacology & Biological Psychiatry, 29,* 1264–1280.

Richards, D. (2009). Features and benefits of online counselling: Trinity College online mental health community. *British Journal of Guidance and Counselling, 37,* 231–242.

Rief, W., & Broadbent, E. (2007). Explaining medically unexplained symptoms—models and mechanisms. *Clinical Psychology Review, 27,* 821–841.

Riela, S., Rodriguez, G., Aron, A., Xu, Xiaomeng, & Acevedo, B. P. (2010). Experiences of falling in love: Investigating culture, ethnicity, gender, and speed. *Journal of Social and Personal Relationships, 27,* 473–493.

Riley, B. (2011). Genetic studies of schizophrenia. In J. D. Clelland (Ed.), *Genomics, proteomics, and the nervous system* (pp. 333–380). New York: Springer.

Rinck, M. (2008). Spatial situation models and narrative comprehension. In M. A. Gluck, J. R. Anderson, & S. M. Kosslyn (Eds.), *Memory and mind: A festschrift for Gordon H. Bower* (pp. 359–370). Mahwah, NJ: Erlbaum.

Ritchie, P. L.-J. (2010). Annual report of the International Union of Psychological Science (IUPsyS). *International Journal of Psychology, 45,* 398–404.

Rizolatti, G., & Sinigaglia, C. (2010). The functional role of the parieto-frontal mirror circuit: Interpretations and misinterpretations. *Nature Reviews Neuroscience, 11,* 264–274.

Roberson, D., Davidoff, J., Davies, I. R. L., & Shapiro, L. R. (2005). Color categories: Evidence for the cultural relativity hypothesis. *Cognitive Psychology, 50,* 378–411.

Robert, G., & Zadra, A. (2008). Measuring nightmare and bad dream frequency: Impact of retrospective and prospective instruments. *Journal of Sleep Research, 17,* 132–139.

Roberts, A., Cash, T. F., Feingold, A., & Johnson, B. T. (2006). Are Black-White differences in females' body dissatisfaction decreasing? A meta-analytic review. *Journal of Consulting and Clinical Psychology, 74,* 1121–1131.

Rodd, J. M., Longe, O. A., Randall, B., & Tyler, L. K. (2010). The functional organisation of the fronto-temporal language system: Evidence from syntactic and semantic ambiguity. *Neuropsychologia, 48,* 1324–1335.

Rodriguez, E. T., & Tamis-LeMonda, C. S. (2011). Trajectories of the home learning environment across the first 5 years: Associations with children's vocabulary and literacy skills at prekindergarten. *Child Development, 82,* 1058–1075.

Roediger, H. L., III. (2008). Relativity of remembering: Why the laws of memory vanished. *Annual Review of Psychology, 59,* 225–254.

Roediger, H. L., III, & Butler, A. C. (2011). The critical role of retrieval practice in long-term retention. *Trends in Cognitive Sciences, 15,* 20–27.

Roediger, H. L., III, & Karpicke, J. D. (2006). Test-enhanced learning: Taking memory tests improves long-term retention. *Psychological Science, 17,*

249–255.

Roenneberg, T., Kuehnle, T., Juda, M., Kantermann, T., Allebrandt, K., Gordijn, M., & Merrow, M. (2007). Epidemiology of the human circadian clock. *Sleep Medicine Reviews, 11*, 429–438.

Roese, N. J., & Summerville, A. (2005). What we regret most . . . and why. *Personality and Social Psychology Bulletin, 31*, 1273–1285.

Rogers, C. R. (1947). Some observations on the organization of personality. *American Psychologist, 2*, 358–368.

Rogers, C. R. (1951). *Client-centered therapy*. Boston: Houghton Mifflin Company.

Rogers, C. R. (1951). *Client-centered therapy: Its current practice, implications and theory*. Boston: Houghton Mifflin.

Rogers, C. R. (1959). A theory of therapy, personality, and interpersonal relationships, as developed in the client-centered framework. In S. Koch (Ed.), *Psychology: A study of a science* (Vol. 3). New York: McGraw-Hill.

Rogers, C. R. (1977). *On personal power: Inner strength and its revolutionary impact*. New York: Delacorte.

Rogoff, B. (1990). *Apprenticeship in thinking: Cognitive development in social context*. New York: Oxford University Press.

Rohrer, J. H., Baron, S. H., Hoffman, E. L., & Swinder, D. V. (1954). The stability of autokinetic judgment. *Journal of Abnormal and Social Psychology, 49*, 595–597.

Roid, G. (2003). *Stanford-Binet intelligence scale* (5th ed.). Itasca, IL: Riverside Publishing.

Roisman, G. I., Clausell, E., Holland, A., Fortuna, K., & Elieff, C. (2008). Adult romantic relationships as contexts of human development: A multimethod comparison among same-sex couples with opposite-sex dating, engaged, and married dyads. *Developmental Psychology, 44*, 91–101.

Romer, M., Lehrner, J., Wymelbeke, V. V., Jiang, T., Deecke, L. & Brondel, L. (2006). Does modification of olfacto-gustatory stimulation diminish sensory-specific satiety in humans? *Physiology & Behavior, 87*, 469–477.

Rorschach, H. (1942). *Psychodiagnostics: A diagnostic test based on perception*. New York: Grune & Stratton.

Rosch, E. H. (1973). Natural categories. *Cognitive Psychology, 4*, 328–350.

Rosch, E. H. (1978). Principles of categorization. In E. Rosch & B. B. Lloyd (Eds.), *Cognition and categorization* (pp. 27–48). Hillsdale, NJ: Erlbaum.

Rosch, E. H., Mervis, C. B., Gray, W. D., Johnson, D. M., & Boyes-Braem, P. (1976). Basic objects in natural categories. *Cognitive Psychology, 8*, 382–439.

Rosch, E., & Mervis, C. B. (1975). Family resemblances: Studies in the internal structure of categories. *Cognitive Psychology, 7*, 573–605.

Roscoe, J. A., Morrow, G. R., Aapro, M. S., Molassiotis, A., & Olver, I. (2011). Anticipatory nausea and vomiting. *Supportive Care in Cancer, 19*, 1533–1538.

Rose, A. J., & Rudolph, K. D. (2006). A review of sex- differences in peer relationship processes: Potential trade-offs for the emotional and behavioral development of girls and boys. *Psychological Bulletin, 132*, 98–131.

Rose, M. E., & Grant, J. E. (2008). Pharmacotherapy for methamphetamine dependence: A review of the pathophysiology of methamphetamine addiction and the theoretical basis and efficacy of pharmacotherapeutic interventions. *Annals of Clinical Psychiatry, 20*, 145–155.

Rosenhan, D. L. (1973). On being sane in insane places. *Science, 179*, 250–258.

Rosenhan, D. L. (1975). The contextual nature of psychiatric diagnoses. *Journal of Abnormal Psychology, 84*, 462–474.

Rosenthal, A. M. (1964). *Thirty-eight witnesses*. New York: McGraw-Hill.

Rosenthal, R., & Fode, K. L. (1963). The effect of experimenter bias on the performance of the albino rat. *Behavioral Science, 8*, 183–189.

Rosenthal, R., & Jacobson, L. F. (1968). *Pygmalion in the classroom: Teacher expectations and intellectual development*. New York: Holt.

Rosenzweig, M. R. (1996). Aspects of the search for neural mechanisms of memory. *Annual Review of Psychology, 47*, 1–32.

Rosenzweig, M. R. (1999). Effects of differential experience on brain and

cognition throughout the life span. In S. H. Broman & J. M. Fletcher (Eds.), *The changing nervous system: Neurobehavioral consequences of early brain disorders* (pp. 25–50). New York: Oxford University Press.

Ross, C. A. (2009). Errors of logic and scholarship concerning dissociative identity disorder. *Journal of Child Sexual Abuse, 18*, 221–231.

Ross, L. (1977). The intuitive psychologist and his shortcomings. In L. Berkowitz (Ed.), *Advances in experimental social psychology* (Vol. 10, pp. 173–220). New York: Academic Press.

Ross, L. (1988). Situational perspectives on the obedience experiments. [Review of the obedience experiments: A case study of controversy in social science]. *Contemporary Psychology, 33*, 101–104.

Ross, L., & Nisbett, R. E. (1991). *The person and the situation: Perspectives of social psychology*. New York: McGraw-Hill.

Ross, L., Amabile, T., & Steinmetz, J. (1977). Social roles, social control and biases in the social perception process. *Journal of Personality and Social Psychology, 37*, 485–494.

Ross, W. (2011). Ethical issues involved in online counseling. *Journal of Psychological Issues in Organizational Culture, 2*, 54–66.

Rothbart, M. K. (2007). Temperament, development, and personality. *Current Directions in Psychological Science, 16*, 207–212.

Rothbaum, B. O., Anderson, P., Zimand, E., Hodges, L., Lang, D., & Wilson, J. (2006). Virtual reality exposure therapy and standard (in vivo) exposure therapy in the treatment of fear of flying. *Behavior Therapy, 37*, 80–90.

Rothman, D. J. (1971). *The discovery of the asylum: Social order and disorder in the new republic*. Boston: Little, Brown.

Rothrauff, T., & Cooney, T. M. (2008). The role of generativity in psychological well-being: Does it differ for childless adults and parents? *Journal of Adult Development, 15*, 148–159.

Rotter, J. B. (1954). *Social learning and clinical psychology*. Englewood Cliffs, NJ: Prentice-Hall.

Rotter, J. B. (1966). Generalized expectancies for internal versus external locus of control of reinforcement. *Psychological Monographs, 80* (Whole No. 609).

Rouse, S. V., Greene, R. L., Butcher, J. N., Nichols, D. S., & Williams, C. L. (2008). What do the MMPI-2 Restructured Clinical Scales reliably measure? Answers from multiple research settings. *Journal of Personality Assessment, 90*, 435–442.

Roussi, P. (2002). Discriminative facility in perceptions of control and its relation to psychological distress. *Anxiety, Stress, & Coping: An International Journal, 15*, 179–191.

Roussi, P., Krikeli, V., Hatzidimitriou, C., & Koutri, I. (2007). Patterns of coping, flexibility in coping and psychological distress in women diagnosed with breast cancer. *Cognitive Therapy and Research, 31*, 97–109.

Rozin, P., & Fallon, A. E. (1987). A perspective on disgust. *Psychological Review, 94*, 23–41.

Rozin, P., Millman, L., & Nemeroff, C. (1986). Operation of the laws of sympathetic magic in disgust and other domains. *Journal of Personality and Social Psychology, 50*, 703–712.

Rubin, D. C., & Kontis, T. C. (1983). A schema for common cents. *Memory & Cognition, 11*, 335–341.

Ruby, M. B., Dunn, E. W., Perrino, A., Gillis, R., & Viel, S. (2011). The invisible benefits of exercise. *Health Psychology, 30*, 67–74.

Ruch, R. (1937). *Psychology and life*. Glenview, IL: Scott, Foresman.

Rucklidge, J. J. (2010). Gender differences in attention-deficit/hyperactivity disorder. *Psychiatric Clinics of North America, 33*, 357–373.

Rudd, M. D., Berman, A. L., Joiner, T. E. Jr., Nock, M. K., Silverman, M. M., Mandrusiak, M., Van Orden, K., & Witte, T. (2006). Warning signs for suicide: Theory, research, and clinical applications. *Suicide and Life-Threatening Behavior, 36*, 255–262.

Ruitenbeek, H. M. (1973). *The first Freudians*. New York: Jason Aronson.

Ruiz, J. R., Labayen, I., Ortega, F. B., Legry, V., Moreno, L. A., Dallongeville, J.,

Martínez-Gómez, D., Bokor, S., Manios, Y., Ciarapica, D., Gottrand, F., De Henauw, S., Molnár, D., Sjöström, M., & Meirhaeghe, A. (2010). Attenuation of the effect of the *FTO* rs9939609 polymorphism on total and central body fat by physical activity in adolescents. *Archives of Pediatric & Adolescent Medicine, 164,* 328–333.

Rule, N. O., & Ambady, N. (2008). The face of success: Inferences from chief executive officers' appearance predict company profits. *Psychological Science, 19,* 109–111.

Rule, N. O., Rosen, K. S., Slepian, M. L., & Ambady, N. (2011). Mating interest improves women's accuracy in judging male sexual orientation. *Psychological Science, 22,* 881–886.

Rummel-Kluge, C., Komossa, K., Schwarz, S., Hunger, H., Schmid, F., Lobos, C. A., Kissling, W., Davis, J. M., & Leucht, S. (2010). Head-to-head comparisons of metabolic side effects of second generation antipsychotics in the treatment of schizophrenia: A systematic review. *Schizophrenia Research, 123,* 225–233.

Runco, M. A. (1991). *Divergent thinking.* Norwood, NJ: Ablex.

Runco, M. A. (2007). *Creativity: Theories and themes: Research, development, and practice.* San Diego, CA: Elsevier Academic Press.

Ruscio, A. M. Brown, T. A., Chiu, W. T., Sareen, J., Stein, M. B., & Kessler, R. C. (2008). Social fears and social phobia in the USA: Results from the National Comorbidity Survey Replication. *Psychological Medicine, 38,* 15–28.

Rutter, P. A., & Behrendt, A. E. (2004). Adolescent suicide risk: Four psychosocial factors. *Adolescence, 39,* 295–302.

Ryder, R. D. (2006). Speciesism in the laboratory. In P. Singer (Ed.), *In defense of animals: The second wave.* Oxford, UK: Blackwell.

Sachdev, P., Mondraty, N., Wen, W., & Gulliford, K. (2008). Brains of anorexia nervosa patients process self-images differently from non-self-images: An fMRI study. *Neuropsychologia, 46,* 2161–2168.

Sachdeva, S., Singh, P., & Medin, D. (2011). Culture and the quest for universal principles of moral reasoning. *International Journal of Psychology, 46,* 161–176.

Sack, R. L. (2010). Jet lag. *The New England Journal of Medicine, 362,* 440–447.

Saffran, J., Hauser, M., Seibel, R., Kapfhamer, J., Tsao, F., & Cushman, F. (2008). Grammatical pattern learning by human infants and cotton-top tamarin monkeys. *Cognition, 107,* 479–500.

Sai, F. Z. (2005). The role of the mother's voice in developing mother's face preference: Evidence for intermodal perceptional at birth. *Infant and Child Development, 14,* 29–50.

Salihu, H. M., & Wilson, R. E. (2007). Epidemiology of prenatal smoking and perinatal outcomes. *Early Human Development, 83,* 713–720.

Salthouse, T. A. (2006). Mental exercise and mental aging: Evaluating the validity of the "use it or lose it" hypothesis. *Perspectives on Psychological Science, 1,* 68–87.

Salvy, S.-J., Jarrin, D., Paluch, R., Irfan, N., & Pliner, P. (2007). Effects of social influence on eating in couples, friends and strangers. *Appetite, 49,* 92–99.

Salvy, S.-J., Kieffer, E., & Epstein, L. H. (2008). Effects of social context on overweight and normal-weight children's food selection. *Eating Behaviors, 9,* 190–196.

Salzinger, S., Ng-Mak, D. S., Feldman, R. S., Kam, C. M., & Rosario, M. (2006). Exposure to community violence: Processes that increase the risk for inner-city middle school children. *Journal of Early Adolescence, 26,* 232–266.

Samuel, A. G. (1997). Lexical activation produces potent phonemic percepts. *Cognitive Psychology, 32,* 97–127.

Samuel, A. G. (2011). Speech perception. *Annual Review of Psychology, 62,* 49–72.

Samuelson, M., Foret, M., Baim, M., Lerner, J., Fricchione, G., Benson, H., Dusek, J., & Yeung, A. (2010). Exploring the effectiveness of a comprehensive mind–body intervention for medical symptom relief. *The Journal of Alternative and Complementary Medicine, 16,* 187–192.

Sanderson, C. A., Rahm, K. B., & Beigbeder, S. A. (2005). The link between pursuit of intimacy goals and satisfaction in close same-sex friendships: An examination of the underlying processes. *Journal of Social and Personal Relationships, 22,* 75–98.

Sandrini, M., Umiltà, C., & Rusconi, E. (2011). The use of transcranial magnetic stimulation in cognitive neuroscience: A new synthesis of methodological issues. *Neuroscience and Biobehavioral Reviews, 35,* 516–536.

Sandstrom, M. J., & Cramer, P. (2003). Girls' use of defense mechanisms following peer rejection. *Journal of Personality, 71,* 605–627.

Santhi, N., Aeschbach, D., Horowitz, T. S., & Czeisler, C. A. (2008). The impact of sleep timing and bright light exposure on attentional impairment during night work. *Journal of Biological Rhythms, 23,* 341–352.

Santiago, C. D., Wadsworth, M. E., & Stump, J. (2011). Socioeconomic status, neighborhood disadvantage, and poverty-related stress: Prospective effects on psychological syndromes among diverse low-income families. *Journal of Economic Psychology, 32,* 218–230.

Sapir, E. (1964). *Culture, language, and personality.* Berkeley: University of California Press. (Original work published 1941)

Sargent, J. D., Tanski, S., Stoolmiller, M., & Hanewinkel, R. (2010). Using sensation seeking to target adolescents for substance use interventions. *Addiction, 105,* 506–514.

Satir, V. (1967). *Conjoint family therapy* (rev. ed.). Palo Alto, CA: Science and Behavior Books.

Savage-Rumbaugh, S., Shanker, S. G., & Taylor, T. J. (1998). *Apes, language, and the human mind.* New York: Oxford University Press.

Savic, I., & Lindström, P. (2008). PET and MRI show differences in cerebral asymmetry and functional connectivity between homo- and heterosexual subjects. *PNAS, 105,* 9403–9408.

Schachter, S. (1971a). *Emotion, obesity and crime.* New York: Academic Press.

Schalock, R. L., Luckasson, R. A., & Shogren, K. A. (2007). The renaming of *mental retardation*: Understanding the change to the term *intellectual disability*. *Intellectual and Developmental Disabilities, 45,* 116–124.

Schank, R. C., & Abelson, R. P. (1977). *Scripts, plans, goals, and understanding.* Hillsdale, NJ: Erlbaum.

Schachter, S. (1971b). Some extraordinary facts about obese humans and rats. *American Psychologist, 26,* 129–144.

Scherr, K. C., Madon, S., Guyll, M., Willard, J., & Spoth, R. (2011). Self-verification as a mediator of mothers' self-fulfilling effects on adolescents' educational attainment. *Personality and Social Psychology Bulletin, 37,* 587–600.

Schick, B., Marschark, M., & Spencer, P. E. (Eds.) (2006). *Advances in the sign language development of deaf children.* New York: Oxford University Press.

Schlitz, M. (1997). *Dreaming for the community: Subjective experience and collective action among the Anchuar Indians of Ecuador.* Research proposal. Marin, CA: Institute of Noetic Sciences.

Schloeg, H., Percik, R., Horstmann, A., Villringer, A., & Stumvoloo, M. (2011). Peptide hormones regulating appetite—focus on neuroimaging studies. *Diabetes/Metabolism Research and Reviews, 27,* 104–112.

Schlosser, D. A., Zinberg, J. L., Loewy, R. L., Casey-Cannon, S., O'Brien, M. P., Bearden, C. E., Vinogradov, S., & Cannon, T. D. (2010). Predicting the longitudinal effects of the family environment on prodromal symptoms and functioning in patients at-risk for psychosis. *Schizophrenia Research, 118,* 69–75.

Schmader, T., Johns, M., & Forbes, C. (2008). An integrated process model of stereotype threat effects on performance. *Psychological Review, 115,* 336–356.

Schmitt, D. P. (2003). Universal sex differences in desire for sexual variety: Tests from 52 nations, 6 continents, and 13 islands. *Journal of Personality and Social Psychology, 85,* 85–104.

Schmitt, D. P., Allik, J., McCrae, R. R., & Benet-Martinez, V. (2007). The geographic distribution of Big Five personality traits: Patterns and profiles of human self-description across 56 nations. *Journal of Cross-Cultural Psychology, 38*, 173–212.

Schneider, K., & May, R. (1995). *The psychology of existence: An integrative, clinical perspective.* New York: McGraw-Hill.

Scholz, U., Schüz, B., Ziegelmann, J., Lippke, S., & Schwarzer, R. (2008). Beyond behavioural intentions: Planning mediates between intentions and physical activity. *British Journal of Health Psychology, 13*, 479–494.

Schousboe, K., Visscher, P. M., Erbas, B., Kyvik, K. O., Hopper, J. L., Henriksen, J. E., Heitmann, B. L., & Sørensen, T. I. A. (2004). Twin study of genetic and environmental influences on adult body size, shape, and composition. *International Journal of Obesity, 28*, 39–48.

Schredl, M., & Erlacher, D. (2008). Relation between waking sport activities, reading, and dream content in sports students and psychology students. *The Journal of Psychology, 142*, 267–275.

Schredl, M., & Reinhard, I. (2011). Gender differences in nightmare frequency: A meta-analysis. *Sleep Medicine Reviews, 15*, 115–121.

Schueller, S. M. (2009). Promoting wellness: Integrating community and positive psychology. *Journal of Community Psychology, 37*, 922–937.

Schutter, D. J. L. G. (2008). Antidepressant efficacy of high-frequency transcranial magnetic stimulation over the left dorsolateral prefrontal cortex in double-blind sham-controlled designs: A meta-analysis. *Psychological Medicine*

Schwab, C., Bugnyar, T., Schloegl, C., & Kotrschal, K. (2008). Enhanced social learning between siblings in common ravens, *Corvus corax. Animal Behaviour, 75*, 501–508.

Schwartz, B., Ward, A., Monterosso, J., Lyubomirsky, S., White, K., & Lehman, D. R. (2002). Maximizing versus satisficing: Happiness is a matter of choice. *Journal of Personality and Social Psychology, 83*, 1178–1197.

Schwarzkopf, D. S., Sterzer, P., & Rees, G. (2011). Decoding of coherent but not incoherent motion signals in early dorsal visual cortex. *NeuroImage, 56*, 688–698.

Schweinhart, L. J. (2004). *The High/Scope Perry preschool study through age 40: Summary, conclusions, and frequently asked questions.* Retrieved from www.highscope.org/Research/PerryProject/PerryAge40SumWeb.pdf.

Sciutto, M. J., & Eisenberg, M. (2007). Evaluating the evidence for and against the overdiagnosis of ADHD. *Journal of Attention Disorders, 11*, 106–113.

Scott, D., Scott, L. M., & Goldwater, B. (1997). A performance improvement program for an international-level track and field athlete. *Journal of Applied Behavior Analysis, 30*, 573–575.

Scull, A. (1993). *A most solitary of afflictions: Madness and society in Britain 1700–1900.* London: Yale University Press.

Seal, D. S., Smith, M., Coley, B., Perry, J., & Gamez, M. (2008). Urban heterosexual couples' sexual scripts for three shared sexual experiences. *Sex Roles, 58*, 626–638.

Seamon, J. G., Philbin, M. M., & Harrison, L. G. (2006). Do you remember proposing marriage to the Pepsi machine? False recollections from a campus walk. *Psychonomic Bulletin & Review, 13*, 752–756.

Sear, R., & Mace, R. (2008). Who keeps children alive? A review of the effects of kin on child survival. *Evolution and Human Behavior, 29*, 1–18.

Searle, J. R. (1979). Literal meaning. In J. R. Searle (Ed.), *Expression and meaning* (pp. 117–136). Cambridge, UK: Cambridge University Press.

Sedikides, C., & Gregg, A. P. (2008). Self-enhancement: Food for thought. *Perspectives on Psychological Science, 3*, 102–116.

Segerstrom, S. C. (2005). Optimism and immunity: Do positive thoughts always lead to positive effects? *Brain, Behavior, and Immunity, 19*, 195–200.

Segerstrom, S. C. (2006). How does optimism suppress immunity? Evaluation of three affective pathways. *Health Psychology, 25*, 653–657.

Segerstrom, S. C. (2007). Stress, energy, and immunity. *Current Directions in Psychological Science, 16*, 326–330.

Seidenberg, M. S., & Petitto, L. A. (1979). Signing behavior in apes: A critical review. *Cognition, 7*, 177–215.

Selfridge, O. G. (1955). Pattern recognition and modern computers. *Proceedings of the Western Joint Computer Conference.* New York: Institute of Electrical and Electronics Engineers.

Seligman, M. E. P. (1975). *Helplessness: On depression, development, and death.* San Francisco: Freeman.

Seligman, M. E. P., & Maier, S. F. (1967). Failure to escape traumatic shock. *Journal of Experimental Psychology, 74*, 1–9.

Seligman, M. E. P., Steen, T. A., Park, N., & Peterson, C. (2005). Positive psychology progress: Empirical validation of interventions. *American Psychologist, 60*, 410–421.

Selye, H. (1976a). *Stress in health and disease.* Reading, MA: Butterworth.

Selye, H. (1976b). *The stress of life* (2nd ed.). New York: McGraw-Hill.

Serpell, R. (2000). Intelligence and culture. In R. J. Sternberg (Ed.), *Handbook of intelligence* (pp. 549–577). Cambridge, UK: Cambridge University Press.

Sevdalis, N., & Harvey, N. (2007). Biased forecasting of postdecisional affect. *Psychological Science, 18*, 678–681.

Severson, K. (2011, July 6). Systematic cheating is found in Atlanta's school system. *The New York Times*, p. A13.

Shapley, R., & Hawken, M. J. (2011). Color in the cortex: Single- and double-opponent cells. *Vision Research, 51*, 701–717.

Shaver, P. R., & Hazan, C. (1994). Attachment. In A. L. Weber & J. H. Harvey (Eds.), *Perspectives on close relationships* (pp. 110–130). Boston: Allyn & Bacon.

Shaw, K. L., & Mullen, S. P. (2011). Genes versus phenotypes in the study of speciation. *Genetica, 139*, 649–661.

Shaw, P., Greenstein, D., Lerch, J., Clasen, L. Lenroot, R., Gogtay, N., Evans, A., Rapoport, J., & Giedd, J. (2006). Intellectual ability and cortical development in children and adolescents. *Nature, 440*, 676–679.

Shedler, J. (2010). The efficacy of psychodynamic therapy. *American Psychologist, 65*, 98–109.

Shepard, R. N. (1978). Externalization of mental images and the act of creation. In B. S. Randhawa & W. E. Coffman (Eds.), *Visual learning, thinking, and communicating.* New York: Academic Press.

Sheppard, L. D., & Vernon, P. A. (2008). Intelligence and speed of information-processing: A review of 50 years of research. *Personality and Individual Differences, 44*, 535–551.

Sherif, C. W. (1981, August). *Social and psychological bases of social psychology.* The G. Stanley Hall Lecture on social psychology, presented at the annual convention of the American Psychological Association, Los Angeles, 1961.

Sherif, M. (1935). A study of some social factors in perception. *Archives of Psychology, 27*(187).

Sherif, M., Harvey, O. J., White, B. J., Hood, W. R., & Sherif, C. W. (1988). *The Robbers Cave experiment: Intergroup conflict and cooperation.* Middletown, CT: Wesleyan University Press. (Original work published 1961)

Sherwood, C. C., Subiaul, F., & Zawidzki, T. W. (2008). A natural history of the human mind: Tracing evolutionary changes in brain and cognition. *Journal of Anatomy, 212*, 426–454.

Shevlin, M., Houston, J. E., Dorahy, M. J., & Adamson, G. (2008). Cumulative traumas and psychosis: An analysis of the National Comorbidity Study and the British Psychiatric Morbidity Survey. *Schizophrenia Bulletin, 34*, 193–199.

Shi, J., Gershon, E. S., & Liu, C. (2008). Genetic associations with schizophrenia: Meta-analyses of 12 candidate genes. *Schizophrenia Research, 104*, 96–107.

Shields, D. C., Asaad, W., Eskandar, E. N., Jain, F. A., Cosgrove, G. R., Flahtery, A. W., Cassem, E. H., Prince, B. H., Rauch, S. L., & Dougherty, D. D. (2008). Prospective assessment of stereotactic ablative surgery for intractable major depression. *Biological Psychiatry, 64*, 449–454.

Shiffrin, R. M. (2003). Modeling memory and perception. *Cognitive Science, 27*, 341–378.

Shiffrin, R. M., & Schneider, W. (1977). Controlled and automatic human information processing: II. Perceptual learning, automatic attending, and a general theory. *Psychological Review, 84*, 127–190.

Shih, J. H., Eberhart, N. K., Hammen, C. L., & Brennan, P. A (2006). Differential exposure and reactivity to interpersonal stress predict sex differences in adolescent depression. *Journal of Clinical Child and Adolescent Psychology, 35*, 103–115.

Shmueli-Goetz, Y., Target, M., Fonagy, P., & Datta, A. (2008). The child attachment interview: A psychometric study of reliability and discriminant validity. *Developmental Psychology, 44*, 939–956.

Shneidman, E. S. (1987, March). At the point of no return. *Psychology Today*, pp. 54–59.

Shoda, Y., Mischel, W., & Wright, J. C. (1993a). The role of situational demands and cognitive competencies in behavior organization and personality coherence. *Journal of Personality and Social Psychology, 65*, 1023–1035.

Shuwairi, S. M., Albert, M. K., & Johnson, S. P. (2007). Discrimination of possible and impossible objects in infancy. *Psychological Science, 18*, 303–307.

Sia, T. L., Lord, C. G., Blessum, K. A., Ratcliff, C. D., & Lepper, M. R. (1997). Is a rose always a rose? The role of social category exemplar change in attitude stability and attitude-behavior consistency. *Journal of Personality and Social Psychology, 72*, 501–514.

Siegel, J. M. (2009). Sleep viewed as a state of adaptive inactivity. *Nature Reviews Neuroscience, 10*, 747–753.

Siegel, P. H., Schraeder, M., & Morrison, R. (2008). A taxonomy of equity factors. *Journal of Applied Social Psychology, 38*, 61–75.

Siegel, S. (1984). Pavlovian conditioning and heroin overdose: Reports by overdose victims. *Bulletin of the Psychonomic Society, 22*, 428–430.

Siegel, S. (2005). Drug tolerance, drug addiction, and drug anticipation. *Current Directions in Psychological Science, 14*, 296–300.

Siegel, S., Hinson, R. E., Krank, M. D., & McCully, J. (1982). Heroin "overdose" death: The contribution of drug-associated environmental cues. *Science, 216*, 436–437.

Siever, L. J. (2008). Neurobiology of aggression and violence. *American Journal of Psychiatry, 165*, 429–442.

Sigmon, S. T., Pells, J. J., Edenfield, T. M., Hermann, B. A., Scharter, J. G., LaMattina, S. M., & Boulard, N. E. (2007). Are we there yet? A review of gender comparisons in three behavioral journals through the 20th century. *Behavior Therapy, 38*, 333–339.

Silva, S., Martins, Y., Matias, A., & Blickstein, I. (2011). Why are monozygotic twins different? *Journal of Perinatal Medicine, 39*, 195–202.

Silventoinen, K., Pietiläinen, K. H., Tynelius, P., Sørensen, T. I. A., Kaprio, J., & Rasmussen, F. (2007). Genetic and environmental factors in relative weight from birth to age 18: The Swedish young male twins study. *International Journal of Obesity, 31*, 615–621.

Silventoinen, K., Posthuma, D., van Beijsterveldt, T., Bartels, M., Boomsma, D. I. (2006). Genetic contributions to the association between height and intelligence: Evidence from Dutch twin data from childhood to middle age. *Genes, Brain and Behavior, 5*, 585–595.

Simmons, J. A., Ferragamo, M. J., & Moss, C. F. (1998). Echo-delay resolution in sonar images of the big brown bat, *Eptesicus fuscus. Proceedings of the National Academy of Sciences of the United States, 95*, 12647–12652.

Simon, H. A. (1973). The structure of ill-structured problems. *Artificial Intelligence, 4*, 181–202.

Simons, D. J., & Ambinder, M. S. (2005). Change blindness: Theory and consequences. *Current Directions in Psychological Science, 14*, 44–48.

Simons, D. J., & Chabris, C. F. (1999). Gorillas in our midst: Sustained inattentional blindness for dynamic events. *Perception, 28*, 1059–1074.

Simons, D. J., & Levin, D. T. (1998). Failure to detect changes to people during a real-world interaction. *Psychonomic Bulletin & Review, 5*, 644–649.

Simons-Morton, B. G., Ouimet, M. C., Zhang, Z., Klauer, S. E., Lee, S. E., Wang, J., Chen, R., Albert, P., & Dingus, T. A. (2011). The effect of passengers and risk-taking friends on risky driving and crashes/near crashes among novice teenagers. *Journal of Adolescent Health, 49*, 587–593.

Sinaceur, M., Thomas-Hunt, M. C., Neale, M. A., O'Neill, O. A., & Haag, C. (2010). Accuracy and perceived expert status in group decisions: When minority members make majority members more accurate privately. *Personality and Social Psychology Bulletin, 36*, 423–437.

Singer, L. T., Arendt, R., Minnes, S., Farkas, K., Salvator, A., Kirchner, H. L., & Kliegman, R. (2002). Cognitive and motor outcomes of cocaine-exposed infants. *Journal of the American Medical Association, 287*, 1952–1960.

Singh, G. K., Kogan, M. D., & van Dyck, P. C. (2010). Changes in state-specific childhood obesity and overweight prevalence in the United States from 2003 to 2007. *Archives of Pediatric & Adolescent Medicine, 164*, 598–607.

Singh, J. P., Grann, M., & Fazel, S. (2011). A comparative study of violence risk assessment tools: A systematic review and metaregression analysis of 68 studies involving 25,980 participants. *Clinical Psychology Review, 31*, 599–513.

Sinigaglia, C., & Rizolatti, G. (2011). Through the looking glass: Self and others. *Consciousness and Cognition, 20*, 64–74.

Sireteanu, R. (1999). Switching on the infant brain. *Science, 286*, 59–61.

Skinner, B. F. (1938). *The behavior of organisms.* New York: Appleton-Century-Crofts.

Skinner, B. F. (1953). *Science and human behavior.* New York: Macmillan.

Skinner, B. F. (1957). *Verbal behavior.* New York: Appleton-Century-Crofts.

Skinner, B. F. (1966). What is the experimental analysis of behavior? *Journal of the Experimental Analysis of Behavior, 9*, 213–218.

Skinner, B. F. (1990). Can psychology be a science of mind? *American Psychologist, 45*, 1206–1210.

Slivia, P. J. (2008). Discernment and creativity: How well can people identify their most creative ideas? *Psychology of Aesthetics, Creativity, and the Arts, 2*, 139–146.

Sloane, R. B., Staples, F. R., Cristol, A. H., Yorkston, N. J., & Whipple, K. (1975). *Psychotherapy versus behavior therapy.* Cambridge, MA: Harvard University Press.

Slobin, D. I. (1985). Crosslinguistic evidence for the language-making capacity. In D. Slobin (Ed.), *The crosslinguistic study of language acquisition: Vol. 2. Theoretical issues* (pp. 1157–1256). Hillsdale, NJ: Erlbaum.

Slovic, P., Monahan, J., & MacGregor, D. G. (2000). Violence risk assessment and risk communication: The effects of using actual cases, providing instruction, and employing probability versus frequency formats. *Law and Human Behavior, 24*, 271–296.

Smetana, J. G., Campione-Barr, N., & Metzger, A. (2006). Adolescent development in interpersonal and societal contexts. *Annual Review of Psychology, 57*, 255–284.

Smith, A. R., Hawkeswood, S. E., Bodell, L. P., & Joiner, T. E. (2011). Muscularity versus leanness: An examination of body ideals and predictors of disordered eating in heterosexual and gay college students. *Body Image, 8*, 232–236.

Smith, J., & Baltes, P. B. (1990). Wisdom-related knowledge: Age/cohort differences in response to life-planning problems. *Developmental Psychology, 26*, 494–505.

Smith, M., Hopkins, D., Peveler, R. C., Holt, R. I. G., Woodward, M., & Ismail K. (2008). First- v. second-generation antipsychotics and risk for diabetes in schizophrenia: Systematic review and meta-analysis. *The British Journal of Psychiatry, 192*, 406–411.

Smith, P. L., Smith, J. C., & Houpt, T. A. (2010). Interactions of temperatures and taste in conditioned aversions. *Physiology & Behavior, 99*, 324–333.

Smith, S. J., Axelton, A. M., & Saucier, D. A. (2009). The effects of contact on sexual prejudice: A meta-analysis. *Sex Roles, 61*, 178–191.

Smith, T. B., Domenech Rodríguez, M., & Bernal, G. (2011). Culture. *Journal of Clinical Psychology: In Session, 67*, 166–175.

Smith, T. W., & Ruiz, J. M. (2002). Psychosocial influences on the development and course of coronary heart disease: Current status and implications for research and practice. *Journal of Consulting and Clinical Psychology, 70*, 548–568.

Smoller, J. W., Biederman, J., Arbeitman, L., Doyle, A. E., Fagerness, J., Perlis, R. H., Sklar, P., & Faraone, S. V. (2006). Association between the 5HT1B receptor gene (*HTR1B*) and the inattentive subtype of ADHD. *Biological Psychiatry, 59*, 460–467.

Sniehotta, F. F., Scholz, U., & Schwarzer, R. (2006). Action plans and coping plans for physical exercise: A longitudinal study in cardiac rehabilitation. *British Journal of Health Psychology, 11*, 23–37.

Snowden, L. R., & Yamada, A.-M. (2005). Cultural differences in access to care. *Annual Review of Clinical Psychology, 1*, 143–166.

Snyder, D. K., & Balderrama-Durbin, C. (2012). Integrative approaches to couple therapy: Implications for clinical practice and research. *Behavior Therapy*, in press.

Soderstrom, M. (2007). Beyond babytalk: Re-evaluating the nature and content of speech input to preverbal infants. *Developmental Review, 27*, 501–532.

Solberg Nes, L., Evans, D. R., & Segerstrom, S. C. (2009). Optimism and college retention: Mediation by motivation, performance, and adjustment. *Journal of Applied Social Psychology, 39*, 1887–1912.

Solomon, A. (2001). *The noonday demon*. New York: Scribner.

Song, J. Y., Demuth, K., & Morgan, J. (2010). Effects of the acoustic properties of infant-directed speech on infant word recognition. *Journal of the Acoustical Society of America, 128*, 389–400.

Sörqvist, P., Haling, N., & Hygge, S. (2010). Individual differences in susceptibility to the effects of speech on reading comprehension. *Applied Cognitive Psychology, 24*, 67–76.

Soska, K. C., & Johnson, S. P. (2008). Development of three-dimensional object completion in infancy. *Child Development, 79*, 1230–1236.

Spano, R., Pridemore, W. A., & Bolland, J. (2012). Are exposure to violence and violent behavior precursors for initiation of gun carrying for poor, urban minority youth? *Journal of Interpersonal Violence, 27*, 158–176.

Spearman, C. (1927). *The abilities of man*. New York: Macmillan.

Spence, I., & Feng, J. (2010). Video games and spatial cognition. *Review of General Psychology, 14*, 92–104.

Spence, M. J., & DeCasper, A. J. (1987). Prenatal experience with low-frequency maternal-voice sounds influences neonatal perception of maternal voice samples. *Infant Behavior and Development, 10,* 133–142.

Spence, M. J., & Freeman, M. S. (1996). Newborn infants prefer the maternal low-pass filtered voice, but not the maternal whispered voice. *Infant Behavior and Development, 19,* 199–212.

Sperling, G. (1960). The information available in brief visual presentations. *Psychological Monographs, 74*, 1–29.

Sperling, G. (1963). A model for visual memory tasks. *Human Factors, 5,* 19–31.

Sperry, R. W. (1968). Mental unity following surgical disconnection of the cerebral hemispheres. *The Harvey Lectures,* Series 62. New York: Academic Press.

Spiers, H. J., & Maguire, E. A. (2007). Decoding human brain activity during real-world experiences. *Trends in Cognitive Sciences, 11*, 356–365.

Spitz, R. A., & Wolf, K. (1946). Anaclitic depression. *Psychoanalytic Study of Children, 2*, 313–342.

Squire, L. R., & Wixted, J. T. (2011). The cognitive neuroscience of human memory since H. M. *Annual Review of Neuroscience, 34*, 259–288.

Stafford, B. L., Balda, R. P., & Kamil, A. C. (2006). Does seed-caching experience affect spatial memory performance by pinyon jays? *Ethology, 112*, 1202–1208.

Stagnitti, M. N. (2007). *Trends in the use and expenditures for the therapeutic class prescribed psychotherapeutic agents and a subclasses, 1997 and 2004*. Rockville, MD: Agency for Healthcare Research and Quality. Retrieved from www.meps.ahrq.gov/mepsweb/data_files/publications/st163/stat163.pdf.

Stahr, B., Cushing, D., Lane, K., & Fox, J. (2006). Efficacy of a function-based intervention in decreasing off-task behavior exhibited by a student with ADHD. *Journal of Positive Behavior Interventions, 8*, 201–211.

Stanley, D. A., Sokol-Hessner, P., Banaji, M. R., & Phelps, E. A. (2011). Implicit race attitudes predict trustworthiness judgments and economic trust decisions. *PNAS, 108*, 7710–7715.

Stanley, D., Phelps, E., & Banaji, M. (2008). The neural basis of implicit attitudes. *Current Directions in Psychological Science, 17*, 164–170.

Stanojevic, M., Kurjak, A., Salihagić-Kadić, A., Vasilj, O., Miskovic, B., Shaddad, A. N., Ahmed, B., & Tomasović, S. (2011). Neurobehavioral continuity from fetus to neonate. *Journal of Perinatal Medicine, 39*, 171–177.

Starace, F., Massa, A., Amico, K. R., & Fisher, J. D. (2006). Adherence to antiretroviral therapy: An empirical test of the information-motivation-behavioral skills model. *Health Psychology, 25,* 153–162.

Staudinger, U. M., & Glück, J. (2011). Psychological wisdom research: Commonalities and differences in a growing field. *Annual Review of Psychology, 62*, 215–241.

Steele, C. M. (1997). A threat in the air: How stereotypes shape intellectual identity and performance. *American Psychologist, 6*, 613–629.

Steele, C. M., & Aronson, J. (1995). Stereotype threat and the intellectual test performance of African Americans. *Journal of Personality and Social Psychology, 69*, 797–811.

Steele, C. M., & Aronson, J. (1998). Stereotype threat and the test performance of academically successful African Americans. In C. Jencks & M. Phillips (Eds.), *The Black–White test score gap* (pp. 401–427). Washington, DC: Brookings Institution Press.

Stein, M. B., Jang, K. L., Taylor, S., Vernon, P. A., & Livesley, W. J. (2002). Genetic and environmental influences on trauma exposure and post-traumatic stress disorder symptoms: A twin study. *American Journal of Psychiatry, 159*, 1675–1681.

Steinberg, L. (2008). A social neuroscience perspective on adolescent risk-taking. *Developmental Review, 28*, 78–106.

Stepanova, E. V., Strube, M. J., & Hetts, J. J. (2009). They saw a triple lutz: Bias and perception in American and Russian newspaper coverage of the 2002 Olympic figure skating scandal. *Journal of Applied Social Psychology, 39*, 1763–1784.

Stern, W. (1914). The psychological methods of testing intelligence. *Educational Psychology Monographs* (No. 13).

Sternberg, R. J. (1986). *Intelligence applied*. San Diego: Harcourt Brace Jovanovich.

Sternberg, R. J. (1999). The theory of successful intelligence. *Review of General Psychology, 3*, 292–316.

Sternberg, R. J. (2006). The Rainbow Project: Enhancing the SAT through assessments of analytical, practical, and creative skills. *Intelligence, 34*, 321–350.

Sternberg, R. J. (2007). Who are the bright children? The cultural context of being and acting intelligent. *Educational Researcher, 36*, 148–155.

Sternberg, R. J. (2010). Assessment of gifted students for identification purposes: New techniques for a new millennium. *Learning and Individual Differences, 20*, 327–336.

Sternberg, R. J., & Grigorenko, E. L. (2007). The difficulty of escaping preconceptions in writing an article about the difficulty of escaping preconceptions: Commentary on Hunt and Carlson (2007). *Perspectives on Psychological Science, 2*, 221–226.

Sternberg, R. J., Grigorenko, E. L., & Kidd, K. K. (2005). Intelligence, race, and genetics. *American Psychologist, 60*, 46–59.

Sternthal, M. J., Slopen, N., & Williams, D. R. (2011). Racial disparities in health: How much does stress really matter? *Du Bois Review, 8*, 95–113.

Stewart, D. E., & Yuen, T. (2011). A systematic review of resilience in the physically ill. *Psychosomatics, 52*, 199–209.

Stewart, S. A. (2005). The effects of benzodiazepines on cognition. *Journal of Clinical Psychiatry, 66* (Suppl. 2), 9–13.

Stewart, W. H., Jr., & Roth, P. L. (2007). A meta-analysis of achievement motivation differences between entrepreneurs and managers. *Journal of Small Business Management, 45*, 401–421.

Stewart-Williams, S. (2007). Altruism among kin vs. nonkin: Effects of cost of help and reciprocal exchange. *Evolution and Human Behavior, 28*, 193–198.

Stiles, J., & Jernigan, T. L. (2010). The basics of brain development. *Neuropsychology Review, 20*, 327–348.

Stocco, A., Lebiere, C., & Anderson, J. R. (2010). Conditional routing of information in the cortex: A model of the basal ganglia's role in cognitive coordination. *Psychological Review, 117*, 541–574.

Stockhorst, U., Steingrueber, H.-J., Enck, P., & Klosterhalfen, S. (2006). Pavlovian conditioning of nausea and vomiting. *Autonomic Neuroscience: Basic and Clinical, 129*, 50–57.

Stone, J., & McWhinnie, C. (2008). Evidence that blatant versus subtle stereotype threat cues impact performance through dual processes. *Journal of Experimental Social Psychology, 44*, 445–452.

Storbeck, J., & Clore, G. L. (2007). On the interdependence of cognition and emotion. *Cognition and Emotion, 21*, 1212–1237.

Strayer, D. L., Drews, R. A., & Johnston, W. A. (2003). Cell phone-induced failures of visual attention during simulated driving. *Journal of Experimental Psychology: Applied, 9*, 23–32.

Strayer, D. L., Watson, J. M., & Drews, F. A. (2011). Cognitive distraction while multitasking in the automobile. In B. H. Ross (Ed.), *The psychology of learning and motivation* (Vol. 54, pp. 29–58). Burlington, MA: Academic Press.

Striegel-Moore, R. H., & Franko, D. L. (2008). Should binge eating disorder be included in *DSM-V*? A critical review of the state of the evidence. *Annual Review of Clinical Psychology, 4*, 305–324.

Striegel-Moore, R. H., Dohm, F. A., Kraemer, H. C., Taylor, C. B., Daniels, S., Crawford, P. B., & Schreiber, G. B. (2003). Eating disorders in White and Black women. *American Journal of Psychiatry, 160*, 1326–1331.

Striegel-More, R. H., & Bulik, C. M. (2007). Risk factors for eating disorders. *American Psychologist, 62*, 181–198.

Subotnik, K. L., Nuechterlein, K. H., Ventura, J., Gitlin, M. J., Marder, S., Mintz, J., Hellemann, G. S., Thornton, L. A., & Singh, I. R. (2011). Risperidone nonadherence and return of positive symptoms in the early course of schizophrenia. *American Journal of Psychiatry, 168*, 286–292.

Substance Abuse and Mental Health Service Administration (SAMHSA). (2010). *Results from the 2009 national survey on drug use and health: Volume I. Summary of national findings.* Available at www.oas.samhsa.gov/.

Sue, S. (2006). Cultural competency: From philosophy to research and practice. *Journal of Community Psychology, 34*, 237–245.

Sulem, P., Gudbjartsson, D. F., Geller, F., Prokopenko, Feenstra, B., Aben, K. K. H., Franke, B., den Heijer, M., Kovacs, P., Stumvoll, M., Mägi, R., Yanek, L. R., Becker, L. C., Boyd, H. A., Stacey, S. N., Walters, G. B., Jonasdottir, A., Thorleifsson, G., Holm, H., Gudjonsson, S. A., Rafnar, T., Björnsdottir, G., Becker, D. M., Melbye, M., Kong, A., Tönjes, A., Thorgeirsson, T., Thorsteinsdottir, U., Kiemeney, L. A., & Stefansson, K. (2011). Sequence variants at CYP1A1–CYP1A2 and AHR associate with coffee consumption. *Human Molecular Genetics, 20*, 2071–2077.

Sullivan, H. S. (1953). *The interpersonal theory of psychiatry.* New York: Norton.

Summerville, A., & Roese, N. J. (2008). Dare to compare: Fact-based versus simulation-based comparison in daily life. *Journal of Experimental Social Psychology, 44*, 664–671.

Swann, W. B., Chang-Schneider, C., & McClarty, K. L. (2007). Do people's self-views matter? Self-concept and self-esteem in everyday life. *American Psychologist, 62*, 84–94.

Swazey, J. P. (1974). *Chlorpromazine in psychiatry: A study of therapeutic innovation.* Cambridge, MA: MIT Press.

Swogger, M. T., Conner, K. R., Meldrum, S. C., & Caine, E. D. (2009). Dimensions of psychopathy in relation to suicidal and self-injurious behavior. *Journal of Personality Disorders, 23*, 201–210.

Szasz, T. S. (1974). *The myth of mental illness* (rev. ed.). New York: Harper & Row.

Szasz, T. S. (2004). *Faith in freedom: Libertarian principles and psychiatric practices.* Somerset, NJ: Transaction Publishers.

Szekely, A., Loránd, E., Kovacs-Nagy, R., Bányai, E. I., Gosi-Greguss, A. C., Varga, K., Halmai, Z., Ronai, Z., & Sasvari-Szekely, M. (2010). Association between hypnotizability and the catechol-o-methyltransferase (COMT) polymorphism. *International Journal of Clinical and Experimental Hypnosis, 58*, 301–315.

Taatgen, N. A., & Lee, F. J. (2003). Production compilation: A simple mechanism to model complex skill acquisition. *Human Factors, 45*, 61–76.

Taatgen, N. A., Huss, D., Dickison, D., & Anderson, J. R. (2008). The acquisition of robust and flexible cognitive skills. *Journal of Experimental Psychology: General, 137*, 548–565.

Tacon, A. M., McComb, J., Caldera, Y., & Randolph, P. Mindfulness meditation, anxiety reduction, and heart disease: A pilot study. *Family and Community Health, 26*, 25–33.

Tajfel, H., Billig, M., Bundy, R., & Flament, C. (1971). Social categorization and intergroup behavior. *European Journal of Social Psychology, 1*, 149–178.

Talarico, J. M., & Rubin, D. C. (2003). Confidence, not consistency, characterizes flashbulb memories. *Psychological Science, 14*, 455–461.

Talarico, J. M., & Rubin, D. C. (2007). Flashbulb memories are special after all; in phenomenology, not accuracy. *Applied Cognitive Psychology, 21*, 527–578.

Tan, K. R., Rudolph, U., & Lüscher, C. (2011). Hooked on benzodiazepines: $GABA_A$ receptor subtypes and addiction. *Trends in Neurosciences, 34*, 188–197.

Tandon, R., Keshavan, M. S., & Nasrallah, H. A. (2008). Schizophrenia, "Just the Facts": What we know in 2008. 2. Epidemiology and etiology. *Schizophrenia Research, 102*, 1–18.

Tanofsky-Kraff, M., Wilfley, D. E., & Spurrell, E. (2000). Impact of interpersonal and ego-related stress on restrained eaters. *Inter national Journal of Eating Disorders, 27*, 411–418.

Tarbox, S. I., & Pogue-Geile, M. F. (2008). Development of social functioning in preschizophrenic children and adolescents: A systematic review. *Psychological Bulletin, 34*, 561–583.

Tay, L., & Diener, E. (2011). Needs and subjective well-being around the world. *Journal of Personality and Social Psychology, 101*, 354–365.

Taylor, C. T., Bomyea, J., & Amir, N. (2010). Attentional bias away from positive social information mediates the link between social anxiety and anxiety vulnerability to a social stressor. *Journal of Anxiety Disorders, 24*, 403–408.

Taylor, S. E. (2006). Tend and befriend: Biobehavioral bases of affiliation under stress. *Current Directions in Psychological Science, 15*, 273–277.

Taylor, S. E., Klein, L. C., Lewis, B. P., Gruenewald, T. L., Gurung, R. A. R., & Updegraff, J. A. (2000). Biobehavioral responses to stress in females: Tend-and-befriend, not fight-or-flight. *Psychological Review, 107*, 411–429.

Tedeschi, R. G., & Calhoun, L. G. (2004). Posttraumatic growth: Conceptual foundations and empirical evidence. *Psychological Inquiry, 15*, 1–18.

Tedlock, B. (1992). The role of dreams and visionary narratives in Mayan cultural survival. *Ethos, 20*, 453–476.

Tellegen, A. & Ben-Porath, Y. S. (2008). *MMPI-2-RF Technical Manual.* Minneapolis: University of Minnesota Press.

Templin, M. (1957). Certain language skills in children: Their development and interrelationships. *Institute of Child Welfare Monograph,* Series No. 26. Minneapolis: University of Minnesota Press.

Teplin, L. A., McClelland, G. M., Abram, K. M., & Weiner, D. A. (2005). Crime victimization in adults with severe mental illness. *Archives of General Psychiatry, 62,* 911–921.

Terman, L. M. (1916). *The measurement of intelligence.* Boston: Houghton Mifflin.

Terman, L. M., & Merrill, M. A. (1937). *Measuring intelligence.* Boston: Houghton Mifflin.

Terman, L. M., & Merrill, M. A. (1960). *The Stanford-Binet intelligence scale.* Boston: Houghton Mifflin.

Terman, L. M., & Merrill, M. A. (1972). *Stanford-Binet intelligence scale— manual for the third revision, Form L-M.* Boston: Houghton Mifflin.

Thase, M. E., & Denko, T. (2008). Pharmacotherapy of mood disorders. *Annual Review of Clinical Psychology, 4,* 53–91.

Thiessen, E. D., Hill, E. A., & Saffran, J. R. (2005). Infant-directed speech facilitates word segmentation. *Infancy, 7,* 53–71.

Thoma, N. C., & Cecero, J. J. (2009). Is integrative use of techniques in psychotherapy the exception or the rule? Results of a national survey of doctoral-level practitioners. *Psychotherapy Theory, Research, Practice, Teaching, 46,* 405–417.

Thomas, A., & Chess, S. (1977). *Temperament and development.* New York: Brunner/Mazel.

Thomas, E. L., & Robinson, H. A. (1972). *Improving reading in every class: A sourcebook for teachers.* Boston: Allyn & Bacon.

Thomas, M. L. (2011). Detection of female mating status using chemical signals and cues. *Biological Reviews, 86,* 1–13.

Thompson, P. M., Vidal, C., Giedd, J. N., Gochman, P., Blumenthal, J., Nicolson, R., Toga, A. W., & Rapoport, J. L. (2001). Mapping adolescent brain change reveals dynamic wave of accelerated gray matter loss in very early-onset schizophrenia. *PNAS, 98,* 11650–11655.

Thompson, R. J., Mata, J., Jaeggi, S. M., Buschkuehl, M., Jonides, J., & Gotlib, I. H. (2011). Concurrent and prospective relations between attention to emotion and affect intensity: An experience sampling study. *Emotion, 11,* 1489–1494.

Thompson, W. L., Kosslyn, S. M., Hoffman, M. S., & van der Koolj, K. (2008). Inspecting visual mental images: Can people "see" implicit properties as easily in imagery and perception? *Memory & Cognition, 36,* 1024–1032.

Thomson, D. R., Milliken, B., & Smilek, D. (2010). Long-term conceptual implicit memory: A decade of evidence. *Memory & Cognition, 38,* 42–46.

Thorndike, E. L. (1898). Animal intelligence. *Psychological Review Monograph Supplement, 2*(4, Whole No. 8).

Thorndike, R. L., Hagen, E. P., & Sattler, J. M. (1986). *Stanford-Binet intelligence scale* (4th ed.). Chicago: Riverside.

Thorne, B. M., & Henley, T. B. (2005). *Connections in the history and systems of psychology* (3rd ed.). Boston: Houghton Mifflin.

Thorpe, S. K. S., Holder, R. L., & Crompton, R. H. (2007). Origin of human bipedalism as an adaptation for locomotion on flexible branches. *Science, 316,* 1328–1331.

Tice, D. M., & Baumeister, R. F. (1997). Longitudinal study of procrastination, performance, stress, and health: The costs and benefits of dawdling. *Psychological Science, 8,* 454–458.

Tiger, J. H., & Hanley, G. P. (2006). Using reinforcer pairing and fading to increase the milk consumption of a preschool child. *Journal of Applied Behavior Analysis, 39,* 399–403.

Timmann, D., Drepper, J., Frings, M., Maschke, M., Richter, S., Gerwig, M., & Kolb, F. P. (2010). The human cerebellum contributes to motor, emotional and cognitive associative learning. A review. *Cortex, 46,* 845–857.

Titchener, E. B. (1910). *A textbook of psychology.* New York: Macmillan.

Toblin, R. L., Mack, K. A., Pervenn, G., & Paulozzi, L. J. (2011). A population-based survey of chronic pain and its treatment with prescription drugs. *Pain, 152,* 1249–1255.

Todrank, J., & Bartoshuk, L. M. (1991). A taste illusion: Taste sensation localized by touch. *Physiology & Behavior, 50,* 1027–1031.

Tolman, E. C. (1948). Cognitive maps in rats and men. *Psychological Review, 55,* 189–208.

Tolman, E. C., & Honzik, C. H. (1930). "Insight" in rats. *University of California Publications in Psychology, 4,* 215–232.

Tomasello, M. (2008). *Origins of human communication.* Cambridge, MA: MIT Press.

Tomkins, S. (1962). *Affect, imagery, consciousness* (Vol. 1). New York: Springer.

Tomkins, S. (1981). The quest for primary motives: Biography and autobiography of an idea. *Journal of Personality and Social Psychology, 41,* 306–329.

Tomkovick, C., Lester, S. W., Flunker, L., & Wells, T. A. (2008). Linking collegiate service-learning to future volunteerism: Implications for non-profit organizations. *Nonprofit Management and Leadership, 19,* 3–26.

Tong, S. T., Van Der Heide, B., Langwell, L., & Walther, J. B. (2008). Too much of a good thing? The relationship between number of friends and interpersonal impressions on Facebook. *Journal of Computer-Mediated Communication, 13,* 531–549.

Torgersen, S., Lygren, S., Øien, P. A., Skre, I., Onstad, S., Edvardsen, J., Tambs, K., & Kringlen, E. (2000). A twin study of personality disorders. *Comprehensive Psychiatry, 41,* 416–425.

Torrance, E. P. (1974). *The Torrance tests of creative thinking: Technical-norms manual.* Bensenville, IL: Scholastic Testing Services.

Tran, V., Wiebe, D. J., Fortenberry, K. T., Butler, J. M., & Berg, C. A. (2011). Benefit finding, affective reactions to diabetes stress, and diabetes management among early adolescents. *Health Psychology, 30,* 212–219.

Trautner, H. M., Ruble, D. N., Cyphers, L., Kirsten, B., Behrendt, R., & Hartmann, P. (2005). Rigiditiy and flexibility of gender stereotypes in childhood: Developmental or differential? *Infant and Child Development, 14,* 365–381.

Trescot, A. M., Datta, S., Lee, M., & Hansen, H. (2008). Opiod pharmacology. *Pain Physician, 11,* S133–S153.

Triandis, H. C. (1990). Cross-cultural studies of individualism and collectivism. In J. Berman (Ed.), *Nebraska Symposium on Motivation, 1989* (pp. 41–133). Lincoln: University of Nebraska Press.

Triandis, H. C. (1994). *Culture and social behavior.* New York: McGraw-Hill.

Triandis, H. C. (1995). *Individualism and collectivism.* Boulder, CO: Westview.

Trivers, R. L. (1971). The evolution of reciprocal altruism. *Quarterly Review of Biology, 46,* 35–57.

Troisi, J. D., & Gabriel, S. (2011). Chicken soup really is good for the soul: "Comfort food" fulfills the need to belong. *Psychological Science, 22,* 747–753.

Tryon, G. S., & Winograd, G. (2011). Goal consensus and collaboration. *Psychotherapy, 48,* 50–57.

Tryon, W. W. (2008). Whatever happened to symptom substitution? *Clinical Psychology Review, 28,* 963–968.

Trzesniewski, K. H., Donnellan, M. B., Moffitt, T. E., Robins, R. W., Poulton, R., & Caspi, A. (2006). Low self-esteem during adolescence predicts poor health, criminal behavior, and limited economic prospects during adulthood. *Developmental Psychology, 42,* 381–390.

Tsakaris, M., Carpenter, L., James, D., & Fotopoulou, A. (2010). Hands only illusion: Multisensory integration elicits sense of ownership for body parts but not for non-corporeal objects. *Experimental Brain Research, 204,* 343–352.

Tucker-Drob, E., Rhemtulla, M., Harden, K. P., Turkheimer, E., & Fask, D. (2011). Emergence of a gene x socioeconomic status on infant mental ability between 10 months and 2 years. *Psychological Science, 22,* 125–133.

Tulving, E. (1972). Episodic and semantic memory. In E. Tulving &

W. Donaldson (Eds.), *Organization of memory*. New York: Academic Press.

Tulving, E., & Thomson, D. M. (1973). Encoding specificity and retrieval processes in episodic memory. *Psychological Review, 80*, 352–373.

Tun, P. A., & Lachman, M. E. (2010). The association between computer use and cognition across adulthood: Use it so you won't lose it? *Psychology and Aging, 25*, 560–568.

Tupes, E. G., & Christal, R. C. (1961). *Recurrent personality factors based on trait ratings* (Tech. Rep. No. ASD-TR-61-97). Lackland Air Force Base, TX: U.S. Air Force.

Turkeltaub, P. E., Messing, S., Norise, C., & Hamilton, R. H. (2011). Are networks for residual language function and recovery consistent across aphasic patients? *Neurology, 76*, 1726–1734.

Turner, C. F., Villarroel, M. A., Chromy, J. R., Eggleston, E., & Rogers, S. M. (2005). Same-gender sex among U.S. adults: Trends across the twentieth century and during the 1990s. *Public Opinion Quarterly, 69*, 439–462.

Turner, M. E., & Pratkanis, A. R. (1998). A social identity maintenance model of groupthink. *Organizational Behavior and Human Decision Processes, 73*, 210–235.

Turner, M. L., & Engle, R. W. (1989). Is working memory capacity task dependent? *Journal of Memory and Language, 28*, 127–154.

Tversky, A., & Kahneman, D. (1973). Availability: A heuristic for judging frequency and probability. *Cognitive Psychology, 5,* 207–232.

Twenge, J. M., Campbell, W. K., & Foster, C. A. (2003). Parenthood and marital satisfaction: A meta-analytic review. *Journal of Marriage and Family, 65*, 574–583.

U.S. Census Bureau (2008). *2007 American community survey*. Retrieved from www.census.gov/acs/www/index.html.

U.S. Census Bureau (2011). *America's families and living arrangements: 2010*. Retrieved from www.census.gov/population/www/socdemo/hh-fam/cps2010.html.

U.S. Department of Agriculture. (2010). Dietary guidelines for Americans 2010. Retrieved from www.health.gov/dietaryguidelines/dga2010/DietaryGuidelines2010.pdf.

U.S. Department of Health and Human Services. (2010). *Child maltreatment 2009*. Retrieved from www.acf.hhs.gov/programs/cb/pubs/cm09/cm09.pdf.

U.S. Department of Health and Human Services. (2010). *Trends in the prevalence of sexual behaviors*. Retrieved from www.cdc.gov/HealthyYouth/yrbs/pdf/us_sexual_trend_yrbs.pdf.

Uher, R., Caspi, A., Houts, R., Sugden, K., Williams, B., Poulton, R., & Moffitt, T. E. (2011). Serotonin transporter gene moderates childhood maltreatment's effects on persistent but not single-episode depression: Replications and implications for resolving inconsistent results. *Journal of Affective Disorders, 135*, 56–65.

Ullman, S. E., Filipas, H. H., Townsend, S. M., & Starzynski, L. L. (2007). Psychosocial correlates of PTSD symptom severity in sexual assault survivors. *Journal of Traumatic Stress, 20*, 821–831.

Underwood, B. J. (1948). Retroactive and proactive inhibition after five and forty-eight hours. *Journal of Experimental Psychology, 38*, 28–38.

Underwood, B. J. (1949). Proactive inhibition as a function of time and degree of prior learning. *Journal of Experimental Psychology, 39*, 24–34.

Undorf, M., & Erdfelder, E. (2011). Judgments of learning reflect encoding fluency: Conclusive evidence for the ease-of-processing hypothesis. *Journal of Experimental Psychology: Learning, Memory, and Cognition, 37*, 1264–1269.

Unsworth, N., Spillers, G. J., & Brewer, G. A. (2012). Dynamics of context-dependent recall: An examination of internal and external context change. *Journal of Memory and Language, 66*, 1–16.

Urban, J., Carlson, E., Egeland, B., & Stroufe, L. A. (1991). Patterns of individual adaptation across childhood. *Development and Psychopathology, 3*, 445–460.

van der Sluis, S., Willemsen, G., de Geus, E. J. C., Boomsma, D. I., &

Posthuma, D. (2008). Gene-environment interaction in adults' IQ scores: Measures of past and present environment. *Behavior Genetics, 38*, 348–360.

van Dijk, E., & Zeelenberg, M. (2005). On the psychology of "if only": Regret and the comparison between factual and counterfactual outcomes. *Organizational Behavior and Human Decision Processes, 97*, 152–160.

van Soelen, I. L. C., Brouwer, R. M., van Leeuwen, M., Kahn, R. S., Hulshoff Pol, H. E., & Boomsma, D. I. (2011). Heritability of verbal and performance intelligence in a pediatric longitudinal sample. *Twin Research and Human Genetics, 14*, 119–128.

van Tol, M.-J., van der Wee, N. J. A., van den Heuvel, O. A., Nielen, M. M. A., Demenescu, L. R., Aleman, A., Renken, R., van Buchem, M. A., Zitman, F. G., & Veltman, D. J. (2010). Regional brain volume in depression and anxiety disorders. *Archives of General Psychiatry, 67*, 1002–1011.

Van Zeijl, J., Mesman, J., Van IJzendoorn, M. H., Bakermans-Kranenburg, M. J., Juffer, F., Stolk, M. N., Koot, H. M., & Alink, L. R. A. (2006). Attachment-based intervention for enhancing sensitive discipline in mothers of 1- to 3-year-old children at risk for externalizing behavior problems: A randomized controlled trial. *Journal of Consulting and Clinical Psychology, 74*, 994–1005.

Vandell, D. L., Belsky, J., Burchinal, M., Steinberg, L., Vandergrift, N., & NICHD Early Child Care Research Network. (2010). Do effects of early child care extend to age 15 years? Results from the NICHD study of early child care and youth development. *Child Development, 81*, 737–756.

Vanden Bogaerde, A., & De Raedt, R. (2011). The moderational role of anxiety sensitivity in flight phobia. *Journal of Anxiety Disorders, 25*, 422–426.

Vartanian, L. R., Herman, C. P., & Wansink, B. (2008). Are we aware of the external factors that influence our food intake? *Health Psychology, 27*, 533–538.

Vaughn, E. D., Thomas, A., & Doyle, A. L. (2011). The multiple disability implicit association test: Psychometric analysis of a multiple administration IAT measure. *Rehabilitation Counselling Bulletin, 54*, 223–235.

Velicer, W. F., Redding, C. A., Sun, X., & Prochaska, J. O. (2007). Demographic variables, smoking variables, and outcome across five studies. *Health Psychology, 26*, 278–287.

Vemuri, V. K., Janero, R., & Makriyannis, A. (2008). Pharmacotherapeutic targeting of the endocannabinoid system: Drugs for obesity and the metabolic syndrome. *Physiology & Behavior, 93*, 671–686.

Vezina, P., McGehee, D. S., & Green, W. N. (2007). Exposure to nicotine and sensitization of nicotine-induced behaviors. *Progress in Neuro-Psychopharmacology & Biological Psychiatry, 31*, 1625–1638.

Viding, E., Blair, J. R., Moffitt, T. E., & Plomin, R. (2005). Evidence for substantial genetic risk for psychopathy in 7-year-olds. *Journal of Child Psychology and Psychiatry, 46*, 592–597.

Vieland, V. J., Hallmayer, J., Huang, Y., Pagnamenta, A. T., Pinto, D. Khan, H., Monaco, A. P., Paterson, A. D., Scherer, S. W., Sutcliffe, J. S., Szatmari, P., & The Autism Genome Project (AGP). (2011). Novel method for combined linkage and genome-wide association analysis finds evidence of distinct genetic architecture for two subtypes of autism. *Journal of Neurodevelopmental Disorders, 3*, 113–123.

Vignoles, V. L., Regalia, C., Manzi, C., Golledge, J., & Scabini, E. (2006). Beyond self-esteem: Influence of multiple motives on identity construction. *Journal of Personality and Social Psychology, 90*, 308–333.

Vink, J. M., Staphorsius, A. S., & Boomsma, D. I. (2009). A genetic analysis of coffee consumption in a sample of Dutch twins. *Twin Research and Human Genetics, 12*, 127–131.

Vishwanath, A., Herath, T., Chen, R., Wang, J., & Rao, H. R. (2011). Why do people get phished? Testing individual differences in phishing vulnerability within an integrated information processing model. *Decision Support Systems, 51*, 576–586.

Visser, B. A., Ashton, M. C., & Vernon, P. A. (2006). Beyond *g*: Putting multiple intelligences theory to the test. *Intelligence, 34*, 487–502.

Vocks, S., Busch, M., Grönemeyer, D., Schulte, D., Herpertz, S., & Suchan, B. (2010). Differential neuronal responses to the self and others in the extrastriate body area (EBA) and the fusiform body area. *Cognitive, Affective, and Behavioral Neuroscience, 10,* 422–429.

Vohs, K. D., & Schooler, J. W. (2008). The value of believing in free will: Encouraging a belief in determinism increases cheating. *Psychological Science, 19,* 49–54.

Von Oorsouw, W. M. W. J., Israel, M. L., von Heyn, R. E., & Duker, P. C. (2008). Side effects of contingent shock treatment. *Research in Developmental Disabilities, 29,* 513–523.

Vonnegut, M. (1975). *The Eden express.* New York: Bantam.

Voorspoels, W., Vanpaemel, W., & Storms, G. (2008). Exemplars and prototypes in natural language concepts: A typicality-based evaluation. *Psychonomic Bulletin & Review, 15,* 630–637.

Voss, J. L., & Paller, K. A. (2008). Brain substrates of implicit and explicit memory: The importance of concurrently acquired neural signals of both memory types. *Neuropsychologia, 46,* 3021–3029.

Voss, U., Holzmann, R., Tuin, I., & Hobson, J. A. (2009). Lucid dreaming: A state of consciousness with features of both waking and non-lucid dreaming. *Sleep, 32,* 1191–1200.

Vroom, V. H. (1964). *Work and motivation.* New York: Wiley.

Vu, H., Kellas, G., Metcalf, K., & Herman, R. (2000). The influence of global discourse on lexical ambiguity resolution. *Memory & Cognition, 28,* 236–252.

Vuong, M., Brown-Welty, S., & Tracz, S. (2010). The effects of self-efficacy on academic success of first-generation college sophomore students. *Journal of College Student Development, 51,* 50–64.

Wade, T. D., Tiggemann, M., Bulik, C. M., Fairburn, C. G., Wray, N. R., & Martin, N. G. (2008). Shared temperament risk factors for anorexia nervosa: A twin study. *Psychosomatic Medicine, 70,* 239–244.

Wallach, M. A., & Kogan, N. (1965). *Modes of thinking in young children.* New York: Holt, Rinehart & Winston.

Wallis, D. J., & Hetherington, M. M. (2004). Stress and eating: The effects of ego-threat and cognitive demand on food intake in restrained and emotional eaters. *Appetite, 43,* 39–46.

Walton, G. M., & Cohen, G. L. (2007). A question of belonging: Race, social fit, and achievement. *Journal of Personality and Social Psychology, 92,* 82–96.

Walton, G. M., & Cohen, G. L. (2011). A brief social-belonging intervention improves academic and health outcomes of minority students. *Science, 331,* 1447–1451.

Wampold, B. E. (2001). *The great psychotherapy debate: Models, methods, and findings.* Mahwah, NJ: Erlbaum.

Wang, C., & Mallinckrodt, B. S. (2006). Differences between Taiwanese and U.S. cultural beliefs about ideal adult attachment. *Journal of Counseling Psychology, 53,* 192–204.

Wang, P. S., Berglund, P., Olfson, M., Pincus, H. A., Wells, K. B., & Kessler, R. C. (2005). Failure and delay in initial treatment contact after first onset of mental disorders in the national comorbidity survey replication. *Archives of General Psychiatry, 62,* 603–613.

Wang, S., Baillargeon, R., & Brueckner, L. (2004). Young infants' reasoning about hidden objects: Evidence from violation-of-expectation tasks with test trials only. *Cognition, 93,* 167–198.

Wang, S.-H., & Morris, R. G. M. (2010). Hippocampal-neocortical interactions in memory formation, consolidation, and reconsolidation. *Annual Review of Psychology, 61,* 49–79.

Warren, C. S. (2008). The influence of awareness and internalization of Western appearance ideals on body dissatisfaction in Euro-American and Hispanic males. *Psychology of Men & Masculinity, 9,* 257–266.

Warren, R. M. (1970). Perceptual restoration of missing speech sounds. *Science, 167,* 392–393.

Wasserman, E. A., & Young, M. E. (2010). Same-different discrimination: The keel and backbone of thought and reasoning. *Journal of Experimental Psychology: Animal Behavior Processes, 36,* 3–22.

Wasserman, E. A., & Zentall, T. R. (Eds.). (2006). *Comparative cognition: Experimental explorations of animal intelligence.* New York: Oxford University Press.

Waters, N. L., & Hans, V. P. (2009). A jury of one: Opinion formation, conformity, and dissent on juries. *Journal of Empirical Legal Studies, 6,* 513–540.

Watson, J. B. (1913). Psychology as the behaviorist views it. *Psychological Review, 20,* 158–177.

Watson, J. B. (1919). *Psychology from the standpoint of a behaviorist.* Philadelphia: Lippincott.

Watson, J. B. (1924). *Behaviorism.* New York: Norton.

Watson, J. B., & Rayner, R. (1920). Conditioned emotional reactions. *Journal of Experimental Psychology, 3,* 1–14.

Wax, M. L. (2004). Dream sharing as social practice. *Dreaming, 14,* 83–93.

Wechsler, D. (2002). *WPPSI-III manual.* San Antonio, TX: Psychological Corporation.

Wechsler, D. (2003). *WISC-IV manual.* San Antonio, TX: Psychological Corporation.

Wechsler, D. (2008). *Wechsler Adult Intelligence Scale—Fourth Edition.* San Antonio, TX: Pearson.

Weeks, J. W., Heimberg, R. G., Rodebaugh, T. L., & Norton, P. J. (2008). Exploring the relationship between fear of positive evaluation and social anxiety. *Journal of Anxiety Disorders, 22,* 386–400.

Weidner, R., & Find, G. R. (2007). The neural mechanisms underlying the Müller-Lyer illusion and its interaction with visuospatial judgments. *Cerebral Cortex, 17,* 878–884.

Weinberger, L. E., Sreenivasan, S., Garrick, T., & Osran, H. (2005). The impact of surgical castration on sexual recidivism risk among sexually violent predatory offenders. *The Journal of the American Academy of Psychiatry and the Law, 33,* 16–36.

Weinfield, N. S., Ogawa, J. R., & Sroufe, L. A. (1997). Early attachment as a pathway to adolescent peer competence. *Journal of Research on Adolescence, 7,* 241–265.

Weiss, A., Bates, T. C., & Luciano, M. (2008). Happiness is a personal(ity) thing: The genetics of personality and well-being in a representative sample. *Psychological Science, 19,* 205–210.

Weissenborn, R., & Duka, T. (2000). State-dependent effects of alcohol on explicit memory: The role of semantic associations. *Psychopharmacology, 149,* 98–106.

Welborn, B. L., Papademetris, X., Reis, D. L., Rajeevan, N., Bloise, S. M., & Gray, J. R. (2009). Variation in orbitofrontal cortex volume: Relation to sex, emotion regulation and affect. *Social Cognitive and Affective Neuroscience, 4,* 328–339.

Wellman, H. M., Fang, F., & Peterson, C. C. (2011). Sequential progressions in a theory-of-mind scale: Longitudinal perspectives. *Child Development, 82,* 780–792.

Wells, G. L., & Loftus, E. F. (2003). Eyewitness memory for people and events. In A. M. Goldstein (Ed.), *Handbook of psychology: Forensic psychology* (Vol. 11, pp. 149–160). New York: Wiley.

Werker, J. F. (1991). The ontogeny of speech perception. In I. G. Mattingly & M. Studdert-Kennedy (Eds.), *Modularity and the motor theory of speech perception* (pp. 91–109). Hillsdale, NJ: Erlbaum.

Werker, J. F., & Lalond, F. M. (1988). Cross-language speech perception: Initial capabilities and developmental change. *Developmental Psychology, 24,* 672–683.

Werker, J. F., & Tees, R. C. (1999). Influences on infant speech processing: Toward a new synthesis. *Annual Review of Psychology, 50,* 509–535.

Wertheimer, M. (1923). Untersuchungen zur lehre von der gestalt, II. *Psychologische Forschung, 4,* 301–350.

West, M. L., Yanos, P. T., Smith, S. M., Roe, D., & Lysaker, P. H. (2011).

Prevalence of internalized stigma among persons with severe mental illness. *Stigma Research and Action*, *1*, 54–59.

Wever, E. G. (1949). *Theory of hearing.* New York: Wiley.

Whitbourne, S. K., Sneed, J. R., & Sayer, A. (2009). Psychological development from college through midlife: A 34-year sequential study. *Developmental Psychology*, *45*, 1328–1340.

Whitchurch, E. R., Wilson, T. D., & Gilbert, D. T. (2011). "He loves me, he loves me not...": Uncertainty can increase romantic attraction. *Psychological Science*, *22*, 172–175.

Whorf, B. L. (1956). In J. B. Carroll (Ed.), *Language, and reality: Selected writings of Benjamin Lee Whorf.* Cambridge, MA: MIT Press.

Widom, C. S., Dutton, M. A., Czaja, S. J., & DuMont, K. A. (2005). Development and validation of a new instrument to assess lifetime trauma and victimization history. *Journal of Traumatic Stress*, *18*, 519–531.

Wiggins, J. S. (1973). *Personality and prediction: Principles of personality assessment.* Reading, MA: Addison-Wesley.

Wilhelm, I., Diekelmann, S., Molzow, I., Ayoub, A., Mölle, M., & Born, J. (2011). Sleep selectively enhances memory expected to be of future relevance. *The Journal of Neuroscience*, *31*, 1563–1569.

Wilkinson, S. (2010). *Choosing tomorrow's children: The ethics of selective reproduction.* Oxford: Oxford University Press.

Windy, D., & Ellis, A. (1997). *The practice of rational emotive behavior therapy.* New York: Springer.

Winter, D. G. (2010). Why achievement motivation predicts success in business but failure in politics: The importance of personal control. *Journal of Personality*, *78*, 1637–1667.

Witherington, D. C., Campos, J. J., Anderson, D. I., Lejeune, L., & Seah, E. (2005). Avoidance of heights on the visual cliff in newly walking infants. *Infancy*, *7*, 285–298.

Witt, J. K., & Proffitt, D. R. (2005). See the ball, hit the ball: Apparent ball size is correlated with batting average. *Psychological Science*, *16*, 937–938.

Wittmann, M., Dinich, J., Merrow, M., & Roenneberg, T. (2006). Social jetlag: Misalignment of biological and social time. *Chronobiology International*, *23*, 497–509.

Wittmann, M., Paulus, M., & Roenneberg, T. (2010). Decreased psychological well-being in late "chronotypes" is mediated by smoking and alcohol consumption. *Substance Use & Misuse*, *45*, 15–30.

Wolcott, S., & Strapp, C. M. (2002). Dream recall frequency and dream detail as mediated by personality, behavior, and attitude. *Dreaming*, *12*, 27–44.

Wolf, H. (2011). Odometry and insect navigation. *The Journal of Experimental Biology*, *214*, 1629–1641.

Wolfe, J. M. (2003). Moving towards solutions to some enduring controversies in visual search. *Trends in Cognitive Science*, *7*, 70–76.

Wolfe, J. M., Friedman-Hill, S. R., & Bilsky, A. B. (1994). Parallel processing of part-whole information in visual search tasks. *Perception & Psychophysics*, *55*, 537–550.

Wolmer, L., Hamiel, D., & Laor, N. (2011). Preventing children's stress after disaster with teacher-based intervention: A controlled study. *Journal of the Academy of Child & Adolescent Psychiatry*, *50*, 340–348.

Wolpe, J. (1958). *Psychotherapy by reciprocal inhibition.* Stanford, CA: Stanford University Press.

Wolpe, J. (1973). *The practice of behavior therapy* (2nd ed.). New York: Pergamon Press.

Wong, S. C. P., & Gordon, A. (2006). The validity and reliability of the violence risk scale: A treatment-friendly violence risk assessment tool. *Psychology, Public Policy, and Law*, *12*, 279–309.

Wood, E., Desmarais, S., & Gugula, S. (2002). The impact of parenting experience of gender stereotyped toy play of children. *Sex Roles*, *47*, 39–49.

Wood, J. M., Bootzin, R. R., Rosenhan, D., Nolen-Hoeksema, S., & Jourden, F. (1992). Effects of the 1989 San Francisco earthquake on frequency and content of nightmares. *Journal of Abnormal Psychology*, *101*, 219–224.

Wood, S. J., Pantelis, C., Velakoulis, D., Yücel, M., Fornito, A., & McGorry, P. D. (2008). Progressive changes in the development toward schizophrenia: Studies in subjects at increased symptomatic risk. *Schizophrenia Bulletin*, *34*, 322–329.

Wood, W. (2000). Attitude change: Persuasion and social influence. *Annual Review of Psychology, 51*, 539–570.

Wood, W., Lundgren, S., Ouellette, J. A., Busceme, S., & Blackstone, T. (1994). Minority influence: A meta-analytic review of social influence processes. *Psychological Bulletin, 115*, 323–345.

Woolf, C. J. (2011). Central sensitization: Implications for diagnosis and treatment of pain. *Pain*, *152*, S2–S15.

Woolley, H. T. (1910). Psychological literature: A review of the recent literature on the psychology of sex. *Psychological Bulletin*, *7*, 335–342.

Workman, B. (1990, December 1). Father guilty of killing daughter's friend, in '69. *San Francisco Examiner-Chronicle*, pp. 1, 4.

World Health Orgnization. (2008). *The global burden of disease: 2004 update.* Retrieved from www.who.int/healthinfo/global_burden_disease/GBD_report_ 2004update_full.pdf.

Wright, A. A., Katz, J. S., Magnotti, J., Elmore, L. C., Babb, S., & Alwin, S. (2010). Testing pigeon memory in a change detection task. *Psychonomic Bulletin & Review*, *17*, 243–249.

Wright, L. B., Gregoski, M. J., Tingen, M. S., Barnes, V. A., & Treiber, F. A. (2011). Impact of stress reduction interventions on hostility and ambulatory systolic blood pressure in African American adolescents. *Journal of Black Psychology*, *37*, 210–233.

Wright, M., Creed, P., & Zimmer-Gembeck, M. J. (2010). The development and initial validation of a brief daily hassles scale suitable for use with adolescents. *European Journal of Psychological Assessment*, *26*, 220–226.

Wu, G. F., & Alvarez, E. (2011). The immunopathophysiology of multiple sclerosis. *Neurologic Clinics*, *29*, 257–278.

Wyble, B., Potter, M. C., Bowman, H., & Nieuwenstein, M. (2011). Attentional episodes in visual perception. *Journal of Experimental Psychology: General*, *140*, 488–505.

Yaeger, D. S., Trzesniewski, K. H., Tirri, K., Nokelainen, P., & Dweck, C. S. (2011). Adolescents' implicit theories predict desire for vengence after peer conflict: Correlational and experimental evidence. *Developmental Psychology*, *47*, 1090–1107.

Yamagata, S., Suzuki, A., Ando, J., Ono, Y., Kijima, N., Yoshimura, K., Osendorf, F., Angleitner, A., Riemann, R., Spinath, F. M., Livesley, W. J., & Jang, K. L. (2006). Is the genetic structure of human personality universal? A cross-cultural twin study from North America, Europe, and Asia. *Journal of Personality and Social Psychology, 90*, 987–998.

Yang, C. Y., Kim, S. J., & Lee, S. G. (2011). Identification and field evaluation of the sex pheromone of *Synanthedon bicingulata* (Staudinger). *Journal of Chemical Ecology*, *37*, 398–402.

Yang, M., Wong, S. C. P., & Coid, J. (2010). The efficacy of violence prediction: A meta-analytic comparison of nine risk assessment tools. *Psychological Bulletin*, *136*, 740–767.

Yegneswaran, B., & Shapiro, C. (2007). Do sleep deprivation and alcohol have the same effects of psychomotor performance? *Journal of Psychosomatic Medicine*, *63*, 569–572.

Yeh, M. T., Coccaro, E. F., & Jacobson, K. C. (2010). Multivariate behavior genetic analyses of aggressive behavior subtypes. *Behavior Genetics*, *40*, 603–617.

You, D., Maeda, Y., & Bebeau, M. J. (2011). Gender differences in moral sensitivity: A meta-analysis. *Ethics & Behavior*, *21*, 262–282.

Youman, K., Drapalski, A., Stuewig, J., Bagley, K., & Tangney, J. (2010). Race differences in psychopathology and disparities in treatment seeking: Community and jail-based treatment-seeking patterns. *Psychological Services*, *7*, 11–26.

Zacher, H., Rosing, K., Henning, T., & Frese, M. (2011). Establishing the next generation at work: Leader generativity as a moderator of the relationship between leader age, leader-member exchange, and leadership success. *Psychology and Aging, 26*, 241–252.

Zahn-Waxler, C., Shirtcliff, E. A., & Marceau, K. (2008). Disorders of childhood and adolescence: Gender and psychopathology. *Annual Review of Clinical Psychology, 4*, 275–303.

Zajacova, A., Lynch, M. S., & Espenshade, J. T. (2005). Self-efficacy, stress, and academic success in college. *Research in Higher Education, 46*, 677–706.

Zajonc, R. B. (1968). Attitudinal effects of mere exposure. *Journal of Personality and Social Psychology. Monograph Supplement, 9*(2, Part 2), 1–27.

Zajonc, R. B. (2000). Feeling and thinking: Closing the debate over the independence of affect. In J. P. Forgas (Ed.), *Feeling and thinking: The role of affect in social cognition* (pp. 31–58). New York: Cambridge University Press.

Zajonc, R. B. (2001). Mere exposure: A gateway to the subliminal. *Current Directions in Psychological Science, 10*, 224–228.

Zeanah, C. H., Smyke, A. T., Koga, S. F., & Carlson, E. (2005). Attachment in institutionalized and community children in Romania. *Child Development, 76*, 1015–1028.

Zeidner, M., & Shani-Zinovich, I. (2011). Do academically gifted and nongifted students differ on the Big-Five and adaptive status? Some recent data and conclusions. *Personality and Individual Differences, 51*, 566–570.

Zeineh, M. M., Engel, S. A., Thompson, P. M., & Bookheimer, S. Y. (2003). Dynamics of the hippocampus during encoding and retrieval of face-name pairs. *Science, 299*, 577–580.

Zelazo, P. D., Helwig, C. C., & Lau, A. (1996). Intention, act, and outcome in behavioral prediction and moral judgment. *Child Development, 67*, 2478–2492.

Zenderland, L. (1998). *Measuring minds: Henry Herbert Goddard and the origins of American intelligence testing.* Cambridge, UK: Cambridge University Press.

Zhai, F., Brooks-Gunn, J., & Waldfogel, J. (2011). Head Start and urban children's school readiness: A birth cohort study in 18 cities. *Developmental Psychology, 47*, 134–152.

Zheng, Z. Z., MacDonald, E. N., Munchall, K. G., & Johnsrude, I. S. (2011). Perceiving a stranger's voice as being one's own: A "rubber voice" illusion? *PLoS ONE, 6(4)*, e18655.

Zimbardo, P. G. (2007). *The Lucifer effect: Understanding how good people turn evil.* New York: Random House.

Zimbardo, P. G., & Montgomery, K. D. (1957). The relative strengths of consummatory responses in hunger, thirst, and exploratory drive. *Journal of Comparative and Physiological Psychology, 50*, 504–508.

Zimbardo, P. G., & Radl, S. L. (1999). *The shy child* (2nd ed.). Los Altos, CA: Malor Press.

Zimmerman, B. J., Bandura, A., & Martinez-Pons, M. (1992). Self-motivation for academic attainment: The role of self-efficacy beliefs and personal goal setting. *American Educational Research Journal, 29*, 663–676.

Zuckerman, M. (2007). *Sensation seeking and risky behavior.* Washington, DC: American Psychological Association.

Zwaigenbaum, L., Bryson, S., Rogers, T., Roberts, W., Brian, J., & Szatmari, P. (2005). Behavioral manifestations of autism in the first year of life. *International Journal of Developmental Neuroscience, 23*, 143–152.

자료출처

제1장

Photos : CO: p. 1: © Form Advertising/Alamy; p. 5: Copyright © Jeff Greenberg/PhotoEdit; p. 7: © INTERFOTO/Alamy; p. 9: ZUMA Press/Newscom; p. 10: Courtesy of Prof. Ben Harris, University of New Hampshire.

Figure : Fig 1.1: © INTERFOTO/Alamy.

제2장

Photos : CO: 27: © Luca DiCecco/Alamy; p. 29: © David Young-Wolff/Alamy; p. 30: © Spencer Grant/Alamy; p. 32, bottomright: © Brigitte Sporrer/Christine Schneider/Alamy; p. 34, bottom: © Pixelstock/Alamy.

Figure : Fig 2.2: Data from Kathlee D. Vohs and Jonathan W. Schooler, "The value of believing in free will: Encouraging a belief in determinism increases cheating," Psychological Science, January 1, 2008, pp. 49–54. © 2008 by the Association for Psychological Science.

제3장

Photos : CO: p. 47: © Blend Images/Alamy; p. 63, top: © BanksPhotos/iStockphoto.com; p. 64: © Mike Hill/Alamy.

Figures : Fig 3.2, top: © Friedrich Saurer/Alamy; Fig 3.2, middle: Pascal Goetgheluck/Photo Researchers, Inc.; Fig 3.2, bottom: Daniel Sambraus/Photo Researchers, Inc.; Fig 3.3: From Lefton, Lester A.; Brannon, Linda, Psychology, 8th Edition © 2003. Printed and electronically reproduced by permission of Pearson Education Inc., Upper Saddle River, New Jersey; Fig 3.4: Data from Grazyna Kochanska, Sanghag Kim, Robin A. Barry and Robert A. Philibert, "Children's genotypes interact with maternal responsive care in predicting children's competence," Development and Psychopathology, May 23, 2011, pp. 605–616; Fig 3.8: From Lefton, Lester A.; Brannon, Linda, Psychology, 8th Edition © 2003. Printed and electronically reproduced by permission of Pearson Education Inc., Upper Saddle River, New Jersey; Fig 3.11: Reprinted by permission of Richard McAnulty; Fig 3.17: Lilienfeld, Scott O.; Lynn, Steven J.; Namy, Laura L.; Woolf, Nancy J, Psychology: From Inquiry to Understanding, 1st Edition, © 2009. Printed and electronically reproduced by permission of Pearson Education Inc., Upper Saddle River, New Jersey; Fig 3.21: Zimbardo, Philip G.; Johnson, Robert L.; McCann, Vivian, Psychology: Core Concepts, 6th Edition. © 2009. Printed and electronically reproduced by permission of Pearson Education Inc., Upper Saddle River, New Jersey.

제4장

Photos : CO: p. 84: © Christophe Viseux/Alamy; p. 94: © imagebroker/Alamy; p. 97: © Corbis Flirt/Alamy; p. 97: © Juniors Bildarchiv/Alamy; p. 101, top: © Aflo Foto Agency/Alamy; p. 101, bottom: © Kelley.garner | Dreamstime.com; p. 102: ©Fujifotos/The Image Works; p. 106, bottom: © Corbis Bridge/Alamy.

Figures : Fig 4.10: From Lilienfeld, Scott O.; Lynn, Steven J.; Namy, Laura L; Woolf, Nancy J., Psychology: From Inquiry to Understanding, 2nd Ed., © 2011. Reprinted and electronically reproduced by permission of Pearson Education, Inc., Upper Saddle River, New Jersey; Fig 4.12: From Vocks, S., Busch, M., Grönemeyer, D., Schulte, D., Herpertz, S., & Suchan, B. (2010). Differential neuronal responses to the self and others in the extrastriate body area (EBA) and the fusiform body area. Cognitive, Affective, and Behavioral Neuroscience, 10, 422–429. Courtesy of Springer; Fig 4.13: From Wade, Carole; Tavris, Carol, Psychology, 10th Edition, © 2011. Reprinted and electronically reproduced by permission of Pearson Education, Inc., Upper Saddle River, New Jersey; Fig 4.14: Reprinted from

Color workbook, 3rd Edition by Becky Koenig. Prentice-Hall, 2003–2009. Reprinted by permission of the author; Fig 4.23, left: Photos from the lab of Linda Bartoshuk; Fig 4.23, right: Photos from the lab of Linda Bartoshuk; Fig 4.26: Federico Veronesi/Gallo Images/Getty Images; Fig 4.28; From Ciccarelli, Saundra K; White, J. Noland, Psychology, 3rd Edition, © 2012. Reprinted and electronically reproduced by permission of Pearson Education, Inc., Upper Saddle River, New Jersey; Fig 4.29: © moodboard/Corbis; Fig 4.31, top: Igumnova Irina/Shutterstock.com; Fig 4.31, bottom: Yuri Samsonov/Shutterstock.com; Fig 4.35: © Todd Ivins/Alamy; p. 116: Reprinted by permission of Sylvia Rock.

제5장

Photos : CO: p. 121: Copyright © David Young-Wolff/PhotoEdit; p. 122, top: © Peter Casolino/Alamy; p. 122, middle: © Nick Gregory/Alamy; p. 122, bottom: © Juniors Bildarchiv/Alamy; p. 129, left: Copyright © Spencer Grant/PhotoEdit; p. 129, right: Copyright © Spencer Grant/PhotoEdit; p. 130: © Janine Wiedel Photolibrary/Alamy; p. 135: © Denkou Images/Alamy; p. 139, top: © ACE STOCK LIMITED/Alamy; p. 140: Multnomah County Sheriff/Splash/Newscom.

Figures : Fig 5.1: Data from Jeremy M. Wolfs, "Parallel processing of part-whole information in visual search tasks" Perception & Psychophysics, 55 (1995), 537–550; Fig 5.3: From Carlson, Neil R., Physiology of Behavior, 11th Ed., © 2013. Reprinted and Electronically reproduced by permission of Pearson Education, Inc., Upper Saddle River, New Jersey; Fig 5.4: Data from "Ontogenetic development of the human sleep-dream cycle" by Howard P. Roffwarg, Joseph N. Muzio and William C. Dement, Science, April 29, 1966.

제6장

Photos : CO: p. 145: © London Entertainment/Alamy; p. 146: Sam Falk/Photo Researchers, Inc.; p. 147: © RIA Novosti/Alamy; p. 156, left: Courtesy of Stuart R. Ellins Ph.D.; p. 156, right: Courtesy of Stuart R. Ellins Ph.D.; p. 165: Rita Nannini/Photo Researchers, Inc.

Figures : Fig 6.4: From Baron, Robert A., Psychology, 5th Edition., © 2001. Printed and electronically reproduced by permission of Pearson Education Inc., Upper Saddle River, New Jersey; Fig 6.5: Data from Siegel, S., Hearst, E., George, N., & O'Neal, E. (1968). Generalization gradients obtained from individual subjects following classical conditioning. Journal of Experimental Psychology, 78, 171–174.

제7장

Photos : CO: p. 176: Copyright © Michael Newman/PhotoEdit; p. 181: © Design Pics Inc./Alamy; p. 183: © Frank Chmura/Alamy; p. 184: Copyright © Jeff Greenberg/PhotoEdit; p. 190: © dbimages/Alamy; p. 193: © MBI/Alamy; p. 197: © Imageshop/Alamy; p. 198: Copyright © Lon C. Diehl/PhotoEdit.

Figures : Fig 7.11: From Baron, Robert A., Psychology, 5th Edition, © 2001. Printed and electronically reproduced by permission of Pearson Education Inc., Upper Saddle River, New Jersey; Fig 7.16: From Jennifer M. Talarico and David C. Rubin, "Confidence, not consistency, characterizes flashbulb memories" Psychological Science 14, pp. 445–461, copyright © 2003 the Association for Psychological Science. Reprinted by permission of Sage Publications; Fig 7.18: Reprinted from Trends in Cognitive Sciences 7(6), Reza Habib, Lars Nyberg, Endel Tulving, "Hemispheric asymmetries of memory: The HERA model revisited," pp. 241–245, © 2003, with permission from Elsevier.

제8장

Photos : CO: p. 210: Copyright © David Young-Wolff/PhotoEdit; p. 218, top: Copyright © Robin Nelson/Photo Edit; p. 230: © Juice Images/Alamy; p. 233: Copyright © Dennis MacDonald/Photo Edit.

Figures and Cartoon : Fig 8.1: From Solso, Robert L., Cognitive Psychology, 3rd Edition, © 1991. Printed and electronically reproduced by permission of Pearson Education Inc., Upper Saddle River, New Jersey; Fig 8.10: Reprinted from Cognitive Brain Research, 20, G. Ganis et al., "Brain areas underlying visual mental imagery and visual perception: An fMRI study," pp. 226–241, copyright © 2004, with permission from Elsevier; Fig 8.12: Data from How to Solve Problems: Elements of a Theory of Problems and Problem Solving, by Wickelgren, Wayne. Copyright 1974; Fig 8.13: Data from How to Solve Problems: Elements of a Theory of Problems and Problem Solving, by Wickelgren, Wayne. Copyright 1974; Fig 8.15 Top: Julija Sapic/Shutterstock.com; Fig 8.15 bottom: Dariush M./Shutterstock.com; p. 233: © ScienceCartoonsPlus.com; Fig 8.18: From Buchel, C., Brassen, S., Yacubian, J., Kalisch, R" & Sommer, T. (2011). Ventral striatal signal changes represent missed opportunities and predict future choice. NeuroImage, 57, 1124–1130. Courtesy of Elsevier.

제9장

Photos : CO: p. 239: © Image Source/Alamy; p. 242: © Image Source/Alamy; p. 243: © Tetra Images/Alamy; p. 252: © INTERFOTO/Alamy.

Figures and Tables : Fig 9.2: From Craig, Grace J.; Dunn, Wendy L., Understanding Human Development, 2nd Edition, © 2010. Printed and electronically reproduced by permission of Pearson Education Inc., Upper Saddle River, New Jersey; Fig 9.3: Reprinted by permission of the author; Fig 9.5: From Lifetime Effects: The High/Scope Perry Preschool Study Through Age 40 (p. 196) by Lawrence J. Schweinhart, JU. Montie, Z. Xiang, W.S. Barnett, C.R. Belfield & M. Nores, Ypsilanti, MI: HighScope Press. © 2005 HighScope Educational Research Foundation. Used with permission; Fig 9.6: Based on Kay Deaux, Nida Bikmen, Alwyn Gilkes, Ana Ventuneac, Yvanne Joseph, Yasser A. Payne and Claude M. Steele, "Becoming American: Stereotype threat effects in Afro-Caribbean immigrant groups," Social Psychological Quarterly, 70, pp. 384–404, copyright © 2007 by the American Sociological Association; Table 9.3: From Sternberg, R. J. 1986. Intelligence applied. San Diego: Harcourt Brace Jovanovich. Reprinted by permission of the author; Table 9.4: From Kosslyn, Stephen M.; Rosenberg, Robin S., Introducing psychology: Brain, Person, Group, 4th Edition, © 2011. Reprinted and Electronically reproduced by permission of Pearson Education, Inc., Upper Saddle River, New Jersey.

제10장

Photos : CO: p. 262, left: © Science and Society/SuperStock; p. 262, middle: © MARKA/Alamy; p. 262, right: © Michael Cullen/Alamy; p. 263, top: © Images. com/Alamy; p. 263, bottom: © Peter Cavanagh/Alamy; p. 268: Copyright © Robert W. Ginn/PhotoEdit; p. 270, left: Doug Goodman/Photo Researchers, Inc.; p. 270, right: Doug Goodman/Photo Researchers, Inc.; p. 274: © Gallo Images/Alamy; p. 284: Martin Rogers/Getty Images; p. 290: © Asia Images Group Pte Ltd/Alamy; p. 291: Copyright © Michael Newman/PhotoEdit.

Figures and Tables : Fig 10.3: From "Sequential progressions in a theory -of-mind scale: Longitudinal perspectives" by Henry M. Wellman, Fuxi Fang, and Candida C. Peterson, Child Development, 82, pp. 780–79, copyright © 2011 Society for Research in Child Development. Reprinted by permission of John Wiley and Sons; Fig 10.12: From "Longitudinal general population study of sex-typed behavior in boys and girls: Alongitudinal general population study of children aged 2.5–8 years" by Susan Golombok, John Rust, Karyofyllis Zervoulis, Tim Croudace, Jean Golding and Melissa Hines, Child Development, September 1, 2008, pp. 1583–1593, copyright

© 2008 by the Society for Research in Child Development. Reprinted by permission of John Wiley and Sons; Table 10.6: From Morris, Charles G.; Maisto, Albert A., Understanding Psychology, 9th Ed., © 2010. Reprinted the Electronically reproduced by permission of Pearson Education, Inc., Upper Saddle River, New Jersey.

제11장

Photos : CO: p. 298: © SuperStock/Alamy; p. 300: Tim_Booth/Shutterstock. com; p. 301: Copyright © Robin Nelson/Photo Edit; p. 307, right: © Mary Evans Picture Library/Alamy; p. 312: © Chris Rout/Alamy; p. 319: © DG Photography/Alamy.

Figures : Fig 11.5: From Nicholas O. Rule, Katherine S. Rosen, Michael L. Slepian, Nalini Ambady, "Mating interest improves women's accuracy in judging male sexual orientation," Psychological Science, 22, pp. 881–886, copyright © 2011 the Association for Psychological Science. Reprinted by permission of Sage Publications; Fig 11.6: Data from "Pluralistic ignorance and hooking up" by Tracy A. Lambert, Arnold S. Kahn and Kevin J. Apple, Journal of Sex Research 40(2), 2003, pp. 129–133. reprinted by permission of Taylor & Francis Group, http://www.informaworld.com; Fig 11.7: Data from Gregory M. Herek, "Gender Gaps in Public Opinion about Lesbians and Gay Men," Public Opinion Quarterly, 66 (2002) pp. 40–66.

제12장

Photos : CO: p. 322: © FogStock/Alamy; p. 329: © Action Plus Sports Images/Alamy; p. 330: © UpperCut Images/Alamy; p. 332: Copyright © Robert Brenner/PhotoEdit; p. 337: © Corbis Flirt/Alamy; p. 339, top: © Stacy Walsh Rosenstock/Alamy; p. 339, bottom: © Gerald Holubowicz/Alamy; p. 342: Copyright © Bill Aron/PhotoEdit; p. 344: © Corbis RF/Alamy; p. 346: © Chris Howes/Wild Places Photography/Alamy; p. 350: © Novarc Images/Alamy.

Figures : Fig 12.2–4: From Ciccarelli, Saundra; White, J. Noland, Psychology, 3rd Edition, © 2012. Printed and electronically reproduced by permission of Pearson Education Inc., Upper Saddle River, New Jersey; Fig 12.10: Data from figure "Viral Load" in "Effect of written emotional expression on immune function in patients with human immunodeficiency virus infection: A randomized trial" by Keith J. Petrie, Iris Fontanilla, Mark G. Thomas, Roger J. Booth, and James W. Pennebaker, Psychosomatic Medicine 66(2), March 2004; Fig 12.12: Data from Suzanne C. Segerstrom, "Stress, energy and immunity: An Ecological view," Current directions in Psychological Science, December 1, 2007, © 2007 by the Association for Psychological Science.

제13장

Photos : CO: p. 356: © Oliver Furrer/Alamy; p. 358, left: © UK History/Alamy; p. 360: © prettyfoto/Alamy; p. 367, bottom: © James Ingram/Alamy; p. 367, top: © Jim Holden/Alamy; p. 368: © Corbis Premium RF/Alamy; p. 370: © Blend Images/Alamy; p. 372: Copyright © Michael Newman/PhotoEdit; p. 376: © moodboard/Alamy; p. 377: © paul prescott/Alamy.

Figures and Tables : Fig 13.2: Andresr/Shutterstock.com; Fig 13.3: From "Amygdala response to happy faces as a function of extraversion" by Turhan Canli, Heidi Sivers, Susan L. Whitfield, Ian H. Gotlib, and john D.E. Gabrieli, Science, June 1, 2002. Reprinted with permission from AAAS; Fig 13.5: Data from O. Ayduk, M. L. Rodriguez, W. Mischel, Y. Shoda, & J. Wright. Verbal intelligence & self-regulatory competencies, Journal of Research in Personality (41): 374–388, Copyright © 2007; Fig 13.8: Data from S. M. McCrae, E. R. Hirt, & B. J. Milner, She works hard for the money, Journal of Experimental Social Psychology (44): 292–311, © 2008; Fig 13.9: Data from Christine Ma-Kellams and Jim Blascovich, "Culturally divergent responses to mortality salience," Psychological Science, August 1, 2011, copyright © 2011 Association for Psychological Science; Fig 13.11: Reprinted by permission of the publishers from Thematic

Apperception Test by Henry A. Murray, Card 12F, Cambridge, Mass.: Harvard University Press, Copyright © 1943 by the President and Fellows of Harvard College, copyright © renewed 1971 by Henry A. Murray; Table 13.7: Excerpted from the MMPI(R)-2 (Minnesota Mulitphasic Personality Inventory(R)-2) Manual for Administration, Scoring and Interpretation, Revised Edition. Copyright © 2001 by the Regents of the University of Minnesota. All rights reserved. Used by permission of the University of Minnesota Press. "MMPI" and "Minnesota Multiphasic Personality Inventory" are trademarks owned by the Regents of the University of Minnesota; Table 13.8: Excerpted from the MMPI(R)-2 (Minnesota Mulitphasic Personality Inventory(R)-2) Manual for Administration, Scoring and Interpretation, Revised Edition. Copyright © 2001 by the Regents of the University of Minnesota. All rights reserved. Used by permission of the University of Minnesota Press. "MMPI" and "Minnesota Multiphasic Personality Inventory" are trademarks owned by the Regents of the University of Minnesota.

제14장

Photos : CO: p. 386: © B Christopher/Alamy; p. 394: © David J. Green—lifestyle themes/Alamy; p. 397: © Kuttig—People—2/Alamy; p. 401: Copyright © Bill Aron/PhotoEdit.com; p. 404: © Blend Images/Alamy.

Figures : Fig 14.2: Data from Behaviour Research and Therapy 46(11), Kellough, J. L., Beevers, C. G., Ellis, A.J., Wells, T. T. "Time course of selective attention in clinically depressed young adults," pp. 1238–1243, 2008; Fig 14.3: Data from Jose, P. E. & Grown, I. "When does the gender difference in rumination begin?" Journal of Youth and Adolescence 37(2), 2008, 180–192. Excerpt: From Vivian Ann Conan, "Divided She Stands." Originally appeared in New York Magazine August 4, 1997 under the pseudonym Laura Emily Mason. Reprinted by permission of the author; Fig 14.4: Data from Martinez-Taboas, A. et al. (2006). "Prevalence of victimization correlates of pathological dissociation in a community sample of youths," Journal of Traumatic Stress, 19, 439–448; Fig 14.5, top: Dr. E. Fuller Torrey and Dr. Weinberger/National Institute of Mental Health; Fig 14.5, bottom: "Mapping adolescent brain change reveals dynamic wave of accelerated gray matter loss in very early-onset schizophrenia". PNAS, 98, 11650–11655. Thompson, P. M., VIdeal, C., Geidd, J. N., Gochman, P., Blumenthal, J., Nicolson, R., Toga, A. W., & Rapport, J. Copyright 2001 National Academy of Sciences, U.S.A.; Fig 14.8: Data from Docherty, N. M. et al. (2008). "Life events and high-trait reactivity together predict psychotic symptom increases in schizophrenia" Schizophrenia Bulletin, 35(3). Reprinted by permission of Oxford University Press.

제15장

hotos: CO: p. 420: © Guido Schiefer/Alamy; p. 421: © Everett Collection Inc/Alamy; p. 423: © Prisma Bildagentur AG/Alamy; p. 426: Copyright © David Young-Wolff/PhotoEdit; p. 428, left: © Bob Mahoney/The Image Works; p. 428, right: ©Bob Mahoney/The Image Works; p. 431: © Datacraft—QxQ images/Alamy; p. 433: Copyright © Tony Freeman/Photo Edit; p. 434: © Bill Bachmann/Alamy; p. 439, left: Will & Deni McIntyre/Photo Researchers, Inc.; p. 439, right: Will McIntyre/Photo Researchers, Inc.

Figures and Tables : Fig 15.1: Albert Bandura, from "Modeling Therapy." Reprinted by permission of Albert Bandura; Table 15.1: From Hall, J. S. (2004). Roadblocks on the journey of psychotherapy. Lanham, MD: Jason Aronson, pp. 73–74. Reprinted by permission; Table 15.4: Reprinted by permission of Natalie Rogers, executor of the Estate of Carl Rogers; Table 15.2: From Butcher, James N.; Mineka, Susan; Hooley, Jill M., Abnormal Psychology, 13th Ed., © 2007. Reprinted and electronically reproduced by permission of Pearson Education, Inc., Upper Saddle River, New Jersey.

제16장

Photos : CO: p. 446: © Tetra Images/Alamy; p. 447: © Homer Sykes Archive/Alamy; p. 451: © Inmagine/Alamy; p. 452, topleft: Philip G. Zimbardo, Inc., Department of Psychology, Stanford University; p. 452, topright: Philip G. Zimbardo, Inc., Department of Psychology, Stanford University; p. 452, bottomleft:

Philip G. Zimbardo, Inc., Department of Psychology, Stanford University; p. 452, bottomright: Philip G. Zimbardo, Inc., Department of Psychology, Stanford University; p. 457: YOUN JAE-WOOK/AFP/Newscom; p. 458, left: From the film "Obedience" copyright 1968 by Stanley Milgram. Copyright renewed 1993 by Alexandra Milgram. Distributed by Penn State Media Sales.; p. 458, middle: From the film "Obedience" copyright 1968 by Stanley Milgram. Copyright renewed 1993 by Alexandra Milgram. Distributed by Penn State Media Sales.; p. 458, right: From the film "Obedience" copyright 1968 by Stanley Milgram. Copyright renewed 1993 by Alexandra Milgram. Distributed by Penn State Media Sales.; p. 463: Copyright © A. Ramey/PhotoEdit; p. 465: Copyright © Susan Van Etten/PhotoEdit; p. 466: © Robert W. Ginn/Alamy; p. 475: © Alex Segre/Alamy; p. 476: © Jim West/Alamy; p. 479: Courtesy of Richard Gerrig.

Figures : Fig 16.5: From Facial Attractiveness: Evolutionary Based Research by Anthony C. Little, Benedict C. Jones and Lisa M. DeBruine Phil. Trans. R. Soc. B 2011 366, 1638–1659. Reprinted with permission by The Royal Society. Fig 16.4: Data from Obedience to Authority by S. Milgram, copyright (c) 1974 Harper & Row.

찾아보기